BGB – Allgemeiner Teil

D1726109

Bürgerliches Gesetzbuch

Allgemeiner Teil

Grundlagen des Zivilrechts

Aufbau des zivilrechtlichen Gutachtens

von

Dr. jur. Rolf Schmidt

**Professor an der Hochschule
der Polizei Hamburg**

6. Auflage 2009

Schmidt, Rolf: Bürgerliches Gesetzbuch – Allgemeiner Teil

Am Aufbau von Klausuren orientierte Studienliteratur im Bürgerlichen Recht

6. völlig neu bearbeitete und aktualisierte Auflage – Grasberg bei Bremen 2009

ISBN: 978-3-86651-064-7; Preis: 19,95 EUR

Autor: Prof. Dr. Rolf Schmidt c/o Verlag Dr. Rolf Schmidt GmbH

Druck: Pinkvoss GmbH, 30519 Hannover

Verlag: Dr. Rolf Schmidt GmbH, Wörpedorfer Ring 40, 28879 Grasberg bei Bremen

                Tel. (04208) 895 299; Fax (04208) 895 308; www.verlag-rolf-schmidt.de

                E-Mail: info@verlag-rolf-schmidt.de

Für Verbraucher erfolgt der deutschlandweite Bezug über den Verlag versandkostenfrei.

Vorwort

Die stetige Nachfrage nach dem Lehrbuch zum Allgemeinen Teil des BGB ist eine erfreuliche Bestätigung dafür, dass die vom Autor vorgenommene Kombination von deduktiver und induktiver Lernmethode den Bedürfnissen der Studierenden gerecht wird. Zahlreiche Rückmeldungen aus dem Leserkreis haben dies bestätigt

Dementsprechend sind die Art der Darstellung und die Schwerpunktbildung gegenüber den Vorauflagen unverändert geblieben. Das Buch vermittelt zuverlässig und anschaulich die Grundlagen des Bürgerlichen Rechts und den Aufbau eines zivilrechtlichen Gutachtens, ohne die Komplexität der Materie unzulässig zu verkürzen. Folgerichtig werden die notwendigen Verknüpfungen des Allgemeinen Teils zum Bereicherungsrecht, Sachenrecht, Familienrecht und Handelsrecht hergestellt. Auch aktuelle Entwicklungen wie das Zustandekommen von Rechtsgeschäften im Internet und die verbraucherschützenden Widerrufsrechte werden ausführlich behandelt. Der Konkretisierung und Veranschaulichung dienen zahlreiche Beispielsfälle, Zusammenfassungen, Prüfungsschemata, hervorgehobene Lerndefinitionen, Klausurhinweise sowie mit ausformulierten Lösungen versehene Übungsfälle. Dabei sind die Lösungsvorschläge auf Vollständigkeit ausgerichtet. Denn bei einer prüfungs- und examensnahen Betrachtung macht es wenig Sinn, beispielsweise bei einem (etwa wegen fehlender Geschäftsfähigkeit oder wegen erfolgter Anfechtung) gescheiterten Primäranspruch die dann in Betracht kommenden Folgeansprüche (insbesondere solche aus dem Bereicherungsrecht) zu verschweigen, nur um eine einfache Lesbarkeit zu ermöglichen. Nur wer einen nach dem Sachverhalt in Betracht kommenden Anspruch unter allen denkbaren Gesichtspunkten prüft, erstellt ein vollständiges und überzeugendes Rechtsgutachten. Die vorliegende Darstellung, die von einer langjährigen Lehrtätigkeit des Autors profitiert, trainiert diese Fähigkeit.

Die Neuauflage befindet sich auf dem Stand von März 2009. Kritik und Verbesserungsvorschläge sind willkommen und werden unter *rs@jura-institut.de* erbeten.

Hamburg, im April 2009   *Prof. Dr. Rolf Schmidt*

Inhaltsverzeichnis

Abkürzungsverzeichnis

a.A.	anderer Ansicht
a.a.O.	am angegeben Ort
a.E.	am Ende
a.F.	alte Fassung
Abs.	Absatz
AcP	Archiv für die civilistische Praxis
AG	Aktiengesellschaft, in Zitaten Amtsgericht
AGB	Allgemeine Geschäftsbedingungen
AGBG	Gesetz zur Regelung der allgemeinen Geschäftsbedingungen
AGG	Allgemeines Gleichbehandlungsgesetz
Alt.	Alternative
AMG	Arzneimittelgesetz
AnwBl	Anwaltsblatt
Art.	Artikel
AT	Allgemeiner Teil
BAG	Bundesarbeitsgericht
BB	Der Betriebsberater
BFH	Bundesfinanzhof
BGH(Z)	Bundesgerichtshof (Entscheidungen des Bundesgerichtshofs in Zivilsachen)
BNotO	Bundesnotarordnung
BRAGO	Bundesgebührenordnung für Rechtsanwälte
BRAO	Bundesrechtsanwaltsordnung
BtMG	Betäubungsmittelgesetz
BVerfG	Bundesverfassungsgericht
BZRG	Bundeszentralregistergesetz
bzw.	beziehungsweise
cic	culpa in contrahendo
d.h.	das heißt
DAR	Deutsches Autorecht
DB	Der Betrieb
DNotZ	Deutsche Notar-Zeitschrift
EBV	Eigentümer-Besitzer-Verhältnis
EGBGB	Einführungsgesetz zum Bürgerlichen Gesetzbuch
EMRK	Europäische Menschenrechtskonvention
EnWG	Energiewirtschaftsgesetz
etc.	et cetera (lat.: und so weiter)
EuGH	Gerichtshof der Europäischen Gemeinschaften
EuZW	Europäische Zeitschrift für Wirtschaftsrecht
EV	Eigentumsvorbehalt
f.	folgende (r/s)
FamRZ	Zeitschrift für das gesamte Familienrecht.
ff.	fortfolgende
FGG	Gesetz über die Angelegenheiten der freiwilligen Gerichtsbarkeit
Fn	Fußnote
FS	Festschrift
G	Gesetz
GBO	Grundbuchordnung
GbR	Gesellschaft bürgerl. Rechts (BGB-Gesellschaft, §§ 705 ff. BGB)

GG	Grundgesetz
GK	Grundkurs
GmbH	Gesellschaft mit beschränkter Haftung
GmbHG	Gesetz über die Gesellschaft mit beschränkter Haftung
GoA	Geschäftsführung ohne Auftrag
grds.	grundsätzlich
GVG	Gerichtsverfassungsgesetz
GWB	Gesetz gegen Wettbewerbsbeschränkungen i.d.F. v. 26.8.2002
HaftpflG	Haftpflichtgesetz
Halbs.	Halbsatz
HGB	Handelsgesetzbuch
h.L.	herrschende Lehre
h.M.	herrschende Meinung
HOAI	Honorarordnung für Architekten und Ingenieure
i.d.F.	in der Fassung
i.d.R.	in der Regel
i.H.v.	in Höhe von
InsO	Insolvenzordnung
i.S.d.	im Sinne des/der
i.S.v.	im Sinne von
i.V.m.	in Verbindung mit
JA	Juristische Arbeitsblätter (Zeitschrift)
JMBl	Justizministerialblatt
JR	Juristische Rundschau (Zeitschrift)
Jura	Juristische Ausbildung (Zeitschrift)
JuS	Juristische Schulung (Zeitschrift)
JW	Juristische Wochenschrift (Zeitschrift)
JZ	Juristen-Zeitung (Zeitschrift)
KG	Kammergericht (das für Berlin zuständige Oberlandesgericht); auch Kommanditgesellschaft
KO	Konkursordnung (jetzt: Insolvenzordnung)
KSchG	Kündigungsschutzgesetz
LG	Landgericht
LM	Lindenmaier-Möhring, Nachschlagewerk des Bundesgerichtshofs in Zivilsachen
LPartG	Gesetz über die Eingetragene Lebenspartnerschaft v. 16.6.2001
m.E.	meines Erachtens
M.M.	Mindermeinung
m.w.N.	mit weiteren Nachweisen
MDR	Monatsschrift für Deutsches Recht
MuSchG	Gesetz zum Schutz der erwerbstätigen Mutter
n.F.	neue Fassung
NJW	Neue juristische Wochenschrift (Zeitschrift)
NJW-RR	NJW Rechtsprechungsreport Zivilrecht (Zeitschrift)
Nr.	Nummer
NZV	Neue Zeitschrift für Verkehrsrecht
PflVG	Pflichtversicherungsgesetz

o.ä.	oder ähnliche(s)
OHG	Offene Handelsgesellschaft
OLG(Z)	Oberlandesgericht (Entscheidungen der OLGe in Zivilsachen)
PBefG	Personenbeförderungsgesetz
ProdHaftG	Produkthaftungsgesetz
pVV	positive Vertragsverletzung
Rdnr.	Randnummer
RG(Z)	Reichsgericht (Entscheidungen des Reichsgerichts in Zivilsachen)
Rn	Randnummer
Rspr.	Rechtsprechung
S.	Seite oder Satz
s.o./u.	siehe oben / unten
sog.	so genannt (-e), (-er)
StGB	Strafgesetzbuch
str.	streitig
StVG	Straßenverkehrsgesetz
StVO	Straßenverkehrsordnung
StVZO	Straßenverkehrszulassungsordnung
u.ä.	und ähnliche(s)
u.a.	unter anderem
u.U.	unter Umständen
UWG	Gesetz gegen den unlauteren Wettbewerb
v.	von/vom
Var.	Variante
VerbrKrG	Verbraucherkreditgesetz (jetzt im BGB integriert)
VersR	Versicherungsrecht (Zeitschrift)
vgl.	vergleiche
VOB	Verdingungsordnung für Bauleistungen
VuR	Verbraucher und Recht (Zeitschrift)
VVG	Versicherungsvertragsgesetz
VwVfG	Verwaltungsverfahrensgesetz
WE	Willenserklärung(en)
WEG	Gesetz über Wohnungseigentum und Dauerwohnrecht
WGG	Wegfall der Geschäftsgrundlage
WM	Wertpapiermitteilungen (Zeitschrift)
z.B.	zum Beispiel
z.T.	zum Teil
ZGS	Zeitschrift für das gesamte Schuldrecht
ZIP	Zeitschrift für Wirtschaftsrecht
ZPO	Zivilprozessordnung
ZVG	Gesetz über die Zwangsversteigerung und die Zwangsverwaltung

Lehrbücher, Grundrisse und Kommentare

Brox, Hans / Walker, Wolf-Dietrich: Allgemeiner Teil des BGB, 32. Auflage 2008

Erman, Walter: Handkommentar zum BGB, 11. Auflage 2004

Hütte, Felix/Helbron, Marlena: Sachenrecht I (Mobiliarsachenrecht), 4. Auflage 2008; Schuldrecht Allgemeiner Teil, 5. Auflage 2008

Jauernig, Othmar: Bürgerliches Gesetzbuch. Kommentar, 12. Auflage 2007

Köhler, Helmut/Lange, Heinrich: BGB Allgemeiner Teil, 32. Auflage 2008

Kropholler, Jan: Studienkommentar BGB, 11. Auflage 2008

Larenz, Karl/Canaris, Claus-Wilhelm: Lehrbuch des Schuldrechts, Band II, Halbband 2, 13. Auflage 1994

Medicus, Dieter: Allgemeiner Teil des BGB, 9. Auflage 2006; Schuldrecht II: Besonderer Teil, 14. Auflage 2007; Bürgerliches Recht, 21. Auflage 2007

Münchener Kommentar zum BGB: 5. Auflage 2006 ff.

Palandt, Otto: Bürgerliches Gesetzbuch. Kommentar, 68. Auflage 2009

Pawlowski, Hans-Martin: Allgemeiner Teil des BGB, 7. Auflage 2003

Rüthers, Bernd/Stadler, Astrid: Allgemeiner Teil des BGB, 16. Auflage 2009

Schellhammer, Kurt: Schuldrecht nach Anspruchsgrundlagen samt BGB Allgemeiner Teil, 6. Auflage 2005

Schmidt, Rolf: Sachenrecht II (Immobiliarsachenrecht), 4. Auflage 2008; Schuldrecht Besonderer Teil II, 6. Auflage 2009

Soergel: Bürgerliches Gesetzbuch. Kommentar, 13. Auflage 1999 ff.

Staudinger: J. v. Staudingers Kommentar zum BGB, 13. Auflage 1994 ff.

Wenzel, Henning: Schuldrecht Besonderer Teil I, 5. Auflage 2008

Weitere Literatur, insbesondere Aufsatzliteratur, ist in den Fußnoten angegeben

1. Kapitel – Einführung und Grundlagen der Fallbearbeitung

A. Die Entstehungsgeschichte des Bürgerlichen Gesetzbuches (BGB)

Im ausgehenden 19. Jahrhundert gab es in Deutschland kein einheitliches bürgerliches Recht. Während in den meisten Landesteilen Preußens das **„Preußische Allgemeine Landrecht"** (ALR) von 1794 und im Gebiet zwischen Rhein und Elbe (Bayern, Württemberg, Hessen, Hannover, Hamburg, Bremen) überwiegend das von Wissenschaft und Praxis fortentwickelte römische Recht, das sog. **„Gemeine Recht"**, galt, waren in den rheinischen Gebieten das **„Rheinische Recht"**, nämlich der französische *code civil* von 1804, und in Baden dessen Übersetzung, das **„Badische Landrecht"** von 1808/09 maßgeblich. Im Königreich Sachsen galt das **„Sächsische Bürgerliche Gesetzbuch"** von 1863. Diese Rechtszersplitterung wurde dadurch noch verstärkt, dass die genannten Rechtsordnungen von zahlreichen Partikularrechten, wie z.B. dem Bayerischen Landrecht von 1756 oder dem Hamburger Stadtrecht von 1603, überlagert und durchsetzt waren.

1

Durch die rasche Entwicklung von Verkehr, Handel und Industrie und die damit verbundene Vergrößerung der Wirtschaftsräume wurde jedoch der Ruf nach einem **einheitlichen bürgerlichen Recht**[1] schnell lauter. Nach Gründung des Deutschen Zollvereins 1834 schritt man im Deutschen Bund zur partiellen Rechtsvereinheitlichung. Geschaffen wurden ein einheitliches Wechselrecht (Allgemeine Deutsche Wechselordnung von 1848) und ein einheitliches Handelsrecht (Allgemeines Deutsches Handelsgesetzbuch von 1861). Ein einheitliches Obligationenrecht (Dresdner Entwurf von 1866) ließ sich wegen der Auflösung des Deutschen Bundes nicht mehr verwirklichen.

2

Die politische Basis für eine Rechtsvereinheitlichung war nach der Reichsgründung im Jahr 1871 gegeben. Bereits im Jahr 1874 wurde eine *Vorkommission* zur Klärung von Plan und Methode des Gesetzgebungsvorhabens eingesetzt und noch im gleichen Jahre die *erste Kommission* berufen. Sie erarbeitete den *ersten Entwurf* und legte ihn nebst Begründung („Motive") im Jahre 1887 vor. Nachdem dieser Entwurf, der weitgehend auf dem Gemeinen Recht aufbaute, in der Öffentlichkeit lebhaft diskutiert und wegen seiner sozialen Unausgewogenheit teilweise auch heftig kritisiert worden war, berief der Bundesrat im Jahr 1890 eine *zweite Kommission* unter der Mitarbeit des Göttinger Honorarprofessors *Gottlieb Planck*. Diese versuchte aus dem Stoff der vorhandenen unterschiedlichen Rechtsordnungen praktikable und akzeptable Lösungen zu erarbeiten. Sie legte 1895 den *zweiten Entwurf* nebst Begründung („Protokolle") vor, der den sozialen und wirtschaftlichen Gegenwartsfragen eher gerecht zu werden versuchte. Dabei griff man teils auf gemeinrechtliches (letztlich also römischrechtliches), teils auf deutschrechtliches Gedankengut zurück.

3

Aus der Beratung im Justizausschuss ging schließlich der *dritte Entwurf* hervor, der zusammen mit einer „Denkschrift" dem Reichstag vorgelegt wurde. Nach einigen Änderungen im Vereins-, Ehe- und Testamentsrecht und nach Zustimmung durch den Bundesrat wurde das „Bürgerliche Gesetzbuch" am 18.8.1896 ausgefertigt. Es trat am 1.1.1900 in Kraft und ist trotz der zahlreich erlassenen Änderungs- und Nebengesetze, trotz der umfangreichen richterlichen Rechtsfortbildung und trotz der politischen, wirtschaftlichen und sozialen Umwälzungen auch heute noch – unter Beibehaltung der

4

---

[1] Vgl. *Anton Friedrich Justus Thibaut* (1772-1840), „Über die Notwendigkeit eines allgemeinen bürgerlichen Rechts für Deutschland", 1814; bekämpft allerdings von *Friedrich Carl von Savigny* (1779-1861), „Vom Beruf unserer Zeit für Gesetzgebung und Rechtswissenschaft", 1814.

Verbindung von römischrechtlichem und deutschrechtlichem Gedankengut – die wesentliche Grundlage des deutschen bürgerlichen Rechts.[2]

> **Beispiel:** V verkauft K ein Mountainbike (§ 433 BGB) und übereignet es ihm (§ 929 BGB).
>
> ⇨ Stellt sich heraus, dass das Mountainbike mangelhaft ist, kann K unter bestimmten Voraussetzungen den Kaufvertrag rückgängig machen (zurücktreten) oder Herabsetzung des Kaufpreises verlangen (mindern). Diese Gestaltungsrechte des § 437 Nr. 2 BGB gehen auf das römische Recht zurück, das beim Kauf von Sklaven oder Zugtieren die actio redhibitoria (= Rückgewährsklage) und die actio quanti minoris (= Minderungsklage) gewährte.
>
> ⇨ Stellt sich heraus, dass V das Mountainbike lediglich von D geliehen hatte, bevor er es unter Vorspiegelung, Eigentümer zu sein, an K verkaufte, erwirbt dieser das Eigentum nach § 932 BGB daran, sofern er zum Zeitpunkt der Eigentumsübertragung gutgläubig war. D kann daher das Mountainbike nicht gem. § 985 BGB von K herausverlangen, sondern nur Schadensersatzansprüche gegen V geltend machen. Diese Regelung geht auf deutschrechtliche Grundsätze zurück, wonach sich der Anspruchsteller grundsätzlich nur an denjenigen halten kann, mit dem er sich eingelassen hat. Das römische Recht entschied in dieser Situation anders.[3]

5 Das frühe BGB ging von der Rechtsgleichheit aller Bürger aus (vgl. § 1 BGB) und gewährleistete in weitem Umfang **Vertragsfreiheit** (vgl. nunmehr § 311 I BGB), **Eigentumsfreiheit** (vgl. § 903 BGB) und **Testierfreiheit** (vgl. § 1937 BGB). Der vernünftige, selbstverantwortliche und urteilsfähige Bürger, der seine Interessen selbst am besten wahrnehmen kann, sollte grds. in der Gestaltung seiner Rechtsverhältnisse, in der Nutzung seines Eigentums und in der Vererbung seines Vermögens frei sein und möglichst wenigen gesetzlichen Beschränkungen unterliegen. Dementsprechend enthielt sich das BGB, von äußersten Schranken (vgl. §§ 134, 138 BGB) einmal abgesehen, einer Kontrolle der Vertragsgerechtigkeit. Man glaubte, das „freie Walten der Verkehrskräfte", also das Prinzip der freien Konkurrenz, würde von sich aus einen gerechten Interessenausgleich bewirken. Lediglich vor Gefahren mangelnder Urteilsfähigkeit und fehlerhafter Willensbildung beim Vertragsschluss sollte das BGB schützen (vgl. §§ 104 ff., 119 ff. BGB). Diese extrem liberale Konzeption wurde jedoch den drängenden Fragen, die der Übergang zur Industriegesellschaft aufwarf, nicht gerecht. Schon die Abstimmung des bürgerlichen Rechts, insbesondere des Erbrechts, mit dem Recht der Handelsgesellschaften war nicht bedacht worden. Vor allem hatte man aber das Problem des Missbrauchs der Vertrags- und Eigentumsfreiheit durch den wirtschaftlich Mächtigen und die Notwendigkeit des Schutzes des wirtschaftlich Schwächeren nicht bedacht. Als Beispiel seien nur das Miet- und Arbeitsrecht genannt, die sich als äußerst unsozial erwiesen. Daher versuchte man, der „sozialen Frage" zumindest durch punktuelle Schutzvorschriften (vgl. §§ 138, 343, 536a, 566, 616-619 BGB) bzw. durch Spezialgesetze gerecht zu werden.[4]

6 Auch die ursprünglichen Wertvorstellungen im Bereich der Familie sind heute nicht mehr tragfähig. Damals beherrschten patriarchalisch-konservative Vorstellungen das Leitbild der Familie. Der Ehemann besaß das Entscheidungsrecht in ehelichen Angelegenheiten und die elterliche Gewalt. Der rechtliche Schutz des unehelichen Kindes und seiner Mutter waren unzureichend ausgestaltet.

---

[2] Vgl. auch *Heinrichs*, in: Palandt, Einleitung, Rn 4; *Brox/Walker*, AT, Rn 22 ff.; *Köhler/Lange*, AT, § 3 Rn 1 ff.; *Rüthers/Stadler*, AT, § 1 Rn 6.
[3] Vgl. *Rüthers/Stadler*, AT, § 1 Rn 6; *Köhler/Lange*, AT, § 3 Rn 7; *Brox/Walker*, AT, Rn 21 f.
[4] *Heinrichs*, in: Palandt, Einleitung, Rn 4; *Köhler/Lange*, AT, § 3 Rn 9; *Brox/Walker*, AT, Rn 25 f.; *Rüthers/Stadler*, AT, § 1 Rn 6.

Die Vereinsfreiheit war durch die Möglichkeit obrigkeitlicher Intervention gegen Vereine **7**
mit politischen, religiösen und sozialpolitischen Zielsetzungen (Kulturkampf; Arbeiter-
bewegung) stark eingeschränkt; insbesondere war der nichtrechtsfähige Verein in seiner Bewegungsfreiheit durch Unterstellung unter das Gesellschaftsrecht (§ 54 S. 1
BGB) behindert worden.

Insgesamt lässt sich sagen, dass das frühe BGB im Verkehrs- und Vermögensrecht **8**
stark liberale Züge trug, wohingegen es die „soziale Frage" nur unzureichend löste.
Dies ging auf den erwähnten Umstand zurück, dass das BGB keinen Neubeginn darstellen wollte, sondern nur einen Abschluss einer Rechtsentwicklung, die im Ideengut der
Aufklärung und des Wirtschaftsliberalismus wurzelte.

B. Der Geltungsbereich des BGB

Das heutige BGB (mit Nebengesetzen) ist grundsätzlich auf alle bürgerlich-rechtlichen **9**
Streitigkeiten anzuwenden. Jedoch ist sein Geltungsbereich sachlich (im Verhältnis zum
Landesprivatrecht), zeitlich (im Verhältnis zu früher geltendem Privatrecht) und räumlich (im Verhältnis zum ausländischen Privatrecht) begrenzt. Bestimmungen hierüber
enthält das **Einführungsgesetz zum BGB** (EGBGB).[5]

I. Der sachliche Geltungsbereich

Gem. Art. 30, 70 I GG haben grds. die Länder das Recht zur Gesetzgebung. Eine Ge- **10**
setzgebungskompetenz des Bundes besteht nur dann, wenn das Grundgesetz dies vorsieht, bspw. in Art. 71 bis 75 GG. So bestimmt Art. 72 GG in Umkehrung des Grundsatzes der Länderzuständigkeit, dass für den Bereich der konkurrierenden Gesetzgebung
(Art. 74 GG) den Ländern die Gesetzgebungsbefugnis zusteht, solange und soweit der
Bund von seinem Gesetzgebungsrecht keinen Gebrauch gemacht hat. Das bürgerliche
Recht ist der konkurrierenden Gesetzgebungskompetenz des Bundes (Art. 74 I Nr. 1
GG) zugeordnet, sodass für die Landesgesetzgebung nur insoweit Raum geblieben ist,
als der Bundesgesetzgeber selbst Ausnahmen zugelassen hat. Diesbezüglich enthalten
die Art. 55-152 EGBGB Regelungen, inwieweit die Länder das bürgerliche Recht außerhalb des BGB (und der Nebengesetze) regeln können. Heute sind den Ländern noch
einzelne Rechtsmaterien, insbesondere auf dem Gebiet des Grundstücksrechts, zur Regelung verblieben. Vgl. hierzu die Ausführungsgesetze der Länder zum BGB (sog.
„Nachbarschaftsgesetze").

II. Der zeitliche Geltungsbereich

Mit Inkrafttreten am 1.1.1900 löste das BGB das bis dahin geltende, weithin landes- **11**
rechtlich geregelte Privatrecht (s.o.) ab. Hinsichtlich der Frage nach der Geltung des
BGB für die Rechtsverhältnisse auf dem Gebiet der (früheren) DDR vor dem Zeitpunkt
des Beitritts zur Bundesrepublik Deutschland hatte der Bundesgesetzgeber seinerzeit
Übergangsvorschriften (Art. 230 ff. EGBGB) geschaffen. Diese sind mittlerweile ausgelaufen.

III. Der räumliche Geltungsbereich

Hat ein Sachverhalt Auslandsberührung (etwa, wenn ein Beteiligter seinen Wohnsitz im **12**
Ausland hat oder ausländischer Staatsangehöriger ist oder wenn ein Vertrag im Ausland geschlossen oder erfüllt wird), stellt sich stets die Frage, ob deutsches oder das
betreffende ausländische Zivilrecht anwendbar ist. Ob und inwieweit in solchen Fällen
die Sachnormen des deutschen oder des ausländischen Rechts zur Anwendung kom-

---

[5] Vgl. zu den nachfolgenden Ausführungen auch *Heinrichs*, in: Palandt, Einleitung, Rn 6 ff.; *Köhler/Lange*, AT,
§ 3 Rn 44 ff.; *Brox/Walker*, AT, Rn 47 ff.; *Rüthers/Stadler*, AT, § 1 Rn 13 ff.

men, bestimmt sich nach den Normen des **Internationalen Privatrechts** (IPR). Dieses enthält **Kollisionsnormen**, die das in der Sache anzuwendende Recht, das sog. Sachstatut, festlegen. Trotz der missverständlichen Bezeichnung ist das IPR weitgehend noch einzelstaatliches und daher von Staat zu Staat verschiedenes, nationales Recht. Eine umfassende Vereinheitlichung durch Staatsverträge steht noch aus. Das deutsche IPR ist in den Art. 3 ff. EGBGB geregelt. Weitere Rechtsquellen bilden die Staatsverträge. Lücken muss die Rechtsprechung, ggf. durch Analogie, schließen.

Um einen Sachverhalt, der zu mehreren Rechtsordnungen Beziehungen aufweist, einer bestimmten, sei es der deutschen, sei es der ausländischen Rechtsordnung zuzuweisen, muss das IPR an **bestimmte Merkmale anknüpfen.** Solche Anknüpfungspunkte können in der *Person* der Beteiligten liegen (Staatsangehörigkeit, Wohnsitz bzw. Verwaltungssitz, gewöhnlicher Aufenthaltsort), in ihren *Willenserklärungen* (z.B. Vereinbarung der Geltung eines bestimmten Rechts, sog. Rechtswahl) oder im *Ort* ihrer *Handlungen* (z.B. Handlungsort, alternativ Erfolgsort bei unerlaubten Handlungen, vgl. Art. 40 I EGBGB).

> **Beispiel[6]:** Art. 7 I S. 1 EGBGB bestimmt, dass sich die Geschäftsfähigkeit eines Ausländers nach dem Recht des Staates bestimmt, dem er angehört. Ist er 17 Jahre alt, nach seinem Heimatrecht aber voll geschäftsfähig, kann er auch in Deutschland wirksam Rechtsgeschäfte vornehmen. Ist er hingegen 19 Jahre alt, nach seinem Heimatrecht - im Gegensatz zum deutschen Recht, § 2 BGB - aber noch nicht voll geschäftsfähig, kann er sich freilich zum Schutze des deutschen Rechtsverkehrs auf sein Heimatrecht nur berufen, wenn der Vertragsgegner bei Vertragsschluss die mangelnde volle Geschäftsunfähigkeit kannte oder kennen musste, Art. 12 S. 1 EGBGB.

13 Bei **schuldrechtlichen Verträgen** gilt nach Art. 27 I S. 1 EGBGB der **Grundsatz der freien Rechtswahl.** Die Parteien können also festlegen, welches Recht für den Vertrag gelten soll. Allerdings darf die Rechtswahl nicht dazu führen, dass zwingende Vorschriften zum Schutze des Verbrauchers und des Arbeitnehmers umgangen werden (vgl. Art. 29, 29a, 30 EGBGB). Haben die Parteien keine Rechtswahl getroffen, gilt nach Art. 28 I S. 1 EGBGB für einen Vertrag das Recht des Staates, mit dem er die **engsten Verbindungen** aufweist. Hierfür gelten wiederum bestimmte Vermutungen.

> **Beispiel[7]:** Schließt ein deutsches Opernhaus mit einem in Frankreich lebenden Opernregisseur einen Vertrag über eine Inszenierung, greift an sich die Vermutung des Art. 28 II EGBGB ein. Danach wird vermutet, dass der Vertrag die engsten Verbindungen mit dem Staat aufweist, in dem die Partei, welche die charakteristische Leistung zu erbringen hat, im Zeitpunkt des Vertragsabschlusses ihren gewöhnlichen Aufenthalt hat. Da die charakteristische Leistung vom Regisseur erbracht wird, wäre demnach französisches Recht auf den Vertrag anzuwenden. Doch gilt nach Art. 28 V EGBGB die genannte Vermutung nicht, wenn sich aus der Gesamtheit der Umstände ergibt, dass der Vertrag engere Verbindungen mit einem anderen Staat aufweist. Da die Leistung des Regisseurs in Deutschland zu erbringen ist und auch die Mitwirkung des Opernhauses hinzukommen muss, dürfte folglich eine engere Verbindung mit Deutschland und damit die Anwendbarkeit deutschen Rechts anzunehmen sein.

---

[6] Nach *Köhler/Lange*, AT, § 3 Rn 48.
[7] Nach *Köhler/Lange*, AT, § 3 Rn 49.

C. Aufbau und Inhalt des BGB

Das Bürgerliche Gesetzbuch (BGB) ist, dem römischen Pandektensystem[8] folgend, in fünf Bücher eingeteilt.

14

```
┌─────────────────────────────────────────────────────┐
│             Bürgerliches Gesetzbuch (BGB)             │
└─────────────────────────────────────────────────────┘
```

Allgemeiner Teil §§ 1-240	Schuldverhältnisse §§ 241-853	Sachenrecht §§ 854-1296	Familienrecht §§ 1297-1921	Erbrecht §§ 1922-2385

Das **erste Buch** des BGB – der **Allgemeine Teil** – ist in §§ 1-240 BGB normiert. In diesem Teil werden die allgemeinen Regeln aufgestellt, die im gesamten bürgerlichen Recht von Bedeutung sind. So finden sich in erster Linie Regelungen über natürliche (§§ 1 ff. BGB) und juristische Personen (§§ 21 ff. BGB), über Sachen und Tiere (§§ 90 ff. BGB), Rechtsgeschäfte (§§ 104 ff. BGB), Fristen, Termine und Anspruchsverjährung (§§ 186 ff. BGB). Ebenso wird bestimmt, was unter einem Verbraucher (§ 13 BGB) und einem Unternehmer (§ 14 BGB) zu verstehen ist. Für das juristische Staatsexamen sind im Rahmen des BGB AT vor allem folgende Bereiche relevant:

15

- die Geschäftsfähigkeit (§§ 104-113 BGB),
- Willenserklärungen (§§ 116-144 BGB),
- der Vertragsschluss (§§ 145-157 BGB),
- das Recht der Stellvertretung (§§ 164-181 BGB),
- die Wirksamkeitshindernisse und Ausschlusstatbestände,
- die Regeln über die Anfechtung (§§ 119-124; 142-143 BGB),
- die Fristen, Termine und die Anspruchsverjährung
- sowie (trotz des Standortes im zweiten Buch) das Recht der Allgemeinen Geschäftsbedingungen (§§ 305-310 BGB).

Das **zweite Buch** des BGB behandelt das **Recht der Schuldverhältnisse**. Es ist in den §§ 241-853 BGB normiert und lässt sich in zwei unterschiedliche Bereiche einteilen. Das **Allgemeine Schuldrecht** (§§ 241-432 BGB) enthält Regelungen, die für alle schuldrechtlichen Verhältnisse gleichermaßen gelten, sofern nicht im besonderen Schuldrecht Sonderregelungen bestehen, die die Normen des Allgemeinen Schuldrechts verdrängen. Das **Besondere Schuldrecht** (§§ 433-853 BGB) wiederum enthält Regelungen über vertragliche und gesetzliche Schuldverhältnisse, die im täglichen Leben häufig vorkommen, z.B. Kauf-, Dienst-, Werkverträge oder Schuldverhältnisse nach einer unerlaubten Handlung. Damit hat der Gesetzgeber auch innerhalb des Rechts der Schuldverhältnisse die Klammertechnik angewandt, sodass im besonderen Schuldrecht grundsätzlich auf das allgemeine Schuldrecht zurückgegriffen werden kann.

16

Im **dritten Buch** – dem **Sachenrecht** – werden die Rechtsbeziehungen zwischen Rechtssubjekten und Sachen beschrieben. Dort finden sich bspw. Regelungen über den Besitz an Sachen (§§ 854 ff. BGB) sowie über das Eigentum (§§ 903 ff. BGB) oder beschränkt dingliche Rechte, z.B. die Hypothek (§§ 1113 ff. BGB).
Die Rechte an Sachen (z.B. Eigentum) werden *absolute* Rechte genannt, weil sie gegenüber jedermann gelten. Die schuldrechtlichen Beziehungen dagegen wirken nur zwi-

17

---

[8] Der Begriff entstammt dem Griechischen und bedeutet eigentlich: „alles enthalten", wird aber allgemein als „5er System" verstanden.

schen den jeweils am Schuldverhältnis beteiligten Parteien, weswegen man sie *relative* Rechte nennt.

18 Das **vierte Buch** – das **Familienrecht** – regelt zunächst die mit der Ehe zusammenhängenden Fragen wie Eheführung, Ehegüterrecht und Ehescheidung, sodann das Verhältnis der Eltern zu ihren Kindern, die Vormundschaft, Pflege und Betreuung. Es ist in den §§ 1297-1921 BGB geregelt.

19 Schließlich regelt das **fünfte Buch** – das **Erbrecht** – in den §§ 1922 ff. BGB die vermögensrechtlichen Folgen des Todes von Menschen, d.h. den Vermögensübergang im Wege der Erbfolge, entweder aufgrund letztwilliger Verfügung (Testament, Erbvertrag) oder – mangels einer solchen – kraft Gesetzes.

D. Sprache und Regelungstechnik des BGB

20 Betrachtet man Sprache und Regelungstechnik des BGB, stellt man sehr schnell fest, dass es nur von Juristen für Juristen geschaffen worden sein kann – auf Kosten der Allgemeinverständlichkeit und Anschaulichkeit. Kennzeichnend für das BGB ist das Streben nach Abstrahierung und Generalisierung. Hierzu bediente man sich verschiedener Techniken.

I. Bildung abstrakt-genereller Tatbestände; Gesetzesauslegung

21 Nach dem Prinzip der Gewaltenteilung[9] steht für den Rechtskreis der Bundesrepublik Deutschland die Befugnis zur Rechtsetzung allein der Legislative zu. Diese erlässt Gesetze, die das gesellschaftliche Miteinander ordnen. Da das Parlament jedoch nicht alle erdenklichen Lebenssachverhalte in den Gesetzen aufnehmen kann, verzichtet es weitgehend auf die Aufzählung von Einzelfällen, für die eine bestimmte Regelung gelten soll, sondern normiert statt dessen Tatbestände, die unter Verwendung von **unbestimmten Rechtsbegriffen** für eine **unbestimmte Zahl von Fällen** und für eine **unbestimmte Zahl von Adressaten** gelten (sog. „**abstrakt-generelle**" Rechtsetzungsmethode).

22 Im Gegensatz dazu steht die sog. **kasuistische Methode**, die Aufzählung von Einzelfällen, die früher z.B. das Preußische Allgemeine Landrecht beherrschte und auch heute noch die Rechtsfindung im angloamerikanischen Raum bestimmt („**case-law**").

23 **Exkurs[10]:** Die Grundidee des case law geht auf die Vorstellung zurück, dass nicht der Gesetzgeber berufen oder in der Lage ist, für alle Anwendungsfälle des Lebens eine abstrakt-generelle Regelung zu treffen, sondern dass vielmehr das, „was Recht ist", im jeweiligen Einzelfall vom Richter „gefunden" werden und sich so das Recht anhand der entschiedenen Fälle nach und nach herauskristallisieren müsse. Es handelt sich also um einen dynamischen „Rechtsschöpfungsprozess", bei dem die historische Tradition, aber auch die Rolle des Richters eine völlig andere ist als nach unserem Verständnis. Hieraus erklärt sich auch die dem kontinentaleuropäischen Recht („civil law" im Gegensatz zum „common law") fremde Bindung der Rechtsprechung an Präzedenzfälle im angloamerikanischen Recht (doctrine of stare decisis). Die Ausgangspositionen (und auch das juristische Studium) sind daher in beiden Rechtskreisen völlig verschieden:

⇨ **induktives Problemdenken** einerseits,

⇨ **systematisches Denken in Begriffen und Arbeiten mit Gesetzestexten** andererseits.

---

[9] Vgl. ausführlich *R. Schmidt*, Staatsorganisationsrecht, 8. Aufl. **2008**, Rn 161 ff.
[10] Vgl. *Rüthers/Stadler*, AT, § 26 Rn 29.

Gleichwohl haben sich die Systeme heute trotz ihres anderen methodischen Ansatzes stark angenähert. Das deutsche Recht etwa billigt dem Richter trotz seiner Bindung an das geschriebene Recht weitgehende Befugnisse zur Rechtsfortbildung zu und lässt ihm über die Generalklauseln (etwa in §§ 138, 242 BGB) eigene „Normsetzungsbefugnis" (dazu sogleich). Ganze Rechtsgebiete wie z.B. das Arbeitskampfrecht sind reines Richterrecht. Umgekehrt wendet sich auch das angloamerikanische Recht mehr und mehr vom reinen „case law" ab und kennt heute bereits kodifiziertes Recht.

Ermöglicht und erleichtert wird die im hiesigen Rechtskreis verwendete abstrakt-generelle Rechtsetzungsmethode durch die Verwendung von **Legaldefinitionen**, also von gesetzlichen Bestimmungen, welche die genannten unbestimmten Rechtsbegriffe definieren und damit die Rechtsanwendung vereinheitlichen. **24**

Beispiel[11]: V hat K einen Bauernhof verkauft (§§ 433, 311b I S. 1 BGB) und übereignet (§§ 873, 925 BGB). Da eine Inventarliste nicht erstellt wurde, streiten beide nun darüber, ob K auch noch den zum Hof gehörigen Traktor beanspruchen kann. **25**

K könnte gegen V einen Anspruch auf Herausgabe des Traktors gemäß § 985 BGB haben. Voraussetzung dafür ist, dass K Eigentümer des Traktors ist und V kein Recht zum Besitz hat.
Ursprünglich war K nicht Eigentümer. Er könnte jedoch mit dem Grundstück auch dessen Zubehör (§ 97 BGB) erworben haben. K hat das Grundstück erworben (§§ 873, 925 BGB). Fraglich ist, ob es sich bei dem Traktor um Zubehör des Grundstücks handelt. Auf schuldrechtlicher Ebene hat der Gesetzgeber in § 311c BGB eine abstrakt-generelle Regelung aufgestellt: „Verpflichtet sich jemand zur Veräußerung ... einer Sache, so erstreckt sich die Verpflichtung im Zweifel auch auf das Zubehör der Sache". § 311c BGB stellt also eine (schuldrechtliche) **Auslegungsregel** auf, nämlich diejenige, dass bei Unklarheit das Zubehör vom Verpflichtungsgeschäft (vorliegend dem Kaufvertrag) mit umfasst ist. Die Begriffe „Sache" und „Zubehör" sind sogar gesetzlich definiert, nämlich in §§ 90 und 97 BGB. In Bezug auf gewerbliches und landwirtschaftliches Inventar nahm der Gesetzgeber zur näheren Konkretisierung des Begriffs „Zubehör" darüber hinaus in § 98 BGB eine kasuistische Aufzählung vor.

Der Traktor dient der Bewirtschaftung des Grundstücks, also der Hauptsache und steht zum Grundstück in einem entsprechenden räumlichen Verhältnis. Daraus ergibt sich, dass der Traktor Zubehör des Bauernhofs ist (§§ 97, 98 Nr. 2 BGB) und damit von K zumindest schuldrechtlich beansprucht werden kann.

Fraglich ist jedoch, ob es eines separaten Eigentumserwerbstatbestands bedarf. Eine sachenrechtliche Auslegungsregel für Zubehör des Grundstücks enthält § 926 I S. 2 BGB. Fehlt eine Einigung zwischen dem Veräußerer und dem Erwerber dergestalt, dass vom Verfügungsgeschäft („Eigentumsübertragungsgeschäft") hinsichtlich des Grundstücks auch das Zubehör umfasst ist, muss im Zweifel angenommen werden, dass sich die Veräußerung auch auf das Zubehör erstrecken soll.

Demnach ist K auch Eigentümer des Traktors geworden, sodass er diesen gem. § 985 BGB heraus verlangen kann.

Eine weitere Legaldefinition enthält das Gesetz in § 276 II BGB, der den (u.a. in § 823 I BGB enthaltenden) Begriff der „**Fahrlässigkeit**" beschreibt. Danach handelt fahrlässig, wer die im Verkehr erforderliche Sorgfalt außer Acht lässt. „**Kennenmüssen**" in § 166 BGB bedeutet nach § 122 II BGB „infolge von Fahrlässigkeit nicht kannte" und „**unverzüglich**" in § 121 I S. 1 BGB heißt nach der Klammerdefinition derselben Norm „ohne schuldhaftes Zögern". **26**

---

[11] Nach *Köhler/Lange*, AT, § 3 Rn 13. Zu den im Beispiel verwendeten Begriffen Verpflichtungs- und Verfügungsgeschäft, die auf dem Trennungs- und Abstraktionsprinzip beruhen, vgl. Rn 49, 50, 67, 206, 207.

27 Die Verwendung abstrakt-genereller Tatbestände mit ihren unbestimmten Rechtsbegriffen hat zwar den Vorteil, dass eine Vielzahl von möglichen Lebenssachverhalten erfasst und damit eine gleichmäßige Rechtsanwendung ermöglicht wird, auf der anderen Seite müssen die verwendeten unbestimmten Rechtsbegriffe für den zu entscheidenden Lebenssachverhalt aber konkretisiert, d.h. ausgelegt werden, damit die Frage beantwortet werden kann, ob der konkrete Lebenssachverhalt tatsächlich von der abstrakt-generell formulierten Rechtsnorm erfasst ist. Der Rechtssatz bedarf daher vor seiner Anwendung der **Auslegung**. Ein Gesetz auslegen heißt, seinen Sinn zu ermitteln. Hierzu bedient man sich folgender, allgemein anerkannter, Auslegungsmethoden[12]:

28 ▪ **Grammatikalische Auslegung:** Die grammatikalische Auslegung steht am Anfang der Auslegung, weil die gesetzliche Formulierung als unmittelbare Äußerung des Gesetzgebers Ausgangspunkt aller Überlegungen sein muss. Die grammatikalische Auslegung geht also von der Ausdrucksweise des Gesetzgebers aus und sucht den Inhalt einer Norm aus ihrer sprachlichen Fassung, dem **Wortlaut** und dem **Wortsinn**, zu erkennen. Der noch mögliche Wortsinn legt zugleich die Grenzen zulässiger Auslegung fest, jenseits derer die Lückenfüllung oder Rechtsfortbildung beginnen. Das schließt jedoch nicht aus, dass zur Bestimmung des Wortsinnes weitere (im Folgenden dargestellte) Auslegungsmethoden herangezogen werden können.

Beispiel[13]: Ein Bienenschwarm hatte ein Pferdefuhrwerk der Reichswehr überfallen und die Pferde getötet. Der Staat verlangte vom Bienenhalter Schadensersatz nach § 833 S. 1 BGB. Der Bienenhalter berief sich auf die Haftungserleichterung des § 833 S. 2 BGB für die Halter von Haustieren.
Die Frage, ob gehaltene Bienen „Haustiere" sind, ist also entscheidungserheblich. Stellt man auf den *gewöhnlichen Sprachgebrauch* und den *allgemeinen Wortsinn* ab, gehören zu den Haustieren nur solche Tiere, die „der Beaufsichtigung und dem beherrschenden Einfluss des Halters unterstehen". Da diese Möglichkeit bei Bienen nicht besteht, sah sie das Reichsgericht nicht als Haustiere an. Der Bienenhalter unterstand daher dem strengen Haftungsregime des § 833 S. 1 BGB (was die Möglichkeit einer verschuldensabhängigen Haftung nach § 823 I BGB nicht ausschließt).

29 ▪ **Systematische Auslegung:** Diese Auslegungsmethode geht von der Stellung der Vorschrift im bereichsspezifischen Normengefüge und der des Gesetzes innerhalb der Rechtsordnung aus („sachlicher Zusammenhang").

Beispiel: Die Tatbestände der unerlaubten Handlung sind in §§ 823 ff. BGB geregelt, die Bestimmungen über den Umfang der Schadensersatzpflicht in §§ 249 ff. BGB. Die Haftung des Tierhalters ist in § 833 S. 1 BGB geregelt und setzt kein Verschulden voraus (sog. Gefährdungshaftung). Damit unterscheidet sie sich von anderen Tatbeständen der unerlaubten Handlung (§§ 823 ff. BGB). Das wirft die Frage auf, ob hinsichtlich des Umfangs der Schadensersatzpflicht trotzdem auf §§ 249 ff. BGB zurückgegriffen werden kann. Wenn man bedenkt, dass sich die §§ 249 ff. BGB nicht auf den Haftgrund *unerlaubte Handlung* beschränken, sondern sich auf alle Haftgründe beziehen (so auch z.B. auf Vertragsverletzungen), wird klar, dass die §§ 249 ff. BGB auch für den Haftgrund aus § 833 S. 1 BGB Inhalt und Umfang des Schadensersatzanspruchs bestimmen. Zudem ist die Haftung des Tierhalters ebenfalls im Titel über die „Unerlaubten Handlungen" geregelt, sodass die Bestimmungen dieses Titels über den *Umfang* der Haftpflicht (§§ 249 ff. BGB) auch aus diesem Grund anzuwenden sind.

30 ▪ **Teleologische Auslegung:** Mit Hilfe dieser Auslegungsmethode wird der **Sinngehalt** einer Norm aus ihrem **Zweck** („*Ratio* der Norm") ermittelt. Gefragt wird, welches Ziel mit der betreffenden Norm verfolgt bzw. erreicht werden soll. Maßgebend sind die in der Norm zum Ausdruck kommende Interessenbewertung und die Aufgabe, die dieser Norm

---

[12] Vgl. auch *Huber*, JZ **2003**, 1, 4 f.
[13] Nach RGZ **158**, 388 f., dargestellt auch bei *Köhler/Lange*, AT, § 4 Rn 15.

sinnvollerweise im Gesamtzusammenhang der Rechtsordnung zukommen kann. Insoweit können sich Überschneidungen mit der systematischen Auslegungsmethode ergeben. Daher werden beide Auslegungsmethoden oftmals unter dem Oberbegriff **„logische Interpretation"** zusammengefasst. Ziel ist es, ungerechte und sachwidrige Ergebnisse zu vermeiden.

Beispiel: § 833 S. 1 BGB regelt die sog. Tierhalterhaftung. Derjenige, der ein Tier hält, haftet verschuldensunabhängig für das Verhalten seines Tieres. Allerdings enthält das Gesetz keine Definition darüber, wann jemand als „Tierhalter" gilt. Fraglich ist daher, ob auch jemand, der das Tier nur kurzfristig und in fremdem Interesse in seine Obhut nimmt (wie etwa der Finder) als „Tierhalter" gilt und daher ohne Rücksicht auf sein Verschulden der strengen Haftung unterliegt. Würde man hier eine Haftung nach § 833 S. 1 BGB annehmen, wäre dies mit dem Zweck der Gefährdungshaftung nicht vereinbar. Die strenge Haftung kann vernünftigerweise nur demjenigen auferlegt werden, der über das Tier im eigenen Interesse eine nicht nur vorübergehende Herrschaft ausübt. Denn er ist am ehesten in der Lage, das Risiko durch vorbeugende Maßnahmen zu beherrschen und etwa durch Abschluss einer Versicherung aufzufangen.[14]

- **Historische und genetische Methode:** Hilfsmittel der logischen Interpretation sind (1) die historische Methode, die von der geschichtlichen Entwicklung des Rechtssatzes ausgeht und insbesondere frühere ähnliche Gesetze und deren Änderungen berücksichtigt, und (2) die genetische Methode, die sich auf die Entstehungsgeschichte des Gesetzes stützt und zu diesem Zweck Reformvorschläge und Gesetzesmaterialien (Gesetzesvorlagen, Protokolle des Parlaments und seiner Ausschüsse etc.) heranzieht. **31**

Beispiel[15]: Die Haftungserleichterung des § 833 S. 2 BGB bezieht sich nur auf solche Haustiere, die u.a. „der Erwerbstätigkeit ... des Tierhalters zu dienen bestimmt" sind. Fraglich ist, ob darunter auch der vom Metzger gekaufte Schlachtochse fällt. Das Reichsgericht bejahte diese Frage u.a. mit dem Hinweis auf die *Entstehungsgeschichte* des § 833 S. 2 BGB, der vor allem die Entlastung der kleinen und mittleren landwirtschaftlichen und gewerblichen Betriebe bezweckt habe.[16]

- **Verfassungskonforme Auslegung:** Ausgangspunkt dieser Auslegungsmethode ist, dass alle Gesetze mit der Verfassung vereinbar sein müssen. Ist eine Norm ihrem Wortlaut nach unter verfassungsrechtlichen Gesichtspunkten bedenklich, lässt aber auch eine Auslegung i.S. der Verfassung zu, ist sie nur mit *dieser* Auslegung verfassungsmäßig und gültig.[17] **32**

Beispiel: Die verschuldensunabhängige Haftpflicht nach § 833 S. 1 BGB greift stärker in die Grundrechte (hier: Art. 14 I, 12 I, 2 I GG) des Halters ein als die verschuldensabhängige Haftung nach § 823 I BGB. Um daher nicht gegen die genannten Grundrechte zu verstoßen, müssen schon strenge Voraussetzungen an die Haftung gestellt werden. Wenn man sie jedoch nur demjenigen auferlegt, der über das Tier im eigenen Interesse eine nicht nur vorübergehende Herrschaft ausübt und auch den Nutzen aus der Tierhaltung zieht, ist die Norm verfassungsgemäß. Zudem steht es dem Tierhalter frei, sein Haftungsrisiko über den Abschluss einer Tierhalterhaftpflichtversicherung aufzufangen.

- **Gemeinschaftsrechtskonforme Auslegung:** Aufgrund des Anwendungsvorrangs des Europäischen Gemeinschaftsrechts ist eine nationale Norm stets auch europarechtskonform auszulegen. **33**

Beispiel: Nach § 239 I BGB ist ein Bürge u.a. nur dann tauglich, wenn er seinen allgemeinen Gerichtsstand im Inland hat. Diese Norm diskriminiert mittelbar Angehörige anderer Mitgliedstaaten und verstößt daher gegen die Dienstleistungsfreiheit im Sinne von

---

[14] Vgl. *Köhler/Lange*, AT, § 4 Rn 18. Vgl. auch Rn 867 und 868.
[15] Nach RGZ **79**, 246 ff., dargestellt auch bei *Köhler/Lange*, AT, § 4 Rn 17.
[16] RGZ **79**, 246, 249.
[17] Vgl. nur BVerfGE **59**, 336, 350 f. Zu den Grenzen verfassungskonformer Auslegung vgl. *Rieger*, NVwZ **2003**, 17 ff.

Art. 49 EG. Nach der Lehre vom Anwendungsvorrang des Gemeinschaftsrechts gegenüber dem nationalen Recht darf eine innerstaatliche Norm nicht mehr angewendet werden, wenn die verletzte Gemeinschaftsnorm unmittelbare Wirkung hat. Die Vorschriften der Grundfreiheiten sind unmittelbar anwendbar, d.h. sie müssen im innerstaatlichen Recht als normativer Maßstab herangezogen werden. Daher muss § 239 I BGB im Wege der gemeinschaftsrechtskonformen Auslegung auch für Bürgen gelten, die ihren allgemeinen Gerichtsstand innerhalb der Europäischen Gemeinschaft haben.[18]

Auch nationale Vorschriften, die im Vollzug einer **EG-Richtlinie** erlassen wurden, sind grundsätzlich richtlinienkonform auszulegen, d.h. im Zweifel der EG-Richtlinie entsprechend.

Äußerst umstritten ist, ob die Grundfreiheiten des EG-Rechts auch auf Verträge zwischen Privaten einwirken können. Vielfach wird eine derartige unmittelbare Drittwirkung von Grundfreiheiten abgelehnt mit dem Argument, die Grundfreiheiten verpflichteten lediglich die öffentliche Hand, jedoch nicht Private. Vertritt man die gegenteilige Ansicht, ist zu überlegen, ob der gemeinschaftsrechtswidrige Vertrag über die Regeln zur Störung der Geschäftsgrundlage bzw. über eine ergänzende Vertragsauslegung gemeinschaftskonform anzupassen oder gar nach § 134 BGB nichtig ist. Der EuGH hat jedenfalls eine unmittelbare Drittwirkung der Freizügigkeitsregeln (vgl. Art. 39 EG) bejaht.[19]

34   Die genannten Auslegungsmethoden stehen (jedenfalls für den Bereich des Zivilrechts) nicht isoliert nebeneinander, sondern im Verhältnis der **wechselseitigen Ergänzung**. Anders als im Strafrecht liegt im Zivilrecht das Schwergewicht nicht allein auf der sprachlich-grammatikalischen, sondern auch auf der teleologischen Auslegung. Je nachdem, ob danach ein Begriff weit oder eng auszulegen ist, spricht man von weiter (extensiver) oder enger (restriktiver) Auslegung. Zu beachten ist jedoch, dass auch die sachgerechte Anwendung der Auslegungsmethoden nicht stets ein eindeutiges, allein „richtiges" Ergebnis mit sich bringt. Denn dadurch, dass in jede Auslegung auch ein Element persönlicher Wertung und Entscheidung einfließt, und nichts so individuell ist wie der Mensch, kann es sein, dass ein anderer Rechtsanwender trotz Anwendung derselben Auslegungsmethoden zu einem anderen (ebenfalls vertretbaren) Ergebnis gelangt (wenn alle stets zu demselben Ergebnis gelangten, gäbe es auch schon keinen gerichtlichen Instanzenzug). Daher kommt es auch in der **Fallbearbeitung** in erster Linie nicht auf das gefundene Ergebnis, sondern auf die **Methode der Rechtsfindung** und die **Argumentation** an.

II. Gesetzesergänzung, Gesetzesanalogie und Rechtsanalogie

35   Nicht selten kommt es vor, dass eine Norm lückenhaft formuliert ist, der zu würdigende Sachverhalt also nicht oder nur teilweise von der einschlägigen Norm erfasst wird, offenbar aber hätte erfasst werden müssen. Eine solche Gesetzeslücke kann darauf beruhen, dass der Gesetzgeber eine bestimmte Frage im Gesetz bewusst nicht geregelt (planvolles Unterlassen) oder dass er bei der Schaffung des Gesetzes einen Umstand in nachlässiger Weise nicht bedacht hat (sog. unplanmäßiges Unterlassen).
Aufgabe des Rechtsanwenders (und somit auch des Klausurbearbeiters) ist es nun, die vorhandene Lücke auszufüllen (sog. **ergänzende Auslegung**). Hierzu hat er zunächst mit Hilfe der bereits geschilderten Auslegungskriterien festzustellen, ob eine Lücke im Gesetz vorliegt. Dabei macht es keinen Unterschied, ob der Gesetzgeber bereits bei Erlass des Gesetzes einen bestimmten Umstand nicht oder nicht richtig in seine Willensbildung aufgenommen hat (primäre Lücke) oder die Lücke erst später entstanden ist (sekundäre Lücke). Zu beachten ist jedoch, dass der Rechtsanwender die Lücke nicht einfach durch eine eigene Wertung schließen darf; anderenfalls würde er sich in-

---

[18] Vgl. *Köhler/Lange*, AT, § 3 Rn 42.
[19] EuGH EuZW **2000**, 468. Vgl. auch *Köhler/Lange*, AT, § 3 Rn 42.

soweit an die Stelle des Gesetzgebers setzen; nur dieser ist von Verfassungs wegen berufen, Gesetze zu erlassen. Vielmehr muss der Rechtsanwender die Lücke „aus dem Geist des Gesetzes" ausfüllen. Hierbei muss er sich die Frage stellen, wie der Gesetzgeber das Problem geregelt hätte. Hierzu muss er sich die Gebotsvorstellungen des Gesetzgebers zu eigen machen und die diesen Geboten zugrunde liegenden Interessen und Motive des Gesetzgebers erforschen. Sodann muss er die Gesetzeslücke im Sinne des hypothetisch ermittelten Willens des Gesetzgebers schließen.[20]

Die ergänzende Auslegung kann zu einer ausdehnenden Anwendung einer Gesetzesbestimmung auf einen gesetzlich nicht geregelten Fall führen (**Gesetzesanalogie; Einzelanalogie**).   **36**

> **Beispiel[21]:** Nach § 442 I S. 2 BGB kann der Käufer Rechte wegen eines Sachmangels, der ihm infolge grober Fahrlässigkeit unbekannt geblieben ist, nur geltend machen, wenn der Verkäufer den Mangel arglistig verschwiegen oder eine Garantie für die Beschaffenheit übernommen hat. Das Gesetz beantwortet aber nicht die Frage, ob dem Käufer diese Rechte auch dann zustehen, wenn der Verkäufer ihm die Mangelfreiheit der Sache arglistig vorgespiegelt hat (indem er etwa behauptete, der Gebrauchtwagen sei unfallfrei, obwohl es sich in Wirklichkeit um einen wiederhergestellten Unfallwagen handelt). Bei lebensnaher Betrachtung weist der (nicht geregelte) Fall des arglistigen Vorspiegelns jedoch die gleiche Interessenlage auf wie der (geregelte) Fall des arglistigen Verschweigens. In beiden Fällen nutzt der Verkäufer die Unkenntnis des Käufers von der tatsächlichen Beschaffenheit der Kaufsache bewusst aus. Es leuchtet nicht ein, warum dem Käufer die genannten Rechte nur bei arglistigem Verschweigen des Mangels zustehen sollen, nicht aber auch bei arglistigem Vorspiegeln der Mangelfreiheit. Offenbar hat es der Gesetzgeber (selbst im Rahmen der Schuldrechtsreform!) schlicht übersehen, das arglistige Vorspiegeln dem arglistigen Verschweigen gleichzustellen, oder er hat die Gleichstellung für so selbstverständlich erachtet, dass er sie nicht explizit formuliert hat. Jedenfalls weist das Gesetz hinsichtlich des arglistigen Vorspiegelns eine Lücke auf. Hätte der Gesetzgeber sie erkannt, hätte er das arglistige Vorspiegeln dem gleichgelagerten arglistigen Verschweigen gleichgesetzt. Die Lücke ist also planwidrig. Demnach ist eine ausdehnende Auslegung des § 442 I S. 2 BGB geboten.[22]

Fazit: Eine **Analogie** setzt voraus, dass   **37**

- eine **Regelungslücke** besteht,
- die **Interessenlage** es gebietet, die Lücke i.S.d. vorhandenen Regelung zu schließen (Interessengleichheit)
- und die Lücke **planwidrig** ist.

Von der Gesetzesanalogie zu unterscheiden ist die **Rechtsanalogie (Gesamtanalogie)**. Diese beruht auf dem Umstand, dass in einigen Fällen auch eine ausdehnende Anwendung einer Gesetzesbestimmung auf einen gesetzlich nicht geregelten Fall nicht zur Schließung der Gesetzeslücke führt, sondern dass die Lücke allenfalls durch ein Regelungsprinzip, das mehreren Gesetzesbestimmungen zugrunde liegt, gefüllt werden kann. Es werden also *mehrere* Gesetzesbestimmungen analog – d.h. sinngemäß – angewandt.   **38**

> **Beispiel:** Vor Inkrafttreten der Schuldrechtsreform am 1.1.2002 wurden im BGB zwei Leistungsstörungen geregelt: die **Unmöglichkeit** (§§ 280 I, 325 I S. 1 BGB a.F.) und der **Verzug** (§§ 286 I, 326 BGB a.F.). Nicht geregelt wurde der Fall der **Schlechtleistung**, insbesondere wenn durch die mangelhafte Sache Schäden an anderen Rechtsgütern des Käufers entstanden waren und diese nicht in unmittelbarem Zusammenhang

---

[20] *Brox/Walker*, AT, Rn 65.
[21] Nach *Brox/Walker*, AT, Rn 66.
[22] *Weidenkaff*, in: Palandt, § 442 Rn 18; *Brox/Walker*, AT, Rn 66.

mit der Kaufsache standen: Enthielt bspw. das vom Verkäufer an den Käufer verkaufte Motoröl aufgrund einer Nachlässigkeit des Verkäufers schädliche Bestandteile und entstand dadurch am Motor des Pkws des Käufers ein Schaden, konnte der Käufer vom Verkäufer wegen dieser schuldhaften Pflichtverletzung nach den genannten Vorschriften keinen Schadensersatz verlangen. Denn es lagen weder eine Unmöglichkeit (der Verkäufer hatte ja geliefert) noch ein Verzug (die Lieferung war auch nicht verspätet) vor. Der Gesetzgeber hatte offenbar übersehen, dass eine Leistungsstörung nicht nur in der Unmöglichkeit und dem Verzug zu sehen ist, sondern auch in der schlichten Schlechtleistung. Um hier den Gläubiger nicht unangemessen zu benachteiligen, griff die Rechtsprechung auf die Figur der Rechtsanalogie zurück und gewährte dem Gläubiger in analoger Anwendung der §§ 280, 286; §§ 325, 326 BGB (a.F.) einen Schadensersatzanspruch. Diese Rechtsanalogie wurde allgemein unter dem Begriff **„positive Vertragsverletzung"** (pVV) bekannt. Im Rahmen der Schuldrechtsreform hat der Gesetzgeber die Vorschrift des § 280 BGB neugefasst und nunmehr den allgemeinen Tatbestand der **Pflichtverletzung** geschaffen, der auch den Fall der pVV erfasst.

III. Herausarbeitung gemeinsamer Regelungen

39 Um Wiederholungen zu vermeiden und die Systematik zu fördern, bemühten sich die Gesetzesverfasser, die Gemeinsamkeiten, d.h. die allgemeinen Regeln einzelner Regelungsbereiche, „vor die Klammer zu ziehen" (sog. **Klammertechnik**[23]) Dieses logische Aufbauprinzip, das Allgemeine dem Besonderen voranzustellen, wird bereits durch die Voranstellung des Allgemeinen Teils vor die übrigen Bücher des BGB deutlich, durchzieht aber auch die einzelnen Bücher und sogar den Allgemeinen Teil selbst. So entstanden Regelungen von immer höherer Abstraktion und immer breiterer Anwendung. Der Vorteil dieser Regelungstechnik besteht darin, dass – im Rahmen der anderen Bücher des BGB, aber auch anderer Rechtsgebiete des Zivilrechts – grundsätzlich auf diese Normen zurückgegriffen werden kann (Vermeidung von Wiederholungen, s.o.), sofern nicht Sonderregelungen bestehen, die die Normen des Allgemeinen Teils verdrängen.

> **Beispiel:** Bei einem Verbrauchsgüterkauf gem. § 474 BGB werden bspw. die Begriffe des Verbrauchers und Unternehmers verwandt. Um diese zu klären, sind dann die allgemeinen Regelungen der §§ 13, 14 BGB heranzuziehen.

40 Das System „vor die Klammer ziehen" hat aber auch den Nachteil, dass zur Beurteilung eines Rechtsverhältnisses Normen aus ganz verschiedenen Bereichen heranzuziehen sind, deren Zusammenspiel (insbesondere für den Studienanfänger) oft schwer zu erfassen ist.[24]

> **Beispiel**[25]**:** Verkauft Bauer A an den Bauern B einen Traktor, gelten für die Rechte und Pflichten aus diesem Vertrag insgesamt fünf einander überlagernde Regelungskreise, die jeweils vom Allgemeinen zum Besonderen fortschreiten:
>
> 1. die Vorschriften über Schuldverhältnisse allgemein (§§ 241 ff. BGB),
> 2. die Vorschriften über Schuldverhältnisse aus Verträgen (§§ 311 ff. BGB),
> 3. die Vorschriften über gegenseitige Verträge (§§ 320 ff. BGB),
> 4. die Vorschriften über den Kauf (§§ 433 ff. BGB) und
> 5. die Vorschriften über die Mängelhaftung beim Kauf (§§ 433 I S. 2, 434 ff. BGB).

---

[23] *Eckert*, SchuldR AT, Rn 1; *Brox/Walker*, AT, Rn 37; *Köhler/Lange*, AT, § 3 Rn 14.
[24] Die Problematik des Zusammenspiels der einzelnen Bücher (Rechtsinstitute) des BGB ist Gegenstand der Ausführungen bei Rn 1588 ff. sowie des Anwendungsfalls bei Rn 1630.
[25] Vgl. *Köhler/Lange*, AT, § 3 Rn 14.

IV. Verweisung auf andere Vorschriften

Ein anderes Mittel, Wiederholungen zu vermeiden, ist die Verweisung auf andere **41**
Rechtssätze, die in Tatbestand *und* Rechtsfolge (sog. **Rechtsgrundverweisung**) oder
nur in der Rechtsfolge (sog. **Rechtsfolgenverweisung**) entsprechende Anwendung
finden sollen. Der Nachteil dieser Technik, besonders im Falle von Kettenverweisungen,
besteht in der Einbuße an Übersichtlichkeit.

> **Beispiel:** § 818 IV BGB verweist für die Haftung des Empfängers einer ungerechtfertig-
> ten Bereicherung vom Eintritt der Rechtshängigkeit an auf die „allgemeinen Vorschrif-
> ten". Damit wird auf die Vorschriften des Allgemeinen Schuldrechts Bezug genommen,
> insbesondere auf § 292 BGB. Diese Vorschrift verweist ihrerseits wieder auf die „Vor-
> schriften, welche für das Verhältnis zwischen dem Eigentümer und dem Besitzer von
> dem Eintritt der Rechtshängigkeit des Eigentumsanspruchs an gelten", also auf §§ 987
> ff. BGB. Der Empfänger hat damit im Ergebnis Nutzungen herauszugeben und Scha-
> densersatz zu leisten.

V. Einsatz von Fiktion und unwiderlegbarer Vermutung

Ebenfalls der Vermeidung von Wiederholungen und der Förderung der Systematik die- **42**
nen die Fiktion und die unwiderlegbare Vermutung. Die Fiktion stellt bewusst einen
Tatbestand einem anderen, von diesem zu unterscheidenden Tatbestand gleich, um die
für diesen geltende Rechtsfolge auch auf jenen zu erstrecken. Demgegenüber soll die
unwiderlegbare Vermutung Zweifel ausschließen, ob ein Tatbestand der Unterfall eines
anderen Tatbestands ist; „unwiderlegbar" bedeutet, dass der Gegenbeweis unzulässig
ist. Die Unterschiede zwischen Fiktion und unwiderlegbarer Vermutung sind fließend,
auch bedient sich der Gesetzgeber beide Male des Begriffs „gilt".

> **Beispiel:** Nach § 612 I BGB gilt eine Vergütung als stillschweigend vereinbart, wenn die
> Dienstleistung den Umständen nach nur gegen eine Vergütung zu erwarten ist. Ob es
> sich dabei um eine Fiktion oder eine unwiderlegbare Vermutung handelt, ist unklar. Einer
> Entscheidung bedarf es i.d.R. aber auch nicht.

VI. Zwingendes und dispositives Recht

Das BGB unterscheidet zwischen **zwingendem** (*ius cogens*) und **dispositivem** (*ius* **43**
dispositivum) Recht. Zwingendes Recht bedeutet, dass die den Sachverhalt regelnden
Normen von den Parteien stets und uneingeschränkt zu beachten sind, ihre Geltung
also nicht durch Rechtsgeschäft abbedungen werden kann. Dementsprechend stellen
Rechtsnormen, deren Geltung von den Beteiligten abbedungen werden kann, *dispositi-*
ves Recht dar.[26]
Im Grundsatz sind die meisten schuldrechtlichen Bestimmungen dispositiv. Denn wegen des im Zivilrecht geltenden Grundsatzes der Privatautonomie, der seine verfas-
sungsrechtliche Grundlage in Art. 2 I GG (allgemeine Handlungsfreiheit; Privatautonomie) findet, müssen die Beteiligten grds. auch das Recht haben, ihre Rechtsbeziehungen selbstverantwortlich zu gestalten und die Geltung einzelner Bestimmungen des Zivilrechts vertraglich auszuschließen. Denn die Funktion der zivilrechtlichen Normen besteht darin, eine interessengerechte Vertragsordnung zur Verfügung zu stellen und dadurch den Parteien die Last abzunehmen, für alle Eventualitäten der Vertragsdurchführung Vereinbarungen treffen zu müssen, nicht jedoch den Parteien im Wege zu stehen,
wenn diese für ihre besonderen Bedürfnisse und Interessen eine andere Regelung treffen wollen. Da die Parteien oftmals jedoch nicht dieselbe wirtschaftliche und/oder intellektuelle Verhandlungsmacht haben und es daher naheliegt, dass die wirtschaftlich
und/oder intellektuell überlegene Partei versuchen wird, die andere Partei zu übervor-

---

[26] Vgl. auch *Brox/Walker,* AT, Rn 35 f.

teilen und zu benachteiligen, kann die genannte Vertragsautonomie auf der anderen Seite nicht uneingeschränkt gewährt werden. Daher sind bestimmte Vorschriften für die Beteiligten zwingend und können nicht abbedungen werden.

44 Ob eine Rechtsnorm zwingend oder dispositiv ist, ergibt sich durch **Auslegung**, vornehmlich aus ihrem Wortlaut oder Zweck (zu den Auslegungsmethoden vgl. soeben). Während die meisten schuldrechtlichen Bestimmungen dispositiv sind (vgl. aber z.B. §§ 276 III, 311b, 444, 475 I S. 1, 536d, 619, 444, 574c III BGB), gilt für die meisten Normen des Sachen-, Familien- und Erbrechts das Gegenteil. Hier legt das BGB sogar vielfach ausdrücklich fest, dass bestimmte Vereinbarungen, durch die von gesetzlichen Vorschriften abgewichen wird, nichtig sind oder die davon begünstigte Partei sich nicht darauf berufen kann.

45 Als *halbzwingend* bezeichnet man Normen, von denen nicht zum Nachteil, wohl aber zum Vorteil einer Partei abgewichen werden darf (vgl. §§ 312f, 651m S. 1 BGB).

VII. Vertragsautonomie: Abschlussfreiheit und Inhaltsfreiheit

46 Wenn bisher von Vertragsfreiheit (d.h. Vertragsautonomie), also von dem Recht der Parteien, ihre vertraglichen Beziehungen frei zu wählen, gesprochen wurde, sind damit die Abschlussfreiheit und die Inhaltsfreiheit gemeint. **Abschlussfreiheit** bedeutet das Recht, frei zu wählen, ob man einen Vertrag schließt oder nicht. Die **Inhaltsfreiheit** gewährt das Recht, den Vertragsinhalt so zu gestalten, wie es den Vorstellungen und Bedürfnissen der Parteien entspricht. Verfassungsrechtlich ist die Vertragsfreiheit durch Art. 2 I GG (hier: allgemeine Handlungsfreiheit) gewährleistet. Freilich bergen diese Freiheiten stets die Gefahr in sich, dass die wirtschaftlich und/oder intellektuell überlegene Partei es in der Hand hat, die andere Partei zu übervorteilen und zu benachteiligen. Daher hat der Gesetzgeber bestimmte Schutzmechanismen geschaffen, die er im Laufe der Jahre noch ausgebaut hat. So besteht z.B. im Personenbeförderungsrecht eine grundsätzliche Pflicht der Verkehrsunternehmen zum Vertragsschluss (sog. Kontrahierungszwang[27]) gem. § 22 PersBefG oder im Wirtschaftsrecht für marktbeherrschende Unternehmen gem. §§ 3, 9 UWG, 33 I S. 1, 19 I GWB. Im allgemeinen Zivilrecht kann ein Kontrahierungszwang angenommen werden, wenn die Weigerung der überlegenen Partei eine vorsätzliche sittenwidrige Schädigung der anderen Partei i.S.v. § 826 BGB darstellt. Sofern die genannten Bestimmungen auf ihrer Rechtsfolgenseite Schadensersatz nennen und damit auch Naturalrestitution (= Wiederherstellung des ursprünglichen Zustands) zulassen, ist damit auch die Verpflichtung zum Vertragsschluss umfasst, denn der Kontrahierungszwang ist eine Form der Naturalrestitution.[28]

> **Beispiel:** Die Buchhandelskette B, die bereits einen Marktanteil von 70% hat, erklärt sich nur dann bereit, die Bücher des kleinen Verlags V in das Sortiment aufzunehmen, wenn dieser eine „Aufnahmegebühr" bezahlt und zudem eine monatliche „Regalmiete" entrichtet.
>
> Da ein Marktanteil von 70% eine Quasi-Monopolstellung bedeutet und die Bereitschaft, die Titel des V nur dann ins Sortiment aufzunehmen, wenn dieser die genannten Bedingungen erfüllt, als grob anstößig zu bewerten ist, muss das Verhalten von B insgesamt als wettbewerbs- und sittenwidrig bezeichnet werden. B ist daher zur Aufnahme der Titel des V ins Sortiment ohne die genannten Bedingungen verpflichtet. Der allgemeine Buchhändlerrabatt (also die Gewinnmarge der Buchhändler) muss genügen.[29]

---

[27] Vgl. den lateinischen Begriff contractus – der Vertrag.
[28] Vgl. dazu ausführlich *R. Schmidt*, SchuldR BT II, Rn 778.
[29] Zum Kontrahierungszwang vgl. ausführlich Rn 489 ff.

Auch die Inhaltsfreiheit unterliegt bestimmten Einschränkungen. Denn dass die überlegene Partei bestimmte gesetzliche Vorschriften mit Hilfe von **Allgemeinen Geschäftsbedingungen** (AGB) abzubedingen und dadurch ihre Interessen auf Kosten des Geschäftspartners durchzusetzen versucht, ist hinlänglich bekannt. Diese Tatsache hat auch der Gesetzgeber erkannt, indem er Regelungen aufgestellt hat, die die Verwendung von AGB einschränkt bzw. einer (gerichtlichen) Inhaltskontrolle unterstellt (vgl. §§ 305 ff., 307 ff. BGB).[30]

47

> **Beispiel (Schönheitsreparaturen-Klausel)[31]:** Vermieter V verwendet standardmäßig in seinen Mietvertragsformularen die Klausel „Die Schönheitsreparaturen werden vom Mieter getragen." Mieter M möchte wissen, ob diese Klausel wirksam ist.
>
> Da die *Schönheitsreparaturen-Klausel* in einer Vielzahl von Verträgen verwendet wird, handelt es sich um eine Allgemeine Geschäftsbedingung i.S.v. § 305 I S. 1 BGB. Sie unterliegt daher der sog. Inhaltskontrolle (dazu näher Rn 1556 ff.) u.a. nach § 307 I S. 1 BGB, wonach eine Bestimmung in AGB unwirksam ist, wenn sie den Vertragspartner des Verwenders entgegen den Geboten von Treu und Glauben unangemessen benachteiligt. Nach § 307 II Nr. 1 BGB ist eine unangemessene Benachteiligung im Zweifel anzunehmen, wenn eine Bestimmung „mit wesentlichen Grundgedanken der gesetzlichen Regelung, von der abgewichen wird, nicht zu vereinbaren ist".
>
> Eine gesetzliche Regelung, von der vorliegend abgewichen wird, stellt § 535 I S. 2 BGB dar. Diese Vorschrift sieht als Hauptpflicht des Vermieters vor, dass er die Mietsache auch während der Mietzeit in einem zum vertragsgemäßen Gebrauch geeigneten Zustand zu erhalten hat; unter diese Erhaltungspflichten fallen auch Schönheitsreparaturen. Allerdings ist eine unangemessene Benachteiligung nur „im Zweifel" anzunehmen. Es ist daher eine **Interessenabwägung** vorzunehmen. Betrachtet man den Umstand, dass die Abwälzung der Schönheitsreparaturen auf den Mieter Verkehrssitte geworden ist und dieser Kostenfaktor im Allgemeinen auch bei der Kalkulation der Miete berücksichtigt wird, ist vorliegend wohl eine unangemessene Benachteiligung zu verneinen. Die Klausel könnte demnach nur noch wegen zu großer Unbestimmtheit (was fällt im Einzelnen unter den Begriff der Schönheitsreparaturen und wie oft sind sie vorzunehmen?) nichtig sein. Nach Auffassung des BGH ist sie dennoch klar und verständlich i.S.v. (nunmehr) § 307 I S. 2 BGB.[32] Sie ist daher wirksam.

Weitere Vorschriften des BGB, welche die Inhaltsfreiheit einschränken, finden sich z.B. in §§ 134, 138, 242 und 475 BGB.

47a

VIII. Regelung der Beweislast

Das BGB geht unausgesprochen von dem Grundsatz aus, dass jede Partei die für sie günstigen Tatsachen zu beweisen und das Risiko der Beweislosigkeit zu tragen hat – sog. Beweislast.[33] Will es davon abweichen, stellt es (widerlegbare) Vermutungen für das Vorliegen bestimmter Tatsachen auf. Sie sind aus der sprachlichen Fassung und der systematischen Stellung der jeweiligen Vorschriften kenntlich. Das ist z.B. bei den Formulierungen: „Der Besitzer kann die Herausgabe verweigern, wenn..." in § 986 BGB oder: „Der Schuldner kommt nicht in Verzug, solange..." in § 286 IV BGB der Fall. Auch die Formulierungen in §§ 287 S. 2, 848 und 932 II BGB: „es sei denn" stellen gesetzliche Beweislastumkehrregelungen dar.

48

> **Beispiel[34]:** E entdeckt bei K ein Fahrrad, das er kürzlich dem V geliehen hatte, und verlangt es von ihm heraus. K behauptet, er habe es von V erworben; er habe nicht wissen

---

[30] Zum **AGB-Recht** vgl. ausführlich Rn 1488 ff.
[31] Nach BGHZ **92**, 363 ff., dargestellt auch bei *Köhler/Lange*, AT, § 3 Rn 22 ff.
[32] BGHZ **92**, 363, 368 f.
[33] *Rosenberg*, Die Beweislast, 5. Aufl. (1965), S. 98 f.; vgl. dazu auch *Gsell*, JuS **2005**, 967 ff.
[34] Vgl. *Köhler/Lange*, AT, § 3 Rn 17.

können, dass es das Fahrrad des E sei; vielmehr sei er davon ausgegangen, dass es dem V gehört habe. E bestreitet dies. K habe sehr wohl gewusst, dass V das Fahrrad nur geliehen habe.

Hier könnte dem Herausgabeverlangen des E gem. § 985 BGB die Gutgläubigkeit des K gem. § 932 BGB entgegenstehen, wonach K Eigentümer geworden wäre. Aus der Formulierung des **§ 932 I BGB** („es sei denn") ergibt sich, dass guter Glaube des K vermutet wird und E die Beweislast für die Bösgläubigkeit des K trifft. Kann E also nicht beweisen, dass K über die tatsächlichen Verhältnisse informiert war oder zumindest grob fahrlässig die Eigentumslage verkannte (§ 932 II BGB), ist sein Herausgabeanspruch unbegründet.

Ein weiteres Beispiel einer Beweislastregel stellt **§ 280 I S. 2 BGB** dar. Durch die negative Formulierung und die systematische Stellung hinter der Grundregel des § 280 I S. 1 hat der *Schuldner* zu beweisen, dass er die Schlechtleistung nicht zu vertreten hat.

E. Trennungs- und Abstraktionsprinzip

49 In rechtstechnischer Hinsicht ist das BGB gekennzeichnet durch das Trennungs- und Abstraktionsprinzip[35]: Wie bereits erwähnt beschreibt das **Schuldrecht** die Beziehungen von Rechtssubjekten untereinander. Anders als im Sachenrecht, in dem Rechte gegenüber jedermann gelten, wirken schuldrechtliche Verhältnisse nur zwischen den Parteien, also *inter partes*. Man spricht insoweit von der **Relativität der Schuldverhältnisse**. Nur in wenigen Ausnahmefällen können dritte Personen von den Wirkungen eines zwischen zwei Subjekten bestehenden Schuldverhältnisses betroffen werden. Das ist bspw. beim echten Vertrag zugunsten Dritter (§ 328 BGB) der Fall, bei dem eine Person sich gegenüber einer anderen verpflichtet, eine Leistung an einen Dritten zu erbringen. Demgegenüber entfalten **sachenrechtliche** Geschäfte Wirkungen gegenüber jedermann, also *contra omnes*. Daraus folgt, dass die schuldrechtlichen Beziehungen zwischen zwei Personen grundsätzlich keine Änderung der sachenrechtlichen Verhältnisse bewirken. Hierzu bedarf es weiterer Geschäfte. Wenn bspw. A dem B ein Kfz verkauft, ist B deswegen noch nicht Eigentümer geworden. Zwar hat B einen **schuldrechtlichen** Anspruch aus § 433 I S. 1 BGB auf Übereignung (= Eigentumsübertragung) und Übergabe (= Besitzverschaffung) des Wagens, aber für die **Änderung der Eigentumsverhältnisse** ist zunächst noch ein weiteres, **sachenrechtliches Übertragungsgeschäft** erforderlich.[36] Die Regelungen hierüber finden sich nicht im zweiten, sondern im dritten Buch des BGB, dem Sachenrecht. Die Übereignung des Wagens hat nach den Regelungen der §§ 929 ff. BGB zu erfolgen. Erst wenn dieses Übertragungsgeschäft abgeschlossen ist, ist B Eigentümer geworden. Die strikte Trennung von schuldrechtlichen Verträgen und sachenrechtlichen Übertragungsgeschäften wird mit dem Begriff „**Trennungsprinzip**" beschrieben, weil die schuldrechtliche Ebene getrennt von der sachenrechtlichen Zuordnung zu behandeln ist. Einher mit dieser Trennung geht die Einteilung in **Verpflichtungs-** und **Verfügungsgeschäfte**: Der Schuldner „verpflichtet" sich schuldrechtlich, über den Inhalt des Geschäfts sachenrechtlich zu „verfügen".

50 **Beispiel:** A verkauft B seinen gebrauchten Mini für 5.000,- €. Da A den Wagen am Abend aber noch selbst benötigt, vereinbaren beide, dass sowohl der Wagen als auch das Geld am nächsten Tag übergeben werden sollen.

---

[35] Zwar sind das Trennungs- und Abstraktionsprinzip elementare Bestandteile der Rechtsgeschäftslehre, allerdings sind es auch Fundamentalprinzipien des deutschen bürgerlichen Rechts. Daher werden sie bereits an dieser Stelle behandelt.
[36] Aufgrund dieser Tatsache werden das Verpflichtungsgeschäft auch als *Grund-* bzw. *Kausalgeschäft* und das Verfügungsgeschäft als *Erfüllungsgeschäft* bezeichnet.

Das **schuldrechtliche** Verhältnis stellt hier der Kaufvertrag (§ 433 BGB) dar. Danach ist A verpflichtet (daher auch **Verpflichtungsgeschäft** genannt), den Wagen an B zu übereignen (also ihm das Eigentum daran zu verschaffen) und ihn ihm zu übergeben. B muss A den Kaufpreis zahlen und die Sache abnehmen, § 433 II BGB.

Allein der Kaufvertrag hat also noch nicht zur Folge, dass B schon Eigentümer des Wagens und A Eigentümer des Geldes ist. Dazu sind zwei weitere (**sachenrechtliche**) Rechtsgeschäfte (**Verfügungsgeschäfte**) erforderlich. Erst wenn A dem B das Auto gem. § 929 S. 1 BGB übereignet hat, ist dieser Eigentümer. Die Übereignung erfolgt durch eine dingliche Einigung und die Übergabe der Sache. Das Gleiche gilt für das Geld. A und B müssen sich über den Eigentumsübergang am Geld einigen und es muss übergeben werden. Nachdem die aus dem Kaufvertrag resultierenden Pflichten durch die sachenrechtlichen Übertragungsgeschäfte erfüllt worden sind, haben also **drei Rechtsgeschäfte** stattgefunden, die stets voneinander zu trennen sind:

1. der Kaufvertrag, § 433 BGB (das **Verpflichtungs- bzw. Kausalgeschäft**),

2. die Einigung über den Übergang des Eigentums und Übergabe der Kaufsache, § 929 S. 1 BGB (**1. Verfügungsgeschäft**) und

3. die Einigung über den Übergang des Eigentums und Übergabe des Kaufpreises, § 929 S. 1 BGB (**2. Verfügungsgeschäft**).

Hinweis für die Fallbearbeitung: Sind die Auswirkungen des dinglichen Rechtsgeschäfts zu untersuchen, tut man gut daran, sich im Rahmen dieser Prüfung nicht über das schuldrechtliche Kausalgeschäft zu äußern. Schon die Niederschrift des bloßen Wortes „Kaufvertrag" auf dieser Ebene sollte vermieden werden. Natürlich ist es nicht unrichtig zu sagen, der Betroffene sei „kaufweise" Eigentümer geworden. Aber schon eine kleine Änderung des Sachverhalts illustriert, wie dünn das Eis ist, auf dem man sich bewegt. Denn die Umformulierung des Begriffs „kaufweise" in „durch den Kauf" führt zum eingangs genannten Grundlagenfehler, weil sie impliziert, dass man schon durch den Kaufvertrag und nicht erst durch die Übereignung Eigentum erworben habe.

51

Das Trennungsprinzip ermöglicht es den Vertragsparteien, die Wirkungen der Verfügung und diejenigen der Verpflichtung an verschiedene Voraussetzungen zu knüpfen. Der Vorteil dieses Prinzips wird bspw. beim Verkauf einer Ware unter **Eigentumsvorbehalt** (§ 449 BGB) deutlich: Beim Verkauf unter Eigentumsvorbehalt wird der Verkauf als solcher ohne eine Bedingung (§ 158 BGB) abgeschlossen. Dagegen steht die Übereignung unter der aufschiebenden Bedingung der vollständigen Bezahlung des Kaufpreises. Der Käufer wird also erst dann Eigentümer, wenn er den Kaufpreis vollumfänglich entrichtet hat (§§ 929 S. 1, 158 I BGB).[37]

52

Das **Abstraktionsprinzip** baut auf dem Trennungsprinzip auf und führt es weiter. Es besagt, dass das Fehlen der Wirksamkeit des (schuldrechtlichen) Verpflichtungsgeschäfts die Wirksamkeit des (sachenrechtlichen) Verfügungsgeschäfts im Grundsatz ebenso wenig berührt, wie dies umgekehrt der Fall ist (sog. **Fehlerunabhängigkeit**). Ist also das Verpflichtungsgeschäft unwirksam, berührt diese Unwirksamkeit grundsätzlich nicht die Wirksamkeit des Verfügungsgeschäfts. Der Leistende kann also nicht einfach die Sache wieder zurückverlangen. Dazu bedarf es einer gesetzlichen Grundlage, die die Folgen des Abstraktionsprinzips wieder rückgängig macht. Eine solche bietet das **Bereicherungsrecht**.

53

Beispiel: K will von V einen antiken Kompass kaufen und macht ihm (versehentlich) ein schriftliches Angebot in Höhe von 250,- €; er wollte eigentlich 150,- € schreiben. V ist über dieses Angebot erfreut und übereignet dem K am nächsten Tag den Kompass. Da-

---

[37] Vgl. dazu auch NJW **2006**, 3488, 3489 f. mit Bespr. v. *Wolf*, JA **2007**, 298 ff.

bei vereinbaren sie, dass K mit der Zahlung des Kaufpreises (wobei in diesem Zeitpunkt über die Höhe nicht gesprochen wird) noch eine Woche warten kann, da dieser gerade „knapp bei Kasse" ist. Als V dann die 250,- € verlangt, stellt sich der Irrtum des K heraus. Dieser ficht seine Erklärung sofort nach § 119 I Var. 2 BGB wegen eines Erklärungsirrtums wirksam an.

Gemäß § 142 I BGB ist der Kaufvertrag als von Anfang an nichtig anzusehen, sodass das der Verfügung zugrunde liegende Verpflichtungsgeschäft nicht mehr existiert. Dennoch bleibt K Eigentümer des Kompasses, da das Verfügungsgeschäft von der Unwirksamkeit des Verpflichtungsgeschäfts unberührt bleibt. § 985 BGB ist daher nicht einschlägig. Auch Ansprüche aus §§ 1007, 861 und 823 BGB scheiden aus. Es ist aber nicht gerechtfertigt, dass K den Kompass behalten darf, ohne dafür bezahlen zu müssen. Hier hilft das Bereicherungsrecht: Da K durch die Leistung des V das Eigentum und den Besitz am Kompass ohne rechtlichen Grund (der Kaufvertrag ist nichtig) erlangt hat, ist er dem V zur Herausgabe verpflichtet. V kann also nach § 812 I S. 1 Var. 1 BGB bzw. nach § 812 I S. 2 Var. 1 BGB[38] Eigentumsübertragung und Besitzverschaffung verlangen.

54

> **Fazit:** Ist das Verpflichtungsgeschäft (= Kausalgeschäft) unwirksam, das Verfügungsgeschäft jedoch wirksam, besteht kein Herausgabeanspruch nach § 985 BGB; vielmehr erfolgt der Ausgleich des ungerechtfertigten Rechtsverlusts nach § 812 I S. 1 Var. 1 BGB bzw. nach § 812 I S. 2 Var. 1 BGB (sog. **Leistungskondiktion**).

55 Die grundsätzlich bestehende Fehlerunabhängigkeit gilt auch in der umgekehrten Konstellation:

> **Beispiel:** V und K schließen einen Kaufvertrag über den gebrauchten Palandt des V. Die Übergabe und Übereignung soll am nächsten Tag stattfinden. V, der die ganze Nacht sein bestandenes juristisches Staatsexamen gefeiert hat, übergibt ihn dem K am darauffolgenden Morgen noch immer sturztrunken (3,4 ‰).
>
> Der Kaufvertrag ist in diesem Fall wirksam zustande gekommen. Die dingliche Einigung nach § 929 S. 1 BGB war jedoch nach § 105 II BGB wegen der hohen Blutalkoholkonzentration nichtig, sodass K nicht Eigentümer des Palandt geworden ist. Trotzdem lässt diese fehlerhafte Verfügung den Bestand und die Wirksamkeit des Verpflichtungsgeschäfts (des Kaufvertrags) unberührt. K hat daher noch immer gegen V einen Anspruch auf Übereignung und Übergabe gem. § 433 I S. 1 BGB.

56 Das Abstraktionsprinzip ist jedoch nicht frei von **Nachteilen**: Schon vor Inkrafttreten des BGB wurde das Abstraktionsprinzip scharf angegriffen. Man hielt ihm vor allem vor, dass die Trennung eines einheitlichen Vorgangs (Barkauf des täglichen Lebens) in ein Kausalgeschäft (Kaufvertrag) und abstrakte Verfügungsgeschäfte (Übereignung der Kaufsache und Übereignung des Kaufpreises) der Volksanschauung widerspreche.[39]
Weit erheblicher als diese Verständnisschwierigkeiten wiegen jedoch einige Auswirkungen des Abstraktionsprinzips: Derjenige, der über einen Gegenstand aufgrund eines unwirksamen Verpflichtungsgeschäfts verfügt hat, ist dann nicht ausreichend geschützt, wenn der Vertragspartner die Sache **an einen Dritten wirksam weiterveräußert** (vgl. Abwandlung 1) oder wenn ein Gläubiger des Vertragspartners in den Verfügungsgegenstand die **Zwangsvollstreckung** betreibt (vgl. Abwandlung 2).[40]

57 **Grundüberlegung:** V verkauft (§ 433 BGB) an K ein Gemälde und übereignet es ihm (§ 929 S. 1 BGB). Später kann V seine Willenserklärung in Bezug auf den Kaufvertrag (nicht in Bezug auf das Verfügungsgeschäft!) wegen eines Inhaltsirrtums (§ 119 I BGB) erfolgreich anfechten. ⇨ Hier folgt aus dem Abstraktionsprinzip, dass die Anfechtung der dem Kaufvertrag zugrunde liegenden Willenserklärung keine Auswirkungen auf das sa-

---

[38] Vgl. dazu Rn 60, 111 und 1268.
[39] *Brox/Walker*, AT, Rn 121; *Peters*, AT, S. 47.
[40] *Brox/Walker*, AT, Rn 121.

chenrechtliche Verfügungsgeschäft hat (eine Ausnahme, die bei der sog. Fehleridentität zu machen ist, liegt hier nicht vor – vgl. dazu Rn 1453 f.). Die Übereignung des Gemäldes gem. § 929 S. 1 BGB bleibt also wirksam, sodass K Eigentümer des Gemäldes geworden ist. Ein Anspruch des V aus § 985 BGB auf Herausgabe des Gemäldes (sog. Vindikationsanspruch) kommt daher nicht in Betracht. V hat jedoch einen Kondiktionsanspruch, d.h. er kann das Gemälde gem. § 812 I S. 1 Var. 1 BGB bzw. gem. § 812 I S. 2 Var. 1 BGB herausverlangen.

Abwandlung 1: K hat das Gemälde zwischenzeitlich an D weiterveräußert (vgl. §§ 433 I, 929 S. 1 BGB). ⇨ Da hier K Eigentümer war (V hatte ja nur das Verpflichtungs- bzw. Kausalgeschäft angefochten), konnte er das Gemälde wirksam an D übereignen. Daher ist D Eigentümer des Gemäldes geworden. K kann dem V das Gemälde somit nicht mehr herausgeben. V steht gegen K nur noch ein Anspruch auf Wertersatz (§§ 812, 818 II BGB) zu. Aus Sicht des V besonders misslich ist, wenn K zwischenzeitlich auch noch vermögenslos geworden ist, sodass sich der Anspruch des V nicht realisieren lässt. Hinsichtlich D bleibt festzuhalten, dass er durch das Abstraktionsprinzip geschützt wird. Er muss sich nicht um etwaige Mängel des Kausalgeschäfts bezüglich seines Rechtsvorgängers (hier: K) kümmern; vielmehr wird er in seinem Vertrauen darauf, dass er wirksam Eigentum erworben hat, geschützt. Somit lässt sich sagen, dass das Abstraktionsprinzip auch dem **Verkehrsschutz** dient.[41]

58

Abwandlung 2: Entsprechendes gilt, wenn einer von K´s Gläubigern eine Zwangsvollstreckung in den Verfügungsgegenstand (das Gemälde) betreibt. Da V aufgrund des wirksamen Verfügungsgeschäfts nicht mehr Eigentümer des Gemäldes ist, kann er gegen die Zwangsversteigerung nichts unternehmen. Die regelmäßig mit der Zwangsvollstreckung einhergehende Vermögenslosigkeit des K macht, wie auch in der obigen Abwandlung, den Anspruch auf Wertersatz faktisch wertlos.

59

In bestimmten (gravierenden) Fällen hat auch der Gesetzgeber die Nachteile des Abstraktionsprinzips erkannt und dessen Folgen insbesondere dann eingeschränkt, wenn der sich Verpflichtende **minderjährig** ist oder vom Erwerber **arglistig getäuscht** wurde. Das Gleiche gilt, wenn das Verfügungsgeschäft in besonderem Maße gegen die **guten Sitten verstößt** bzw. **Wucher** darstellt. In Fällen der genannten Art bleibt es zwar beim Trennungsprinzip, allerdings schlägt der Fehler im Verpflichtungsgeschäft auf das dingliche Erfüllungsgeschäft durch mit der Folge, dass auch dieses unwirksam ist (sog. **Fehleridentität**). Der Betroffene kann also kein Eigentum verlieren. Er kann die Sache gem. § 985 BGB herausverlangen.

60

Beispiele:

Minderjährigenschutz: Der 6-jährige S schenkt dem 5-jährigen F seine Spielekonsole. In diesem Fall sind sowohl das Verpflichtungsgeschäft (der Schenkungsvertrag, § 516 BGB) als auch das Verfügungsgeschäft (die Übereignung gemäß § 929 S. 1 BGB) wegen der Geschäftsunfähigkeit beider Parteien (§§ 104 Nr. 1, 105 BGB) nichtig.

61

Arglistige Täuschung: V täuscht K beim Kauf eines Gebrauchtwagens arglistig über die Unfallfreiheit des Kfz, also über eine verkehrswesentliche Eigenschaft (§ 123 I Var. 1 BGB). Nach der Abwicklung sowohl des Verpflichtungs- als auch des Verfügungsgeschäfts bemerkt K die Täuschung und ficht beide Erklärungen an. Hier sind sowohl das Verfügungs- als auch (wegen der Schutzbedürftigkeit des K) das Verpflichtungsgeschäft nichtig.

62

---

[41] Etwas anderes hätte gegolten, wenn das Verfügungsgeschäft zwischen V und K (wegen eines Eigenschaftsirrtums gem. § 119 II BGB) anfechtbar gewesen wäre und D diese Anfechtbarkeit gekannt hätte oder kennen musste. Hätte V dann das Verfügungsgeschäft angefochten, wäre D nach § 142 II BGB so zu behandeln gewesen, als wenn er die Nichtigkeit der Übereignung von V an K gekannt hätte. § 932 BGB hätte ihm dann nicht geholfen und V hätte von D das Gemälde gem. § 985 BGB herausverlangen können. Vgl. dazu das Beispiel bei Rn 1277.

63   **Sittenwidrigkeit:** Bei einem Verstoß gegen die guten Sitten (§ 138 I BGB) ist i.d.R. zwar nur das Verpflichtungsgeschäft betroffen, wohingegen das abstrakte Verfügungsgeschäft grundsätzlich *sittlich neutral* ist.[42] Ausnahmsweise kann jedoch auch das Verfügungsgeschäft nichtig sein, wenn gerade durch die Nichtigkeit der Verfügung eine sittenwidrige Schädigung Dritter verhindert werden kann.[43] Das betrifft in erster Linie den sog. **Bordellkauf** und den Kauf von sog. **Radarwarngeräten**. Da die Erläuterung der damit zusammenhängenden Problematiken aber zu sehr in das Bereicherungsrecht führen würde, sei insoweit auf die Gesamtdarstellung bei *R. Schmidt*, SchuldR BT II, Rn 319 f. verwiesen.

Zum **Wucher** (§ 138 II BGB) vgl. ausführlich Rn 1181 ff.

64   Bei **Formmängeln** (§§ 125 ff. BGB) kommt eine Fehleridentität i.d.R. nicht in Betracht. Denn zumeist betreffen die Formverbote entweder nur das Verpflichtungs- oder nur das Verfügungsgeschäft. So betrifft § 518 I BGB nur den Schenkungsvertrag, nicht auch die dingliche Übereignung des Gegenstands. Eine Fehleridentität ist in diesem Fall also nicht denkbar. Findet das dingliche Vollzugsgeschäft statt, ist der Formmangel des Schenkungsvertrags sogar geheilt (so ausdrücklich § 518 II BGB).

65   Bei den **Verbotsgesetzen** (§ 134 BGB) kommt es bei der Frage nach der Fehleridentität darauf an, welche Geschäftsarten das Gesetz verbieten will. In der Regel betrifft ein Verstoß gegen ein Verbotsgesetz nur das Verpflichtungsgeschäft. Eine Fehleridentität liegt aber dann vor, wenn die Umstände, die den Gesetzesverstoß begründen, **zugleich und unmittelbar das Verfügungsgeschäft betreffen**.[44]

Beispiel: Verkauft A an B ein Kilogramm Marihuana und übereignet diesem die Ware auch, erstreckt sich der Gesetzesverstoß (Verstoß gegen das Betäubungsmittelgesetz) auch auf das Übereignungsgeschäft. Aus rechtsgeschäftlicher Sicht kann B also nicht wirksam Eigentum erwerben.

66   Eine Ausnahme vom Abstraktionsprinzip ist nach h.M.[45] auch möglich, wenn die Vertragsparteien eine Vereinbarung treffen, wonach die Wirksamkeit des Verfügungsgeschäfts von der Wirksamkeit des Verpflichtungsgeschäfts abhängt (§ 158 BGB), sog. **Bedingungszusammenhang**. Voraussetzung für eine Bedingung i.S.d. § 158 BGB ist jedoch zunächst, dass das Verfügungsgeschäft nicht bedingungsfeindlich ist (wie das z.B. bei § 925 II BGB der Fall wäre). Darüber hinaus müssen die Parteien zumindest über die Gültigkeit des Verpflichtungsgeschäfts *im Ungewissen* sein (zur Bedingung vgl. ausführlich Rn 515 ff.). Daher wird auch überwiegend gefordert, dass im Einzelfall zumindest *konkrete Anhaltspunkte* für eine solche Vereinbarung vorliegen; denn würde man in jedem Fall eine solche Bedingung annehmen, würde damit das Abstraktionsprinzip unzulässig umgangen.

67   **Beispiel:** V und K schließen einen Kaufvertrag über ein gebrauchtes Kfz. Da jedoch Unklarheit über die Unfallfreiheit des Kfz besteht, vereinbaren sie, dass die Wirksamkeit des Kaufvertrags von der Unfallfreiheit des Kfz abhängt. Gleichzeitig vereinbaren sie, dass auch die am selben Tage stattfindende Übereignung des Wagens unter der Bedingung erfolgt, dass der Kaufvertrag wirksam ist. Stellt sich nun heraus, dass es sich bei dem Wagen um einen wiederhergestellten Unfallwagen handelt, ist nicht nur die Bedingung für die Wirksamkeit des Kaufvertrags, sondern auch die für die Übereignung nicht eingetreten. Das Verfügungsgeschäft ist daher ebenfalls unwirksam. Es handelt sich um eine sog. **Geschäftseinheit**.

---

[42] BGH NJW **1990**, 384, 385; *Heinrichs*, in: Palandt, § 138 Rn 11, 20; *Medicus*, AT, Rn 712.
[43] *Medicus*, AT, Rn 712.
[44] BGHZ **115**, 123, 125 f.; BGH NJW **1992**, 2348; 2350; **1993**, 1638, 1640.
[45] *Brox/Walker*, AT, Rn 123; *Medicus*, AT, Rn 239; *Ellenberger*, in: Palandt, Überbl v § 104 Rn 24.

Übersicht über Verpflichtungs- und Verfügungsgeschäfte; Trennungs- und Abstraktionsprinzip

1. Bei dem Trennungs- und Abstraktionsprinzip handelt es sich um elementare Grundprinzipien des deutschen Zivilrechts. Grundlage dieser Prinzipien ist die Unterscheidung zwischen **Verpflichtungs-** und **Verfügungs**geschäft.

Ein **Verpflichtungsgeschäft** (schuldrechtliches Geschäft) ist ein Rechtsgeschäft, durch das die Verpflichtung zu einer Leistung begründet wird.

Durch Verpflichtungsgeschäfte werden also (lediglich) Ansprüche begründet. Änderungen der dinglichen Rechtslage vermögen sie indes nicht herbeizuführen. Hierzu sind Verfügungsgeschäfte erforderlich. Das Verpflichtungsgeschäft bildet nur den Rechtsgrund (die sog. *causa*) für das Verfügungsgeschäft.

Verfügungsgeschäfte sind Rechtsgeschäfte, die unmittelbar auf ein Recht durch **Übertragung**, **Aufhebung**, **Belastung** oder **Inhaltsänderung** einwirken.

Verfügungs*objekte* sind zumeist **dingliche Rechte** (z.B. das Eigentum oder ein Pfandrecht).

2. (Schuldrechtliche) Verpflichtungsgeschäfte und (sachenrechtliche) Übertragungsgeschäfte sind strikt voneinander zu **trennen**.

Das **Trennungsprinzip** besagt, dass zwischen dem (schuldrechtlichen) Verpflichtungs- und dem (sachenrechtlichen) Verfügungsgeschäft strikt zu trennen ist.

Das Abstraktionsprinzip baut auf dem Trennungsprinzip auf und führt es weiter.

Das **Abstraktionsprinzip** besagt, dass das Fehlen der Wirksamkeit des Verpflichtungsgeschäfts die Wirksamkeit des Verfügungsgeschäfts ebenso wenig berührt, wie dies umgekehrt der Fall ist.

Lediglich, wenn durch das Trennungsprinzip unangemessene Folgen entstünden, hat der Gesetzgeber diesem Prinzip Grenzen gesetzt, insb. wenn der sich Verpflichtende **minderjährig** ist oder vom Erwerber **arglistig getäuscht** wurde. Das Gleiche gilt, wenn das Verfügungsgeschäft in besonderem Maße gegen die **guten Sitten verstößt** bzw. **Wucher** darstellt.

F. Aufbau einer materiellen Anspruchsklausur

Der grundsätzliche Aufbau einer Klausurbearbeitung richtet sich nach der zumeist am Ende des Sachverhalts gestellten Fallfrage. Diese kann auf ein konkretes Ziel gerichtet sein (Beispiel: Ist der von K geltend gemachte Anspruch auf Herausgabe der Sache begründet?), aber auch darauf, was der Anspruchsteller alles vom Anspruchsgegner verlangen kann. Dann ist anhand der in Betracht kommenden Anspruchsgrundlagen zu prüfen, welche Rechtsfolge für den Anspruchsteller am sinnvollsten ist und bei welcher Anspruchsgrundlage er sich die wenigsten Einreden/Einwendungen des Anspruchsgegners entgegenhalten lassen muss. Diese Materie, deren Beherrschung für eine erfolgreiche Fallbearbeitung unabdingbar ist, ist nebst Anwendungsfall bei Rn 1588 ff. behandelt.

68
-116

2. Kapitel – Rechtssubjekte und Rechtsobjekte

A. Rechtssubjekte/Rechtsfähigkeit

117　Wer am Rechtsverkehr teilnehmen möchte, muss rechtsfähig sein. Unter **Rechtsfähigkeit** versteht man die Fähigkeit, Träger von Rechten und Pflichten zu sein. Das BGB spricht die Rechtsfähigkeit **natürlichen** und **juristischen Personen** sowie **rechtsfähigen Personengesellschaften** (§ 14 II BGB) zu, sog. **Rechtssubjekte**. Natürliche Person ist der Mensch. Juristische Person ist eine Konstruktion der Rechtsordnung, damit eine Personenmehrheit als solche am Rechtsverkehr teilnehmen kann und die dahinter stehenden Personen rechtlich nicht verpflichtet werden. Tiere können in keinem Fall Träger von Rechten und Pflichten sein.

> **Beispiel:** Setzt Tante Waltraut ihren Mops „Nero" testamentarisch zum Alleinerben ein, ist dieses Testament unwirksam. Denn Erbe (§ 1922 BGB) und damit Träger der Rechte und Pflichten aus dem Nachlass kann nur eine (natürliche oder juristische) Person sein, nicht aber ein Tier (vgl. § 90a BGB).

I. Natürliche Personen

118　Rechtsfähig ist zunächst einmal der **Mensch** (vgl. § 1 BGB). Die Rechtsfähigkeit des Menschen beginnt mit der **Vollendung der Geburt** (§ 1 BGB). Hierzu ist der vollständige Austritt eines lebenden Menschen aus dem Mutterleib erforderlich. Es macht demnach einen Unterschied, ob ein Kind während oder nach der Geburt stirbt. Sterben bspw. während des Geburtsvorgangs Mutter und Kind, ist der Tod des Kindes erbrechtlich bedeutungslos. Hat das Kind nach der Geburt aber noch kurze Zeit gelebt, ist es Erbe seiner Mutter geworden (vgl. auch § 1923 II BGB) und wird seinerseits beerbt. Dadurch kann das Vermögen der Mutter ganz oder teilweise anderen Personen zufallen als im ersten Fall.[46]

119　Das **ungeborene Kind** (Leibesfrucht, lat.: *nasciturus*) ist **nicht rechtsfähig**. Zu seinem Schutz wird es aber für den Fall der Lebendgeburt vielfach so behandelt, als ob es schon geboren wäre.

120　▪ Im **Erbrecht** gilt gem. § 1923 II BGB das zur Zeit des Erbfalls erzeugte, aber noch nicht geborene Kind als vor dem Erbfall geboren. Stirbt also der Vater eines Kindes noch vor dessen Geburt, wird das Kind gleichwohl mit seiner Geburt Erbe seines Vaters.

121　▪ Im **Familienrecht** kann schon vor Geburt eines Kindes zur Sicherung des künftigen Unterhalts eine einstweilige Verfügung gegen seinen Vater auf Unterhaltszahlung beantragt werden (§ 1615o I S. 2 BGB).

122　▪ Auch im **Deliktsrecht** genießt der *nasciturus* Schutz. Dies gilt zunächst für den Verlust des *künftigen Unterhaltsanspruchs* gegen den Unterhaltsverpflichteten: Wird z.B. der Vater eines noch ungeborenen Kindes getötet, erwirbt das Kind mit seiner Geburt einen Schadensersatzanspruch gegen den Täter (§ 844 II S. 2 BGB).
Wird der *nasciturus im Mutterleib geschädigt,* erwirbt das Kind im Falle seiner Geburt einen *Schadensersatzanspruch wegen vorgeburtlicher Schädigung* gegen den Schädiger („anderer" i.S.d. § 823 I BGB ist auch der *nasciturus*; dasselbe gilt hinsichtlich der Einbeziehung des nasciturus in den Schutzbereich des § 328 BGB). Auch wenn die Verletzungshandlung (z.B. Bluttransfusion vom Blut eines Aids- oder Lueskranken) bereits *vor Zeugung* erfolgte und erst später zu einer Schädigung zuerst der Leibesfrucht und danach des Kindes führt (Infektion überträgt sich auf das später gezeugte Kind), hat das Kind einen Schadensersatzanspruch gegen den Schädiger.[47]

---

[46] *Köhler/Lange*, AT, § 20 Rn 3.
[47] Grundsätzlich BGHZ **76**, 249 ff. (missglückte Sterilisation); **124**, 128 ff. (Unterhaltsschaden bei fehlgeschlagenem Schwangerschaftsabbruch) und BGH NJW **2002**, 886 ff. (Unterhaltsschaden bei unterbliebenem

Die Rechtsfähigkeit des Menschen **endet** mit seinem **Tod**. Damit ist der Zeitpunkt des   **123**
Hirntodes gemeint. Wer **verschollen** ist, kann für tot erklärt werden. Die Voraussetzungen und das Verfahren der Todeserklärung sind im Verschollenheitsgesetz geregelt.
Die gerichtliche Todeserklärung begründet die Vermutung, dass der Verschollene zu
einer bestimmten Zeit gestorben ist (§ 9 VerschG). Sie dient dazu, den Zustand der
Ungewissheit über den Tod einer Person im Interesse vor allem ihrer Angehörigen zu
beseitigen. Diese Vermutung ist allerdings widerlegbar, da es sein kann, dass der für
tot Erklärte noch lebt und irgendwann wieder auftaucht.

> **Beispiel**[48]: V ist seit einer Safari in Afrika 1999 verschollen. Seine Frau lässt ihn 2001
> für tot erklären. Danach lässt sie sich als gesetzliche Erbin des V einen Erbschein aus-
> stellen, setzt sich in den Besitz seines Vermögens und heiratet neu. 2002 kehrt V uner-
> wartet zurück und verlangt von ihr, dass sie zu ihm zurückkehrt und ihm sein Vermögen
> zurückgibt. Ersteres ist ausgeschlossen, da nach § 1319 BGB mit Schließung der neuen
> Ehe die frühere Ehe aufgelöst wurde. Letzteres verlangt er zu Recht (§ 2031 BGB).

Von der Rechtsfähigkeit ist die **Geschäftsfähigkeit** zu unterscheiden. Hierunter ver-   **124**
steht man die Fähigkeit, wirksam **Rechtsgeschäfte**, also Geschäfte, die eine Änderung der Rechtslage zum Gegenstand haben, abzuschließen. Rechtsgeschäfte, die von
einem Geschäftsunfähigen abgeschlossen wurden, sind **nichtig** (vgl. §§ 104, 105
BGB).

> **Beispiel:** Ein 5-jähriges Kind ist zwar rechtsfähig, nicht jedoch geschäftsfähig, da die
> Geschäftsfähigkeit bei Personen, die das 7. Lebensjahr noch nicht vollendet haben, fehlt
> (§ 104 Nr. 1 BGB). Von dieser **Geschäftsunfähigkeit** zu unterscheiden ist die **be-
> schränkte Geschäftsfähigkeit**, die hinsichtlich Personen gilt, die zwar das 7., nicht
> aber das 18. Lebensjahr vollendet haben. Diese Personen sind nicht geschäftsunfähig,
> sondern nach Maßgabe der §§ 107 bis 113 BGB lediglich in der Geschäftsfähigkeit be-
> schränkt (§ 106 BGB). Mit dieser Differenzierung wird der zunehmenden Reife und Ein-
> sichtsfähigkeit Heranwachsender Rechnung getragen. Die uneingeschränkte Geschäfts-
> fähigkeit tritt mit der **Volljährigkeit**, also mit Vollendung des 18. Lebensjahres ein (§ 2
> BGB). Aber auch **Erwachsene** können **geschäftsunfähig** sein mit der Folge, dass
> auch deren Rechtsgeschäfte grds. unwirksam sind (vgl. § 105 BGB, aber auch § 1903
> BGB). Eine Ausnahme enthält § 105a BGB.

II. Juristische Personen des Privatrechts; Personenvereinigungen

Von den natürlichen Personen (den Menschen) sind die juristischen Personen des Pri-   **125**
vatrechts und des öffentlichen Rechts zu unterscheiden. Im vorliegenden Zusammenhang sollen lediglich die juristischen Personen des Privatrechts behandelt werden.[49] Die
Konstruktion der „juristischen" Person als rechtliche Verselbstständigung ist eine große
rechtstechnische Leistung. Sie ermöglicht es, dass die Organisation selbst, und nicht
die dahinter stehenden Menschen, am Rechtsverkehr teilnimmt. Das erleichtert den
Rechtsverkehr im Interesse aller. Außerdem wird damit eine Vermögens- und Haf-
tungstrennung ermöglicht. Allerdings enthält das BGB keine Definition des Begriffs *juristische Person*; es führt lediglich zwei Erscheinungsformen der juristischen Person an:
den **Verein** (§§ 21 ff. BGB) und die **Stiftung** (§§ 80 ff. BGB). Hinzu kommen als Son-

---

Schwangerschaftsabbruch) und NJW **2002**, 2636 ff. (Geburt eines schwer behinderten Kindes). Die vom *2. Senat* des BVerfG (NJW **1993**, 1751, 1778) vertretene Ansicht, die Menschenwürde verbiete es, auch die Unter-
haltspflicht gegenüber einem Kind als Schaden anzusehen, überzeugt nicht und hat als *obiter dictum* auch nicht
die Bindungswirkung des § 31 BVerfGG (richtig der *1. Senat* des BVerfG NJW **1998**, 519, 522 f. und BGHZ **124**,
128, 136; a.A. der *2. Senat* NJW **1998**, 523, 524). Vgl. auch *Köhler/Lange*, AT, § 20 Rn 3; *Müller*, NJW **2003**,
697, 699; *Heinemann/Ramsauer*, JuS **2003**, 992 ff.; *Stürner*, JZ **2003**, 155, 156 f. und dazu ausführlich *R.
Schmidt*, SchuldR BT II, Rn 1127.
[48] Nach *Köhler/Lange*, AT, § 20 Rn 5.
[49] Zu den juristischen Personen des öff. Rechts vgl. *R. Schmidt*, Grundrechte, 11. Aufl. **2009**, Rn 66 ff.

derformen des Vereins die sog. Kapitalgesellschaften, nämlich die **Aktiengesellschaft** (§ 1 I S. 1 AktG) und die **Gesellschaft mit beschränkter Haftung** (§ 13 I GmbHG) und die **Kommanditgesellschaft auf Aktien** (§ 278 AktG). Des Weiteren sind die eingetragene **Genossenschaft** (§ 17 GenG) und der **Versicherungsverein auf Gegenseitigkeit** (§ 15 VAG) zu nennen. Als europäische „Besonderheit" kommt die **Private Limited Company** (Ltd.) – vornehmlich nach nach englischem Recht – hinzu, die aufgrund einer Grundsatzentscheidung des EuGH[50] auch in Deutschland anzuerkennen ist. Die Gründung einer Ltd. ist einfacher und kostengünstiger als die Gründung einer GmbH; hinzu kommt das Fehlen eines (nennenswerten) Mindestkapitalerfordernisses. Eben hierin liegt aber auch der große Nachteil für die Gläubiger, wenn sie Rechtsgeschäfte mit einer Ldt. eingehen und dabei keine separaten Sicherheiten wie z.B. Bürgschaften der Gesellschafter fordern.[51]

125a   Alle genannten juristischen Personen dienen typischerweise privaten Zwecken. Jedoch können sich auch der Staat und die Gemeinden dieser Rechtsformen zur Erfüllung öffentlicher Aufgaben bedienen, soweit dem nicht das öffentliche Recht entgegensteht. So können etwa die Verkehrsbetriebe einer Stadt als AG oder GmbH organisiert werden.[52]

126   Von den juristischen Personen im dargelegten Sinn zu unterscheiden sind die bloßen **Personenvereinigungen**. Diese können grundsätzlich als „nichtrechtsfähiger Verein" oder als „Gesellschaft" organisiert sein. Im Einzelnen gilt:

127   ▪ Der **Verein** ist als Grundtyp der verbandsmäßig organisierten juristischen Person definiert als ein Zusammenschluss mehrerer Personen, die sich durch **Satzung** eine körperschaftliche Organisation gegeben haben und unabhängig vom Ein- und Austritt einzelner Mitglieder einen gemeinsamen Zweck verfolgen. **Rechtsfähigkeit** und damit die Fähigkeit, selbst als Rechtssubjekt am Rechtsverkehr teilzunehmen, erlangt der Verein entweder durch Eintragung in das **Vereinsregister** (beim Amtsgericht) oder kraft **staatlicher Verleihung** („Konzession", §§ 22 ff. BGB). Fehlt die Rechtsfähigkeit, können lediglich die *Mitglieder* Träger von Rechten und Pflichten sein. Des Weiteren unterscheidet das BGB zwischen dem **Idealverein** (§ 21 BGB), der nichtwirtschaftliche, also ideelle Ziele verfolgt (z.B. „Arbeiter-Samariter-Bund e.V."), und dem **wirtschaftlichen Verein** (§ 22 BGB), der überwiegend kommerzielle Ziele verfolgt. Während der Idealverein die Rechtsfähigkeit durch Eintragung erhält, bedarf der wirtschaftliche Verein zu seiner Rechtsfähigkeit der staatlichen Verleihung (§ 22 BGB). Nach außen handelt der Verein durch seinen **Vorstand** (= **Vertretungsorgan**, §§ 26, 27 BGB).

128   ▪ Der **nichtrechtsfähige** Verein findet sich zumeist als Kleinverein (z.B. Kegelclub, Gesangverein). Jedoch sind auch Gewerkschaften, politische Parteien, Arbeitgeber- und Arbeitnehmerverbände oftmals in dieser Rechtsform organisiert. Auf den nichtrechtsfähigen Verein finden nach dem Wortlaut des § 54 S. 1 BGB die Vorschriften über die Gesellschaft (§§ 705 ff. BGB) Anwendung. Dies widerspricht an sich seiner körperschaftlichen Struktur; der Gesetzgeber verfolgte aber mit dieser Regelung politische Zwecke. Denn nach der ursprünglichen Fassung des BGB war die Bildung einflussreicher politi-

---

[50] EuGH NJW **2002**, 3614, 3617 (Überseering).

[51] Vgl. dazu *Zöllner*, GmbHR **2006**, 1; *Römermann*, NJW **2006**, 2065; *Müller*, BB **2006**, 837; *Wachter*, BB **2006**, 1463; *Niemeier*, ZIP **2006**, 2237; zum Eintragungsverfahren *Hanim*, FGPrax **2006**, 276; zur Firma LG Aachen NZG **2007**, 600; vgl. ferner OLG Celle NZG **2007**, 633; OLG Stuttgart DNotZ **2007**, 146; BGH NJW **2007**, 2328; LG Chemnitz ZIP **2007**, 1013; *Schumann*, ZIP **2007**, 118. Zwar hat die am 1.11.2008 in Kraft getretene Modernisierung des GmbH-Rechts die Attraktivität der GmbH im Wettbewerb mit der Ldt. verbessert, indem kleinere Existenzgründer, denen das nötige Startkapital fehlt, eine sog. „Unternehmergesellschaft (haftungsbeschränkt)" oder „UG (haftungsbeschränkt)" gründen können, dennoch bedarf es – wenn auch unter erleichterten Bedingungen – nach wie vor der notariellen Beurkundung und der Eintragung ins Handelsregister. Zur GmbH-Reform vgl. *Schürnbrand*, JA **2009**, 81 ff.; zur Liability Partnership vgl. *Henssler/Mansel*, NJW **2007**, 1393.

[52] Vgl. dazu ausführlich *R. Schmidt*, Grundrechte, 11. Aufl. **2009**, Rn 90 ff.

scher, religiöser oder sozialpolitischer Vereinigungen in der Rechtsform des eingetragenen Vereins erschwert, weil die öffentliche Verwaltung bei einer solchen Zielsetzung der Eintragung widersprechen bzw. dem Verein die Rechtsfähigkeit entziehen konnte. Durch das Unterstellen solcher Vereinigungen unter die Rechtsform des nichtrechtsfähigen Vereins und damit unter das (schwerfällige) Gesellschaftsrecht wollte der Gesetzgeber sie am Erwerb eines größeren Vermögens hindern und ihre gesellschaftliche Einflussmöglichkeit schmälern.[53] Diese Zwecksetzung ist nunmehr weggefallen, sie wäre zudem unvereinbar mit Art. 9 I und III GG (Vereinigungsfreiheit). Daher ist entgegen dem Wortlaut des § 54 S. 1 BGB auf den nichtrechtsfähigen Verein das Vereinsrecht anzuwenden, soweit es nicht die Rechtsfähigkeit voraussetzt.

- Vom Verein zu unterscheiden ist die **Gesellschaft bürgerlichen Rechts** („GbR", auch „BGB-Gesellschaft" genannt, §§ 705 ff. BGB). Wie der Verein ist sie eine Verbindung von Personen zu einem gemeinsamen Zweck (dazu sogleich). Sie kann auf Dauer angelegt sein und einen eigenen Namen führen. Der Unterschied zum Verein besteht in der Verschiedenheit der Organisation: Während für den Verein die Veränderung des Mitgliederbestands unwesentlich ist, stellt die GbR ein Vertragsverhältnis zwischen *bestimmten* Personen dar, das bei Kündigung oder Tod eines Partners grds. aufgelöst wird. Weiterhin gilt für den Verein das Mehrheitsprinzip, wohingegen für die Gesellschaft das Einstimmigkeitsprinzip typisch ist. **129**

  Das Spektrum der Erscheinungsformen der GbR ist vielfältig. Wichtig ist schon hier die Differenzierung zwischen der „Außengesellschaft", die nach außen in den Rechtsverkehr eintritt und in diesem agiert, und der „Innengesellschaft", die eben nicht nach außen auftritt. Beispiele für eine BGB-Innengesellschaft sind die Lottogemeinschaft oder die Fahrgemeinschaft, während z.B. die ARGE[54] als typische BGB-Außengesellschaft zu bezeichnen ist. Viele wissen oftmals gar nicht, dass sie Gesellschafter einer GbR sind, wie z.B. Reise- und Fahrgemeinschaften sowie Lotterie- und Spielgemeinschaften. Insbesondere ist eine Handelsregistereintragung nicht erforderlich.

  Die Beteiligten schließen sich zur **Verfolgung eines gemeinsamen Zwecks** zusammen, womit sie bereits Gesellschafter werden. Eine GbR wird auch geschlossen, wenn sich verschiedene Bauunternehmen gemeinsam zusammenschließen, um ein bestimmtes Bauvorhaben, z.B. einen Flugplatz, eine Autobahn oder ein Kraftwerk, gemeinsam zu errichten (sog. ARGE). Auch Banken, die sich zur gemeinsamen Finanzierung eines Vorhabens, z.B. einer bestimmten Investition eines Unternehmens, zusammenschließen, bilden eine GbR, die als Bankenkonsortium bezeichnet wird. Daher bilden auch Personen, die sich zur gemeinsamen Errichtung eines Bauvorhabens zusammenschließen, nämlich zu einer sog. Bauherrengemeinschaft, ebenso eine GbR.

  Der Grund, warum die GbR so **weit verbreitet** ist, besteht darin, dass aus steuerrechtlicher Sicht keine Alternative für eine andere Rechtsform des Zusammenschlusses gegeben ist. Denn GmbH, OHG, KG, GmbH & Co. KG sind Rechtsformen für den gewerblichen Bereich, die deshalb ihre Einkünfte auch als Einkünfte aus Gewerbebetrieb zu versteuern haben. Eine private Bauherrengemeinschaft will aber das zu bauende Objekt im Privatvermögen und nicht in einem betrieblichen Vermögen halten, damit die späteren Gewinne aus den Wertsteigerungen des Objekts auch steuerfrei bleiben. Aus steuerrechtlicher Sicht wird die GbR daher oft bei privaten Bauherrengemeinschaften und bei dem Zusammenschluss von Unternehmen zu einer ARGE eingesetzt. Aber auch dann, wenn gewerbliche Unternehmen sich zu einer GbR zusammenschließen und damit steuerliche Erwägungen keine Rolle spielen, kommt eine andere Gesellschaftsform nicht in Betracht. Denn die GbR ist eine typische **Gelegenheitsgesellschaft,** gerichtet auf die Verfolgung eines bestimmten Zwecks. **130**

---

[53] Vgl. BGHZ **50**, 325, 328; *Köhler/Lange*, AT, § 21 Rn 38 ff.
[54] Arbeitsgemeinschaft von selbstständigen Bauunternehmern zur Durchführung eines gemeinsamen Auftrags.

131   Die Frage nach der **Rechtsfähigkeit** der GbR war lange Zeit höchst umstritten.[55] Nach dem Grundsatzurteil des BGH sind nunmehr auch die (Außen-)GbR und der „nichtrechtsfähige Verein" rechtsfähig.[56] Damit hat sich der BGH der Gruppenlehre angeschlossen, die in der GbR als Gesamthand einen Rechtsträger sieht. Die traditionelle Lehre (individualistische Lehre) ist damit obsolet. Diese ging davon aus, dass die *Gesellschafter* als Gesamthänder Rechtsträger seien, die GbR selbst jedoch keine Rechtsfähigkeit erlangen könne. Die Gesellschafter einer GbR können also einen **Geschäftsführer** berufen, der die GbR im Außenverhältnis in deren Namen **vertritt** (§ 714 BGB) und Rechtsgeschäfte für sie abschließt. Zur sog. **Erbengemeinschaft**, die sich von der GbR aufgrund des nicht vorhandenen gemeinsamen Zwecks unterscheidet, vgl. §§ 2032 ff. BGB. Die **Wohnungseigentümergemeinschaft** ist im Verhältnis der Eigentümer untereinander nicht rechtsfähig (**Keine Innenrechtsfähigkeit**).[57] Nimmt die Wohnungseigentümergemeinschaft dagegen als Verband bei der Verwaltung ihres gemeinschaftlichen Eigentums am Rechtsverkehr teil, ist sie nach der Rspr. des BGH **außenrechtsfähig**.[58] Die GbR ist daher auch **grundbuchfähig**; sie kann unter der Bezeichnung, die ihr ihre Gesellschafter im Gesellschaftsvertrag gegeben haben, ins Grundbuch eingetragen werden.[59]

132 ▪ Die **offene Handelsgesellschaft** („OHG", §§ 105 ff. HGB) ist eine **Personengesellschaft**. Wesen der OHG ist, dass mit dieser Organisationsform ein **Handelsgewerbe** unter gemeinschaftlicher Firma betrieben wird und sämtliche Gesellschafter den Gesellschaftsgläubigern unbeschränkt haften, § 105 I HGB. Das Recht der OHG ist in den §§ 105 - 160 HGB geregelt. Soweit darin keine besonderen Vorschriften enthalten sind, sind die Bestimmungen über die GbR auch auf die OHG anzuwenden (§ 105 III HGB). Die OHG entsteht durch Abschluss eines Gesellschaftsvertrags zwischen mindestens zwei unbeschränkt haftenden Gesellschaftern, wie es auch bei der GbR als Grundform der Personengesellschaften der Fall ist. Der Unterschied zur GbR liegt aber in der Art des gemeinsam verfolgten Zwecks; dieser liegt in der Ausübung eines Handelsgewerbes. Als Gesellschafter kommen neben natürlichen Personen auch juristische Personen sowie die OHG und KG in Betracht. Denn aufgrund der aktuellen höchstrichterlichen Rechtsprechung zur GbR ist nunmehr auch diese Gesellschaftsform als Gesellschafterin einer OHG denkbar. Die OHG kann unter ihrer Firma Rechte erwerben und Verbindlichkeiten eingehen, Eigentum und andere dingliche Rechte erwerben, vor Gericht klagen und verklagt werden (sog. **Teilrechtsfähigkeit, § 124 I HGB**). Damit besitzt die OHG im Außenverhältnis weitgehend eine rechtliche Verselbstständigung und damit faktisch die Stellung einer juristischen Person, ohne jedoch eine solche zu sein. Die Firma, unter welcher die OHG im Rechtsverkehr auftritt, kennzeichnet nur den Namen, unter dem die Gesellschafter am Wirtschaftsleben teilnehmen.

133 ▪ Die **Kommanditgesellschaft** („KG", §§ 161 ff. HGB) ist wie die OHG zwar keine juristische Person, jedoch ein **Rechtssubjekt** in Form einer Gesamthandsgesellschaft; sie kann daher Trägerin von Rechten und Pflichten sein (auch in der Falllösung können daher Ansprüche der KG sowie Ansprüche gegen die KG geprüft werden). Wesen der KG ist das Betreiben eines Handelsgewerbes unter gemeinschaftlicher Firma. Dabei ist im Gegensatz zur OHG bei mindestens einem der Gesellschafter (dem Kommanditisten) die Haftung gegenüber den Gesellschaftsgläubigern auf den Betrag einer bestimmten Vermögenseinlage beschränkt. Dies ist das einzige Unterscheidungskriterium zur OHG. Bei der KG werden somit zwei Arten von Gesellschaftern unterschieden, von denen mindestens jeweils einer in der KG vorhanden sein muss:

---

[55] Vgl. zur Darstellung der unterschiedlichen Auffassungen (moderne Gruppenlehre, traditionelle Lehre) *Sprau*, in: Palandt, § 705 Rn 24 ff.
[56] Vgl. BGHZ **146**, 341 ff.; dem folgend BGH NJW **2002**, 1207; BFH NZG **2002**, 741; OLG Düsseldorf NZM **2003**, 237; BAG NJW **2005**, 1004 f.; vgl. auch BVerfG NJW **2002**, 3533.
[57] BGH NJW **2005**, 3006 f.
[58] BGH NJW **2005**, 2061, 2062 mit zust. Bespr. v. *Bub*, NJW **2005**, 2590; kritisch *Lüke*, ZfLR **2005**, 516; scharf ablehnend *Bork*, ZIP **2005**, 1205.
[59] Vgl. BGH NJW **2009**, 594 ff. mit Bespr. v. *K. Schmidt*, JuS **2009**, 278 f. Fehlt eine Bezeichnung im Gesellschaftsvertrag, wird die GbR als „Gesellschaft bürgerlichen Rechts bestehend aus..." und den Namen ihrer Gesellschafter ins Grundbuch eingetragen; vgl. dazu BGH a.a.O. und *R. Schmidt*, SachenR II, Rn 780 ff.

⇨ **Komplementär:** Dies ist der persönlich (unbeschränkt) haftende Gesellschafter, der wie ein OHG-Gesellschafter haftet (§§ 161 II, 128 f. HGB). Die Komplementäre haben sowohl im Innen- als auch im Außenverhältnis die Rechtsstellung der Gesellschafter einer OHG.

⇨ **Kommanditist:** Dies ist der Gesellschafter, der grundsätzlich nur beschränkt auf den Betrag einer bestimmten Vermögenseinlage haftet (vgl. die Haftungsregelungen in §§ 171 – 176 HGB). Die hierauf beschränkte Haftung erlischt durch Leistung der Vermögenseinlage, § 171 I HGB. Weiterhin ist die Rechtsstellung der Kommanditisten vor allem dadurch bestimmt, dass sie von der Geschäftsführung und der Vertretung der Gesellschaft ausgeschlossen sind (§§ 164, 170 HGB).

Soweit in §§ 161 ff. HGB keine besonderen Vorschriften über die KG enthalten sind, gelten nach § 161 II HGB die Bestimmungen über die OHG (§§ 105 ff. HGB) entsprechend. Schließlich findet über §§ 161 II, 105 III HGB – mangels spezieller Regelungen – auch das Recht der BGB-Gesellschaft Anwendung (§§ 705 ff. BGB).

> **Hinweis für die Fallbearbeitung:** Für den Bereich des BGB-AT ist also wichtig zu wissen, dass die KG **rechtsfähig** und dass der Kommanditist gem. § 170 HGB *gesetzlich* von der Vertretungsmacht ausgeschlossen ist. Damit ist jedoch die Möglichkeit nicht ausgeschlossen, dass die Gesellschafter dem Kommanditisten *rechtsgeschäftlich* Vertretungsmacht (sog. **Vollmacht**) erteilen, z.B. eine Prokura oder sogar eine Generalvollmacht. Im Übrigen ist stets die genannte Verweisung zu beachten: Über § 161 II HGB gelangt man zu den Vorschriften über die OHG. § 105 III HGB wiederum verweist, sofern im HGB keine Regelungen getroffen sind, in das Recht der GbR (§§ 705 ff. BGB).

Die KG muss nach § 162 I HGB ins Handelsregister eingetragen werden, soweit das Unternehmen ein kaufmännisches ist (Handelsgewerbe i.S.v. § 1 II HGB; die Eintragung hat deklaratorische Wirkung). Seit 1998 kann gem. §§ 161 II, 105 II HGB auch eine kleingewerbliche oder eine nichtgewerbliche Gesellschaft (Verwaltung nur eigenen Vermögens) durch Eintragung ins Handelsregister eine KG werden (die Eintragung hat hier konstitutive Wirkung).

B. Rechtsobjekte

134
Während unter Rechtssubjekten die am Rechtsverkehr teilnehmenden Parteien verstanden werden, bilden die Rechtsobjekte den **Gegenstand des jeweiligen Rechtsgeschäfts**. Das BGB nennt diesbezüglich **Sachen** (auch Tiere), **Immaterialrechtsgüter** (Rechte, Forderungen) und **Unternehmen**. Im Einzelnen gilt:

I. Sachen

135
Unter **Sachen** sind nach der Legaldefinition in § 90 BGB alle **körperlichen Gegenstände** zu verstehen, und zwar unabhängig von deren Aggregatzustand, solange sie von der Außenwelt (räumlich) abgrenzbar sind.

136
Maßgebend ist die Verkehrsanschauung, Beurteilungskriterium die Möglichkeit der Besitzverschaffung. Die Abgrenzung zu den „Nichtsachen" ist notwendig, weil nur an Sachen Eigentum und beschränkt dingliche Rechte möglich sind. Formelartig lässt sich sagen: Sache ist, was greifbar ist. Da in einer Prüfungsarbeit jedoch kaum die Sacheigenschaft etwa eines Grundstücks, Autos, Mopeds oder Fahrrads zu problematisieren sein wird, soll vorliegend lediglich auf einige Besonderheiten eingegangen werden:

137
▪ Fehlt es an der **räumlichen Abgrenzbarkeit** des Objekts (Wasser, Luft etc.), scheidet die Sacheigenschaft aus.

137a ■ Da sich die Sacheigenschaft auf *körperliche* Gegenstände beschränkt, fallen konsequenterweise **Daten**, **Forderungen** und andere **Rechte** aus dem Begriff heraus. Ein körperlicher Gegenstand ist aber das **Medium**, auf dem die Daten oder die Rechte gespeichert bzw. verbrieft sind (etwa das Papier, auf dem die Forderung oder das sonstige Recht verbrieft ist, die Maestro-Karte, mit deren Hilfe Geld vom Geldautomaten entnommen werden kann, oder die CD oder DVD, auf der das Computerprogramm gespeichert ist, welches das Ergebnis einer geistigen Leistung darstellt). Zu verneinen ist die Körperlichkeit auch bei **elektrischer Energie**. Die Sacheigenschaft ist aber auch hier zu bejahen, sofern es um das Speichermedium (etwa um die Batterie) geht.

138 ■ **Immaterialgüter** sind keine Sachen, sondern geistige Güter, an denen (in beschränktem Umfang) Herrschaftsrechte begründet werden können. So kann bspw. an einer Erfindung (= Immaterialgut) ein Patentrecht (= Herrschaftsrecht) gewährt werden. An Texten und anderen geistigen Werken besteht ein Urheberrecht.

139 ■ Unstreitig ist der lebende **menschliche Körper** *keine* Sache. Denn die verfassungsrechtlich garantierte Menschenwürde (Art. 1 I GG) verbietet es, den lebenden Menschen zu einem bloßen Objekt „herabzustufen". Das gilt auch hinsichtlich des noch **ungeborenen Menschen** (*nasciturus*)[60] und des außerhalb des Mutterleibs befindlichen **Embryos**.

140 ■ Demgegenüber ist bei einer **Leiche** die Sachqualität zu bejahen (hier greift das Argument der Menschenwürde nicht mehr unbedingt). Fraglich ist aber, ob eine Leiche eigentumsfähig ist und im Rahmen einer Erbschaft gem. § 1922 BGB in das Eigentum der Erben übergehen kann. Die Eigentumsfähigkeit ist insbesondere bei solchen Leichen zu verneinen, die zur Bestattung bestimmt sind und damit der Pietätsbindung unterliegen (*res extra commercium*; es fehlt in diesem Fall an einem Aneignungsrecht nach § 958 II BGB). Wenn eine Leiche nicht zur Bestattung, sondern zu Anatomiezwecken bestimmt ist oder eine Mumie oder ein Skelett darstellt, ist die Eigentumsfähigkeit ausnahmsweise zu bejahen.

141 ■ Hinsichtlich vom Körper **abgetrennter Körperteile** (Gliedmaßen, Organe, Blut etc.) wird die Sacheigenschaft überwiegend bejaht. Abgetrennte Körperteile sind keine Träger von Menschenwürde und können daher ohne weiteres unter den Begriff des körperlichen Gegenstands i.S.d. § 90 BGB fallen. Das gilt auch hinsichtlich solcher Körperteile, die zu Lebzeiten und ausschließlich zu dem Zweck entnommen wurden, sie anschließend wieder dem Körper zuzuführen (Beispiel: Blut zwecks späterer Eigenblutspende). Insbesondere für den Bereich des Schadensersatzrechts nimmt der BGH in Zivilsachen an, dass nur vorübergehend entnommene Körperbestandteile auch während der Lagerung außerhalb des Körpers mit diesem eine funktionale Einheit bilden. Ihre Beschädigung oder Vernichtung sei daher Körperverletzung i.S.d. § 823 BGB und begründe einen Schadensersatzanspruch.[61]

142 ■ Schließlich ist die Frage zu beantworten, ob **Implantaten** (künstlichem Hüftgelenk, Herzschrittmacher, Zahnprothese etc.) Sachqualität zukommt. Teilweise wird zwischen der Art des Implantats unterschieden: Das Implantat sei dann ein fester Bestandteil des Körpers (mit der Folge, dass die Sachqualität zu verneinen ist), wenn es als *Ersatz* für ein defektes Körperteil fungiere. Sei das Implantat dagegen nur ein *Hilfsmittel* – wie der Herzschrittmacher – bleibe die Sacheigenschaft bestehen.[62] Nach der Gegenauffassung werden *sämtliche* natürliche und künstliche Körperimplantate mit der Einpflanzung in den Körper Bestandteile des Körpers und verlieren dadurch ihre Sacheigenschaft[63]. Wenn aber der Körper verstirbt und dadurch zur Sache wird, werden konsequenterweise auch Körperimplantate (wieder) zur Sache.

---

[60] BVerfGE **88**, 203, 252; *R. Schmidt*, Grundrechte, 11. Aufl. **2009**, Rn 225 ff.; *Dreier*, ZRP **2002**, 377 ff.
[61] Vgl. BGHZ **124**, 52, 54 f.
[62] *Eser*, in: Sch/Sch, § 242 StGB Rn 10; anders *Bringewat*, JA **1984**, 61, 63 (stets Sachqualität).
[63] *Lackner/Kühl*, § 242 StGB Rn 2; *Hardtung*, JuS **2008**, 864. Davon zu unterscheiden sind solche Gegenstände, die nicht fest in den Körper implantiert werden wie z.B. Hörgeräte oder übergestülpte Prothesen. Bei diesen bleibt die Sacheigenschaft auch während der Anhaftung am Körper erhalten.

- **Tiere** sind nach § 90a BGB keine Sachen. Sie stehen aber im Ergebnis den Sachen weitgehend gleich, da auf das Rechtsobjekt *Tier* die für Sachen geltenden Vorschriften entsprechend anzuwenden sind (vgl. § 90a S. 3 BGB). Daher können Tiere Gegenstand von Rechtsgeschäften, insbesondere eines Tierkaufs, sein und bei Sachmängeln Rechte aus §§ 434 ff. BGB auslösen. **143**

II. Unbewegliche Sachen/bewegliche Sachen

Steht der Sachbegriff fest, ist des Weiteren danach zu fragen, ob es sich um eine **unbewegliche** oder **bewegliche** Sache handelt. **144**

- **Unbewegliche Sachen:** Um den Rechtsverkehr über Grund und Boden zu ermöglichen und überschaubar zu machen, sind seine Aufteilung in einzelne Grundstücke (= Immobilien bzw. Liegenschaften) und ihre Registrierung im Grundbuch (vgl. § 3 GBO) erfolgt. Als unbewegliche Sache oder **Grundstück** ist daher ein abgegrenzter Teil der Erdoberfläche, der im Grundbuch eingetragen ist, zu verstehen. Zum Grundstück gehören auch die sog. **wesentlichen Bestandteile**, die nicht Objekt eigenständiger Rechte sind (z.B. auf dem Grundstück errichtete **Gebäude**), **§ 94 BGB**. **145**

- **Bewegliche Sachen** (= Mobilien bzw. Fahrnis) sind alle Sachen, die weder Grundstücke noch Grundstücksbestandteile sind. **146**

Die Unterscheidung zwischen unbeweglichen und beweglichen Sachen ist insbesondere bedeutsam bei **Verpflichtungsverträgen** (vgl. § 311b I S. 1 BGB: notarielle Beurkundung des Kaufvertrags), bei **Verfügungen** (vgl. §§ 873 ff. BGB für Grundstücke und §§ 929 ff. BGB für bewegliche Sachen) und in der **Zwangsvollstreckung** (vgl. §§ 803 ff. ZPO für bewegliche Sachen, §§ 864 ff. ZPO für Grundstücke). **147**

> **Beispiele:** Während der Kaufvertrag über ein Grundstück (evtl. mit der darauf befindlichen Immobilie) der notariellen Beurkundung (§ 311b I S. 1 BGB) und die diesbezügliche Übereignung der Auflassung und Eintragung im Grundbuch (§§ 873, 925 BGB) bedürfen, ist der Verkauf einer beweglichen Sache formlos möglich und die diesbezügliche Übereignung erfolgt durch Einigung und Übergabe (§ 929 ff. BGB). Die Zwangsvollstreckung in eine bewegliche Sache erfolgt durch Pfändung (§ 803 ZPO), wohingegen diejenige in ein Grundstück durch Eintragung einer Sicherungshypothek, durch Zwangsversteigerung oder durch Zwangsverwaltung erfolgt (§ 866 ZPO).

III. Vertretbare Sachen/unvertretbare Sachen/Gattungssachen

Des Weiteren sind **vertretbare Sachen**, **unvertretbare Sachen** und **Gattungssachen** voneinander zu unterscheiden. **148**

- **Vertretbare Sachen** sind bewegliche Sachen, die im Verkehr nach Zahl, Maß oder Gewicht bestimmt zu werden pflegen (§ 91 BGB). Da sie aus wirtschaftlicher Sicht untereinander austauschbar sind, gelten für sie einige Sonderregelungen (vgl. §§ 607, 651, 700, 706, 783 BGB). **149**

> **Beispiele:** Naturprodukte wie Eier, Kartoffeln, Kohlen, Wein; Bargeld und Wertpapiere; Industrieprodukte, soweit serienmäßig hergestellt (wie Serienautos)

- **Unvertretbare Sachen** sind dagegen nach besonderen Bestellerwünschen angefertigte und nicht oder nur schwer anderweitig absetzbare Sachen. Auch alle gebrauchten Sachen (insb. Antiquitäten) ist unvertretbar, weil sie in ihrer Eigenart nur ein einziges Mal existieren. **150**

> **Beispiele:** Individuell nach Kundenwünschen angefertigte Einzelstücke wie z.B. ein Spezialfahrzeug oder Kleidungsstück („maßgeschneiderter Anzug"). Die Abgrenzung zur vertretbaren Sache ist z.B. wichtig für § 651 BGB.

151 ■ **Gattungssachen** sind von den vertretbaren Sachen zu unterscheiden, weil für sie wiederum andere Sonderregelungen gelten (vgl. § 243 BGB). Während die Vertretbarkeit sich nach den Anschauungen des Verkehrs beurteilt, bestimmt sich die Gattungszugehörigkeit nach der Bestimmung durch die Parteien. Häufig fallen beide Begriffe zusammen. Doch können auch nicht vertretbare Sachen nach dem Parteiwillen zu einer Gattung zusammengefasst sein.

Beispiel: Hat ein Künstler einen Holzschnitt in fünfzig einzeln nummerierten und signierten Exemplaren hergestellt, handelt es sich dabei um nicht vertretbare Sachen. Vereinbart er jedoch mit einer Kunsthandlung die Lieferung von drei Exemplaren aus dieser Serie, sind die drei Exemplare eine Gattung und der Kauf ein Gattungskauf i.S.d. § 243 BGB.

Ist also eine Gattungssache stets eine vertretbare Sache, heißt das nicht, dass umgekehrt eine vertretbare Sache stets eine Gattungssache wäre. Eine vertretbare Sache kann nach dem Parteiwillen durchaus auch eine Speziessache sein, sofern die Parteivereinbarung dahin geht, dass die Sache mit anderen Sachen austauschbar sein soll.[64]

IV. Verbrauchbare Sachen

152 **Verbrauchbare Sachen** sind bewegliche Sachen, deren bestimmungsgemäßer Gebrauch in dem Verbrauch oder in der Veräußerung besteht (§ 92 I BGB); zu den verbrauchbaren Sachen gehören auch bewegliche Sachen, die zu einem Warenlager oder sonstigen Sachinbegriff gehören und zur Veräußerung bestimmt sind (§ 92 II BGB).

153 Die Unterscheidung zwischen verbrauchbaren und nicht verbrauchbaren Sachen ist insbesondere für **Nutzungsrechte** bedeutsam (§§ 1067, 1075 BGB).

Beispiele: Nahrungsmittel, Kohlen, Benzin etc. sind zum Verbrauch bestimmt, nicht dagegen Sachen, die durch Gebrauch allmählich entwertet werden wie z.B. Maschinen; Letztere können aber – wie Erstere zur Veräußerung bestimmt sein. Zur Veräußerung bestimmt sind auch Münzen, Geldscheine, Wertpapiere etc.

V. Teilbare Sachen

154 **Teilbare Sachen** sind Sachen, die sich ohne Wertminderung in gleichartige Teile zerlegen lassen (vgl. § 752 S. 1 BGB).

155 Bedeutsam ist die Teilbarkeit bei der **Aufhebung von Rechtsgemeinschaften** (vgl. § 752 sowie §§ 731 S. 2, 1477 I, 2042 II BGB).

Beispiel: Ein Ehepaar, das in Gütergemeinschaft lebt, lässt sich scheiden. Zum gemeinschaftlichen Vermögen gehören Bargeld, eine Aktie und ein Grundstück. Dieses Vermögen ist gem. §§ 1477 I, 752 BGB, soweit möglich, in Natur zu teilen. Beim Bargeld ist dies (ggf. durch Wechseln) ohne weiteres möglich, bei der Aktie nicht (§ 8 V AktG), beim Grundstück (durch Parzellierung) dann, wenn der Wert der Parzellen nicht hinter dem Wert des Grundstücks zurückbleibt.[65]

VI. Bestandteile

1. Begriff der Bestandteile

156 **Bestandteile** sind nach dem Normengefüge der §§ 93–96 BGB unselbstständige, körperlich abgegrenzte Teile einer Sache.

---

[64] *Köhler/Lange*, AT, § 23 Rn 6.
[65] *Köhler/Lange*, AT, § 23 Rn 8.

Einzelsachen können durch Verbindung mit anderen Sachen ihre Sacheigenschaft verlieren und zu Bestandteilen der anderen Sache oder einer neu entstandenen Sache werden. Ob dies der Fall ist, bestimmt sich in erster Linie nach der Verkehrsanschauung, daneben nach der wirtschaftlichen Funktion der Sachverbindung. **157**

> **Beispiele:** Wird ein Scheinwerfer an ein Motorrad befestigt, bleibt er eine selbstständige Sache, sofern er jederzeit und ohne Beschädigung wieder abmontiert werden kann. Werden Fensterglas und Rahmen zu einem Fenster verbunden, sind sie Bestandteile einer neuen Sache, des Fensters. Wird dieses Fenster in ein Gebäude eingefügt, wird es Bestandteil des Gebäudes.

Die Bestandteilsregelung der §§ 93-96 BGB dient der Erhaltung wirtschaftlicher Werte und (im Falle des § 94 BGB, dazu sogleich) der Rechtsklarheit. Hinsichtlich der rechtlichen Bedeutung ist zwischen **wesentlichen** und **unwesentlichen** (**einfachen**) Bestandteilen zu unterscheiden. Eine Regelung getroffen hat das BGB nur für wesentliche Bestandteile (§§ 93, 94 BGB). Daraus kann der Schluss gezogen werden, dass alle von dieser Norm nicht betroffenen Bestandteile „unwesentlich" sind. **158**

2. Wesentliche Bestandteile

Wesentliche Bestandteile sind Bestandteile einer Sache, die von der Sache nicht getrennt werden können, ohne dass der Bestandteil oder die (Haupt-)Sache zerstört oder in seinem/ihrem Wesen verändert werden (§ 93 BGB). **159**

Es kommt also nicht darauf an, wie sich die Trennung auf die Gesamtsache, sondern wie sie sich auf die Einzelteile auswirkt. Maßgebend ist, ob der abgetrennte Bestandteil und die Restsache weiterhin in der bisherigen Art wirtschaftlich nutzbar sind, sei es auch erst nach Verbindung mit anderen Sachen.[66] **160**

> **Beispiel[67]:** Ein serienmäßig hergestellter Motor wird durch den Einbau in ein Fahrzeug nicht zu dessen wesentlichem Bestandteil. Denn der Motor kann wieder ausgebaut werden, ohne dass er selbst oder das (restliche) Fahrzeug zerstört würden. Auch eine Wesensveränderung tritt nicht ein. Denn nach dem Ausbau lassen sich sowohl Motor als auch Fahrzeug weiterhin in der gleichen Art wirtschaftlich verwenden: In das Fahrzeug kann ein anderer Motor, der Motor kann in ein anderes Fahrzeug eingebaut werden.[68]

Über den Wortlaut des § 93 BGB hinaus ist ein wesentlicher Bestandteil auch dann anzunehmen, wenn die Aufwendungen für Trennung bzw. anderweitige Verbindung den **Wert des abgetrennten Bestandteils übersteigen**. Denn auch hier wäre eine Trennung wirtschaftlich unvernünftig. **161**

3. Wesentliche Bestandteile bei Gebäuden und Grundstücken

Zur Schaffung klarer Rechtsverhältnisse enthält § 94 BGB hinsichtlich **Grundstücke** und **Gebäude** eine Erweiterung des Begriffs der wesentlichen Bestandteile. **162**

Zu den wesentlichen Bestandteilen eines **Grundstücks** gehören die mit dem Grund und Boden **fest verbundenen** Sachen, insbesondere **Gebäude** sowie mit dem Boden zusammenhängende Erzeugnisse (§ 94 I S. 1 BGB). **163**

Wann eine feste Verbindung besteht, richtet sich nach der Verkehrsauffassung und ist anzunehmen, wenn die Trennung unverhältnismäßig aufwendig bzw. teuer wäre oder **164**

---

[66] BGHZ **61**, 81, 83 ff.
[67] Nach *Köhler/Lange*, AT, § 23 Rn 12.
[68] BGHZ **61**, 81, 83 ff.

die verbundenen Teile dabei zerstört oder erheblich beschädigt würden.[69] Auch das hohe Eigengewicht der Sache spricht für die Annahme einer festen Verbindung mit dem Grundstück.

> **Beispiele:** Gebäude und andere Bauwerke (wegen § 95 BGB nicht aber Baracken), auch Brücken, Windkraftanlagen und Tiefgaragen gelten als wesentliche Bestandteile des Grundstücks; selbst Fertiggaragen aus Beton sollen (wohl wegen des hohen Gewichts) nach bedenklicher Auffassung als wesentlicher Bestandteil des Grundstücks, auf dem sie stehen, gelten.[70] Jedenfalls ist ein unterirdischer, fest einbetonierter Öltank eindeutig wesentlicher Bestandteil des Grundstücks. Zu den wesentlichen Bestandteilen eines Grundstücks, die keine Gebäude sind, zählen bspw. Zäune, Bäume und Feldfrüchte.

165 Zu den wesentlichen Bestandteilen eines **Gebäudes** gehören die zur *Herstellung* (oder *Renovierung*) des Gebäudes eingefügten Sachen (§ 94 II BGB), also Sachen, ohne die das Gebäude nach der Verkehrsauffassung noch nicht fertig gestellt wäre. Auch Sachen, welche erst die *vorgesehene Nutzung* ermöglichen, sind wesentliche Bestandteile des Gebäudes. Voraussetzung ist nur, dass eine feste körperliche Verbindung mit dem Gebäude besteht.

> **Beispiele:** Mit dem Gebäude fest verbundene Sachen, die der *Erstellung* (oder Renovierung) des Baukörpers dienen, sind stets zur Herstellung eingefügt und damit wesentliche Bestandteile des Gebäudes. Dazu zählen bspw. Ziegel, Fenster, Glaskuppeln, Wintergärten und Türen. Zu den Sachen, die erst die vorgesehene Nutzung des Gebäudes ermöglichen, gehören z.B. fest eingebaute Heizanlagen, Herde etc. Dagegen zählen *bloße Einrichtungsgegenstände*, außer wenn sie vom Eigentümer bzw. Vermieter dem Gebäude besonders angepasst wurden (wie z.B. **Einbauküchen**, vgl. näher Rn 178a), nicht dazu. Einbaumöbel gelten nur dann als wesentliche Bestandteile, wenn sie nicht anderswo wieder aufgestellt werden können.

166 Ist das Gebäude nach § 94 I BGB selbst wesentlicher Bestandteil des Grundstücks, sind seine wesentlichen Bestandteile (§ 94 II BGB) folgerichtig zugleich wesentliche Bestandteile des Grundstücks.

> **Beispiel:** In einem Stahlverarbeitungsbetrieb wird eine 15 Tonnen schwere Stahlpresse mit dem Betonfundament des Gebäudes verschraubt. Als der Betriebsinhaber die Presse nicht bezahlen kann, möchte der Lieferant diese wieder abschrauben und mitnehmen. Darf er dies?
>
> Der Lieferant könnte seinen Anspruch auf § 985 BGB stützen. Dazu müsste er jedoch noch Eigentümer der Presse sein. Ursprünglich war er Eigentümer. Er könnte sein Eigentum aber (trotz eines eventuell vereinbarten Eigentumsvorbehalts) wegen § 946 BGB verloren haben. Das wäre der Fall, wenn die Presse zu einem wesentlichen Bestandteil des Grundstücks geworden wäre.
>
> Es ist fraglich, ob die Stahlpresse wesentlicher Bestandteil des Grundstücks geworden ist. In Betracht kommt zunächst die Annahme als wesentlicher Bestandteil des Gebäudes (94 II BGB). Da das Gebäude wiederum wesentlicher Bestandteil des Grundstücks ist (vgl. § 94 I S. 1 BGB), hätte dies zur Folge, dass die Presse wesentlicher Bestandteil des Grundstücks geworden und daher gem. § 946 BGB in das Eigentum des Grundstückseigentümers gefallen wäre.
>
> Geht man davon aus, dass selbst die mechanische Verbindung mit dem Gebäude (etwa Einbetoniertsein in den Boden) i.d.R. noch nicht zur Annahme einer festen Verbindung i.S.v. 94 II BGB führt[71], muss dies für eine bloße Verschraubung einer Maschine mit dem Gebäudeboden erst recht gelten. Danach hätte der Lieferant sein Eigentum an der Presse nicht gem. § 946 BGBG verloren. Da Richtersprüche jedoch teilweise nicht vorherseh-

---

[69] Allgemeine Auffassung seit RGZ **158**, 362, 374 f. Vgl. auch den Klausurfall von *Gödicke*, JA **2004**, 370 ff.
[70] BFH NJW **1979**, 392.
[71] *Holch*, in: MüKo, § 94 Rn 3 f., 19 f.

bar sind (siehe die obige Angabe zur Garage), ist nicht auszuschließen, dass der Fall, wenn er gerichtlich entschieden werden müsste, anders ausgehen könnte. Wenn also das Gericht entschiede, dass die Stahlpresse wesentlicher Bestandteil des Gebäudes sei, wäre sie zugleich wesentlicher Bestandteil des Grundstücks mit der Folge, dass der Lieferant das Eigentum gem. § 946 BGB verloren hätte. Ihm bliebe dann aber ein bereicherungsrechtlicher Ausgleichsanspruch (§ 951 I BGB), der allerdings weitgehend leer liefe für den Fall der Insolvenz des Schuldners.

4. Scheinbestandteile bei Gebäuden und Grundstücken

Keine (nicht einmal unwesentliche) Bestandteile eines Grundstücks oder Gebäudes sind die nur zu einem *vorübergehenden Zweck* damit verbundenen oder eingefügten Sachen (**Scheinbestandteile**, § 95 BGB).   167

Der vorübergehende Zweck ist dann anzunehmen, wenn bei der Verbindung oder Einfügung die spätere Trennung *beabsichtigt* war. Für eine solche Absicht spricht bspw. der (freilich widerlegbare) Umstand, dass die Maßnahme aufgrund eines *befristeten Vertrags* erfolgt.[72]   168

> **Beispiel:** V und M schließen einen befristeten Mietvertrag (§§ 535, 575 BGB) über ein Hausgrundstück. Während der Mietzeit errichtet M ein Gartenhäuschen auf dem Grundstück. Nach Beendigung des Mietverhältnisses macht V geltend, ein Recht auf das Gartenhäuschen zu haben.
>
> Hier handelt es sich lediglich um einen Scheinbestandteil gem. § 95 BGB, sodass das Gartenhäuschen nicht wesentlicher Bestandteil des Grundstücks wird und M sein Eigentumsrecht nicht verliert. Er kann das Gartenhäuschen also abmontieren und mitnehmen. Gleiches würde hinsichtlich einer vom Mieter eingebauten Einbauküche gelten (s.o.).

> Weiterführende Hinweise: Auch wenn ein wesentlicher Bestandteil vorliegt, ist der bisherige Eigentümer nicht schutzlos. Zwar hat er sein Eigentum an der Sache verloren, sodass er keinen Herausgabeanspruch gem. § 985 BGB geltend machen kann, allerdings gewährt § 951 BGB für diesen Rechtsverlust eine Entschädigung.   169

> Besonderheiten gelten auch im **Erbbaurecht**: Das aufgrund des Erbbaurechts errichtete **Bauwerk** gilt gem. § 12 ErbbauRG als **wesentlicher Bestandteil des Erbbaurechts**. Diese Formulierung ist irreführend, weil das BGB nur Bestandteile an Sachen kennt, nicht an Rechten. Die Vorschrift ist daher so zu verstehen, dass das Bauwerk **nicht im Eigentum des Grundstückseigentümers** steht, sondern in dem des **Erbbauberechtigten**. Diese Auslegung entspricht insbesondere der Regelung in § 95 I S. 2 BGB für Gebäude, die in Ausübung eines Rechts an fremden Grundstücken errichtet sind. Das Gleiche gilt gem. § 12 I S. 2 ErbbauRG hinsichtlich Gebäude, die im Zeitpunkt der Begründung des Erbbaurechts bereits errichtet waren. Auch diese stehen im Eigentum des Erbbauberechtigten (zum Erbbaurecht vgl. *R. Schmidt*, SachenR II, Rn 719 ff.).   170

Gem. § 96 BGB gelten Rechte, die mit dem Eigentum an einem Grundstück verbunden sind, als Bestandteile des Grundstücks. Damit sind insbesondere Grunddienstbarkeiten (§ 1018 BGB), Notweg- (§ 917 BGB) und Überbaurechte (§ 912 BGB) gemeint. Diese Rechte sind darüber hinaus wesentliche Bestandteile, da sie vom Grundstückseigentum nicht abtrennbar sind.   171

5. Rechtliche Bedeutung der Unterscheidung von wesentlichen Bestandteilen und Scheinbestandteilen

Die rechtliche Bedeutung der Unterscheidung zwischen wesentlichen Bestandteilen und Scheinbestandteilen besteht darin, dass **wesentliche Bestandteile einer Sache**   172

---

[72] BGHZ **104**, 298, 301.

nicht Gegenstand besonderer Rechte sein können (§ 93 BGB). Sie teilen das rechtliche Schicksal der Hauptsache; der Eigentümer der „Hauptsache" wird durch die Verbindung kraft Gesetzes Eigentümer auch des „wesentlichen Bestandteils" (§§ 946 ff. BGB), der bisherige Eigentümer des „wesentlichen Bestandteils" verliert sein Eigentum, kann dieses also nicht mehr gem. § 985 BGB herausverlangen. Diesem Rechtsverlust trägt für Sachverbindungen § 951 BGB Rechnung, indem er dem bisherigen Eigentümer einen Kondiktionsanspruch gewährt (s.o.).

> **Beispiel:** L liefert an B unter Eigentumsvorbehalt (§ 449 BGB) ein Glaskuppeldach, das dieser in sein Gebäude einbaut. Durch diesen Einbau wird es zu einem wesentlichen Bestandteil des Gebäudes (§ 94 II BGB) und gleichzeitig des Grundstücks (§ 94 I S. 1 BGB). Nach § 946 BGB erstreckt sich damit das Eigentum am Grundstück auf diese Sachen. L verliert sein Eigentum kraft Gesetzes. Er hat aber gem. § 951 BGB i.V.m. § 812 I S. 1 Var. 1 (Leistungskondiktion) i.V.m. § 818 II BGB einen Anspruch auf Wertersatz.

> **Gegenbeispiel:** Baut U an das Fahrzeug des B serienmäßig hergestellte Sporträder an, an denen er sich das Eigentum vorbehalten hat, werden diese nicht wesentliche Bestandteile des Fahrzeugs. § 947 BGB greift nicht ein; vielmehr bleibt U Eigentümer der Sporträder. Zahlt B nicht, kann U Herausgabe nach § 985 BGB, also Abbau und Rückgabe verlangen.

173 **Scheinbestandteile** (§ 95 BGB) bleiben **selbstständige** Sachen. Für ihre Übereignung gelten die §§ 929 ff. BGB.

> **Beispiel:** E hat in seinem Garten ein Pavillon errichtet, obwohl er bereits zum Zeitpunkt der Errichtung wusste, dass er es im Herbst wieder abbauen und verkaufen würde. Dementsprechend verkauft und übereignet er es an K.

VII. Zubehör

174 **Zubehör** sind bewegliche Sachen, die, ohne Bestandteil der Hauptsache zu sein, dem wirtschaftlichen Zweck der Hauptsache zu dienen bestimmt sind und zu ihr in einem dieser Bestimmung entsprechenden räumlichen Verhältnis stehen (§ 97 I S. 1 BGB).

> Zubehör, das die wirtschaftliche Nutzung der Hauptsache ermöglicht oder erleichtert sind zum **Beispiel** das Mobiliar einer Gaststätte, das Inventar (Maschinen etc.) eines Gewerbebetriebs[73] oder eine vom Eigentümer (Vermieter) eingebaute Einbauküche. Da das Zubehör mit der Sache eine wirtschaftliche Einheit bildet, soll es nach Möglichkeit das rechtliche Schicksal der Sache teilen (s.o.).

175 Zubehör kann nur eine *bewegliche Sache* („Nebensache") sein, die nicht Bestandteil der Hauptsache, also selbstständig ist. Die Hauptsache kann dagegen ein Grundstück, Grundstücksbestandteil (Gebäude) oder eine bewegliche Sache sein[74], nicht dagegen ein Unternehmen als solches (vgl. § 98 BGB, sogleich VIII.). Im Einzelnen gilt:

176 ▪ Dem *wirtschaftlichen Zweck* der Hauptsache zu dienen bestimmt ist das Zubehör, wenn es im Vergleich zur Hauptsache nur eine untergeordnete Bedeutung hat; handelt es sich um Inventar, muss dieses (um als „Zubehör" i.S.v. § 97 BGB zu gelten) in einem **engen Bezugszusammenhang mit der Hauptsache** stehen.[75] Auch muss eine Widmung der Hauptsache für diesen Zweck erfolgt sein, wofür eine schlüssige Handlung genügt. Indiz dafür ist die tatsächliche Nutzung der Nebensache für diesen Zweck, wobei jedoch eine nur vorübergehende Nutzung nicht ausreicht (§ 97 II S. 1 BGB). Die Zubehöreigenschaft endet daher, wenn die Widmung dahin geändert wird, dass die Sache nur noch vorübergehend dem Zweck der Hauptsache dienen soll. **Gewerbliches** und

---

[73] Vgl. dazu BGH NJW **2006**, 993 (mit Bespr. v. *K. Schmidt*, JuS **2006**, 556).
[74] BGHZ **62**, 49, 51.
[75] BGH NJW **2006**, 993 (mit Bespr. v. *K. Schmidt*, JuS **2006**, 556).

landwirtschaftliches Inventar ist nach § 98 BGB stets dem wirtschaftlichen Zweck der Hauptsache zu dienen bestimmt; jedoch müssen auch hier die sonstigen Voraussetzungen des § 97 BGB vorliegen.

- In einem der Zweckbestimmung entsprechenden *räumlichen Verhältnis* zur Hauptsache **177** steht die Nebensache auch dann, wenn eine vorübergehende räumliche Trennung von der Hauptsache vorliegt (§ 97 II S. 2 BGB). So bleibt ein Lkw einer Spedition auch dann Zubehör, wenn er unterwegs ist.

In rechtlicher Hinsicht ist Zubehör zwar selbstständig und kann daher Gegenstand be- **178** sonderer Rechte sein, Zubehör und Hauptsache sollen jedoch wegen ihrer wirtschaftlichen Zusammengehörigkeit nach Möglichkeit ein rechtlich einheitliches Schicksal haben. Wann ein solcher Fall vorliegt, ist unklar. An einigen Stellen enthält das BGB Auslegungsregeln (vgl. dazu bereits Rn 25). So erstreckt sich gem. § 311c BGB die Verpflichtung zur Veräußerung oder Belastung einer Sache im Zweifel auf das Zubehör; die Grundstücksübereignung erstreckt sich gem. § 926 I S. 2 BGB im Zweifel auf das Zubehör.

> **Beispiel:** A verkauft an K ein Grundstück mit einem darauf befindlichen Bauernhof (§§ 433, 311b I, 311c BGB). Über den Traktor und die Melkmaschine wurde nicht gesprochen, auch nicht im Kaufvertrag. Nach Grundstücksübereignung (§§ 873, 925 BGB) weigert sich A, Traktor und Melkmaschine herauszugeben, da diese nicht mitverkauft seien.
>
> Ausdrücklich wurden Traktor und Melkmaschine weder verkauft noch übereignet. Nach § 311c BGB sind im Zweifel die Maschinen jedoch als Zubehör (§ 98 BGB) mitverkauft. Auch die Grundstücksübereignung erstreckt sich im Zweifel auf das Zubehör (§ 926 I S. 2 BGB). Eine gesonderte Übereignung der Maschinen nach § 929 BGB ist dann nicht mehr erforderlich (§ 926 II BGB). Demnach ist K Eigentümer auch des Traktors und der Melkmaschine geworden, sodass er diese gem. § 985 BGB herausverlangen kann.

Ist das Grundstück mit einer **Hypothek** oder **Grundschuld** belastet, erstrecken sich **178a** gem. § 1120 BGB (§ 1192 BGB) die Hypothek bzw. die Grundschuld auch auf das Zubehör und die Bestandteile.[76] Ferner besteht ein **Absonderungsrecht im Insolvenzverfahren** gem. § 49 InsO. Gem. § 865 II S. 1 ZPO ist das Zubehör **unpfändbar**.

Schließlich kann die Frage nach der Zubehöreigenschaft bei **Einbauküchen** relevant **178b** werden, speziell, wenn es um die Frage geht, ob die in einem durch **Zwangsversteigerung** erworbenen Haus eingebaute Küche ebenfalls in das Eigentum des Ersteigerers übergeht.

> **Beispiel[77]:** K ersteigerte das Hausgrundstück S-Straße 48 in D. Dieses stand zuvor im Eigentum der B. Zum Zeitpunkt des Zuschlags wohnte noch die Mieterin M in dem Haus. Diese hatte ein Jahr zuvor auf eigene Kosten eine Einbauküche einbauen lassen. Bei ihrem Auszug entfernte sie die Einbauküche und nahm diese mit in ihre neue Wohnung. K verlangt nunmehr die Herausgabe der Küche. Zu Recht?
>
> K könnte der geltend gemachte Anspruch gem. § 985 BGB zustehen. Dazu müsste er im Zeitpunkt des Herausgabeverlangens Eigentümer der Einbauküche sein und M dürfte kein Recht zum Besitz haben. Eigentum könnte K aufgrund des Zuschlags gem. § 90 ZVG erworben haben. Denn gem. § 90 I ZVG wird der Ersteher mit dem Zuschlag Eigentümer des Grundstücks. Dabei erstreckt sich dieser gesetzliche Eigentumserwerb auch auf wesentliche **Bestandteile**, insb. auf dem Grundstück befindliche Gebäude. Zu den wesentlichen Bestandteilen eines Gebäudes gehören wiederum die zur *Herstel-*

---

[76] Vgl. bereits die 1. Auflage **2004**; wie hier nun auch *K. Schmidt*, JuS **2006**, 556.
[77] In Anlehnung an BGH WM **2009**, 285 ff.

lung (oder *Renovierung*) des Gebäudes eingefügten Sachen (§ 94 II BGB), also Sachen, ohne die das Gebäude nach der Verkehrsauffassung noch nicht fertig gestellt wäre. Da dies nach der Verkehrsauffassung jedenfalls bei einer vom *Mieter* eingebrachten Einbauküche nicht angenommen werden kann, hat K insoweit kein Eigentum an der Einbauküche erworben.[78]

Möglicherweise handelt es sich bei der Einbauküche aber um **Zubehör** i.S.v. § 97 BGB. Dann hätte sich gem. § 55 II ZVG der Zuschlag auch auf die Küche erstreckt (§ 37 Nr. 5 ZVG, auf den § 55 II ZVG verweist, soll hier außer Betracht bleiben). Zubehör sind bewegliche Sachen, die, ohne Bestandteil der Hauptsache zu sein, dem wirtschaftlichen Zweck der Hauptsache zu dienen bestimmt sind und zu ihr in einem dieser Bestimmung entsprechenden räumlichen Verhältnis stehen (§ 97 I S. 1 BGB).

Einbauküchen werden als Zubehör angesehen, wenn sie nach den Umständen dem Gebäude offensichtlich auf Dauer dienen sollen. Das ist nach der Verkehrsauffassung bei einer Einbauküche, die vom Eigentümer bzw. Vermieter eingebracht und mitvermietet wird, der Fall. Denn in diesem Fall dient die Einbauküche gerade dem wirtschaftlichen Zweck des Gebäudes. Etwas anderes gilt für Einbauküchen, die vom Mieter eingebracht werden. Denn ein Mieter wird in aller Regel die Küche beim Auszug wieder mitnehmen wollen, es sei denn, er kann sie an den Nachmieter (oder an den Vermieter) verkaufen.[79]

Da die Benutzung der Einbauküche der B auch nur vorübergehend dem wirtschaftlichen Zweck der Hauptsache dienen soll, ist die Zubehöreigenschaft auch gem. § 97 II S. 1 BGB ausgeschlossen.

K hat daher kein Eigentum an der Küche erworben; er kann nicht die Herausgabe gem. § 985 BGB verlangen.

VIII. Unternehmen

179 Als **Unternehmen** (Gewerbebetrieb) bezeichnet man im Allgemeinen die organisatorische Einheit von personellen und sächlichen Mitteln zur Erreichung eines wirtschaftlichen Zwecks.

180 **Nicht** zu verwechseln ist das Unternehmen im dargelegten Sinn mit dem Unternehmer nach **§ 14 BGB**, wonach als Unternehmer jede natürliche oder juristische Person oder rechtsfähige Personengesellschaft gilt, die bei Abschluss eines Rechtsgeschäfts in Ausübung ihrer gewerblichen oder selbstständigen beruflichen Tätigkeit handelt. § 14 BGB betrifft eine Legaldefinition des Unternehmers, wenn es um Verträge zwischen einem Unternehmer und einem Verbraucher (sog. Verbraucherverträge) geht. Für diese gelten besondere Vorschriften zum Schutze des Verbrauchers (sog. Verbraucherschutzbestimmungen). Dazu gehören u.a. §§ 312, 312a BGB (Haustürgeschäfte), §§ 312b bis 312d BGB (Fernabsatzverträge), §§ 474 bis 479 BGB (Verbrauchsgüterkaufverträge), §§ 491 bis 495 BGB (Verbraucherdarlehensverträge)[80], §§ 481 bis 487 BGB (Teilzeitwohnrechteverträge) und außerhalb des BGB das Fernunterrichtsschutzgesetz (FernUG). Der Schutz des Verbrauchers wird insbesondere durch die Aufstellung von vorvertraglichen Informationspflichten und die Einräumung eines Rücktritts bzw. Widerrufsrechts (vgl. z.B. §§ 312 ff. BGB) sichergestellt. Weiter sind die Bestimmungen des § 310 III BGB und die der Art. 29 und 29a EGBGB von Bedeutung. Zu den Verbraucherrechten (insbesondere zum **Widerrufsrecht**) vgl. ausführlich Rn 381, 551, 581.

181 Bestandteile des Unternehmens können Grundstücke, Maschinen, Waren, Patente, Marken, technisches und kaufmännisches *know how*, Rechtsverhältnisse zu Arbeitnehmern, Kunden, Lieferanten und Kreditgebern sowie Forderungen sein. Das Unterneh-

---

[78] Aus diesem Grund hatte seinerzeit auch nicht B Eigentum an der Küche gem. § 946 BGB erworben.
[79] Vgl. BGH WM **2009**, 285 ff.; a.A. OLG Nürnberg NJW-RR **2002**, 1485.
[80] Zu den Verbraucherdarlehensverträgen vgl. BGH ZIP **2006**, 68 ff. sowie unten Rn 1163a.

men stellt somit eine Sachgesamtheit bzw. eine Rechtsgesamtheit dar und damit den „Inbegriff von Vermögensgegenständen". Folgerichtig ist das Unternehmen selbst weder ein Herrschaftsrecht noch Gegenstand eines solchen. Eine Verfügung (Übereignung, Sicherungsübereignung, Nießbrauchbestellung, Verpfändung usw.) über das Unternehmen als Ganzes ist somit rechtlich nicht möglich. Soll ein Unternehmen, etwa aufgrund eines Kaufvertrags oder Sicherungsvertrags, ganz oder teilweise übertragen werden, bedarf es dazu der Übertragung der zum Unternehmen gehörenden Gegenstände nach den für *sie* geltenden Vorschriften. So sind bewegliche Sachen nach den §§ 929 ff. BGB zu übertragen, Grundstücke nach §§ 873, 925 BGB, Forderungen nach § 398 BGB usw. Lediglich der schuldrechtliche Verpflichtungsvertrag (insbesondere Kauf) kann zusammenhängend geschlossen werden.[81]

Das Unternehmen als solches ist auch Schutzgut i.S.d. § 823 I BGB („Recht am eingerichteten und ausgeübten Gewerbebetrieb")[82] und Gegenstand konzernrechtlicher (vgl. §§ 15 ff. AktG) und kartellrechtlicher (vgl. §§ 1 ff. GWB) Regelungen.

---

[81] Vgl. BGH NJW **2001**, 2462; *Schellhammer*, MDR **2002**, 475, 488; *Jaques*, BB **2002**, 417 ff.
[82] Vgl. dazu ausführlich *R. Schmidt*, SchuldR BT II, Rn 645 ff.

3. Kapitel – Überblick über die Rechtsgeschäftslehre

A. Grundsatz und Grenzen der Privatautonomie

182 Wie bei Rn 1 ff. beschrieben, geht das bürgerliche Recht vom Grundsatz der Privatautonomie aus. Dieser Grundsatz ist zwar nicht explizit im BGB genannt, findet aber nunmehr[83] als Teil des allgemeinen Persönlichkeitsrechts seine Fixierung in Art. 1 I und 2 I GG und wird letztlich auch von § 311 I BGB vorausgesetzt. Privatautonomie bedeutet das Recht des Einzelnen, seine Lebensverhältnisse im Rahmen der Rechtsordnung eigenverantwortlich zu gestalten.[84] Sie berechtigt den Einzelnen, Rechte und Pflichten zu begründen, zu ändern oder aufzuheben. Haupterscheinungsformen der Privatautonomie sind die Vereinigungsfreiheit (Art. 9 I GG), die Testierfreiheit (Art. 14 I GG, § 1937 BGB), die Eigentumsfreiheit (Art. 14 I GG, § 903 BGB) und die Vertragsfreiheit (Art. 2 I GG, § 311 I BGB).[85]

183 ▪ Die **Vereinigungsfreiheit** wird durch Art. 9 I GG gewährleistet, wonach alle Deutschen das Recht haben, Vereine und Gesellschaften zu gründen. Die Schranken dieses Grundrechts ergeben sich aus Art. 9 II GG. Im BGB ist die Vereinigungsfreiheit u.a. im Vereinsrecht (§§ 21 ff.) und im Gesellschaftsrecht (§§ 705 ff.) von Bedeutung.

184 ▪ Die **Testierfreiheit** gibt dem Einzelnen das Recht, im Rahmen der gesetzlichen Regelungen letztwillige Verfügungen zu treffen. Gesetzliche Grundlagen hierzu finden sich in Art. 14 GG und § 1937 BGB.

185 ▪ Die in Art. 14 GG und § 903 BGB niedergelegte **Eigentumsfreiheit** besagt, dass der Einzelne berechtigt ist, Eigentum zu haben, mit diesem Eigentum (soweit nicht das Gesetz oder Rechte Dritter entgegenstehen) nach Belieben zu verfahren und andere von jeder Einwirkung auszuschließen.

186 ▪ Die **Vertragsfreiheit** umfasst zweierlei: Sie verleiht dem Einzelnen zunächst das Recht, grundsätzlich frei zu entscheiden, ob und mit wem er einen Vertrag schließt (sog. **Abschlussfreiheit**). Darüber hinaus beinhaltet sie das Recht, grundsätzlich frei über den Inhalt des Vertrags zu entscheiden (sog. **Inhalts- und Gestaltungsfreiheit**).

187 Wie sich insbesondere aus den Erläuterungen zur **Vertragsfreiheit** ergibt, stellt diese den **wichtigsten Grundpfeiler der Privatautonomie** dar. Da sich Privatautonomie aber nur dann verwirklichen lässt, wenn überhaupt die reelle Chance besteht, die eigenen Interessen durchzusetzen, kam nach dem ursprünglichen liberalen Grundgedanken des BGB ein Vertrag zwischen zwei gleich starken Partnern zustande. Der Einzelne sollte grundsätzlich für sich selbst sorgen und für sich selbst verantwortlich sein. Dementsprechend wurde vor den Risiken des Geschäftsverkehrs nur dann geschützt, wenn die freie willentliche Selbstbestimmung nicht gegeben war, der Betroffene z.B. nicht über die notwendige geistige Reife für die Teilnahme am Rechtsverkehr verfügte (§§ 104 ff. BGB) oder seine Erklärung von Willensmängeln beeinflusst war (§§ 116 ff. BGB). Weitere Einschränkungen der Privatautonomie enthielten z.B. die zentralen Wertaussagen der §§ 134, 138, 242 BGB und die Formbeschränkungen der §§ 125, 311b I, 518, 766, 1154 BGB. Hinsichtlich einer Inhaltskontrolle von Rechtsgeschäften sah man lediglich bei Sittenwidrigkeit (§ 138 BGB) oder bei Gesetzesverstößen (§ 134 BGB) eine Sanktionierung vor. Erst im Laufe der Zeit bemerkte man, dass der liberale Gedanke der Privatautonomie infolge des modernen Massenverkehrs nicht mehr der Realität entsprach. Denn häufig wurden von der überlegenen Partei Vertragsbedingungen standardisiert; der Verbraucher hatte i.d.R. keinerlei Einfluss auf die Vertragsge-

---

[83] „Nunmehr", weil das BGB 1900 und das Grundgesetz 1949 in Kraft getreten sind. Vgl. dazu auch BVerfG NJW **1994**, 36, 38.
[84] BVerfGE **70**, 115, 123; **72**, 155, 170.
[85] Vgl. auch *Ellenberger*, in: Palandt, Überbl v § 104 Rn 1.

staltung, ihm blieb nur die Entscheidung, den Vertrag zu schließen oder von einem Vertragsschluss abzusehen. Daher haben sowohl der moderne Gesetzgeber als auch die Rechtsprechung im Rahmen der richterlichen Rechtsfortbildung zusätzliche **Einschränkungen** der Vertragsfreiheit vorgesehen, wenn das wirtschaftliche und/oder intellektuelle Gefälle zwischen den am Rechtsverkehr Beteiligten anderenfalls die schrankenlose Ausnutzung der Privatautonomie durch den Stärkeren sowie die rechtliche und wirtschaftliche Unfreiheit des Schwächeren nach sich ziehen würde.[86]

- So ergeben sich Beschränkungen der Vertragsfreiheit insbesondere durch die zahlreichen **Verbraucherschutzbestimmungen**, die im Zuge der Schuldrechtsreform in das BGB inkorporiert wurden: Vorschriften über Haustürgeschäfte, Allgemeine Geschäftsbedingungen, Verbraucherkreditgeschäfte, Fernabsatzgeschäfte (etwa §§ 312 I, 312d I BGB).   **188**

- Korrekturen der Vertragsfreiheit enthalten auch die **allgemeinen Regelungen** des BGB, z.B. die bereits genannten zentralen Wertaussagen der §§ 134, 138, 242 BGB und die Formbeschränkungen der §§ 125, 311b I, 518, 766, 1154 BGB. Hierher gehören auch die Beschränkungen der Beendigungsfreiheit der §§ 568 ff. (**Mietverträge**), der §§ 621 ff. BGB, § 1 KSchG (**Arbeitsverträge**) und der §§ 1564 ff. BGB (**Ehe**; dazu ausführlich Rn 1250 ff.).   **189**

- Schließlich wird die Privatautonomie durch den sog. **Kontrahierungszwang** eingeschränkt. Leistungen, die der Einzelne in Anspruch nehmen *muss*, um ein menschenwürdiges Leben zu führen, dürfen ihm nicht verwehrt werden. Es besteht ein Zwang zum Abschluss eines entsprechenden Vertrags. Dieser Zwang ergibt sich entweder unmittelbar aus dem Gesetz (z.B. aus §§ 20, 36 EnWG für den Bezug von Versorgungsenergien wie Strom und Gas, aus § 22 PBefG gegenüber Beförderungsunternehmen oder aus § 21 I S. 1 AGG gegenüber Arbeitgeber, wenn die Ablehnung einer Person, die sich um einen Arbeitsplatz bewirbt, diese diskriminiert[87]), im Wege eines Schadensersatzanspruchs, wenn die Weigerung des Vertragsabschlusses eine vorsätzliche sittenwidrige Schädigung darstellt (§§ 826, 249 S. 1 BGB), was insbesondere bei einer monopolähnlichen Stellung der sich weigernden Person in Betracht kommt, oder er lässt sich auf das Sozialstaatsprinzip stützen sowie auf eine Gesamtanalogie zu den im Bereich der öffentlichen Daseinsvorsorge geltenden Vorschriften.   **190**

Beispiel: Die Stadt S betreibt ihre Stadthalle in der Rechtsform einer GmbH. Schon seit Jahren vermietet sie diese an politische Parteien zwecks Abhaltung der gesetzlich vorgesehenen (vgl. § 9 ParteienG) Parteitage. Als nun die missliebige, aber nicht verbotene P-Partei die Halle zu diesem Zweck anmieten möchte, verweigert die Stadthallen-GmbH den Abschluss eines Mietvertrags. Ein anderer Raum, in dem der Parteitag abgehalten werden könnte, steht auch in der weiteren Umgebung nicht zur Verfügung.

Hier könnte die Versagung der Überlassung sittenwidrig i.S.d. § 826 BGB sein. Lassen sich keine sachlichen Gründe für die Verweigerung finden, folgt aus § 826 BGB ein Kontrahierungszwang; die Vertragsfreiheit wird insoweit eingeschränkt.[88]

B. Begriff des Rechtsgeschäfts

Das **Rechtsgeschäft** ist das rechtstechnische Mittel zur Verwirklichung der Privatautonomie. Das BGB enthält in §§ 104-185 allgemeine Regeln für Rechtsgeschäfte. Ein Rechtsgeschäft besteht aus einer oder mehreren **Willenserklärungen**, die allein oder in Verbindung mit anderen Tatbestandsmerkmalen eine Rechtsfolge herbeiführen, weil sie von den Parteien gewollt ist und von der Rechtsordnung gebilligt wird.[89]   **191**

---

[86] BVerfG NJW **1994**, 2749, 2750; *Rüthers/Stadler*, AT, § 3 Rn 4 ff.
[87] Vgl. dazu *Thüsing/von Hoff*, NJW **2007**, 21 ff.
[88] Vgl. dazu ausführlich Rn 489 ff. und 1224.
[89] *Ellenberger*, in: Palandt, Überbl v § 104 Rn 2.

Beispiel: A möchte seinen Computer verkaufen. Er bietet B das Gerät für 100,- € zum Kauf an. Dieser ist einverstanden und nimmt das Gerät auch gleich mit. Da er aber kein Geld dabei hat, vereinbaren beide, dass B den Kaufpreis am nächsten Tag vorbeibringen solle. Als B sich aber eine Woche lang nicht blicken lässt, ruft A bei B an und verlangt die 100,- €. Auf welche Grundlage stützt sich sein Anspruch?

Der von A geltend gemachte Anspruch könnte sich auf § 433 II BGB stützen. Dazu müsste ein Kaufvertrag zwischen A und B geschlossen worden sein. Ein Kaufvertrag besteht aus zwei inhaltlich übereinstimmenden, mit Bezug aufeinander abgegebenen Willenserklärungen – Angebot und Annahme.

Eine Willenserklärung des A in Form eines Angebots, den Computer für 100,- € verkaufen zu wollen, liegt vor.

Dieses Angebot hat B auch angenommen, indem er gegenüber A erklärte, er sei mit dem Kauf einverstanden.

Somit liegt ein wirksamer Kaufvertrag vor. A hat einen Anspruch gegen B auf Zahlung des Kaufpreises i.H.v. 100,- € aus § 433 II BGB.[90]

192 Damit unterscheidet sich das Rechtsgeschäft von den sog. **Rechtshandlungen**, deren Rechtsfolgen *unabhängig* vom Willen des Handelnden *kraft Gesetzes* eintreten.[91] Diesbezüglich können rechtswidrige und rechtmäßige Rechtshandlungen differenziert werden. Die recht*mäßigen* Rechtshandlungen werden noch einmal in rechtsgeschäftsähnliche Handlungen und Tathandlungen (Realakte) unterteilt.

193 Unter **rechtswidrigen Handlungen** sind solche Handlungen zu verstehen, die wegen ihrer Widerrechtlichkeit eine Rechtsfolge auslösen.[92]

Beispiele: Unerlaubte Handlungen (§§ 823 ff. BGB), Verstöße gegen schuldrechtliche Verbindlichkeiten (vgl. etwa die Kardinalnorm des § 280 I BGB, aber auch §§ 281 ff., 286, 311 II, III BGB), verbotene Eigenmacht (§§ 858 ff. BGB), Eigentumsstörung (§ 1004 BGB), Billigkeitshaftung (§ 829 BGB)

194 **Tathandlungen (Realakte)** sind Willensbetätigungen rein tatsächlicher Art, die kraft Gesetzes eine Rechtsfolge auslösen.[93]

Beispiele: Einbringen von Sachen in Mieträume (§ 562 I S. 1 BGB), Besitzerwerb (§ 854 I BGB), Verbindung und Vermischung (§§ 946-948 BGB), Verarbeitung (§ 950 BGB), Fund (§ 965 BGB), Schatzfund (§ 984 BGB).

Da solche Handlungen nicht durch Erklärungen vorgenommen werden, besteht schon äußerlich **keine Ähnlichkeit zu den Rechtsgeschäften**. Aus diesem Grund sind auch die Regeln über die Rechtsgeschäfte nicht, auch nicht analog oder entsprechend, anwendbar.[94]

195 **Rechtsgeschäftsähnliche Handlungen** sind auf einen tatsächlichen Erfolg gerichtete Erklärungen, deren Rechtsfolgen **kraft Gesetzes** eintreten.[95] Damit stehen sie in gewisser Weise zwischen den Rechtsgeschäften und den Realakten, allerdings mit der Tendenz zu den Rechtsgeschäften, da sie in einer Erklärung bestehen.[96] Im Gegensatz zu den rechtsgeschäftlichen Erklärungen richtet sich die Erklärung der geschäftsähnli-

---

[90] Zu den Willenserklärungen vgl. auch ausführlich Rn 227 ff.
[91] *Ellenberger*, in: Palandt, Überbl v § 104 Rn 4.
[92] *Ellenberger*, in: Palandt, Überbl v § 104 Rn 5.
[93] *Brehm*, AT, Rn 92; *Ellenberger*, in: Palandt, Überbl v § 104 Rn 9; *Musielak*, GK, Rn 815.
[94] Vgl. nur *Medicus*, AT, Rn 196.
[95] *Ellenberger*, in: Palandt, Überbl v § 104 Rn 6; *Giesen/Hegermann*, Jura **1991**, 357, 359.
[96] Daher spricht man auch von ***rechts***geschäftsähnlichen Handlungen.

chen Handlung aber nicht auf eine bestimmte *gewollte* Rechtsfolge, sondern auf eine *gesetzlich vorgesehene*.

Beispiele: Fristsetzung (vgl. §§ 281 I oder 323 I BGB); Mahnung (vgl. § 286 I und II BGB); Erteilung einer Rechnung (§ 286 III BGB); Verlangen von Schadensersatz (§ 281 IV BGB); Aufforderungen (§§ 108 II, 177 II BGB), Androhungen (§§ 384 I, 1220 I S. 1 BGB), Weigerungen (§§ 179 I, 295 S. 1 BGB); Mitteilungen, Geltendmachungen bzw. Anzeigen (§§ 149 S. 2, 170, 171 I, 409 I, 415 I S. 2, 416 I S. 1, 651g BGB, § 377 HGB)[97]; Widerspruch beim Überbau (§ 912 I BGB); Einwilligungen in Freiheitsbeschränkungen, Körperverletzungen und ärztliche Eingriffe

Wegen der bereits beschriebenen Nähe zu den Willenserklärungen und damit zu den Rechtsgeschäften können nach h.M.[98] einige **Regeln über die Rechtsgeschäfte** analog angewendet werden.

Beispiele: Regeln über die Geschäftsfähigkeit (§§ 104 ff. BGB), die Willensmängel (§§ 116 ff. BGB), das Wirksamwerden (§§ 130 ff. BGB), die Auslegung (§§ 133, 157 BGB), die Stellvertretung (§§ 164 ff. BGB) und die Einwilligung und Genehmigung (§§ 182 ff. BGB)

Allerdings lässt sich hinsichtlich der analogen bzw. entsprechenden Anwendbarkeit der Regeln über die Rechtsgeschäfte keine starre Regel aufstellen. In jedem Einzelfall ist zu prüfen, inwieweit der Zweck und die Eigenart der betreffenden Erklärung tatsächlich eine analoge Anwendung zulassen.[99] So erfordern geschäftsähnliche Handlungen, durch die der Handelnde einen lediglich rechtlichen Vorteil erlangt, z.B. die Fristsetzung oder Mahnung, analog § 107 BGB nur beschränkte Geschäftsfähigkeit.

C. Einteilung der Rechtsgeschäfte

Gemäß ihrer Rechtsnatur und den unterschiedlichen Rechtsfolgen können Rechtsgeschäfte in verschiedene Kategorien eingeteilt werden: **196**

I. Einseitige und mehrseitige Rechtsgeschäfte

Nach der Anzahl der erforderlichen Willenserklärungen lassen sich Rechtsgeschäfte in einseitige und mehrseitige Rechtsgeschäfte unterteilen: **197**

Ein **einseitiges Rechtsgeschäft** liegt vor, wenn bereits die Willenserklärung *einer* Person ausreicht, um eine bestimmte rechtsgeschäftliche Folge auszulösen. **198**

Beispiele: Gestaltungsrechte wie Rücktritt (§ 349 BGB), Anfechtung (§ 142 BGB), Kündigung (etwa nach §§ 568 ff. BGB), Auslobung (§ 657 BGB), Eigentumsaufgabe (Dereliktion, §§ 928, 959 BGB), Testament (§§ 1937, 2247 BGB)[100]

Kommt es für die Wirksamkeit eines einseitigen Rechtsgeschäfts nicht darauf an, dass ein anderer von der betreffenden Willenserklärung Kenntnis erlangt, spricht man von einer **nicht empfangsbedürftigen Willenserklärung**.

Beispiele: Eigentumsaufgabe (§ 959 BGB), Auslobung (§ 657 BGB), Stiftungsgeschäft (§ 81 BGB), Testament (§ 2247 BGB), Organisationsakt zur „Einmanngründung" einer AG oder GmbH (§§ 2, 36 II AktG, § 1 GmbHG)

Ist die Kenntniserlangung der Willenserklärung dagegen konstitutiv für die Wirksamkeit des Rechtsgeschäfts, liegt eine **empfangsbedürftige Willenserklärung** vor.

---

[97] Vgl. dazu BGH NJW **2001**, 289, 290.
[98] BGHZ **47**, 352, 357; BGH NJW **1995**, 45, 46; **2001**, 289, 290; *Medicus*, AT, Rn 198; *Brox/Walker*, AT, Rn 93; *Brehm*, AT, Rn 96; *Musielak*, GK, Rn 201; *Ellenberger*, in: Palandt, Überbl v § 104 Rn 7.
[99] *Medicus*, AT, Rn 198.
[100] Zu den einseitigen Rechtsgeschäften vgl. auch *Schreiber*, Jura **2005**, 248 ff.

Beispiele: Bevollmächtigung nach § 167 BGB, Ermächtigung, Gestaltungsgeschäfte wie Anfechtung nach § 142 BGB, Rücktritt nach § 349 BGB, Aufrechnung nach § 388 BGB, Kündigung und Widerruf. Auch das Widerrufsrecht nach Verbraucherschutzbestimmungen (§§ 312, 312d, 485, 495 BGB) gehört hierher.

199 Ein **mehrseitiges Rechtsgeschäft** liegt vor, wenn es die Willenserklärungen mehrerer (mindestens zwei) Personen enthält.

200 Zu den bedeutendsten mehrseitigen Rechtsgeschäften zählen die Verträge, ferner die Gesamtakte und die Beschlüsse.

201 ▪ Ein **Vertrag** kommt durch mehrere (mindestens zwei) mit Bezug aufeinander abgegebene, inhaltlich übereinstimmende (kongruente) Willenserklärungen zustande. Die zeitlich vorangehende Willenserklärung nennt man *Antrag* bzw. *Angebot* (§ 145 BGB), die zeitlich nachfolgende Willenserklärung *Annahme* (§ 146 BGB).

Beispiel: V erklärt K, dass dieser seinen Gameboy für 20,- € kaufen könne. Diese Erklärung stellt eine Willenserklärung dar, namentlich das Angebot zum Abschluss eines Kaufvertrags. Erklärt sich nun K mit dem Angebot einverstanden (etwa indem er sagt: „o.k."), liegt in dieser Antwort ebenfalls eine Willenserklärung vor, namentlich die Annahme des Kaufvertragsangebots des V. Da beide Willenserklärungen auch mit Bezug aufeinander abgegeben wurden und inhaltlich übereinstimmen, ist zwischen K und V ein **Kaufvertrag** (§§ 433 ff. BGB) zustande gekommen.[101]

Zu beachten ist, dass sich die Zweiseitigkeit in diesem Zusammenhang nur auf das Zustandekommen des Rechtsgeschäfts bezieht. Eine andere Frage ist es, ob es sich um einen **einseitig verpflichtenden** Vertrag handelt, bei dem sich nur der *eine* Vertragspartner verpflichtet, oder (wie oben der Kaufvertrag) um einen **zweiseitig verpflichtenden** Vertrag, bei dem beide Vertragsparteien Verpflichtungen eingehen.

Beispiele für einseitig verpflichtende Verträge: Schenkungsvertrag (§ 516 BGB), Erlassvertrag (§ 397 BGB)

Beispiele für zweiseitig verpflichtende Verträge: Kaufvertrag (§ 433 BGB), Mietvertrag (§ 535 BGB), Dienstvertrag (§ 611 BGB), Werkvertrag (§ 631 BGB)

202 ▪ **Gesamtakte** sind übereinstimmende, gleichgerichtete Willenserklärungen von mindestens zwei Personen.[102] Im Gegensatz zum Vertrag werden hier also nicht wechselseitige, korrespondierende Willenserklärungen abgegeben, sondern parallele (gleichlautende).

Beispiel: Die beiden Jurastudenten A und B haben gemeinsam eine Wohnung gemietet. Dieses Mietverhältnis wollen sie nun kündigen. Aus diesem Grund geben beide jeweils eine gleichlautende Kündigungserklärung gegenüber ihrem Vermieter ab.

203 ▪ **Beschlüsse** sind eine besondere Art des mehrseitigen Rechtsgeschäfts. Sie dienen der Willensbildung im Gesellschafts- und Vereinsrecht. Ihre Eigenart besteht darin, dass für sie i.d.R. nicht das Prinzip der Willensübereinstimmung gilt, sondern das Mehrheitsprinzip.[103] Daher binden Beschlüsse auch den, der sich nicht an der Abstimmung beteiligt oder dagegen gestimmt hat. Ob sogar ein einstimmiger Beschluss erforderlich ist, ergibt sich aus dem Gesellschaftsvertrag, der Vereinssatzung oder aus dem Gesetz (vgl. z.B. § 33 I S. 1 BGB).

204 Die **Unterscheidung** zwischen **einseitigen** und **mehrseitigen** Rechtsgeschäften ist v.a. im Minderjährigenrecht (hier: § 111 BGB) und im Recht der Stellvertretung (hier:

---

[101] Freilich ist ggf. zu beachten, dass keine rechtshindernden Einwendungen (etwa Minderjährigkeit) vorliegen dürfen, die einem Zustandekommen des Vertrags entgegenstehen. Zu den Voraussetzungen eines Vertragsschlusses vgl. im Einzelnen die Ausführungen auf Rn 424 ff.

[102] *Brox/Walker,* AT, Rn 101.

[103] BGH NJW **1998**, 3713, 3715.

§§ 174, 180 BGB) von Bedeutung. Da bei einseitigen Rechtsgeschäften wie etwa der Kündigung (s.o.) die Rechtswirkung ohne Mitwirkung des Erklärungsempfängers unmittelbar eintritt, entspricht es dem Interesse des Empfängers nach Rechtssicherheit, dass eine solche Rechtshandlung nur mit **vorheriger** (schriftlicher) **Zustimmung** (= Einwilligung, vgl. § 183 S. 1 BGB) des gesetzlichen Vertreters bzw. des Vertretenen vorgenommen werden kann. Eine nachträgliche Zustimmung (= Genehmigung, vgl. § 184 I BGB), wie sie bei mehrseitigen Rechtsgeschäften möglich ist, ist bei einseitigen Rechtsgeschäften also regelmäßig nicht möglich.

II. Verpflichtungs- und Verfügungsgeschäfte

Wegen des im Zivilrecht der Bundesrepublik Deutschland geltenden **Trennungs- und Abstraktionsprinzips** (dazu ausführlich Rn 49, 67, 1272) sind Rechtsgeschäfte nach ihren Wirkungen in Verpflichtungs- und Verfügungsgeschäfte zu unterteilen: **205**

Ein **Verpflichtungsgeschäft** (obligatorisches Geschäft) ist ein Rechtsgeschäft, durch   **206** das die *Verpflichtung* begründet wird, eine bestimmte Leistung zu erbringen: Der Schuldner verpflichtet sich zu einer Leistung. Der Gläubiger ist berechtigt, die Leistung zu fordern, aber auch die Gegenleistung zu erbringen. Durch Verpflichtungsgeschäfte werden also **Ansprüche** und **Verpflichtungen** erzeugt.

> **Beispiel:** A möchte seinen Laptop verkaufen. B ist interessiert. Daher schließen A und B einen Kaufvertrag.

> Durch diesen Vertrag tritt noch keine unmittelbare Änderung der (sachenrechtlichen) Eigentumssituation ein: Es wird lediglich der *Verkäufer* A (schuldrechtlich) verpflichtet, dem Käufer B den Laptop zu übergeben und ihm das Eigentum daran zu verschaffen (§ 433 I S. 1 BGB). Die Verpflichtung des *Käufers* B besteht in der Entrichtung des vereinbarten Kaufpreises (§ 433 II BGB).

> Zu beachten ist jedoch, dass allein durch das Verpflichtungsgeschäft noch keine Änderung der (dinglichen) Eigentumslage herbeigeführt wird. Das Verpflichtungsgeschäft bildet nur den Rechtsgrund (die sog. *causa*) für das Verfügungsgeschäft, die jeweilige Eigentumsübertragung.

Verfügungsgeschäfte sind (dingliche) Rechtsgeschäfte, die unmittelbar auf ein Recht   **207** durch **Übertragung**, **Aufhebung**, **Belastung** oder **Inhaltsänderung** einwirken.[104]

Zu beachten ist in diesem Zusammenhang, dass der **Erwerb** eines Rechts *keine* Ver-   **208** fügung darstellt. Es erfolgt nur eine Änderung an einem Recht. Verfügungs*objekte* sind zumeist **dingliche Rechte** (z.B. das Eigentum oder ein Pfandrecht).

> **Beispiele:** Die Übertragung des Eigentums an einer beweglichen Sache erfolgt durch das Verfügungsgeschäft der Übereignung (§ 929 S. 1 BGB), die Übertragung des Eigentums an unbeweglichen Sachen (Grundstücken) durch das Verfügungsgeschäft der Einigung nach § 873 BGB und der Auflassung nach § 925 BGB.

> Im obigen Laptop-Beispiel erfolgt die Übertragung des Eigentums von A auf B durch Übereignung gem. § 929 S. 1 BGB: A und B einigen sich, dass das Eigentum am Laptop auf B übergehen soll und A übergibt den Laptop dem B.

Das Hauptverbreitungsgebiet des Verfügungsgeschäfts ist − wie das vorstehende Bei-   **209** spiel vermuten lässt − das **Sachenrecht**. Aber auch das **Schuldrecht** kennt zahlreiche Verfügungsgeschäfte.

---

[104] BGHZ **1**, 294, 304; **75**, 221, 226; **101**, 24, 26.

Beispiele: Der Erlass (§ 397 BGB), die befreiende Schuldübernahme (§§ 414 ff. BGB) und die Abtretung (§§ 398 ff. BGB) stellen trotz ihrer systematischen Stellung im Schuldrecht Verfügungen dar.

210 Hinsichtlich der Wirksamkeit sind bei den Verfügungsgeschäften jedoch einige **Besonderheiten** zu beachten:

211 Damit der Verfügende eine Verfügung wirksam vornehmen kann, muss er die **Verfügungsmacht** über die Sache besitzen.

212 ▪ In aller Regel steht die Verfügungsmacht **dem Inhaber des Rechts** zu.

Beispiel: Der Eigentümer einer Sache oder der Inhaber einer Forderung ist grundsätzlich ermächtigt, durch Übereignung der Sache (etwa nach § 929 BGB oder nach §§ 873, 925 BGB) oder durch Abtretung der Forderung (§§ 398 ff. BGB) darüber zu verfügen.

213 ▪ Ausnahmsweise können **Rechtsinhaberschaft** und **Verfügungsbefugnis auseinanderfallen**. Dies sind Fälle, in denen die Verfügungsbefugnis durch Gesetz oder Rechtsgeschäft einem **Nichtrechtsinhaber** eingeräumt wurde.

Beispiele: Bei der Einrichtung einer Testamentsvollstreckung kann nur der **Testamentsvollstrecker**, nicht aber der Erbe als Inhaber der Rechte über die Erbschaftsgegenstände verfügen (vgl. §§ 2197 ff. BGB). Gleiches gilt im Falle der Insolvenz. Hier kann ausschließlich der **Insolvenzverwalter** über das Vermögen des Schuldners verfügen (vgl. § 80 I InsO).

214 Verfügungen, die von einem **Nichtberechtigten** vorgenommen wurden, sind i.d.R. unwirksam. Von diesem Grundsatz macht das Gesetz jedoch einige Ausnahmen:

215 ▪ Gemäß § 185 I BGB führt das **Einverständnis** des Rechtsinhabers zur Wirksamkeit der Verfügung des Nichtberechtigten.

Beispiel: N veräußert das Fahrrad seines Freundes F im eigenen Namen an K. F hat nichts dagegen.

Da N *nicht im Namen des F*, sondern im *eigenen* Namen handelt, liegt *kein* Fall der Stellvertretung vor, sodass *nicht* §§ 164 ff. BGB gelten, sondern § 185 I BGB.

216 ▪ Darüber hinaus wird in einigen Fällen der **gute Glaube des Erwerbenden an das Bestehen der Rechtsinhaberschaft** geschützt (vgl. z.B. §§ 892, 932, 1207 BGB).

Beispiel: A leiht sich von ihrer Freundin B deren Mountainbike, um ins Kino zu fahren. Auf dem Nachhauseweg begegnet sie dem redlichen R, dem sie unter Vorspiegelung, Eigentümerin des Fahrrads zu sein, das Fahrrad für 100,- € verkauft und übergibt.

B hat gegenüber R keine vertraglichen oder vertragsähnlichen Ansprüche, weil kein Vertrag zwischen beiden vorliegt. Möglicherweise kann B jedoch von R gem. § 985 BGB das Fahrrad vindizieren. A war zur Veräußerung nicht berechtigt, da sie das Fahrrad lediglich geliehen hatte (§ 598 BGB) und von B auch nicht zur Veräußerung ermächtigt wurde (§ 185 I BGB, vgl. dazu das nächste Bsp.). Da R jedoch gutgläubig hinsichtlich der Eigentumsverhältnisse war (er durfte berechtigterweise davon ausgehen, dass A Eigentümerin des Fahrrads sei), konnte er gem. §§ 929 S. 1, 932 BGB Eigentum an dem Fahrrad erwerben. B kann also nicht von R gem. § 985 BGB das Fahrrad vindizieren. Die Verfügung der A ist mithin wirksam. Da der Gutglaubensschutz im Hinblick auf § 816 I S. 1 BGB (aber auch mit Blick auf § 812 I S. 1 Var. 2 BGB) kondiktionsfest ist, kann B von R Eigentum und Besitz am Fahrrad auch nicht kondizieren. Um den Eigentumsverlust zumindest zu mildern, kann B von A gem. § 816 I S. 1 BGB den erlangten Kaufpreis kondizieren. Selbstverständlich ist A der B auch zum Schadensersatz (vertraglich aus §§ 598, 280 BGB, deliktisch aus § 823 BGB, aus § 823 II BGB i.V.m. § 246 StGB und aus § 826 BGB) und nach § 687 II BGB (Geschäftsanmaßung) verpflichtet. Dagegen kommt ein sachenrechtlicher Anspruch aus §§ 989, 990 BGB wegen Nichtbestehens einer Vindikationslage nicht in Betracht (im maßgeblichen Zeitpunkt der Verletzungshandlung war A aufgrund des Leihvertrags berechtigte Besitzerin).

- Gemäß § 185 II S. 1 BGB führt die **Genehmigung** des Rechtsinhabers zur Wirksamkeit der Verfügung des Nichtberechtigten[105] (selbstverständlich bleibt der Verfügende Nichtberechtigter; lediglich die Wirksamkeit der Verfügung wird erreicht).[106]

  Beispiel: A hat sich von ihrer Freundin B das Mountainbike nicht geliehen, sondern es von ihr gestohlen, bevor sie es dem redlichen R unter Vorspiegelung, Eigentümerin des Fahrrads zu sein, für 100,- € verkauft und übergibt.

  Hier konnte R trotz seiner Gutgläubigkeit kein Eigentum am Fahrrad erwerben (§§ 929 S. 1, 932 I, 935 I BGB). B kann das Fahrrad also bei R vindizieren (§ 985 BGB). Sollte das Fahrrad inzwischen aber beschädigt oder nicht mehr auffindbar sein, macht der Vindikationsanspruch regelmäßig keinen Sinn. Das Gleiche gilt, wenn B eher Interesse an den 100,- € hat (etwa weil das Fahrrad einen geringeren Wert hat). In Fällen dieser Art ist ihr zu empfehlen, das Geschäft zwischen A und R zu genehmigen (§ 185 II S. 1 BGB). Die Genehmigung hat zur Folge, dass die Verfügung der A wirksam wird und diese den Verkaufserlös gem. § 816 I S. 1 BGB an B herausgeben muss. Da eine Genehmigung auch konkludent erfolgen kann, genügt die schlichte Aufforderung gegenüber A, das Geld herauszugeben. Selbstverständlich ist A der B auch in diesem Fall zum Schadensersatz (deliktisch aus § 823 I BGB, aus § 823 II BGB i.V.m. § 242 StGB und aus § 826 BGB; sachenrechtlich aus §§ 989, 990 BGB) und nach § 687 II BGB (Geschäftsanmaßung) verpflichtet.
  Im Verhältnis zu R ist jedoch zu beachten, dass B durch die Genehmigung selbstverständlich den Vindikationsanspruch aus § 985 BGB verliert.

Für **Verfügungen** gilt darüber hinaus der **Bestimmtheitsgrundsatz**, auch **Spezialitätsprinzip** genannt: Die Verfügung muss sich auf einen **konkreten** Gegenstand beziehen, damit zweifelsfrei feststeht, bei welchem Objekt die Verfügungswirkung eintreten soll. Erst mit der Konkretisierung wird die Verfügung wirksam. Dagegen kann bei einem **Verpflichtungsgeschäft**, das eine Geld- oder andere Gattungsschuld zum Gegenstand hat, zunächst offengelassen werden, mit welchen konkreten Objekten zu erfüllen ist. Im Gegensatz zum Verfügungsgeschäft ist das Verpflichtungsgeschäft trotz mangelnder Konkretisierung grundsätzlich wirksam (vgl. § 243 I BGB).

Schließlich gilt für **Verfügungen des Sachenrechts** das **Publizitätsprinzip**: Im Gegensatz zum Schuldrecht, das Rechte nur zwischen den Parteien begründet (relative Rechte), wirken Rechtsgeschäfte des Sachenrechts **absolut**, d.h. gegenüber jedermann. Daher müssen sachenrechtliche Verfügungen durch ein Publizitätsmittel nach außen hin kundgetan werden. So ist zur Übertragung des Eigentums an beweglichen Sachen i.d.R. die **Übergabe** notwendig (§ 929 S. 1 BGB), für die Übertragung von Rechten an Grundstücken die **Eintragung** in das Grundbuch (§ 873 BGB).

III. Trennungs- und Abstraktionsprinzip

Zwar ist das Trennungs- und Abstraktionsprinzip elementarer Bestandteil der Rechtsgeschäftslehre, allerdings ist es auch Fundamentalprinzip des deutschen bürgerlichen Rechts. Daher wurde es bereits bei Rn 49 und 67 abschließend erläutert.

---

[105] § 185 BGB regelt insgesamt 4 Fälle der **Konvaleszenz** von Verfügungen eines Nichtberechtigten. Ebenso wie bei § 185 I BGB beruht bei § 185 II Fall 1 BGB die Heilung auf einer Zustimmung des Berechtigten. Nach § 185 II Fall 2 und 3 BGB tritt sie ein, weil der Verfügende den Gegenstand erwirbt oder weil er vom Berechtigten beerbt wird und dieser für die Nachlassverbindlichkeiten unbeschränkt haftet.
[106] Vgl. dazu BGHZ **107**, 340, 341 f.

IV. Verbrauchergeschäfte

221 Wie bereits bei Rn 1 ff. beschrieben, gilt das Vertragsrecht des BGB grundsätzlich für alle Personen, ohne Rücksicht auf ihre Stellung im Wirtschaftsleben. Sondervorschriften für die Verträge von und mit Kaufleuten enthielten lange Zeit nur Sondergesetze, z.B. das HGB. Unter dem Einfluss des Europäischen Gemeinschaftsrechts ist jedoch eine neue Unterscheidung, nämlich zwischen Verbrauchern und Unternehmern, in das BGB eingeführt worden.

222 **Verbraucher** ist jede natürliche Person, die ein Rechtsgeschäft zu einem Zweck abschließt, der weder ihrer gewerblichen noch ihrer selbstständigen beruflichen Tätigkeit zugerechnet werden kann (§ 13 BGB).

223 **Unternehmer** ist eine natürliche oder juristische Person oder rechtsfähige Personengesellschaft, die bei Abschluss eines Rechtsgeschäfts in Ausübung ihrer gewerblichen oder selbstständigen beruflichen Tätigkeit handelt (§ 14 I BGB).

224 Wie sich aus der Definition des Unternehmers ergibt, ist der Begriff des Unternehmers weiter als der des Kaufmanns nach § 1 HGB. Er erfasst insbesondere auch Freiberufler und nach der Rspr. des BGH Existenzgründer (näher Rn 558 und 564a), nicht aber geschäftsführende Alleingesellschafter einer GmbH (dazu Rn 1163a).

225 Generell zu Verbraucherverträgen und zu den Verbraucherrechten (insbesondere zum **Widerrufsrecht**) vgl. ausführlich Rn 381, 551.

4. Kapitel – Die Willenserklärung

A. Einführung; Begriff der Willenserklärung

Minimalvoraussetzung eines jeden Rechtsgeschäfts ist das Vorliegen mindestens einer Willenserklärung. So ist für ein *einseitiges* Rechtsgeschäft *eine* Willenserklärung erforderlich (dann ist die Willenserklärung also zugleich das Rechtsgeschäft) und ein *mehrseitiges* Rechtsgeschäft erfordert mindestens *zwei* Willenserklärungen (dann ist jede einzelne Willenserklärung nur ein Bestandteil des Rechtsgeschäfts). Das BGB verwendet an vielen Stellen den Begriff der Willenserklärung[107], ohne ihn jedoch zu definieren. Gleichwohl besteht keine Unsicherheit, da sich Rechtsprechung und Literatur auf folgende Definition geeinigt haben:

226

Eine **Willenserklärung** ist die Willensäußerung einer Person, die auf die Herbeiführung einer bestimmten Rechtsfolge gerichtet ist.[108]

227

> **Beispiele:** Angebot zum Abschluss eines Vertrags, Annahme eines Angebots zum Abschluss eines Vertrags, Kündigung eines Vertrags, Errichtung eines Testaments etc.

> **Gegenbeispiele:** Nicht zu dem Begriff der Willenserklärungen i.S.d. BGB gehören die Kundgabeakte staatlicher Organe auf dem Gebiet des öffentlichen Rechts (wie z.B. Urteile, Verfügungen, Verwaltungsakte) sowie Willensäußerungen von Privaten in öffentlichen Angelegenheiten (z.B. Ausübung des Wahlrechts bei einer Bundestagswahl).

B. Die Bestandteile der Willenserklärung

Allein aus den beiden Wortbestandteilen „Willens" und „erklärung" ergibt sich, dass die Willenserklärung nichts anderes darstellen kann als den nach außen kundgetanen („erklärten") inneren Willen. Daher besteht Übereinkunft, dass eine Willenserklärung grundsätzlich aus dem **objektiven Tatbestand** der „Erklärung" (das Erklärte) und dem **subjektiven Tatbestand** des „Willens" (das Gewollte) besteht: Der innerlich gebildete Wille wird nach außen erklärt.

228

Die vom BGB vorgenommene Unterscheidung zwischen dem äußeren und dem inneren Tatbestand, also zwischen Erklärtem und Gewolltem, knüpft an die Überlegung an, dass es sowohl auf den inneren Willen des Erklärenden als auch auf den Verkehrsschutz, also auf die Verlässlichkeit der nach außen kundgetanen Erklärung, ankommen soll. In praktischer Hinsicht ist die Unterscheidung insbesondere für das Anfechtungsrecht von Bedeutung: Erklärt der Äußernde etwas anderes, als er es wollte (etwa weil er sich verspricht oder verschreibt), liegt eine Diskrepanz zwischen Erklärtem und Gewolltem vor; Erklärtes und Gewolltes fallen auseinander. Es liegt ein sog. **Erklärungsirrtum** vor. Bei einem solchen Irrtum verleiht § 119 I Var. 2 BGB dem Betroffenen das Recht, das Rechtsgeschäft (besser gesagt: seine Willenserklärung, die dem Rechtsgeschäft zugrunde liegt) **anzufechten**. Folge dieser Anfechtung ist die **Vernichtung des Rechtsgeschäfts** mit Wirkung von Anfang an (§ 142 I BGB).

229

---

[107] So etwa in §§ 105, 107, 116 ff., 119 ff., 130 ff. BGB; vgl. aber auch §§ 111, 125, 134, 138 ff. BGB, wo zwar nicht von Willenserklärungen, sondern von Rechtsgeschäften gesprochen wird, womit jedoch ebenfalls Willenserklärungen gemeint sind.
[108] BGH NJW **2001**, 289, 290; *Ellenberger*, in: Palandt, Einf v § 116 Rn 1; *Brox/Walker*, AT, Rn 82; *Köhler/Lange*, AT, § 6 Rn 1; *Rüthers/Stadler*, AT, § 17 Rn 1 ff.

I. Der objektive (äußere) Tatbestand der Willenserklärung

1. Der Erklärungstatbestand

230 Der (innere) Wille, eine (bestimmte) Rechtsfolge herbeizuführen, muss sich in einem nach außen hin erkennbaren Kundgabeakt manifestiert haben. Es muss ein sog. Erklärungstatbestand geschaffen werden. Denn es leuchtet ein, dass z.B. die Rechtsfolge der Kündigung einer Mietwohnung (= Beendigung des Mietverhältnisses) nur eintreten kann, wenn die Kündigung dem Vertragspartner gegenüber ausgesprochen wird.[109] Allerdings liegt eine Äußerung eines Rechtsfolgewillens erst dann vor, wenn das betreffende Verhalten aus der Sicht eines **objektiven Beobachters in der Rolle des Erklärungsempfängers** als Kundgabe eines solchen Rechtsfolgewillens (Rechtsbindungswillens) aufzufassen ist.[110] Der objektive Beobachter orientiert sich bei der Frage, ob sich ein bestimmtes Verhalten als die Äußerung eines Rechtsbindungswillens darstellt, an der üblichen Bedeutung des Verhaltens (z.B. an Sitten, Gebräuchen, Besonderheiten des Einzelfalls, Absprachen der Beteiligten). Auf die Sicht eines *objektiven Betrachters* in der Rolle des Erklärungsempfängers ist deswegen abzustellen, weil dieses der Rechtsklarheit und Rechtsicherheit dient, was wiederum einen Rechtsgrundsatz des Zivilrechts darstellt. Mithin ergibt sich folgende Definition des objektiven (äußeren) Erklärungstatbestands:

231 Der objektive (äußere) **Erklärungstatbestand** liegt vor, wenn sich das Verhalten des Erklärenden für einen objektiven Beobachter in der Rolle des Erklärungsempfängers als die Äußerung eines Rechtsfolgewillens (sog. Rechtsbindungswille) darstellt.

2. Formen der Kundgabe

a. Ausdrückliche Kundgabe

232 Eine eindeutige Art, seinen Willen nach außen kund zu tun, ist die **ausdrückliche** Kundgabe durch Wort oder Schrift.

> **Beispiele:**
> **(1)** V sagt zu K: „Du kannst mein Foto-Handy kaufen für 100,- €". K sagt: „Geht in Ordnung".
>
> Hier liegen zwei übereinstimmende, mit Bezug aufeinander abgegebene Willenserklärungen vor. Mithin liegt ein Kaufvertrag über ein Foto-Handy zum Preis von 100,- € vor.
>
> **(2)** V schreibt an K folgende E-Mail: „Du kannst meinen PC kaufen für 100,- €". K mailt zurück: „Geht in Ordnung".
>
> Auch hier liegen zwei übereinstimmende, mit Bezug aufeinander abgegebene Willenserklärungen vor, die zu einem Kaufvertrag führen.

b. Konkludente Kundgabe

233 Die Rechtsgeschäftslehre verlangt jedoch nicht stets die ausdrückliche Kundgabe des Willens. Sofern keine entgegenstehenden Formvorschriften existieren (vgl. etwa § 48 I HGB für die Prokura, dazu sogleich), lässt das Zivilrecht es genügen, wenn sich aus dem schlüssigen Verhalten (Gestik, Mimik, Wortumschreibungen etc.) des Erklärenden für einen objektiven Dritten in der Rolle des Erklärungsempfängers zweifelsfrei ergibt, was gemeint ist. Daher kann ein Erklärungstatbestand insbesondere auch non-verbal, d.h. **konkludent** (= durch schlüssiges Verhalten) oder sogar (allerdings nur in seltenen Fällen!) **durch Schweigen** gesetzt werden.

---

[109] Vgl. BGHZ **88**, 373, 382.
[110] BGHZ **97**, 372, 377 f.

Eine **konkludente** (mittelbare, indirekte) Willenserklärung liegt vor, wenn der Handelnde mit seinem Verhalten zwar nicht ausdrücklich seinen Geschäftswillen erklärt, seinen Geschäftswillen jedoch mittelbar aus der Sicht eines objektiven Betrachters in der Rolle des Erklärungsempfängers zum Ausdruck bringt. **234**

Aus dem **schlüssigen Verhalten** ist somit auf den Geschäftswillen (s. u.) zu schließen. Entscheidend ist allein die objektive Erkennbarkeit eines Rechtsbindungswillens. **235**

> **Beispiele für anerkannte konkludente Willenserklärungen:** Schlichte Inanspruchnahme einer entgeltlich angebotenen Leistung wie das Besteigen der Straßenbahn oder eines Karussells, Befahren einer mautpflichtigen Straße, unkommentiertes Bezahlen des Eintrittsgeldes, Einwurf einer Münze in einen Automaten, Vertragsangebot durch wortloses Zeigen auf eine bestimmte Ware, Annahme eines Vertragsangebots durch Kopfnicken, Fortsetzung eines an sich beendeten (Miet-)Vertrags durch schlichtes Weiterbenutzen, widerspruchslose Fortsetzung des Vertrags nach Bekanntgabe von veränderten Bedingungen etc.

> **Gegenbeispiele:** Die Kündigung eines Mietvertrags über Wohnraum bedarf gem. § 568 I BGB zu ihrer Wirksamkeit der Schriftform; die Erteilung einer Prokura gem. § 48 I HGB ist nur mittels ausdrücklicher Erklärung möglich, also nicht etwa durch Übertragung von Aufgaben, die eine Prokura voraussetzen.

c. Schweigen als Willenserklärung

aa. Grundsatz: Schweigen keine Willenserklärung

Das BGB geht von dem Grundsatz aus, dass ein Schweigen rechtlich **unbedeutend** ist (sog. rechtliches *nullum*). Das ist folgerichtig, wenn man bedenkt, dass es kaum möglich ist, einem Schweigen einen Erklärungswert zu entnehmen. Im Rahmen des **Verbraucherschutzrechts** hat der Gesetzgeber dies sogar ausdrücklich klargestellt (§ 241a I BGB): Durch **Schweigen eines Verbrauchers** (§ 13 BGB) nach Erhalt einer durch einen Unternehmer (§ 14 BGB) gelieferten, jedoch vom Verbraucher **unbestellten Sache** kommt grundsätzlich **kein Vertrag zustande**. **236**

> **Beispiel:** Privatmann P bekommt von der Versandhandel-GmbH (V) ein Anti-Virus-Programm auf CD zugeschickt, ohne dass er dieses bestellt oder sonst Kontakt zu V gehabt hätte. In dem Begleitschreiben heißt es: „Sofern Sie die CD nicht innerhalb einer Woche zurückschicken, gehen wir davon aus, dass Sie dieses einmalige Angebot annehmen. In diesem Fall überweisen Sie bitte den Rechnungsbetrag unter Angabe der u.g. Rechnungsdaten". P ist verärgert über dieses dreiste Vorgehen, legt die CD aber zunächst in die Schublade seines Schreibtisches, wo sie in Vergessenheit gerät. Als er sie dort 4 Wochen später zufällig wieder entdeckt, landet sie im Hausmüll und wird entsorgt. Drei Tage später erhält er von V eine Mahnung. Ist diese begründet? **237**

> Die Mahnung ist begründet, wenn ein Anspruch der V auf Zahlung des „Kaufpreises" besteht und P nicht fristgerecht gezahlt hat. Voraussetzung dafür ist zunächst das Vorliegen eines Kaufvertrags zwischen P und V. Da P die CD nicht bestellt, also gegenüber V auch kein entsprechendes Angebot abgegeben hatte, liegt ein solches in dem Zusenden der CD durch V. Dieses Angebot müsste aber auch von P angenommen worden sein. Dies wiederum setzt eine entsprechende Willenserklärung voraus. Fraglich ist, ob allein der körperlichen Entgegennahme bzw. einem Schweigen ein solcher Erklärungswert entnommen werden kann. Grundsätzlich geht das BGB davon aus, dass Schweigen keinerlei Erklärungswert zukommt. Zugunsten Verbraucher stellt **§ 241a I BGB** dies sogar ausdrücklich klar, wonach durch die Lieferung unbestellter Ware durch einen Unternehmer an einen Verbraucher ein **Anspruch** gegen diesen **nicht begründet werde**. Insbesondere ist eine Klausel, wonach „eine Annahme vorliegt, sofern der Empfänger der Ware

nicht innerhalb einer bestimmten Frist der Zusendung widerspricht", schlichtweg unwirksam.

P ist Verbraucher (§ 13 BGB) und V Unternehmer (§ 14 BGB). Die CD wurde auch unbestellt geliefert. Daher kann das Schweigen des P auf keinen Fall als Willenserklärung zur Abgabe eines Kaufvertragsangebots gewertet werden. Ein Anspruch der V auf Zahlung des Kaufpreises besteht somit nicht.

Da jedoch nach **§ 241a II BGB** unter den dort genannten Voraussetzungen gesetzliche Ansprüche nicht ausgeschlossen sind, kommt ein **Schadensersatzanspruch** der V gegen P aus §§ 990 I, 989 BGB in Betracht. Eine Vindikationslage i.S.v. §§ 987 ff. BGB liegt bei isolierter Betrachtung vor.[111] P müsste bei Besitzerwerb auch bösgläubig gewesen sein. Er hätte zumindest wissen müssen, dass er die CD ohne Kaufvertrag nicht behalten durfte. Dies ist vorliegend gegeben. Weiterhin hätte es P schuldhaft unmöglich geworden sein müssen, die CD wieder herauszugeben. Die Herausgabe der CD ist unmöglich, da sie entsorgt wurde. „Schuldhaftigkeit" in diesem Sinne liegt vor, wenn P die Unmöglichkeit der Herausgabe zumindest fahrlässig verursacht hat. Auch dies ist gegeben, denn P musste wissen, dass man fremdes Eigentum nicht einfach wegwirft. Neben diesem Schadensersatzanspruch ist ein solcher aus § 823 I BGB ausgeschlossen (vgl. § 992 BGB). Da P jedoch „entreichert" ist, haftet er dem Grunde nach der V aus §§ 818 IV, 819, 292, 989 BGB auf Schadensersatz.

Demnach wäre ein Schadensersatzanspruch der V gegen P aus §§ 990 I, 989 BGB sowie aus §§ 818 IV, 819, 292, 989 BGB gegeben.

Allerdings steht diesem Ergebnis entgegen, dass die Leistung der V für den Empfänger P *bestimmt* war, sodass gem. § 241a II Var. 1 BGB der gesetzliche Schadensersatzanspruch trotz Vorliegens der Voraussetzungen der §§ 990 I, 989 BGB nicht besteht. Es bleibt somit bei der Grundregel des § 241a I BGB: V hat gegenüber P **keinerlei Ansprüche**.

238 | **Fazit:** § 241a I BGB **schließt** grds. **alle Ansprüche aus**, auch die **Kondiktionsansprüche** aus §§ 812 ff. BGB und den **Vindikationsanspruch** aus § 985 BGB; Letzteres ist der Fall, obwohl der Unternehmer Eigentümer bleibt! (Eigentum und der Anspruch aus § 985 BGB fallen also dauerhaft auseinander).[112] **Ausnahmen** gelten nur nach Maßgabe des § 241a II und III BGB.

Besteht eine solche Ausnahme nicht, kann der Verbraucher die Sache also z.B. wegwerfen oder verschenken, **ohne sich schadensersatzpflichtig** zu machen. § 241a I BGB schließt jedoch die Möglichkeit nicht aus, dass der Verbraucher das Angebot nach allgemeinen Grundsätzen (§§ 104 ff., 116 ff. BGB) **annimmt**. Dies kann ausdrücklich geschehen oder konkludent, etwa durch Ingebrauchnahme der Sache (str.[113]) oder Überweisung des Kaufpreises. Zu § 241a BGB vgl. auch Rn 580 ff. (**Fernabsatzverträge**).

Denkbar ist auch, dass die unaufgeforderte Sache mangelhaft ist und an den Rechtsgütern des Verbrauchers einen Schaden verursacht (sog. **Mangelfolgeschaden**).

Beispiel: Ein Computerprogramm ist fehlerhaft erstellt und verursacht nach Installation einen irreparablen Schaden im Betriebssystem des Computers. ⇨ In diesem Fall hat der geschädigte Verbraucher gegen den Unternehmer zwar keinen vertraglichen Schadensersatzanspruch wegen Pflichtverletzung (§ 280 I BGB), da ein Vertrag gerade nicht zustande gekommen ist, jedoch hat er einen Anspruch auf Schadensersatz wegen vorvertraglicher Pflichtverletzung aus §§ 280 I i.V.m. 241 II, 311 II Nr. 2 BGB (culpa in contrahendo).[114] Selbstverständlich kommen auch Ansprüche nach dem ProdHaftG in Betracht.[115]

---

[111] Zum EBV vgl. ausführlich *R. Schmidt*, SchuldR BT II, Rn 121 ff.
[112] Wie hier *Lorenz*, JuS **2000**, 833, 841; *Sosnitza*, BB **2000**, 2317, 2321; *Wendehorst*, DStR **2000**, 1311, 1116; *Schwarz*, NJW **2001**, 1449; *Czeguhn/Dickmann*, JA **2005**, 687, 588; *Deutsch*, JuS **2005**, 997, 998; *Kramer*, in: MüKo, § 241 a Rn 13; a.A. *Casper*, ZIP **2000**, 1597; ZIP **2001**, 1602, 1607.
[113] Wie hier *Larenz/Wolf*, AT, § 29 Rn 68; *Casper*, ZIP **2000**, 1602, 1607; *Saenger*, in: Erman, § 241a Rn 15; a.A. *Kramer*, in: MüKo, § 241a Rn 11; *Heinrichs*, in: Palandt, § 241a Rn 6/7.
[114] Vgl. dazu ausführlich *Hütte/Helbron*, SchuldR AT, Rn 595 ff.
[115] Vgl. dazu ausführlich *R. Schmidt*, SchuldR BT II, Rn 1029 ff.

bb. Ausnahme: Vereinbartes Schweigen als Willenserklärung

Ausnahmsweise kann Schweigen die Bedeutung einer Willenserklärung haben, wenn der andere unter den konkreten Umständen nach Treu und Glauben unter Berücksichtigung der Verkehrssitte (§§ 133, 157 BGB) auf die Abgabe einer Willenserklärung schließen durfte. Das ist insbesondere bei einer **Parteivereinbarung** der Fall (vgl. aber **§ 308 Nr. 5 BGB**). Hier kann ein Schweigen als Willenserklärung gelten. Denn dann wurde das Verhalten, dem ein Erklärungswert zukommen soll, ja gerade bestimmt („**beredtes Schweigen**"). Es handelt sich dann um eine Willenserklärung, für die die allgemeinen Regeln (§§ 104 ff., 116 ff. BGB) gelten.

239

> **Beispiel:** K möchte von V dessen Modelleisenbahn kaufen. Er bittet diesen daher um Abgabe eines Vertragsangebots. V nennt K den Preis, für den die Eisenbahn zu haben ist. K möchte es sich nun noch einmal überlegen. Daher bittet er V, ihm eine Woche Bedenkzeit zu geben. Sollte V nichts Gegenteiliges hören, komme das Geschäft nach Ablauf der Zeit zustande. V ist mit dieser Vereinbarung einverstanden.
>
> Rechtlich ist diese Vereinbarung als Widerrufsrecht des K zu bewerten: Schweigt K bis nach Ablauf der Bedenkzeit, kommt der Kaufvertrag zustande. Möchte er das Zustandekommen verhindern, muss er aktiv werden und widersprechen.

Die Vereinbarung, ein Schweigen solle als Willenserklärung aufgefasst werden, kann auch **konkludent** getroffen werden. Allerdings ist dies i.d.R. nur dann anzunehmen, wenn die Parteien **zuvor rechtsgeschäftliche Beziehungen unterhielten**.

240

> **Beispiel[116]:** Emelie Erdbeer ist Inhaberin eines Feinkostladens. Mit dem Obst- und Gemüselieferanten L vereinbart sie, dass dieser in den folgenden zwei Wochen täglich morgens vor Ladenöffnung eine Kiste Erdbeeren vor dem Laden abstellen solle. Ohne weiteres zu besprechen, stellt L auch weitere zwei Wochen täglich eine Kiste Erdbeeren vor dem Laden der E ab. E überweist auch den diesbezüglichen Kaufpreis. Als L am Montag der nunmehr fünften Woche eine Kiste Erdbeeren abstellt, lässt E diese unbeachtet. Die Erdbeeren faulen. L verlangt Bezahlung dieser Kiste.
>
> Hier ist der geltend gemachte Kaufpreisanspruch begründet, wenn ein diesbezüglicher Vertrag geschlossen wurde. Ausdrücklich haben E und L keinen Vertrag geschlossen; vielmehr war die ursprüngliche Vereinbarung auf zwei Wochen befristet. Möglicherweise liegt aber eine stillschweigende Vereinbarung vor. Eine solche ist jedenfalls bezüglich der dritten und vierten Woche anzunehmen, da E die Erdbeeren in dieser Zeit entgegengenommen und auch bezahlt hat. Gerade aufgrund dieser „Duldung" hat E jedoch den Rechtsschein gesetzt, die Vereinbarung solle auch über die vierte Woche hinaus gelten. E muss ihr Schweigen daher als Erdbeerbestellung gegen sich gelten lassen und auch die nunmehr verdorbene Lieferung bezahlen.
>
> Weiterführender Hinweis: Hätte es sich bei E um eine **Verbraucherin** (§ 13 BGB) gehandelt, wäre hinsichtlich der in Rede stehenden Kiste Erdbeeren möglicherweise **§ 241a I BGB** zu beachten gewesen mit der Folge, dass ein Anspruch des L nicht bestanden hätte. Etwas anderes hätte nur dann gegolten, wenn man das Dulden in der dritten und vierten Woche als **konkludente Bestellung mit Widerrufsvorbehalt** interpretiert hätte. Eine solche Interpretation ist zwar möglich, allerdings mit dem ausgeprägten Verbraucherschutzbewusstsein des Gesetzgebers nicht vereinbar. Unklarheiten gehen stets zu Lasten des Unternehmers.

Zu beachten ist schließlich, dass, wie schon das Wort *Vereinbarung* zum Ausdruck bringt, es unabhängig davon ist, ob ein ausdrücklicher oder konkludenter Vertragsschluss in Betracht kommt, eines *beiderseitigen* Willens bezüglich der Bedeutung des Schweigens bedarf. Eine bloß einseitige Bestimmung (wie z.B. der Zusatz zu einem

241

---

[116] Vgl. *Rüthers/Stadler*, AT, § 17 Rn 28.

Antrag: „Ich nehme ihr Einverständnis an, wenn Sie nicht binnen 10 Tagen das Angebot ablehnen.") ist bedeutungslos. Niemand kann dem Schweigen eines anderen einseitig eine gewünschte Bedeutung geben und ihm damit eine nicht abgegebene und nicht gewollte Erklärung aufzwingen.

cc. Gesetzlich geregelte Willenserklärungen

242 Auch außerhalb einer Parteivereinbarung hat der Gesetzgeber in bestimmten Fällen dem Schweigen einen Erklärungswert beigemessen und einer Willenserklärung gleichgestellt (sog. „fingierte Willenserklärung", auch „normiertes Schweigen" oder „Schweigen an Erklärungs Statt" genannt). Grund der gesetzlichen Regelung ist die Sicherheit des Rechtsverkehrs und die (widerlegbare) Vermutung, dass der Schweigende mit dem Vertragsschluss einverstanden ist.

243 **Beispiele für das Schweigen als Zustimmung i.S. einer Annahme:** Schweigt der Käufer nach Empfang einer zur Probe gekauften Sache (**§ 455 S. 2 BGB**), gilt dieses Schweigen als Zustimmung. Gleiches gilt nach Empfang einer schenkweisen Zuwendung (**§ 516 II S. 2 BGB**) und nach Fortsetzung des Gebrauchs einer Mietsache nach Ablauf der Mietzeit (**§ 545 BGB**). Auch wenn ein Kaufmann auf einen Antrag über eine Geschäftsbesorgung schweigt, gilt dies unter den Voraussetzungen des **§ 362 HGB** als Zustimmung (dazu Rn 236, 243, 244). Des Weiteren ist **§ 416 I S. 2 BGB** zu nennen. Einen in der Praxis wichtigen Fall stellt schließlich die **Erbschaftsannahme durch Verstreichenlassen der Ausschlagungsfrist** dar. Diesbezüglich stellt das Gesetz mit der Möglichkeit der Anfechtung (**§§ 1954 ff. BGB**) sogar indirekt klar, dass es dem Schweigen einen Erklärungswert entnimmt, nämlich die Annahme des Erbes.

244 **Beispiele für das Schweigen als Ablehnung:** Schweigt der gesetzliche Vertreter auf eine Aufforderung des Geschäftspartners, kommt der Vertrag nicht zustande (§ 108 II S. 2). Gleiches gilt hinsichtlich der Stellvertretung (§ 177 II S. 2 BGB). In beiden Fällen soll der Geschäftspartner Klarheit über das Schicksal eines schwebend unwirksamen Vertrags haben.

dd. Bedeutung des § 151 BGB

245 Nach § 151 S. 1 BGB kommt unter den dort genannten Voraussetzungen ein Vertrag auch dann zustande, wenn die Annahme eines Angebots dem Antragenden gegenüber nicht erklärt wurde. Diese Vorschrift ersetzt also **nicht** die Willenserklärung des Annehmenden (diese muss schon vorliegen!), sondern bringt lediglich zum Ausdruck, dass die Annahmeerklärung dem Vertragspartner gegenüber nicht erklärt zu werden braucht, diesem also nicht zugehen muss (sog. **Zugangsverzicht**). Rechtstechnisch bedeutet der Zugangsverzicht, dass die Vertragsannahme eine **nicht empfangsbedürftige Willenserklärung** darstellt[117] (dazu auch Rn 304 ff., 329 ff.).

ee. Kaufmännisches Bestätigungsschreiben

246 Einen Sonderfall des Schweigens als Zustimmung stellt das **Schweigen auf ein kaufmännisches Bestätigungsschreiben** dar. Da dieses noch mehr als die bisher behandelten Fallgruppen insbesondere bei der Frage der **Annahme eines Angebots** eine Rolle spielt, sei insoweit auf die Darstellung auf Rn 459 ff. verwiesen.

---

[117] Vgl. dazu ausführlich *Repgen*, AcP 200 (**2000**), 533 ff.

II. Der subjektive (innere) Tatbestand der Willenserklärung

Allein das Vorliegen des äußeren Erklärungstatbestands genügt grundsätzlich nicht, um eine Willenserklärung annehmen zu können. Erforderlich ist regelmäßig auch das Bestehen eines inneren Erklärungstatbestands. Um den inneren Willen jedoch überhaupt erfassen zu können, besteht allgemeiner Konsens darüber, dass der subjektive Tatbestand einer Willenserklärung drei Bestandteile umfasst, den **Handlungswillen**, das **Erklärungsbewusstsein** und den **Geschäftswillen**.

247

1. Der Handlungswille

Wie sich aus § 105 II BGB ergibt, ist Minimalvoraussetzung einer jeden Willenserklärung der **Handlungswille**, d.h. **der Wille, überhaupt etwas zu tun oder bewusst zu unterlassen**. Liegt dieser Wille nicht vor, kann – zumindest im Grundsatz – eine Willenserklärung nicht angenommen werden.[118]

248

So fehlt der Handlungswille bei unbewussten Bewegungen, bei hypnotischen Handlungen, Reflexbewegungen, Bewusstlosigkeit, Schlaf und unmittelbarer willensausschließender körperlicher Gewalt (*vis absoluta*).

> **Beispiel:** T hebt bei einer Versteigerung gewaltsam die Hand des O, der daraufhin den Zuschlag erhält.
>
> Hier hatte O nicht den Willen zu handeln, hat also auch keine Willenserklärung abgegeben.

Keinen Fall von *vis absoluta* stellen die Fälle der Täuschung oder widerrechtlichen Drohung dar, der sog. *vis compulsiva* (willensbeugende Gewalt).

> **Beispiel:** T droht O, ihn wegen eines Diebstahls anzuzeigen, wenn er nicht den vorliegenden Vertrag unterschreibe.
>
> In Fällen dieser Art handelt der Erklärende bewusst, sodass zunächst eine Willenserklärung vorliegt. Ob Täuschung oder Zwang der Grund für das erklärende Verhalten war, ist hier irrelevant. Allerdings hat der Betroffene i.d.R. ein Anfechtungsrecht (§ 123 BGB) mit der Folge der rückwirkenden Vernichtung des Erklärten (§ 142 I BGB).

Fazit: <u>Fehlt</u> es am Handlungswillen, liegt grds. <u>keine</u> Willenserklärung vor, da der Handlungswille – jedenfalls bis auf die sogleich zu behandelnde Ausnahme – als Mindestvoraussetzung einer Willenserklärung konstitutive Bedeutung hat.

249

Problematisch ist es, wenn auf Seiten desjenigen, der **nichts tut**, noch **nicht** einmal das **Bewusstsein** vorhanden ist, dass sein Nichtstun eine rechtliche Bedeutung haben könnte. Diese – in Examensklausuren schon angetroffene – Konstellation ist in den herkömmlichen Lehrbüchern kaum oder gar nicht behandelt und wird auch von der o.g. Definition des Handlungswillens nicht erfasst.

250

> **Beispiel[119]:** Juraprofessor P hat keine Zeit, sich in der Buchhandlung nach Neuerscheinungen umzusehen. Mit dem Medium Internet, dem er die gewünschten Informationen entnehmen könnte, hat er sich noch nicht beschäftigt, weil er hofft, die letzten Jahre seines Berufslebens ohne dieses Medium, in dem er einen „Werteverfall in der Gesellschaft" erblickt, auskommen zu können. Um dennoch seinem Lesedrang ausreichend nachkommen zu können, hat er mit der Buchhändlerin B die Vereinbarung getroffen, dass diese ihm stets die neu erschienenen Bücher aus dem abgesprochenen Interessengebiet *Zivilrecht* zuschicken soll. Der Preis ist jeweils auf dem Buchumschlag vermerkt. P

251

---

[118] *Kramer*, in: MüKo, Vor § 116 Rn 7a; *Ellenberger*, in: Palandt, Einf v § 116 Rn 1 u. 16; *Larenz/Wolf*, BGB AT, § 24 Rn 3. Vgl. nun auch *Stadler*, JA **2007**, 454, 455.
[119] Vgl. auch *Wenzel*, Fälle zum BGB I, 3. Auflage **2008**, Kap. 2 Fall 04.

soll innerhalb von 14 Tagen entscheiden, welche Bücher er behalten will. Die Bücher, die nicht seinem Geschmack entsprechen, soll er zur Abholung durch den Boten der B innerhalb der 14-tägigen Frist bereitlegen. B stellt über die von P behaltenen Bücher vierteljährlich eine Rechnung aus, die im Rahmen eines Lastschriftverfahrens von dem Konto des P beglichen wird, wozu P die B ermächtigt hat.

Zur Lieferung vom November 2008 gehört u.a. die Neuauflage des Palandts, zum Preis von 100,- €. P legt die gesamte Sendung ungesehen zu dem Stapel noch durchzusehender Bücher auf seinen Schreibtisch. Abends hat P Gäste, zu denen sein Wissenschaftlicher Assistent Dr. Advokat gehört. Dieser teilt die Leseleidenschaft des P und stöbert daher durch die auf dem Schreibtisch liegenden Bücher. Dabei stößt er auch auf den neuen Palandt, den er nach Durchsicht versehentlich auf einen anderen, dem P bereits gehörenden, Bücherstapel zurücklegt. Am nächsten Morgen ordnet P´s Haushälterin H die P gehörenden Bücher in das Regal ein. P wird während der nächsten zwei Wochen nicht auf den Palandt aufmerksam, weil er in dieser Zeit völlig vertieft in den Lehrbüchern aus dem Dr. Rolf Schmidt Verlag liest. Er merkt auch nichts, als B die Rechnung schickt, in der neben anderen Büchern, die er behalten hat, auch der Palandt aufgeführt ist. Er heftet die Rechnung ungeprüft in der Gewissheit ab, B werde wie stets den korrekten Betrag einziehen.

Erst als er auf dem Ende Dezember 2008 erhaltenen Kontoauszug die außergewöhnlich hohe Lastschrift sieht, klärt sich für P der Sachverhalt auf. Er legt gegen die Lastschrift Widerspruch ein. Die Bank bucht den Betrag ordnungsgemäß wieder zurück. Kann B von P Bezahlung des Palandt verlangen?

Da die Präsentation einer im Gutachtenstil ausformulierten Lösung den Rahmen dieses Buches sprengen würde, ist die Lösung zum kostenlosen Herunterladen auf der Internetseite des Verlags Rubrik Lehrbücher/Bürgerliches Recht/BGB AT/Falllösungen bereitgestellt.

2. Das Erklärungsbewusstsein

252 Erklärungsbewusstsein liegt vor, wenn der Handelnde das **Bewusstsein** hat, **etwas rechtlich Erhebliches** zu erklären, also eine **Rechtsfolge**, und nicht nur eine tatsächliche Folge herbeizuführen.

Beispiel: Möchte K einen Staubsauger kaufen und unterzeichnet ein entsprechendes Kaufangebot, das er vom Verkaufsvertreter vorgelegt bekommen hat, handelt er in dem Bewusstsein, etwas rechtlich Erhebliches zu erklären.

Gegenbeispiel: Unterzeichnet K ein Vertragsformular über den Kauf eines Staubsauger in der Annahme, es handele sich bei dem Schriftstück lediglich um eine Bestätigung, dass er vom Verkaufsvertreter beraten worden sei, fehlt es am Bewusstsein, etwas rechtlich Erhebliches zu erklären.

253 Umstritten ist, wie ein **Fehlen** des Erklärungsbewusstseins zu behandeln ist, ob also eine Willenserklärung überhaupt angenommen werden kann.

254 ■ Nach der vornehmlich früher vertretenen **Willenstheorie**[120] ist das Erklärungsbewusstsein für das Vorliegen einer Willenserklärung unverzichtbar, für diese also konstitutiv. Fehle das Erklärungsbewusstsein, sei eine Willenserklärung analog § 118 BGB **nichtig**. Konsequenz dieser Auffassung ist, dass durch die angenommene Nichtigkeit eine Anfechtung nicht erforderlich ist (eine nichtige Willenserklärung entfaltet keinerlei Rechtswirkung, braucht also auch nicht angefochten zu werden). Um aber den vermeintlichen Geschäftspartner nicht unangemessen zu benachteiligen, soll der Erklärende diesem analog § 122 BGB zum Ersatz des Schadens verpflichtet sein, den dieser im Vertrauen

---

[120] *Wieacker*, JZ **1967**, 385, 389; *Thiele*, JZ **1969**, 405, 407; *Canaris*, NJW **1974**, 521, 528; *Singer*, JZ **1989**, 1030, 1034 f.

auf die Wirksamkeit des Geschäfts erlitten hat (sog. **Vertrauensschaden**). Bei einem Verschulden kommt zusätzlich eine Haftung aus § 280 I BGB in Betracht.

Diese Auffassung verkennt jedoch die vom BGB vorgenommene Interessenlage: Bei § 118 BGB *will* der Erklärende die Nichtgeltung seiner Erklärung, wohingegen bei demjenigen, bei dem das Erklärungsbewusstsein fehlt, sich gerade noch kein Wille über die Rechtsgeltung gebildet hat. Es besteht also keine vergleichbare Interessenlage, die eine analoge Anwendung des § 118 BGB rechtfertigen würde. Außerdem nimmt man mit der Annahme einer Nichtigkeit dem Erklärenden jede Möglichkeit, sich nachträglich doch noch für das Geschäft zu entscheiden; vielmehr müsste er eine erneute Willenserklärung abgeben, was aus anderen Gründen vielleicht nicht mehr möglich ist. Schließlich verkennt die Willenstheorie den ebenfalls vom BGB statuierten Vertrauensschutz: Jeder soll sich grundsätzlich auf die Wirksamkeit einer getroffenen Vereinbarung verlassen dürfen; lediglich, wenn höherrangige Schutzinteressen des anderen betroffen sind, tritt der Vertrauensschutz zurück. Bei fehlendem Erklärungsbewusstsein ist das jedoch nicht der Fall: Achtet der Betroffene nicht darauf, was er unterschreibt, genießt er auch keinen dem Vertrauensschutz höherrangigen Schutz. Er muss seine Erklärung zunächst gegen sich gelten lassen, kann sie aber wegen Inhaltsirrtums gem. § 119 I Var. 1 BGB anfechten. Denn wenn schon bei einer Abweichung von (subjektiv) Gewolltem und (objektiv) Erklärtem die Anfechtungsmöglichkeit besteht, muss dies erst recht gelten, wenn das Erklärungsbewusstsein ganz fehlt, das Handeln aber als Willenserklärung aufgefasst wird und deshalb zunächst wirksam ist. Freilich hat die Anfechtung unter Beachtung des § 122 BGB zu erfolgen.

- Mit der heute **herrschenden Erklärungstheorie**[121] ist es daher sinnvoll, grundsätzlich *nicht* von einer Nichtigkeit des Geschäfts auszugehen, sondern dem Betroffenen die Entscheidungsfreiheit einzuräumen, sich für die Nichtigkeit oder die Gültigkeit seiner Erklärung zu entscheiden. Aus Gründen des Verantwortungsprinzips ist einschränkend jedoch zu verlangen, dass der Erklärende bei pflichtgemäßer Sorgfalt hätte erkennen können und müssen, dass sein Verhalten als Willenserklärung aufgefasst werden könnte.[122] Ist das der Fall, wird ihm seine Erklärung als Willenserklärung **zugerechnet**. Umgekehrt ist eine Zurechnung ausgeschlossen, wenn der Erklärungsempfänger das Fehlen des Erklärungsbewusstseins kannte oder aus anderen Gründen nicht schutzwürdig ist.

255

> **Fazit:** Aus Gründen des Verkehrs- bzw. Vertrauensschutzes wird dem Erklärenden sein Verhalten auch dann als Willenserklärung zugerechnet, wenn er kein Erklärungsbewusstsein hatte. Voraussetzung ist nur, dass er bei pflichtgemäßer Sorgfalt hätte erkennen können und müssen, dass sein Verhalten als Willenserklärung aufgefasst werden könnte (**Verantwortlichkeitsprinzip**). Eine Zurechnung der ungewollten Willenserklärung ist nur dann zu verneinen, wenn der Erklärungsempfänger das Fehlen des Erklärungsbewusstseins kannte oder aus anderen Gründen nicht auf das Geschäft vertrauen durfte (**Vertrauensprinzip**).

256

Die unterschiedlichen Auffassungen sind nicht nur akademischer Natur, sondern können im Einzelfall verschiedene Ergebnisse bewirken. So kann der Erklärende seine Willenserklärung nur bei Befolgung der Erklärungstheorie gem. § 119 I Var. 1 BGB anfechten (es liegt eine Art Inhaltsirrtum vor, weil der Erklärende nach außen hin etwas anderes erklärt, als er innerlich meint, s.o.). Ficht er an, muss er allerdings beachten, dass er nach § 122 BGB auf Ersatz des Vertrauensschadens haftet. Insoweit ergibt sich zwar kein Unterschied zur Willenstheorie, die ebenfalls analog § 122 BGB einen Schadensersatzanspruch vorsieht. Allerdings tritt diese Rechtsfolge nach der Willenstheorie automatisch ein, wohingegen nach der Erklärungstheorie eine Anfechtungserklärung (§ 143 BGB) erfolgen muss, was wiederum die Beachtung der **Ausschlussfrist des § 121 I**

257

---

[121] BGHZ **91**, 324, 327 ff.; **109**, 171, 177; BGHZ **149**, 129, 134; BGH NJW **2006**, 3777 f.; *Medicus*, AT, Rn 607; *Brox/Walker*, AT, Rn 380; *Kramer*, in: MüKo, vor § 116 Rn 12, 13; *Lange*, JA **2007**, 687, 689.
[122] Vgl. dazu BGHZ **91**, 324, 330; BGH NJW **1995**, 953.

BGB („unverzüglich") zur Folge hat. „Unverzüglich" bedeutet „Ohne schuldhaftes Zögern".

258

> **Fazit:** Ergebnisrelevante Bedeutung kommt dem Meinungsstreit also immer dann zu, wenn der Erklärende seine Erklärung nicht „unverzüglich" i.S.v. § 121 I BGB anficht. Nach der Erklärungstheorie wäre er an seine Willenserklärung gebunden, nach der Willenstheorie läge schon keine Erklärung vor, sondern „nur" eine Schadensersatzpflicht analog § 122 BGB. Ein Unterschied in der Rechtsfolge besteht auch dann, wenn man mit der Erklärungstheorie die Zurechnung (und damit in der Folge auch die Willenserklärung) verneint. Denn dann besteht – im Gegensatz zur undifferenzierten Willenstheorie – unter keinen Umständen eine Schadensersatzpflicht nach § 122 BGB.

259 Zur Verdeutlichung des bisher Gesagten sollen folgende, allgemein in der Literatur zum BGB AT genannten Anwendungsfälle erläutert werden:

260 **Lotsenfall:** Bei einem Tagesausflug wird in feucht-fröhlicher Stimmung ausgiebig an Bord des Touristendampfers „Jan Cux" gefeiert. Als einige „Süßwassermatrosen" bereits zu viel des guten „Küstennebels" (ein Likör) zu sich genommen haben, hissen sie aus Spaß die Lotsenflagge, ohne die Bedeutung dieses Signalzeichens zu kennen. Daraufhin läuft ein Lotsenboot aus. Der Lotse L verlangt Bezahlung, weil ein Lotsenvertrag zustande gekommen sei.

Ob vorliegend ein Lotsenvertrag, der den Anspruch des L begründen würde, tatsächlich zustande gekommen ist, ist fraglich. Ein Lotsenvertrag kommt u.a. zustande, wenn jemand eine Lotsenflagge hisst (= Angebot zum Vertragsschluss) und der Lotse dieses Angebot annimmt. Vorliegend könnte es aber an der Willenserklärung zur Abgabe eines Angebots fehlen, weil es am Erklärungsbewusstsein auf Seiten der Flaggenhisser fehlt. Denn diese waren sich nicht darüber bewusst, dass sie eine rechtserhebliche Erklärung abgeben würden.

Befolgt man die *Willenstheorie*, muss man das Vorliegen einer Willenserklärung und damit eines Vertrags verneinen, weil nach dieser Theorie das Erklärungsbewusstsein für das Vorliegen einer Willenserklärung unverzichtbar ist. Diejenigen, die die Lotsenflagge gehisst haben, müssen aber den Vertrauensschaden analog § 122 BGB ersetzen.

Vertritt man indes die *Erklärungstheorie*, muss man zunächst danach fragen, ob die Flaggenhisser bei pflichtgemäßer Sorgfalt hätten erkennen können und müssen, dass das Hissen einer Lotsenflagge ein rechtlich relevantes Signal darstellt und daher als Willenserklärung in Bezug auf den Abschluss eines Lotsenvertrags aufgefasst werden könnte.

⇨ Bejaht man dies an, würde den Flaggenhissern ihr Verhalten als Willenserklärung zugerechnet. Ein Lotsenvertrag wäre zustande gekommen; eine (zulässige) Anfechtung wegen Inhaltsirrtums würde zur Schadensersatzpflicht gem. § 122 BGB führen. Eine Zurechnung ihrer Erklärung (und damit ein Vertrag) wären nur dann ausgeschlossen, wenn der Erklärungsempfänger (der Lotse) das Fehlen des Erklärungsbewusstseins kannte oder aus anderen Gründen nicht schutzwürdig wäre. Beides wird man jedoch nicht annehmen können.

Ergebnis: Vertrag wäre zustande gekommen; aber Anfechtung wäre möglich mit der Pflicht zum Schadensersatz nach § 122 BGB.

⇨ Ist man dagegen der Meinung, dass die Bedeutung einer Lotsenflagge zwar einem Seemann, nicht aber „Süßwassermatrosen" geläufig ist, und verneint die Pflicht der „Süßwassermatrosen", sich zuvor über die Gepflogenheiten auf See zu informieren, liegt keine zurechenbare Willenserklärung vor, auch wenn der Lotse auf die Gültigkeit des Lotsenvertrags vertraut hat. Dann wären die Flaggenhisser auch nicht zum Ersatz des Vertrauensschadens gem. § 122 BGB verpflichtet.

Ergebnis: Vertrag wäre nicht zustande gekommen; keine Anfechtung wäre nötig (und auch nicht möglich), Pflicht zum Schadensersatz gem. § 122 BGB bestünde nicht.

⇨ Bewertung: Nach der hier vertretenen Auffassung ist dieses Ergebnis unbillig. Denn man wird einem Fachunkundigen, der sich zum ersten Mal in einer bestimmten Weise am (fachfremden) Rechtsverkehr beteiligt, zumuten dürfen, sich über die spezifischen Gepflogenheiten zu informieren (Sorgfaltspflicht!), um nichts falsch zu machen. Es liegt in seiner Verantwortung, sich zuvor über die Besonderheiten zu informieren und die Konsequenzen seines Handelns zu tragen. Eine Entlastung kommt nur dann in Betracht, wenn der Geschäftsgegner das fehlende Erklärungsbewusstsein kennt oder kennen musste. Da dies aber bei L nicht angenommen werden kann, liegt eine zurechenbare Willenserklärung vor.

Ergebnis: Lotsenvertrag ist zustande gekommen; aber Anfechtung ist möglich mit der Pflicht zum Schadensersatz nach § 122 BGB.

Unterschriftenliste: Anton nimmt an der Mitgliederversammlung seines Schützenvereins teil. Dort laufen zwei Unterschriftenlisten um, eine mit einer Glückwunschadresse für den langjährigen Vorsitzenden, die andere mit einer Sammelbestellung für ein Abonnement einer Sportschützenzeitschrift. A will die Glückwunschadresse unterschreiben, unterzeichnet jedoch versehentlich die Bestellung. Der Verlag verlangt Bezahlung, weil ein Abonnementvertrag zustande gekommen sei. **261**

A wollte keine rechtlich erhebliche Erklärung abgeben und hatte daher auch kein Erklärungsbewusstsein. Nach der h.M. ist ihm sein Verhalten dennoch als Willenserklärung zuzurechnen, denn wer ein Schriftstück unterzeichnet, hat die Möglichkeit, sich zu vergewissern, worum es sich handelt. Dies gilt umso mehr, wenn der Erklärende weiß oder Grund zur Annahme hat, dass sich unter den vorgelegten Schriftstücken auch solche befinden, die eine rechtsgeschäftliche Erklärung enthalten. A muss sich daher die durch seine Unterschrift gedeckte Erklärung zurechnen lassen. Er kann sie jedoch gem. § 119 I Var. 1 BGB unter Beachtung der Frist des § 121 I BGB anfechten mit der Folge, dass er gem. § 122 BGB den Vertrauensschaden ersetzen muss. Diesen hätte er aber auch nach der Willenstheorie zu ersetzen.

Trierer Weinversteigerung[123]: Der ortsfremde und etwas einfältige K nimmt in Trier als Gast an einer Weinversteigerung teil. Als er plötzlich einen alten Schulfreund auf der anderen Seite des Raumes entdeckt, hebt er zum Gruß die Hand. Der Versteigerer V fasst dies als Angebot des K für (s)ein gerade zur Disposition stehendes Fass Wein auf und erteilt ihm den Zuschlag. V verlangt nun von K die Zahlung des Kaufpreises und die Abnahme des Weins. K, der weder den Wein haben noch für denselben bezahlen will, wendet ein, dass er nur seinen Freund habe grüßen, nicht aber den Wein kaufen wollen. **262**

Der geltend gemachte Anspruch besteht, wenn er wirksam entstanden und nicht wieder erloschen ist und seiner Durchsetzung keine Einreden entgegenstehen.

Ein Kaufvertrag kommt zustande, wenn sich die Parteien wirksam über die (wesentlichen) Kaufvertragsbestandteile einigen. Bei einer Versteigerung kommt der Vertrag durch das höchste Gebot und den **Zuschlag** zustande (**§ 156 BGB**). Dabei stellen das Handzeichen des Bietenden das Angebot und der sich darauf beziehende Zuschlag die Annahme dar. K hat ein Handzeichen gegeben. Allerdings ist fraglich, ob er damit ein Angebot zur Ersteigerung abgegeben hat; immerhin wollte er lediglich seinen alten Schulfreund begrüßen, nicht jedoch etwas rechtlich Relevantes erklären.

Jedem Angebot liegt eine entsprechende Willenserklärung zugrunde. Diese wiederum besteht aus einem äußeren (objektiven) und einem inneren (subjektiven) Tatbestand.

---

[123] Die Lösung dieses Falls erfolgt etwas umfangreicher, um die Verwendung des Gutachtenstils zu präsentieren. Selbstverständlich müssen in der Fallbearbeitung auch die anderen Fälle entsprechend ausformuliert werden, was jedoch den Umfang dieses Buches sprengen würde. Zur „**Internetauktion**" vgl. Rn 277 und 610.

Der äußere Erklärungstatbestand liegt vor, wenn sich das Verhalten des Erklärenden für einen objektiven Beobachter (§§ 133, 157 BGB) in der Rolle des Erklärungsempfängers als die Äußerung eines Rechtsfolgewillens (sog. Rechtsbindungswille) darstellt. Da nach den Gepflogenheiten im Rahmen einer Versteigerung das Handheben die Abgabe eines Angebots bedeutet, konnte ein objektiver Betrachter in der Rolle des V davon ausgehen, dass K durch sein Handzeichen ein solches Angebot abgeben wollte. Der äußere Erklärungstatbestand einer Willenserklärung liegt somit vor.

Problematisch ist allein, ob der subjektive Tatbestand der Willenserklärung vorliegt. Dieser setzt sich aus den drei Elementen *Handlungswille*, *Erklärungsbewusstsein* und *Geschäftswille* zusammen. Während das Fehlen des Handlungswillens stets beachtlich und das Fehlen des Geschäftswillens stets unbeachtlich ist, besteht hinsichtlich der Frage nach den Auswirkungen des Fehlens des Erklärungsbewusstseins Unklarheit.

Nach einer älteren Auffassung, der *Willenstheorie*, ist das Erklärungsbewusstsein für das Vorliegen einer Willenserklärung unverzichtbar. Fehle das Erklärungsbewusstsein, sei die Willenserklärung analog § 118 BGB nichtig, brauche also auch nicht angefochten zu werden. Aus Gründen der materiellen Gerechtigkeit solle der Erklärende jedoch analog § 122 BGB zum Ersatz des Vertrauensschadens verpflichtet sein. Schließt man sich dieser Auffassung an, liegt *keine* Willenserklärung des K vor und damit kein Kaufvertrag. In Betracht kommt lediglich ein Schadensersatzanspruch aus § 122 BGB und – bei Verschulden – aus § 280 I i.V.m. §§ 311 II, 241 II BGB.

Gegen diese Auffassung ist jedoch einzuwenden, dass der Erklärende bei § 118 BGB die Nichtgeltung seiner Erklärung wollte, wohingegen er bei fehlendem Erklärungsbewusstsein überhaupt nichts rechtlich Erhebliches erklären möchte. Zudem ist es sachgerecht, aus Gründen des Verkehrsschutzes eine Einzelfallbetrachtung in Form einer normativen Zurechnung zuzulassen.

Die heute herrschende **Erklärungstheorie** macht sich diese Überlegung zu eigen und rechnet aus Gründen des Verkehrs- bzw. Vertrauensschutzes dem Erklärenden eine Handlung als Willenserklärung zu, wenn dieser bei pflichtgemäßer Sorgfalt hätte erkennen müssen, dass sein Verhalten als Willenserklärung aufgefasst werden könnte. Etwas anderes gelte nur dann, wenn der Erklärungsempfänger das Fehlen des Erklärungsbewusstseins gekannt habe.
Vorliegend ist davon auszugehen, dass K bei pflichtgemäßer Sorgfalt hätte erkennen können und müssen, dass er durch das Heben des Armes den objektiven Erklärungstatbestand eines Angebots zum Abschluss eines Kaufvertrags setzte und dass sein Verhalten von V auch so verstanden werden könnte. Der h.M. folgend wird dem K das Handzeichen somit trotz des fehlenden Erklärungsbewusstseins als seine Erklärung zugerechnet.

Somit ist der Anspruch des V gegen K auf Zahlung des Kaufpreises und Abnahme des Weines zunächst wirksam entstanden.

Der Anspruch des V gegen K könnte aber durch Anfechtung gem. § 142 I BGB erloschen sein. In Betracht kommt eine Anfechtung gem. § 119 I Var. 1 BGB. Denn wenn schon bei Abweichung von (subjektiv) Gewolltem und (objektiv) Erklärtem die Anfechtungsmöglichkeit besteht, muss dies erst recht gelten, wenn das Erklärungsbewusstsein ganz fehlt, das Handeln aber als Willenserklärung aufgefasst wird und deshalb zunächst wirksam ist.

Die erforderliche Anfechtungserklärung (§ 143 BGB) muss erkennen lassen, dass die jeweilige Person die Willenserklärung wegen eines Willensmangels nicht gelten lassen will. Des ausdrücklichen Gebrauchs des Wortes „anfechten" bedarf es jedoch nicht. Es kann je nach den Umständen genügen, wenn eine nach dem objektiven Erklärungswert der Willensäußerung übernommene Verpflichtung bestritten, nicht anerkannt oder wenn ihr widersprochen wird. In jedem Fall ist es aber erforderlich, dass sich eindeutig der Wille erkennen lässt, das Geschäft gerade wegen des Willensmangels nicht bestehen lassen zu wollen.

Indem K die Zahlung des Kaufpreises und die Abnahme des Weines mit der Bemerkung verweigerte, dass er nur seinen Freund grüßen, nicht aber den Wein habe kaufen wollen, hat er hinreichend zum Ausdruck gebracht, dass er das Geschäft wegen eines Willensmangels nicht gelten lassen will.

Im Ergebnis hat V somit keinen vertraglichen Anspruch gegen K auf Zahlung des Kaufpreises und Abnahme des Weines. In Betracht kommt lediglich ein Schadensersatzanspruch gem. § 122 BGB und aus § 280 I i.V.m. §§ 311 II, 241 II BGB.

Rechnungsähnlich aufgemachtes Angebot: Lieselotte hat jüngst eine Boutique in   **263** der Rechtsform einer GmbH eröffnet. Ca. zwei Wochen nach Veröffentlichung ihrer Firmengründung im Bundesanzeiger erhält sie ein Schreiben hinsichtlich einer „gebührenpflichtigen" Eintragung ihrer Firma in das Firmenregister. Nach dem äußeren Anschein des Schreibens und einigen Textpassagen wie „Zahlen Sie 580,- € unter Angabe des Kassenzeichens … unter Verwendung des vorgedruckten Zahlscheins" glaubt L, es handele sich um eine behördliche Zahlungsaufforderung. Erst am Abend, als ihr Freund Willi – ein Jurastudent – zu Besuch kommt, klärt sich das Missverständnis auf, weil dieser mehrere kleingedruckte, kaum auffällige Passagen wie „Eintragungsofferte", „Firmenregister GmbH" und „gebührenpflichtige Eintragung ist optional" erblickt. L ist ziemlich empört über die „Abzockerei" und fragt, ob für den Fall, dass sie unterschrieben hätte, ein Vertrag über die Aufnahme ihrer Daten in ein Firmenregister zustande gekommen wäre.

Fälle dieser Art sind (leider) üblich. Deshalb wurden sie auch schon mehrfach gerichtlich entschieden.[124] Zieht man die o.g. Prinzipien der Verantwortlichkeit und des Vertrauensschutzes heran, ergibt sich, dass die Urheber des Schreibens keinerlei Vertrauensschutz genießen und eine von L geleistete Unterschrift ihr daher nicht als Willenserklärung zugerechnet würde.

3. Der Geschäftswille

Unter **Geschäftswillen** versteht man den Willen, eine ganz bestimmte Rechtsfolge   **264** herbeizuführen, also die Absicht, ein konkretes Geschäft abzuschließen.

> **Beispiel:** K will den Gameboy des V für 25,- € kaufen. Daher übermittelt er V ein entsprechendes schriftliches Angebot. Allerdings verschreibt er sich und formuliert: „Ich kaufe Dir das Ding für 52,- € ab."
>
> Hier hat sich K verschrieben. Hinsichtlich der versehentlich erklärten Rechtsfolge (den Gameboy zu einem Preis von 52,- € kaufen zu wollen) fehlte ihm der Geschäftswille, da er diese nicht wollte.

Dadurch, dass das BGB für Fälle dieser Art **Anfechtungsregeln** enthält, geht es da-   **265** von aus, dass die abgegebene Willenserklärung zunächst wirksam ist. Denn läge keine Willenserklärung vor, bedürfte es keiner Anfechtung. Daraus folgt, dass das Fehlen eines Geschäftswillens für die Wirksamkeit einer Willenserklärung unbeachtlich ist.[125]

> Im obigen **Beispiel** müsste K die von ihm abgegebene Willenserklärung über 52,- € also zunächst gegen sich gelten lassen. Er kann sie jedoch gem. § 119 I Var. 2 BGB (Erklärungsirrtum) anfechten und damit rückwirkend vernichten (§ 142 I BGB). Allerdings ist er dem V dann zum Ersatz des Schadens verpflichtet, den dieser im Vertrauen auf die Wirksamkeit des Geschäfts erlitten hat (§ 122 BGB).

---

[124] Vgl. BGH NStZ-RR **2004**, 110 (mit Bespr. v. *Baier*, JA **2004**, 513 ff.); BGHSt **47**, 1 ff.; OLG Frankfurt/M NJW **2003**, 3215 ff. jeweils in Bezug auf die Strafbarkeit wegen (versuchten) Betrugs.
[125] Wie hier nun auch *Stadler*, JA **2007**, 454, 455; *Neuner*, JuS **2007**, 881, 885.

266

Subjektiver (= innerer) Tatbestand einer Willenserklärung		
Handlungswille	**Erklärungsbewusstsein**	**Geschäftswille**
Wille, überhaupt zu handeln	Wille, etwas rechtlich Erhebliches zu äußern	Wille, eine bestimme Rechtsfolge herbeizuführen
⇨ für eine WE konstitutiv	⇨ **streitig**, ob zwingende Voraussetzung für WE	⇨ ist für eine WE nicht konstitutiv
⇨ **Bei Fehlen:** WE (-)	⇨ **bei Fehlen:** Nach **Willenstheorie:** WE (-), § 118 BGB analog, aber § 122 BGB analog	⇨ **Fehlen** ist unbeachtlich, aber Anfechtung nach § 119 I BGB möglich
	Erklärungstheorie: WE (+), wenn der Handelnde bei Beachtung der im Verkehr erforderlichen Sorgfalt hätte erkennen können, dass seine Handlung als WE aufgefaßt werden könnte und der Empfänger schutzwürdig war. Aber Anfechtung nach § 119 I BGB möglich.	

267

Hinweis für die Fallbearbeitung: Insgesamt dürften die Ausführungen zur Willenserklärung, insbesondere die Beispiele, gezeigt haben, dass die Trennung zwischen objektivem und subjektivem Erklärungstatbestand nicht immer einzuhalten ist. Geht man in der Fallbearbeitung jedoch so vor, wie dies in den Beispielsfällen demonstriert wurde, sollte dies zu keiner Beanstandung durch den Korrektor führen.

III. Abgrenzungsfragen in Bezug auf den Rechtsbindungswillen

268 Aus der bisherigen Darstellung zum objektiven und subjektiven Erklärungstatbestand folgt, dass eine Willenserklärung nur dann vorliegt, wenn aus der Sicht eines objektiven Dritten in der Rolle des Erklärungsempfängers ein **Rechtsbindungswille** erkennbar ist. Sollten die Beteiligten mit Hilfe übereinstimmender Erklärungen bestimmte Vereinbarungen treffen, ist der jeweilige Rechtsbindungswille evident und keinesfalls zu problematisieren. Nicht selten kommt es jedoch vor, dass ein ausdrücklich oder stillschweigend erklärter Wille der Beteiligten über die Rechtsbindung nicht feststellbar ist.[126] In einem solchen Fall ist fraglich, ob ein Rechtsbindungswille besteht und nach welchen Kriterien er zu ermitteln ist. Die Rechtsprechung stellt zur Ermittlung des Rechtsbindungswillens auf den objektivierten Empfängerhorizont ab: Kann dieser unter Berücksichtigung der Interessenlage beider Parteien nach Treu und Glauben mit Rücksicht auf die Verkehrssitte auf einen Rechtsbindungswillen schließen, ist ein solcher auch dann anzunehmen, wenn der Erklärende innerlich einen entgegenstehenden Willen hatte.[127]

---

[126] vgl. nur BGH NJW **1974**, 1705, 1706 - „Lottogemeinschaft"; BGHZ **21**, 102, 106 f.
[127] BGH NJW **1974**, 1705, 1706; BGHZ **21**, 102, 106 f.; **56**, 204, 210.

In Praxis und Ausbildung sind folgende Fallgruppen anzutreffen:

1. *invitatio ad offerendum*
2. freibleibendes Angebot
3. Gefälligkeiten
4. Erteilung von Auskünften oder Ratschlägen

1. Die invitatio ad offerendum

Die Figur der *invitatio ad offerendum* ist eine Erscheinung des modernen Massenverkehrs. Man stelle sich vor, ein Kaufmann hat drei Kühlschränke auf Lager, deren Produktion ausgelaufen ist. Eines dieser Stücke hat er im Schaufenster ausgestellt. Betreten nun vier Kunden das Geschäft und wollen jeweils einen Kühlschrank kaufen, kann der Kaufmann in einem der Fälle keinen Kühlschrank liefern. Würde man also bereits das Bereitstellen der Kühlschränke jeweils als Angebot zum Abschluss eines Kaufvertrags werten, würden insgesamt vier Kaufverträge geschlossen. Dem Kaufmann wäre es in dem letzten Fall aber unmöglich, seiner Leistungspflicht nachzukommen. Rechtlich gesehen läge hier ein Fall der Unmöglichkeit gem. § 275 BGB vor, der gem. § 275 IV BGB i.V.m. den dort genannten Vorschriften i.d.R. insbesondere zum Schadensersatz verpflichtet. Die Folge wäre, dass kaum ein Kaufmann etwas zum Kauf bereitstellen würde. Darüber hinaus könnten ihm zahlungsunfähige Vertragspartner gegenüberstehen oder er wäre z.B. an einen falsch ausgezeichneten Preis einer Ware gebunden.[128] Der Verkäufer hätte auch nicht mehr die Möglichkeit, ohne Einverständnis des Käufers weitere Bedingungen in den Kaufvertrag aufzunehmen.

269

Um Folgen dieser Art zu vermeiden, ist man sich einig, dass das „Anbieten" von Waren und Dienstleistungen bspw. in Versandhauskatalogen, Zeitungsinseraten, Prospekten, Schaufenstern, Speisekarten, Preislisten, im Fernsehen, Internet oder Radio lediglich als **Aufforderung** zu verstehen ist, *der Kunde* möge ein Angebot zu einem Vertragsschluss i.S.d. § 145 BGB abgeben.[129] Wird dann vom Kunden ein solches Angebot abgegeben, kommt ein entsprechender Vertrag erst dann zustande, wenn der „Anbietende" (also i.d.R. der Verkäufer) zustimmt. In der Aufforderung zur Abgabe einer Willenserklärung durch den Verkäufer ist also selbst noch keine Willenserklärung zu sehen, da es insoweit an einem Rechtsbindungswillen fehlt – es liegt eine *invitatio ad offerendum* vor. Mithin ergibt sich für diese folgende Definition:

270

Unter einer ***invitatio ad offerendum*** ist die Aufforderung zu verstehen, eine Willenserklärung (ein Angebot zu einem Vertragsschluss i.S.d. § 145 BGB) abzugeben.

271

Beispiel[130]: V bietet im **Internet** Waren zum Verkauf an. In seinen Allgemeinen Geschäftsbedingungen steht die Klausel: „Die Annahme Ihrer Bestellung erfolgt durch Versendung der Ware." Daraufhin bestellt K via E-Mail[131] Waren und erhält zweimal eine Bestätigungs-Mail: „Vielen Dank für Ihre Bestellung! Ihre Bestellnummer lautet: ... Sie haben folgende Waren bestellt ...". Und: „Folgende Bestellung, ... uns vorliegt." V lehnt jedoch wenig später die Lieferung der Ware ab und meint, es sei kein Kaufvertrag zustande gekommen.

Wann bei Online-Geschäften ein Vertrag zustande kommt, war anfänglich aufgrund der Neuheit des Mediums *Internet* unklar. Mittlerweile besteht jedoch die gesicherte Rechtsauffassung[132], dass die o.g. Ansicht des V zutreffend ist. Denn das Einstellen und Online-

272

---

[128] Vgl. *Brox/Walker,* AT, Rn 167 f.; *Medicus*, AT, Rn 360.
[129] Wie hier nun auch *Fritzsche*, JA **2006**, 674.
[130] In Anlehnung an LG Essen NJW-RR **2003**, 1207 f.
[131] Zum Zugang von Willenserklärungen via **E-Mail** vgl. auch Rn 323, 337, 341, 346, 347, 352, 608, 1119, 1127.
[132] Vgl. nicht nur LG Essen a.a.O., sondern auch LG Köln MMR **2003**, 481 f.; AG Butzbach NJW-RR **2003**, 54; AG Wolfenbüttel MMR **2003**, 492 und nunmehr auch BGH NJW **2005**, 976 f. (dazu ausführlich Rn 1310a).

Anbieten eines Produkts ist – wie im „herkömmlichen" Leben die Präsentation im Schaufenster – lediglich als Aufforderung zur Abgabe eines Angebots (***invitatio ad offerendum***) anzusehen.[133] Ein verbindlicher Vertrag wurde daher auch im vorliegenden Fall nicht geschlossen. V braucht nicht zu liefern.

273 <u>Weiterführender Hinweis:</u> Etwas anderes hätte nur dann gegolten, wenn V unmissverständlich zum Ausdruck gebracht hätte, dass bereits mit der Anpreisung seiner Waren auf der Website eine rechtsverbindliche Erklärung abgegeben werden soll. Dann hätte in dem „Anbieten" der Waren auch juristisch ein Angebot i.S.d. § 145 BGB vorgelegen. Der Vertrag wäre dann mit der Bestellung des K zustande gekommen.[134]

274 Für den Fall des Absatzvertrags im elektronischen Geschäftsverkehr zwischen einem Unternehmer (§ 14 BGB) und einem Verbraucher (§ 13 BGB) vgl. nunmehr auch die gesetzliche Regelung in § 312e I S. 2 BGB, sodass im vorliegenden Fall die Bestellung des K zumindest zugegangen ist.

275 Zum **Zustandekommen von Rechtsgeschäften im Internet** vgl. auch die zusammenhängende Darstellung bei Rn 606 ff.; zu den **Internet-Auktionen** vgl. Rn 277, 610 f. und 1555a; zur **Anfechtung** Rn 1310a.

276 Für **Versteigerungen** enthält das BGB eine ausdrückliche Regelung. Nach **§ 156 BGB** kommt der Vertrag erst mit dem **Zuschlag** zustande. Der vorangehende Aufruf des Versteigerers stellt nur eine Aufforderung zur Abgabe eines Angebots dar.[135]

277 Auf **Internet-Auktionen** ist § 156 BGB nicht anwendbar, wenn der Vertrag nicht durch Zuschlag, sondern durch Zeitablauf erfolgt. Denn in diesem Fall liegt keine echte Versteigerung i.S.d. § 156 BGB vor: Derjenige, der innerhalb eines Zeitfensters das höchste Gebot abgibt, nimmt das vom Anbieter zuvor abgegebene befristete Kaufangebot an. Juristisch handelt es sich um ein Angebot des Anbieters, für dessen Annahme durch den Meistbietenden er nach § 148 BGB eine Frist gesetzt hat.[136] Der Vertrag kommt automatisch durch die beiden Bedingungen *Fristablauf* und *Meistgebot* zustande.[137] Das Internet-Auktionshaus (eBay o.ä.) stellt lediglich die Plattform zur Verfügung, gibt über „Allgemeine Geschäftsbedingungen" jedoch verbindliche Vorgaben an die Versteigerung, insbesondere hinsichtlich der Übernahme des „Nutzungsentgelts".[138]

---

[133] Realitätsfremd *Krimmelmann/Winter*, JuS **2003**, 532, 533, die ein Angebot annehmen, weil dem Kunden der direkte Zugriff „auf den Lagerbestand" suggeriert werde.
[134] Vgl. dazu BGHZ **149**, 129, 134; *Lettl*, JuS **2002**, 219, 220 und JA **2003**, 948, 950.
[135] Vgl. BGHZ **138**, 339, 342.
[136] Wie hier *Hoeren/Müller*, NJW **2005**, 948, 949; *Spindler*, MMR **2005**, 40, 41.
[137] BGHZ **149**, 129, 134; BGH NJW **2005**, 53 f. (mit Bespr. v. *Hoeren/Müller*, NJW **2005**, 948 ff.); OLG Hamm NJW **2005**, 2319.
[138] Vgl. dazu die in der vorigen Fußn. genannten Nachweise sowie OLG München NJW **2004**, 1328 f.; AG Menden NJW **2004**, 1329 f.

Hinsichtlich des Zustandekommens des Kaufvertrags gilt etwas anderes nur dann, wenn die AGB des Internet-Auktionshauses abweichende Klauseln über den Zeitpunkt des Vertragsschlusses enthalten und auf das Verhältnis zwischen Anbieter und Bieter auch anwendbar sind. In der Literatur wird die Frage nach der Anwendbarkeit der **Auktionshaus-AGB** auf das Rechtsverhältnis zwischen Anbieter und Bieter kontrovers diskutiert. Das Meinungsspektrum reicht von einer unmittelbaren zu einer analogen Anwendung bis hin zu einer sog. Rahmenvereinbarung, der sich die Parteien pauschal unterworfen hätten.[139] Nach Auffassung der Rspr. ist zwar unklar, ob die AGB des Internet-Auktionshauses auf das Rechtsverhältnis zwischen Anbieter und Bieter anwendbar sind, diese Frage könne aber dahinstehen, weil sie jedenfalls als **Auslegungshilfe** bei der Feststellung der Bedeutung der jeweiligen Willenserklärung heranzuziehen seien.[140]

Keinen Fall einer *invitatio ad offerendum* stellt das **Zusenden unbestellter Ware** durch einen Unternehmer an einen Verbraucher dar. Denn dieses Vorgehen enthält alle Voraussetzungen eines Angebots. § 241a BGB stellt lediglich klar, dass ein Anspruch (auf Abnahme der Ware) grundsätzlich nicht besteht. Vgl. dazu bereits Rn 236.   **278**

2. Das freibleibende Angebot

Grundsätzlich ist der Antragende an seinen Antrag gebunden (§ 145 Halbs. 1 BGB). § 145 Halbs. 2 BGB ermöglicht es dem Antragenden jedoch, seine Bindung an den Antrag auszuschließen. Da es bei der Auslegung von Willenserklärungen jedoch stets auf den objektivierten Empfängerhorizont ankommt (vgl. §§ 133, 157 BGB), muss der Vorbehalt des Antragenden, seine Bindung auszuschließen, im Antrag klar zum Ausdruck kommen oder zumindest gleichzeitig mit dem Antrag zugehen (Letzteres ergibt sich aus dem Rechtsgedanken des § 130 I S. 2 BGB). In der Praxis wird der Ausschluss des Rechtsbindungswillens oftmals mit sog. Freiklauseln erreicht, die insbesondere dann verwendet werden, wenn jemand Waren anbietet, die er erst noch herstellen oder erwerben will, jedoch noch nicht weiß, ob oder auch zu welchem Preis ihm dies gelingt. Dann behält sich der „Erklärende" eine rechtliche Bindung vor, indem er sog. Freiklauseln verwendet.

> **Beispiele:** Angebot „freibleibend", „unverbindlich", *„sine obligo'*, „Zwischenverkauf vorbehalten", „freibleibend entsprechend der Verfügbarkeit", „Lieferungsmöglichkeit vorbehalten", „solange Vorrat reicht" usw.   **279**

Fraglich ist, ob aufgrund des Ausschlusses des Rechtsbindungswillens terminologisch überhaupt von einem „Angebot" i.S.v. § 145 BGB gesprochen werden kann. Denn auch bei der *invitatio ad offerendum*, die sich ebenfalls dadurch kennzeichnet, dass der Rechtsbindungswille ausgeschlossen wird, liegt kein Angebot vor. So wird bei den Freiklauseln diskutiert, ob in ihnen eine bloße ***invitatio ad offerendum***[141], aber auch ein **Angebot mit Widerrufsvorbehalt** oder sogar eine Vertragsbindung durch Statuierung eines **Rücktrittsrechts** gesehen werden kann. Insbesondere die Klausel „**Lieferungsmöglichkeit vorbehalten**" kann durchaus dahingehend verstanden werden, dass ein Vertrag zunächst geschlossen wurde, allerdings unter Einschluss der Freiklausel.[142] In diesen Fällen wird die Beschaffungspflicht entgegen dem Grundgedanken des § 275 BGB beschränkt. Gelingt dem Schuldner die Beschaffung nicht, haftet er nicht nach § 275 III BGB i.V.m. den dort genannten Käuferrechten. Es liegt also die **Vereinbarung eines vertraglichen Rücktrittsrechts** vor. Sieht man in den Freiklauseln   **280**

---

[139] Vgl. zum Meinungsstand Rn 1555a.

[140] OLG Hamm NJW **2001**, 1142, 1143; BGHZ **149**, 129, 134 ff. (jeweils ricardo.de). Vgl. dazu insgesamt ausführlich Rn 1555a.

[141] So BGH NJW **1958**, 1628, 1629; **1996**, 919, 920; *Ellenberger,* in: Palandt, § 145 Rn 4 (sofern sich die Freiklausel auf das Angebot im Ganzen bezieht), *Lindacher,* DB **1992**, 1813, 1814; *Honsell/Holz,* JuS **1986**, 969.

[142] Vgl. *Medicus,* AT, Rn 367; *Brox/Walker,* AT, Rn 169; *Ellenberger,* in: Palandt, § 145 Rn 4.

ein Angebot zum Vertragsschluss, allerdings mit **Widerrufsvorbehalt**, ist nach h.M. der Widerruf noch **unverzüglich _nach_ dem Zugang der Annahmeerklärung** möglich, da die Bindung an den Antrag regelmäßig wegen einer Ungewissheit (z.B. über die Entwicklung der Marktlage) ausgeschlossen werde. Diese Entwicklung dauere aber regelmäßig bis zum Zugang der Annahmeerklärung.[143]

281 **Beispiel:** V bietet K „freibleibend" 50 Laptops zu einem Gesamtpreis von 45.000,- € an.

⇨ Sieht man in der Formulierung „freibleibend" das Fehlen eines Rechtsbindungswillens, liegen keine Willenserklärung und damit kein Angebot vor. K könnte nun allenfalls V ein entsprechendes Angebot machen, das V annehmen oder ablehnen kann.

⇨ Sieht man in der genannten Formulierung jedoch ein Angebot mit Widerrufsvorbehalt, muss sich V spätestens unverzüglich nach der Annahmeerklärung des K äußern. Äußert sich V nicht unverzüglich, kommt ein Vertrag zustande.[144]

---

[143] _Medicus_, AT, Rn 366; _Wolf_, in: Soergel, § 145 Rn 10; _Hefermehl_, in: Erman, § 145 Rn 15, 16.
[144] Vgl. dazu auch BGH NJW **1984**, 1884, 1886.

3. Gefälligkeiten

Eine (rechtlich) bindende Willenserklärung liegt nur dann vor, wenn aus der Sicht eines objektiven Betrachters in der Rolle des Erklärungsempfängers ein Rechtsbindungswille kundgetan wird. Wird jemand für einen anderen tätig, überlässt ihm Sachen oder bewahrt dessen Sachen auf, ohne dafür ein Entgelt zu erhalten, handelt es sich nach dem allgemeinen Sprachgebrauch um eine Gefälligkeit. Rechtlich ist der Begriff der Gefälligkeit jedoch differenzierter zu betrachten. Je nachdem, ob und in welchem Umfang sich der Gefällige erkennbar rechtlich binden wollte und dies unter den gegebenen Umständen nach Treu und Glauben mit Rücksicht auf die Verkehrssitte (§§ 133, 157 BGB) auch objektiv erkennbar war, sind folgende drei Fallgruppen einer Gefälligkeit zu unterscheiden:

- das reine Gefälligkeitsverhältnis,
- der unentgeltliche Vertrag („Gefälligkeitsvertrag") und
- das Gefälligkeitsverhältnis mit rechtsgeschäftlichem Charakter

Relevant ist diese Abgrenzung insbesondere für zweierlei rechtliche Folgen: Zum einen geht es um die Frage, inwieweit Zusagen **einklagbare Ansprüche auf Einhaltung** auslösen (Leistungsansprüche), und zum anderen ist klärungsbedürftig, inwieweit eine **Haftung** des Gefälligen gegeben ist, wenn es zu einer Schädigung eines der Rechtsgüter des anderen Beteiligten kommt.

a. Reine Gefälligkeitsverhältnisse

Handelt es sich um Abreden, die ausschließlich im gesellschaftlich-sozialen Bereich anzusiedeln sind, wie das regelmäßig bei einer Freundschaft, Kollegialität oder Nachbarschaft der Fall ist, spricht man von reinen Gefälligkeitsverhältnissen.[145] In diesen Fällen will sich der Gefällige auch aus der Sicht des objektiven Beobachters in der Rolle des Erklärungsempfängers gerade **nicht rechtlich binden**, somit keine Willenserklärung abgeben und keine vertraglichen Pflichten eingehen.

> **Beispiele:** Einladung zum Essen; Versprechen, einen Brief in den Briefkasten einzuwerfen (zumindest im Grundsatz); Einladung zu einer Angeltour; die (nicht regelmäßige) unentgeltliche Mitnahme im Auto (sog. Gefälligkeitsfahrt); Versprechen, ein Kleidungsstück von der Reinigung abzuholen, Bereitschaft, das Haus eines abwesenden Bekannten oder Verwandten zu beaufsichtigen

In Fällen dieser Art mangelt es i.d.R. an einem Rechtsbindungswillen und damit am vertraglichen Schuldverhältnis. Der Gefällige will sich weder zur Leistung verpflichten noch besondere Sorgfaltspflichten beachten. Er haftet daher weder auf **Erfüllung** noch auf vertraglichen oder vertragsähnlichen **Schadensersatz**. Hiervon unberührt bleibt aber die Möglichkeit der Schadensersatzpflicht aus einem gesetzlichen Schuldverhältnis, bspw. wegen einer **unerlaubten Handlung** (§§ 823 ff.) oder wegen Vorliegens eines **Eigentümer-Besitzer-Verhältnisses** (§§ 987 ff. BGB - sog. EBV). Hier ist aber zu beachten, dass nicht jeder Schaden ersatzfähig ist. So werden reine Vermögensschäden von § 823 I BGB nicht erfasst; im Rahmen des § 826 BGB, der auch reine Vermögensschäden erfasst, ist die erforderliche Schädigungsabsicht kaum zu beweisen; bei § 823 II BGB ist die Verletzung eines Schutzgesetzes erforderlich, was bei fahrlässiger Beschädigung einer Sache nicht denkbar ist (die fahrlässige Sachbeschädigung ist nicht strafbar und kann daher auch kein Schutzgesetz i.S.v. § 823 II BGB sein). Auch Ansprüche aus EBV bestehen nicht, wenn der Besitzer gutgläubig ist (vgl. § 993 I a.E. BGB).

282

283

284

285

---

[145] *Rüthers/Stadler*, AT, § 17 Rn 17.

b. Der unentgeltliche Vertrag („Gefälligkeitsvertrag")

286 Den Gegenpol einer unentgeltlichen Leistung bildet der unentgeltliche Vertrag (auch „Gefälligkeitsvertrag" genannt). Ein solcher ist anzunehmen, wenn eine echte vertragliche Einigung vorliegt, die nur einen der Vertragspartner zur Leistung verpflichtet. Treffend ist daher auch die Bezeichnung „einseitig verpflichtender Vertrag". Gesetzlich geregelt sind Schenkung (§§ 516 ff. BGB), Leihe (§§ 598 ff. BGB), Auftrag (§§ 662 ff. BGB) und Verwahrung (§§ 688 ff. BGB).

- Beim **Schenkungsvertrag** (§ 516 BGB) einigen sich die Parteien darüber, dass der Schenkende verpflichtet ist, einen Vermögenswert aus seinem Vermögen auf den Beschenkten zu übertragen, ohne dass dieser dafür eine Gegenleistung erbringen muss. Zu beachten ist insbesondere die erforderliche Form des Schenkungsversprechens (vgl. § 518 BGB).

- Beim **Leihvertrag** (§ 598 BGB) verpflichtet sich der Verleiher, dem Entleiher eine Sache unentgeltlich zum Gebrauch zu überlassen.

- Beim **Auftragsvertrag** (§ 662 BGB) einigen sich die Beteiligten darüber, dass der Beauftragte verpflichtet ist, ein Geschäft für den Auftraggeber unentgeltlich zu besorgen.

- Beim unentgeltlichen **Verwahrungsvertrag** (§§ 688, 690 BGB) verpflichtet sich der Verwahrer, für den Hinterleger eine bewegliche Sache unentgeltlich aufzubewahren.

287 Kennzeichen solcher Verträge ist, dass gerade **keine** Verpflichtung zur **Gegenleistung** besteht. Daher kann sich der (einseitig) Verpflichtende i.d.R. auch unter **erleichterten Bedingungen** von seiner Leistungspflicht lösen (vgl. etwa §§ 530, 604 III, 671 I, 696 BGB). Des Weiteren ist Folge der fehlenden Gegenleistungspflicht, dass zugunsten des (einseitig) zur Leistung Verpflichteten – außer im Fall des Auftrags (§ 662 BGB) – der Verschuldensmaßstab gemildert ist: Der zur Leistung Verpflichtete hat i.d.R. nur für **Vorsatz** und **grobe Fahrlässigkeit** einzustehen (bei §§ 521, 599 BGB) bzw. nur dann, wenn er nicht die Sorgfalt walten ließ, die er in eigenen Angelegenheiten anzuwenden pflegt (§ 690 BGB, sog. *diligentia quam in suis*).

288 Im Einzelfall kann die **Abgrenzung** zwischen einem reinen Gefälligkeitsverhältnis und einem unentgeltlichen Vertrag schwierig sein. **Indizien**, die auf einen Rechtsbindungswillen und damit auf einen Vertrag schließen lassen, sind

- die **Art** der Gefälligkeit, ihr **Grund** und ihr **Zweck**,
- ihre **wirtschaftliche** und **rechtliche Bedeutung**,
- die **bestehende Interessenlage** sowie
- der **Wert der anvertrauten Sache**.

289 Sprechen diese Indizien dafür, dass sich eine Partei für die andere erkennbar auf die Durchführung der „Vereinbarung" verlässt, ist vom Rechtsbindungswillen der Parteien, und damit von einem unentgeltlichen Vertrag, auszugehen.[146] **Gegen** einen Rechtsbindungswillen kann aber ein unverhältnismäßiges Haftungsrisiko für den Gefälligen sprechen.[147]

290 **Beispiel:** A, B und C haben sich an einem Freitag einmalig zu einem **Lottospiel** zusammengeschlossen. Dabei wurde vereinbart, dass A von jedem Teilnehmer 5,- € einziehen und den so erlangten Betrag von 15,- € auf bestimmte Zahlenkombinationen setzen solle. A änderte versehentlich abredewidrig bei einem Feld die Zahlen. Gerade hinsichtlich dieses Feldes sind jedoch die Zahlen gezogen worden, die ursprünglich verein-

---

[146] BGHZ **21**, 102, 107; **88**, 373, 382; **92**, 164, 168; *Rüthers/Stadler*, AT, § 17 Rn 17.
[147] Vgl. hierzu BGH NJW **1974**, 1705 („Lotto-Fall").

bart waren. Auf die verabredeten Zahlen wäre ein Gewinn von über 50.000,- € entfallen. B und C verlangen jeweils Ersatz für den ihnen entgangenen Anteil.

Würde man hier aufgrund der wirtschaftlichen und rechtlichen Bedeutung, der bestehenden Interessenlage der Parteien und des potentiellen Werts des Lottoscheins einen **Rechtsbindungswillen** des A und damit ein Auftragsverhältnis i.S.v. § 662 BGB annehmen, käme ein Schadensersatzanspruch gegen A aus einer Pflichtverletzung des Auftragsverhältnisses gem. § 280 BGB in Betracht.
Gegen einen Rechtsbindungswillen spricht jedoch die einseitige Aufbürdung des Schadensersatzrisikos auf A. Für diesen ist es unzumutbar, allein das volle Risiko zu tragen. Auch aus der Sicht eines objektiven Dritten ist dies offensichtlich. Ansonsten könnte ohne weiteres eine wirtschaftliche Überforderung des A eintreten, die einer wirtschaftlichen Vernichtung der Existenz gleich kommt. B und C durften nach der Verkehrsauffassung und den Umständen des konkreten Einzelfalls die gegebene Zusage also nicht als rechtlich bindend verstehen. Eine Aufbürdung des Schadensersatzrisikos auf A ist nicht zumutbar. Folglich lag zumindest bei A kein Rechtsbindungswille vor, sodass ein Auftragsvertrag nicht wirksam zustande gekommen ist. Dementsprechend bestehen keine vertraglichen Schadensersatzansprüche wegen Pflichtverletzung.

Ein Anspruch wegen unerlaubter Handlung gem. § 823 I BGB scheidet schon deshalb aus, weil allenfalls das Vermögen geschädigt worden ist. Das Vermögen als solches wird jedoch nicht vom Schutzbereich des § 823 I BGB erfasst (s.o.).

c. Gefälligkeitsverhältnisse mit rechtsgeschäftlichem Charakter

Sozusagen zwischen den reinen Gefälligkeitsverhältnissen und den unentgeltlichen Verträgen stehen die „Gefälligkeitsverhältnisse mit rechtsgeschäftlichem Charakter", die – da sie zumindest bestimmte Sorgfaltspflichten auslösen (dazu sogleich) – auch als „Sorgfaltspflichten auslösende Gefälligkeitsverhältnisse" genannt werden. Grund für diese Kategorie ist der Umstand, dass ein objektiver Dritter in der Rolle des Erklärungsempfängers trotz Vorliegens einer Gefälligkeit wenigstens auf einen eingeschränkten (Rechts-)Bindungswillen des Gefälligen schließt und der Empfänger daher in gewisser Weise schutzwürdig ist, wobei dieses Schutzbedürfnis weniger ausgeprägt ist, als das bei Vorliegen eines unentgeltlichen Vertrags der Fall wäre. Daher kommt zwar **kein Anspruch auf Leistung in Betracht**. Da der Gefällige aber aufgrund der Bedeutung des Geschäfts für den anderen zumindest stillschweigend bestimmte **Sorgfaltspflichten** übernimmt, sind bei **schuldhafter Verletzung** dieser Pflichten regelmäßig **Schadensersatzansprüche** (aus §§ 280 I, 241 II, 311 II BGB – früher ungeschriebene c.i.c und p.V.V.) gegeben. Das ist insoweit unstreitig.

291

Umstritten ist jedoch der **Verschuldensmaßstab**. Nach § 276 BGB haftet der Verantwortliche für Vorsatz und jede Form von Fahrlässigkeit. Läge ein unentgeltlicher Vertrag vor, käme regelmäßig eine der gesetzlichen Haftungsprivilegierungen zum Tragen. So ist – mit Ausnahme des Auftrags – bei einem unentgeltlichen Vertrag die Haftung auf Vorsatz und grobe Fahrlässigkeit beschränkt. Leichte und mittlere Fahrlässigkeit ist in einem solchen Fall also nicht zu vertreten (vgl. §§ 521, 599, 690 BGB). Das ist sachgerecht, da der Gefällige ohne Gegenleistungsanspruch handelt und daher auch den normalen Haftungsrisiken nicht ausgesetzt sein soll. Hinsichtlich des Gefälligkeitsverhältnisses mit rechtsgeschäftlichem Charakter könnte man daher erst recht eine solche Haftungsprivilegierung annehmen: Wenn schon bei einem unentgeltlichen Vertrag eine Haftung auf Vorsatz und grobe Fahrlässigkeit begrenzt ist, muss diese Begrenzung erst recht bei einem Gefälligkeitsverhältnis unterhalb des Vertrags gelten. Dennoch lehnt der BGH eine Übertragung dieser Haftungsprivilegien ebenso ab wie die stillschweigende Vereinbarung eines Haftungsausschlusses.[148] Zumindest letzteres ist zutreffend.

292

---

[148] BGH NJW **1992**, 2474, 2475.

Denn dadurch, dass sich das Gefälligkeitsverhältnis gerade durch den fehlenden Rechtsbindungswillen auszeichnet, wäre es gekünstelt, wenn man nunmehr einen stillschweigenden Haftungsausschluss annehmen würde. Bedenken bestehen allerdings hinsichtlich der vom BGH vertretenen Belassung des normalen Haftungsmaßstabs.

293   **Beispiel:** A und B sind jeweils stolze Besitzer eines Reitpferdes. Täglich reiten sie aus. Als A´s Pferd eines Tages aufgrund einer Impfung nicht geritten werden kann, A sich jedoch auf den Ausritt gefreut hatte, leiht B ihm kurzerhand *sein* Pferd. Unterwegs wird A jedoch „abgeworfen", weil B´s Pferd an einer Verhaltensstörung leidet. B hatte in (normal) fahrlässiger Weise vergessen, dies dem A zu sagen. A macht gegenüber B Ersatz seiner Heilbehandlungskosten geltend.

Da nach Ansicht des BGH der normale Haftungsmaßstab gilt, haftet B für Vorsatz und jede Form von Fahrlässigkeit, somit auch für die einfache Fahrlässigkeit. Das überzeugt wenig. Denn hätte vorliegend ein Leihvertrag vorgelegen, müsste B lediglich für Vorsatz und grobe Fahrlässigkeit einstehen (§ 599 BGB); ebenso wenig träfe ihn die Tierhalterhaftung nach § 833 BGB. Warum B nun strenger haften soll, obwohl gerade kein Leihvertrag, sondern lediglich ein Gefälligkeitsverhältnis vorliegt, ist nicht ersichtlich. Mit der Literatur[149] sind daher die Haftungsprivilegierungen der §§ 521, 599 und 690 BGB analog auf entsprechende Gefälligkeitsverhältnisse anzuwenden. Da B „nur" einfach fahrlässig gehandelt hat, kommt ihm daher dieselbe Haftungsprivilegierung zugute, als wenn er mit A einen Leihvertrag geschlossen hätte, § 599 BGB analog.

294   Selbstverständlich kommt eine Haftungsprivilegierung im Rahmen eines Gefälligkeitsverhältnisses nicht in Betracht, wenn eine solche schon nicht im Rahmen des entsprechenden Vertragsverhältnisses vorgesehen ist. Das ist namentlich beim **Auftrag** (§§ 662 ff. BGB) der Fall. Diese Wertung des Gesetzgebers muss auch bei einem entsprechenden Gefälligkeitsverhältnis respektiert werden.

295   **Beispiel:** X und Y sind in derselben Firma beschäftigt. Daher bilden sie eine Fahrgemeinschaft. Gegen eine „Kostenbeteiligung" von 30,- € pro Monat holt X den Y morgens von dessen Wohnung ab und bringt ihn abends dorthin zurück. Eines Morgens kommt der Wagen des X infolge einer leichten Unachtsamkeit des X von der Fahrbahn ab und schleudert gegen einen Straßenbaum. Durch den sich öffnenden Beifahrerairbag wird die Brille des Y beschädigt. Dieser verlangt von X Schadensersatz.

In Betracht kommt ein Schadensersatzanspruch aus §§ 280, 241 II, 311 II Nr. 3 BGB wegen Verletzung der Sorgfaltspflichten aus einem Gefälligkeitsverhältnis. Dazu hätte ein solches aber vorgelegen haben müssen. Die Abgrenzung, ob eine vertragliche Bindung von den Parteien gewollt ist, eine Gefälligkeit mit rechtsgeschäftlichem Charakter oder sogar nur bloße Gefälligkeit ohne jeden Rechtscharakter vorliegt, muss durch Auslegung (§§ 133, 157 BGB) anhand der Umstände des Einzelfalls erfolgen. Indizien, die auf einen Rechtsbindungswillen schließen lassen, sind

⇨ die **Art** der Gefälligkeit, ihr **Grund** und ihr **Zweck**,
⇨ ihre **wirtschaftliche** und **rechtliche Bedeutung**,
⇨ die **bestehende Interessenlage** sowie
⇨ der **Wert der anvertrauten Sache**.

Nach diesen Kriterien wird man bei einer reinen Gefälligkeitsfahrt einen Rechtsbindungswillen ausschließen können. Vorliegend ist jedoch eine gewisse Regelmäßigkeit vorhanden. Außerdem ist beiden Parteien bewusst, dass es zumindest für Y wichtig ist, von X zur Arbeitsstätte mitgenommen zu werden. Auf der anderen Seite geht die Verständigung zwischen X und Y nicht so weit, dass man einen Rechtsbindungswillen und damit einen Beförderungsvertrag annehmen müsste. Aufgrund der konkreten Bedeutung der Fahrgemeinschaft für die Beteiligten („mehr als eine reine Gefälligkeit, aber weniger

---

[149] *Medicus*, AT, Rn 188 f.; *Schack*, AT, Rn 198; *Rüthers/Stadler*, AT, § 17 Rn 21.

als ein Vertrag") ist somit von einem Gefälligkeitsverhältnis mit geschäftsähnlichem Charakter auszugehen („ähnliche geschäftliche Kontakte" i.S.v. § 311 II Nr. 3 BGB).
X müsste gem. § 280 I BGB die in diesem Gefälligkeitsverhältnis bestehenden Sorgfaltspflichten schuldhaft verletzt haben. Eine Sorgfaltspflicht besteht darin, keine fremden Rechtsgüter zu verletzen. X hat bei Y einen Sachschaden verursacht. Diese Rechtsgutsverletzung müsste er aber auch verschuldet haben.

Nach dem allgemeinen Verschuldensmaßstab des § 276 BGB hat der Schuldner Vorsatz und jede Form von Fahrlässigkeit zu vertreten. Bestünde vorliegend ein Auftragsverhältnis i.S.v. §§ 662 ff. BGB, würde dieser allgemeine Verschuldensmaßstab gelten; insbesondere hat der Gesetzgeber – anders als bei der Schenkung, der Leihe und der unentgeltlichen Verwahrung – im Auftragsrecht keine Haftungsprivilegierung vorgesehen. Bei einem Gefälligkeitsverhältnis mit auftragsähnlichem Charakter kann daher erst recht keine Haftungsprivilegierung angenommen werden. Insbesondere ist vorliegend keine Entlastung nach § 280 I S. 2 BGB möglich. X haftet dem Y somit auf Schadensersatz aus §§ 280, 241 II, 311 II Nr. 3 BGB wegen Verletzung der Sorgfaltspflichten aus einem Gefälligkeitsverhältnis.

Daneben haftet X dem Y auch auf Schadensersatz wegen unerlaubter Handlung gem. § 823 I BGB. Insbesondere besteht keine vertragliche oder vertragsähnliche Haftungsprivilegierung, die sich auf das Deliktsrecht durchschlagen könnte.[150]

Im obigen **Lotto-Fall** (Rn 290) spricht das einseitige, unter Umständen Existenz vernichtende Haftungsrisiko nicht nur gegen ein Auftragsverhältnis, sondern auch gegen ein Gefälligkeitsverhältnis mit rechtsgeschäftlichem Charakter. Daher haftet A auch diesbezüglich nicht aus § 280 BGB. **296**

Zusammenfassung **297**

Gefälligkeiten		
reine Gefälligkeiten	**Gefälligkeitsverträge**	**Gefälligkeitsverhältnisse mit rechtsgeschäftlichem Charakter**
⇨ Kein Rechtsbindungswille: Es handelt sich um Abreden, die ausschließlich gesellschaftlich-sozialen Charakter haben.	⇨ Voller Rechtsbindungswille: Beide Parteien **einigen** sich darüber, dass der Gefällige zu einem bestimmten Verhalten verpflichtet sein soll (= Leistungspflicht) und der Begünstigte dafür keine Gegenleistung schuldet.	⇨ Kein Rechtsbindungswille und **kein Anspruch auf Leistung**
⇨ Der Betroffene haftet daher weder auf **Erfüllung** noch auf vertraglichen oder vertragsähnlichen **Schadensersatz**.		⇨ Da der Gefällige aber aufgrund der Bedeutung des Geschäfts für den anderen zumindest stillschweigend bestimmte **Sorgfaltspflichten** übernimmt, sind bei **schuldhafter Verletzung** dieser Pflichten regelmäßig **Schadensersatzansprüche** (aus §§ 280 I, 241 II, 311 II BGB – c.i.c und p.V.V.) gegeben. Es dürfen aber nicht die gesetzlichen Haftungsprivilegierungen (vgl. §§ 521, 599, 690 BGB) unterlaufen werden. Leichte und mittlere Fahrlässigkeit sind in einem solchen Fall also nicht zu vertreten (a.A. der BGH).
⇨ Der denkbare **deliktische Anspruch** scheitert daran, dass § 823 I BGB keine reinen Vermögensschäden erfasst.	⇨ **Gesetzlich geregelte Fälle:** §§ 516, 598, 662, 688 BGB	
	⇨ **Bei Sorgfaltspflichtverletzung:** Haftung nach § 280 BGB; aber: i.d.R. Haftungsprivilegierung (vgl. §§ 521, 599, 690 BGB). Keine Haftung bei leichter und mittlerer Fahrlässigkeit	

---

[150] Zur Problematik, ob sich eine gesetzliche vorgesehene vertragliche Haftungsprivilegierung (etwa aus § 599 BGB) auf andere Vertragsverhältnisse (etwa auf §§ 662 ff. BGB) analog anwenden lässt (der BGH verneint dies), vgl. ausführlich *Wenzel*, SchuldR BT I, Rn 1548 ff.

298 Im Einzelfall kann die **Abgrenzung** zwischen einem reinen Gefälligkeitsverhältnis, einem Gefälligkeitsvertrag und einem Gefälligkeitsverhältnis mit rechtsgeschäftlichem Charakter schwierig sein. **Indizien**, die auf einen Rechtsbindungswillen und damit auf einen Vertrag schließen lassen, sind

- die **Art** der Gefälligkeit, ihr **Grund** und ihr **Zweck**,
- ihre **wirtschaftliche** und **rechtliche Bedeutung**,
- die **bestehende Interessenlage** sowie
- der **Wert der anvertrauten Sache**.

299 Sprechen diese Indizien dafür, dass sich eine Partei für die andere erkennbar auf die Durchführung der „Vereinbarung" verlässt, ist vom Rechtsbindungswillen der Parteien, und damit von einem unentgeltlichen Vertrag, auszugehen. **Gegen** einen Rechtsbindungswillen kann aber ein unverhältnismäßiges Haftungsrisiko für den Gefälligen sprechen.

4. Erteilung von Auskünften und Ratschlägen

300 Gibt jemand einem anderen einen Rat oder eine Empfehlung, oder erteilt er ihm eine Auskunft, ist grundsätzlich davon auszugehen, dass er mit dieser Erklärung **keine Rechtsfolgen** auslösen, sondern nur Überzeugungen kundtun, Ereignisse berichten o.ä. will. **Es mangelt in diesen Fällen an einem Rechtsbindungswillen.** Es wird somit *keine* Willenserklärung kundgetan, es entsteht *kein* Rechtsgeschäft.

301 Von diesem Umstand geht auch der Gesetzgeber aus, indem er in **§ 675 II BGB** klarstellt, dass derjenige, der einem anderen einen Rat oder eine Empfehlung erteilte, unbeschadet der sich aus einem Vertragsverhältnis oder einer unerlaubten Handlung ergebenden Verantwortlichkeiten, **nicht** zum Ersatz des aus der Befolgung des Rates oder der Empfehlung entstehenden Schadens verpflichtet sei. Aus dieser gesetzlichen Formulierung ergibt sich zweierlei:

302 Aus § 675 II BGB folgt zunächst, dass eine eventuelle Haftung aus einem zustande gekommenen **Vertrag** (Beratungs- oder Auskunftsvertrag) **nicht ausgeschlossen ist** (... „unbeschadet"). Aus diesem Grund ist hier, wie auch bei den Fällen der Gefälligkeiten, genau zu differenzieren und anhand einer Auslegung zu ermitteln, ob ein diesbezüglicher Rechtsbindungswille vorliegt und damit ein Auskunftsvertrag zustande gekommen ist. Sofern der Parteiwille ausdrücklich auf Verpflichtung zur gewissenhaften Erteilung einer Auskunft gerichtet ist, liegt ein **ausdrücklich geschlossener Auskunfts- oder Beratervertrag** vor. Es ist jedoch auch ein **konkludenter Abschluss** eines solchen Vertrags möglich, auch wenn keine sonstigen vertraglichen Beziehungen zwischen den Parteien bestehen. Ein konkludenter Abschluss ist dann anzunehmen, wenn die Gesamtumstände unter Berücksichtigung der Verkehrsauffassung und des Verkehrsbedürfnisses den Rückschluss zulassen, dass beide Teile nach dem objektiven Inhalt ihrer Erklärung die Auskunft zum Gegenstand vertraglicher Rechte und Pflichten gemacht haben.[151] Ein wichtiges **Indiz** dafür ist, dass die Auskunft für den Empfänger erkennbar von erheblicher Bedeutung ist und er sie zur Grundlage wesentlicher Entschlüsse machen will. Dies ist insbesondere dann gegeben, wenn der Auskunftsgeber für die Erteilung der Auskunft besonders **sachkundig** oder selbst **wirtschaftlich interessiert** ist.[152] Dies gilt nach Auffassung des BGH[153] selbst dann, wenn der Befragte einen Vertragsschluss ablehnt. Ein Vertrag ist jedenfalls anzunehmen, wenn sich ein Unternehmensberater, Rechtsanwalt, Notar, Steuerberater, Statiker, Architekt, Sachverständiger etc. bereit erklärt, ein Gutachten über die im jeweiligen Bereich ge-

---

[151] Vgl. BGH NJW **1991**, 32.
[152] BGHZ **140**, 111, 115; BGH NJW **1998**, 448; **1993**, 3073, 3075.
[153] BGHZ **7**, 371, 374 f.

fragten Besonderheiten (Rat in Rechts-, Steuer- oder Vermögensangelegenheiten, statische Berechnung etc.) anzufertigen. Diesem Verhalten ist nach Treu und Glauben, den Umständen des Einzelfalls und der Verkehrssitte ein Rechtsbindungswille dahingehend zu entnehmen, dass er die Verpflichtung übernimmt, einen richtigen Rat bzw. eine zutreffende Auskunft zu erteilen. Je nach Einzelfall handelt es sich dann um einen Werk- (§ 631 BGB), einen Dienst- (§ 611 BGB) oder einen Geschäftsbesorgungsvertrag (§ 675 BGB).

Von der Möglichkeit eines Beratungs- oder Auskunftsvertrags unberührt bleibt der Umstand, dass die Beratungs- oder Auskunftspflicht auch eine **Nebenverpflichtung im Rahmen eines anderen Vertrags** sein kann. **303**

> **Beispiele:** Rechtsanwalt als Prozessbevollmächtigter, Beratung durch einen Verkäufer unabhängig von der Zusicherung einer Eigenschaft, Beratung durch Architekten etc.

C. Abgabe und Zugang von Willenserklärungen

304 Allein das Vorliegen eines (nach außen kundgetanen) Rechtsbindungswillens genügt für das Zustandekommen eines Vertrags noch nicht; vielmehr müssen die jeweiligen Willenserklärungen auch **abgegeben** werden und (sofern es sich um sog. empfangsbedürftige Willenserklärungen handelt) dem anderen **zugehen**. Diesbezügliche gesetzliche Regelungen finden sich in **§§ 130-132 BGB**. Diese Regelungen sind aber ersichtlich unvollständig: Zum einen werden die Begriffe des Ab- und des Zugangs zwar genannt, aber nicht definiert; zum anderen beschränken sich die Normen inhaltlich auf Willenserklärungen, die gegenüber <u>Ab</u>wesenden abgegeben werden; es sind jedoch ebenso Fälle denkbar, in denen die Willenserklärung gegenüber einem <u>An</u>wesenden abgegeben wird. Im Grundsatz gilt, dass

- **empfangsbedürftige** Willenserklärungen mit **Abgabe und Zugang** der Erklärung wirksam werden,

- wohingegen die Wirksamkeit **nicht empfangsbedürftiger** Willenserklärungen **allein durch Abgabe** eintritt.

305 Zunächst ist es also erforderlich, zwischen **empfangsbedürftigen** und **nicht empfangsbedürftigen** Willenserklärungen zu unterscheiden.

I. Empfangsbedürftige und nicht empfangsbedürftige Willenserklärungen

306 Gem. § 130 I S. 1 BGB ist eine Willenserklärung **empfangsbedürftig**, wenn sie zu ihrer Wirksamkeit *einem anderen gegenüber abgegeben* werden muss.

307 Empfangsbedürftige Willenserklärungen stellen den Regelfall dar. Das leuchtet ein, denn wie soll z.B. ein **Kauf-, Werk-, Dienst- oder Leihvertrag** zustande kommen, ohne dass die jeweilige Willenserklärung des anderen zuvor empfangen wurde. Gleiches gilt hinsichtlich der **Kündigung** bspw. des Arbeits- oder Mietvertrags. Anders verhält es sich hinsichtlich der nicht empfangsbedürftigen Willenserklärungen. Diese stellen aufgrund des Umstands, dass sie zu ihrer Wirksamkeit gerade nicht dem anderen zugehen müssen, die Ausnahme dar.

308 Eine **nicht empfangsbedürftige** Willenserklärung liegt vor, wenn sich aus dem Regelungszusammenhang oder einer ausdrücklichen Vorschrift ergibt, dass ihre Wirksamkeit nicht vom Zugang abhängt.[154]

309 -310 **Beispiele:**
- **(1) Auslobung (§ 657 BGB):** Die Auslobung ist deshalb eine nicht empfangsbedürftige Willenserklärung, weil der Auslobende i.d.R. nicht weiß, wer die Handlung vornehmen wird, für die er eine Belohnung aussetzt.

- **(2) Aufgabe des Mobiliareigentums (§ 959 BGB):** Die **Dereliktion** ist deshalb eine nicht empfangsbedürftige Willenserklärung, weil die Möglichkeit, sich die Sache anzueignen, jedermann offen steht (§ 958 I BGB).

- **(3) Testamentserrichtung (§§ 2229 ff. BGB):** Die Testamentserrichtung ist deshalb eine nicht empfangsbedürftige Willenserklärung, weil hier eine Mitteilung des Inhalts des Testaments an andere Personen als Wirksamkeitsvoraussetzung nicht sinnvoll in Betracht kommt. In der Regel wird das Testament auch gerade geheim gehalten.

---

[154] *Ellenberger*, in: Palandt, § 130 Rn 1.

(4) Erbschaftsannahme (§ 1943 BGB): Die Erbschaftsannahme ist deshalb eine nicht empfangsbedürftige Willenserklärung, weil bei ihr ebenfalls die Kenntnis anderer Personen als Wirksamkeitsvoraussetzung keinen Sinn macht.

II. Die Abgabe der Willenserklärung

Zur Erlangung ihrer rechtlichen Wirksamkeit muss jede Willenserklärung (zumindest) abgegeben worden sein (s.o.). Das BGB definiert den Begriff der Abgabe nicht. Allgemein wird diese jedoch wie folgt verstanden: **311**

Eine Willenserklärung wurde **abgegeben**, wenn der Erklärende alles seinerseits Erforderliche getan hat, damit sie wirksam werden kann. [155]   **312**

1. Abgabe von nicht empfangsbedürftigen Willenserklärungen

Bei **nicht empfangsbedürftigen** Willenserklärungen ist die Abgabe unproblematisch erfolgt, wenn der Erklärende seinen Willen **erkennbar endgültig geäußert** hat.   **313**

> **Beispiele:** Ein Testament wird wirksam, wenn es geschrieben und unterschieben, eine Auslobung, wenn sie versprochen wurde.

2. Abgabe von empfangsbedürftigen Willenserklärungen

Weniger einfach ist die Frage nach der Abgabe einer **empfangsbedürftigen** Willenserklärung zu beantworten, weil diese sowohl gegenüber **Anwesenden** als auch gegenüber **Abwesenden** abgegeben werden kann. Ganz allgemein gilt zunächst: **314**

Eine empfangsbedürftige Willenserklärung ist **abgegeben**, wenn sie *mit dem Willen* des Erklärenden aus dessen Machtbereich gelangt und in Richtung auf den Empfänger in Bewegung gesetzt wird.[156]   **315**

a. Abgabe gegenüber Anwesenden

Eine **mündliche** Willenserklärung ist gegenüber einem Anwesenden abgegeben, wenn sie so geäußert wird, dass ein objektiver Dritter in der Rolle des Erklärungsempfängers in der Lage ist, sie **akustisch** zu verstehen.[157] Ob der Erklärungsempfänger die Erklärung auch inhaltlich richtig bzw. intellektuell verstanden hat, ist dagegen eine Frage des Zugangs der Willenserklärung.   **316**

Entsprechendes gilt für eine **telefonisch** abgegebene Willenserklärung, die gemäß § 147 I S. 2 BGB wie eine Erklärung unter Anwesenden behandelt wird.   **317**

> **Beispiel:** Während A am Bahnsteig steht und auf den Zug wartet, telefoniert er mittels seines Mobiltelefons mit B. Gerade als er diesem sein Wohnmobil zum Kauf anbietet, fährt der Zug ein, sodass B aufgrund der Lautstärke „nur Bahnhof" versteht. Hier mangelt es an der Abgabe einer Willenserklärung, sodass das Angebot des A nicht wirksam geworden ist.

Eine **schriftliche** Willenserklärung gegenüber einem Anwesenden ist abgegeben, wenn sie diesem zur Entgegennahme überreicht wird.[158]   **318**

---

[155] Vgl. nur BGHZ **137**, 205, 208; *Lettl*, JA **2003**, 948, 950; *Medicus*, AT, Rn 263 f.; *Ellenberger*, in: Palandt, § 130 Rn 1; *Brox/Walker,* AT, Rn 145; *Rüthers/Stadler*, AT, § 17 Rn 36; *Köhler/Lange*, AT, § 6 Rn 11.
[156] BGHZ **65**, 13, 14; **137**, 205, 208; *Lettl*, JA **2003**, 948, 950; *Ellenberger*, in: Palandt, § 130 Rn 4; *Rüthers/Stadler*, AT, § 17 Rn 37; *Medicus*, AT, Rn 265; *Köhler/Lange*, AT, § 6 Rn 12.
[157] *Brox/Walker*, AT, Rn 147; *Coester-Waltjen*, Jura **1992**, 441.
[158] *Brox/Walker*, AT, Rn 146.

Beispiel: Chef C versucht, sich des missliebigen Angestellten A zu entledigen. Als er endlich einen Grund gefunden hat, zitiert er A zu sich. Als dieser sein Büro betritt, lächelt er ihn an und winkt mit der schriftlichen Kündigung in der Hand.

Hier gilt, dass solange C die Kündigung in der Hand hält, er sie noch nicht abgegeben hat. Eine Abgabe ist erst gegeben, wenn C dem A die Kündigung überreicht.

b. Abgabe gegenüber Abwesenden

319 Auch bei den Willenserklärungen gegenüber Abwesenden ist zwischen mündlichen und schriftlichen Willenserklärungen zu unterscheiden. Darüber hinaus stellt sich hier die Frage, wie der Fall zu behandeln ist, in dem sich der (scheinbar) Erklärende eines Schriftstücks nicht willentlich entäußerte, die Willenserklärung aber dennoch durch einen Dritten auf den Weg zum Empfänger gebracht wurde (Problem der sog. abhandengekommenen Willenserklärung).

aa. Abgabe einer mündlichen Willenserklärung

320 Eine mündliche Willenserklärung gegenüber einem Abwesenden ist möglich, wenn der Erklärende zu ihrer Übermittlung einen **Erklärungsboten**[159] einschaltet.

321 Bei Einschaltung eines Erklärungsboten gilt die Willenserklärung des Erklärenden als **abgegeben**, wenn er die Erklärung gegenüber dem Boten vollendet und diesem die Weisung gegeben hat, diese Erklärung dem Erklärungsempfänger zu übermitteln.[160]

Beispiel: C aus dem obigen Beispiel sagt zu D, er solle dem A ausrichten, dieser könne „seine Sachen packen".

Hier ist die Willenserklärung des C im Zeitpunkt der Weisung an D, dieser solle die Kündigung dem A übermitteln, abgegeben. Freilich eine andere Frage ist es, ob die Willenserklärung dem A auch zugeht und daher wirksam wird (z.B. wenn D den Auftrag nicht ausführt). Vgl. dazu Rn 355 und 640 (Erklärungsbote).

bb. Abgabe einer schriftlichen Willenserklärung

322 Nach allgemeiner Auffassung ist eine **schriftliche** Erklärung gegenüber einem Abwesenden abgegeben, wenn der Erklärende das vollendete Schriftstück in Richtung auf den Erklärungsempfänger willentlich auf den Weg gebracht hat, sodass normalerweise mit dem Zugang beim Erklärungsempfänger gerechnet werden kann.[161]

Beispiel: A wirft eine in einem Brief enthaltene Willenserklärung in den öffentlichen Briefkasten oder beauftragt z.B. seine Sekretärin damit, den Brief zur Post zu bringen.

323 Bei der Abgabe einer Willenserklärung durch **moderne Kommunikationsmittel** ist zu differenzieren[162]:

- Die in einer **E-Mail** enthaltene Willenserklärung ist abgegeben, wenn sie per Mausklick abgeschickt wurde.
- Eine Erklärung mittels **Telefax** (Fernkopie) ist mit der Absendung abgegeben.
- Beim **Telex-Verfahren** (Fernschreiben) gilt die Erklärung mit der Übermittlung der Erklärung durch das Absendegerät im Augenblick der Niederschrift als abgegeben.

---

[159] Zu beachten ist, dass der Erklärungsbote keine eigene Willenserklärung, sondern die des Geschäftsherrn überbringt. Die Tätigkeit eines Stellvertreters, der eine eigene Willenserklärung im Namen und mit Wirkung für den Geschäftsherrn abgibt, gehört somit nicht hierher.
[160] *Brox/Walker*, AT, Rn 145; *Rüthers/Stadler*, AT, § 17 Rn 52.
[161] Vgl. nur *Köhler/Lange*, AT, § 6 Rn 12; *Rüthers/Stadler*, AT, § 17 Rn 37.
[162] Vgl. *Brox/Walker*, AT, Rn 147; *Rüthers/Stadler*, AT, § 17 Rn 37.

- Beim **Teletex-Verfahren**, bei dem die niedergeschriebene Erklärung zunächst elektronisch gespeichert wird, um nachträgliche Korrekturen zu ermöglichen, gilt die Erklärung mit der Absendung als abgegeben.

cc. Abhandengekommene Willenserklärungen

Von der Abgabe der Willenserklärung ist die bloße **Fertigstellung** zu unterscheiden. Denn mit ihr hat der Erklärende seinen Willen noch nicht endgültig geäußert.

324

> **Beispiel:** A will B zum Kauf eines Autos bevollmächtigen. Hierzu stellt er eine Vollmachtsurkunde aus. Da er es sich aber bis zum nächsten Morgen noch einmal überlegen möchte, legt er die Urkunde einstweilen in seinen Schreibtisch und verlässt das Büro. B geht in der Nacht heimlich ins Büro und nimmt die Urkunde an sich.

> Hier wurde die Vollmachtsurkunde zwar fertig gestellt, nicht jedoch von A abgegeben, da er es sich ja gerade noch einmal überlegen wollte. Es fehlt an dem Definitionsbestandteil *„willentliche* Abgabe".

Solange es in Fällen dieser Art lediglich dabei bleibt, dass der andere sich eigenmächtig Besitz an der Erklärung verschafft und diese nicht gegenüber Dritten verwendet, ist die rechtliche Situation auf das Zwei-Personen-Verhältnis beschränkt und relativ unproblematisch: Zivilrechtlich kommen insbesondere Besitzstörung und verbotene Eigenmacht in Betracht, strafrechtlich Diebstahl.

325

Erhebliche Probleme entstehen jedoch, wenn der Unberechtigte die Erklärung an Dritte weiterleitet, sie sozusagen gegen oder zumindest ohne den Willen des Erklärenden einsetzt.

326

> **Beispiel:** B aus dem obigen Beispiel fährt gleich am nächsten Morgen, bevor A ins Büro kommt, zum Gebrauchtwagenhändler H und kauft unter Vorlage der Vollmachtsurkunde einen Aston Martin Bj. 1978. H verlangt nun von A Zahlung des Kaufpreises. Hilfsweise möchte er den Schaden ersetzt bekommen, den er im Vertrauen auf das Zustandekommen des Geschäfts erlitten hat.

327

> Hier wurde die Vollmachtsurkunde zwar fertig gestellt, nicht jedoch willentlich abgegeben, da A es sich ja gerade noch einmal überlegen wollte. Umstritten ist die rechtliche Beurteilung.

> Nach **einer Ansicht**[163] sind diese Fälle wie die Fälle des fehlenden Erklärungsbewusstseins zu behandeln, da der Empfänger regelmäßig nicht wissen könne, wie die Erklärung abgegeben wurde und daher auf die Wirksamkeit des Vertragsschlusses vertraue. Eine wirksame Willenserklärung liege somit vor, wenn der Erklärungsgegner die Willenserklärung nach Treu und Glauben und mit Rücksicht auf die Verkehrssitte habe **als abgegeben auffassen dürfen** und der Erklärende das **In-Verkehr-Gelangen** bei Anwendung der im Verkehr erforderlichen Sorgfalt habe **erkennen und verhindern können**. Dem Erklärenden bleibe jedoch die **Anfechtungsmöglichkeit** analog § 119 I, 2. Var. BGB mit der Folge der Haftung aus **§ 122 I BGB** analog (Ersatz des Vertrauensschadens). Bei Verschulden komme auch ein Anspruch des Empfängers aus ***culpa in contrahendo*** (§§ 280 I, 311 II, 241 II BGB) in Betracht.

> Diese Auffassung widerspricht jedoch der in § 172 I BGB zum Ausdruck gekommenen Wertung, wonach sich der Aussteller einer Urkunde deren Inhalt nur dann zurechnen lassen muss, wenn er sie einem anderen ausgehändigt hat. Ist die Erklärung ohne den Willen des Erklärenden in den Verkehr gelangt (und kann er dies beweisen), ist sie ihm nicht – auch nicht unter Rechtsschutzgesichtspunkten – zuzurechnen.[164]

---

[163] *Medicus*, AT, Rn 266; *Ellenberger*, in: Palandt, § 130 Rn 4; *Klein-Blenkers*, Jura **1993**, 640, 642 f.
[164] Wie hier *Köhler/Lange*, AT, § 6 Rn 12.

Daher liegen nach zutreffender **herrschender Meinung**[165] **keine Abgabe** und damit **keine wirksame Willenserklärung** vor. Es bedarf daher auch keiner Anfechtung. Allerdings haftet der „Erklärende" dem Empfänger auch nach h.M. aus *culpa in contrahendo* (§§ 280 I, 311 II, 241 II BGB) auf Ersatz des Vertrauensschadens, wenn er die Absendung der Erklärung bei gebotener Sorgfalt hätte erkennen und verhindern können. Eine analoge Anwendung des § 122 BGB (gerichtet auf Ersatz des Vertrauensschadens) ist abzulehnen.[166] Denn handelt A fahrlässig, greift bereits die c.i.c. Handelt er nicht fahrlässig, wäre ein (verschuldensunabhängiger) Schadensersatzanspruch aus § 122 BGB nicht sachgerecht. Insbesondere ist die Interessenlage nicht vergleichbar.

Vorliegend ist fraglich, ob A ein Verschulden trifft, ob er also z.B. die Schublade hätte abschließen müssen. Hätte A schon häufiger dem B Vollmachtsurkunden ausgestellt und im konkreten Fall die Urkunde bspw. auf dem Schreibtisch liegen gelassen, müsste man wohl annehmen, dass A damit rechnen musste, dass B die Urkunde einfach an sich nimmt. Umgekehrt wäre ein Verschulden zweifelsfrei zu verneinen, wenn A die Schublade abgeschlossen hätte. Vorliegend handelt es sich um einen Grenzfall. Verneint man mit der hier vertretenen Auffassung ein Verschulden, hat A nicht den Rechtsschein einer wirksamen Willenserklärung gesetzt, auf den H vertraute. Auch kommt dann eine analoge Anwendung des § 122 I BGB nicht in Betracht.

328

> **Fazit:** Fehlt es am Willen, die Erklärung aus dem Machtbereich zu entlassen, liegt keine Abgabe der Willenserklärung vor. Es liegt **kein Vertrag** vor. Eine andere Frage ist es, wer für einen eventuellen **Schaden** aufkommen muss, den der Empfänger der Erklärung im Vertrauen auf die Gültigkeit des Geschäfts erlitten hat.
>
> - Hat der „Erklärende" die unwillentliche Abgabe bzw. das „Abhandenkommen" der Erklärung zu **vertreten** (vgl. § 276 I S. 1 i.Vm. II BGB), haftet er je nach Auffassung aus **§ 122 I BGB** analog bzw. aus *culpa in contrahendo* (§§ 280 I, 311 II, 241 II BGB). Etwas anderes gilt nur dann, wenn der Empfänger **bösgläubig** ist. Denn dann ist er in keiner Weise schutzwürdig.
>
> - Trifft den Erklärenden **kein Verschulden** (etwa weil die Mittelsperson die Erklärung gewaltsam oder für den Erklärenden unvorhersehbar an sich genommen und an den Empfänger weitergeleitet hat), ist er nicht zum Ersatz des Vertrauensschadens verpflichtet, weder aus § 122 BGB noch aus c.i.c. (§§ 280 I, 311 II, 241 II BGB).
>
> - Mögliche quasivertragliche Ansprüche (z.B. § 179 I BGB) bzw. Schadensersatzansprüche (z.B. aus c.i.c.) des „Erklärenden" und des Empfängers gegenüber der Mittelsperson bleiben von den genannten Konstellationen unberührt.

III. Der Zugang der Willenserklärung

329 Wie bereits ausführlich bei Rn 304 ff. dargestellt, bedarf es bei einer **empfangsbedürftigen** Willenserklärung zu ihrer Wirksamkeit neben der Abgabe grundsätzlich noch des **Zugangs** beim Erklärungsempfänger.

330 Eine Ausnahme vom Zugangserfordernis besteht im Fall des § 151 BGB. Hier ist aber zu beachten, dass diese Vorschrift nicht die Annahme selbst überflüssig macht, sondern nur deren *Zugang* beim Antragenden, wenn eine solche Annahmeerklärung nach der Verkehrssitte nicht zu erwarten ist oder der Antragende auf sie verzichtet hat. Es handelt sich um eine nicht empfangsbedürftige Willenserklärung.[167]

Beispiel: Schickt die Versandhandel-GmbH unbestellt Ware an einen Verbraucher (vgl. §§ 241a, 13, 14 BGB) und überweist dieser den Kaufpreis, ohne eine Annahme des An-

---

[165] BGHZ **65**, 13, 14; *Brox/Walker*, AT, Rn 147; *Rüthers/Stadler*, AT, § 17 Rn 38; *Köhler/Lange*, AT, § 6 Rn 12.
[166] Wie hier BGHZ **65**, 13, 14; *Köhler/Lange*, AT, § 6 Rn 12; anders *Rüthers/Stadler*, AT, § 17 Rn 38.
[167] Vgl. BGHZ **74**, 352, 356; **111**, 97, 101; BGH NJW **1999**, 2179 f.; LG Gießen NJW-RR **2003**, 1206; *Ellenberger*, in: Palandt, § 151 Rn 1.

gebots gegenüber dem Versender zu erklären, kommt ein Kaufvertrag zustande, obwohl beim Versender keine Annahmerklärung zugegangen ist. Denn hier muss man bei lebensnaher Betrachtung davon ausgehen, dass der Versender auf den Zugang der Annahmeerklärung verzichtet; zumindest aber ist eine solche Annahmeerklärung nach der Verkehrssitte nicht zu erwarten.

Da § 130 I S. 1 BGB das Wirksamwerden einer Willenserklärung gegenüber einem Abwesenden regelt, sollen zunächst die diesbezüglichen Zugangsvoraussetzungen erörtert werden. Der Zugang der Willenserklärung gegenüber einem Anwesenden wird bei Rn 370 ff. erörtert. **331**

1. Zugang gegenüber Abwesenden

Eine empfangsbedürftige Willenserklärung wird nicht bereits mit ihrer Abgabe, sondern gem. § 130 I S. 1 BGB erst dann wirksam, wenn sie dem (abwesenden) Erklärungsempfänger zugeht. Eine Erläuterung, was unter „Zugang" zu verstehen ist, enthält das BGB nicht. Aus seiner Entstehungsgeschichte wird nur so viel deutlich, dass für das Wirksamwerden der Erklärung weder die bloße Entäußerung seitens des Erklärenden ausreichen, noch die tatsächliche Kenntnisnahme durch den Adressaten erforderlich sein sollen.[168] Daher wird man einen Mittelweg gehen und fordern müssen, dass die Verantwortlichkeiten und Risiken bei der Übermittlung von Willenserklärungen sachgerecht zwischen Absender und Empfänger verteilt werden müssen: Der *Absender* muss die Erklärung dem Empfänger derart nahe bringen, dass dieser sie unter normalen Umständen zur Kenntnis nehmen kann. Es ist dann Sache des *Empfängers*, die ihm gebotene Möglichkeit der Kenntnisnahme auch zu nutzen. Dementsprechend definieren Rechtsprechung und Literatur den Begriff des Zugangs wie folgt: **332**

Zugegangen ist eine Erklärung, wenn sie so in den Machtbereich (Herrschaftsbereich) des Adressaten gelangt ist, dass dieser unter normalen Umständen damit rechnen kann, von ihr Kenntnis zu nehmen.[169] **333**

334

Aus dieser Definition folgt zunächst, dass zwischen einem **räumlichen** und **zeitlichen** Herrschaftsbereich zu unterscheiden ist. Weiterhin folgt aus ihr, dass es allein auf die **Möglichkeit** der Kenntnisnahme ankommt, es also nicht erforderlich ist, dass die Erklärung tatsächlich zur Kenntnis genommen wird. Bestätigt wird diese Rechtsauffassung nunmehr durch § 312e I S. 2 BGB, der sich zwar auf Bestellungen (und Bestätigungen) im elektronischen Rechtsverkehr bezieht, insoweit aber einen allgemeinen Rechtsgedanken enthält.

> **Hinweis für die Fallbearbeitung:** Bedeutung hat der Zugang vor allem für fristgebundene Erklärungen: Bei diesen stellt sich die Frage, ob der Empfänger auch verspätet eingetroffene Erklärungen gegen sich gelten lassen muss (dazu sogleich). **335**

a. Eintritt der Willenserklärung in den Herrschaftsbereich des Empfängers

aa. Räumlicher Herrschaftsbereich

Voraussetzung für den Zugang einer Willenserklärung unter Abwesenden ist zunächst, dass sie in den **Herrschaftsbereich des Empfängers** gelangt. Wie der Absender dies bewerkstelligt, ist seine Sache und geschieht auf **sein Risiko** (s.o.), sofern keine **336**

---

[168] *Medicus*, AT, Rn 268 ff.
[169] St. Rspr., vgl. nur BGH NJW **2004**, 1320 f.; BGHZ **137**, 205, 208; aus der Lit. vgl. *Eisfeld*, JA **2006**, 851, 853; *Köhler/Lange*, AT, § 6 Rn 13; *Rüthers/Stadler*, AT, § 17 Rn 44; *Medicus*, AT, Rn 274.

besonderen Vorschriften oder Vereinbarungen für die Form oder Übermittlung der Erklärung bestehen.

337 Der Erklärende kann **beispielsweise** ein Vertragsangebot mit der Post an den Empfänger schicken, sei es als einfacher **Brief** oder als **Einwurf-Einschreiben** oder als **Einschreiben mit Rückschein**. Er kann aber auch den Brief **persönlich** oder durch einen **Boten** in den Briefkasten des Empfängers einwerfen. Auch kann er ihm das Vertragsangebot als **Fax** oder **E-Mail** schicken oder auf einen **Anrufbeantworter** sprechen. Gelangt die Erklärung nicht in den Machtbereich des Empfängers, geht sie auch nicht zu. Auf ein Verschulden des Absenders kommt es dabei nicht an. Geht etwa der Brief bei der Post verloren, kommt das Fax wegen eines Defekts des Empfangsgeräts nicht an oder hat der Empfänger gar keinen Internet-Anschluss, sodass er auch keine E-Mails empfangen kann, oder nimmt nicht mit seiner E-Mail-Adresse am Rechtsverkehr teil, ist dies das **Risiko des Absenders**.[170] Zugang tritt auch dann nicht ein, wenn der Empfänger es verhindert, dass die Erklärung in seinen Machtbereich gelangt, er etwa den Briefkasten abmontiert oder das Faxgerät ausschaltet. In solchen Fällen stellt sich aber die Frage, ob sich der Empfänger so behandeln lassen muss, als wäre ihm die Erklärung zugegangen (dazu später).

338 Da es für den Zugang der Erklärung nicht erforderlich ist, dass der Empfänger die Möglichkeit zur Kenntnisnahme tatsächlich nutzt, ist eine Erklärung auch dann zugegangen, wenn sie unbeachtet (insb. ungelesen) bleibt. Der Zeitpunkt der unter gewöhnlichen Umständen zu erwartenden Kenntnisnahme bleibt sogar dann für den Zugang maßgeblich, wenn die in den Machtbereich des Empfängers gelangte Erklärung vor Kenntnisnahme vernichtet, gestohlen oder verlegt wird.

Beispiele: Wirft der Empfänger den Brief, der die Erklärung enthält, versehentlich weg, weil er ihn für Werbung hält, oder löscht er versehentlich die Nachricht auf dem Anrufbeantworter oder in der E-Mail-Box (= elektronisches Postfach), bevor er sie abgehört bzw. gelesen hat, hindert dies den Zugang nicht.

Eine Willenserklärung kann auch in einer Angebotsseite im **Internet** enthalten sein.[171] Zugang tritt in dem Augenblick ein, in dem der Nutzer diese Seite aufruft.[172]

339 Zum **räumlichen Herrschaftsbereich** gehören nicht nur die Wohnung, Geschäftsräume etc., sondern auch die vom Empfänger zur Entgegennahme von Erklärungen bereit gehaltenen Einrichtungen.[173]

Beispiele: Hausbriefkasten, Postfach (hier findet sozusagen eine „Auslagerung" des Hausbriefkastens statt), Anrufbeantworter, Telefaxgerät, E-Mail-Box etc.

340 Eine **mündliche Erklärung** mittels **Telefon**, die der Empfänger nicht unmittelbar entgegennimmt, ist zugegangen, wenn die Nachricht auf dem **Anrufbeantworter** aufgezeichnet wurde und mit der Kenntnisnahme gerechnet werden kann.[174]

Beispiele: Bei einem Anruf morgens um 3 Uhr wird unter normalen Umständen nicht der sofortige Zugang anzunehmen sein, sondern erst dann, wenn mit dem Aufstehen und dem Abhören des Anrufbeantworters zu rechnen ist.

---

[170] Vgl. auch *Mankowski*, NJW **2004**, 1901 ff.; *Dörner*, AcP **2002**, 363, 367 f.; *Ellenberger*, in: Palandt, § 130 Rn 7a; *Köhler/Lange*, AT, § 6 Rn 13.

[171] Vgl. dazu ausführlich BGHZ **149**, 129, 134.

[172] *Köhler/Lange*, AT, § 6 Rn 13. Vgl. dazu auch die Ausführungen bei Rn 606 ff.

[173] *Ellenberger*, in: Palandt, § 130 Rn 5; *Ebnet*, NJW **1992**, 2985, 2990.

[174] Der Rechtsgedanke des § 147 I S. 2 BGB, wonach eine **telefonisch** abgegebene Willenserklärung wie eine Erklärung unter <u>An</u>wesenden behandelt wird, gilt bei Aufzeichnungen auf den Anrufbeantworter nicht.

Ein **Schriftstück** gelangt in den Herrschaftsbereich des Empfängers, wenn es in das Postfach[175], in den Hausbriefkasten oder auf den Schreibtisch gelegt wird, ein **Fax**, wenn es vom Faxgerät des Empfängers ausgedruckt oder gespeichert wurde[176]. Dagegen befindet sich ein **(Übergabe-)Einschreiben** noch nicht im Herrschaftsbereich des Empfängers, wenn der Postzusteller niemanden antrifft und eine Benachrichtigung in den Hausbriefkasten wirft. Die Erklärung selbst verbleibt nämlich in diesen Fällen bis zur Abholung im Machtbereich der Post. Eine andere Frage ist es, ob sich der Empfänger treuwidrig verhält und sich damit so behandeln lassen muss, als sei ihm die Erklärung rechtzeitig zugegangen, wenn er den rechtzeitigen Zugang absichtlich oder zumindest fahrlässig vereitelt. Vgl. dazu sogleich Rn 344 ff.   **340a**

Eine per **E-Mail** versandte Erklärung befindet sich nicht erst nach dem Herunterladen auf den eigenen Rechner im räumlichen Herrschaftsbereich des Empfängers, sondern bereits dann, wenn sie auf dem Rechner des Diensteanbieters (sog. **Provider**), d.h. auf dessen **Mail-Server** (zwischen-)gespeichert wird.[177] Denn dieser hat die Funktion eines (elektronischen) Postfachs, auf das der Empfänger der Erklärung mittels Passwortes zugreifen kann.   **341**

> **Beispiel:** V will sein Motorrad verkaufen. Hierzu unterbreitet er dem K, zu dem er regelmäßigen E-Mail-Kontakt pflegt, am 15. Mai per E-Mail ein entsprechendes Angebot, das dieser bis zum 18. Mai (Annahmefrist, § 148 BGB) annehmen könne. Als K die E-Mail noch am 15. Mai liest, überlegt er es sich nicht lange und nimmt das Angebot sofort an, indem er auf die „Beantworten"-Schaltfläche seines Browsers klickt und die Annahme formuliert. Doch da V sich aufgrund des günstigen Wetters kurzfristig entschieden hatte, das Motorrad noch einmal ausgiebig zu nutzen, kommt er erst am 19. Mai von einer Motorradtour zurück. Als er dann seine E-Mail-Box abruft, entdeckt auch die E-Mail des K. Da V es sich inzwischen mit dem Verkauf des Motorrads noch einmal überlegt hat, beruft er sich auf verspäteten Zugang der Annahmeerklärung und verweigert die Herausgabe.   **342**
>
> Hier ist die Annahmeerklärung rechtzeitig zugegangen, weil sie fristgemäß auf dem Rechner des E-Mail-Providers (Diensteanbieter) eingegangen ist. Es steht in V´s Verantwortlichkeitsbereich, regelmäßig seine E-Mail-Box abzurufen, zumal er damit rechnen musste, das K zur Übermittlung seiner Willenserklärung dasselbe Medium wählen würde wie er selbst.

> <u>Weiterführender Hinweis:</u> Die vorstehenden Erläuterungen stellen lediglich den „Normalfall" dar. Völlige Unklarheit besteht z.B. für den Fall, dass eine E-Mail zwar beim Mail-Server des Providers ankommt, dann allerdings auf dem Weg zum Empfänger verloren geht. Betrachtet man den Provider als Empfangsboten des Empfängers (dazu näher Rn 606 ff.), liegt es in dessen Verantwortungsbereich, wenn eine E-Mail nicht oder verstümmelt ankommt.[178] Überträgt man dagegen die bisherige Rspr. zur Übermittlung von Briefen durch die Post, muss man die Empfangsboteneigenschaft des Servers verneinen und das Risiko des Verlustes dem Absender aufbürden.[179] Ebenso unklar ist, ob und mit wem ein Vertragsschluss angenommen werden kann, wenn der Absender einen Fantasienamen verwendet und der Computer, von dem aus die E-Mail verschickt wurde, einer Mehrzahl von Personen zugänglich ist. Diese und auch andere Fragen werden künftig sowohl den Gesetzgeber als auch die Gerichte beschäftigen. Jedenfalls wird in der Gerichtspraxis der Versuch, einen Vertragsschluss über das Internet nachzuweisen, durch das Verwenden **digitaler Signaturen** erheblich an Bedeutung gewinnen. Mit anderen   **343**

---

[175] Bei einer juristischen Person (etwa AG, GmbH) ist eine Willenserklärung auch dann in deren räumlichen Machtbereich gelangt, wenn sie in das *private* Postfach des Vorstands/Geschäftsführers gelegt wird (BGH NJW **2003**, 3270 f.).

[176] BGH NJW **2004**, 1320 f.; BGH NJW **1995**, 665, 667; BGHZ **101**, 276, 280.

[177] Wie hier BGHZ **137**, 205, 208; **149**, 129, 134, und nun auch *Lange*, JA **2007**, 766, 771.

[178] Das war die hier schon in den Vorauflagen vertretene Ansicht; vgl. nun auch *Lange*, JA **2007**, 766, 771.

[179] Vgl. *Mankowski*, NJW **2004**, 1901 ff.

Worten, es wird sich die Zahl der Fälle mehren, in denen einem Vertragspartner aufgrund der digitalen Signatur unzweifelhaft nachgewiesen werden kann, dass eine Willenserklärung unter Benutzung der ihm zugeordneten technischen Hilfsmittel abgegeben wurde.

bb. Zeitlicher Herrschaftsbereich (Kenntnisnahmemöglichkeit)

344 Für den Zugang einer Willenserklärung genügt es nicht, dass diese schlicht in den räumlichen Herrschaftsbereich des Empfängers gelangt. Erforderlich ist auch, dass der Empfänger **unter gewöhnlichen Umständen** die **Möglichkeit** hat, vom **Inhalt der Erklärung Kenntnis zu nehmen**. Diese Einschränkung trägt dem Umstand Rechnung, dass es einem Teilnehmer am Rechtsverkehr nicht zumutbar ist, sich rund um die Uhr Klarheit darüber zu verschaffen, ob ihm eine Willenserklärung zugegangen ist. Erst dann, wenn die Kenntnisnahme von ihm erwartet werden kann, darf die Erklärung als zugegangen angesehen werden. Wird sie tatsächlich früher zur Kenntnis genommen, als unter normalen Umständen erwartet werden dürfte, ist die **tatsächliche Kenntniserlangung** entscheidend.[180]

> **Beispiel:** Der arbeitswütige Autor und Verleger S ist noch bis spät abends im Büro. Aus diesem Grund holt er einen eben in den Hausbriefkasten eingeworfenen, an ihn adressierten Brief und liest ihn.
>
> Unter „gewöhnlichen" Umständen wäre mit dem Zugang des Briefes erst am nächsten Morgen mit Beginn der Büro- bzw. Geschäftszeit zu rechnen. Da der Absender jedoch mit der Absendung die Grundlage für schutzwürdige Dispositionen des Adressaten geschaffen hat, ist der **Zugang** schon **mit der tatsächlichen Kenntnisnahme** zu bejahen. Anderenfalls könnte die Erklärung – trotz tatsächlicher Kenntnisnahme – noch durch einen Widerruf zerstört werden (vgl. § 130 I S. 2 BGB). Das wäre unangemessen.

345 Selbstverständlich gilt das Gleiche, wenn im **Versand- oder Internethandel** ausdrücklich ein **24-Stunden-Bestellservice** angeboten wird. Dann ist die Bestellung mit Annahme bzw., wenn sie per E-Mail erfolgt, mit Speicherung auf dem Provider-Rechner zugegangen.

346 Von diesen Sonderfällen einmal abgesehen, kann bei Erklärungen im geschäftlichen Verkehr mit einer Kenntnisnahme nur während der **üblichen Öffnungs- bzw. Geschäftszeiten** gerechnet werden. Hier geht ein Brief, der bspw. am Samstagabend in einen Geschäftsbriefkasten eingeworfen wird, regelmäßig erst am Montagmorgen zu, und zwar in dem Zeitpunkt, in dem normalerweise die Post zugestellt wird.[181] Ähnliches gilt auch für eine Erklärung, die via **E-Mail** verschickt wurde: Zwar gelangt die E-Mail bereits mit (Zwischen-)Speicherung auf dem E-Mail-Server in den räumlichen Machtbereich des Empfängers, hiervon zu unterscheiden ist aber die Möglichkeit der tatsächlichen Kenntnisnahme (s.o.). Diesbezüglich kann der Absender nicht erwarten, dass der Empfänger seine E-Mails auch spät abends bzw. außerhalb der Geschäftszeiten abruft; eine zur Unzeit verschickte E-Mail (die nur wenige Sekunden später im elektronischen Postfach des E-Mail-Providers ankommt) geht daher dem Empfänger, der keinen 24-Stunden-Bestellservice o.ä. unterhält, am folgenden Tag zu Beginn der üblichen Geschäftszeit zu[182] (dazu auch sogleich). Voraussetzung für die Zulässigkeit eines E-Mail-Verkehrs ist aber, dass der Empfänger überhaupt mit seiner E-Mail-Adresse am Rechtsverkehr teilnimmt und damit zum Ausdruck bringt, dass auch eine regelmäßige Eingangskontrolle erfolgt[183] (dazu sogleich).

---

[180] *Ellenberger*, in: Palandt, § 130 Rn 5; *Rüthers/Stadler*, AT, § 17 Rn 48; *Köhler/Lange*, AT, § 6 Rn 13; *Medicus*, AT, Rn 276; *Fritsche/Malzer*, DNotZ **1995**, 3, 12; *Eisfeld*, JA **2006**, 851, 853.
[181] BAG NJW **1984**, 1651.
[182] Vgl. BGHZ **137**, 205, 208; **149**, 129, 134; *Lettl*, JA **2003**, 948, 950.
[183] Vgl. dazu *Lettl*, JA **2003**, 948, 950; *Dörner*, AcP **2002**, 363 ff.; *Vehslage*, DB **2000**, 1803 ff.

Auch eine **Privatperson** ist grundsätzlich nicht verpflichtet, den realen oder elektronischen Briefkasten ständig bzw. am späten Abend nochmals auf eingeworfene Briefe oder elektronisch gespeicherte **E-Mails** zu überprüfen. Zwar ist es kaum möglich, hinsichtlich der „Leerung" **elektronischer Mailboxen** eine allgemeinverbindliche Regel aufzustellen, im Zweifel wird man aber wie beim „traditionellen" Hausbriefkasten nur von der Überprüfungspflicht **einmal pro Tag** ausgehen müssen.[184] Auch hier gilt, dass der Adressat allgemein seine E-Mail-Adresse im Rechtsverkehr angibt und damit zum Ausdruck bringt, dass auch eine regelmäßige Eingangskontrolle erfolgt (auch dazu sogleich). | **347**

Gibt eine Person eine **Postfachadresse** an, ist sie verpflichtet, zumindest einmal täglich das Postfach zu überprüfen. Wird daher ein Brief erst nach Schließung der Postfiliale in ein Postfach eingelegt, so hat der Empfänger erst am nächsten Morgen bei Abholung die Möglichkeit der Kenntnisnahme. | **348**

Zu beachten ist, dass es auf die Kenntnis unter *normalen* **Umständen** ankommt. Wird ein Schreiben in den Briefkasten geworfen oder zugefaxt und befindet sich der Empfänger auf einem dreitägigen Kurzurlaub an der Algarve oder unfallbedingt im Krankenhaus, ändert dies nichts daran, dass von einer Kenntnisnahmemöglichkeit im Laufe des Tages auszugehen ist. Denn die Abwesenheit des Empfängers ist hier kein gewöhnlicher, sondern ein außergewöhnlicher Umstand, der bei der Bestimmung des Zugangszeitpunkts außer Betracht bleibt. Mit solchen Hindernissen muss der Erklärende nicht rechnen (es sei denn, er kennt das Zugangshindernis). Das gilt insbesondere dann, wenn umgekehrt der Empfänger aufgrund bestehender oder angebahnter Vertragsbeziehungen mit rechtserheblichen Erklärungen anderer rechnen muss. In diesem Fall muss er durch geeignete Vorkehrungen dafür Sorge tragen, dass ihn derartige Erklärungen auch erreichen[185], etwa durch einen Nachsendeantrag bei der Post[186], durch Mitteilung der Urlaubsanschrift an den Erklärenden oder durch Beauftragung eines Dritten mit der Erledigung der eingehenden Post. | **349**

> **Beispiel**[187]: Seebär B will sein Segelboot verkaufen. Er unterbreitet M am 1. Juni ein entsprechendes Angebot, das dieser bis zum 8. Juni (Annahmefrist, § 148 BGB) annehmen kann. M formuliert die Annahme dieses Angebots und sendet den Brief am 3. Juni als Einschreiben ab. Da B sich aufgrund des günstigen Wetters kurzfristig entschieden hat, das Boot noch einmal zu nutzen, ist er vom 3. bis zum Abend des 8. Juni auf See. Nachdem der Postzusteller am 5. Juni das Einschreiben zustellen möchte, aber niemanden antreffen kann, wirft er eine Benachrichtigung in den Briefkasten des B. Dieser holt das Einschreiben am 9. Juni ab. Als M Übereignung und Übergabe des Bootes verlangt, beruft B sich auf verspäteten Zugang der Annahmeerklärung und verweigert die Herausgabe. | **350**
>
> Trifft der Postzusteller den Empfänger nicht an und hinterlässt daher einen Benachrichtigungsschein, soll nach einer Meinung[188] der Zugang bereits mit Hinterlassung des Benachrichtigungsscheins eintreten. Dagegen spricht aber, dass damit die Erklärung noch nicht zwingend in den Machtbereich des Empfängers gelangt ist und auch noch nicht stets eine Möglichkeit der Kenntnisnahme besteht. Nach einer zweiten Meinung[189] tritt Zugang in dem Zeitpunkt ein, in dem unter normalen Umständen mit einer Abholung des Einschreibens zu rechnen ist, in der Regel also am nächsten Werktag. Aber auch diese Auffassung verkennt, dass die Erklärung sich letztlich auch in diesem Zeitpunkt noch

---

[184] *Rüthers/Stadler*, AT, § 17 Rn 49.
[185] BGH NJW **2004**, 1320 f.; BGHZ **137**, 205, 208.
[186] Ist z.B. ein Nachsendeantrag gestellt, geht die Erklärung erst mit Aushändigung am Aufenthaltsort zu (*Ellenberger*, in: Palandt, § 130 Rn 6).
[187] Nach BGHZ **137**, 205 ff.
[188] *Flume*, AT, § 14 3 c.
[189] *Larenz/Wolf*, AT, § 26 Rn 24.

nicht zwingend im Machtbereich des Empfängers befindet. Außerdem sagt das Benachrichtigungsschreiben nichts darüber aus, wer Absender ist und worauf sich das Einschreiben bezieht. Daher ist zu differenzieren und mit der Rspr.[190] davon auszugehen, dass Zugang grundsätzlich erst im Zeitpunkt der Abholung des Schreibens erfolgt. Davon zu unterscheiden ist aber die Frage, ob sich der Adressat, der das Schreiben nicht rechtzeitig abholt, nach Treu und Glauben so behandeln lassen muss, als wäre es ihm rechtzeitig zugegangen. Dies ist jedenfalls dann zu bejahen, wenn er mit rechtserheblichen Erklärungen des Absenders rechnen musste.[191] Vorliegend war B es, der sowohl die Annahmefrist gesetzt als auch den rechtzeitigen Zugang (wenn auch nur fahrlässig) vereitelt hatte. Dass eine solche Annahmeerklärung per Einschreiben erfolgt, ist nicht ungewöhnlich. Nach Treu und Glauben unter Berücksichtigung der Verkehrssitte (§ 242 BGB) muss B sich daher so behandeln lassen, als sei ihm die Annahmeerklärung rechtzeitig zugegangen. Mithin ist ein Kaufvertrag zustande gekommen. B muss das Boot übereignen und übergeben.

351   Im Übrigen ist bei einer **Zugangsverhinderung** zu unterscheiden: Verweigert der Adressat die Erklärung berechtigterweise, ist die Erklärung nicht zugegangen. Hierher gehören die Nichtannahme eines Briefs, weil Nachporto zu zahlen wäre, oder das Zuhalten der Ohren/Weglegen des Telefonhörers, weil die mündlichen Erklärungen Beleidigungen enthalten. Im Falle der unberechtigten Annahmeverweigerung geht die Erklärung nach allgemeinen Grundsätzen in dem Moment zu, in dem der Empfänger die Erklärung hätte entgegennehmen können. Es handelt sich um eine nach Treu und Glauben (§ 242) gebotene Fiktion des Zugangs.

> **Beispiel:** A weiß, dass ihm sein Arbeitgeber U kündigen will. Um den Zugang des Kündigungsschreibens zu vereiteln, passt er den Postzusteller P ab und verweigert die Annahme des Kündigungsschreibens von U, das P daraufhin wieder mitnimmt.

> Obwohl hier die Erklärung schon gar nicht in den Herrschaftsbereich des A gelangte, gilt sie unter Heranziehung der Grundsätze von Treu und Glauben (§ 242 BGB) als zugegangen (siehe auch schon das vorherige Beispiel).

352   Zugangshindernisse können auch dann auftreten, wenn **Empfangsvorrichtungen** (Briefkasten, Postfach, Telefax, E-Mail-Account) **fehlen** oder **nicht funktionieren**. Zwar gibt es keine allgemeine Verpflichtung, Vorkehrungen für den Zugang von Erklärungen zu treffen, wer jedoch dem Rechtsverkehr (z.B. durch Briefkopf, Visitenkarten oder Schaffung eines Vertrauenstatbestands) bestimmte Empfangsvorrichtungen mitteilt, hat diese auch grds. bereitzuhalten.[192]

> Bei einer **E-Mail** tritt Zugang dann ein, wenn sie abrufbereit in die Mailbox („elektronischer Briefkasten") des Empfängers gelangt und wenn dieser die Mail unter gewöhnlichen Umständen abrufen kann (s.o.).[193] Sollte der Computer des Empfängers defekt sein und dieser daher keine E-Mails abrufen können, hindert dies den Zugang nicht. Denn wer den Rechtsverkehr via Internet bzw. E-Mail zulässt, trägt auch die Verantwortung für seine technischen Vorrichtungen zum Abruf der E-Mails. Davon zu unterscheiden ist der Fall, dass die E-Mail zwar beim Provider ankommt, dann aber auf dem Weg zum Empfänger verloren geht oder verstümmelt wird. Wer soll hier das Risiko tragen? Nach der Definition des Zugangs müsste man den Zugang verneinen, wenn man darauf abstellt, dass der Fehler außerhalb der Verantwortungssphäre des Empfängers liegt und dieser unter normalen Umständen keine Möglichkeit der Kenntnisnahme hatte. Aber wäre es umgekehrt sachgerechter, dem Absender der E-Mail dieses Risiko aufzubürden?

---

[190] BGHZ **67**, 271; **137**, 205, 208; *Köhler/Lange*, AT, § 6 Rn 14.
[191] BGH NJW **1996**, 1967, 1968.
[192] Vgl. auch *Köhler/Lange*, AT, § 6 Rn 18; *Rüthers/Stadler*, AT, § 17 Rn 58.
[193] Vgl. BGHZ **137**, 205, 208; **149**, 129, 134; *Lettl*, JA **2003**, 948, 950.

Wie bereits aufgeführt, besteht hier noch erheblicher Handlungsbedarf des Gesetzgebers.

Unproblematisch ist der Fall, dass der Empfänger nicht zu erkennen gegeben hat, dass ihn Mitteilungen auf diesem Wege erreichen können (z.B. wenn ihm eine E-Mail an die rein persönliche E-Mail-Adresse geschickt wurde). In einem solchen Fall tritt Zugang erst mit tatsächlicher Kenntnisnahme ein.[194]

An der Kenntnisnahmemöglichkeit im üblichen zeitlichen Rahmen kann es fehlen, wenn die Erklärung in einer **Fremdsprache** abgefasst ist, die der Empfänger nicht beherrscht und mit deren Beherrschung der Erklärende auch nicht rechnen durfte. Zugang erfolgt dann erst zu dem Zeitpunkt, zu dem unter gewöhnlichen Umständen mit dem Vorliegen einer vom Empfänger veranlassten Übersetzung zu rechnen ist. Dabei ist aber zu berücksichtigen, ob es diesem überhaupt zumutbar ist, auf eigene Kosten eine Übersetzung einzuholen. Ist dies nicht der Fall – etwa weil eine andere Vertragssprache vereinbart oder bisher zwischen den Parteien üblich war – geht die fremdsprachliche Erklärung nicht zu. Bei Erklärungen in der Landessprache des Empfängers trägt jedoch dieser, wenn er sie nicht beherrscht, das „Sprachrisiko".[195]

b. Einschaltung von Mittelspersonen

Eine Erklärung unter Abwesenden kann auch durch die Einschaltung von Mittelspersonen erfolgen. Werden Mittelspersonen eingesetzt, richtet sich die Frage des Zeitpunkts des Zugangs (und der damit verbundenen Frage der Risikoverteilung bei unterlassener, verzögerter oder fehlerhafter Übermittlung) nach der Funktion der Mittelsperson. Zu Unterscheiden sind folgende drei Möglichkeiten:

- Der Erklärende setzt zur Übermittlung einen **Erklärungsboten** ein,
- die Erklärung wird an einen **Empfangsvertreter** des Empfängers übermittelt,
- die Erklärung wird an einen **Empfangsboten** des Empfängers übermittelt.

aa. Erklärungsbote

Erklärungsbote ist, wer vom Erklärenden mit der Übermittlung der Erklärung an den Empfänger beauftragt wurde.

Bedient sich der Erklärende eines **Erklärungsboten**, kommt es für den Zugang der Erklärung darauf an, ob und wann der Bote die Erklärung an den Empfänger übermittelt. Die Erklärung ist daher nicht bereits mit der Übermittlung an den Boten zugegangen, sondern erst dann, wenn die Erklärung an den Empfänger selbst übermittelt worden ist.[196] Das Risiko, dass die Erklärung nicht, nicht richtig oder nicht rechtzeitig beim Empfänger ankommt, trägt der *Erklärende*.

bb. Der Empfangsvertreter

Da gemäß **§ 164 III BGB** eine Erklärung auch gegenüber einem **Stellvertreter** des Geschäftspartners abgegeben werden kann, muss – da das Gesetz hieran unterschiedliche Voraussetzungen und Rechtsfolgen knüpft – stets danach gefragt werden, ob es sich bei der Mittelsperson, die der Geschäftspartner zur Entgegennahme von Willenserklärungen einsetzt, um einen Empfangsboten oder um einen Empfangsvertreter handelt. So kommt eine vom Erklärungsempfänger eingesetzte Mittelsperson nur als Empfangsvertreter in Betracht, wenn die Voraussetzungen der Stellvertretung erfüllt sind,

---

[194] *Taupitz/Kritter*, JuS **1999**, 839, 841; *Köhler/Lange*, AT, § 6 Rn 18.
[195] *Rüthers/Stadler*, AT, § 17 Rn 50 a.
[196] *Medicus*, AT, Rn 284; *Brox/Walker*, AT, Rn 153.

d.h. wenn die Mittelsperson im fremden Namen mit Vertretungsmacht handelt (dazu ausführlich Rn 612 ff.). Da der Stellvertreter den Vertretenen repräsentiert (an seiner Stelle am Rechtsverkehr teilnimmt), müssen die Voraussetzungen des Zugangs in *seiner Person* vorliegen. Für die Frage nach dem Zugang von Willenserklärungen bedeutet dies:

358 Eine an einen **Empfangsvertreter** abgegebene Willenserklärung gilt als beim Geschäftspartner zugegangen, wenn die Willenserklärung derart in den Herrschaftsbereich des *Stellvertreters* gelangt ist, dass *dieser* unter normalen Umständen die Möglichkeit der Kenntnisnahme hatte und diese nach den Gepflogenheiten des Rechtsverkehrs auch erwartet werden darf.[197]

359 Gemäß **§ 164 III i.V.m. I BGB** wirkt der Zugang der Willenserklärung beim Empfangsvertreter **unmittelbar für und gegen den Vertretenen**. Unerheblich ist daher, ob und wann der Vertreter die Erklärung an den Vertretenen weiterleitet. Es kommt also nicht auf die tatsächliche Kenntnisnahme an (vgl. § 166 I BGB). Das Risiko, dass die Erklärung nicht, nicht richtig oder nicht rechtzeitig beim Vertretenen ankommt, trägt der *Vertretene*.

360 **Beispiel:** V will seinen alten VW Käfer Cabrio Bj. 1973 gegen Gebot verkaufen. Dazu gibt er eine Anzeige im Internet auf. K erfährt davon und bittet den V um die Zusendung eines Verkaufsangebots. Dieses sendet V dem K auch zu. Da V am nächsten Tag jedoch mit seiner Familie in Urlaub fahren will, ermächtigt er seinen Freund F, die (eventuelle) Annahmeerklärung des K entgegenzunehmen. Dies teilt er auch dem K mit und gibt ihm zugleich Adresse und Telefonnummer des F. K hat sich entschlossen, das Angebot des V anzunehmen. Er schickt daher dem F seine Annahmeerklärung per Postbrief zu. F, der schon immer etwas schusselig war, vergisst, dem V die Erklärung nach dessen Rückkehr zu übermitteln. Als K etwa 2 Wochen später noch immer nichts gehört hat, wendet er sich an V und verlangt von ihm gegen Zahlung des Kaufpreises die Übergabe und Übereignung des Wagens. V, der nun wirklich überrascht ist, es sich inzwischen auch anders überlegt hat und das Auto nicht mehr verkaufen will, entgegnet, dass kein Vertrag zustande gekommen sei, da ihn eine Annahmeerklärung nie erreicht habe.

Voraussetzung für den von K geltend gemachten Erfüllungsanspruch ist, dass eine wirksame Einigung zwischen K und V gegeben ist. Es müssten somit ein wirksames Angebot und eine wirksame Annahme vorliegen. Das Angebot des V zum Abschluss des Kaufvertrages liegt vor. Fraglich ist dagegen der Zugang der Annahmeerklärung des K, da V von dieser keine Kenntnis erlangt hat.
V hatte F die Vollmacht erteilt, die Annahmeerklärung des K entgegenzunehmen (vgl. § 167 I BGB). F war diesbezüglich Stellvertreter des V, dessen sog. Empfangsvertreter. Aus diesem Grund wirkt der Zugang der Erklärung bei F gemäß § 164 III i.V.m. I BGB unmittelbar für und gegen den Vertretenen V. Dass F dem V die Erklärung tatsächlich nicht übermittelte, ist unerheblich, da V dieses Risiko bei Einschalten eines Vertreters zu tragen hat. Ein Kaufvertrag über das Auto ist daher wirksam zustande gekommen, sodass der Anspruch des K aus § 433 I S. 1 BGB auf Übergabe und Übereignung besteht.

---

[197] BGH NJW **2002**, 1041, 1042. Vgl. nun auch *Eisfeld*, JA **2006**, 851, 853 f.

cc. Der Empfangsbote

Ist die Mittelsperson des Empfängers kein Stellvertreter, kann es sich nur um einen sog. Empfangsboten handeln.

361

Empfangsbote ist, wer vom Empfänger zur Annahme von Erklärungen ausdrücklich oder konkludent ermächtigt wurde oder wer nach der Verkehrsanschauung als ermächtigt gilt und hierzu bereit und geeignet ist.[198]

362

> **Beispiele** für Personen, bei denen der Erklärende von einem Empfangsboten ausgehen kann: Haushaltsgehilfen; kaufmännische Angestellte im Betrieb des Empfängers; Ehegatten[199]; die im Haushalt lebenden Familienangehörigen des Empfängers; Partner einer nichtehelichen Lebensgemeinschaft, Buchhalter gegenüber dem Betriebsleiter.
>
> **Keine** Empfangsboten sind Nachbarn, Gärtner oder Handwerker im Haus des Empfängers.

Empfangsboten brauchen zwar nicht geschäftsfähig zu sein, müssen jedoch die **geistige Fähigkeit zur Wiedergabe der Willenserklärung** haben. Bei einem 3-jährigen Kind wird man dies verneinen müssen. Dies gilt insbesondere bei **mündlichen** Willenserklärungen.

363

Eine Mittelsperson, die weder Vertretungsmacht für den Empfänger hat noch als dessen Empfangsbote angesehen werden kann, weil sie zum Empfang von Willenserklärungen weder geeignet noch ermächtigt ist, ist als **Bote des Erklärenden** anzusehen. Eine von einem Erklärungsboten übermittelte Erklärung **geht erst zu**, wenn sie **tatsächlich** in den Herrschaftsbereich des Empfängers gelangt ist. Das *Risiko* der richtigen Übermittlung trägt in diesem Fall der Erklärende (s.o., Rn 356).

364

> **Beispiel:** Vermieter V möchte seinem Mieter M am letzten Tag vor Ablauf der Kündigungsfrist die schriftliche Kündigung überreichen. Da er diesen jedoch zu Hause nicht antrifft, übergibt er das Schriftstück dem Nachbarn des M, dem N. Dieser vergisst das Schreiben und übergibt es dem M erst drei Tage später. N als Nachbar kann - anders als bspw. eine Hausangestellte - nicht als ermächtigt zur Entgegennahme von Willenserklärungen angesehen werden und ist deshalb Erklärungsbote des V. Die Kündigung ging dem M somit erst mit der tatsächlichen Übergabe und damit drei Tage zu spät zu.

> **Hinweis für die Fallbearbeitung:** Klausursachverhalte, in denen die Willenserklärung nicht gegenüber dem Erklärungsempfänger direkt, sondern gegenüber einer als Empfangsbote ungeeigneten Person abgegeben wird, sind nicht unüblich. Zumeist erfolgt dann auch noch die Weiterleitung der Erklärung an den Erklärungsempfänger erst nach Ablauf der gesetzten Annahmefrist, also verspätet. Das Angebot kann nicht mehr angenommen werden. In einem solchen Fall ist die Prüfung jedoch nicht vorschnell zu beenden, sondern ggf. auf die Regelung des **§ 150 I BGB** einzugehen: Nimmt der Erklärungsempfänger ein Angebot verspätet an, ist diese „Annahmeerklärung" als neues Angebot zu verstehen, das der andere Teil wiederum entweder annehmen oder ablehnen kann.

365

Ist aber die Boteneigenschaft der Mittelsperson gegeben, kommt dieser lediglich die Funktion einer personifizierten Empfangseinrichtung zu. Daher tritt der Zugang der Willenserklärung folgerichtig noch nicht mit Aushändigung oder Mitteilung der Erklärung an den Empfangsboten ein; insoweit gelten die gleichen Grundsätze, als würde der Erklärungsempfänger technische Vorrichtungen einsetzen. Daher ergibt sich folgende Definition des Zugangs:

366

---

[198] BGH NJW **2002**, 1565, 1566; *Ellenberger*, in: Palandt, § 130 Rn 9. Vgl. nun auch *Eisfeld*, JA **2006**, 851, 852.
[199] Nach BGH NJW **1994**, 2613, 2614 gilt die Ehefrau aber nicht als Empfangsbotin, wenn sich der Ehemann auf hoher See befindet.

367 Wird die Erklärung gegenüber einem **Empfangsboten** abgegeben, **geht** sie dem Erklärungsempfänger in dem Zeitpunkt **zu**, in dem üblicherweise die Weiterleitung an den Empfänger zu erwarten ist.[200]

> **Beispiele[201]:**
>
> **(1)** K trifft den Büroboten des Kaufmanns V auf einem Botengang und händigt ihm einen Brief an V aus, um Porto zu sparen. Hier tritt der Zugang erst bei der (voraussichtlichen) Rückkehr des Boten in die Geschäftsräume ein, weil frühestens in diesem Zeitpunkt mit einer Kenntnisnahme durch V zu rechnen ist. Keine Rolle spielt dagegen, ob der Bote tatsächlich den Brief abliefert oder ob er sich aus unvorhersehbaren Gründen verspätet.
>
> **(2)** A ruft bei der Fa. B an, um ein Vertragsangebot anzunehmen. Der Anruf wird von der Sekretärin des B entgegengenommen. Hier kann sich die für die Übermittlung an B erforderliche Zeit auf Null reduzieren.[202].

368 Das Risiko der richtigen Übermittlung der Erklärung trägt stets der Empfänger. Lehnt der Empfangsbote die Entgegennahme der Erklärung jedoch (ohne dies zuvor mit dem Adressaten abgesprochen zu haben) ab, geht sie überhaupt nicht zu.[203]

369

> **Hinweis für die Fallbearbeitung:** Bedient sich der Erklärungsempfänger oder der Erklärende einer Empfangsperson, empfiehlt sich bei der Frage nach dem Zugang einer Willenserklärung prüfungstechnisch mit der speziellsten Art, dem Empfangsvertreter, zu beginnen. Liegen die dafür erforderlichen Voraussetzungen nicht vor, ist zu untersuchen, ob die eingeschaltete Person ein Empfangsbote ist. Ist auch dies zu verneinen, kann die Mittelsperson nur noch als Erklärungsbote klassifiziert werden.

2. Zugang gegenüber einem Anwesenden

370 Der Zugang einer Willenserklärung gegenüber <u>An</u>wesenden ist im Gesetz nicht geregelt. § 130 I S. 1 BGB regelt – wie gesehen – nur das Wirksamwerden einer Willenserklärung gegenüber einem <u>Ab</u>wesenden. Nach h.M.[204] ist hier jedoch ebenfalls der Grundgedanke des § 130 BGB zu berücksichtigen und dahingehend zu unterscheiden, ob es sich um eine schriftliche oder mündliche Erklärung handelt.

a. Der Zugang schriftlicher Erklärungen

371 Schriftliche Erklärungen unter Anwesenden sind zugegangen, wenn sie übergeben, d.h. ausgehändigt werden und damit in den Herrschaftsbereich des Empfängers gelangen. Schlichtes Zeigen des Schriftstücks, ohne es aus der Hand zu geben, genügt somit nicht. Auch genügt es nicht, wenn der Adressat den Inhalt *vor* einer Übergabe zur Kenntnis genommen hat.

> **Beispiel[205]:** Gläubiger G will bei dem hoch verschuldeten Schuldner S eine Darlehensforderung eintreiben. Da S nicht zahlen kann, erklärt sich G zur weiteren Stundung der Forderung bereit, wenn sich F, die Frau des S, für S verbürgt. In Anwesenheit des G unterzeichnet F daraufhin eine auf dem Tisch liegende Bürgschaftsurkunde (vgl. § 766

---

[200] BGH NJW **1994**, 2613, 2614; NJW-RR **1989**, 757, 759; *Brox/Walker*, AT, Rn 152; *Nippe*, JuS **1991**, 285, 287; *Coester-Waltjen*, Jura **1992**, 441, 442; a.A. *Medicus*, AT, Rn 285, der annimmt, dass die Erklärung an den Empfangsboten zugleich den Zugang an den Adressaten begründe. Diese Auffassung ist aber abzulehnen, da sie die erforderliche Differenzierung zwischen Empfangsvertreter (für die Stellvertretung müssen gewisse, gesetzlich normierte Voraussetzungen vorliegen) und Empfangsboten (dessen Stellung eher aus einer tatsächlichen Position hervorgeht) nicht berücksichtigt.
[201] Vgl. *Köhler/Lange*, AT, § 6 Rn 16.
[202] BGH NJW **2002**, 1565, 1567.
[203] BAG NJW **1993**, 1093 ff. a.A. *Schwarz*, NJW **1994**, 891 ff.
[204] Vgl. BGH NJW **1998**, 3344; *Brox/Walker*, AT, Rn 155; *Medicus*, AT, Rn 288.
[205] Nach RGZ **61**, 414 ff.

BGB). In diesem Augenblick erschießt sich S im Nebenzimmer. G läuft bestürzt ins Nebenzimmer, ohne die Bürgschaftsurkunde an sich zu nehmen. Diese bleibt später verschwunden. G klagt nun aus der Bürgschaft. Dagegen wendet F ein, dass G die Bürgschaftserklärung gar nicht zugegangen sei.

Das RG teilte die Auffassung der F und lehnte die Forderung des G ab. § 130 BGB stelle die allgemeine, auch für Erklärungen unter Anwesenden geltende, Regel auf, „dass der Erklärende nicht gebunden sein soll, solange er in der Lage ist, über das die Erklärung enthaltene Schriftstück zu verfügen, wohl aber, sobald der Adressat die Verfügungsgewalt über das Schriftstück erlangt hat". G habe die Verfügungsgewalt an der Urkunde noch nicht erlangt.

Hinweis für die Fallbearbeitung: Da es für den Zugang einer schriftlichen Willenserklärung unter Anwesenden erforderlich ist, dass sie dem Empfänger zur Entgegennahme überreicht wird, fallen Abgabe und Zugang faktisch in einen Akt zusammen, was aber nicht von dem Erfordernis einer gesonderten Prüfung entbindet. Daher ließe sich im vorliegenden Beispielsfall bereits die *Abgabe* der Willenserklärung verneinen.

372

---

b. Der Zugang mündlicher Erklärungen

Auch bei mündlichen Willenserklärungen (worunter auch die **telefonische** Erklärung zu subsumieren ist, vgl. § 147 I S. 2 BGB) ist unter Berücksichtigung des Grundgedankens des § 130 I BGB erforderlich, dass die Willenserklärung dem Empfänger zugeht. Das Problematische an mündlich übermittelten Willenserklärungen ist, dass sie nicht (wie z.B. auf einem Anrufbeantworter) gespeichert werden. Mangels zu wiederholender Abrufmöglichkeiten (bei einem Anrufbeantworter kann man das gesprochene Wort beliebig oft abhören) ergibt sich die Notwendigkeit des sofortigen Verstehens der Erklärung. Da auch hier Übermittlungsrisiken bestehen (z.B. wenn der Empfänger schwerhörig ist oder bei einem fernmündlichen Gespräch die Leitung rauscht), stellt sich auch in diesen Fällen die Frage der Aufteilung der Risiken.

373

- Nach der sog. **reinen Vernehmungstheorie**[206] geht die Erklärung so zu, wie sie der Empfänger akustisch (bzw. bei Gesten - optisch) vernommen hat. Die bloße Möglichkeit der richtigen Kenntnisnahme genügt nach dieser Auffassung nicht. Das Übermittlungsrisiko trägt in diesem Fall einseitig der Erklärende.

374

  Für diese Auffassung spricht, dass der Empfänger nichts in die Hand bekommen hat, um sich des Inhalts der Erklärung zu versichern, bei unrichtiger Vernehmung häufig auch gar keine Veranlassung zur Rückfrage hat. Dagegen spricht jedoch, dass es nicht sachgerecht ist, *alle* Vernehmungsrisiken dem Erklärenden aufzubürden.

- Daher genügt es nach der sog. **eingeschränkten Vernehmungstheorie**[207] entsprechend dem Gedanken des Zugangs von Willenserklärungen unter Abwesenden auch für das Wirksamwerden der Willenserklärung unter Anwesenden, wenn für den Erklärenden vernünftigerweise keine Zweifel bestehen konnten, dass seine Erklärung richtig und vollständig vernommen wurde. Anderenfalls bestünden unüberwindliche Beweisschwierigkeiten.[208] Im Interesse der Verkehrssicherheit müsse demjenigen, der besondere, dem Erklärenden nicht erkennbare, Hörschwierigkeiten habe, im Rahmen des Übermittlungskontakts eine gewisse Mitverantwortung für den Verständigungsvorgang zugemutet werden. Er müsse auf die Behinderung hinweisen oder sich sonst vergewissern, ob er

375

---

[206] *Jauernig*, in: Jauernig, § 130 Rn 12; *Schack*, AT, Rn 187.
[207] Auch „modifizierte" oder auch „abgeschwächte" Vernehmungstheorie genannt.
[208] *Medicus*, AT, Rn 289; *Hefermehl*, in: Soergel, § 130 Rn 21; *Ellenberger*, in: Palandt, § 130 Rn 14; *Brox/Walker*, AT, Rn 156; *Rüthers/Stadler*, AT, § 17 Rn 56; *Köhler/Lange*, AT, § 6 Rn 19; *Coester-Waltjen*, Jura **1992**, 441.

die Erklärung richtig verstanden habe. Das gelte etwa für den Schwerhörigen oder denjenigen, der ein gestörtes Ferngespräch entgegennehme.

376 **Fazit:** Nach der auch hier favorisierten eingeschränkten Vernehmungstheorie ist der Zugang einer (auch fern-) mündlichen Willenserklärung anzunehmen, wenn der Erklärende nach den für ihn erkennbaren Umständen davon ausgehen durfte, dass der Empfänger die Erklärung richtig und vollständig verstanden hat, auch wenn dies tatsächlich nicht der Fall war. Das Übermittlungsrisiko wird also sachgerecht zwischen den Parteien aufgeteilt.

377 **Beispiel:** V und K verhandeln am Telefon über eine Ladung (500 Stück) Computerfestplatten. Da dem K das Angebot des V günstig erscheint, bestellt er gleich zwei Ladungen. Der etwas schwerhörige V, der zudem gerade von seiner Sekretärin ein wenig abgelenkt wird, nimmt die Bestellung entgegen und antwortet, dass alles in Ordnung gehe. Nach einer Woche liefert V *eine* Ladung Festplatten. K verlangt die Lieferung auch der zweiten Ladung. V macht dagegen geltend, dass er die Bestellung von nur *einer* Ladung verstanden habe.

Der von K geltend gemachte Anspruch setzt einen Kaufvertrag über *zwei* Ladungen voraus. Fraglich ist, ob eine entsprechende Einigung vorliegt.

Eine fernmündliche Erklärung wird wie eine Erklärung unter Anwesenden behandelt, § 147 I S. 2 BGB. Jedoch fehlt für das Wirksamwerden einer in Anwesenheit des Erklärungsempfängers abgegebenen Erklärung eine gesetzliche Regelung. Allerdings ist § 130 I S. 1 BGB seinem Grundgedanken nach entsprechend anzuwenden. Schriftliche Erklärungen sind also zugegangen, sobald der Empfänger die tatsächliche Verfügungsgewalt über das Schriftstück erlangt und er unter normalen Umständen davon Kenntnis nehmen kann; die tatsächliche Kenntnisnahme ist entbehrlich. Dagegen soll nach der **reinen Vernehmungstheorie** bei mündlichen (und fernmündlichen, vgl. § 147 I S. 2 BGB) Erklärungen tatsächliche Kenntniserlangung erforderlich sein. Dafür spricht, dass der Empfänger nichts in die Hand bekommen hat, um sich des Inhalts der Erklärung zu versichern, bei unrichtiger Vernehmung häufig auch gar keine Veranlassung zur Rückfrage hat. Indessen dürfen nicht alle Vernehmungsrisiken dem Erklärenden aufgebürdet werden. Entsprechend dem Gedanken des Zugangs bei Willenserklärungen unter Abwesenden genügt es nach der **eingeschränkten Vernehmungstheorie** für das Wirksamwerden, wenn der Erklärende nach den für ihn erkennbaren Umständen davon ausgehen durfte, dass der Empfänger die Erklärung richtig und vollständig verstanden hat, auch wenn dies tatsächlich nicht der Fall war. Das Übermittlungsrisiko wird also sachgerecht zwischen den Parteien aufgeteilt.

Da K deutlich erklärte, zwei Ladungen Festplatten haben zu wollen, und er davon ausgehen durfte, dass V ihn richtig verstanden hat, ist dem V nach der vorzugswürdigen eingeschränkten Vernehmungstheorie ein Angebot auf Lieferung von *zwei* Ladungen Festplatten zugegangen.

Mit seiner Äußerung, „es geht alles in Ordnung", hat er dieses Angebot auch ohne Einschränkungen angenommen. Das Zustandekommen eines wirksamen Kaufvertrags über zwei Ladungen Festplatten ist daher zu bejahen, sodass K grundsätzlich einen Anspruch auch auf Lieferung der zweiten Ladung hat.

V kann jedoch dadurch, dass er sich bei der Abgabe der Annahmeerklärung über deren Inhalt geirrt hat, seine Willenserklärung anfechten, § 119 I, Var. 1 BGB. Macht er von diesem Anfechtungsrecht Gebrauch, ist er dem K jedoch zum Ersatz des Schadens verpflichtet, den dieser dadurch erleidet, dass er auf die Wirksamkeit der Annahmeerklärung vertraut, § 122 I BGB.

Anders hätte es sich verhalten, wenn die Verhandlungen durch ein extremes Rauschen in der Leitung gestört gewesen wären und V dadurch die Bestellung des K falsch verstanden hätte. Hier wären auch die Vertreter der abgeschwächten Vernehmungstheorie zu dem Ergebnis gekommen, dass die Erklärung des K nicht zugegangen ist, da K aufgrund des Rauschens in der Leitung nicht davon ausgehen durfte, dass V die Erklärung richtig verstanden hat.

3. Widerruf einer Willenserklärung

a. Widerruf einer noch nicht zugegangenen Willenserklärung

Wie die bisherigen Ausführungen gezeigt haben, wird eine empfangsbedürftige Willenserklärung grundsätzlich erst mit Zugang beim Empfänger wirksam. Der Erklärende trägt bis zu diesem Zeitpunkt das Risiko des Untergangs bzw. der Verzögerung oder inhaltlichen Verfälschung. Daher muss ihm auch das Recht zustehen, seine Erklärung bis zum Zugang zu widerrufen. § 130 I S. 2 BGB stellt dies klar, indem er konstatiert, dass der Widerruf dem Empfänger vorher oder gleichzeitig zugehen muss. Ist dem Empfänger die Erklärung also bereits zugegangen, ist ein Widerruf nach dieser Regelung nicht mehr möglich.

378

> **Beispiel:** K will einen gemütlichen Abend mit seiner Geliebten G verbringen. Um für die nötige Stimmung zu sorgen, verspricht er ihr, die Handtasche, die G im Katalog des Versandhauses X-GmbH gesehen hatte, zu bestellen. Um der Ernstlichkeit seines Versprechens Nachdruck zu verleihen, füllt er sogleich das Bestellformular aus und faxt es um 23.00 an X. Doch dann entdeckt er kurze Zeit später im Katalog der Y-AG die gleiche Handtasche, allerdings zu einem günstigeren Preis. Daraufhin faxt er um 23.45 an X, dass seine Bestellung als gegenstandslos betrachtet werden solle.

> Sofern das Versandhaus X *keinen* 24-Stunden-Bestellservice anbietet, wird die Bestellung des K nicht wirksam, da Bestellung und Widerruf gleichzeitig zugehen. Zwar befindet sich die *Bestellung* zuerst im Herrschaftsbereich der X. Die für einen Zugang erforderliche Kenntnisnahmemöglichkeit ist jedoch für beide Erklärungen (also sowohl für die Bestellung als auch ihren Widerruf) der Zeitpunkt des Geschäftsbeginns am nächsten Werktag.

Weniger einfach zu lösen ist die Konstellation, in der zwar der Widerruf später als die Erklärung zugeht, jedoch **vorher** oder **gleichzeitig** mit der Bestellung **tatsächlich zur Kenntnis genommen** wird.

379

> **Beispiel:** Diesmal verspricht K seiner Geliebten ein Armband. Anders als im Handtaschenfall faxt er jedoch sowohl seine Bestellung als auch deren Widerruf kurz hintereinander vormittags während der Geschäftszeit an die X-GmbH. Beide Faxe werden jeweils auf den Schreibtisch der zuständigen Sachbearbeiterin A gelegt, die an diesem Tag ausnahmsweise erst nach 12.00 in ihr Büro kommt und sogar den obenauf liegenden Widerruf zuerst zur Kenntnis nimmt.

> Da im Versandhandel unter normalen Umständen mit der Kenntnisnahme von Bestellfaxen (und deren Widerrufen) nach Erreichen des räumlichen Herrschaftsbereichs alsbald (i.d.R. innerhalb der nächsten zwei Stunden[209]) gerechnet werden kann, kommt es auf die Anwesenheit der zuständigen Sachbearbeiterin nicht an. Damit war vorliegend die Bestellung bereits kurz vor deren Widerruf zugegangen. Auf der anderen Seite ist bei X trotz des Zugangs der Bestellung aufgrund der fehlenden tatsächlichen Kenntnis bei A noch kein Vertrauen entstanden, das dadurch geschützt werden müsste, dass man dem K den Widerruf versagt. Zwar hat der Gesetzgeber durch die Formulierung des § 130 I S. 2 BGB das Risiko, dass ein Widerruf dem Empfänger später zugeht als die ursprüngliche Erklärung, eindeutig dem Erklärenden zugewiesen. Auf die strenge zeitliche Abfolge abzustellen, wäre hier nach dem Schutzzweck der Norm aber nicht interessengerecht.[210]

---

209 *Rüthers/Stadler*, AT, § 17 Rn 65.
210 Wie hier *Brox/Walker*, AT, Rn 154; *Rüthers/Stadler*, AT, § 17 Rn 65; *Hübner*, AT, Rn 422 a.A. *Dilcher*, in: Staudinger, § 130 Rn 60; *Medicus*, AT, Rn 300; *Köhler/Lange*, AT, § 6 Rn 23.

Folgt man der hier vertretenen Auffassung, war der Widerruf des K streng genommen zwar verspätet, allerdings ist die X-GmbH dadurch, dass sie noch keinerlei Dispositionen getroffen hat, nicht schutzwürdig. Aber auch nach der Gegenauffassung, die den Widerruf des K als verspätet betrachtet, weil die widerrufene Willenserklärung bereits zugegangen war, ist K nicht schutzlos. Denn der verbraucherschützende Gesetzgeber hat unter den Voraussetzungen des § 355 BGB auch den Widerruf einer zugegangenen Willenserklärung zugelassen. Dazu sogleich.

b. Sonstige Widerrufsmöglichkeiten

380 In einigen Fällen räumt der Gesetzgeber dem Erklärenden die Möglichkeit ein, sich durch Widerruf von grundsätzlich bereits bindenden Erklärungen zu lösen. Dies ist bspw. dann der Fall, wenn die Erklärung zwar bereits zugegangen, der Vertrag insgesamt aber (noch) schwebend unwirksam ist, vgl. § 109 BGB (Minderjähriger ohne Einwilligung) und § 178 BGB (Vertreter ohne Vertretungsmacht). Auch kann eine Vollmacht widerrufen werden (§ 168 BGB), eine Einwilligung bis zur Vornahme des Rechtsgeschäfts (§ 183 BGB), eine Schenkung bei grobem Undank des Beschenkten (§ 530 BGB), eine Auslobung bis zur Vornahme der Handlung (§ 658 BGB), ein Auftrag vom Auftraggeber jederzeit (§ 671 I BGB) oder eine Anweisung vor Annahme oder Bewirkung (§ 790 BGB).

381 Auch im Rahmen des Verbraucherschutzes räumt der Gesetzgeber mit **§ 355 BGB** bei **Verbraucherverträgen**[211] dem Verbraucher ein **Widerrufsrecht** ein. Danach ist dieser an seine auf Abschluss eines Vertrags gerichtete Willenserklärung nicht mehr gebunden, wenn er sie fristgerecht widerrufen hat und der Widerruf durch eine gesetzliche Vorschrift zugelassen ist (etwa durch § 312 I, § 312d I oder § 495 BGB). Der Widerruf kann ohne Begründung in Textform oder (konkludent) **durch Rücksendung der erhaltenen Ware** erfolgen und ist innerhalb einer Frist von **zwei Wochen** gegenüber dem Unternehmer zu erklären, wobei zur Fristwahrung die **rechtzeitige Absendung** genügt (§ 355 I BGB). Die Frist beginnt, sobald der Verbraucher vom Unternehmer in Textform über alle ihm im Rahmen seines Widerrufsrechts zustehenden Rechte aufgeklärt worden ist (§ 355 II S. 1 BGB). Erfolgt die schriftliche Belehrung erst nach Vertragsschluss, beträgt die Widerrufsfrist einen Monat (§ 355 II S. 2 BGB).

382 Dadurch, dass der Verbraucher bei Ausübung seines Widerrufsrechts gem. § 355 BGB an seine Erklärung nicht mehr gebunden ist, wird der bereits geschlossene und zunächst voll wirksame Vertrag in ein Rückgewährschuldverhältnis umgewandelt. Rechtstechnisch bedeutet diese Folge nichts anderes als ein **gesetzliches Rücktrittsrecht**. Das wird auch dadurch deutlich, dass § 357 BGB die Folgen des fristgerechten Widerrufs unter weitgehendem Verweis auf die Rücktrittsregeln (§§ 346 ff. BGB) regelt, wobei jedoch einige bedeutende Unterschiede zu beachten sind. Zu den verbraucherschützenden Widerrufsrechten vgl. auch Rn 551 und 581.

4. Zugang gegenüber nicht voll Geschäftsfähigen

383 Zum Schutz von geschäftsunfähigen und in der Geschäftsfähigkeit beschränkten Personen trifft das Gesetz in **§ 131 BGB** eine Sonderregelung für den Zugang von Willenserklärungen, die gegenüber diesem Personenkreis abgegeben wurden. Denn Erklärungen machen in der Regel irgendwelche geschäftlichen Entscheidungen erforderlich, die diese Personen selbst nicht wirksam vornehmen können. Da das Gesetz jedoch auch sonst zwischen Geschäftsunfähigen und in der Geschäftsfähigkeit Beschränkten unterscheidet, ist es folgerichtig, dass eine entsprechende Unterscheidung auch von § 131 BGB vorgenommen wird.

---

[211] Das sind Verträge, die zwischen einem Unternehmer (§ 14 BGB) und einem Verbraucher (§ 13 BGB) geschlossen wurden. Vgl. ausführlich Rn 551 ff.

■ So bestimmt § 131 I BGB, dass eine Erklärung, die gegenüber einem **Geschäftsunfähigen** (vgl. § 104 BGB) abgegeben wurde, erst wirksam wird, wenn sie seinem gesetzlichen Vertreter zugeht. Der Geschäftsunfähige kommt aber als Empfangs- oder bei mangelnder Eignung als Erklärungsbote in Betracht (dazu Rn 355, 361, 640, 641). **384**

> **Hinweis für die Fallbearbeitung:** Zu beachten ist, dass die Regelung des § 105 II BGB nicht auf den Zugang von Willenserklärungen übertragbar ist, wenn es sich z.B. um bewusstlose oder berauschte Personen handelt. Diese können gemäß § 105 II BGB zwar keine wirksamen Willenserklärungen *abgeben*, bezüglich des Zugangs gelten bei diesen aber die allgemeinen Regeln, sodass die generelle Möglichkeit zur Kenntnisnahme genügt. Ist daher der Empfänger in dem Zeitpunkt, in dem die Post in seinen Briefkasten gelangt, gerade berauscht, hindert dies den Zugang einer Willenserklärung nicht. **385**

■ Das Gleiche gilt nach § 131 II S. 1 BGB grundsätzlich auch für Erklärungen gegenüber **beschränkt Geschäftsfähigen.** Für den Erklärenden empfiehlt es sich daher, Erklärungen unmittelbar gegenüber dem gesetzlichen Vertreter des Empfängers abzugeben, um das (rechtzeitige) Wirksamwerden der Erklärung zu gewährleisten (dann bedarf es der Heranziehung des § 131 BGB gar nicht[212]). So ist es im Fall eines minderjährigen Mieters ratsam, dass der Vermieter das Kündigungsschreiben an die Eltern des Minderjährigen richtet. Sollte er dennoch das Kündigungsschreiben an den Minderjährigen schicken, wird die Kündigung erst dann wirksam, wenn sie dem gesetzlichen Vertreter zugeht. Erforderlich ist also, dass die Erklärung in seinen Machtbereich gelangt und er die Möglichkeit der Kenntnisnahme hat. Unerheblich ist dagegen, wie die Erklärung in seinen Machtbereich gelangt, ob durch Zufall oder Mitwirkung des nicht (voll) Geschäftsfähigen. Dem Schutzbedürfnis des nicht (voll) Geschäftsfähigen ist dadurch voll genügt. Der Erklärende trägt ohnehin das Risiko, dass die Erklärung den gesetzlichen Vertreter nicht (rechtzeitig) erreicht. **386**

Beispiel: Kündigt V dem minderjährigen Mieter M durch ein an ihn adressiertes Schreiben, wird die Kündigung erst wirksam, wenn sie in den Machtbereich des gesetzlichen Vertreters gelangt und dieser die Möglichkeit der Kenntnisnahme besitzt. Es genügt nicht, dass M seinen gesetzlichen Vertreter lediglich telefonisch vom Inhalt unterrichtet, weil die (verkörperte) Erklärung (noch) nicht in seinen Machtbereich gelangt ist. Ohnehin verlangt § 568 I BGB die Schriftform.

Ausnahmsweise lässt das Gesetz den Zugang an den beschränkt Geschäftsfähigen ausreichen, wenn dieser durch die Erklärung einen **lediglich rechtlichen Vorteil** erlangt **oder** der **gesetzliche Vertreter eingewilligt** hat (§ 131 II S. 2 BGB). Die in § 107 BGB für die Abgabe von Erklärungen durch beschränkt Geschäftsfähige getroffene Wertung gilt also auch für den Zugang von Erklärungen.[213] **387**

Beispiel: Ein Kaufangebot kann einem Minderjährigen wirksam zugehen, weil diese Erklärung ihm lediglich einen rechtlichen Vorteil bringt. Er erlangt nämlich die Möglichkeit der Annahme, ohne irgendwie gebunden zu sein. Insbesondere ist er nicht zur Gegenleistung verpflichtet.

Der Grund, warum § 131 II S. 2 BGB nur die **Einwilligung** (also die *vorherige* Zustimmung), **nicht** aber die **Genehmigung** (die *nachträgliche* Zustimmung) erwähnt, liegt darin, dass anderenfalls – insbesondere bei einseitigen Rechtsgeschäften wie etwa der Kündigung – ein der Rechtssicherheit abträglicher Schwebezustand entstünde. Bei Verträgen käme man aber zu einem ungereimten Ergebnis, da § 108 BGB ausdrücklich vorsieht, dass die von einem beschränkt Geschäftsfähigen geschlossenen Verträge genehmigt werden können[214] und dadurch auch die Schutzinteressen aller Beteiligten gewahrt sind. Daher muss § 108 BGB mit seiner Genehmigungsmöglichkeit dem § 131 II S. 2 **388**

---

[212] Vgl. *Dilcher*, in: Staudinger, § 131 Rn 5.
[213] Vgl. *Köhler/Lange*, AT, § 6 Rn 26.
[214] Vgl. BGHZ **47**, 352, 358.

BGB vorgehen.[215] Die §§ 130 I S. 2, 131 II S. 2 BGB sind folglich nicht auf die Annahme eines Vertragsangebots gegenüber einem Minderjährigen anzuwenden. Die Annahme wird immer mit Zugang an den Minderjährigen wirksam, also auch dann, wenn der gesetzliche Vertreter in den Vertragsschluss nicht eingewilligt hat. Doch muss zum Wirksamwerden des Vertrags die Genehmigung des gesetzlichen Vertreters hinzukommen. Bis zu diesem Zeitpunkt kann der Gegner seine Erklärung nach § 109 BGB (aber nicht mehr nach § 130 I S. 2 BGB) widerrufen.[216]

5. Ersatz des Zugehens durch Zustellung

389 Gem. § 132 I BGB steht dem Zugang der Willenserklärung **die Zustellung der Erklärung durch den Gerichtsvollzieher** gleich. Diese förmliche Zustellung richtet sich nach §§ 166 ff. ZPO. Bei der Zustellung durch den Gerichtsvollzieher wird eine Zustellungsurkunde errichtet, aus der sich ergibt, welches Schriftstück übergeben wurde. Dies bedeutet eine Beweiserleichterung für den Erklärenden, dem i.d.R. die Beweisführung obliegt. Bei einem Einschreiben mit Rückschein ist es dagegen noch denkbar, dass ein Streit darüber entsteht, welches konkrete Schriftstück tatsächlich übergeben wurde. Zum anderen ist gem. § 132 II BGB die **öffentliche Zustellung durch das Amtsgericht** möglich (§§ 185 ff. ZPO). Sie kommt in Betracht, wenn dem Erklärenden der Aufenthaltsort des Empfängers unbekannt ist oder er sich in schuldloser Unkenntnis über die Person des Empfängers befindet.

6. Zugangsbeweis

390 Auch für den Beweis des Zugangs gilt, dass grundsätzlich der Erklärende den Zugang und ggf. seinen Zeitpunkt zu beweisen hat.[217] Der Nachweis der Abgabe der Erklärung reicht dazu nicht aus. Will der Erklärende sichergehen, muss er die Übermittlungsform so wählen, dass er den Zugang auch beweisen kann.

Beispiele:

(1) Wirft der Arbeitgeber vor **Zeugen** das Kündigungsschreiben in den Hausbriefkasten des Arbeitnehmers, wird diesem kaum der Beweis gelingen, die Kündigung nicht erhalten zu haben.

(2) Auch die Zustellung durch Vermittlung eines **Gerichtsvollziehers** (§ 132 BGB, s.o.) ist ein erstklassiger Beweis.

(3) Dagegen genügt die Übersendung eines **Einschreibens** allein nicht[218], da der Einlieferungsbeleg nur die Abgabe beweist.

(4) Beim **Einwurfeinschreiben** ist zum Beweis des Zugangs erforderlich, dass der Einwurf des Einschreibens nachgewiesen wird.

(5) Auch der Beweiswert des **Einschreibens mit Rückschein** ist zweifelhaft, da kaum bewiesen werden kann, welches Schriftstück ausgehändigt wurde.

(6) Äußerst problematisch ist die Beweisführung bei Übermittlung einer Willenserklärung per **Fax**. Insbesondere beweist das Sendeprotokoll (der „OK"-Vermerk) nicht den Zugang, da das Original mit der falschen Seite in das Absendegerät gesteckt worden sein könnte und dementsprechend aus dem Empfangsgerät nur ein leeres Blatt herauskam.[219]

---

[215] BGHZ **47**, 352, 356; *Jauernig*, in: Jauernig, § 131 Rn 3; *Köhler/Lange*, AT, § 6 Rn 27; a.A. *Brauer*, JuS **2004**, 472 f.
[216] *Köhler/Lange*, AT, § 6 Rn 27.
[217] BGHZ **70**, 232, 234; **101**, 49, 55.
[218] BGHZ **24**, 308, 312.
[219] BGH JZ **1995**, 628.

7. Disponibilität des § 130 BGB

§ 130 I S. 1 BGB ist dispositiv, d.h. abdingbar. Die Parteien können also abweichende Vereinbarungen treffen. Sie können z.B. vereinbaren, dass bei formbedürftigen Erklärungen der Zugang einer Abschrift genüge oder dass überhaupt eine Erklärung auch ohne Zugang wirksam werden solle.[220] Jedoch sind bei abweichenden Vereinbarungen in **Allgemeinen Geschäftsbedingungen** (z.B. Zugangsfiktionen) die Grenzen des **§ 308 Nr. 6 BGB** zu beachten. Eine von § 130 BGB abweichende Regelung ist auch in **§ 151 BGB** enthalten. Schließlich sind gesetzliche Vorschriften zu beachten, nach denen zur Fristwahrung die **rechtzeitige Absendung** genügt, etwa gem. **§ 355 BGB**, auf den insbesondere in den §§ 312 I, 312d I und 495 BGB verwiesen wird. Hier wird die Erklärung nur dann wirksam, wenn sie dem Empfänger zugeht.[221]

391

8. Zusammenfassung zur Willenserklärung

Eine **Willenserklärung** ist eine Äußerung, die nach ihrem objektiv zu ermittelnden Sinngehalt auf die Herbeiführung einer bestimmten Rechtsfolge gerichtet ist. Sie besteht aus einem objektiven und einem subjektiven Tatbestand.

392

- Objektiv ist erforderlich, dass eine ausdrückliche Erklärung oder ein schlüssiges Erklärungsverhalten vorliegt. Einem Schweigen kommt grundsätzlich kein solches Erklärungsverhalten zu. Ausnahmen ergeben sich aus dem Gesetz, können aber auch ausdrücklich oder schlüssig zwischen den Vertragsparteien vereinbart sein; eine einseitige Bestimmung genügt jedoch nicht.

393

- Subjektiv muss das Erklärungsverhalten von einem Handlungswillen getragen sein und der Erklärende muss sich der rechtlichen Erheblichkeit seines Verhaltens bewusst sein (Erklärungsbewusstsein, Rechtsbindungswille). Fehlt dieses Bewusstsein, ist der Erklärende dennoch an seiner objektiven Erklärung zunächst festzuhalten, wenn er bei hinreichender Sorgfalt hätte erkennen und vermeiden können, dass sein Verhalten als Willenserklärung aufgefasst wird. Er kann seine Willenserklärung aber anfechten. Der auf ein bestimmtes Rechtsgeschäft gerichtete Wille (Geschäftswille) ist hingegen nicht notwendiger Bestandteil einer Willenserklärung. Das Rechtsgeschäft kommt also auch ohne den Geschäftswillen zustande. Aber auch hier ist eine Anfechtung möglich.

394

Der **Rechtsbindungswille** ist bei **Gefälligkeiten** (unentgeltliche Hilfeleistungen, Dienste etc.) im gesellschaftlich-sozialen Umfeld fraglich. Ob hier nur eine reine Gefälligkeit, eine Sorgfaltspflichten auslösende Gefälligkeit oder gar ein Gefälligkeitsvertrag vorliegt, ist v.a. nach Art, Anlass und Zweck der Gefälligkeiten, deren wirtschaftlicher Bedeutung für die Beteiligten und der Interessen- und Risikolage zu entscheiden.

395

Für das **Wirksamwerden** von Willenserklärungen ist zwischen **empfangsbedürftigen** und **nicht empfangsbedürftigen** Willenserklärungen zu unterscheiden. Letztere sind die Ausnahme (z.B. Testament, Auslobung) und werden bereits mit ihrer Abgabe wirksam. Hierunter versteht man die willentliche Entäußerung der Erklärung in den Rechtsverkehr. Empfangsbedürftige Willenserklärungen müssen zu ihrer Wirksamkeit hingegen in Richtung auf den Empfänger abgegeben werden und diesem **zugehen**.

396

Zugang unter **Abwesenden** (§ 130 BGB) bedeutet, dass die Erklärung so in den räumlichen oder persönlichen Herrschaftsbereich des Empfängers gelangt, dass dieser unter gewöhnlichen Umständen die Möglichkeit der Kenntnisnahme hat.
Hinsichtlich der Abgabe und des Zugangs können auf beiden Seiten **Hilfspersonen** zur Übermittlung bzw. Entgegennahme eingeschaltet werden (Boten, Stellvertreter). Wird die Erklärung einem **Stellvertreter** des Adressaten abgegeben, ist die Erklärung zu-

397

---

[220] BGH NJW **1995**, 2217; *Armbrüster*, NJW **1996**, 438, 439; *Brox/Walker,* AT, Rn 154.
[221] BGHZ **101**, 49, 53.

gegangen, wenn sie dem Stellvertreter zugeht. Bei Abgabe an einen **Empfangsboten** ist sie zugegangen, wenn der Empfänger die Möglichkeit der Kenntnisnahme hat bzw. wenn unter gewöhnlichen Umständen mit der Weiterleitung zu rechnen ist.

398 Unter **Anwesenden** gilt § 130 BGB analog (grundsätzlich „**modifizierte Vernehmungstheorie**" für mündliche Erklärungen, schriftliche Erklärungen sind auszuhändigen).

399 Gem. § 130 I S. 2 BGB kann eine Willenserklärung bis zu ihrem Zugang vom Erklärenden **widerrufen** werden, gleichzeitiger Zugang von Erklärung und Widerruf genügt. Dieser Widerruf ist nicht zu verwechseln mit dem in § 355 BGB geregelten, der ein **gesetzliches Rücktrittsrecht** von einem bereits geschlossenen Vertrag umschreibt.[222]

---

[222] Vgl. auch die Übersicht bei *Rüthers/Stadler*, AT, § 17 Rn 68.

D. Die Auslegung von Willenserklärungen

I. Erfordernis einer Auslegung

Während die Methoden der **Gesetzesauslegung** bereits ausführlich bei Rn 27 ff. dargestellt wurden, soll nunmehr die Auslegung von **Willenserklärungen** erläutert werden. Bei dieser geht es darum, die rechtliche Bedeutung privaten Handelns festzustellen. Denn nicht selten sind Äußerungen der am Rechtsverkehr Beteiligten unklar formuliert, sodass ihnen nicht ohne weiteres ein bestimmter Rechtsfolgewille entnommen werden kann (vgl. dazu schon die Ausführungen zu den Gefälligkeiten bei Rn 282 ff.). Darüber hinaus kann oft nur durch Auslegung festgestellt werden, ob sich die Vertragsparteien tatsächlich geeinigt haben. Voraussetzung einer jeden Auslegung ist aber zunächst, dass der Auslegungsgegenstand überhaupt **auslegungsbedürftig** ist.[223] So fehlt es an der Auslegungsbedürftigkeit, wenn die Erklärung nach dem Wortlaut und Zweck einen eindeutigen Inhalt hat.[224] Umgekehrt ist eine Auslegung auch dann nicht möglich, wenn die fragliche Willenserklärung nicht **auslegungsfähig** ist. Das ist der Fall, wenn sich nach Ausschöpfung aller denkbaren Auslegungsmöglichkeiten kein geltungsfähiger Sinn ermitteln lässt. In beiden Fällen ist für eine Auslegung kein Raum.

400

II. Gesetzliche Auslegungsbestimmungen

Außerhalb des Rechts der Allgemeinen Geschäftsbedingungen hält das BGB mit §§ 133, 157 zwei grundlegende Auslegungsnormen bereit.

401

- Nach **§ 133 BGB** ist bei der Auslegung einer <u>Willenserklärung</u> der **wirkliche Wille** zu erforschen und nicht an dem buchstäblichen Sinn des Ausdrucks zu haften (sog. **natürliche Auslegung**).

- Nach **§ 157 BGB** sind <u>Verträge</u> so auszulegen, wie **Treu und Glauben** es mit Rücksicht auf die **Verkehrssitte** erfordern (sog. **objektiv-normative Auslegung**).

Angesichts dieser Formulierungen könnte man meinen, dass sich die Auslegung von Willenserklärungen wesentlich von der Vertragsauslegung unterscheidet. Dem steht aber schon entgegen, dass Verträge regelmäßig aus zwei Willenserklärungen bestehen. Entgegen dem Wortlaut der §§ 133, 157 BGB werden daher nach allgemeiner Ansicht[225] beide Vorschriften jeweilig (bei Verträgen und bei einzelnen Willenserklärungen) gemeinsam zur Auslegung herangezogen. Sie ergänzen einander und werden aus diesem Grund häufig auch zusammen zitiert.

402

III. Auslegung der konkreten Willenserklärung

Für die Auslegung von Willenserklärungen gelten somit (mit unterschiedlicher Gewichtung) folgende drei Auslegungsmaßstäbe:

403

- der **wirkliche Wille** des Erklärenden **(§ 133 BGB)**,
- **Treu und Glauben (§ 157 BGB)** und
- die **Verkehrssitte (§ 157 BGB)**.

Die gemeinsame Heranziehung beider Normen bedeutet jedoch nicht, dass alle Rechtsgeschäfte gleich zu behandeln wären. Welcher Auslegungsmaßstab mit welcher Gewichtung im Einzelfall stärker zu gewichten ist, hängt insbesondere davon ab, auf welche Weise unter Berücksichtigung der einzelnen Arten von Willenserklärungen und den

404

---

[223] BGHZ **25**, 318, 319; **80**, 246, 249 f.; BGH NJW **1998**, 3268.
[224] Wie hier nun auch *Stadler*, JA **2007**, 454, 455.
[225] Vgl. nur BGH NJW **1998**, 1480; 2966; 3268, 3270; *Mayer-Maly/Busche*, in: MüKo, § 133 Rn 19 f.; *Ellenberger*, in: Palandt, § 133 Rn 1; *Medicus*, AT, Rn 320.

mit ihnen einhergehenden Besonderheiten das interessengerechteste Ergebnis erzielt werden kann. Anstelle der unglücklichen Unterscheidung von Willenserklärung und Vertrag differenziert die h.M. daher einerseits nach der **Empfangsbedürftigkeit** und andererseits nach der **Formbedürftigkeit** der Willenserklärung.

1. Auslegung nicht empfangsbedürftiger Willenserklärungen

405   Nicht empfangsbedürftige Willenserklärungen sind solche, die an keine besondere Person in der Weise gerichtet sind, dass zu ihrer Wirksamkeit der Zugang bei dieser anderen Person erforderlich wäre (vgl. schon Rn 198 und 308). Aus diesem Grund muss auch nicht auf das Verständnis anderer Personen Rücksicht genommen werden, sodass die Auslegung nicht empfangsbedürftiger Willenserklärungen primär am Maßstab des **§ 133 BGB** zu erfolgen hat. Daher ist in erster Linie **die Ermittlung des wirklichen Willens des Erklärenden** maßgeblich, da mangels eines bestimmten Adressaten auch kein diesbezüglicher Vertrauensschutz, der über § 157 BGB sichergestellt werden müsste, erforderlich ist.[226]

2. Auslegung empfangsbedürftiger Willenserklärungen

a. Maßgeblicher Standpunkt: objektivierter Empfängerhorizont

406   Nach § 130 I S. 1 BGB ist eine Willenserklärung **empfangsbedürftig**, wenn sie *einem anderen gegenüber abzugeben* ist. Die Wirksamkeit solcher Willenserklärungen tritt erst mit ihrem Zugang beim Empfänger ein (vgl. schon Rn 198, 304 ff. und 306). Daraus folgt, dass empfangsbedürftige Willenserklärungen auch die Interessen des Empfängers berühren. Es liegt daher nahe, das Interesse des Adressaten zu schützen, sodass die Erklärung so gilt, wie er sie redlicherweise verstehen durfte.[227] Das entspricht dem Standpunkt der h.M., wonach **empfangsbedürftige Willenserklärungen** so auszulegen sind, wie sie der Erklärungsempfänger nach Treu und Glauben unter Berücksichtigung der Verkehrssitte und der Umstände des Einzelfalls verstehen durfte (**objektivierter Empfängerhorizont**).[228] Bei der Auslegung dürfen jedoch nur solche Umstände berücksichtigt werden, die beim Zugang der Erklärung für den Empfänger erkennbar waren.[229] Das bedeutet aber nicht, dass der Empfänger der Erklärung einfach den für ihn günstigsten Sinn beilegen darf. Er ist nach Treu und Glauben seinerseits verpflichtet, unter Berücksichtigung aller ihm erkennbaren Umstände mit gehöriger Aufmerksamkeit zu prüfen, was der Erklärende meinen könnte (objektiv-normative Auslegung).[230] Nur dann liegt ein sachgerechter Ausgleich der unterschiedlichen Interessen des Erklärenden und des Erklärungsempfängers vor. Da jedoch auch das BGB mit seinen Anfechtungsregeln (hier: § 119 I) von der einstweiligen Gültigkeit des Erklärten ausgeht (denn sonst bedürfte es schon keiner Anfechtung), ist im Zweifel der objektive Empfängerhorizont entscheidend.

407   **Beispiel:** V möchte sein Motorrad verkaufen und hat mit K schon mehrmals darüber gesprochen; dabei war jeweils von einem Preis von 3.000,- € die Rede. Als V dem K nun ein konkretes Kaufangebot unterbreitet, verspricht er sich und bietet das Motorrad versehentlich für 2.000,- € an. Hocherfreut und in dem Glauben, dass es sich dabei um einen Freundschaftspreis speziell für ihn handele, nimmt K sofort an.

Hier leuchtet es ein, dass V daran interessiert ist, nur nach Maßgabe seines wirklichen Willens gebunden zu werden, das Motorrad also nur zu einem Preis von 3.000,- € zu

---

[226] BGH NJW **1993**, 256; *Brox/Walker,* AT, Rn 125 f.; *Medicus*, AT, Rn 322.
[227] *Medicus*, AT, Rn 323; *Rüthers/Stadler,* AT, § 18 Rn 8; *Ellenberger*, in: Palandt, § 133 Rn 9.
[228] BGHZ **103**, 275, 280; BGH NJW **1990**, 3206; **1992**, 1446; *Rüthers/Stadler,* § 18 Rn 8.
[229] BGH NJW **1988**, 2878, 2879.
[230] BGH NJW **1981**, 2296; NJW **2006**, 3777 f.; *Ellenberger*, in: Palandt, § 133 Rn 9; *Medicus*, AT, Rn 323. Vgl. nun auch *Stadler*, JA **2007**, 454, 455.

verkaufen. Auf der anderen Seite möchte K auf die objektive Erklärung des V vertrauen können; immerhin hat dieser im konkreten Angebot einen Preis von 2.000,- € genannt. Wird V also nach Auslegung seiner Willenserklärung an seine objektive Erklärung gebunden (Vertragsschluss über 2.000,- €), wird sein wahrer Wille missachtet. Setzt sich hingegen sein wahrer Wille durch (Vertragsschluss über 3.000,- €), wird das Vertrauen des K auf die Gültigkeit der Erklärung des V enttäuscht.

Stellt man auf den Standpunkt der zutreffenden h.M. ab, wonach empfangsbedürftige Willenserklärungen so auszulegen sind, wie sie der Erklärungsempfänger nach Treu und Glauben unter Berücksichtigung der Verkehrssitte und der Umstände des Einzelfalls verstehen durfte (objektivierter Empfängerhorizont), ist auch vorliegend der objektive Erklärungswert des Verhaltens des V entscheidend. V ist daher an seine Erklärung gebunden. Er kann sie jedoch gem. § 119 I Var. 2 BGB anfechten, muss dann aber gem. § 122 I BGB dem K denjenigen Schaden ersetzen, den dieser im Vertrauen auf die Gültigkeit des Geschäfts erlitten hat.

Anders wäre möglicherweise zu entscheiden gewesen, wenn V bspw. Ausländer gewesen wäre und K dies erkannt hätte. Denn in einem solchen Fall muss der Erklärungsempfänger auch die Gefahr von Übersetzungsfehlern in Betracht ziehen, sofern Anhaltspunkte dafür vorliegen.[231] Bejaht man dies im vorliegenden Fall, wäre ein Kaufvertrag nicht zustande gekommen.

b. Vorrang des übereinstimmend Gewollten

Haben sich die Parteien zwar unrichtig ausgedrückt, ihren Erklärungen allerdings **übereinstimmend denselben Sinn** beigemessen, ist selbstverständlich an dem beidseitig gewollten Erklärungswert festzuhalten. Eine übereinstimmende Falschbezeichnung schadet nicht (*falsa demonstratio non nocet*).[232]

408

Beispiel[233]: V verkaufte an K 100 Fässer „**Haakjöringsköd**". Dieses norwegische Wort steht für „Haifischfleisch", welches die Fässer auch tatsächlich enthielten. V und K waren jedoch übereinstimmend davon ausgegangen, dass dieses Wort „Walfischfleisch" bedeute, und wollten auch über solches den Kaufvertrag schließen. Als K den Fehler bei Lieferung bemerkte, verlangte er Schadensersatz.

409

Weil hier beide Parteien trotz unrichtiger Bezeichnung einen Kaufvertrag über „Walfischfleisch" schließen wollten, kam der Vertrag auch über 100 Fässer „Walfischfleisch" zustande, sodass K Recht zu geben war.

Hinweis für die Fallbearbeitung: Bei der Frage, ob der vertragliche Anspruch durch Einigung der Parteien zustande gekommen ist, muss zunächst geprüft werden, ob eine subjektive Übereinstimmung trotz beidseitiger objektiv unrichtiger Bezeichnung vorliegt. Denn gelangt man zu dem Ergebnis, dass beide Parteien dasselbe meinen, obwohl sie übereinstimmend das Falsche gesagt haben, gilt das übereinstimmend Gemeinte (*falsa demonstratio non nocet*).

410

Liegt kein Fall der *falsa demonstratio* vor, sind beide Willenserklärungen vom objektiven Empfängerhorizont her objektiv-normativ auszulegen. Stimmen beide Willenserklärungen überein, liegt eine Einigung vor. Weicht das mittels der objektiv-normativen Auslegung Ermittelte, das der Empfänger auch so verstanden hatte, jedoch vom wirklichen Willen des Erklärenden ab, kann dieser die Erklärung wegen eines Inhalts- oder Erklärungsirrtums nach § 119 I BGB anfechten.

---

[231] *Medicus*, AT, Rn 323.
[232] BGH NJW **1998**, 746, 747; **1999**, 486, 487; **2002**, 1038, 1039; BGH NJW **2008**, 1658, 1659 f.; *Medicus*, AT, Rn 327; *Wieser*, JZ **1985**, 407.
[233] Nach dem Schulfall RGZ **99**, 147 ff.

3. Die Auslegung formgebundener Willenserklärungen

411   Verträge und Willenserklärungen können kraft Gesetzes, aber auch kraft Parteivereinbarung einer bestimmten Form unterliegen.

> **Beispiel:** Möchten V und K einen Kaufvertrag über ein Hausgrundstück schließen, können sie dies nicht einfach mündlich oder schriftlich tun. Um die Parteien auf die Bedeutung des Geschäfts hinzuweisen und vor übereiltem Vorgehen zu schützen, aber auch um den Beweis der getroffenen Vereinbarung zu sichern, bedarf ein Kaufvertrag über ein Grundstück der notariellen Beurkundung (§ 311b I S. 1 BGB). Ein ohne Einhaltung dieser Form geschlossener Vertrag ist nichtig, sofern nicht die Auflassung (§ 925 BGB) und die Eintragung in das Grundbuch (§ 873 BGB) erfolgen (vgl. §§ 125 S. 1, 311b I S. 2 BGB).[234]

412   Deckt sich der Erklärungsinhalt, den man aufgrund der Auslegung als rechtlich verbindlich betrachtet, nicht mit dem Wortlaut einer formgebundenen Erklärung, stellt sich die Frage, ob die geforderte Form eingehalten oder die Erklärung nichtig ist. In einem solchen Fall ist in zwei Schritten vorzugehen: Zunächst ist die Erklärung nach allgemeinen Grundsätzen auszulegen. Dabei sind nach h.M.[235] auch Umstände heranzuziehen, die außerhalb der Urkunde liegen, sodass die Auslegung zu einem Ergebnis führen kann, das mit dem Wortlaut der Erklärung nichts mehr zu tun hat.[236] Erst in einem zweiten Schritt ist danach zu entscheiden, ob die durch Auslegung ermittelte Willenserklärung den jeweiligen Formerfordernissen entspricht.

413   **Beispiel:** V und K aus dem Beispiel von Rn 411 sind sich darüber einig, dass das Grundstück, auf dem sich das Wohnhaus mit der Hausnummer 10 befindet, an K verkauft werden soll. K beauftragt daher den Notar N mit der Durchführung des Geschäfts. Dieser besorgt sich beim Grundbuchamt einen Lageplan, aus dem hervorgeht, dass dem Kaufgegenstand die Flurstücknummer 57 zugeordnet ist (im notariellen Kaufvertrag über ein Grundstück wird nicht auf die Adresse, sondern auf die Flurbezeichnung des Kaufgegenstands abgestellt). Aufgrund eines Übermittlungsfehlers innerhalb des Notarbüros wird im notariellen Vertrag versehentlich als Kaufgegenstand jedoch das Grundstück mit der Flurstücknummer 75 bezeichnet, das – wie der Zufall so will – ebenfalls dem V gehört, ohne dass V oder K dies bemerken.

> Hier führt die Auslegung nach allgemeinen Grundsätzen zunächst dazu, dass ein Vertrag über das Grundstück mit der Flurbezeichnung „Nr. 57" gewollt ist, da dies dem übereinstimmenden Willen von V und K entspricht (1. Schritt). Notariell beurkundet (Formpflicht des § 311b I S. 1 BGB) ist jedoch ein Vertrag über das Grundstück mit der Flurbezeichnung „Nr. 75". Ob hier ein formwirksamer Kaufvertrag geschlossen wurde, und über welches Grundstück (2. Schritt), ist fraglich.

> ⇨ Einerseits vertritt der BGH, dass in Fällen der vorliegenden Art zur Wirksamkeit des Vertrags das wirklich Gewollte in der objektiven Erklärung zumindest angedeutet sein müsse (sog. **Andeutungstheorie**).[237] Sei das wirklich Gewollte nicht wenigstens angedeutet, gelte die Formnichtigkeit nach § 125 BGB.

> ⇨ Andererseits steht der BGH auf dem Standpunkt, dass auch bei formbedürftigen Verträgen der Grundsatz „**falsa demonstratio non nocet**" gelte.[238] Danach trete selbst dann keine Formnichtigkeit ein, wenn keinerlei Anhaltspunkte für den durch Auslegung ermittelten Willen in der Erklärung selbst enthalten seien.

---

[234] Zur Grundstücksübertragung vgl. *R. Schmidt*, Sachenrecht II, Rn 202 ff.
[235] BGHZ **63**, 359, 362; **86**, 41, 45; BayObLG NJW **1999**, 1118, 1119; *Medicus*, AT, Rn 330; *Ellenberger*, in: Palandt, § 133 Rn 19.
[236] Vgl. z.B. BGH NJW **1994**, 850; BGHZ **124**, 64, 68.
[237] BGH NJW **1995**, 1886, 1887; **1995**, 43, 45; BGHZ **86**, 41, 47; **63**, 359, 362.
[238] BGHZ **87**, 150, 152 ff.

Welcher Lösung der Vorzug zu geben ist, kann nicht allgemein, sondern nur unter Berücksichtigung der Erklärung und des jeweiligen Formzwecks entschieden werden.

⇨ Hat die Formvorschrift, wie etwa § 311b I S. 1 BGB, Warn- oder Aufklärungsfunktion (nur) gegenüber den Parteien, ist kein Grund ersichtlich, den Grundsatz „falsa demonstratio non nocet" nicht anzuwenden. Insbesondere ist eine Andeutung des wirklichen Willens in der Erklärung nicht erforderlich, wenn kein schutzwürdiges Vertrauen eines Dritten betroffen ist. Wurde also – wie im vorliegenden Fall – durch Auslegung der rechtlich bedeutsame Inhalt der Erklärung ermittelt (vorliegend nämlich der Kaufvertrag über das Grundstück mit der Flurstücknummer 57), schadet die Falschbezeichnung nicht.

⇨ Etwas anderes würde nur dann gelten, wenn hinsichtlich des wahren Grundstücks besonderer Aufklärungsbedarf seitens des Notars bestünde (etwa eine Baulast) oder wenn die Parteien bewusst etwas Falsches angeben, z.B. einen zu niedrigen Grundstückskaufpreis, um Steuern und Gebühren zu sparen. Dann bliebe es bei der Formunwirksamkeit, wobei zu beachten wäre, dass der Formmangel durch die Auflassung und die Eintragung in das Grundbuch geheilt wäre.

E. Die Auslegung von Verträgen

In der Rechtspraxis müssen nicht nur Willenserklärungen, sondern auch die ihnen folgenden Verträge ausgelegt werden. Denn nicht selten kommt es vor, dass die Parteien zu ungenaue Formulierungen verwandt haben und sich hinterher darüber streiten, was genau gemeint war. Außerdem ist es möglich, dass die Parteien schlicht bestimmte Sachverhalte nicht in den Vertrag aufgenommen haben, sei es, dass ihnen die Vorstellungskraft fehlte[239], oder sei es, dass in der Zeit nach Vertragsschluss bestimmte Entwicklungen eingetreten sind, die bei Vertragsschluss nicht vorhersehbar waren. Bei der Auslegung von Verträgen kommen daher zum einen die **erläuternde** Vertragsauslegung und zum anderen die **ergänzende** Vertragsauslegung in Betracht. | 414

I. Die erläuternde Vertragsauslegung

Ist die Formulierung bestimmter Sachverhalte in einem Vertrag nur ungenau oder mehrdeutig, ist der Vertrag – um die Bedeutung der vertraglich vereinbarten Regelung zu ermitteln – *erläuternd* auszulegen. | 415

Bei der **erläuternden** Vertragsauslegung gilt es festzustellen, welchen Inhalt ein Vertrag bzw. eine Vertragsklausel hat.[240] Wesentliche Kriterien für diese Auslegung sind

- der **Wortlaut** unter **Berücksichtigung der Begleitumstände**,
- der jeweilig mit dem Vertrag verfolgte **Zweck**,
- **Treu und Glaube** sowie
- die **Verkehrssitte**.

Ist allerdings ein übereinstimmender Wille der Parteien erkennbar (z.B. im Fall der *falsa demonstratio*), ist für eine erläuternde Vertragsauslegung kein Raum. | 416

II. Die ergänzende Vertragsauslegung

Während die erläuternde Vertragsauslegung den Zweck hat, den Inhalt des Vertrags bzw. seiner Vertragsbestandteile zu ermitteln, geht es bei der **ergänzenden** Vertragsauslegung darum, *Lücken* rechtsgeschäftlicher Vereinbarungen zu schließen. Da sich jedoch derjenige, der den Vertrag ergänzend auslegt, nicht über den Parteiwillen und | 417

---

[239] Die von *Cziupka* (JuS **2009**, 103) verwendete Formulierung „beschränkte kognitive Fähigkeiten" wirkt überheblich und sollte vermieden werden; da niemand über unbeschränkte kognitive Fähigkeiten verfügt.
[240] *Rüthers/Stadler*, AT, § 18 Rn 20 ff.; *Ellenberger*, in: Palandt, § 157 Rn 2.

damit die Vertragsfreiheit hinwegsetzen darf, ist die ergänzende Vertragsauslegung an **strenge Voraussetzungen** geknüpft.

1. Voraussetzungen der ergänzenden Vertragsauslegung

418 Zunächst muss durch Auslegung festgestellt werden, ob eine **planwidrige Regelungslücke** in einem zustande gekommenen Vertrag besteht.[241] Unerheblich ist, aus welchen Gründen die Parteien diesen Punkt offengelassen haben. Häufig ist eine solche Lücke darauf zurückzuführen, dass die Parteien einen bestimmten regelungsbedürftigen Punkt nicht bedacht haben. Sie kann aber auch darauf beruhen, dass eine früher getroffene Vereinbarung nicht mehr feststellbar ist. Ist eine vertragliche Regelung unwirksam (z.B. bei unwirksamen AGB, vgl. Rn 1488 ff.), kann auch dies als Lücke aufzufassen sein.[242]

419 Dagegen liegt **keine** (im Wege der Vertragsauslegung zu schließende) Regelungslücke vor, wenn die getroffene Regelung nach dem Willen der Parteien **bewusst abschließend** sein sollte. Eine trotzdem erfolgte Auslegung würde in das Recht der Parteien auf Privatautonomie eingreifen. Die ergänzende Vertragsauslegung darf somit nicht zu einer Einschränkung, Abänderung oder Ergänzung des Vertragswillens führen; sie darf nur den Vertragsinhalt zweck- und willensgerecht ergänzen.[243]

420 Wurde eine planwidrige Regelungslücke festgestellt, ist des Weiteren zu prüfen, ob die Vertragslücke mit Hilfe **dispositiver** (vertraglich abdingbarer) **gesetzlicher Regelungen** geschlossen werden kann. Ist dies der Fall, scheidet eine ergänzende Vertragsauslegung grundsätzlich aus, da das dispositive Recht anderenfalls leerlaufen würde und funktionslos wäre.[244] Die Ergänzung von Vertragslücken mittels dispositiven Rechts kommt vor allem bei den Leistungsstörungen (Verzug, Unmöglichkeit, Sachmängel etc.) sowie Krankheit oder Tod eines Beteiligten in Betracht. Eine Ergänzung mittels dispositiver Normen scheidet aber in den Fällen aus, in denen die Vertragsparteien die Anwendung der gesetzlichen Vorschriften erkennbar nicht gewollt haben.[245] Die Vertragslücke ist dann im Wege der ergänzenden Vertragsauslegung zu schließen.

2. Ergänzende Vertragsauslegung mittels hypothetischen Parteiwillens

421 Wurde nach entsprechender Auslegung eine planwidrige Vertragslücke festgestellt und konnte diese nicht mit dispositivem Gesetzesrecht geschlossen werden, ist diese nun im Wege der ergänzenden Vertragsauslegung zu schließen. Um aber nicht gegen die beschriebene Privatautonomie zu verstoßen, müssen in erster Linie die im Vertrag zum Ausdruck kommenden Wertungen der Parteien zugrunde gelegt werden. Zugleich sind mit Treu und Glauben sowie der Verkehrssitte aber auch objektive Maßstäbe zu berücksichtigen. Daher fragt die h.M. danach, was die Parteien bei einer **angemessenen Abwägung ihrer Interessen unter Berücksichtigung des Vertragszwecks nach Treu und Glauben redlicherweise gewollt und vereinbart hätten, wenn sie den nicht geregelten Fall bedacht hätten**[246] (hypothetische Ermittlung des Parteiwillens). Bei diesem hypothetischen Parteiwillen kommt es nicht darauf an, was die Parteien *jetzt* wirklich wollen, sondern darauf, was sie redlicherweise gewollt hätten, wenn sie die fragliche Konstellation bedacht hätten.

---

[241] BGH NJW **2008**, 1218 f.; BGHZ **127**, 138, 142.
[242] BGHZ **63**, 132, 135 f.; **90**, 69, 74.
[243] BGH NJW **2008**, 1218 f.; BGHZ **23**, 282, 285.
[244] BGHZ **90**, 69, 75; *Ellenberger*, in: Palandt, § 157 Rn 4; *Rüthers/Stadler*, AT, § 18 Rn 28.
[245] BGH NJW-RR **1990**, 817, 818; *Rüthers/Stadler*, AT, § 18 Rn 28.
[246] BGH NJW **2008**, 1218 f.; BGHZ **164**, 286, 292; **158**, 201, 207; **90**, 69, 77; **84**, 1, 7; OLG Düsseldorf NJW-RR **1996**, 1035.

Beispiel[247]: K ist Sammler von Telefonkarten. Bei diesen Karten wird das aktuelle   **422** Gesprächsguthaben auf einem Chip elektronisch gespeichert. Darüber hinaus tragen die Karten besondere Motive (ähnlich wie bei Briefmarken). Aufgrund dieser Motive eignen sich diese Karten auch als Sammelobjekte. Herausgegeben wurden die Karten von der Rechtsvorgängerin der Deutschen Telekom AG, der Deutschen Bundespost Telekom, die diese Karten seit 1990 verkauft und den daraufhin entstandenen Sammlermarkt durch ihre Werbung gefördert hatte. Diese Werbung bezog sich insbesondere auf spezielles Kartenzubehör, wie etwa besondere Lesegeräte und limitierte Cardboxen, sowie auf Neuerscheinungen von Telefonkarten. Ferner wurde auch auf den Karten selbst für das Sammeln geworben. Schließlich vertrieb die Rechtsvorgängerin limitierte Auflagen von Telefonkarten. Dies geschah in der Absicht, durch die Begrenzung der Stückzahl zu einem hohen Sammlerwert beizutragen.

Diese Werbung veranlasste K in den Jahren 1992 bis 1994 Telefonkarten im Wert von 3.960 DM (= 2.024,72 €) zu kaufen. Die Karten wurden von ihm ungebraucht in seine Sammlung übernommen.

Im Jahre 2001 erfolgte durch die Deutsche Telekom AG (T) eine Sperrung der Telefonkarten, welche vor Mitte Oktober 1998 ausgegeben worden waren. Diese Karten hatten im Gegensatz zu später ausgegebenen Telefonkarten noch keine Ablauffrist aufgedruckt. Die Sperrung der Karten hatte zur Folge, dass sie nach dem 1.1.2002 nicht mehr zum Telefonieren geeignet waren. Im Gegenzug bot T die Möglichkeit eines unbefristeten Umtauschs der durch die Sperrung nicht mehr zum Telefonieren geeigneten Karten gegen neue Telefonkarten unter Anrechnung des Restguthabens an. K verlangt von T die Erstattung der noch unverbrauchten Guthaben seiner Karten sowie die Erstattung des verloren gegangenen Sammlerwerts (7.715,64 €) Zug um Zug gegen Rückgabe der Karten.

Das Begehren des K ist erfolgreich, wenn es sich auf eine vertragliche Grundlage stützen lässt. Ein Gültigkeitsvermerk, der diesem Anspruch entgegenstehen könnte, hatten die Parteien seinerzeit nicht vereinbart. Ob ein solcher im Wege der ergänzenden Vertragsauslegung angenommen werden kann, ist fraglich. Fest steht, dass die Parteien die Gültigkeitsdauer des Guthabens bei Vertragsschluss nicht bedacht haben. Es besteht insoweit eine planwidrige Regelungslücke. Weiterhin ist nicht davon auszugehen, dass nach dem Willen der Parteien in Ermangelung einer ausdrücklichen Regelung im Umkehrschluss von einer unbeschränkten Gültigkeit der Guthaben ausgegangen werden sollte. Der Vertrag war in dieser Hinsicht daher auch nicht bewusst abschließend. Dispositive Vorschriften, die diese Lücke ausfüllen könnten, sind nicht ersichtlich. Aus diesem Grund muss die Vertragslücke mittels der ergänzenden Vertragsauslegung geschlossen werden. Dabei ist der hypothetische Parteiwille zu ermitteln. Es ist darauf abzustellen, was die Parteien bei einer angemessenen Abwägung ihrer Interessen unter Berücksichtigung des Vertragszwecks nach Treu und Glauben redlicherweise gewollt und vereinbart hätten, wenn sie den nicht geregelten Fall bedacht hätten.

Zur Ausfüllung der Vertragslücke bietet sich nach Auffassung des BGH eine entsprechende Anwendung des § 315 BGB an; T müsse daher ein einseitiges Leistungsbestimmungsrecht hinsichtlich der Geltungsdauer der Guthaben zugestanden werden. Dieses habe T im vorliegenden Fall auch nach billigem Ermessen ausgeübt. Ein anerkennenswertes Interesse der T hinsichtlich der Beschränkung der Gültigkeitsdauer der Guthaben habe darin bestanden, dass sie wegen der ständigen Fortentwicklung der Informationstechnologie immer wieder gezwungen sei, Veränderungen an ihren öffentlichen Fernsprechern und den dafür vorgesehenen Telefonkarten vorzunehmen, was eine unbegrenzte Weiterbenutzung von vor Jahren ausgegebenen Telefonkarten ausschließe.

Die Interessen eines durchschnittlichen Erwerbers seien hinreichend gewahrt, da T im Gegenzug für die Sperrung der Karten ein unbefristetes Umtauschrecht unter Anrechnung der Restguthaben eingeräumt habe. Das vertragliche Äquivalenzverhältnis sei demnach bzgl. eines solchen Durchschnittskunden ausreichend berücksichtigt worden.

---

[247] In Anlehnung an BGH NJW **2008**, 1218 f.; *Stadler*, JA **2008**, 541.

Auch seien die Interessen der Telefonkartensammler an einer zeitlich unbeschränkten Gültigkeit gewahrt. Hierbei sei für die Feststellung des hypothetischen Parteiwillens auf den Zeitpunkt des Vertragsschlusses abzustellen. In den Jahren 1992 bis 1994 sei nicht ersichtlich gewesen, dass die unbeschränkte Telefoniermöglichkeit den Sammlerwert entscheidend prägen sollte. Auch könne aus der Tatsache, dass die Rechtsvorgängerin die Eignung der Karten als Sammelobjekte besonders beworben habe, nicht abgeleitet werden, dass ein Sammlerinteresse an einer unbefristeten Gültigkeit der Guthaben bestanden habe. Auch die Anpreisung hoher Sammlerwerte garantiere dem Kunden keine unbeschränkte Telefoniermöglichkeit. Das Risiko, wie sich Sammlermarkt und Sammlerwert entwickeln werden, habe grundsätzlich der Sammler und nicht das Unternehmen, welches den Sammelgegenstand ausgegeben hatte, zu tragen, auch wenn dieses das Sammeln gefördert habe. Das Begehren des K in Bezug auf die Erstattung des verloren gegangenen Sammlerwerts (7.715,64 €) habe damit keinen Erfolg.

Bewertung: Die Auffassung des BGH in Bezug auf die Bereitschaft der T zur Erstattung der nicht in Anspruch genommenen Restguthaben überzeugt. Sie überzeugt aber auch bei der Frage, ob die von T getroffene Bestimmung dem Sammlerinteresse des K ausreichend Rechnung getragen hat. Zwar könnte man vertreten, dass bei der Schließung der Vertragslücke auch Umstände der Gegenwart zu berücksichtigen seien und daher in Betracht gezogen werden könne, dass es bei der Ermittlung der Verkehrssitte für die Preisbildung auf dem Sammlermarkt inzwischen erheblich sei, dass die ausgegebenen Karten dauerhaft zum Telefonieren geeignet seien. Allerdings sind bei der Ermittlung des hypothetischen Parteiwillens objektive Kriterien heranzuziehen. Dabei kann nur auf Umstände abgestellt werden, die zum Zeitpunkt des Vertragsschlusses - dem Zeitpunkt der Willensbetätigung - gegeben oder zumindest vorhersehbar waren.

Daher ist der zwischen K und der Rechtsvorgängerin der T geschlossene Vertrag so auszulegen, dass T eine Beschränkung der Gültigkeitsdauer der Telefonkarten bestimmen durfte.

423   **Gegenbeispiel[248]:** V war Eigentümerin eines Grundstücks, auf dem sie ein Appartement-Hotel errichten wollte. Die von der Baubehörde erteilte Baugenehmigung war mit einer Stellplatzauflage verbunden, die zum Teil durch Zahlung abgelöst werden konnte. Nachdem V die Ablösesumme von 87.000,- € an die Stadt gezahlt hatte, verkaufte sie das Grundstück, auf dem die Bauarbeiten aufgenommen worden waren, für 900.000,- € an K. Dieser hatte die Absicht, den Bau als Wohn-, Büro- und Geschäftshaus weiterzuführen. Dabei ging er zutreffend davon aus, dass zur Verwirklichung seines Vorhabens eine Änderungsgenehmigung erforderlich war. Im Hinblick auf die Entwicklung des Immobilienmarktes am Ort nahm K jedoch von der Baumaßnahme Abstand. Nach Erlöschen der Baugenehmigung zahlte die Stadt die Ablösesumme an V zurück. Als K davon erfährt, nimmt er V auf Zahlung der Ablösesumme in Anspruch.

Der von K geltend gemachte Anspruch könnte sich aus dem Kaufvertrag ergeben. Es bestand aber keine vertragliche Regelung bezüglich der Zahlung der Ablösesumme an K, die V von der Stadt erstattet bekommen würde. Diesen Punkt hatten die Parteien bei Vertragsschluss offenbar nicht bedacht. Es besteht insoweit eine planwidrige Regelungslücke. Dispositive Vorschriften, die diese Lücke ausfüllen könnten, sind nicht ersichtlich. Aus diesem Grund muss die Vertragslücke mittels der ergänzenden Vertragsauslegung geschlossen werden. Dabei ist der hypothetische Parteiwille zu ermitteln. Es ist darauf abzustellen, was die Parteien bei einer angemessenen Abwägung ihrer Interessen unter Berücksichtigung des Vertragszwecks nach Treu und Glauben redlicherweise gewollt und vereinbart hätten, wenn sie den nicht geregelten Fall bedacht hätten.
Nach diesen Grundsätzen bestehen keine Anhaltspunkte dafür, dass dem K mehr als die rechtliche Möglichkeit, das Bauvorhaben unter Ausnutzung der Stellplatzlösung durchzuführen, geboten werden sollte. Ob er hiervon Gebrauch machte oder nicht, lag allein in seiner durch das Eigentum begründeten Befugnis, mit dem Baugrundstück nach Belieben

---

[248] Nach BGH NJW-RR **2004**, 554.

zu verfahren (§§ 903 BGB). Im Übrigen konnte noch nicht einmal davon ausgegangen werden, dass K die rechtlich gesicherte Möglichkeit verschafft werden sollte, die von ihm abweichend von den genehmigten Plänen (Hotel) beabsichtigte Bebauung (Wohn-, Büro- und Geschäftshaus) unter Ausnutzung der Stellplatzlösung zu verwirklichen. Auch ging K davon aus, dass zur Verwirklichung seines Vorhabens eine Änderungsgenehmigung erforderlich war. Aus dem Umstand, dass für die Parteien bei Kaufabschluss kein Anlass bestand, über eine mögliche Rückerstattung des Ablösebetrags bei Nichtbebauung des Grundstücks nachzudenken, kann nicht gefolgert werden, ihre Vereinbarung sei lückenhaft und im Rahmen der ergänzenden Vertragsauslegung zu schließen.[249]

Auch eine Anpassung des Kaufvertrags wegen Störung der Geschäftsgrundlage (§ 313 BGB) kommt nicht in Betracht. Denn dafür, dass nach den beiderseitigen oder für die jeweilige Gegenseite erkennbaren Vorstellungen der Parteien der gemeinsame Geschäftswille darauf beruht hätte, dass K von der erworbenen öffentlich-rechtlichen Stellung auch Gebrauch machte und sich so den Vorteil der Stellplatzablösung sicherte, sind keine Anhaltspunkte gegeben. Die Leistung der V beschränkte sich darauf, dem K mit dem Eigentum die Möglichkeit zu verschaffen, die Baugenehmigung mit Stellplatzablösung zu nutzen. Der Umstand, dass er hierfür aus in seinem Bereich liegenden Gründen absah, führt nicht zu einer Äquivalenzstörung.[250]

Somit kann K – obwohl er als Rechtsnachfolger in die Rechte der V aus einer Baugenehmigung eingetreten ist – die Stellplatzablösesumme, die der V wegen Erlöschens der Baugenehmigung erstattet worden ist, nicht von ihr herausverlangen.

---

[249] BGH NJW-RR **2004**, 554.
[250] BGH NJW-RR **2004**, 554.

5. Kapitel – Zustandekommen und Inhalt von Verträgen

A. Einführung

424 Das unserer Rechtsordnung zugrunde liegende, ausführlich bei Rn 1 ff. beschriebene Prinzip der Privatautonomie überlässt es grundsätzlich dem Einzelnen, seine Lebensverhältnisse im Rahmen des Rechts eigenverantwortlich zu gestalten. Das rechtliche Mittel, dies zu erreichen, ist der Vertrag, in dem die Parteien gemeinsam festlegen, welche Rechte und Pflichten zwischen ihnen gelten sollen.[251]

425 Ein **Vertrag** ist ein Rechtsgeschäft, das aus inhaltlich korrespondierenden, mit Bezug aufeinander abgegebenen Willenserklärungen von mindestens zwei Personen besteht.[252]

426 Zu unterscheiden sind Verträge, die **unmittelbar auf ein bestehendes Recht einwirken** (i.d.R. verfügende Verträge), und Verträge, die **Forderungsrechte erzeugen** (i.d.R. Verpflichtungsverträge).

Die Forderungsabtretung nach § 398 BGB und die Übereignung beweglicher Sachen nach § 929 BGB sind Verfügungen, da sie eine unmittelbare Rechtsänderung bewirken – sog. dingliche Rechtsgeschäfte. Dagegen erzeugen bspw. der Kaufvertrag (§ 433 BGB), der Mietvertrag (§ 535 BGB), der Dienstvertrag (§ 611 BGB) und der Werkvertrag (§ 631 BGB) lediglich Forderungsrechte, d.h. sie bewirken nicht unmittelbar eine Rechtsänderung, sondern lediglich die *Verpflichtung*, eine solche herbeizuführen.

> **Beispiel:** Schließen V und K einen Kaufvertrag über ein gebrauchtes Motorrad (vgl. § 433 BGB), begründet ein solcher Vertrag lediglich die Verpflichtung zum Güteraustausch: V wird verpflichtet, K Eigentum und Besitz an dem Motorrad zu verschaffen, K muss den Kaufpreis zahlen. Eine unmittelbare Rechtsänderung dergestalt, dass K Eigentümer und Besitzer des Motorrads und V Eigentümer und Besitzer des Geldes wird, ist dadurch aber noch nicht eingetreten. Hierzu bedarf es jeweils eines weiteren Rechtsgeschäfts, namentlich eines dinglichen (sachenrechtlichen) Verfügungsgeschäfts (vgl. § 929 S. 1 BGB).

427 Voraussetzung für das Zustandekommen eines Vertrags ist - wie sich schon aus der obigen Definition ergibt - die **Übereinstimmung (mindestens) zweier mit Bezug aufeinander abgegebener Willenserklärungen**.[253] Dabei wird die zeitlich früher (wenn auch nur für eine logische Sekunde) abgegebene Willenserklärung *Antrag* bzw. *Angebot* oder *Offerte* genannt (§ 145 BGB) und die darauffolgende Willenserklärung *Annahme* (§§ 146 ff. BGB).

---

[251] Vgl. auch § 311 I BGB, wonach „zur Begründung eines Schuldverhältnisses durch Rechtsgeschäft sowie zur Änderung des Inhalts eines Schuldverhältnisses ein Vertrag zwischen den Beteiligten erforderlich ist, soweit nicht das Gesetz ein anderes vorschreibt".
[252] Allgemeine Auffassung, vgl. nur *Ellenberger*, in: Palandt, Einf v § 145 Rn 1 ff.
[253] Zum Begriff der Willenserklärung vgl. grundlegend die Ausführungen bei Rn 191 ff. und 226 ff.

Prüfung von Angebot und Annahme

I. Der Antrag

1. Definition

Der **Antrag** ist eine empfangsbedürftige Willenserklärung, durch die einem anderen ein Vertragsschluss so angetragen wird, dass das Zustandekommen des Vertrags nur von dessen Einverständnis abhängt. Fehlt der objektiv zu bestimmende Rechtsbindungswille, liegt eine *invitatio ad offerendum* vor.

2. Inhaltliche Bestimmtheit des Antrags

Gegenstand und Inhalt des Vertrags müssen im Antrag so bestimmt oder so bestimmbar (§§ 133, 157, 315 ff. BGB) enthalten sein, dass die Annahme durch ein einfaches „**Ja**" erfolgen kann. Der Antrag muss also die wesentlichen Punkte des intendierten Vertrags (die sog. *essentialia negotii*) enthalten.

3. Bindung an den Antrag

§ 145 BGB bestimmt, dass der Antragende an sein Angebot gebunden ist. Diese Bindungswirkung *beginnt* grds., wenn dem Erklärungsempfänger das Angebot des Antragenden **wirksam zugegangen** ist, und endet mit dem Erlöschen des Antrags. Bis zum Zugang des Antrags ist ein Widerruf gemäß § 130 I S. 2 BGB noch zulässig. Nach § 145 a.E. BGB ist es dem Antragenden jedoch möglich, die Gebundenheit auszuschließen.

4. Sonder- und Problemfälle im Bereich des Antrags

⇨ Offerte *ad incertas personas*
⇨ Gleichzeitige Abgabe der Willenserklärungen
⇨ Zusendung unbestellter Ware
⇨ Realofferte

5. Annahmefähigkeit des Antrags

Die Annahme kann schließlich nur zu einem wirksamen Vertragsschluss führen, wenn das Vertragsangebot (noch) wirksam ist und (noch) fortbesteht. Die Annahmefähigkeit ist dann nicht mehr gegeben, wenn das Angebot zwischenzeitlich *erloschen* ist. Es kommen folgende Erlöschensgründe in Betracht:

⇨ **Widerruf** des Angebots, § 130 I S. 2 BGB
⇨ **Ablehnung** des Angebots, §§ 146 Var. 1, 150 II BGB
⇨ **Verspätete Annahme** des Angebots, § 146 Var. 2 i.V.m. §§ 147-149 BGB
⇨ **Abweichender Wille** des Antragenden **bei dessen späterem Tod oder bei Geschäftsunfähigkeit**, § 153 a.E. BGB
⇨ Erlöschen des Angebots bei einer **Versteigerung**, § 156 S. 2 BGB

II. Die Annahme

1. Definition

Die Annahme ist eine empfangsbedürftige Willenserklärung, durch die der Antragsempfänger dem Antragenden sein Einverständnis mit dem angebotenen Vertragsschluss zu verstehen gibt.

2. Voraussetzungen

Auch die Annahme wird erst mit ihrer Abgabe und grds. ihrem **Zugang** beim Antragenden wirksam (§ 130 I S. 1). Bis zum Zugang der Erklärung kann der Annehmende seine Willenserklärung daher **widerrufen** (§ 130 I S. 2 BGB). Ausnahmsweise ist jedoch der Zugang **entbehrlich**, vgl. §§ 151, 152, 156 BGB. **Inhaltlich** muss sich die Annahme **auf den Antrag beziehen** und mit ihm bezüglich des bezweckten Rechtserfolgs **übereinstimmen**. Eine wörtliche Übereinstimmung ist nicht erforderlich. Liegen aber selbst durch Auslegung nicht zu überwindende Mängel im Antrag und in der Annahme vor, die ein Einigwerden der Parteien verhindern, spricht man von einem **Dissens**. Geregelt ist der Dissens in §§ 154, 155 BGB. Weicht die „Annahmeerklärung" inhaltlich vom Angebot ab (Erweiterung, Einschränkung, sonstige Änderung), liegt i.d.R. keine Annahme, sondern eine **Ablehnung verbunden mit einem neuen Antrag** vor (**§ 150 II BGB**).

B. Der Antrag (Angebot, Offerte)

I. Allgemeines

428 Der Vertrag kommt i.d.R. durch den **Antrag** (Angebot, Offerte) zum Abschluss eines Vertrags mit einem bestimmten Inhalt und durch **Annahme** als Zustimmung hierzu zustande. Es handelt sich jeweils um eine *empfangsbedürftige* **Willenserklärung**, die gemäß § 130 BGB mit ihrem Zugang beim Erklärungsempfänger wirksam wird. Allerdings ist es nicht erforderlich, dass der Antrag der Annahme zeitlich vorgeht. Insbesondere im Massenverkehr des täglichen Lebens können beide Willenserklärungen auch gleichzeitig abgegeben werden. Voraussetzung ist nur, dass beide Willenserklärungen aufeinander bezogen abgegeben werden (Konsens). Für die Bestimmung des zunächst zu erläuternden Antrags wird üblicherweise folgende Definition verwendet:

429 Der **Antrag** ist eine empfangsbedürftige Willenserklärung, durch die ein Vertragsschluss einem anderen so angetragen wird, dass das Zustandekommen des Vertrags nur von dessen Einverständnis abhängt.[254]

430 Der Antrag muss – wie sich schon aus dem Begriff der Willenserklärung ergibt – den **Willen zu einer rechtlichen Bindung** zum Ausdruck bringen. Davon ist z.B. der Fall der *invitatio ad offerendum* abzugrenzen. Bei dieser handelt es sich mangels Rechtsbindungswillens nicht um ein Angebot, sondern um die Aufforderung, der *andere* möge ein Angebot abgeben.[255] Ob es sich im konkreten Fall um ein Vertragsangebot oder um eine *invitatio ad offerendum* handelt, ist durch Auslegung (§§ 133, 157 BGB) aus der Sicht eines objektiven Dritten in der Rolle des Erklärungsempfängers zu ermitteln. Gleiches gilt für das reine Gefälligkeitsverhältnis und das Sorgfaltspflichten auslösende Gefälligkeitsverhältnis.[256]

II. Inhaltliche Bestimmtheit des Antrags

431 Da das Gesetz davon ausgeht, dass der Vertrag durch Angebot und Annahme zustande kommt und die Beteiligten daran gebunden sind (***pacta sunt servanda*** = Verträge müssen eingehalten werden), müssen bestimmte Voraussetzungen an die jeweiligen, zum Vertragsschluss führenden Willenserklärungen erfüllt sein. So müssen Gegenstand und Inhalt des Vertrags bereits im Antrag so bestimmt oder zumindest bestimmbar (§§ 133, 157, 315 ff. BGB) angegeben werden, dass die Annahme durch ein **einfaches „Ja"** erfolgen kann.[257] Der Antrag muss grundsätzlich also **alle wesentlichen Punkte des intendierten Vertrags** (sog. *essentialia negotii*) enthalten.

1. Die essentialia negotii

432 Zu den *essentialia negotii* gehört zunächst, dass die **Person des Antragstellers** offenbart wird. Denn der andere Teil muss schließlich wissen, mit wem er kontrahieren soll.

432a Das soeben genannte Erfordernis spielt insbesondere bei **Internetgeschäften** eine Rolle. Denn in diesem Medium treten jedenfalls Privatleute[258] (bei eBay o.ä.) i.d.R. unter Mitgliedsnamen bzw. unter **Phantasienamen** in Erscheinung und lassen ihre wahre Identität nicht erkennen. Das ändert aber nichts daran, dass die allgemeinen Vorschriften über die Rechtsgeschäftslehre Anwendung finden.[259] Das bedeutet, dass man mit der hinter dem Mitglieds-

---

[254] *Ellenberger*, in: Palandt, § 145 Rn 1; *Brox/Walker*, AT, Rn 165.
[255] Vgl. dazu ausführlich Rn 269 ff., aber auch Rn 440, 608 und 1128.
[256] Vgl. dazu ausführlich Rn 282 ff.
[257] *Ellenberger*, in: Palandt, § 145 Rn 1; *Brox/Walker*, AT, Rn 166; *Köhler/Lange*, AT, § 8 Rn 7 f. und (wie hier) nunmehr auch *Fritsche*, JA **2006**, 674 f.
[258] Bei Geschäftsleuten gilt etwas anderes, da sie umfangreiche Aufklärungspflichten zu beachten haben.
[259] Insoweit klarstellend OLG Köln NJW **2006**, 1676.

bzw. Phantasienamen stehenden Person kontrahiert, auch wenn deren natürlicher Name im Zeitpunkt des Vertragsschlusses noch nicht bekannt ist. Zu den praktischen Schwierigkeiten, die dabei auftreten können, vgl. Rn 606 ff.

Zu den *essentialia negotii* gehört weiterhin, dass die **Person des Vertragspartners** bestimmt bzw. bestimmbar ist (zur Ausnahme der sog. Offerte *ad incertas personas* vgl. unten), da die Individualisierung aufgrund der privatautonomen Rechtsordnung grds. nicht durch das Gesetz oder ein Gericht erfolgen kann.[260] Die übrigen unverzichtbaren und **wesentlichen Vertragsbestandteile** ergeben sich bei den typischen schuldrechtlichen Verträgen unmittelbar aus dem Gesetz. **432b**

> **Beispiele:** Beim **Mietvertrag** (§ 535 BGB) ist der Antrag bestimmt, wenn er den Mietgegenstand, den Mietzins und die Vertragspartner benennt, beim **Kaufvertrag** (§ 433 BGB), wenn er den Kaufgegenstand, den Kaufpreis und die Vertragspartner beinhaltet.

Da andererseits auch eine ***Bestimmbarkeit*** der vertragswesentlichen Inhalte ausreicht, kann ausnahmsweise auch ohne eine Benennung sämtlicher *essentialia negotii* ein für einen Vertragsschluss ausreichender Antrag vorliegen. Eine ausreichende Bestimmbarkeit liegt insbesondere in den im Folgenden genannten Fallgruppen vor. **433**

- Der **Antragende überlässt die Festlegung einzelner Vertragspunkte dem Antragsempfänger** (vgl. §§ 315-319 BGB). **434**

> **Beispiel:** Sachverständiger S wird von einem Institut beauftragt, ein Gutachten anzufertigen. Über das Honorar wird nicht gesprochen.
> Obwohl hier über einen vertragswesentlichen Gegenstand nicht gesprochen wurde, liegt ein Vertrag vor (hier: Werkvertrag, § 631 BGB). Denn es greift die Auslegungsregel des § 316 BGB. Zudem enthält § 632 BGB eine Vergütungsregel (siehe sogleich).

- Das **Gesetz** enthält Bestimmungen, die **unvollständige Regelungen ergänzen** (etwa §§ 612, 632 BGB). **435**

> **Beispiel[261]:** A und B sind Schwestern. A möchte an ihrem Haus eine Anbauwohnung errichten. Da ihr das nötige Kleingeld fehlt, „leiht" B ihr den erforderlichen Betrag. Beide vereinbaren, dass B dafür in die Wohnung einziehen könne. Sollte B ausziehen, werde der von ihr investierte Betrag ausgezahlt, soweit er nicht abgewohnt sei. Als B einige Jahre später ausziehen soll, streiten sich beide vor Gericht über die Höhe des von A zurückzuzahlenden Betrags.
> Hier kommt eine Verrechnung des zurückzuzahlenden Darlehens (vgl. §§ 488 ff. BGB) mit dem insoweit nicht erhobenen Mietzins in Betracht. Dafür müsste jedoch überhaupt ein Mietvertrag vorliegen. Bedenken an dessen Vorliegen knüpfen an den Umstand, dass A und B keine Vereinbarung über die Mietzinshöhe getroffen hatten, diese jedoch einen wesentlichen Vertragsbestandteil darstellt, ohne dessen Vorliegen ein Vertrag nicht zustande kommt. Ausnahmsweise kann jedoch auch ohne Benennung sämtlicher *essentialia negotii* ein Vertrag vorliegen. Das ist insbesondere dann der Fall, wenn das Gesetz Bestimmungen enthält, die unvollständige Regelungen ergänzen. Für das Dienst- und Werkvertragsrecht enthält das BGB in §§ 612 und 632 entsprechende Regelungen, nicht jedoch für das Mietvertragsrecht. Man könnte daher annehmen, dass der Gesetzgeber für das Mietvertragsrecht keine „taxmäßige" bzw. „übliche" Bestimmung des Mietzinses zulassen und damit wegen Fehlens eines vertragswesentlichen Umstands das Vorliegen eines Mietvertrags verneinen wollte. Folge wäre ein Ausgleich über das Bereicherungsrecht. Anders hat jedoch der BGH entschieden. Er ist der Auffassung, die Bestimmung der Mietzinshöhe könne analog §§ 612 II, 632 II BGB erfolgen, wenn zwar (wie vorliegend) die Entgeltlichkeit der Gebrauchsüberlassung, nicht aber die Höhe des Entgelts

---

[260] *Schimmel/Buhlmann*, JA **2003**, 916, 917 f.; *Jung*, JuS **1999**, 28, 29; *Medicus*, AT, Rn 431.
[261] In Anlehnung an BGH NJW **2003**, 1317 ff.

vereinbart worden seien. Das überzeugt. Denn es ist kein Grund ersichtlich, warum anders als beim Dienst- oder Werkvertrag den Parteien eines Mietvertrags nicht das Gesetz zu Hilfe kommen sollte, wenn Einigkeit über die Entgeltlichkeit, nicht aber über die Höhe des Mietzinses besteht.

Vorliegend hat also der Richter über die Höhe des Mietzinses zu entscheiden. Er hat den ortsüblichen (und nötigenfalls den angemessenen) Mietzins und damit die Verrechnungsgrundlage festzustellen.

436

> **Hinweis für die Fallbearbeitung:** Zwar ist der Auffassung des BGH im Ergebnis zuzustimmen, in der Fallbearbeitung darf man jedoch nicht sofort auf die analoge Anwendung der §§ 612 II, 632 II BGB abstellen. Vielmehr hat wegen des Grundsatzes vom Vorrang des Parteiwillens die Prüfung in der richtigen Reihenfolge zu erfolgen:
>
> ⇨ Zunächst ist danach zu fragen, ob überhaupt eine (zumindest schlüssige) Vereinbarung über eine entgeltliche Gebrauchsüberlassung vorliegt.
>
> ⇨ Ist dies der Fall, ist sodann hinsichtlich der Mietzinshöhe eine erläuternde Vertragsauslegung über §§ 133, 157 BGB vorzunehmen.
>
> ⇨ Kann trotz Auslegung keine Vereinbarung über die Mietzinshöhe angenommen werden, ist danach zu fragen, ob die Festlegung der Höhe einer der Parteien überlassen worden ist (§ 315 BGB).
>
> ⇨ Kann demnach keine Vereinbarung über die Mietzinshöhe bzw. deren einseitige Bestimmung durch eine Vertragspartei angenommen werden, ist auf die Regelungen der §§ 612 II und 632 II BGB hinzuweisen und festzustellen, dass das Mietvertragsrecht solche nicht enthalte.
>
> ⇨ Schließlich ist zu diskutieren, ob aus dem Fehlen entsprechender Bestimmungen für das Mietvertragsrecht der Umkehrschluss oder der Analogieschluss gezogen werden müssen. Zieht man den Umkehrschluss mit dem Argument, dass wenn der Gesetzgeber einen „üblichen" Mietzins hätte als vereinbart ansehen wollen, er dies im Mietvertragsrecht hätte regeln müssen, ist ein Mietvertrag zu verneinen. Ein Ausgleich findet dann über das Bereicherungsrecht (§§ 812 ff. BGB) statt. Steht man indes auf dem Standpunkt, dass es interessengerechter sei, bei Fehlen einer Vereinbarung über die Höhe des Mietzinses die übliche Mietzinshöhe unter analoger Anwendung der §§ 612 II, 632 II BGB zu bestimmen, liegt ein wirksamer Mietvertrag vor. Der Ausgleich findet dann über § 535 II i.V.m. § 387 BGB (Aufrechnung) statt. Auch kommt ein Zurückbehaltungsrecht gem. § 273 BGB in Betracht.[262]

437   ▪ Ein **Bestimmungskauf** liegt vor (§ 433 BGB i.V.m. § 375 HGB).

Beispiel: Kaufmann K möchte vom Hersteller H einige Computer kaufen. Da sich K aber noch nicht hinsichtlich des Gehäuse-Designs entscheiden kann, vereinbaren beide, dass K die nähere Bestimmung des Gehäuses zu einem späteren Zeitpunkt vornehmen solle.

Hier ist der Kaufgegenstand hinreichend bestimmt, da es K vertraglich überlassen war, Form, Maß oder ähnliche Verhältnisse zu bestimmen (§ 375 HGB).

438   ▪ Eine gesetzliche oder vertragliche **Wahlschuld** liegt vor.

Beispiel: Die K möchte von der Hobbymopszüchterin V einen Mops kaufen. Da V noch zwei Tiere zur Auswahl hat und K sich nicht entscheiden kann, welchen Hund sie nun nehmen will, vereinbaren sie, dass V nach ihrer Wahl eines der Tiere liefern solle.

---

[262] Zwar ist das Zurückbehaltungsrecht des Mieters gegenüber dem Rückgabeverlangen des Vermieters nach § 570 BGB ausgeschlossen, jedoch ist § 570 BGB abdingbar (vgl. *Weidenkaff*, in: Palandt, § 570 Rn 2) und im vorliegenden Fall nach Auffassung des BGH auch (stillschweigend) abbedungen worden (BGH NJW **2003**, 1317, 1318). Vgl. dazu auch *Schimmel/Buhlmann*, JA **2003**, 916, 917 f.

Hier ist der Kaufgegenstand hinreichend bestimmt, da es der V überlassen ist, das zu verkaufende Tier zu bestimmen.

- Ein Angebot an jedermann liegt vor (sog. *Offerte ad incertas personas*). **439**

Dieser Ausnahme liegt der Gedanke zugrunde, dass sich der Antrag zwar grundsätzlich an eine bestimmte Person richten muss, ausnahmsweise jedoch auch eine *Bestimmbarkeit* der Person des Vertragspartners genügt. Das kommt insbesondere für solche Fälle in Betracht, in denen der Antragende darauf *verzichtet*, sich seinen Vertragspartner individuell auszusuchen oder in Fällen, in denen ein individueller Antrag an einzelne Empfänger *nicht möglich* ist. Hier kann ein Antrag auf Abschluss eines Vertrags an die Allgemeinheit erfolgen. Einen solchen Antrag nennt man eine *Offerte ad incertas personas*.

Beispiele: **440**
(1) Der **Betrieb einer Straßenbahn** ist ein Angebot zum Abschluss eines Beförderungsvertrags an jedermann. Angenommen wird ein solcher Antrag durch Inanspruchnahme der Bahn bzw. durch Zahlen des Fahrpreises.

(2) Ob das Aufstellen eines **Warenautomaten** als Offerte *ad incertas personas* zu qualifizieren ist, wird uneinheitlich gesehen.

⇨ Teilweise wird das Aufstellen von Automaten lediglich als Vorbereitungshandlung (*invitatio ad offerendum*, vgl. dazu Rn 269 ff.) angesehen.[263]

Nach dieser Auffassung geht das Angebot also erst (durch Einwerfen der Münze(n)) vom Kunden aus. Dabei ist jedoch nicht ganz klar, worin die Annahme letztlich zu sehen ist. Die Vertreter der genannten Auffassung meinen, die Annahme des vom Kunden ausgehenden Angebots liege in der Entgegennahme des eingeworfenen Geldes bzw. konkludent in der Ausgabe der Ware. Dem ist jedoch entgegenzuhalten, dass die Annahme als Willenserklärung eine *menschliche* Handlung sein muss. Der Automatenaufsteller wird aber bereits mit der Bereitstellung der Ware *abschließend* tätig, sodass darin schwerlich nur eine Vorbereitungshandlung gesehen werden kann.

⇨ Die ganz herrschende Auffassung[264] betrachtet daher das Aufstellen eines Automaten lediglich als einen Antrag an jedermann (**Offerte** *ad incertas personas*), der das verlangte Geldstück einwirft. Jedoch stehe dieses Angebot unter einer dreifachen Bedingung: Es sei (1) auf den im Automaten enthaltenen Vorrat beschränkt, (2) darauf, dass der Automat funktioniere und (3) dass keine falschen Münzen eingeworfen würden. Insbesondere die beiden zuerst genannten Kriterien seien erforderlich, um eine Schadensersatzpflicht des Automatenbetreibers bei Funktionsstörungen wegen Unmöglichkeit zu vermeiden.

Die Annahme dieses Angebots liegt dann im Einwerfen der Münze durch den jeweiligen Kunden, wobei auf den Zugang der Annahmeerklärung des Kunden nach § 151 S. 1 BGB verzichtet wird.[265] Ist allerdings eine der genannten Bedingungen (ausreichender Vorrat, bestimmungsgemäße Zahlung, ordnungsgemäßes Funktionieren) nicht erfüllt, liegt kein wirksames Angebot vor, sodass es zu keinem Vertrag kommt. Etwaige Rechtsfolgen sind über § 812 BGB oder über §§ 823 ff. BGB abzuwickeln.

(3) Letztlich mit denselben Erwägungen wird auch bei **Selbstbedienungstankstellen** überwiegend die betriebsbereite Zapfsäule als Angebot betrachtet. Das Tanken des Kunden stellt dann die Annahme dar. Dabei wird aber die dingliche Einigungserklärung des Tankstellenbesitzers als aufschiebend bedingt (vgl. § 158 I BGB) durch die vollständige Bezahlung des Kaufpreises ausgelegt.

---

[263] *Medicus*, AT, Rn 362; *Köhler/Lange*, AT, Rn 8 Rn 10; *Eckert*, in: Bamberger/Roth, § 145 Rn 41.
[264] *Brox/Walker*, AT, Rn 166; *Rüthers/Stadler*, AT, § 19 Rn 7; *Kramer*. in: MüKo, § 145 Rn 10; *Ellenberger*, in: Palandt, § 145 Rn 7.
[265] Genau wie hier nun auch *Fritzsche*, JA **2006**, 674, 679.

(4) Uneinheitlich wird schließlich die Frage beantwortet, wie das **Bereitstellen von Waren in einem Selbstbedienungsladen** zu bewerten ist.

⇨ Teilweise wird bereits im Aufstellen der Waren ein **Antrag** an die Allgemeinheit (**Offerte *ad incertas personas***) gesehen, den der jeweilige Kunde durch das Vorweisen der Ware an der Kasse annehme.[266] Denn wenn der Betreiber eines Kaufhauses Waren auslege und mit Preisen auszeichne bzw. mit Preisschildern versehe, stünden Kaufsache und Preis fest. Auch bestehe ein Rechtsbindungswille des Warenhausbetreibers, weil sich aus der Sicht des objektiven Empfängers in der Rolle des Durchschnittskunden (§§ 133, 157 BGB) ergebe, dass sich der Verkäufer bereits durch die Warenauslage binden wolle.

Nach dieser Auffassung nimmt also der Kunde das Angebot zum Kauf der Ware an, indem er sie an der Kasse vorweist. Das bedeutet, dass der Kunde vor diesem Zeitpunkt jederzeit die Ware wieder aus dem Einkaufskorb herausnehmen und in das Regal zurücklegen kann, ohne dass er an eine Annahme gebunden wäre.

⇨ Die herrschende Meinung wertet dagegen das Aufstellen der Ware als ***invitatio ad offerendum***, wobei das endgültige Angebot erst durch den Kunden abgegeben werde, der die Ware an der Kasse vorzeige, damit die Kassiererin die Ware erfassen könne.[267]

Nach dieser Auffassung liegt die Annahme des Angebots also in der Feststellung des Rechnungsbetrags an der Kasse. Dann auch erst liegt der Vertragsschluss vor.

Stellungnahme: Die zuerst genannte Auffassung kann für sich in Anspruch nehmen, dass bei einem SB-Laden, bei dem der Betreiber die Waren auslegt, die für eine *invitatio ad offerendum* ins Felde geführte Gefahr einer Mehrfachverpflichtung nicht besteht. Denn ist eine Ware vergriffen, kann kein anderer Kunde diese Ware greifen und einen Vertragsschluss herbeiführen. Das Argument der Mehrfachverpflichtung, das zur Begründung einer *invitatio ad offerendum* herangezogen wird, ist also tatsächlich nicht stichhaltig. Gleichwohl dürfte das Aufstellen der Ware deshalb als *invitatio ad offerendum* einzustufen sein, weil entgegen der zuerst genannten Auffassung der gem. §§ 133, 157 BGB maßgebliche objektivierte Empfängerhorizont darauf schließen lässt, dass sich der Betreiber eines SB-Ladens mit der Auslage der Ware noch nicht rechtlich binden möchte. Denn der Durchschnittskunde wird dem Inhaber eines SB-Ladens redlicherweise das Recht einräumen müssen, dass dieser im Falle einer falschen Preisauszeichnung den Vertragsschluss noch verhindern darf, ohne später den Vertrag gem. § 119 BGB anfechten und gem. § 122 BGB dem Kunden den Vertrauensschaden ersetzen zu müssen. Das aber setzt zwingend voraus, dass mit der Auslage der Ware gerade noch kein rechtsverbindliches Angebot zum Kaufvertragsschluss vorliegt. Gegen die zuerst genannte Auffassung spricht außerdem, dass mit der Annahme, bereits in der Auslage der Ware liege ein Angebot vor, der Geschäftsinhaber einen Vertragsschluss nicht verhindern könnte. So müsste er bspw. einem Ladendieb, dem er zuvor ein Hausverbot erteilt hatte, und der sich widerrechtlich im SB-Laden aufhält, diesem die von ihm ergriffene Ware verkaufen. Dies käme einem Kontrahierungszwang gleich, für den es für die vorliegende Fallkonstellation keine sachliche Begründung gibt. Wollte der Geschäftsinhaber derartige Kontrahierungszwänge vermeiden, müsste er Eingangskontrollen durchführen. Dies jedoch dürfte kaum zumutbar sein. Daher ist im Ergebnis der h.M. zu folgen, wonach das Auslegen von Ware in

---

[266] *Medicus*, AT, Rn 363 (der allerdings bei Sonderangeboten annimmt, dass sich der Inhaber in diesem Fall die Entscheidung über den Vertragsschluss vorbehalten können solle, z.B. durch Abgabe der Ware nur in haushaltsüblichen Mengen o.ä.). Vgl. auch *Kramer*, in: MüKo, § 145 Rn 10; *Eckert*, in: Bamberger/Roth, § 145 Rn 43.
[267] *Armbrüster*, in: Erman, § 145 Rn 10; *Jauernig*, in: Jauernig, § 145 Rn 3; *Bork*, in: Staudinger, § 145 Rn 4; *Ellenberger*, in: Palandt, § 145 Rn 8; *Larenz/Wolf*, AT, § 29 Rn 20; *Rüthers/Stadler*, AT, § 19 Rn 5; dem sich anschließend *Fritzsche*, JA **2006**, 674, 678. Offengelassen von BGHZ **66**, 51, 55 f.

einem SB-Laden lediglich eine *invitatio ad offerendum* darstellt. Antrag und Annahme erfolgen an der Kasse durch Vorlage der Ware und Einscannen des EAN-Strichcodes.

Zu unbestimmt wäre jedenfalls eine Formulierung wie: „Ich wäre nicht abgeneigt, Dein Fahrrad zu kaufen". Hier liegt nicht nur aus der Sicht des Erklärenden, sondern insbesondere aus der Sicht eines objektiven Dritten in der Rolle des Erklärungsempfängers lediglich eine **Interessenbekundung**, keinesfalls eine auf Abschluss eines Kaufvertrags gerichtete Willenserklärung vor. Insbesondere würde es für das Zustandekommen eines Kaufvertrags nicht genügen, wenn der andere mit einem bloßen „Ja" antwortete. | 441

2. Die accidentalia negotii

Bei den *accidentalia negotii* handelt es sich um vertragliche *Nebenpunkte*, die in einem Vertrag nach Belieben der Parteien ebenfalls mitberücksichtigt und geregelt werden können, die für einen Vertrag grundsätzlich aber nicht konstitutiv sind. | 442

> **Beispiele:** Vereinbarung eines Eigentumsvorbehalts, Vereinbarung über Zeit, Ort, Beschaffenheit der Leistung etc.

Sollte eine Vereinbarung über einen vertraglichen Nebenpunkt fehlen, über den aber nach dem Willen zumindest einer Partei eine Einigung erzielt werden sollte, ist dennoch grundsätzlich von einem zustande gekommenen Vertrag auszugehen, sofern die *essentialia negotii* vorhanden sind (sog. **versteckter Dissens**, § 155 BGB – Rn 504). | 443

III. Die Bindung an den Antrag

Nach § 145 BGB ist der Antragende grundsätzlich an sein Angebot gebunden. Er kann also nicht einfach ein Angebot abgeben und es sich sodann anders überlegen. Auf der anderen Seite ermöglicht ihm § 145 BGB a.E. jedoch, die Gebundenheit auszuschließen. Der Ausschluss einer solchen Bindungswirkung kann z.B. durch die Verwendung von **Freiklauseln** („Angebot freibleibend", „unverbindlich" etc.) erfolgen. Bei diesen Formulierungen ist aber im jeweiligen Einzelfall durch Auslegung zu ermitteln, welche Bedeutung diesem Zusatz im Antrag beizumessen ist. Insbesondere ist es möglich, dass der Verwender die Vertragsbindung durch Statuierung eines **Rücktrittsrechts** ausschließt; auch könnten sie eine bloße *invitatio ad offerendum* oder ein **Angebot mit Widerrufsvorbehalt** darstellen (vgl. bereits Rn 279 ff.). | 444

Jedenfalls hindert der **geheime Vorbehalt**, das Erklärte nicht zu wollen, **nicht** die Bindung an den Antrag (§ 116 I S. 1 BGB). | 445

Im Übrigen tritt die Bindungswirkung mit **Zugang** des Antrags beim Empfänger ein, es sei denn, diesem geht **vorher** oder **gleichzeitig** ein **Widerruf** zu (§ 130 I S. 2 BGB). | 446

Die Bindungswirkung **erlischt**, wenn der Adressat das Angebot **annimmt** oder **ablehnt**. Dasselbe gilt, wenn dieser den Antrag **nicht** oder **nicht fristgerecht** annimmt, §§ 146 ff. BGB. | 447

> **Beispiel:** V bietet K sein gebrauchtes Fahrrad zum Kauf an. Der Preis soll 100,- € betragen. K möchte es sich noch überlegen; er werde V Bescheid geben. Als eine Woche später D bei V zu Besuch ist und bei diesem das Fahrrad sieht, unterbreitet er V sofort ein Kaufangebot, das dieser, der nicht mehr mit einer Zusage des K rechnet, sofort annimmt. Er gibt D das Fahrrad gleich mit. Am nächsten Tag ruft K bei V an und teilt ihm mit, dass er das Angebot annehme. | 448
>
> Da es V unmöglich ist, das Fahrrad an K zu liefern, ist er schadensersatzpflichtig, sofern man einen Vertrag annimmt, §§ 275 I, 280 I BGB. Das Vorliegen eines Vertrags zwi-

schen V und K ist jedoch zu verneinen, wenn V im Zeitpunkt der Übereignung des Fahrrads an D nicht mehr an sein zuvor an K abgegebenes Angebot gebunden ist.

Ausgehend vom Grundsatz der Privatautonomie stellt das Gesetz in **§ 148 BGB** dem Antragenden frei, das Angebot beliebig zu **befristen**. Dann kann die Annahme nur innerhalb der Frist, mag sie kurz oder lang bemessen sein, erfolgen. Erfolgt die Annahme durch einen Vertreter ohne Vertretungsmacht, muss die Genehmigung durch den Vertretenen (§ 177 I BGB) noch innerhalb der Annahmefrist erfolgen: Zwar wirkt die Genehmigung grundsätzlich auf den Zeitpunkt der Vornahme des Rechtsgeschäfts zurück (§ 184 I BGB), diese Rückwirkung darf jedoch nicht zu Lasten des Antragenden gehen, da er nach Fristablauf in seinen Dispositionen wieder frei sein soll. Die gleichen Grundsätze gelten bei der Vertragsannahme durch einen Minderjährigen.

Ist – wie vorliegend – jedoch keine Annahmefrist gesetzt, muss zwischen dem Angebot an einen *Anwesenden* und an einen *Abwesenden* unterschieden werden.

⇨ Der einem **Anwesenden** gemachte Antrag kann gem. § 147 I S. 1 BGB nur **sofort** angenommen werden. Dies gilt auch für **fernmündliche** Angebote (§ 147 I S. 2 BGB). „Sofort" bedeutet, dass sich der Empfänger **ohne Zögern** erklären muss. Dies schließt freilich – etwa bei einem komplexen oder weit reichenden Angebot – eine gewisse **Überlegungsfrist** nicht aus.

> Als Faustformel lässt sich sagen, dass je **komplexer** das Angebot und/oder je **wertvoller** der Angebotsgegenstand sind, desto **länger** die Überlegungsfrist sein muss.

Im Übrigen hängt es davon ab, wie lange der Antragende sich annahmebereit zeigt (gegebenenfalls stillschweigende Einräumung einer Annahmefrist). Die Annahme muss allerdings unter Anwesenden erfolgen.

Bei **schriftlichen** Angeboten unter Anwesenden ist dagegen zu differenzieren: Es kommt darauf an, ob der Antragende den Umständen nach eine sofortige Antwort erwarten kann oder dem Empfänger die Möglichkeit der schriftlichen Rückäußerung eingeräumt sein soll. Im letzteren Fall ist § 147 II BGB analog anzuwenden (dazu sogleich).

Würde man vorliegend bei V und K eine mündliche Angelegenheit unter Anwesenden annehmen, hätte sich K zwar nicht in sekundenschnelle entscheiden müssen, sondern sich die Sache durch den Kopf gehen lassen dürfen. Eine Woche Bedenkzeit war ihm angesichts des geringen Wertes des Kaufgegenstands jedoch nicht zuzubilligen. Demzufolge wäre seine Annahme zu spät erfolgt.

⇨ Ein Antrag unter **Abwesenden** kann nach § 147 II BGB nur bis zu dem Zeitpunkt angenommen werden, in welchem der Antragende den Eingang der Antwort unter **regelmäßigen Umständen** erwarten darf. Der Antragende muss dabei die regelmäßige Dauer der Beförderung des Angebots zum Empfänger, eine angemessene Überlegungsfrist und die regelmäßige Dauer der Beförderung der Antwort in Rechnung stellen.[268] Die Beförderungsdauer bemisst sich nach der Art der Übermittlung. Dabei darf der Antragende mit derselben Übermittlungsart rechnen, die er selbst benutzt hat (sog. Korrespondenz der Beförderungsmittel). Die Überlegungsfrist bemisst sich nach der Bedeutung und Eilbedürftigkeit des Geschäfts.

Hätte vorliegend V dem K das Angebot mittels **Telefax** oder **E-Mail** gemacht, hätte er auch mit rascher Überlegung und Antwort durch dasselbe Medium rechnen dürfen. Dann wäre die Antwort des K freilich zu spät erfolgt.

Bei **brieflicher** Übermittlung gilt regelmäßig etwas anderes, da sich Postlaufzeiten (weniger denn je) vorhersehen lassen. Hier gilt Folgendes: Das Risiko des verspäteten Zugangs einer an sich rechtzeitig abgesendeten Annahmeerklärung trägt grund-

---

[268] Wie hier nunmehr auch (nahezu wörtlich) *Fritsche*, JA **2006**, 674, 676.

sätzlich der Angebotsempfänger. Musste der Antragende (vorliegend V) die rechtzeitige Absendung aber erkennen (z.B. am Poststempel), hat er nach **§ 149 BGB** dem Annehmenden (vorliegend dem K) die Verspätung unverzüglich anzuzeigen. Verzögert er die Absendung der Anzeige, gilt die Annahme als nicht verspätet. Der Vertrag kommt also zustande.[269]

> **Hinweis für die Fallbearbeitung:** Erlischt ein Antrag, entfällt damit auch die Bindungswirkung (§ 146 BGB). Der Vertrag kann also nicht mehr dadurch zustande kommen, dass der andere Teil das Angebot annimmt. Daher empfiehlt es sich auch für die Fallbearbeitung, den durch Erlöschen des Antrags hervorgerufenen Entfall der Bindungswirkung nicht beim Antrag, sondern bei der Annahme anzusprechen. Freilich wäre es nicht falsch, das Entfallen der Bindungswirkung bereits beim Antrag anzusprechen, dann aber müsste man die Annahme – und ggf. ihre Rechtzeitigkeit – inzident bei der Abgabe des Angebots mitprüfen. Das führte zu einer Unübersichtlichkeit der Prüfung. Für den hier vorgeschlagenen Weg spricht zudem, dass dadurch, dass eine verspätet erklärte Annahme als neuer Antrag gilt (vgl. § 150 BGB), man sich sogleich dieser Frage annehmen kann. Vgl. dazu Rn 471 ff.

Der Antrag erlischt nicht schon dadurch, dass der Antragende vor der Annahme **stirbt** oder **geschäftsunfähig** wird, sofern kein anderer Wille des Antragenden anzunehmen ist (vgl. § 153 BGB, aber auch § 130 II BGB, der den Zeitraum zwischen Abgabe und Zugang des Angebots betrifft). Ein abweichender Wille ist durch Auslegung der Erklärung festzustellen und insbesondere bei höchstpersönlichen Geschäften anzunehmen. **449**

Beispiel: Der querschnittsgelähmte K ist am 1.12. gestorben. Die Angehörigen schalten eine Todesanzeige in der Tageszeitung. Das ruft V auf den Plan. Er schickt am 4.12. ein an K adressiertes HDTV-Plasma-Fernsehgerät der neuesten Generation nebst Rechnung i.H.v. 10.000,- €. Als Bestellzeichen gibt er an: „Ihre telefonische Bestellung vom 27.11." Die Angehörigen und zugleich Erben sind entsetzt, da sie sich in Erwartung des Erbes bereits selbst zuvor ein solches Gerät zugelegt hatten. **450**

Hier sind die Erben – auch wenn sie das Erbe antreten und gem. § 1922 BGB in alle Rechte und Pflichten des Erblassers eintreten – selbstverständlich nicht verpflichtet, da K kein entsprechendes Angebot abgegeben hatte (V könnte ein solches auch nicht beweisen). Unterstellt, K hätte tatsächlich ein solches Angebot abgegeben, würde die Regelung des § 153 BGB (und die des § 130 II BGB) greifen. Dann wäre durch Auslegung zu ermitteln gewesen, ob der Wille des K dahin gegangen wäre, dass das Geschäft unabhängig von seinem Tod gelten soll. Hätte es sich bspw. um einen Rollstuhl gehandelt, wäre die Frage zweifelsfrei zu verneinen gewesen. Aber auch bei allen anderen Geschäften wird man im Zweifel annehmen müssen, dass eine Bestellung nur für den Fall gelten soll, dass der Besteller die bestellte Ware auch noch nutzen kann. Insbesondere darf unterstellt werden, dass er es den Erben überlässt, die geerbten Mittel einzusetzen. Die Erben brauchen also die bestellte Ware nicht abzunehmen und nicht zu bezahlen. Ob wenigstens eine Schadensersatzpflicht analog § 122 BGB gegeben ist, sollte vom Einzelfall abhängig gemacht werden.

---

[269] Vgl. auch *Köhler/Lange*, AT, § 8 Rn 18 und nunmehr auch *Volp/Schimmel*, JuS **2007**, 899 ff.

C. Die Annahme

I. Begriff und Voraussetzungen

451 Auf die Annahme musste bereits im Rahmen des Angebots eingegangen werden. Daher sollen an dieser Stelle die noch nicht behandelten Aspekte behandelt werden.

452 Auch bei der Annahme handelt es sich um eine empfangsbedürftige Willenserklärung, die grundsätzlich erst mit ihrer Abgabe und ihrem **Zugang beim Antragenden** wirksam wird (zur Ausnahme des Zugangserfordernisses gem. § 151 S. 1 BGB, s.u.). Bis zu ihrem Zugang kann der Annehmende seine Annahmeerklärung daher widerrufen (§ 130 I S. 2 BGB).

453 **Inhaltlich** muss sich die Annahme **auf den Antrag beziehen** und mit ihm bezüglich des bezweckten Rechtserfolgs übereinstimmen. Eine wörtliche Übereinstimmung ist nicht erforderlich; insbesondere genügt i.d.R. ein schlichtes „Ja", weil die Essentialen des intendierten Vertrags bereits im Angebot enthalten sein sollen. Weicht die „Annahmeerklärung" jedoch inhaltlich vom Angebot ab (Erweiterung, Einschränkung, sonstige Änderung), liegt in der Regel keine Annahme vor, sondern eine Ablehnung, verbunden mit einem neuen Antrag (**§ 150 II BGB**). Aber auch in diesem Fall ist zu beachten, dass der Parteiwille Vorrang hat. Daher ist zunächst durch Auslegung zu ermitteln, ob das Angebot eine teilbare Leistung zum Inhalt hat und ob nach dem Willen des Antragenden eine eingeschränkte, sich auf einen Teil des Angebots beziehende Annahme möglich sein soll.

> **Beispiel:** V bietet K 100 Mobiltelefone für 4.500,- € zum Kauf an. K sagt, dass er 50 Stück nehme.
> Hier ergibt sich bei einer Auslegung, dass K 50 Geräte für 2.250,- € nehmen möchte, die Hälfte des Angebots zu der Hälfte des Preises. Fraglich ist, ob es sich bei dem Angebot des V um ein teilbares Angebot in der Form handelt, dass bei einer Abnahme von *bis zu* 100 Stück eine lineare Preisgestaltung Grundlage des Angebots war. Dies ist in der Regel aber zu verneinen, denn je größer die Abnahmemenge ist, desto günstiger kann der Anbietende hinsichtlich des Kaufpreises kalkulieren. Es ist daher von einer Ablehnung des Angebots, verbunden mit einem neuen Angebot i.S.d. § 150 II BGB, auszugehen.

II. Formen der Annahme

1. Formfreiheit bzw. Formbedürftigkeit

454 Grundsätzlich bedarf es zu einem Vertragsschluss keiner besonderen **Form**. Etwas anderes gilt jedoch dann, wenn das Gesetz eine besondere Form vorschreibt (Schriftform, notarielle Beurkundung).[270] Aber auch der Antragende kann nicht nur eine Frist für die Annahme bestimmen (vgl. § 148 BGB), sondern auch, dass die Annahme nur durch eine bestimmte Form (persönliche Übergabe, Schriftform, notarielle Beurkundung, die gesetzlich nicht vorgesehen ist) erfolgen kann. Auch kann er bestimmen, dass ein Zugang nicht erforderlich ist (vgl. § 151 S. 1 Var. 2 BGB).

2. Das Schweigen nach Bürgerlichem Recht

a. Grundsatz: keinerlei rechtliche Bedeutung

455 Wie schon bei Rn 244 ausgeführt, hat ein **Schweigen** im Rechtsverkehr grundsätzlich keinerlei rechtliche Bedeutung (sog. rechtliches *nullum*). Bei einem Schweigen auf ein Vertragsangebot ist daher grundsätzlich *keine* Annahme gegeben (*„qui tacet, consenti-*

---

[270] Zu den Folgen der Nichteinhaltung siehe Rn 1097 ff.

re non videtur" - „Wer schweigt, stimmt nicht zu"). Für den Bereich des Verbraucherschutzes wird dies in besonderer Weise durch **§ 241a BGB** klargestellt.[271]

b. Ausnahme: vertragliche oder gesetzliche Regelung

Ausnahmsweise kann auch einem Schweigen Erklärungswert zukommen. Das ist dann der Fall, wenn die Parteien (freilich unter Beachtung des § 308 Nr. 5 BGB) **vereinbart** haben, dass das Schweigen eines Teils als Annahme gelten soll (sog. „**beredtes Schweigen**") oder wenn das **Gesetz** das Schweigen als Zustimmung wertet. Da auch diese Konstellationen bereits bei Rn 243 f. behandelt wurden, bleibt im vorliegenden Zusammenhang, lediglich auf das **Schweigen im Handelsrecht** hinzuweisen.

456

c. Schweigen im Handelsrecht

Nach **§ 362 I HGB** gilt Schweigen als **Annahme des Antrags**. Ähnlich gilt nach **§§ 75 h, 91a HGB** das Schweigen des unberechtigt Vertretenen als **Genehmigung** (vgl. auch hier die gegensätzliche Regelung in § 177 II S. 2 BGB). Das hat seinen Grund darin, dass Kaufleute als geschäftserfahren gelten und dass durch derartige Regelungen die Sicherheit und Schnelligkeit des Rechtsverkehrs im Handelsrecht gefördert werden sollen.

457

aa. „Auftragsbestätigung"

Nicht selten kommt es vor, dass ein Vertrag nur mündlich oder fernmündlich abgeschlossen wurde. In solchen Fällen kann mangels sicherer Unterlage leicht Streit darüber entstehen, ob und mit welchem Inhalt der Vertrag zustande gekommen ist. Um diese Unsicherheit zu beseitigen, ist es im Verkehr **zwischen Unternehmen** gebräuchlich, durch eine schriftliche Bestätigung (**„kaufmännisches Bestätigungsschreiben**") das Zustandekommen und den Inhalt des Vertrags zu dokumentieren. Davon zu unterscheiden ist die sog. **„Auftragsbestätigung"**. Diese bestätigt nicht das Zustandekommen eines Vertrags, sondern soll den Vertrag erst zustande bringen, stellt also **die Annahme eines Angebots** dar.

Weicht die „Auftragsbestätigung" jedoch vom Angebot inhaltlich ab, handelt es sich um eine Ablehnung, verbunden mit einem neuen Angebot (§ 150 II BGB). Schweigt nun der andere Teil auf diese sog. „Auftragsbestätigung", ist darin (sofern es sich nicht um ganz unwesentliche Änderungen handelt) grundsätzlich noch keine stillschweigende Annahmeerklärung zu erblicken.[272] Eine solche ist jedoch dann anzunehmen, wenn die Vertragsleistung widerspruchslos entgegengenommen wird.[273]

458

> **Beispiel:** Einzelhändler E bestellt beim Großhändler H 500 Stück DVD-Laufwerke. Daraufhin schickt H dem E eine Auftragsbestätigung, in der er (in Abweichung zu den bisherigen Geschäften mit E) darauf hinweist, dass er unter verlängertem Eigentumsvorbehalt (vgl. §§ 449, 158 I BGB) liefere.
>
> Hier wird diese Klausel auch dann nicht Vertragsinhalt, wenn E nicht widerspricht. Nimmt E allerdings die Lieferung widerspruchslos entgegen, hat er damit konkludent zugestimmt und den Vertrag unter Geltung des verlängerten Eigentumsvorbehalts zustande gebracht.

---

[271] Vgl. dazu Rn 236, 278 und 480.
[272] BGHZ **61**, 282, 285.
[273] BGH NJW **1995**, 1671, 1672.

bb. „Kaufmännisches" Bestätigungsschreiben

a.) Rechtliche Bedeutung

459 Während nach dem bisher Gesagten die Auftragsbestätigung die schriftliche Annahme eines Vertragsangebots darstellt und auch gegenüber einem Nichtkaufmann erklärt werden kann, bedient sich ein **Unternehmer**[274] gegenüber einem **anderen Unternehmer** (nach h.M.: gegenüber einer kaufmannsähnlich auftretenden Person) eines „kaufmännischen" Bestätigungsschreibens, um – aus Gründen der Beweissicherung – den Inhalt eines angeblich geschlossenen Vertrags wiederzugeben. Widerspricht der Empfänger eines derartigen Bestätigungsschreibens diesem nicht unverzüglich (vgl. § 121 I S. 1 BGB), muss er den Vertrag so hinnehmen, wie ihn der Inhalt des unwidersprochenen Bestätigungsschreibens angibt. Das ist gewohnheitsrechtlich anerkannt und allgemeine Auffassung. Der Bestätigende darf dann nach Treu und Glauben aus dem Schweigen des Empfängers schließen, dass dieser mit dem bestätigten Vertragsschluss einverstanden ist. Das gilt selbst dann, wenn der Verfasser des Bestätigungsschreibens in diesem einen Fehler gemacht hat.

> **Beispiel:** Verleger V verhandelt mit dem Hersteller von Verpackungsmaterialien H telefonisch über 15.700 Stück Faltschachteln. Nachdem sich beide über den Preis einig geworden sind, schließen sie noch am Telefon einen Vertrag. H bestätigt dem V den Vertragsschluss, wobei er *aus Versehen* 17.500 Stück in das Bestätigungsschreiben schreibt. Widerspricht V diesem Bestätigungsschreiben nicht unverzüglich, gilt der Vertrag mit dem Inhalt des Bestätigungsschreibens als zustande gekommen.

460
> **Hinweis für die Fallbearbeitung:** Das Schweigen auf ein kaufmännisches Bestätigungsschreiben wird nach h.M. *nicht* als Willenserklärung eingeordnet. Daher muss der Schweigende keinen Handlungswillen und auch kein Erklärungsbewusstsein haben. Vielmehr reicht es aus, dass ihm ein Bestätigungsschreiben zugegangen ist und er diesbezüglich geschwiegen hat. Dennoch kann der Empfänger sein Schweigen mit Erklärungswirkung analog[275] § 119 I BGB **anfechten**, wenn er hinsichtlich des Inhalts der Bestätigung einem Irrtum unterlegen ist. Ausgeschlossen ist dagegen eine Anfechtung wegen eines Irrtums über die bestätigende Bedeutung des Schweigens überhaupt. Dieser Irrtum stellt einen **unbeachtlichen Rechtsfolgeirrtum** dar.[276] Eine Anfechtung kann aus den schon genannten Rechtssicherheitserwägungen auch nicht darauf gestützt werden, dass das Bestätigungsschreiben und die mündliche Abrede voneinander abweichen.[277]

b.) Voraussetzungen

461 Nach allgemeiner Auffassung sind an die Wirksamkeit eines „kaufmännischen" Bestätigungsschreibens folgende Voraussetzungen geknüpft[278]:

---

[274] Spätestens mit der Aufnahme des Begriffs „Unternehmer" in das BGB (vgl. nunmehr dort § 14) hat der Gesetzgeber klargestellt, dass ein „kaufmännisches Bestätigungsschreiben" auch **zwischen Unternehmern**, die nicht notwendigerweise „Kaufleute" nach HGB sind, möglich sein muss (dies übersieht *Medicus*, wenn er in BR, Rn 63, verlangt, der Empfänger des Schreibens müsse „Kaufmann nach HGB" sein).

[275] Da die §§ 119 ff. BGB direkt nur für Willenserklärungen gelten, kommt lediglich eine analoge Anwendung in Betracht.

[276] BGHZ **11**, 1, 5; *Medicus*, AT, Rn 442; *Deckert*, JuS **1998**, 121, 124.

[277] BGH NJW **1969**, 1711; **1972**, 45; *Ellenberger*, in: Palandt, § 147 Rn 8; *Schwerdtner*, Jura **1988**, 443, 446.

[278] Vgl. nur BGHZ **7**, 187; **11**, 1, 4; **40**, 42, 46; **93**, 338; 343; *Ellenberger*, in: Palandt, § 147 Rn 8 ff.; *Medicus*, BR, Rn 60 ff.; *Köhler/Lange*, AT, § 8 Rn 32; *Hartmann*, HandelsR, **2008**, Rn 539 ff.; *Schärtl*, JuS **2007**, 567, 568; *Lettl*, Jus **2008**, 849, 850.

Voraussetzungen eines „kaufmännischen" Bestätigungsschreibens

I. Persönlicher Anwendungsbereich

Eine Kaufmannseigenschaft der Parteien i.S.d. §§ 1 ff. HGB ist nach heute nahezu einhelliger Auffassung nicht mehr erforderlich. Auf *Empfängerseite* genügt es, wenn die Person „kaufmannsähnlich" am Rechtsverkehr teilnimmt und der Absender daher die Beachtung kaufmännischer Gewohnheiten erwarten kann. So werden als taugliche Empfänger Vertreter der sog. Freien Berufe (Architekten, Ärzte, Apotheker, Schriftsteller etc.), Insolvenzverwalter und ggf. auch Kleingewerbetreibende angesehen. Erforderlich ist aber stets, dass das fragliche Geschäft berufsbezogen ist. Hinsichtlich des *Absenders* fordert die h.M. ebenfalls zumindest eine kaufmannsähnliche Teilnahme am Geschäftsverkehr.[279] Demgegenüber wird in der Lit. ein gänzlicher Verzicht der Kaufmannseigenschaft diskutiert, da die KBS-Grundsätze keine Rechtswirkungen zu Lasten des Absenders entfalteten.[280] Dies ist zwar richtig, führt jedoch gleichzeitig zu einer Schlechterstellung des Adressaten und entspricht i.Ü. nicht dem hintergründigen Zweck des KBS als Erscheinungsform des Handelsrechts. Nach der hier vertretenen Auffassung müssen daher auf beiden Seiten zwar keine Kaufleute i.S.d. §§ 1 ff. HGB, aber zumindest **Unternehmer** i.S.d. § 14 BGB stehen.[281]

II. Vorausgegangener rechtsgeschäftlicher Kontakt

Zwischen den Parteien muss ein **rechtsgeschäftlicher Kontakt** stattgefunden haben. Darunter sind sowohl Vertragsverhandlungen als auch ein Vertragsschluss zu verstehen, gleichgültig ob mündlich, fernmündlich oder schriftlich. Ob Vorverhandlungen durch einen Stellvertreter durchgeführt worden sind, ist irrelevant. Das gilt auch dann, wenn die Vorverhandlungen von einem Vertreter ohne Vertretungsmacht geführt worden sind. Selbst dann, wenn der Vertretene mit den Vorverhandlungen „überhaupt nichts anfangen kann", muss dem Bestätigungsschreiben widersprechen, da sein Schweigen - entgegen § 177 II S. 2 Halbs. 2 BGB – als Genehmigung des Vertragsinhalts aufzufassen ist.[282]

III. Keine besondere Form des Bestätigungsschreibens

Da das Bestätigungsschreiben keiner besonderen Form bedarf, kann es auch in einem Fax oder einer E-Mail enthalten sein.[283]

IV. Wiedergabe des wesentlichen Inhalts

In dem Bestätigungsschreiben muss der **wesentliche Inhalt** des (angeblich) zustande gekommenen Vertrags wiedergegeben sein. Allerdings darf der Bestätigende die Verhandlungen um **geringfügige** Inhalte ergänzen oder erweitern, **die vernünftige Parteien zur ordnungsgemäßen Abwicklung vereinbart hätten und mit deren Billigung der Bestätigende rechnen darf**.

V. Redlichkeit des Bestätigenden (Schutzwürdigkeit des Absenders)

Der Bestätigende muss **redlich** hinsichtlich des Inhalts des Bestätigungsschreibens sein. Daher liegt *kein* kaufmännisches Bestätigungsschreiben vor, wenn der Bestätigende das Verhandlungsergebnis **bewusst unrichtig** oder **entstellt** wiedergibt. Dabei muss sich der Bestätigende gemäß § 166 I BGB die Kenntnis seines Vertreters zurechnen lassen. Das gilt selbst dann, wenn nicht der bösgläubige Vertreter, sondern der falsch unterrichtete gutgläubige Vertretene das Bestätigungsschreiben verfasst.

---

[279] BGHZ **40**, 42, 43 f.; BGH NJW **1987**, 1940, 1941; OLG Düsseldorf NJW-RR **1995**, 501, 502; *K. Schmidt*, HandelsR, 5. Aufl. **2006**, § 19 III 2b; *Roth*, in: Koller/Morck/Roth, HGB, 6. Aufl. **2007**, § 346 Rn 24. Dem zustimmend *Schärtl*, JuS **2007**, 567, 569; *Lettl*, Jus **2008**, 849, 850 f.

[280] *Hopt*, in: Baumbach/Hopt, HGB (32. Aufl. **2006**), § 346 Rn 19; *Canaris*, HandelsR, 24. Aufl. **2006**, § 23 Rn 45; *Hübner*, HandelsR, 5. Aufl. **2004**, Rn 496.

[281] Vgl. bereits die Vorauflage; wie hier nun auch *Lettl*, Jus **2008**, 849, 850.

[282] Vgl. BGH NJW **2007**, 987, 988.

[283] OLG Hamm NJW **1994**, 3172.

VI. Enger zeitlicher Zusammenhang und kein unverzüglicher Widerspruch des Empfängers

Das Bestätigungsschreiben muss schließlich alsbald nach dem (angeblichen) Vertragsschluss abgesandt worden und dem Empfänger zugegangen (§ 130 I S. 1 BGB analog) sein. Ist dieser mit dem Inhalt des Bestätigungsschreibens nicht einverstanden, muss er **„unverzüglich"** (§ 121 I S. 1 BGB) widersprechen. Als „unverzüglich" und somit rechtzeitig ist i.d.R. nur ein Widerspruch anzusehen, der nach ein bis zwei Tagen ergeht. Im Einzelfall kann ein Widerspruch selbst nach sieben Tagen noch rechtzeitig sein. Ein noch späterer Widerspruch ist i.d.R. nicht mehr rechtzeitig.

---

c.) Rechtsfolgen

461a Ein unwidersprochen gebliebenes KBS hat zur Folge, dass der Inhalt des Schreibens als vereinbart gilt. Absender und Empfänger müssen sich so behandeln lassen, als wäre der Vertrag von Anfang an mit dem Inhalt des KBS zustande wirksam gekommen.

cc. Zusammenfassung

462 Eine **Auftragsbestätigung** ist die schriftliche Annahme eines Vertragsangebots.

463 Das **„kaufmännische" Bestätigungsschreiben** ist eine Urkunde, in der ein Unternehmer den Inhalt eines angeblich geschlossenen Vertrags wiedergibt.

Da eine Auftragsbestätigung lediglich die Annahme eines Vertragsangebots darstellt, ist eine in ihr enthaltene Änderung zum ursprünglichen Antrag nicht mehr als „Bestätigung" zu werten, sondern gem. § 150 II BGB als neuer Antrag, den der andere Teil annehmen oder ablehnen kann. Ein Schweigen auf ein solches Schreiben ist – anders als das Schweigen eines Unternehmers auf ein „kaufmännisches" Bestätigungsschreiben – nicht rechtserheblich und stellt insbesondere keine Annahme dar. Deshalb trifft den Anbietenden auch keine Pflicht, auf eine abweichende Auftragsbestätigung zu reagieren. Das Schweigen auf eine solche „Auftragsbestätigung" bedeutet also keine Zustimmung.[284]

dd. Exkurs: Untersuchungs- und Rügefrist beim Handelskauf

464 -466 Für das Handelsrecht bedeutsam ist § 377 HGB, durch den die bürgerlich-rechtlichen Mängelvorschriften der §§ 434 ff. BGB beim beidseitigen Handelskauf entscheidend modifiziert werden. Auch hier knüpft das Gesetz an das Unterlassen einer Erklärung bestimmte rechtliche Folgen, nämlich die **Fiktion der Genehmigung** einer **mangelhaften** Ware, wenn der Käufer **nicht unverzüglich rügt** (§ 377 II HGB). Dem liegt der Gedanke zugrunde, dass dem Käufer die Pflicht zur Untersuchung der gelieferten Ware und zur Rüge ihrer Mangelhaftigkeit obliegt. Der Verkäufer soll möglichst rasch über die Mangelhaftigkeit der von ihm gelieferten Ware in Kenntnis gesetzt werden. § 377 HGB verpflichtet den Käufer daher, sofort erkennbare Mängel unverzüglich nach der Untersuchung und die erst später erkennbaren Mängel unverzüglich nach ihrer Entdeckung zu rügen. Unterlässt der Käufer die Rüge, verliert er gemäß § 377 II HGB alle Mängelrechte; auch die Einrede des § 320 BGB gegen den Zahlungsanspruch des Verkäufers wird ihm abgeschnitten. § 377 HGB statuiert demnach eine sehr weit reichende Folge für das Ausbleiben einer Erklärung: Wer schweigt, verliert seine Mängelrechte.

---

[284] Ein Übungsfall zum KBS findet sich bei *Lettl*, Jus **2008**, 849, 853 f.

III. Annahmefrist und verspätete Annahmeerklärung

Ausgehend vom Grundsatz der Privatautonomie stellt das Gesetz in **§ 148 BGB** dem Antragenden frei, das Angebot beliebig zu **befristen**. In diesem Fall kann die Annahme – in Abweichung zu der gesetzlichen Annahmefrist des § 147 BGB – nur innerhalb der Frist, mag sie kurz oder lang bemessen sein, erfolgen. Erfolgt die Annahme durch einen Vertreter ohne Vertretungsmacht, muss die Genehmigung durch den Vertretenen (§ 177 I BGB) noch innerhalb der Annahmefrist erfolgen: Zwar wirkt die Genehmigung grundsätzlich auf den Zeitpunkt der Vornahme des Rechtsgeschäfts zurück (§ 184 I BGB), diese Rückwirkung darf jedoch nicht zu Lasten des Antragenden gehen, da er nach Fristablauf in seinen Dispositionen wieder frei sein soll. Die gleichen Grundsätze gelten bei der Vertragsannahme durch einen Minderjährigen.

467

Die gewillkürte Frist nach § 148 BGB kann **ausdrücklich** oder **konkludent** einseitig vom Anbietenden bestimmt werden. Eine nachträgliche einseitige Fristverlängerung durch den Antragenden ist möglich, nicht aber eine Fristverkürzung. In Allgemeinen Geschäftsbedingungen sind überlange Annahmefristen zugunsten des Verwenders nach **§ 308 Nr. 1 BGB** unwirksam.

468

Für die **Fristberechnung** gelten die §§ 186 ff. BGB, deren Anwendung sich selbst für den Fortgeschrittenen nicht immer einfach gestaltet.

469

> **Beispiel[285]:** K ist am Kauf eines Hundes interessiert. Dazu besichtigt er an einem Mittwochnachmittag bei der Hobbymopszüchterin Z einen Mops. Am Ende der Vertragsverhandlungen macht Z ein konkretes Angebot und setzt K eine Annahmefrist von 10 Tagen. Wann muss K das Angebot spätestens annehmen?
>
> Die Fristberechnung erfolgt nach §§ 187 ff. BGB. Fristbeginn ist bei Erklärung unter Anwesenden der Zugang des Angebots an K, also der Mittwochnachmittag (unter Abwesenden ist es eine Auslegungsfrage, ob die Frist mit Abgabe oder erst mit Zugang des Angebots läuft!). Dieser Tag bleibt nach § 187 I BGB unberücksichtigt, damit K jedenfalls 10 volle Tage zur Verfügung stehen. Damit läuft die Frist ab Donnerstag 00:00 Uhr und endet regulär gem. § 188 I BGB mit Ablauf des letzten Tages, das wäre der Samstag der darauffolgenden Woche um 24:00 Uhr. Nunmehr ist § 193 BGB zu berücksichtigen, da die Frist an einem Samstag endet. Nach dieser Vorschrift tritt an die Stelle des Samstags der nächste Werktag, also der Montag. Die Frist läuft vorliegend damit erst am Montag der übernächsten Woche um 24:00 Uhr ab. Sollte K allerdings an diesem Montag erst nach der üblichen Geschäftszeit der Z eine schriftliche Nachricht in den Briefkasten werfen, wäre diese verspätet, da die Erklärung nach den bereits hinlänglich beschriebenen allgemeinen Regeln dann erst am folgenden Morgen zugeht (es sei denn, Z würde noch am Abend in den Briefkasten schauen und die Annahmeerklärung entdecken).
> Man könnte aber auch vertreten, dass Z, die eine bestimmte Annahmefrist gesetzt hat, dann ggf. auch noch nach den üblichen Bürozeiten ihren Briefkasten oder ähnliche Empfangsvorrichtungen auf eingegangene Erklärungen kontrollieren muss.

470

Wird der Antrag **verspätet** angenommen, gilt diese verspätete **Annahmeerklärung** ebenso wie eine Annahme unter Einschränkungen und Erweiterungen gem. **§ 150 I BGB** als **neuer Antrag**. Dieser kann dann wiederum angenommen werden und der Vertrag kann zustande kommen (vgl. bereits Rn 447 f.).

471

> **Hinweis für die Fallbearbeitung:** Ist die Annahme eines Angebots verspätet erfolgt, darf die Prüfung eines Vertragsschlusses nicht abgebrochen werden; vielmehr ist nach § 150 I BGB weiterzuprüfen bis feststeht, dass alle Angebote erloschen sind oder der Vertrag zustande gekommen ist.

472

---

[285] Vgl. *Rüthers/Stadler*, AT, § 19 Rn 20.

473   **Beispiel:** Diesmal beabsichtigt K, einen Zierfisch zu kaufen. Dazu besichtigt er an einem Vormittag beim Hobbyfischzüchter F einen chinesischen Kampfkarpfen. F bietet den Fisch – den einzigen, den er von dieser Gattung hat – dem K für 250,- € an. K möchte es sich noch einmal überlegen. F gibt ihm daher eine Bedenkzeit bis 18 Uhr desselben Tages. Als K gegen 18:25 Uhr bei F anruft und das Angebot annehmen möchte, teilt dieser ihm mit, er habe den Fisch vor 10 Min. dem D angeboten und sei an einem Verkauf an K nicht mehr interessiert. K legt verärgert den Hörer auf. Doch schon gegen 19 Uhr ruft F wiederum bei K an und teilt diesem mit, er könne den Fisch nun doch noch haben, da D „abgesprungen" sei. K will mit F nichts mehr zu tun haben. Dieser verlangt dennoch Abholung des Fisches und Bezahlung des Kaufpreises.

Voraussetzung wäre ein Kaufvertrag über den Karpfen. F hat dem K am Vormittag ein Angebot gemacht. Fraglich ist allein, ob K dieses Angebot rechtzeitig angenommen hat. Gem. § 147 I BGB kann ein Angebot nur sofort angenommen werden, wobei dem Annehmenden eine gewisse Bedenkzeit einzuräumen ist. Vorliegend ist von F jedoch eine Annahmefrist (18 Uhr) bestimmt worden. Nach § 148 BGB kann die Annahme nur innerhalb dieser Frist erfolgen. Vorliegend hat K angenommen, allerdings erst nach Ablauf der von F gesetzten Frist. Das Angebot des F war damit nach §§ 146, 148 BGB erloschen. K konnte nicht (insoweit) mehr annehmen.

Gem. § 150 I BGB gilt die verspätete Annahme des K jedoch als neues Angebot zum Abschluss des Kaufvertrags. Dieses Angebot hat F aber seinerseits zunächst abgelehnt, indem er dem K mitteilte, er habe den Fisch dem D angeboten. Mit dieser Aussage war zugleich das Angebot des K erloschen.

Allerdings ist in dem Anruf des F um 19 Uhr gem. § 150 I BGB ein erneutes Angebot zu sehen. Doch dieses hat K abgelehnt, indem er dem F sagte, er wolle mit ihm nichts mehr zu tun haben. Damit ist das Angebot des F, das dieser um 19 Uhr abgegeben hat, wegen der Ablehnung des K gem. § 146 Var. 1 BGB erloschen.

Ergebnis: Es liegt kein Kaufvertrag vor. F hat keinen Zahlungsanspruch.

474   Der Grundsatz, dass ein Angebot bei verspäteter Annahme erlischt, wird durch **§ 149 BGB** durchbrochen. Wird die Annahmeerklärung rechtzeitig abgesandt und trifft sie durch – dem Antragenden erkennbare – Umstände, die der Annehmende nicht zu vertreten hat, **verspätet** ein, entsteht dadurch ein Schwebezustand. Hier hat der Antragende die Obliegenheit, dem Annehmenden die Verspätung **unverzüglich anzuzeigen** mit der Folge, dass der Antrag erloschen ist (§ 149 S. 1 BGB). **Unterlässt** oder **verzögert** er die Anzeige, wird die **Rechtzeitigkeit** der Annahmeerklärung **fingiert** (§ 149 S. 2 BGB). Es kommt ein wirksamer Vertrag zustande.

475   **Beispiel:** Möbelausstatter M aus B möchte sein Lager räumen. Daher verschickt er per Briefpost „bindende Sonderangebote" mit besonders günstigen Bedingungen an wenige ausgewählte Kunden. Kunde K ist über diese günstige Gelegenheit hocherfreut und bestellt einen Tag nach Erhalt des Angebots ebenfalls per Briefpost eine Kommode. Doch infolge eines Versehens im Briefzentrum der Post bleibt die Antwort des K – obwohl der Brief abgestempelt wurde – zunächst im Briefzentrum liegen. Erst drei Wochen später, nachdem K seine Annahmeerklärung verschickt hatte, erreicht diese den M. Dieser unternimmt nichts, da sein Lager bereits geräumt ist. K verlangt Lieferung des bestellten Möbelstücks zum Sonderangebotspreis, hilfsweise Schadensersatz wegen Unmöglichkeit, weil er die gleiche Kommode zum regulären Preis beim Händler H kaufen müsste.

M ist diesen Ansprüchen ausgesetzt, wenn ein wirksamer Vertrag zustande gekommen ist. Hierzu kommt es darauf an, ob die Annahmeerklärung des K nach § 147 II BGB noch rechtzeitig zugegangen ist. K hat die Annahmeerklärung einen Tag nach Erhalt des Angebots abgesandt, sodass sie unter normalen Umständen (gewöhnliche Postlaufzeit von max. 2 Tagen) rechtzeitig bei M eingetroffen wäre. M musste das aufgrund des Poststempels erkennen und konnte daraus auch ersehen, dass die Verzögerung nicht auf ein Verhalten des K zurückzuführen war. Er hätte daher nach § 149 BGB dem K unverzüglich

Anzeige vom verspäteten Zugang machen müssen, wenn er die Annahme nicht mehr gelten lassen wollte. Durch sein Nichtstun gilt die Annahme als rechtzeitig.

Das Gleiche würde gelten, wenn K die Annahme per E-Mail erklärte, diese aber wegen technischer Übertragungsprobleme erst nach Wochen verspätet ankäme. Soweit M der E-Mail entnehmen kann, wann sie versandt wurde und die Erklärung bei üblicher Übertragungszeit (höchstens 1 Tag) rechtzeitig zugegangen wäre, müsste er die Verspätung ebenfalls nach § 149 BGB anzeigen.[286]

<u>Weiterführender Hinweis:</u> Aus eigener Erfahrung weiß der Autor, dass Postsendungen nicht nur öfter in den Briefzentren liegen bleiben, sondern in Einzelfällen auch ungestempelt drei Wochen später den Adressaten erreichen. Hier ist es für den Empfänger nicht ersichtlich, wann der Brief aufgegeben wurde. Demzufolge liegt das Risiko der Verspätung beim Absender. Zwar kommt in einem solchen Fall ein Schadensersatzanspruch gegen die Post wegen Pflichtverletzung des Beförderungsvertrags in Betracht, allerdings wird sich diese auf ihre Allgemeinen Beförderungsbedingungen berufen, wonach für Briefsendungen keine Haftung übernommen wird.

Zusammenfassung: Wird der Antrag nach den oben dargelegten Fristen **verspätet** angenommen, gilt diese Annahmeerklärung gemäß **§ 150 I BGB** als **neuer Antrag**. Eine Ausnahme von diesem Grundsatz ist in **§ 149 BGB** geregelt. Wurde eine verspätet zugegangene Annahmeerklärung dergestalt abgesendet, dass sie dem Antragenden bei regelmäßiger Beförderung rechtzeitig zugegangen sein würde, und musste der Antragende dies erkennen, ist er gemäß § 149 S. 1 BGB verpflichtet, dem Annehmenden die Verspätung „unverzüglich" (= ohne schuldhaftes Verzögern, vgl. § 121 BGB) nach dem Empfang der Erklärung anzuzeigen, sofern er dies nicht schon vorher getan hat. Kommt der Antragende dieser Verpflichtung nach, dann sind der Antrag erloschen und die Annahme endgültig verspätet. Verzögert der Antragende jedoch die Absendung der Anzeige (oder unterlässt er sie ganz), gilt die Annahme nach § 149 S. 2 BGB als nicht verspätet. In diesem Fall ist der Vertrag wirksam zustande gekommen.

Die Voraussetzungen des § 149 S. 2 BGB sind also:

(1) Der Annehmende muss die Annahmeerklärung *rechtzeitig* unter Verwendung eines verkehrsüblichen Beförderungswegs („regelmäßige Beförderung") abgesendet haben.

(2) Für den Antragenden muss es bei Anwendung der im Verkehr erforderlichen Sorgfalt *erkennbar* sein, dass die Absendung rechtzeitig erfolgt ist.

(3) Zuletzt muss es der Antragende *versäumt* haben, dem Annehmenden die Verspätung der Annahmeerklärung unverzüglich (§ 121 BGB) anzuzeigen.

Die **Beweislast** bezüglich der Rechtzeitigkeit der Absendung der Annahme trägt der Annehmende. Die Beweislast für die unverzügliche Absendung der Verspätungsanzeige trägt dagegen der Antragende.[287]

476

IV. Inhaltlich abweichende Annahmeerklärung

Ein Vertrag kommt nur dann zustande, wenn die Annahme zum Angebot kongruent ist, d.h. auf dieselbe Rechtsfolge gerichtet ist. Als Annahmeerklärung ist demnach nur eine solche Erklärung geeignet, die dem Angebot uneingeschränkt und bedingungslos zustimmt. Weicht die Annahme inhaltlich vom Angebot ab, gilt sie nach **§ 150 II BGB** als **Ablehnung** des Antrags verbunden mit einem **neuen Angebot**. Ob allerdings eine Annahmeerklärung inhaltlich vom Angebot abweicht, ist stets durch Auslegung zu ermitteln. Ergibt diese, dass Angebot und Annahme mit Bezug aufeinander abgegeben wurden, bedarf es einer Anwendung des § 150 BGB nicht; es liegt ein wirksamer Vertragsschluss vor.

477

---

[286] *Rüthers/Stadler*, AT, § 19 Rn 25.
[287] *Ellenberger*, in: Palandt, § 149 Rn 4.

478 **Beispiel:** V bietet K seinen Flachbildschirm für 150,- € zum Kauf an. K wittert hier eine günstige Gelegenheit, einen solchen Bildschirm zu erwerben. Er wäre auch bereit, den geforderten Preis zu zahlen. Da er aber nach Wegfall des Rabattgesetzes stets zu handeln versucht, gibt er V zu verstehen, dass er bereit sei, den Monitor für 100,- € zu kaufen. Da V mit diesem Preis jedoch nicht einverstanden ist, will K nunmehr das ursprüngliche Angebot des V annehmen. V, dem die Handelei bei diesem fairen Angebot zu unseriös ist, ist nun aber nicht mehr bereit, den Monitor an K zu verkaufen.

Die Annahme des K unter der Einschränkung, dass er bereit wäre, (nur) 100,- € zu zahlen, ist auch nach entsprechender Auslegung (§§ 133, 157 BGB) als eine Ablehnung verbunden mit einem neuen Angebot zu werten (§ 150 II BGB). Das ursprüngliche Angebot des V ist daher nach § 146 Var. 1 BGB erloschen, sodass eine spätere „Annahme" des K mangels Annahmefähigkeit des ursprünglichen Angebots nicht zu einem Vertragsschluss führen kann. Das neue Angebot des K hat V abgelehnt. Ein Vertrag ist daher nicht zustande gekommen.

V. Ausnahme vom Erfordernis des Zugangs der Annahmeerklärung

479 Wie schon ausgeführt, handelt es sich auch bei der Annahme um eine empfangsbedürftige Willenserklärung, die grundsätzlich erst mit ihrer Abgabe und ihrem **Zugang** beim Antragenden wirksam wird. Eine Ausnahme von diesem **Zugangserfordernis** normiert § 151 S. 1 BGB, nach dem der Vertrag durch die Annahme des Antrags zustande kommt, ohne dass die Annahme dem Antragenden gegenüber **erklärt** zu werden braucht. Voraussetzung ist aber, dass entweder eine solche Erklärung nach der **Verkehrssitte nicht zu erwarten ist** (1. Alt.) oder der Antragende **auf sie verzichtet hat** (2. Alt.).

480 Zu beachten ist, dass, § 151 BGB nicht die Annahme selbst überflüssig macht, sondern nur deren *Zugang* beim Antragenden, wenn eine solche Annahmeerklärung nach der Verkehrssitte nicht zu erwarten ist oder der Antragende auf sie verzichtet hat. Es muss also auch bei § 151 BGB eine nach außen kundgetane Annahmeerklärung vorliegen; diese muss lediglich bei Vorliegen einer der genannten Voraussetzungen nicht zugehen![288] Es handelt sich also um eine nicht empfangsbedürftige Willenserklärung.

Beispiel: Schickt die Versandhandel-GmbH unbestellt Ware an einen Verbraucher (vgl. §§ 241a, 13, 14 BGB) und überweist dieser den Kaufpreis, ohne eine Annahme des Angebots gegenüber dem Versender zu erklären, kommt ein Kaufvertrag zustande, obwohl beim Versender keine Annahmerklärung zugegangen ist. Denn hier muss man bei lebensnaher Betrachtung davon ausgehen, dass der Versender auf den Zugang der Annahmeerklärung verzichtet; zumindest ist eine solche Annahmeerklärung nach der Verkehrssitte nicht zu erwarten.

---

[288] Vgl. dazu BGHZ **74**, 352, 356; **111**, 97, 101; LG Gießen NJW-RR **2003**, 1206.

D. Vertragsschluss durch sozialtypisches Verhalten

Im Massengeschäft des täglichen Lebens werden vielfach Leistungen in Anspruch genommen, ohne dass es zu einem ausdrücklichen Vertragsschluss kommt.

481

> **Beispiele:** Einsteigen in die Straßenbahn, Benutzen eines gebührenpflichtigen Parkplatzes etc.[289], wobei der Vertrag durch die Inanspruchnahme der Leistung zustande kommt. Fraglich ist dabei lediglich der juristische Weg.

Der Schulfall für die Annahme eines Rechtsgeschäfts gegen den ausdrücklich erklärten Willen des Handelnden ist der sog. **„Hamburger Parkplatzfall"**:[290]

482

> **Beispiel:** Die Stadt Hamburg erklärte 1953, einen Teil des Rathausmarktes zum bewachten, gebührenpflichtigen Parkplatz und machte dies durch die Aufstellung eines Schildes „Parkgeldpflichtig und bewacht" deutlich. X stellte seinen Pkw auf eben diesem Teil des Parkplatzes ab, verweigerte dann aber gegenüber dem Parkwächter die Bezahlung des Entgelts. Er meinte, das Parken gehöre auch weiterhin zum unentgeltlichen Gemeingebrauch. Zudem wolle er gar keine Bewachung seines Kfz.

483

⇨ Nach der von *Haupt*[291] begründeten **„Lehre vom faktischen Vertrag"** sollen Vertragsverhältnisse auch ohne Willenserklärungen allein durch sozialtypisches Verhalten entstehen können. Zur Begründung wird angeführt, dass Massengeschäfte des täglichen Lebens mit den herkömmlichen rechtlichen Mitteln nicht angemessen zu bewältigen seien. Der Fahrpreis, der Wasser- oder Strompreis seien nicht deshalb geschuldet, weil der Kunde den Willen geäußert habe, einen Vertrag über die entsprechenden Leistungen zu schließen. Die Rechtsordnung knüpfe die Zahlungspflicht hier unmittelbar an ein „sozialtypisches Verhalten". Es handele sich nicht um rechtsgeschäftliche Verträge, sondern um faktische Vertragsverhältnisse.

Diese Auffassung hat zur Konsequenz, dass die Gegenleistung bereits dann geschuldet wird, wenn die Leistung faktisch (tatsächlich) in Anspruch genommen wurde. Auf das Vorliegen einer Willenserklärung kommt es nicht an. Daher finden auch die Vorschriften über Geschäftsfähigkeit, Nichtigkeit oder Anfechtung keine Anwendung.

Da sich das beschriebene „sozialtypische" Verhalten jedoch regelmäßig – und zwar ohne konstruktive Schwierigkeiten – mit einer **konkludenten Willenserklärung** deckt, ist die Lehre vom faktischen Vertrag schlichtweg **überflüssig**. Insbesondere ist nicht einzusehen, warum die Vorschriften über Geschäftsfähigkeit, Nichtigkeit oder Anfechtung, die nicht ohne Grund in das BGB aufgenommen wurden, keine Rolle spielen sollen.

⇨ Die Lehre vom faktischen Vertrag wird daher heute **nicht mehr vertreten**.[292] Mit dem Verbrauch oder der Inanspruchnahme einer Leistung macht der Teilnehmer am Rechtsverkehr unmissverständlich klar, dass er sie auch in Anspruch nehmen will. Ein Irrtum über die rechtliche Bedeutung seines Tuns kann im Regelfall ausgeschlossen werden. Der geheime Vorbehalt - etwa beim Einsteigen in öffentliche Verkehrsmittel -, nicht zahlen zu wollen, ist nach § 116 BGB unbeachtlich. Eine weitergehende Mindermeinung, die den geheimen Vorbehalt für beachtlich erklären möchte mit der Folge, dass ein Vertrag nicht zustande kommt und die empfangenen Leistungen über §§ 812, 818 BGB zurückzugewähren sind[293], ist abzulehnen. Denn sie verkennt das Schutzbedürfnis des die Leistung Anbietenden, das dann unterlaufen wird, wenn sich der die Leistung in Anspruch Nehmende auf Entreicherung (§ 818 III BGB) beruft.

---

[289] Die in diesem Zusammenhang teilweise (noch) genannte Inanspruchnahme von Strom und Wasser ist praxisfern, weil es kaum vorstellbar ist, dass ein Energieversorgungsunternehmen ohne ausdrücklichen Vertrag liefert.
[290] BGHZ **21**, 319, 333.
[291] *Haupt*, Über faktische Vertragsverhältnisse, 1941.
[292] Wie hier *Medicus*, AT, Rn 245 ff.; *Rüthers/Stadler*, AT, § 19 Rn 23; *Brox/Walker*, AT, Rn 194; *Wolf*, in: Soergel, vor § 145 Rn 102 ff.; sich anschließend *Fritzsche*, JA **2006**, 674, 678.
[293] *Köhler/Lange*, AT, § 8 Rn 29; *Larenz*, AT, 7. Aufl. **1989**, § 28 II; dem sich annähernd BGH NJW **2002**, 817.

484 Problematisch ist es dann aber, wenn der Handelnde zwar eine Leistung in Anspruch nimmt, jedoch **ausdrücklich erklärt, dass er *keinen* Vertrag wolle**. Dann erscheint es in der Tat schwierig, eine auf einen Vertragsschluss gerichtete, konkludente Willenserklärung anzunehmen.

485 ▪ Der BGH[294] hat hier (zunächst) auf einen „faktischen Vertrag" zurückgegriffen. Wer auf einen bewachten Parkplatz fahre, dort sein Fahrzeug abstelle und dem Parkwärter erkläre, dass er weder einen Vertrag schließen noch bezahlen wolle, gebe gerade keine konkludente Willenserklärung zum Abschluss eines Verwahrungs- und/oder Bewachungsvertrags ab.

486 ▪ Dann mehrte sich jedoch die Kritik und die Auffassung, dass diese Lehre „ein Irrweg" und entbehrlich sei.[295] Kritisiert wurde vor allem, dass die Lehre gegen die elementaren Grundsätze der Privatautonomie (Vertragsschluss durch Angebot und Annahme) und gegen den Grundsatz des Minderjährigenschutzes verstoße, wenn diese Lehre zu für Minderjährige bindenden Verträgen komme, auch wenn diese für sie rechtlich nachteilig seien (vgl. insbesondere den dieser Aussage entgegenstehenden § 107 BGB). Daher hat auch der BGH diese Lehre seit 1958 nicht mehr angewendet und 1985 festgestellt, dass die neuere Rechtsprechung die früher als faktische Verträge eingestuften Fälle nun mit rechtsgeschäftlichen Kategorien löse.[296]

487 ▪ Heute stellt man daher auf den objektiven Gehalt der zunächst mit dem Einfahren abgegebenen (konkludenten) Erklärung, einen Vertrag schließen zu wollen, ab. Der zugleich oder anschließend erfolgte Protest, der sich aus den verbalen Äußerungen ergibt, ist als **widersprüchliches Verhalten** nach § 242 BGB (hier: *protestatio facto contraria non valet*) unbeachtlich.[297]

488 Im obigen **Parkplatzfall** (Rn 483) ist das Angebot zum Abschluss eines Vertrags in dem Leistungsangebot zu sehen (sog. Realofferte[298]). In der tatsächlichen Inanspruchnahme liegt eine konkludente Willenserklärung des Handelnden, die Annahme. Ein Zugang der Annahmeerklärung ist gemäß § 151 S. 1 BGB entbehrlich. Der von X im obigen Beispiel geäußerte Protest ist nach den Grundsätzen der ***protestatio facto contraria*** unerheblich. Daher sind ein Verwahrungs- und/oder Bewachungsvertrag zu bejahen. X ist zur Zahlung des Entgelts verpflichtet.

E. Vertragsfreiheit und Kontrahierungszwang

489 Privatautonomie bedeutet nicht nur die Freiheit, Verträge zu schließen und sich den Vertragspartner auszusuchen, sondern auch das Recht, von einem Vertragsschluss abzusehen, sog. **negative Vertragsfreiheit**. Der rechtliche Schutz dieser Freiheit darf andererseits aber nicht dazu führen, dass marktbeherrschende Unternehmen bzw. Institutionen ihre Machtposition missbrauchen, indem sie den Vertragsschluss mit Personen verweigern, die auf den Abschluss eines Vertrags angewiesen sind. Man denke bspw. an die sachlich nicht gerechtfertigte Weigerung eines Energieversorgungsunternehmens, einem bestimmten Haushalt die Stromlieferung zu verweigern, oder an ein privatwirtschaftlich betriebenes Krankenhaus, das sich weigert, einen Patienten aufzunehmen bzw. einem Menschen die medizinisch notwendige Versorgung zu geben. Der Nichtabschluss eines Vertrags kann also einen auf die Leistung angewiesenen Menschen in seiner **wirtschaftlichen**, **gesellschaftlichen** und/oder physischen **Existenz** treffen. Allgemein würde eine uneingeschränkte Anerkennung der negativen Vertragsfreiheit die rechtliche Kapitulation vor Willkür und Machtmissbrauch bedeuten. Die Ver-

---

[294] BGHZ **21**, 319, 333; **23**, 175, 177 („Stromversorgungsfall"); **23**, 249, 258, 261 („Hoferbenfall").
[295] Vgl. nur *Ellenberger*, in: Palandt, Einf v § 145 Rn 25; *Medicus*, AT, Rn 245 ff.; *Brox/Walker*, AT, Rn 194; *Harder*, NJW **1990**, 857, 858 Fn 8; AG Wolfsburg NJW-RR **1990**, 1142, 1143.
[296] BGHZ **95**, 393, 399.
[297] *Rüthers/Stadler*, AT, § 19 Rn 34.
[298] Vgl. auch OLG Saarbrücken NJW-RR **1994**, 436.

tragsfreiheit muss daher dort zurücktreten, wo der Schutz überwiegender Interessen der Allgemeinheit oder des einzelnen dies gebietet. An die Stelle der Abschlussfreiheit tritt die Abschlusspflicht (sog. **Kontrahierungszwang** oder Abschlusszwang).

Der Kontrahierungszwang ergibt sich entweder unmittelbar aus dem Gesetz (z.B. aus §§ 20, 36 EnWG für den Bezug von Versorgungsenergien wie Strom und Gas, aus § 22 PBefG gegenüber Beförderungsunternehmen oder aus § 21 I S. 1 AGG gegenüber Arbeitgeber, wenn die Ablehnung einer Person, die sich um einen Arbeitsplatz bewirbt, diese diskriminiert[299]) oder im Wege eines Schadensersatzanspruchs, wenn die Weigerung des Vertragsabschlusses eine vorsätzliche sittenwidrige Schädigung darstellt (§§ 826, 249 S. 1 BGB), was insbesondere bei einer monopolähnlichen Stellung der sich weigernden juristischen oder natürlichen Person in Betracht kommt.[300]   **490**

> **Beispiel:** Die Stadt S betreibt ihre Stadthalle in der Rechtsform einer GmbH. Schon seit Jahren vermietet sie diese an politische Parteien zwecks Abhaltung der gesetzlich vorgesehenen (vgl. § 9 ParteienG) Parteitage. Als nun die missliebige, aber nicht verbotene P-Partei die Halle zu diesem Zweck anmieten möchte, verweigert die Stadthallen-GmbH den Abschluss eines Mietvertrags. Ein anderer Raum, in dem der Parteitag abgehalten werden könnte, steht auch in der weiteren Umgebung nicht zur Verfügung.
>
> Hier könnte die Versagung der Überlassung sittenwidrig i.S.d. § 826 BGB sein. Lassen sich keine sachlichen Gründe für die Verweigerung finden, folgt aus § 826 BGB ein Kontrahierungszwang; die Vertragsfreiheit wird insoweit eingeschränkt (vgl. dazu ausführlich Rn 190, 489 und 1224).

Außerdem wird teilweise ein allgemeiner Kontrahierungszwang aus einer Gesamtanalogie zu den im Bereich der öffentlichen Daseinsvorsorge geltenden Vorschriften sowie dem Sozialstaatsprinzip hergeleitet, so z.B. für Krankenhäuser im Hinblick auf die medizinisch notwendige Versorgung.[301]   **491**

Zu beachten ist, dass der Kontrahierungszwang nicht die notwendige Annahmeerklärung des Abschlusspflichtigen ersetzt; diese muss schon vorliegen. Weigert sich der Abschlusspflichtige, den Vertrag zu schließen, bleibt dem Berechtigten letztlich nur die gerichtliche Klage auf Abgabe der gewünschten Willenserklärung (§ 894 ZPO), verbunden mit der Vornahme der Leistung. Zu welchen Bedingungen der Abschlusspflichtige den Vertrag zum Abschluss bringen muss, ist der jeweiligen Norm zu entnehmen. Grundsätzlich besteht die Pflicht zum Abschluss zu den üblichen bzw. nicht diskriminierenden Bedingungen.   **492**

Fraglich ist, ob ein Kontrahierungszwang nur bei lebensnotwendigen oder jedenfalls lebenswichtigen Leistungen in Betracht kommt oder bei jeder Bedarfsdeckung im Rahmen der **normalen Lebensführung** eines Durchschnittsbürgers. Um hier einen Kontrahierungszwang anzunehmen, muss ein schutzwürdiges Interesse des Einzelnen an der betreffenden Leistung bestehen und bei einer Abwägung mit der Vertragsautonomie des sich Weigernden klar den Vorrang genießen. Das kann z.B. bei der Benutzung kultureller Einrichtungen (wie z.B. Museen) durchaus zu bejahen sein, nicht aber beim Zugang zu einer Spielbank.[302]   **493**

Im Verhältnis zwischen Unternehmen ist das **kartellrechtliche Diskriminierungsverbot** (§ 20 II GWB) von überaus großer Bedeutung. Diese Vorschrift bestimmt, dass ein marktbeherrschendes oder doch marktstarkes Unternehmen ein anderes, von ihm   **494**

---

[299] Vgl. dazu *Thüsing/von Hoff*, NJW **2007**, 21 ff.; *Armbrüster*, NJW **2007**, 1494 ff.
[300] BGHZ **63**, 282, 284 f.; BGH NJW **1990**, 761, 762.
[301] Vgl. BGH NJW **1990**, 761, 763; vgl. auch *Looschelders*, SchuldR AT, Rn 115.
[302] BGH MDR **1995**, 105; *Köhler/Lange*, AT, § 8 Rn 46.

abhängiges Unternehmen nicht unbillig behindern oder ohne sachlich gerechtfertigten Grund unterschiedlich behandeln darf. Da eine Diskriminierung auch und gerade in einer Lieferverweigerung bestehen kann, ergibt sich daraus mittelbar ein Kontrahierungszwang. Der Abschluss des verweigerten Vertrags kann im Wege der Schadensersatzklage vom betroffenen Unternehmen nach § 33 S. 1 GWB i.V.m. § 249 S. 1 BGB (Naturalherstellung durch Vertragsschluss) oder im Wege der Beseitigungsklage (§ 1004 I BGB analog) durchgesetzt werden.[303]

> **Beispiel[304]:** H ist Marktführer und Hersteller exklusiver Wohnmöbel. Als er in Erfahrung bringt, dass der Vertragshändler V die Möbel unter dem gewünschten Endverkaufspreis verkauft, stellt er die Belieferung des V ein. V klagt auf Weiterbelieferung, weil er die Möbel des H im Sortiment führen müsse, um konkurrenzfähig zu bleiben.
>
> Geht man davon aus, dass die Angaben des V zutreffen, ist dieser von der Weiterbelieferung durch H abhängig. Die Liefersperre ist auch nicht sachlich gerechtfertigt, weil der Wiederverkäufer in seiner Preisgestaltung frei sein soll (vgl. das Benachteiligungsverbot in Bezug auf Verbraucher in § 2 GWB). H ist daher zur Weiterbelieferung verpflichtet. Die Klage des V ist begründet.

---

[303] *Köhler/Lange*, AT, § 8 Rn 47.
[304] In Anlehnung an den sog. Rosignol-Fall BGH NJW **1976**, 801 ff.

F. Konsens und Dissens

I. Vorrang der Auslegung

Wie schon mehrfach ausgeführt, kommt ein Vertrag nur dann zustande, wenn sich die Parteien über die **wesentlichen vertraglichen Umstände** geeinigt haben, mithin ein **Konsens** besteht. Ob dies der Fall ist, ist durch **Auslegung** (§§ 133, 157 BGB) zu ermitteln. Hierbei ist zweierlei zu beachten: **495**

- **Nur subjektive Übereinstimmung der Parteien:** Erklären die Parteien objektiv etwas anderes, als sie subjektiv übereinstimmend wollten, gilt der Grundsatz der *falsa demonstratio non nocet* (die Falschbezeichnung schadet nicht, dazu Rn 408, 413, 416). Eine Auslegung der Willenserklärungen führt in diesem Fall eindeutig zu einem Konsens, sodass für eine Anwendung der §§ 154, 155 BGB kein Raum ist. **496**

- **Nur objektive Übereinstimmung der Parteien:** Haben die Parteien subjektiv zwar Unterschiedliches gewollt, ergibt aber die Auslegung, das beide Erklärungen in einem übereinstimmenden Sinn zu verstehen sind, liegt ebenfalls eine vertragliche Einigung vor, ein objektiv-normativer Konsens, der die Anwendbarkeit der §§ 154, 155 BGB ausschließt. **497**

  Beispiel: V will seine Taschenuhr – ein Erbstück – für 520,- € verkaufen. In dem schriftlichen Angebot, das er dem K schickt, verschreibt er sich jedoch und bietet das Stück für 250,- € zum Kauf an. K, der den Fehler nicht als solchen bemerkt, freut sich und schreibt dem V, dass er das Angebot gerne annehme.

  In diesem Fall haben sowohl V als auch K nach außen übereinstimmend erklärt, dass sie einen Kaufvertrag über die Taschenuhr zum Preis von 250,- € schließen wollen. Es liegt also ein Konsens auf objektiver Ebene vor, sodass der Kaufvertrag tatsächlich zu diesen Konditionen zustande kommt. Unberührt bleibt davon natürlich die Anfechtungsmöglichkeit des V nach § 119 I Var. 2 BGB. Zunächst aber ist der Vertrag wirksam.

II. Anwendung der §§ 154, 155 BGB

Ergibt die Auslegung, dass sich die Parteien **nicht** oder **nicht vollständig** geeinigt haben, liegt ein **Einigungsmangel** (Dissens) vor. Bei der rechtlichen Beurteilung ist wiederum zweierlei zu beachten: **498**

- Haben sich die Parteien noch **nicht** einmal über die **vertragswesentlichen** Punkte, die *essentialia negotii*, geeinigt, hindert dieser Mangel von vornherein das Zustandekommen eines Vertrags, und zwar mit logischer Notwendigkeit. Man spricht daher auch von einem „**Totaldissens**" oder einem „**logischen Dissens**". Auf die Regelungen der §§ 154, 155 BGB darf **nicht** zurückgegriffen werden. **499**

  Beispiel: Beim Kaufvertrag sind die Vertragsparteien, der Kaufgegenstand und der Kaufpreis als wesentlich anzusehen. Reden die Beteiligten schon nicht über den (konkreten) Kaufgegenstand, kann schon logisch nicht von einer Einigung gesprochen werden. Die Regelungen der §§ 154, 155 BGB helfen hier nicht weiter.

- Die §§ 154, 155 BGB behandeln also (nur) den Fall, in dem der Vertrag trotz seiner Unvollständigkeit eine **sinnvolle Regelung** enthält sowie die Fälle des Erklärungsdissenses und des Scheinkonsenses (dazu sogleich). Sie erfassen bei einer Unvollständigkeit nur die mangelnde Einigung über **Nebenpunkte** (sog. *accidentalia negotii*), die nicht automatisch das Zustandekommen des Vertrags hindern. **500**

III. Offener und versteckter Dissens

Zu unterscheiden sind der sog. *offene* (§ 154 BGB) und der sog. *versteckte* (§ 155 BGB) Dissens. **501**

127

1. Der offene Dissens

502 Konnte eine Einigung über vertragliche **Nebenpunkte** (*accidentalia negotii*) nicht erzielt werden (Unvollständigkeit der Einigung) und ist den Parteien die mangelnde Einigung bekannt, liegt ein **offener Dissens** i.S.d. § 154 BGB vor. In diesem Fall kommt es **auf den Willen der Parteien** an, ob der Vertrag erst bei einer Einigung über diesen Punkt geschlossen sein soll oder ob sie den Vertrag trotz des offenen Punktes bindend anerkennen wollen. Der Wille der Parteien ist dabei durch **Auslegung** zu ermitteln. Gemäß § 154 I S. 1 BGB ist der Vertrag **im Zweifel** dann als **nicht geschlossen** zu betrachten, wenn sich aus der Auslegung ergibt, dass (auch nur) eine Partei eine Einigung über diesen Punkt als wesentlich erachtet. Eine Bindung kommt nach § 154 I S. 2 BGB selbst dann nicht zustande, wenn die Punkte, über die schon eine Einigung erzielt wurde, aufgezeichnet wurden (sog. Punktation). Auf der anderen Seite kann die Auslegung aber auch ergeben, dass ein Bindungswille vorhanden ist. Indiz für einen solchen Bindungswillen ist es, wenn die Parteien mit der Vertragsdurchführung beginnen.[305] Ist demnach eine Bindung gewollt, müssen die offengebliebenen Punkte, wenn darüber keine Einigung erzielt werden kann, durch die dispositive gesetzliche Regelung oder durch ergänzende Vertragsauslegung nach dem Vertragszweck oder nach § 315 BGB analog (Billigkeit) ausgefüllt werden.[306]

503 Eine weitere Auslegungsregel enthält **§ 154 II BGB**. Nach dieser Vorschrift ist ein Vertrag im Zweifel nicht geschlossen, wenn eine Beurkundung des beabsichtigten Vertrags verabredet wurde, diese aber noch nicht durchgeführt worden ist. § 154 II BGB gilt auch dann, wenn die Parteien **Schriftform** (§§ 126, 127 BGB) vereinbart haben.[307] Er ist jedoch nicht anwendbar, wenn die Beurkundung nach dem Willen beider Parteien nur **Beweiszwecken** dienen soll.[308] Für einen solchen Willen müssen aber konkrete Anhaltspunkte vorliegen.[309] Er ist in der Regel zu bejahen, wenn die Parteien erst nach dem Vertragsschluss eine Formabrede treffen.[310]

2. Der versteckte Dissens

504 Während die Parteien beim offenen Dissens wissen, dass ihre Einigung unvollständig ist, gehen die Parteien beim versteckten Dissens davon aus, dass sie sich über alle Vertragsbestandteile geeinigt haben, obwohl dies in Wirklichkeit nicht der Fall ist.
§ 155 BGB knüpft in diesem Fall an den vermuteten Parteiwillen an. Stellt man bei der Auslegung der beiden Willenserklärungen fest, dass die Einigung über einen Punkt fehlt, ist danach zu fragen, ob die Parteien den Vertrag auch ohne eine diesbezügliche Vereinbarung geschlossen hätten. Ist dies nicht der Fall, so ist der Vertrag nicht zustande gekommen.

505 Anders als beim offenen Dissens kann beim versteckten Dissens gerade wegen der tatsächlichen Erfüllung des Vertrags auch keine Wertung bezüglich des fraglichen Punkts hergeleitet werden. Da die Parteien die fehlende Übereinstimmung ja gerade nicht bemerkten, besagt die Erfüllungshandlung nichts über die Wichtigkeit, die sie dem strittigen Punkt beigemessen hätten, wäre er ihnen nicht entgangen.

506 Ergibt aber die Auslegung, dass die Parteien den Vertrag auch ohne eine Einigung über den fraglichen Punkt geschlossen hätten, sind die verbliebenen Einigungslücken durch das dispositive Gesetzesrecht oder durch eine ergänzende Vertragsauslegung auszufüllen.

---

[305] BGH NJW **1983**, 1727, 1728.
[306] Vgl. BGHZ **41**, 275 ff.; BGH NJW **1983**, 1189, 1190; **1983**, 1777, 1778; *Köhler/Lange*, AT, § 8 Rn 39.
[307] *Ellenberger*, in: Palandt, § 154 Rn 4.
[308] BGH NJW **1964**, 1269, 1270; OLG Hamm NJW-RR **1995**, 274, 275.
[309] BGH NJW-RR **1991**, 1053, 1054; OLG Hamm NJW-RR **1995**, 274, 275.
[310] BGH NJW **1994**, 2026.

Denkbar sind drei Fälle eines versteckten Dissenses: 507

- Die Parteien vergessen oder übersehen einen regelungsbedürftigen Punkt, sog. **ver-**   508
  deckte Unvollständigkeit.

  Beispiel: Der in Deutschland ansässige Verleger V und der in den USA ansässige Drucker D verhandeln über die Lieferung von 1.000 Bildbänden über die Rocky-Mountains.
  V macht dem D deutlich, dass er die Bücher nur dann drucken und liefern lassen wolle,
  wenn auch eine Vereinbarung über die Transportkosten getroffen werde. Später wird
  der Vertrag schriftlich fixiert, wobei V und D jedoch eine Transport-Abrede vergessen.

  V und D haben sich in diesem Fall zwar über die wesentlichen Vertragsbestandteile, die
  essentialia negotii, geeinigt (Kaufgegenstand und Kaufpreis), sodass kein Totaldissens
  vorliegt, der das Zustandekommen des Kaufvertrags von vornherein hindern würde. Eine
  Einigung über die Versandkosten (*accidentalia negotii*) wurde aber nicht erzielt. Eine
  Auslegung diesbezüglich ist nicht möglich. Da V eine Transportabrede treffen wollte und
  es ihm auch ersichtlich darauf ankam, auch diesbezüglich eine Einigung zu erzielen, liegt
  ein versteckter Dissens i.S.d. § 155 BGB vor. Da nicht anzunehmen ist, dass V den Vertrag ohne eine Einigung bezüglich dieses Punktes geschlossen hätte, ist der Vertrag in
  Ermangelung einer solchen Abrede nicht zustande gekommen.

- Die Parteien geben äußerlich voneinander abweichende Erklärungen ab, die auch dem   509
  Sinn nach auseinandergehen, von denen die Parteien aber annehmen, dass sie sich decken, sog. **Erklärungsdissens.**

  Beispiel[311]: V_1 und V_2 verhandeln telegraphisch in Kürzeln über eine Ware und werden
  sich „einig". Erst als V_1 Erfüllung verlangt, stellt sich heraus, dass beide verkaufen wollten.

  Da aus den Telegrammen nicht hervorging, wer kaufen und wer verkaufen wollte, liegt
  ein versteckter Dissens vor. Der Vertrag ist daher nicht zustande gekommen.

- Die Parteien geben Erklärungen ab, die sich zwar äußerlich decken, bei denen sich aber   510
  im Wege der Auslegung ergibt, dass der verwandte Begriff mehrdeutig ist und beide Parteien ihn unterschiedlich verstanden haben, sog. **Scheinkonsens.**

  Beispiele: Unterschiedliche Bedeutung der Begriffe „Eigenkapital", „Typenflug", „Bau-
  kostenzuschuss" o.ä.[312]

§ 155 BGB ist auch dann anzuwenden, wenn nur eine Partei den Vertrag irrtümlich für   511
geschlossen hält, die andere aber von dem Einigungsmangel weiß (sog. **einseitig ver-**
steckter Dissens).[313]

Fraglich ist, wer den **Schaden**, der bei einem Dissens entstanden ist, trägt. Im We-   512
sentlichen werden zwei Auffassungen vertreten:

- Teilweise wird vertreten, dass eine Pflicht zum Schadensersatz auch bei der schuldhaften   513
  Verursachung des Dissenses **nicht** in Betracht komme, da jeder das Risiko eines Einigungsmangels gleichermaßen tragen müsse.[314]

- Nach der Gegenauffassung ist diejenige Partei, die durch ein von ihr zu vertretendes   514
  Verhalten (z.B. durch mehrdeutige Formulierungen) den Dissens verursacht hat, wegen
  eines Verschuldens bei Vertragsschluss nach c.i.c. (§ 311 II, 241 II BGB) zum Schadensersatz verpflichtet, der gegebenenfalls gemäß § 254 BGB zu mindern sei.[315]

---

[311] Nach RGZ **104**, 265 ff.
[312] Vgl. die Nachweise bei *Ellenberger*, in: Palandt, § 155 Rn 4.
[313] *Ellenberger*, in: Palandt, § 155 Rn 1; a.A. *Medicus*, AT, Rn 436.
[314] *Flume*, AT II, § 34, 5, S. 626; ähnlich *Kramer*, in: MüKo, § 155 Rn 13; *Schlachter*, JA **1991**, 105, 108.
[315] RGZ **104**, 265, 267 f.; *Ellenberger*, in: Palandt, § 155 Rn 5; im Ergebnis auch *Medicus*, AT, Rn 439.

G. Bedingte und befristete Rechtsgeschäfte

I. Einführung

515 Das Gesetz räumt den Vertragsparteien die Möglichkeit ein, den Eintritt der Rechtswirkungen ihres Geschäfts von einem zukünftigen Ereignis abhängig zu machen. Ist der Eintritt dieses Ereignisses ungewiss, handelt es sich um eine **Bedingung** (§§ 158-162 BGB). Ist der Eintritt des Ereignisses hingegen gewiss, handelt es sich um eine **Befristung** (§ 163 BGB), unabhängig davon, ob der Zeitpunkt des Eintritts gewiss ist.

516 **Beispiel[316]:** Tochter T soll im November – sofern sie das juristische Staatsexamen bestanden hat – von ihren Eltern ein Mietshaus übertragen bekommen, in dem eine Wohnung leer steht. Obwohl T noch nicht Eigentümerin ist und auch formgerechte Verträge noch nicht vorliegen, schließt sie mit ihrer Freundin F bereits im Oktober einen Mietvertrag. Dieser soll ab 1. Januar gelten, allerdings nur „wenn T bis dahin Eigentümerin des Mietshauses ist".

Mit der Vereinbarung, dass der Mietvertrag ab 1. Januar gelten soll, haben T und F für den Anfangstermin des Vertrags eine Frist gesetzt. Dass der 1. Januar kommen wird, ist ein gewisses Ereignis. Daher handelt es sich um eine **Befristung**. Dagegen ist die Klausel, wonach T bis dahin Eigentum erworben haben müsse, ein noch ungewisses Ereignis (vielleicht überlegen es sich die Eltern noch einmal anders; vielleicht brennt das Haus ab; vielleicht besteht T das Examen nicht). Hier liegt eine **Bedingung** vor.

517 Bedingte oder befristete Rechtsgeschäfte sind – vorbehaltlich anderer Voraussetzungen – voll wirksam. Lediglich die Rechtswirkungen bleiben zunächst schwebend unwirksam.[317] Für die **Gültigkeitsvoraussetzungen des Rechtsgeschäfts** (z.B. Geschäftsfähigkeit, Formmangel, Nichtigkeit wegen §§ 134 oder 138 BGB etc.) ist daher auf den **Zeitpunkt der Vornahme des Rechtsgeschäfts** und nicht auf den Bedingungseintritt oder -ausfall bzw. die Terminerreichung abzustellen.

518 **Beispiel:** S soll zum 18. Geburtstag von seinem Onkel ein Auto übereignet bekommen. Obwohl S noch nicht volljährig und auch noch nicht Eigentümer des Wagens ist, schließt er – weil er lieber über Bargeld verfügen möchte – mit seinem Freund K bereits jetzt einen Kaufvertrag.

Hier war S im Zeitpunkt des Kaufvertragsschlusses noch nicht (voll) geschäftsfähig. Daher konnte er ohne Zustimmung seines gesetzlichen Vertreters keinen wirksamen Kaufvertrag schließen. Dass der Wagen erst nach Eintritt der vollen Geschäftsfähigkeit an K übereignet werden soll, spielt dabei keine Rolle. Insbesondere wird ein Rechtsgeschäft (hier: der Kaufvertrag), das von einem Minderjährigen eingegangen wird, nicht automatisch mit Erreichen der Volljährigkeitsgrenze wirksam. S muss (nach Vollendung seines 18. Lebensjahres) mit K einen neuen Kaufvertrag schließen (oder den ursprünglichen genehmigen, vgl. § 108 III BGB), sofern der gesetzliche Vertreter nicht zustimmt.

II. Die Bedingung (§§ 158-162 BGB)

1. Begriffsbestimmung

519 Eine **Bedingung** i.S.d. §§ 158 ff. BGB ist die durch den Parteiwillen in ein Rechtsgeschäft eingefügte Bestimmung, die die Rechtswirkungen des Geschäfts von einem **zukünftigen** (objektiv) **_ungewissen_ Ereignis** abhängig macht.[318]

---

[316] _Rüthers/Stadler_, AT, § 20 Rn 1.
[317] BGH NJW **1994**, 3227, 3228.
[318] _Heinrichs_, in: Palandt, Einf v § 158 Rn 1; BGH NJW **1999**, 1467, 1470.

Neben der Ungewissheit des Ereignisses ist also auch dessen **Zukünftigkeit** aus- 520
schlaggebend. Bei einer auf ein **vergangenes** oder **gegenwärtiges Ereignis** abgestellten „Bedingung" fehlt es an dieser Voraussetzung, auch wenn der Eintritt des
Ereignisses für die Parteien ungewiss ist. Auch reicht eine nur subjektiv bestehende
Ungewissheit nicht aus. Die Auslegung kann aber ergeben, dass die Erklärung nur dann
wirksam sein soll, wenn die Erwartungen des Erklärenden zutreffen.[319]

> **Beispiel:** K ist schon lange an dem Ferrari seines Freundes F interessiert. Als nun die 521
> Erbtante des K verstirbt, trifft er mit F die Vereinbarung, dass er den Wagen kaufen
> werde, sofern er Alleinerbe seiner Tante sein werde. Ein entsprechendes Testament ist
> aber noch nicht gefunden worden.
>
> Hier ist die Rechtsfolge entweder schon eingetreten oder sie tritt überhaupt nicht ein. Es
> liegt also kein Schwebezustand vor. Die „Bedingung" ist nur subjektiv ungewiss.
>
> Teilweise werden in einem solchen Fall die Bestimmungen der §§ 158 ff. BGB analog an-
> gewandt.[320] Einer analogen Anwendung bedarf es aber nicht, wenn z.B. die Auslegung
> ergibt, dass die Wirksamkeit des Kaufvertrags von dem späteren Auffinden (also nicht
> von der gegenwärtigen Existenz) eines entsprechenden Testaments abhängen soll. Dann
> nämlich liegt eine echte Bedingung vor.

2. Aufschiebende und auflösende Bedingung

Hinsichtlich der unterschiedlichen Rechtsfolgen unterscheidet das Gesetz in § 158 BGB 522
zwischen einer aufschiebenden und einer auflösenden Bedingung.

a. Aufschiebende Bedingung

Bei der **aufschiebenden Bedingung** (Suspensivbedingung) hängt der *Eintritt* der 523
Rechtswirkungen von dem zukünftigen ungewissen Ereignis ab, § 158 I BGB.

Da ein unter einer aufschiebenden Bedingung abgeschlossenes Rechtsgeschäft **tatbe-** 524
standlich vollendet und **voll gültig** ist und sich lediglich die Rechtswirkungen des
Geschäfts bis zum Eintritt der Bedingung in der Schwebe befinden, erwirbt der bedingt
Berechtigte mit dem Rechtsgeschäft ein sog. **Anwartschaftsrecht**.[321] Ein solches entsteht immer dann (also nicht nur bei bedingten Rechtsgeschäften, sondern insbesondere im Sachenrecht), wenn von einem mehraktigen Entstehungstatbestand eines Rechts
schon so viele Erfordernisse erfüllt sind, dass der andere am Rechtsgeschäft Beteiligte
sich nicht mehr durch einseitige Erklärung von dem Geschäft lösen kann.[322] Der Erwerber (Anwartschaftsberechtigte) hat also eine gesicherte Rechtsposition inne.

> **Beispiel:** Eine aufschiebende Bedingung liegt bspw. beim Verkauf einer beweglichen 525
> Sache unter **Eigentumsvorbehalt** vor (vgl. **§ 449 BGB**). Ein Verkauf unter Eigen-
> tumsvorbehalt kommt insbesondere in Betracht, wenn der Verkäufer dem Käufer bereits
> die Sache mitgibt oder diesem zuschickt, die Bezahlung der Sache aber erst nach deren
> Erhalt stattfinden soll. Würde man hier in der Übergabe der Sache auch eine Übereig-
> nung gem. § 929 S. 1 BGB sehen, hätte dies zur Folge, dass der Erwerber bereits in die-
> sem Zeitpunkt Eigentum erwirbt, obwohl er den Kaufpreis noch nicht entrichtet hat. Be-
> zahlt nun der Käufer den Kaufpreis nicht (etwa weil er zahlungsunwillig oder -unfähig
> ist), behält der Verkäufer zwar seinen schuldrechtlichen Anspruch auf Zahlung (§ 433 II
> BGB), kann aber nicht mehr die Sache gem. § 985 BGB herausverlangen. Auch ein be-
> reicherungsrechtlicher Anspruch auf Herausgabe der Sache gem. §§ 812 ff. BGB hilft
> hier nicht weiter, weil der Rechtsgrund für die Leistung nicht weggefallen ist. Um sich

---

[319] *Heinrichs*, in: Palandt, Einf v § 158 Rn 6; *Medicus*, AT, Rn 829.
[320] So *Brox/Walker*, AT, Rn 481.
[321] *Heinrichs*, in: Palandt, Einf v § 158 Rn 9; *Brox/Walker*, AT, Rn 499.
[322] BGH NJW **1994**, 3099, 3100.

daher den Anspruch aus § 985 BGB zu sichern, schließt der Verkäufer den Kaufvertrag unter Eigentumsvorbehalt: Der Käufer erhält zwar die Ware, wird aber erst Eigentümer, wenn er den Kaufpreis vollständig entrichtet hat, §§ 929 S. 1, 158 I BGB. Während dieser „Schwebezeit" hat er ein Anwartschaftsrecht. Das bedeutet, dass der Verkäufer nicht einfach die Sache an einen Dritten übereignen darf. Eine solche Verfügung wäre gem. § 161 BGB u.U. sogar unwirksam (dazu später). Zumindest würde sich der Verkäufer gem. § 160 BGB schadensersatzpflichtig machen.

526 Eine gesetzliche Regelung des Kaufs unter einer aufschiebenden Bedingung enthält § 454 I S. 2 BGB (**Kauf auf Probe**).

527 Tritt das Ereignis, von dem die Wirksamkeit des aufschiebend bedingten Rechtsgeschäfts abhängen soll, ein, hat dies zur Folge, dass das Rechtsgeschäft *ipso iure* wirksam wird. Es bedarf also keines weiteren Rechtsgeschäfts. Auch ist es unerheblich, wenn derjenige, der das bedingte Rechtsgeschäft vorgenommen hat, die Rechtsfolge nicht mehr will.[323] Zu beachten ist auch, dass der Bedingungseintritt grundsätzlich **keine rückwirkende Kraft** entfaltet, sondern nur *ex nunc* wirkt, d.h. *ab* dem Zeitpunkt des Bedingungseintritts (vgl. den Wortlaut der §§ 158, 159 BGB). Allerdings können die Parteien gem. **§ 159 BGB** vereinbaren, dass die an den Eintritt der Bedingung geknüpften Wirkungen rückwirkend gelten sollen. Eine solche Vereinbarung hat jedoch lediglich eine schuldrechtliche, keine dingliche Wirkung.

528 **Beispiel**[324]**:** Hat V dem K eine Kuh verkauft und unter der aufschiebenden Bedingung vollständiger Kaufpreiszahlung übereignet, wird K erst im Zeitpunkt der Zahlung der letzten Rate Eigentümer und nicht schon (rückwirkend) vom Zeitpunkt der bedingten Übereignung an. Nun könnte man annehmen, dass es letztlich unerheblich sei, ob K im Zeitpunkt des Kaufvertragsschlusses oder erst im Zeitpunkt der letzten Ratenzahlung Eigentümer wird. Bedenkt man jedoch, dass die Kuh im Zeitraum zwischen Kaufvertragsschluss und Eintritt der Bedingung bspw. kalben könnte, kommt es sehr wohl auf den Zeitpunkt des Eigentumserwerbs an: Kalbt die Kuh im Zeitraum zwischen bedingter Übereignung und Zahlung der letzten Rate (Bedingungseintritt), gehört das Kalb nach § 953 BGB dem V als (Noch-)Eigentümer der Kuh. Ist nach entsprechender Auslegung (§§ 133, 157 BGB) der Willenserklärungen der Parteien diesen zu entnehmen, dass der Eintritt der Bedingung auf den Vertragsschluss zurückwirken soll, hat das zwar auf die *dingliche* Rechtslage keinen Einfluss. V ist auch hier Eigentümer des Kalbs geworden. Nach der Vereinbarung ist er aber *schuldrechtlich* verpflichtet, den K so zu stellen, als wäre die Bedingung schon bei Geschäftsabschluss eingetreten (§ 159 BGB). V ist daher verpflichtet, dem K das Kalb zu übereignen.

b. Auflösende Bedingung

529 Bei der **auflösenden Bedingung** (Resolutivbedingung) hängt das *Fortbestehen* der Rechtswirkungen von dem zukünftigen ungewissen Ereignis ab, § 158 II BGB.

Beispiel: A beantragt bei der B-Bank ein Gelddarlehen (§ 488 BGB) i.H.v. 10.000,- €. Zur Sicherung des Darlehens übereignet er der B sein Auto. Die Parteien einigen sich darüber, dass das Eigentum automatisch wieder an A zurückfallen soll, wenn dieser das ihm gewährte Darlehen vollständig zurückgeführt hat.

Hier steht die Übereignung unter der auflösenden Bedingung der Rückzahlung des Darlehens. Es handelt sich um den klassischen Fall einer **Sicherungsübereignung**.

530 Damit wird der Unterschied zur aufschiebenden Bedingung deutlich: Während bei dieser das Verfügungsgeschäft *erst mit* dem Eintritt der Bedingung (vorher ist es noch

---

[323] BGHZ **121**, 131, 134.
[324] *Brox/Walker,* AT, Rn 492.

unwirksam) wirksam wird, besteht es bei der auflösenden Bedingung *nur bis* zum Bedingungseintritt fort (hier ist das Verfügungsgeschäft mit seinen Rechtswirkungen sofort mit seinem Abschluss wirksam und wird mit dem Eintritt der Bedingung unwirksam).

3. Gesetzlich geregelte Umstände, die keine Bedingungen darstellen

Keine Bedingung i.S.d. §§ 158 ff. BGB liegen dagegen in folgenden Fällen vor:

- **Rechtsbedingungen:** Unter einer Rechtsbedingung ist eine Voraussetzung zu verstehen, die von einer Rechtsnorm (also **kraft Gesetzes**) für die Wirksamkeit des Rechtsgeschäfts gefordert wird[325] (z.B. die Genehmigung des gesetzlichen Vertreters nach § 108 BGB). In den §§ 158 ff. BGB ist nur die *rechtsgeschäftlich* begründete Bedingung geregelt. | 531

- **Vertragsbedingungen** wie z.B. AGB, Liefer- oder Zahlungsbedingungen legen (nur) die beiderseitigen Rechte und Pflichten fest, machen aber die Wirkungen des Rechtsgeschäfts nicht von einem zukünftigen, ungewissen Ereignis abhängig. | 532

- Auch **Auflagen** (§§ 525, 1940, 2192 BGB) sind keine Bedingung i.S.d. §§ 158 ff. BGB, da sie den Empfänger einer Zuwendung „nur" zu einer Leistung verpflichten, die Wirkungen des Rechtsgeschäfts aber unberührt lassen. | 533

4. Zulässigkeit der Bedingung

Grundsätzlich können alle Arten von Rechtsgeschäften unter Bedingungen vorgenommen werden. Bestimmte Rechtsgeschäfte sind jedoch **bedingungsfeindlich**, d.h. sie können nur <u>un</u>bedingt vorgenommen werden. | 534

Teilweise ist die Bedingungs- (und Befristungs-)feindlichkeit ausdrücklich **gesetzlich geregelt**. In solchen Fällen möchte der Gesetzgeber aus Gründen der Rechtssicherheit einen Schwebezustand vermeiden. | 535

> **Beispiele:** Aufrechnungserklärung (§ 388 S. 2 BGB), Auflassung (§ 925 II BGB), Eheschließung (§ 1311 S. 2 BGB), Anerkennung der Vaterschaft (§ 1594 III BGB), Sorgeerklärung (§ 1626b I BGB) etc.

Auch ist die Ausübung von **Gestaltungsrechten**, also solchen Rechten, die dem Berechtigten die Befugnis verleihen, durch einseitige empfangsbedürftige Willenserklärung ein Recht zu begründen, aufzuheben oder zu ändern, grundsätzlich bedingungsfeindlich. Denn dadurch, dass der Berechtigte hier einseitig in die Rechtsstellung seines Gegenüber eingreifen könnte, wäre es für den Erklärungsempfänger unzumutbar, wenn eine Ungewissheit und ein Schwebezustand bestünden. | 536

> **Beispiele:** Das gilt insbesondere für die Aufrechnung (s.o.), die Anfechtungserklärung, den Rücktritt, die Kündigung, die Genehmigung und die Ausübung des Vorkaufsrechts.

Zulässig sind solche grundsätzlich bedingungs-(und befristungs-)feindlichen Rechtsgeschäfte, die mit einer Bedingung versehen sind, aber dann, wenn der Erklärungsempfänger auf den Schutz vor der ungewissen Rechtslage verzichtet[326] oder er nicht in eine ungewisse Lage versetzt wird, seine berechtigten Interessen also nicht beeinträchtigt werden.[327] So sind insbesondere sog. **Potestativbedingungen** unbedenklich, da deren Erfüllung vom Willen des *Erklärungsempfängers* abhängt, dieser also selbst den Eintritt der konkreten Bedingung in der Hand hat. | 537

---

[325] *Brox/Walker,* AT, Rn 480. Vgl. auch BGH NJW **1999**, 1252, 1253.
[326] *Brox/Walker,* AT, Rn 487.
[327] BGHZ **97**, 264, 267; *Medicus,* AT, Rn 850; *Brox/Walker,* AT, Rn 487.

538 **Beispiele:**

(1) Vermieter V kündigt dem M zum Jahresende unter der Bedingung, dass dieser bis Ende November die noch ausstehenden Mietzinsen nicht bezahlt hat. Hier hängt es allein von M ab, ob er bis Ende November zahlt. Die hierdurch geschaffene Rechtsunsicherheit ist M zumutbar, da er sie selbst beseitigen kann. Die bedingte Kündigung ist daher in diesem Fall wirksam.

(2) Arbeitgeber A möchte den Arbeitsvertrag, den er mit dem Angestellten B geschlossen hat, ändern. Da B sich nicht ohne weiteres bereit erklärt, einer Vertragsänderung zuzustimmen, kündigt A dem B das Arbeitsverhältnis unter der Bedingung, dass B nicht dem Änderungswunsch zustimmt – sog. **Änderungskündigung**. Bei dieser besteht die Bedingung der Kündigung also darin, dass sich der andere Teil zu einer bestimmten Vertragsänderung bereit findet.[328]

(3) Unbedenklich sind ferner auch **Eventualanfechtungen** oder **-aufrechnungen** im Prozess.[329]

5. (Un-)Wirksamkeit einer Zwischenverfügung

539 Da der Berechtigte (hier: der Erwerber) einer bedingten Verfügung erst mit Bedingungseintritt Eigentümer und damit Vollrechtsinhaber wird, der (Noch-)Rechtsinhaber also während der Schwebezeit anderweitig über die Sache verfügen könnte, ist der Berechtigte schutzbedürftig. Zwar hat er ein Anwartschaftsrecht, dieses Recht hindert den (Noch-) Rechtsinhaber aber nicht daran, die Sache während der Schwebezeit (wirksam) an einen Dritten zu veräußern. Um diese Folge zu vermeiden, hat der Gesetzgeber in **§ 161 I BGB** bestimmt, dass Verfügungen, die der (Noch-)Rechtsinhaber während der Schwebezeit trifft, mit Eintritt der Bedingung **unwirksam** werden, soweit sie Rechte des Erwerbers vereiteln oder beeinträchtigen. Die angeordnete Unwirksamkeit der Zwischenverfügung (nicht des Kausalgeschäfts!) ist absolut, wirkt also gegenüber jedermann.[330]

540 **Beispiel:** K kauft beim Händler H unter Eigentumsvorbehalt (§ 449 BGB) einen Pkw. Kurz vor Zahlung der letzten Rate bringt K das Auto zu einer Überprüfung zurück. Bei dieser Gelegenheit veräußert H das Auto an D, der über die gesamte Sach- und Rechtslage informiert ist. Nachdem K die letzte Rate gezahlt hat, will er das Auto wiederhaben und stellt fest, dass es sich nicht mehr bei H befindet.

Hier hat K zunächst aufschiebend bedingt Eigentum an dem Kfz erworben (§§ 929 S. 1, 158 I BGB). Da H aber noch bis zur Zahlung der letzten Rate Eigentümer war, konnte er es dem D übereignen (§ 929 S. 1 BGB). Fällt die Bedingung aus, bleibt es bei dem Eigentum des D. Tritt die Bedingung (wie vorliegend) aber ein, ist die Verfügung von H auf D nach § 161 I S. 1 BGB unwirksam. K ist also mit Zahlung der letzten Rate Eigentümer des Kfz geworden und kann dieses von dem unberechtigten Besitzer D gem. § 985 BGB i.V.m. § 161 I BGB herausverlangen.

541 Diese für den Anwartschaftsberechtigten vermeintlich günstige Regelung wird allerdings durch **§ 161 III BGB** wieder relativiert. Nach dieser Bestimmung sind die Vorschriften über den **Gutglaubenserwerb** entsprechend anzuwenden. Bei Verfügungen über Grundstücke gelten demnach die §§ 892, 893 BGB entsprechend, bei Verfügungen über bewegliche Sachen die §§ 932-936, 1032, 1207 BGB, § 366 HGB. Ist der Dritte, zu dessen Gunsten die Zwischenverfügung erfolgt, also **gutgläubig** (vgl. § 932 II BGB), greift der Schutz des bedingt Berechtigten nicht. Denn wenn der Erwerber (hier: der Dritte) das Recht kraft guten Glaubens auch von einem Nichtberechtigten hätte erwerben können, ist er beim Erwerb vom (Noch-)Berechtigten erst recht schutzwürdig. Im Unterschied zu § 932 BGB bezieht sich der gute Glaube aber nicht auf die Eigentü-

---

[328] Vgl. auch BAG NJW **1995**, 1981, 1982.
[329] Vgl. *Grüneberg*, in: Palandt, § 388 Rn 3.
[330] *Wolf*, in: Soergel, § 161 Rn 9.

merstellung des die Zwischenverfügung Treffenden, sondern auf dessen **Verfügungs-befugnis**, da anderenfalls kaum ein Gutglaubenserwerb möglich wäre.

> **Beispiel:** Glaubt D aus dem letzten Beispiel, dass H zur Verfügung befugt sei, und beruht die Unkenntnis der wahren Sach- und Rechtslage auch nicht auf grober Fahrlässigkeit (vgl. § 932 II BGB), ist die Übereignung auch nach Eintritt der Bedingung (Zahlung der letzten Rate) nach § 161 III BGB wirksam. Ein Herausgabeanspruch des K gegen D aus § 985 BGB besteht dann nicht.

Nach **§ 161 II BGB** gelten die obigen Ausführungen bei **auflösend** bedingten Verfügungen entsprechend.

542

6. Treuwidrige Verhinderung oder Herbeiführung des Bedingungseintritts

Verhindert die Partei, zu deren Nachteil die Bedingung gereichen würde, wider Treu und Glauben den Bedingungseintritt, gilt die Bedingung als eingetreten (**§ 162 I BGB**). § 162 I BGB ist ein Spezialfall des § 242 BGB und damit Ausdruck des allgemeinen Rechtsgedankens, dass niemand aus seinem treuwidrigen Verhalten Vorteile ziehen darf. Die Vorschrift greift unter zwei **Voraussetzungen**:

543

- Zunächst muss die Partei, die durch den Eintritt der Bedingung benachteiligt würde, den **Eintritt** der Bedingung **verhindert** haben. Erforderlich ist eine **wirkliche** (auch mittelbar mögliche) **Beeinflussung des Kausalverlaufs**. Ein bloßer Einwirkungsversuch ist ebenso wenig ausreichend wie eine bloße Erschwerung des Bedingungseintritts.[331] Ein Unterlassen genügt nur dann, wenn eine Rechtspflicht zum Handeln besteht (z.B. aus § 242 BGB[332]).

544

- Darüber hinaus muss die **Einwirkung** auf den Bedingungseintritt **gegen Treu und Glauben verstoßen**. Das Verhalten muss daher bei Würdigung von Anlass, Zweck und Beweggrund als treuwidrig erscheinen. Ein absichtliches Verhalten wird zwar nicht vorausgesetzt[333], streitig ist aber, ob ein schuldhaftes (vorsätzliches oder fahrlässiges) Verhalten erforderlich ist[334].

545

Sind die Voraussetzungen des § 162 I BGB erfüllt, gilt die Bedingung (fiktiv) zu dem Zeitpunkt als eingetreten, zu dem die Bedingung bei redlichem Handeln eingetreten wäre.

546

> **Beispiele:**
> **(1)** V übereignet dem K den Kaufgegenstand unter der aufschiebenden Bedingung vollständiger Kaufpreiszahlung. Verweigert V die Annahme der letzten Kaufpreisrate, um den Bedingungseintritt zu verhindern, gilt die Bedingung nach § 162 I BGB gleichwohl als eingetreten, sodass K (trotzdem) Eigentümer der Sache wird.[335]
> **(2)** Gleiches gilt, wenn der Gläubiger, dem der Schuldner am letzten Tag der vereinbarten Frist einen Scheck übersandt hat, wahrheitswidrig dessen Empfang leugnet und der Schuldner daraufhin den Scheck sperren lässt. Hier darf sich der Gläubiger nicht darauf berufen, der Schuldner habe die Frist versäumt, wenn der Scheck bei unverzüglicher Vorlage eingelöst worden wäre.[336]

---

[331] *Heinrichs*, in: Palandt, § 162 Rn 2.
[332] LG Gießen NJW-RR **1997**, 1081.
[333] BGH NJW-RR **1989**, 802; *Heinrichs*, in: Palandt, § 162 Rn 3.
[334] **Dafür** BGH NJW-RR **1989**, 802. **Dagegen** *Jauernig*, in: Jauernig, § 162 Rn 4; *Heinrichs*, in: Palandt, § 162 Rn 3; *Bork*, in: Staudinger, § 162 Rn 10.
[335] BGHZ **75**, 221, 228.
[336] BGH NJW **2002**, 1788, 1789

547 **Nicht anwendbar** ist § 162 BGB aber, wenn der Eintritt der Bedingung nach der Parteivereinbarung im Belieben einer Partei steht.[337]

7. Haftung während der Schwebezeit

548 Gem. **§ 160 I BGB** kann der Berechtigte Schadensersatz verlangen, wenn die Bedingung eintritt[338] und der andere Teil während der Schwebezeit das von der Bedingung abhängige Recht durch sein Verschulden vereitelt oder beeinträchtigt.

549 Entsprechendes gilt gem. **§ 160 II BGB** für **auflösend** bedingte Rechtsgeschäfte. Hier macht sich derjenige schadensersatzpflichtig, der durch sein Verschulden das Recht desjenigen, zu dessen Gunsten die auflösende Bedingung eingeräumt wurde, vereitelt oder beeinträchtigt.

III. Die Befristung (§ 163 BGB)

550 Eine **Befristung** ist die durch den Parteiwillen in ein Rechtsgeschäft eingefügte Bestimmung, wonach ein zukünftiges *gewisses* Ereignis für den Beginn der Rechtswirkungen (Anfangstermin) oder deren Ende (Endtermin) maßgebend ist.

Bezüglich der Abgrenzung zur Bedingung vgl. Rn 515 ff. Dem Anfangstermin bei der Befristung entspricht die aufschiebende, dem Endtermin die auflösende Bedingung. Nach § 163 BGB sind die §§ 158, 160, 161 BGB jeweils entsprechend anzuwenden (s.o.).

---

[337] BGH NJW **1996**, 3338, 3340.

[338] Da das Rechtsgeschäft erst mit Bedingungseintritt Rechtswirkungen entfaltet, entsteht dem Berechtigten nur bei Eintritt der Bedingung ein Schaden.

H. Verbraucherschützende Widerrufsrechte

I. Bedeutung und Rechtsnatur der verbraucherschützenden Widerrufsrechte

Bei Rn 378 ff. wurde die Möglichkeit erläutert, die eigene Willenserklärung gem. § 130 BGB zu widerrufen und damit das Zustandekommen des Rechtsgeschäfts zu verhindern. Von diesem Widerruf rechtsdogmatisch und methodisch strikt zu trennen sind die verbraucherschützenden Widerrufsrechte, die der Gesetzgeber insbesondere aufgrund europarechtlicher Vorgaben nachträglich in das BGB aufgenommen hat. Diese verhindern nicht das Zustandekommen des Rechtsgeschäfts, sondern räumen im Rahmen eines Verbrauchervertrags dem Verbraucher die Möglichkeit ein, sich durch Widerruf von einem bereits geschlossenen Vertrag einseitig zu lösen. **551**

Verbraucherschützende Widerrufsrechte lassen sich an verschiedenen Stellen des BGB finden. Alle diese Widerrufsrechte verweisen auf **§ 355 BGB**, der in seiner Rechtsfolge die Bindung an eine zuvor wirksam abgegebene Erklärung nachträglich aufhebt. Damit ist klargestellt, dass die §§ 355 ff. BGB nicht eigenständig Widerrufsrechte begründen, sondern voraussetzen, dass eine andere Rechtsnorm ausdrücklich ein Widerrufsrecht „nach" bzw. „gemäß" § 355 BGB einräumt. §§ 355 ff. BGB regeln mithin nicht die Voraussetzungen eines Widerrufsrechts, sondern vielmehr nur die **Ausübung** und die **Rechtsfolgen** der sich aus anderen Normen ergebenden Widerrufsrechte. Dabei kann es auch vorkommen, dass die widerrufsbegründenden Normen als Spezialregelungen gegenüber §§ 355 ff. BGB vorrangige Sonderregelungen enthalten (bspw. §§ 312d II; 312e III; 485 III BGB). Als **Folge** des ausgeübten Widerrufsrechts finden nach § 357 I S. 1 BGB die Vorschriften über den gesetzlichen Rücktritt entsprechende Anwendung. Hinsichtlich bereits ausgetauschter Leistungen entsteht demgemäß entsprechend der §§ 346 ff. BGB ein Rückgewährschuldverhältnis. Die vom Verbraucher beim Vertragsschluss abgegebene Willenserklärung wird nach § 355 I S. 1 BGB unwirksam, was zur Unwirksamkeit des geschlossenen Vertrags führt.

Bei dem Versuch, die verbraucherschützenden Widerrufsrechte einer der drei Stufen des Prüfungsaufbaus *Anspruch entstanden*, *Anspruch untergegangen* und *Anspruch durchsetzbar* (dazu Rn 115) zuzuordnen, müsste man sich für die Stufe *Anspruch untergegangen* entscheiden, weil sich verbraucherschützende Widerrufsrechte wohl am ehesten als **rechtsvernichtende Einwendungen** („nachträgliche Vernichtung eines zuvor wirksam zustande gekommenen Rechtsgeschäfts") einordnen lassen. **552**

> **Beispiel:** Verbraucher V bestellt bei Unternehmer U über das Internet eine Digitalkamera zum Preis von 185,- € und leistet Vorkasse durch sofortige Banküberweisung. Zwei Tage später wird V das Gerät zugeschickt. Am darauffolgenden Tag entdeckt V auf der Internetseite des Elektronikfachmarkts E das gleiche Gerät, jedoch ist dieses dort 3,- € günstiger als bei U. Daher widerruft V seine Bestellerklärung gegenüber U und schickt die Digitalkamera unfrei an U zurück. Gleichzeitig gibt er die Bestellung bei E auf und freut sich über das Schnäppchen.
>
> Im vorliegenden Beispiel konnte V den zuvor mit U geschlossenen Vertrag gem. § 312d I S. 1 i.V.m. § 355 BGB widerrufen. Widerruft der Verbraucher aufgrund eines ihm durch Gesetz nach Maßgabe des § 355 BGB eingeräumten Widerrufsrechts seine auf den Abschluss eines Vertrags mit einem Unternehmer gerichtete Willenserklärung, ist er an diese nicht mehr gebunden. Dies hat die Unwirksamkeit des Vertrags und ein Rückabwicklungsverhältnis entsprechend den §§ 346 ff. BGB zur Folge. Daher konnte V die Digitalkamera an U zurückschicken.[339] Hinsichtlich der Kosten der Rücksendung gilt die Regelung des § 357 II S. 3 BGB. Unterstellt, dass U die diesbezüglichen Kosten per AGB wirksam auf seine Kunden vertraglich abwälzt, gilt vorliegend, dass V die Kosten der Rück-

---

[339] Hätte V bereits den Kaufpreis entrichtet, wäre U verpflichtet gewesen, V den Kaufpreis gem. § 346 BGB zurückzugewähren. § 812 BGB ist im Rahmen des Rücktritts gem. § 346 BGB nicht anwendbar.

sendung dennoch übernehmen muss. Zwar lag der Wert der Digitalkamera über 40,- €, da sie aber von V bereits vor Ausübung des Widerrufsrechts bezahlt wurde, durfte er das Gerät auf Kosten des U an diesen zurückschicken. Ob aber die Versendung als unfrei der richtige Weg war, darf bezweifelt werden. Denn dieser Versandweg ist für den Empfänger teuer als der gewöhnliche Transport. Vgl. dazu Rn 603.

553 Verbraucherschützende Widerrufsrechte sind sehr wichtig und sollen auch nicht in Frage gestellt werden. Nicht ohne Grund wurden sie gesetzlich geregelt. Dennoch sind auch Fälle der im obigen Beispiel zugrunde gelegten Art keine Seltenheit und werden durch die gesetzlichen Regelungen geradezu provoziert. Offenbar hat der (europäische) Gesetzgeber nur vor Augen gehabt, den geschäftsunerfahrenen Verbraucher vor geschäftserfahrenen und von unlauteren Absichten geprägten Unternehmern zu schützen, und nicht bedacht, dass es auch einen Rechtsmissbrauch auf Seiten des Verbrauchers geben kann. Denn gerade weil sich Verbraucherschutzrechte sehr schnell herumgesprochen haben, kam es in der Vergangenheit nicht selten dazu, dass Kunden bei Versandhändlern ungezügelt Waren „zur Ansicht" bestellten, wobei schon aus der Bestellung ersichtlich war, dass der Kunde nur einen Artikel tatsächlich kaufen und die anderen später auf Kosten und Gefahr des Unternehmers wieder an diesen zurückschicken wollten. Dies galt insbesondere für die Fälle, dass ein Kleidungsstück in verschiedenen Größen bestellt wurde, um alle Teile zu Hause anzuprobieren und dann alle bis auf das passende Stück wieder zurückzuschicken. Der Gesetzgeber hat daraufhin zumindest eine „kleine" Korrektur vorgenommen und die Kostenfrage hinsichtlich der Rücksendung mit Gesetz vom 2.12.2004 leicht modifiziert; vgl. dazu Rn 600 ff.

II. Begriff des Verbrauchers und des Unternehmers

554 Die Begriffe „Verbraucher" und „Unternehmer" stammen aus dem Recht der EU und sind entsprechend der bereits erläuterten Ausklammerungsmethode des BGB im AT, namentlich in §§ 13 und 14 BGB, legaldefiniert.

1. Verbraucher (§ 13 BGB)

555 **Verbraucher** ist gem. § 13 BGB jede natürliche Person, die ein Rechtsgeschäft zu einem Zweck abschließt, der weder ihrer gewerblichen noch ihrer selbstständigen beruflichen Tätigkeit zugerechnet werden kann.

556 In den Schutzbereich fallen demnach jedenfalls keine juristischen Personen, auch keine Idealvereine und gemeinnützige Stiftungen. Bei natürlichen Personen (auch GbR!) kann im Einzelfall schwierig sein, zu entscheiden, ob das von ihr abgeschlossene Rechtsgeschäft zu ihrem privaten Bereich und nicht zu ihrer gewerblichen oder beruflichen Tätigkeit gehört. Geht die vertragsschließende Person das Rechtsverhältnis zu einem privaten Zweck ein, ist es für die Beurteilung als Verbraucher unerheblich, ob diese Person bei einem anderen Rechtsgeschäft als Unternehmer auftreten kann. **Private Zwecke** sind immer anzunehmen, wenn sich der Vertrag auf die Privatsphäre des Vertragschließenden bezieht.[340] Zur Privatsphäre zählen u.a. der private Haushalt, die Freizeit, der Urlaub, der Sport oder auch die Gesundheitsvorsorge.

> **Beispiel:** Kauft Kaufmann K für seine Tochter T ein Fahrrad zum Geburtstag, tritt er beim Kauf dieses Geschenks nicht als Unternehmer, sondern als Verbraucher i.S.d. § 13 BGB auf. Denn Zweck des Rechtsgeschäfts liegt in der Besorgung eines Geburtstagsgeschenks, und nicht in der Ausübung seiner gewerblichen Tätigkeit. K ist daher im vorliegenden Fall Verbraucher.

---

[340] Wie hier nun auch *K. Schmidt*, JuS **2006**, 1, 3.

Probleme können sich ergeben, wenn die vertragsschließende Partei – bspw. ein Kauf-   **557**
mann oder ein Freiberufler – die Sache **sowohl zu privaten als auch zu gewerblichen Zwecken** nutzen will. In einem solchen Fall ist nach **h.M.**[341] für die Annahme
eines Verbrauchervertrags die **objektiv zu bestimmende Zweckrichtung** des Verhaltens entscheidend. Das Gesetz stelle nicht auf das Vorhandensein geschäftlicher Er-
fahrung aus einer bereits ausgeübten gewerblichen oder selbstständigen Tätigkeit ab.
Allein entscheidend sei vielmehr, ob das Verhalten der Sache nach dem privaten –
dann Verbraucherhandeln – oder dem gewerblichen Bereich – dann Unternehmertum –
zuzuordnen sei. Eine andere Ansicht lässt jeden privaten Zweck genügen, um das Verbraucherschutzrecht für anwendbar zu erklären.[342] Schließlich stellt eine dritte Ansicht
auf den Sinn und Zweck der Verbraucherschutzrechte vor übereilten Bindungen ab. Der
Schutz müsse verwehrt werden, wenn ein gemischter Zweck gegeben sei, da es der
gewerblich oder selbstständig beruflich tätigen natürlichen Person nicht an Erfahrenheit
fehle.[343]

Zu beachten ist ferner auch **§ 507 BGB**. Danach finden die verbraucherschützenden Wider-   **558**
rufsrechte der §§ 491 ff. BGB auch auf solche natürlichen Personen Anwendung, die sich
zwar ein Darlehen, einen Zahlungsaufschub oder eine sonstige Finanzierungshilfe für eine
gewerbliche oder berufliche selbständige Tätigkeit gewähren lassen, dies jedoch zur Exis-
tenzgründung tun und der Nettodarlehensbetrag oder der Barzahlungspreis 50.000,- € nicht
übersteigt. Dabei muss der in Frage stehende Vertrag dem Zweck der Aufnahme einer beruflichen Tätigkeit dienen. Der Gedanke, der hinter § 507 BGB steht, ist derjenige, dass das
Schutzbedürfnis des Existenzgründers im Vergleich mit dem einer natürlichen Person grundsätzlich gleich ist, unabhängig davon, ob es sich um ein berufliches Geschäft handelt.[344]
Nach h.M. findet § 507 BGB nur auf §§ 491-506 BGB Anwendung. Der Existenzgründer wird
danach hinsichtlich der anderen verbraucherschützenden Vorschriften im BGB nicht wie ein
Verbraucher i.S.d. § 13 BGB behandelt (str.).[345]

2. Unternehmer (§ 14 BGB)

Unternehmer ist gem. der Legaldefinition in § 14 I BGB eine natürliche oder juristi-   **559**
sche Person oder rechtsfähige Personengesellschaft, die bei Vertragsschluss in Ausübung ihrer gewerblichen oder selbstständigen beruflichen Tätigkeit Leistungen gegen
ein Entgelt anbietet.

§ 14 BGB stellt also sowohl für gewerblich oder selbstständig tätige natürliche Personen   **560**
als auch für Personenvereinigungen klar, dass diese Unternehmer sind.

Zunächst sind solche natürlichen Personen Unternehmer i.S.d. § 14 BGB, wenn sie das   **561**
Rechtsgeschäft in Ausübung einer **gewerblichen Tätigkeit** abschließen. Unter einer
gewerblichen Tätigkeit ist eine kaufmännische oder sonstige selbstständige, auf Dauer
angelegte entgeltliche Tätigkeit zu verstehen, die sich als Beteiligung am allgemeinen
Wirtschaftsverkehr darstellt.

Da sog. „höhere" Berufe wie Rechtsanwälte, Architekten, niedergelassene Ärzte etc.   **562**
nach der Rechtsordnung zwar als selbstständige berufliche Tätigkeiten, nicht aber als
Gewerbetreibende anzusehen sind (denn sonst unterlägen sie der Gewerbesteuer und
der Gesetzgeber könnte keine Werbebeschränkungen regeln), der Gesetzgeber sie aber

---

[341] BGHZ **162**, 253, 256 ff. m.w.N.; BGH NJW **1994**, 2759, 2760; OLG Naumburg WM **1998**, 2158, 2159; OLG Rostock NotBZ **2003**, 242; *Schmidt-Räntsch*, in: Bamberger/Roth, § 13 Rn 9.
[342] *v. Westphalen*, BB **1996**, 2101; *Schwerdtfeger*, DStR **1997**, 499, 500.
[343] *Ullmann*, NJW **1998**, 966 ff.; *Ulmer*, in: MüKo, § 355 Rn 17 m.w.N. Vgl. zum Ganzen auch *Kellermann*, JA **2005**, 546 ff.
[344] *Struck*, JA **2004**, 68, 69; *Weidenkaff*, in: Palandt, § 507 Rn 1; *K. Schmidt*, JuS **2006**, 1, 5.
[345] BGHZ **162**, 253, 256 ff.; OLG Oldenburg NJW-RR **2002**, 641, 642; *Möller/Wendehorst*, in: Bamberger/Roth, § 507 Rn 1, 2 und nun auch *Schroeter*, JuS **2006**, 682, 685; a.A. *Ellenberger*, in: Palandt, § 13 Rn 3; *Micklitz*, in: MüKo, § 13 Rn 41.

als von dem Begriff des Unternehmers erfasst sehen wollte, hat er § 14 I BGB entsprechend formuliert. Danach sind Unternehmer i.S.d. § 14 BGB auch solche Personen, die das Rechtsgeschäft zwar nicht in Ausübung einer gewerblichen, aber selbstständigen beruflichen Tätigkeit abschließen. Damit sind gerade die **Freiberufler** erfasst, die eine selbstständige berufliche Tätigkeit ausüben, die nicht gewerblicher Natur ist und nicht dem Kaufmannsbegriff der §§ 1 ff. HGB unterfällt.[346]

563   Schließlich erfasst § 14 I und II BGB die **rechtsfähigen Personengesellschaften** und die **juristischen Personen**. Daraus (und aus der Beschränkung des § 13 BGB) folgt, dass juristische Personen niemals Verbraucher i.S.d. § 13 BGB sein können. Demnach können sich auch keine Vereine oder Stiftungen, die gemeinnützige Zwecke verfolgen, auf verbraucherschützende Vorschriften berufen.

564   Da im Übrigen der Gesetzgeber dem Verbraucherschutz einen überaus hohen Stellenwert beimisst und auch die Gerichte überaus verbraucherfreundlich entscheiden, sind die Begriffsbestimmungen der §§ 13 und 14 BGB im Zweifel über den eigentlichen kommerziellen Zweck hinaus weit auszulegen. So soll es bei dem Unternehmerbegriff (anders als im Steuerrecht!) auf eine **Gewinnerzielungsabsicht nicht ankommen**, sodass sogar **nebenberufliche** Tätigkeiten erfasst werden.[347] Schließt man sich dem an, dürfte bspw. auch eine Hobbymopszüchterin, die einmal pro Jahr Welpen verkauft, als Unternehmer i.S.d. § 14 BGB gelten, nur damit die Gerichte den Käufern von Hunden umfangreiche Verbraucherschutzrechte zubilligen können. Mit dem Wortlaut des § 14 I BGB ist dies freilich nicht vereinbar.[348]

564a   Schon allein rechtstechnisch abzulehnen ist daher die Auffassung des AG Bad Kissingen[349], das einen Unternehmer als jemanden versteht, der „auch ohne Gewinnerzielungsabsicht planmäßig und dauerhaft Leistungen gegen Entgelt anbietet", und dabei § 14 I BGB zitiert. Denn § 14 I BGB stellt ausweislich seines klaren Wortlauts auf die gewerbliche und selbstständige Tätigkeit ab. Die gewerbliche Tätigkeit wiederum setzt gerade eine Gewinnerzielungsabsicht voraus. Genannt wird dieses Urteil an dieser Stelle, weil es zeigt, wie sehr die Rspr. teilweise bemüht ist, das von ihr gewünschte Ergebnis zu erzielen. Ebenso wenig überzeugend ist das Vorgehen des Gesetzgebers unter Billigung der Rspr. des BGH[350] zur Unternehmereigenschaft von **Existenzgründern**. Insbesondere die vom Gesetzgeber seit 2003 als sog. „Ich-AG" in die Selbstständigkeit geschickten Akteure verfügen über keine oder nur geringe Kenntnis der Rechtsrahmenbedingungen (etwa im Fernabsatzhandel) und sind „gefundene Fressen" für abmahnhungrige Rechtsanwälte, die offenbar mangels seriöser Beschäftigung im Internet nach Verstößen gegen Verbraucherschutzbestimmungen suchen und die betreffenden Personen kostenpflichtig abmahnen (ca. 800,- € zzgl. USt). Gleichwohl wird den Existenzgründern von der Rspr. kein Schutz entgegengebracht. Der BGH hat im Umkehrschluss zur besonderen Schutzanordnung des Verbraucherschutzrechts für Existenzgründer im Bereich des Verbraucherkreditrechts durch § 507 BGB (s.o.) festgestellt, dass auch im Hinblick auf Existenzgründer nur dann besondere Rücksicht angebracht sei, wenn das Gesetz dies ausdrücklich vorschreibe. Das sei bei Existenzgründern (bis eben auf § 507 BGB) nicht der Fall. Wer sich in den unternehmerischen Geschäftsverkehr begebe, müsse mit dessen Regeln leben.[351]

---

[346] Die Frage, welche Tätigkeitsfelder zur freiberuflichen Tätigkeit gehören, kann mit § 1 II PartGG beantwortet werden.

[347] Vgl. *Pfeiffer*, in: Soergel, § 14 Rn 13; *Habermas*, in: Staudinger, § 14 Rn 35; *Poelzig*, JuS **2008**, 618, 619; *Becker/Fröhlisch*, NJW **2005**, 3377; BGHZ **167**, 40, 47; OLG Frankfurt/M NJW **2004**, 3433; LG Mainz NJW **2006**, 783; AG Bad Kissingen NJW **2005**, 2463. Zur Unternehmereigenschaft von Existenzgründern vgl. BGHZ **162**, 253, 256 ff.

[348] Immerhin hat jüngst der BGH (ZIP **2006**, 68 ff. und NJW **2007**, 2619 ff.) dieser kaum noch als zulässige richterliche Rechtsfortbildung zu bezeichnenden Tendenz Einhalt geboten (vgl. Rn 1163a).

[349] NJW **2005**, 2463.

[350] BGHZ **162**, 253 ff.

[351] Vgl. BGHZ **162**, 253, 256 ff.

Sonderfall Internethandel: Der Internethandel hat in den letzten Jahren dem traditionellen Handel den Rang abgelaufen. Weil auf den üblichen internetbasierten Handels- und Auktionsplattformen (eBay, amazon etc.) jedoch vielfach sowohl professionelle Händler als auch Privatleute als Verkäufer auftreten, ist bei Personen, die sich zwar als Privatleute bezeichnen, jedoch in gewisser Regelmäßigkeit und in gewissem Umfang Waren anbieten (vgl. etwa sog. eBay-Powerseller), die Schwelle zur gewerblichen Tätigkeit fraglich. Die Feststellung, ob es sich beim Verkäufer, der als Privatperson auftritt, tatsächlich um eine solche oder um einen Unternehmer handelt, wird noch dadurch erschwert, dass i.d.R. die Beteiligten anonym, d.h. mit einem Phantasienamen, auftreten, und dem Käufer regelmäßig nur die im Internet verfügbaren Angaben über seinen anbietenden Vertragspartner zur Verfügung stehen. Die Abgrenzung zwischen einem Unternehmer und einer Privatperson auf Verkäuferseite ist aber wichtig für die Anwendbarkeit der Verbraucherschutzrechte. Auch kann nur eine Privatperson Sachmangelgewährleistungsrechte ausschließen. Entscheidend ist also die Frage, ab wann i.S.d. § 14 I BGB von einer „gewerblichen" Tätigkeit des Verkäufers auszugehen ist (und damit der Anwendungsbereich des Verbrauchsgüterkaufrechts eröffnet) ist.

564b

> **Beispiel:** V ist seit 3 Jahren „Mitglied" bei eBay und tritt regelmäßig unter dem Namen „turboprinz 007" als Verkäufer auf. Er kann bereits 982 Käuferbewertungen vorweisen. Diesmal bietet er verschiedene juristische Lehrbücher an. Das jeweilige Angebot schließt mit dem Hinweis: „Es handelt sich um einen Privatverkauf".

> Bei der Frage, ob im konkreten Fall eine „gewerbliche Tätigkeit" i.S.d. § 14 I BGB vorliegt, wird teilweise auf den traditionellen Gewerbebegriff des deutschen Handelsrechts abgestellt und verlangt, dass eine planvolle, auf gewisse Dauer angelegte, selbstständige und wirtschaftliche Tätigkeit, die nach außen hervortritt, vorliegen müsse.[352]

> Teilt man diese Auffassung, reicht ein nur gelegentliches Tätigwerden nicht aus, um eine unternehmerische Tätigkeit anzunehmen. Erforderlich ist vor allem eine planmäßige Ausrichtung auf eine Vielzahl von Geschäften.

> Die jüngere Rspr. bejaht bei Internetgeschäften ein gewerbliches Handeln insbesondere dann, wenn der Verkäufer sich selbst als „Powerseller" bezeichnet[353]; in diesem Fall soll die Unternehmereigenschaft i.S.d. § 14 I BGB auch dann nicht in Frage gestellt werden, wenn der Verkäufer den Hinweis anbringt, dass es sich um einen Privatverkauf handele.

> Diese Ansätze überzeugen. Wer mit einer gewissen Regelmäßigkeit und Häufigkeit am Markt auftritt, verschafft sich eine Einnahmequelle und ist Unternehmer i.S.d. § 14 I BGB. Daran ändert auch der Umstand nichts, dass der Betreffende einer anderen, hauptberuflichen, Tätigkeit nachgeht. V ist daher Unternehmer i.S.d. § 14 I BGB.[354] Zum Fernabsatzhandel vgl. auch Rn 580 ff. Zum Zustandekommen von Verträgen im Internet vgl. die zusammmenhängende Darstellung bei Rn 606 ff.

Ob bei einem sog. **Agenturgeschäft** im Gebrauchtwagenhandel der Agent als Unternehmer i.S.v. § 14 BGB auftritt, ist ebenso fraglich. Namentlich geht es um den Fall, dass ein Kfz-Händler einen Gebrauchtwagen nicht ankauft (und auch nicht im eigenen Namen und auf eigene Rechnung weiterverkauft, denn dann wäre er unzweifelhaft Unternehmer und an Sachmangelgewährleistungsrechte des Käufers gebunden), sondern dass er vielmehr lediglich als Agent (Vermittler) auftritt und den Wagen im Namen des Verkäufers weiterverkauft. Für die Einstufung des Kfz-Händlers als Unternehmer spricht, dass die genannte Konstruktion ein Umgehungsgeschäft darstellen könnte, in dem es gerade darum geht, Käuferrechte abzuschneiden. Auf der anderen Seite tritt auf Verkäuferseite aber nun einmal ein Verbrau-

564c

---

[352] LG Hof VuR **2004**, 109; *Micklitz*, in: MüKo, § 14 Rn 13.
[353] OLG Frankfurt a.M. NJW **2005**, 1438; AG Bad Kissingen NJW **2005**, 2463; AG Radolfzell NJW **2004**, 3342; ähnlich LG Mainz NJW **2006**, 783; OLG Koblenz NJW **2006**, 1438: Umkehr der Beweislast mit der Folge, dass der Powerseller seine fehlende Unternehmenseigenschaft beweisen muss; a.A. LG Hof VuR **2004**, 109.
[354] Wie hier nunmehr auch *Szcesny/Holthusen*, NJW **2007**, 2586 ff.

cher auf; der Käufer weiß dies auch. Warum dieser also schutzwürdiger sein soll als in dem Fall, dass er direkt „von Privat" kaufen würde, leuchtet nicht ein.[355]

564d Zur Frage, ob ein **geschäftsführender Alleingesellschafter einer GmbH**, der in eigenem Namen und nicht im Namen der GmbH handelt, als Verbraucher oder Unternehmer einzustufen ist, vgl. BGH ZIP 2006, 68 ff. sowie unten Rn 1163 a.

III. Gesetzlich geregelte Widerrufsrechte

565 Da § 355 BGB kein Widerrufsrecht begründet, sondern das Bestehen eines solchen voraussetzt, ist die Vorschrift immer nur in Verbindung mit einer Vorschrift zu sehen, die auf § 355 BGB verweist. Das BGB enthält eine Reihe von verbraucherschützenden Widerrufsrechten, deren Voraussetzungen im Rahmen der Vorschriften über die jeweiligen Verbraucherverträge geregelt sind.

> **Beispiele:** Dem Verbraucher, der einen **Darlehensvertrag** abschließt (vgl. §§ 491 ff. BGB), wird in § 495 BGB das Recht eingeräumt, seine auf den Abschluss des Verbraucherdarlehensvertrags gerichtete Willenserklärung bei Vorliegen der dort genannten Voraussetzungen zu widerrufen. Ähnliche Widerrufsrechte bestehen bei **Haustürgeschäften** (§ 312 I BGB), **Fernabsatzverträgen** (§ 312d I BGB), **Teilzeit-Wohnrechteverträgen** (§ 485 I BGB), **Ratenlieferungsverträgen** (§ 505 I BGB) und bei **Fernunterrichtsverträgen** (§ 4 I FernUG).

1. Haustürgeschäfte

566 Ein Studium der genannten Vorschriften ergibt, dass dem Verbraucher bei Vorliegen der jeweiligen Voraussetzungen ein **Widerrufsrecht** nach **§ 355 BGB** zusteht. Der Gesetzgeber hat nämlich – um Wiederholungen zu vermeiden – in den §§ 355-359 BGB die Ausübung und die Rechtsfolgen aller verbraucherschützenden Widerrufsrechte einheitlich geregelt. Das soll zunächst am Beispiel des **Haustürgeschäfts** erläutert werden (vgl. § 312 I BGB).[356]

> **Beispiel:** Großmutter G nimmt an einer sog. Kaffeefahrt teil. Dort hat sie sich eine Heizdecke aufschwatzen lassen und den Preis von 120,- € sofort bezahlt. Am Abend zu Hause angekommen, klärt sie ihr Sohn S – zutreffend – darüber auf, dass die Decke lediglich einen objektiven Wert von 20,- € hat. Daher möchte sie das Geschäft „rückgängig" machen.
>
> **Abwandlung 1:** Diesmal möchte G durch Schreibarbeiten einen Nebenverdienst erzielen. Auf eine entsprechende Zeitungsanzeige eines Schreibbüros bittet sie um den Besuch eines Mitarbeiters des Büros. Dieser verkauft ihr im Laufe des Gesprächs einen Computer. Muss G das Gerät bezahlen?
>
> **Abwandlung 2:** In der Abwandlung 1 hat G am 2.3. ein Auftragsformular für den Kauf des PC unterschrieben. Das Formular enthält sieben vorgedruckte Absätze in gleicher Größe; in dem fünften Absatz wird auf das Widerrufsrecht hingewiesen. G widerruft am 26.3. Ist diese Widerrufserklärung wirksam?

567 Da insbesondere Hausfrauen (und -männer) sowie ältere Leute an der Haustür von einem (aufdringlichen) Werber oder Vertreter überrascht und zu einem Vertragsschluss (etwa über Bücher, Zeitschriften, Kosmetika) gedrängt werden, den sie später bedauern, hat sich der Gesetzgeber – wenn auch unter dem Einfluss des EU-Rechts – veranlasst gesehen, Verbrauchern unter bestimmten Voraussetzungen ein Widerrufs-

---

[355] Im Einzelnen ist alles strittig. Das Meinungsspektrum reicht von einer generellen Bejahung des Umgehungstatbestands über eine generelle Verneinung desselben bis hin zu differenzierenden Lösungen (vgl. näher BGH NJW **2005**, 1039, 1040; *K. Schmidt*, JuS **2006**, 1, 3 ff.; *Katzenmeier*, NJW **2004**, 2632, 2633; *Müller*, NJW **2003**, 1975, 1978).

[356] Vgl. *Brox/Walker*, AT, Rn 201.

recht einzuräumen, das sie auch **nach** **Vertragsschluss** ausüben können. Darin besteht in zeitlicher Hinsicht der entscheidende Unterschied zum Widerrufsrecht nach § 130 I S. 2 BGB, bei dem der Widerruf spätestens gleichzeitig mit der zu widerrufenden Willenserklärung zugehen muss. Auch inhaltlich wird der Verbraucher, dessen Entscheidungsfreiheit bei Vertragsschluss „an der Haustür" beeinträchtigt ist, weit reichender geschützt, weil er ohne hinreichende Überlegung Zahlungsverpflichtungen mit oft schwerwiegenden finanziellen Folgen eingeht. Dieser gesetzliche Verbraucherschutz kann daher auch nicht durch Parteivereinbarung eingeschränkt werden; alle von den §§ 312, 312a bis e BGB zum Nachteil des Verbrauchers abweichenden Vereinbarungen sind gem. § 312f BGB unwirksam.

a. Voraussetzungen des Widerrufsrechts

Das Widerrufsrecht gem. § 312 I BGB setzt voraus, dass ein **Verbraucher** von einem **Unternehmer** unter besonderen, in der Vorschrift näher aufgeführten Umständen, zur Abgabe einer Willenserklärung bestimmt worden ist, die auf den Abschluss eines **Vertrags über eine entgeltliche Leistung** gerichtet ist. Steht dem Verbraucher jedoch zugleich nach anderen Vorschriften ein Widerrufs- oder Rückgaberecht zu, ist ein Anspruch aus § 312 BGB ausgeschlossen, § 312a BGB.

568

aa. Vertrag über eine entgeltliche Leistung

Unter „Vertrag über eine entgeltliche Leistung" fallen alle Verträge über Waren und Dienstleistungen gegen ein Entgelt, also nicht nur Kaufverträge. Dabei spielt es keine Rolle, ob das Entgelt als Preis, Lohn, Honorar, Gebühr oder anders bezeichnet wird.[357]

569

> **Beispiele:** Miet-, Pacht-, Werk-, Werklieferungs-, Reise-, Darlehens-, (Ehe-) Maklervertrag sowie der Eintritt in einen Verein mit Beitragspflicht. Auch der Bürgschaftsvertrag ist ein Vertrag über eine entgeltliche Leistung, denn hier übernimmt der Bürge einseitig eine Verbindlichkeit; das Bedürfnis, ihn vor Überrumpelung zu schützen, ist sogar noch größer als in den Fällen, in denen jemandem für seine Leistung irgendein Entgelt versprochen oder geleistet wird. Dagegen fallen Arbeitsverträge (auch Kündigungen und Änderungsverträge) – allein schon wegen der amtlichen Überschrift des Untertitels „Besondere Vertriebsformen" – nicht unter § 312 BGB. Hier bieten nach Auffassung des Gesetzgebers die arbeitsrechtlichen Bestimmungen genügend Schutz.[358]

bb. Willenserklärung beruht auf Überraschung oder Überrumpelung

Die Willenserklärung des Verbrauchers muss auf einer Überraschung oder Überrumpelung beruhen. Er muss zu seiner Erklärung bestimmt worden sein

570

- durch **mündliche Verhandlungen** an seinem **Arbeitsplatz** oder im Bereich einer **Privatwohnung** (§ 312 I S. 1 Nr. 1 BGB),

  Entscheidend ist allein der Ort, auf den Anlass des Zusammentreffens kommt es nicht an. So umfasst der Begriff des Arbeitsplatzes auch das Werksgelände, insbesondere die Werkskantine und das Werkstor. Mit der Privatwohnung ist nicht nur die des Verbrauchers gemeint, auch die eines anderen ist umfasst.[359] Zum Bereich der Privatwohnung gehören auch die Haus- oder Etagentür, das Treppenhaus und der Hausgarten. Ist der Vertrag in einer Haustürsituation geschlossen worden, ist § 312 BGB selbst dann anwendbar, wenn zuvor Vertragsverhandlungen in den Geschäftsräumen des Gegners

---

[357] Vgl. BGH NJW **2003**, 1190; NJW **2002**, 1881; *Brox/Walker*, AT, Rn 202; *Grüneberg*, in: Palandt, § 312 Rn 7.
[358] LAG Potsdam ZIP **2003**, 1214; *Bauer*, NZA **2002**, 169, 171; *Henssler*, RdA **2002**, 129, 135; a.A. *Däubler*, NZA **2001**, 1329, 1332.
[359] OLG Stuttgart ZIP **2002**, 1885.

stattgefunden haben.[360] Auch ein enger zeitlicher Zusammenhang zwischen der Haustür-situation und der späteren Willenserklärung, die zum Abschluss des Vertrags geführt hat, ist nicht erforderlich. So hat es der BGH genügen lassen, wenn zwischen der Kontakt-aufnahme und dem Vertragsschluss vier Wochen liegen.[361]

■ anlässlich einer **Freizeitveranstaltung**, die vom Unternehmer oder zumindest auch in dessen Interesse von einem Dritten durchgeführt wird (§ 312 I S. 1 Nr. 2 BGB)

Hier muss für den Verbraucher aufgrund der Darbietung und Durchführung der Freizeit-wert der Veranstaltung im Vordergrund stehen. Beispiele: Kaffee-, Butter-, Besichti-gungsfahrten; Modenschauen; Filmvorführungen. Dagegen sind markt- und messeähnli-che Leistungsschauen (Beispiel: Grüne Woche[362]; HAFA[363]), die der Verbraucher typi-scherweise nicht wegen des Freizeitwerts, sondern wegen des Warenangebots besucht, keine Freizeitveranstaltungen i.S.d. § 312 I S. 1 Nr. 2 BGB.

■ oder im Anschluss an ein überraschendes Ansprechen in (öffentlichen) **Verkehrsmit-teln** oder im Bereich öffentlich zugänglicher **Verkehrsflächen** (§ 312 I S. 1 Nr. 3 BGB).

Verkehrsmittel sind alle Arten von Transportmitteln wie Schiffe, Flugzeuge, Busse und Bahnen. Private Pkw werden nicht erfasst. Zu den Verkehrsflächen gehören Straßen, Fußgängerwege, Bahnhöfe und Bahnsteige, Autobahnraststätten, öffentliche Parks etc.

Obwohl die enumerative Aufzählung in § 312 I BGB in grammatikalischer Hinsicht ab-schließend formuliert ist, müssen nach dem Schutzzweck des Gesetzes eine erweitern-de Auslegung und auch eine Analogie zugunsten des Verbrauchers möglich sein. Daher kann auch ein überraschendes Anbieten etwa auf dem Sportplatz oder innerhalb von Heimen oder Anstalten zu einem Widerrufsrecht führen. Diese ausdehnende Auslegung lässt sich auch auf das Umgehungsverbot des § 312f S. 2 BGB stützen.[364]

b. Ausschluss des Widerrufsrechts

571 Unbeschadet anderer Vorschriften (wie z.B. nach § 312a BGB) besteht das nach § 312 I BGB gewährte Widerrufsrecht nicht, wenn die in § 312 III BGB genannten Vorausset-zungen vorliegen, wenn also

■ die Vertragsverhandlungen am Arbeitsplatz oder in einer Privatwohnung auf **vorherge-hende Bestellung des Verbrauchers** geführt worden sind (§ 312 III Nr. 1 BGB),

Lädt der Verbraucher den Unternehmer mündlich, schriftlich oder telefonisch zu Ver-tragsverhandlungen ein, ohne dass diese Initiative vom Unternehmer ausgegangen ist, fehlt der Überraschungseffekt, der gerade Anlass für den Verbraucherschutz ist. Hier ist dem Verbraucher das Widerrufsrecht versagt.

Beispiele:
(1) Schickt jemand die einem Werbeflyer beigefügte Antwortkarte mit dem Aufdruck „Vertreterbesuch erwünscht" zurück, ist er nicht schutzbedürftig, da er auf den Be-such vorbereitet ist. Schließt er einen Vertrag ab, steht ihm kein Widerrufsrecht zu.

(2) Wer aber an einer Verlosung oder einem Preisausschreiben teilnimmt und dabei sei-ne Anschrift angibt, bestellt damit keinen Vertreter zu Vertragsverhandlungen.

(3) Wenn andererseits der Unternehmer ohne Veranlassung des Verbrauchers telefo-nisch bei diesem anfragt, ob ein Vertreterbesuch genehm sei, provoziert er die Be-stellung und kann sich nicht auf den Ausschluss des Widerrufsrechts gem. § 312 III Nr. 1 BGB berufen. Das gilt auch, wenn der Verbraucher vorher auf einer Werbe-

---

[360] OLG Dresden VuR **2003**, 70.
[361] BGH ZIP **2003**, 432; vgl. aber auch BGH WM **2003**, 1370.
[362] BGH NJW **2002**, 3100; OLG Brandenburg NJW-RR **2001**, 1635.
[363] OLG Stuttgart ZGS **2003**, 317.
[364] *Ulmer*, in: MüKo § 312 Rn 33; *Grüneberg*, in: Palandt, § 312 Rn 11.

antwortkarte um Zusendung von Prospekten gebeten und dabei seine „Telefonnummer zwecks Rückruf" angegeben hat; denn § 312 III Nr. 1 BGB setzt eine Einladung zur Führung von Vertragsverhandlungen voraus.[365]

- die Leistung bei Abschluss der Verhandlungen **sofort erbracht sowie bezahlt** wird und das Entgelt **40,- €** nicht übersteigt (§ 312 III Nr. 2 BGB)

  Zwar kann auch in einem solchen Fall der Verbraucher überrascht oder überrumpelt worden sein; allerdings werden solche Geschäfte als Bagatellgeschäfte angesehen, die den Verbraucher nur geringfügig belasten. Von besonderer Bedeutung ist in diesem Zusammenhang das Umgehungsverbot nach § 312f S. 2 BGB. Werden bspw. zwei Leistungen zum Gesamtpreis von 80,- € verkauft und wegen § 312 III Nr. 2 BGB zwei Verträge zu je 40,- € geschlossen, liegt eine Umgehung des Gesetzes vor. Der Unternehmer kann sich nicht auf den Ausschluss des Widerrufsrechts berufen.

- oder die Willenserklärung von einem Notar **beurkundet** worden ist (§ 312 III Nr. 3 BGB)

  Hier besteht keine Schutzbedürftigkeit, weil der Verbraucher bereits anderweitig hinreichend geschützt ist. Denn eine notarielle Beurkundung soll gerade der Aufklärung dienen und vor Übereilung schützen (vgl. § 17 BeurkG).

Schließlich gilt der gesamte Ausschlusstatbestand des § 312 III BGB unbeschadet anderer Vorschriften nicht für den Abschluss von **Versicherungsverträgen**. Zwar wird teilweise geltend gemacht, die besondere Behandlung solcher Verträge gegenüber allen anderen Verträgen sei durch keinen vernünftigen Grund sachlich gerechtfertigt und verstoße daher gegen Art. 3 GG[366], allerdings räumt § 8 I VVG (Versicherungsvertragsgesetz) bei einem Abschluss eines Versicherungsverhältnisses mit einer Laufzeit von mindestens einem Monat (§ 8 III Nr. 1 VVG) ein Widerrufsrecht innerhalb von vierzehn Tagen ein. Hier ist dem Verbraucherschutz also hinreichend Rechnung getragen.

c. Ausübung des Widerrufsrechts, Form und Frist

Hinsichtlich der Ausübung des Widerrufsrechts verweist § 312 I BGB auf **§ 355 BGB**   572
(s.o.). Die Widerrufserklärung ist eine einseitige empfangsbedürftige Willenserklärung, durch die der Verbraucher gegenüber dem Unternehmer die Rücknahme seiner auf den Vertragsschluss gerichteten Willenserklärung zum Ausdruck bringt. Das Widerrufsrecht ist damit ein **Gestaltungsrecht**, für das wiederum die Regeln über die Willenserklärung gelten. Folge ist die Möglichkeit der Anfechtung etc. Einer **Begründung** bedarf die Widerrufserklärung **nicht**. Auch ist der Gebrauch des Wortes „Widerruf" nicht erforderlich; es genügt, dass aus dem Wortlaut der Erklärung für den Unternehmer erkennbar ist, dass der Verbraucher an seiner Willenserklärung nicht festhalten will.

> **Beispiele:** Teilt der Widerrufsausübende mit: „Ich habe es mir anders überlegt und will mit dem Vertrag nichts mehr zu tun haben", genügt es ebenso wie „Ich trete vom Vertrag zurück" oder „Behalten Sie Ihre Ware".

Die Widerrufserklärung kann gem. § 355 I BGB in **Textform** (§ 126b BGB) oder –   573
konkludent – durch **Rücksendung der Sache** erfolgen. Eine mündliche Erklärung genügt also nicht, selbst wenn sie gegenüber dem anwesenden Vertragspartner abgegeben wird. Des Weiteren muss der Widerruf **fristgemäß** erfolgen. Die Widerrufsfrist beträgt **zwei Wochen**. Zur Wahrung der Frist genügt die **rechtzeitige Absendung des Widerrufs** (§ 355 I S. 2 a.E. BGB); dieser braucht also dem Unternehmer nicht innerhalb der Frist zugegangen zu sein. Die Frist beginnt mit der **Aushändigung der**

---

[365] BGHZ **109**, 127, 131 (zum ehemaligen HaustürWG).
[366] So *Gilles*, NJW **1986**, 1131, 1147; *Teske*, ZRP **1990**, 412; *Brox/Walker*, AT, Rn 209.

ordnungsgemäßen Belehrung an den Verbraucher. Die Belehrung ist gem. § 355 III BGB **ordnungsgemäß**, wenn sie in Textform erfolgt und **drucktechnisch deutlich gestaltet** ist. Allerdings ist nicht erforderlich, dass die Belehrung in einer vom Auftragsformular gesonderten Urkunde enthalten ist (vgl. aber die Besonderheiten beim Verbraucherdarlehensvertrag und beim Teilzeit-Wohnrechtevertrag). Entscheidend ist allein, dass dem Verbraucher Inhalt und Bedeutung der Belehrung klar vor Augen geführt werden. Dem kann auch dadurch Rechnung getragen werden, dass die Belehrung etwa auf dem Auftragsformular steht. Dann ist es aber notwendig, dass die Belehrung aus dem sonstigen Text des Formulars in einer vom Verbraucher nicht zu übersehenden Weise **hervorgehoben** ist.

574   **Inhaltlich** ist gem. § 355 II S. 1 BGB die Widerrufsbelehrung nicht zu beanstanden, wenn sie gemäß der **BGB-InfoV** so formuliert ist, dass der Verbraucher ihr entnehmen kann, dass

- er ohne weitere Voraussetzungen innerhalb von zwei Wochen seit seiner Willenserklärung diese widerrufen kann,
- der Widerruf in Textform oder durch Rücksendung der Sache erfolgen muss und
- die Frist durch rechtzeitige Absendung des Widerrufs gewahrt wird.
- Außerdem muss die Belehrung über den Widerruf auch eine Belehrung über den Beginn der Widerrufsfrist sowie den Namen und die Anschrift des Widerrufsempfängers enthalten.
- Schließlich ist über die Widerrufsfolgen (Austausch der empfangenen Leistungen) zu belehren (vgl. § 312 II BGB i.V.m. 355 I i.V.m. 357 I und III BGB).[367]

575   Eine **nicht vorhandene** oder nicht **vollständige Belehrung** hat zwar nicht die Nichtigkeit des Rechtsgeschäfts zur Folge, übt aber Einfluss auf den **Fristbeginn** des Widerrufs aus, vgl. dazu § 355 II und III BGB. Außerdem führt sie regelmäßig zur kostenpflichtigen **Abmahnung** durch einen Verbraucherschutzverband bzw. ein Konkurrenzunternehmen.[368] Zum **Fernabsatzvertrag** vgl. Rn 580 ff.

d. Rechtsfolgen des Widerrufs

576   Mit der form- und fristgerechten Ausübung des Widerrufsrechts tritt an die Stelle des zunächst wirksamen Vertrags ex nunc ein Abwicklungsverhältnis. Die Rechtsfolgen ergeben sich dabei aus § 357 I S. 1 BGB und den Rücktrittsregeln der §§ 346 ff. BGB (die sonst anwendbaren Bestimmungen der §§ 812 ff. BGB gelten hier nicht!). Die erbrachten Leistungen sind Zug um Zug zurückzugewähren. Hat der Verbraucher die Sache schuldhaft verschlechtert oder die Rückgabe gar unmöglich gemacht, hat er Wertersatz zu leisten (vgl. § 357 III S. 1 BGB).

e. Rückgaberecht anstelle des Widerrufsrechts

577   § 312 I S. 2 BGB bestimmt, dass dem Verbraucher statt des Widerrufsrechts nach § 355 BGB auch ein **Rückgaberecht** nach **§ 356 BGB** eingeräumt werden kann, wenn zwischen dem Verbraucher und dem Unternehmer im Zusammenhang mit diesem oder einem späteren Geschäft auch eine ständige Geschäftsverbindung aufrechterhalten werden soll. Der entscheidende **Unterschied** zwischen dem Widerrufsrecht und dem Rückgaberecht besteht (gem. § 357 BGB bzw. § 356 II BGB) darin,

- dass das Widerrufsrecht *auch* durch Rücksendung der Ware erfolgen kann, während das Rückgaberecht grds. *nur* durch Rücksendung der Ware ausgeübt werden kann.

---

[367] Vgl. im Einzelnen *Grüneberg*, in: Palandt, § 355 Rn 13 ff.
[368] Zur Abmahnung vgl. *R. Schmidt*, SchuldR BT II, Rn 53.

- Dafür erfolgt die Rücksendung der Ware nach Ausübung des Rückgaberechts ausschließlich auf Kosten und Gefahr des Unternehmers, während beim Widerrufsrecht Versandhändler dem Verbraucher die Kosten für die Rücksendung auch dann auferlegen, wenn der Wert des *zurückgesandten Artikels* (nicht der Wert der Bestellung!) bei 40,- € oder weniger liegt. Bei höherem Wert soll der Verbraucher die Rücksendung tragen, wenn er die Ware bis zum Zeitpunkt des Widerrufs noch nicht bezahlt hat. Vgl. dazu ausführlich Rn 595 ff.

Zugelassen ist das Rückgaberecht als Ersatz des Widerrufsrechts, wenn eine Vorschrift **578** auf § 356 BGB verweist. Das ist beim **Haustürgeschäft** nach § 312 I S. 2 BGB unter der genannten Einschränkung ebenso der Fall wie beim **Fernabsatzvertrag** nach § 312b BGB i.V.m. § 312d I S. 2 BGB (vgl. dazu Rn 580 ff.).

Zum **Beispiel** und zu den Abwandlungen von Rn 566:

Ausgangsfall: G kann ihre auf Abschluss des Kaufvertrags gerichtete Willenserklärung gem. § 312 I S. 1 Nr. 2 BGB widerrufen. Dieses Widerrufsrecht ist auch nicht durch § 312 III Nr. 2 BGB ausgeschlossen, weil das Entgelt 40,- € überstieg. Sie hat lediglich die Frist des § 355 I S. 2 a.E. BGB zu beachten.

Abwandlung 1: Auch hier handelt es sich um ein Haustürgeschäft, bei dem G innerhalb der Frist des § 355 I S. 2 a.E. BGB widerrufen kann. Insbesondere greift nicht die Ausnahmevorschrift des § 312 III Nr. 1 BGB, da G bei der Bestellung nur mit einer Vereinbarung über Schreibarbeiten und nicht mit dem Kauf eines PC rechnete.

Abwandlung 2: In dieser Variante ist die Widerrufsbelehrung nicht drucktechnisch deutlich gestaltet, sodass die Widerrufsfrist noch nicht einmal begonnen hat, § 355 II S. 1 BGB.

579

Voraussetzungen und Rechtsfolge des Widerrufsrechts nach § 312 BGB

I. Persönlicher und sachlicher Anwendungsbereich

Der sich auf das Widerrufsrecht Berufende muss **Verbraucher** (§ 13 BGB), der Gegner **Unternehmer** (§ 14 BGB) sein. Steht dem Verbraucher zugleich nach anderen Vorschriften ein Widerrufs- oder Rückgaberecht zu, ist ein Anspruch aus § 312 BGB ausgeschlossen, § 312a BGB).

II. Vorausgegangener Vertragsschluss über eine entgeltliche Leistung

Zwischen den Parteien muss ein Vertrag über eine entgeltliche Leistung geschlossen worden sein. Dieser Vertrag muss zustande gekommen sein

- ⇨ durch **mündliche Verhandlungen** an seinem **Arbeitsplatz** oder im Bereich einer **Privatwohnung** (§ 312 I S. 1 Nr. 1 BGB),
- ⇨ anlässlich einer **Freizeitveranstaltung**, die vom Unternehmer oder zumindest auch in dessen Interesse von einem Dritten durchgeführt wird (§ 312 I S. 1 Nr. 2 BGB), oder
- ⇨ im Anschluss an ein überraschendes Ansprechen in (öffentlichen) **Verkehrsmitteln** oder im Bereich öffentlich zugänglicher **Verkehrsflächen** (§ 312 I S. 1 Nr. 3 BGB).

III. Kein Ausschluss des Widerrufsrechts

Unbeschadet anderer Vorschriften ist das Widerrufsrecht gem. § 312 III Nr. 1 bis 3 BGB **ausgeschlossen**, wenn

- ⇨ die Vertragsverhandlungen am Arbeitsplatz oder in einer Privatwohnung auf **vorhergehende Bestellung des Verbrauchers** geführt worden sind (§ 312 III Nr. 1 BGB),
- ⇨ die Leistung bei Abschluss der Verhandlungen **sofort erbracht sowie bezahlt** wird und das Entgelt **40,- €** nicht übersteigt (§ 312 III Nr. 2 BGB) oder
- ⇨ die Willenserklärung von einem Notar **beurkundet** worden ist (§ 312 III Nr. 3 BGB).

IV. Ausübung und Rechtsfolgen des Widerrufs

Hat der Verbraucher sein Widerrufsrecht gem. § 355 BGB **form- und fristgerecht** ausgeübt, wird der zunächst wirksam zustande gekommene Vertrag ex nunc in ein **Abwicklungs-**

> **verhältnis** umgewandelt. Nach § 357 I S. 1 BGB finden auf das Widerrufsrecht die Vorschriften über den Rücktritt (§§ 346 ff. BGB) entsprechende Anwendung. Die erbrachten Leistungen sind also Zug um Zug zurückzugewähren. Hat der Verbraucher die Rückgabe schuldhaft verschlechtert oder gar unmöglich gemacht, hat er Wertersatz zu leisten (vgl. § 357 III S. 1 BGB).

2. Fernabsatzverträge, insbesondere im elektronischen Geschäftsverkehr

580 Bei den heutzutage immer häufiger anzutreffenden Fernabsatzverträgen ergibt sich ein Widerrufsrecht des Verbrauchers gem. §§ 312b bis d BGB i.V.m. § 355 BGB. Anstelle des Widerrufsrechts kann dem Verbraucher bei Verträgen über Waren auch ein **Rückgaberecht** nach § 356 BGB eingeräumt werden, § 312d I S. 2 BGB.

a. Voraussetzungen des Widerrufsrechts

581 Selbstverständlich setzt auch das Widerrufsrecht in Bezug auf einen Fernabsatzvertrag einen zuvor **wirksam zustande gekommenen Vertrag** voraus. Gerade hier können sich jedoch zahlreiche Probleme ergeben wie z.B. beim Zugang von Willenserklärungen, Einbeziehung von AGB etc. Bevor daher (im Rahmen der Fallbearbeitung) zu den Widerrufsrechten Stellung genommen werden kann, sind in aller Regel zuvor Probleme in Bezug auf das Zustandekommen des Rechtsgeschäfts zu überwinden. Da deren Erörterung an dieser Stelle des Buches jedoch zu einer Unübersichtlichkeit der Darstellung führen würde, hat sich der Verfasser entschlossen, das Zustandekommen von Rechtsgeschäften im Internet einem eigenen Abschnitt zu widmen; vgl. Rn 606 ff.

582 In persönlicher Hinsicht setzt das Widerrufsrecht gem. §§ 312b - d BGB voraus, dass sich ein **Verbraucher** und ein **Unternehmer** (zur Kritik an der weiteren Auslegung des Unternehmerbegriffs vgl. Rn 224) gegenüberstehen. In sachlicher Hinsicht muss ein Fernabsatzvertrag vorliegen.

583 Ein **Fernabsatzvertrag** ist ein Vertrag über die Lieferung von Waren oder die Erbringung von Dienstleistungen einschließlich Finanzdienstleistungen, der zwischen einem Unternehmer und einem Verbraucher unter **ausschließlicher Verwendung von Fernkommunikationsmitteln** abgeschlossen wurde, sofern der Vertragsschluss nicht außerhalb eines für den Fernabsatz organisierten Vertriebs- oder Dienstleistungssystems erfolgte, § 312b I BGB.

584 Beim Vertragsschluss, für den die Regeln des Allgemeinen Teils des BGB gelten, müssen also **Fernkommunikationsmittel** eingesetzt worden sein. Das sind nach § 312b II BGB alle Kommunikationsmittel, die zur Anbahnung oder zum Abschluss eines Vertrags zwischen einem Verbraucher und einem Unternehmer ohne gleichzeitige körperliche Anwesenheit der Vertragsparteien eingesetzt werden können, bspw. Briefe, Kataloge, Telefonanrufe, E-Mails sowie Rundfunk, Tele- und Mediendienste. Dabei müssen sowohl bei dem Vertragsangebot als auch bei der Vertragsannahmeerklärung ausschließlich Fernkommunikationsmittel eingesetzt worden sein.[369] Zum Widerrufsrecht bei Fernabsatzverträgen, die im **Internet** geschlossen wurden, vgl. die zusammenhängende Darstellung bei Rn 606 ff.

585 **Vertragsgegenstand** müssen die Lieferung von Waren oder die Erbringung von Dienstleistungen sein. **Waren** sind alle beweglichen körperlichen Gegenstände des Handelsverkaufs wie auch elektrischer Strom, Gas, Wasser oder Fernwärme.[370] Unter

---

[369] *Grüneberg*, in: Palandt, § 312b Rn 8.
[370] *Grüneberg*, in: Palandt, § 312b Rn 10.

den **Dienstleistungsbegriff** fallen infolge einer weiten Auslegung u.a. auch Werk- und Werklieferungsverträge, Geschäftsbesorgungsverträge, Maklerverträge und auch Partnerschaftsvermittlungsverträge.[371] Nach der Gesetzesänderung vom 11.12.2004 zählen auch **Finanzdienstleistungen** unter § 312b I BGB. Das sind Verbraucherdarlehensverträge, Giroverträge, Einlagengeschäfte (Sparbuch, Festgeld etc.), Wertpapierdepotverträge etc. Vom Anwendungsbereich der Vorschriften über Fernabsatzverträge explizit ausgeschlossen sind dagegen die gem. § 312b III BGB genannten Materien wie Fernunterricht (§ 1 FernUG), Teilzeit-Wohnrecht (§ 481 ff. BGB), Versicherungen und deren Vermittlung, Grundstücksgeschäfte und verschiedene Lebensmittelgeschäfte.

Nach **§ 312b I BGB** muss der Vertrag im Rahmen eines für den **Fernabsatz** organisierten **Vertriebs- oder Dienstleistungssystems** erfolgt sein. Ein solches Vertriebssystem setzt voraus, das der Unternehmer innerhalb seines Betriebs die Voraussetzungen geschaffen hat, die notwendig sind, um regelmäßig im Fernabsatz zu tätigende Geschäfte zu bewältigen.[372] Kam der Vertragsschluss demnach nur *zufällig* durch ein Fernkommunikationsmittel zustande, obwohl der Betrieb des Unternehmers eigentlich auf stationären Handel ausgelegt ist, fällt dieser Vertrag nicht in den Anwendungsbereich des § 312b BGB. Hingegen ist für eine Anwendung der §§ 312b – d BGB auch nicht erforderlich, dass der Unternehmer seinen gesamten Vertrieb im Fernabsatz abwickelt.

586

b. Ausübung des Widerrufsrechts

Hinsichtlich der Ausübung des Widerrufsrechts verweist § 312d I BGB auf **§ 355 BGB**. Hierzu kann auf die Ausführungen zum Haustürgeschäft verwiesen werden (s.o. Rn 571). Insbesondere bedarf der Widerruf hier wie dort **keiner Begründung**. Auch ist der Gebrauch des Wortes „Widerruf" nicht erforderlich; es genügt, dass aus dem Wortlaut der Erklärung für den Unternehmer erkennbar ist, der Verbraucher wolle an seiner Willenserklärung nicht festhalten. Beim Fernabsatzvertrag zu beachten sind allerdings die **§§ 312c und d BGB**: Verstößt der Unternehmer gegen seine **Informationspflicht** aus § 312c II BGB i.V.m. § 1 I **BGB-InfoV** (vgl. dazu Rn 574 und 590), beginnt gem. § 312d II BGB die Widerrufsfrist so lange nicht zu laufen, bis der Unternehmer dieser Pflicht nachgekommen ist. Bei Fernabsatzverträgen im **elektronischen Geschäftsverkehr** ist zusätzlich **§ 312e BGB** zu beachten: Danach beginnt die Widerrufsfrist erst zu laufen, wenn der Anbieter seine Pflichten aus § 312e BGB erfüllt hat (§ 312e III BGB – dazu Rn 606 ff.). Die Verletzung einer der genannten Pflichten aus § 312c I BGB und § 312e I BGB kann sogar einen Schadensersatzanspruch aus §§ 280 I, 241 II, 311 II BGB (c.i.c.) begründen[373] und führt (wegen des damit verbundenen Wettbewerbsverstoßes) in der Praxis zu kostenpflichtigen Abmahnungen.

587

c. (Informations-)Pflichten des Unternehmers

Welche Informationspflichten für den auf Verkäuferseite stehenden Unternehmer bestehen, wurde bereits bei Rn 572 ff. erläutert. Für den **elektronischen Geschäftsverkehr** kommen Besonderheiten hinzu. So hat der Unternehmer dem Verbraucher die erforderlichen Informationen gem. der BGB-InfoV „rechtzeitig vor Abgabe von dessen Bestellung" klar und verständlich mitzuteilen (§ 312e I S. 1 Nr. 2 BGB – zur BGB-InfoV vgl. sogleich Rn 590). Das führt in der Praxis dazu, dass die in der Anlage 2 zu § 14 BGB-InfoV enthaltene vollständige Musterwiderrufsbelehrung dem Verbraucher bereits vor Abgabe der Vertragserklärung informationshalber zur Verfügung gestellt werden muss. Wenn also auf der Internetseite eines Unternehmers kaum verständliche, um-

588

---

[371] BT-Drs. 14/2658, S. 30.
[372] BT-Drs. 14/2658, S. 30.
[373] *Grüneberg*, in: Palandt, § 312e Rn 11.

fangreiche Belehrungstexte (allein die genannte Musterwiderrufsbelehrung ist kaum auf einer DIN A 4 Seite unterzubringen) enthalten sind, kommt der Unternehmer damit lediglich den gesetzlichen Anforderungen nach, um sich nicht der Gefahr einer kostenintensiven Abmahnung durch einen Verbraucherschutzverein oder ein Konkurrenzunternehmen auszusetzen. Immerhin wurde in der seit dem 1.1.2005 geltenden Neufassung des Gesetzes klargestellt, dass der Unternehmer keinen Informationserfolg nachweisen muss, sondern lediglich, dass der Verbraucher die Information zur Kenntnis nehmen konnte.

589 Der Unternehmer kommt somit bei Fernabsatzverträgen der vorvertraglichen Informationspflicht auf seinen Internetseiten nur nach, wenn der Nutzer die erforderlichen Informationen aufrufen kann, bevor er den Vertrag schließt. Damit ist jedoch noch nicht die Frage beantwortet, ob die Widerrufsbelehrung im Volltext in der Nähe der Bestelleingabe stehen muss oder ob ein elektronischer Verweis (Link) auf die Anbieteradresse oder die Widerrufsbelehrung genügt. Die zuerst genannte Möglichkeit wird weder dem Medium Internet noch dem Verbraucherleitbild gerecht, welches auch im Internet nach einer aktuellen Entscheidung des BGH zur Beurteilung irreführender Angaben auf das Verständnis „eines durchschnittlich informierten und verständigen Verbrauchers" abstellt.[374] Auch nach Auffassung des BGH wird der Kaufinteressierte erfahrungsgemäß (nur) diejenigen Seiten aufrufen oder Texte durchlesen, die er zur Information über die von ihm ins Auge gefasste Ware benötigt oder zu denen er durch Links aufgrund einfacher elektronischer Verknüpfung oder durch klare und unmissverständliche Hinweise auf dem Weg bis hin zum Vertragsschluss geführt wird.[375] Hinzu kommt, dass ein Verbraucher, der bis auf die Webseiten und die dortigen Angebote eines Anbieters gelangt, erfahrungsgemäß auch die Fähigkeit hat, einen elektronischen Verweis zu erkennen. Daraus folgt: Kann der durchschnittlich informierte und verständige Verbraucher aufgrund der technischen Gestaltung der Internet-Bestellseite erkennen, dass es sich um einen Link handelt, und kann er aufgrund von Hinweisen ersehen, welche Informationen er dahinter findet, genügt gerade ein solcher Link, um den Informationspflichten nachzukommen. Nicht ausreichend dürfte daher mangels Aussagekraft des Linktextes beim Verkauf über eBay dementprechend die Widerrufsbelehrung sein, die nur über einen Link „Angaben zum Verkäufer" bzw. „mich-Seite" erreicht werden kann.[376] Dass z.B. von eBay die technischen Voraussetzungen für die Bereitstellung einer ordnungsgemäßen Widerrufsbelehrung nicht gegeben werden, ändert freilich nichts an der aufgezeigten rechtlichen Situation.

590 **Inhaltlich** ist die Widerrufsbelehrung nicht zu beanstanden, wenn sie dem in der Anlage 2 zu § 14 BGB-InfoV (BGBl I 2002, S. 3002, zul. geändert am 23.10.2008, BGBl I S. 2069)[377] enthaltenen Muster entspricht. Anderenfalls muss sie so formuliert sein, wie es bei Rn 574 erläutert wurde.

591 Auch im Bereich des Fernabsatzhandels führen eine **nicht vorhandene** oder nicht **vollständige Belehrung** oder ein Verstoß gegen sonstige, in § 312e I S. 1 Nr. 1-4 BGB genannten, Pflichten nicht zur Nichtigkeit des Rechtsgeschäfts, der Mangel übt aber Einfluss auf den **Fristbeginn** des Widerrufs aus, vgl. dazu § 312e III S. 2 BGB bzw. § 312d II BGB. Außerdem führt sie regelmäßig zur kostenpflichtigen **Abmahnung** durch einen Verbraucherschutzverband bzw. ein Konkurrenzunternehmen.

---

[374] BGH WRP **2005**, 480, 484
[375] BGH WRP **2005**, 480, 484. Bestätigt von BGH MMR **2005**, 531 ff.
[376] Vgl. *Becker/Föhlisch*, NJW **2005**, 3377, 3379.
[377] Abgedruckt z.B. im *Schönfelder* Nr. 22.

d. Erlöschen des Widerrufsrechts

Nach **§ 312d III BGB** erlischt das Widerrufsrecht, wenn

1. bei einer **Finanzdienstleistung** der Vertrag von beiden Seiten auf ausdrücklichen Wunsch des Verbrauchers vollständig erfüllt wurde, bevor der Verbraucher sein Widerrufsrecht ausgeübt hat, oder

2. bei einer sonstigen **Dienstleistung** der Unternehmer mit der Ausführung der Dienstleistung mit ausdrücklicher Zustimmung des Verbrauchers vor Ende der Widerrufsfrist begonnen oder wenn der Verbraucher die Ausführung selbst veranlasst hat.

Unter diesen Voraussetzungen erlischt das Widerrufsrecht sogar dann, wenn der Unternehmer den Verbraucher nicht ordnungsgemäß über die Folgen einer solchen Ausführung oder über das Bestehen des Widerrufsrechts belehrt hat.[378]

> **Beispiel:** Verbraucher K schließt mit dem Unternehmer U über das Internet einen Mobilfunkvertrag ab. Zwei Tage später wird K das Mobiltelefon (Handy) zugeschickt. Er benutzt das Handy bereits am nächsten Tag.
>
> Hier hat K den Beginn der Dienstleistung selbst veranlasst. Damit erlischt sein Widerrufsrecht gem. § 312d III Nr. 2 BGB.
>
> Gleiches gilt im Übrigen, wenn der Verbraucher nach Vertragsschluss die vom Unternehmer im Internet angebotene Leistung durch Herunterladen (etwa eines Programms) in Anspruch nimmt.[379]

e. Ausschluss des Widerrufsrechts

§ 312d IV BGB normiert in den in der Vorschrift genannten 6 Fällen den **Ausschluss** des Widerrufsrechts, in denen dessen Ausübung **wegen Wertverlusts** für den Unternehmer zu nicht tragbaren Ergebnissen führen würde.

- So ist nach **§ 312d IV Nr. 1 BGB** zunächst ein Widerrufsrecht des Verbrauchers ausgeschlossen, wenn der Vertrag die Lieferung einer Ware zum Inhalt hat, die nach **Kundenspezifikation angefertigt** wird oder eindeutig auf die **persönlichen Belange** zugeschnitten ist. Dies ist der Fall, wenn die Ware wegen der Berücksichtigung der Wünsche des Verbrauchers anderweitig nicht oder nur mit einem unzumutbaren Preisnachlass abgesetzt werden kann. Ein Ausschluss des Widerrufsrechts liegt hingegen **nicht** vor, wenn der Unternehmer die Sache zwar nach den Wünschen des Verbrauchers zusammengestellt hat (bspw. einen Computer), die einzelnen Komponenten aber wieder voneinander getrennt werden können, ohne dass sie dadurch an Wert verlieren.

- Ebenso scheidet nach **§ 312d IV Nr. 1 BGB** ein Widerrufsrecht aus, wenn die Ware aufgrund ihrer Beschaffenheit **nicht zur Rücksendung geeignet** oder wenn sie **schnell verderblich** oder wenn das **Verfalldatum überschritten** ist. Unter die Variante „nicht zur Rücksendung geeignet" lassen sich z.B. Arzneimittel subsumieren, weil sie aus Gründen der Arzneimittelsicherheit kein zweites Mal in den Verkehr gebracht werden dürfen.[380] Dass der (europäische) Gesetzgeber den Ausschluss des Widerrufsrechts in Bezug auf Arzneimittel nicht explizit geregelt hat, liegt daran, dass zum Zeitpunkt der Entstehung der Fernabsatzrichtlinie der Versandhandel mit Arzneimitteln noch nicht zulässig war. Nicht zur Rücksendung geeignet sind auch benutzte (oder zumindest aus der Primärverpackung herausgenommene) „Ehehygieneartikel", wohl besser als „Sexartikel" zu bezeichnen, weil auch diese nach Ingebrauchnahme kaum erneut (im

---

[378] *Grüneberg*, in: Palandt, § 312d Rn 7.
[379] *Grüneberg*, in: Palandt, § 312d Rn 7a.
[380] Abzulehnen ist die Auffassung von *Grüneberg*, in: Palandt, § 312d Rn 9, der den Ausschluss des Widerrufsrechts bei Arzneimitteln mit der Gefahr des Verderbs begründen möchte. Vergleicht man das 14-tägige Widerrufsrecht mit der i.d.R. mehrmonatigen bzw. mehrjährigen Haltbarkeit von Arzneimittel, wird deutlich, dass diese Auffassung nicht überzeugen kann.

wahrsten Sinne des Wortes) in den Verkehr gebracht werden können. Dasselbe gilt letztlich auch für angebrochene Kosmetika etc.[381]

597 ▪ Nach **§ 312d IV Nr. 2 BGB** ist ein Widerrufsrecht ausgeschlossen, wenn der Vertrag die Lieferung von **Audio- oder Videoaufzeichnungen** oder von **Software** zum Inhalt und der Verbraucher den Datenträger **entsiegelt** hat.[382]

598 ▪ Darüber hinaus ist ein Widerrufsrecht auch nach **§ 312d IV Nr. 3 BGB** ausgeschlossen, sofern es sich bei dem Vertragsgegenstand um **Zeitungen** oder **Zeitschriften** handelt. Zu beachten ist dabei, dass ein eventuell aus § 505 BGB bestehendes Widerrufsrecht unberührt bleibt.

599 ▪ Auch ist ein Widerrufsrecht nach **§ 312d IV Nr. 4 und 5 BGB** ausgeschlossen, wenn Vertragsinhalt die Erbringung von **Wett- und Lotterie-Dienstleistungen** ist (Nr. 4) oder der Vertrag in Form einer **Versteigerung** geschlossen wird (Nr. 5), wobei zu beachten ist, dass eine sog. **Internet-Auktion**, bei der der Vertrag nicht durch Zuschlag, sondern durch Zeitablauf (d.h. durch Annahme eines befristeten Kaufangebots zum Höchstpreis) zustande kommt, **keine Versteigerung** i.S.d. § 156 BGB darstellt. In solchen Fällen ist daher auch nicht § 312d IV Nr. 5 BGB anwendbar mit der Folge, dass – wie bei einem „normalen" Fernabsatzgeschäft – das **Widerrufsrecht nicht ausgeschlossen ist**, sofern auf Anbieterseite ein Unternehmer i.S.v. § 14 BGB und auf Bieterseite ein Verbraucher i.S.v. § 13 BGB handelt.[383]

▪ Schließlich besteht unter den in **§ 312d IV Nr. 6 BGB** genannten Voraussetzungen das Widerrufsrecht nicht bei Warenlieferungen und Finanzdienstleistungen.

f. Rechtsfolgen des Widerrufsrechts

600 Durch den Widerruf wird der zunächst wirksam zustande gekommene Vertrag in ein Abwicklungsverhältnis umgewandelt. Die Rechtsfolgen des Widerrufs und der Rückgabe sind in **§ 357 BGB** geregelt. Nach § 357 I S. 1 BGB finden auf das Widerrufs- und Rückgaberecht grundsätzlich die Vorschriften über den gesetzlichen Rücktritt (§§ 346 ff. BGB) entsprechende Anwendung. Beim Fernabsatzvertrag von Bedeutung sind insbesondere die Regelungen der **Rücksendung der Ware** und der **Rücksendekosten**:

▪ Gem. § 357 II S. 1 BGB ist der Verbraucher zur **Rücksendung** der Ware verpflichtet, wenn sie **durch Paket** versendet werden kann. Der Unternehmer trägt die Transportgefahr. Der Verbraucher wird also auch dann von seiner Rückgewährpflicht frei, wenn die Sache auf dem Transportweg verschlechtert wird oder untergeht.

▪ Die **Kosten der Rücksendung** trägt grundsätzlich der Unternehmer (§ 357 II S. 2 BGB). Jedoch kann er sie gem. der seit dem 1.1.2005 geltenden Fassung des § 357 II S. 3 BGB unter bestimmten Voraussetzungen auf den Verbraucher abwälzen:

⇨ Beträgt der Preis des zurückgesendeten Artikels (nicht der Wert der Bestellung!) **nicht mehr als 40,- €** (oder anders ausgedrückt: 40,- € oder weniger), kann der Unternehmer die **regelmäßigen** Kosten (also bspw. nicht solche eines Expressversands oder unfreier Sendungen) stets auf den **Verbraucher** abwälzen.[384]

---

[381] Vgl. bereits die 4. Aufl. **2007** und nunmehr auch *Becker/Fröhlisch*, NJW **2008**, 3751 ff.

[382] Das ist freilich problematisch, wenn die Software als Nebenprodukt einer Hardware mitgeliefert wird und vom Erwerber installiert (und damit entsiegelt) werden muss, um die Funktionsfähigkeit der Hardware testen zu können (Beispiel: Betriebssystem auf CD). Geht man davon aus, dass § 312d IV Nr. 2 BGB die illegale Vervielfältigung der Software verhindern will und dieses in der genannten Konstellation wohl nicht anzunehmen ist, sollte eine teleologische Reduktion der Vorschrift angenommen werden mit der Folge, dass mit der Rückgabe der Hardware auch die mitgelieferte Software zurückgegeben werden kann (vgl. auch *Junker*, NJW **2005**, 2829, 2832 f.).

[383] BGH NJW **2005**, 53 f. (mit Bespr. v. *Hoeren/Müller*, **2005**, 948 ff.); AG Bad Kissingen NJW **2005**, 2463 f.; OLG Hamm NJW **2005**, 2319.

[384] Die seit dem 1.1.2005 geltende Neuregelung ändert die Möglichkeiten des gewerblichen Verkäufers, dem Kunden die Kosten der Rücksendung aufzuerlegen. Die früher geltende Regelung sah vor, dass eine Verpflich-

⇨ Beträgt der Preis des <u>zurückgesendeten Artikels</u> **mehr als 40,- €**, kann der Unternehmer einem Kunden die Kosten für die Rücksendung nur dann auferlegen, wenn dieser zum Zeitpunkt des Widerrufs die Ware **noch nicht bezahlt** hat[385] (wobei m.E. auf den Zeitpunkt der Banküberweisung abzustellen ist, was wiederum zu erheblichen praktischen Schwierigkeiten führen kann). Hat also umgekehrt der Kunde im Zeitpunkt der Ausübung des Widerrufsrechts bereits bezahlt (was regelmäßig bei eBay & Co. der Fall ist), muss der Unternehmer die Kosten der Rücksendung tragen.

Der Grund für die soeben genannte Neuregelung besteht darin, Versandhändler vor unredlichen und rücksichtslosen Verbrauchern zu schützen. Denn vor dem 1.1.2005 war es zu unbilligen Belastungen von Versendern gekommen, die darunter litten, dass Kunden bei Versandhändlern ungezügelt Waren „zur Ansicht" bestellten, wobei schon aus der Bestellung ersichtlich war, dass der Kunde nur einen Artikel tatsächlich kaufen und die anderen später auf Kosten und Gefahr des Unternehmers wieder an diesen zurückschicken wollten. Dies galt insbesondere für die Fälle, dass ein Kleidungsstück in verschiedenen Größen bestellt wurde, um alle Teile zu Hause anzuprobieren und dann alle bis auf das passende Stück wieder zurückzuschicken. **601**

Versäumt hat es der Reformgesetzgeber, die Frage zu klären, wer die ursprünglichen Kosten für den Versand der Ware vom Verkäufer zum Käufer (sog. **Hinsendekosten**) tragen muss, wenn der Käufer von seinem Widerrufsrecht Gebrauch gemacht hat. **602**

> **Beispiel:** K kauft bei Versandhändler V ein Notebook und überweist, da V nur gegen Vorkasse liefert, den Kaufpreis zzgl. 12,- € Versandkosten. V liefert darauf die Ware. Sodann macht K von seinem Widerrufsrecht Gebrauch und schickt das Notebook zurück. Muss V nur den Kaufpreis oder auch die 12,- € Versandkosten für die Hinsendung erstatten?
>
> § 357 BGB enthält hierzu keine Regelung. Da allerdings eine Norm, die aufgrund einer EU-Richtlinie erlassen werden musste, stets richtlinienkonform ausgelegt werden muss, ist Art. 6 I Fernabsatzrichtlinie zu beachten. Danach dürfen dem Verbraucher, der sein Widerrufsrecht ausübt, außer den Kosten für die Rücksendung keine weiteren Kosten auferlegt werden. Wenn man zudem berücksichtigt, dass der das Widerrufsrecht Ausübende so gestellt werden muss, wie er ohne das Rechtsgeschäft gestanden hätte, wird klar, dass im vorliegenden Beispiel V dem K auch die Kosten des ursprünglichen Versands erstatten muss.[386]

Auch im Übrigen hat der Gesetzgeber viele Fragen im Bereich der Rückabwicklung unbeantwortet gelassen. So ist z.B. völlig unklar, ob der Verbraucher für den Fall, dass der Unternehmer die Rücksendekosten zu tragen hat, die Ware entgegen dem Willen des Unternehmers einfach **unfrei** oder **per Nachnahme** zurücksenden darf. Freilich steht dem das Interesse des Unternehmers entgegen, möglichst geringe Kosten aufzuwenden, was bei den gerade genannten Versandarten nicht gerade der Fall ist. Hilfreich bei der juristischen Lösung dieses Problems könnte der Wortlaut des § 357 II S. 3 **603**

---

tung des Käufers, die Kosten der Rücksendung zu zahlen, dann bestand, wenn der Wert der Bestellung bis zu 40,- € beträgt. Nunmehr kommt es nicht mehr auf den Wert der Bestellung, sondern auf den Preis der zurückzusendenden Sache an. Dieser muss nunmehr mehr als 40,- € betragen, damit der Verkäufer die Kosten der Rücksendung tragen muss. Unklar ist das Gesetz, wie zu verfahren ist, wenn der Kunde mehrere Artikel zurücksendet. M.E. ist die Summe der Preise der zurückgesendeten Artikel entscheidend. **Beispiel:** Kunde K bestellt 3 Artikel zu je 21,- €. Zwei davon schickt er im Rahmen seines ausgeübten Widerrufsrechts zurück. ⇨ Hier muss K, da der Preis der zurückgesendeten Ware in der Summe mehr als 40,- € beträgt, die Rücksendekosten selber tragen, sofern der Verkäufer diese Regelung zuvor (durch AGB) festgelegt und K auch noch nicht bezahlt hat.

[385] Grundsätzlich muss seit dem 1.1.2005 der Käufer also auch die Kosten der Rücksendung tragen, wenn er die Ware noch nicht bezahlt hat. Dies ist in erster Linie bei größeren Versandhandelsunternehmen der Fall, die ihre Ware auf Rechnung verschicken. Für den regelmäßigen eBay-Verkauf dürfte diese Alternative indes nicht zur Anwendung kommen, da hier in der Regel per Vorkasse oder Nachnahme geliefert wird; eine Lieferung gegen Rechnung ist hier unüblich.

BGB sein, wonach der Unternehmer dem Verbraucher vertraglich die *regelmäßigen* Kosten für den Transport auferlegen kann. *Nicht* regelmäßig ist jedenfalls die unfreie Sendung. Zieht man zudem die Rechtsnatur des Widerrufsrechts als Rückgewährschuldverhältnis heran, sieht man in der Rückabwicklung sozusagen den actus contrarius zum ursprünglichen Geschäft, kann man daraus den Schluss ziehen, dass auch der Verbraucher den gewöhnlichen Weg der Rücksendungen zu wählen hat, den der Unternehmer zuvor gewählt hat. Außerdem besteht der allgemeine Rechtsgrundsatz der Pflicht zur Schadensminderung beim Vertragspartner, der vorliegend aus § 242 BGB hergeleitet werden kann. Daraus folgt: der Verbraucher hat nicht das Recht, die Ware einfach unfrei zurückzuschicken. Er hat aber einen Kostenerstattungsanspruch.

604 Abzulehnen ist jedenfalls die Auffassung des OLG Hamm, das bereits in der bloßen Bitte des Unternehmers, der Kunde möge den beiliegenden Retourenschein verwenden, eine unzulässige Einschränkung des Widerrufs- bzw. Rückgaberechts sieht.[387] Überhaupt hat bislang als erstes Gericht der EuGH ein Schutzbedürfnis auch des Unternehmers anerkannt.[388] Auf nationaler Ebene hat immerhin das OLG Hamburg einen Schutz des Unternehmers vor „Hochretournierern" anerkannt.[389]

605

Voraussetzungen und Rechtsfolge des Widerrufsrechts nach §§ 312b-d BGB

I. Persönlicher und sachlicher Anwendungsbereich
In persönlicher Hinsicht setzt das Widerrufsrecht gem. §§ 312b-d BGB voraus, dass sich ein **Verbraucher** und ein **Unternehmer** gegenüberstehen Zu den jeweiligen Definitionen vgl. §§ 13 und 14 BGB. In sachlicher Hinsicht muss ein **Fernabsatzvertrag** vorliegen, der über ein **Fernkommunikationsmittel** abgeschlossen wurde. Zu den jeweiligen Definitionen vgl. § 312b I und II BGB.

II. Kein Erloschensein des Widerrufsrechts
Nach **§ 312d III BGB** erlischt das Widerrufsrecht, wenn der Unternehmer mit der Ausführung der Dienstleistung mit ausdrücklicher Zustimmung des Verbrauchers vor Ende der Widerrufsfrist begonnen oder wenn der Verbraucher die Ausführung selbst veranlasst hat.

III. Kein Ausschluss des Widerrufsrechts
§ 312d IV BGB normiert in den 6 genannten Fällen den Ausschluss des Widerrufsrechts, in denen dessen Ausübung **wegen Wertverlusts** für den Unternehmer zu nicht tragbaren Ergebnissen führen würde.

IV. Ausübung und Rechtsfolgen des Widerrufs
Im Grundsatz kann auf die Ausführungen zum Haustürgeschäft verwiesen werden. Insbesondere bedarf es **keiner Begründung**. Beim Fernabsatzvertrag sind allerdings **§§ 312c und d BGB** zu beachten: Verstößt der Unternehmer gegen seine **Informationspflicht** aus § 312c II BGB i.V.m. § 1 I BGB-InfoV, beginnt gem. § 312d II BGB die Widerrufsfrist so lange nicht zu laufen, bis der Unternehmer dieser Pflicht nachgekommen ist. Bei Fernabsatzverträgen im **elektronischen Geschäftsverkehr** beginnt die Widerrufsfrist erst zu laufen, wenn der Anbieter seine Pflichten aus **§ 312e BGB** erfüllt hat (§ 312e III BGB).

Gem. § 357 II S. 1 BGB ist der Verbraucher zur **Rücksendung** der Ware verpflichtet, wenn sie **durch Paket** versendet werden kann. Der Unternehmer trägt die Transportgefahr und grds. die **Kosten der Rücksendung** (§ 357 II S. 2 BGB). Jedoch kann er die Kosten gem. der Neuregelung des § 357 II S. 3 BGB unter bestimmten Voraussetzungen auf den Verbraucher abwälzen: Beträgt der Preis des zurückgesendeten Artikels (nicht der Wert der Bestellung!) **nicht mehr als 40,- €**, kann der Unternehmer die **re-**

---

[386] Das war schon die vom Verf. in der 4. Aufl. **2007** vertretene Auffassung; wie hier nun auch *Faust*, JuS **2009**, 180, 181 f.; vgl. auch den Vorlagebeschluss BGH NJW **2009**, 66 ff.
[387] OLG Hamm NJW-RR **2005**, 1582.
[388] EuGH MMR **2005**, 364 Rn 28 (easy car).
[389] OLG Hamburg MMR **2005**, 617.

gelmäßigen Kosten (also bspw. nicht solche eines Expressversands oder unfreier Sendungen) stets auf den **Verbraucher** abwälzen. Beträgt der Preis des zurückgesendeten Artikels **mehr als 40,- €**, kann der Unternehmer einem Kunden die Kosten für die Rücksendung nur dann auferlegen, wenn dies vereinbart wurde und der Kunde zum Zeitpunkt des Widerrufs die Ware **noch nicht bezahlt** hat.

3. Verbundene Verträge, § 358 BGB

Hat der Verbraucher zwei Verträge – einen über die Lieferung einer Ware oder die Erbringung einer anderen Leistung und einen Verbraucherdarlehensvertrag i.S.d. §§ 491 ff. BGB – geschlossen und sind diese beiden Verträge „verbunden", gelten die Bestimmungen der §§ 358, 359 BGB. Kern der Regelung ist, dass der Verbraucher, der seine in Bezug auf die Lieferung einer Ware oder die Erbringung einer anderen Leistung abgegebene Willenserklärung widerruft, auch an seine Willenserklärung in Bezug auf den Darlehensvertrag nicht (mehr) gebunden ist. „Verbunden" sind die beiden Verträge, wenn das Darlehen ganz oder teilweise der Finanzierung des anderen Vertrags dient und beide Verträge eine *wirtschaftliche Einheit* bilden, § 358 III S. 1 BGB.

605a

> **Beispiel:** Verbraucher K kauft beim Autohaus V einen Pkw und schließt gleichzeitig – von V vermittelt – einen Darlehensvertrag bei der Hausbank des V hinsichtlich der Finanzierung des Kfz ab.
>
> Hier liegt ein verbundener Vertag vor (vgl. § 358 III S. 2 BGB). Widerruft K nun form- und fristgerecht seine Willenserklärung in Bezug auf den Kaufvertrag, ist er auch an seine Willenserklärung in Bezug auf den Darlehensvertrags nicht (mehr) gebunden, § 358 I BGB. Für den umgekehrten Fall gilt § 358 II S. 1 BGB.

Aus diesem Beispiel wird zugleich der Schutzzweck der §§ 358, 359 BGB deutlich: Der Verbraucher soll nicht an einen für ihn nutzlosen Vertrag gebunden werden, weil für diesen aufgrund des Widerrufs des anderen Vertrags sozusagen die „Geschäftsgrundlage" entfallen ist.

605b

Eine Sonderregelung gilt allerdings beim **finanzierten Erwerb von Grundstücken oder grundstücksgleichen Rechten**. In diesen Fällen ist – in Abweichung zu § 358 III S. 2 BGB – gem. § 358 III S. 3 BGB eine wirtschaftliche Einheit nur anzunehmen, wenn der Darlehensgeber selbst das Grundstück oder das grundstücksgleiche Recht verschafft oder wenn er über die Zurverfügungstellung von Darlehen hinaus den Erwerb des Grundstücks oder grundstücksgleichen Rechts durch Zusammenwirken mit dem Unternehmer fördert, indem er sich dessen Veräußerungsinteressen ganz oder teilweise zu Eigen macht (z.B. als Makler), bei der Planung, Werbung oder Durchführung des Projekts Funktionen des Veräußerers übernimmt oder den Veräußerer einseitig begünstigt (z.B. durch Vorlage eines Gutachtens, welches in falscher Art und Weise einen überhöhten Wert des Grundstücks ausweist und damit den Preis in die Höhe treibt).

605c

> **Beispiel[390]:** Die B-Bank arbeitet sehr eng mit der Immobiliengesellschaft G zusammen. Sie vermittelt Immobilienkaufverträge zwischen G und den Kunden von B und schließt zur Finanzierung der Objekte Darlehensverträge mit den Käufern ab. Bankkunde K schließt aufgrund einer Beratung durch einen Mitarbeiter von B ein solches Geschäft ab. Eine Belehrung gem. § 358 V BGB findet statt. Nach einem knappen Jahr stellt sich aber heraus, dass es sich bei der Immobilie um eine sog. **Schrottimmobilie** handelt. K möchte wissen, welche Rechte er gegen B hat.

---

[390] Vgl. BGH NJW **2007**, 357 ff. (mit Anm. v. *Kulke*, NJW **2007**, 360 f.); BGH WM **2007**, 114, 115 f. (mit Bespr. v. *Looschelders*, JA **2007**, 223 ff.); BGH NJW **2006**, 2099 ff.

Unterstellt, dass hier ein institutionelles Zusammenwirken von B und G und damit ein verbundener Vertrag i.S.d. § 358 III S. 3 BGB vorlagen, hätte K form- und fristgerecht seine Willenserklärung in Bezug auf den Kaufvertrag, aber auch in Bezug auf den Darlehensvertrag widerrufen können, mit der Folge, dass er auch an den jeweils anderen Vertrag nicht mehr gebunden gewesen wäre. Allerdings ist die Frist des § 355 I BGB (2 Wochen) verstrichen, sodass K ein Widerrufsrecht nicht mehr zusteht.

Selbst wenn K das Widerrufsrecht zugestanden hätte, hätte es ihm in Bezug auf den Darlehensvertrag für sich genommen nicht weiter geholfen, weil der Darlehensgeber (hier die B) bei wirksamem Widerruf die sofortige Rückzahlung des ausgezahlten Nettokredits sowie dessen marktübliche Verzinsung verlangen kann.[391]

Um dem Verbraucher in den Schrottimmobilien-Fällen daher einen besseren Schutz zu gewähren, greift der BGH auf das Rechtsinstitut der culpa in contrahendo (§§ 280 I, 241 II, 311 II BGB) zurück und billigt dem Verbraucher bei institutionalisiertem Zusammenwirken zwischen der finanzierenden Bank und dem Verkäufer oder Vertreiber der Immobilie einen Schadensersatzanspruch gegen die Bank wegen Verletzung der Aufklärungspflicht zu. Zwar müsse eine kreditgebende Bank ihre Kunden bei steuersparenden Bauherren-, Bauträger und Erwerbermodellen nur unter ganz besonderen Voraussetzungen über die mit dem finanzierten Geschäft verbundenen Risiken aufklären, allerdings bestehe eine Aufklärungspflicht dann, wenn die Bank in Bezug auf spezielle Risiken des Vorhabens einen konkreten Wissensvorsprung vor dem Darlehensnehmer habe und dies auch erkennen könne.[392]

Letztlich greift die „Schadensersatzlösung" des BGH nur bei arglistiger Täuschung oder vorsätzlicher Verletzung einer Aufklärungspflicht. Die damit verbundenen Einschränkungen des Verbraucherschutzes rechtfertigen sich daraus, dass der Darlehensnehmer die Risiken seiner Kapitalanlage im Regelfall selbst tragen muss. Da sich andererseits die wirtschaftlichen Nachteile eines finanzierten Immobiliengeschäfts meist erst nach längerer Zeit herausstellen, ist das 2-wöchige Widerrufsrecht (§ 355 I BGB) in aller Regel wirkungslos. Die „Schadensersatzlösung" des BGH ist daher der richtige Schritt, um die gesetzgeberische Lücke in Bezug auf finanzierte Immobilienveträge zu schließen.

K steht daher ein Anspruch auf Schadensersatz gem. §§ 280 I, 241 II, 311 II BGB (cic) zu. Dieser Anspruch kann auf Anpassung oder Aufhebung aller Verträge mit ex-tunc-Wirkung gerichtet sein.

---

[391] BGH NJW **2006**, 2099, 2102 f.
[392] BGH NJW **2006**, 2099, 2102 f.; BGH WM **2006**, 2343, 2345. Vgl. auch *Oechsler*, NJW **2006**, 2451 ff.

I. Zustandekommen von Rechtsgeschäften im Internet

Bei den Rechtsgeschäften, die im Internet getätigt werden, handelt es sich zumeist um **Kaufverträge**.[393] Diese kommen – wie alle gegenseitigen Verträge – durch zwei übereinstimmende, mit Bezug aufeinander abgegebene Willenserklärungen, Angebot und Annahme, zustande. Insoweit ergeben sich keine Besonderheiten im Vergleich zu den bisher behandelten Grundsätzen der Rechtsgeschäftslehre (vgl. Rn 424 ff.).

606

Die Besonderheit, dass die Beteiligten dort unter Mitgliedsnamen bzw. unter **Phantasienamen**, die ihre wahre Identität nicht erkennen lassen, in Erscheinung treten, ändert nichts daran, dass die allgemeinen Vorschriften über die Rechtsgeschäftslehre Anwendung finden.[394] Man kontrahiert mit der hinter dem Mitglieds- bzw. Phantasienamen stehenden Person, auch wenn deren natürlicher Name im Zeitpunkt des Vertragsschusses noch nicht bekannt ist. Das kann in der Praxis jedoch zu der Schwierigkeit führen, dass die Person, die unter dem Synonym eine Willenserklärung abgegeben hat, nicht ermittelt werden kann. Denn derjenige, der sich auf einen wirksamen Vertragsschluss beruft, muss darlegen und beweisen, dass die hinter der jeweiligen Bezeichnung stehende Person tatsächlich Vertragspartner geworden ist. Erst recht ergeben sich Schwierigkeiten, wenn jemand anderes den Mitgliedsnamen benutzt und unter diesem Rechtsgeschäfte tätigt. Sofern unter den Voraussetzungen der Duldungs-, Anscheins- oder Rechtsscheinsvollmacht keine Zurechnung gegenüber dem Namensinhaber stattfinden kann, haftet der Benutzer des fremden Namens entsprechend § 179 BGB auf Erfüllung oder Schadensersatz. Freilich besteht auch hier das genannte Darlegungs- und Beweisproblem.[395]

Problematisch können auch die **Abgabe** und der **Zugang** von Willenserklärungen sein sowie die Beantwortung der Frage, ob **allein die Präsentation** von Waren (oder Dienstleistungen) in einem Online-Shop bereits eine verbindliche Erklärung in Form eines **Vertragsangebots** darstellt oder – in Ermangelung eines Rechtsbindungswillens – lediglich eine Aufforderung zur Abgabe eines Vertragsangebots, eine sog. *invitatio ad offerendum* (zu dieser Figur vgl. ausführlich Rn 269 ff.). Zudem sind – da es sich bei Internet-Kaufverträgen um **Fernabsatzverträge** handelt – die soeben behandelten Vorschriften der **§§ 312b-d BGB** zu beachten, sofern auf Verkäuferseite ein Unternehmer i.S.v. § 14 BGB und auf Käuferseite ein Verbraucher i.S.v. § 13 BGB stehen.[396]

607

Anwendungsfall[397]: V, ein Unternehmer i.S.v. § 14 BGB, bietet im **Internet** Waren zum Kauf an. In seinen Allgemeinen Geschäftsbedingungen steht die Klausel: „Die Annahme Ihrer Bestellung erfolgt durch Versendung der Ware." K bestellt via **E-Mail** bei V Waren und erhält zweimal eine Bestätigungs-Mail: „Vielen Dank für Ihre Bestellung! Ihre Bestellnummer lautet: ... Sie haben folgende Waren bestellt ...". Und: „Folgende Bestellung, ... , die uns vorliegt, wird umgehend ausgeführt." V lehnt jedoch wenig später die Lieferung der Ware ab und meint, es sei kein Kaufvertrag zustande gekommen.

608

Wann bei Online-Geschäften ein Vertrag **zustande kommt**, war anfänglich aufgrund der Neuheit des Mediums *Internet* unklar. Mittlerweile besteht jedoch die gesicherte Rechtsauffassung[398], dass Verträge über den Absatz von Waren, die im Internet getätigt werden, wie „normale" Rechtsgeschäfte zu behandeln seien, also gem. der allgemeinen Rechtsgeschäfts-

---

[393] Zu den sog. **Internetauktionen** wurde bereits Stellung genommen, vgl. Rn 277 und 594.
[394] Insoweit klarstellend OLG Köln NJW **2006**, 1676.
[395] Vgl. hierzu OLG Köln NJW **2006**, 1676.
[396] Zum Begriff des Unternehmers i.S.d. § 14 BGB vgl. Rn 559 ff.
[397] In Anlehnung an LG Essen NJW-RR **2003**, 1207 f. Vgl. auch BGH NJW **2005**, 976 ff.; AG Lahr NJW **2005**, 991 f.; AG Bad Kissingen NJW **2005**, 2463.
[398] Vgl. nicht nur LG Essen a.a.O., sondern auch LG Köln MMR **2003**, 481 f.; AG Butzbach NJW-RR **2003**, 54; AG Wolfenbüttel MMR **2003**, 492; OLG München NJW **2004**, 1328 f.; AG Menden NJW **2004**, 1329 f. Der BGH hat diese Rechtsauffassung bestätigt (NJW **2005**, 976 ff.). Vgl. auch *Kocher*, JA **2006**, 144 ff.

lehre wie alle gegenseitigen Verträge durch zwei übereinstimmende, mit Bezug aufeinander abgegebene Willenserklärungen, Angebot und Annahme, zustande kämen. Insbesondere kann eine Willenserklärung auch in einer Angebotsseite im Internet enthalten sein.[399]

Um daher im vorliegenden Fall einen Anspruch des K auf Lieferung der gewünschten Ware zu begründen, ist ein Kaufvertrag (§ 433 BGB) erforderlich, der – wie gesagt – durch Angebot und Annahme zustande kommt. Fraglich ist vorliegend allein, worin das **Angebot** zum Abschluss eines solchen Vertrags zu sehen ist. Würde man **allein in der Präsentation** von Waren (oder Dienstleistungen) in einem Online-Shop bereits eine verbindliche Erklärung in Form eines Vertragsangebots sehen, hätte K durch seine Bestellung eine entsprechende Annahmeerklärung abgegeben mit der Folge, dass ein Kaufvertrag zustande gekommen ist.

- Tatsächlich wird vereinzelt vertreten, dass allein die Präsentation von Waren (oder Dienstleistungen) in einem Online-Shop bereits eine verbindliche Erklärung in Form eines Vertragsangebots darstelle.[400] Zur Begründung wird angeführt, dass dem Kunden durch die Präsentation der Waren der direkte Zugriff „auf den Lagerbestand" des Anbieters suggeriert werde. Daher müsse seine Bestellung wie eine Angebotsannahme gewertet werden.

- Diese Auffassung verkennt jedoch, dass auch in einem Online-Shop der Warenbestand nun einmal begrenzt ist und dass es bei der Vielzahl von gleichzeitigen oder zumindest schnell abfolgenden „Bestellungen" dem Anbieter unmöglich ist, den Artikel aus dem Bestellmenü herauszunehmen, sobald die Zahl der Bestellungen den Vorrat des betreffenden Artikels erschöpft hat. Würde man Gegenteiliges annehmen, käme dies einer „Beschaffungsschuld" gleich, die auch im allgemeinen Rechtsverkehr über Waren wegen des fehlenden Rechtsbindungswillens zu Recht abgelehnt wird. Schließlich würde man bei Bejahung des Vertragsschlusses allein durch das Absenden der Bestellung dem Unternehmen die Möglichkeit nehmen, vor Vertragsschluss die Zahlungsfähigkeit des Kunden zu prüfen.

Daher sind das Einstellen und Online-Anbieten eines Produkts – wie im „herkömmlichen" Leben die Präsentation im Schaufenster – lediglich als Aufforderung zur Abgabe eines Angebots (*invitatio ad offerendum*) anzusehen. Das zum Vertragsschluss erforderliche Angebot besteht daher nicht in der Präsentation der Waren auf der Internetseite, sondern in der Bestell-Mail des Kunden.[401]

> **Weiterführender Hinweis:** Etwas anderes würde allenfalls dann gelten, wenn der Anbieter von Waren auf seiner Internetseite einen Counter, d.h. einen Zähler anbringt, dem zu entnehmen ist, wie viele Exemplare des Artikels noch vorrätig sind.[402] Jedoch ist auch hier zu beachten, dass in dem Fall, dass sehr viele Nutzer innerhalb kürzester Zeit auf die Bestell-Schaltfläche klicken, nicht ausgeschlossen werden kann, dass der Counter für eine logische Sekunde bereits auf Null steht, wenn jemand die Bestellung abschickt. Nach der hier vertretenen Auffassung ist auch in diesem Fall von einer *invitatio ad offerendum* auszugehen.

Sieht man also das **Angebot** zum Vertragsschluss in der **Bestellung** des K, müsste es dem V auch **zugegangen** sein. Eine per **E-Mail** (auch eine Bestell-Mail ist eine E-Mail) versandte Erklärung gelangt nicht erst nach dem Herunterladen auf den eigenen Rechner im räumlichen Herrschaftsbereich des Empfängers, sondern bereits dann, wenn sie auf dem Rechner des Diensteanbieters (sog. **Provider**), d.h. auf dessen **Mail-Server**, (zwischen-) gespeichert wird und mit der Kenntnisnahme durch Abruf gerechnet werden kann.[403] Denn der Mail-Server hat die Funktion eines (elektronischen) Postfachs, auf das der Empfänger der Erklärung mittels Passwortes zugreifen kann. Selbstverständlich gilt das Gleiche, wenn im

---

[399] Vgl. dazu ausführlich BGHZ **149**, 129, 134; BGH NJW **2005**, 976 f.
[400] *Krimmelmann/Winter*, JuS **2003**, 532, 533.
[401] Wie hier nun auch BGH NJW **2005**, 976 f. sowie *Fritzsche*, JA **2006**, 674, 679.
[402] Diese (technische) Möglichkeit scheinen *Krimmelmann/Winter*, JuS **2003**, 532, 533 auch nicht zu kennen.
[403] Vgl. BGHZ **137**, 205, 208; **149**, 129, 134; *Lettl*, JA **2003**, 948, 950. Zum Zugangsnachweis bei E-Mails vgl. *Mankowski*, NJW **2004**, 1901 ff.

Versand- oder Internethandel ausdrücklich ein **24-Stunden-Bestellservice** angeboten wird. Vorliegend kommt es darauf jedoch nicht an, weil V die Mail ohnehin schon abrufen hatte.

Sollte der Computer des Empfängers defekt sein und dieser daher keine E-Mails abrufen können, hindert dies den Zugang nicht. Denn wer den Rechtsverkehr via Internet bzw. E-Mail zulässt, trägt auch die Verantwortung für seine technischen Vorrichtungen zum Abruf der E-Mails. Davon zu unterscheiden ist der Fall, dass die E-Mail zwar beim Provider ankommt, dann aber auf dem Weg zum Empfänger verloren geht oder verstümmelt wird. Wer hier das Risiko tragen soll, ist unklar. Nach der Definition des Zugangs müsste man den Zugang verneinen, da der Empfänger keine Möglichkeit der Kenntnisnahme hatte. Aber wäre es sachgerechter, dem Absender der E-Mail dieses Risiko aufzubürden? Hier besteht noch erheblicher Handlungsbedarf des Gesetzgebers. Für den Fall des Absatzvertrags im elektronischen Geschäftsverkehr zwischen einem Unternehmer (§ 14 BGB) und einem Verbraucher (§ 13 BGB) ist jedenfalls die gesetzliche Regelung in § 312e I S. 2 BGB zu beachten, sodass im vorliegenden Fall die Bestellung des K zumindest zugegangen ist. V hat den Eingang im Übrigen auch nicht bestritten.

Die **Annahme** i.S.d. §§ 145 ff. BGB besteht in aller Regel nicht bereits darin, dass der Verkäufer eine automatisch vom Computer generierte Eingangsbestätigung hinsichtlich der Bestellung verschickt. Denn diese wird zumeist nur versendet, damit der Besteller erkennt, dass seine Bestellung angekommen ist und nunmehr bearbeitet wird. Nur wenn die Bestätigungs-Mail den Besteller als Kunden anspricht und ihm mitteilt, dass sein Auftrag nunmehr von der Versandabteilung bearbeitet werde und man sich für den Auftrag bedankt, ist sie als konkludente Erklärung der Annahme des Angebots des Bestellers auszulegen. Ist das aber nicht der Fall, bedarf es einer separaten Annahmeerklärung.[404] Diese besteht zumeist darin, dass der Anbieter dem Kunden entweder eine Auftragsbestätigung zuschickt oder die Ware ausliefert. Welcher dieser Akte letztlich den Vertragsschluss begründet, ist – wie bei herkömmlichen Sachverhalten – aus der Sicht des objektivierten Empfängerhorizonts (§§ 133, 157 BGB) zu ermitteln. Entscheidend können aber auch die AGB des Anbieters sein.

V hat in seinen Allgemeinen Geschäftsbedingungen die Klausel: „Die Annahme Ihrer Bestellung erfolgt durch Versendung der Ware" aufgenommen. Da dies nicht geschehen ist, könnte in der Tat gefolgert werden, dass ein Vertrag nicht zustande gekommen sei. Allerdings hat V auch eine Bestätigungs-Mail an K verschickt mit dem Inhalt: „Folgende Bestellung, ... , die uns vorliegt, wird umgehend ausgeführt." Darin kann eine Individualvereinbarung i.S.d. § 305b BGB gesehen werden, die Vorrang vor den entgegenstehenden AGB hat. Dadurch wurde ein verbindlicher Vertrag zwischen V und K geschlossen. V muss liefern, da es sich bei seiner E-Mail um die Annahme eines von K abgegebenen Angebots handelt.

> **Zusammenfassung und weiterführende Hinweise:**   **609**
>
> **1.** Hinsichtlich der invitatio ad offerendum hätte etwas anderes nur dann gegolten, wenn V unmissverständlich zum Ausdruck gebracht hätte, dass bereits mit der Anpreisung seiner Waren auf der Internetseite eine rechtsverbindliche Erklärung abgegeben werden soll. Dann hätte in dem „Anbieten" der Waren auch juristisch ein Angebot i.S.d. § 145 BGB vorgelegen. Der Vertrag wäre dann mit der Bestellung des K zustande gekommen.[405] Dann aber hätte K das gesetzliche **Widerrufsrecht gem. § 312d I S. 1 BGB** zugestanden.
>
> **2.** Zu beachten ist auch, dass bei einem Internet-Kauf die **Annahmeerklärung** durch den Verkäufer **nicht** notwendig bereits in der (automatisch generierten) **Bestätigung des Zugangs der elektronischen Bestellung**, wie sie nach § 312e I S. 1 Nr. 3 BGB unverzüglich auf elektronischem Wege zu erfolgen hat, zu erblicken ist. Durch diese soll der Kunde in aller Regel lediglich erfahren, dass seine Bestell-Mail angekommen ist und nunmehr bearbeitet wird. Selbstverständlich ist es dem Unternehmer unbenommen, sei-

---

[404] Wie hier nun auch BGH NJW **2005**, 976 f. Vgl. auch *Blasek*, JA **2007**, 585 ff.
[405] Vgl. dazu BGHZ **149**, 129, 134; *Lettl*, JuS **2002**, 219, 220 und JA **2003**, 948, 950.

ne Bestätigungs-Mail so zu gestalten, dass diese *auch* die Annahmeerklärung bezüglich des Vertrags darstellt. Ob dies der Fall ist, ist durch Auslegung (§§ 133, 157 BGB), freilich am Wortlaut der Bestätigungs-Mail orientiert, zu ermitteln. Liegt (wie in der Regel) lediglich eine Bestätigungs-Mail vor, in der der bloße Eingang der Bestellung bestätigt wird, bedarf es einer separaten Annahmeerklärung, die jedoch - wegen § 151 S. 1 BGB – auch z.B. durch Absenden der Ware erfolgen kann. Nur wenn die Bestätigungs-Mail den Besteller als Kunden anspricht und ihm mitteilt, dass sein Auftrag nunmehr von der Versandabteilung bearbeitet werde und dass man sich für den Auftrag bedanke, ist sie als konkludente Erklärung der Annahme des Angebots des Bestellers auszulegen. In der Regel wird der Zeitpunkt der Annahme jedoch durch die AGB des Verkäufers (dazu sogleich Punkt 7.) explizit bestimmt. Auf die vorstehenden Auslegungsmöglichkeiten ist daher in der Fallbearbeitung nur dann einzugehen, wenn entweder keine AGB bestehen oder die verwendeten AGB (nach entsprechender Prüfung) nicht Vertragsbestandteil geworden oder unwirksam sind. Vgl. hierzu auch den Fall bei Rn 1310a.

3. Ist für eine Willenserklärung **Schriftform** (§ 126 BGB) vorgeschrieben, tritt bei elektronisch abgegebenen Erklärungen an ihre Stelle die elektronische Form (§ 126a BGB). Der Erklärende muss in diesem Fall der Erklärung seinen Namen hinzufügen und das elektronische Dokument mit einer qualifizierten **elektronischen Signatur** nach dem Signaturgesetz versehen (§ 126a I BGB). Da aber für die wichtigsten formbedürftigen Rechtsgeschäfte die Vornahme in elektronischer Form ausgeschlossen ist (vgl. §§ 484 I S. 2, 492 I S. 2, 766 S. 2, 780 S. 2, 781 S. 2 BGB), spielt die elektronische Form in der Praxis (noch) keine allzu große Rolle. Ist für eine bestimmte Erklärung (z.B. in den Fällen der §§ 312c II, 355 I S. 2, 356 I S. 2 Nr. 3, 357 III S. 1, 477 II BGB) lediglich **Textform** (§ 126b BGB) vorgeschrieben, kann diese Form ohne weiteres auch bei Online-Erklärungen erfüllt werden.

4. Auch die **Anfechtbarkeit** elektronisch erzeugter und/oder übermittelter Willenserklärungen richtet sich nach den allgemeinen Vorschriften über das Rechtsgeschäft, also nach den §§ 119 ff. BGB. Hätte K sich bspw. vertippt und einen falschen Artikel bestellt, könnte er die Erklärung nach § 119 I Var. 2 BGB anfechten (zur Begründung: beim Erklärungsirrtum setzt der Erklärende ein anderes Erklärungszeichen als gewollt; typische Fälle sind das Sichversprechen, Sichverschreiben, Sichvertippen, Sichvergreifen, vgl. Rn 1305 ff.). Auch wer seiner Erklärung fehlerhaftes oder veraltetes Datenmaterial oder fehlerhafte oder veraltete Preislisten zugrunde gelegt hat, hat eine zunächst wirksame, aber sodann anfechtbare Willenserklärung abgegeben.[406] Dagegen können interne Rechenfehler grds. nicht angefochten werden, weil i.d.R. nur ein sog. Motivirrtum in Form eines Kalkulationsirrtums vorliegt. Hinsichtlich solcher Irrtümer sieht das Gesetz keine Anfechtungsmöglichkeit vor (vgl. aber das Beispiel bei Rn 1310a). Soweit der Fehler bei der Übermittlung der Erklärung auftritt (z.B. Netzfehler oder Computer-Hack), kann der Absender nach § 120 BGB anfechten.

5. Die Kosten für die Rücksendung der Ware (sog. **Rücksendekosten**) bei ausgeübtem **Widerrufsrecht** kann der auf Verkäuferseite stehende Unternehmer gem. § 357 II S. 3 BGB unter bestimmten Voraussetzungen auf den Verbraucher abwälzen: Beträgt der Preis des zurückgesendeten Artikels (nicht der Preis der Bestellung!) **nicht mehr als 40,- €**, kann der Unternehmer die **regelmäßigen** Kosten (also bspw. nicht solche eines Expressversands oder unfreier Sendungen) stets auf den **Verbraucher** abwälzen. Beträgt der Preis des zurückgesendeten Artikels **mehr als 40,- €**, kann der Unternehmer einem Kunden die Kosten für die Rücksendung nur dann auferlegen, wenn dieser zum Zeitpunkt des Widerrufs die Ware **noch nicht bezahlt** hat. Nicht in § 357 BGB geregelt ist die Frage, wer die ursprünglichen Kosten für den Versand der Ware vom Verkäufer zum Käufer (sog. **Hinsendekosten**) tragen muss, wenn der Käufer von seinem Widerrufsrecht Gebrauch gemacht hat. Da § 357 BGB hierzu keine Regelung enthält, allerdings eine Norm, die aufgrund einer EU-Richtlinie erlassen werden musste, stets richtlinienkon-

---

[406] BayObLG NJW **2003**, 367 für den Fall eines offensichtlich falschen Preises eines First-Class-Fluges. Vgl. auch *Kocher*, JA **2006**, 144 ff.

form ausgelegt werden muss, ist Art. 6 I Fernabsatzrichtlinie zu beachten. Danach dürfen dem Verbraucher, der sein Widerrufsrecht ausübt, außer den Kosten für die Rücksendung keine weiteren Kosten auferlegt werden. Wenn man zudem berücksichtigt, dass der das Widerrufsrecht Ausübende so gestellt werden muss, wie er ohne das Rechtsgeschäft gestanden hätte, wird klar, dass der gewerbliche Verkäufer dem Verbraucher auch die Kosten des ursprünglichen Versands erstatten muss (vgl. dazu auch schon Rn 602).

6. Hinsichtlich **Informationspflichten** ist zunächst die Regelung des **§ 312e BGB** zu beachten. Diese Vorschrift gilt auch dann, wenn ein Unternehmer seine Waren oder Dienstleistungen nur für den gewerblichen Bedarf anbietet. Nach dem Katalog der Vorschrift muss dafür gesorgt werden, dass der Kunde Eingabefehler vor Abgabe seiner Bestellung erkennen und berichtigen kann. Auch müssen die Informationspflichten nach der **BGB-InfoV** (Rn 588 ff.) beachtet werden. Der Kunde muss unverzüglich eine **Eingangsbestätigungs-Mail** erhalten und er muss die Möglichkeit haben, die **AGB** einzusehen und zu speichern.

7. Auch hinsichtlich der Einbeziehung von **AGB** gelten im Grundsatz die allgemeinen Bestimmungen, also die **§§ 305 ff. BGB** (ausführlich Rn 1488 ff.). Danach muss über ihre Einbeziehung eine beiderseitige Vereinbarung vorliegen. Nach § 305 II BGB hat der Verwender den Vertragspartner spätestens bei Vertragsschluss (und keinen Augenblick später) ausdrücklich auf die Geltung von AGB hinzuweisen. Das kann entweder durch Wiedergabe des Textes der AGB auf der „Angebotsseite" bzw. vor oder neben dem „Bestellformular" oder mittels eines „Links" (Verknüpfung und Weiterleitung auf eine andere Unterseite der Homepage) geschehen. Stets muss der Kunde die Möglichkeit haben, die AGB auszudrucken (für Fernabsatzverträge vgl. § 312e I S. 1 Nr. 4 BGB). Diese Möglichkeit kann m.E. auch dadurch gewährleistet sein, dass der Kunde den AGB-Text mit der Maus markiert und dann auf dem Browser die Funktion „Drucken des markierten Bereichs" ausübt. Ein Hinweis auf die Einbeziehung der AGB *nach* Vertragsschluss, etwa als „Beipackzettel" in der Warensendung, genügt in jedem Fall nicht. „Ausdrücklich" ist der Hinweis nur dann, wenn er so angeordnet und gestaltet ist, dass er von einem Durchschnittskunden auch bei flüchtiger Betrachtung nicht übersehen werden kann. Diese Hinweispflicht besteht auch dann, wenn das Angebot zum Vertragsschluss vom Kunden ausgeht. Darüber hinaus hat der Verwender dem Verbraucher die Möglichkeit zu verschaffen, in zumutbarer Weise vom Inhalt der konkreten AGB Kenntnis zu erlangen. Es gelten die Erfordernisse müheloser Lesbarkeit, eines Mindestmaßes an Übersicht sowie eines vertretbaren Umfangs im Verhältnis zur Vertragsbedeutung.[407]
Eine Sonderregelung enthält § 312e I Nr. 4 BGB. Danach sind dem Nutzer die Vertragsbestimmungen unter Einschluss der in den Vertrag einbezogenen AGB so zur Verfügung zu stellen, dass er sie abrufen und in wiedergabefähiger Form speichern kann. In diesem Zusammenhang sind Hinweise auf technische Speichermöglichkeiten (z.B. Shortcuts) erforderlich. E-Commerce-Anbieter müssen also deutlich auf ihre AGB und deren Geltung Bezug nehmen. Der Hinweis soll nach Möglichkeit drucktechnisch hervorgehoben werden. Der Kunde soll die Möglichkeit erhalten, sich direkt auf der Angebotsseite oder wenigstens mittels Klick auf einen Hyperlink Kenntnis vom Inhalt zu verschaffen.
Wenn AGB nicht wirksam einbezogen sind, sind sie (komplett) nicht Bestandteil des betreffenden, im Übrigen gem. § 306 BGB wirksamen Vertrags geworden. Zur Frage, ob und inwieweit bei einer **Internet-Auktion** die AGB des Auktionshauses auch für das Verhältnis zwischen Anbieter und Bieter gelten, vgl. Rn 611 und 1555a.

8. Fraglich ist schließlich, wie bei Rechtsgeschäften, die über **Mobiltelefon** geschlossen werden (M-Commerce), eine wirksame Einbeziehung von AGB gelingen kann. Die Displays der Telefone sind für eine Anzeige zu klein. Die Lösung muss wohl über technische Veränderungen gefunden werden. Zu beachten ist ggf. § 305a Nr. 2b BGB.[408]

---

[407] OLG Hamburg WM **2003**, 581.
[408] Vgl. dazu näher *Grüneberg*, in: Palandt, § 305a Rn 5 i.V.m. § 305 Rn 48.

610 Die vorgenannten Ausführungen gelten größtenteils auch für „**Internet-Versteige-rungen**". Insbesondere hat der BGH klargestellt, dass das verbraucherschützende Wi-derrufsrecht auch bei Internet-Auktionen gelte.[409] Diese Entscheidung ist folgerichtig, wenn man bedenkt, dass die Internet-Auktionen keine Versteigerungen i.S.d. § 156 BGB sind und daher der Ausschlussgrund des § 312d IV Nr. 5 BGB nicht greift. Inhalt-lich ist der Entscheidung aus Verbraucherschutzerwägungen zwar grds. zuzustimmen, jedoch hat der BGH nicht bedacht, dass angesichts des zwingenden Vertragsschlusses und des Umstands, dass sich der Händler seinen Vertragspartner nicht aussuchen kann, dieser durch Höchstgebot einer missbräuchlichen Ausnutzung des Widerrufs-rechts ausgesetzt sein kann. Denn macht der Verbraucher nach Ersteigerung einer Sache von seinem Widerrufsrecht Gebrauch, muss der Unternehmer eine erneute Auktion durchführen, was zu einer unverhältnismäßigen Belastung führt. Bisher hat sich der Gesetzgeber noch nicht veranlasst gesehen, einer rechtsmissbräuchlichen Aus-übung des Widerrufsrechts zumindest bei Bestehen einer nachweisbaren Schädigungs-absicht des Verbrauchers entgegenzutreten. Immerhin hat der EuGH auch einen Schutz der Interessen der Anbieter erkannt, wenn auch nur im Rahmen von Dienst-leistungen.[410]

611 **Anwendungsfall[411]:** Privatperson V bot unter Vermittlung des Internet-Auktionshauses R einen fabrikneuen BMW X 5 mit einem Listenpreis von 64.500,- € zu einem Startpreis von 10,- € für einen Auktionszeitraum von fünf Tagen an. Entsprechend § 5 IV der AGB des R hatte V gegenüber R die Erklärung abgegeben, dass er bereits jetzt die Annahme des höchs-ten wirksam abgegebenen Kaufgebots erkläre. Das Kaufgebot hatten die Bieter nach § 4 VII der AGB gegenüber R abzugeben, weil R nach dieser Bestimmung Empfangsvertreter (§ 164 III BGB) des Anbieters war. Nach § 4 III der AGB waren die Kaufgebote der Bieter verbind-lich und unwiderruflich. Drei Sekunden vor Auktionsende gab K das letzte und höchste Ge-bot über 13.750,- € ab. Kurz nach Auktionsende erhielt K von R die Nachricht, dass er den Zuschlag erhalten habe. Hocherfreut verlangt K nunmehr von V den Wagen heraus. V wei-gert sich jedoch, den Wagen herauszugeben, weil er der Ansicht ist, dass ein Vertrag nicht zustande gekommen sei. Kann K die Herausgabe des Wagens von V verlangen?

Das Herausgabeverlangen ist juristisch als Geltendmachung eines Anspruchs auf Übereig-nung und Übergabe zu werten. Dazu müsste aber ein Rechtsgrund bestehen. Ein solcher könnte in dem Vorliegen eines Kaufvertrags (§ 433 BGB) zu sehen sein. Fraglich ist jedoch, ob ein solcher vorliegt.

Ein (Kauf-)Vertrag kommt durch Angebot und Annahme zustande. Hingegen kommt bei ei-ner **Versteigerung** der Vertrag durch das höchste Gebot und den Zuschlag zustande (**§ 156 BGB**). Dabei stellt der vorangehende Aufruf des Versteigerers nur eine Aufforderung zur Abgabe eines Angebots dar.[412] Das Angebot liegt in dem Handzeichen des Bietenden; der sich darauf beziehende Zuschlag stellt die Annahme dar.

Auf **Internet-Auktionen** ist § 156 BGB nicht anwendbar, wenn der Vertrag nicht durch Zuschlag, sondern durch **Zeitablauf** erfolgt. Denn in diesem Fall liegt keine Versteigerung i.S.d. § 156 BGB vor: Derjenige, der innerhalb eines Zeitfensters das höchste Gebot abgibt, nimmt das vom Anbieter zuvor abgegebene befristete Kaufangebot an. Juristisch handelt es sich um ein Angebot des Anbieters, für dessen Annahme durch den Meistbietenden er nach § 148 BGB eine Frist gesetzt hat.[413] Der Vertrag kommt automatisch durch die beiden Be-dingungen *Fristablauf* und *Meistgebot* zustande.[414] Das Internet-Auktionshaus (eBay o.ä.) stellt lediglich die Plattform zur Verfügung, gibt über „Allgemeine Geschäftsbedingungen"

[409] BGH NJW **2005**, 53.
[410] EuGH MMR **2005**, 364 Rn 28 (easy car).
[411] In Anlehnung an BGHZ **149**, 149 ff. (ricardo.de). Vgl. auch BGH NJW **2005**, 53 f. *Wenzel*, Fälle zum BGB I, 3. Aufl. **2008**, Kap. 2 Fall 02 sowie die Ausführungen bei Rn 277 und 594.
[412] Vgl. BGHZ **138**, 339, 342.
[413] Wie hier *Spindler*, MMR **2005**, 40, 41; vgl. nun auch *Fritzsche*, JA **2006**, 674, 679.
[414] BGHZ **149**, 129, 134; BGH NJW **2005**, 53 f. (mit Bespr. v. *Hoeren/Müller*, NJW **2005**, 948 ff.).

jedoch verbindliche Vorgaben an die Versteigerung, insbesondere hinsichtlich der Übernahme des „Nutzungsentgelts".[415] Hinsichtlich des Zustandekommens des Kaufvertrags gilt etwas anderes nur dann, wenn die AGB des Internet-Auktionshauses abweichende Klauseln über den Zeitpunkt des Vertragsschlusses enthalten und auf das Verhältnis zwischen Anbieter und Bieter auch anwendbar sind. In der Literatur wird die Frage nach der Anwendbarkeit der **Auktionshaus-AGB** auf das Rechtsverhältnis zwischen Anbieter und Bieter kontrovers diskutiert. Das Meinungsspektrum reicht von einer unmittelbaren zu einer analogen Anwendung bis hin zu einer sog. Rahmenvereinbarung, der sich die Parteien pauschal unterworfen hätten.[416] Die in der Literatur[417] verbreitete, vor allem aber von den Tatsacheninstanzen[418] vertretene „Auslegungslösung" geht indes davon aus, dass die Auktionsbedingungen des Plattformanbieters nur als Grundlage für die Auslegung der Willenserklärungen der Auktionsteilnehmer heranzuziehen seien. Auch der BGH scheint diese Lösung zu favorisieren. Zwar sei unklar, ob die AGB des Internet-Auktionshauses auf das Rechtsverhältnis zwischen Anbieter und Bieter anwendbar seien, diese Frage könne aber dahinstehen, weil sie jedenfalls als **Auslegungshilfe** bei der Feststellung der Bedeutung der jeweiligen Willenserklärung heranzuziehen seien.[419]

Fazit: Das Zustandekommen von Rechtsgeschäften bei Internet-Versteigerungen richtet sich nicht nach § 156 BGB, sondern nach **§§ 145 ff. BGB**. Der Bedeutungsgehalt einer Erklärung ist daher auf der Grundlage des objektivierten Empfängerhorizonts (§§ 133, 157 BGB) zu ermitteln. Ob also die Erklärung des Anbieters als (befristetes) Angebot zum Abschluss eines Kaufvertrags zu sehen ist, richtet sich nach der objektivierten Sicht des Bieters. Auf Grundlage der zutreffenden Rspr. entfalten etwaige **AGB des Auktionshauses** dabei weder eine unmittelbare noch analoge Anwendung, sondern stellen lediglich eine Auslegungshilfe bei der Feststellung der Bedeutung der Erklärung dar.

Vorliegend war die Erklärung des V jedenfalls hinreichend bestimmt, weil zweifelsfrei erkennbar war, dass V nur mit demjenigen kontrahieren wollte, der das höchste Gebot abgab. Auch die AGB des Auktionshauses, die insoweit als Auslegungshilfe heranzuziehen sind, lassen keinen anderen Schluss zu. V kann seine Erklärung auch nicht wegen fehlenden Erklärungsbewusstseins oder wegen eines Erklärungs- oder Inhaltsirrtums nach § 119 BGB anfechten. Dass V bei Abgabe seiner Erklärung mit einem weit höheren Gebot rechnete, als es von K abgegeben worden war, ist ein unbeachtlicher Motivirrtum. V hätte sich durch Festlegung eines Mindestpreises vor Verlust schützen müssen.

Die Erklärung des V ist auch nicht nach § 762 BGB unverbindlich, da es sich nicht um ein „Spiel" handelte, sondern beide Parteien einen ernsthaften wirtschaftlichen Austauschzweck verfolgten.

Ergebnis: K hat gegen V einen Anspruch aus § 433 I S. 1 BGB auf Übereignung und Übergabe des BMW X 5 Zug um Zug gegen Zahlung des Kaufpreises von 13.750,- €.

Zur **Anfechtbarkeit** von Rechtsgeschäften im Internet vgl. i.Ü. ausführlich Rn 1310a; speziell zur **Internet-Auktion** vgl. Rn 1555a.

---

[415] Vgl. dazu die bei Rn 277 genannten Nachweise sowie AG Menden NJW **2004**, 1329 f.
[416] Vgl. zum Meinungsstand Rn 1555a.
[417] *Rüfner*, JZ **2000**, 720; *ders.*, JZ **2001**, 764, 768; *Winter*, CR **2003**, 296; *Deutsch*, StudRZ 1/**2005**, 17, 26 f.
[418] OLG Hamm NJW **2001**, 1142.
[419] BGHZ **149**, 129, 134 ff.

6. Kapitel – Die Stellvertretung

A. Grundlagen der Stellvertretung

I. Einführung

612 Im Rechtsverkehr ist es nicht unüblich, dass eine Partei nicht selbst handeln möchte oder kann und sich daher eines Stellvertreters bedient bzw. bedienen muss.

Beispiele:

(1) Geschäftsunfähige Personen sind aus rechtlichen Gründen (vgl. §§ 104, 105 I, 105a BGB) nicht in der Lage, wirksame Willenserklärungen abzugeben. Daher bedürfen sie im Rechtsverkehr eines Stellvertreters, der für sie handelt (vgl. etwa § 1629 BGB für die Eltern, § 1793 BGB für den Vormund, § 1902 BGB für den Betreuer).

(2) Auch **juristische Personen** (Verein, GmbH, AG usw.) können nicht selbst rechtsgeschäftlich tätig werden. Sie werden von ihren Organen vertreten, deren Handeln der juristischen Person zugerechnet wird (vgl. § 26 II BGB und § 78 AktG: Vorstand; § 35 I GmbHG: Geschäftsführer).

(3) Eine Stellvertretung kann aber auch aus **tatsächlichen** Gründen erforderlich sein. So kann z.B. der Inhaber eines großen Warenhauses nicht selbst alle notwendigen Rechtsgeschäfte vornehmen. Daher bedient er sich seiner Angestellten, die ihn in diesen Situationen vertreten (vgl. § 56 HGB).

II. Die in §§ 164 ff. BGB geregelte unmittelbare Stellvertretung

613 Insbesondere um den am Rechtsverkehr Teilnehmenden zu entlasten, sehen die §§ 164 ff. BGB die Möglichkeit der unmittelbaren (oder direkten) Stellvertretung vor. Bei dieser wird der Geschäftsherr dadurch entlastet, dass er einen Stellvertreter für sich handeln lässt. Die Willenserklärungen, die der Stellvertreter für den Geschäftsherrn abgibt, wirken dabei ohne weitere Rechtshandlung unmittelbar für und gegen den Geschäftsherrn. Der Vertreter wiederum bleibt von dem Rechtsgeschäft, das er für den Geschäftsherrn getätigt hat, unberührt. Dieses Prinzip, dass allein der Vertreter rechtsgeschäftlich handelt, nicht der Vertretene, nennt man **Repräsentationsprinzip** („Der Vertretene wird durch den Vertreter, der für ihn handelt, repräsentiert").[420] Für den Inhalt und die Wirksamkeit kommt es also ausschließlich auf den Willen des Vertreters an. Lediglich die Rechtswirkungen des Rechtsgeschäfts treffen den Vertretenen.

614 Damit jedoch die Rechtswirkungen **beim Geschäftsherrn** eintreten, müssen drei Voraussetzungen erfüllt sein:

1. **Abgabe einer eigenen Willenserklärung** seitens der Mittelsperson
2. Handeln der Mittelsperson **im fremden Namen**
3. Bestehen einer **Vertretungsmacht**

615 **Eigene Willenserklärung** seitens der Mittelsperson: Die Mittelsperson muss eine eigene Willenserklärung abgeben. Überbringt sie nur die Willenserklärung des Geschäftsherrn, liegt ein Fall der **Botenschaft** (dazu Rn 629 ff.) vor.

616 Handeln der Mittelsperson **im fremden Namen**: Die Mittelsperson muss im fremden Namen handeln (Offenkundigkeitsprinzip, ausführlich Rn 665 ff.). Macht sie nach außen

---

[420] *Heinrichs*, in: Palandt, Einf v § 164 Rn 2 ff.; *Schramm*, in: MüKo, vor § 164 Rn 62. Dem Stellvertretungsrecht liegen insgesamt drei Prinzipien zugrunde: das eben erläuterte Repräsentationsprinzip, das Offenkundigkeitsprinzip (Rn 665 ff.) und das Abstraktionsprinzip (Rn 714 ff.). Die beiden Letzteren werden in dem jeweiligen Sachzusammenhang an angegebener Stelle erläutert.

nicht erkennbar, dass sie im Namen eines anderen handelt, liegt kein Fall der unmittelbaren Stellvertretung vor. In Betracht kommt dann aber eine **mittelbare Stellvertretung** (dazu sogleich).

Bestehen einer **Vertretungsmacht**: Die Wirkung des Vertretergeschäfts gegenüber dem Vertretenen tritt nur ein, wenn der Vertreter zum Zeitpunkt des Vertretergeschäfts Vertretungsmacht hatte oder der Vertretene (später) genehmigt, § 177 BGB. Vgl. dazu ausführlich Rn 686 ff. **617**

> **Beispiel:** K möchte von Händler H ein Auto kaufen (§ 433 BGB). Da er jedoch keine Zeit hat, beauftragt er den V, das Geschäft für ihn abzuwickeln. V kauft im Namen des K das Auto und stellt es dem K vor die Tür. **618**
>
> Hier sind drei Personen beteiligt:
> 1. der **Vertreter** (V), auch **Vordermann** genannt, der seine Willenserklärung im Namen des Vertretenen abgibt, der also das Rechtsgeschäft mit H tätigt,
> 2. der **Vertretene** (K), auch **Geschäftsherr** oder **Hintermann** genannt, bei dem die Rechtsfolgen der Stellvertretung eintreten (also Vertragspartner des H wird), und
> 3. der **Dritte** (H), auch **Geschäftsgegner** genannt, gegenüber dem der Vertreter das Rechtsgeschäft des Vertretenen tätigt.
>
> Folge der Stellvertretung ist, dass die Erklärung des V dem K gem. § 164 I BGB zugerechnet wird. Vertragspartner des H ist also K, <u>nicht</u> V.

Es ergeben sich somit drei Rechtsbeziehungen: **619**

1. Das **Vertretergeschäft**: Dies ist das Rechtsgeschäft, das der Vertreter im Namen des Vertretenen (Geschäftsherrn) mit dem Dritten (Geschäftsgegner) tätigt und das gemäß § 164 I S. 1, III BGB für und gegen den Vertretenen wirkt.
2. Die **Bevollmächtigung**: Dieses Geschäft beschreibt das Innenverhältnis zwischen dem Vertretenen und dem Vertreter. Die Vertretungsmacht kann gesetzlich (z.B. durch §§ 1626, 1629; 26 II BGB, § 35 I GmbHG, § 78 I AktG), kraft Rechtsscheins (z.B. durch Duldungs- und Anscheinsvollmacht) oder rechtsgeschäftlich (sog. Vollmacht, § 166 II BGB) zustande kommen (dazu ausführlich Rn 686 ff.).
3. Das **Grundverhältnis**: Der Bevollmächtigung muss ein Grundverhältnis zugrunde liegen. Das ist i.d.R. ein Vertragsverhältnis zwischen dem Vollmachtgeber und dem Bevollmächtigten. Zumeist handelt es sich um einen Auftrag (§ 662 BGB), eine Geschäftsbesorgung (§ 675 BGB) oder einen Arbeitsvertrag (§ 611 BGB).

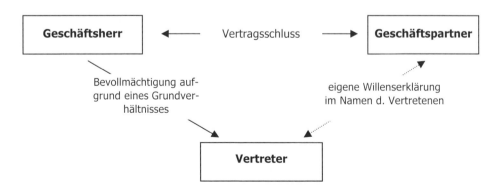

Für die unmittelbare Stellvertretung ergibt sich folgende Definition:

620 Eine **Stellvertretung** i.S.d. §§ 164 ff. BGB ist ein rechtsgeschäftliches Handeln im Namen des Vertretenen mit der Wirkung, dass die Rechtsfolgen unmittelbar in der Person des Vertretenen eintreten (sog. **unmittelbare oder direkte Stellvertretung**).[421]

III. Abgrenzung zur mittelbaren Stellvertretung

621 **Nicht** von den §§ 164 ff. BGB erfasst wird die **mittelbare Stellvertretung**. Bei dieser treffen die Folgen des Rechtsgeschäfts zunächst nur den Handelnden, weil dieser nicht im fremden Namen, sondern **im eigenen Namen** handelt. Daher ist der Hintermann auch nicht Vertragspartner des Geschäftsgegners. Allerdings bestehen zwischen dem mittelbaren Stellvertreter und dem Hintermann anderweitige Geschäftsbeziehungen, wonach der mittelbare Stellvertreter verpflichtet ist, im Sinne des Hintermanns zu handeln und diesem die Früchte seines Handelns zukommen zu lassen. Haupterscheinungsformen der mittelbaren Stellvertretung sind die **Kommission** (§§ 383 ff. HGB), bei der der Kommissionär gewerbsmäßig Waren oder Wertpapiere für Rechnung eines anderen (den Kommittenten) im eigenen Namen kauft und verkauft, und die **Spedition** (§§ 453 ff. HGB). Eine mittelbare Stellvertretung kommt aber auch außerhalb des Handelsrechts in Betracht.

622 **Beispiel:** Geschäftsherr G sammelt hochwertige Gemälde. Da er jedoch anonym bleiben möchte, beauftragt er stets seinen Freund F, für ihn die Gemälde zu kaufen. Diesmal schickt er F zu D, um einen Kandinsky zu kaufen. Dabei soll F den G nicht namentlich benennen. So geschieht es.

Hier liegt kein Fall der in den §§ 164 ff. BGB geregelten unmittelbaren Stellvertretung vor, weil F den G nicht offenkundig repräsentiert hat. Vielmehr ist ein Fall der mittelbaren Stellvertretung (**„Strohmanngeschäft"**)[422] gegeben. F hat im eigenen Namen mit D den Kaufvertrag geschlossen und ist nun selbst aus dem Kaufvertrag berechtigt und verpflichtet. Auch erfolgte die Übereignung des Bildes gem. § 929 S. 1 BGB zunächst von D auf F. Dieser, und nicht G, ist insoweit Eigentümer geworden.[423]

Allerdings hat G einen schuldrechtlichen Anspruch gegen F auf (Weiter-)Übereignung. Denn aufgrund des zwischen ihm und F bestehenden Vertragsverhältnisses (§ 662 BGB) ist F verpflichtet, das Bild auf G zu übereignen (§ 667 BGB). G muss dem F im Gegenzug den für das Bild aufgewendeten Kaufpreis ersetzen (§ 670 BGB), sofern er nicht schon dem F das Geld mitgegeben hatte.

623 **Fazit:** Da die Rechtswirkungen des getätigten Geschäfts den mittelbaren „Vertreter" also selbst treffen und der Geschäftsherr an diesem Geschäft nicht unmittelbar beteiligt ist, handelt es sich bei der mittelbaren Stellvertretung um keine wirkliche Stellvertretung. Vielmehr werden die Rechte des mittelbaren Vertreters erst durch ein weiteres Rechtsgeschäft an den Geschäftsherrn übertragen. Daher wird die mittelbare Stellvertretung allgemein wie folgt definiert: Eine **mittelbare** (unechte, indirekte, stillschweigende) **Stellvertretung** liegt vor, wenn jemand ein Rechtsgeschäft im eigenen Namen, aber im Interesse und **für Rechnung des Geschäftsherrn** vornimmt.[424]

---

[421] *Heinrichs*, in: Palandt, Einf v § 164 Rn 1.

[422] Zum Strohmanngeschäft und zur Abgrenzung zu § 117 BGB vgl. auch Rn 1083 ff.

[423] Damit G möglichst rasch Eigentümer des Bildes wird, wäre es auch möglich, dass F das Bild an G gem. §§ 929 S. 1, 930 BGB durch antizipierte Einigung und antizipiertes Besitzkonstitut (auch schon vor Erwerb des F von D) bzw. durch Insichgeschäft weiterübereignet. Aber auch hier würde F – zumindest für eine logische Sekunde – Eigentümer des Bildes.

[424] *Heinrichs*, in: Palandt, Einf v § 164 Rn 6; *Brox/Walker*, AT, Rn 515; *Rüthers/Stadler*, § 29 Rn 4.

IV. (Un-)Zulässigkeit der Stellvertretung

Da der Wortlaut des § 164 BGB von der Zurechnung von **Willenserklärungen** spricht, ist die Stellvertretung grundsätzlich bei **allen Rechtsgeschäften** möglich. Das gilt für einseitige Rechtsgeschäfte (Kündigung, Anfechtung, Erklärung des Rücktritts von einem Vertrag etc.) und für solche, die auf einen Vertragsschluss gerichtet sind. Auch bei **rechtsgeschäftsähnlichen Handlungen** (z.B. Mahnung, Fristsetzung etc.) ist eine Stellvertretung möglich, allerdings unter analoger Anwendung der §§ 164 ff. BGB.[425] Geht es jedoch um die Vornahme **höchstpersönlicher Rechtsgeschäfte** – insbesondere aus dem Bereich des Familien- und Erbrechts – ist eine Stellvertretung i.d.R. **ausgeschlossen**. Das gilt vor allem für die Eheschließung (§ 1311 BGB), die Begründung der Lebenspartnerschaft (§ 1 LPartG), die Testamentserrichtung (§ 2064 BGB) und den Erbvertrag (§ 2274 BGB).

624

Die Höchstpersönlichkeit eines Geschäfts kann sich aber auch aus den **vertraglichen Abreden der Parteien** ergeben (sog. gewillkürte Höchstpersönlichkeit).[426]

625

> **Beispiel:** Bevor A den ihm wohlbekannten Finanzexperten F mit der persönlichen Verwaltung seines Vermögens engagiert, beauftragt er noch schnell den weltbekannten Pianisten P für ein Konzert in höchst exponiertem Rahmen.
>
> Hier können P und F die ihnen obliegenden Aufgaben nicht an einen Vertreter delegieren. Das ergibt sich aus der Parteivereinbarung, auch wenn darüber nicht gesprochen sein sollte.

Wird ein unzulässiges Vertretergeschäft vorgenommen, ist es nichtig. Eine Heilung (etwa durch Genehmigung, vgl. § 177 BGB) ist nicht möglich.

626

Ausgeschlossen ist eine Stellvertretung auch bei **Realakten**, d.h. bei (Willens-) Betätigungen rein *tatsächlicher* Art, die kraft Gesetzes eine Rechtsfolge auslösen. Denn solche Handlungen können nicht durch Erklärungen vorgenommen werden und haben schon äußerlich keine Ähnlichkeit mit den Rechtsgeschäften.[427]

627

> **Beispiele:** Erwerb des unmittelbaren Besitzes (§ 854 I BGB), Verbindung und Vermischung (§§ 946-948 BGB), Verarbeitung (§ 950 BGB), Fund (§ 965 BGB), Schatzfund (§ 984 BGB), unerlaubte Handlungen (§§ 823 ff. BGB)
>
> In diesen Fällen kann jedoch bei Pflichtverletzungen von Hilfspersonen oder bei unerlaubten Handlungen eine Zurechnung über §§ 278, 31 BGB in Betracht kommen.

B. Einordnung der Stellvertretung in den Prüfungsaufbau

Da bei einer Stellvertretung der Stellvertreter seine Willenserklärung für und gegen den Vertretenen abgibt, das Rechtsgeschäft also für *diesen* zustande bringt, erfolgt die Einordnung der Stellvertretung im Prüfungsaufbau der Anspruchsprüfung (vgl. das Schema bei Rn 115!) im Punkt „Zustandekommen des Vertrags" bzw. „Anspruch entstanden".

627a

---

[425] BGHZ **47**, 352, 357; BGH NJW **1995**, 45 ff.; *Giesen/Hegermann,* Jura **1991**, 357, 359; *Heinrichs,* in: Palandt, Einf v § 164 Rn 3; *Brox/Walker,* AT, Rn 513; *Rüthers/Stadler,* AT, § 30 Rn 1.
[426] BGHZ **99**, 90, 94; *Rüthers/Stadler,* AT, § 29 Rn 4; *Heinrichs,* in: Palandt, Einf v § 164 Rn 4.
[427] BGHZ **16**, 259, 263; *Heinrichs,* in: Palandt, Einf v § 164 Rn 3; *Brox/Walker,* AT, Rn 513; *Medicus,* AT, Rn 196; *Giesen/Hegermann,* Jura **1991**, 357, 360; *Köhler/Lange,* AT, § 11 Rn 7.

627b

Einbeziehung eines Stellvertreters im Anspruchsaufbau

I. Anspruch entstanden ?

1. Vorliegen einer Einigung

Es gelten die Prüfungspunkte, die im Prüfungsschema bei Rn 115 dargestellt wurden. Daher soll nur auf die Besonderheiten der Einbeziehung eines Stellvertreters eingegangen werden: Ein Vertrag kommt nur dann zustande, wenn zwei übereinstimmende, mit Bezug aufeinander abgegebene Willenserklärungen vorliegen und sich die Parteien über die vertragswesentlichen Inhalte geeinigt haben (§§ 145 ff. BGB). Bedient sich eine der Parteien (oder beide) eines **Stellvertreters**, gibt *dieser* seine Willenserklärung mit Wirkung für und gegen seinen Geschäftsherrn ab und einigt sich im Namen seines Geschäftsherrn mit dem Geschäftsgegner (oder mit dessen Stellvertreter). Es kommt grds. allein auf das Handeln und Wissen des Stellvertreters an. Das Gesetz stellt mit den §§ 164 ff. BGB aber bestimmte Anforderungen an die Stellvertretung:

a. Anwendbarkeit der §§ 164 ff. BGB

Unmittelbare Anwendung bei Willenserklärungen; analoge Anwendung bei geschäftsähnlichen Handlungen; keine Anwendung bei Realakten

b. Zulässigkeit der Stellvertretung

Zulässig ist eine Stellvertretung bei allen Rechtsgeschäften, die **nicht höchstpersönlicher** Natur sind. Die Höchstpersönlichkeit kann sich dabei aus Gesetz (vgl. z.B. §§ 1311, 2064, 2274 BGB) oder aus einer Parteiabrede (sog. gewillkürte Höchstpersönlichkeit) ergeben.

c. Abgabe einer *eigenen* Willenserklärung

Bei der **Abgrenzung** zwischen **Stellvertretung** und **Botenschaft** kommt es entscheidend darauf an, ob die Mittelsperson eine *fremde* Willenserklärung übermittelt (dann Bote) oder ob sie eine *eigene* Willenserklärung abgibt (dann Stellvertreter). Maßgeblich ist bei dieser Beurteilung, wie das **Auftreten der Mittelsperson im Außenverhältnis verständigerweise zu beurteilen ist**, also aus der **Sicht des Erklärungsempfängers**.

Bei der Abgrenzung ergeben sich vor allem bei Willensmängeln, bei formbedürftigen Rechtsgeschäften und dem Zeitpunkt des Zugangs rechtliche Unterschiede.

d. Im fremden Namen

Der Vertreter muss gemäß § 164 I S. 1 die Willenserklärung **erkennbar im Namen des Vertretenen** abgeben (sog. **Offenkundigkeitsprinzip**). Dabei ist es gemäß **§ 164 I S. 2 BGB** ausreichend, wenn sich **aus den Umständen** ergibt, dass die Abgabe der Erklärung im Namen des Vertretenen erfolgen soll. Für diese Abgrenzung zwischen Vertreter- und Eigengeschäft gelten die allgemeinen Auslegungsregeln (§§ 133, 157 BGB). Entscheidend ist daher, wie der Erklärungsempfänger das Verhalten des Handelnden unter Berücksichtigung aller Gegebenheiten des Einzelfalls verstehen durfte. Zu berücksichtigen sind dabei alle Umstände, insbesondere früheres Verhalten, Zeit und Ort der Erklärung, die berufliche Stellung der Beteiligten, die Art ihrer Werbung und die erkennbare Interessenlage. Auch beim **offenen Geschäft für den, den es angeht** liegt ein Fall der zulässigen Stellvertretung vor. **Ausnahmen vom Offenkundigkeitsprinzip:**

⇨ verdecktes Geschäft für den, den es angeht
⇨ Handeln unter fremden Namen (Fall der Identitätstäuschung)
⇨ Sonderfall: § 1357 BGB

e. Mit Vertretungsmacht

Das Vertretergeschäft kommt nur zustande, wenn der Vertreter mit **Vertretungsmacht** handelt. Darunter ist die Befugnis zu verstehen, einen anderen wirksam zu vertreten und für ihn mit verbindlicher Wirkung Willenserklärungen abzugeben oder entgegenzunehmen. Sie liegt vor, wenn der Vertreter entweder **kraft Gesetzes** zur Vornahme des Rechtsgeschäfts befugt ist oder wenn der Vertretene dem Vertreter **rechtsgeschäftlich** eine entsprechende Vertretungsmacht eingeräumt hat, sog. Vollmacht (vgl. die Legaldefinition in § 166 II S. 1 BGB) bzw. gewillkürte Stellvertretung. Vgl. hierzu die Übersicht bei Rn 688. Zur **Vertretungsmacht kraft Rechtsscheins** vgl. Rn 809 ff.

f. Rechtsfolge

Liegen die vorstehenden Voraussetzungen vor, wirkt die Willenserklärung unmittelbar für und gegen den Vertretenen, § 164 I S. 1 BGB.

2. Nichtvorliegen von rechtshindernden Einwendungen

⇨ Mangelnde **Geschäftsfähigkeit** (§§ 104 ff. BGB – Rn 926 ff.)

⇨ Bewusste **Willensmängel** (Schein- oder Scherzerklärung, §§ 116-118 BGB – Rn 1061 ff.)

⇨ Verletzung der gesetzlichen oder vertraglich vorgeschriebenen **Form** (§ 125 BGB – Rn 1097 ff.)

⇨ Verstoß gegen ein **Verbotsgesetz** (§ 134 BGB – Rn 1164 ff.)

⇨ **Wucher** (§ 138 II BGB – Rn 1181 ff.)

⇨ **Sittenwidrigkeit** (§ 138 I BGB – Rn 1209 ff.)

⇨ Vertrag über **künftiges Vermögen** oder **Nachlass** (§§ 311b II, 4 BGB – SchuldR AT, Rn 118 ff.)

⇨ **Unredlicher Erwerb einer eigenen Rechtsstellung** (§ 242 BGB – SchuldR AT, Rn 66)

II. Anspruch untergegangen (rechtsvernichtende Einwendungen) ?

⇨ **Anfechtung** (§§ 119 ff. BGB, § 142 I BGB – Rn 1264 ff.)

⇨ Erfüllung (§§ 362 ff. BGB – SchuldR AT, Rn 118 ff.)

⇨ Kündigung von Dauerschuldverhältnissen (z.B. nach §§ 314, 543 BGB etc. – unten Rn 1286a und SchuldR AT, Rn 838 ff.)

⇨ Unmöglichkeit (§§ 275, 326 I BGB – SchuldR AT, Rn 364 ff.)

⇨ Hinterlegung (§§ 372 ff. BGB – SchuldR AT, Rn 171 ff.)

⇨ Aufrechnung (§§ 387 ff. BGB – SchuldR AT, Rn 188 ff.)

⇨ Erlass (§ 397 BGB – SchuldR AT, Rn 233 ff.)

⇨ Änderungsvertrag/Aufhebungsvertrag (§ 311 BGB – SchuldR AT, Rn 240 ff.)

⇨ Novation/Konfusion (SchuldR AT, Rn 243 ff.)

⇨ Rücktritt (§§ 346 ff. BGB – SchuldR AT, Rn 442 ff.)

⇨ Widerruf, insb. nach Verbraucherschutzvorschriften (§§ 355 ff. BGB – vgl. auch § 312b, c und d BGB – Rn 381, 551, 581)

⇨ Gläubiger- und Schuldnerwechsel (Abtretung, §§ 398 ff. BGB; Schuldübernahme, § 414 ff. BGB; gesetzl. Forderungsübergang, § 412 - SchuldR AT, Rn 247 ff. und 1103)

⇨ Störung der Geschäftsgrundlage (§ 313 III BGB – der sich daraus ergebende Rücktritt ist aber nur letztes Mittel der Konfliktlösung – SchuldR AT, Rn 785 ff.)

III. Anspruch durchsetzbar (rechtshemmende Einreden) ?

⇨ Verjährung (§§ 214 ff. BGB)

⇨ Zurückbehaltungsrecht (§ 273 BGB – SchuldR AT, Rn 334 ff.)

⇨ Nichterfüllter Vertrag (§ 320 BGB – SchuldR AT, Rn 352 ff.)

C. Voraussetzungen einer wirksamen Stellvertretung

Nachdem (in der Fallbearbeitung) die Anwendbarkeit der §§ 164 ff. BGB bejaht und die Unzulässigkeit der Stellvertretung – etwa wegen des höchstpersönlichen Charakters des Rechtsgeschäfts – verneint wurde, sind nunmehr die Voraussetzungen der §§ 164 ff. BGB zu prüfen. Diese sind wie gesehen: **628**

   I. <u>**Abgabe einer eigenen Willenserklärung**</u> bei der Mittelsperson

  II. Handeln der Mittelsperson **im fremden Namen**

 III. Bestehen einer **Vertretungsmacht**

I. Abgabe einer eigenen Willenserklärung

Wie schon bei Rn 615 einleitend erwähnt, setzt eine wirksame Stellvertretung zunächst voraus, dass der Vertreter eine *eigene* (wirksame) **Willenserklärung** abgibt. Die Mit- **629** telsperson ist also nur dann als Vertreter i.S.d. §§ 164 ff. BGB zu qualifizieren, wenn sie selbst rechtsgeschäftlich tätig wird.

1. Abgrenzung zwischen Stellvertretung und Botenschaft

630 Bei diesem Prüfungspunkt ist eine **Abgrenzung zur Botenschaft** erforderlich, da der Bote *keine* eigene Willenserklärung kundtut, sondern lediglich die bereits von seinem Geschäftsherrn abgegebene Willenserklärung übermittelt. Er vermittelt also nur das Wirksamwerden dieser bereits abgegebenen Willenserklärung, indem er ihren Zugang bewirkt.[428] Er handelt daher nicht rechtsgeschäftlich, sondern rein tatsächlich. Verkürzt kann man sagen:

- Der **Bote** übermittelt eine **fremde Willenserklärung**, nämlich die seines Geschäftsherrn („Ich soll für meinen Chef ... kaufen").

- Der **Stellvertreter** unterbreitet dem Geschäftspartner seine **eigene Willenserklärung** („Ich kaufe im Namen meines Chefs ... ").

a. Abgrenzungskriterien

631 Die Frage, ob eine Mittelsperson eine *fremde* Willenserklärung übermittelt (dann Bote) oder eine *eigene* Willenserklärung abgegeben hat (dann Vertreter), ist nach h.M. aus Gründen des Verkehrsschutzes im Wege der **Auslegung** (§§ 133, 157 BGB) danach zu beantworten, wie das **Auftreten der Mittelsperson im Außenverhältnis verständigerweise zu beurteilen ist**, also aus der **Sicht des Erklärungsempfängers**.[429] Unerheblich ist also das zwischen dem Geschäftsherrn und der Mittelsperson bestehende Innenverhältnis. Tritt der Bote gegenüber Dritten als Vertreter auf oder tritt umgekehrt der Vertreter als Bote auf, zählt nur das nach außen hin deutlich gewordene Erscheinungsbild.

632 Die Abgrenzung zwischen Vertreter und Boten ist nach dem **objektiven Empfängerhorizont** vorzunehmen. Es kommt demnach entscheidend darauf an, wie der Empfänger das Auftreten der Mittelsperson verstehen durfte.

> **Beispiel:** Tritt ein Leitender Angestellter gegenüber Geschäftspartnern auf, dürfte kaum ein Zweifel daran bestehen, dass er Stellvertreter des Unternehmens ist. Nimmt eine Hausangestellte eine Nachricht für ihren Geschäftsherrn entgegen, dürfte umgekehrt im Zweifel anzunehmen sein, dass sie Botin ist. Auch Geschäftsunfähigkeit der Mittelsperson spricht für eine Botenschaft (dazu sogleich).

633 Vereinfacht lässt sich sagen, dass der Vertreter über das „Ob" und „Wie" des Rechtsgeschäfts entscheidet, während der Bote vorformulierte Erklärungen wiedergibt.

> **Beispiel:** Sagt die Mittelsperson: „Ich mache Ihnen im Namen des G folgendes Angebot ...", ist sie Stellvertreter. Denn hier bringt sie zum Ausdruck, eine gewisse Entscheidungsfreiheit zu haben. Sagt sie hingegen: „Ich überbringe Ihnen ein Angebot des G ...", ist sie Bote. Denn hier ist offenkundig, dass sie lediglich die Willenserklärung des Geschäftsherrn übermittelt.

634 Ob die Mittelsperson Stellvertreter ist, kann jedoch sehr zweifelhaft sein, wenn ihr nur ein **sehr geringes Maß an Entscheidungsfreiheit** zusteht.

> **Beispiel:** Erhält der in einem Warenhaus angestellte Verkäufer von der Geschäftsleitung die Weisung, die festgesetzten Preise einzuhalten, kann er regelmäßig auch nicht ent-

---

[428] *Brox/Walker*, AT, Rn 474 f.; *Heinrichs*, in: Palandt, Einf v § 164 Rn 11; *Medicus*, BR, Rn 77.
[429] BGHZ **12**, 327, 334; **36**, 30, 33; BAG NJW **2008**, 1243 f.; *Giesen/Hegermann*, Jura **1991**, 357, 359; *Brox/Walker*, AT, Rn 518; *Köhler/Lange*, AT, § 11 Rn 16; *Medicus*, BR, Rn 77; *Larenz/Wolf*, AT, § 46 Rn 41 f.

scheiden, mit wem er kontrahiert und mit wem nicht. Dennoch muss der Verkäufer als Vertreter qualifiziert werden, weil es an einer Willensbildung der Geschäftsleitung für die einzelnen konkreten Vertragsabschlüsse fehlt.[430] Die Vertretung bezieht sich in diesen Fällen gerade auf den Vertragsschluss. Zu § 56 HGB vgl. Rn 775.

Vertreter, deren Willenserklärung wie in der eben aufgezeigten Konstellation in allen Einzelheiten bereits vorgegeben ist, werden als **„Vertreter mit gebundener Marschrichtung"** bezeichnet.

635

Ein wichtiges Abgrenzungskriterium stellt auch die **Geschäftsfähigkeit** der Mittelsperson dar. Denn dadurch, dass der Stellvertreter eine *eigene wirksame* Willenserklärung abgibt (wenn auch im Namen des Geschäftsherrn) und die Willenserklärung eines **Geschäftsunfähigen** immer unwirksam ist (vgl. §§ 104, 105 I, 131 I BGB), muss der **Vertreter** folgerichtig zumindest **beschränkt geschäftsfähig** (vgl. §§ 2, 106 BGB) sein, damit die Folgen des Rechtsgeschäfts den Vertretenen treffen. Eine Umgehung des Minderjährigenschutzes besteht nicht, da die Rechtsfolgen des Vertretergeschäfts ja gerade nicht den Vertreter, sondern ausschließlich den Vertretenen treffen. **§ 165 BGB** stellt dies klar.

636

Lässt der Geschäftsherr dennoch ein Geschäft durch einen **Geschäftsunfähigen** abschließen, folgt daraus jedoch noch nicht zwingend die Nichtigkeit.

637

> **Beispiel:** Mutter M möchte ihrer 5-jährigen Tochter T eine Freude machen. Sie gibt ihr 2,- €, mit der diese sich etwas Süßes kaufen soll. Eine Weisung, in welchen Laden sie gehen oder welche Süßigkeiten sie kaufen soll, gibt M der T nicht.

> Hier steht es der T also frei, wo sie sich welche Süßigkeiten kauft. Aufgrund ihrer Geschäftsunfähigkeit (§ 104 Nr. 1 BGB) kann T aber keine eigene Willenserklärung abgeben und damit weder ein Rechtsgeschäft im eigenen Namen schließen noch ihre Mutter wirksam vertreten (vgl. §§ 105 I, 165 BGB). Angenommen, T ginge weisungswidrig zum Bäcker B und träte mit der ihr eingeräumten Entscheidungsfreiheit auf, wäre sie aus der Sicht eines objektiven Empfängers an sich als Vertreterin zu qualifizieren. In diesem Fall wäre das Rechtsgeschäft wegen § 165 BGB aber nichtig. Teilweise wird daher eine teleologische Reduktion des § 165 BGB vorgenommen mit der Folge, dass Vertretungsrecht anzuwenden ist. Richtigerweise ist in einem solchen Fall der **Geschäftsunfähige** jedoch trotz dieser gewissen Weisungsfreiheit als **Bote** zu qualifizieren, der die Willenserklärung des Geschäftsherrn (hier der M) überbringt, auf diese Weise also den Zugang der Willenserklärung bewirkt, sodass ein Rechtsgeschäft zustande kommen kann.

> **Fazit:** Während die **Stellvertretung** zumindest eine **beschränkte Geschäftsfähigkeit** des Vertreters verlangt, besteht die **Botenstellung** unabhängig von der Geschäftsfähigkeit, kann also auch von einem **Geschäftsunfähigen** vorgenommen werden. Plastisch gesprochen lässt sich sagen: „Und ist das Kindlein noch so klein, so kann es doch schon Bote sein".[431]

638

b. Abgrenzung in aktiver und passiver Hinsicht

Da einerseits eine aktive und passive Stellvertretung und andererseits eine aktive und passive Botenschaft denkbar sind, muss in Zweifelsfällen auch diesbezüglich, und zwar in zweierlei Hinsicht, eine Abgrenzung zwischen Stellvertretung und Botenschaft vorgenommen werden.

639

---

[430] *Medicus*, AT, Rn 886.
[431] *Köhler/Lange*, AT, § 11 Rn 16.

640 ▪ **Abgrenzung Aktivvertreter/Erklärungsbote:** Sowohl der Aktivvertreter (vgl. § 164 I BGB) als auch der Erklärungsbote stehen auf der Seite desjenigen, der eine Willenserklärung übermitteln (lassen) will, also auf der **Seite des Absenders**. Während der Aktivvertreter jedoch eine *eigene* Willenserklärung abgibt, übermittelt der Erklärungsbote eine *fremde* Willenserklärung, nämlich die seines Geschäftsherrn. Die Abgrenzung erfolgt nach dem objektiven Empfängerhorizont (s.o.).

> **Hinweis für die Fallbearbeitung:** Die Abgrenzung zwischen Aktivvertreter und Erklärungsbote ist im Prüfungspunkt „Abgabe der Willenserklärung" vorzunehmen, wenn feststeht, dass der Geschäftsherr nicht selbst gehandelt hat, sondern die Mittelsperson.

641 ▪ **Abgrenzung Passivvertreter/Empfangsbote:** Dagegen finden sich sowohl der Passivvertreter (§ 164 III BGB) als auch der Empfangsbote auf der **Seite des Erklärungsadressaten**. Beide nehmen eine Willenserklärung für ihren Geschäftsherrn entgegen. Die Abgrenzung erfolgt auch hier nach dem objektiven Empfängerhorizont (s.o.).

> **Hinweis für die Fallbearbeitung:** Die Abgrenzung zwischen Passivvertreter und Empfangsbote ist im Prüfungspunkt „Zugang der Willenserklärung" vorzunehmen, wenn feststeht, dass der Geschäftsgegner die Willenserklärung nicht selbst entgegengenommen hat, sondern die Mittelsperson, derer er sich bedient.
> Relevant wird diese Abgrenzung vor allem bei der Frage des Zeitpunkts des Zugangs der Willenserklärung, der z.B. für die Bestimmung der Anfechtungsfrist des § 121 BGB („unverzüglich") von Belang sein kann.

2. Bedeutung der Unterscheidung

642 Die Unterscheidung zwischen Stellvertretung und Botenschaft ist v.a. bei Willensmängeln und bei der Wissenszurechnung bedeutsam. Denn während es bei der Stellvertretung grds. auf die Willensmängel oder Kenntnisse des Stellvertreters ankommt (§ 166), sind bei der Botenschaft diejenigen des Geschäftsherrn maßgeblich. Darüber hinaus ergeben sich Unterschiede, wenn die Erklärung formbedürftig ist oder wenn es um die Frage nach dem Zeitpunkt des Zugangs der Willenserklärung geht. Im Einzelnen gilt:

a. Willensmängel

aa. Willensmängel bei der Stellvertretung

643 Da sich die **Stellvertretung** gerade dadurch auszeichnet, dass der Vertreter eine *eigene* Willenserklärung abgibt, *er* also rechtsgeschäftlich tätig wird, kommt es folgerichtig gem. **§ 166 I BGB** grundsätzlich auch auf *seine* Kenntnis der Sach- und Rechtslage an. Willensmängel, die beim Vertreter vorliegen, sind somit für den Geschäftsherrn beachtlich.

644 **Beispiel:** G ist an dem antiken Schiffskompass des D interessiert, den dieser zum Verkauf im Internet angeboten hat. Da G jedoch dringend eine Geschäftsreise antreten muss, beauftragt er seinen Freund V, für ihn den Kompass zu kaufen. Dieser wird von D jedoch über die Echtheit des Kompasses getäuscht, denn in Wirklichkeit handelt es sich um einen Nachbau. Zu Hause angekommen, bemerkt G – ein Fachmann auf dem Gebiet maritimer Antiquitäten – sofort, dass es sich um einen Nachbau handelt. Da G jedoch kein Fachmann auf dem Gebiet des Bürgerlichen Rechts ist, fragt er seinen Freund R, der Jura studiert, ob er den Kaufpreis zurückverlangen könne. Dieser rät ihm, er solle anfechten. So geschieht es.

Anspruchsgrundlage des G gegen D auf Erstattung des Kaufpreises ist § 812 I S. 2 Var. 1 BGB (Leistungskondiktion wegen späteren Wegfalls des Rechtsgrunds).[432] Zunächst

---

[432] Vgl. dazu ausführlich *R. Schmidt*, BT II, Rn 373 ff.

bestand ein Rechtsgrund für das Behaltendürfen des Geldes, da zwischen G und D ein wirksamer Kaufvertrag zustande gekommen war. Durch die gegenüber D erklärte Anfechtung könnte G diesen Rechtsgrund aber vernichtet haben. Die Anfechtung stützt sich auf § 123 BGB, da V von D hinsichtlich der Echtheit arglistig getäuscht wurde. Nach § 166 I BGB werden das Wissen – und damit auch **Irrtümer** – des Vertreters dem Geschäftsherrn **zugerechnet**. Dieser wird also so gestellt, als sei er selbst getäuscht worden. G konnte daher (freilich im Rahmen der Frist des § 124 BGB) den Kaufvertrag mit D anfechten.

<u>Weiterführender Hinweis:</u> Selbstverständlich hätte dasselbe gegolten, wenn V einem Irrtum nach § 119 BGB unterlegen wäre. Auch hier hätte G das Rechtsgeschäft anfechten können, da ihm auch hier die von V abgegebene Willenserklärung als eigene zugerechnet worden wäre. Auch V hätte im Namen des G anfechten können, wenn seine Vertretungsmacht auch diese rechtsgeschäftliche Handlung umfasst hätte.

Die Wissenszurechnung findet aber auch umgekehrt statt, nämlich in der Weise, dass dem Geschäftsherrn auch eine **Bösgläubigkeit** seines Vertreters zugerechnet wird:

645

Beispiel: Diesmal bedient sich auch D eines Stellvertreters, des S. Dieser verkauft im Namen des D den nachgebauten Kompass wider besseres Wissen an den gutgläubigen V (der ja im Namen des G handelt und den Kompass für echt hält, s.o.). Wenig später erfährt G jedoch die wahre Sachlage und ficht das Rechtsgeschäft gemäß § 123 BGB an. D wendet ein, dass er nichts von der Täuschung des S gewusst habe.

Auch in diesem Fall ist dem Geschäftsherrn D die Kenntnis des Vertreters S gem. § 166 I BGB zuzurechnen. Insbesondere ist der Vertreter S kein „Dritter" i.S.d. § 123 II BGB. Die Anfechtung des G ist also berechtigt. D muss den Kaufpreis gem. §§ 812 I S. 2 Var. 1, 818 I oder II BGB zurückzahlen.

Eine Zurechnung ist auch im Falle des **gutgläubigen Erwerbs** (vgl. § 932 BGB) von Belang. Ist zwar der Geschäftsherr gutgläubig, sein Vertreter aber nicht, wird ihm dessen Bösgläubigkeit nach § 166 I BGB zugerechnet, sodass ein gutgläubiger Erwerb ausscheidet.

646

Beispiel: Diesmal ist G an dem antiken Maschinentelegrafen des D interessiert, den dieser zum Verkauf im Internet angeboten hat. Was G jedoch nicht weiß ist, dass D das Stück lediglich von A geliehen hatte. G beauftragt seinen Freund V, für ihn den Maschinentelegrafen zu kaufen. Dieser erfährt von D jedoch die wahre Sachlage. Dennoch kauft er den Telegrafen im Namen des G. A verlangt von G Herausgabe des Telegrafen.

Anspruchsgrundlage des A ist § 985 BGB. Da A den Maschinentelegrafen lediglich an D verliehen hatte, liegt kein „Abhandenkommen" i.S.d. § 935 I BGB vor. Insofern ist A also zunächst Eigentümer geblieben. Sein Eigentum könnte er aber gem. § 932 I BGB an G verloren haben. G war gutgläubig i.S. dieser Vorschrift. Allerdings wusste sein Vertreter V um die wahren Umstände. Wegen § 166 I BGB wird dieses Wissen dem G zugerechnet mit der Folge, dass sich G so behandeln lassen muss, als sei er selbst bösgläubig i.S.d. § 932 II BGB gewesen.
G konnte daher nicht gutgläubig Eigentum erwerben. A ist Eigentümer geblieben und kann den Maschinentelegrafen gem. § 985 BGB herausverlangen.

Schließlich bewirkt § 166 I BGB, dass der Geschäftsherr die ihm zugerechnete Willenserklärung nicht anfechten kann, wenn nur *er* sich, nicht aber sein Vertreter irrte.

647

Beispiel: Gastronom G will bei D ein Gros Tischgestecke kaufen und glaubt, Gros sei eine Größenbezeichnung. G schickt seinen Vertreter V, der weiß, dass Gros = ein Dutzend mal ein Dutzend, also 144, bedeutet, zu D. V bestellt trotzdem im Namen des G ein Gros Tischgestecke. G will den Kaufvertrag über 144 Tischgestecke nach § 119 I Var. 1 BGB anfechten.

Hier kann G das Rechtsgeschäft *nicht* anfechten, da V, dessen Wissen allein maßgeblich ist (§ 166 I BGB), keinem Irrtum unterlag. Der Kaufvertrag ist wirksam zustande gekommen.

648

> **Fazit:** Über **§ 164 I BGB** werden ***Willenserklärungen*** zugerechnet; über **§ 166 I BGB** hingegen erfolgt eine ***Wissenszurechnung***. So wird dem Vertretenen z.B. Arglist (etwa gem. § 444 BGB) seines Vertreters zugerechnet. Der Vertretene kann sich also nicht auf eigene Redlichkeit berufen, wenn sein Vertreter unredlich war. Mit dieser Wertung trägt das Gesetz dem Verlangen des Verkehrsschutzes Rechnung, dass derjenige, der sich eines Helfers bedient, auch die Verantwortung für dessen Fehlverhalten übernehmen muss. Letztlich geht es um eine Risikozuordnung, die das Gesetz zu Lasten des Geschäftsherrn vornimmt.
>
> Daher wird der dem § 166 BGB zugrunde liegende Rechtsgedanke für eine Wissenszurechnung auch dann herangezogen, wenn die Voraussetzungen einer rechtsgeschäftlichen Vertretung nicht vorliegen, z.B. im Rahmen des § 990 BGB beim Besitzerwerb durch einen bösgläubigen Besitzdiener oder bei § 819 I BGB. Auch scheitert ein Eigentumserwerb nach §§ 929, 932 BGB an der Bösgläubigkeit des Vertreters (Zurechnung über § 166 I BGB, s.o.).

649 Da die Regelung des § 166 I BGB die Gefahr des Missbrauchs des Instituts der Stellvertretung in sich birgt, bestimmt **§ 166 II BGB**, dass sich der Geschäftsherr bezüglich solcher Umstände, die er selbst kannte oder die er kennen musste, dann nicht auf die Unkenntnis seines Vertreters berufen kann, wenn dieser nach bestimmten Weisungen gehandelt hat.

Beispiel: D hat sich von E die X-Box geliehen. Da er knapp bei Kasse ist, will er diese verkaufen. G ist an dem Teil interessiert, weiß aber, dass es dem E gehört. Aus diesem Grund beauftragt der den ahnungslosen V, die X-Box für ihn von D zu kaufen. So geschieht es. Als E die X-Box bei G sieht, verlangt er sie heraus. Mit Recht?

Anspruchsgrundlage ist § 985 BGB. Ursprünglich war E Eigentümer. Sein Eigentum könnte er aber an G verloren haben. Einem Eigentumsverlust steht zwar nicht die Regelung des § 935 I BGB entgegen, da die X-Box nicht „abhandengekommen" ist, allerdings könnte er das Eigentum wegen § 932 I BGB verloren haben. Zwar konnte D dem G nicht das Eigentum nach § 929 S. 1 BGB übereignen, weil er nicht Eigentümer war, möglicherweise hat G aber Eigentum aufgrund der Regelung des § 932 BGB erworben. Zieht man § 166 I BGB heran, wonach es auf die Kenntnis des Stellvertreters ankommt, könnte er in der Tat gutgläubig Eigentum erworben haben. Um aber Missbrauchsfälle der vorliegenden Art auszuschalten, hat der Gesetzgeber in § 166 II BGB bestimmt, dass sich der Geschäftsherr in Ansehung solcher Umstände, die er selbst kannte oder kennen musste, dann nicht auf die Unkenntnis des Vertreters berufen kann, wenn der Vertreter nach seinen Weisungen handelte. Dies ist vorliegend der Fall. G war bösgläubig und ließ den redlichen V die X-Box für sich kaufen. § 166 II BGB verhindert, dass sich G auf die Unkenntnis des V berufen kann. G ist also nicht Eigentümer der X-Box geworden. Der Herausgabeanspruch des E aus § 985 BGB ist begründet.

bb. Willensmängel bei der Botenschaft

650 Von der Wissenszurechnung bei der Stellvertretung unterscheidet sich die Wissenszurechnung bei der Botenschaft grundlegend. Denn dadurch, dass der Bote keine eigene Willenserklärung abgibt, sondern nur die seines Geschäftsherrn übermittelt, kommt es folgerichtig bei der Übermittlung einer Willenserklärung durch einen **Boten** hinsichtlich etwaiger Willensmängel grundsätzlich auf die Person des *Geschäftsherrn* an.

Beispiel: Gastronom G will bei D ein Gros Tischgestecke kaufen und glaubt, Gros sei eine Größenbezeichnung. G schickt seinen Boten B, der weiß, dass Gros 144 bedeutet, zu

D. B bestellt im Auftrag des G ein Gros Tischgestecke. G will den Kaufvertrag über 144 Tischgestecke nach § 119 I Var. 1 BGB anfechten.

Anders als im entsprechenden Beispiel zur Stellvertretung fungierte die Mittelsperson hier nur als Bote des G und überbrachte dem D die Willenserklärung des G. Für etwaige Willensmängel kommt es daher nur auf G und nicht auf B an. G kann seine Willenserklärung daher nach § 119 I Var. 1 BGB anfechten, sodass der Kaufvertrag gemäß § 142 I BGB als von Anfang an nichtig anzusehen ist.

Ausnahmsweise ist aber dann auf die Kenntnis des Boten abzustellen, wenn der Willensmangel bei *diesem* vorgelegen hat. So wird bei einem Übermittlungsfehler dem Geschäftsherrn die durch den Boten falsch übermittelte Willenserklärung zugerechnet, wenn der Übermittlungsfehler des Boten **unbewusst** geschah. Dem Geschäftsherrn steht dann das Anfechtungsrecht nach § 120 BGB (mit der Folge des § 122 BGB) zu.   651

§ 120 BGB ist jedoch **nicht** anwendbar, wenn der Bote die Willenserklärung **bewusst** falsch übermittelt (sog. Pseudobote). Denn in diesem Fall wäre es unbillig, dem Erklärenden die bewusste Falschübermittlung zwingend zuzurechnen. Zwar ist es richtig, dass der Erklärende auch in diesem Fall die Falschübermittlung kausal verursacht hat, jedoch hat er damit dem Boten lediglich einen Anlass zur Falschübermittlung gegeben, der unter Zurechnungsgesichtspunkten irrelevant erscheint: Die „Übermittlung" einer eigenen Willenserklärung des Boten ist gerade keine Folge der Arbeitsteilung mehr, die der Hinzuziehung eines Boten zugrunde liegt, sondern unterscheidet sich im Grunde genommen durch nichts von dem Fall, dass der „Bote" ohne jeden Auftrag des Erklärenden eine angebliche Erklärung desselben überbringt. Der Zurechnung einer solchen Erklärung steht dann entgegen, dass sie in keiner Hinsicht mehr auf dem Willen des Erklärenden, sondern vielmehr allein auf dem selbstständigen Entschluss des Boten beruht. Es ginge zu weit, den Erklärenden auch für eigene Willensentschlüsse seines Boten haften zu lassen, denn mit der bewussten Falschübermittlung verwirklicht sich aus der Sicht des Erklärungsempfängers nicht das vom Erklärenden geschaffene Übermittlungsrisiko, sondern ein allgemeines Lebensrisiko. Kann somit die vom Boten bewusst falsch übermittelte Willenserklärung dem Erklärenden nicht als eigene Willenserklärung zugerechnet werden kann, stellt sich auch die Frage einer Anfechtung dieser Erklärung nach § 120 BGB nicht. Ganz überwiegend werden stattdessen die Regeln über den Vertreter ohne Vertretungsmacht (§§ 177-180 BGB) angewendet. Das bedeutet, dass die von dem Boten abgegebene Erklärung als Erklärung des Erklärenden bis zur Genehmigung durch den Erklärenden analog § 177 I BGB unwirksam ist (sog. schwebende Unwirksamkeit) und dass der Bote dem Erklärungsempfänger bei Verweigerung der Genehmigung analog § 179 BGB nach dessen Wahl auf Erfüllung oder Schadensersatz haftet. Denkbar sind auch Ansprüche des Erklärungsempfängers gegen den „Erklärenden" aus *culpa in contrahendo* (§§ 280 I, 311 II, 241 II BGB) auf Ersatz des Vertrauensschadens. Vgl. dazu die Ausführungen zum Übermittlungsirrtum bei Rn 1341 f.   651a

b. Form

Die Unterscheidung zwischen Stellvertreter und Bote ist aber auch von Bedeutung, wenn die Erklärung **formbedürftig** ist. Da der **Stellvertreter** eine *eigene* Willenserklärung abgibt, muss bei der Stellvertretung die **Willenserklärung des *Vertreters*** der bestimmten Form genügen. Die Vollmachtserteilung im Innenverhältnis ist (bis auf einige Ausnahmen) grundsätzlich **formfrei** (vgl. § 167 II BGB). Dagegen muss bei der **Botenschaft** – da der Bote keine eigene Willenserklärung abgibt – die übermittelte **Willenserklärung des *Geschäftsherrn*** stets die vorgeschriebene Form erfüllen.   652

653 **Beispiel:** Zur Sicherung eines Darlehens erklärt sich B bereit, für D eine Bürgschaft abzugeben. Da er jedoch etwas im Stress ist, schickt er V vorbei, um die Angelegenheit zu regeln. So geschieht es. V gibt eine schriftliche Erklärung im Namen des B ab.

Gem. § 766 S. 1 BGB bedarf die durch den Bürgen abgegebene Bürgschaftserklärung zu ihrer Wirksamkeit der Schriftform. B hat keine schriftliche Bürgschaftserklärung abgegeben. Eine solche hat allerdings V abgegeben. Dies könnte genügen, da gem. § 167 II BGB die Vollmachtserteilung nicht der Form bedarf, die für die Wirksamkeit des formbedürftigen Rechtsgeschäfts im Außenverhältnis erforderlich ist. Eine Ausnahme von diesem Grundsatz macht der BGH aber dann, wenn der Schutzzweck der Formbedürftigkeit unterlaufen würde. Das ist jedenfalls bei **Grundstückskaufverträgen** gem. § 311b I BGB der Fall. Würde man hier eine mündliche Beauftragung des Stellvertreters genügen lassen, würden der Sinn und Zweck der notariellen Beurkundung (Aufklärung, Schutz vor Übereilung) in Frage gestellt.[433] Freilich verstößt diese Auffassung gegen den eindeutigen Wortlaut des § 167 II BGB.

> Aufgrund der Rechtsprechung des BGH ist zumindest in der Praxis die Vollmachtserteilung zu einem **Grundstückskaufvertrag** in derselben Weise formbedürftig (notarielle Beurkundung) wie der Grundstückskaufvertrag selbst.

In diesem Sinne hat der BGH auch entgegen § 167 II BGB hinsichtlich der **Bürgschaftserklärung** entschieden.[434] Dies ist in der Sache sicherlich richtig, allerdings ist auch der BGH nicht befugt, sich über bestehende gesetzliche Regelungen hinwegzusetzen. Letztlich führt die Auffassung des BGH dazu, dass dem § 167 II BGB praktisch kein Anwendungsbereich verbleibt.

Folgt man dennoch der Auffassung des BGH, ist die Bürgschaftserklärung des V im Namen des B nicht wirksam erfolgt, gerade weil B den V nur mündlich beauftragt hat.

Fraglich ist, ob etwas anderes gegolten hätte, wenn V zunächst ohne Vollmacht die Bürgschaftserklärung im Namen des B abgegeben hätte, dann aber die Bürgschaft von B mündlich (etwa telefonisch) genehmigt (vgl. §§ 182 ff. BGB) worden wäre. Nach dem Wortlaut des § 182 II BGB (auch die Genehmigung ist eine Zustimmung, wie sich aus § 184 I BGB ergibt) ist die Zustimmung zu einem formbedürftigen Geschäft nicht formbedürftig, sodass vorliegend auch eine telefonische Genehmigung durch B genügen würde. Auch der BGH entscheidet in diesem Sinne[435] und kommt daher zu folgendem Ergebnis:

⇨ Die Erteilung einer Vollmacht zu einem formbedürftigen Rechtsgeschäft ist entgegen § 167 II BGB ebenfalls formbedürftig.

⇨ Dagegen ist die Genehmigung eines formgebundenen Rechtsgeschäfts in Übereinstimmung zu § 182 II BGB formlos möglich.

Wäre V ein *Bote* des B gewesen, hätte er dem D schon von Gesetzes wegen eine notariell beurkundete Willenserklärung des B überbringen müssen.

654 Ähnliches gilt bei der **Auflassung** (Einigung des Veräußerers und Erwerbers) gem. § 925 I S. 1 BGB, die bei gleichzeitiger Anwesenheit vor einer zuständigen Stelle (zumeist dem Notar) erfolgen muss. Da § 925 BGB keine persönliche Anwesenheit verlangt, können sich die Vertragsparteien auch vertreten lassen. Dagegen genügt die Anwesenheit eines Boten nicht, da dieser keine eigene Willenserklärung abgibt, sondern nur die des Geschäftsherrn übermittelt. Daher fehlt es bei der Anwesenheit nur eines Boten an der Anwesenheit des Geschäftsherrn i.S.d. § 925 I S. 1 BGB.

---

[433] So BGHZ **125**, 218, 219.
[434] BGH NJW **1996**, 1467, 1469.
[435] Vgl. BGHZ **125**, 218, 219; **a.A.** *Einsele*, DNotZ **1996**, 835; *Medicus*, AT, Rn 976.

c. Zeitpunkt des Zugangs einer Willenserklärung

Da sich auch auf Empfängerseite der Geschäftsherr sowohl eines Empfangsvertreters (vgl. § 164 III BGB) als auch eines Empfangsboten bedienen kann, ist die Abgrenzung Bote/Stellvertreter auch bei der Frage nach dem Zugang von Willenserklärungen von Bedeutung. Wird die zu übermittelnde Willenserklärung gegenüber einem **Empfangsvertreter** abgegeben, so geht sie dem Vertretenen in dem Augenblick zu, in dem sie dem Vertreter zugeht (vgl. § 164 III i.V.m. I BGB). Die Voraussetzungen des Zugangs müssen nur in der Person des Vertreters vorliegen. Dabei spielt es keine Rolle, ob die Willenserklärung den Vertretenen tatsächlich erreicht.

655

Nimmt dagegen ein **Bote** die Willenserklärung für den Geschäftsherrn in Empfang, gelangt sie zwar in dessen räumlichen Herrschaftsbereich, der Zugang beim Geschäftsherrn erfolgt jedoch erst dann, wenn regelmäßig mit der Weiterleitung der Erklärung an den Geschäftsherrn zu rechnen war (vgl. Rn 361 und 641).

656

3. Weisungswidriges Auftreten des Boten bzw. Stellvertreters

Handelt die Mittelsperson abweichend von der ihr im Innenverhältnis zugewiesenen Funktion statt als Vertreter als Bote oder umgekehrt, so hat das je nach Umkehrung und Einhaltung der Reichweite der Vertretungs- bzw. Botenmacht unterschiedliche Konsequenzen:

657

a. Handelnder bewegt sich im Rahmen der Vertretungs- bzw. Botenmacht

Weicht die Mittlungsperson von der ihr vom Geschäftsherrn zugedachten Funktion als Bote bzw. Vertreter ab und bewegt sich dabei <u>innerhalb</u> der ihr zugewiesenen Vertretungs- bzw. Botenmacht, dann findet eine Zurechnung an den Geschäftsherrn statt.

658

- ▪ **Bote geriert sich als Vertreter:** Tritt der Bote nach außen hin als Vertreter auf (sei es bewusst oder unbewusst), handelt dabei jedoch im Rahmen seiner Botenmacht (d.h. wird bezüglich des Inhalts des Rechtsgeschäfts weisungsgemäß tätig), ist die kundgetane Willenserklärung dennoch als Willenserklärung des Geschäftsherrn anzusehen. Einer Genehmigung gemäß § 177 BGB bedarf es hier nicht.[436]

659

- ▪ **Vertreter geriert sich als Bote:** Tritt hingegen der Vertreter nach außen hin als Bote auf (sei es bewusst oder unbewusst), handelt dabei jedoch im Rahmen seiner Vertretungsmacht (d.h. wird bezüglich des Inhalts des Rechtsgeschäfts i.S. des Geschäftsherrn tätig), wird die getätigte Erklärung dem Geschäftsherrn **zugerechnet**, wenn sie auch durch die Vertretungsmacht gedeckt wäre. Zwar haben hier eigentlich weder die Mittlungsperson noch der Geschäftsherr eine Willenserklärung abgegeben[437], wenn die geäußerte „Willenserklärung" der Mittelsperson aber letztlich das vom Geschäftsherrn gewünschte Rechtsgeschäft zustande bringt, wird es diesem auch einerlei sein, wie der Vertreter das Geschäft zustande gebracht hat.

660

b. Handelnder bewegt sich außerhalb der Vertretungs- bzw. Botenmacht

Weicht die Mittelsperson von der ihr vom Geschäftsherrn zugedachten Funktion als Bote bzw. Vertreter ab und bewegt sich dabei <u>außerhalb</u> der ihr zugewiesenen Vertretungs- bzw. Botenmacht, dann findet grundsätzlich **keine** Zurechnung statt.

661

---

[436] *Giesen/Hegermann*, Jura **1991**, 357, 359; *Medicus*, BR, Rn 78.
[437] Der Geschäftsherr hat keine Willenserklärung abgegeben, weil er dies dem Vertreter überlassen wollte, die Mittlungsperson hat keine eigene Erklärung abgegeben, da sie eine vermeintliche Erklärung des Geschäftsherrn übermittelt hat (*Giesen/Hegermann*, Jura **1991**, 357, 359; *Medicus*, BR, Rn 79).

662 ▪ **Bote geriert sich als Vertreter:** Tritt der Bote nach außen als Vertreter auf (sei es bewusst oder unbewusst), handelt dabei jedoch (bewusst oder unbewusst) außerhalb seiner Botenmacht, besteht dieselbe Situation wie bei einem Vertreter ohne Vertretungsmacht. Der Bote haftet nach h.M. gem. §§ 177 ff. BGB analog[438] bzw. direkt[439]. Vgl. dazu ausführlich Rn 879 ff.

Beispiel: G ist an dem Motorrad des D interessiert, das dieser zum Kauf anbietet. Hierzu schickt der seinen Boten B zu D, um von diesem ein Angebot i.H.v. 2.000,- € übermitteln zu lassen. Als B bei D das Motorrad sieht, ist er der Auffassung, dass dieses jedoch 3.000,- € wert sei. Weil er ein fairer Mensch ist, erklärt er gegenüber D, dass er das Motorrad im Namen des G für 3.000,- € kaufe. D erklärt sich sofort damit einverstanden.

Hier hat B weisungswidrig nicht die Willenserklärung des G übermittelt, sondern eine eigene abgegeben. Damit hat er nicht nur seine Botenmacht überschritten, sondern ist gegenüber D auch als Vertreter des G aufgetreten. Damit gelten nicht die Grundsätze über den Boten ohne Botenmacht (= analoge Anwendung der §§ 177 ff. BGB), sondern die §§ 177 ff. BGB direkt. Folge ist, dass G nicht gebunden ist, aber die Möglichkeit hat, das (schwebend unwirksame) Geschäft zu genehmigen (§ 177 I BGB). Genehmigt er nicht, wird das Vertretergeschäft endgültig unwirksam. B haftet dann dem D gem. § 179 BGB (direkt oder analog) auf Erfüllung oder Schadensersatz.

663 ▪ **Vertreter geriert sich als Bote:** Tritt der *Vertreter* im Außenverhältnis als *Bote* auf und weicht er dabei **bewusst** von der ihm eingeräumten Vertretungmacht ab bzw. fehlt eine Beauftragung der als Bote handelnden Person ganz (sog. Pseudobote), wendet die h.M.[440] die §§ 177 ff. BGB analog an.

Beispiel: G ist an dem Motorrad des D interessiert, das dieser zum Kauf anbietet. Hierzu schickt der seinen Stellvertreter V zu D, um durch ihn das Geschäft abwickeln zu lassen. Dabei gibt er dem V lediglich die Vorgabe, dass dieser maximal 2.000,- € bieten solle. Als V bei D das Motorrad sieht, ist er der Auffassung, dass dieses jedoch 3.000,- € wert sei. Weil er ein fairer Mensch ist, erklärt er gegenüber D, dass er diesem von G ausrichten solle, G wolle das Motorrad für 3.000,- € kaufen. D erklärt sich sofort damit einverstanden.

Hier hat V weisungswidrig nicht eine eigene Willenserklärung abgegeben, sondern eine nicht vorhandene des G übermittelt. Damit ist er nach außen hin als Bote des G aufgetreten und hat auch seine Vertretungsmacht überschritten. Daher gelten nicht die Regeln über die Stellvertretung, sondern die Grundsätze über den Boten ohne Botenmacht (dazu Rn 662). Da aber auch hier die Vorschriften der §§ 177 ff. BGB analog herangezogen werden, ergibt sich nicht wirklich ein ergebnisrelevanter Unterschied. G hat auch hier die Möglichkeit, das schwebend unwirksame Geschäft zu genehmigen (§ 177 I BGB analog). Genehmigt er nicht, wird das Vertretergeschäft endgültig unwirksam. V haftet dann dem D gem. § 179 BGB analog auf Erfüllung oder Schadensersatz

664 Handelt ein *Vertreter* im Außenverhältnis als *Bote*, weicht allerdings **unbewusst** von der ihm eingeräumten Vertretungsmacht ab, gibt das Gesetz eine Regel nur in § 120 BGB: Die Übermittlung wirkt zunächst, kann aber durch Anfechtung vernichtet werden.[441] Da die Vorschrift des § 120 BGB jedoch nicht auf die vorliegende Konstellation zugeschnitten ist, ist sie analog anzuwenden. Der Vertretene kann also anfechten, ist aber dem Anspruch aus § 122 I BGB (analog) ausgesetzt.

Beispiel: G ist an dem Motorrad des D interessiert, das dieser zum Kauf anbietet. Hierzu schickt der seinen Stellvertreter V zu D, um durch ihn das Geschäft abwickeln zu lassen. Dabei gibt er dem V lediglich die Vorgabe, dass dieser maximal 2.000,- € bieten solle. V missversteht G jedoch. Er glaubt, G habe 2.000,- € lediglich als Verhandlungsbasis

---

[438] *Rüthers/Stadler*, AT, § 30 Rn 2 ff.; *Heinrichs*, in: Palandt, Einf v § 164 Rn 11.
[439] *Giesen/Hegermann*, Jura **1991**, 357, 359; *Medicus*, BR, Rn 78.
[440] Statt vieler *Heinrichs*, in: Palandt, § 177 Rn 2; a.A. *Medicus*, BR, Rn 80.
[441] *Larenz/Wolf*, AT, § 36 Rn 26; a.A. *Medicus*, BR, Rn 80.

genannt. Als V bei D das Motorrad sieht, ist er der Auffassung, dass dieses 3.000,- €
wert sei. Weil er ein fairer Mensch ist, erklärt er daher gegenüber D, dass er diesem von
G ausrichten solle, G wolle das Motorrad für 3.000,- € kaufen. D erklärt sich sofort damit
einverstanden.

Tritt ein *Vertreter* im Außenverhältnis als *Bote* auf und weicht unbewusst von der ihm
eingeräumten Vertretungsmacht ab, wendet die h.M. § 120 BGB analog an. G ist daher
zunächst an das Rechtsgeschäft gebunden, kann dies aber gem. § 120 BGB analog anfechten. Er ist dann aber dem D ggf. nach § 122 I BGB analog verpflichtet.

II. Handeln im fremden Namen (Offenkundigkeitsprinzip)

1. Grundsatz: Offenkundiges Handeln im fremden Namen

§ 164 I BGB verlangt für eine wirksame Stellvertretung nicht nur Vertretungsmacht, **665**
sondern auch, dass der Vertreter seine Willenserklärung **erkennbar im Namen des
Vertretenen** abgibt. Dieses sog. Offenkundigkeitsprinzip dient in erster Linie dem
Schutz des Erklärungsempfängers, der i.d.R. ein Interesse daran hat, zu erfahren, mit
wem er kontrahiert.[442] Insbesondere geht es um die Vertrauenswürdigkeit und Zahlungsfähigkeit des Vertragspartners, da sich der Erklärungsempfänger ein genaues Bild
über das Risiko der Durchsetzbarkeit seiner Ansprüche auf Zahlung, Gewährleistung
etc. machen können soll. Daneben bezweckt das Offenkundigkeitsprinzip durch seine
Klarstellungsfunktion bezüglich der Rechtsverhältnisse aber auch den Schutz des
Rechtsverkehrs im Allgemeinen.[443]

Gem. **§ 164 I S. 2 Var. 1 BGB** kann der Vertreter **ausdrücklich** im Namen des Ver- **666**
tretenen handeln.

> **Beispiel:** V sagt zu D: „Ich kaufe das Fahrrad im Namen des G."

Das Gesetz lässt es gem. **§ 164 I S. 2 Var. 2 BGB** aber auch genügen, wenn sich **aus** **667**
den Umständen ergibt, dass die Abgabe der Erklärung im Namen des Vertretenen
erfolgen soll. Für diese Abgrenzung zwischen Vertreter- und Eigengeschäft gelten die
allgemeinen Auslegungsregeln (§§ 133, 157 BGB). Danach ist entscheidend, wie der
Erklärungsempfänger das Verhalten des Handelnden unter Berücksichtigung aller Gegebenheiten des Einzelfalls verstehen durfte. Zu berücksichtigen sind dabei alle Umstände, insbesondere früheres Verhalten, Zeit und Ort der Erklärung, die berufliche
Stellung der Beteiligten, die Art ihrer Werbung und die erkennbare Interessenlage.[444]

> **Beispiele**[445]**:** Ein **Architekt** handelt bei der Beauftragung von Bauunternehmern, **668**
> Handwerkern und Statikern i.d.R. im Namen des Bauherrn. Der **Bauträger** und **Baube-**
> **treuer** handelt dagegen im Zweifel im eigenen Namen. Schließt dieser ausdrücklich im
> Namen des Bauherrn ab, wird dieser auch dann verpflichtet, wenn er an den Bauträger
> einen Festpreis gezahlt hat. Auch der **Hausverwalter** handelt beim Abschluss von Miet-
> verträgen im Zweifel für den Eigentümer, auch wenn er dessen Namen nicht nennt. Da-
> gegen kann beim Abschluss eines Werkvertrags auch ein Eigengeschäft vorliegen. Wer-
> den im Text eines Mietvertrags beide **Ehegatten als Mieter** aufgeführt, sind im Zweifel
> beide auch dann als Mieter anzusehen, wenn der Mietvertrag nur von einem Ehegatten
> unterzeichnet wird. Verträge mit **zusammenarbeitenden Rechtsanwälten, Steuer-**
> **beratern oder Ärzten** kommen im Zweifel mit allen Partnern zustande, auch wenn sie
> keine Sozietät (aber eine GbR) bilden. Der Vertrag erstreckt sich im Zweifel auch auf
> später eintretende Partner. Der **Reiseveranstalter**, der wie ein Vertragspartner auftritt,

---

[442] BGH NJW **1998**, 1719.
[443] *Schramm*, in: MüKo, § 164 Rn 14.
[444] BGH NJW **1980**, 2192; *Heinrichs*, Palandt, § 164 Rn 4.
[445] Vgl. *Heinrichs*, in: Palandt, § 164 Rn 5 ff. mit den jeweiligen Nachweisen.

kann nicht unter Hinweisung auf seine AGB geltend machen, dass er nur Vermittler sei (§ 651a II BGB). Der **Sammelbesteller** will sich im Zweifel nicht selbst verpflichten, sondern ist nur Vertreter oder Bote.

2. Unternehmensbezogene Geschäfte

669 Bei **unternehmensbezogenen Geschäften** geht im Zweifel der Wille der Beteiligten dahin, dass der Betriebsinhaber gebunden sein soll.[446] Will der Handelnde ausnahmsweise selbst Vertragspartner werden, so muss er ausdrücklich darauf hinweisen.

Beispiel: Wer im Supermarkt einkauft, weiß, dass die Kassiererin in der Regel nicht Inhaberin des Geschäfts und damit nicht Vertragspartnerin ist, sondern als Vertreterin handelt. Einer ausdrücklichen Offenkundigkeit beim Vertragsschluss an der Kasse bedarf es daher nicht.

670

> **Hinweis für die Fallbearbeitung:** Von der für die Offenkundigkeit der Stellvertretung maßgeblichen indiziellen Bedeutung der Unternehmensbezogenheit ist die im Rahmen der Frage nach der Vertretungsmacht wesentliche Vorschrift des **§ 56 HGB** strikt zu trennen. Während die Unternehmensbezogenheit die Frage betrifft, ob ein fremdes Geschäft oder ein Eigengeschäft des Handelnden vorliegt, fingiert § 56 HGB eine Vertretungsmacht des Ladenangestellten. Vgl. dazu Rn 775, 824.

3. Offenes Geschäft für den, den es angeht

671 Der Offenkundigkeitsgrundsatz besagt, dass der Vertreter offenlegen muss, dass er das Geschäft für einen anderen und nicht als eigenes führen möchte. Hingegen ist fraglich, ob das Offenkundigkeitsprinzip verlangt, dass der Vertreter den Vertretenen bei Vertragsschluss genau bezeichnen muss. Es sind zwei Konstellationen denkbar:

672 ▪ **Vertretener bleibt gegenüber dem Geschäftspartner (zunächst) unbenannt:** In der ersten Konstellation ist dem Vertreter der Vertretene zwar bekannt, dieser möchte jedoch (noch) nicht namentlich benannt werden oder der Vertreter will diesen (noch) nicht namentlich benennen.

Beispiel: Der millionenschwere M ist leidenschaftlicher Sammler von Kunstgegenständen. Da er sich der Öffentlichkeit jedoch nicht gerne präsentieren möchte, beauftragt er seit einiger Zeit den V, für ihn entsprechende Exponate zu kaufen. Dabei soll V seinen „Auftraggeber" nicht namentlich benennen. Als eines Tages eine berühmte russische Ikone zum Kauf angeboten wird, tritt V an den Verkäufer D heran und erklärt diesem, er wolle das Stück für einen anderen erwerben, der momentan noch unerkannt bleiben wolle. D ist mit diesem Geschäft einverstanden und schließt mit V einen entsprechenden Kaufvertrag.

Die Privatautonomie lässt es den Parteien unbenommen zu vereinbaren, dass sie wesentliche Punkte des intendierten Vertrags erst später bestimmen. Auch ist in diesen Fällen der Geschäftspartner nicht schutzwürdig, da er nicht gezwungen ist, sich auf ein solches Geschäft einzulassen. Daher wird der Vertrag bereits mit dem Vertragsschluss durch den Vertreter wirksam, auch wenn der Geschäftspartner (vorerst) nicht weiß, wer sein Vertragspartner ist. Soweit der Vertrag problemlos abgewickelt wird, muss die Identität des Vertretenen selbst später nicht offengelegt werden. Es liegt eine **zulässige Stellvertretung unter Offenhaltung der Person des Vertretenen** vor.[447]

Unter bestimmten Voraussetzungen kann der Geschäftspartner jedoch ein berechtigtes Interesse an der Offenlegung haben - etwa wenn er sich im obigen Beispiel darauf eingelassen hat, die Ikone nur gegen eine Anzahlung zu übereignen und der Kaufpreis nicht vollständig bezahlt wird. Nennt der Vertreter trotz Aufforderung des Geschäftspartners,

---

[446] BGH NJW **1998**, 2897; **1995**, 43, 44; *Heinrichs*, in: Palandt, § 164 Rn 2; *Medicus*, AT, Rn 917.
[447] BGH JZ **1959**, 441, 442; *Leptien*, in: Soergel, vor § 164 Rn 26; *Rüthers/Stadler*, AT, § 30 Rn 8.

der seinen Zahlungsanspruch gegen den „Hintermann" geltend machen möchte, den Namen des Vertretenen nicht, haftet er selbst nach § 179 BGB analog.[448]

■ **Vertretener ist (auch gegenüber dem Vertreter) zunächst noch unbekannt:**   673
Denkbar ist auch, dass der Vertreter zwar zu erkennen gibt, dass er nicht im eigenen Namen kontrahieren will, gleichzeitig aber auch deutlich macht, dass der von ihm Vertretene, mit dem der Geschäftspartner kontrahieren soll, auch dem Vertreter noch **unbekannt** ist. Er (der Vertreter) werde jedoch eine Vertragspartei finden, die den Geschäftsschluss durch Genehmigung für und gegen sich gelten lassen werde. Nach h.M.[449] ist auch diese Konstellation zulässig, sofern der Vertreter sich verpflichtet, einen Vertragspartner zu bestimmen, der das Geschäft genehmigt. Findet der Vertreter einen Vertretenen, wird das Geschäft mit der Bestimmung des Vertretenen gültig. Kommt der Vertreter seiner Pflicht zur Bestimmung nicht nach, gilt ebenfalls § 179 BGB analog.[450]

Beispiel: Diesmal möchte V von D eine Statue kaufen. Dabei macht er deutlich, dass er sie nicht für sich kaufen will, sondern für einen von ihm noch zu benennenden Geschäftsherrn. D ist einverstanden. Übereignung und Übergabe sollen in zwei Wochen stattfinden. Schon nach einer Woche findet V den Interessenten G, der die Statue haben möchte. V teilt dies dem D mit und bittet ihn, die Statue an G zu übereignen.

Auch hier ist das Geschäft gültig, und zwar ab Genehmigung des G.

4. Unanfechtbares Eigengeschäft des Vertreters

Ist für den Geschäftspartner nicht erkennbar, dass der Vertreter für einen anderen   674
handeln will, wird der Vertreter selbst aus dem Geschäft berechtigt und verpflichtet. Es liegt ein **Eigengeschäft des Vertreters** vor. Wegen **§ 164 II BGB** kann er seine Willenserklärung auch nicht gem. § 119 I Var. 2 BGB mit der Begründung anfechten, er habe die Erklärung für einen anderen abgeben wollen. § 164 II BGB dient dem Interesse des Erklärungsempfängers, der regelmäßig wissen möchte, wer sein Vertragspartner ist. **Der „Vertreter" ist Vertragspartner.**

5. Vertreter handelt äußerlich im fremden Namen, innerlich jedoch für sich

Fraglich ist, ob § 164 II BGB (und die damit verbundene Versagung der Anfechtungs-   675
möglichkeit) auch für den **umgekehrten Fall** gilt, nämlich dass der Vertreter zwar nach außen hin im fremden Namen handelt, (innerlich) jedoch im eigenen Namen handeln will.

Beispiel: G sammelt leidenschaftlich maritime Antiquitäten. Als er erfährt, dass beim   676
Trödler D ein nautisches Fernrohr eingetroffen ist, ruft er bei diesem an und sagt, er wolle seinen Mitarbeiter V vorbeischicken, damit dieser das Fernrohr für ihn kaufe. Als V bei D ankommt, stellt er fest, dass sich das Fernrohr auch ganz gut im eigenen Wohnzimmer machen würde. Kurzerhand beschließt er, das Teil für sich zu kaufen. Er erklärt daher dem D, dass er das Fernrohr kaufe. Ist zwischen G und D ein Kaufvertrag zustande gekommen?

Zwischen G und D könnte ein Kaufvertrag über das Fernrohr zustande gekommen sein. Allerdings hat G nicht selbst gehandelt. Gleichwohl ist er Vertragspartner des D, wenn das Handeln des V dem G zugerechnet wird. In Betracht kommt eine Zurechnung gem. § 164 BGB. V hätte eine eigene Willenserklärung im Namen des G abgegeben und mit Vertretungsmacht gehandelt haben müssen.

V gab eine eigene Willenserklärung ab. Fraglich ist jedoch, ob er auch im fremden Namen gehandelt hat.

---

[448] BGHZ **129**, 136, 149 f.; *Rüthers/Stadler*, AT, § 30 Rn 8.
[449] Vgl. nur BGH NJW **1998**, 62, 63; **1989**, 164, 166; *Medicus*, AT, Rn 916.
[450] BGHZ **129**, 136, 149; *Heinrichs*, in: Palandt, § 177 Rn 2.

Für die Abgrenzung zwischen Vertreter- und Eigengeschäft gelten die allgemeinen Auslegungsregeln (§§ 133, 157 BGB). Entscheidend ist daher, wie der Erklärungsempfänger (hier: D) das Verhalten des Handelnden (hier: V) unter Berücksichtigung der Gegebenheiten des Einzelfalls verstehen durfte. Vor dem Hintergrund, dass G dem D das Kommen des V ankündigte, musste D nach den Gesamtumständen davon ausgehen, dass V das Fernrohr für G kaufen wollte. V hat daher im fremden Namen gehandelt. Der gegenteilige, nicht zum Ausdruck gekommene Wille ist (zumindest zunächst) allein schon wegen § 116 S. 1 BGB unbeachtlich.

V müsste aber auch mit Vertretungsmacht gehandelt haben. Mit der Beauftragung zum Erwerb des Fernrohrs bevollmächtigte G den V, den Kaufvertrag für ihn mit D abzuschließen (sog. Innenvollmacht, § 167 I Var. 1 BGB). Mit dem Anruf bei D tat er diesem gegenüber die Vollmacht des V kund (§ 171 I Var. 1 BGB) – sog. nach außen kundgetane Innenvollmacht. V handelte insgesamt also mit Vertretungsmacht, sodass ein Kaufvertrag zwischen D und G, vertreten durch V, zustande gekommen ist.

Fraglich ist aber, ob V zur Anfechtung gemäß § 119 I BGB berechtigt ist, da er (subjektiv) im *eigenen* Namen handeln wollte.[451]

⇨ Teilweise[452] wird vertreten, dass es sich in dieser Konstellation um eine irrtümlich abgegebene Willenserklärung handele, die **anfechtbar** sei. § 164 II BGB behandele einen Ausnahmefall und sei daher nicht analogiefähig.

⇨ Dagegen bejaht die h.M.[453] die analoge Anwendung mit Blick auf die gleiche Interessenlage. Wie auch sonst gelte nicht das subjektiv Gewollte, sondern das objektiv Erklärte. Aus dem Umkehrschluss aus § 164 II BGB ergebe sich, dass der Wille, im eigenen Namen zu handeln, ebenso wie der Wille, im Namen eines anderen zu handeln, unbeachtlich sei, sofern dies nach außen hin nicht zum Ausdruck komme. Daher könne der Vertreter, der ein eigenes Rechtsgeschäft tätigen wolle, nach außen hin aber wie ein Vertreter aufgetreten sei, seine Erklärung **nicht anfechten**.

Der h.M. ist zuzustimmen. Insbesondere fehlt es an der Schutzbedürftigkeit des Vertreters. Dieser könnte zwar der Gefahr ausgesetzt sein, nach § 179 BGB zu haften, andererseits dient die Vorschrift des § 164 II BGB aber der Rechtssicherheit und gibt dieser den Vorrang vor dem nicht zum Ausdruck gekommenen Willen des Vertreters. Nach § 164 II BGB ist der Vertreter dann selbst Vertragspartner und zur Erfüllung verpflichtet, wenn er seinen Willen, im fremden Namen zu handeln, nicht ausreichend zum Ausdruck bringt. Vor dem Hintergrund der Rechtssicherheit und dem Schutz des Geschäftsgegners kann daher auch im umgekehrten Fall nichts anderes gelten. So entspricht es auch der Wertung des § 179 BGB, dass der Vertreter, wenn er ohne Vertretungsmacht gehandelt hat, auch auf Erfüllung bzw. Schadensersatz haftet. Im Ergebnis ist daher mit der h.M. analog § 164 II BGB dem Vertreter auch dann das Anfechtungsrecht zu versagen, wenn dieser zwar äußerlich im fremden Namen, innerlich jedoch für sich handelt.

> **Fazit:** Nach der vorzugswürdigen Auffassung der Rechtsprechung und einem Teil der Literatur ergibt der Umkehrschluss aus § 164 II BGB, dass der Wille, im eigenen Namen zu handeln ebenso, wie der Wille, im Namen eines anderen zu handeln, unbeachtlich ist, sofern dieser nach außen hin nicht zum Ausdruck kommt. Daher kann der Vertreter, der ein eigenes Rechtsgeschäft tätigen wollte, nach außen hin aber wie ein Vertreter auftrat, wegen § 164 II BGB analog seine Erklärung **nicht anfechten**.

Im vorliegenden Fall berührt daher auch der entgegenstehende Wille des V die Wirksamkeit des Kaufvertrags zwischen D und G nicht. V kann nicht anfechten.

---

[451] Eine Anfechtung würde für V deshalb Sinn machen, weil er mit ihr das zunächst zwischen G und D zustande gekommene Rechtsgeschäft vernichten und dadurch doch noch (durch separates Rechtsgeschäft) das Fernrohr bekommen könnte.

[452] *Lieb,* JuS **1967,** 106, 112 Fn 63; *Flume,* AT II, § 44 III; *Brox/Walker,* JA **1980,** 449, 454.

[453] BGHZ **36,** 30, 33; BGH NJW-RR **1992,** 1010, 1011; *Heinrichs,* in: Palandt, § 164 Rn 16.

6. Ausnahmen vom Offenkundigkeitsprinzip

Entgegen § 164 I BGB kann in Ausnahmefällen das Offenkundigkeitsprinzip durchbrochen werden, wenn für den Geschäftsgegner kein schutzwürdiges Interesse an der Offenlegung der Vertretung besteht. Das ist in zwei Fällen anerkannt[454]:

677

- beim **verdeckten Geschäft für den, den es angeht**, und
- beim **Handeln unter fremdem Namen** (**Identitätstäuschung**).

a. Verdecktes Geschäft für den, den es angeht

Von einem **verdeckten Geschäft für den, den es angeht**, wird gesprochen, wenn der Erklärende zwar für den Vertretenen handeln möchte, dies jedoch nicht deutlich macht und dem Geschäftsgegner die Person des Kontrahenten **gleichgültig** ist. Das ist v.a. beim dinglichen Rechtserwerb bei **Bargeschäften des täglichen Lebens** anzunehmen. Das Geschäft kommt in diesem Fall auch ohne die Aufdeckung der Vertreterstellung unmittelbar mit dem Vertretenen zustande.[455]

678

> **Beispiel:** A und B wohnen zusammen in einer WG. Als A eines Morgens für sich beim Bäcker zwei Brötchen kaufen möchte, bittet B ihn, ihm ebenfalls zwei mitzubringen. Das Geld gibt er ihm gleich mit. A kauft beim Bäcker D – ohne den Namen des B zu nennen – vier Brötchen. Ist hier ein Kaufvertrag zwischen B und D über zwei Brötchen zustande gekommen?
>
> 679
>
> Hier hat B selbst keine Willenserklärung abgegeben. Eine solche hat aber A abgegeben. Ein Vertrag zwischen B und D ist also nur dann zustande gekommen, wenn die Erklärung des A dem B zugerechnet werden kann. In Betracht kommt eine Zurechnung über § 164 I BGB. Diese setzt dreierlei voraus: Abgabe einer eigenen Willenserklärung des Handelnden, Handeln im fremden Namen und Bestehen einer Vertretungsmacht. Vorliegend ist allein das Handeln im fremden Namen fraglich, da A nicht offenkundig gemacht hat, dass er die beiden Brötchen für B kaufte.
>
> Da aber unterstellt werden kann, dass es dem D letztlich gleichgültig ist, wer sein Vertragspartner wird, solange er nur und sofort die Gegenleistung (den Kaufpreis) erhält, ist die fehlende Offenkundigkeit hier unschädlich. Entgegenstehende Anhaltspunkte, wie wirtschaftliche Bedeutung des Vertrags[456], sind nicht ersichtlich. Es liegt ein „Geschäft für den, den es angeht" vor.
>
> Fraglich ist schließlich, wann B **Eigentum** an den Brötchen erwirbt. Der rechtsgeschäftliche Eigentumserwerb an beweglichen Sachen richtet sich nach § 929 S. 1 BGB. Danach sind eine **dingliche Einigung** darüber, dass das Eigentum der Sache übergehen soll, und die **Übergabe** der Sache erforderlich. Da die **dingliche Einigung** nach § 929 S. 1 BGB auch ein Rechtsgeschäft darstellt und daher entsprechende Willenserklärungen der Parteien voraussetzt, sind folgerichtig auch die Regeln über die Stellvertretung anwendbar. Die Einigung erfolgte vorliegend also zwischen B und D, wobei B von A vertreten wurde. Insbesondere steht dem nicht das Offenkundigkeitsprinzip entgegen, da es dem Verkäufer bei Bargeschäften des täglichen Lebens (jedenfalls nach Erhalt der Gegenleistung) regelmäßig gleichgültig ist, wer das Eigentum an der Kaufsache erwirbt.
>
> Hinsichtlich der **Übergabe** der beiden Brötchen an A ist zwar zu beachten, dass – da hier gerade kein Rechtsgeschäft, sondern ein Realakt vorliegt – die Regeln der Stellvertretung nicht anwendbar sind, allerdings erlangt der Vertretene nach § 868 BGB **mittelbaren Besitz**. Man spricht hier von einem **Besitzmittlungsverhältnis**.

---

[454] Der Sonderfall des **§ 1357 BGB**, bei dem unklar ist, ob er einen Fall der echten Stellvertretung darstellt, soll wegen des Sachzusammenhangs erst im Rahmen der Vertretungsmacht erläutert werden, vgl. dazu Rn 692 ff.
[455] Vgl. BGHZ **114**, 74, 79; BGH NJW-RR **2003**, 921 ff.; OLG Celle ZGS **2007**, 79; *Schramm*, in: MüKo, § 164 Rn 52; *Heinrichs*, in: Palandt, § 164 Rn 8; *Rüthers/Stadler*, AT, § 30 Rn 7.
[456] BGH NJW-RR **2003**, 921 ff.; OLG Celle ZGS **2007**, 79 (Autokauf).

680 | **Fazit:** Das *verdeckte* Geschäft für den, den es angeht, wirkt trotz fehlender Offenkundigkeit **für und gegen den ungenannten Geschäftsherrn.** Die Durchbrechung des Offenkundigkeitsprinzips wird damit gerechtfertigt, dass es bei Geschäften des täglichen Lebens dem Geschäftsgegner nicht auf die Person des Geschäftspartners ankommt, sofern das Geschäft (durch Barzahlung) gleich erfüllt wird.

b. Handeln unter fremdem Namen

681 Vom Handeln im fremden Namen ist das Handeln *unter* fremdem Namen zu unterscheiden. Bei diesem bedient sich der Handelnde des Namens einer anderen existierenden Person oder auch eines erfundenen Namens, um seine Identität nicht zu offenbaren. Er tritt also nicht *für* einen anderen, sondern *als* ein anderer auf. Hinsichtlich der Rechtsfolge ist zu differenzieren[457]:

aa. Die Namenstäuschung (Eigengeschäft des Handelnden)

682 Ist die Identität des Handelnden für den Geschäftsgegner unerheblich und will er mit der Person, die „vor ihm steht", unabhängig von ihrem Namen den Vertrag schließen, handelt es sich um eine sog. **Namenstäuschung,** d.h. ein **Handeln unter falscher Namensangabe.** In diesen Fällen wird **der Handelnde selbst Vertragspartei.** Es liegt ein **Eigengeschäft** des Handelnden vor.[458]

683 Gemeint sind hier die Geschäfte, bei denen der Handelnde z.B. unter einem Fantasie- oder Allerweltsnamen auftritt und die Identität nach der Art des Geschäfts (zumeist Bargeschäfte) für den Abschluss und die Durchführung des Vertrags keine Rolle spielen. In diesen Fällen will der Geschäftsgegner i.d.R. mit dem ihm gegenüber Stehenden kontrahieren und unterliegt diesbezüglich auch keiner Identitätstäuschung. Er würde mit dem Handelnden also auch dann kontrahieren, wenn er wüsste, dass er nicht X, sondern Y heißt. Die Vorschriften der §§ 164 ff., 177, 179 BGB sind hier nicht anwendbar. Der wirkliche Namensträger - sofern es ihn überhaupt gibt - kann das Geschäft daher auch nicht wie bei § 177 BGB durch eine Genehmigung an sich ziehen.[459]

> **Beispiel:** Der verheiratete A möchte mit seiner Geliebten ungestört ein paar schöne Stunden verbringen. Zu diesem Zweck steigen die beiden im „Parkhotel" ab. Um „keine Spuren zu legen", stellt sich A an der Rezeption als „Herr Müller" vor und zahlt das Zimmer sofort bar.
>
> Hier wird es dem Inhaber des Hotels bzw. dem Rezeptionisten wohl kaum auf die Identität des Handelnden ankommen. Man will mit der Person, die vor einem steht, und die sofort die Gegenleistung erbringt (Zahlung des Zimmers), einen Vertrag schließen. Der falsche Name ist unerheblich. Daher kommt auch vorliegend ein Vertrag zwischen dem Hotelinhaber und A zustande.

bb. Die Identitätstäuschung (ggf. Geschäft des Namensträgers)

684 Kommt es dem Dritten dagegen sehr wohl auf die Identität des Geschäftspartners an, würde er also nicht mit dem Handelnden kontrahieren, wenn er wüsste, dass dieser nicht derjenige ist, für den er sich ausgibt, liegt ein Fall der sog. **Identitätstäuschung** vor. In diesem Fall wird das Handeln unter fremdem Namen wie das Handeln im fremden Namen behandelt, allerdings unter analoger Anwendung der §§ 164 ff. BGB.[460] Es kommt also ausschließlich ein **Geschäft zwischen dem Erklärungsempfänger und dem Namensträger** (nicht dem Handelnden!) in Betracht. Allerdings ist

---

[457] BGHZ **45**, 193, 195; OLG Düsseldorf NJW **1989**, 906; OLG München NJW **2004**, 1328 f.; *Heinrichs,* in: Palandt, § 164 Rn 10; *Brox/Walker,* AT, Rn 528.
[458] Vgl. BGH NJW-RR **1988**, 814, 815; *Heinrichs,* in: Palandt, § 164 Rn 12.
[459] *Medicus,* AT, Rn 907; *Heinrichs,* in: Palandt, § 164 Rn 11; *Leptien,* in: Soergel, § 164 Rn 23.
[460] BGHZ **45**, 193, 195; **111**, 334, 338; OLG München NJW **2004**, 1328 f.; *Medicus,* AT, Rn 908.

dieses schwebend unwirksam, sofern der Handelnde ohne Vertretungsmacht gehandelt hat. Ob dieses schwebend unwirksame Geschäft „geheilt" wird, hängt von der Genehmigung des „Vertretenen" analog §§ 177 I, 184 I BGB ab. Verweigert dieser die Zustimmung, haftet der Handelnde dem Geschäftsgegner persönlich wie ein Vertreter ohne Vertretungsmacht analog § 179 I BGB nach dessen Wahl auf Erfüllung oder Schadensersatz.[461]

Beispiel: Der kleinkriminelle K ist Gast im Hotel „Vierjahreszeiten". Als er im hoteleigenen Restaurant speist, hört er, wie der Gast des Nachbartisches zum Ober sagt, dieser könne die Rechnung für das Essen auf die Hotelrechnung setzen, sein Name sei Deumeland. Daraufhin geht K zielstrebig in die hoteleigene Boutique, kauft dort einen Armani-Anzug und gibt sich gegenüber den dort tätigen Hotelangestellten H als Herr Deumeland aus, dessen Hotelrechnung mit dem Anzug belastet werden solle. Als D am nächsten Morgen abreisen und die Hotelrechnung begleichen möchte, fällt der Schwindel auf. D ist empört. Muss er den Anzug bezahlen?

685

Ein Anspruch des Hotelinhabers gegen D auf Zahlung des Kaufpreises gemäß § 433 II BGB setzt einen wirksamen Vertragsschluss zwischen den beiden voraus. D hat selbst keine Willenserklärung abgegeben. Eine solche hat aber K abgegeben. Fraglich ist daher, ob D das Verhalten des K über § 164 BGB zugerechnet werden kann.

K gab eine eigene Willenserklärung ab. Dies müsste er aber auch *im* fremden Namen getan haben. K handelte aber nicht *in*, sondern *unter* fremdem Namen, sodass das Offenkundigkeitsprinzip nicht gewahrt ist. Es könnte aber ein Fall der sog. Identitätstäuschung vorliegen, sodass eine analoge Anwendung der §§ 164 ff. BGB möglich ist.

Vorliegend kam es dem H als Vertreter des Hotelinhabers entscheidend darauf an, im Namen des Hotels mit D zu kontrahieren, da insbesondere keine Barzahlung, sondern eine (spätere) Belastung der Zimmerrechnung erfolgen sollte. Hätte H gewusst, dass K nicht D war, hätte er den Vertrag nicht geschlossen. Es liegt also eine sog. Identitätstäuschung vor mit der Folge der analogen Anwendung der §§ 164 ff. BGB. Das Handeln unter fremdem Namen wird in diesem Fall dem Handeln in fremdem Namen gleichgestellt.

Damit D aus dem Geschäft verpflichtet wird, müsste K aber auch mit Vertretungsmacht gehandelt haben. Diese ist nach dem Sachverhalt nicht gegeben. Auch von der Möglichkeit der Genehmigung analog § 177 I BGB will D offensichtlich keinen Gebrauch machen. Das (zunächst schwebend unwirksame) Vertretergeschäft ist also endgültig unwirksam.

Ergebnis: Ein Anspruch des Hotelinhabers gegen Herrn Deumeland auf Zahlung des Kaufpreises für den Anzug aus § 433 II BGB ist daher nicht gegeben.

K haftet aber dem Hotelinhaber analog § 179 I BGB entweder auf Erfüllung oder Schadensersatz.

---

[461] Wie hier nunmehr auch OLG München NJW **2004**, 1328 f. (Handeln unter fremdem Namen bei Internet-Auktion).

III. Vertretungsmacht

686 Damit die Rechtsfolgen des „Vertretergeschäfts" beim Geschäftsherrn eintreten, muss der Vertreter nicht nur eine **eigene Willenserklärung** abgegeben und das **Offenkundigkeitsprinzip** gewahrt, sondern gem. **§ 164 I S. 1 BGB** auch mit **Vertretungsmacht** gehandelt haben.

687 **Vertretungsmacht** ist die Befugnis, einen anderen wirksam zu vertreten und für ihn mit verbindlicher Wirkung Willenserklärungen abzugeben oder entgegenzunehmen.

688 Die Vertretungsmacht liegt vor, wenn der Vertreter entweder **kraft Gesetzes** zur Vornahme des Rechtsgeschäfts befugt ist oder wenn der Vertretene dem Vertreter **rechtsgeschäftlich** eine entsprechende Vertretungsmacht eingeräumt hat, sog. **Vollmacht** (vgl. die Legaldefinition in **§ 166 II S. 1 BGB**).

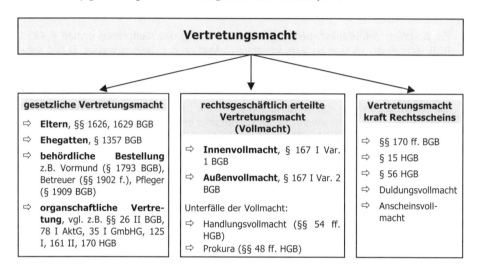

Vertretungsmacht

gesetzliche Vertretungsmacht	rechtsgeschäftlich erteilte Vertretungsmacht (Vollmacht)	Vertretungsmacht kraft Rechtsscheins
⇨ **Eltern**, §§ 1626, 1629 BGB ⇨ **Ehegatten**, § 1357 BGB ⇨ **behördliche Bestellung** z.B. Vormund (§ 1793 BGB), Betreuer (§§ 1902 f.), Pfleger (§ 1909 BGB) ⇨ **organschaftliche Vertretung**, vgl. z.B. §§ 26 II BGB, 78 I AktG, 35 I GmbHG, 125 I, 161 II, 170 HGB	⇨ **Innenvollmacht**, § 167 I Var. 1 BGB ⇨ **Außenvollmacht**, § 167 I Var. 2 BGB Unterfälle der Vollmacht: ⇨ Handlungsvollmacht (§§ 54 ff. HGB) ⇨ Prokura (§§ 48 ff. HGB)	⇨ §§ 170 ff. BGB ⇨ § 15 HGB ⇨ § 56 HGB ⇨ Duldungsvollmacht ⇨ Anscheinsvollmacht

1. Gesetzliche Vertretungsmacht

a. Insbesondere: Elterliche Vertretungsmacht

689 Die für eine Stellvertretung erforderliche Vertretungsmacht kann zunächst auf gesetzlichen Vorschriften beruhen. So bedürfen insbesondere Personen, die geschäftsunfähig oder beschränkt geschäftsfähig sind, eines gesetzlichen Vertreters. Eine derartige Vertretungsmacht ergibt sich z.B. für die **Eltern** aus §§ 1626, 1629 BGB, die als *Gesamtvertretung* ausgestaltet ist. Beide Elternteile vertreten ihre Kinder also gemeinschaftlich. Allerdings findet bei einfachen Angelegenheiten des täglichen Lebens zumeist eine gegenseitige (konkludente) Übertragung des Erziehungsrechts statt, sodass in diesem Fall der andere Elternteil dann auch *allein* wirksam einwilligen oder genehmigen kann.

690 Die elterliche Vertretungsmacht ist aber nicht unbeschränkt. So können die Eltern gemäß **§ 1629 II BGB** das Kind insoweit nicht vertreten, als nach § 1795 BGB ein Vormund von der Vertretung des Kindes ausgeschlossen ist. Ferner bedürfen Eltern nach **§ 1643 I BGB** bei Rechtsgeschäften, bei denen ein Vormund nach **§§ 1821** und **1822 Nr. 1, 3, 5, 8 bis 11 BGB** der Genehmigung des Familiengerichts bedarf, ebenfalls einer solchen Genehmigung. Schließlich ist die Beschränkung des **§ 1643 II BGB** für die Ausschlagung einer Erbschaft oder eines Vermächtnisses sowie für den Verzicht auf einen Pflichtteil zu nennen.
Schließen die Eltern ohne Genehmigung des Vormundschaftsgerichts einen genehmigungsbedürftigen Vertrag, ist dieser bis zur Genehmigung durch das Vormundschafts-

gericht schwebend unwirksam, §§ 1643 III i.V.m. § 1829 I BGB. Zu beachten ist aber, dass wenn der Minderjährige volljährig geworden ist, auch er das Rechtsgeschäft genehmigen kann, §§ 1643 III BGB i.V.m. § 1829 III BGB. Allein das Volljährigwerden ist jedoch nicht ausreichend. Es ist zumindest eine konkludent erteilte Genehmigung erforderlich. Erfolgt *keine* wirksame Genehmigung, haften die Eltern als Vertreter ohne Vertretungsmacht.

Die gesetzliche Vertretungsmacht kann sich aber auch aus einem aufgrund Gesetzes erlassenen Akt der freiwilligen Gerichtsbarkeit ergeben (vgl. **§ 1793 BGB** für den **Vormund**, **§§ 1902, 1903 BGB** für den **Betreuer** und **§ 1909 BGB** für den **Pfleger**). Eine Entscheidung hierüber fällt das Vormundschaftsgericht.

691

b. Sonderfall des § 1357 BGB

Die aus der sog. **Schlüsselgewalt** entstandene Regelung des § 1357 I BGB bestimmt, dass jeder Ehegatte berechtigt ist, Geschäfte „zur angemessenen Deckung des Lebensbedarfs" der Familie **mit Wirkung auch für den anderen Ehegatten** zu besorgen. Durch solche Geschäfte werden *beide* Ehegatten berechtigt und verpflichtet, es sei denn, dass sich aus den Umständen etwas anderes ergibt.[462]

692

Ob es sich bei der Regelung des § 1357 BGB um einen Fall gesetzlicher Vertretungsmacht handelt oder – da ja auch der selbst handelnde Ehegatte verpflichtet wird und die der Stellvertretung eigentümliche Offenkundigkeit fehlt – ein familienrechtliches Institut eigener Art bzw. eine Rechtsmacht *sui generis* angenommen werden muss, ist unklar. Für die Rechtswirkungen des § 1357 BGB ist es aber unerheblich, ob für den Geschäftspartner erkennbar war, dass er mit einer verheirateten Person kontrahierte. Denn liegen die Voraussetzungen des § 1357 BGB vor, werden – wie gesehen – beide Ehegatten berechtigt und verpflichtet.

693

Die aus § 1357 BGB folgende Mitverpflichtung des anderen Ehepartners tritt – sofern sie nicht durch diesen gem. § 1357 II BGB ausgeschlossen wurde – unabhängig davon ein, ob dieser mit dem Geschäft einverstanden ist. Keine Rolle spielt es auch, wem die Haushaltsführung obliegt. Voraussetzung ist nur, dass ein Geschäft zur angemessenen Deckung des Lebensbedarfs vorliegt. Damit führt § 1357 BGB, der eigentlich die Eigenständigkeit der Haushaltsführung sichern soll, zu einem weit reichenden Gläubigerschutz. Denn dieser sieht sich kraft Gesetzes stets *zwei* Schuldnern gegenüber. Um daher den Regelungszweck des § 1357 I BGB zu wahren und die Folgen für den anderen Ehepartner überschaubar zu halten, ist die theoretische Reichweite des Tatbestandsmerkmals „angemessene Deckung des Lebensbedarfs" auf ein sinnvolles Maß zu beschränken.

694

Als **Geschäfte zur angemessenen Deckung des Lebensbedarfs der Familie** gelten daher nur solche, für deren Abschluss eine vorherige Abstimmung zwischen den Ehegatten gewöhnlich als nicht notwendig angesehen wird und über die in der Regel auch keine vorherige Abstimmung stattfindet.[463] Mithin handelt es sich um **Geschäfte, über die man gewöhnlich nicht spricht.**

695

> **Beispiele**[464]: Zu den Geschäften zur angemessenen Deckung des Lebensbedarfs der Familie können insbesondere gehören: Anschaffung von Lebensmitteln, von notwendigen Kleidungsstücken für die Familie und den haushaltsführenden Ehepartner selbst, Heizmaterial, Beleuchtungskörpern, Haushaltsgeräten (einschließlich hierauf bezogener

---

[462] Zur Verfassungsmäßigkeit des § 1357 BGB vgl. BVerfG NJW **1990**, 175 f.
[463] *Brudermüller*, in: Palandt, § 1357 Rn 10 ff.
[464] Vgl. OLG Düsseldorf NJW-RR **2001**, 1084; LG Stuttgart FamRZ **2001**, 1610; zu weiteren Nachweisen vgl. *Brudermüller*, in: Palandt, § 1357 Rn 13.

Reparaturaufträge) und Hausrat, insb. Einrichtungsgegenständen (nicht aber den gesamten Hausrat), Beauftragung von Handwerkern, Ersetzung von unbrauchbar Gewordenem, Abschluss eines Telefon- oder Energielieferungsvertrags etc.

Gegenbeispiele: Nicht von § 1357 I BGB umfasst ist insbesondere: Anmietung eines Hauses oder einer Wohnung, Aufnahme eines Darlehens zur Haus- oder Wohnungsfinanzierung, Anschaffung eines (größeren) Haustieres, Verkauf oder Verpachtung von Möbeln etc.

696 **Überschreitet** der handelnde Ehepartner die Grenzen des angemessenen Lebensbedarfs, wird der andere nicht durch § 1357 I BGB mitverpflichtet. In einem solchen Fall gelten die §§ 177, 179 BGB analog, sofern der handelnde Ehepartner den anderen mitverpflichten wollte. Ansonsten verpflichtet sich der handelnde Ehepartner gegenüber dem Geschäftspartner allein.

697 **Nicht** anwendbar ist § 1357 BGB auf den **minderjährigen** Ehepartner und auch nicht im Rahmen einer **nichtehelichen Lebensgemeinschaft**. Im Rahmen einer **eingetragenen Lebenspartnerschaft** nach dem LPartG ist § 1357 BGB (wie auch die §§ 1365 bis 1370 BGB) entsprechend anwendbar, **§ 8 II LPartG**.

698 Für die Mit**berechtigung** der Ehegatten, die ebenfalls nach § 1357 I S. 2 BGB eintritt, ist unklar, ob Gesamtgläubigerschaft nach § 428 BGB[465] oder Mitgläubigerschaft nach § 432 BGB[466] eintritt. Unterschiede ergeben sich hier insbesondere bei der Erfüllung: Nach **§ 428 BGB** tritt Erfüllung schon dann ein, wenn nur **an *einen* der Ehegatten** geleistet wurde. Bei **§ 432 BGB** müsste der Geschäftsgegner zur Erfüllung regelmäßig **an *beide* Ehegatten gemeinsam** leisten, es sei denn, dass der eine Ehegatte auch bei der Leistungsannahme für den anderen Ehegatten handeln kann, z.B. durch §§ 164 ff. BGB (wobei dann möglicherweise wiederum § 1357 I BGB greift).

699 Unklar ist schließlich, ob der nichthandelnde Ehegatte auch **dinglich berechtigt** wird, ob er also kraft Gesetzes bspw. Miteigentum (§ 1008 BGB) erwirbt. Teilweise[467] wird vertreten, dass der nicht handelnde Ehegatte über § 1357 I BGB auch dinglich mitberechtigt werde. Dagegen lehnt der BGH[468] die automatische Entstehung von Miteigentum bei § 1357 BGB ab. Er begründet seine Auffassung mit den Grundsätzen des Güterrechts. Nach § 1363 II BGB blieben die Gütermassen getrennt. Eine dingliche Beteiligung des einen Ehegatten am Vermögen des anderen fände innerhalb der Ehe also grundsätzlich nicht statt. Durch § 1357 BGB könne dann nur ein **obligatorischer** Anspruch auf Einräumung des Miteigentums gewährt werden.

Anders entscheidet der BGH aber beim **Hausrat**.[469] Hier kommt er über das Geschäft für den, den es angeht, zum Miteigentum, sofern die Voraussetzungen des § 1357 BGB vorliegen.

c. Die organschaftliche Vertretungsmacht

700 Einen Unterfall der gesetzlichen Vertretung bildet die **organschaftliche Vertretung**. Im Gegensatz zur gesetzlichen Vertretung handeln die Organe nicht *für*, sondern *anstatt* der juristischen Person. Denn diese ist zwar rechtsfähig, aber nicht handlungsfähig. Die juristischen Personen handeln *durch* ihre Organe.

---

[465] Dafür z.B. *Medicus*, BR, Rn 89; *Löhnig*, FamRZ **2001**, 135.
[466] Dafür z.B. *Brudermüller*, in: Palandt, § 1357 Rn 5.
[467] OLG Schleswig FamRZ **1989**, 88; LG Münster NJW-RR **1989**, 391; LG Aachen NJW-RR **1987**, 712, 713; *Brudermüller*, in: Palandt, § 1357 Rn 20; *Schwab*, FamR, Rn 176 f.
[468] BGHZ **114**, 74, 75 ff.
[469] Vgl. BGHZ **114**, 74, 79 f.

So bestimmt **§ 26 II S. 1 BGB**, dass der Vorstand den **Verein** gerichtlich und außergericht- 701
lich vertritt und dass er die Stellung eines gesetzlichen Vertreters hat. Aus dieser Formulierung folgt, dass der Vorstand nicht unmittelbar gesetzlicher Vertreter ist, sondern nur *wie*
ein gesetzlicher Vertreter behandelt wird. Weitere examensrelevante Fälle der organschaftlichen Vertretung sind in **§ 78 I AktG** (Vorstand für die AG) und **§ 35 I GmbHG** (Geschäftsführer für die GmbH) geregelt.

2. Durch Rechtsgeschäft erteilte Vertretungsmacht (Vollmacht)

Die durch Rechtsgeschäft begründete Vertretungsmacht heißt Vollmacht (§ 166 II S. 1 702
BGB). Sie berechtigt den Bevollmächtigten, Rechtsgeschäfte mit Wirkung für und gegen den Vertretenen zu besorgen.

a. Erteilung der Vollmacht

aa. Allgemeines

Die Vollmacht muss erteilt werden. Gemäß § 167 I BGB stellt die Erteilung der Voll- 703
macht eine **einseitige, empfangs-, aber nicht annahmebedürftige Willenserklärung** dar (sog. Bevollmächtigung). Das bedeutet zum einen, dass sämtliche Vorschriften über Willenserklärungen auch für die Vollmachtserteilung Anwendung finden,
zum anderen aber auch, dass die Vollmacht ohne oder gegen den Willen des Bevollmächtigten erteilt werden kann. Dies kann zu Folgendem führen: Gibt der Bevollmächtigte nicht ausdrücklich zu erkennen, dass er für sich selbst handelt, ergibt jedoch aus
den Umständen für den Geschäftsgegner, dass der Handelnde für den Bevollmächti-
genden tätig wird, wird der wirksam Vertretene selbst dann Vertragspartner, wenn der
Bevollmächtigte eigentlich für sich handeln wollte (Umkehrschluss aus § 164 II BGB).

Handelt der Vertreter **ohne Vollmacht**, ist das Rechtsgeschäft schwebend unwirksam. 704
Das Schicksal des Rechtsgeschäfts hängt dann von der Genehmigung ab, §§ 177 ff.
BGB (vgl. Rn 881 ff.).

Unterfälle der Vollmacht sind die **Prokura** (§§ 48 ff. HGB) und die **Handlungs-** 705
vollmacht (§§ 54 ff. HGB). Bei diesen Vorschriften ist zu beachten, dass sie nur den
Umfang der Vertretungsmacht regeln, *nicht* deren Bestand. Es handelt sich also gerade **nicht** um Fälle einer *gesetzlichen* Vertretungsmacht, sondern um eine gesetzlich
geregelte Vollmacht. Der Bestand einer solchen handelsrechtlichen Vertretungsmacht
bemisst sich vielmehr nach den allgemeinen Vorschriften der §§ 164 ff. BGB. Vgl. ausführlich Rn 748 ff.

bb. Innen- und Außenvollmacht

Die Vollmacht kann zunächst als sog. **Innenvollmacht** erteilt werden. Darunter ver- 706
steht das Gesetz die Erteilung der Vollmacht gegenüber dem Bevollmächtigten, **§ 167
I Var. 1 BGB**.

> **Beispiel:** A möchte sein Auto verkaufen. Er hat auch schon einen Interessenten gefun-
> den, den B. Da er jedoch dringend eine Geschäftsreise antreten muss, bittet er den V,
> den Wagen in seinem Namen an B zu verkaufen.

Bei der Innenvollmacht steht es dem Geschäftsherrn frei, dem potentiellen Geschäfts- 707
partner oder Dritten die erteilte Vollmacht anzuzeigen. Zeigt er sie an, spricht man von
„nach außen kund getaner Innenvollmacht", **§ 171 BGB**.

> **Beispiel:** A des obigen Beispiels ruft kurz vor der Abreise noch schnell bei B an und teilt
> diesem mit, er habe den V bevollmächtigt, den Wagen zu verkaufen.

708   Einen Sonderfall der nach außen kundgetanen Innenvollmacht stellt die **Vollmachts-urkunde** nach § 172 BGB dar. Diese soll dem Geschäftspartner die Sicherheit geben, dass die Vollmacht wirklich besteht. Letztlich geht es um Vertrauensschutz.[470]

> **Beispiel:** A des obigen Beispiels händigt dem V ein Schriftstück aus mit dem Inhalt, dass er diesen bevollmächtige, den Wagen zu verkaufen. Bei B angekommen, zeigt V diesem das Schriftstück.

709   Schließlich ist auch möglich, die Vollmacht *nur* gegenüber dem potentiellen Geschäfts-partner oder Dritten zu erklären, sog. **Außenvollmacht, § 167 I Var. 2 BGB**.

> **Beispiel:** A des obigen Beispiels bevollmächtigt nicht V, sondern ruft lediglich bei B an und teilt diesem mit, er habe den V bevollmächtigt, den Wagen zu verkaufen.

710

> **Hinweis für die Fallbearbeitung:** Obwohl sich die nach außen kundgetane Innen-vollmacht und die Außenvollmacht einander ähnlich sind und auch leicht verwechselt werden können, sind sie doch strikt voneinander zu trennen. Denn während es sich bei der **Mitteilung der Innenvollmacht** lediglich um eine (deklaratorische) ge-schäftsähnliche Handlung, eine **Wissenserklärung**, handelt, stellt die Außenvoll-macht eine echte **Willenserklärung** dar. Die Unterscheidung erlangt insbesondere dann an Bedeutung, wenn der Vollmachtgeber **anfechten** möchte. Da nach h.M. nur <u>Willen</u>serklärungen, nicht jedoch <u>Wissen</u>serklärungen angefochten werden können, ist dementsprechend nur die Außenvollmacht, nicht auch die Mitteilung der Innen-vollmacht anfechtbar. Vgl. dazu Rn 793 ff.

cc. Form der Vollmachtserteilung

711   Die Erteilung der Vollmacht ist gem. **§ 167 II BGB** grundsätzlich **formlos** möglich. Daher kann sie in der Regel entweder **ausdrücklich** oder auch **konkludent** erteilt werden (vgl. aber § 48 I HGB, der für die Erteilung der Prokura eine ausdrückliche Er-klärung verlangt). Eine **konkludente** Bevollmächtigung ist insbesondere dann anzu-nehmen, wenn Aufgaben übertragen werden, deren ordnungsgemäße Erfüllung eine bestimmte Vollmacht erfordert.[471]

> Dies ist zum **Beispiel** bei Baubetreuern, Architekten, Verkäufern, Fernfahrern (Tanken, kleineren Reparaturen etc.) der Fall.

712   Ausnahmsweise ist die Vollmachtserteilung jedoch **formbedürftig**. Das ist jedenfalls dann der Fall, wenn die Parteien eine besondere Form **vereinbaren** oder wenn das **Gesetz** eine besondere Form vorschreibt.

> **Beispiel:** Die Bevollmächtigung, eine **Erbausschlagung** vorzunehmen, muss beglau-bigt werden (§ 1945 III BGB). Gleiches gilt für die Bevollmächtigung zur **Ablehnung der fortgesetzten Gütergemeinschaft** (§ 1484 II BGB). Die Bevollmächtigung zur Ausübung des **Stimmrechts** bei einer Aktiengesellschaft bedarf der Schriftform (§ 134 III AktG). Die Bevollmächtigung zur Unterzeichnung des **Gesellschaftsvertrags** einer GmbH bedarf der notariellen Errichtung oder Beglaubigung (vgl. § 2 II GmbHG).

713   Darüber hinaus wurde bereits im Rahmen der Abgrenzung zur Botenschaft bei Rn 630 ff. erläutert, dass – zumindest nach Auffassung des BGH – die Bevollmächtigung aus-nahmsweise in der für das Vertretergeschäft vorgeschriebenen Form erteilt werden muss, wenn die formfreie Bevollmächtigung im Ergebnis **zu einer Umgehung des** (dem Schutz des Vollmachtgebers dienenden) **Formzwangs** führen würde.

---

[470] Zur Vollmachtsurkunde vgl. BGHZ **102**, 60, 63; BGH NJW **2002**, 2325, 2326; NJW **2003**, 2088; OLG Karls-ruhe ZIP **2003**, 109, 113.
[471] *Heinrichs*, in: Palandt, § 167 Rn 1.

Beispiele: Die Vollmachtserteilung zu einem **Grundstückskaufvertrag** ist nach Auffassung des BGH trotz des entgegenstehenden eindeutigen Wortlauts des § 167 II BGB in derselben Weise formbedürftig (notarielle Beurkundung, § 311b I BGB) wie der Grundstückskaufvertrag selbst.[472] In diesem Sinne hat der BGH auch entgegen § 167 II BGB hinsichtlich der Bevollmächtigung zur Abgabe einer **Bürgschaftserklärung** (Schriftform, § 766 S. 1 BGB) entschieden.[473] Dies ist in der Sache sicherlich richtig, allerdings ist auch der BGH nicht befugt, sich über bestehende gesetzliche Regelungen hinwegzusetzen. Letztlich führt die Auffassung des BGH dazu, dass dem § 167 II BGB praktisch kein Anwendungsbereich verbleibt und der dort statuierte Grundsatz selbst zur Ausnahme wird. Nicht nachvollziehbar ist es jedenfalls, wenn der BGH hinsichtlich der Bevollmächtigung zur Abgabe einer Bürgschaftserklärung Schriftform verlangt, er es für die (widerruflich) erteilte Vollmacht zum Abschluss eines **Ehevertrags** (vgl. § 1410 BGB) aber genügen lässt, wenn diese mündlich erteilt wurde.[474]

dd. Abstraktheit der Bevollmächtigung

Die Erteilung einer Vollmacht erfolgt i.d.R. nicht losgelöst von einem Grundgeschäft, das der Bevollmächtigte tätigen soll. So liegen bspw. der Bevollmächtigung zum Autokauf zumeist ein **Auftrag** (§ 662 BGB) oder eine entgeltliche **Geschäftsbesorgung** (§ 675 BGB) zugrunde. Als Grundgeschäft kommt aber auch ein **Dienstvertrag** (§ 611 BGB) in Betracht. **714**

Rechtlich ist die Vollmacht von dem Rechtsgeschäft, das ihr zugrunde liegt (sog. Grundverhältnis), zu unterscheiden. Denn aus dem Grundverhältnis ergeben sich die Rechte und Pflichten im Innenverhältnis für Vertreter und Vertretenen, wohingegen die Vollmacht in erster Linie im Außenverhältnis zwischen dem Vertreter und dem Geschäftspartner wirkt. **715**

> **Beispiel:** A beauftragt den V, bei B 100 Mobiltelefone zu kaufen. Hinsichtlich des Modells und des Preises lässt er ihm freie Hand.
>
> Hier liegt in Ermangelung entgegenstehender Informationen im **Grundverhältnis** ein **Auftrag** vor (§ 662 BGB). Dieser Vertrag verpflichtet den V, das Geschäft unentgeltlich für A zu besorgen. Sollte V die Mobiltelefone bei B körperlich entgegennehmen, verpflichtet ihn § 667 BGB, diese an A herauszugeben.
>
> Im **Außenverhältnis** kauft V bei B die Telefone im Namen des A. Es liegt eine **Vollmacht** vor, die ein Zustandekommen eines Kaufvertrags zwischen A und B bewirkt.

Wie aus dem Beispiel hervorgeht, ist die **Vollmachtserteilung** (= Bevollmächtigung) ein **selbstständiges Rechtsgeschäft**. Das wirft die Frage auf, ob Fehler im Grundgeschäft Auswirkungen auf die Wirksamkeit der Vollmacht ausüben. **716**

Im Grundsatz gilt, dass die Vollmacht **abstrakt**, d.h. **unabhängig** ist. Die wirksam erteilte Vollmacht bleibt danach z.B. auch dann bestehen, wenn das Grundgeschäft (etwa wegen Minderjährigkeit) nichtig ist. Das gilt jedenfalls für die **Außenvollmacht** und die nach **außen kund getane Innenvollmacht**, weil in diesen Fällen die isolierte Wirksamkeit zum Schutz des Geschäftspartners sachgerecht erscheint.[475] Strittig ist hingegen die Rechtslage bei der **reinen Innenvollmacht**. **717**

- Teilweise wird sie **nicht für abstrakt** gehalten. Der Zweck des Abstraktionsgrundsatzes, der Verkehrsschutz, greife bei der reinen Innenvollmacht nicht, weil der Rechtsverkehr mangels eines verkehrsbezogenen Kundgebungsaktes nicht schutzwürdig sei.

---

[472] BGHZ **125**, 218, 219.
[473] BGH NJW **1996**, 1467, 1469.
[474] BGH NJW **1998**, 1857, 1858; dazu *Kanzleiter*, NJW **1999**, 1612 ff.
[475] Ganz h.M.; anders wohl nur *Medicus*, AT, § 949.

Wenn nur der Bevollmächtigte von der Vollmacht wisse, sei es folgerichtig, Mängel des Grundverhältnisses, die bei der Bevollmächtigung fortwirken, für beachtlich zu halten.[476]

- Nach der Gegenansicht dient die Abstraktheit der Vollmacht nicht nur dem Rechtsverkehr, sondern schützt auch den Bevollmächtigten vor einer Inanspruchnahme aus § 179 BGB. Da der Bevollmächtigte häufig keine Kenntnis von der Unwirksamkeit des Grundgeschäfts habe, müsse zu seinem Schutz auch die reine Innenvollmacht grundsätzlich **abstrakt** sein.[477]

718 Fraglich ist schließlich, ob Bevollmächtigung und Grundverhältnis zu einem einheitlichen Geschäft i.S.d. **§ 139 BGB** verbunden sein können. Folge wäre, dass bei Nichtigkeit des Grundverhältnisses im Zweifel auch die Vollmacht nichtig wäre.

> **Beispiel:** Der in die Jahre gekommene Juraprofessor P hatte gehofft, auch noch die letzten beiden Jahre seines Berufslebens ohne PC auskommen zu können. Stets hatte er dem Verlag, über den er sein Lehrbuch veröffentlicht, hand- und teilweise auch maschinengeschriebene Manuskripte zugeschickt. Nun aber verlangt der Verlag Word-Dateien. Da solche Dateien jedoch nur mit einem Computer erstellt werden können und P keine Ahnung hat, welches Gerät zweckdienlich ist, „beauftragt" er den 17-jährigen M aus der Nachbarschaft, ihm einen adäquaten Computer zu kaufen. Die Eltern des M sind damit überhaupt nicht einverstanden, da sie befürchten, M könnte sich irgendwie haftbar machen. Immerhin lehrt P an der Uni Haftungsrecht. M erwirbt dennoch im Namen des P einen Computer. Ist ein wirksamer Kaufvertrag zustande gekommen?
>
> Ein wirksamer Kaufvertrag setzt zwei übereinstimmende, mit Bezug aufeinander abgegebene Willenserklärungen, Angebot und Annahme, voraus.
>
> P hat selbst keine entsprechende Willenserklärung gegenüber dem Computerverkäufer abgegeben. Eine solche hat aber M abgegeben. Diese ist dem P gem. § 164 BGB zuzurechnen, wenn die Voraussetzungen einer Stellvertretung vorliegen.
>
> M hat eine eigene Willenserklärung abgegeben, da er gerade selbst über Typ und Modell entscheiden sollte. M hat zudem im Namen des P gehandelt. Auch eine Vollmacht wurde ihm ausdrücklich von P erteilt. Dieser Vollmachtserteilung steht auch nicht die Minderjährigkeit des M entgegen (vgl. § 131 II BGB): Zum einen ist die Vollmachtserteilung ein einseitiges Rechtsgeschäft, das keine eine Willenserklärung darstellende Annahmeerklärung des Bevollmächtigten und daher auch keine Zustimmung seines gesetzlichen Vertreters erfordert. Zum anderen stellt § 165 BGB klar, dass auch ein Minderjähriger Vertreter sein kann, weil der Stellvertreter aus dem Vertretergeschäft selbst nicht unmittelbar verpflichtet wird, es für ihn ein rechtlich neutraler Vorgang ist. Mithin ist die Vollmacht des M wirksam.
>
> Allerdings ist das der Vollmacht zugrunde liegende Rechtsgeschäft - ein Auftrag gemäß § 662 BGB - unwirksam, da es sich insoweit um ein mehrseitiges Rechtsgeschäft handelt, dessen Zustandekommen eine Willenserklärung des M erfordert. Der Auftrag ist für M nicht lediglich rechtlich vorteilhaft, da er bestimmte Pflichten begründet (Rn 715). Die Eltern des M als gesetzliche Vertreter (§§ 1626, 1629 BGB) haben nicht zugestimmt, §§ 107, 108 BGB.
>
> M hat daher nur dann wirksam eine Willenserklärung für P abgegeben, wenn die Vollmacht trotz nichtigen Grundgeschäfts wirksam war. Nach einem Teil der Literatur[478] sowie nach der Rspr.[479] ist auch für diese Fälle § 139 BGB anwendbar mit der Folge, dass im Zweifel auch die Vollmacht nichtig ist. Nach der Gegenansicht[480] ist die Anwendung des § 139 BGB auf das Verhältnis zwischen Vollmacht und Grundgeschäft mit dem

---

[476] *Petersen*, Jura **2004**, 829, 832.
[477] *Hellgardt/Majer*, WM **2004**, 2380, 2383.
[478] *Edelmann*, DB **2001**, 687, 688; *Ganter*, WM **2001**, 195.
[479] BGHZ **110**, 363, 369; **102**, 60, 62; BGH WM **1964**, 182, 183; WM **1970**, 1294, 1295; NJW **1980**, 41, 43; WM **1985**, 596, 597; NJW **1992**, 1662, 1664.
[480] *Rüthers/Stadler*, AT, § 30 Rn 16; *Schramm*, in: MüKo, § 164 Rn 97.

Abstraktionsgrundsatz nicht zu vereinbaren. Zum Schutz des Geschäftspartners, für den grundsätzlich nur das Außenverhältnis zwischen ihm und dem Vertretenen maßgeblich sei, müsse insoweit Zurückhaltung geübt werden. Dem ist jedenfalls dann zuzustimmen, wenn der Vertreter minderjährig ist und durch die Anwendung des § 139 BGB keinen Nachteil erfährt.

M ist minderjährig. Auch würde er durch die Anwendung des § 139 BGB keinen Nachteil erfahren, weil die Eltern nicht zugestimmt haben und er daher wegen § 179 III S. 2 BGB nicht haften würde. Aus Gründen des Verkehrsschutzes ist es daher angebracht, einen wirksamen Kaufvertrag zwischen P und dem PC-Händler zu bejahen.

Somit hat M mit wirksamer – isolierter – Vollmacht den Kaufvertrag mit Wirkung für und gegen P abgeschlossen.

Zur Frage, wie sich das **Erlöschen des Grundgeschäfts** auf die Vollmacht auswirkt, vgl. Rn 776 ff.

718a

ee. Umfang und Arten der Vollmacht

a.) Arten der Vollmacht

Nach **Umfang und Art der Vollmacht** unterscheidet man zwischen der Spezial-, Gattungs- und Generalvollmacht.

719

- Durch die **Spezialvollmacht** wird der Bevollmächtigte (nur) zur Vornahme eines *bestimmten Rechtsgeschäfts* ermächtigt.

  Beispiel: Da P des obigen Beispiels den M ausschließlich beauftragt hat, für ihn einen Computer zu kaufen, besitzt M nur eine Spezialvollmacht bezüglich des Kaufs eines Computers. Würde M darüber hinaus einen Drucker, Scanner etc. kaufen, handelte er diesbezüglich ohne Vertretungsmacht.

720

- Die **Gattungsvollmacht** gilt für eine *bestimmte Art* von Rechtsgeschäften, z.B. wiederkehrende Geschäfte oder Geschäfte innerhalb eines bestimmten Tätigkeitsbereichs.

  Beispiele: Ein wiederkehrendes Geschäft ist z.B. bei einer Bank- oder Inkassovollmacht anzunehmen. Als Geschäfte innerhalb eines bestimmten Tätigkeitsbereichs seien Geschäfte der Hausverwalter, Einkäufer in einer bestimmten Abteilung eines Warenhauses, Kellner, Kassierer etc. genannt.

721

- Die **Generalvollmacht** berechtigt zur Vornahme *aller* Rechtsgeschäfte, bei denen eine Vertretung zulässig ist.

  Beispiel: Die 86-jährige O ist dem Alltagsstress nicht mehr gewachsen. Daher bittet sie ihren Sohn, den gesamten Rechtsverkehr für sie zu erledigen.

722

  Da die Generalvollmacht sehr weit reicht, ist im Wege der Auslegung (§§ 133, 157 BGB) zu ermitteln, ob nicht doch eine gewisse Beschränkung vorliegt.[481] So sind völlig außergewöhnliche Rechtsgeschäfte und Rechtsgeschäfte, die den Vertretenen erkennbar und eindeutig schädigen, in der Regel nicht mehr von der Vollmacht gedeckt.[482] In der Bestimmung, dass der Generalbevollmächtigte die Interessen des Vollmachtgebers zu wahren hat, ist aber keine Beschränkung der Vollmacht zu sehen.[483]

---

[481] OLG Zweibrücken NJW-RR **1990**, 931.
[482] *Joussen*, WM **1994**, 273, 276; *Heinrichs*, in: Palandt, § 167 Rn 7.
[483] *Heinrichs*, in: Palandt, § 167 Rn 7.

723 In bestimmten Fällen hat der **Gesetzgeber** den Umfang der Vollmacht im Interesse des Verkehrsschutzes festgelegt.

> **Beispiele:**
> **(1)** Der **Prokurist** ist gem. § 49 HGB zu allen gerichtlichen und außergerichtlichen Geschäften und Rechtshandlungen befugt, die der Betrieb eines Handelsgewerbes mit sich bringt. Eine Beschränkung seiner Vertretungsmacht gegenüber Dritten ist unwirksam, § 50 HGB[484], während abweichende Vereinbarungen im Innenverhältnis selbstverständlich möglich sind. Diese haben bei Verstoß gegen diese Abrede lediglich eine Schadensersatzpflicht des gegen die Anweisung handelnden Prokuristen wegen Verletzung der Vertragspflichten zur Folge (aus § 280 I BGB, sofern keine Spezialnorm greift), nicht aber die Unwirksamkeit des Rechtsgeschäfts, das der Prokurist gegenüber Dritten tätigt. Vgl. dazu Rn 748 ff.
>
> **(2)** Bei sonstigen **Handelsgeschäften** ist der Umfang der Vollmacht insbesondere in den §§ 54, 55 HGB geregelt. Vgl. hierzu Rn 764 ff. und 775 ff.

b.) Bestimmung der Reichweite der Vollmacht durch Auslegung

724 Bereits bei der Generalvollmacht wurde gesagt, dass im Zweifel eine Bestimmung der Reichweite der Vollmacht durch Auslegung nach Treu und Glauben und unter Berücksichtigung der Verkehrssitte (§§ 133, 157 BGB) erforderlich werden kann. Entscheidend ist dabei der **objektive Empfängerhorizont**. Bei einer Außenvollmacht kommt es somit darauf an, wie ein unbefangener Dritter in der Position des (künftigen) Geschäftspartners die Erklärung des Vollmachtgebers unter Einbeziehung sämtlicher - ihm bekannter - Umstände verstehen durfte. Bei der Innenvollmacht ist entsprechend auf die objektivierte Sicht des Bevollmächtigten abzustellen. Bei der Auslegung kann hier auch das Grundverhältnis, insbesondere sein Zweck, einbezogen werden. Ist demnach eine Vollmacht anzunehmen, kann sich der Geschäftsherr der Bindung nicht mit der Begründung entziehen, er habe den Handelnden nicht bevollmächtigen wollen. In Betracht kommt aber eine **Anfechtung** der objektiv gegebenen Vollmachtserteilung, vgl. dazu Rn 793 ff.

725 Fraglich ist, welche Auswirkungen Weisungen bzw. Beschränkungen innerhalb des Grundverhältnisses auf den Umfang der Vollmacht im Außenverhältnis haben.

726 ▪ Denkbar ist zunächst die Annahme, dass wenn der Vertreter gegen die Vorgaben des Geschäftsherrn verstößt, sein Handeln nicht von der Vertretungsmacht gedeckt ist. In diesem Fall handelt er als Vertreter ohne Vertretungsmacht. Durch das weisungswidrig abgeschlossene Geschäft wird der Vertretene weder berechtigt noch verpflichtet.

727 ▪ Möglich ist aber die Annahme, dass Weisungen im Innenverhältnis den Umfang der Vollmacht unberührt lassen. In diesem Fall reicht die Vollmacht im Außenverhältnis, das rechtliche Können, weiter als das aus dem Innenverhältnis folgende rechtliche Dürfen. Durch die Weisung wird der Vertreter nur im Innenverhältnis gegenüber dem Vertretenen verpflichtet, weisungsgemäß zu handeln, d.h. von der Vollmacht nur im bestimmten Umfang Gebrauch zu machen. Die Vollmacht selbst ist im Außenverhältnis unbegrenzt. Schließt der Vertreter in einem solchen Fall weisungswidrig ein Geschäft ab, handelt er trotzdem nach außen mit Vertretungsmacht, das Geschäft wirkt für und gegen den Vertretenen. Er ist jedoch im Innenverhältnis gegenüber dem Vertretenen wegen Verletzung der Vertragspflichten schadensersatzpflichtig (aus § 280 I BGB, sofern keine Spezialnorm greift).

---

[484] Vgl. auch § 37 II GmbH, wonach Beschränkungen der Vertretungsbefugnis des Geschäftsführers gegenüber Dritten keine rechtliche Wirkung haben.

Ob im Einzelfall durch die internen Weisungen die Vollmacht begrenzt wird oder ob lediglich bei unbeschränkter Vollmacht im Außenverhältnis eine schuldrechtliche Pflicht des Bevollmächtigten im Innenverhältnis begründet wird, muss durch Auslegung ermittelt werden. **728**

Beispiel: Gastronom G bittet den V, für ihn seinen Imbisswagen zu verkaufen. Allerdings soll V möglichst einen Preis von wenigstens 2.500,- € erzielen. Schon nach einer Woche findet V einen Käufer und veräußert den Wagen im Namen des G zu einem Preis von 2.000,- € an den K. Ist G zur Übereignung des Wagens verpflichtet? **729**

Variante: Wie im Ausgangsfall, nur diesmal trägt G dem V auf, dieser dürfe den Imbisswagen keinesfalls unter 2.500,- € verkaufen.

Im Ausgangsfall ist G zur Übereignung des Imbisswagens verpflichtet, wenn zwischen ihm und K ein wirksamer Kaufvertrag geschlossen wurde, § 433 I BGB. Ein Kaufvertrag setzt zwei übereinstimmende, mit Bezug aufeinander abgegebene Willenserklärungen, Angebot und Annahme, voraus. G hat selbst keine diesbezügliche Willenserklärung abgegeben. Eine solche hat aber V abgegeben. Diese könnte dem G gem. § 164 BGB zuzurechnen sein.
Die Vertretung ist für dieses (nicht höchstpersönliche) Geschäft zulässig. Auch hat V, da er mit Entscheidungsspielraum gehandelt hat, eine eigene Willenserklärung im Namen des G abgegeben. Fraglich ist allein, ob V Vertretungsmacht besessen hat.
In Betracht kommt die Erteilung einer Vollmacht in Form der Innenvollmacht, § 167 I Var. 1 BGB. Einer solchen Annahme könnte aber die Weisung entgegenstehen, V solle möglichst einen Preis von wenigstens 2.500,- € erzielen.
Der Umfang einer Vertretungsmacht ist im Zweifel durch Auslegung (§§ 133, 157 BGB) zu ermitteln und bestimmt sich nach dem Inhalt der Bevollmächtigung. Bei der Innenvollmacht kann außerdem das Grundverhältnis mitberücksichtigt werden.
V hatte den Auftrag, den Imbisswagen zu verkaufen. Allerdings wurde ihm gleichzeitig die Einschränkung gemacht, er solle möglichst einen Kaufpreis von 2.500,- € erzielen. Hier deutet das Modalverb „soll" darauf hin, dass V gegebenenfalls auch nach unten hin abweichen darf, wenn sich der gewünschte Preis nicht realisieren lässt. Daher ist davon auszugehen, dass die Vollmacht von dieser Vorgabe nicht berührt sein sollte. V musste sich lediglich bemühen, einen bestimmten Kaufpreis auszuhandeln. Zwingend war dies für ihn nicht.
Aufgrund der damit anzunehmenden unbegrenzten (Spezial-)Vollmacht wirkt die Erklärung des V für und gegen G. Dieser hat daher einen Kaufvertrag mit K geschlossen, der ihn verpflichtet, den Imbisswagen an K zu übereignen.
Denkbar ist damit lediglich noch ein Schadensersatzanspruch des G gegen den V aus § 280 I BGB wegen schuldhafter Verletzung der Pflichten aus dem Auftragsverhältnis. Dazu müsste er allerdings nachweisen, dass er den Imbisswagen auch zu einem besseren Preis hätte veräußern können. Während ihm dieser Nachweis noch gelingen könnte, ist ein Verschulden des V wohl zu verneinen.

Auch in der **Variante** ist bei der Auslegung der Bevollmächtigung das Grundverhältnis zu berücksichtigen. Anders als im Ausgangsfall hatte V hier die strikte Vorgabe, den Imbisswagen nicht unter 2.500,- € zu verkaufen. Daher ist anzunehmen, dass die Vollmacht insoweit begrenzt war und nur einen Verkauf des Wagens für mindestens 2.500,- € erfassen sollte. Der Verkauf für 2.000,- € war damit nicht von der Vollmacht gedeckt. V handelte diesbezüglich ohne Vertretungsmacht. G wird aus diesem Geschäft daher weder berechtigt noch verpflichtet. Es ist kein Kaufvertrag zwischen G und K zustande gekommen, der G verpflichten würde, den Imbisswagen (für 2.000,- €) an K zu übereignen.
Für V ergeben sich die Rechtsfolgen aus §§ 177 ff. BGB. Er haftet dem K gem. § 179 I BGB auf Schadensersatz, sofern G nicht das Geschäft genehmigt.

c.) Untervollmacht

730 Erteilt der Geschäftsherr einer Person eine Vollmacht, wird diese Vollmacht als **Hauptvollmacht** bezeichnet. Das ist der bisher behandelte Normalfall. Es ist aber auch denkbar, dass der Hauptbevollmächtigte die Vollmacht an eine weitere Person „weiterleitet", diese also ermächtigt, den Geschäftsherrn zu vertreten. Diese weitere Vollmacht wird als **Untervollmacht** bezeichnet.

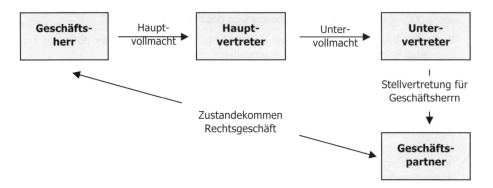

aa.) Zulässigkeit der Unterbevollmächtigung; Umfang der Vertretungsmacht

731 Ob der Hauptvertreter einem Dritten Untervollmacht erteilen darf, ist eine **Auslegungsfrage** (§§ 133, 157 BGB)[485] und wird – ohne ausdrückliche Regelung – regelmäßig anzunehmen sein, wenn der Geschäftsherr kein erkennbares Interesse an der persönlichen Wahrnehmung der Vertretungsmacht durch den (Haupt-)Bevollmächtigten hat.[486] Dieser bevollmächtigt dann den Untervertreter im Namen des Vertretenen.

732 Die wirksame **Untervertretung** setzt sowohl eine *wirksame Vertretungsmacht des Hauptvertreters* (Hauptvollmacht) als auch eine *wirksame Untervollmacht* voraus.

733 Indiz für die Zulässigkeit der Unterbevollmächtigung kann neben dem persönlichen Interesse des Geschäftsherrn auch der Umfang der Hauptbevollmächtigung sein.

So kann zum **Beispiel** ein **Generalbevollmächtigter** regelmäßig Unterbevollmächtigte bestellen. Auch die **gesetzliche Vertretungsmacht** deckt i.d.R. die Erteilung einer Untervollmacht, sofern nicht gesetzliche Bestimmungen entgegenstehen. Ebenso deckt die **organschaftliche Vertretung** grundsätzlich die Erteilung weiterer Vollmachten, jedoch nicht die Erteilung der Generalvollmacht an ein Nichtorgan.[487]

734 Beruht die Hauptvollmacht aber auf einem ganz besonderen Vertrauen des Vollmachtgebers, **schließt** dieser Umstand die Erteilung einer Untervollmacht regelmäßig **aus**.[488]

So kann zum **Beispiel** ein Rechtsanwalt, der Vollmacht zum Geldempfang hat, hierfür keine Untervollmacht an eine nicht bei ihm angestellte Person erteilen.[489]

735 Fehlen eine *wirksame Vertretungsmacht des Hauptvertreters* (Hauptvollmacht) oder eine *wirksame Untervollmacht*, handelt der Untervertreter als Vertreter ohne Vertretungsmacht. Im Übrigen gelten für die Wirksamkeit der Untervertretung dieselben Kri-

[485] OLG Frankfurt VersR **1976**, 172, 173.
[486] BGH WM **1959**, 377; OLG Frankfurt VersR **1976**, 172, 173.
[487] Vgl. zu den Beispielen *Leptien*, in: Soergel, § 167 Rn 56; *Schramm*, in: MüKo, § 167 Rn 77.
[488] OLG Frankfurt VersR **1976**, 172, 173.
[489] OLG Düsseldorf WM **1974**, 616.

terien wie für die „normale" Vertretung. So muss der **Untervertreter eine eigene Willenserklärung im Namen des Vertretenen abgeben**. Für die Wirksamkeit der Untervertretung ist es aber nicht erforderlich, dass er die Untervertretung offenlegt.[490]

Liegen die Voraussetzungen der Untervertretung jedoch vor, treffen die Wirkungen des Rechtsgeschäfts unmittelbar den Vertretenen, nicht den Hauptvertreter.

> **Beispiel:** Metzgermeister M beauftragt und bevollmächtigt seinen Gesellen G, Wurstdärme zu besorgen. G erteilt daraufhin dem Auszubildenden A den Auftrag, das Material für M zu erwerben.
>
> Hier besitzt jedenfalls G eine von M erteilte Hauptvollmacht. Sofern man davon ausgeht, dass G nicht den Kauf von Wurstdärmen höchstpersönlich tätigen muss (etwa weil er im Vergleich zu A eine besondere Sachkunde besitzt), könnte G seinerseits dem A Untervollmacht einräumen (völlig unproblematisch wäre im Übrigen eine reine Botenschaft des A). Kauft A dann Wurstdärme, kommt der Kaufvertrag unmittelbar mit Wirkung für und gegen M zustande. Entscheidend ist nur, dass A zum Ausdruck bringt, dass er für M handelt. Er muss nicht erwähnen, dass er selbst (nur) Untervertreter ist.

736

Zusammenfassung: Damit die Rechtsfolgen des Geschäfts, das der **Untervertreter** tätigt, den Geschäftsherrn treffen, ist es erforderlich, dass im Zeitpunkt des Untervertretergeschäfts

- eine wirksame Hauptvollmacht vorlag, die den Hauptvertreter ermächtigte, im Namen des Geschäftsherrn eine Untervollmacht zu erteilen,
- der Hauptvertreter **im Namen des Geschäftsherrn** eine Untervollmacht erteilt hat und dass
- der Unterbevollmächtigte die Willenserklärung **im Namen des Geschäftsherrn** abgab, also offenlegte, für den Geschäftsherrn zu handeln.

Nicht erforderlich ist es, dass der Untervertreter seine Stellung als Unterbevollmächtigter offenlegt.

737

---

bb.) Sonderfall „Vertreter des Vertreters"

Daneben wird teilweise auch als Fall der Untervertretung anerkannt, wenn der Hauptvertreter den Untervertreter **im eigenen Namen bevollmächtigt**, für **ihn** tätig zu werden. Der Unterbevollmächtigte handelt dann im Namen des Hauptvertreters, vertritt diesen also in seiner Eigenschaft als Vertreter des Hauptvollmachtgebers. Er ist sozusagen „**Vertreter des Vertreters**". Die Rechtsfolgen des Handelns des Untervertreters treffen „gleichsam durch den Hauptvertreter hindurch" den Hauptvertretenen.[491] Dann würden allerdings die Wirkungen des Geschäfts – wenn auch nur für eine juristische Sekunde – zunächst den Hauptvertreter selbst treffen.

Relevanz hat diese Konstruktion vor allem für den Fall der **fehlenden Hauptvollmacht**. Denn handelt der Hauptvertreter ohne Vertretungsmacht, entfällt nach Auffassung des BGH für den Untervertreter die Einstandspflicht nach § 179 BGB. Dieser hafte nur, wenn die Untervollmacht nicht bestand.[492] Im Übrigen müsse sich der Geschäftspartner an den Hauptvertreter wenden.

Die Literatur lehnt die Konstruktion des „Vertreters des Vertreters" ab und belässt es dabei, dass die Folgen des Geschäfts – soweit der Untervertreter im Namen des Hauptvertreters handelt – allein und direkt in der Person des Hauptvertreters eintreten. Legt der Untervertreter seine Stellung als Untervertreter (also die Mehrstufigkeit der Vertretung) offen, so soll im Fall der fehlenden Hauptvollmacht nur der Hauptvertreter nach

738

---

[490] *Schramm*, in: MüKo, § 167 Rn 71.
[491] BGHZ **32**, 250, 254; *Rüthers/Stadler*, AT, § 30 Rn 26.
[492] BGHZ **32**, 250, 254 f.; **68**, 391, 394 ff.

§ 179 BGB haften, da der Untervertreter bei fehlender Kenntnis von diesem Mangel selbst schutzwürdig sei. Habe der Untervertreter, ohne das gestufte Vertretungsverhältnis offen zulegen, im Namen des Geschäftsherrn gehandelt, dürfe der Geschäftspartner sich auf eine – wie auch immer konstruierte – wirksame Vertretung verlassen. Da der Hauptvertreter selbst nicht auftrete, hafte nicht er, sondern der Untervertreter ggf. auch für Mängel der Hauptvollmacht.[493]

Nach dieser Auffassung ist aber eine **Genehmigung** des Rechtsgeschäfts, das der Untervertreter als „Vertreter des Vertreters" getätigt hat, sowohl durch den Geschäftsherrn als auch (bei entsprechender Vertretungsmacht) durch den Hauptbevollmächtigten möglich.[494]

cc.) Haftungsfragen

739 Bestand eine der beiden Vollmachten (Hauptvollmacht, Untervollmacht) nicht und wurde das Vertretungsgeschäft auch nicht nach § 177 BGB genehmigt, stellt sich die Frage nach der Haftung. Hier ist zu unterscheiden:

740 ▪ **Es bestanden weder Haupt- noch Untervollmacht:** Ist sowohl die Haupt- als auch die Untervollmacht mangelhaft, dann haftet der Untervertreter dem Geschäftspartner unstreitig nach § 179 BGB.

741 ▪ **Es bestand eine Hauptvollmacht, aber keine Untervollmacht:** Bestand zwar eine wirksame Hauptvollmacht, ist aber die Untervollmacht nicht wirksam erteilt worden, haftet der Untervertreter dem Geschäftspartner nach allgemeiner Auffassung als Vertreter ohne Vertretungsmacht ebenfalls nach **§ 179 BGB**.[495]

Eine Genehmigung des Rechtsgeschäfts ist aber sowohl durch den Geschäftsherrn als auch (bei entsprechender Vertretungsmacht) durch den Hauptbevollmächtigten möglich (s.o.). Dies gilt nach allgemeiner Auffassung auch bei der zum Teil abgelehnten Vertretung des Vertreters (s.o.).

Beispiel: Hauptbevollmächtigter V erzählt seinem Freund F, dass er (V) für seinen Geschäftsherrn G einen Pkw kaufen solle. Da sich F in diesem Bereich auskennt, bittet V den F, sich einmal „umzusehen". F geht daraufhin in der (irrigen) Annahme, eine Untervollmacht erteilt bekommen zu haben, zu D und kauft im Namen des G ein Auto.

F hat vorliegend als Vertreter ohne Vertretungsmacht gehandelt, sodass das Rechtsgeschäft zunächst schwebend unwirksam ist. Erteilt G keine Genehmigung (§ 177 BGB), dann wird es endgültig unwirksam. In diesem Fall haftet F dem D nach § 179 BGB.

742 ▪ **Es bestand keine Hauptvollmacht, aber eine Untervollmacht:** Streitig ist die Frage nach der Haftung des Untervertreters nach § 179 BGB, wenn die Hauptvollmacht nicht bestand (Hauptvollmacht wurde nicht wirksam erteilt oder deckt nicht den Umfang der Untervollmacht) und *deswegen* die Untervollmacht mangelhaft ist.

⇨ Nach Auffassung des BGH[496] und eines Teils der Literatur[497] haftet der Untervertreter dem Geschäftspartner nur dann nach § 179 BGB, wenn er seine Untervertretung nicht offengelegt hat. Teile er dem Geschäftspartner dagegen mit, dass eine mehrstufige Vertretung vorliege und dass er seine Vollmacht von der Hauptvertretung ableite, nehme er nur das Vertrauen des Geschäftspartners hinsichtlich einer wirksam erteilten Untervollmacht in Anspruch. Bei Mängeln der Hauptvollmacht hafte dann der Hauptvertreter.

---

[493] *Larenz/Wolf*, AT, § 49 Rn 29 ff. u. 45; *Medicus*, AT, Rn 951; *Schramm*, in: MüKo, § 167 Rn 73 f.; *Leptien*, in: Soergel, § 167 Rn 60; *Rüthers/Stadler*, AT, § 30 Rn 26; *Brox/Walker*, AT, Rn 548.

[494] *Schramm*, in: MüKo, § 167 Rn 75; *Leptien*, in: Soergel, § 167 Rn 60.

[495] BGHZ **32**, 250; **68**, 391, 397; *Leptien*, in: Soergel, § 167 Rn 60; *Medicus*, AT, Rn 950; *Rüthers/Stadler*, AT, § 33 Rn 10.

[496] BGHZ **32**, 250, 254 f.; **68**, 391, 394 ff.; OLG Köln NJW-RR **1996**, 212.

[497] *Medicus*, AT, Rn 996; *Larenz/Wolf*, AT, § 49 Rn 29 ff.; *Rüthers/Stadler*, AT, § 32 Rn 10; *Heinrichs*, in: Palandt, § 179 Rn 3; *Bühler*, MDR **1987**, 985, 986.

⇨ Nach der Gegenauffassung[498] haftet der Untervertreter unabhängig von einer Offenlegung der mehrstufigen Vertretung stets nach § 179 BGB, da das Gesetz auch sonst nicht nach dem Grund des Fehlens der Vertretungsmacht frage, sondern die mangelnde Kenntnis des Vertreters vom Fehlen der Vertretungsmacht allein durch die Begrenzung des Haftungsmaßstabs auf das negative Interesse (§ 179 II BGB) berücksichtige. Die Strenge der Haftung des Untervertreters werde zudem dadurch gemildert, dass ihm der ohne Vertretungsmacht handelnde Hauptvertreter seinerseits nach § 179 BGB verantwortlich sei. Sei der Hauptvertreter zahlungsunfähig, so gehe der Untervertreter zwar leer aus, dieses Ergebnis erscheine aber interessengerechter als das Ergebnis der anderen Auffassung, da nach dieser das Insolvenzrisiko den Geschäftspartner treffe.

Eine andere Frage sei es, ob der Hauptvertreter dem Geschäftspartner *neben* dem Untervertreter (als Gesamtschuldner mit alleiniger Belastung des Hauptvertreters im Innenverhältnis, sofern hier nicht die Voraussetzungen des § 179 III BGB vorliegen) aus § 179 BGB hafte. Dies sei jedenfalls dann zu bejahen, wenn die Untervollmacht offengelegt, insbesondere die (Unter-)Vollmacht als Außenvollmacht erteilt worden sei.

> **Hinweis für die Fallbearbeitung:** Handelt es sich also um eine **offengelegte Untervertretung**, gelangen die dargestellten Auffassungen zu unterschiedlichen Ergebnissen, was eine Streitentscheidung erforderlich macht. Vertretbar sind beide Auffassungen gleichermaßen. Der Klausurbearbeiter muss nur die Argumente vortragen und sich für die eine oder die andere Auffassung entscheiden. Letztlich geht es um die Abwägung der Schutzwürdigkeit der Personen des Untervertreters und des Geschäftsgegners und um die Frage, wem von beiden das Insolvenzrisiko bezüglich der Person des Hauptvertreters (eher) zugemutet werden kann bzw. soll.

743

d.) Die Gesamtvollmacht

Soll die Vertretungsmacht mehreren Personen zustehen, kann dies auf unterschiedliche Arten verwirklicht werden.

744

- Zum einen ist es möglich, dass jeder Einzelne allein vertretungsberechtigt ist (sog. **Einzel- oder Solidarvollmacht**).

- Zum anderen kann auch eine Gesamtvollmacht erteilt werden. Eine **Gesamtvollmacht** (auch Kollektivvollmacht) liegt vor, wenn nur alle Vertreter zusammen oder jeweils mehrere Vertreter gemeinsam vertretungsberechtigt sind. Die Art der Vollmacht ist zumeist eine Vorsichtsmaßnahme gegen eine treuwidrige Ausübung der Vertretungsmacht und ist insbesondere bei gesetzlicher (organschaftlicher) Vertretungsmacht die Regel.

  Beispiele: § 1629 I S. 2 BGB, § 78 II AktG, § 35 II S. 2 GmbHG, § 25 I S. 1 GenG

Bei einer rechtsgeschäftlich erteilten Vertretungsmacht kommt es für die Frage, ob eine Einzel- oder Gesamtvollmacht gewollt war, auf die **Auslegung** der Bevollmächtigung an.[499] Nicht selten findet sich die Gesamtvertretung bei der Prokura und der Handlungsvollmacht oder bei den Personenhandelsgesellschaften (vgl. dazu §§ 48 II, 125 II S. 1 HGB und sogleich).

745

Nach allgemeiner Auffassung genügt es jedoch, dass **nach außen hin ein Gesamtvertreter** auftritt. Die anderen können gegenüber dem nach außen handelnden Gesamtvertreter (also intern) oder gegenüber dem Geschäftsgegner zustimmen.[500] Im letzteren Fall wird das Rechtsgeschäft erst mit der letzten Erklärung *ex nunc* wirksam. Sowohl die interne Zustimmung als auch die Genehmigung können durch schlüssiges

---

[498] *Schramm*, in: MüKo, § 167 Rn 76; *Leptien*, in: Soergel, § 167 Rn 60; *Brox/Walker*, AT, Rn 548.
[499] *Heinrichs*, in: Palandt, § 167 Rn 13.
[500] BGH NJW **1982**, 1036, 1037; BAG NJW **1996**, 2594, 2595.

Verhalten erklärt werden. Die vorher erteilte Zustimmung („Ermächtigung", vgl. §§ 125 II S. 2, 150 II S. 1 HGB, 78 IV, 269 IV AktG, 25 III GenG) erweitert die Gesamtvertretungsmacht punktuell zu einer Einzelvertretungsmacht. In Anknüpfung an die eben aufgezählten Vorschriften soll eine solche punktuelle Ermächtigung in allen Fällen der Gesamtvertretung zulässig sein.[501] Eine *unbeschränkte* Ermächtigung ist aber wegen der Vereitelung des Zwecks der Gesamtvertretung unzulässig.[502]

746 **Willensmängel** und Kenntnis oder Kennenmüssen des Vertreters i.S.d. **§ 166 I BGB** sind gegeben, wenn diese Voraussetzungen bei *einem* beteiligten Vertreter vorliegen.[503]

747 Zur **Entgegennahme von Willenserklärungen (Passivvertretung)** ist jeder Gesamtvertreter allein berechtigt, da bei passiver Vertretung die Gefahr eines ungetreuen Handelns nicht besteht. Ausdrücklich geregelt ist dies in §§ 28 II, 1629 I S. 2 BGB, 125 II S. 3 HGB, 78 II AktG, 35 II S. 3 GmbHG, die gesetzlicher Ausdruck eines allgemeinen Rechtsgedankens sind.[504]

e.) Besondere Arten der Vollmacht

aa.) Prokura, §§ 48 ff. HGB

(a.) Begriff und Bedeutung

748 Die Prokura ist eine **rechtsgeschäftlich erteilte**, in ihrem **Umfang** jedoch **gesetzlich** geregelte besondere Form der Vertretungsmacht im Sinne des § 164 BGB. Insbesondere im Handelsverkehr wäre das Risiko der mangelnden Vertretungsmacht, das jede Stellvertretung in sich birgt, unannehmbar. Durch die Prokura soll dieses Risiko weitestgehend ausgeschlossen werden, sodass sich der Dritte auf die Vertretungsmacht des Stellvertreters und damit die Gültigkeit des Geschäfts mit dem anvisierten Geschäftspartner verlassen kann. Dies wird zum einen durch den gesetzlich festgelegten Umfang der Prokura (§ 49 HGB) und zum anderen durch die gesetzlich bestimmte Wirkungslosigkeit der Beschränkung des Umfangs gegenüber Dritten (§ 50 HGB) erreicht.

(b.) Einzelprokura – Gesamtprokura, § 48 HGB

749 Nach **§ 48 I HGB** kann die Prokura nur von dem Inhaber des Handelsgeschäfts oder seinem gesetzlichen Vertreter und nur mittels **ausdrücklicher Erklärung** erteilt werden. Eine Prokuraerteilung aufgrund schlüssigen oder duldenden Verhaltens ist somit ausgeschlossen. Sie kann allenfalls als Erteilung einer Handlungsvollmacht gewertet werden.[505] Eine darüber hinausgehende besondere Form der Prokuraerteilung (etwa Schriftform) ist aber nicht erforderlich; sie ist lediglich gem. § 53 I HGB ins **Handelsregister** einzutragen. Dabei handelt es sich jedoch nicht um eine Wirksamkeitsvoraussetzung. Die Handelsregistereintragung wirkt nur **deklaratorisch**.[506]

Bedeutung kann die Eintragung aber nach dem **Erlöschen** der Prokura erlangen. Denn gem. § 53 III HGB ist das Erlöschen der Prokura in gleicher Weise wie die Erteilung ins Handelsregister einzutragen. Geschieht dies nicht, haftet derjenige, in dessen Angelegenheiten sie einzutragen gewesen wäre, nach § 15 I HGB. Dies gilt nach h.M. sogar, wenn die Erteilung der Prokura nicht eingetragen war (dazu Rn 758 ff.).

---

[501] BGHZ **64**, 72, 74.
[502] BGHZ **34**, 27, 30; NJW-RR **1986**, 778.
[503] BGHZ **62**, 166, 173.
[504] *Heinrichs*, in: Palandt, § 167 Rn 14. Vgl. auch BGHZ **62**, 166, 173.
[505] *Joussen*, WM **1994**, 273, 274.
[506] *Ruß*, in: Heidelberger Kommentar zum HGB, 6. Aufl. **2002**, § 53 Rn 1.

Gemäß **§ 48 II HGB** kann die Prokura auch mehreren Personen gleichzeitig erteilt werden (sog. **Gesamtprokura**). Es sind aber auch Mischformen möglich.   **750**

> **Beispiel:** P hat Einzelprokura. X hat dagegen Gesamtprokura gemeinsam mit Y.

Die Gesamtprokura gem. § 48 II HGB ist eine Gemeinschaftsprokura, bei der das Zusammenwirken mehrerer Prokuristen erforderlich ist, um den Kaufmann wirksam zu verpflichten. Die Gesamtprokuristen müssen die Prokura grundsätzlich bei allen aktiven Rechtsgeschäften zusammen ausüben, was aber nicht bedeutet, dass alle zur selben Zeit und am selben Ort handeln müssen.[507]   **751**

> **Hinweis für die Fallbearbeitung:** Im Rahmen der Passivvertretung ist analog §§ 125 II S. 3, III S. 2 HGB, 28 II BGB, 78 II S. 2 AktG, 35 II S. 3 GmbHG beim Zugang von Willenserklärungen die Entgegennahme durch einen Prokuristen ausreichend.[508] Dieses Prinzip gilt auch im Hinblick auf das Kennen oder Kennenmüssen bestimmter Umstände oder Willensmängel (vgl. §§ 166, 932 II BGB, 366 HGB), bei denen die Kenntnis lediglich eines Prokuristen ausreicht.[509]   **752**

(c.) Umfang der Prokura, § 49 HGB

§ 49 HGB legt den Umfang der Prokura fest. Nach § 49 I HGB wird der Prokurist zu allen Arten von gerichtlichen und außergerichtlichen Geschäften und Rechtshandlungen, die der (laufende) Betrieb (irgend-)eines Handelsgewerbes mit sich bringt, ermächtigt.   **753**

> **Beispiele:** Kreditaufnahme, Anstellung von Personal, Eingehen von Verbindlichkeiten, Erwerb von Grundstücken, Erteilen von Handlungsvollmacht, Gründen und Beenden von Zweigniederlassungen etc.

Nicht zum laufenden Betrieb eines Handelsgewerbes gehören Geschäfte, die das Handelsgeschäft als solches betreffen (sog. **Grundlagengeschäfte**). Tätigt der Prokurist hier Geschäfte, handelt er außerhalb seiner Vertretungsmacht. Das betrifft insbesondere die in **§ 49 II HGB** genannten Geschäfte. Danach ist der Prokurist nur dann zur *Veräußerung* und *Belastung* von Grundstücken ermächtigt, wenn ihm diese Befugnis erteilt wird. Ein Grundstücks*erwerb* ist dagegen bereits nach § 49 I HGB ohne zusätzliche Vollmacht möglich. Dies gilt selbst dann, wenn dabei zur Sicherung des Kaufpreises eine Hypothek übernommen wird (einheitliches Erwerbsgeschäft).[510] Gleiches gilt für die Vermietung, Verpachtung, Bestellung eines Vorkaufsrechts oder die Löschung von Grundpfandrechten.   **754**

> **Beispiele:** Der Prokurist ist nicht ermächtigt, den Betrieb zu veräußern, neue Gesellschafter aufzunehmen, die Rechtsform des Betriebs zu ändern, einen Insolvenzantrag zu stellen oder den Unternehmensgegenstand zu ändern.

Ausgenommen von der Vertretungsmacht des Prokuristen sind auch die sog. **Prinzipalgeschäfte**.   **755**

> **Beispiele:** Der Prokurist kann also z.B. Anmeldungen zum Handelsregister, die die Grundlagen des eigenen Unternehmens betreffen, nicht anstelle des Kaufmanns wirksam vornehmen (§§ 29, 31 HGB), er kann keine Bilanzen für den Kaufmann unterzeichnen (§ 245 HGB) und er kann auch seinerseits keine Prokura erteilen, § 48 I HGB.[511]

---

[507] *Brox/Walker,* Handelsrecht, Rn 171.
[508] *Roth,* in: Koller/Roth/Morck, Kommentar zum Handelsgesetzbuch, 3. Aufl. **2002**, § 48 Rn 15; *Brox/Walker,* Handelsrecht, Rn 171.
[509] *Brox/Walker,* Handelsrecht, Rn 171; *Roth,* in: Koller/Roth/Morck, § 48 Rn 15.
[510] *Ruß,* in: Heidelberger Kommentar zum HGB, § 49 Rn 3.
[511] Der Prokurist ist auch kein „gesetzlicher Vertreter" des Kaufmanns i.S.v. § 48 I Var. 2 HGB.

756 Der Prokurist ist schließlich auch nicht vom Verbot des **Selbstkontrahierens** (vgl. § 181 BGB) befreit. In dieser Hinsicht bedarf er einer besonderen Gestattung, die sich im Falle ihrer Erteilung auf den Umfang der Prokura beschränkt und ins Handelsregister einzutragen ist.[512]

(d.) Keine Beschränkung der Prokura im Außenverhältnis, § 50 HGB

757 Der gesetzlich festgelegte Umfang der Prokura kann im Innenverhältnis zwar beschränkt werden, gemäß § 50 HGB haben solche Beschränkungen Dritten gegenüber aber keine Wirkung (sog. **Unbeachtlichkeit der Beschränkungen im Außenverhältnis**). Im Außenverhältnis hat der Prokurist also immer die Vertretungsmacht i.S.d. § 49 HGB. Nur ausnahmsweise führt ein Missbrauch der Vertretungsmacht (= Überschreitung der im Innenverhältnis gesetzten Beschränkungen) nicht zu einer Verpflichtung im Außenverhältnis. Dies ist nach den Grundsätzen des **Missbrauchs der Vertretungsmacht** nur in den Fällen der **Kollusion** (= absichtliches Zusammenwirken von Vertreter und Drittem zum Nachteil des Vertretenen) oder **Evidenz** (= der Dritte weiß oder hätte bei Anwendung der im Verkehr erforderlichen Sorgfalt erkennen müssen, dass der Prokurist missbräuchlich handelt) der Fall. Vgl. dazu Rn 758 ff.

(e.) Erlöschen der Prokura

758 Gem. § 168 S. 1 BGB bestimmt sich das Erlöschen der Vollmacht nach dem ihrer Erteilung zugrunde liegenden Rechtsverhältnis. Damit erlischt auch die Prokura mit der Beendigung des Grundverhältnisses (z.B. Arbeitsverhältnis oder Gesellschafterstellung).[513]

759 Die Prokura erlischt nicht, wie vermutet werden könnte, beim Tod des Geschäftsinhabers, § 52 III HGB. Ansonsten ist die Prokura aber – auch beim Fortbestehen des Grundverhältnisses – jederzeit ohne Begründung und ohne Rücksicht auf das zugrunde liegende Rechtsverhältnis widerruflich, §§ 168 S. 2 BGB, 52 I HGB. Der Widerruf der Prokura ist ein einseitiges, gestaltendes Rechtsgeschäft und erfolgt durch ausdrückliche, formlose, unbefristete und unbedingte Erklärung gegenüber dem Prokuristen (vgl. § 130 I BGB), der Öffentlichkeit oder ggf. gegenüber einem Dritten.[514]

760 Die wichtigsten weiteren Gründe für das Erlöschen der Prokura sind[515]:

- Tod des Prokuristen
- Unternehmenserwerb durch den Prokuristen (z.B. durch Erbschaft oder Übertragung aufgrund eines Unternehmenskaufvertrags). Es muss daher immer eine Personenverschiedenheit zwischen dem Kaufmann und dem Prokuristen bestehen.[516]
- einseitige Niederlegung durch den Prokuristen
- Herabsinken des Handelsgewerbes zu einem Kleingewerbe ohne Eintragung ins Handelsregister (§ 1 II HGB)
- Verlust der Kaufmannseigenschaft (z.B. liegt kein Gewerbe i.S.v. § 1 II HGB mehr vor oder der Betrieb wurde eingestellt)

761 Ungeachtet eines Widerrufs bestehen die (Vergütungs-)Ansprüche des Prokuristen bis zur Beendigung des Grundverhältnisses durch Kündigung oder Aufhebungsvertrag fort.

762 Nach Widerruf und Erlöschen der Prokura hat der Prokurist zwar keine Vertretungsmacht mehr, es besteht aber weiterhin der in **§ 15 I HGB** geregelte, aus der Publizität

---

[512] BayObLG BB **1980**, 1487.
[513] *K. Schmidt*, Handelsrecht, 5. Aufl. **1999**, § 16 III 5 a (S. 477 f.).
[514] Vgl. *Roth*, in: Koller/Roth/Morck, § 52 Rn 2.
[515] Vgl. *K. Schmidt*, Handelsrecht, § 16 III 5 c (S. 478); *Roth*, in: Koller/Roth/Morck, § 52 Rn 8 ff.
[516] *Roth*, in: Koller/Roth/Morck, § 52 Rn 8.

des Handelsregisters folgende **Verkehrsschutz**. Dritten gegenüber, denen der Widerruf der Prokura nicht bekannt ist, kann deren Erlöschen nach h.M. selbst dann nicht entgegengehalten werden, wenn die Erteilung der Prokura pflichtwidrig nicht ins Handelsregister eingetragen worden war.[517]

Beispiel[518]: Der in das Handelsregister eingetragene Gebrauchtwagenhändler A stellt P als neuen Mitarbeiter ein und erteilt ihm im schriftlichen Arbeitsvertrag Prokura ab 1.10.2008. Am 15.1.2009 widerruft A die Prokura, deren Erteilung nicht ins Handelsregister eingetragen wurde. Auch der Widerruf wird nicht ins Handelsregister eingetragen. Aus Verärgerung verkauft P daraufhin im Namen des A einen Gebrauchtwagen an einen weitläufigen Verwandten, den Rentner R, der die Prokura des P kannte. Zuvor hatte sich R bei einem weiteren Angestellten des A über das Fahrzeug erkundigt, wobei ihm ein Preis genannt wurde, der um die Hälfte höher lag als der von P verlangte. Das Verkaufsgespräch, über dessen Verlauf sich R wundert, findet nach Geschäftsschluss um 20:00 Uhr auf dem Parkplatz des Gebrauchtwagenhandels statt. Am nächsten Tag, als R das Fahrzeug abholen möchte, verweigert A die Herausgabe. Kann R Übereignung des Fahrzeugs von A verlangen?

763

R kann Übereignung verlangen, wenn ein Kaufvertrag (§ 433 BGB) zwischen ihm und A vorliegt. Das setzt zwei übereinstimmende, mit Bezug aufeinander abgegebene Willenserklärungen voraus. A hat gegenüber R nichts erklärt. So aber P. Dessen Willenserklärung müsste dem A gem. § 164 BGB zuzurechnen sein. In Betracht kommt eine Vertretungsmacht gem. § 48 HGB – sog. Prokura. A hat durch Aushändigung des Arbeitsvertrags dem P gem. § 48 I HGB wirksam Prokura erteilt. Die fehlende Eintragung ins Handelsregister (vgl. § 53 I S. 1 HGB) ist unerheblich, da sie lediglich **deklaratorisch** ist. Zum Zeitpunkt des Geschäftsabschlusses war die Prokura allerdings widerrufen (ebenfalls nur deklaratorische Wirkung des – hier unterbliebenen – Handelsregistereintrags, vgl. § 53 III HGB), sodass P keine Vertretungsmacht hatte.

Möglicherweise kann A dies dem R jedoch gem. **§ 15 I HGB** nicht entgegenhalten. Das Erlöschen der Prokura ist eine einzutragende Tatsache. Allerdings war hier bereits die Erteilung der Prokura nicht eingetragen, sodass eine sog. **sekundäre Unrichtigkeit** des Handelsregisters vorliegt. Es ist streitig, ob § 15 I HGB auch in Fällen anwendbar ist, in denen auch die voreintragungspflichtige Tatsache nicht eingetragen und bekannt gemacht wurde.[519] Nach vorzugswürdiger Ansicht ist § 15 I HGB auch in solchen Fällen anzuwenden, insbesondere weil der Dritte auch anderweitig Kenntnis von der Tatsache erlangt haben könnte. Ferner war R der Widerruf der Prokura nicht gem. § 15 I HGB bekannt.

Weiterhin muss der gute Glaube des R ursächlich für dessen Rechtshandlung gewesen sein, wobei es ausreicht, dass er gutgläubig vom Nichtbestehen der einzutragenden Tatsache ausgeht. Das ist hier der Fall. Somit kann A dem R gem. § 15 I HGB nicht entgegenhalten, dass die Prokura widerrufen war. Indem P seine internen Befugnisse überschritten hat (Prokura wurde intern widerrufen), hat er seine Vertretungsmacht missbraucht. Hier könnten die Grundsätze über den **Missbrauch der Vertretungsmacht** anwendbar sein. Der unstreitige Fall der Kollusion (= einverständliches Zusammenwirken zwischen Vertreter und Geschäftsgegner zum Zweck der Schädigung des Vertretenen), bei dem das Rechtsgeschäft gem. § 138 I BGB nichtig wäre, liegt nicht vor. Die Fallgestaltungen, in denen der Geschäftsgegner keine positive Kenntnis vom Innenverhältnis hat, sind umstritten.[520] Nach jeder Auffassung reicht es jedenfalls auf **Seiten des Vertreters** aus, wenn dieser objektiv pflichtwidrig und bewusst zum Nachteil des Vertretenen handelt, um diesen zu schädigen. Das ist bei P gegeben. Auf **Seiten des Geschäftsgegners** schadet jedenfalls positive Kenntnis, die hier bei R nicht gegeben ist. Liegt diese nicht vor, lässt eine Ansicht grob fahrlässige Unkenntnis genügen. Nach einer

[517] Siehe zum Streitstand *Roth*, in: Koller/Roth/Morck, § 15 Rn 9. Zur nicht eingetragenen Befreiung eines Vertreters von den Beschränkungen des § 181 BGB vgl. BGH NJW-RR **2004**, 120.
[518] Vgl. *Jasmer*, in: Jasmer/Ramm/Stöterau, Handels- und Gesellschaftsrecht, 3. Aufl. **2005**, Rn 130.
[519] Zum Streitstand vgl. *Jasmer*, a.a.O.
[520] Zum Streitstand vgl. *Jasmer*, a.a.O.

weiteren Ansicht muss der Missbrauch der Vertretungsmacht für den Geschäftsgegner offensichtlich sein (Evidenz des Missbrauchs). Nach beiden Auffassungen erfüllt das Verhalten des R angesichts der Verkaufsumstände gemäß der Sachverhaltsschilderung den Missbrauchstatbestand.

Umstritten ist auch die Rechtsfolge. Nach einer Ansicht kann der Vertretene gegenüber dem Anspruch des Geschäftsgegners die Einrede der unzulässigen Rechtsausübung gem. § 242 BGB geltend machen. Danach könnte A dem R die Einrede des Rechtsmissbrauchs entgegenhalten. Nach einer weiteren Ansicht sind die §§ 177 ff. BGB analog anzuwenden, womit der Vertretene den Vertrag noch genehmigen kann. Das tut A hier nicht, da er die Herausgabe des Fahrzeugs verweigert. Nach beiden Ansichten hat R somit keinen Anspruch gegenüber A auf Übereignung und Übergabe des Fahrzeugs.

bb.) Handlungsvollmacht, § 54 HGB

764 Auch die Handlungsvollmacht gem. § 54 HGB ist eine gesetzlich geregelte Sonderform der allgemeinen zivilrechtlichen Vertretungsmacht (§§ 164 ff. BGB). Ihr Umfang ist jedoch, wie auch der der Prokura, gesetzlich vorgegeben. Nach § 54 I HGB ist eine Handlungsvollmacht eine Vollmacht, die keine Prokura ist und beim Vorliegen bestimmter Voraussetzungen zur Vornahme aller Geschäfte und Rechtshandlungen ermächtigt, die der Betrieb eines **derartigen** Handelsgewerbes oder die Vornahme **derartiger** Geschäfte gewöhnlich mit sich bringen. Der Handlungsbevollmächtigte ist im Unterschied zu den in § 55 HGB geregelten Abschlussvertretern im Betrieb des Geschäftsinhabers beschäftigt (Argument aus § 55 I HGB).[521]

765 Die Handlungsvollmacht hat einen gesetzlich festgelegten Mindestumfang, wobei der Dritte ungewöhnliche Beschränkungen nicht gegen sich gelten lassen muss, § 54 II und III HGB. Allerdings kann der Kaufmann eine Handlungsvollmacht so ausgestalten, dass sich daraus Beschränkungen für den Rechtsverkehr ergeben. Diese Beschränkungen sind in den drei Varianten des § 54 I HGB geregelt:

766 ▪ § 54 I Var. 1 HGB: Ermächtigung zum Betrieb eines (derartigen) Handelsgewerbes (= **Generalhandlungsvollmacht**). Von der Generalhandlungsvollmacht ist die Generalvollmacht zu unterscheiden. Auf sie finden allein die BGB-Vorschriften der §§ 164 ff. BGB Anwendung. Bei ihr entfallen alle gesetzlichen Beschränkungen der handelsrechtlichen Vollmacht, sodass eine Generalvollmacht weiter reicht als eine Prokura. Eine Generalvollmacht kann bis an die Grenze der Selbstentmündigung und der höchstpersönlichen Geschäfte bzw. der ausschließlich organschaftlichen Befugnisse ausgedehnt werden.

767 ▪ § 54 I Var. 2 HGB: Ermächtigung zur Vornahme einer bestimmten zu einem (derartigen) Handelsgewerbe gehörigen Art von Geschäften (= **Arthandlungsvollmacht**), z. B. kassieren.

768 ▪ § 54 I Var. 3 HGB: Ermächtigung zur Vornahme einzelner zu einem (derartigen) Handelsgewerbe gehöriger Geschäfte (= **Spezialhandlungsvollmacht**). Die Beschränkung kann sich hier sogar auf die Vornahme nur eines Geschäfts, z.B. eines bestimmten Vertragsschlusses, beziehen.

769

> **Hinweis für die Fallbearbeitung:** In allen Varianten ist darauf zu achten, dass im Gegensatz zur Prokura nur Geschäfte erfasst werden, die der Betrieb eines ***derartigen*** Handelsgewerbes (und nicht ***irgendeines*** wie in § 49 I HGB geregelt) oder die Vornahme ***derartiger*** Geschäfte (z.B. bei einem Kassierer) mit sich bringen. Welche der drei Varianten im Einzelfall aber vorliegt, muss konkret ermittelt werden. Eine gesetzliche Vermutung im Hinblick auf eine bestimmte Variante gibt es nicht.

---

[521] *Brox/Walker*, Handelsrecht, Rn 197.

> Daher liegt keine echte Eigenständigkeit gegenüber den Vollmachten i.S.v. § 167 BGB vor.[522]

Andere, ihm unbekannte Beschränkungen, muss sich der Dritte aber nur insoweit entgegenhalten lassen, als sie sich schon aus dem Gesetz ergeben, **§ 54 III HGB**. Hier kommt es auf die Kenntnis oder das Kennenmüssen (§ 122 II BGB) des Dritten an. **770**

> **Beispiel:** Bedeutsam ist dafür die negative Abgrenzung des Umfangs einer Handlungsvollmacht in § 54 II HGB: Zur Veräußerung oder Belastung von Grundstücken, zur Eingehung von Wechselverbindlichkeiten, zur Aufnahme von Darlehen und zur Prozessführung ist der Handlungsbevollmächtigte nur ermächtigt, wenn ihm eine solche Befugnis besonders erteilt ist. Nur insoweit ist es also wie bei der Prokura auch hier notwendig bzw. empfehlenswert zu prüfen, ob eine derartige zusätzliche Befugnis des Handlungsbevollmächtigten, den Kaufmann zu verpflichten, besteht.

Eine Handlungsvollmacht kann jeder Kaufmann erteilen. Sie braucht aber nicht – wie die Prokura – vom Inhaber persönlich erteilt zu werden, sondern kann auch von einem anderen Bevollmächtigten – z.B. von einem Prokuristen – erteilt werden.[523] Nichtkaufleute können dagegen grundsätzlich keine Handlungsvollmacht erteilen. **771**
Die Handlungsvollmacht braucht auch nicht – ebenfalls anders als die Prokura – ausdrücklich erteilt zu werden.[524] Möglich ist auch die stillschweigende Erteilung einer Handlungsvollmacht in der Form der sog. **Duldungsvollmacht**.[525]

> **Hinweis für die Fallbearbeitung:** Ist eine Prokuraerteilung unwirksam (z.B. weil ein Prokurist statt des Kaufmanns Prokura erteilt hat), ist stets daran zu denken, ob die Prokura in eine Handlungsvollmacht umgedeutet werden kann (§ 140 BGB). Nach allgemeiner Meinung ist das möglich, soweit die Voraussetzungen vorliegen.[526] In der Prokuraerteilung ist somit grundsätzlich immer auch die Erteilung einer Handlungsvollmacht „als Minus" enthalten. **772**

Die Handlungsvollmacht **erlischt** beim Erlöschen des Grundverhältnisses (§ 168 S. 1 BGB) und bei ihrem Widerruf, § 168 S. 2 BGB. Grundverhältnis bei der Handlungsvollmacht werden häufig ein Arbeitsverhältnis (§ 611 BGB) oder eine Geschäftsbesorgung (§ 675 BGB) sein. **773**

Schließlich ist bedeutsam, dass jeder Handlungsbevollmächtigte verpflichtet ist, bei der Abgabe von Willenserklärungen im Namen des Kaufmanns einen Zusatz zu verwenden, der seine Bevollmächtigung ausdrückt und nicht mit der Prokura verwechselt werden kann, etwa „i.V.", „in Vollmacht" oder „i.A."[527], § 57 HGB. Die Regelung ist aber nur eine Ordnungsvorschrift. Bei einem Verstoß wird die Wirksamkeit des Vertretergeschäfts nicht beeinträchtigt.[528] Es kommt lediglich auf die tatsächliche Bevollmächtigung an, nicht auf die Art der Zeichnung. **774**

cc.) Vertretung durch Ladenangestellte, § 56 HGB

Wer in einem Laden oder in einem offenen Warenlager angestellt ist, gilt als ermächtigt zu <u>Ver</u>käufen (einschließlich der dinglichen Geschäfte) und Empfangnahmen, die in einem **derartigen** Laden oder Warenlager **gewöhnlich** geschehen, § 56 HGB (ausgeschlossen sind damit An<u>käufe</u>). Daraus ergibt sich eine **widerlegbare Vermutung für** **775**

---

[522] Vgl. auch *Jasmer*, in: Jasmer/Ramm/Stöterau, Handels- und Gesellschaftsrecht, 3. Aufl. **2005**, Rn 132.
[523] *Brox/Walker*, Handelsrecht, Rn 182.
[524] Vgl. *K. Schmidt*, Handelsrecht, § 16 IV 2 a cc.
[525] Zur Duldungsvollmacht vgl. Rn 826 ff.
[526] Vgl. nur *K. Schmidt*, Handelsrecht, § 16 IV 2 b.
[527] *Roth*, in: Koller/Roth/Morck, § 57 Rn 2.
[528] *Roth*, in: Koller/Roth/Morck, § 54 Rn 3.

die Bevollmächtigung der Ladenangestellten mit dem gesetzlich umschriebenen Rahmen.[529] § 56 HGB schützt damit das Vertrauen eines Dritten auf das Bestehen einer Vertretungsmacht. Analog § 54 III HGB muss der Dritte aber auch redlich sein.[530] Der Kaufmann kann die Ladenvollmacht nur dadurch ausschließen, dass er auf den Ausschluss besonders hinweist (z.B. durch ein Schild „Zahlung nur an der Kasse").

Der Ladenangestellte braucht kein Angestellter im arbeitsrechtlichen Sinne zu sein. Es kann sich z.B. auch um ein Familienmitglied des Kaufmanns handeln. Notwendig ist allerdings, dass der Betroffene mit Wissen und Wollen des Inhabers durch eine entsprechende Funktionszuweisung mit einer auf den Verkauf ausgerichteten Tätigkeit in dessen Geschäftsräumen betraut ist.[531] Die Regelung des § 56 HGB über die Vertretungsmacht des Ladenangestellten ist damit nicht anwendbar auf andere für den Kaufmann tätige Personen wie etwa Packer, Reinigungspersonal oder Buchhalter. Nur wer wenigstens beim Verkauf in Räumen mitwirkt, die der Kundschaft offen stehen, ist Ladenangestellter im Sinne von § 56 HGB.[532]

b. Erlöschen der Vollmacht

776 Tätigt der Vertreter im Namen des Geschäftsherrn Rechtsgeschäfte, obwohl die Vollmacht erloschen ist, handelt er als **Vertreter ohne Vertretungsmacht**. Die Rechtsfolgen seines Handelns richten sich dann – sofern nicht eine Rechtsscheinvollmacht angenommen werden kann (dazu Rn 809 ff.) – nach §§ 177 ff. BGB. Doch bevor näher zu diesen Vorschriften Stellung genommen wird, sollen zunächst die Erlöschensgründe erläutert werden. Das **Erlöschen** der Vollmacht richtet sich **nach deren Inhalt** oder nach **gesetzlichen Vorschriften**. So bestimmt sich nach § 168 S. 1 BGB das Erlöschen der Vollmacht nach dem ihrer Erteilung **zugrunde liegenden Rechtsverhältnis**. Darüber hinaus kann die Vollmacht gemäß § 168 S. 2 BGB grundsätzlich frei **widerrufen** und gem. §§ 119 ff. BGB **angefochten** werden. Es kommen insgesamt folgende Erlöschensgründe in Betracht:

- **Zeitablauf**, sofern die Vollmacht befristet erteilt wurde,
- Eintritt einer **auflösenden Bedingung**, wenn die Vollmacht bedingt erteilt wurde,
- **Zweckerreichung**, wenn die Vollmacht nur ein bestimmtes Rechtsgeschäft betrifft, sobald das Rechtsgeschäft abgeschlossen oder endgültig gescheitert ist,
- **Verzichtserklärung** des Bevollmächtigten,
- Gem. dem **zugrunde liegenden Rechtsverhältnis**, § 168 S. 1 BGB,
- **Widerruf**, § 168 S. 2 BGB
- **Anfechtung** (etwa nach § 119 BGB oder § 123 BGB).

aa. Erlöschen nach dem Inhalt der Vollmacht

777 Unbeschadet der in § 168 BGB genannten gesetzlichen Erlöschensgründe bestimmt sich das Erlöschen einer Vollmacht in erster Linie nach deren Inhalt.

778 **a.)** Wurde die Vollmacht etwa **befristet** (§ 163 BGB) erteilt, erlischt sie automatisch, wenn die Frist abgelaufen ist.

Beispiel: Hauseigentümer G erteilt am 27.1.2009 dem Hausverwalter V die Vollmacht, für ihn bis zum Ende des Jahres einen Mieter für die noch leer stehende Wohnung zu suchen und ggf. einen entsprechenden Mietvertrag abzuschließen.

---

[529] Die Dogmatik ist umstritten, vgl. dazu *K. Schmidt*, Handelsrecht, § 16 V 2.
[530] *Brox/Walker*, Handelsrecht, Rn 195.
[531] *Roth*, in: Koller/Roth/Morck, § 56 Rn 4; BGH NJW **1975**, 2191.
[532] Vgl. *Brox/Walker*, Handelsrecht, Rn 193.

Hier erlischt die (Spezial-)Vollmacht automatisch mit dem Ende des Jahres 2009, ohne dass ein weiterer Erlöschensgrund hinzukommen müsste.

b.) Wurde die Vollmacht unter einer auflösenden **Bedingung** (§ 158 II BGB) erteilt, erlischt die Vollmacht automatisch mit dem Eintritt der Bedingung.

779

> **Beispiel:** G des obigen Beispiels liegt im Krankenhaus. Von dort aus erteilt er dem V die Vollmacht, bis zu seiner Rückkehr aus dem Krankenhaus für ihn einen Mieter zu suchen.
>
> In diesem Fall erlischt die Vollmacht, sobald G aus dem Krankenhaus entlassen wird.

c.) Wurde die Vollmacht zu einem bestimmten **Zweck** erteilt, etwa für die Vornahme eines bestimmten Rechtsgeschäfts (sog. Spezialvollmacht, s.o.), erlischt sie, wenn das Rechtsgeschäft entweder getätigt wurde oder wenn es (endgültig) gescheitert ist.

780

> **Beispiel:** Bäcker B bittet V, für ihn eine neue Knetmaschine der Marke „Bäckerglück" zu erwerben. Allerdings soll V nicht mehr als 1.500,- € bezahlen. Schon nach einer Woche wird V fündig und erwirbt eine Maschine im Namen des B zu einem Preis von 1.380,- €.
>
> Hier erlischt die Vollmacht mit dem Erwerb der Knetmaschine durch V.
>
> **Variante:** Wie im Ausgangsfall, nur diesmal bringt V in Erfahrung, dass die Herstellerfirma der Marke „Bäckerglück" liquidiert wurde und dass Maschinen dieser Marke nicht mehr auf dem Markt erhältlich sind.
>
> In diesem Fall ist das beabsichtigte Rechtsgeschäft gescheitert, sodass auch hier die Vollmacht erloschen ist.

d.) Schließlich kann die Vollmacht auch durch **Verzicht** des Bevollmächtigten erlöschen. Dies gilt selbst dann, wenn der Bevollmächtigte damit gegen Pflichten aus dem Grundverhältnis verstößt.

781

bb. Erlöschen nach dem zugrunde liegenden Rechtsverhältnis

a.) Abhängigkeit der Vollmacht vom Bestehen des Grundverhältnisses

Enthält die Bevollmächtigung selbst keine Regelung bezüglich ihres Erlöschens, ist danach zu fragen, ob ein **gesetzlich geregelter Erlöschensgrund** greift. Einen solchen normiert **§ 168 BGB**. Gem. S. 1 dieser Vorschrift bestimmt sich das Erlöschen der Vollmacht nach Erlöschen des Rechtsverhältnisses, das der Erteilung der Vollmacht zugrunde lag (z.B. Arbeits-, Dienst-, Geschäftsbesorgungsvertrag oder Auftrag). Als Erlöschensgründe kommen in diesem Fall insbesondere Rücktritt, Kündigung, Widerruf, Erfüllung oder auch Zeitablauf in Betracht. Liegt der Vollmacht kein Rechtsverhältnis zugrunde (sog. isolierte Vollmacht), können die Erlöschensgründe des Auftragsrechts in der Regel analog herangezogen werden.[533]

782

> **Beispiel:** Der Auftrag endet etwa gem. § 671 BGB durch Widerruf des Auftraggebers oder durch Kündigung des Beauftragten, ein Geschäftsbesorgungsvertrag gem. §§ 620 ff. und ein Werkvertrag gem. §§ 643, 649 BGB durch Kündigung und ein Dienstverhältnis gem. §§ 620, 626 BGB durch Zeitablauf oder Kündigung.

Wird das Grundverhältnis **beendet**, **erlischt** auch die Vollmacht. Anders als in ihrer Entstehung (dazu Rn 703 ff.), ist die Vollmacht in ihrem Erlöschen also nicht vom Grundgeschäft abstrakt.

783

---

[533] *Heinrichs*, in: Palandt, § 168 Rn 1; *Rüthers/Stadler*, AT, § 30 Rn 29.

784

> **Fazit:**
>
> - In ihrer **Entstehung** ist die Vollmacht von dem Rechtsgeschäft, das ihr zugrunde liegt (Auftrag etc.), **abstrakt**. D.h., die wirksam erteilte Vollmacht bleibt auch dann bestehen, wenn das Grundgeschäft (etwa wegen Minderjährigkeit) nichtig ist (sog. isolierte Vollmacht).
>
> - Dagegen **erlischt** die Vollmacht stets mit **Beendigung** des Grundgeschäfts.

b.) Im Zweifel Erlöschen durch Tod des Bevollmächtigten

785   Gemäß der Auslegungsregel der §§ 673, 675 i.V.m. § 168 S. 1 BGB führt der **Tod des Bevollmächtigten** im Zweifel zum **Erlöschen der Vollmacht**, da normalerweise nicht anzunehmen ist, dass sich der Vollmachtgeber durch die (möglicherweise sogar unbekannten) Erben (die ja gem. § 1922 BGB in die Rechte und Pflichten eintreten, sofern sie das Erbe nicht ausschlagen) vertreten lassen möchte. Etwas anderes gilt aber, wenn die Vollmacht gerade *im Interesse des Bevollmächtigten* erteilt wurde. In diesem Fall besteht sie auch nach seinem Tod noch fort und geht gem. § 1922 BGB auf seine Erben über.[534]

> **Beispiel:** G hat dem V formgerecht ein Grundstück verkauft, §§ 433, 311b I BGB. Daraufhin erteilt G dem V eine Auflassungsvollmacht[535] unter Befreiung des § 181 BGB.
>
> Hier hat G dem V die Vollmacht gerade in dessen Interesse erteilt, sodass für den Fall des Ablebens des V die Auflassungsvollmacht entgegen der Auslegungsregel des § 673 i.V.m. § 168 S. 1 BGB auf V´s Erben übergeht.

786   Wird der Bevollmächtigte (lediglich) **geschäftsunfähig**, ergibt sich schon aus § 165 BGB, wonach ein Geschäftsunfähiger nicht Vertreter sein kann, dass die Vollmacht erlischt.

c.) Im Zweifel kein Erlöschen durch Tod des Vollmachtgebers

787   Stirbt dagegen der **Vollmachtgeber** oder wird er **geschäftsunfähig**, ist die Regel umgekehrt, nämlich dass ein solches Ereignis auf den Bestand der Vollmacht im Zweifel keinen Einfluss hat (vgl. §§ 672, 675 BGB). Die **Vollmacht besteht also grundsätzlich fort**, sodass der Bevollmächtigte nach dem Tod des Vollmachtgebers dessen Erben vertritt (sog. **postmortale Vollmacht**).[536]

788   Erlischt der Auftrag in anderer Weise als durch Widerruf, gilt das Vertragsverhältnis trotz Beendigung zum Schutz des Bevollmächtigten (bzw. Gesellschafters) fort, bis der Beauftragte (bzw. Gesellschafter) von dem Erlöschen (der Auflösung) Kenntnis erlangt oder das Erlöschen (die Auflösung) kennen muss, vgl. **§ 674** BGB (bzw. **§ 729 BGB**). So lange gilt dann auch die Vollmacht fort. Dies gilt gemäß **§ 169 BGB** auch zugunsten eines Dritten, der mit dem Bevollmächtigten kontrahiert, sofern dieser gutgläubig ist.

cc. Widerruf der Vollmacht durch den Vollmachtgeber

789   Dem Vollmachtgeber steht es grds. frei, die Vollmacht jederzeit zu **widerrufen**, und zwar auch beim Fortbestehen des Grundverhältnisses, **§ 168 S. 2 BGB**. Der Widerruf ist eine einseitige empfangsbedürftige Willenserklärung, für die gem. § 168 S. 3 BGB die Vorschrift des **§ 167 I BGB** entsprechend gilt. Danach kann der Widerruf also durch Erklärung gegenüber dem Bevollmächtigten oder gegenüber dem Dritten, dem-

---

[534] *Heinrichs*, in: Palandt, § 168 Rn 3; *Rüthers/Stadler*, AT, § 30 Rn 29; OLG Schleswig MDR **1963**, 675.
[535] Vgl. dazu näher *R. Schmidt*, SachenR II, Rn 208.
[536] *Brox/Walker*, AT, Rn 509; *Rüthers/Stadler*, AT, § 30 Rn 29.

gegenüber die Vertretung stattfinden sollte, erfolgen. Die Verweisung in § 168 S. 3 BGB bedeutet aber nicht, dass der Widerruf auf dieselbe Art und Weise erfolgen muss, auf der die Vollmachtserteilung erfolgte. Vielmehr hat der Vollmachtgeber **erneut ein Wahlrecht**, gegenüber wem er die Vollmacht widerrufen will!

> **Beispiel:** A hat den V bevollmächtigt, den bereits mit dem Autoverkäufer B anvisierten Autokauf in seinem Namen abzuwickeln. Doch als sich V auf dem Weg zu B befindet, kommen A Zweifel an der Integrität des V. Er ruft bei B an und teilt diesem mit, er solle den V unverrichteter Dinge zurückschicken.
>
> Mit dieser Mitteilung an B hat A die gegenüber V abgegebene Innenvollmacht im Außenverhältnis widerrufen. Der Widerruf wirkt ex nunc.

§ 168 S. 2 BGB schließt nicht aus, dass der Widerruf **vertraglich ausgeschlossen** wird. So kann es bspw. sein, dass im zugrunde liegenden Auftragsvertrag für die Geltungsdauer des Vertrags die Widerrufsmöglichkeit ausgeschlossen ist.

Die Vereinbarung eines solchen vertraglichen Widerrufsausschlusses kann sich aber auch aus den Umständen ergeben. Das ist insbesondere dann anzunehmen, wenn die Vollmacht im Interesse des Bevollmächtigten erteilt wurde und überwiegende Interessen des Vollmachtgebers nicht entgegenstehen.[537]

790

Unwirksam ist der Ausschluss des Widerrufsrechts allerdings bei einer **Generalvollmacht**, da sie die Freiheit des Vollmachtgebers in sittenwidriger Weise (§ 138 I BGB) einschränkt.[538] Darüber hinaus ist ein Ausschluss des Widerrufsrechts nach h.M. auch bei der **sog. isolierten Vollmacht**[539], der kein Rechtsverhältnis zugrunde liegt, sowie bei der Vollmacht, die **ausschließlich im Interesse des Vollmachtgebers** erteilt worden ist[540], unwirksam.

791

Wurde eine Vollmacht (wirksam) **unwiderruflich** erteilt, kann der Vollmachtgeber diese dennoch unter Zugrundelegung des **Rechtsgedankens der §§ 626, 723 BGB aus wichtigem Grund** (z.B. wegen einer groben Pflichtverletzung) widerrufen.[541]

792

dd. Anfechtung der Vollmacht durch den Vollmachtgeber

Da es sich bei der Bevollmächtigung um eine (einseitige empfangsbedürftige) **Willenserklärung** handelt, muss sie grds. auch nach den allgemeinen Regeln der §§ 119 ff. BGB **anfechtbar** sein. Als Anfechtungsgründe kommen hier insbesondere der Inhaltsirrtum nach § 119 I Var. 1 BGB und die arglistige Täuschung nach § 123 I Var. 1 BGB in Betracht. Die Folge ist dann eine Nichtigkeit der Vollmacht mit Wirkung von Anfang an (§ 142 I BGB).

793

Allerdings bedarf es einer Anfechtung dann nicht, wenn die Vollmacht **noch nicht ausgeübt** wurde. Denn dann genügt bereits der **Widerruf**, um die Vollmacht zu zerstören. Etwas anderes gilt lediglich dann, wenn eine unwiderrufliche Vollmacht erteilt wurde. Da diese gerade *nicht* widerrufen werden kann, muss sie **angefochten** werden. Hinsichtlich des richtigen **Anfechtungsgegners** ist gemäß § 143 III S. 1 BGB nach der Art der Vollmachtserteilung zu unterscheiden:

- Bei einer **Innenvollmacht** muss die Anfechtungserklärung gegenüber dem *Bevollmächtigten* erfolgen.

---

[537] BGH NJW **1991**, 439, 441; *Heinrichs*, in: Palandt, § 168 Rn 6; *Brox/Walker*, AT, Rn 554; *Rüthers/Stadler*, AT, § 30 Rn 29. Vgl. auch BayObLG NJW-RR **2002**, 444.

[538] *Leptien*, in: Soergel, § 168 Rn 25; *Brox/Walker*, AT, Rn 554; *Heinrichs*, in: Palandt, § 168 Rn 6.

[539] BGH NJW **1991**, 439, 441; BGHZ **110**, 363, 367; *Brox/Walker*, AT, Rn 554; *Medicus*, AT, Rn 942; *Heinrichs*, in: Palandt, § 168 Rn 6; *Rüthers/Stadler*, AT, § 30 Rn 30.

[540] BGH DNotZ **1972**, 229; BGH NJW-RR **1991**, 439, 441;.

[541] BGH NJW **1988**, 2603; *Heinrichs*, in: Palandt, § 168 Rn 6; *Brox/Walker*, AT, Rn 510; *Rüthers/Stadler*, AT, § 30 Rn 30.

- Bei einer **Außenvollmacht** muss der Vollmachtgeber gegenüber dem *Geschäftsgegner* anfechten.

794

> **Hinweis für die Fallbearbeitung:** Handelt der ehemals Bevollmächtigte trotz Widerrufs bzw. Anfechtung der Vollmacht weiterhin im Namen des Vollmachtgebers, handelt er als Vertreter ohne Vertretungsmacht und ist den Ansprüchen aus § 179 BGB ausgesetzt. Liegen jedoch die Voraussetzungen eines **Rechtsscheintatbestands** nach den §§ 170-173 BGB (dazu Rn 809 ff.) oder einer Anscheins- oder Duldungsvollmacht (dazu Rn 838 ff., 826 ff.) vor, genügt die Anfechtung gegenüber dem Bevollmächtigten nicht, den jeweilig einschlägigen Rechtsscheintatbestand zu beseitigen. Der Vollmachtgeber ist vielmehr gehalten, den bestehenden Rechtsschein separat zu beseitigen, um eine Wirksamkeit des Vertretergeschäfts auszuschließen. Daher muss er dem Geschäftsgegner die Anfechtung der Bevollmächtigung mitteilen, da dieser sonst in seinem Vertrauen auf den Bestand der Vollmacht geschützt wird. Bleibt der Vollmachtgeber also untätig, kann das Vertretergeschäft trotz Anfechtung der Bevollmächtigung für und gegen ihn wirken.

795 Problematisch ist es aber, wenn der Vertreter von der Vollmacht schon Gebrauch gemacht, er also das **Vertretergeschäft bereits abgeschlossen** hat, da durch die ex-tunc-Wirkung der Anfechtung der Bevollmächtigung zugleich die Interessen sowohl des Vertreters als auch des Geschäftspartners berührt werden:

- Die Interessen des **Vertreters** werden berührt, weil er durch die Anfechtung nachträglich und rückwirkend zum **Vertreter ohne Vertretungsmacht** wird und der **Haftung** nach § 179 BGB gegenüber dem Geschäftspartner ausgesetzt ist. Insbesondere ist in der Anfechtungserklärung des Geschäftsherrn zugleich die Verweigerung der Genehmigung (§ 177 BGB) zu sehen.

- Die Interessen des **Geschäftspartners** werden berührt, weil das Vertretergeschäft rückwirkend vernichtet wird und er sich nun nach § 179 BGB an den Vertreter ohne Vertretungsmacht halten muss.

796 Unterstellt, der Vertreter hat den Mangel der Vollmacht nicht gekannt (vgl. §§ 122, 179 BGB), könnte man zwar argumentieren, dass der Vertreter den Vertrauensschaden, den er dem Geschäftsgegner gem. § 179 II BGB ersetzen muss, wiederum vom Geschäftsherrn ersetzt bekommt, weil dieser dem Anfechtungsgegner (vorliegend dem Vertreter) gem. § 122 I BGB verpflichtet ist. Dieser Gedanke ist aber dann problematisch, wenn der Geschäftsherr zahlungsunfähig ist. Der Vertreter würde dann das Insolvenzrisiko tragen.

Aber auch für den Geschäftsgegner kann dieser Gedanke nachteilig sein, da er sich „nur" an den Vertreter halten muss und dieser nicht über die erforderliche Liquidität verfügen könnte.

797

> **Fazit:** Problematisch wird die Anfechtung einer bereits ausgeübten Vollmacht also immer dann, wenn entweder der Vollmachtgeber oder der Vertreter **zahlungsunfähig** sind. Im ersten Fall würde der Vertreter, im zweiten Fall der Geschäftsgegner das Risiko der Uneinbringbarkeit der Forderung tragen.

798

- Wegen dieser Nachteile wird teilweise[542] die (rückwirkende) **Anfechtung** der betätigten Vollmacht generell **abgelehnt**. Zur Begründung wird auf die Prozessvollmacht verwiesen, die ebenfalls nicht mit ex-tunc-Wirkung angefochten werden könne. Auch sei § 166 BGB zu entnehmen, dass es bei Willensmängeln grundsätzlich auf die Person des Vertreters ankomme. Schließlich wird argumentiert, dass wenn der Vollmachtgeber durch die Anfechtung der Bevollmächtigung das vom Vertreter geschlossene Geschäft zu Fall brin-

---

[542] *Brox/Walker*, AT, Rn 574; *ders*, JA **1980**, 449, 451; *Leptien*, in: Soergel, § 166 Rn 21 ff.

gen könne, er besser stünde, als wenn er das Geschäft selbst getätigt habe. Durch die Arbeitsteilung könnte er sich also eine zusätzliche Anfechtungsmöglichkeit schaffen. Hiergegen sprächen jedoch schutzwürdige Interessen des Geschäftsgegners.

- Dennoch steht die h.M.[543] auf dem Standpunkt, das die Bevollmächtigung wie jede andere Willenserklärung **grundsätzlich anfechtbar** sei, da die Erteilung der Vollmacht ein vom Vertretergeschäft getrenntes Rechtsgeschäft darstelle, das deshalb bei einem Irrtum des Vollmachtgebers selbstständig angefochten werden könne. Die sich im Einzelfall ergebenden Unbilligkeiten könnten zum einen über die Grundsätze der Rechtsscheinhaftung vermieden werden und zum anderen könne das Risiko der Zahlungsunfähigkeit des Vertreters gegenüber dem Anspruch aus § 179 BGB (wegen derer die Anfechtbarkeit ja teilweise abgelehnt wird) bei der Frage des Anfechtungsgegners Berücksichtigung finden.

    799

Folgt man der h.M., verlagert sich das Problem also auf die Frage nach dem **Anfechtungsgegner**. Wem gegenüber die Anfechtung zu erklären ist, bestimmt sich grundsätzlich nach **§ 143 BGB**. Gemäß § 143 III S. 1 BGB müsste daher die Anfechtung gegenüber dem Adressaten der Bevollmächtigung erfolgen. Bei einer Innenvollmacht wäre das der Vertreter, bei einer Außenvollmacht der Geschäftsgegner.

    800

- Nach einer Ansicht ist der Wortlaut des § 143 III S. 1 BGB denn auch so zu verstehen, dass dahingehend zu unterscheiden sei, gegenüber welcher Person der Vollmachtgeber die Vollmacht erklärt habe.[544]

    801

Danach sind bei der *Innenvollmacht* der **Vertreter** und bei der *Außenvollmacht* der **Geschäftsgegner** der richtige Anfechtungsgegner.

- Nach der Gegenauffassung ist der Wortlaut des § 143 III S. 1 BGB so zu verstehen, dass die bei der Erteilung der Vollmacht bestehende Wahlmöglichkeit nach § 167 I BGB auch für die Person des Anfechtungsgegners bestehe, und zwar unabhängig davon, wem gegenüber die Vollmacht erteilt wurde.[545]

    802

Danach kann sich der Vollmachtgeber also **aussuchen**, wem gegenüber er die Anfechtung erklären will. Dies hätte zur Konsequenz, dass die Vollmacht – unabhängig davon, ob eine Innen- oder Außenvollmacht vorliegt – wahlweise sowohl gegenüber dem **Vertreter** als **auch** gegenüber dem **Geschäftsgegner** angefochten werden kann.

- Gegen diese Auffassungen wird wiederum von dritter Seite die Kritik erhoben, dass es bedenklich sei, dass der Vollmachtgeber bei der Innenvollmacht (nur) gegenüber dem Bevollmächtigten anfechten müsse bzw. könne, da dadurch dem Geschäftsgegner, ohne dass er davon erfahren müsse, sein schon begründeter Anspruch gegen den Vertretenen rückwirkend entzogen werde. Zudem sei es unbillig, den Geschäftsgegner auf den Anspruch aus § 179 II BGB gegenüber dem Vertreter zu verweisen und ihm damit das Risiko aufzubürden, dass der Vertreter mittellos sei. Schließlich sei § 179 III S. 2 BGB zu beachten, wonach der vollmachtlose, jedoch beschränkt geschäftsfähige Vertreter eventuell gar nicht haften müsse. Daher müsse dem Geschäftsgegner ein direkter Anspruch gegenüber dem Anfechtenden aus § 122 I BGB zustehen. Um diesen zu gewährleisten, müsse die Anfechtung **stets**[546] oder zumindest **auch**[547] **gegenüber dem Geschäftsgegner erklärt werden** (also auch bei einer bereits betätigten Innenvollmacht).

    803

Diese Auffassung bedeutet also eine (hier zulässige) Durchbrechung des § 143 BGB unter Abstellen auf die Partner des im Ergebnis beabsichtigten Rechtsgeschäfts.

---

[543] *Giesen/Hegermann*, Jura **1991**, 357, 368; *Schramm*, in: MüKo, § 167 Rn 81 ff.; *Heinrichs*, in: Palandt, § 167 Rn 3; *Jauernig*, in: Jauernig, § 167 Rn 11; *Rüthers/Stadler*, AT, § 30 Rn 31.
[544] *Schramm*, in: MüKo, § 167 Rn 84 f.; *Leptien*, in: Soergel, § 166 Rn 21 f.
[545] *Jauernig*, in: Jauernig, § 167 Rn 11.
[546] So BGH NJW **1998**, 531, 532 f.
[547] So *Medicus*, BR, Rn 96; *Larenz/Wolf*, AT, § 47 Rn 36; *Flume*, AT, § 52 sub 5 c und e; *Rüthers/Stadler*, AT, § 30 Rn 31.

804 Bewertung: Die dritte Auffassung überzeugt, da sie zum einen den Vertreter aus den Folgen der Anfechtung heraushält und zum anderen dazu führt, dass durch die Anfechtung letztlich das Geschäft, um das es eigentlich geht, vernichtet wird.

805 Folge dieser sachgerechten Lösung ist, dass sich der Geschäftsgegner nicht über § 179 II BGB an den Vertreter und dieser wiederum nicht über § 122 I BGB an den Geschäftsherrn halten muss, sondern dass dem Geschäftsgegner (analog) **§ 122 BGB** ein **unmittelbarer Ersatzanspruch gegen den Vollmachtgeber** zusteht.[548]

806 Problematisch ist schließlich, ob die **nach außen kundgetane Innenvollmacht** angefochten werden kann, sodass der Vertreter auch in diesem Fall ohne Vertretungsmacht gehandelt hat.

807 ▪ Geht man davon aus, dass die Kundgabe einer Innenvollmacht lediglich eine **Wissenserklärung** darstellt, ist diese **nicht anfechtbar**, da nur Willenserklärungen angefochten werden können.[549]

Demnach handelt es sich bei der Verpflichtung des Vertretenen nach §§ 171, 172 BGB um einen Fall der **Rechtsscheinhaftung**. Bei Rechtsscheintatbeständen wird aber eine **Anfechtung** des Rechtsscheins **verneint**, da eine Anfechtung den einmal gesetzten Rechtsschein nicht beseitigen kann.

808 ▪ Nach anderer Ansicht ist die Mitteilung einer Innenvollmacht der Außenvollmacht gleichzusetzen und kann wie diese **angefochten** werden. Es sei nicht sachgerecht, den Empfänger einer bloßen Kundmachung nach §§ 171, 172 BGB stärker zu schützen als jemanden, dem gegenüber eine Außenvollmacht erklärt wurde. Deshalb müsse auch die Anfechtung der Kundmachung zulässig sein, sofern eine erteilte Außenvollmacht selbst anfechtbar sei.[550]

Die Anfechtung der Vollmachtserteilung setzt aber auch nach dieser Auffassung voraus, dass diese selbst auf einem Willensmangel beruht. Liegt also nur ein Irrtum über die *Rechtsfolge* der Mitteilung vor, scheidet eine Anfechtung aus. Desgleichen ist eine Anfechtung bei einem Irrtum über das Bestehen der mitgeteilten Vollmacht nicht möglich. In diesem Fall handelt es sich um einen unbeachtlichen Motivirrtum.

3. Vertretungsmacht kraft Rechtsscheins – Der gute Glaube an die Vollmacht

a. Der Schutz des Geschäftsgegners nach §§ 170-173 BGB

809 Bisher wurde stets darauf hingewiesen, dass vollmachtloses Vertreterhandeln den Geschäftsherrn grundsätzlich nicht bindet. Ausnahmen von diesem Grundsatz regeln die nunmehr zu untersuchenden §§ 170 bis 173 BGB. Diese Vorschriften dienen dem **Verkehrsschutz** und schützen das **Vertrauen gutgläubiger Geschäftspartner** auf das Vorliegen einer (in Wirklichkeit nach § 168 BGB erloschenen) Vollmacht und damit letztlich auf die Wirksamkeit des Vertretergeschäfts. Während § 170 BGB sich auf die Außenvollmacht bezieht, behandeln die §§ 171, 172 BGB die nach außen kundgegebene Innenvollmacht. Nach h.M.[551] handelt es sich aber in allen Fällen um **Tatbestände der Rechtsscheinhaftung**: Der Geschäftsgegner darf auf die Behauptung des Vertreters

---

[548] Im Ergebnis auch *Larenz/Wolf*, AT, § 47 Rn 36; *Schramm*, in: MüKo, § 167 Rn 84 f.; *Medicus*, BR, Rn 96; *Rüthers/Stadler*, AT, § 30 Rn 31.
[549] Vgl. nur *Heinrichs*, in: Palandt, § 173 Rn 1; *Giesen/Hegermann*, Jura **1991**, 357, 368; *Medicus*, AT, Rn 927; a.A. *Flume*, AT II, § 49 2, der davon ausgeht, dass es sich in den Fällen der §§ 171 I, 172 I BGB um eine (anfechtbare) rechtsgeschäftliche Bevollmächtigung handele.
[550] *Medicus*, AT, Rn 927; *Schramm*, in: MüKo, § 171 Rn 7; *Leptien*, in: Soergel, § 171 Rn 4; *Flume*, AT II, § 49 2c.
[551] Vgl. nur *Heinrichs*, in: Palandt, § 173 Rn 1; *Schreiber*, Jura **1997**, 104, 105; *Leptien*, in: Soergel, § 170 Rn 1; *Schramm*, in: MüKo, § 170 Rn 1.

in Verbindung mit der externen Vollmachtserteilung, der Vollmachtsmitteilung oder der Vorlage der Vollmachtsurkunde vertrauen.

§ 170 BGB betrifft die **Außenvollmacht** nach § 167 I Var. 2 BGB. Diese bleibt gem. § 170 BGB gegenüber dem Geschäftsgegner so lange **wirksam**, bis ihr **Erlöschen** vom Vollmachtgeber **angezeigt** wird. § 170 BGB erlangt also insbesondere dann an Bedeutung, wenn eine Vollmacht gegenüber dem Bevollmächtigten (§§ 168 S. 3, 167 I Var. 1 BGB) widerrufen wird. Die Anzeige des (internen) Erlöschens der Vollmacht ist eine **geschäftsähnliche Handlung**, auf die die Vorschriften über Willenserklärungen (und damit auch die §§ 119 ff. BGB) analoge Anwendung finden.[552] Auch sie wird also erst mit ihrem **Zugang** beim Geschäftsgegner wirksam.

810

> **Beispiel (Außenvollmacht):** G möchte sich eine Digitalkamera zulegen. Da er jedoch mit den Begriffen *Speicherkarte* und *Pixel* nichts anfangen kann, entschließt er sich, seinem fachkundigen Freund V eine Vollmacht zu erteilen. Auch ruft er den Inhaber des Elektronikfachgeschäfts D, bei dem V die Kamera kaufen soll, an und teilt diesem mit, dass er den V berechtige, für ihn eine Digitalkamera zu erwerben. Als es danach zwischen G und V zu Unstimmigkeiten wegen verschiedener Ansichten über die Einsatzarten der Kamera kommt, verbietet G dem V, für ihn Geschäfte jedweder Art abzuschließen. Allerdings vergisst er, den D darüber zu informieren. Am nächsten Tag kauft V bei D im Namen des G eine Digitalkamera. Ist zwischen G und D ein Kaufvertrag zustande gekommen?

811

> Ein Kaufvertrag (§ 433 BGB) setzt zwei übereinstimmende, mit Bezug aufeinander abgegebene Willenserklärungen, Angebot und Annahme, voraus.
> G selbst hat gegenüber D kein Angebot abgegeben. Diesbezüglich hat aber V gehandelt. Dieses Handeln könnte dem G über § 164 BGB zuzurechnen sein.
> V hat eine eigene Willenserklärung abgegeben. Zudem hat er im Namen des G gehandelt. Fraglich ist allein, ob V Vertretungsmacht hatte. In Betracht kommt eine Vertretungsmacht kraft Bevollmächtigung.
> G hatte zunächst eine Vollmacht als Innenvollmacht (§ 167 I Var. 1 BGB) gegenüber V und als Außenvollmacht (§ 167 I Var. 2 BGB) gegenüber D erteilt. Allerdings hat G gegenüber V einen Widerruf ausgesprochen und damit die Innenvollmacht gem. §§ 168 S. 3 i.V.m. § 167 I Var. 1 BGB zum Erlöschen gebracht.
> Trotz Erlöschens der Vollmacht könnte diese D gegenüber als fortbestehend gelten. In Betracht kommt eine Fortgeltung nach § 170 BGB, da die Erteilung der Vollmacht (auch) im Außenverhältnis gegenüber D erfolgte. Sie ist gegenüber D auch nicht widerrufen worden. Insofern gilt die Vollmacht D gegenüber als fortbestehend.

> Ergebnis: Zugunsten des gutgläubigen D, der auf die Vollmacht vertraute, gilt § 170 BGB. G hatte diesem das Erlöschen der Vollmacht nicht angezeigt und muss das Geschäft daher trotz fehlender Vertretungsmacht des V gegen sich gelten lassen.

> Weiterführender Hinweis: Anderes hätte gegolten, wenn D das Erlöschen der Vollmacht gekannt hätte oder hätte kennen müssen. In diesem Fall hätte dem Zustandekommen des Kaufvertrags zwischen G und D die Vorschrift des **§ 173 BGB** entgegengestanden. Freilich hätte es dann G freigestanden, das Geschäft gem. § 177 BGB zu genehmigen.

Nach **§ 171 BGB** darf der Dritte, dem die bereits erfolgte Bevollmächtigung eines anderen **mitgeteilt** oder durch **öffentliche Bekanntmachung** (etwa durch Zeitungsanzeigen, Postwurfsendungen, Anschläge an Anschlagsäulen, Eintragung ins Handelsregister etc.) **kundgetan** wurde, auf den Fortbestand der Vollmacht vertrauen, solange nicht die Kundgabe in derselben Weise widerrufen wird, wie sie erfolgt ist.

812

> **Beispiel (nach außen kundgetane Innenvollmacht):** G des obigen Beispiels ermächtigt V durch Innenvollmacht zum Kauf einer Digitalkamera und teilt dies später dem

---

[552] *Schramm*, in: MüKo, § 170 Rn 7; *Leptien*, in: Soergel, § 171 Rn 4.

Elektronikfachhändler D mit. Nach dem Streit widerruft G seine Vollmacht gegenüber V. Dennoch erwirbt V eine Kamera im Namen des G.

Auch hier ist die zunächst wirksam erteilte Vollmacht widerrufen worden, §§ 168 S. 3, 167 I Var. 1 BGB. Zum Schutz des D greift jetzt § 171 BGB ein. Die Bevollmächtigung des V wurde dem D mitgeteilt und ein entsprechender Rechtsschein gesetzt. D wird daher so lange in seinem Vertrauen auf die bestehende Vollmacht geschützt, bis der Rechtsschein durch Widerruf der Kundgabe beseitigt wird (§ 171 II BGB). Dabei hat der Widerruf in „derselben Weise" zu erfolgen, in der die Vollmacht erteilt wurde. Allerdings wird das Erfordernis „derselben Weise" allgemein nicht überbetont, sodass es als ausreichend erachtet wird, dass z.B. bei einer schriftlichen Mitteilung der Widerruf mündlich erfolgt.[553]

Vorliegend hat der gutgläubige D eine Mitteilung vom Widerruf der Vollmacht weder schriftlich noch mündlich erhalten. Der Vertrag ist zwischen G und D zustande gekommen.

813 Im Übrigen handelt es sich bei der Kundgabe der Innenvollmacht um eine **geschäftsähnliche Handlung**, auf die die Vorschriften über Willenserklärungen analoge Anwendung finden.[554] Wichtig ist dies für die Frage nach der **Anfechtbarkeit** (vgl. dazu Rn 710).

814 Im Fall des **§ 172 BGB** liegt ein objektiver Rechtsscheintatbestand vor, wenn der Geschäftsherr dem Vertreter eine **Vollmachtsurkunde** ausgehändigt, der Vertreter diese dem Geschäftsgegner vorgelegt hat und die Vollmacht vor der Vornahme des Vertretergeschäfts erloschen ist.[555]

815 Hier ist der Geschäftsgegner also in seinem Vertrauen auf die Urkunde geschützt. Die Urkunde muss allerdings **echt** sein, d.h., von der durch die Unterschrift als Aussteller ausgewiesenen Person stammen. Beglaubigte Abschriften oder Fotokopien genügen diesem Erfordernis nicht, es kommt aber eine Rechtsscheinhaftung nach den Grundsätzen der Anscheins- oder Duldungsvollmacht (s.u.) in Betracht.[556] **Vorgelegt** ist die Urkunde, wenn sie dem Geschäftsgegner zur sinnlichen Wahrnehmung unmittelbar zugänglich gemacht wurde.[557] Nicht erforderlich ist, dass der Geschäftsgegner tatsächlich Einsicht nimmt.[558]

816 **Verhindern** kann der Geschäftsherr das Entstehen eines Rechtsscheintatbestands, indem er sich die Vollmachtsurkunde nach Erlöschen der Vollmacht gem. **§ 172 II BGB zurückgeben** lässt (vgl. § 175 BGB hinsichtlich des Anspruchs auf Rückgabe) oder sie für **kraftlos erklärt** (vgl. § 176 BGB). Die Anwendung des § 172 BGB ist demnach ausgeschlossen, wenn die Urkunde dem Vollmachtgeber **abhandengekommen** ist.[559]

> **Beispiel:** G des obigen Beispiels erteilt dem V eine Vollmachtsurkunde zum Erwerb der Digitalkamera. Nach dem Zerwürfnis zwischen den beiden nimmt G dem V die Urkunde wieder ab und verwahrt sie in seinem Schreibtisch. Da V sich an G rächen möchte, bricht er nachts in das Büro des G ein und entwendet die Urkunde. Am nächsten Morgen kauft er bei D unter Vorlage des Schriftstücks im Namen des V eine Digitalkamera der Referenzklasse.

---

[553] *Schramm*, in: MüKo, § 171 Rn 13; *Leptien*, in: Soergel, § 171 Rn 5.
[554] *Leptien*, in: Soergel, § 171 Rn 4; *Schramm*, in: MüKo, § 172 Rn 6.
[555] Besteht die Innenvollmacht hingegen fort, besteht gar kein Bedarf für die Prüfung einer Rechtsscheinvollmacht, da dann die Innenvollmacht dem Vertreter die Vertretungsmacht verleiht.
[556] BGHZ **102**, 60, 63 f. Vgl. auch BGH NJW **2002**, 2325, 2326; NJW **2003**, 2088; OLG Karlsruhe ZIP **2003**, 109, 113; *Stöhr*, JuS **2009**, 106 ff.
[557] BGHZ **76**, 76, 78; **102**, 60, 63.
[558] BGHZ **76**, 76, 78 f.; *Leptien*, in: Soergel, § 172 Rn 4. Vgl. auch *Stöhr*, JuS **2009**, 106 ff.
[559] *Rüthers/Stadler*, AT, § 30 Rn 37.

Hier wurde die zunächst erteilte Vollmacht von G wirksam widerrufen, §§ 168 S. 3, 167 I Var. 1 BGB. Allerdings ist der Rechtsscheintatbestand des § 172 II BGB zu beachten, wonach die Vertretungsmacht des V durch Vorlage der Vollmachtsurkunde solange bestehen bleibt, bis die Urkunde zurückgegeben oder für kraftlos erklärt wird. Allerdings ist dieser Rechtsschein dem G nicht zurechenbar, denn die Urkunde wurde V nicht „ausgehändigt". Dieser hat sie sich vielmehr selbst genommen. In diesem Fall ist § 172 BGB nicht anwendbar.

D handelte als Vertreter ohne Vertretungsmacht. Es gelten die §§ 177 ff. BGB.

Im Übrigen handelt es sich auch bei der Aushändigung der Urkunde um eine **geschäftsähnliche Handlung**, sodass (wie bei § 171 BGB) die Vorschriften über Willenserklärungen und damit die der Anfechtung analoge Anwendung finden.[560]

817

Die §§ 170-173 BGB gelten nicht nur für den Fall, dass eine zunächst wirksame Vollmacht erloschen ist, sondern aus Gründen des Verkehrsschutzes analog auch dann, wenn die Vollmacht von **Anfang an nicht** oder **nicht wirksam** erteilt wurde, aber ein Rechtsschein nach den §§ 170, 171 oder 172 BGB gesetzt wurde.[561]

818

Beispiel[562]: G bevollmächtigt seinen Angestellten V zum Kauf von Büromöbeln beim Großhändler D. Danach teilt G dem Inhaber des Möbelhauses M die Bevollmächtigung des V telefonisch mit. V kauft, da er den D nicht für zuverlässig hält, eigenmächtig und ohne von dem Telefonat des G zu wissen, bei M im Namen des G Möbel im Wert von 3.000,- €. Erst jetzt bemerkt G, dass er den M versehentlich angerufen hat, weil er ihn für den Großhändler D hielt. Er ficht deshalb seine Erklärung gegenüber M an.
Kann M von G den Kaufpreis in Höhe von 3.000,- € verlangen?

819

M kann von G gem. § 433 II BGB den Kaufpreis in Höhe von 3.000,- € verlangen, wenn zwischen beiden ein entsprechender Kaufvertrag geschlossen wurde.

Ein Kaufvertrag (§ 433 BGB) setzt zwei übereinstimmende, mit Bezug aufeinander abgegebene Willenserklärungen, Angebot und Annahme, voraus.
G selbst hat gegenüber M keine Willenserklärung abgegeben. Diesbezüglich hat aber V gehandelt. Dieses Handeln könnte dem G über § 164 BGB zuzurechnen sein.
V hat eine eigene Willenserklärung abgegeben. Zudem hat er im Namen des G gehandelt. Fraglich ist allein, ob V Vertretungsmacht hatte. In Betracht kommt eine Vertretungsmacht kraft Bevollmächtigung.
G hatte dem V zunächst eine Vollmacht als Innenvollmacht (§ 167 I Var. 1 BGB) gegeben. Allerdings bezog sich die Vollmacht nur auf Geschäfte mit D; V war nicht berechtigt, den Vertrag mit M zu schließen. V handelte diesbezüglich also vollmachtlos.
Allerdings hat G durch die Mitteilung der Bevollmächtigung des V gegenüber M einen Rechtsschein gesetzt, nach dem der gutgläubige M von einer bestehenden Vollmacht des V ausgehen konnte; §§ 171, 173 BGB sind auf eine von vornherein nicht erteilte Vollmacht analog anwendbar, sodass der Rechtsschein erst zerstört ist, wenn die Kundgabe widerrufen wird. Dies ist hier nicht erfolgt.
G könnte die Kundgabe der Innenvollmacht gegenüber M aber mit der Wirkung des § 142 I BGB angefochten haben: Die Anfechtung ist zulässig, da die §§ 119 ff. BGB auf geschäftsähnliche Handlungen analog anwendbar sind. Die Anfechtungserklärung ist auch gegenüber M erfolgt (§ 143 I BGB). Da G sich über die Identität hinsichtlich des Geschäftspartners geirrt hat, ist der Anfechtungsgrund nach § 119 I Var. 1 BGB gegeben.

---

[560] *Leptien*, in: Soergel, § 172 Rn 3; *Schramm*, in: MüKo, § 172 Rn 6.
[561] BGH NJW **2005**, 2983, 2984; **2000**, 2270, 2271; **1985**, 730; *Heinrichs*, in: Palandt, § 173 Rn 1; *Jauernig*, in: Jauernig, § 173 Rn 2; *Rüthers/Stadler*, AT, § 30 Rn 39; a.A. für § 170 BGB *Schramm*, in: MüKo, § 170 Rn 6.
[562] Nach *Rüthers/Stadler*, AT, § 30 Rn 33/40.

Ergebnis: G konnte den Kundgabeakt anfechten und somit den Rechtsschein zerstören. Eine Vollmacht des V ist danach ausgeschlossen; er handelte als Vertreter ohne Vertretungsmacht, §§ 177 ff. BGB.

b. Der Schutz des Geschäftsgegners nach Handelsrecht

820 Gerade im Rahmen des Handelsrechts ist der Vertrauensschutz von besonderer Bedeutung. Insbesondere § 15 HGB ist in diesem Zusammenhang in Verbindung mit einer **Prokura** (§§ 48 ff. HGB) äußerst (examens-)relevant (zur Prokura vgl. Rn 748 ff.). Für die **Handlungsvollmacht** (§§ 54 ff. HGB, vgl. Rn 764), die nicht eintragungsfähig ist, gilt der Schutz des § 15 HGB **nicht**.

aa. Negative Publizität des Handelsregisters, § 15 I HGB

821 § 15 I HGB schützt das Vertrauen auf das **Schweigen des Handelsregisters**. Das bedeutet, dass in das Handelsregister einzutragende Tatsachen als nicht existierend betrachtet werden, solange sie nicht eingetragen und nicht bekannt gemacht worden sind. Allerdings greift der Rechtsscheintatbestand des § 15 I HGB nur dann, wenn derjenige, der sich darauf beruft, keine anderweitige positive Kenntnis von der eingetragenen oder nicht bekannt gemachten Tatsache hat. Erfährt er aber erst später von der wahren Sachlage, steht es ihm frei, sich auf die Wirkung des § 15 I HGB zu berufen oder die Rechtsfolge zu wählen, die sich aus dem wahren Sachverhalt ergibt.[563]

822 **Beispiel:** Kaufmann K hat dem P wirksam Prokura erteilt, §§ 48 ff. HGB. Dieses hat er als eintragungspflichtige Tatsache (vgl. § 53 I HGB) auch ins Handelsregister eintragen lassen. Später widerruft er die Prokura, unterlässt es jedoch, diese (eintragungspflichtige, vgl. § 53 III HGB) Tatsache ins Handelsregister einzutragen. P hat aber (nach dem Widerruf) noch mit dem Kunden B einen Kaufvertrag über Büromöbel für K geschlossen. Kann B Lieferung verlangen, wenn K den Vertrag nicht will?

B könnte gegen K einen Anspruch auf Übereignung und Übergabe der Möbel nach § 433 I S. 1 BGB haben, wenn zwischen ihnen ein wirksamer Kaufvertrag zustande gekommen ist.

Da K nicht selbst handelte, kann der Kaufvertrag nur zustande gekommen sein, wenn P den K wirksam vertreten hat. P gab eine eigene Willenserklärung im Namen des K ab. Er müsste aber auch mit Vertretungsmacht gehandelt haben. Die Prokura war aufgrund des Widerrufs bereits erloschen. P handelte daher als Vertreter ohne Vertretungsmacht, sodass der Vertrag nach § 177 BGB eigentlich unwirksam war (von einer Genehmigung des K ist nicht auszugehen). Zu prüfen ist aber, ob nicht das Vertrauen des B auf den Fortbestand der Prokura durch § 15 I HGB geschützt ist.

Gemäß § 53 III HGB ist auch das Erlöschen der Prokura eine eintragungspflichtige Tatsache. Diese Eintragung und Bekanntmachung hatte K unterlassen. B war auch gutgläubig, da er bei Abschluss des Vertrags nichts von dem Erlöschen der Prokura wusste. K kann dem B gemäß § 15 I HGB das Erlöschen der Prokura also nicht entgegenhalten.

Trotz mangelnder Vertretungsmacht ist der Kaufvertrag zwischen B und K, vertreten durch P, daher wirksam zustande gekommen. Mangels anderer entgegenstehender Gesichtspunkte kann B von K gemäß § 433 I S. 1 BGB Übereignung und Übergabe der Möbel verlangen.

bb. Positive Publizität des Handelsregisters, § 15 III HGB

823 Nach § 15 III HGB kann sich ein Dritter auf eine unrichtig bekannt gemachte Tatsache berufen, soweit er die Unrichtigkeit nicht kannte. Im Gegensatz zu § 15 I HGB wird hier

---

[563] *Ruß*, in: Heidelberger Kommentar zum HGB, § 15 Rn 10a.

auf das „Reden" des Handelsregisters abgestellt und die Vorschrift somit als **„positive Publizität"** des Handelsregisters beschrieben.

cc. Vertretungsmacht von Ladenangestellten, § 56 HGB

Nach § 56 HGB gilt derjenige, der in einem Laden oder offenen Warenlager angestellt ist, als ermächtigt zu Verkäufen und Empfangnahmen, die in einem derartigen Laden oder Warenlager gewöhnlich geschehen. Auch § 56 HGB schützt damit das Vertrauen eines Dritten auf das Bestehen einer Vertretungsmacht. Analog § 54 III HGB muss der Dritte aber auch in diesem Fall redlich sein. Vgl. dazu ausführlich Rn 770.   **824**

c. Duldungs- und Anscheinsvollmacht

Die gesetzlich geregelten Rechtsscheintatbestände der §§ 170-173 BGB decken nicht alle denkbaren Fälle ab, in denen das Vertrauen des Geschäftsgegners in die bestehende Vollmacht des Vertreters schützenswert ist. Daher haben Rechtsprechung und Literatur[564] die Rechtsfiguren der Duldungs- und Anscheinsvollmacht entwickelt, nach denen dem Vertretenen auch dann das vom „Vertreter" getätigte Rechtsgeschäft zugerechnet wird, wenn er keine Vollmacht erteilt hat.   **825**

aa. Duldungsvollmacht

Eine **Duldungsvollmacht** liegt vor,   **826**

(1) wenn ein Unbefugter **ohne Vollmacht** (grds. während einer gewissen Dauer und wiederholt) für den Geschäftsherrn **als Vertreter auftritt**,

(2) der Geschäftsherr dies **weiß**, aber trotz entsprechender Verhinderungsmöglichkeit (also in zurechenbarer Weise) **nichts dagegen unternimmt** und

(3) der Geschäftsgegner dieses Dulden nach Treu und Glauben dahin **verstehen darf**, dass der als Vertreter Handelnde **bevollmächtigt** ist.

Eines Rückgriffs auf die Figur der Duldungsvollmacht bedarf es aber nicht, wenn das fragliche Verhalten des Geschäftsherrn bereits als konkludente Bevollmächtigung angesehen werden kann. Denn dann liegt ein echter Fall des § 164 BGB vor.   **827**

Eine **konkludente Bevollmächtigung** liegt vor, wenn dem Geschäftsherrn das Auftreten des nicht ausdrücklich Bevollmächtigten zur Kenntnis kommt und er dieses Auftreten *mit rechtsgeschäftlichem Willen* billigt.   **828**

Maßgebliches Unterscheidungskriterium ist der **Bevollmächtigungswille des Geschäftsherrn**. Während dieser Wille bei der konkludent erteilten Vollmacht besteht, fehlt er gerade bei der Duldungsvollmacht. Zu ermitteln ist der Wille im Wege der Auslegung (§§ 133, 157 BGB), und zwar vom Empfängerhorizont her, d.h. bei der konkludenten Innenbevollmächtigung aus der Sicht des Vertreters, bei der Außenvollmacht aus derjenigen des Geschäftsgegners. So ist eine konkludente Bevollmächtigung insbesondere dann zu verneinen, wenn der unbefugt Handelnde weiß, dass der Geschäftsherr ihn nicht bevollmächtigen will und die Duldung durch den Geschäftsherrn nur auf seine Unentschlossenheit und Schwäche zurückzuführen ist.[565]   **829**

Die eigentliche Bedeutung der Duldungsvollmacht liegt in der **fehlenden Anfechtbarkeit**: Denn dadurch, dass sich die Duldungsvollmacht von der konkludent erteilten   **830**

---

[564] Vgl. nur BGH BB **2007**, 955 ff.; BGHZ **102**, 60, 64; BGH NJW **2002**, 2325, 2327; NJW **2003**, 2091; *Brox/Walker*, AT, Rn 562; *Heinrichs*, in: Palandt, § 173 Rn 9; *Leptien*, in: Soergel, § 167 Rn 22; *Köhler/Lange*, AT, § 11 Rn 43.
[565] *Larenz/Wolf*, AT, § 48 Rn 22.

(echten) Vollmacht insofern unterscheidet, als dem Dulden gerade *kein* Erklärungswert beigemessen werden soll, liegt in der Duldung folgerichtig auch *keine* Willenserklärung. Da aber nur Willenserklärungen angefochten werden können, nicht jedoch Rechtsscheintatbestände, die ja gerade zugunsten des Verkehrsschutzes entwickelt wurden, ist eine **Anfechtung einer Duldungsvollmacht ausgeschlossen**.[566]

831 Ist demnach eine konkludente Bevollmächtigung ausgeschlossen und ist eine Duldungsvollmacht in Betracht zu ziehen, sind die **Voraussetzungen der Duldungsvollmacht** zu prüfen:

832 (1) Der Geschäftsherr muss durch sein Verhalten den **Rechtsschein** einer Bevollmächtigung setzen. Dieser Rechtsschein liegt bei der Duldungsvollmacht darin, dass der Vertretene das Verhalten des vermeintlichen Vertreters kennt, aber nicht dagegen einschreitet, obwohl ihm das möglich wäre. Ein einmaliges Gewährenlassen genügt bereits. Objektive Umstände, welche auf eine bestehende Vollmacht hindeuten, sind bspw. das Benutzen von Briefpapier, Stempel etc., wiederholtes Auftreten als Vertreter usw.

833 (2) Der gesetzte Rechtsschein muss **zurechenbar** sein. Grundsätzlich ist die Zurechenbarkeit durch das pflichtwidrige Gewährenlassen indiziert, sodass es eines Eingehens auf diesen Prüfungspunkt i.d.R. nicht bedarf. Etwas anderes gilt nur dann, wenn der duldende Geschäftsherr nicht voll geschäftsfähig ist. Denn dadurch, dass bei der Duldungsvollmacht nur die Bevollmächtigung ersetzt wird, nicht aber die übrigen Wirksamkeitsvoraussetzungen der Vollmacht entfallen dürfen, ist die **Geschäftsfähigkeit** des Geschäftsherrn notwendige Voraussetzung für die Zurechnung.

834 (3) Auf Seiten des Geschäftsgegners ist erforderlich, dass dieser **gutgläubig** ist, d.h., dass er das Fehlen der Vollmacht weder kennen noch fahrlässig nicht kennen darf, § 173 BGB analog.

835 Liegen diese Voraussetzungen für eine Duldungsvollmacht vor, so muss sich der Geschäftsherr so behandeln lassen, als hätte er eine wirksame Vollmacht erteilt. Er kann sich nicht auf die fehlende Vollmacht berufen.[567]

836 **Beispiel**[568]**:** Ehefrau F betreibt eine Modeboutique in der Innenstadt. Weil die Umsätze rückläufig sind, beabsichtigt sie, das Geschäft aufzugeben. Da aber ihr Ehemann M immer noch an bessere Zeiten glaubt, möchte er den Laden halten. Da er jedoch wegen eines kürzlich geleisteten Offenbarungseids (heute eidesstattliche Versicherung) das Geschäft nicht im eigenen Namen führen kann, führt er es im Namen seiner Frau weiter. In diesem Rahmen bestellt er wiederholt im Namen seiner Frau bei der Lieferantin L Konfektionsstücke, diesmal im Wert von 10.250,- €. F weiß davon, will sich aber in die Geschäfte ihres Mannes nicht einmischen. Als M nun die Rechnungen der L wegen (erneuter) Zahlungsunfähigkeit nicht zahlen kann, verlangt L Zahlung von F. Zu Recht?

L könnte gegen F einen Zahlungsanspruch aus § 433 II BGB haben. Dazu müsste zwischen den beiden ein entsprechender Kaufvertrag zustande gekommen sein.

Ein Kaufvertrag besteht aus zwei übereinstimmenden, mit Bezug aufeinander abgegebenen Willenserklärungen, Angebot und Annahme.

---

[566] Nach einer Mindermeinung (*Flume*, AT, § 49 sub 3 u. 4; *Medicus*, BR, Rn 101; *Becker*, JA **2006**, 597, 600 f.) ist die Duldungsvollmacht als rechtsgeschäftliche Vollmachtserteilung durch konkludentes Verhalten anzusehen. Dem Wissen und Dulden des Handelns durch den Unbefugten sei ein objektiver Erklärungswert beizumessen. Folge dieser Auffassung ist, dass die Duldungsvollmacht wie eine „echte" konkludent erteilte Vollmacht zu behandeln ist, was insbesondere die Anfechtung ermöglicht.
[567] Der BGH wendet die Grundsätze der Duldungs- und Anscheinsvollmacht selbst dann an, wenn die erteilte Vollmacht wegen Verstoßes gegen ein Gesetz (hier: Rechtsberatungsgesetz) nichtig ist (BGH NJW **2003**, 2091).
[568] In Anlehnung an BGH NJW **1966**, 1915.

F hat selbst nicht gehandelt. Allerdings hat M im Namen der F eine entsprechende Willenserklärung abgegeben. § 164 BGB setzt aber auch eine Vertretungsmacht voraus. Ausdrücklich hat F dem M keine Vollmacht erteilt.

Aber auch eine konkludente Bevollmächtigung ist nicht gegeben, da F auch aus der objektivierten Sicht des M (§§ 133, 157 BGB) keinen Bevollmächtigungswillen hatte. Die §§ 170-172 BGB können zum Schutz des M ebenfalls nicht herangezogen werden, da es an einem Kundgabeakt der F fehlt. Schließlich greift auch § 56 HGB nicht ein, da M nicht „angestellt" war.

Fraglich ist aber, ob die ungeschriebene Rechtsfigur der **Duldungsvollmacht** zum Tragen kommt. Eine solche liegt vor, wenn ein Unbefugter ohne Vollmacht während einer gewissen Dauer und wiederholt für den Geschäftsherrn als Vertreter aufgetreten ist, der Vertretene dies weiß, aber in zurechenbarer Weise, also trotz entsprechender Verhinderungsmöglichkeit, nichts dagegen unternimmt und der Geschäftsgegner dieses Dulden nach Treu und Glauben dahin verstehen darf, dass der als Vertreter Handelnde bevollmächtigt ist.

M trat wiederholt ohne Vertretungsmacht für F als deren Vertreter auf. Dies wusste F. Sie ist auch nicht dagegen vorgegangen, obwohl es ihr in zumutbarer Weise möglich gewesen wäre. Daher ist der **objektive Rechtsscheintatbestand** gegeben.

L ist auch schutzwürdig, weil sie auf eine bestehende Vollmacht vertraut hat. Insbesondere liegen keine Anhaltspunkte dafür vor, dass sie von der mangelnden Vertretungsmacht wusste oder hätte wissen können, § 173 BGB analog.

Dem Verhalten der F kommt daher die Wirkung einer echten Bevollmächtigung zu. Da die übrigen Voraussetzungen des § 164 I BGB (eigene Willenserklärung des M, Handeln im fremden Namen) vorliegen, ist der Vertrag zwischen L und F, vertreten durch M, wirksam zustande gekommen. L kann daher von F Zahlung des Kaufpreises nach § 433 II BGB verlangen.

bb. Anscheinsvollmacht

Von der Duldungsvollmacht zu unterscheiden ist die Anscheinsvollmacht.   837

a.) Allgemeines

Eine **Anscheinsvollmacht** liegt vor, wenn der Geschäftsherr das (wiederholte, sich   838
über einen gewissen Zeitraum erstreckende) Auftreten des unbefugt als Vertreter Handelnden zwar nicht kennt, es bei pflichtgemäßer Sorgfalt aber hätte erkennen und verhindern können, und wenn der Geschäftsgegner nach Treu und Glauben mit Rücksicht auf die Verkehrssitte ohne Fahrlässigkeit annehmen durfte, der Vertretene billige und dulde das Handeln des Vertreters.[569]

Der entscheidende Unterschied zur Duldungsvollmacht ist also, dass der Geschäftsherr   839
das Verhalten seines angeblichen Vertreters **nicht kennt**, es aber hätte **erkennen**
können und **verhindern** müssen (s.o.). Zurechnungsgrund ist also die fahrlässige Unkenntnis.

- Da also auch bereits eine leicht fahrlässige Unkenntnis genügt, damit der Geschäftsherr   840
  sich so behandeln lassen muss, als habe er eine wirksame Vollmacht erteilt, werden
  teilweise Bedenken gegen die Figur der Anscheinsvollmacht erhoben.[570] Die Anscheinsvollmacht sei mit den Grundsätzen der Privatautonomie kaum vereinbar, da nicht der
  Wille, sondern fahrlässiges Verhalten Anknüpfungspunkt für das Entstehen von Erfüllungsansprüchen sei. Sie könne auch nicht auf eine Analogie zu den gesetzlich geregel-

---

[569] Vgl. BGH NJW **1998**, 1854, 1855; NJW-RR **1987**, 308; BGHZ **5**, 111, 116; LG Trier NJW **1998**, 1407, 1408; *Köhler/Lange*, AT, § 11 Rn 44.
[570] *Flume*, AT, § 49 sub 3 u. 4; *Medicus*, BR, Rn 101.

ten Rechtsscheinsvorschriften (§§ 170 ff. BGB) gestützt werden, weil diese voraussetzten, dass der Rechtsschein willentlich gesetzt worden sei.

Folge dieser ablehnenden Auffassung ist, dass lediglich ein Anspruch aus **§ 179 BGB** gegen den vermeintlichen Vertreter sowie ein Anspruch aus **c.i.c. (§§ 280 I, 311 II Nr. 2, 241 II BGB)** auf das negative Interesse gegen den „Vertretenen" in Betracht kommen, da ein Anspruch auf das Erfüllungsinteresse nicht aus einer Sorgfaltspflichtverletzung, sondern allein aus einem privatautonomen Handeln des Vertretenen hergeleitet werden kann.

841   ▪ Nach h.M. greifen die geäußerten Bedenken nicht.[571] Vielmehr gäben die §§ 170 ff. BGB auch für die Entwicklung der Anscheinsvollmacht eine wichtige Stütze. Der Schutz, den die §§ 170 ff. BGB gewähren, knüpfe zwar jeweils an eine bewusste Äußerung des Vertretenen an. Dass der Geschäftsgegner danach vom Fortbestand der Vollmacht ausgehen dürfe, beruhe jedoch – eine tatsächliche Vermutung für den Fortbestand gebe es nicht – rechtlich darauf, dass der Vertretene es unterlasse einzuschreiten, was in aller Regel auf mangelnder Sorgfalt beruhe. Damit sei die Verbindung zur Anscheinsvollmacht als **Rechtsscheintatbestand** hergestellt.

Demnach steht die Anscheinsvollmacht also in ihrer *Wirkung* einer rechtsgeschäftlichen Vollmacht gleich und verleiht entsprechend dem gesetzten Umfang des Rechtsscheins Vertretungsmacht, sodass sich der Geschäftsherr so behandeln lassen muss, als habe er den Handelnden tatsächlich bevollmächtigt. Bei gegebenen Voraussetzungen (sowohl der Anscheinsvollmacht als auch der Stellvertretung im Übrigen) kann also z.B. ein Vertrag mit entsprechenden Erfüllungsansprüchen zustande kommen.

842   Sofern man die Figur der Anscheinsvollmacht mit der h.M. anerkennt, ist gleichzeitig zu beachten, dass dann auch eine **Anfechtung** *nicht* möglich ist, da der gesetzte Rechtsschein nicht rückwirkend vernichtet werden kann. Die **Voraussetzungen** sind gegenüber der Duldungsvollmacht modifiziert:

843   (1) Der Rechtsscheintatbestand der Anscheinsvollmacht setzt zunächst voraus, dass ein Unbefugter **ohne Vollmacht** für den Geschäftsherrn als Vertreter aufgetreten ist. Da bei der Anscheinsvollmacht aber an die fahrlässige Unkenntnis des Geschäftsherrn bezüglich des vollmachtlos Handelnden angeknüpft wird, ist einschränkend zu fordern, dass dessen Gerieren als Vertreter von einer **gewissen Häufigkeit und Dauer** ist.[572]

Das ist bspw. bei einer wiederholten Verwendung überlassener Geschäftspapiere oder Firmenstempel[573], der Verwendung des Namens eines ausgeschiedenen oder eines Nicht-Sozius auf dem Praxisschild oder Briefbogen[574] der Fall.

844   (2) Eine Zurechnung des objektiv bestehenden Rechtsscheins kann nur dann erfolgen, wenn der Geschäftsherr von diesem Verhalten nichts wusste, es jedoch bei Anwendung der im Verkehr erforderlichen Sorgfalt **hätte erkennen und verhindern können**.

845   (3) Eine Einstandspflicht unter dem Aspekt der Anscheinsvollmacht kommt allerdings nur in Betracht, wenn der Geschäftsherr **geschäftsfähig** ist, da der Rechtsschein und der gute Glaube des Geschäftsgegners nur die fehlende Bevollmächtigung, nicht aber die sonstigen Wirksamkeitsvoraussetzungen einer Bevollmächtigung ersetzen können

---

[571] St. Rspr., vgl. nur BGH VersR **1992**, 898, 990; NJW **1998**, 1854 ff. Aus der Lit.: *Leptien*, in: Soergel, § 167 Rn 17; *Heinrichs*, in: Palandt, § 173 Rn 14/18; *Schreiber*, Jura **1997**, 104, 106; *Rüthers/Stadler*, AT, § 30 Rn 46; *Köhler/Lange*, AT, § 11 Rn 44; *Larenz/Wolf*, AT, § 48 Rn 20.
[572] BGH NJW **1998**, 1854, 1855; NJW-RR **1986**, 1169; *Rüthers/Stadler*, AT, § 30 Rn 46.
[573] BGHZ **5**, 111, 116.
[574] BGH NJW **1991**, 1225.

und der vorrangige Schutz des Geschäftsunfähigen bzw. beschränkt Geschäftsfähigen sonst durch Rechtsscheinserwägungen verdrängt würde.[575]

(4) Schließlich muss der Geschäftsgegner bei der Vornahme des Vertretergeschäfts auch **schutzwürdig** gewesen sein, d.h., er muss **analog § 173 BGB gutgläubig** auf den gesetzten Rechtsschein bestehender Bevollmächtigung vertraut haben und der Rechtsschein und das Vertrauen darauf müssen für das Handeln des Geschäftspartners auch **ursächlich** gewesen sein.[576] An der Ursächlichkeit des Handelns fehlt es allerdings, wenn der Geschäftsgegner die gleichen Vermögensdispositionen auch ohne Rücksicht auf den Rechtsschein vorgenommen hätte, z.B. weil er bereit gewesen wäre, sich mit der Haftung des Handelnden aus § 179 BGB zu begnügen. 846

b.) Anscheinsvollmacht im Handelsrecht

Ein gesetzlich geregelter Fall einer Anscheinsvollmacht findet sich in **§ 56 HGB**. Danach wird bei einer Person, die in einem Laden oder einem offenen Lager angestellt ist, das Bestehen einer Vertretungsmacht für alle Verkäufe (einschließlich der dinglichen Geschäfte) und Empfangnahmen, die in einem derartigen Laden oder Warenlager **gewöhnlich** geschehen, vermutet.[577] § 56 HGB schützt damit das Vertrauen eines Dritten auf das Bestehen einer Vertretungsmacht. Analog § 54 III HGB muss der Dritte aber auch hier redlich sein.[578] Der Kaufmann kann die Ladenvollmacht nur dadurch ausschließen, dass er auf den Ausschluss besonders hinweist (z.B. durch ein Schild „Zahlung nur an der Kasse"). 847

Sind die eben genannten Voraussetzungen erfüllt, dann kommt dem Verhalten des Geschäftsherrn die Wirkung einer echten Bevollmächtigung zu. Der Geschäftsherr wird also trotz fehlender Bevollmächtigung gleichwohl aus dem Vertretergeschäft berechtigt und verpflichtet, sofern die übrigen Voraussetzungen einer wirksamen Stellvertretung vorliegen. Der Umfang der Vollmacht richtet sich nach dem geschaffenen Vertrauenstatbestand. 848

Die Anscheinsvollmacht **endet**, wenn der Rechtsschein der Bevollmächtigung beseitigt wird, d.h. wenn entweder der Handelnde seine fehlende rechtsgeschäftliche Vertretungsmacht oder der Vertretene seinen entgegenstehenden Willen nach außen zu erkennen geben.[579] 849

Beispiel[580]: V ist seit einigen Jahren Verkäuferin in der *Campus-Buchhandlung* in M. Inhaber des Geschäfts ist G. Dieser hat V zu Buchverkäufen ermächtigt. Der Einkauf von Büchern ist ihr dagegen laut Arbeitsvertrag ausdrücklich nicht gestattet. Dennoch bestellt V zu Beginn eines jeden Wintersemesters beim B-Verlag unter Verwendung eines Briefbogens mit aufgedrucktem Briefkopf der *Campus-Buchhandlung* im Namen des G 300, im B-Verlag erschienene, Lehrbücher zum Allgemeinen Teil des BGB. G, der sich um die juristische Abteilung nicht besonders kümmert, weiß nichts von den Bestellungen der V, obwohl er die Rechnungen des B-Verlags regelmäßig begleicht. Erst als sich am Ende des Semesters von den Büchern noch 250 Stück im Lager befinden, fragt G, warum V – wenn sie schon arbeitsvertragswidrig Bücher einkaufe – nicht wenigstens 300 Bücher zum BGB-AT aus dem S-Verlag gekauft habe. Ist G an die Lieferung der Bücher gebunden? 850

G ist an die Lieferung der Bücher aus dem B-Verlag gebunden, wenn zwischen ihm und dem B-Verlag ein entsprechender Kaufvertrag zustande gekommen ist.

---

[575] Allg. Auffassung; vgl. nur *Schramm*, in: MüKo, § 167 Rn 54; *Köhler/Lange*, AT, § 11 Rn 45.
[576] *Rüthers/Stadler*, AT, § 30 Rn 46 f.; *Köhler/Lange*, AT, § 11 Rn 45; *Heinrichs*, in: Palandt, § 173 Rn 17.
[577] Die Dogmatik ist umstritten, vgl. dazu *K. Schmidt*, Handelsrecht, § 16 V 2 (S. 491 ff.)
[578] *Brox/Walker*, Handelsrecht, Rn 195.
[579] *Grimme*, JuS **1989**, L 49, 51.
[580] Vgl. *Rüthers/Stadler*, AT, § 30 Rn 45/47.

Ein Kaufvertrag besteht aus zwei übereinstimmenden, mit Bezug aufeinander abgegebenen Willenserklärungen, Angebot und Annahme.

G hat selbst nicht gehandelt. Allerdings hat V im Namen des G eine entsprechende Willenserklärung abgegeben. § 164 BGB setzt aber auch eine Vertretungsmacht voraus. Ausdrücklich hat G der V keine Vollmacht zum Büchereinkauf erteilt.

Auch eine konkludente Bevollmächtigung ist nicht gegeben, da G auch aus der objektivierten Sicht der V (§§ 133, 157 BGB) keinen Bevollmächtigungswillen zum Büchereinkauf hatte. Die §§ 170-172 BGB können zum Schutz der V ebenfalls nicht herangezogen werden, da es an einem Kundgabeakt des G fehlt. Schließlich greift auch § 56 HGB nicht ein, da es vorliegend nicht um „Verkauf", sondern um „Einkauf" geht.

Fraglich ist aber, ob die ungeschriebene Rechtsfigur der **Anscheinsvollmacht** zum Tragen kommt. Eine solche liegt vor, wenn der Geschäftsherr das (wiederholte, sich über einen gewissen Zeitraum erstreckende) Auftreten des unbefugt als Vertreter Handelnden zwar nicht kennt, es bei pflichtgemäßer Sorgfalt aber hätte erkennen und verhindern können, und wenn der Geschäftsgegner nach Treu und Glauben mit Rücksicht auf die Verkehrssitte ohne Fahrlässigkeit annehmen durfte, der Vertretene billige und dulde das Handeln des Vertreters.

G hätte bei gehöriger verkehrsüblicher Sorgfalt erkennen können, dass V für ihn Bücher aus dem B-Verlag einkaufte. Zum einen bezahlte er die vorherigen Lieferungen anstandslos und verursachte somit beim B-Verlag den Anschein, er sei mit der Bestellung einverstanden. Außerdem hätte er die Briefbögen sorgfältig verwahren müssen. G hatte somit die Möglichkeit, das Verhalten der V zu erkennen und zu verhindern. Der B-Verlag ist als gutgläubiger Geschäftspartner schutzbedürftig (daran ändert auch die (schlechte) Qualität seiner Bücher nichts).

Im Ergebnis muss sich G daher nach den Regeln der Anscheinsvollmacht so behandeln lassen, als habe er die V zum Einkauf von Büchern bevollmächtigt. Der Kaufvertrag ist damit wirksam. Wegen der gesetzlichen Buchpreisbindung darf G die restlichen Bücher aus dem B-Verlag auch noch nicht einmal verramschen.

4. Beschränkung der Vertretungsmacht

851 Da die (gesetzlich oder rechtsgeschäftlich eingeräumte) Vertretungsmacht die Wirkungen des Vertretergeschäfts unmittelbar beim Geschäftsherrn eintreten lässt, birgt das Institut der Stellvertretung auch Risiken in sich. Solche Risiken können etwa darin bestehen, dass der Vertreter diese Vertretungsmacht zum eigenen Vorteil ausnutzt und dadurch die Interessen seines Geschäftsherrn gefährdet. Daher gibt es sowohl gesetzliche als auch gewohnheitsrechtlich anerkannte Beschränkungen der Vertretungsmacht.

852 **Beispiele für gesetzliche Vertretungsverbote:** Grundsätzlich besteht ein Vertretungsverbot für Schenkungen nach §§ 1641; 1804; 1908i BGB. Ein Verstoß gegen diese Vorschriften führt – ohne dass eine Genehmigungsmöglichkeit bestünde – zur Nichtigkeit des Geschäfts, § 134 BGB (str.). Die Vertretungsmacht der Eltern für ihr Kind ist vom Gesetz auch für weitere Rechtsgeschäfte ausgeschlossen, so im Fall des § 1629 II S. 1 i.V.m. § 1795 BGB (für den Betreuer vgl. § 1908i BGB). Ein dennoch vorgenommenes Geschäft der Eltern ist schwebend unwirksam und kann von dem zu bestellenden Pfleger (§ 1909 BGB) oder dem volljährig gewordenen Minderjährigen genehmigt werden, §§ 177 ff. BGB. In anderen gesetzlich geregelten Fällen ist die Vertretungsmacht beschränkt, d.h. besondere Geschäfte bedürfen für ihre Wirksamkeit der vormundschaftsgerichtlichen Genehmigung, vgl. §§ 1643 f.; 1819 ff.; 1908i BGB. Ein ohne die erforderliche Zustimmung des Vormundschaftsgerichts vorgenommenes Geschäft ist schwebend unwirksam, §§ 1643 III; 1829 I; 1908i I BGB. Der Vertrag wird durch die (nachträgliche) Genehmigung des Vormundschaftsgerichts oder des Kindes bzw. Mündels nach Volljährigkeit wirksam; §§ 1643 III; 1829 I, III; 1908i I BGB.

Die wichtigste gesetzliche Beschränkung der Vertretungsmacht enthält jedoch **§ 181 BGB** (Verbot des Selbstkontrahierens und der Mehrfachvertretung). Dazu sogleich.

Als **gewohnheitsrechtliche Grenze** sind die **Grundsätze vom Missbrauch der Vertretungsmacht** anerkannt. Vgl. dazu Rn 871 und 1089. **853**

a. Das Insichgeschäft, § 181 BGB

§ 181 BGB beschränkt sowohl die gesetzliche als auch die rechtsgeschäftliche Vertretungsmacht. Danach kann der Vertreter im Namen des Vertretenen weder mit sich selbst (**Selbstkontrahierung**) noch mit einem Dritten Rechtsgeschäfte vornehmen, wenn er gleichzeitig als Vertreter dieses Dritten handelt (**Mehrvertretung**). Etwas anderes gilt nur dann, wenn ihm dies **gestattet** ist oder wenn das Rechtsgeschäft, das er vornimmt, ausschließlich in der **Erfüllung einer Verbindlichkeit** besteht. **854**

Zweck des § 181 BGB ist es, **Interessenkollisionen vorzubeugen**. Die Vorschrift beruht auf dem Gedanken, dass die Mitwirkung derselben Person auf beiden Seiten des Rechtsgeschäfts stets die Gefahr eines Interessenkonflikts und damit die Schädigung eines Teils in sich birgt (BGHZ 51, 209, 215; 56, 97, 101). Dem liegt folgende Überlegung zugrunde: Grundsätzlich vertreten die Parteien eines Vertrags gegenläufige Interessen. So will bspw. der Käufer einer Sache einen möglichst geringen Kaufpreis zahlen und der Verkäufer will einen möglichst hohen Preis erzielen. In der Regel müssen beide Parteien einen Kompromiss finden, damit das Geschäft zustande kommt. Steht nun auf Verkäuferseite ein Stellvertreter, der zugleich als Stellvertreter des Käufers auftritt, entsteht zwangsläufig eine Interessenkollision. Dieser Situation will § 181 BGB entgegentreten. **855**

aa. Verbot des Selbstkontrahierens, § 181 Var. 1 BGB

Die erste in § 181 BGB genannte Fallgruppe betrifft das Verbot des Selbstkontrahierens. Eine **Selbstkontrahierung** liegt vor, wenn der Vertreter auf der einen Seite für den Vertretenen als dessen Stellvertreter und auf der anderen Seite für sich selbst im eigenen Namen auftritt. **856**

> **Beispiel:** Geschäftsmann G ist wieder einmal eilig unterwegs, obwohl er sich eigentlich um den Verkauf seiner Motorjacht kümmern müsste. Diese ist erst ein Jahr alt, muss aber weg, weil bereits die neue, noch größere Luxusjacht bestellt ist und bald eintrifft. Daher bevollmächtigt er seinen Freund V, für ihn die Jacht zu verkaufen. V, der gerade eine solche sucht, aber nicht über die nötige Liquidität verfügt, wittert eine Chance, um äußerst günstig an die Jacht des G heranzukommen: Er fertigt einen Vertrag, wonach G die Jacht, vertreten durch V, für 1.000,- € an V verkauft. Sodann unterzeichnet er den Vertrag einmal als Vertreter des Verkäufers G und einmal als Käufer. **857**

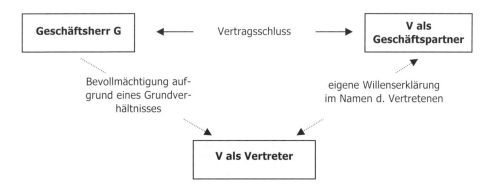

bb. Verbot der Mehrfachvertretung, § 181 Var. 2 BGB

858 Die zweite in § 181 BGB genannte Fallgruppe betrifft das Verbot der Mehrvertretung. Eine **Mehrfachvertretung** liegt vor, wenn jemand auf beiden Seiten eines Rechtsgeschäfts als Stellvertreter für die jeweiligen Vertragsparteien auftritt.

> **Beispiel:** Wieder ist G eilig unterwegs, obwohl er sich diesmal um den Verkauf seines Jaguars kümmern müsste, weil der neue bereits beim Händler steht. Er bevollmächtigt seinen Freund V, für ihn den Wagen zu verkaufen, sagt diesem allerdings, dass er so etwas wie beim letzten Mal nicht noch einmal erleben wolle. V, der schon immer gerissen war, wittert auch hier eine Chance, um zwar die Vorgabe des G zu beachten, aber dennoch äußerst günstig an den Jaguar heranzukommen: Er fertigt einen Vertrag, wonach G den Wagen, vertreten durch V, für 1.000,- € an D, wiederum vertreten durch V, verkauft. Sodann unterzeichnet V den Vertrag einmal als Vertreter des Verkäufers G und einmal als Vertreter des Käufers D. Später kauft er den Wagen von D, der gegen eine kleine „Provision" mitgespielt hatte, zurück.

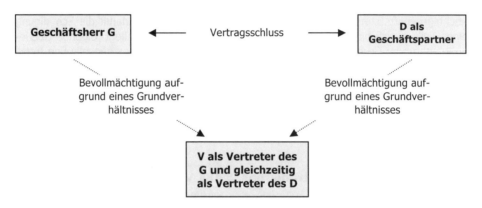

cc. Anwendbarkeit des § 181 BGB

859 In sachlicher Hinsicht ist § 181 BGB grundsätzlich auf das gesamte Privatrecht anwendbar und gilt grundsätzlich bei allen Arten von Rechtsgeschäften (z.B. auch für die dingliche Einigung, für familien- oder erbrechtliche Verträge). Die Vorschrift gilt auch für einseitige Rechtsgeschäfte (z.B. Kündigung, Bevollmächtigung, Zustimmung, Anfechtung, Erklärung des Rücktritts von einem Vertrag etc.) sowie für geschäftsähnliche Handlungen (z.B. Mahnung und Fristsetzungen). § 181 BGB tritt allerdings zurück, wenn Sondervorschriften wie bspw. §§ 34 BGB, 136 AktG, 47 IV GmbHG, 43 VI GenG, 25 V WEG greifen. Für Versteigerungen gilt § 450 BGB.

860 In persönlicher Hinsicht gilt § 181 BGB nicht nur für die rechtsgeschäftliche, sondern auch für die gesetzliche und organschaftliche Stellvertretung.

dd. Gesetzliche Ausnahmen

861 Die Rechtsfolge der § 181 BGB (Nichtigkeit des Rechtsgeschäfts, wenn der Geschäftsherr nicht genehmigt), findet *keine* Anwendung, wenn ein **zulässiges Insichgeschäft** vorliegt. § 181 BGB nennt zwei Fälle:

- Dem Vertreter ist die Mitwirkung auf beiden Seiten des Geschäfts **gestattet**.

- Der Vertreter hat zum Zwecke der **Erfüllung einer Verbindlichkeit** gehandelt.

Darüber hinaus nimmt die h.M. eine **teleologische Reduktion** des § 181 BGB vor, 862
wenn das Rechtsgeschäft für den Vertretenen **lediglich rechtlich vorteilhaft** ist.

a.) Das Insichgeschäft wurde gestattet

Das Insichgeschäft ist von Anfang an wirksam, wenn es dem Vertreter **gestattet** ist. 863
Die Gestattung kann **gesetzlich** erfolgen (vgl. etwa §§ 1009 II BGB, 125 II HGB, 78 IV
AktG), aber auch **rechtsgeschäftlich** erteilt werden.[581] Insbesondere kann sie bereits
in der Vollmachtserteilung enthalten sein (z.B.: „Hiermit bevollmächtige ich V unter Befreiung von den Beschränkungen des § 181 BGB ...") oder durch eine gesonderte einseitige, empfangsbedürftige Willenserklärung erfolgen (z.B.: „Hiermit befreie ich Sie
von den Beschränkungen des § 181 BGB."). Schließlich kann die Gestattung auch
konkludent erfolgen. In diesem Fall muss die Gestattung aber unzweifelhaft aus den
Umständen hervorgehen. Anderenfalls ist von der Anwendbarkeit des § 181 BGB auszugehen.[582]

> So enthält zum **Beispiel** eine **Generalvollmacht** nicht automatisch die Befreiung von
> den Beschränkungen des § 181 BGB. Die Befreiung muss schon erklärt werden.[583]

Eine konkludente Gestattung ist aber insbesondere dann anzunehmen, wenn nach den 864
Umständen des Falls unter Berücksichtigung des der Vertretungsmacht zugrunde liegenden Rechtsverhältnisses das Vertretergeschäft nur durch ein Insichgeschäft abgeschlossen werden kann.

> Dies ist zum **Beispiel** dann der Fall, wenn beide Parteien wissentlich denselben Dritten
> bevollmächtigt haben, eine Auflassung vorzunehmen.[584]

Auch **Organe juristischer Personen** können aufgrund entsprechender Satzungsbe- 865
stimmungen von den Beschränkungen des § 181 BGB befreit werden.[585]

b.) Erfüllung einer Verbindlichkeit

Nach § 181 BGB ist ein Insichgeschäft auch dann gestattet, wenn das Rechtsgeschäft 866
ausschließlich in der Erfüllung einer Verbindlichkeit besteht. Dieser Ausnahme liegt der
Umstand zugrunde, dass auch der Vertretene selbst oder ein anderer Vertreter die Verbindlichkeit erfüllen müssten. Der von § 181 BGB geregelte Interessenkonflikt besteht
nicht.

> **Beispiel:** Geschäftsherr G hat von seinem Prokuristen P ein Faxgerät gekauft. Erfüllt P
> die Pflicht des G zur Kaufpreiszahlung (§ 433 II BGB) dadurch, dass er den ent-
> sprechenden Betrag aus der Kasse des G nimmt und an sich selbst übereignet, handelt
> er zur Erfüllung einer Verbindlichkeit.

ee. Teleologische Reduktion

§ 181 BGB ist nach seinem **Normzweck unanwendbar**, wenn das Insichgeschäft 867
dem Vertretenen **lediglich einen rechtlichen Vorteil** bringt. Denn in diesem Fall ist
ein Interessenkonflikt ausgeschlossen und Belange Dritter stehen nicht entgegen.[586]
(sog. **teleologische Reduktion**).

---

[581] § 181 BGB ist also dispositiv, vgl. BGH NJW **2002**, 1488.
[582] *Schramm*, in: MüKo, § 181 Rn 43.
[583] KG JR **1952**, 438.
[584] KG JW **1937**, 471; LG Kassel DNotZ **1958**, 429.
[585] *Heinrichs*, in: Palandt, § 181 Rn 19; *Medicus*, AT, Rn 957.
[586] BGHZ **59**, 236, 240; **94**, 232, 235; BayObLG **1998**, 139; *Medicus*, AT, Rn 961; *Heinrichs*, in: Palandt, § 181
Rn 9.

Beispiel: Die Eltern möchten ihrer 5-jährigen Tochter T ein bei der Bank deponiertes Aktienpaket schenken. Sie fragen an, ob das rechtlich zulässig wäre.

Da T geschäftsunfähig ist, kann sie keine wirksame Willenserklärung abgeben (vgl. §§ 104 Nr. 1, 105 I BGB). Der Vertrag und die Übereignung wären daher nur wirksam, wenn T von ihren Eltern wirksam vertreten würde, §§ 164 ff. BGB. Die Vertretungsmacht ergäbe sich aus §§ 1626, 1629 BGB. Bedenken an eine zulässige Stellvertretung würden aber an den Umstand knüpfen, dass damit die Eltern sowohl für sich als Schenkende als auch im Namen ihrer Tochter als Beschenkte aufträten. In diesem Fall könnte deren Vertretungsmacht gem. §§ 1629 II S. 1, 1795 II, 181 BGB beschränkt sein, sodass ein Ergänzungspfleger (§ 1909 BGB) zu bestellen wäre.
Auf der anderen Seite wäre die Schenkung für T lediglich rechtlich vorteilhaft, da für T weder unmittelbare persönliche Pflichten begründet noch bereits vorhandene Rechte aufgehoben oder gemindert würden. Sie würde durch die Schenkung und die für die Eigentumsübertragung erforderliche Einigung lediglich einen rechtlichen Vorteil (Anspruch auf Übereignung und Erlangung des Eigentums an den Aktien) erlangen. Es bestünde also weder ein Interessenkonflikt noch würden Belange Dritter beeinträchtigt, sodass der Normzweck des § 181 BGB nicht griffe. § 181 BGB wäre teleologisch einzuschränken mit der Folge, dass die Eltern wirksam die Aktien an ihre Tochter verschenken und auf diese übertragen könnten.

<u>Weiterführender Hinweis:</u> Freilich wäre anders zu entscheiden, wenn die Konstellation umgekehrt wäre, wenn die Eltern also die Aktien, die sich im Eigentum ihrer Tochter befinden, in deren Namen auf sich selbst übertragen wollten.

ff. Teleologische Extension

868 Wie bereits erwähnt, stellt § 181 BGB auf die Personenidentität ab. Daher könnte ein Vertreter, der im Namen seines Geschäftsherrn mit sich selbst kontrahieren möchte, auf die Idee kommen, doch einfach einen Untervertreter einzuschalten, um auf diese Weise die Rechtsfolge des § 181 BGB zu umgehen.

> **Beispiel:** Geschäftsmann G muss schon wieder auf Reisen, obwohl er sich eigentlich um den Verkauf seiner antiken Uhrensammlung kümmern müsste. Daher bevollmächtigt er seinen Freund V, für ihn die Sammlung zu verkaufen. V, der gerade eine solche sucht, aber nicht über die nötige Liquidität verfügt, wittert eine Chance, um äußerst günstig an die Uhrensammlung des G heranzukommen: Er fertigt einen Vertrag, wonach G die Uhrensammlung, vertreten durch V, untervertreten durch U, für 100,- € an V verkauft. Sodann lässt er den Vertrag auf Verkäuferseite von U im Namen des G unterzeichnen. Er selbst unterzeichnet auf Käuferseite den Vertrag in seinem Namen.

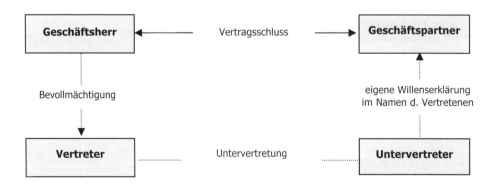

Um solche Umgehungsmöglichkeiten zu verhindern, legt die h.M. die Vorschrift des § 181 BGB diesbezüglich extensiv aus bzw. wendet sie nach ihrem Normzweck analog an, wenn trotz Personenverschiedenheit ein Interessenkonflikt droht und der Vertreter selbst als Partei an dem Rechtsgeschäft beteiligt ist.[587] **869**

gg. Rechtsfolge des § 181

Liegt ein Missbrauchsfall nach § 181 BGB vor, handelt der Vertreter ohne Vertretungsmacht. Entgegen dem Wortlaut des § 181 BGB („kann ... nicht vornehmen") ist das (mehrseitige) Rechtsgeschäft nach allgemeiner Ansicht aber nicht endgültig nichtig, sondern analog § 177 BGB „nur" **schwebend unwirksam**, sodass es dem Geschäftsherrn möglich ist, das Rechtsgeschäft zu genehmigen und so an sich zu ziehen. Genehmigt der Geschäftsherr nicht, haftet der Vertreter als ein Vertreter ohne Vertretungsmacht analog **§ 179 BGB**. Bei einseitigen Rechtsgeschäften gilt **§ 180 BGB**. **870**

b. Der Missbrauch der Vertretungsmacht

Ein Missbrauch der Vertretungsmacht ist auch außerhalb des § 181 BGB denkbar. So kann es sein, dass der Vertreter sich nicht an die Vorgaben seines Geschäftsherrn hält, diesen aufgrund der Regelung des § 164 BGB aber dennoch verbindlich im Außenverhältnis gegenüber Dritten bindet. Hat der Vertreter also (im Außenverhältnis) im Namen und mit Vollmacht des Vertretenen gehandelt, wirkt das Rechtsgeschäft grds. selbst dann für und gegen den Vertretenen, wenn der Bevollmächtigte die im Innenverhältnis gesetzten Grenzen missachtet. Dies wird besonders deutlich, wenn die nach außen wirkende Vertretungsbefugnis einen festen Umfang hat wie zum Beispiel bei der **Prokura**. Bei dieser können Differenzen zwischen dem rechtlichen Können und dem rechtlichen Dürfen auftreten, da die Prokura Dritten gegenüber nicht beschränkt werden kann (§ 50 I HGB), es jedoch möglich ist, im Innenverhältnis bestimmte einschränkende Weisungen zu erteilen. **871**

Verkürzt kann man sagen, dass ein Missbrauch der Vertretungsmacht vorliegt, wenn der Vertreter **im Rahmen des rechtlichen Könnens** unter **Verletzung des rechtlichen Dürfens** handelt. **872**

Kein Missbrauch der Vertretungsmacht liegt vor, wenn der Vertreter auch den Rahmen seines rechtlichen Könnens überschreitet. In diesem Fall handelt der Vertreter als Vertreter ohne Vertretungsmacht mit der Folge der §§ 177 ff. BGB. **873**

Das **Risiko** des Missbrauchs der Vertretungsmacht trägt grundsätzlich der **Vertretene**.[588] Dem Geschäftsgegner obliegt – da er regelmäßig keine Kenntnis von den internen Weisungen des Geschäftsherrn hat – im Allgemeinen auch keine besondere Prüfungspflicht, ob und inwieweit der Vertreter im Innenverhältnis gebunden ist.[589] **874**

Etwas anderes gilt aber dann, wenn der Geschäftsgegner nicht schutzwürdig ist. Dann muss der Vertretene das Rechtsgeschäft nicht gegen sich gelten lassen. Dies ist in zwei Fällen anzunehmen, bei der **Evidenz** und der **Kollusion**. **875**

---

[587] BGHZ **56**, 97, 102; *Köhler/Lange*, AT, § 11 Rn 64; *Heinrichs*, in: Palandt, § 181 Rn 12.
[588] BGHZ **127**, 239, 241.
[589] BGH NJW **1994**, 2082, 2083; *Heinrichs*, in: Palandt, § 164 Rn 13.

aa. Evidenz

876 Weiß der Geschäftsgegner, dass der Vertreter von seiner Vollmacht objektiv pflichtwidrig Gebrauch macht (etwa wenn er den Vertreter bestochen hat, um zum Vertragsschluss zu gelangen[590]), ist er selbstverständlich nicht schutzwürdig. Da der Vorsatz bzw. die Kenntnis des Geschäftsgegners von der Überschreitung der Vertretungsmacht auf Seiten des Vertreters jedoch kaum nachweisbar ist, sieht der BGH den Geschäftsgegner daher auch dann als nicht schutzwürdig an, wenn der Missbrauch der Vertretungsmacht für ihn ohne weiteres *erkennbar* war.[591] Das soll aber nicht schon bei bloß fahrlässiger Unkenntnis vom Missbrauch der Fall sein; vielmehr müsse der Vertreter von seiner Vertretungsmacht in ersichtlich verdächtiger Weise Gebrauch gemacht haben, sodass beim Geschäftsgegner (oder bei dessen Stellvertreter) offensichtliche Zweifel darüber entstünden, dass ein Treueverstoß des Vertreters gegenüber dem Vertretenen vorliege. Notwendig sei dabei eine – massive Verdachtsmomente voraussetzende – objektive **Evidenz** des Missbrauchs.[592] Die objektive Evidenz sei insbesondere dann gegeben, wenn sich die Notwendigkeit einer Rückfrage des Geschäftsgegners bei dem Vertretenen geradezu aufdränge.[593] Darauf, ob der Vertreter *vorsätzlich* pflichtwidrig gehandelt habe, komme es nicht an.[594]

> **Beispiel[595]:** S ist Heiratsschwindler. Nachdem er die Heiratsanzeige der reichen Witwe W gelesen hat, nimmt er Kontakt zu ihr auf und erschleicht sich ihr Vertrauen. Die arglose W erteilt dem S Bankvollmacht für alle ihre Konten bei der B-Bank. S „räumt" sogleich die Konten unter Vorlage der Vollmacht. Der Bankangestellte A, der die Überweisungsaufträge des S entgegennahm, wusste, dass dieser wegen Betrügereien vorbestraft war, dachte aber, W müsse selber wissen, wem sie eine Vollmacht über ihre Konten erteile.
>
> Hier lagen massive Verdachtsmomente (Vorstrafen; vollständige Abhebung der Guthaben) vor, die einen Missbrauch der Vollmacht als objektiv evident erscheinen ließen. A hätte daher die Pflicht gehabt, sich bei W zu vergewissern. Dass A dies „nur" pflichtwidrig und nicht vorsätzlich unterließ, kann dabei keinen Unterschied machen. Die Bank muss sich das Verhalten ihres Angestellten zurechnen lassen (vgl. § 166 I BGB).

877 Ist nach dem Gesagten der Geschäftsgegner nicht schutzwürdig, kann der Vertretene ihm den **Einwand der unzulässigen Rechtsausübung** (§ 242 BGB) entgegenhalten. Der Geschäftsgegner muss sich dann so behandeln lassen, als habe keine ausreichende Vertretungsmacht vorgelegen. Auf das vorgenommene Rechtsgeschäft sind die §§ 177 ff. BGB anzuwenden (BGHZ 141, 357, 364). Allerdings wird in der Geltendmachung des Einwands des Missbrauchs der Vertretungsmacht regelmäßig die (konkludente) Verweigerung der Genehmigung liegen. Der Vertreter ist dann dem Geschäftsgegner nach § 179 I BGB verantwortlich, wobei jedoch die Haftung wegen § 179 III S. 1 BGB regelmäßig ausgeschlossen ist.

---

[590] BGHZ **141**, 357, 361.
[591] BGHZ **113**, 315, 320; **127**, 239, 241.
[592] BGH NJW **1994**, 2082, 2083.
[593] BGH NJW **1999**, 2883.
[594] BGH NJW **1988**, 3012, 3013; *Medicus*, AT, Rn 968; *Brox/Walker*, AT, Rn 582; *Köhler/Lange*, AT, § 11 Rn 63; *Heinrichs*, in: Palandt, § 164 Rn 14. Vgl. aber auch BGHZ **50**, 112, 114, wonach das Gericht nur in den Fällen der kraft Gesetzes unbeschränkten handelsrechtlichen Vertretungsmacht (z.B. bei der Prokura, § 50 HGB, und der OHG, § 126 II HGB) ein vorsätzliches Verhalten des Vertreters fordert. Generell Vorsatz fordernd *Leptien*, in: Soergel, § 177 Rn 17.
[595] Vgl. *Köhler/Lange*, AT, § 11 Rn 63.

bb. Kollusion

Wirken Vertreter und Geschäftsgegner **bewusst zum Nachteil des Vertretenen zusammen**, liegt ein Fall der **Kollusion** vor.[596] In diesem Fall ist das Vertretergeschäft nach allgemeiner Ansicht nach § 138 I BGB nichtig mit der Folge, dass der Geschäftsherr schon deshalb nicht gebunden wird. Entsteht dem Geschäftsherrn aus dem kollusiven Zusammenwirken ein Schaden, haften ihm der Vertreter und der Geschäftsgegner sogar (als Gesamtschuldner) nach **§ 826 BGB** auf Schadensersatz.

878

> **Beispiel:** G will seinen alten Ford Capri an K verkaufen. Mangels Fachkenntnis bevollmächtigt er seinen Nachbarn V, dies für ihn zu erledigen. Da G jedoch nicht gerade in der Stadt beliebt ist, möchten V und K ihm „eins auswischen". V verkauft den Wagen im Namen des G an K für 50,- €. Dabei wissen V und K sehr genau, dass der Wagen technisch und optisch einwandfrei und in Fachkreisen sehr beliebt ist und teuer gehandelt wird.

---

[596] BGH NJW **1999**, 2882, 2883; *Medicus*, AT, Rn **966**; *Heinrichs*, in: Palandt, § 164 Rn 13; *Köhler/Lange*, AT, § 11 Rn 63; *Brox/Walker*, AT, Rn 531.

D. Vertreter ohne Vertretungsmacht, §§ 177 ff. BGB

879 Hat der Vertreter ohne Vertretungsmacht (sog. *falsus procurator*) gehandelt, wirken auch die Folgen des von ihm getätigten Rechtsgeschäfts – von den genannten Rechtsscheintatbeständen der §§ 170-173 BGB, Duldungs- und Anscheinsvollmacht, einmal abgesehen – nicht für und gegen den Vertretenen. Dieser kann jedoch ein Interesse daran haben, das Geschäft nachträglich zu billigen (etwa wenn es sich für ihn als günstig darstellt). Auf der anderen Seite ist das Interesse des Gegners an rascher Klarheit über das Schicksal des Rechtsgeschäfts zu berücksichtigen. Die §§ 177, 178, 180 BGB treffen hierzu einen Ausgleich, der im Wesentlichen den §§ 108, 109, 111 BGB im Minderjährigenrecht entspricht.

I. Folgen der fehlenden Vertretungsmacht bei Verträgen

880 Schließt der Vertreter ohne Vertretungsmacht einen Vertrag, ist dieser Vertrag zunächst **schwebend unwirksam** (§ 177 I BGB). Zur Beseitigung dieses Schwebezustands nennt das Gesetz mehrere Möglichkeiten:

- **Genehmigung** des Vertrags durch den Geschäftsherrn
- **Verweigerung der Genehmigung** durch den Geschäftsherrn
- **Aufforderung zur Erklärung** durch den Geschäftsgegner
- **Widerruf** durch den Geschäftsgegner

1. Genehmigung des Vertrags durch den Geschäftsherrn

881 Zunächst sieht das Gesetz die Möglichkeit vor, dass der Geschäftsherr den schwebend unwirksamen Vertrag **genehmigt** (§§ 177 I i.V.m. 182 ff. BGB). Die Genehmigung ist eine einseitige, empfangsbedürftige Willenserklärung, auf die wiederum die §§ 104 ff., 145 ff. und 119 ff. BGB anwendbar sind. Sie kann – bis zur Aufforderung zur Abgabe durch den Geschäftsgegner – gem. § 177 II S. 1 BGB sowohl gegenüber dem Vertreter als auch gegenüber dem Geschäftsgegner abgegeben werden. *Nach* dieser Aufforderung ist die Genehmigung nur noch gegenüber dem Geschäftsgegner möglich.

882 Die Genehmigung macht den Vertrag **rückwirkend wirksam** (§§ 182, 184 I BGB). Nach dem Wortlaut des § 182 II BGB und der Auffassung des BGH[597] ist die Genehmigung auch dann **formfrei**, wenn das zugrunde liegende Geschäft (z.B. nach § 311b I BGB) formbedürftig war. Das ist nicht unbedenklich, da dadurch der Schutzzweck der Formvorschriften (insbesondere Aufklärung durch den Notar; Übereilungsschutz) praktisch leerläuft (vgl. dazu Rn 652 ff.). Zumindest muss aber in den Fällen, in denen eine entsprechende Vollmacht in Ausnahme zu § 167 II BGB als formbedürftig angesehen wird, folgerichtig auch die Genehmigung formbedürftig sein.[598]

883 Die Genehmigung kann **ausdrücklich**, aber auch durch **schlüssiges Verhalten** erklärt werden. Letzteres ist etwa dadurch anzunehmen, dass der Geschäftsherr die Herausgabe der Früchte des Vertretergeschäfts verlangt (Leistungsanspruch gegenüber dem Geschäftsgegner; Leistungserbringung an den Geschäftsgegner; Herausgabe des Erlangten vom Vertreter). Nach h.M.[599] ist zur konkludenten Genehmigung aber erforderlich, dass der Handelnde wusste oder bei Anwendung der pflichtgemäßen Sorgfalt hätte erkennen können (und müssen), dass das Rechtsgeschäft zu seiner Wirksamkeit der Genehmigung bedurfte.

---

[597] BGHZ **125**, 218, 219.; **a.A.** *Einsele*, DNotZ **1996**, 835; *Medicus*, AT, Rn 976.
[598] *Jauernig*, in: Jauernig, § 177 Rn 17; *Köhler/Lange*, AT, § 11 Rn 66.
[599] BGH NJW **1998**, 1407, 1408; *Leptien*, in: Soergel, § 177 Rn 24; **a.A.** *Medicus*, AT, Rn 977.

Beispiel[600]: Ehefrau F kaufte in dem Geschäft des D einen teuren Wandspiegel „auf den Namen" ihres Mannes und ließ auch die Rechnung an ihn schicken, in der Hoffnung, er werde schon bezahlen. Dieser bezahlte dann auch die Rechnung, um seine Frau nicht vor D zu kompromittieren. Jetzt verlangt er jedoch von D das Geld zurück mit dem Argument, seine Frau habe keine Vollmacht zum Kauf des Spiegels besessen. Muss D den Kaufpreis erstatten?

Anspruchsgrundlage könnte § 812 I S. 1 Var. 1 BGB (*condictio indebiti* – Kondiktion wegen fehlenden Rechtsgrunds von Anfang an) sein.

F hatte den Kaufvertrag als Vertreterin ohne Vertretungsmacht geschlossen (§ 1357 BGB greift hier nicht ein, da es sich bei dem Kauf des Spiegels nicht um die angemessene Deckung des Lebensbedarfs der Familie handelt). Der Vertrag war daher nach § 177 I BGB zunächst schwebend unwirksam.

Jedoch stellt die Bezahlung des Kaufpreises eine konkludente Genehmigung dar. Daran ändert auch der Umstand nichts, dass M mit der Bezahlung der Rechnung lediglich seine Frau nicht kompromittieren wollte.

Die Genehmigung kann M auch nicht anfechten, da kein Anfechtungsgrund greift. Daher kann er den Kaufpreis nicht zurückfordern.

Bei einem **kaufmännischen Bestätigungsschreiben** des Geschäftsgegners wird der Vertrag auch dann wirksam, wenn der Geschäftsherr nicht widerspricht (vgl. Rn 246 und 459). Im Übrigen genügt ein bloßes **Schweigen** nur dann, wenn der Vertretene nach Treu und Glauben verpflichtet gewesen wäre, seinen abweichenden Willen zu äußern (vgl. Rn 243).   884

Ein **Widerruf** der Genehmigung ist **nicht möglich**.[601] Als Willenserklärung ist sie aber nach den allgemeinen Voraussetzungen (§§ 119 ff. BGB) **anfechtbar**.   885

2. Verweigerung der Genehmigung durch den Geschäftsherrn

Verweigert der Vertretene die Genehmigung, wird der Vertrag endgültig unwirksam. Die Verweigerung der Genehmigung ist ebenso wie die Genehmigung eine einseitige empfangsbedürftige, nicht an eine Form gebundene Willenserklärung, die darauf gerichtet ist, das ohne Vollmacht abgeschlossene Rechtsgeschäft unwirksam werden zu lassen.[602] Auch die Verweigerung kann nicht widerrufen werden, ist aber – wie die Genehmigung – nach den allgemeinen Regeln (§§ 119 ff. BGB) anfechtbar.[603]   886

3. Aufforderung zur Erklärung durch den Geschäftsgegner

Da auch der Geschäftsgegner ein Interesse daran haben kann, den (unbefristet möglichen) Schwebezustand und die damit verbundene Rechtsunsicherheit zu beenden, räumt ihm § 177 II S. 1 BGB die Möglichkeit ein, den Vertretenen zur Erklärung über die Genehmigung aufzufordern. Die Aufforderung[604] stellt eine geschäftsähnliche Handlung dar, auf die die §§ 104 ff., 145 ff. BGB analoge Anwendung finden. Ist eine solche Aufforderung durch den Geschäftsgegner erfolgt, kann die Genehmigung nur noch ihm gegenüber erfolgen (§ 177 II S. 1 Halbs. 1 BGB); eine vor der Aufforderung dem Vertreter gegenüber erklärte Genehmigung oder Verweigerung der Genehmigung werden unwirksam (§ 177 II S. 1 Halbs. 2 BGB).   887

Hat der Geschäftsgegner den Geschäftsherrn zur Abgabe einer Erklärung über die Genehmigung aufgefordert, kann dieser die Genehmigung nur noch bis zum Ablauf von zwei Wochen nach dem Empfang der Aufforderung erklären. Schweigt der Geschäfts-   888

---

[600] Vgl. *Köhler/Lange*, AT, § 11 Rn 66.
[601] *Schramm*, in: MüKo, § 177 Rn 30.
[602] *Schramm*, in: MüKo, § 177 Rn 41.
[603] *Leptien*, in: Soergel, § 177 Rn 31.
[604] Vgl. dazu BGH NJW **2000**, 3128, 3129.

herr, gilt die Genehmigung als verweigert (§ 177 II S. 2 BGB). Hier liegt also ein Fall vor, in dem einem Schweigen ausnahmsweise ein Erklärungswert zukommt. Eine spätere Genehmigung ist ausgeschlossen. Der Vertretene kann sich auch nicht darauf berufen, er habe die Bedeutung seines Schweigens verkannt; die Irrtumsanfechtung ist also ausgeschlossen.

4. Widerruf durch den Geschäftsgegner

889 Der Geschäftsgegner hat nicht nur die Möglichkeit, den Geschäftsherrn zur Erklärung über die Genehmigung aufzufordern, sondern er kann gem. § 178 S. 1 BGB auch bis zur Genehmigung durch den Geschäftsherrn *seine* Vertragserklärung widerrufen, und zwar sowohl gegenüber dem Vertretenen als auch gegenüber dem Vertreter (§ 178 S. 2 BGB). Der Widerruf, der als Willenserklärung den allgemeinen Vorschriften der §§ 104 ff., 145 ff. und 119 ff. BGB unterliegt, muss nicht ausdrücklich erfolgen. Auch ein konkludenter Widerruf ist zulässig, was etwa in dem Fall anzunehmen ist, in dem der Geschäftsgegner den Anspruch aus § 179 BGB gegen den Vertreter geltend macht.[605] Allerdings muss die Erklärung stets erkennen lassen, dass der Vertrag *gerade* wegen des Vertretungsmangels (und nicht wegen eines anderen Grundes) nicht gelten soll.[606] Die Erklärung eines auf andere Gründe gestützten Rücktritts ist demnach kein Widerruf. Entsprechendes gilt für einen Änderungsvorschlag.

Das Widerrufsrecht besteht, wie § 178 S. 1 BGB ausdrücklich anordnet, allerdings nicht, wenn der Geschäftsgegner den Mangel der Vertretungsmacht bei dem Abschluss des Vertrags gekannt hat.[607] Denn in diesem Fall hat er das Risiko einer Verweigerung der Genehmigung auf sich genommen.[608]

II. Folgen der fehlenden Vertretungsmacht bei einseitigen Rechtsgeschäften

890 Nach § 180 S. 1 BGB ist bei einseitigen Rechtsgeschäften im Interesse des Geschäftsgegners an klaren Verhältnissen eine Vertretung ohne Vertretungsmacht unzulässig, eine **Genehmigung** daher **ausgeschlossen**. In einem solchen Fall kann das Rechtsgeschäft nur neu vorgenommen werden.[609] Da § 180 S. 1 BGB auch keine Haftung des Vertreters gem. § 179 BGB vorsieht und auch eine analoge Anwendung dieser Vorschrift nicht möglich ist, kommt eine Haftung nur nach allgemeinen Grundsätzen, insbesondere aus Delikt (§§ 823 ff. BGB), in Betracht.[610] Etwas anderes gilt jedoch gem. § 180 S. 2 u. 3 BGB für *empfangsbedürftige* Rechtsgeschäfte (dazu zählen etwa Kündigung, Anfechtung und Rücktritt). Hat der Geschäftsgegner bei Vornahme des Rechtsgeschäfts die vom Vertreter behauptete Vertretungsmacht nicht beanstandet (d.h. er hat nicht das Rechtsgeschäft zurückgewiesen, vgl. §§ 111 S. 2, 174 S. 1 BGB) oder war er mit dem Handeln ohne Vertretungsmacht einverstanden, gelten die Regeln über Verträge (d.h. die §§ 177-179 BGB) analog.

III. Haftung des Vertreters ohne Vertretungsmacht (§ 179 BGB)

891 Verweigert der Geschäftsherr die Genehmigung des zunächst schwebend unwirksamen Vertretergeschäfts oder liegt ein Fall des § 177 II S. 2 oder des § 180 S. 2 oder 3 BGB i.V.m. § 177 II S. 2 BGB vor, wird das Geschäft endgültig unwirksam. In diesem Fall

---

[605] BGH NJW **1988**, 1199, 1200.
[606] BAG NJW **1996**, 2594, 2595; *Leptien*, in: Soergel, § 178 Rn 1.
[607] Bezüglich der Kenntnis des Mangels der Vertretungsmacht ist positives Wissen zu verlangen. *Kennenmüssen* und selbst *grob fahrlässige Unkenntnis* schaden nicht (*Schramm*, in: MüKo, § 178 Rn 3; *Leptien*, in: Soergel, § 178 Rn 1). Maßgebend für den Zeitpunkt der Kenntnis ist der Zeitpunkt des Vertragsschlusses.
[608] *Medicus*, AT, Rn 979; *Köhler/Lange*, AT, § 11 Rn 66.
[609] *Medicus*, AT, Rn 980.
[610] *Schramm*, in: MüKo, § 180 Rn 1.

haftet der Vertreter ohne Vertretungsmacht (*falsus procurator*) dem Geschäftsgegner nach § 179 I oder II BGB. Diese Vorschriften begründen eine (verschuldensunabhängige) **Garantiehaftung**, die auf dem Gedanken beruht, dass der *falsus procurator* beim Geschäftsgegner den Eindruck hinterlassen hat, er habe die erforderliche Vertretungsmacht.[611] Dagegen sieht § 179 III BGB unter den dort normierten Voraussetzungen einen Haftungsausschluss vor, da in diesen Fällen kein Anlass besteht, den Geschäftsgegner zu schützen.

892

> ### Haftung des Vertreters ohne Vertretungsmacht gem. § 179 BGB
>
> #### I. Anwendbarkeit des § 179 BGB
> Keine Anwendbarkeit des § 179 BGB, wenn Spezialvorschriften greifen (z.B. §§ 54 S. 2 BGB, 11 II GmbHG und 41 I S. 2 AktG), wenn ein ohne Vertretungsmacht geschlossenes Rechtsgeschäft kraft Rechtsscheins (§§ 170-173, §§ 15, 56 HGB, Anscheins- oder Duldungsvollmacht) rechtswirksam ist oder wenn das Vertretergeschäft aufgrund eines Widerrufs des Geschäftsgegners (§ 178 BGB) endgültig unwirksam wird.
>
> #### II. Voraussetzungen des § 179 BGB
> ⇨ Vertreter muss im fremden Namen **ohne Vertretungsmacht** gehandelt haben.
> ⇨ Es darf **keine Genehmigung** durch den Geschäftsherrn oder es muss eine **Fiktion der Verweigerung** (§ 177 II S. 2 BGB) vorliegen.
> ⇨ Es dürfen keine **sonstigen Wirksamkeitshindernisse** wie z.B. §§ 125, 134, 138, 142 I BGB vorliegen. Liegen derartige Wirksamkeitsmängel vor, haftet der Vertreter „nur" unter den Voraussetzungen der §§ 311 III, 280 I BGB, nicht aber nach § 179 BGB analog.
> ⇨ Es darf kein Haftungsausschluss gem. **§ 179 III BGB** vorliegen. Nach S. 1 dieser Vorschrift besteht die Haftung nach § 179 I oder II BGB nicht, wenn der Geschäftsgegner den Mangel der Vertretungsmacht kannte oder kennen musste. S. 2 sieht einen Haftungsausschluss vor, wenn der Vertreter in der Geschäftsfähigkeit beschränkt war, es sei denn, dass er mit Zustimmung seines gesetzlichen Vertreters gehandelt hat.
>
> #### III. Rechtsfolgen des § 179 BGB
> ⇨ Weiß der Vertreter um das Fehlen seiner Vertretungsmacht, haftet er nach **§ 179 I BGB** dem Geschäftsgegner **nach dessen Wahl** auf **Erfüllung** oder auf **Schadensersatz**, der auf das **positive (Erfüllungs-)Interesse** gerichtet ist.
> ⇨ Fehlt dem *falsus procurator* bei Vertragsschluss die Kenntnis von seiner fehlenden Vertretungsmacht, trifft ihn nach **§ 179 II BGB** nur die (mildere) Haftung auf den **Vertrauensschaden**, der der Höhe nach – wie bei § 122 BGB – auf das Erfüllungsinteresse begrenzt ist.

---

1. Anwendbarkeit des § 179 BGB

893

Die Vorschrift des § 179 BGB gilt für alle Arten von Rechtsgeschäften, auch für Verfügungen (wobei jedoch ein Erfüllungsanspruch nach § 179 I BGB nicht in Betracht kommt[612]), und sowohl für Bevollmächtigte als auch für gesetzliche Vertreter und Organe juristischer Personen. Dort finden sich aber oftmals Spezialvorschriften, die insoweit den § 179 BGB verdrängen, z.B. in §§ 54 S. 2 BGB, 11 II GmbHG und § 41 I S. 2 AktG.

§ 179 BGB ist auch nicht anwendbar, wenn ein ohne Vertretungsmacht geschlossenes Rechtsgeschäft kraft Rechtsscheins (§§ 170-173, §§ 15, 56 HGB, Anscheins- oder Duldungsvollmacht) rechtswirksam ist. Hier kommt lediglich eine Haftung des Vertreters gegenüber dem Geschäftsherrn wegen einer Pflichtverletzung (§ 280 I BGB) im Grundverhältnis in Betracht.

---

[611] Vgl. BGHZ **73**, 266, 269; BGH NJW **2000**, 1407, 1408.
[612] *Leptien*, in: Soergel, § 179 Rn 13; *Schramm*, in: MüKo, § 179 Rn 13.

Schließlich findet § 179 BGB keine Anwendung, wenn das Vertretergeschäft aufgrund eines **Widerrufs des Geschäftsgegners** (§ 178 BGB) endgültig unwirksam wird.[613]

2. Voraussetzungen des § 179 BGB

a. Vertretergeschäft im fremden Namen ohne Vertretungsmacht

894 Die Haftung nach § 179 I oder II BGB setzt zunächst ein Handeln des Vertreters im fremden Namen ohne Vertretungsmacht voraus. Es müssen also alle Voraussetzungen einer wirksamen Stellvertretung bis auf die Vertretungsmacht vorliegen.

b. Keine Genehmigung oder Fiktion des § 177 II S. 2 BGB

895 Weiterhin setzt die Haftung nach § 179 I oder II BGB voraus, dass der Geschäftsherr die Genehmigung verweigert oder dass die Genehmigung als verweigert gilt (§ 177 II S. 2 BGB).

c. Fehlen anderer Unwirksamkeitsgründe

896 Da der Anspruch aus § 179 I oder II BGB voraussetzt, dass der Vertrag bei bestehender Vertretungsmacht wirksam zustande gekommen wäre, ist er folgerichtig nicht gegeben, wenn sonstige Wirksamkeitsmängel (z.B. §§ 125, 134, 138, 142 I BGB) vorliegen. Liegen derartige Wirksamkeitsmängel vor, haftet der Vertreter „nur" unter den Voraussetzungen der §§ 311 III, 280 I BGB, nicht aber nach § 179 BGB analog. Würde man hier eine (analoge) Haftung nach § 179 BGB zulassen, wäre der Geschäftsgegner besser gestellt als bei einem Abschluss mit Vertretungsmacht. Zudem könnten Nichtigkeitsgründe umgangen werden.[614] Bei Vorliegen ihrer Voraussetzungen können aber die Grundsätze der c.i.c. (§§ 280 I, 311 II, 241 II BGB) und des Deliktsrechts Anwendung finden.

897 Hat der Geschäftsgegner den Vertreter arglistig getäuscht, hat der Vertreter ein selbstständiges Anfechtungsrecht aus § 123 BGB, um die Haftung aus § 179 BGB abzuwehren.[615] Er braucht also nicht abzuwarten, ob der *Vertretene* anficht.

d. Kein Haftungsausschluss gemäß § 179 III BGB

898 Eine Negativvoraussetzung enthält § 179 III BGB. Nach S. 1 dieser Vorschrift besteht die Haftung nach § 179 I oder II BGB nicht, wenn der Geschäftsgegner den Mangel der Vertretungsmacht kannte oder kennen musste. S. 2 sieht einen Haftungsausschluss vor, wenn der Vertreter in der Geschäftsfähigkeit beschränkt war, es sei denn, dass er mit Zustimmung seines gesetzlichen Vertreters gehandelt hat. In beiden Fällen ist der Geschäftsgegner nicht schutzwürdig.

899 ■ Nach **§ 179 III S. 1 BGB** haftet der Vertreter nicht, wenn der Geschäftsgegner den Mangel der Vertretungsmacht **kannte** oder **kennen musste**. Kennenmüssen bedeutet nach der Legaldefinition in § 122 II BGB „infolge von Fahrlässigkeit nicht kennen". Eine solche fahrlässige Unkenntnis liegt allerdings nicht schon dann vor, wenn der Geschäftsgegner Nachforschungen über Bestand und Umfang der Vertretungsmacht unterlassen hatte. Denn grundsätzlich darf der Gegner die Behauptung des Vertreters, er habe Vertretungsmacht, glauben. Um eine fahrlässige Unkenntnis von der nicht bestehenden Vertretungsmacht anzunehmen, muss zu solchen Nachforschungen aufgrund der Umstände des Einzelfalls schon begründeter Anlass bestanden haben.[616] Liegt demnach Fahrlässig-

---

[613] *Heinrichs*, in: Palandt, § 179 Rn 4; *Leptien*, in: Soergel, § 179 Rn 5.
[614] *Leptien*, in: Soergel, § 179 Rn 6.
[615] BGH NJW **2002**, 1867, 1868.
[616] BGH NJW **2000**, 1407, 1405.

keit vor, ist die Haftung des Vertreters auch dann ausgeschlossen, wenn der Vertreter um seine fehlende Vertretungsmacht wusste.

Auch wenn ein vollmachtloser Vertreter im Namen eines nicht existierenden Geschäftsherrn handelt, ist seine Haftung nach § 179 I BGB ausgeschlossen, wenn der Geschäftsgegner Kenntnis vom Fehlen der Vertretungsmacht hat; nicht erforderlich ist für den Haftungsausschluss, dass der Geschäftsgegner darüber hinaus auch Kenntnis davon hat, dass der Vertretene nicht existiert. Allerdings kann es dem vollmachtlosen Vertreter nach Treu und Glauben (§ 242 BGB) verwehrt sein, sich auf den Haftungsausschluss gem. § 179 III S. 1 BGB zu berufen, wenn der andere Teil (also der Geschäftsgegner) aufgrund besonderer Umstände – insbesondere aufgrund entsprechender Erklärungen des vollmachtlosen Vertreters – auf das Wirksamwerden des Vertrags vertrauen durfte.[617]

900 Ein **Mitverschulden** führt nicht wie bei § 254 BGB zur Schadensteilung, sondern zum vollständigen Haftungsausschluss. Auf einen konkurrierenden Anspruch aus c.i.c. (§§ 280 I, 311 II, 241 II BGB) ist § 179 III S. 1 BGB aber nicht anzuwenden.

901 **Maßgeblicher Zeitpunkt** für das Kennen bzw. Kennenmüssen ist der Zeitpunkt der Vornahme des Vertretergeschäfts. Eine nachträglich erlangte Kenntnis oder schuldhafte Vernachlässigung von Verdachtsmomenten schließen die Haftung für den bis dahin entstandenen Schaden nicht aus, wohl aber den Ersatz eines weiteren Schadens, sofern der früher entstandene Schaden nicht „weiterfrisst", ohne dass der Geschäftsgegner darauf Einfluss nehmen konnte.[618]

902 ▪ **§ 179 III S. 2 BGB** schließt die Haftung des Vertreters aus, wenn dieser in der **Geschäftsfähigkeit beschränkt** war, es sei denn, dass er mit Zustimmung seines gesetzlichen Vertreters gehandelt hat. Grund für diese Ausnahmeregelung ist der allgemeine Grundsatz des Vorrangs des Minderjährigenschutzes. § 179 III S. 2 BGB schützt die **beschränkt Geschäftsfähigen** entsprechend den Wertungen der §§ 107 ff. BGB vor den Haftungsrisiken der Vertretung ohne Vertretungsmacht. War der Vertreter im Zeitpunkt der Vornahme des Vertretergeschäfts sogar geschäfts**un**fähig, haftet er auch dann nicht, wenn der gesetzliche Vertreter mit dem Geschäft einverstanden war. Anderenfalls würde die Wertung der §§ 104 Nr. 1, 105 I BGB unterlaufen.

903 Entsprechendes gilt, sofern eine Haftung des beschränkt Geschäftsfähigen aus **c.i.c.** in Betracht kommt, da diese eine vertragsähnliche Haftung begründet und der Minderjährigenschutz Vorrang genießt. Eine **deliktische** Haftung des beschränkt geschäftsfähigen Vertreters bleibt von § 179 III S. 2 BGB jedoch unberührt (vgl. aber § 828 III BGB).[619]

3. Rechtsfolge des § 179 BGB

904 Liegen die genannten Voraussetzungen (insbesondere Weigerung der Genehmigung) vor, haftet der *falsus procurator* dem Geschäftsgegner in Abhängigkeit davon, ob er den Mangel der Vertretungsmacht kannte oder nicht, nach § 179 I oder II BGB.

a. Haftung nach § 179 I BGB

905 Schließt der Vertreter einen Vertrag und **weiß** er dabei um seine fehlende Vertretungsmacht, schafft er bewusst für den Geschäftsgegner das Risiko, keine Ansprüche gegen den Vertretenen zu erlangen. Wenn daher der Vertretene die Genehmigung des Vertrags verweigert, ist der Vertreter nach **§ 179 I BGB** dem Geschäftsgegner **nach dessen Wahl** zur **Erfüllung** (wenn und soweit die Erfüllung durch den Vertreter bewirkt werden kann) oder zum **Schadensersatz** (der dem Geschäftsgegner daraus entsteht, dass der Vertrag nicht so, wie er geschlossen worden wäre, wirksam geworden ist) verpflichtet. Schadensersatz bedeutet in diesem Zusammenhang *Schadensersatz*

---

[617] BGH NJW **2009**, 215 f. (Bestätigung von BGHZ **63**, 45 ff. und **105**, 283 ff.).
[618] *Schramm*, in: MüKo, § 179 Rn 37.
[619] *Schramm*, in: MüKo, § 179 Rn 38.

statt der Leistung. Wählt der Geschäftsgegner Erfüllung und ist der *falsus procurator* zur Leistungserbringung in der Lage, kann dieser folgerichtig auch die vertragliche Gegenleistung fordern. Ist die Erfüllung durch den Vertreter unmöglich (z.B. bei einem Anspruch auf Übereignung), dann bleibt dem Geschäftsgegner von vornherein nur der Schadensersatzanspruch. Dieser ist auf das **positive (Erfüllungs-)Interesse** gerichtet. Das bedeutet, dass der Geschäftsgegner vom Vertreter durch Geldleistung so zu stellen ist, als habe der Vertretene ordnungsgemäß erfüllt.

906   **Beispiel:** V verkauft dem D im Namen des G einen Computer für 1.000,- €, obwohl er weiß, dass dieser einen tatsächlichen Wert von 1.500,- € hat. Auch handelt V wissentlich ohne Vertretungsmacht. Da G das schwebend unwirksame Vertretergeschäft nicht genehmigt (§ 177 I BGB), macht D einen Schadensersatz wegen Nichterfüllung gemäß § 179 I Var. 2 BGB gegen V geltend.

Nach der Differenztheorie berechnet sich die Höhe des Anspruchs nach der Differenz zwischen Leistung (= 1.500,- €) und Gegenleistung (= 1.000,- €). D hat gegen V also einen Anspruch aus § 179 I Var. 2 BGB in Höhe von 500,- €.

907   Umstritten ist, ob die Garantiehaftung des § 179 I BGB auch dann eingreift, wenn ein wirksamer Anspruch des Geschäftsgegners gegen den Geschäftsherrn zwar bestünde, aber **nicht durchsetzbar** wäre.

908   **Beispiel:** V hat im Namen des G, ohne jedoch Vertretungsmacht zu haben, mit D einen Vertrag geschlossen. G verweigert die Genehmigung nach § 177 I BGB und wird zahlungsunfähig, noch bevor der Anspruch aus dem Vertrag fällig gewesen wäre. Daher verlangt D nun von V gemäß § 179 I BGB Erfüllung. Mit Erfolg?

Hätte hier eine wirksame Stellvertretung stattgefunden, hätte D seinen Erfüllungsanspruch gegen den intendierten Vertragspartner G wegen der zwischenzeitlich eingetretenen Zahlungsunfähigkeit nicht durchsetzen können.

⇨ Dennoch will eine Mindermeinung[620] eine Haftung des *falsus procurator* annehmen mit der Begründung, dass es im Rahmen der Garantiehaftung des § 179 I BGB nicht auf den Geschäftsherrn ankomme.

⇨ Da § 179 I BGB jedoch nur das Vertrauen auf die Vertretungsmacht schützt und daher der Vertreter nicht auf mehr haften soll, als auf das, was der Geschäftsgegner erlangt hätte, wenn der Vertrag wirksam gewesen wäre, nimmt die h.M.[621] an, dass der **Vertreter** dann **nicht hafte**, wenn der **Vertretene vermögenslos** gewesen sei und der Geschäftsgegner deshalb von ihm weder Erfüllung noch Schadensersatz habe verlangen können.

b. Haftung nach § 179 II BGB

909   Fehlte dem *falsus procurator* bei Vertragsschluss die Kenntnis von seiner fehlenden Vertretungsmacht, trifft ihn nach **§ 179 II BGB** nur die (mildere) Haftung auf den **Vertrauensschaden**, der der Höhe nach – wie bei § 122 BGB – auf das Erfüllungsinteresse begrenzt ist. Diese Haftung ist für den Vertreter insbesondere dann misslich, wenn er das Fehlen seiner Vertretungsmacht überhaupt nicht erkennen konnte (z.B. bei Unwirksamkeit der Bevollmächtigung wegen unerkennbarer Geisteskrankheit des Vertretenen). Dennoch ist er nach h.M. dem Geschäftsgegner zum Schadensersatz verpflichtet, da er nun einmal als Vertreter aufgetreten ist.[622]

910   Der Vertrauensschaden ist in gleicher Weise wie der nach § 122 BGB zu berechnen (s.o.). Der Geschäftsgegner ist also so zu stellen, wie er gestanden hätte, wenn er nicht auf die

---

[620] *Medicus*, BR, Rn 120, und AT, Rn 987.
[621] OLG Hamm MDR **1993**, 515; *Schramm*, in: MüKo, § 179 Rn 30; *Leptien*, in: Soergel, § 179 Rn 16; *Heinrichs*, in: Palandt, § 179 Rn 1.
[622] *Medicus*, AT, Rn 994; *Köhler/Lange*, AT, § 11 Rn 70; a.A. *Hübner*, AT, 2. Aufl. **1996**, Rn 1315.

Gültigkeit des Vertrags vertraut hätte. Dieser Ersatzanspruch ist dabei durch die Höhe des Erfüllungsanspruchs begrenzt, vgl. § 179 II a.E. BGB.

> **Beispiel:** V verkauft dem D im Namen des G einen Computer für 1.000,- €, obwohl er weiß, dass dieser einen tatsächlichen Wert von 1.500,- € hat. Allerdings weiß V nichts von dem Fehlen der Vertretungsmacht. Da G das schwebend unwirksame Vertretergeschäft nicht genehmigt (§ 177 I BGB), macht D Schadensersatz wegen des enttäuschten Vertrauens in die Wirksamkeit der Vertretungsmacht geltend. Er verlangt Ersatz für die bisher geleisteten Aufwendungen in Höhe von 10,- €.
> Da V keine Kenntnis von dem Fehlen der Vertretungsmacht hatte, kommt eine Haftung gemäß § 179 I BGB auf Erfüllung bzw. auf Schadensersatz, der auf das positive Interesse gerichtet ist, nicht in Betracht. V haftet nach § 179 II BGB nur auf das negative Interesse. D ist so zu stellen, wie er gestanden hätte, wenn er nicht auf die Wirksamkeit des Vertrags vertraut hätte. D kann daher nur den Ersatz seiner Auslagen gemäß § 179 II BGB verlangen.

911

4. Verhältnis der Haftung nach § 179 BGB zu anderen Haftungsansprüchen

a. Ansprüche des Vertreters gegen den Geschäftsherrn

Wird der Vertreter vom Geschäftsgegner aus § 179 BGB in Anspruch genommen, können ihm unter bestimmten Voraussetzungen Ausgleichsansprüche gegen den Geschäftsherrn zustehen. Solche können sich wegen Handelns in berechtigter Geschäftsführung ohne Auftrag (**§§ 683 S. 1, 670 BGB**) oder wegen schutzwürdigen Vertrauens auf den (Fort-)Bestand der Vollmacht (**§ 122 BGB**, ggf. analog) ergeben.

912

b. Ansprüche des Geschäftsherrn gegen den Vertreter

Genehmigt der Geschäftsherr den Vertrag und bewahrt er dadurch den Vertreter vor einer Haftung aus § 179 BGB, können ihm ebenfalls unter bestimmten Voraussetzungen Ausgleichsansprüche gegen den Vertreter zustehen. Das ist insbesondere unter dem Gesichtspunkt der Verletzung einer Vertragspflicht gem. § 280 I BGB, der unberechtigten Geschäftsführung ohne Auftrag (**§ 678 BGB**) und der unerlaubten Handlung (**§§ 823 ff. BGB**) anzunehmen.

913

c. Ansprüche des Geschäftsgegners gegen den Geschäftsherrn

§ 179 BGB schließt **Schadensersatzansprüche** des Geschäftsgegners **gegen den Geschäftsherrn** nicht aus. Derartige Schadensersatzansprüche können z.B. aus **§ 831 BGB** resultieren, wenn der *falsus procurator* als Verrichtungsgehilfe des Geschäftsherrn den Geschäftsgegner deliktisch geschädigt hat. Denkbar ist auch eine Haftung des Geschäftsherrn aus **c.i.c.** (§§ 280 I, 311 II, 241 II BGB), wenn dieser wusste oder wissen musste, dass der von ihm eingesetzte Mittler keine Vertretungsmacht hatte und daher kein wirksamer Vertrag zustande kommen konnte.

Auch ist ein Anspruch des Geschäftsgegners aus **c.i.c.** (§§ 280 I, 311 II, 241 II BGB) **i.V.m. § 278 BGB** gegeben, wenn der Geschäftsherr den *falsus procurator* willentlich in die Vertragsverhandlungen eingeschaltet hat. Hat der Geschäftsgegner im Vertrauen auf die Wirksamkeit des Vertrags bereits an den Geschäftsherrn geleistet, kann er diese Leistung nach **§ 812 I S. 1 Var. 1 BGB** zurückfordern (*Köhler*, AT, § 11 Rn 75).

914

7. Kapitel – Rechtshindernde Einwendungen im Bereich des BGB AT

A. Einführung und Einordnung in den Prüfungsaufbau

I. Bedeutung der rechtshindernden Einwendungen

915 Die Einigung der Parteien über alle vertragswesentlichen Umstände – gegebenenfalls auch unter Hinzuziehung von Stellvertretern – ist zwar eine notwendige, nicht aber eine hinreichende Voraussetzung für das Zustandekommen eines Vertrags und damit eines Vertragsanspruchs. Neben der *positiven Anspruchsvoraussetzung* der Einigung ist es auch erforderlich, dass bestimmte *negative Anspruchsvoraussetzungen* **nicht** vorliegen. Damit sind die im BGB normierten **Wirksamkeitshindernisse**, die **rechtshindernden Einwendungen** gemeint.

916 So lassen die mangelnde **Geschäftsfähigkeit** (§§ 104 ff. BGB), die **Schein- oder Scherzerklärung** (§§ 116-118 BGB), bestimmte **Formmängel** (§§ 125 ff. BGB), der **Gesetzesverstoß** (§ 134 BGB) oder die **Sittenwidrigkeit** (§ 138 BGB) einen Anspruch erst gar nicht entstehen, sodass es auf weitere Voraussetzungen des geltend gemachten Anspruchs nicht ankommt.

917 **Rechtshindernde Einwendungen** stehen also dem Entstehen eines Anspruchs entgegen. **Rechtsfolge** solcher Einwendungen ist grundsätzlich die **Nichtigkeit** des Rechtsgeschäfts, und zwar von Anfang an (*ex tunc*).[623]

918 Der Grund dafür, dass der Anspruch bei Vorliegen einer rechtshindernden Einwendung grds. erst gar nicht entsteht (und die Prüfung des Primäranspruchs damit scheitert), liegt darin, dass der Gesetzgeber in ihnen einen **zwingenden Schutzzweck** sieht, der einen Anspruch schon in seiner Entstehung hindern und dem besonderen Schutzbedürfnis des Anspruchsgegners Rechnung tragen soll. Eine **Ausnahme** von diesem Grundsatz ist nur dort zu machen, wo der Gesetzgeber diese selbst festgelegt hat.

919 So hat der Gesetzgeber vorgesehen, dass der Vollzug einer **Schenkung** (§ 518 II BGB) den Formmangel des Schenkungsvertrags (§ 518 I BGB) heilt und damit die Schenkung wirksam macht. Entsprechendes gilt für Verträge über **Grundstücke** (§ 311b I S. 1 BGB), wenn die Auflassung und die Eintragung in das Grundbuch erfolgen (§ 311b I S. 2 BGB). Vgl. ferner die Regelungen hinsichtlich der **Bürgschaft** (§ 766 S. 3 BGB) und der **Schenkung von Todes wegen** (§ 2301 II BGB).

920 Ist demnach eine Heilung erfolgt, ist das Rechtsgeschäft voll gültig; einer Neuvornahme bedarf es – zumindest in diesem Zusammenhang – nicht.

II. Abgrenzung zu rechtsvernichtenden Einwendungen

921 Anders als eine rechtshindernde Einwendung steht eine **rechtsvernichtende Einwendung** zwar dem Entstehen eines Anspruchs nicht entgegen, bewirkt aber, dass der zunächst entstandene Anspruch (ggf. auch rückwirkend) **entfällt** (daher auch **Erlöschensgrund** genannt).

922 **Beispiel:** Ein Anspruch auf Zahlung des Kaufpreises (§ 433 II BGB) erlischt, wenn der Schuldner die Leistung bewirkt, also zahlt (sog. **Erfüllung**, § 362 I BGB). Das Gleiche gilt, wenn der Gläubiger dem Schuldner die Schuld erlässt (sog. **Erlass**, § 397 BGB) oder der Schuldner gegen den geltend gemachten Anspruch mit einer eigenen Forderung **aufrechnet** (§§ 387-389 BGB). Einen besonderen Erlöschensgrund stellt der Widerruf

---

[623] *Ellenberger*, in: Palandt, Überbl v § 104 Rn 27.

nach Verbraucherschutzvorschriften dar, §§ 355 ff. BGB (vgl. auch § 312b, c und d BGB).

Hinsichtlich der **Anfechtung** (§§ 119, 120, 123 BGB) wird teilweise vertreten, dass diese eine rechts<u>hindernde</u> Einwendung sei. Zur Begründung wird auf die Regelung des § 142 I BGB verwiesen, wonach das angefochtene Rechtsgeschäft von Anfang an als nichtig anzusehen ist (sog. *ex-tunc*-Wirkung). Das ist insoweit nachvollziehbar. Wenn die Vertreter dieser Auffassung dann aber nach erfolgter Anfechtung nicht den Kondiktionsanspruch wegen fehlenden Rechtsgrunds von Anfang an (§ 812 I S. 1 Var. 1 BGB), sondern den Bereicherungsanspruch wegen *späteren Wegfalls* des Rechtsgrunds (§ 812 I S. 2 Var. 1 BGB) gewähren und dies damit begründen, dass das angefochtene Rechtsgeschäft nun einmal bis zur Ausübung der Anfechtung wirksam sei und dass die *ex-tunc*-Wirkung des § 142 I BGB nur eine Fiktion darstelle, ist dies widersprüchlich. Daher muss man auch die *Anfechtung* so behandeln, als habe sie einen zunächst entstandenen Anspruch nachträglich vernichtet. Und das ist die Konstellation einer rechts<u>vernichtenden</u> Einwendung.

Hinweis für die Fallbearbeitung: Da rechtshindernde Einwendungen den Anspruch erst gar nicht entstehen lassen und rechtsvernichtende Einwendungen den zunächst entstandenen Anspruch (nachträglich) vernichten, sind **rechtsvernichtende Einwendungen** in einer Klausur folgerichtig grds. **nach den rechtshindernden Einwendungen zu prüfen**. Eine Ausnahme von diesem Grundsatz ist nur nach der Lehre von der Doppelnichtigkeit (bzw. Lehre von der Doppelwirkung im Recht) zuzulassen. Danach kann auch (entgegen der Logik) ein nichtiges Rechtsgeschäft angefochten werden. Das hat mehrere Gründe. Hat der Gläubiger bspw. auf eine Anfechtung verzichtet, weil er das Geschäft wegen Sittenwidrigkeit für nichtig hält, wird die angenommene Sittenwidrigkeit später vom Gericht jedoch nicht bestätigt, ist eine Anfechtung i.d.R. verfristet. Daher ist eine (vorsorgliche) Anfechtung eines vermeintlich nichtigen Rechtsgeschäfts zuzulassen. Der zweite Grund besteht darin, dass nach h.M. die Nichtigkeit eines Rechtsgeschäfts nichts anderes als dessen Nichtgeltung im Hinblick auf einen *bestimmten* Nichtigkeitsgrund bedeutet. Dies ist vor allem wegen der Rechtsfolge des § 122 BGB relevant, die durch eine ggf. mögliche (nochmalige) Anfechtung nach § 123 BGB umgangen werden kann.

Beispiel: A wird von B beim Abschluss eines Kaufvertrags arglistig getäuscht (§ 123 I Var. 1) und verschreibt sich auch noch (§ 119 I Var. 2). Als A seinen Schreibfehler bemerkt, ficht er den Kaufvertrag nach § 119 I Var. 2 BGB an. Später erfährt er auch von der arglistigen Täuschung durch B.
Rechtsfolge einer Anfechtung wegen Erklärungsirrtums (wozu auch das Sichverschreiben gehört) ist neben der Nichtigkeit des Kaufvertrags (§ 142 I BGB) auch die ggf. zur Geltung kommende Schadensersatzpflicht nach § 122 BGB. Diese kann A aber dadurch umgehen, dass er den bereits nichtigen Kaufvertrag noch einmal nach § 123 I Var. 1 BGB wegen der arglistigen Täuschung anficht.

Auch bei Fragen des gutgläubigen Erwerbs nach §§ 932, 142 II BGB wirkt die Anfechtung stärker als die Nichtigkeit wegen fehlender Geschäftsfähigkeit (vgl. dazu ausführlich Rn 1289 ff.). Nach der Systematik des BGB-AT ist aber auch in diesem Fall die Nichtigkeit wegen Geschäftsunfähigkeit vor der Anfechtung zu prüfen.

923

III. Abgrenzung zu rechtshemmenden Einreden

924 Schließlich sind die rechtshindernden Einwendungen von den **rechtshemmenden Einreden** zu unterscheiden. Diese betreffen nicht die Wirksamkeit, sondern (lediglich) die **Durchsetzbarkeit** eines (bestehenden!) Anspruchs. Darunter versteht man das subjektive Recht einer Person, die Ausübung des Rechts einer anderen Person zu hemmen. Das bedeutet, dass der Anspruch an sich zwar bestehen bleibt, jedoch nicht mehr durchgesetzt werden kann (wie z.B. bei der **Verjährung**). Es besteht ein Leistungsverweigerungsrecht.[624]

925 Zur Verdeutlichung sei noch einmal auf die bei Rn 115 dargestellte Übersicht zur Prüfungsreihenfolge von Einwendungen und Einreden im Anspruchsaufbau verwiesen:

B. Geschäftsfähigkeit, §§ 104 ff. BGB

I. Einführung

926 Wie schon bei Rn 1 ff. erläutert, geht das Bürgerliche Recht vom Grundsatz der Privatautonomie aus. Der Einzelne soll seine Lebensverhältnisse im Rahmen der Rechtsordnung eigenverantwortlich gestalten können. Der wichtigste Grundpfeiler und Ausfluss der Privatautonomie ist die **Vertragsfreiheit**, also die Freiheit, Verträge zu schließen und auf deren Inhalt Einfluss zu nehmen. Mittel der Privatautonomie ist wiederum das **Rechtsgeschäft**. Da die rechtliche Bindung an Willenserklärungen aber nur dann gerechtfertigt ist, wenn der Handelnde über eine bestimmte geistige Reife und Willenskraft verfügt, muss derjenige, der die erforderliche geistige Reife und Willenskraft nicht besitzt, vor den Gefahren des Rechtsverkehrs besonders geschützt werden. Dementsprechend unterscheidet das Gesetz zwischen Rechtsfähigkeit, Geschäftsfähigkeit, Ehefähigkeit und Testierfähigkeit.[625] Für das Deliktsrecht ist die Deliktsfähigkeit maßgeblich.

927 **Rechtsfähigkeit** ist unabhängig von der Handlungsfähigkeit die Fähigkeit, Träger von Rechten und Pflichten zu sein. Diese Fähigkeit beginnt bei natürlichen Personen mit Vollendung der Geburt (§ 1 BGB) und endet mit dem Tod (Hirntod) des Menschen. Auch der Geschäfts*unfähige* ist daher unabhängig von einer Einsichtsfähigkeit rechtsfähig. Da er aber nicht selbst handeln kann, muss er auf andere Weise am Rechtsverkehr teilnehmen können. Dies geschieht durch seinen gesetzlichen Vertreter (bei Minderjährigen i.d.R. durch die Eltern, §§ 1626, 1629 BGB). Handelt der gesetzliche Vertreter (wirksam) im Namen des Geschäftsunfähigen, treffen diesen die Rechtsfolgen des Vertretergeschäfts (vgl. zur gesetzlichen Vertretungsmacht und zu den Beschränkungen schon Rn 689 ff.).

928 Die **Geschäftsfähigkeit** ist ein besonderer Fall der Handlungsfähigkeit, nämlich die Fähigkeit, Rechtsgeschäfte selbstständig voll wirksam vorzunehmen. Sie tritt mit der Volljährigkeit, d.h. mit Erreichen des 18. Lebensjahres (§ 2 BGB) ein. Vor Erreichen der Volljährigkeit besteht entweder eine beschränkte Geschäftsfähigkeit (§ 106 BGB: Vollendung des 7. Lebensjahres) oder eine Geschäftsunfähigkeit (§ 104 Nr. 1 BGB: noch keine Vollendung des 7. Lebensjahres; § 104 Nr. 2 BGB: den freien Willen ausschließender Zustand).

929 Unterfälle der Geschäftsfähigkeit sind die **Ehefähigkeit** und die **Testierfähigkeit**. Die Ehefähigkeit tritt grundsätzlich mit der Volljährigkeit (§ 2 BGB) ein (vgl. § 1303 I BGB; zur Eheschließung Minderjähriger vgl. aber § 1303 II und III BGB). Die Testierfähigkeit tritt mit Vollendung des 16. Lebensjahres ein (§ 2229 I BGB).

---

[624] Anders als rechtshindernde und rechtsvernichtende Einwendungen (Rn 1624, 1629) sind rechtshemmende Einreden gemäß ihrer Rechtsnatur als subjektive Rechte vom Anspruchsgegner **geltend zu machen**, damit sie vom Gericht beachtet werden. Sollten nicht geltend gemachte rechtshemmende Einreden vom Gericht berücksichtigt werden, kann dies wegen einseitiger Parteinahme einen Befangenheitsgrund darstellen.

[625] Vgl. zu den nachfolgenden Definitionen auch *Köhler/Lange*, AT, § 10 Rn 1 ff. und *Brox/Walker*, AT, Rn 259 ff.

Von der Geschäftsfähigkeit wiederum abzugrenzen ist insbesondere die **Deliktsfähigkeit**. 930
Gemäß § 828 I BGB sind Kinder bis zum vollendeten 7. Lebensjahr für einen von ihnen zu-
gefügten Schaden nicht verantwortlich. Die Haftung für Vorsatz und Fahrlässigkeit ist daher
ebenso ausgeschlossen wie ein Mitverschulden oder ein Handeln auf eigene Gefahr.

Gemäß § 828 III BGB sind Jugendliche von 7 bis 18 Jahren für Verletzungen nicht verantwortlich, wenn sie bei Begehung der schädigenden Handlung nicht die zur Erkenntnis der
Verantwortlichkeit erforderliche Einsicht haben. Diese negative Formulierung ist nicht zufällig, sondern bringt zum Ausdruck, dass die Beweislast für das Vorliegen der Verschuldensun-
fähigkeit der Jugendliche trägt. Die Einsicht (und damit die Möglichkeit des Mitverschuldens)
ist dann gegeben, wenn der Jugendliche nach seinem Entwicklungsstand von der rechtlichen
Verantwortlichkeit weiß und diese auf den aktuellen Fall projizieren kann. Dabei genügt die
laienhafte Vorstellung, Unrecht zu begehen und dafür rechtlich zur Verantwortung gezogen
zu werden. Die Fähigkeit, nach dieser Einsicht zu handeln, ist – anders als im Strafrecht –
nicht erforderlich. Dieses volitive Element wird nur im Rahmen der (subjektiven) Fahrlässigkeit relevant.

Einen speziellen altersbedingten Zurechnungsausschluss der 7 bis 10-jährigen für unvorsätz-
liche Verletzungen im Straßen-, Schienen- und Schwebebahnverkehr stellt der neue § 828 II
BGB auf. Mit dieser Regelung soll neueren Erkenntnissen der Entwicklungspsychologie Rechnung getragen werden, nach denen Kinder frühestens ab Vollendung des 10. Lebensjahres
imstande sind, die besonderen Gefahren des motorisierten (d.h. fließenden[626]) Straßenver-
kehrs zu erkennen oder sich den Erkenntnissen entsprechend zu verhalten, insbesondere
weil die Fähigkeit zur richtigen Einschätzung von Entfernungen und Geschwindigkeiten fehlt,
sowie kindliche Eigenheiten einem verkehrsgerechten Verhalten entgegenstehen. Handelt
der maximal 10-jährige also unvorsätzlich, kommt auch ein Mitverschulden i.S.d. § 254 BGB
nicht in Betracht. Die vorsätzliche Verletzung von Rechtsgütern (und damit das vorsätzliche
Mitverschulden) ist dagegen von dem Ausschlustatbestand des § 828 II BGB ausgenommen
worden. Der 9-jährige, der vorsätzlich zu einem Unfallgeschehen beiträgt, soll nicht unter
dem Aspekt der fehlenden Verschuldensfähigkeit vom Vorwurf des Mitverschuldens befreit
werden können.[627] Dies ist im Grundsatz zu begrüßen, kann allerdings dazu führen, dass
durch einen „Jugendstreich" die wirtschaftliche Existenz des Täters für einen Zeitraum von
mehr als 30 Jahren vernichtet wird: Wird er z.B. 3 Jahre nach dem Vorfall rechtskräftig zu
Schadensersatz verurteilt, tritt nach § 197 I Nr. 3 BGB n.F. die Verjährung erst nach 30 Jahren ein.[628] Alle übrigen Personen sind (voll) deliktsfähig.

Das Gesetz geht in seinen Regelungen von dem Grundsatz der **Geschäftsfähigkeit** 931
aller Menschen aus. Die Regelungen der §§ 104 ff. BGB betreffen daher nicht die
Geschäftsfähigkeit, sondern die **Ausnahmefälle**, nämlich die Geschäfts<u>un</u>fähigkeit und
die <u>beschränkte</u> Geschäftsfähigkeit.

> **Hinweis für die Fallbearbeitung:** Daraus folgt auch für die Fallbearbeitung, dass
> stets **von der Geschäftsfähigkeit auszugehen ist**, sofern nicht konkrete Anhalts-
> punkte im Sachverhalt vorliegen, die Gegenteiliges vermuten lassen.

Durch die §§ 104 ff. BGB sollen die Geschäftsunfähigen und die beschränkt Geschäfts- 932
fähigen vor möglichen Nachteilen geschützt werden. Dieser Schutz wird auch dann
nicht im Interesse des Rechtsverkehrs durchbrochen, wenn z.B. der Geschäftspartner
des nicht voll Geschäftsfähigen diesen für geschäftsfähig gehalten hat und dies auch
durfte. Die Regeln über die Geschäftsfähigkeit sind zwingendes Recht, sodass auch der
gute Glaube an die Geschäftsfähigkeit *nicht* geschützt wird.[629]

---

[626] Der BGH hat am 30.11.2004 (NJW **2005**, 354) entschieden, dass die Haftungsprivilegierung des § 828 II
BGB nur für Unfälle im fließenden Verkehr gelte. Für Beschädigungen von parkenden Kfz ist demnach § 828 I
und 3 BGB maßgeblich (bestätigt von BGH NJW **2007**, 2113, 2114). Vgl. dazu das Beispiel bei *R. Schmidt*,
SchuldR BT II, Rn 723.
[627] Vgl. BT-Drs. 14/7752, S. 27; *Deutsch/Ahrens*, Deliktsrecht, Rn 135a.
[628] vgl. *Däubler*, JuS **2002**, 625, 628; *Wagner*, NJW **2002**, 2049, 2060.
[629] BGH ZIP **1988**, 829, 831.

933 Da das Gesetz mit den Regelungen der §§ 104 ff. BGB zwischen Geschäfts<u>un</u>fähigen (§§ 104, 105, 105a BGB) und <u>beschränkt</u> Geschäftsfähigen (§§ 106-113 BGB) unterscheidet, soll diese Unterscheidung auch der nachfolgenden Darstellung zugrunde gelegt werden.

II. Mangel der Geschäftsfähigkeit, §§ 104, 105 BGB

1. Voraussetzungen der Geschäftsunfähigkeit, § 104 BGB

a. § 104 Nr. 1 BGB

934 Da unter Geschäftsfähigkeit die Fähigkeit zu verstehen ist, Willenserklärungen wirksam abzugeben und entgegenzunehmen und somit am Rechtsverkehr teilzunehmen, fehlt diese Fähigkeit folgerichtig bei Geschäftsunfähigen. Geschäftsunfähig ist gem. § 104 Nr. 1 BGB, wer das siebente Lebensjahr noch nicht vollendet hat. Für die Fristberechnung gelten §§ 187 II, 188 II BGB. Danach dauert die Geschäftsunfähigkeit bis zum Ende des Tages vor dem Geburtstag, an dem das Kind sieben Jahre alt wird. Unerheblich ist dabei, zu welcher Uhrzeit es geboren wurde.

> **Beispiel:** M wurde am 3.11.1998 um 15:54 Uhr geboren. Gem. § 188 II S. 2 BGB wurde er am 3.11.2005 um 00:00 Uhr (nicht 15:54 Uhr) beschränkt geschäftsfähig.

b. § 104 Nr. 2 BGB

935 Weiterhin ist gem. § 104 Nr. 2 BGB geschäftsunfähig, wer sich in einem die freie Willensbildung ausschließenden Zustand krankhafter Störung der Geistestätigkeit befindet, sofern nicht der Zustand seiner Natur nach ein vorübergehender ist. Es muss also eine

- **krankhafte**, nicht nur vorübergehende **Störung der Geistestätigkeit** vorliegen,
- die die **freie Willensbildung** des Betroffenen **ausschließt**.

aa. Krankhafte, nicht nur vorübergehende Störung der Geistestätigkeit

936 Der Zustand einer **krankhaften Störung der Geistestätigkeit** setzt das Vorliegen einer irgendwie gearteten geistigen Anomalie voraus, wobei unerheblich ist, unter welchen medizinischen Begriff die Geistesstörung fällt.[630]

937 Damit jedoch eine generelle (und nicht nur eine partielle, dazu sogleich) Geschäftsunfähigkeit vorliegt, verlangt § 104 Nr. 2 BGB weiterhin, dass die krankhafte Störung von gewisser Dauer ist. Sie darf also nicht nur **bloß vorübergehender Natur** sein, wobei dauernd nicht mit unheilbar gleichzusetzen ist. Es können also auch psychische Störungen, deren Behandlung eine längere Zeit in Anspruch nimmt, als dauernd i.S.d. § 104 Nr. 2 BGB anzusehen sein. Auch eine schwere Hirnverletzung mit anschließender wochenlanger Intensivbehandlung ist nicht mehr von vorübergehender Natur. Tritt die geistige Störung dagegen nur periodisch auf, fehlt es an dem Erfordernis der dauerhaften Störung.

938 > **Beispiel:** K leidet an Zyklomanie. Dies ist eine Krankheit, bei der der Betroffene abwechselnd in mehr oder weniger regelmäßigen Abständen in Phasen übersteigerter Euphorie und Depression gerät. Kauft K nun bei V ein Auto, ist fraglich, ob die §§ 104 Nr. 2, 105 I BGB der Wirksamkeit dieses Kaufvertrags entgegenstehen.
>
> Da die Störung der Geistestätigkeit nur vorübergehend ist, liegt kein Fall der §§ 104 Nr. 2, 105 I BGB vor. Die Wirksamkeit der Willenserklärung des K hängt somit gem. § 105 II

---

[630] *Schmitt*, in: MüKo, § 104 Rn 10 ff.

BGB davon ab, ob K seine Willenserklärung während oder außerhalb einer Krankheitsphase abgegeben hat. Sofern dies außerhalb einer solchen geschah, ist der Kaufvertrag wirksam zustande gekommen.

Erst recht ist daher nicht geschäftsunfähig, wer bspw. hohes Fieber hat oder volltrunken ist. In einem solchen Fall ist aber ebenfalls § 105 II BGB zu beachten, der insbesondere Bedeutung erlangt, wenn es um den Zugang von Willenserklärungen geht.

> **Hinweis für die Fallbearbeitung:** Trotz Verneinung der Voraussetzungen der §§ 104 Nr. 2, 105 I BGB ist bei **Bewusstlosigkeit** und nur **vorübergehender Störung** die Willenserklärung des Handelnden nichtig. Wichtig ist dieser Umstand insbesondere bei der Frage nach dem *Zugang* von Willenserklärungen, da die Regelung des § 105 II BGB nicht auf den Zugang von Willenserklärungen übertragbar ist, wenn es sich z.B. um bewusstlose oder berauschte Personen handelt. Diese können gemäß § 105 II zwar keine wirksamen Willenserklärungen *abgeben*, bezüglich des Zugangs gelten bei diesen aber die allgemeinen Regeln (vgl. § 130 BGB), sodass z.B. bei **schriftlichen Erklärungen** unter Abwesenden die generelle Möglichkeit zur Kenntnisnahme ausreicht. Ist daher der Empfänger in dem Zeitpunkt, in dem die Post in seinen Briefkasten (seinen Machtbereich) gelangt, gerade berauscht, hindert dies den Zugang der Willenserklärung nicht. § 131 BGB ist nicht anwendbar!

939

Wie sich aus dem Wortlaut „sich in einem Zustand befindet" ergibt, besteht auch in **lichten Augenblicken** (sog. *lucida intervalla*) Geschäftsfähigkeit. In diesen Momenten kann der ansonsten nach § 104 Nr. 2 BGB Geschäftsunfähige selbst wirksame Willenserklärungen abgeben.[631]

940

bb. Ausschluss der freien Willensbildung

§ 104 Nr. 2 BGB verlangt, dass durch die krankhafte, nicht nur vorübergehende Störung der Geistestätigkeit die **freie Willensbildung ausgeschlossen** ist.

941

Ein **Ausschluss der freien Willensbildung** i.S.d. § 104 Nr. 2 BGB liegt vor, wenn der Betroffene aufgrund der Störung der Geistestätigkeit nicht mehr in der Lage ist, seine Entscheidungen von vernünftigen Erwägungen abhängig zu machen.[632]

942

> **Beispiele/Gegenbeispiele:** Eine bloße Willensschwäche oder eine leichte Beeinflussbarkeit[633] reichen daher ebenso wenig für die Annahme des § 104 Nr. 2 BGB aus wie das Unvermögen, die Tragweite der abgegebenen Willenserklärung zu erfassen[634]. Für einen Ausschluss der freien Willensbildung besteht auch dann keine Vermutung, wenn der Betroffene seit längerem an geistigen Störungen leidet.[635] Bei Debilität kommt ein Ausschluss der freien Willensbildung i.d.R. erst bei einem IQ von weniger als 60 in Betracht. Chronischer Alkoholmissbrauch rechtfertigt die Bejahung des § 104 Nr. 2 BGB nur dann, wenn durch den suchtbedingten Abbau der Persönlichkeit psychopathologische Störungen entstanden sind, die die freie Willensbildung ausschließen.[636] Unter bestimmten Voraussetzungen kann auch die übermäßige krankhafte Beherrschung durch den Willen anderer zur Anwendung von § 104 Nr. 2 BGB führen.[637]

943

Nach dem Wortlaut des § 104 Nr. 2 BGB bezieht sich diese Geschäftsunfähigkeit auf alle Rechtsgeschäfte. Es ist aber anerkannt, dass sich die Geschäftsunfähigkeit auch

944

---

[631] BGH NJW **1988**, 3011; *Köhler/Lange*, AT, § 10 Rn 3.
[632] OLG Saarbrücken NJW **1999**, 871, 872; BGH NJW **1996**, 918; BGH NJW **1970**, 1680, 1681; *Medicus*, AT, Rn 542; *Köhler/Lange*, AT, § 10 Rn 3; *Rüthers/Stadler*, AT, § 23 Rn 4.
[633] OLG Saarbrücken NJW **1999**, 871, 872.
[634] BGH NJW **1961**, 261; *Ellenberger*, in: Palandt, § 104 Rn 5.
[635] BayObLG ZEV **2002**, 234.
[636] BayObLG NJW **2003**, 216.
[637] BGH NJW **1996**, 918 f.; OLG Saarbrücken NJW **1999**, 871, 872.

nur auf einen bestimmten gegenständlich abgegrenzten Bereich von Angelegenheiten beschränken kann. Hier wird von einer **partiellen Geschäftsunfähigkeit** gesprochen.[638] Für alle übrigen Rechtsgeschäfte besteht weiterhin Geschäftsfähigkeit.

> **Beispiel**[639]: Partielle Geschäftsunfähigkeit kann etwa bei einem Querulantenwahn für die Prozessführung, bei krankhafter Eifersucht in ehebezogenen Fragen und sogar beim Schock eines Rechtsanwalts wegen Fristversäumung für die Führung eines bestimmten Prozesses vorliegen.

945 Lange Zeit umstritten war die Frage, ob auch eine auf schwierige Rechtsgeschäfte begrenzte Geschäftsunfähigkeit (sog. **relative Geschäftsunfähigkeit**) anzuerkennen ist. Dies war von Bedeutung für jene Personengruppe, die aufgrund ihres Geisteszustands (z.B. geistig Zurückgebliebene, Altersschwachsinnige) zwar die einfachen Geschäfte des täglichen Lebens zu besorgen vermögen, nicht dagegen komplexe Rechtsgeschäfte. Hätte man eine relative Geschäftsunfähigkeit in diesem Sinne anerkannt, hätte dies eine schwerwiegende Beeinträchtigung der Rechtssicherheit zur Folge gehabt, da sich die Grenze zwischen schwierigen und einfachen Geschäften kaum eindeutig ziehen lässt. Ein angemessener Schutz für diesen Personenkreis war durch Bestellung eines Betreuers (§§ 1896 ff. BGB) möglich. Nunmehr ist die Frage durch den Gesetzgeber geklärt worden: Mit Wirkung zum 1.8.2002 ist § 105a BGB in Kraft getreten. Nach dieser Vorschrift sind Geschäfte des täglichen Lebens, die ein volljähriger Geschäftsunfähiger mit geringwertigen Mitteln bewirken kann, in Ansehung von Leistung (und evtl. Gegenleistung) als wirksam anzusehen, wenn Leistung (und ggf. Gegenleistung) bewirkt sind. Unerheblich ist dabei, ob der Geschäftsunfähige als Käufer oder Verkäufer auftritt. Vgl. dazu sogleich Rn 947.

2. Rechtsfolgen der Geschäftsunfähigkeit, §§ 105 I, 105a BGB

946 Gemäß **§ 105 I BGB** ist die Willenserklärung eines Geschäftsunfähigen **nichtig**. Das gilt ausnahmslos, also auch dann, wenn das Geschäft lediglich rechtlich vorteilhaft ist (wie die Schenkung, die keinerlei Gegenleistungspflicht enthält) oder die Interessen des Geschäftsunfähigen gewahrt wurden. Auch Willenserklärungen, die der Geschäftsunfähige als **Vertreter** eines anderen abgibt, sind nichtig (vgl. § 165 BGB). Demgegenüber kann der Geschäftsunfähige durchaus **Bote** sein, da dieser nicht rechtsgeschäftlich handelt (vgl. schon Rn 630 ff.). Die Geschäftsunfähigkeit ist auch beim Zugang von Willenserklärungen von Bedeutung. So wird eine Willenserklärung, die gegenüber einem Geschäftsunfähigen abzugeben ist, gem. § 131 I BGB erst dann wirksam, wenn sie seinem gesetzlichen Vertreter zugeht. Gesetzliche Vertreter sind insbesondere die Eltern für ihre minderjährigen Kinder (§§ 1626, 1629 BGB), der Vormund für den Mündel (§§ 1793 ff. BGB) oder der Betreuer für den unter Betreuung Stehenden (§§ 1896 ff. BGB). Vgl. dazu auch Rn 686 ff.

947 Hinsichtlich **volljähriger Geschäftsunfähiger** ist die bereits erwähnte, mit Wirkung zum 1.8.2002 in Kraft getretene Vorschrift des § 105a BGB zu beachten, wonach Geschäfte des täglichen Lebens, die ein volljähriger Geschäftsunfähiger mit geringwertigen Mitteln bewirken kann, in Ansehung von Leistung (und evtl. Gegenleistung) als wirksam anzusehen, wenn Leistung (und ggf. Gegenleistung) bewirkt sind. Diese Regelung ändert damit also nichts an der Nichtigkeit des Vertrags, sondern modifiziert lediglich die Rechtsfolge: Der (nichtige) Vertrag *gilt* nach Erbringung von Leistung und Gegenleistung als wirksam.

---

[638] Vgl. nur BayObLG NJW **1992**, 2100, 2101; *Coester-Waltjen*, Jura **1994**, 331, 332; *Brox/Walker,* AT, Rn 265; *Medicus*, AT, Rn 542; *Köhler/Lange*, AT, § 10 Rn 4.
[639] Vgl. die Nachweise bei *Ellenberger*, in: Palandt, § 104 Rn 6.

Hinsichtlich des Anwendungsbereichs des § 105a BGB ist zunächst zu beachten, dass 948
dieser sich nur auf **volljährige** Geschäftsunfähige bezieht. Auf **Minderjährige**, die
gem. § 104 Nr. 1 BGB geschäftsunfähig sind, kann § 105a BGB angesichts des eindeutigen Wortlautes nicht, auch nicht analog, angewendet werden. Unklar ist lediglich, ob
§ 105a BGB auch dann eingreift, wenn auf beiden Seiten des Rechtsgeschäfts volljährige Geschäftsunfähige stehen, die miteinander einen alltäglichen Vertrag schließen. Dies
wäre bspw. dann denkbar, wenn der eine Geschäftsunfähige dem anderen einen Lut-
scher abkauft. Legt man den Schutzzweck der Norm zugrunde, steht § 105a BGB einem solchen Vertrag nicht entgegen. Etwas anderes würde nur dann gelten, wenn
durch das Geschäft eine erhebliche Gefahr für die Person oder das Vermögen des Geschäftsunfähigen bestünde, § 105a S. 2 BGB. Mit dieser Regelung wurde der aus
§ 1903 I BGB bekannte Grundgedanke übernommen, dass der Betreute unter Umständen vor sich selbst geschützt werden muss. § 105a S. 2 BGB würde daher bspw. dann
eingreifen, wenn es um den Kauf billiger, aber gefährlicher Feuerwerkskörper oder von
Alkohol durch einen Alkoholkranken ginge.

Auf Tatbestandsseite fordert § 105a BGB zunächst, dass es sich um ein **Geschäft des** 949
täglichen Lebens handelt. Insoweit wird man sich an der zu § 1903 III S. 2 BGB
entwickelten Kasuistik orientieren können, in der es um die Entbehrlichkeit des Einwilli-
gungsvorbehalts bei alltäglichen Geschäften des Betreuten (etwa beim Kauf von Süßig-
keiten, Zahnpasta oder einer Zeitung) geht. Für die Bewirkbarkeit mit geringfügigen
Mitteln stellt die amtliche Begründung im Interesse der Rechtssicherheit auf das durchschnittliche Preis- und Einkommensgefälle und nicht auf die individuellen Vermögensverhältnisse beim Geschäftsunfähigen ab.[640]

Weiterhin fordert § 105a BGB, dass – bei gegenseitig verpflichtenden Verträgen – so- 950
wohl die Leistung als auch die Gegenleistung **bewirkt sein müssen**, bevor die Wirksamkeitsfiktion eingreift. Dies kann insbesondere in Vorleistungsfällen zu Wertungswidersprüchen führen.

> **Beispiel[641]:** Kauft der volljährige geschäftsunfähige K beim Buchhändler H für sich ein 951
> Malbuch und übereignet sofort das Geld, vereinbart aber mit H, dass das Buch erst zwei
> Tage später abgeholt werden soll, stellt sich die Frage, ob H die Übereignung des Bu-
> ches mit Hinweis auf die Nichtigkeit des Vertrags (§ 105 I BGB) verweigern kann. Orien-
> tiert man sich streng an dem Wortlaut des § 105a BGB, wäre die Verweigerung in der
> Tat berechtigt. Insbesondere soll es ja nach einhelliger Auffassung bei § 105 I BGB nicht
> auf den rechtlichen oder wirtschaftlichen Vorteil des Geschäftsunfähigen ankommen. Im
> vorliegenden Fall wäre ein solches Ergebnis aber mit dem Schutzzweck der Norm nicht
> zu vereinbaren. Entgegen dem Wortlaut des § 105a BGB kann H daher die Übereignung
> des Buches an K nicht verweigern.

Nach der amtlichen Begründung ordnet die Neuregelung zwar die Wirksamkeitsfiktion 952
geringfügiger Geschäfte an, sofern Leistung und Gegenleistung bewirkt worden sind,
jedoch sollen andere vertragliche Ansprüche, z.B. Schadensersatz, nicht begründet
werden.[642]

> **Beispiel:** Der volljährige geschäftsunfähige V verkauft an K Fischfutter für 2,- €. Dabei 953
> sichert er ihm ausdrücklich zu, das Futter eigne sich auch für K´s sehr wertvolle Zier-
> karpfen. Nachdem K die Fische damit gefüttert hat, verenden diese. K verlangt von V
> Schadensersatz nach §§ 437 Nr. 3, 280 I BGB.

---

[640] BT-Drs. 14/9266, S. 43; *Ellenberger*, in: Palandt, § 105a Rn 4.
[641] Vgl. *Caspar*, NJW **2002**, 3425, 3426.
[642] BT-Drs. 14/9266, S. 43.

Der geltend gemachte Anspruch setzt einen wirksamen Kaufvertrag zwischen V und K voraus. Aufgrund der Geschäftsunfähigkeit des V ist der Kaufvertrag jedoch nichtig (§ 105 I BGB). Da es sich aber um ein Geschäft des täglichen Lebens handelt und sowohl Leistung als auch Gegenleistung bewirkt worden sind, greift § 105a BGB ein mit der Folge, dass das nichtige Geschäft als wirksam gilt. Dies hätte möglicherweise aber zur Folge, dass V dann auch den Sachmangelgewährleistungsansprüchen ausgesetzt wäre. Diese Möglichkeit hat auch der Gesetzgeber erkannt und in der Gesetzesbegründung zum Ausdruck gebracht, dass vertragliche Sekundäransprüche gegen den Geschäftsunfähigen nicht bestehen sollen. Fraglich ist allerdings, warum ein solcher Ausschluss nicht in die Formulierung des § 105a BGB aufgenommen wurde.

Im vorliegenden Fall bedarf es jedoch keiner weiteren Diskussion, weil V bereits wegen der Regelung des § 827 BGB, die einen allgemeinen Rechtsgrundsatz darstellt und daher auch auf vertragliche Verhältnisse anwendbar ist[643], nicht verantwortlich ist.

954   Unklar ist auch die umgekehrte Konstellation, nämlich die Beantwortung der Frage, ob wenigstens *zugunsten* des volljährigen Geschäftsunfähigen (wenn sich *dieser* also in der Rolle des Käufers befindet) vertragliche Folgeansprüche (Rücktrittsrecht wegen Schlechterfüllung; Schadensersatzansprüche etc.) bestehen können. Nach dem Normzweck des § 105a BGB sollte man diese Frage bejahen.[644]

955   Schließlich ist unklar, welche Auswirkung die Regelung des § 105a BGB auf die **dingliche** Rechtslage, also auf das Erfüllungsgeschäft, hat. Wenn man aber auch hier den Schutzzweck des § 105a BGB berücksichtigt, dürfte im Ergebnis außer Frage stehen, dass sich die Fiktionswirkung des § 105a BGB im Ergebnis (und damit in Abweichung zu § 105 I BGB) **auch auf das Erfüllungsgeschäft** beziehen muss. Die Übereignung einer Sache aufgrund eines nach § 105a BGB wirksamen Verpflichtungsgeschäfts gilt also ebenfalls als wirksam.[645]

3. Die Nichtigkeit der Willenserklärung nach § 105 II BGB

956   Nach § 105 II BGB ist eine Willenserklärung (eines Geschäftsfähigen!) nichtig, die im Zustand der Bewusstlosigkeit oder der vorübergehenden Störung der Geistestätigkeit abgegeben wird. **Bewusstlosigkeit** im Sinne des § 105 II BGB bedeutet aber nicht ein völliges Fehlen des Bewusstseins, da in diesem Fall mangels eines Handlungswillens schon bereits tatbestandlich keine Willenserklärung vorliegen würde. Gemeint ist vielmehr eine hochgradige Bewusstseinstrübung, die das Erkennen von Inhalt und Wesen der Handlung ganz oder in bestimmter Richtung ausschließt.[646]

> **Beispiele:** Volltrunkenheit (i.d.R. ab 3 ‰), Fieberdelirium, hochgradiger Drogenrausch, epileptische Anfälle etc.

957   Wie auch bei § 104 Nr. 2 BGB muss die Störung der Geistestätigkeit die **freie Willensbestimmung ausschließen**[647] (Rn 935 ff.). Darüber hinaus darf sie nur **vorübergehender** Natur sein, da sonst § 104 Nr. 2 BGB mit der Folge der Geschäftsunfähigkeit einschlägig wäre.

958   Der entscheidende Unterschied zwischen einer Willensstörung, die gem. §§ 104 Nr. 2, 105 I BGB zur Geschäftsunfähigkeit führt, und einer solchen nach § 105 II BGB liegt – wie schon gesagt – darin, dass im letzteren Fall dem Bewusstlosen oder Volltrunkenen eine Willenserklärung wirksam **zugehen** kann.

---

[643] Vgl. nur *Sprau*, in: Palandt, § 827 Rn 1.
[644] Vgl. auch *Casper*, NJW **2002**, 3425, 3427; *Ellenberger*, in: Palandt, § 105a Rn 6; a.A. *Hein*, JuS **2003**, 141, 144; *Ulrici*, Jura **2003**, 520, 521.
[645] Wie hier *Casper*, NJW **2002**, 3425, 3427; *Hein*, JuS **2003**, 141, 144; *Ulrici*, Jura **2003**, 520, 521.
[646] *Ellenberger*, in: Palandt, § 105 Rn 2.
[647] OLG Saarbrücken NJW **1999**, 871, 872.

Beispiel: J hat sein bestandenes 1. Staatsexamen ausgiebig gefeiert. Er liegt daher vom 1.-5.11. zu Hause im Delirium. Seine Vermieterin, die keinen Juristen als Mieter haben möchte, kündigt ihm die Wohnung wegen Eigenbedarfs. Die Kündigung wirft sie am Morgen des 3.11. in J´s Briefkasten.

959

J kann wegen § 105 II BGB keine wirksame Willenserklärung abgeben. Dennoch geht ihm die Kündigung wirksam nach § 130 BGB am 3.11. zu. Die Vorschrift des § 131 BGB greift nicht ein, da sie sich nur auf Geschäftsunfähige bezieht. Nimmt J die Kündigung erst am 5.11. nüchtern zur Kenntnis, kann er sie nicht wegen verspäteten Zugangs als unwirksam zurückweisen, da sie bereits am 3.11. in seinen Machtbereich gelangt ist und er die Möglichkeit der Kenntnisnahme hatte.

III. Die Betreuung, §§ 1896 ff. BGB

Kann ein Volljähriger aufgrund einer psychischen Krankheit oder einer körperlichen, geistigen oder seelischen Behinderung seine Angelegenheiten ganz oder teilweise nicht besorgen, so bestellt das Vormundschaftsgericht auf seinen Antrag oder von Amts wegen einen Betreuer (§ 1896 I S. 1 BGB). Die Bestellung ist aber nur hinsichtlich der Aufgabenkreise möglich, in denen eine Betreuung erforderlich ist (§ 1903 II S. 1 BGB). Keine Rolle spielt es, ob der zu Betreuende geschäftsfähig oder geschäftsunfähig nach § 104 Nr. 2 BGB ist.

960

Die heutigen Vorschriften über die Betreuung sind mit Wirkung zum 1.1.1992 eingeführt worden. Vor diesem Zeitpunkt war der wegen Geisteskrankheit „Entmündigte" nach § 104 Nr. 3 a.F. BGB geschäfts<u>un</u>fähig (bzw. nach § 114 a.F. BGB beschränkt geschäftsfähig). Er wurde durch einen gerichtlich bestellten Vormund vertreten (§§ 1896 ff. a.F. BGB). Diese – wegen ihres starren Eingriffs in die Persönlichkeitsrechte – stark angegriffene Regelung wurde im Rahmen der genannten Gesetzesänderung grundlegend geändert. So gibt es nun keine Entmündigung mehr und die §§ 104 Nr. 3, 114, 115 BGB wurden aufgehoben. In den §§ 1896 ff. n.F. BGB wurde der Vormund durch den Betreuer ersetzt.

961

Die Bestellung eines Betreuers hat, anders als die Entmündigung nach früherem Recht, **keine Auswirkung auf die** (vorhandene) **Geschäftsfähigkeit** des Betreuten.[648] Der geschäftsfähige Betreute kann also grundsätzlich weiterhin wirksam rechtsgeschäftlich handeln. Allerdings bedarf er des Schutzes vor den Gefahren des Rechtsverkehrs. Das Vormundschaftsgericht hat daher einen sog. „**Einwilligungsvorbehalt**" anzuordnen, soweit dies zur Abwendung einer erheblichen Gefahr für die Person oder das Vermögen des Betreuten erforderlich ist (§ 1903 I BGB). In diesem Fall bedarf der Betreute zu einer Willenserklärung, die den Aufgabenkreis des Betreuers betrifft, dessen **Einwilligung** i.S.d. § 183 BGB. Auf bestimmte höchstpersönliche Rechtsgeschäfte (z.B. Eheschließung, Verfügung von Todes wegen) kann sich der Einwilligungsvorbehalt nicht erstrecken (§ 1903 II BGB).

962

Vom Einwilligungsvorbehalt **ausgenommen** sind Willenserklärungen, die dem Betreuten lediglich einen rechtlichen Vorteil bringen (vgl. § 107 BGB für den Minderjährigen), und grundsätzlich auch Willenserklärungen, die **geringfügige** Angelegenheiten des täglichen Lebens betreffen (§ 1903 III BGB). Hat der Betreute ohne die erforderliche Einwilligung gehandelt, gelten die §§ 108 bis 113, 131 II BGB entsprechend (§ 1903 I S. 2 BGB). Letztlich führen die genannten Vorschriften – soweit ein Einwilligungsvorbehalt angeordnet ist – zu einer Annäherung der Rechtsstellung des Betreuten an diejenigen eines Minderjährigen. Daher ist es nur folgerichtig, dass der Betreuer in seinem Aufgabenkreis die Stellung eines gesetzlichen Vertreters des Betreuten hat (§ 1902 BGB). Er hat die Angelegenheiten des Betreuten so zu besorgen, wie es dessen Wohl entspricht (§ 1901 II BGB).

963

---

[648] Vgl. nur *Cypionka*, NJW **1992**, 207, 208; *Zimmermann/Damrau*, NJW **1991**, 538, 539.

964 Soweit kein Einwilligungsvorbehalt nach § 1903 BGB besteht, ist es also möglich, dass **sich widersprechende Rechtsgeschäfte** zustande kommen: Liegen kollidierende *Verpflichtungen* vor, sind beide wirksam. Bei *Verfügungen* hat die frühere den Vorrang, sodass nur diese gilt.[649] Die spätere kann also nur dann wirksam sein, wenn die Voraussetzungen für einen Erwerb vom Nichtberechtigten vorliegen (vgl. z.B. §§ 932 ff. BGB).

965 **Beispiel:** Für den senilen A wurde ein Betreuer bestellt. Dieser ordnete einen Umzug in ein Altersheim an. A, der sich mit dem Umzug einverstanden erklärte, verkaufte anlässlich des bevorstehenden Umzugs seinen Wohnzimmerschrank an K; in Unkenntnis über diesen Vorgang verkaufte auch der Betreuer gleichzeitig diesen Schrank an D.

Da hier kein Einwilligungsvorbehalt bestand, sind beide Kaufverträge wirksam. Erfüllt werden kann aber nur einer. Gegenüber dem Käufer, der „leer" ausgeht, besteht u.U. eine Schadensersatzpflicht nach §§ 280, 281, 283 BGB.[650]

IV. Die beschränkte Geschäftsfähigkeit, §§ 106-113 BGB

966 Während in den Fällen des § 105 I und II BGB der Mangel der Geschäftsfähigkeit stets zur Nichtigkeit des Rechtsgeschäfts führt, hat der Gesetzgeber im Falle der beschränkten Geschäftsfähigkeit nicht die sofortige Nichtigkeit angeordnet, sondern mit § 108 I BGB dem gesetzlichen Vertreter die Möglichkeit eingeräumt, das (schwebend unwirksame) Geschäft zu genehmigen. Damit trägt der Gesetzgeber dem Umstand der zunehmenden geistigen Reife heranwachsender Menschen Rechnung. Verweigert der gesetzliche Vertreter allerdings die Genehmigung, ist das Geschäft endgültig unwirksam.

967 **Beschränkt geschäftsfähig** ist der Minderjährige, der das 7. Lebensjahr, aber noch nicht das 18. Lebensjahr vollendet hat (§§ 2, 106 BGB).

968 Für die Fristberechnung gilt – wie beim Geschäftsunfähigen nach § 104 Nr. 1 BGB – § 187 II S. 2 BGB. Danach beginnt bei einem Minderjährigen die beschränkte Geschäftsfähigkeit an seinem 7. Geburtstag um 00.00 Uhr und endet an seinem 18. Geburtstag um 00.00 Uhr.

969 Die Vorschriften über die beschränkte Geschäftsfähigkeit werden auch auf Personen angewandt, die **unter Betreuung mit Einwilligungsvorbehalt** stehen (§ 1903 I S. 2 BGB).

970 Welche Rechtsfolgen sich aus der beschränkten Geschäftsfähigkeit der von Minderjährigen abgegebenen Willenserklärungen ergeben, ist vom Gesetzgeber unterschiedlich geregelt worden. Zu unterscheiden ist demnach zum einen zwischen rechtlich vorteilhaften und rechtlich nachteiligen Willenserklärungen (d.h. Geschäften), §§ 107, 108 BGB, und zum anderen zwischen einseitigen und mehrseitigen Rechtsgeschäften, §§ 111, 108 BGB.

1. Rechtlich vorteilhafte (zustimmungsfreie) Rechtsgeschäfte, § 107 BGB

971 Nach § 107 BGB bedarf der Minderjährige zu einer Willenserklärung, durch die er nicht lediglich einen rechtlichen Vorteil erlangt, der Einwilligung seines gesetzlichen Vertreters. Da § 108 BGB von „Genehmigung" und damit von „nachträglicher Zustimmung" i.S.v. § 184 I BGB spricht, bedeutet „Einwilligung" in § 107 BGB so viel wie „vorherige Zustimmung" i.S.v. § 183 S. 1 BGB. Daher spricht man von „zustimmungsbedürftigen

---

[649] *Ellenberger*, in: Palandt, Einf v § 104 Rn 2; *Medicus*, AT, Rn 550; *Taupiz*, JuS **1992**, 9, 11 f.
[650] Vgl. *Köhler/Lange*, AT, § 10 Rn 7.

Rechtsgeschäften". Ein Rechtsgeschäft ist folglich dann „zustimmungsfrei", wenn es für den Minderjährigen keine rechtlichen Nachteile mit sich bringt. Auf der anderen Seite ist aber kaum ein Rechtsgeschäft denkbar, das keine, seien es auch nur entfernte, Rechtsnachteile mit sich bringt. Die Abgrenzung erfordert daher eine Wertung, welche Rechtsnachteile noch beachtlich sein sollen. Allgemein stellt man darauf ab, welche **rechtlichen Folgen** das Geschäft für den beschränkt Geschäftsfähigen hat und ob der Rechtsnachteil (Rechtsminderung, Rechtsaufhebung) eine **unmittelbare** oder nur eine **mittelbare** Folge des Rechtsgeschäfts ist. Denn wolle man auch mittelbare Nachteile berücksichtigen, gebe es praktisch keine zustimmungsfreien Rechtsgeschäfte.[651] Teilweise wird auch auf den Normzweck des § 107 BGB abgestellt, und zwar auf den Schutz des materiellen und persönlichen Wohls des Minderjährigen, den Schutz der elterlichen Sorge, die durch Erteilung oder Verweigerung der Zustimmung ausgeübt wird, und den Schutz des Verkehrsinteresses an einer klaren Abgrenzbarkeit.[652]

> **Beispiel:** Die 13-jährige M bekommt von ihrer Tante einen Kanarienvogel geschenkt. **972**
> Die Eltern sind darüber verärgert, weil dies mit gewissen (Folge-)Kosten verbunden sei. So müssten zunächst ein Käfig und auch Futter gekauft werden. Auch könnten Tierarztkosten anfallen.
>
> Die Einwände der Eltern mögen zwar (wirtschaftlich) berechtigt sein, ändern aber nichts an der Wirksamkeit des Eigentumserwerbs (§§ 929 S. 1, 90a BGB). Denn die genannten Kosten sind lediglich mittelbare Folgen des Eigentumserwerbs. Nach der Gegenauffassung wäre die Frage kaum eindeutig zu beantworten, da sie äußerst ungenaue Kriterien formuliert.
> Davon unabhängig ist es den Eltern als den gesetzlichen Vertretern (§§ 1626, 1629 BGB) selbstverständlich unbenommen, den Vogel im Namen ihrer Tochter wieder abzugeben.

Auf dem Boden der h.M. lässt sich somit folgende Positivdefinition aufstellen:

Lediglich rechtlich vorteilhaft sind nur solche Zuwendungen oder Rechtsgeschäfte, **973** die die Rechtsstellung des beschränkt Geschäftsfähigen ausschließlich *verbessern*.

Unstreitig ist jedoch, dass es bei der Beurteilung der lediglich rechtlichen Vorteilhaftig- **974** keit **nicht** auf den **wirtschaftlichen** Vor- oder Nachteil für den Minderjährigen ankommt. Daraus folgt, dass auch wenn ein Rechtsgeschäft *wirtschaftlich* noch so vorteilhaft ist, es durch den beschränkt Geschäftsfähigen nicht vorgenommen werden kann, wenn damit ein *rechtlicher* Nachteil verbunden ist.

> **Beispiel:** V ist mit dem 9-jährigen M sehr gut befreundet. Um ihm einen Gefallen zu **975** tun, „verkauft" er ihm seinen erst 3 Monate alten, sehr gut erhaltenen PC für 20,- €.
>
> Obwohl dieses Rechtsgeschäft wirtschaftlich betrachtet für M sehr vorteilhaft ist, kann er es gemäß § 107 BGB nicht ohne Einwilligung seines gesetzlichen Vertreters vornehmen, da durch den Kaufvertrag die Verpflichtung des M zur Zahlung des Kaufpreises (= Nachteil) begründet wird (§ 433 II BGB). Verweigert der gesetzliche Vertreter die Zustimmung, ist der Kaufvertrag endgültig unwirksam (§ 108 I BGB).
>
> Weiterführender Hinweis: Aufgrund des Abstraktionsprinzips ist die dingliche Rechtslage anders: Hätte V den PC an M gem. § 929 S. 1 BGB übereignet, wäre M Eigentümer des PC geworden, weil der reine Eigentumserwerb lediglich rechtlich vorteilhaft ist und nach dem bisher Gesagten keiner Zustimmung des gesetzlichen Vertreters bedarf. Daran ändert auch die Herausgabepflicht gem. § 812 I S. 1 Var. 1 BGB nichts (dazu sogleich).

---

[651] *Ellenberger*, in: Palandt, § 107 Rn 2; *Larenz/Wolf*, AT, § 25 Rn 19; *Rüthers/Stadler*, AT, § 23 Rn 9.
[652] *Köhler/Lange*, § 10 Rn 11.

976 Wie bereits dem vorstehenden Hinweis zu entnehmen ist, muss bei der Beurteilung, ob ein Rechtsgeschäft rechtlich lediglich vorteilhaft ist oder nicht, insbesondere zwischen Verpflichtungsgeschäften und Verfügungsgeschäften unterschieden werden.

a. Verpflichtungsgeschäfte

977 Die vertragliche Übernahme einer Verpflichtung durch den Minderjährigen begründet stets einen relevanten rechtlichen Nachteil und ist damit zustimmungsbedürftig. Dass den rechtlichen Nachteilen auch rechtliche Vorteile gegenüberstehen können und der Vertrag bei einer Saldierung von Nachteilen und Vorteilen möglicherweise *wirtschaftlich* äußerst vorteilhaft für den Minderjährigen ist, spielt – wie im obigen Beispiel gesehen – keine Rolle. Denn zum einen kann fraglich sein, ob ein Rechtsgeschäft wirtschaftlich vorteilhaft ist, und zum anderen ist es möglich, dass das Rechtsgeschäft für das persönliche Wohl des Minderjährigen und die elterlichen Erziehungsziele nachteilig ist.

978 Das Zustimmungserfordernis gilt nicht nur für gegenseitige Verträge wie Kauf, Miete, Tausch oder Werkvertrag, sondern auch für Verträge, die für den Minderjährigen lediglich Nebenpflichten mit sich bringen. Das betrifft in erster Linie **unvollkommene zweiseitige Verträge**, bei denen für einen Vertragsteil immer Verpflichtungen entstehen, für den anderen dagegen nur unter bestimmten Voraussetzungen. Diese sind rechtlich nicht lediglich vorteilhaft, da Verpflichtungen entweder schon mit Vertragsschluss begründet werden oder unter weiteren Voraussetzungen entstehen können. So können bei einem Leihvertrag (§ 598 BGB), einem Auftrag (§ 662 BGB) oder einem Verwahrungsvertrag (§ 688 BGB) für den anderen Teil, der durch den Vertragsschluss noch nicht unmittelbar verpflichtet wurde, Pflichten zur Herausgabe (§§ 604, 667, 695 BGB) oder zum Aufwendungsersatz (§§ 670, 693 BGB) entstehen.

979 **Beispiel**[653]: Der minderjährige M leiht sich ohne Wissen seiner Eltern von L ein Zelt für eine Fahrradtour. Obwohl M für den Gebrauch des Zeltes nichts bezahlen muss (§ 598 BGB), ist der Leihvertrag für ihn rechtlich nachteilig und damit nach § 107 BGB zustimmungsbedürftig, weil er für ihn die Pflicht zur Rückgabe des Zeltes begründet (§ 604 BGB) und M bei schuldhafter Verletzung dieser Pflicht Schadensersatz zu leisten hätte (§ 280 I BGB).

980 Ein Verpflichtungsgeschäft ist also nur dann **zustimmungsfrei**, wenn der Minderjährige daraus nur einen Anspruch erwirbt, aber selbst keinerlei Verpflichtung eingeht. Das betrifft namentlich die **einseitig verpflichtenden Verträge**, bei denen sich immer nur *eine* Vertragspartei verpflichtet. Solche Geschäfte sind für den beschränkt Geschäftsfähigen folglich dann lediglich rechtlich vorteilhaft, wenn er nicht der sich verpflichtende Vertragsteil ist.[654] So ist insbesondere die Annahme eines **Schenkungsversprechens** (§ 518 I BGB) für den beschränkt Geschäftsfähigen grundsätzlich lediglich rechtlich vorteilhaft und kann von diesem selbstständig vorgenommen werden, da er selbst einen Übereignungs- bzw. Abtretungsanspruch (gem. § 929 ff. BGB für bewegliche und §§ 873, 925 BGB für unbewegliche Sachen; § 398 für Abtretung von Rechten) erhält, ohne selbst eine Verpflichtung einzugehen. Auch die Schenkung von Anteilen einer Kommanditgesellschaft ist grds. lediglich rechtlich vorteilhaft.[655] Dagegen ist ein Schenkungsvertrag unter einer (einklagbaren) Auflage (vgl. § 525 BGB) rechtlich nachteilig, da sie eine persönliche Verpflichtung des beschränkt Geschäftsfähigen begründet. Wiederum vorteilhaft für den Minderjährigen ist die Annahme eines Schuldversprechens (§ 780 BGB) bzw. eines Schuldanerkenntnisses (§ 781 BGB).

---

[653] *Köhler/Lange*, AT, § 10 Rn 11.
[654] *Brox/Walker*, AT, Rn 275.
[655] Vgl. OLG Bremen GmbHR **2008**, 1263 f. Freilich eine andere Frage ist die Wirksamkeit des Verfügungsgeschäfts (die Abtretung gem. § 398 BGB).

b. Verfügungsgeschäfte

aa. Grundsatz

Verfügungsgeschäfte sind für den Minderjährigen lediglich rechtlich *vorteilhaft*, wenn zu seinen Gunsten ein Recht übertragen, aufgehoben, verändert oder belastet wird.[656] Lediglich rechtlich vorteilhaft sind daher zum Beispiel die Übereignung von Sachen *an den* beschränkt Geschäftsfähigen, der Erlass einer diesem gegenüber bestehenden Forderung oder der Verzicht auf sonstige diesem gegenüber bestehende Rechte. Zu den Ausnahmefällen, in denen der Verfügungsgegenstand belastet ist, vgl. sogleich.

> **Beispiel:** Der 18-jährige V verkauft (§ 433 BGB) und übereignet (§ 929 S. 1 BGB) seine Playstation an seinen 17-jährigen Freund K. Dieser bezahlt 10,- €. Als dies die Eltern des K in Erfahrung bringen, verlangen sie (im Namen des K) von V das Geld zurück. Mit Recht?
>
> Unterstellt, dass kein Fall des § 110 BGB vorliegt, stellt das Herausgabeverlangen der Eltern eine konkludente Verweigerung der Genehmigung dar. Somit ist jedenfalls der **Kaufvertrag nichtig** (vgl. §§ 107, 108 I BGB). V muss wegen § 985 BGB oder zumindest wegen § 812 I S. 1 Var. 1 BGB den Kaufpreis erstatten.
> Da der reine Eigentumserwerb für K jedoch lediglich rechtlich vorteilhaft ist und daher nicht der Zustimmung des gesetzlichen Vertreters bedarf, hat K Eigentum an der Playstation erworben. Die **Übereignung** der Playstation nach § 929 S. 1 BGB ist daher wirksam. K ist Eigentümer der Playstation geworden. V kann diese daher nicht gem. § 985 BGB vindizieren. Da es jedoch unbillig wäre, wenn K die Playstation behalten dürfte, steht V ein Kondiktionsanspruch gem. § 812 I S. 1 Var. 1 BGB auf Herausgabe der Playstation zu. Dieser Anspruch ginge allerdings ins Leere, wenn K (etwa aufgrund einer Beschädigung oder Zerstörung der Playstation) entreichert wäre (§ 818 III BGB). Dieses Risiko muss derjenige, der mit einem Minderjährigen kontrahiert, in Kauf nehmen.

Umgekehrt sind Verfügungen des Minderjährigen für diesen immer nachteilig.

> **Beispiel:** Der 17-jährige M verkauft (§ 433 BGB) und übereignet (§ 929 S. 1 BGB) seine Playstation an seinen 18-jährigen Freund F. Dieser bezahlt 10,- €. Als die Eltern des M dies in Erfahrung bringen, verlangen sie (im Namen des M) von F die Playstation zurück. Mit Recht?
>
> Weil in dem Herausgabeverlangen die konkludente Verweigerung der Genehmigung gesehen werden muss, ist nicht nur der **Kaufvertrag**, sondern – weil der Eigentumsverlust stets rechtlich nachteilig ist – auch die **Übereignung** der Playstation **nichtig** (vgl. §§ 107, 108 I BGB). M bleibt also Eigentümer und kann die Playstation gem. § 985 BGB vindizieren (bzw. die Eltern im Namen des M). Daneben steht M auch ein Kondiktionsanspruch gem. § 812 I S. 1 Var. 1 BGB auf Herausgabe der Playstation zu.
> Selbstverständlich kann umgekehrt auch F einen entsprechenden Kondiktionsanspruch gem. § 812 I S. 1 Var. 1 BGB gegen M hinsichtlich des Kaufpreises geltend machen. Allerdings ist auch hier das Risiko der Entreicherung (§ 818 III BGB) zu beachten. Dagegen kommt zugunsten des F ein Vindikationsanspruch aus § 985 BGB nicht in Betracht, weil der Eigentumserwerb am Geld für M lediglich rechtlich vorteilhaft war.

Schließlich ist eine dritte Konstellation denkbar, nämlich die, dass auf *beiden* Seiten ein Minderjähriger steht.

> **Beispiel:** Der 17-jährige M verkauft (§ 433 BGB) und übereignet (§ 929 S. 1 BGB) seine Playstation an seinen gleichaltrigen Freund F. Dieser bezahlt 10,- €. Als die Eltern des M dies in Erfahrung bringen, verlangen sie (im Namen des M) von F die Playstation zurück. Mit Recht?

981

982

983

984

985

986

---

[656] Allgemeine Auffassung, vgl. nur *Brox/Walker,* AT, Rn 276; *Köhler/Lange*, AT, § 10 Rn 14.

Weil in dem Herausgabeverlangen die konkludente Verweigerung der Genehmigung gesehen werden muss, ist jedenfalls der **Kaufvertrag nichtig** (vgl. §§ 107, 108 I BGB). Fraglich ist die dingliche Rechtslage. Aus Sicht des M ist auch das Übereignungsgeschäft unwirksam, weil der Eigentumsverlust für ihn rechtlich nachteilig ist. Ihm müsste daher der Vindikationsanspruch aus § 985 BGB zustehen mit der Folge, dass er die Playstation von F herausverlangen kann. Umgekehrt war aus Sicht des F der Eigentumserwerb an der Playstation für *ihn* lediglich rechtlich vorteilhaft, sodass (von dieser Prämisse ausgehen) *er* wiederum wirksam Eigentum erwerben konnte, was einen Vindikationsanspruch des M ausschließen würde.

Da das Minderjährigenrecht insgesamt vom Schutz vor Eigentumsverlust ausgeht, ist auch im vorliegenden Fall M stärker schutzbedürftig als F. Deshalb scheint es angemessen, M nicht nur einen Kondiktionsanspruch, sondern vor allem einen Vindikationsanspruch zu gewähren. M kann demnach die Playstation von F gem. § 985 BGB herausverlangen.

Selbstverständlich gilt diese Wertung auch im umgekehrten Verhältnis. F hat daher gegen M nicht nur einen Kondiktionsanspruch gem. § 812 I S. 1 Var. 1 BGB auf Rückerstattung des Kaufpreises, sondern auch einen diesbezüglichen Herausgabeanspruch aus § 985 BGB, sofern nicht gesetzlicher Erwerbstatbestand (vgl. § 948 BGB) zugunsten des M greift (vgl. dann aber auch § 951 BGB).

bb. Zuwendung belasteter Gegenstände

987 Problematisch ist die Beurteilung von **Grundstücksschenkungen** an Minderjährige. Grundstücksschenkungen werden oft im Rahmen einer vorweggenommenen Erbfolge vorgenommen, um Erbschaftsteuer zu sparen. Denn werden zu Lebzeiten Grundstücke verschenkt, können schon einmal die Freibeträge der Schenkungsteuer ausgenutzt werden, ohne dass später im Erbfall die volle Erbschaftsteuer anfiele (vgl. §§ 14 I, 16 ErbschaftsteuerG).

987a Bei der rechtlichen Würdigung von Grundstücksschenkungen an Minderjährige ist selbstverständlich zunächst – entsprechend dem Trennungs- und Abstraktionsprinzip – zwischen dem Verpflichtungsgeschäft (Schenkungsversprechen, § 518 I BGB) und dem Verfügungsgeschäft (Übereignung des Grundstücks gem. §§ 873, 925 BGB) zu unterscheiden.[657] Jedenfalls ist das schuldrechtliche Schenkungsversprechen für den Minderjährigen zustimmungsfrei, da dieser dadurch nur einen schuldrechtlichen Anspruch auf Übereignung erlangt, jedoch keinerlei Verpflichtungen ausgesetzt ist. Ob aber auch die **Übereignung** zustimmungsfrei ist, mag schon deshalb bezweifelt werden, weil mit dem Erwerb von Grundeigentum regelmäßig bestimmte Pflichten und Lasten verbunden sind. So kann das Grundstück mit **Grundpfandrechten** belastet sein. Auch können den Eigentümer privatrechtliche Pflichten (z.B. **Vermieterpflichten, nachbarrechtliche** und **Verkehrssicherungspflichten**) sowie öffentlich-rechtliche Lasten (z.B. **Anlieger- und Erschließungsbeiträge**) treffen. Hinzu kommen **öffentliche,** i.d.R. **steuerliche** Belastungen (z.B. Schenkungs-, Grund- und Grunderwerbsteuer, aber auch Erschließungsbeiträge).

a.) Privatrechtliche Belastungen

988 Die Zuwendung eines **dinglich belasteten Grundstücks** ist dann zustimmungsfrei, wenn die Belastung in Form einer **Hypothek** besteht. Zwar wird der beschenkte Minderjährige Hypothekenschuldner, jedoch wird die Grundstücksübertragung dadurch

---

[657] *Rüthers/Stadler*, AT, § 23 Rn 11; *Brox/Walker*, AT, Rn 276; *Jauernig*, § 107 Rn 2; BGH NJW **2005**, 415, 416 f. (mit Bespr. v. *Lorenz*, LMK **2005**, 25; *Everts*, ZEV **2005**, 69; *Emmerich*, JuS **2005**, 457; *Schmitt*, NJW **2005**, 1090); BayObLG NJW **2004**, 2264; a.A. noch BGHZ **78**, 28, 30 f.: „Gesamtbetrachtung des schuldrechtlichen und dinglichen Vertrags".

nicht rechtlich nachteilig, weil der Hypothekenschuldner nämlich nur aus dem Grundstück und nicht mit seinem sonstigen persönlichen Vermögen haftet.

Beispiel[658]: Mutter M schenkt ihrer 17-jährigen Tochter T mit notariellem Schenkungsvertrag ein Hausgrundstück. Beide erklären vor dem Notar die Auflassung. Das Grundstück hat einen Verkehrswert von 250.000,- €, ist aber auch mit einer Hypothek (vgl. § 1113 BGB) i.H.v. 100.000,- € belastet. Das Grundbuchamt verweigert daher die Grundbuchänderung, weil es der Meinung ist, dass die Genehmigung durch einen Ergänzungspfleger nötig sei. Beurteilen Sie die Rechtslage!

Vorbemerkung: Für die Lösung dieses Falls sind fundierte Kenntnisse des Minderjährigen-, Schenkungs- und Grundstücksrechts erforderlich, was die Prüfungs- und Examensrelevanz ausmacht. Für die **Schenkung** eines Grundstücks ist gem. § 311b I BGB eine notarielle Beurkundung des Schenkungsvertrags erforderlich. Die bloße notarielle Beurkundung des (vorgelagerten) Schenkungsversprechens nach § 518 I BGB genügt dieser Anforderung nicht.

Auf **sachenrechtlicher** Ebene bestimmt § 873 I BGB, dass zur Übertragung des Eigentums an einem Grundstück die **Einigung der Parteien** sowie die **Eintragung** der Rechtsänderung in das **Grundbuch** erforderlich sind. Die Einigung der Parteien (sog. **Auflassung**) ist – anders als der Schenkungsvertrag – nicht beurkundungspflichtig. Sie muss lediglich gem. § 925 I BGB bei gleichzeitiger Anwesenheit der Parteien vor einer zuständigen Stelle (i.d.R. vor einem **Notar**) erklärt werden. Gleichwohl ist in der Praxis auch die notarielle Beurkundung der Auflassung der Regelfall. Denn für die Eintragung ins Grundbuch gem. §§ 20, 29 GBO ist es erforderlich, dass die Auflassung in öffentlich beurkundeter Form nachgewiesen wird.[659] Ergo bietet es sich an, bereits bei der Beurkundung des Kauf- bzw. Schenkungsvertrags gleichzeitig auch die Auflassung notariell zu beurkunden. Zudem tritt (erst) mit einer notariellen Beurkundung der Auflassung eine Bindung an die Einigung ein (vgl. § 873 II BGB).

Da im vorliegenden Fall Form- oder Verfahrensverstöße nicht ersichtlich sind, könnte allein die Minderjährigkeit der T problematisch sein. Diese ist beschränkt geschäftsfähig (vgl. §§ 2, 106 BGB). Gem. § 107 BGB kann ein beschränkt-geschäftsfähiger Minderjähriger eine Willenserklärung, durch die er nicht einen lediglich rechtlichen Vorteil erlangt, nur mit der Einwilligung seines gesetzlichen Vertreters vornehmen. Vorliegend ergäbe sich die gesetzliche Vertretungsmacht der M grds. aus §§ 1626 I, 1629 I S. 1 und 3 BGB. Aufgrund der Art des Geschäfts ist aber auch § 1629 II S. 1 i.V.m. § 1795 I Nr. 1 BGB zu beachten. Danach können die sorgeberechtigten Eltern ihr Kind bei einem Rechtsgeschäft zwischen ihnen und ihrem minderjährigen Kind nicht vertreten, es sei denn, das Rechtsgeschäft besteht ausschließlich in der Erfüllung einer Verbindlichkeit (vgl. § 1795 I a.E. BGB). Das Grundstücksgeschäft zwischen M und T besteht aber nicht in der Erfüllung einer Verbindlichkeit. Folge wäre, dass gem. § 1909 I S. 1 BGB ein Ergänzungspfleger zu bestellen wäre. Allerdings gelten in dem Fall, in dem das Geschäft dem Minderjährigen einen lediglich rechtlichen Vorteil bringt, auch bei Grundstücksgeschäften die zu § 181 BGB entwickelten, allgemein akzeptierten Grundsätze (vgl. dazu Rn 854 ff.). § 1795 I Nr. 1 BGB findet demnach im Wege der teleologischen Reduktion auch vorliegend keine Anwendung. Daraus folgt: Sollte die Schenkung für T lediglich rechtlich vorteilhaft sein, wäre die Hinzuziehung eines Ergänzungspflegers überflüssig. Bei der Beantwortung dieser Frage ist wiederum – dem Abstraktionsprinzip folgend – zwischen dem schuldrechtlichen Verpflichtungsgeschäft und dem sachenrechtlichen Verfügungsgeschäft zu unterscheiden.

---

[658] In Anlehnung an BGH NJW **2005**, 415 ff.; BayObLG NJW **2004**, 2264.
[659] Vgl. dazu ausführlich *R. Schmidt*, SachenR II, Rn 217.

Lösungsgesichtspunkte:

1. Schuldrechtliches Verpflichtungsgeschäft

Der Schenkungsvertrag zwischen M und T ist für T lediglich rechtlich vorteilhaft, weil der Schenkung keinerlei Gegenleistungspflicht gegenübersteht.

2. Sachenrechtliches Verfügungsgeschäft

Das Grundbuchamt hat die Änderung des Grundbuchs vorzunehmen, wenn T gem. §§ 873 I, 925 I BGB wirksam Eigentum an dem Hausgrundstück erlangen konnte.

T würde ein um die Hypothekenschuld gemindertes Eigentum im Wert von 150.000,- € erlangen. Die h.M.[660] sieht eine solche Belastung als unbeachtlich an, weil sie nicht unmittelbare, sondern nur mittelbare Folge des Rechtsgeschäfts sei. Die Übereignung an einen Minderjährigen sei auch dann lediglich rechtlich vorteilhaft, wenn es mit einer Grundschuld (ergänze: Hypothek) belastet sei. Die mit dem hypothekenbelasteten Grundstückserwerb verbundenen Pflichten (Duldung der Zwangsvollstreckung, vgl. § 1147 BGB) könnten in der Regel aus den laufenden Erträgen, zumindest aber aus der Substanz des Grundstücks, abgedeckt werden, sodass typischerweise keine Gefährdung des sonstigen Vermögens des Minderjährigen eintrete. Insbesondere stehe dem *Hypotheken*gläubiger lediglich ein dingliches Verwertungsrecht *an dem belasteten Grundstück* zu, das den Grundstückseigentümer nur zur Duldung der Zwangsvollstreckung verpflichte (vgl. § 1147 BGB).[661]

3. Ergebnis

T konnte also wirksam Eigentum an dem belasteten Hausgrundstück erwerben. Das Grundbuchamt ist somit verpflichtet, die Eigentumsänderung einzutragen.

990 Entsprechendes gilt, wenn das Grundstück mit einer **Grundschuld** (1191 BGB) oder einem dinglichen **Wohnrecht** (§§ 1018, 1093 BGB) belastet ist, da die Belastung auch hier nur den Vorteil einschränkt, nicht aber aufhebt.[662] Für die Belastung mit einem **Nießbrauch** (1030 BGB) gilt dies jedenfalls dann, wenn der Nießbraucher auch die Kosten außergewöhnlicher Ausbesserungen und Erneuerungen sowie die außergewöhnlichen Grundstücksbelastungen zu tragen hat.[663]

991 Rechtlich **nachteilig** ist dagegen der Erwerb eines Grundstücks, das mit einer **Reallast** belastet ist, da in diesem Fall der Grundstückseigentümer auch persönlich zur Leistung verpflichtet ist (vgl. § 1108 BGB).[664] Gleiches gilt für die Annahme einer **Erbschaft**, da gem. § 1922 BGB auch Pflichten übernommen werden.

992 Rechtlich **nachteilig** ist auch der Erwerb von **beschränkt dinglichen Rechten**, wenn dem Recht zugleich Pflichten gegenüberstehen und diese nicht als bloße Beschränkung des Rechtsinhalts anzusehen sind.

---

[660] Vgl. BGH NJW **2005**, 415, 416 f.; a.A. *Köhler/Lange*, AT, § 10 Rn 16, die mit dem Argument, dass der Grundstückseigentümer zunächst mit seinem sonstigen Vermögen in Vorleistung treten müsse, den Grundstückserwerb generell für zustimmungspflichtig halten.

[661] Für die Grundschuld vgl. nun ausdrücklich BGH NJW **2005**, 415, 416 f.; vgl. auch abermals BGHZ **15**, 168; BayObLGZ **1979**, 49, 53. Freilich ist dieser Befund für die Praxis nur bedingt tauglich. Denn häufig wird vom Sicherungsgeber verlangt, sich zusätzlich zur Hypothek bzw. Grundschuld auch hinsichtlich seines *persönlichen* Vermögens (durch Schuldanerkenntnis, §§ 780, 781 BGB) der sofortigen Zwangsvollstreckung zu unterwerfen. Sollte so etwas auch zu Lasten eines Minderjährigen der Fall sein, dass also der beschenkte Minderjährige eine solche Haftung mitübernehmen müsste, kann der Erwerb eines belasteten Grundstücks niemals rechtlich vorteilhaft sein. Zum Grundschuld- und Hypothekenrecht vgl. im Übrigen ausführlich *R. Schmidt*, SachenR II, Rn 375 ff. und Rn 483 ff.

[662] Vgl. BGH NJW **2005**, 415, 416 f.; BayObLG NJW **2004**, 2264; OLG Celle MDR **2001**, 931; *Ellenberger*, in: Palandt, § 107 Rn 4.

[663] Vgl. auch diesbezüglich BGH NJW **2005**, 415, 416 f.; ausführlich zum Nießbrauch *R. Schmidt*, SachenR II, Rn 682 ff.

[664] Wie hier nun auch *Berger*, LMK **2005**, 89 f.

Beispiele: Zustimmungsbedürftig sind daher der Erwerb eines Erbbaurechts wegen der Pflichten aus § 9 ErbbauRG und § 1108 BGB und der Erwerb eines Nießbrauchs wegen der Pflichten aus §§ 1041, 1045, 1047 BGB.

993

Rechtlich **nachteilig** ist auch die Übertragung von **Wohnungseigentum**. Denn wegen der mit dem Wohnungseigentum verbundenen Pflichten, insbesondere der persönlichen Haftung des Wohnungseigentümers, ist die Schenkung einer Eigentumswohnung an einen Minderjährigen für diesen nicht lediglich rechtlich vorteilhaft, sodass der Rechtserwerb der Einwilligung bzw. Genehmigung seines gesetzlichen Vertreters bedarf, §§ 107, 108 BGB.[665] Auch der Erwerb eines **vermieteten Grundstücks/einer vermieteten Eigentumswohnung** ist nachteilig, weil es nicht auf die wirtschaftliche, sondern auf die rechtliche Betrachtung ankommt (der Eigentümer hat hier bestimmte Pflichten zu beachten, vgl. insbesondere die §§ 566 i.V.m. 578 BGB).[666]

994

Liegt demnach eine Zustimmungsbedürftigkeit vor, führt dies bei einer Grundstücksschenkung der *Eltern* (vgl. also den Unterschied zum obigen Beispiel) an ihr minderjähriges Kind dazu, dass ein Ergänzungspfleger (§ 1909 BGB) eingeschaltet werden muss. Denn die Eltern können ihr Kind bei der Annahme des Übereignungsangebots wegen des Verbots des Selbstkontrahierens (§ 181 BGB) nicht wirksam vertreten und sind folgerichtig auch von der Erteilung der Einwilligung gem. § 107 BGB ausgeschlossen. Zwar sieht § 181 BGB eine Ausnahme für den Fall der Erfüllung einer Verbindlichkeit vor und dieser Fall läge hier wörtlich genommen vor, da die Übereignung in Erfüllung des Schenkungsversprechens erfolgt. Jedoch ist diese Ausnahme vom Schutzzweck des § 107 BGB her wieder einzuschränken, da sonst der Minderjährigenschutz unterlaufen würde.[667] Zur teleologischen Reduktion des § 181 BGB vgl. auch Rn 867.

995

b.) Öffentlich-rechtliche Belastungen

Vereinzelt wird vertreten, dass öffentliche Lasten wie z.B. **Grundsteuer, Grunderwerbsteuer** sowie **Erschließungs- und Anliegerbeiträge** ungeachtet der Verwertbarkeit des Grundstücks einen rechtlichen Nachteil darstellten, weil der Minderjährige zunächst mit seinem sonstigen Vermögen für diese einzustehen habe. Etwas anderes anzunehmen sei mit dem Schutzzweck des § 107 BGB nicht vereinbar. Bei solchen Geschäften bedürfe es aufgrund der Art und des Umfangs der damit verbundenen Nachteile einer Kontrolle durch den gesetzlichen Vertreter bzw. eines Ergänzungspflegers (vgl. § 1909 BGB).[668]

996

Dagegen sollen nach h.M. die auf dem Grundstückseigentum ruhenden öffentlich-rechtlichen Lasten das Geschäft **nicht rechtlich nachteilig** machen. Begründet wurde dieser Standpunkt bislang damit, dass ein rechtlicher Nachteil schon deswegen nicht angenommen werden könne, da die Pflichten aus gesetzlichen Vorschriften herrührten und nicht Gegenstand der zwischen den Parteien getroffenen rechtsgeschäftlichen Abrede seien.[669] Dieser dogmatischen Herleitung (nicht dem Ergebnis!) ist der BGH in seiner neuesten Entscheidung zu dieser Thematik entgegengetreten. Er argumentiert dahingehend, dass die Belastungen nicht auf dem Rechtsgeschäft, sondern auf einem alle Grundstückseigentümer treffenden Gesetz beruhten, also lediglich gesetzliche Folge eines rechtlich vorteilhaften Rechtsgeschäfts seien. Dem stehe auch nicht der Schutzzweck des § 107 BGB entgegen, da öffentliche Lasten ihrem Umfang nach

---

[665] BGHZ **78**, 28, 31 ff.; *Jauernig*, JuS **1982**, 576; OLG Celle NJW-RR **2000**, 1611; BayObLG NJW **2004**, 2264.
[666] Vgl. dazu BGH NJW **2005**, 1430, 1431; BayObLG NJW **2003**, 1129.
[667] Vgl. *Köhler/Lange*, AT, § 10 Rn 17; *Gitter/Schmitt*, JuS **1982**, 253; BGHZ **78**, 28, 30; a.A. BGHZ **15**, 168.
[668] *Köhler/Lange*, AT, § 10 Rn 16.
[669] So *Palm*, in: Erman, § 107 Rn 6; *Hefermehl*, in: Soergel, § 107 Rn 4; *Schmidt*, in: MüKo, § 107 Rn 39; *Ellenberger*, in: Palandt, § 107 Rn 4.

typischerweise beschränkt seien; die Belastung könne aus laufenden Erträgen gedeckt werden und führten daher zu keiner Vermögensgefährdung.[670]

Wenn auch die Entscheidung des BGH aus praktischen Gesichtspunkten heraus erging, ist ihr doch zu folgen. Das Gefährdungspotential aufgrund der öffentlich-rechtlichen Belastung ist in der Tat ganz unerheblich im Vergleich zum wirtschaftlichen Nutzen. In teleologischer Reduktion des § 107 BGB ist daher auch das dingliche Erfüllungsgeschäft wirksam, sodass es weder der Zustimmung der gesetzlichen Vertreter noch des Ergänzungspflegers bedarf. Lediglich in Fällen, in denen der Minderjährige geschäftsunfähig ist (§§ 104, 105 BGB), ist eine Vertretung durch die gesetzlichen Vertreter zwingend.

> Im **Beispiel** von Rn 989 wird die Grundstücksübertragung also nicht deshalb rechtlich nachteilig, weil T Grunderwerb- bzw. Grundsteuern zahlen muss.

Dasselbe dürfte auch hinsichtlich **sonstiger Steuern** gelten, die an das bewegliche wie unbewegliche Eigentum anknüpfen.

997

> **Beispiel:** Der 17-jährige M bekommt von seinem Onkel einen Hund geschenkt. Die Eltern sind darüber verärgert, weil dies mit gewissen (Folge-)Kosten verbunden sei. So müssten zunächst Korb, Bürste, Futter etc. gekauft werden. Auch würden regelmäßig Tierarztkosten anfallen. Schließlich sei Hundesteuer zu entrichten.
>
> Die Einwände der Eltern mögen zwar (wirtschaftlich) berechtigt sein, ändern aber nichts an der Wirksamkeit des Eigentumserwerbs. Denn die genannten (privatrechtlichen) Kosten für Korb, Bürste, Futter, Tierarzt etc. sind lediglich mittelbare Folgen des Eigentumserwerbs.
> Hinsichtlich der Hundesteuer gilt von vornherein, dass diese als öffentlich-rechtliche Last nicht dazu führt, dass der Eigentumserwerb rechtlich nachteilig ist. M ist also Eigentümer des Hundes geworden (§§ 929 S. 1, 90a BGB). Davon unabhängig ist es den Eltern als den gesetzlichen Vertretern (§§ 1626, 1629 BGB) selbstverständlich unbenommen, den Hund im Namen ihres Sohnes wieder abzugeben.

c. Annahme einer geschuldeten Leistung durch den beschränkt Geschäftsfähigen

998

Nach § 362 I BGB erlischt das Schuldverhältnis, wenn die geschuldete Leistung an den Gläubiger bewirkt wird. Fraglich und streitig ist, ob mit befreiender Wirkung an den beschränkt Geschäftsfähigen geleistet werden kann.

999

> **Beispiel:** Der 17-jährige M hat sein Fahrrad für 100,- € an den volljährigen K verkauft. Dieser hat auch gleich an M bezahlt. M verprasst das Geld. Als die Eltern am Abend von der ganzen Sache erfahren, verlangen sie von K erneut Bezahlung. Mit Recht?
>
> In dem Verlangen nach Bezahlung des Kaufpreises ist die Genehmigung des Kaufvertrags zu sehen (§ 108 BGB). Die Eltern können daher (im Namen des M) erneut Kaufpreiszahlung (§ 433 II BGB) verlangen, wenn noch keine Erfüllungswirkung i.S.d. § 362 I BGB eingetreten ist. Für die Beantwortung dieser Frage sind folgende Überlegungen anzustellen:
> Einerseits hat M Eigentum an dem geschuldeten Geld erlangt. Dies ist für ihn insoweit lediglich rechtlich vorteilhaft. Andererseits führt die Erfüllung nach § 362 I BGB aber zum Erlöschen der Forderung und somit zum Verlust einer bestehenden Rechtsposition. Dies könnte nachteilig sein.
>
> ⇨ Gleichwohl ist nach einer Mindermeinung[671] eine Erfüllung gegenüber dem beschränkt Geschäftsfähigen auch ohne Mitwirkung des gesetzlichen Vertreters mög-

---

[670] BGH NJW **2005**, 415, 416 f.; BayObLG NJW **2004**, 2264 (unter Berufung auf *Larenz/Wolf*, AT, § 25 Rn 23).
[671] So *Harder*, JuS **1977**, 149, 152; *van Venrooy*, BB **1980**, 1017, 1018 f.

lich. Insgesamt sei die Erfüllung rechtlich vorteilhaft, da es besser sei, den Leistungsgegenstand zu haben als bloß die Forderung.

Demzufolge hat K erfüllt, sodass die Eltern keine nochmalige Bezahlung verlangen können.

⇨ Dagegen betont die herrschende Meinung[672] den Rechtsverlust, den die Erfüllung der Kaufpreisforderung mit sich bringt. Allerdings ist sie in ihrer Begründung uneins: Nach einer Auffassung (**Theorie der Erfüllungsvereinbarung**) ist das Geschäft trotz Erfüllung für den Minderjährigen nachteilig, weil dieser den für die Erfüllung erforderlichen Vertrag wegen § 107 BGB nicht wirksam schließen könne. Nach einer anderen Auffassung (**Theorie der realen Leistungsbewirkung**) fehlt dem Minderjährigen die „Empfangszuständigkeit", die sich nach den Grundsätzen der Verfügung (also auch nach § 107 BGB) beurteile.
Im Ergebnis ist sich die h.M. aber einig, dass die Leistung an den beschränkt Geschäftsfähigen nur dann befreiende Wirkung nach § 362 I BGB habe, wenn der gesetzliche Vertreter dieser zustimme oder die Leistungsbewirkung an den gesetzlichen Vertreter erfolge. Demzufolge muss K noch einmal den Kaufpreis zahlen.

Der h.M. ist zu folgen, da mit der Annahme als Erfüllung eine Gefährdung des Vermögens des Minderjährigen verbunden sein kann, und zwar gerade durch unüberlegtes Handeln des Minderjährigen, wie der vorliegende Fall zeigt. Grundsätzlich kann daher der Schuldner mit befreiender Wirkung nur an den gesetzlichen Vertreter direkt oder an den Minderjährigen mit Zustimmung des gesetzlichen Vertreters leisten. In Ausnahmefällen (z.B. bei Überweisung des geschuldeten Betrags auf ein Konto des Minderjährigen) mag etwas anderes gelten.[673]

Für die Entgegennahme des Kaufpreises fehlte M somit die Empfangszuständigkeit, sodass trotz Eigentumsübergangs die Forderung des M gegen K nicht gemäß § 362 I BGB erloschen ist. Eine andere Sache ist es, dass K das Geleistete nach den Vorschriften über die ungerechtfertigte Bereicherung (§§ 812 ff. BGB) zurückfordern kann. Denn Bereicherungsrecht ist Billigkeitsrecht und soll das Vermögen demjenigen zuordnen, dem es eigentlich zusteht. Allerdings ist in diesem Zusammenhang stets auf die Gefahr der **Entreicherung** (§ 818 III BGB) hinzuweisen.
Auch kann die Frage nach der **verschärften Haftung** gem. §§ 818 IV, 819 I BGB relevant werden. Nach h.M. ist diesbezüglich zwischen der Leistungs- und der Eingriffskondiktion zu unterscheiden. Bei der Leistungskondiktion komme es wegen ihrer Rechtsgeschäftsähnlichkeit auf die Kenntnis des gesetzlichen Vertreters an (§ 166 I BGB). Bei der Eingriffskondiktion sei dagegen wegen ihrer Deliktsähnlichkeit auf den Rechtsgedanken der §§ 827, 828 BGB zurückzugreifen. War der Minderjährige also einsichtsfähig, reicht seine Kenntnis aus. Im vorliegenden Fall wäre auf die Kenntnis des gesetzlichen Vertreters abzustellen.

d. Übertragung von Gesellschaftsanteilen

999a

Es ist denkbar, dass ein Minderjähriger Anteile einer Gesellschaft geschenkt und übertragen bekommt. Hinsichtlich des Schenkungsvertrags wurde bereits gesagt, dass dieser insoweit lediglich rechtlich vorteilhaft und damit zustimmungsfrei ist, weil der Beschenkte isoliert betrachtet keine Leistung erbringen muss. Rechtlich **nachteilig** kann indes das Verfügungsgeschäft sein, weil mit der Beteiligung an einer Gesellschaft Verpflichtungen verbunden sein können. Lediglich, wenn z.B. bei einer Kommanditgesellschaft (KG) Kommanditanteile, die bereits voll valutiert worden sind, auf einen Minderjährigen übertragen werden, kann dies für ihn lediglich rechtlich vorteilhaft sein, weil

---

[672] *Ellenberger*, in: Palandt, § 107 Rn 2; *Medicus*, AT, Rn 566; *Brox/Walker*, AT, Rn 277; *Köhler/Lange*, AT, § 10 Rn 18.
[673] Vgl. *Köhler/Lange*, AT, § 10 Rn 18.

sich die Haftung eines Kommanditisten auf die (hier bereits erbrachte) Kommanditeinlage beschränkt.[674]

e. Ausübung von Gestaltungsrechten (einseitige Rechtsgeschäfte) und Ablehnung von Angeboten

1000 Anfechtung, Rücktritt und Widerruf (i.S.d. § 355 BGB) sind **zustimmungsbedürftig**, soweit sie sich auf einen (nicht ausschließlich belastenden) Vertrag beziehen. Der rechtliche Nachteil besteht im Verlust der Rechte aus dem Vertrag und in etwaigen Ersatz- oder Abwicklungspflichten (z.B. aus §§ 122, 346 ff. BGB). **§ 111 S. 1 BGB** stellt hier klar, dass eine vorherige Zustimmung (§ 183 BGB) erforderlich ist und dass demzufolge eine Genehmigung (§ 184 I BGB) nicht in Betracht kommt, da Schwebezustände hier vermieden werden sollen. Zum weiteren Verfahren vgl. § 111 S. 2 u. 3 BGB.

1001 **Keiner Zustimmung** bedarf die **Mahnung**. Zwar stellt diese lediglich eine geschäftsähnliche Handlung dar, allerdings gelten die §§ 104 ff. BGB analog, sodass es auf die Frage nach dem lediglich rechtlichen Vorteil ankommt. Eine Mahnung ist lediglich rechtlich vorteilhaft, da sie u.a. den Verzug begründet (wenn nicht bereits ein Fall des § 286 II oder III BGB vorliegt) und so die Voraussetzungen für die weitere Wahrnehmung von Rechtspositionen des Minderjährigen schafft.

1002 Dasselbe gilt hinsichtlich der Kündigung eines unverzinslichen Darlehens durch den minderjährigen Darlehensgeber, da hier ebenfalls die Rechtslage ausschließlich zugunsten des Minderjährigen geändert wird.

1003 Schließlich kann ein Minderjähriger ein Vertragsangebot **nur mit Einwilligung** des gesetzlichen Vertreters ablehnen, da die Ablehnung eine empfangsbedürftige Willenserklärung ist und der Nachteil darin besteht, dass er die rechtlich gesicherte Chance zum Vertragsschluss verliert.[675]

f. Rechtlich neutrale Geschäfte

1004 **Neutrale** (indifferente) **Geschäfte** sind solche, die dem beschränkt Geschäftsfähigen weder einen rechtlichen Vorteil noch einen rechtlichen Nachteil bringen, da sie nicht für ihn selbst, sondern für einen Dritten wirken.[676]

1005 Obwohl der Wortlaut des § 107 BGB einen rechtlichen Vorteil verlangt und das neutrale Geschäft daher eigentlich zustimmungsbedürftig wäre, wird allgemein auf den in diesem Fall fehlenden rechtlichen Nachteil und damit auf die fehlende Schutzbedürftigkeit des Minderjährigen verwiesen.

> **Beispiele:** Für den Minderjährigen rechtlich neutral sind z.B. Rechtsgeschäfte, die ein Minderjähriger als **Vertreter** eines anderen tätigt (vgl. § 165 BGB), weil er daraus weder berechtigt noch verpflichtet wird. Auch die **Bestimmung der Leistung** bei einem Vertrag, den Dritte miteinander geschlossen haben (vgl. § 317 I BGB), ist für den beschränkt Geschäftsfähigen rechtlich neutral.

1006 Umstritten ist, ob auch Verfügungen des Minderjährigen über fremde Rechte („**Verfügung eines Nichtberechtigten**") für diesen rechtlich neutral sind mit der Folge, dass sie auch ohne Zustimmung des gesetzlichen Vertreters vorgenommen werden können.

---

[674] Vgl. dazu sowie zu der Frage, ob (wegen Beitritts zu der Gesellschaft) eine Zustimmung des Vormundschaftsgerichts gem. §§ 1643 I, 1822 Nr. 3 Var. 2 BGB erforderlich ist, OLG Hamburg NZG **2008**, 750 f.
[675] *Köhler/Lange*, AT, § 10 Rn 19.
[676] Allgemeine Auffassung, vgl. nur *Ellenberger*, in: Palandt, § 107 Rn 7; *Brox/Walker*, AT, Rn 278; *Rüthers/Stadler*, AT, § 23 Rn 18.

Beispiel: Der 15-jährige M leiht sich mit Einwilligung seiner Eltern von seinem Nachbarn N ein Zelt (§ 598 BGB), damit er mit Freunden ein Campingwochenende verbringen kann. Noch bevor er von diesem Wochenende zurückkehrt, verkauft er das Zelt unter Vorspiegelung, Eigentümer zu sein, an K (§ 433 BGB) und übereignet es ihm (§§ 929 S. 1, 932 BGB). N ist äußerst ungehalten darüber und fragt an, welche Rechte ihm zustehen.

1007

Der Kaufvertrag ist – da er für M nicht lediglich rechtlich vorteilhaft ist – selbstverständlich nichtig, sofern der gesetzliche Vertreter nicht zustimmt (vgl. §§ 107, 108 I BGB).

Anders verhält es sich mit der Übereignung: M ist nicht Eigentümer, kann also durch die Übereignung auch keinen Rechtsverlust erleiden. Dies könnte dazu führen, dass ein solches Geschäft nicht der Zustimmung des gesetzlichen Vertreters bedarf.

⇨ Dennoch werden vereinzelt[677] Bedenken gegen diese Überlegung erhoben. Die Gutglaubensvorschriften verfolgten den Zweck, den Erwerber nur so zu stellen, wie er bei Richtigkeit seiner Vorstellung stehen würde. Gemäß § 932 I BGB erwerbe der Erwerber das Eigentum nur deswegen, weil er den Minderjährigen für den Eigentümer halte. Sei dies aber tatsächlich der Fall, könne er das Eigentum gemäß § 107 BGB nur mit Zustimmung des gesetzlichen Vertreters erwerben, da der Verlust des Eigentums einen rechtlichen Nachteil darstelle. Es gebe keinen Grund, einen Eigentumserwerb des gutgläubigen Dritten, der auch bei Richtigkeit seiner Vorstellung kein Eigentum erwerben könne, zu Lasten des bisherigen Eigentümers zu ermöglichen.

⇨ Demgegenüber liegt nach ganz h.M.[678] auch bei der Verfügung als Nichtberechtigter ein neutrales Rechtsgeschäft vor, das der Minderjährige ohne Mitwirkung seines gesetzlichen Vertreters vornehmen könne. Der Eigentumsverlust nach § 932 BGB (sofern die Voraussetzungen vorliegen) treffe allein den wahren Eigentümer, sodass für den Minderjährigen kein rechtlicher Nachteil eintrete. Unerheblich sei dabei, dass der Minderjährige ggf. Ansprüchen aus §§ 687 II, 682, 816 I, 989, 990 oder 823 ff. BGB ausgesetzt sei, da insoweit andere Vorschriften (vgl. §§ 818 III, 828 BGB) zu seinem Schutze eingriffen.

Die h.M. überzeugt. Entgegen der Mindermeinung, die ihre Argumentation auf die Anwendbarkeit des § 107 BGB aufbaut, ist es doch gerade die Frage, *ob* § 107 BGB hier überhaupt heranzuziehen ist. Denn diese Norm will lediglich den Minderjährigen schützen. Insbesondere sind ihr keine Wertungen für das Verhältnis zwischen dem (früheren) Eigentümer und dem Erwerber zu entnehmen.

Mit der h.M. ist daher die Übereignung des Zeltes gem. § 932 BGB als wirksam anzusehen. N muss sich wegen seiner Folgerechte auf den Herausgabeanspruch aus § 816 I BGB stützen, wobei zwar an eine Entreicherung nach § 818 III BGB zu denken wäre, diese aber wegen der verschärften Haftung nach §§ 818 IV, 819 I BGB nicht greift. Denn wegen der Nähe der Eingriffskondiktion zum Deliktsrecht („Eingriff in den Zuweisungsgehalt eines fremden Rechts") ist auf die Regelung des § 828 III BGB analog und somit auf die Einsichtsfähigkeit des Minderjährigen abzustellen. Ist dieser (was bei einem 15-jährigen regelmäßig anzunehmen ist) einsichtsfähig, kann er sich *nicht* auf Entreicherung berufen. Zu den übrigen Folgerechten (aus §§ 687 II, 682, 816 I, 989, 990 oder 823 ff. BGB) vgl. den Anwendungsfall bei Rn 116.

2. Zustimmungspflichtige Rechtsgeschäfte

Kernaussage des Minderjährigenrechts ist, dass die Rechtsgeschäfte, die für den beschränkt Geschäftsfähigen nicht einen lediglich rechtlichen Vorteil bedeuten, zu ihrer Wirksamkeit der Zustimmung des **gesetzlichen Vertreters** bedürfen. Die gesetzliche

1008

---

[677] *Medicus*, AT, Rn 568.
[678] *Larenz/Wolf*, AT, § 25 Rn 29; *Ellenberger*, in: Palandt, § 107 Rn 7; *Schreiber*, Jura **1987**, 221, 222; *Coester-Waltjen*, Jura **1994**, 668, 669; *Köhler/Lange*, AT, § 10 Rn 20.

Vertretung wird durch Gesetz oder Staatsakt begründet. Eine derartige Vertretungs-macht ergibt sich z.B. für die Eltern unmittelbar aus dem Gesetz (vgl. §§ 1626, 1629 BGB). Sie kann sich aber auch aus einem aufgrund des Gesetzes erlassenen Akt der freiwilligen Gerichtsbarkeit ableiten (vgl. §§ 1789, 1793 BGB für den Vormund, §§ 1896 ff., 1902 BGB für den Betreuer und §§ 1909 ff. BGB für den Pfleger). Bis zur Zustim-mung durch den gesetzlichen Vertreter ist das getätigte Rechtsgeschäft **schwebend unwirksam.**

a. Die Einwilligung des gesetzlichen Vertreters, § 107 BGB

aa. Begriff und Bedeutung der Einwilligung nach § 107 BGB

1009 Die Einwilligung (= vorherige Zustimmung, vgl. § 183 S. 1 BGB) ist eine **einseitige empfangsbedürftige Willenserklärung**, die sowohl gegenüber dem Minderjährigen als auch gegenüber dem anderen Teil erklärt werden kann (§ 182 I BGB). Die dem be-schränkt Geschäftsfähigen gegenüber erklärte Einwilligung geht diesem nach § 131 II S. 2 BGB zu. Sie kann bis zur Vornahme des Geschäfts grundsätzlich frei widerrufen werden, § 183 BGB.

Es liegt auch dann eine Einwilligung und keine Genehmigung (= nachträgliche Zustim-mung, vgl. § 184 I BGB) vor, wenn die Zustimmung gleichzeitig mit der Erklärung des Minderjährigen abgegeben wird.[679] Selbst wenn das vom Minderjährigen getätigte Rechtsgeschäft einer bestimmten Form bedarf, ist sie gemäß § 182 II BGB formlos gül-tig. Die Einwilligung kann also auch konkludent erteilt werden.

1010 Zur Wirksamkeit der Einwilligung ist es ferner erforderlich, dass sie vom Umfang der gesetzlichen Vertretungsmacht gedeckt ist. Bedarf der gesetzliche Vertreter zu einem Rechtsgeschäft der Genehmigung des Vormundschaftsgerichts (§§ 1643, 1821 ff. BGB), ist die Einwilligung selbstverständlich nur dann rechtswirksam, wenn eine solche Genehmigung vorliegt.

bb. Umfang der Einwilligung

1011 Der Umfang der Einwilligung richtet sich nach dem verbindlich geäußerten Willen des gesetzlichen Vertreters. Eine Einwilligung kann

- für ein **einzelnes Rechtsgeschäft,**
- für einen **Kreis zunächst noch nicht individualisierter Rechtsgeschäfte** oder
- für **unbestimmte Geschäfte durch Überlassung von Mitteln** erteilt werden.

a.) Die Einzeleinwilligung

1012 Willigt der gesetzliche Vertreter nur in ein bestimmtes Rechtsgeschäft ein, handelt es sich um eine **Einzeleinwilligung** (Spezialeinwilligung).

> **Beispiel:** Der 17-jährige M beabsichtigt, nach dem Abitur Jura zu studieren. Um sich schon einmal ein Bild darüber zu machen, was ihn im Studium erwartet, möchte er das Buch von *Rolf Schmidt*, BGB AT, kaufen. Seine Mutter gibt ihm 19,80 €, damit er das Buch kaufen kann.
>
> Diese Handlung stellt die konkludente Einwilligung in diesen speziellen Kaufvertrag dar.

1013 Da sich der Umfang der Einwilligung nach dem verbindlich geäußerten Willen des ge-setzlichen Vertreters richtet, ist die Einzeleinwilligung nicht mehr gegeben, wenn der Minderjährige etwas anderes kauft als besprochen.[680]

---

[679] *Ellenberger*, in: Palandt, § 107 Rn 8.
[680] Vgl. *Rüthers/Stadler*, AT, § 23 Rn 23.

Beispiel: Geben die Eltern dem Minderjährigen 300,- € für den Kauf eines Fahrrads, ist der vom Minderjährigen tatsächlich getätigte Kauf eines gebrauchten Motorrollers für 250,- € nicht von der Einwilligung der Eltern gedeckt und somit bei verweigerter Genehmigung endgültig unwirksam. Die Leistungen müssen dann nach § 812 I S. 1, Var. 1 BGB rückerstattet werden.

Diese enge Auslegung entspricht dem Zweck der gesetzlichen Regelung, denn der Minderjährigenschutz hat nicht nur finanzielle, sondern auch pädagogische Gründe. Der Minderjährige kann zwar häufig den wirtschaftlichen Vorteil abwägen, ist jedoch nicht immer in der Lage, sonstige Gefahren und Nachteile des Geschäfts zu überblicken, die sich (wie im letzten Beispiel) aus der Beschaffenheit des Vertragsgegenstands ergeben können. | 1014

b.) Beschränkter Generalkonsens

Die Einwilligung kann sich auch auf eine bestimmte Art oder einen bestimmten, abgrenzbaren Kreis noch nicht individualisierter Rechtsgeschäfte beziehen (beschränkte Generaleinwilligung; auch beschränkter Generalkonsens genannt). Im Interesse eines wirksamen Minderjährigenschutzes bedarf sie jedoch einer Konkretisierung und ist im Zweifel eng auszulegen. Sie darf auf keinen Fall zu einer partiell erweiterten Geschäftsfähigkeit (wie in den Fällen der §§ 112, 113 BGB) führen, denn sonst würde sie die volle Geschäftsfähigkeit des Minderjährigen begründen und die §§ 107 ff. BGB umgehen.[681] Der beschränkte Generalkonsens kann sich daher nur auf solche Geschäfte erstrecken, die **üblicherweise** mit dem Vorhaben des Minderjährigen verbunden sind.[682] | 1015

Beispiel: Die Eltern des 13-jährigen M – beide Juraprofessoren – möchten, dass ihr Sohn später Bundesverfassungsrichter wird. Daher schicken sie ihn auf ein Eliteinternat. Positiver Nebeneffekt ist, dass sich beide ausgiebig ihrer Arbeit widmen können. Sie geben M monatlich 200,- €, damit er diejenigen Geschäfte vornehmen kann, die für einen Internatsschüler üblich sind. M, der seinen sozialen Kontakt in einer „Verbindung" sucht, kauft von dem Geld Zigaretten, Bier und weiteres Unnützes. | 1016

Hier beschränkt sich die Einwilligung der gesetzlichen Vertreter nach dem Normzweck der §§ 107 ff. BGB auf Geschäfte, die *üblicherweise* mit dem Internatsbesuch des M verbunden sind. Dazu gehört z.B. der Kauf von Schreibmaterial und notwendigen Fahrscheinen, nicht jedoch von Zigaretten, Bier und anderem Unnützem.

Äußerst schwierig ist die rechtliche Behandlung von sog. „**Schwarzfahrten**", die der Minderjährige im Rahmen eines an sich gegebenen beschränkten Generalkonsenses unternimmt. | 1017

Beispiel: Die Eltern des 13-jährigen M geben ihm täglich 1,30 € für das Straßenbahnticket, damit er zur Schule kommt. Als M eines morgens „vergisst", einen Fahrschein zu lösen, gerät er prompt in eine Fahrkartenkontrolle. Er soll nicht nur den Fahrpreis nachzahlen, sondern auch das in den Beförderungsbedingungen der Straßenbahn-AG vorgesehene „erhöhte Beförderungsentgelt" i.H.v. 40,- € bezahlen. Die Eltern des M sind aufgebracht über dieses in ihren Augen kinderfeindliche Verhalten. Muss das „erhöhte Beförderungsentgelt" bezahlt werden? | 1018

M ist zur Zahlung des Entgelts verpflichtet, wenn zwischen ihm und der Straßenbahn-AG ein wirksamer Beförderungsvertrag geschlossen wurde.
Ein Vertragsschluss nach den Grundsätzen des faktischen Vertrags kommt aus den schon bei Rn 481 ff. ausführlich genannten Gründen nicht in Betracht.

---

[681] BGHZ **47**, 352, 359; *Harder*, NJW **1990**, 857, 858.
[682] *Schmitt*, in: MüKo, § 107 Rn 13; *Ellenberger*, in: Palandt, § 107 Rn 9.

Der Betrieb einer Straßenbahn stellt ein Angebot zum Abschluss eines Beförderungsvertrags an jedermann dar (sog. Offerte *ad incertas personas*, vgl. Rn 440 f.). Mit dem Besteigen der Straßenbahn nahm M dieses Angebot konkludent an (§ 151 BGB). Fraglich ist allerdings, ob diese konkludente Annahmeerklärung *wirksam* ist. Da M durch den Beförderungsvertrag zur Entrichtung des Entgelts verpflichtet wird, stellt dieses Rechtsgeschäft einen rechtlichen Nachteil für ihn dar, sodass es gemäß § 107 BGB zu seiner Wirksamkeit grundsätzlich der Einwilligung seiner Eltern bedarf.

Möglicherweise liegt aber eine sog. beschränkte Generaleinwilligung vor, die sich auf sämtliche Bahnfahrten zur Schule bezog - somit auch auf die Schwarzfahrt. Diese Auslegung widerspricht aber dem eindeutigen Willen der Eltern und den Interessen des M. Nach h.M.[683] gilt die Einwilligung des gesetzlichen Vertreters zur Benutzung öffentlicher Verkehrsmittel daher im Zweifel nicht für Schwarzfahrten. Die Eltern des M hatten ihre Einwilligung also auf die Fahrten beschränkt, bei denen M den Fahrpreis auch entrichtet. Schwarzfahrten waren von der Einwilligung nicht gedeckt. Auch § 110 BGB kommt in diesem Fall nicht zur Anwendung, da M die Leistung nicht *bewirkt hat* (s.u.). Der Beförderungsvertrag war also zunächst schwebend unwirksam, § 108 I BGB. Nachdem die Eltern des M die Genehmigung der Schwarzfahrt auch konkludent verweigert haben, wurde der Beförderungsvertrag (von Anfang an) endgültig unwirksam.

Es könnte aber ein bereicherungsrechtlicher Anspruch der Straßenbahn-AG auf Zahlung des normalen Fahrpreises bestehen. Fraglich ist, ob der Anspruch auf einer Leistungs- oder Eingriffskondiktion zu stützen wäre. Eine Leistungskondiktion würde eine bewusste und zweckgerichtete Mehrung fremden Vermögens erfordern.[684]

⇨ Sofern man die Auffassung teilt, der Bereicherungsgläubiger (vorliegend die Straßenbahn-AG) könne gar nicht an den Bereicherungsschuldner (vorliegend der M) leisten, wenn er diesen nicht bemerke, kommt eine Herausgabe des Erlangten (hier: Wertersatz in Form des Fahrpreises, § 818 II BGB) nur unter dem Aspekt der **Eingriffskondiktion** in Betracht. Bei dieser ist wegen deren Nähe zum Deliktsrecht („Eingriff in den Zuweisungsgehalt eines fremden Rechts") auf die Regelung des § 828 III BGB analog und somit auf die Einsichtsfähigkeit des Minderjährigen abzustellen. Ist dieser (was bei Schwarzfahrten auch bei einem 13-jährigen regelmäßig anzunehmen ist) einsichtsfähig, kann er sich *nicht* auf Entreicherung berufen.

⇨ Vertritt man demgegenüber die Auffassung, die Straßenbahn-AG habe ein generelles Leistungsbewusstsein gegenüber allen in der Straßenbahn befindlichen Fahrgästen, ist eine **Leistungskondiktion** zu bejahen. Wegen deren Nähe zu den Rechtsgeschäften wäre dann im Rahmen der Entreicherung hinsichtlich der verschärften Haftung (§§ 818 IV, 819 I BGB) auf die Kenntnis des gesetzlichen Vertreters (§ 166 BGB) abzustellen. Ist also nur der Minderjährige bösgläubig, nicht aber der gesetzliche Vertreter, ist bei Annahme einer Leistungskondiktion eine Entreicherung anzunehmen, wenn diese auch unabhängig von dem Problem der Minderjährigkeit vorläge. Da es im vorliegenden Fall nicht um ersparte Luxusaufwendungen ging, ist im Ergebnis bei Annahme einer Leistungskondiktion also keine Entreicherung gegeben.[685]

Anders als beim berühmten **Flugreisefall**[686] kann beim Schwarzfahren durchaus von einem Leistungsbewusstsein der Betreibergesellschaft hinsichtlich aller in der Straßenbahn befindlichen Fahrgäste ausgegangen werden. Denn die bei der Flugreise geäußerten Bedenken bestehen hier gerade nicht (insbesondere spielt die Anzahl der Passagiere für die Balance des Zuges/der Bahn kaum eine Rolle). Für eine **Leistungskondiktion** spricht

---

[683] AG Hamburg, NJW **1987**, 448; AG Wolfsburg NJW-RR **1990**, 1142 f.; AG Bergheim NJW-RR **2000**, 202; AG Jena NJW-RR **2001**, 1469; *Ellenberger*, in: Palandt, § 107 Rn 9; *Harder*, NJW **1990**, 857, 858; a.A. *Fielenbach*, NZV **2000**, 358; *Weth*, JuS **1998**, 795, 797 f.; *Stacke*, NJW **1991**, 875 ff.

[684] BGHZ **40**, 272, 277; **58**, 184, 188, BGH ZIP **1999**, 435, 437; BGH ZIP **2002**, 1419; *Sprau*, in: Palandt, § 812 Rn 3; *Brox/Walker*, § 37 Rn 6; *Messerle*, JuS **2001**, 28, 33; *Lorenz*, JuS **2003**, 729, 730.

[685] Vgl. dazu ausführlich *R. Schmidt*, SchuldR BT II, Rn 196 ff..

[686] Vgl. dazu ebenfalls ausführlich *R. Schmidt*, SchuldR BT II, Rn 85, 266, 281.

darüber hinaus, dass – ebenfalls anders als im Flugreisefall – die Betreibergesellschaft bei lebensnaher Betrachtung ohne individuelle Zugangskontrolle eine Beförderungsleistung gegenüber allen in das Beförderungsmedium einsteigenden Personen erbringen möchte.

M muss den Fahrpreis gem. §§ 812 I S. 1 Var. 1, 818 II BGB entrichten, nicht jedoch das „erhöhte Beförderungsentgelt". Auch Ansprüche der Straßenbahn-AG aus § 823 I BGB scheitern daran, dass kein absolutes Rechtsgut verletzt wurde und § 823 II BGB i.V.m. § 265a StGB scheitert am mangelnden Vorsatz des M.

c.) Generaleinwilligung durch Überlassung von Mitteln („Taschengeldparagraph", § 110 BGB)

Nach § 110 BGB gilt ein von dem Minderjährigen ohne Zustimmung des gesetzlichen Vertreters geschlossener Vertrag als von Anfang an wirksam, wenn der Minderjährige die vertragsgemäße Leistung mit Mitteln bewirkt (hat), die ihm zu diesem Zweck oder zur freien Verfügung von dem Vertreter oder mit dessen Zustimmung von einem Dritten überlassen worden sind. Nach dieser Vorschrift kann also auch ein nicht lediglich rechtlich vorteilhaftes Rechtsgeschäft unter bestimmten Voraussetzungen von dem beschränkt Geschäftsfähigen selbstständig wirksam vorgenommen werden. **1019**

Nach h.M.[687] handelt es sich bei § 110 BGB um einen **besonderen Anwendungsfall des § 107 BGB**. In der Überlassung der Mittel liege eine **konkludente Einwilligung** des gesetzlichen Vertreters, deren Umfang sich aus der mit der Überlassung der Mittel verbundenen Zweckbestimmung ergebe. Die Worte „ohne Zustimmung" seien i.S.v. „ohne ausdrückliche Zustimmung" zu verstehen. **1020**

Eine Statusänderung in Form einer partiellen Geschäftsfähigkeit (wie bei den §§ 112, 113, s.o.) hat die Anwendbarkeit des § 110 BGB aber nicht zur Folge. Weitere rechtsgeschäftliche Erklärungen in diesem Zusammenhang (z.B. Anfechtung, Rücktritt etc.) bedürfen daher trotz Anwendbarkeit des § 110 BGB der Zustimmung der Eltern. **1021**

Der Taschengeldparagraph gilt nur für **Verpflichtungsgeschäfte**. Für Verfügungsgeschäfte sind die §§ 107 ff. BGB anzuwenden. Allerdings ist in der zweckbestimmten Überlassung von Mitteln im Rahmen dieser Zweckbestimmung die Zustimmung des gesetzlichen Vertreters auch für das Verfügungsgeschäft zu sehen.[688] **1022**

aa.) Bewirken der vertragsmäßigen Leistung

Für die Wirksamkeit des Rechtsgeschäfts setzt § 110 BGB zunächst voraus, dass der Minderjährige die vertragsmäßige Leistung mit den Mitteln (dazu sogleich) **bewirkt hat**. Der Minderjährige muss also die gesamte geschuldete Leistung tatsächlich erbracht haben i.S.d. § 362 I BGB. Neben der Erfüllung genügen hier auch die Erfüllungssurrogate wie die Leistung an Erfüllungs Statt (§ 364 BGB), die Hinterlegung (§ 378 BGB) oder die Aufrechnung (§ 389 BGB). **1023**

An der Wirksamkeit des Rechtsgeschäfts fehlt es also, wenn bspw. bei einem **Ratenzahlungsvertrag** noch nicht alle Raten gezahlt worden sind. Bis zur Erbringung der letzten Rate ist das Geschäft schwebend unwirksam und hängt gem. §§ 107-109 BGB von der separaten Zustimmung des gesetzlichen Vertreters ab. **1024**

Etwas anderes gilt bei **Dauerschuldverhältnissen**, sofern Leistung und Gegenleistung teilbar sind. So wird zum Beispiel ein **Mietvertrag** jeweils für den gezahlten Zeit- **1025**

---

[687] *Ellenberger*, in: Palandt, § 110 Rn 1; *Schmitt*, in: MüKo, § 110 Rn 4; *Rüthers/Stadler*, AT, § 23 Rn 24; *Brox/Walker,* AT, Rn 281; a.A. *Leenen*, FamZ **2000**, 863.
[688] *Jauernig*, § 110 Rn 2; *Rüthers/Stadler*, AT, § 23 Rn 24. Vgl. auch *Keller/Purnhagen*, JA **2006**, 844, 849.

raum (ggf. rückwirkend) wirksam. Auch ein **Abonnementvertrag** ist für den Zeitraum wirksam, für den der Minderjährige die Leistung erbracht hat.

1026

> **Hinweis für die Fallbearbeitung:** Ist das zu prüfende Rechtsgeschäft des Minderjährigen nicht wegen § 110 BGB wirksam, ist stets in einem zweiten Schritt zu prüfen, ob sich die Wirksamkeit nicht nach §§ 107-109 BGB ergibt. So könnte in der Überlassung der Mittel zugleich eine konkludente Einwilligung zum *Vertragsschluss* zu sehen sein. Ist das der Fall, ist der Vertrag nach § 107 BGB bereits mit seinem Abschluss und nicht erst mit Bewirkung der Leistung wirksam. Für einen solchen Willen müssen aber konkrete Anhaltspunkte vorliegen (Auslegung). Besteht die Einwilligung lediglich in der Überlassung der Mittel, ohne dass besondere Umstände hinzutreten, dann wird der Vertrag erst mit Erfüllung wirksam.[689]
> Soll der Vertrag nach dem Willen des gesetzlichen Vertreters bereits mit dem Abschluss (somit vor Erfüllung) wirksam werden, dann ist ab dem Zeitpunkt des Vertragsschlusses ein Widerruf der Einwilligung nicht mehr möglich.

bb.) Überlassung von Mitteln

1027

Weiterhin setzt § 110 BGB voraus, dass dem Minderjährigen die Mittel, mit denen er die vertragsgemäße Leistung bewirkt, zu diesem Zweck oder zur freien Verfügung vom gesetzlichen Vertreter oder mit dessen Zustimmung von einem Dritten **überlassen** worden sind. Keine Rolle spielt es, ob die Mittel *ausdrücklich* oder *stillschweigend* überlassen worden sind.

1028

Zu den Mitteln, über die der Minderjährige wirksam verfügen kann, zählt nicht nur das **Taschengeld**, sondern **jedes Einkommen**, das die Eltern ihm zur Verfügung überlassen, z.B. Lohn aus der Ferienarbeit[690], öffentlich-rechtliche Leistungen (BAföG) oder auch Geschenke **Dritter**. Der gesetzliche Vertreter kann den Ausgaben des Minderjährigen allerdings nur zustimmen, sofern er die Überlassung der Mittel an ihn kennt. Er kann den Rahmen abstecken, innerhalb dessen der Minderjährige selbstständig über seine Mittel frei verfügen kann. Entscheidend ist somit die **Zweckbestimmung,** die vom gesetzlichen Vertreter vorgegeben wird und die gegebenenfalls durch **Auslegung** zu ermitteln ist.

> **Beispiel:** Erwirbt und bezahlt der Minderjährige von seinem heimlich gesparten Taschengeld eine Playstation, ist der Kaufvertrag nach § 110 BGB wirksam, da er über sein gespartes Geld – unabhängig davon, ob die Eltern die Sparsamkeit ihres Kindes kennen – frei verfügen kann.

> **Gegenbeispiel:** Etwas anderes aber, wenn die Eltern ausdrücklich die Anschaffung einer Playstation etwa wegen der schlechten schulischen Leistung des Minderjährigen ablehnen. Dann ist die „freie Verfügung" nach § 110 BGB eingeschränkt.[691] Gleiches gilt selbstverständlich hinsichtlich des Kaufs von Zigaretten, Bier etc., wenn die Eltern dem Minderjährigen zuvor den diesbezüglichen Konsum (ausdrücklich oder konkludent Verhalten) verboten hatten.

1029

Bei **Surrogaten**, die der Minderjährige mit den ihm überlassenen Mitteln erwirbt, ist im Wege der Auslegung zu bestimmen, ob auch diese als überlassene Mittel i.S.d. § 110 BGB angesehen werden können, mit der Folge, dass der Minderjährige auch über diese wirksam verfügen kann.

---

[689] *Ellenberger*, in: Palandt, § 110 Rn 1.
[690] BGH NJW **1977**, 622, 623.
[691] Vgl. *Rüthers/Stadler*, AT, § 23 Rn 24; *Köhler/Lange*, AT, § 10 Rn 27 f.

Beispiel: Der 13-jährige Minderjährige kauft von seinem Taschengeld eine Musik-CD und veräußert sie mit einem Gewinn von 100% weiter an D. Von dem Verkaufserlös kauft er eine andere CD.

Hier ergibt eine Auslegung des § 110 BGB, dass M von dem Erlös eine andere CD kaufen darf, wenn er diesen späteren Kauf auch schon mit den ihm überlassenen Mitteln hätte tätigen können.

Anders verhält es sich hinsichtlich solcher Surrogate, die **den Wert der überlassenen Mittel erheblich übersteigen** oder einem völlig **anderen Zweck** dienen. Diese fallen regelmäßig nicht unter § 110 BGB und bedürfen zu ihrer Wirksamkeit einer besonderen Einwilligung des gesetzlichen Vertreters.   1030

Beispiel[692]**:** Der 17-jährige M kauft von seinem Taschengeld ein Lotterielos und gewinnt 10.000,- €. Seinen Eltern sagt er nichts. Vielmehr kauft er von diesem Gewinn ein Auto. Ist der Autokauf wirksam?   1031

Hier ist der Kauf des Lotterieloses von § 110 BGB gedeckt. Das an die Lotteriegesellschaften gerichtete gesetzliche Verbot, Minderjährigen die Teilnahme an Glücksspielen zu ermöglichen, ändert daran nichts. Denn der Verstoß gegen § 134 BGB hat nicht die Nichtigkeit des Spielevertrags zum Ziel, sondern dient dem Jugendschutz. Ist der Kauf eines Loses also vom Taschengeldparagraphen gedeckt, ist auch der Kauf des Loses wirksam. Fraglich ist jedoch, ob dies auch für den Autokauf gilt. Bedenkt man, dass es sich bei § 110 BGB um einen besonderen Anwendungsfall des § 107 BGB handelt und dass in der Überlassung der Mittel eine konkludente Einwilligung des gesetzlichen Vertreters hinsichtlich solcher Geschäfte liegt, deren Umfang sich aus der mit der Überlassung der Mittel verbundenen Zweckbestimmung ergibt, muss man die Wirksamkeit des Autokaufs verneinen. Denn es ist kaum anzunehmen, dass die Einwilligung des gesetzlichen Vertreters so weit geht, dass der Minderjährige über den Lotteriegewinn frei verfügen und etwa ein Auto kaufen kann. Hierzu bedarf es der erneuten Zustimmung des gesetzlichen Vertreters. Bis dahin ist das Geschäft schwebend unwirksam.

b. Beendigung des Schwebezustands

Liegt kein Fall des § 110 BGB vor und hat der Minderjährige das Rechtsgeschäft ohne die erforderliche Einwilligung des gesetzlichen Vertreters getätigt, dann richtet sich die Rechtsfolge dieses Handelns bei **Verträgen** nach den **§§ 108, 109 BGB** und bei **einseitigen Rechtsgeschäften** nach **§ 111 BGB**.   1032

aa. Rechtsfolge bei Verträgen, §§ 108, 109 BGB

Ein (zustimmungspflichtiges) Rechtsgeschäft, das der Minderjährige ohne die erforderliche Einwilligung vorgenommen hat, ist zunächst **schwebend unwirksam**. Die Wirksamkeit hängt gem. § 108 I BGB von der **Genehmigung** des gesetzlichen Vertreters ab. Mit Genehmigung ist die nachträgliche Zustimmung gemeint (§ 184 I BGB). Sie kann sowohl gegenüber dem Minderjährigen als auch gegenüber dem Vertragspartner erklärt werden (§ 182 I BGB). Wird sie erteilt, ist der Vertrag als von Anfang an wirksam anzusehen (§ 184 I BGB). Wird sie verweigert, wird das bis dahin schwebend unwirksame Geschäft endgültig unwirksam.   1033

Um den Schwebezustand abzukürzen und Klarheit zu bekommen, kann der Vertragspartner den gesetzlichen Vertreter **auffordern**, sich über die Genehmigung zu erklären. In diesem Fall kann die Erklärung nur noch ihm gegenüber erfolgen, eine vorher dem Minderjährigen gegenüber erklärte Genehmigung oder Verweigerung der Genehmigung werden unwirksam (§ 108 II S. 1 BGB).   1034

---

[692] In Anlehnung an RGZ **74**, 234 ff.

1035 Die Genehmigung kann nur bis zum Ablauf von **zwei Wochen** nach dem Empfang der Aufforderung erklärt werden; wird sie nicht erklärt, so gilt sie als verweigert (§ 108 II S. 2 BGB).[693] In diesem Fall sowie bei ausdrücklicher Versagung der Genehmigung ist die Willenserklärung des Minderjährigen von Anfang an (ex tunc) nichtig. Der Vertragspartner kann seine an den Minderjährigen erbrachten Leistungen nach §§ 812 ff. BGB zurückverlangen, sofern kein Fall der Entreicherung gem. § 818 III BGB vorliegt.

1036 Das Interesse des Vertragspartners an endgültiger Klarheit gebietet es, § 108 II BGB auch auf den Fall der **Einwilligung** anzuwenden.[694]

1037 **Beispiel:** Der 13-jährige M hat von seinen Eltern die mündliche Einwilligung, sein Fahrrad reparieren zu lassen. Daher schließt er mit dem Inhaber eines Fahrradgeschäfts F einen entsprechenden Werkvertrag. Hinterher kommen dem F Zweifel, ob die Eltern des M wirklich damit einverstanden sind. Er fragt daher bei ihnen schriftlich an. Da sie in Urlaub sind, bleibt sein Schreiben unbeantwortet. Nach Ablauf von zwei Wochen wird der an sich wirksame Vertrag gem. 108 II BGB analog unwirksam.

1038 Weil der genannte Schwebezustand für den Vertragspartner eine Rechtsunsicherheit darstellt und ihn in seiner Dispositionsfreiheit einschränkt, gewährt ihm § 109 BGB das Recht, bis zur Genehmigung des Vertrags durch den gesetzlichen Vertreter seine Erklärung (auch gegenüber dem Minderjährigen) zu **widerrufen**. Der Vertragspartner soll, soweit ihm die Minderjährigkeit unbekannt ist, nicht einseitig an das Geschäft gebunden sein. Kennt er freilich die Minderjährigkeit, geht er bewusst das Risiko der schwebenden Unwirksamkeit ein. Daher gewährt ihm § 109 II BGB nur dann das Widerrufsrecht, wenn der Minderjährige wahrheitswidrig die Einwilligung des Vertreters behauptet hat. Aber auch in diesem Fall ist der Widerruf ausgeschlossen, wenn ihm das Fehlen der Einwilligung beim Vertragsschluss bekannt ist (§ 109 II BGB).

1039 Fraglich ist, ob die Widerrufsmöglichkeit nach § 109 BGB auch dann greift, wenn der Vertragspartner nicht nur im Hinblick auf die Minderjährigkeit kein Interesse mehr am Vertragsschluss hat, sondern andere Gründe hinzukommen oder sogar dominieren.

1040 **Beispiel:** Der Hobbykunstsammler H täuscht dem 17-jährigen M, der weitaus älter aussieht und daher auch von H für volljährig gehalten wird, eine Notlage vor, um die von ihm für wertlos erachtete Büste des Künstlers Schneiderhan los zu werden. Der in Bezug auf den Wert der Büste gutgläubige M kauft ihm diese für 200,- € ab. Die Auslieferung soll in ein paar Tagen erfolgen. Kurz vor Vertragsschluss hatte S – was H nicht wusste – einen hoch dotierten Künstlerpreis gewonnen, was den Wert der Büste auf das Zehnfache steigen ließ. Als H dies erfährt, hört er, dass M minderjährig ist. Daraufhin will er an dem Geschäft nicht mehr festhalten und verweigert deshalb die Übergabe des Gemäldes. Weil auch die Eltern davon gehört haben, genehmigen sie sofort den Kaufvertrag. Hat M einen Anspruch auf Übergabe der Büste?

M hat einen Anspruch auf Übergabe, wenn ein wirksamer Kaufvertrag (§ 433 BGB) zustande gekommen ist.
M war im Zeitpunkt des Vertragsschlusses nur beschränkt geschäftsfähig (§ 106 BGB). Da der Kaufvertrag Pflichten mit sich bringt (insbesondere: Kaufpreiszahlung), ist er nicht lediglich rechtlich vorteilhaft; insbesondere kommt es nicht auf die wirtschaftliche Betrachtungsweise an. Der Vertrag war daher zustimmungspflichtig. Eine Einwilligung (§ 107 BGB) der Eltern als gesetzliche Vertreter (§§ 1626, 1629 BGB) lag nicht vor. Da auch kein Fall des § 110 BGB vorlag, hing die Wirksamkeit seiner in Bezug auf den Kauf-

---

[693] Hier handelt es sich also um einen gesetzlich geregelten Fall, in dem ausnahmsweise einem Schweigen ein Erklärungswert beigemessen wird – und zwar in Form einer Fiktion einer Willenserklärung!
[694] Wie hier *Köhler/Lange*, AT, § 10 Rn 31; *Palm*, in: Erman, § 108 Rn 7; *Ellenberger*, in: Palandt, § 108 Rn 7; a.A. *Schmitt*, in: MüKo, § 108 Rn 24.

vertrag abgegebenen Willenserklärung von der Genehmigung (§ 108 I BGB) der Eltern ab. Eine solche wurde erteilt.

Möglicherweise erfolgte die Genehmigung aber zu spät. Denn gem. § 109 I BGB kann die Genehmigung nur bis zum Widerruf des anderen Teils erfolgen. H hat konkludent widerrufen. Diesem Widerruf steht jedenfalls der Ausschlusstatbestand des § 109 II BGB nicht entgegen, da H die Minderjährigkeit des M nicht kannte.

Fraglich ist jedoch, ob das Widerrufsrecht nicht versagt werden sollte, weil H seine Willenserklärung nicht wegen § 109 I BGB widerrufen wollte, sondern nur wegen des gestiegenen Wertes der Büste. An sich liegt hier ein Fall einer Irrtumsanfechtung vor, weil H sich über wertbildende Faktoren geirrt hat und das Geschäft aus diesem Grund nicht gelten lassen wollte (§ 119 II BGB). Da andererseits § 109 I BGB nicht nach den Gründen für den Widerruf fragt, dürfen auch andere Gründe als die Beseitigung des Schwebezustands nicht schaden.

H konnte daher wirksam widerrufen. M hat gegen H daher keinen Anspruch auf Übereignung und Übergabe der Büste. H ist dem M auch nicht zum Ersatz des Vertrauensschadens (§ 122 BGB) verpflichtet, da er um eine Anfechtung „herumgekommen" ist.

1041 Schließlich ist zu beachten, dass wenn der Minderjährige während des Schwebezustands unbeschränkt **geschäftsfähig wird**, seine Genehmigung an die Stelle der Genehmigung des Vertreters tritt (§ 108 III BGB). Dies bedeutet, dass jetzt nur noch er für die Erteilung oder Verweigerung der Genehmigung zuständig ist. Die Aufforderung, sich darüber zu erklären, ist nur noch an ihn zu richten.[695]

bb. Rechtsfolge bei einseitigen Rechtsgeschäften, § 111 BGB

1042 Nahm der Minderjährige ein *einseitiges* Rechtsgeschäft ohne die erforderliche Einwilligung seines gesetzlichen Vertreters vor, so richten sich die Rechtsfolgen nach § 111 BGB. Nach dieser Vorschrift ist zwischen nicht empfangsbedürftigen und empfangsbedürftigen Willenserklärungen zu unterscheiden.

a.) Nicht empfangsbedürftige Willenserklärungen, § 111 S. 1 BGB

1043 Nicht empfangsbedürftige einseitige Rechtsgeschäfte (z.B. Auslobung gem. § 657 BGB, Eigentumsaufgabe gem. § 959 BGB), die der Minderjährige ohne die erforderliche Einwilligung des gesetzlichen Vertreters vornimmt, sind nach § 111 S. 1 BGB unwirksam. Auch eine Genehmigung des gesetzlichen Vertreters kann das Rechtsgeschäft nicht heilen. Es ist nur eine Neuvornahme möglich.

b.) Empfangsbedürftige Willenserklärungen

1044 Auch bei empfangsbedürftigen einseitigen Rechtsgeschäften (z.B. Anfechtung, Kündigung, Rücktritt, Aufrechnung) gilt die Regelung des § 111 S. 1 BGB. Es sind jedoch zwei Besonderheiten zu beachten:

1045
- Zum einen ist nach h.M.[696] von dem Grundsatz des § 111 S. 1 BGB eine **Ausnahme** zu machen, wenn der Geschäftsgegner mit der Vornahme des Geschäfts ohne Einwilligung des gesetzlichen Vertreters **einverstanden** war. Dann sollen die §§ 108, 109 BGB analoge Anwendung finden mit der Folge, dass das Rechtsgeschäft zunächst (nur) schwebend unwirksam ist und der gesetzliche Vertreter die Möglichkeit hat, das Rechtsgeschäft zu genehmigen. Da der Erklärungsempfänger, der die rechtliche Unsicherheit, die

---

[695] BGH NJW **1989**, 1728. Vgl. auch *Paal/Leyendecker*, JuS **2006**, 25, 27.
[696] RGZ **76**, 89, 91 f.; *Brox/Walker*, AT, Rn 285 f.; *Ellenberger*, in: Palandt, § 111 Rn 3; *Köhler/Lange*, AT, § 10 Rn 29.

das Auftreten des Minderjährigen ohne Einwilligung mit sich bringt, bewusst in Kauf nehme, bedürfe es den von § 111 S. 1 BGB gewährten Schutz nicht.

Beispiel: Der minderjährige Schüler M wohnt in einem mit Einwilligung seiner Eltern angemieteten möblierten Zimmer. Er kündigt schriftlich gegenüber dem Vermieter V, jedoch ohne Wissen seiner Eltern.
Die Kündigung ist gem. § 111 S. 1 BGB unwirksam, auch wenn ihr die Eltern nachträglich zustimmen. Es kann nur zum nächsten Termin wirksam gekündigt werden.

Sollte V aber die Kündigung akzeptiert haben und dabei wissen, dass die Kündigung des M ohne Einwilligung der Eltern ausgesprochen wurde, ist er nicht schutzbedürftig und kann sich nicht auf § 111 S. 1 BGB berufen. Die Eltern können hier die Kündigung des M analog § 108 I BGB genehmigen.

1046 ▪ Zum anderen sind die Regelungen des § 111 S. 2 und 3 BGB zu beachten. Nimmt der Minderjährige *mit* der Einwilligung seines gesetzlichen Vertreters ein einseitiges empfangsbedürftiges Rechtsgeschäft vor, dann ist es nach **§ 111 S. 2 BGB dennoch unwirksam**, wenn er dabei die Einwilligung nicht in schriftlicher Form vorlegt und der andere das Rechtsgeschäft aus diesem Grunde unverzüglich (d.h. ohne schuldhaftes Zögern, vgl. § 121 I BGB) zurückweist.
Die Zurückweisung ist eine einseitige empfangsbedürftige Willenserklärung, die nach § 109 I S. 2 BGB analog auch gegenüber dem Minderjährigen erklärt werden kann. Aus der Zurückweisung muss sich ergeben, dass die Zurückweisung deshalb erfolgt, weil die Einwilligung nicht urkundlich nachgewiesen ist.[697] Durch die Zurückweisung wird das Rechtsgeschäft *ex tunc* (rückwirkend) unwirksam.

Nach **§ 111 S. 3 BGB** ist die Zurückweisung aber ausgeschlossen, wenn der Vertreter den anderen von der Einwilligung in Kenntnis gesetzt hat.

cc. Sonderproblem Vollmachtserteilung durch einen Minderjährigen

1046a Ein hin und wieder in Klausuren und Hausarbeiten geprüftes Thema ist die Frage, ob ein in der Geschäftsfähigkeit Beschränkter einen unbeschränkt Geschäftsfähigen bevollmächtigen kann, damit dieser für ihn ein rechtlich nachteiliges Rechtsgeschäft vornimmt. Das Besondere an dieser Konstellation ist, dass sie Fragen des Stellvertretungsrechts mit solchen des Minderjährigenrechts verbindet.

Beispiel: Der 17-jährige M bevollmächtigt seine 18-jährige Freundin F, diese solle für ihn eine Wohnung anmieten. So geschieht es. F schließt im Namen des M einen Mietvertrag mit V über eine Wohnung. Ist ein Mietvertrag zwischen M und V zustande gekommen?

I. Mietvertrag zwischen M und V gem. § 535 BGB
Zwischen M und V könnte ein Mietvertrag gem. § 535 BGB zustande gekommen sein. Dies setzt das Bestehen zweier inhaltlich übereinstimmender, mit Bezug aufeinander abgegebener Willenserklärungen gem. § 145 ff. BGB voraus. Eine eigene Willenserklärung des M liegt nicht vor. Möglicherweise kann er sich die Willenserklärung der F über §§ 164 ff. BGB zurechnen lassen. F gab eine eigene Willenserklärung ab. Diese gab sie auch im Namen des M ab. Fraglich ist jedoch, ob sie mit Vertretungsmacht gehandelt hat.
Eine gesetzliche Vertretungsmacht bestand nicht. Möglicherweise lag jedoch eine rechtsgeschäftliche Vertretungsmacht, eine sog. Vollmacht, vor. Deren Erteilung setzt eine einseitige, empfangsbedürftige Willenserklärung des Vollmachtgebers voraus. M hat eine entsprechende Erklärung abgegeben. Diese müsste aber auch wirksam gewesen sein. Bedenken an der Wirksamkeit bestehen in dem Umstand, dass M in der Geschäftsfähigkeit beschränkt ist. Schließt ein in der Geschäftsfähigkeit Beschränkter ein nicht für ihn

---

[697] *Ellenberger*, in: Palandt, § 111 Rn 5.

lediglich rechtlich vorteilhaftes Rechtsgeschäft ab, hängt die Wirksamkeit des Rechtsgeschäfts von der Genehmigung des gesetzlichen Vertreters ab, § 108 I BGB. Vorliegend könnte daher die Wirksamkeit der Vollmachtserteilung von der Genehmigung der Eltern des M abhängen. Fraglich ist allerdings, wie es sich auswirkt, dass sich § 108 BGB ausweislich seines Wortlauts auf Verträge bezieht, die Vollmachtserteilung jedoch ein einseitiges Rechtsgeschäft darstellt. Für einseitige Rechtsgeschäfte enthält wiederum § 111 BGB die Rechtsfolge *Unwirksamkeit*, ohne dass eine Genehmigungsmöglichkeit vorgesehen wäre.

Obwohl die Vollmachtserteilung ein einseitiges Rechtsgeschäft darstellt, wird in der Literatur vertreten, Fälle der vorliegenden Art entgegen der Regel des § 111 BGB nicht für unwirksam zu erklären, sondern § 108 BGB analog anzuwenden und so den Eltern eine Genehmigungsmöglichkeit einzuräumen. Da der gesetzliche Vertreter einen von einem vollmachtlosen Vertreter geschlossenen Vertrag für den Minderjährigen gem. § 177 I BGB genehmigen kann, müsse es (erst recht) möglich sein, dass er stattdessen die Erteilung der Vollmacht genehmige. Dabei könne die Genehmigung sowohl dem minderjährigen Vollmachtgeber als auch dem Bevollmächtigten gegenüber erklärt werden.[698] Dem ist jedoch der klare Wortlaut des § 111 S. 1 BGB entgegenzuhalten. Ausnahmen von der dort statuierten Nichtigkeitsregelung hat der Gesetzgeber in § 111 S. 2 und 3 BGB formuliert. Hätte er auch für die vorliegende Konstellation eine schwebende Unwirksamkeit statt einer Nichtigkeit anordnen wollen, hätte er dies ebenfalls gesetzlich zugelassen. Es liegt also eine beabsichtigte Regelungslücke vor, sodass die Voraussetzungen für eine Analogie nicht vorliegen.[699]

Auf der Grundlage der hier vertretenen Auffassung ist damit die Vollmachtserteilung des M gem. § 111 S. 1 BGB unwirksam. Eine Genehmigung durch die gesetzlichen Vertreter ist nicht möglich.

Ergebnis: Der Mietvertrag zwischen M und V ist nicht wirksam zustande gekommen.

Weiterführender Hinweis: Aus dem gefundenen Ergebnis ergeben sich folgende Konsequenzen: Da das Vertretergeschäft unwirksam ist, hat F als Vertreter ohne Vertretungsmacht gehandelt. Die Folgen der fehlenden Vertretungsmacht bei Verträgen ergeben sich aus §§ 177 ff. BGB (vgl. dazu Rn 880 ff.). Eine Genehmigung oder eine Verweigerung der Genehmigung durch M kommen aufgrund der Nichtigkeit des Mietvertrags nicht in Betracht. Einschlägig ist vielmehr § 180 S. 1 BGB mit der Folge, dass das Rechtsgeschäft (hier: die Vollmachtserteilung) neu vorgenommen werden muss, und zwar mit Zustimmung der gesetzlichen Vertreter. Stimmen die Eltern des M der (erneuten) Vollmachtserteilung zu, könnte M wiederum als (nunmehr berechtigter) Vollmachtgeber das Vertretergeschäft der F genehmigen (§§ 177 I i.V.m. 182 ff. BGB). Der Mietvertrag würde dann mit Wirkung von Anfang an wirksam (§ 184 I BGB). Verweigern die Eltern aber die Zustimmung bzgl. der erneuten Vollmachtserteilung, besteht keine Möglichkeit der Genehmigung des Mietvertrags durch M. F haftet dann endgültig gem. § 179 BGB als Vertreter ohne Vertretungsmacht. Vergleicht man diese Konsequenz mit dem Ergebnis des vorliegenden Falls, wird deutlich, dass letztlich über einen kleinen Umweg dasselbe Ergebnis erzielt wird. Im Übrigen sei darauf hingewiesen, dass der Fall um eine Vielzahl von Facetten erweitert werden kann. So könnte in einer Klausur z.B. ohne weiteres die bei Rn 1045 dargestellte Problematik eingebaut werden. Dies verdeutlicht wieder einmal, dass es nicht darauf ankommt, anhand von Fällen zu lernen, sondern dass ein Strukturwissen unabdingbar ist.

3. Die Teilgeschäftsfähigkeit, §§ 112, 113 BGB

Ist der Minderjährige zum Betrieb eines Erwerbsgeschäfts (§ 112 BGB) oder zur Eingehung eines Dienst- oder Arbeitsverhältnisses (§ 113 BGB) ermächtigt worden, so ist er

1047

---

[698] So vertreten von *Larenz/Wolf*, AT, § 47 Rn 30, unter Berufung auf *Flume*, AT, § 52 1 a.E.
[699] Wie hier *Ellenberger*, in: Palandt, § 111 Rn 1; *Schmitt*, in: MüKo, § 111 Rn 10; *Palm*, in: Erman, § 111 Rn 2; *Hefermehl*, in: Soergel, § 111 Rn 2. Die Problematik übersehend *Petersen*, Jura **2005**, 248 ff.

für diesen bestimmten Bereich (**partiell**) **voll geschäftsfähig** (und auch prozessfähig, vgl. § 52 ZPO). Er kann also die diesbezüglichen Rechtsgeschäfte selbstständig voll wirksam vornehmen. Das bedeutet umgekehrt, dass nun der gesetzliche Vertreter, solange die Ermächtigung besteht, nicht mehr für den Minderjährigen handeln kann.[700]

1048   Wurde für einen Betreuten ein Einwilligungsvorbehalt angeordnet, gelten die §§ 112, 113 BGB entsprechend (§ 1903 I S. 2 BGB).

a. Selbstständiger Betrieb eines Erwerbsgeschäfts, § 112 BGB

1049   Ermächtigt der gesetzliche Vertreter mit Genehmigung des Vormundschaftsgerichts den Minderjährigen zum selbstständigen Betrieb eines Erwerbsgeschäfts, ist der Minderjährige für solche Rechtsgeschäfte **unbeschränkt geschäftsfähig**, welche der Geschäftsbetrieb mit sich bringt (§ 112 I S. 1 BGB).

1050   Ein **Erwerbsgeschäft** i.S.d. § 112 BGB ist jede erlaubte, selbstständig, berufsmäßig ausgeübte und auf Gewinn gerichtete Tätigkeit.[701]

1051   An der Selbstständigkeit fehlt es, wenn ein anderer das Geschäft im Namen des Minderjährigen betreibt oder wenn die Betriebsführung insgesamt den Weisungen eines anderen unterliegt. Dann liegt bestenfalls eine unselbstständige Tätigkeit i.S.v. § 113 BGB vor.

1052   Die **Ermächtigung** ist eine einseitig empfangsbedürftige, formfreie Willenserklärung, die aber erst mit Genehmigung des Vormundschaftsgerichts und dem Zugang beim Minderjährigen wirksam wird.

1053   § 131 II BGB greift hier nicht ein. Die Erteilung der Genehmigung steht im pflichtgemäßen Ermessen des Vormundschaftsgerichts. Maßgeblich ist insoweit, ob der Minderjährige die erforderlichen Eigenschaften, Fähigkeiten und Kenntnisse hat, sich im Geschäftsleben wie ein Volljähriger zu verhalten.[702] Die Teilgeschäftsfähigkeit besteht aber dann nicht, wenn der gesetzliche Vertreter der Genehmigung des Vormundschaftsgerichts bedarf (§§ 112 I S. 2, 1643, 1821 f. BGB).

1054   **Beispiel:** Der 17-jährige M eröffnet mit Einverständnis seiner Eltern und Genehmigung des Vormundschaftsgerichts einen kleinen Selbstverlag. Als er ein Büro mieten und diverse Büromöbel sowie eine komplette Büroausstattung kaufen möchte und dafür einen Bankkredit i.H.v. 20.000,- € beantragen will, werden sich die Eltern ihrer kurzsichtigen Entscheidung bewusst und wollen die Verschuldung ihres Sohnes verhindern. Können sie dies?

Hier betreibt M ein selbstständiges Erwerbsgeschäft, zu dem auch die Eltern mit Genehmigung des Vormundschaftsgerichts eingewilligt haben. Insoweit handelt M voll geschäftsfähig. Ein entgegenstehender Wille der Eltern ist hier unbeachtlich.
Hinsichtlich der Kreditaufnahme gilt aber, dass die Eltern zu einem solchen Rechtsgeschäft – wollten sie es unabhängig von dem vorliegenden Fall im Namen des M vornehmen – der Genehmigung des Vormundschaftsgerichts bedürfen (§§ 1643, 1821 f. BGB). Diese Entscheidung des Vormundschaftsgerichts ist von der Genehmigung zum Betrieb eines Erwerbsgeschäfts zu unterscheiden. Daher bedarf die Kreditaufnahme nach §§ 1643, 1822 Nr. 8 BGB der Genehmigung des Vormundschaftsgerichts.
Davon abgesehen sind Fälle dieser Art wenig praxisrelevant und nur in juristischen Lehrbüchern anzutreffen, weil die Vorschriften der §§ 112, 113 BGB durch die bereits vor über 30 Jahren erfolgte Herabsetzung der Volljährigkeitsgrenze auf 18 Jahre entschieden

---

[700] *Coester-Waltjen*, Jura **1994**, 668, 670; *Medicus*, AT, Rn 583.
[701] *Ellenberger*, in: Palandt, § 112 Rn 3.
[702] *Ellenberger*, in: Palandt, § 112 Rn 2.

an Bedeutung verloren haben. Außerdem bekommen Minderjährige ohnehin keinen Kredit gewährt, sofern sie nicht eine Realsicherheit oder eine Bürgschaft der Eltern vorweisen. Spätestens hier scheitert das Vorhaben am Widerstand der Eltern.

Schließlich ist zu beachten, dass gemäß § 112 II BGB auch die Rücknahme der Ermächtigung durch den gesetzlichen Vertreter nur mit Genehmigung des Vormundschaftsgerichts (*ex nunc*, d.h. für die Zukunft) erfolgen kann. **1055**

b. Eingehung eines Dienst- oder Arbeitsverhältnisses, § 113 BGB

Ermächtigt der gesetzliche Vertreter den Minderjährigen, in Dienst oder Arbeit zu treten, ist der Minderjährige für solche Rechtsgeschäfte unbeschränkt geschäftsfähig, welche die Eingehung oder Aufhebung eines Dienst- oder Arbeitsverhältnisses der gestatteten Art oder die Erfüllung der sich aus einem solchen Verhältnis ergebenden Verpflichtungen betreffen (§ 113 I S. 1). Eine vormundschaftliche Genehmigung ist hier – anders als bei § 112 BGB – nicht erforderlich. **1056**

Mit Dienst oder Arbeit ist eine **entgeltliche Verrichtung von Arbeit oder Diensten** gemeint.[703] Dabei kommen nicht nur Dienst- oder Arbeitsverträge, sondern auch Werkverträge in Betracht. **Berufsausbildungsverhältnisse** fallen nach h.M.[704] **nicht** unter § 113 BGB, da hier nicht die Leistung von Arbeit oder Dienst im Vordergrund steht, sondern die Vermittlung der für die Ausübung einer qualifizierten Tätigkeit notwendigen fachlichen Fertigkeiten und Kenntnisse. **1057**

Liegt eine entsprechende Ermächtigung vor, wird der beschränkt Geschäftsfähige für die Rechtsgeschäfte (partiell) **voll geschäftsfähig**, die die Eingehung, Erfüllung und Aufhebung des Arbeits- oder Dienstverhältnisses betreffen und für die Art der Tätigkeit üblich sind. So kann der Minderjährige bspw. den Arbeitsvertrag selbstständig abschließen und auch sonstige Vereinbarungen über Lohn und sonstige Arbeitsbedingungen treffen. Auch kann er selbstständig kündigen, gekündigt werden oder auch der Kündigung widersprechen. Darüber hinaus kann er den Arbeitslohn mit befreiender Wirkung für den Arbeitgeber entgegennehmen, ein Gehaltskonto eröffnen und auf den Lohn verzichten, ihn stunden oder sich über ihn vergleichen. Er kann Beförderungsverträge schließen, Berufskleidung kaufen und nach h.M.[705] auch der Gewerkschaft beitreten. **1058**

Nach **§ 113 I S. 2 BGB** sind von der Ermächtigung aber solche Rechtsgeschäfte ausgenommen, die auch von dem gesetzlichen Vertreter nur mit Genehmigung des Vormundschaftsgerichts vorgenommen werden können (vgl. schon oben zu § 112). **1059**

Die für den einzelnen Fall erteilte Ermächtigung gilt im Zweifel als allgemeine Ermächtigung zur Eingehung von Verhältnissen derselben Art (§ 113 IV BGB). Ob Gleichartigkeit vorliegt, ist nach der Verkehrsanschauung zu entscheiden. Sie kann auch bei Arbeit in einem verwandten Beruf anzunehmen sein, scheidet aber aus, wenn sich die rechtliche oder soziale Stellung des Minderjährigen wesentlich verschlechtert. Duldet der gesetzliche Vertreter die Aufnahme eines nicht gleichartigen Arbeitsverhältnisses, kann darin u.U. eine erneute Ermächtigung nach § 113 I BGB zu sehen sein.[706] **1060**

---

[703] *Ellenberger*, in: Palandt, § 113 Rn 2.
[704] *Ellenberger*, in: Palandt, § 113 Rn 2; *Dilcher*, in: Staudinger, § 113 Rn 5.
[705] *Ellenberger*, in: Palandt, § 113 Rn 4.
[706] *Ellenberger*, in: Palandt, § 113 Rn 3.

C. Bewusste Willensmängel, §§ 116 – 118 BGB

1061 Weitere Gründe, die dem Entstehen eines Anspruchs entgegenstehen, können sich aus den in §§ 116-118 BGB geregelten bewussten Willensmängeln bzw. Willensvorbehalten ergeben, weil in diesen Fällen der Erklärende eine Erklärung mit Erklärungsbewusstsein abgibt, er sie jedoch innerlich ihrem Inhalt nach nicht gelten lassen will. Zur Einordnung in den Prüfungsaufbau vgl. Rn 925.

I. Der geheime Vorbehalt, § 116 BGB

1062 Behält sich der Erklärende insgeheim vor, das Erklärte nicht zu wollen (sog. *reservatio mentalis* – **Mentalvorbehalt**), ist dieser innere Vorbehalt selbstverständlich unbeachtlich. Anderenfalls wäre ein geordneter Rechtsverkehr kaum möglich. § 116 S. 1 BGB stellt dies lediglich klar.[707]

1063 **Beispiel:** K weiß, dass sein Freund bei einer Auktion ein bestimmtes Bild ersteigern will. Um ihn zu ärgern, bietet er mit und bekommt unerwartet den Zuschlag. Als er später das Bild bezahlen soll, wendet er ein, nur zum Scherz geboten zu haben und dass er das Bild gar nicht habe ersteigern wollen.

Hier ergibt sich sowohl aus den allgemeinen Auslegungsregeln als auch der Regelung des § 116 S. 1 BGB, dass die Erklärung des K ungeachtet des geheimen Vorbehalts, das Erklärte nicht gewollt zu haben, verbindlich ist. Insbesondere ist aus der maßgeblichen objektivierten Sicht des Erklärungsempfängers der Erklärungswille bei K vorhanden. Es ist daher ein Kaufvertrag zustande gekommen. Diesen kann K auch nicht anfechten, weil der geheime Vorbehalt, das Erklärte nicht gewollt zu haben, keinen Anfechtungsgrund darstellt.

1064 Unerheblich ist, auf welchem Motiv der Vorbehalt beruht. Auch eine gute Absicht (z.B. die Beruhigung eines Schwerkranken) ändert nichts an der Unbeachtlichkeit des Vorbehalts. Geht der Erklärende dagegen davon aus, dass der andere die Nichternstlichkeit erkennt, handelt es sich nicht um eine Schein-, sondern um eine Scherzerklärung nach § 118 BGB (siehe Rn 1090).

1065 Handelt es sich um eine empfangsbedürftige Willenserklärung und **kennt** der Erklärungsempfänger den geheimen Vorbehalt, ist er nicht schutzbedürftig. Daher ist auch die Rechtsfolge eine andere. In diesem Fall greift nämlich **§ 116 S. 2 BGB**: Die Erklärung ist nichtig.
Unerheblich ist, wie der Erklärungsempfänger Kenntnis von dem Vorbehalt erlangt hat. Ein bloßes Kennenmüssen (vgl. § 122 II BGB) ist aber nicht ausreichend.

Beispiel: Hat der Auktionator erkannt, dass K nur zum Scherz bietet, ist dessen Gebot gem. § 116 S. 2 BGB nichtig. Folge ist, dass kein Kaufvertrag zustande gekommen ist.

1066 **Fazit:** Nach **§ 116 S. 1 BGB** (der im Übrigen nicht zwischen empfangsbedürftigen und nicht empfangsbedürftigen Willenserklärungen unterscheidet) ist aus Gründen des Verkehrsschutzes eine nicht ernst gemeinte Willenserklärung gleichwohl **wirksam**. Etwas anderes gilt (bei empfangsbedürftigen Willenserklärungen) gem. **§ 116 S. 2 BGB** dann, wenn der Erklärungsempfänger den geheimen Vorbehalt kennt. Hier ist die Willenserklärung **nichtig**.
Hauptanwendungsfall des § 116 BGB ist der sog. „**böse Scherz**": Der geheime Vorbehalt soll nach dem Willen des Erklärenden dem Erklärungsempfänger unbekannt bleiben. Sofern er damit rechnet, dass der andere den Vorbehalt erkennt („**guter Scherz**"), ist die Willenserklärung auf jeden Fall gem. **§ 118 BGB** nichtig, allerdings mit der Schadenser-

---

[707] Vgl. dazu auch BGHZ **149**, 129, 134.

satzverpflichtung nach § 122 BGB verknüpft. Sofern *beide* Beteiligte von der Nicht-ernstlichkeit der abgegebenen Willenserklärung wissen und dies auch einverständlich wollen, ist diese nach **§ 117 BGB** nichtig.

Liegt eine **Stellvertretung** vor, genügt es für die Kenntnis i.S.d. § 116 S. 2 BGB, wenn lediglich der Stellvertreter wusste, dass der Vertragspartner seine Erklärung nur zum Schein abgeben wollte.[708] § 166 I BGB stellt dies klar.

1067

II. Das Scheingeschäft, § 117 BGB

1. Voraussetzungen

Nach § 117 BGB ist eine *empfangsbedürftige* Willenserklärung **nichtig**, wenn die Par-teien **einverständlich** nur den äußeren Schein des Abschlusses eines Rechtsgeschäfts hervorrufen, aber die mit dem Rechtsgeschäft verbundenen Rechtswirkungen nicht ein-treten lassen wollen.[709] Kennzeichnend für das Scheingeschäft ist also der **einver-ständliche Mangel eines Rechtsbindungswillens**.

1068

In der **Einvernehmlichkeit**, das Erklärte nicht zu wollen, liegt der entscheidende **Unterschied zu § 116 S. 2 BGB**. Dort geht es um den Fall, dass der Erklärungsemp-fänger zwar den geheimen Vorbehalt des Erklärenden kennt, nicht aber mit diesem „gemeinsame Sache" macht.

1069

Zweck des Scheingeschäfts ist regelmäßig (aber nicht begriffsnotwendig) die **Täu-schung eines Dritten**.

1070

Beispiele: T möchte riskante, aber sehr aussichtsreiche Spekulationsgeschäfte tätigen. Da er aber nicht über die nötigen Mittel verfügt, will er einen Bankkredit in Anspruch nehmen. Doch weiß er, dass keine Bank ihm einen Kredit für derartige Zwecke bewilli-gen würde. Daher fasst er gemeinsam mit seinem Schwager S, einem Bauunternehmer, folgenden Plan: S soll (gegen eine „Provision") eine „Pro-Forma-Rechnung" über einen Hausbau i.H.v. 250.000,- € ausstellen, damit T bei der Bank eine Immobilienfinanzierung bewilligt bekommt. So geschieht es. Selbstverständlich fliegt die Sache auf.

1071

Hier sind die Willenserklärungen von T und S bezüglich eines Werkvertrags (§ 631 BGB) nur zum Schein abgegeben worden, um der Bank eine Rechnung vorlegen zu können. § 117 BGB ordnet für diesen Fall an, dass die Willenserklärungen nichtig sind. Es ist also kein wirksamer Werkvertrag zwischen T und S zustande gekommen.

Weitere Anwendungsfälle des § 117 BGB bestehen darin, dass bei einer Auktion der Bie-ter und der Auktionator gemeinsame Sache machen, um das Gebot eines Dritten in die Höhe zu treiben. Einen „Klassiker" stellt der Fall dar, dass bei einem Grundstückskauf Verkäufer und Käufer offiziell einen weit niedrigeren Kaufpreis angeben, um die mit ei-nem Grundstückserwerb verbundenen Nebenkosten wie Notargebühren, Gebühren des Grundbuchamts und Grunderwerbsteuer (derzeit 3,5% vom Kaufpreis) zu verringern. Zumeist fallen solche Geschäfte nur dann auf, wenn sich eine der Parteien nicht an die Absprachen hält (vgl. dazu sogleich Rn 1072 ff.).

2. Rechtsfolgen

Hinsichtlich der Rechtsfolgen ist zwischen dem **Scheingeschäft** (sog. simuliertes Geschäft) und dem ggf. vorliegenden **verdeckten Geschäft** (sog. dissimuliertes Geschäft) zu unterscheiden.

1072

---

[708] BGH NJW **1996**, 663, 664.
[709] BGHZ **36**, 84, 88; **67**, 334, 339; NJW **1980**, 1572, 1573.

a. Rechtsfolge bezüglich des Scheingeschäfts

1073   Gemäß § 117 I BGB ist eine simulierte Willenserklärung gegenüber jedermann **nichtig**. Ein gewisser **Drittschutz** wird jedoch durch die Vorschriften über den **gutgläubigen Erwerb** (§§ 892, 932 ff. BGB bei Sachen; § 405 BGB bei Forderungen) erreicht. Auch helfen die §§ 823 ff. BGB oft weiter.[710]

1074   **Beispiel[711]:** A übereignet dem B zum Schein ein Aktienpaket im Wert von 30.000,- € und gibt ihm zusätzlich noch ein Schuldversprechen über 11.500,- €, damit B bei seiner Bank die gewünschte Kreditwürdigkeit (sog. Rating) erhält. Die Bank gewährt daraufhin dem B den gewünschten Kredit, lässt sich aber sowohl das Aktienpaket sicherungsübereignen als auch das Schuldversprechen zur Sicherung abtreten.

Da hier sowohl die Übereignung des Aktienpakets von A auf B als auch das Schuldversprechen nur zum Schein erfolgten, sind beide Geschäfte wegen § 117 I BGB nichtig. Fraglich ist daher, ob die Sicherungsübereignung und die Sicherungsabtretung an die Bank wirksam waren. Hier greifen die Gutglaubensvorschriften, § 932 BGB hinsichtlich des Aktienpakets und § 405 BGB hinsichtlich des Schuldversprechens.

b. Rechtsfolge bezüglich des verdeckten Geschäfts

1075   Hinter dem Scheingeschäft steckt häufig ein anderes, verdecktes und auch ernstlich gewolltes Rechtsgeschäft. Der Sinn des Ganzen besteht darin, bestimmten nachteiligen Folgen des eigentlich gewollten Rechtsgeschäfts durch „Vorschieben" eines vordergründigen Geschäfts zu entgehen. Um einem solchen Missbrauch entgegenzutreten, hat der Gesetzgeber in § 117 II BGB angeordnet, dass hinsichtlich des dissimulierten Rechtsgeschäfts die allgemeinen Vorschriften gelten. Das verdeckte Rechtsgeschäft ist also dann wirksam und gültig, wenn alle erforderlichen Voraussetzungen (z.B. Formerfordernisse, Nichtvorliegen der §§ 134, 138 BGB etc.) gegeben sind.[712] Es ist jedenfalls nicht deshalb nichtig, weil es verdeckt wurde.[713]

1076   Hauptanwendungsfall[714] des § 117 BGB ist – um die mit einem Grundstückserwerb verbundenen Nebenkosten wie Notargebühren, Gebühren des Grundbuchamts und Grunderwerbsteuer (derzeit 3,5% vom Kaufpreis) zu verringern – der **Grundstücksverkauf unter Angabe eines geringeren als des vereinbarten Preises**.

1077   **Beispiel:** V und K schließen einen Kaufvertrag über ein Hausgrundstück. Um Grunderwerbsteuern und Notargebühren „zu sparen", geben sie bei der notariellen Beurkundung des Kaufvertrags vor dem Notar einen Kaufpreis von 150.000,- € statt der in Wirklichkeit vereinbarten 300.000,- € an. Ist der Kaufvertrag wirksam?

Einander entsprechende Willenserklärungen liegen vor. Allerdings könnten die Erklärungen nach § 134 BGB bzw. § 138 I BGB nichtig sein, weil die Schwarzgeldabrede den Tatbestand der Steuerhinterziehung (§ 370 Abgabenordnung) zum Nachteil der Steuerbehörde und den des Betrugs (§ 263 StGB) zum Nachteil des Notars erfüllt. Jedoch ist allgemein anerkannt, dass zur Bejahung der in § 134 BGB bzw. § 138 BGB angeordneten Nichtigkeitsfolge der *Hauptzweck* des Vertrags in der Verwirklichung eines gesetzlichen Verbots oder einer Strafnorm oder der Sittenwidrigkeit liegen muss. V und K hätten also den Grundstückskaufvertrag gerade deswegen schließen müssen, um Steuern zu hinterziehen und Notargebühren zu reduzieren. Das ist aber nicht der Fall. Hauptzweck des zwischen ihnen geschlossenen Vertrags ist eine Grundstücksübertragung. V und K wollten lediglich die damit verbundenen Nebenkosten reduzieren. Die von V und K vor

---

[710] Vgl. auch *Ellenberger*, in: Palandt, § 117 Rn 7.
[711] *Köhler/Lange*, AT, § 7 Rn 11.
[712] BGH NJW **1983**, 1843, 1844.
[713] *Ellenberger*, in: Palandt, § 117 Rn 8.
[714] Vgl. nun auch *Büchler/Möllinger*, JuS **2008**, 144, 146.

dem Notar abgegebenen Willenserklärungen sind daher nicht gem. § 134 BGB oder § 138 I nichtig.

Allerdings sind die von V und K abgegebenen Erklärungen wegen des nur zum Schein angegebenen Kaufpreises nach § 117 I BGB nichtig. Das verdeckte Rechtsgeschäft (Kauf des Hausgrundstücks zum Preis von 300.000,- €) ist dagegen wegen § 117 II BGB wirksam, wenn es den diesbezüglich anwendbaren Vorschriften und Voraussetzungen entspricht.

Nach den allgemeinen Vorschriften ist ein Grundstückskaufvertrag aber nach § 311b I S. 1 BGB formbedürftig (notarielle Beurkundung, s.o.). An dieser Form mangelt es vorliegend jedoch (beurkundet wurde nur das unwirksame Scheingeschäft), sodass der Vertrag hinsichtlich des Grundstückskaufs zu einem Preis von 300.000,- € nach §§ 125 S. 1, 311b I S. 1 BGB unwirksam ist.

Nach § 311b I S. 2 BGB kann der verdeckte Kaufvertrag aber dadurch geheilt werden, dass Auflassung (§ 925 BGB) und Eintragung ins Grundbuch (§ 873 BGB) erfolgen. Geschieht dies, dann wird der gewollte und nicht beurkundete Kaufvertrag gültig. Insofern gilt auch hier: *falsa demonstratio non nocet*. Freilich können in der Praxis Beweisprobleme auftreten, weil der wahre Kaufpreis ja gerade nicht notariell beurkundet wurde.

Der vorstehende Fall, der im Übrigen auch in allen Lehrbüchern zum BGB AT zu finden ist, kann aber nur als Ausgangsbasis dienen. Spätestens im Examen wird eine Auseinandersetzung mit Problemen der folgenden Art, die im Übrigen nicht in den meisten Lehrbüchern dargestellt sind, erforderlich: **1078**

Beispiel: Wie oben, nur dass für K eine Auflassungsvormerkung (883 BGB) eingetragen wird. Drei Wochen später wird für D eine Vormerkung auf Eintragung einer Grunddienstbarkeit eingetragen. Danach wird K als Eigentümer des Grundstücks eingetragen. D begehrt nun von K die Zustimmung zur Eintragung der Grunddienstbarkeit. **1079**

Der von D gegen K geltend gemachte Anspruch auf Zustimmung zur Eintragung der Grunddienstbarkeit könnte sich aus § 888 I BGB ergeben. Ein solcher Anspruch setzt voraus, dass die für K bestellte Auflassungsvormerkung unwirksam ist. Denn wäre diese wirksam, hätte dies zur Folge, dass wiederum die (spätere) Vormerkung für D unwirksam wäre (vgl. § 883 II BGB). Dann bestünde für D schon deshalb kein Anspruch auf Zustimmung.

Nach § 883 I S. 1 BGB kann eine Vormerkung zur Sicherung eines schuldrechtlichen Anspruchs an einem Grundstück bestellt werden, sog. Auflassungsvormerkung. Diese dient der Sicherung des schuldrechtlichen Übereignungsanspruchs (§ 873 BGB) des Käufers, damit der Verkäufer daran gehindert wird, zwischenzeitlich das Grundstück an einen gutgläubigen Dritten zu veräußern. Durch die im Grundbuch eingetragene Auflassungsvormerkung kann sich der Käufer nämlich nicht auf Gutgläubigkeit berufen (vgl. 892 BGB). Weil die Auflassungsvormerkung jedoch nicht kostenlos eingetragen wird, verzichtet der Käufer – um die Nebenerwerbskosten nicht noch höher steigen zu lassen – in der Praxis auf die Auflassungsvormerkung. Kommt es dann zu einer Zwischenveräußerung des Grundstücks an einen Dritten, bleibt ihm nur der Schadensersatzanspruch gegen den Verkäufer wegen Nichterfüllung bzw. Unmöglichkeit aus § 280 I BGB.

Vorliegend wurde zugunsten des K jedoch eine Auflassungsvormerkung eingetragen. Zu prüfen ist demnach, ob sie hätte eingetragen werden dürfen. Das ist nicht der Fall, wenn der ihr zugrunde liegende Kaufvertrag unwirksam ist.

Einander entsprechende Willenserklärungen liegen vor. Allerdings sind die von V und K vor dem Notar abgegebenen Erklärungen wegen des nur zum Schein angegebenen Kaufpreises nach § 117 I BGB nichtig. Das verdeckte Rechtsgeschäft (Kauf des Hausgrundstücks zum Preis von 300.000,- €) ist dagegen wegen § 117 II BGB wirksam, wenn es den diesbezüglich anwendbaren Vorschriften und Voraussetzungen entspricht.

Nach den allgemeinen Vorschriften ist ein Grundstückskaufvertrag aber nach § 311b I S. 1 BGB formbedürftig (notarielle Beurkundung, s.o.). An dieser Form mangelt es vorliegend (beurkundet wurde nur das unwirksame Scheingeschäft), sodass der Vertrag hinsichtlich des Grundstückskaufs zu einem Preis von 300.000,- € nach §§ 125 S. 1, 311b I S. 1 BGB unwirksam ist. Nach § 311b I S. 2 BGB kann der verdeckte Kaufvertrag aber dadurch geheilt werden, dass Auflassung (§ 925 BGB) und Eintragung ins Grundbuch (§ 873 BGB) erfolgen. Geschieht dies, dann wird der gewollte und nicht beurkundete Kaufvertrag gültig.

K wurde als Eigentümer ins Grundbuch eingetragen. Das dissimulierte Geschäft (der Kaufvertrag über 300.000,- €) ist somit wirksam.

Fraglich ist aber, ob sich die Auflassungsvormerkung auf dieses dissimulierte Geschäft bezog. Bejaht man dies, würde sich die bereits eingetragene Auflassungsvormerkung auf ein wirksames Kausalgeschäft stützen und wäre ihrerseits wirksam. Dies wiederum hätte zur Folge, dass die (spätere) Vormerkung für D unwirksam wäre (vgl. § 883 II BGB) und der von ihm geltend gemachte Anspruch nicht besteht.

Beachtet man jedoch den Umstand, dass eine Heilung des dissimulierten Grundstückskaufvertrags nicht rückwirkend eintritt (durch § 311b I S. 2 BGB wird nur die Formnichtigkeit des Kaufvertrags geheilt, um nach erfolgter Eintragung im Grundbuch eine Kondiktion des Eigentums zu verhindern;[715] zudem spricht der Wortlaut des § 311b I S. 2 BGB von „wird ... gültig"), kann sich auch die Auflassungsvormerkung nur auf das notariell beurkundete simulierte Geschäft beziehen. Da dieses wegen § 117 I BGB unwirksam ist, fehlt der zugunsten des K eingetragenen Auflassungsvormerkung der Bezugspunkt. Demnach bleibt die für K eingetragene Auflassungsvormerkung wirkungslos. Der Anspruch des D aus § 888 I BGB auf Zustimmung zur Eintragung ist begründet.

3. Abgrenzung zu Treuhand-, Strohmann- und Umgehungsgeschäften

1080 Da § 117 I BGB nur eingreift, wenn die Beteiligten ihr Ziel durch den bloßen *Schein* eines wirksamen Rechtsgeschäfts erreichen wollen, liegt folgerichtig **kein** Scheingeschäft vor, wenn es für den von den Parteien gewollten Erfolg erforderlich ist, dass das Rechtsgeschäft gerade **rechtswirksam** ist, sie also nicht nur den Schein, sondern die *Wirksamkeit des Rechtsgeschäfts* wollen, auch wenn sie die damit verbundenen wirtschaftlichen oder sonstigen Folgen insgesamt nicht möchten.[716] Das Scheingeschäft ist daher insbesondere von folgenden Geschäften abzugrenzen:

- vom **Treuhandgeschäft**,
- vom **Strohmanngeschäft** und
- vom **Umgehungsgeschäft**.

a. Treuhandgeschäft

1081 Ein Treuhandgeschäft (sog. fiduziarisches Geschäft) liegt vor, wenn die Übertragung von Vermögenswerten (nur) mit dem Ziel vorgenommen wird, dass der Treuhänder zwar nach außen hin Eigentümer und Inhaber dieser Gegenstände wird, jedoch im Innenverhältnis die Interessen des Übertragenden wahren soll.[717] **Zweck** solcher Treuhandgeschäfte ist häufig, Dritten (Gläubigern) den Zugriff auf bestimmte Rechtsgüter zu verwehren.

1082 **Beispiele:** S ist überschuldet. Ihm droht die Zwangsvollstreckung (§§ 704 ff. ZPO). Um seinen geliebten Aston Martin vor dem Gerichtsvollzieher „in Sicherheit zu bringen", übereignet er den Wagen schnell an seinen Freund F.

Zwar wurde dieses Geschäft nur zum „Schein" getätigt, anders als bei § 117 I BGB kam es den Parteien – da die Zwangsvollstreckung selbstverständlich nur über Gegenstände stattfindet, deren Eigentümer der Vollstreckungsschuldner ist – aber gerade auf die

---

[715] *Grüneberg*, in: Palandt, § 311b Rn 55.
[716] BAG NJW **1993**, 2769.
[717] *Brox/Walker*, AT, Rn 406; *Coester-Waltjen*, Jura **1990**, 362, 365.

Wirksamkeit der Übereignung an. Es liegt also kein nach § 117 BGB zu behandelndes Scheingeschäft vor.

Ein weiteres Beispiel eines Treuhandgeschäfts ist das **Inkassoverfahren**: Ein Gläubiger tritt seine Forderungen, die er gegenüber seinen Schuldnern hat, gem. § 398 BGB an ein Inkassobüro ab. Sofern hier kein echtes Factoring[718] vorliegt, das Inkassobüro die Forderungen also nur erfüllungshalber (vgl. § 364 II BGB) annimmt, wird es zwar Forderungsgläubiger und zieht die Forderungen für den Treugeber ein, gibt die uneinbringlichen Forderungen diesem aber wieder zurück. Die eingetriebenen Forderungen werden indes an den Treugeber abgeführt.

b. Strohmanngeschäft

Ein Strohmanngeschäft liegt vor, wenn der an dem Rechtsgeschäft Interessierte nicht selbst als Geschäftspartner auftreten möchte und daher einen anderen als Vertragspartei vorschiebt. Das Vorschicken eines Stellvertreters hilft hier nicht weiter, weil dieser ja gerade „im Namen" seines Geschäftsherrn auftreten muss. Daher bedient sich der Hintermann eines „Strohmanns".

1083

Soll sich der Strohmann im Außenverhältnis selbst berechtigen und verpflichten, aber letztlich auf Rechnung des Hintermanns handeln, liegt konstruktiv ein Fall der **mittelbaren Stellvertretung** vor[719], nicht aber ein Scheingeschäft i.S.d. § 117 I BGB, da hier die rechtliche Bindung (zwischen dem Strohmann und dem Geschäftspartner) ja gerade gewollt ist. Unerheblich dabei ist, dass i.d.R. ein weiterer Vertrag zwischen dem Hintermann und dem Strohmann vorliegt und ob der Dritte, mit dem der Strohmann das Geschäft tätigt, Kenntnis von der Strohmanneigenschaft hat. Ausschlaggebend ist nur, ob die Parteien die Rechtsfolge der Vereinbarung wirklich herbeiführen wollen.[720]

> **Beispiel:** G ist leidenschaftlicher Sammler hochwertiger russischer Kunstgegenstände aus dem 18. und 19. Jahrhundert. Um dies vor der Öffentlichkeit geheim zu halten, bittet er seinen Friseur F, dieser solle für ihn eine Ikone, die er bei D gesehen hatte, kaufen. Dabei soll F aber als Käufer auftreten und dem G die Ikone später aushändigen. So geschieht es.
>
> Hier liegt kein Fall der §§ 164 ff. BGB vor, da F ausdrücklich im eigenen Namen gehandelt hat. F (und nicht G) hat mit D den Kaufvertrag geschlossen und ist nun selbst Eigentümer der Ikone geworden. Im Innenverhältnis besteht zwischen G und F jedoch ein Auftrag (§ 662 BGB). F ist also gem. § 667 BGB verpflichtet, die Ikone an G (weiter) zu übereignen und zu übergeben. G muss umgekehrt dem F den für die Ikone aufgewendeten Kaufpreis – sofern er diesen dem F nicht schon mitgegeben hatte – sowie die sonstigen Aufwendungen ersetzen (§ 670 BGB).[721]

1084

Ein Scheingeschäft i.S.d. § 117 BGB liegt aber dann vor, wenn der Dritte und der Strohmann einverständlich davon ausgehen, dass die Rechtswirkungen des Geschäfts von vornherein den Hintermann treffen sollen.

1085

c. Umgehungsgeschäfte

Schließlich liegt auch kein Fall des § 117 BGB vor, wenn die Beteiligten ein Rechtsgeschäft tätigen, das nur der Umgehung der für das wirklich gewollte Rechtsgeschäft geltenden Vorschriften (Verbotsgesetz, Steuerpflichtigkeit, Bilanzvermerkpflichtigkeit)

1086

---

[718] Vgl. dazu *R. Schmidt*, SchuldR BT II, Rn 522.
[719] Vgl. bereits sämtliche Vorauflagen; wie hier nunmehr auch *Mock*, JuS **2008**, 309, 310.
[720] BGHZ **21**, 378, 382; BGH NJW **1980**, 1572, 1573; BGH NJW **2002**, 2030, 2031.
[721] Damit G möglichst rasch Eigentümer der Ikone wird, wäre es auch möglich, dass F das Bild an G gem. §§ 929 S. 1, 930 BGB durch antizipierte Einigung und antizipiertes Besitzkonstitut (auch schon vor Erwerb des F von D) bzw. durch Insichgeschäft weiterübereignet. Aber auch hier würde F – zumindest für eine logische Sekunde – Eigentümer des Bildes.

dient. Denn hier wollen die Beteiligten gerade das eigentliche Geschäft, das hinter dem Umgehungsgeschäft steckt. Daher müssen sie zwangsläufig auch das Umgehungsgeschäft wollen. Vereinfacht kann man sagen: Die Beteiligten wollen den wirtschaftlichen Erfolg eines bestimmten Rechtsgeschäfts; sie wollen nur nicht, dass das Gesetz darauf angewendet wird.[722]

1087 **Beispiel:** S ist überschuldet. Um die bevorstehende Lohnpfändung abzuwenden, vereinbart er mit seinem Arbeitgeber A, auch nicht gerade der Stolz der Nation, arbeitsvertraglich, dass S kein Gehalt mehr bezieht und dass stattdessen Frau S Zahlungsansprüche gegen A zustehen sollen.

Hier liegt ein sog. Lohnverschiebungsvertrag vor (vgl. § 850h ZPO), der allein dazu dient, eine mögliche Lohnpfändung auszuschließen. Es handelt sich um ein Umgehungsgeschäft und nicht um ein Scheingeschäft, weil die Parteien – um die gewünschte wirtschaftliche Folge herbeizuführen – schon den Vertrag wollen müssen. Freilich eine andere Frage ist es, ob das Umgehungsgeschäft nicht aus einem anderen Grund nichtig ist. Zu denken wäre insbesondere an § 134 oder § 138 BGB.

1088 Nun mag der Leser sich gesagt haben, dass das Umgehungsgeschäft letztlich nicht gewollt war und dass die Parteien dieses Geschäft *doch* nur zum Schein vorgenommen haben. Dieser Gedanke ist in der Tat sympathisch, entspricht aber nicht der h.M., die offenbar die Nichtigkeit des Umgehungsgeschäfts (zumindest aus § 117 BGB) vermeiden möchte. Insbesondere hat sich die auch hier favorisierte Auffassung des OLG Karlsruhe nicht durchsetzen können.

1089 **Beispiel[723]:** V begehrt eine Anstellung als Versicherungsvertreter. Da er jedoch wegen Betrugs und Untreue vorbestraft ist, sind die Aussichten auf eine Anstellung nicht besonders gut. Daher vereinbart er (gegen ein „kleines" Entgelt) mit F, dem Leiter der Bezirksdirektion, dass formal sein Sohn S angestellt werden solle. Tätig werden wolle jedoch allein V. So geschieht es.

Auch hier müsste man mit der h.M. argumentieren, dass zwar ein Umgehungsgeschäft vorliege, die Parteien aber – um den gewünschten wirtschaftlichen Erfolg herbeizuführen – die Wirksamkeit des Umgehungsgeschäfts in Kauf nehmen müssten. Dann käme man zu dem Ergebnis, dass formal-juristisch S Angestellter der Versicherungsgesellschaft ist. Anders argumentiert das OLG Karlsruhe. Um dem V die Anstellung zu verschaffen, sei nicht die Wirksamkeit des Arbeitsvertrags zwischen der Gesellschaft und S erforderlich, sondern nur ein makelloses Führungszeugnis. Das Einverständnis der Bezirksdirektion sei der Gesellschaft über § 166 I BGB zuzurechnen. Die simulierte Einstellung des S sei deshalb nach § 117 I BGB nichtig.

Folgt man dieser Auffassung, stellt sich die Frage, ob stattdessen ein Anstellungsvertrag zwischen V und der Versicherungsgesellschaft, vertreten durch F, nach § 117 II BGB wirksam zustande gekommen ist. Voraussetzung wäre, dass F die Gesellschaft wirksam vertreten hat.

Die ersten beiden Voraussetzungen einer Stellvertretung (eigene Willenserklärung; Handeln im fremden Namen) liegen vor. Bedenken bestehen aber hinsichtlich der Vertretungsmacht, weil einer solchen die **Grundsätze vom Missbrauch der Vertretungsmacht** entgegenstehen könnten. In Betracht kommt Kollusion.

Ein Fall der **Kollusion** liegt vor, wenn der Vertreter und der Geschäftsgegner bewusst zum Nachteil des Vertretenen zusammenwirken. In diesen Fällen ist das Vertretergeschäft (hier der Anstellungsvertrag zwischen V und der Versicherungsgesellschaft) nach allgemeiner Ansicht gemäß § 138 I BGB nichtig mit der Folge, dass der Geschäftsherr nicht gebunden wird. Ob V und F bewusst *zum Nachteil* der Gesellschaft handelten, mag bezweifelt werden. Immerhin wollten sie nur eine Anstellung des V bewirken; dass die

---

[722] *Köhler/Lange*, AT, § 7 Rn 10; *Ellenberger*, in: Palandt, § 117 Rn 4; *Kramer*, in: MüKo, § 117 Rn 17; *Brox/Walker,* AT, Rn 328/406.
[723] Nach OLG Karlsruhe NJW **1971**, 619 f.

Versicherungsgesellschaft mit V schlechter stehen würde als mit S, kann nicht unterstellt werden. Eine Kollusion scheidet daher aus.[724]

Einen Missbrauch der Vertretungsmacht mit der Folge, dass der Geschäftsherr nicht an das Vertretergeschäft gebunden ist, liegt nach h.M. aber auch dann vor, wenn der Geschäftsgegner (hier: V) erkannte, dass der Vertreter (hier F) die im Innenverhältnis zum Geschäftsherrn bestehenden Befugnisse überschreitet oder wenn sich die Notwendigkeit einer Rückfrage des Geschäftsgegners bei dem Vertretenen geradezu aufdrängt[725] (**Evidenz** der Überschreitung der Vertretungsmacht). Evidenz ist im vorliegenden Fall wohl nicht zu bestreiten.

Fraglich ist aber, ob der Missbrauch der Vertretungsmacht in den Fällen der Evidenz ein **vorwerfbares Verhalten des Vertreters** erfordert. Folgt man der h.M., ist das nicht der Fall.[726]

Die Versicherungsgesellschaft ist daher aufgrund des Missbrauchs der Vertretungsmacht nicht an das Vertretergeschäft gebunden. Es liegt kein Anstellungsvertrag zugunsten des V vor.

III. Die Scherzerklärung, § 118 BGB

Gem. § 118 BGB ist eine nicht ernstlich gemeinte Willenserklärung **nichtig**, wenn sie in der Erwartung abgegeben wird, der Mangel der Ernstlichkeit werde nicht verkannt. **1090**

Einfach ausgedrückt bedeutet das Folgendes: Wie bei § 116 BGB ist die Erklärung nicht ernst gemeint. Im Unterschied zu § 116 BGB setzt § 118 BGB jedoch voraus, dass der Erklärende davon ausgeht, der andere werde die Nichternstlichkeit der Erklärung erkennen, sog. „**guter Scherz**". Geht der Erklärende also davon aus, der andere glaube an die Ernstlichkeit, liegen ein geheimer Vorbehalt und damit ein Fall des § 116 BGB vor. **1091**

> **Beispiel:** A hat sich einen fabrikneuen BMW 540i V 8 zu einem Preis von 53.000,- € gekauft. Als er nach einer Woche wegen eines Elektronikproblems liegen bleibt und der Wagen abgeschleppt werden muss, lässt er am Abend seinen Frust am Stammtisch aus. Er bietet den Wagen seinem Kumpel B für 1.000,- € zum Kauf an. Dieser ist hoch erfreut und willigt sofort ein. Als B am nächsten Tag bei A vor der Tür steht und den Wagen abholen will, fragt A ihn, ob er sie noch alle habe; selbstverständlich sei das Angebot nicht ernst gemeint gewesen. **1092**
>
> Hier ist es offensichtlich, dass A sein Angebot nicht ernst meinte. A durfte aufgrund des krassen Missverhältnisses zwischen dem Wert des Wagens und den genannten 1.000,- € auch davon ausgehen, dass die Nichternstlichkeit seines Geplänkels nicht verkannt würde. B hat daher keinen Anspruch auf Übereignung und Übergabe des Wagens. Er kann noch nicht einmal – soweit vorhanden – den Schaden, den er im Vertrauen auf die Wirksamkeit der Erklärung erlitten hat, geltend machen. Zwar sieht § 122 I BGB den Ersatz des Vertrauensschadens auch im Fall des § 118 BGB vor, nicht aber, wenn der Erklärungsempfänger die Nichtigkeit kannte oder – wie vorliegend – infolge Fahrlässigkeit nicht kannte (§ 122 II BGB).

Wie das Beispiel gezeigt hat, ist es für die Annahme des § 118 BGB unerheblich, aus welchem Motiv (Scherz, Prahlerei, bloße Höflichkeit etc.) der Erklärende handelt. Auch spielt es keine Rolle, ob der Erklärungsgegner die Nichternstlichkeit (objektiv) über- **1093**

---

[724] A.A. *Medicus*, BR, Rn 128, allerdings ohne jede Begründung.
[725] BGH NJW **1999**, 2883.
[726] BGH NJW **1988**, 3012, 3013; *Medicus*, AT, Rn 968; *Brox/Walker,* AT, Rn 534; *Köhler/Lange,* AT, § 11 Rn 63; *Heinrichs*, in: Palandt, § 164 Rn 14. Vgl. aber auch BGHZ **50**, 112, 114, wonach das Gericht nur in den Fällen der kraft Gesetzes unbeschränkten handelsrechtlichen Vertretungsmacht (z.B. bei der Prokura, § 50 HGB, und der OHG, § 126 II HGB) ein vorsätzliches Verhalten des Vertreters fordert. Generell Vorsatz fordernd *Leptien*, in: Soergel, § 177 Rn 17.

haupt erkennen kann. Entscheidend ist nur, dass der Erklärende *ohne* Täuschungsabsicht handelt.[727] Der Erklärungsempfänger wird durch § 122 BGB geschützt.

1094 Neben dem sog. „guten Scherz" kann § 118 BGB auch dann zur Anwendung kommen, wenn ein Scheingeschäft nach § 117 BGB misslingt, der Erklärungsgegner den beabsichtigten Scheincharakter des Geschäfts also nicht erkennt, sodass es an der Einverständlichkeit für § 117 BGB fehlt. Denn dieser Umstand ändert nichts daran, dass die Willenserklärung nicht ernstlich gemeint war und der Erklärende auch von der entsprechenden Erkennbarkeit ausgegangen ist.

1095 Gemäß § 118 BGB ist eine Willenserklärung, die unter den genannten Voraussetzungen abgegeben wird, **nichtig**. Dem Erklärungsempfänger wird aber **gemäß § 122 I BGB** ein **Ersatzanspruch** hinsichtlich desjenigen Schadens zugebilligt, den er im Vertrauen auf die Gültigkeit der Erklärung erlitten hat. Dieser Anspruch ist – wie gesehen – nach § 122 II BGB jedoch ausgeschlossen, wenn der Erklärungsempfänger den Grund der Nichtigkeit kannte oder infolge von Fahrlässigkeit (§ 276 II BGB) nicht kannte.

1096 Erkennt der Erklärende aber, dass der Erklärungsempfänger die Erklärung als ernstlich gewollt ansieht, ist er nach Treu und Glauben (§ 242 BGB) verpflichtet, das Missverständnis aufzuklären. Kommt er dieser Aufklärungspflicht nicht nach, wird aus dem „guten Scherz" ein nach § 116 BGB zu behandelnder „böser Scherz"[728] mit der Folge, dass sich der Erklärende nicht auf den Nichtgeltungswillen berufen kann, sondern vielmehr an seine Erklärung gebunden wird (es entsteht z.B. ein Erfüllungsanspruch).

---

[727] *Brox/Walker,* AT, Rn 400.
[728] *Kramer,* in: MüKo, § 118 Rn 7; *Medicus,* AT, Rn 604; *Brox/Walker,* AT, Rn 401.

D. Nichtigkeit wegen Formmangels, § 125 BGB

I. Grundsatz der Formfreiheit

Damit der Rechtsverkehr nicht unnötig erschwert wird, sind Rechtsgeschäfte im Grundsatz an keine bestimmte Form gebunden. Sie können daher – sofern keine gesetzlichen Formvorschriften bestehen oder die Parteien selbst eine bestimmte Form festgelegt haben – insbesondere mündlich, aber auch durch schlüssiges Verhalten getätigt werden. Lediglich dann, wenn die Parteien vor bestimmten Gefahren geschützt werden müssen oder die Öffentlichkeit ein besonderes Interesse an der Publizität des Erklärten hat, enthält das Gesetz Formvorschriften. Solche sind insbesondere im Immobiliarsachenrecht vorhanden, und zwar hauptsächlich für das Grundbucheintragungsverfahren (§ 29 GBO), aber auch im Familien- und Erbrecht. Der Allgemeine Teil des BGB enthält selbst nur wenige Formvorschriften (vgl. z.B. § 32 II und § 111 S. 2 BGB), regelt aber die Formarten und den Verstoß gegen Formzwänge (vgl. §§ 125 ff. BGB). **1097**

II. Funktionen und Zwecke der Formvorschriften

Der gesetzlich angeordnete Formzwang erfüllt stets besondere Zwecke. Es lassen sich mehrere Funktionen unterscheiden, die sich bei einzelnen gesetzlichen Formvorschriften durchaus überschneiden können[729]: **1098**

- **Beweisfunktion**
- **Warnfunktion**
- **Aufklärungs- und Belehrungsfunktion**
- **Kontrollfunktion**

1. Beweisfunktion

Einige Formvorschriften verfolgen den Zweck, durch schriftliche Festlegung den Abschluss und den Inhalt des Rechtsgeschäfts zu dokumentieren, damit ein Streit über Ungewissheiten verhindert wird (Beweisfunktion). Sie dienen also der **Rechtssicherheit** und **Rechtsklarheit**. **1099**

> **Beispiel:** Die schriftliche Abfassung einer Erklärung oder des Vertrags grenzt den endgültigen Vertrag vom Stadium der Verhandlungen ab und zwingt die Beteiligten, den Inhalt klar zu formulieren. Für den Fall späterer Unklarheiten hat sie Beweisfunktion. Diese Beweissicherung steht auch bei einer von den Parteien freiwillig gewählten Form häufig im Vordergrund.

Es sind aber auch Fälle denkbar, in denen die Form eine Beweisfunktion für Dritte erfüllt. **1100**

> Das ist zum **Beispiel** bei § 550 BGB der Fall, der für **Mietverträge**, die für länger als ein Jahr geschlossen werden (seit der Reform des Mietrechts nur noch mittelbar), Schriftform vorschreibt. Hier hat der Gesetzgeber nicht primär den Schutz von Mieter und Vermieter im Auge, sondern vielmehr die denkbare spätere Veräußerung des Mietobjekts. Denn dadurch, dass der Erwerber gem. § 566 BGB in den bestehenden Mietvertrag mit allen Rechten und Pflichten eintritt, ist es für ihn unerlässlich, dass er „schwarz auf weiß" nachlesen kann, zu welchen Vertragsbedingungen er den Mietvertrag übernehmen muss. Dieser – drittgerichtete – Schutzzweck verlangt nicht unbedingt die Nichtigkeit des Vertrags, wenn die Form nicht eingehalten wird. § 550 BGB i.V.m. § 578 I

---

[729] Vgl. nunmehr auch *Regenfuß*, JA **2008**, 161 ff.

BGB erklären den Vertrag daher für diesen Fall abweichend von der Regelung des § 125 BGB für wirksam; er gilt aber als auf unbestimmte Zeit geschlossen.[730]

2. Warnfunktion

1101 Geht es um weit reichende oder riskante Geschäfte, verfolgt das Formerfordernis den Zweck, die Beteiligten oder den Betroffenen vor **Leichtsinn** und **Übereilung** zu schützen. Der Erklärende soll durch den Formzwang auf die besondere rechtliche Bedeutung und Tragweite seines Verhaltens hingewiesen werden.

> **Beispiele** hierfür sind die Veräußerung des **gesamten Vermögens** (§ 311b III BGB), der Kauf oder Verkauf eines **Grundstücks** (§ 311b I BGB), das **Verbraucherdarlehen** (§ 492 BGB)[731], das **Schenkungsversprechen** (§ 518 I BGB) und die **Bürgschaft** (§ 766 S. 1 BGB). Gerade bei der Bürgschaft ist die Warnung vor der Reichweite der Erklärung sehr wichtig, weil der Bürge – anders als der Hypothekenschuldner – unbegrenzt mit seinem gesamten Vermögen haftet. Zudem wird – gerade bei Bankbürgschaften – die selbstschuldnerische Bürgschaft vereinbart, also eine Bürgschaft, bei der die Gläubigerbank noch nicht einmal zuvor die Zwangsvollstreckung beim Hauptschuldner versucht haben muss (sog. Verzicht auf die Einrede der Vorausklage gem. § 771 BGB).

1102 Aus dem Schutzzweck der jeweiligen Norm folgt hier regelmäßig, dass die Erklärung **nichtig** ist, wenn die vorgeschriebene Form nicht eingehalten wurde, § 125 BGB (für das Verbraucherdarlehen siehe aber die modifizierende Sonderregelung in § 494 II BGB).[732]

3. Aufklärungs- und Belehrungsfunktion

1103 Eng verwandt mit der Warnfunktion ist die Aufklärungs- und Belehrungsfunktion. Das gilt insbesondere für die Pflicht zur **notariellen Beurkundung**, die der Gesetzgeber für besonders wichtige Geschäfte angeordnet hat. Dieser kommt eine **Belehrungsfunktion** zu, da der Notar zur Belehrung der Beteiligten verpflichtet ist (§ 17 BeurkG). Zweck der notariellen Beurkundung ist nicht nur die Sicherstellung der Beweiskraft der Erklärung, sondern auch die Gewährleistung, dass beim Abschluss des Geschäfts ein neutraler Rechtskundiger mitwirkt, der verpflichtet ist, auf Gefahren oder mögliche Rechtsmängel, Irrtümer und Lücken des Geschäfts hinzuweisen (§ 17 BeurkG).[733]

> **Beispiele** hierfür sind der Grundstückskaufvertrag (§ 311b I BGB), die Auflassung (§ 925 BGB) und das öffentliche Testament (§ 2232 BGB).

Auch die **Mitteilungs- und Informationspflichten** nach **Verbraucherschutzrecht** gehören hierher. Diese sollen dem (typischerweise nicht rechtskundigen) Verbraucher die Vertragskonditionen in transparenter Weise vor Augen führen und ihn über seine Rechte (insb. Widerrufs- oder Rückgaberecht, vgl. § 312c II i.V.m. BGB InfoV – dazu Rn 551 ff.) informieren.

4. Kontrollfunktion

1104 Formvorschriften dienen auch der Kontrolle des Rechtsgeschäfts, wobei hier eine gewisse Überschneidung ihres Schutzzwecks mit der Warn- und Aufklärungsfunktion (vgl. §§ 17, 30 BeurkG) besteht. So trägt der Beurkundungs- oder Beglaubigungszwang neben der Warn- und Aufklärungsfunktion auch dem Gedanken Rechnung, dass bestimm-

---

[730] Vgl. *Weidenkaff*, in: Palandt, § 566 Rn 1; *Rüthers/Stadler*, AT, § 24 Rn 3; *Köhler/Lange*, AT, § 12 Rn 3; *Brox/Walker*, AT, Rn 299.
[731] Vgl. dazu BGH ZIP **2006**, 68 ff., dargestellt bei Rn 1163a.
[732] Vgl. *Rüthers/Stadler*, AT, § 24 Rn 4; *Köhler/Lange*, AT, § 12 Rn 3; *Brox/Walker*, AT, Rn 299.
[733] Vgl. *Rüthers/Stadler*, AT, § 24 Rn 5; *Köhler/Lange*, AT, § 12 Rn 3; *Brox/Walker*, AT, Rn 299.

te Geschäfte auch im Interesse sowohl der Beteiligten als auch der Allgemeinheit einer Kontrolle (des Inhalts der Erklärung und der Identität des Erklärenden) bedürfen.[734]

Beispiele sind die Auflassung (§ 925 BGB) und die Erklärungen im Grundbucheintragungsverfahren (§ 29 GBO). Ferner gehören hierher die statusbegründenden oder -verändernden Rechtsgeschäfte, für die im Interesse der Rechtssicherheit und Kontrolle regelmäßig eine besondere Form vorgesehen ist: z.B. für die Eheschließung, (§§ 1310, 1311 BGB), die Anerkennung der Vaterschaft (§ 1597 BGB) oder die Adoption (§ 1750 BGB); ebenso für die elterliche Sorgeerklärung (§ 1626d BGB).

5. Zwecke des Formerfordernisses

Formvorschriften sind keine reine Förmeleien. Vielmehr entscheidet ihr jeweiliger Zweck darüber, welche Abreden von ihnen erfasst werden und welche nicht. Darüber hinaus entscheidet der jeweilige Zweck, ob ein Verstoß gegen die vorgeschriebene Form zwingend die Nichtigkeit zur Folge hat oder ob die Vorschrift zur Disposition der Parteien steht.   **1105**

Beispiel: Nach § 311b I S. 1 BGB bedarf ein **Kaufvertrag** über ein Grundstück der **notariellen Beurkundung**. Zweck der Beurkundungspflicht ist es im Wesentlichen, dem Veräußerer und dem Erwerber von Grundstücken Schutz vor Unüberlegtheit oder Übereilung zu geben; daneben soll den Beteiligten fachmännische Beratung durch den Notar zuteilwerden; schließlich dient der Beurkundungszwang der Sicherheit im Rechtsverkehr: So werden insbesondere der Beweis getroffener Vereinbarungen erleichtert und eine unklare oder fehlerhafte Vertragsabfassung verhindert; auch späteren Rechtsstreitigkeiten über den Vertragsinhalt wird vorgebeugt. Um diese Zwecke zu erreichen, ist es erforderlich, den gesamten Vertrag, also alle Vereinbarungen, aus denen sich nach dem Willen der Vertragsparteien das schuldrechtliche Rechtsgeschäft zusammensetzt, zu beurkunden.[735] Wollte also der Veräußerer dem Erwerber bspw. die Bebaubarkeit des Grundstücks zusichern, würde eine reine schriftliche Abfassung dieser Zusicherung neben dem beurkundeten Hauptvertrag nicht genügen. Vielmehr müsste sie wegen ihrer inneren Zugehörigkeit zu dem Kaufvertrag ebenfalls der Formvorschrift des § 311b I S. 1 BGB genügen. Eine Nichtbeurkundung würde wegen § 139 i.V.m. § 125 BGB sogar zur Nichtigkeit des gesamten Vertragswerks führen. Der beurkundende Notar, der von dieser Zusicherung weiß, müsste die Parteien also auf diese Folge hinweisen.   **1106**

III. Arten gesetzlicher Formvorschriften

Die gesetzlichen Formen sind abschließend geregelt. Die rechtsgeschäftlich vereinbarten Formen können aufgrund der Privatautonomie frei bestimmt werden; meist wird dabei aber eine der gesetzlichen Formen vereinbart. Nach dem BGB sind folgende Formerfordernisse zu unterscheiden: **1107**

- **Textform** (§ 126 b BGB)
- **Schriftform** (§ 126 I BGB)
- **elektronische Form** (§ 126a BGB)
- **öffentliche Beglaubigung** (§ 129 I BGB)
- **notarielle Beurkundung** bzw. gerichtlicher Vergleich (§§ 127a, 128 BGB)

Bei diesen gesetzlichen Formen sind aber teilweise Besonderheiten zu beachten. So ist bei der Auflassung (§ 925 BGB), beim Ehevertrag (§ 1410 BGB) und beim Erbvertrag (§ 2276 BGB) jeweils die gleichzeitige Anwesenheit beider Teile vor einem Notar erfor-   **1108**

---

[734] Vgl. *Rüthers/Stadler*, AT, § 24 Rn 6; *Köhler/Lange*, AT, § 12 Rn 3; *Brox/Walker*, AT, Rn 299
[735] Vgl. BGH NJW **1981**, 222; *Köhler/Lange*, AT, § 12 Rn 4.

derlich; das Testament ist nur wirksam, wenn es entweder eigenhändig g̲eschrieben und u̲nterschrieben oder von einem Notar niedergeschrieben worden ist (§§ 2231, 2247); die Eheschließung, wenn sie von einem Standesbeamten vorgenommen worden ist (§ 1310 BGB).

1. Die Textform, § 126b BGB

1109 § 126 b BGB bestimmt, dass bei einer durch Gesetz vorgeschriebenen Textform (vgl. bspw. § 558a BGB für das Mieterhöhungsverlangen) die Erklärung in einer Urkunde oder auf andere zur dauerhaften Wiedergabe in Schriftzeichen geeigneten Weise abgegeben, die Person des Erklärenden genannt und der Abschluss der Erklärung durch Nachbildung der Namensunterschrift oder anders erkennbar gemacht werden muss.

1110 Da es zur Wahrung der Textform genügt, dass die Erklärung auf einer beliebigen, zur dauerhaften Wiedergabe in Schriftzeichen geeigneten Weise abgegeben werden kann und insbesondere keine Unterschrift geleistet werden muss, stellt das Textformerfordernis die schwächste aller Formvorschriften dar. Daher ist es nur folgerichtig, dass der Textform nur eine geringe Beweis- und Warnfunktion inne wohnt und dass der Gesetzgeber sie meist nur bei rechtsgeschäftsähnlichen Handlungen (z.B. **Widerrufsbelehrung** gem. § 355 II S. 1 BGB sowie **Mieterhöhungsverlangen** gem. § 558 a I BGB) oder Rechtsgeschäften von geringerer Bedeutung (z.B. **Widerruf** bei Verbraucherverträgen gem. § 355 I S. 2 BGB) zulässt.

1111 Während mit Urkunde Papierdokumente wie Kopie, Fax oder Telegramm gemeint sind, fallen unter Erklärungen, die auf andere zur dauerhaften Wiedergabe in Schriftzeichen geeigneten Weise abgegeben werden, vor allem solche, die auf elektronischen Medien wie **Diskette, CD, USB-Stick** oder **Computer-Festplatte** gespeichert sind. Damit genügt in dieser Hinsicht auch die **E-Mail** und das **Computerfax**[736] den Anforderungen der Textform, da der Empfänger die Möglichkeit hat, sie auf seiner Festplatte zu speichern und von dort aus dauerhaft wiederzugeben.[737]

2. Die Schriftform, § 126 I BGB

1112 Ordnet das Gesetz die Schriftform an, muss über das Rechtsgeschäft[738] eine **Urkunde** angefertigt werden, die vom Aussteller eigenhändig **unterschrieben** oder notariell **beglaubigt** wird (§ 126 I BGB). Gem. § 126 III BGB kann – wenn sich nicht aus dem Gesetz etwas anderes ergibt – die schriftliche Form durch die elektronische Form (§ 126a BGB) und gem. § 126 IV BGB durch die notarielle Beurkundung (§ 128 BGB) ersetzt werden (dazu jeweils später). Bei Verträgen ist § 126 II BGB zu beachten.

> **Beispiele** von Schriftformerfordernissen im BGB sind: Im Allgemeinen Teil §§ 32 II, 37 I, 81 I, 111 S. 2; im Schuldrecht §§ 368, 410, 416 II, 484, 492[739], 550, 557a, 557b, 568, 574b, 577 III, 585a, 594f, 623, 655b, 761, 766, 780, 781, 793 und im Sachenrecht § 1154. Im Handelsrecht ist aber § 350 HGB zu beachten.

1113 Das formbedürftige Rechtsgeschäft muss in einer **Urkunde** enthalten sein. Unter einer Urkunde ist jede schriftlich verkörperte Willenserklärung zu verstehen, die geeignet und bestimmt ist, im Rechtsverkehr Beweis zu erbringen, und den Aussteller erkennen lässt. Besteht die Urkunde aus mehreren Blättern oder Texten, muss deren Zusammengehö-

---

[736] Vgl. LG Kleve NJW-RR **2003**, 196; *Riesenkampff*, NJW **2004**, 3296.
[737] *Ellenberger*, in: Palandt, § 126b Rn 3; *Brox/Walker*, AT, Rn 300.
[738] Zum Anwendungsbereich des § 126 I BGB auf rechtsgeschäftsähnliche Erklärungen vgl. *Röger*, NJW **2004**, 1764 ff.
[739] Vgl. dazu aus jüngerer Zeit BGH ZIP **2006**, 68 ff. – dazu Rn 1163a.

rigkeit erkennbar gemacht werden.[740] Eine körperliche Verbindung ist allerdings nicht erforderlich; es genügt – etwa im Fall des § 550 BGB – , dass sich die Einheitlichkeit der Urkunde aus fortlaufender Paginierung, fortlaufender Nummerierung der einzelnen Bestimmungen, einheitlich graphischer Gestaltung, inhaltlichem Zusammenhang des Textes oder vergleichbaren Merkmalen zweifelsfrei ergibt.[741]

Nach § 126 I BGB ist es zur Wahrung der gesetzlichen Schriftform erforderlich, dass die Urkunde vom Aussteller durch **Namensunterschrift** unterzeichnet wird. In einigen Fällen ist sogar eine qualifizierte Schriftform vorgesehen. So muss das Testament eigenhändig g̲eschrieben und u̲nterschrieben sein (§ 2247 BGB); beim Verbraucherdarlehensvertrag muss die Vertragsurkunde einen bestimmten Mindestinhalt aufweisen (§ 492 BGB). Bei einem Vertrag müssen die Parteien nach § 126 II S. 1 BGB auf derselben Urkunde unterzeichnen; werden jedoch über den Vertrag mehrere gleichlautende Urkunden aufgenommen, so genügt es nach § 126 II S. 2 BGB, wenn jede Partei die für die andere Partei bestimmte Urkunde unterzeichnet. Nach § 127 I BGB gelten diese Vorschriften im Zweifel auch für die durch Rechtsgeschäft bestimmte Form (sog. gewillkürte Schriftform), jedoch sind in § 127 II BGB gewisse Erleichterungen vorgesehen; u.a. genügt im Zweifel die „telekommunikative Übermittlung" (z.B. Telefax, Computerfax, E-Mail), bei der auf das Unterschriftserfordernis ganz verzichtet werden kann.[742]   **1114**

Das Unterschriftserfordernis erfüllt vier Funktionen: **1115**

- die **Abschlussfunktion** (die Erklärung ist abgeschlossen und kein bloßer Entwurf mehr),
- die **Identitätsfunktion** (die Unterschrift macht die Identität des Erklärenden deutlich),
- die **Echtheitsfunktion** (die Erklärung rührt vom Unterzeichneten her) und
- die **Warnfunktion** (der Unterzeichner wird vor Übereilung geschützt).

Das Gesetz fordert zur Einhaltung der Schriftform, dass bei einem Vertrag entweder beide Parteien auf derselben Urkunde unterschreiben müssen (§ 126 II S. 1 BGB) oder dass mehrere gleichlautende Urkunden aufgesetzt und jeweils vom anderen Teil unterschrieben werden müssen (§ 126 II S. 2 BGB). Es genügt grds. nicht, wenn eine Partei das schriftliche Angebot und der andere Teil die schriftlich fixierte Annahme unterschreibt.[743]   **1116**

Die Unterschrift muss „**eigenhändig**" geleistet werden. Dies bedeutet aber nicht notwendigerweise eine persönlich geleistete Unterschrift. Auch der Stellvertreter (§ 164 I BGB) kann mit Wirkung für den Vertretenen unterschreiben, wenn er eigenhändig unterschreibt (dazu sogleich). Eigenhändig bedeutet daher vielmehr **handschriftlich**. Nicht ausreichend sind folglich die maschinenschriftliche Wiedergabe des Namens oder gar ein Stempelaufdruck („**Faksimilestempel**") oder eine anderweitige Vervielfältigung des Namens. Auch wenn die zunächst selbst handschriftlich geleistete Unterschrift auf diese Weise drucktechnisch reproduziert wird, handelt es sich nicht mehr um die Originalunterschrift. Daher wird auch bei einem Computerausdruck die Verwendung einer zuvor **eingescannten Unterschrift** dem Schriftformerfordernis des § 126 I BGB **nicht** gerecht. Sofern solche eingescannten Unterschriften in der Praxis verwendet werden, betreffen sie entweder Rechtsgeschäfte, bei denen die elektronische Form (neben der schriftlichen) zulässig ist (§§ 126 III, 126a, 127 III BGB, vgl. Rn 1127 ff.)   **1117**

---

[740] BGHZ **136**, 357; BGH NJW **2003**, 1248, 1249.
[741] BGHZ **136**, 357; BGH NJW **2003**, 1248, 1249.
[742] Vgl. *Riesenkampff*, NJW **2004**, 3296; *Köhler/Lange*, AT, § 12 Rn 6.
[743] Etwas anderes gilt aber für die vereinbarte Schriftform (§ 127 II S. 1 BGB): Hier genügt ein Briefwechsel; vgl. des Weiteren auch die modifizierende Vorschrift des § 492 I S. 3 BGB für Verbraucherdarlehen.

oder die lediglich einem Textformerfordernis unterliegen. Anderenfalls sind die schriftlichen Erklärungen schlichtweg unwirksam.

1118   **Beispiel:** Großkapitalist E ist u.a. Eigentümer eines in die Jahre gekommenen Häuserblocks, in dem insgesamt 314 Mietparteien wohnen. Weil er auf dem Grundstück ein neues Abschreibungsobjekt in Form eines „Space Parks" errichten möchte, muss er sich der Mieter entledigen. Er formuliert entsprechende Kündigungsschreiben. Um jedoch nicht alle Kündigungsschreiben handschriftlich unterzeichnen zu müssen, lässt er von seiner Sekretärin seine Originalunterschrift in den Computer einscannen. Diese druckt die Kündigungsschreiben mit der eingescannten Unterschrift aus und verschickt sie an die 314 Mieter. Mieter M – ein Jurastudent – kann darüber nur lachen, weil er gerade das Buch BGB AT von *Rolf Schmidt* gelesen hat und weiß, dass die ihm gegenüber ausgesprochene Kündigung unwirksam ist.

Die Zulässigkeit der Kündigung von gemietetem Wohnraum richtet sich nach §§ 542, 549, 568 ff. BGB. Gem. § 568 I BGB bedarf die Kündigung der Schriftform (elektronische Form wäre ebenso zulässig, vgl. §§ 126 III, 126a BGB). Zur Einhaltung der Schriftform verlangt § 126 I BGB die eigenhändige Unterschrift unter die Erklärung. Eigenhändig bedeutet handschriftlich. Das ist weder bei einem Aufdruck eines Faksimilestempels auf das Kündigungsschreiben noch bei einem Ausdruck einer computergeschriebenen Kündigung mit einer zuvor eingescannten Unterschrift der Fall.

Demnach hat E die in §§ 568 I, 126 I BGB vorgeschriebene Schriftform nicht eingehalten. Es fehlt eine eigenhändige (Original-)Unterschrift; die Erklärung ist gem. § 125 S. 1 BGB nichtig. Darauf, ob auch ein Kündigungsgrund (bspw. nach § 573 II Nr. 3 BGB) vorgelegen hätte, kommt es nicht an.

Weiterführender Hinweis: Auch ein unterschriebenes **Telefax** hätte dem Schriftformerfordernis nach § 126 I BGB nicht entsprochen. Denn hier handelt es sich nur um eine fotomechanische Reproduktion, eine Fernkopie, nicht aber um das Original.[744] Zur **elektronischen Form** siehe sogleich.

1119   Ein Faksimilestempel, eine eingescannte Unterschrift, ein Telefax, aber auch ein **Computerfax** und eine **E-Mail** ohne qualifizierte elektronische Signatur genügen jedoch dann dem Formerfordernis, wenn lediglich die schwächste Form aller Formvorschriften, die **Textform**, angeordnet ist. Textform lässt – wie gesagt – bspw. § 558a I BGB für das Mieterhöhungsverlangen genügen. Zur elektronischen Form gem. §§ 126 III, 126a, 127 III BGB vgl. Rn 1126 und 1127 ff.

1120   Für zulässig gehalten wird trotz des Eigenhändigkeitserfordernisses die Inanspruchnahme einer **Schreibhilfe**, wenn der Unterzeichnende selbst – etwa infolge Krankheit oder Gebrechlichkeit – nicht in der Lage ist, völlig selbstständig zu unterschreiben. Es muss aber die Ausführung der Unterschrift vom Willen des Erklärenden abhängig bleiben.[745]

1121   **Beispiel**[746]**:** Die todkranke und nach einem Schlaganfall schwer mitgenommene O möchte noch ein **Testament** zugunsten ihrer Enkelin E errichten. Da sie jedoch kaum noch die Hand bewegen kann, bittet sie diese, ihr die Hand zu führen. E tut dies.

Variante: E greift die kraftlose Hand der O, die eigentlich mit der gesetzlichen Erbfolge zufrieden ist, und führt trotz des (wenn auch kaum noch wahrnehmbaren) Widerstands

---

[744] BGHZ **121**, 224, 229; *Ellenberger*, in: Palandt, § 126 Rn 12. Davon zu unterscheiden sind Prozesshandlungen. Hier genügt für bestimmte Schriftsätze die Übermittlung mittels Telefax (BVerfG NJW **2001**, 3473; NJW **2000**, 574; GSOBG NJW **2000**, 2340 ff.; BVerwGE **76**, 14; BVerwGE **77**, 38 ff.; BGH NJW **1998**, 3649, 3650; BAG NJW **2001**, 989, 990; zust. *Schwachheim*, NJW **1999**, 621 f.; *Pape/Notthof*, NJW **1996**, 417, 419; vgl. auch *Riesenkampff*, NJW **2004**, 3296 ff.).
[745] BGH NJW **1981**, 1900, 1901; BayObLG DNotZ **1986**, 299; *Rüthers/Stadler*, AT, § 24 Rn 10.
[746] Nach BGH NJW **1981**, 1900 f. wiedergegeben auch bei *Rüthers/Stadler*, AT, § 24 Rn 10; *Köhler/Lange*, AT, § 12 Rn 6 f. Vgl. auch BayObLG DNotZ **1986**, 299.

der O deren Hand mit Gewalt über den Schreibblock. Sind die jeweils so zustande gekommenen Testamente wirksam?

Zur Wirksamkeit eines (nicht notariell errichteten) Testaments ist es erforderlich, dass es eigenhändig geschrieben und unterschrieben ist (§ 2247 BGB). Es genügt daher nicht, wenn der nach einem Schlaganfall schwer mitgenommene Erblasser, dem das Schreiben schwer fällt, den Text seines Testaments einem Dritten diktiert und dann eigenhändig unterschreibt oder mit Rücksicht auf seine schwer lesbare Handschrift das Testament von jemandem am Computer schreiben und ausdrucken lässt und sodann unterschreibt. Denn das Testament muss in besonderem Maße die o.g. Abschluss-, Echtheits- und Identitätsfunktion erfüllen (schließlich kann man den Erblasser im Nachhinein nicht mehr zu seinem Testament befragen). Aus diesem Grunde ist der gesamte Text handschriftlich zu verfassen (sog. **Gesamtschriftform**). Denn eigenhändig Geschriebenes hat man unausweichlich auch zur Kenntnis genommen; dagegen kann man auch fremde, inhaltlich kaum oder nicht wahrgenommene Texte unterschreiben. Wer zur Testamentsverfassung körperlich nicht mehr in der Lage ist, muss ein öffentliches Testament zur Niederschrift eines Notars (§§ 2231 Nr. 1, 2232 BGB) errichten.

Gleichwohl ist nach Auffassung des BGH[747] eine Schreibhilfe auch bei der Testamentsverfassung möglich. Bediene sich der Erblasser einer Schreibhilfe, komme es für die Wahrung der in § 2247 BGB vorgeschriebenen Form darauf an, ob der Schriftzug vom Willen des Erblassers abhängig bleibe oder ob die Hand des Erblassers völlig unter der Herrschaft und Leitung des Schreibhelfers gestanden habe. Jedenfalls sei das äußere Schriftbild nebensächlich. Das wirft natürlich schwierige Abgrenzungsprobleme auf.

Im vorliegenden Ausgangsfall dürfte noch eine zulässige Schreibhilfe vorliegen, da O noch die Willensherrschaft besaß.
In der Variante, also im Fall der vis absoluta, greift E die kraftlose Hand der O, die eigentlich mit der gesetzlichen Erbfolge zufrieden ist, und führt trotz des (wenn auch kaum noch wahrnehmbaren) Widerstands der O deren Hand mit Gewalt über den Schreibblock. Daher liegt kein wirksames Testament vor.

Um die Identität des Unterzeichnenden feststellen zu können, muss die Unterschrift den **Namen des Unterzeichners** wiedergeben. Da die Unterschrift jedoch Ausdruck des Art. 2 I GG ist, braucht sie nach der Rspr.[748] nicht unbedingt lesbar zu sein. Es genügt, wenn ein die Identität des Unterzeichners ausreichend kennzeichnender individueller Schriftzug vorliegt, der einmalig und schwer nachzuahmen ist, entsprechende charakteristische Merkmale aufweist, sich als Wiedergabe eines Namens darstellt und die Absicht einer vollen Unterschriftsleistung erkennen lässt. In der Regel ist daher die Unterzeichnung mit dem Familiennamen erforderlich und ausreichend.[749] Eine Unterzeichnung nur mit dem Vornamen genügt daher ebenso wenig[750] wie eine Unterzeichnung mit einer Verwandtschaftsbezeichnung („euer Vater") oder mit einem bloßen Kürzel, einer Paraphe. Auch wenn die Unterschrift nur aus einem „Aufstrich mit einer wellenförmig auslaufenden Linie" besteht, genügt dies nicht. Dagegen kann mit einem Pseudonym unterzeichnet werden, allerdings nur, wenn es im Melderegister eingetragen ist.

1122

Bei Abschluss des Rechtsgeschäfts durch einen **Vertreter** gilt: Der Vertreter hat grds. mit *seinem* Namen zu unterzeichnen. Das Vertretungsverhältnis muss aber entweder durch einen Zusatz bei der Unterschrift (z.B. „i.V." = in Vertretung) oder sonst aus der Urkunde zu entnehmen sein, da anderenfalls die Form nicht gewahrt ist bzw. der Ver-

1123

---

[747] BGH NJW **1981**, 1900, 1901.
[748] BGH NJW **1996**, 997; **1994**, 55.
[749] BGH NJW **2003**, 1120.
[750] BGH NJW **2003**, 1120; krit. *Heinemann*, DNotZ **2003**, 243.

treter selbst als Vertragspartei behandelt wird (§ 164 II BGB). Nach der Rechtsprechung[751] darf der Vertreter aber auch mit dem Namen des Vertretenen unterzeichnen.

1124 Die Unterschrift kann auch *vor* Fertigstellung des Textes **blanko** geleistet werden. Selbst wenn das Blankett dann abredewidrig ausgefüllt wird, ist die urkundliche Erklärung mit diesem Inhalt formgültig zustande gekommen. Der Erklärende geht bei diesem Verfahren also ein erhebliches Risiko ein.[752]

1125 Vom zeitlichen Element zu unterscheiden ist die Frage, wo die Unterschrift **räumlich** platziert sein muss. Abgesehen vom Wortlaut (Unterschrift, nicht Oberschrift) lässt sich das Erfordernis der Platzierung unterhalb des Textes aus der Funktion der Unterschrift erklären. Neben der Beweis- und Warnfunktion, die der Schriftform insgesamt zukommt, hat gerade die eigenhändige Unterschrift des Erklärenden Abschluss-, Echtheits- und Identitätsfunktion (s.o.). Die Unterschrift ist der räumliche Abschluss des Textes und grenzt damit ein, welcher Inhalt noch vom Willen des Unterschreibenden erfasst ist (Abschlussfunktion).[753] Sie soll den Aussteller zweifelsfrei erkennen lassen (Identitätsfunktion) und durch die räumliche Verbindung von Urkunde und Namenszug sicherstellen, dass die Erklärung auch wirklich vom Unterzeichnenden stammt (Echtheitsfunktion). Abschluss- und Echtheitsfunktion sind nicht gewährleistet, wenn die Unterschrift an den Beginn des Textes gestellt ist oder nur auf dem Deckblatt bzw. einem Umschlag geleistet wird. Der BGH[754] hat deshalb die im Bankverkehr früher teilweise übliche „Oberschrift" bei Überweisungsformularen nicht als Unterschrift i.S.d. § 126 BGB angesehen.

Folgerichtig müssen auch **Nachträge** *unterhalb* der Unterschrift erneut unterschrieben werden.[755] Nachträgliche **Änderungen** *oberhalb* der Unterschrift werden von dieser gedeckt, wenn die frühere Unterschrift nach dem Willen der Parteien für den geänderten Inhalt Gültigkeit behalten soll, da es für die Wahrung der Schriftform einer Urkunde ohne Belang ist, ob die Unterzeichnung der Niederschrift des Urkundentextes zeitlich nachfolgt oder vorangeht.[756]

1126 Die eigenhändige Unterschrift kann nach § 126 I ersetzt werden durch ein notariell **beglaubigtes** Handzeichen oder eine **elektronische Signatur** (§§ 126 III, 126a BGB). Die gesamte Schriftform wird ersetzt, wenn der Vertrag den Anforderungen an die strengere Form der **notariellen Beurkundung** genügt (§ 126 IV BGB). Da diese wiederum durch einen **gerichtlich protokollierten Vergleich** ersetzt werden kann (§ 127a BGB), genügt auch er einem gesetzlichen Schriftformerfordernis.

3. Die elektronische Form, § 126a BGB

1127 Soweit vom Gesetz für ein Rechtsgeschäft keine bestimmte Form oder nur Textform (§ 126b BGB) vorgeschrieben ist, kann es ohne weiteres auch auf elektronischem Weg, also insbesondere durch **E-Mail** oder **„per Mausklick"** im Internet, vorgenommen werden. Insbesondere kann für die Übermittlung einfacher Willenserklärungen sogar auf das Unterschriftserfordernis verzichtet werden (§ 127 III BGB). Diese Vorgehensweise ist mittlerweile insbesondere im Versandhandel gängige Praxis.

1128 **Beispiel**[757]: V präsentiert im **Internet** Waren zum Verkauf. Dieses „Präsentieren" ist – wie im „herkömmlichen" Leben die Präsentation im Schaufenster – allerdings lediglich als

---

[751] BGHZ **45**, 193, 195.
[752] BGHZ **113**, 48, 51.
[753] BGH NJW **1998**, 58, 60; BGHZ **113**, 48, 54.
[754] BGHZ **113**, 48, 51.
[755] BGH NJW **1994**, 2300.
[756] BGH NJW **1994**, 2300, 2301.
[757] In Anlehnung an LG Essen NJW-RR **2003**, 1207 f.

Aufforderung zur Abgabe eines Angebots (***invitatio ad offerendum***) anzusehen.[758] Das Angebot zum Abschluss eines Kaufvertrags wird daher durch den User abgegeben, der mit der Maus auf die Bestell-Schaltfläche klickt. Dieses Angebot wird sodann dadurch angenommen, dass der „Anbieter" die Bestellung entgegennimmt und die Ware versendet.[759]

Für den Fall des Absatzvertrags im elektronischen Geschäftsverkehr zwischen einem Unternehmer (§ 14 BGB) und einem Verbraucher (§ 13 BGB) vgl. nunmehr auch die gesetzliche Regelung in § 312e I S. 2 BGB.

Anders liegt es, wenn für ein Rechtsgeschäft **Schriftform** vorgesehen ist. Denn das dann geltende Erfordernis der eigenhändigen Unterschrift (§ 126 I BGB) kann bei der elektronischen Übermittlung von Willenserklärungen nicht erfüllt werden. Zur Wahrung der Schriftform müsste der Erklärende dem Empfänger noch eine Originalurkunde, in der Regel also mittels Briefs, übermitteln. Das würde zu Verzögerungen führen. Auch wäre für den Empfänger ungewiss, ob und wann er eine wirksame Erklärung in die Hand bekäme.[760] Daher hat der Gesetzgeber (nicht zuletzt aufgrund europarechtlicher Vorgaben[761]) in § 126 III BGB bestimmt, dass die Schriftform durch die elektronische Form ersetzt werden kann, soweit keine gesetzlichen Regelungen dem entgegenstehen. Ist demnach die elektronische Form (neben der schriftlichen) nicht ausgeschlossen, regelt § 126a BGB das Verfahren, wonach die Unterschrift im herkömmlichen Sinne durch eine „qualifizierte elektronische Signatur nach dem Signaturgesetz" ersetzt wird.

1129

> **Hinweis für die Fallbearbeitung:** Übermittelt einer der am Rechtsgeschäft Beteiligten seine Willenserklärung via E-Mail oder mittels elektronischer Datei, ist stets zu prüfen, ob diese Form zulässig war. Denn war die gewählte Form unzulässig, besteht zumeist ein Fristproblem, da die (erneute) Abgabe der Willenserklärung unter Beachtung der vorgeschriebenen Schriftform innerhalb der Frist, in der die Willenserklärung beim Empfänger zugegangen sein muss, regelmäßig nicht mehr nachgeholt werden kann.
>
> Bei der Zulässigkeit der elektronischen Signatur sind zwei Fragen voneinander zu unterscheiden. Zum einen ist danach zu fragen, bei *welchen* Rechtsgeschäften die Schriftform durch die elektronische Form ersetzt werden kann, und zum anderen ist danach zu fragen, welche Anforderungen an die elektronische Form als Ersatz für die Schriftform zu stellen sind.

1130

Die erste Frage wird – wie bereits gesagt – durch § 126 III BGB beantwortet, wonach die schriftliche Form durch die elektronische Form ersetzt werden kann, „wenn sich nicht aus dem Gesetz ein anderes ergibt". Es ist also bei jeder Vorschrift, die Schriftform vorsieht, zu prüfen, ob die Verwendung der elektronischen Form **ausgeschlossen** ist. Im Bereich des Bürgerlichen Rechts ist dies aber gerade bei den praktisch wichtigsten schriftformgebundenen Rechtsgeschäften der Fall.

1131

Beispiele: So ist beim **Teilzeit-Wohnrechtevertrag** (§ 484 I S. 2 BGB), beim **Verbraucherdarlehensvertrag** (§ 492 I S. 2 BGB), bei der Kündigung oder Aufhebung des **Arbeitsverhältnisses** (§ 623 BGB), bei der Erteilung des **Arbeitszeugnisses**

1132

---

[758] Vgl. nicht nur LG Essen a.a.O., sondern auch LG Köln MMR **2003**, 481 f.; AG Butzbach NJW-RR **2003**, 54, und AG Wolfenbüttel MMR **2003**, 492. Realitätsfremd *Krimmelmann/Winter*, JuS **2003**, 532, 533, die ein Angebot annehmen, weil dem Kunden der direkte Zugriff „auf den Lagerbestand" suggeriert werde.

[759] Etwas anderes gilt aber dann, wenn der Homepage-Betreiber unmissverständlich zum Ausdruck bringt, dass bereits mit der Anpreisung seiner Waren auf der Internetseite eine rechtsverbindliche Erklärung abgegeben werden soll. Dann liegt in dem „Anbieten" der Waren auch juristisch ein Angebot i.S.d. § 145 BGB vor. Der Vertrag kommt dann mit der Bestellung des Users zustande (vgl. dazu BGHZ **149**, 129, 134; *Lettl*, JuS **2002**, 219, 220 und JA **2003**, 948, 950). Zum Vertragsschluss im Internet vgl. auch ausführlich Rn 606 ff.

[760] Vgl. *Riesenkampff*, NJW **2004**, 3296 ff; *Köhler/Lange*, AT, § 12 Rn 9 a.

[761] Vgl. die Richtlinien 99/93/EG und 2000/31/EG über elektronische Signaturen.

(§ 630 S. 3 BGB), beim **Leibrentenversprechen** (§ 761 S. 2 BGB), bei der **Bürgschaft** (§ 766 S. 2 BGB), beim **Schuldversprechen** (§ 780 BGB) und beim **Schuldanerkenntnis** (§ 781 S. 2 BGB) die elektronische Form ausgeschlossen.

1133   **Nicht** ausgeschlossen ist die elektronische Signatur (statt der eigenhändigen Unterschrift) demnach in den verbleibenden, vergleichsweise unwichtigen Fällen wie bei der **Quittung** (§ 368 BGB), dem Abschluss und der Kündigung von **Mietverträgen** über **Wohnraum** (§§ 550 S. 1, 568 I BGB) und bei der Abtretung von **Hypotheken** und **Grundschulden** (§ 1154 BGB). Im **Handelsrecht** ist § 350 HGB zu beachten.

1134   Hinsichtlich der Anforderungen, die an die elektronische Form zu stellen sind, bestimmt § 126a BGB, dass zur Wahrung der Authentizität der Aussteller der Erklärung seinen Namen hinzufügen und das elektronische Dokument mit einer **„qualifizierten elektronischen Signatur** nach dem Signaturgesetz" versehen muss. Das wiederum soll nach § 2 SignaturG mit Hilfe eines mehrstufigen Verfahrens erfolgen: Zunächst muss der Zeichnungsberechtigte (der Nutzer) seine handschriftliche Unterschrift bei einer Zertifizierungsstelle hinterlegen. Daraufhin erhält er eine elektronische Signatur in Form von verschlüsselten Informationen auf einer Chipkarte, die einer ec-Karte sehr ähnlich sieht, und eine separate Geheimzahl. Über ein Kartenlesegerät, das an den heimischen Computer angeschlossen ist, kann sich der Nutzer dann anmelden und ausweisen. Gibt er dann noch die ihm zugewiesene Geheimzahl ein, hat er das entsprechende Dokument unverwechselbar unterschrieben (dieses Verfahren entspricht dem mittlerweile als Standard geltenden HBCI-Chipkartenverfahren beim sog. internet-banking).[762]

1135   Auch wenn die elektronische Signatur gesetzlich zulässig ist, heißt das noch nicht zwingend, dass der Verwender sie ohne **Einverständnis des Empfängers** verwenden dürfte. Dieser muss einverstanden sein. Das Einverständnis kann ausdrücklich, aber auch konkludent erfolgen, insbesondere durch Angabe der E-Mail-Adresse auf dem Briefkopf. Für **Verträge** gilt der dem § 126 II nachgebildete § 126a II BGB.

4. Die öffentliche Beglaubigung, § 129 BGB

1136   Die öffentliche Beglaubigung (§ 129 BGB) steht – gemessen am Grad des Formzwangs – zwischen der reinen Schriftform und der notariellen Beurkundung (dazu sogleich). Der Text muss schriftlich fixiert und unterschrieben sein (wie § 126 BGB) und von einem **Notar** beglaubigt werden. Im Gegensatz zur Beurkundung bezieht sich die Tätigkeit des Notars also nicht auf den Text, sondern er bestätigt mit dem Beglaubigungsvermerk lediglich die Identität des Unterzeichnenden, der deshalb seine Unterschrift in Gegenwart des Notars leisten muss (§ 40 I BeurkG). Die öffentliche Beglaubigung sichert also (nur) gegen Unterschriftsfälschungen und hat in gewisser Weise Warnfunktion, weil der Erklärende sich zum Notar begeben muss. Die Beglaubigung gewährleistet nicht, dass die unterschreibende Person den Inhalt der Urkunde wirklich erklärt hat oder erklären will.

Vorgesehen ist die Beglaubigung zum **Beispiel** in §§ 77, 371, 403, 411, 1035, 1154 f., 1355, 1491 f., 1560, 1617, 1617a, 1617b, 1617c, 1618, 1945, 1955, 2120 f., 2198, 2215 BGB, §§ 3 I und II LPartG, § 29 GBO, § 12 HGB.

5. Notarielle Beurkundung/gerichtlicher Vergleich, §§ 127a, 128 BGB

1137   Die notarielle Beurkundung (§ 128 BGB) ist die strengste Form, die das Privatrecht kennt. Sie ist aus Gründen der Aufklärung, Beratung und Beweissicherung bei beson-

---

[762] Vgl. dazu auch *Roßnagel*, NJW **2001**, 1817 ff.; BB **2002**, 261 ff.; *Hähnchen*, NJW **2001**, 1831 ff.; *Boente/Riehm*, Jura **2001**, 793 ff.

ders schwerwiegenden Geschäften vorgesehen. Geht es um die Beurkundung von Verträgen, müssen in der Regel die Erklärungen *beider* Parteien beurkundet werden.

> **Beispiele** dafür sind der Vertrag über die Veräußerung des gegenwärtigen Vermögens (§ 311b III BGB), der Vertrag über die Veräußerung oder den Erwerb eines Grundstücks (§ 311b I S. 1 BGB), der Erbverzichtsvertrag (§ 2348 BGB) und der Erbschaftskauf (§ 2371 BGB).

Nur ausnahmsweise ist die Erklärung *einer* Vertragspartei zu beurkunden, so z.B. beim Schenkungsversprechen (§ 518 I BGB).   **1138**

Was die zeitliche Abfolge der Beurkundungen von Verträgen betrifft, lässt § 128 BGB eine sukzessive Beurkundung von Angebot und Annahme genügen. Das Gesetz kann aber auch (wie in § 925 BGB für die Auflassung und in § 1410 BGB für den Ehevertrag[763]) die **gleichzeitige** oder (wie in §§ 1410, 2274, 2276 für den Ehevertrag bzw. den Abschluss des Erbvertrags bezüglich des Erblassers) die **persönliche Anwesenheit** der oder eines Beteiligten (also keine Stellvertretung möglich) vorschreiben.   **1139**

Beurkundungspflichtig können auch *einseitige* Rechtsgeschäfte sein, so etwa die Einwilligung des Kindes bei der Annahme als Kind (§§ 1746, 1750 BGB) oder die Anfechtung bzw. der Rücktritt vom Erbvertrag (§§ 2282, 2296 BGB).   **1139a**

Die notarielle Beurkundung kann schließlich auch durch Rechtsgeschäft vereinbart werden; bei Personengesellschaftsverträgen geschieht dies auch häufig. Soweit Schriftform oder öffentliche Beglaubigung vorgesehen sind, genügt stattdessen selbstverständlich auch die notarielle Beurkundung (§§ 126 IV, 129 II BGB).   **1140**

Ist nach dem Gesetz (oder einer rechtsgeschäftlichen Vereinbarung) eine notarielle Beurkundung vorgesehen, richten sich die daran zu stellenden Anforderungen nach dem Beurkundungsgesetz. Der Notar fertigt über die Erklärungen der Parteien eine Niederschrift (§ 8 BeurkG) an, die die Bezeichnung des Notars und der Beteiligten sowie die Erklärungen der Beteiligten enthält (§ 9 BeurkG). Sie muss vorgelesen, von den Parteien genehmigt und von ihnen sowie dem Notar eigenhändig unterschrieben werden (§ 13 BeurkG). Inhaltlich treffen den beurkundenden Notar Prüfungs- und Belehrungspflichten (§ 17 BeurkG).   **1141**

Bei einem **gerichtlichen Vergleich** wird nach § 127a BGB die notarielle Beurkundung nach den Vorschriften der §§ 160 ff. ZPO durch die Aufnahme in ein errichtetes Protokoll ersetzt. Die prozessuale Bedeutung der notariellen Beurkundung liegt in ihrer Beweiskraft. Nach § 415 I ZPO begründet die Urkunde vollen Beweis des beurkundeten Vorgangs. Es wird also bewiesen, dass die Erklärung nach Inhalt und Begleitumständen (Zeit und Ort) abgegeben wurde. Ob die Erklärung inhaltlich richtig und wirksam ist, unterliegt dagegen der freien richterlichen Beweiswürdigung nach § 286 ZPO.   **1142**

1143

> **Beispiel**[764]: K und V haben einen privatschriftlichen Kaufvertrag über ein Grundstück des V zum Preis von 230.000,- € geschlossen. V weigert sich später unter Hinweis auf den Formmangel (§§ 311b I, 125 BGB), dem K das Grundstück zu übertragen. K, der anwaltlich schlecht beraten ist (die Rechtsansicht des V trifft zu!), klagt gegen V auf Übereignung des Grundstücks aus § 433 I S. 2 BGB. Bei der Erörterung des Streitstands mit den Parteien stellt das Prozessgericht fest, dass V bereit wäre, dem K das Grundstück zu überlassen, wenn dieser dafür 20.000,- € mehr bezahle. K erklärt sich einverstanden, 10.000,- € mehr zu bezahlen. Beide einigen sich letztlich auf 15.000,- €. Dar-

---

[763] Relativierend sei darauf hingewiesen, dass § 1410 BGB nur die **Niederschrift eines Notars** verlangt, nicht die Beurkundung i.S.d. § 128 BGB.
[764] *Rüthers/Stadler*, AT, § 24 Rn 22.

aufhin wird ein gerichtlich protokollierter Vergleich geschlossen, wonach V dem K das streitgegenständliche Grundstück zum Preis von 245.000,- € verkauft. Der Grundstückskaufvertrag genügt nach § 127a BGB der Form des § 311b I BGB.

1143a Ein in Prüfungsarbeiten häufig anzutreffendes Problem besteht in der Beantwortung der Frage, ob für den Fall, dass bei einem beurkundungspflichtigen Rechtsgeschäft eine Partei einen Vertreter einschaltet, das Rechtsgeschäft wegen § 128 BGB nichtig ist, wenn die Bevollmächtigung nicht in der Form erfolgte, die für das Rechtsgeschäft vorgeschrieben ist.

> **Beispiel:** K möchte von V ein Grundstück kaufen. Da er jedoch etwas im Stress ist, schickt er D zum Notartermin, um die Angelegenheit zu regeln. So geschieht es. D unterschreibt zusammen mit V den notariellen Kaufvertrag (§§ 433, 311b I BGB).
>
> Sollte die Bevollmächtigung eines Vertreters in Bezug auf einen Grundstückskauf nicht notariell beurkundet worden sein, ist dies nach dem Wortlaut des § 167 II BGB für die Wirksamkeit des Kaufvertrags unschädlich, da die Vorschrift bestimmt, dass die Vollmacht nicht der Form bedarf, welche für das Rechtsgeschäft bestimmt ist, auf das sich die Vollmacht bezieht. Allerdings könnte dadurch der Schutzzweck der notariellen Beurkundung (vgl. Rn 1106) unterlaufen werden. Daher ist die Vollmachtserteilung zu einem Grundstückskaufvertrag in derselben Weise formbedürftig (notarielle Beurkundung) wie der Grundstückskaufvertrag selbst.[765]
>
> Da die Vollmachtserteilung nicht notariell beurkundet wurde, konnte D nicht wirksam einen Grundstückskaufvertrag im Namen des K schließen.

> **Merke:** Die Vollmachtserteilung zu einem **Grundstückskaufvertrag** ist entgegen der Regelung des § 167 II BGB in derselben Weise formbedürftig (notarielle Beurkundung gem. § 311b I BGB) wie der Grundstückskaufvertrag selbst. Auch das sachenrechtliche Verfügungsgeschäft, die **Auflassung**, muss vor dem **Notar** erklärt werden. Dabei sind jedoch **keine Beurkundung** und keine öffentliche Beglaubigung erforderlich. Allein die mündlichen Erklärungen vor dem amtsbereiten Notar sind ausreichend. Vgl. dazu näher *R. Schmidt*, SachenR II, Rn 208.

IV. Rechtsfolge des Formmangels

1144 Bezüglich der Rechtsfolge eines Formverstoßes ist zwischen gesetzlichen und rechtsgeschäftlich vereinbarten Formerfordernissen zu unterscheiden.

1. Rechtsfolge bei Nichteinhaltung eines gesetzlichen Formerfordernisses

1145 Besteht für die abgegebenen Erklärungen ein gesetzliches Formerfordernis, führt die Nichtbeachtung gem. **§ 125 S. 1 BGB** zur **Nichtigkeit**. Betrifft die Formunwirksamkeit nur einen Teil des Rechtsgeschäfts, ist es im Zweifel gemäß § 139 BGB im Ganzen nichtig, und zwar mit Wirkung von Anfang an (*ex tunc*). Bei bereits **vollzogenen fehlerhaften Gesellschafts- und Arbeitsverträgen** wirkt die Formnichtigkeit wegen den mit einer Rückabwicklung verbundenen Schwierigkeiten dagegen i.d.R. nur *ex nunc* (d.h. für die Zukunft, *nicht* rückwirkend).[766]

---

[765] So zutreffend BGHZ **125**, 218, 219. Auch hat der BGH entschieden, dass ein „Vorvertrag" oder eine „Reservierungsvereinbarung", durch die sich der Eigentümer eines Grundstücks verpflichtet, es auf Verlangen des anderen Teils an diesen zu veräußern, der Form des § 311b I S. 1 BGB unterliegt (BGH NJW-RR **2008**, 824 mit Bespr. v. *Faust*, JuS **2008**, 745).
[766] Vgl. dazu ausführlich *R. Schmidt*, SchuldR BT II, Rn 237 ff.

Zu beachten ist jedoch, dass § 125 S. 1 BGB nicht anwendbar ist, wenn **Spezialvor-** **1146** **schriften eine abweichende Rechtsfolge** anordnen (siehe etwa die bereits erwähnten §§ 550 S. 1, 494[767] BGB).

> **Beispiel:** M hat von V „für drei Jahre fest" ein kleines Atelier in der Innenstadt gemietet. Ein schriftlicher Vertrag wurde nicht aufgesetzt. Als sich bereits nach einem Jahr die wirtschaftliche Lage des M verschlechtert, möchte dieser das Atelier aufgeben und den Mietvertrag kündigen. V beruft sich auf die feste Mietzeit von drei Jahren und verlangt die Fortsetzung der Mietzinszahlung. Mit Recht? **1147**
>
> V könnte Fortsetzung der Mietzinszahlung verlangen, wenn ein wirksamer Mietvertrag über drei Jahre geschlossen wurde. Bedenken an der Wirksamkeit des Mietvertrags bestehen darin, dass die Parteien nur eine mündliche Vereinbarung getroffen haben, §§ 578 (keine Wohnraummiete!), 550 S. 1 BGB jedoch Schriftform verlangen. Würde man in einem solchen Fall jedoch § 125 S. 1 BGB anwenden, hätte dies zur Folge, dass der Vermieter jederzeit die Räumung des Mietobjekts verlangen könnte. Der Mieter säße „auf der Straße". Aus Gründen des Mieterschutzes ordnet § 550 S. 1 BGB – in Abweichung zu § 125 S. 1 BGB – daher nicht die Nichtigkeit des Mietvertrags an, sondern die Gültigkeit auf unbestimmte Zeit mit der Folge, dass jede Vertragspartei ordentlich - d.h. ohne besondere Gründe, aber unter Einhaltung einer gesetzlich geregelten Kündigungsfrist - sich vom Vertrag lösen kann (§ 580a II BGB). Da die in § 550 S. 2 BGB geregelte Mindestfrist von einem Jahr bereits abgelaufen ist, kann M daher mit der Frist des § 580a II BGB das Atelier kündigen.[768]

Darüber hinaus macht das Gesetz von der endgültigen Unwirksamkeit formfehlerhafter **1148** Rechtsgeschäfte dann eine Ausnahme, wenn die Leistung, deretwegen die Form angeordnet wurde, erbracht ist. Ein formunwirksames Rechtsgeschäft kann in Ausnahmefällen also **durch Erfüllung geheilt** werden. Durch **Erfüllung** wird das gesamte Rechtsgeschäft *ex nunc* (für die Zukunft) wirksam.

> **Beispiele:** Dies gilt u.a. für den Verpflichtungsvertrag über die Übertragung eines **Grundstücks** (§ 311b I S. 2 BGB), das **Schenkungsversprechen** (§ 518 II BGB), die **Bürgschaftserklärung** (§ 766 S. 3 BGB), das **Schenkungsversprechen von Todes wegen** (§ 2301 II BGB) und für **Verbraucherdarlehensverträge** und **Finanzierungshilfen** (§§ 494 II, 502 III S. 2 BGB).

In den genannten Beispielen ist die Heilung des Formmangels durch Erfüllung der ver- **1149** traglichen Verpflichtung deshalb gerechtfertigt, weil durch die Vornahme der Erfüllungshandlung derselbe Zweck erreicht wird, wie er mit der für das Verpflichtungsgeschäft vorgesehenen Form beabsichtigt war. So soll etwa der Beurkundungszwang bei Schenkungsversprechen (§ 518 I S. 1 BGB) den Schenker, der etwas ohne Gegenleistung aus seinem Vermögen weggibt, vor diesem Schritt besonders warnen. Diese Warnfunktion ist aber auch erfüllt, wenn er den geschenkten Gegenstand aus seinem Vermögen weggibt und übereignet, also die Schenkung erfüllt. Dann wird ihm der unmittelbar bevorstehende ersatzlose Verlust ebenso vor Augen geführt wie bei einer notariellen Aufklärung im Rahmen der Beurkundung. Nach § 518 II BGB heilt daher die „Bewirkung der versprochenen Leistung" den Formmangel nach § 518 I BGB. Für § 494 II BGB macht der BGH aber eine Ausnahme für den Fall, dass der Darlehensnehmer nur eine Mithaftung übernommen hat, wenn also eigentlicher Schuldner jemand anderes ist.[769]

---

[767] Speziell zu § 494 BGB siehe BGH ZIP **2006**, 68 ff. sowie Rn 1163a.
[768] Vgl. auch *Rüthers/Stadler*, AT, § 24 Rn 23.
[769] Vgl. BGH ZIP **2006**, 68 ff. sowie Rn 1163a.

1150 In Prüfungsarbeiten anzutreffen ist auch die Frage, ob die für einen bestimmten Fall gesetzlich angeordnete Heilung auch auf einen anderen, gesetzlich nicht geregelten Fall angewendet werden kann.

1151 **Beispiel:** Unternehmer U möchte in das australische Outback „aussteigen". Er übergibt daher – mit Ausnahme der persönlichen Dinge – sein gesamtes Vermögen, das aus einem kleinen Verlag auf einem gepachteten Grundstück besteht, an seinen Neffen N. Als Gegenleistung verpflichtet sich dieser, U bis zu seinem Tod monatlich 5.000,- US $ auf ein australisches Konto zu überweisen. Die Vereinbarung wird schriftlich fixiert und durch Übereignung und Übergabe abgewickelt. Doch bereits nach einem Jahr erfährt U, dass „sein" Betrieb aufgrund von Fehlern im Management in arge Schieflage geraten ist. Er kehrt daher umgehend zurück und will sein Unternehmen wieder selbst führen. Hat er gegen N einen Anspruch auf Herausgabe bzw. Rückübereignung?

U könnte einen Anspruch auf Herausgabe gem. § 985 BGB haben. Dazu müsste er Eigentümer sein und N dürfte kein Recht zum Besitz haben. Ursprünglich war U Eigentümer der Sachgesamtheit *Unternehmen*. Dieses Eigentum könnte er gem. §§ 433, 929 S. 1 BGB an N verloren haben.[770] Allerdings unterfällt der schuldrechtliche Vertrag zwischen U und N der Beurkundungspflicht nach § 311b III BGB, die nicht eingehalten wurde. Ob aus diesem Formverstoß wegen § 125 S. 1 BGB die Nichtigkeit des Kaufvertrags folgt, ist zwar fraglich, kann jedoch dahinstehen, weil die Sachgesamtheit *Unternehmen* gem. § 929 S. 1 BGB auf N übereignet wurde. Dieser ist also Eigentümer geworden. U kann nicht gem. § 985 BGB vindizieren.

Möglicherweise kann er aber Rückübereignung gem. § 812 I S. 1 Var. 1 BGB verlangen. Dazu müsste der Rechtsgrund für die Eigentumsübertragung auf N gefehlt haben. Hier ist die fehlende, aber gem. § 311b III BGB erforderliche Beurkundungspflicht hinsichtlich des Kaufvertrags zu beachten. Sollte wegen dieses Formverstoßes die Nichtigkeit gem. § 125 S. 1 BGB anzunehmen sein, würde in der Tat der Rechtsgrund für die Übereignung auf N fehlen mit der Folge, dass U die Sachgesamtheit *Unternehmen* kondizieren kann.

Hätte ein Grundstückskauf vorgelegen, wäre die fehlende notarielle Beurkundung nach § 311b I S. 1 BGB) durch die dingliche Einigung (Auflassung gem. § 925 BGB) und die Eintragung in das Grundbuch (§ 873 BGB) geheilt gewesen (vgl. §§ 125 S. 1, 311b I S. 2 BGB).

Vorliegend geht es aber um ein Unternehmen, das – da es nahezu das gesamte Vermögen des U darstellte, unter § 311b III BGB fällt. Eine Heilung, wie sie § 311b I S. 2 BGB für den Grundstückskaufvertrag vorsieht, enthält § 311b III BGB nicht. Fraglich ist aber, ob ein Unternehmenskauf genauso behandelt werden kann wie ein Grundstückskauf, mit der Folge, dass § 311b I S. 2 BGB analog auf Verträge über das gesamte Vermögen anzuwenden ist.

Betrachtet man jedoch die systematische Stellung der Heilungsvorschrift des § 311b I S. 2 BGB *vor* den Folgeabsätzen, wird klar, dass der Gesetzgeber die Heilungsmöglichkeit nur auf Grundstücksverträge beschränken will. Es fehlt daher an einer Lücke, die Voraussetzung der analogen Anwendung gesetzlicher Vorschriften ist. Ein Grund für die unterschiedliche Behandlung liegt darin, dass der Vollzug des Grundstückskaufs durch Auflassung (§ 925 BGB) ohnehin (noch einmal) der notariellen Beurkundung bedarf und dadurch eine weitere Sicherung eingebaut ist. Die Übertragung des Vermögens ist, soweit nicht Grundstücke betroffen sind, nach § 929 S. 1 BGB (bewegliche Sachen) und § 398 BGB (Abtretung von Rechten) formfrei möglich. Auch für den Verlag des U, der nicht als ganzes übertragen werden kann, sondern der Einzelübertragung aller Gegenstände und Rechte bedurfte (s.o.), bot sich also kein weiterer Schutz für U.[771] Der Kaufvertrag zwischen U und N war daher nichtig, §§ 311b III, 125 S. 1 BGB. N besitzt die Sachgesamt-

---

[770] Die Vorschriften über den Sachkauf sind nach § 453 I BGB auch auf den Kauf von sonstigen Gegenständen, zu denen auch ein Unternehmen bzw. dessen Sachgesamtheit gehört, entsprechend anzuwenden.
[771] Vgl. auch *Rüthers/Stadler*, AT, § 24 Rn 29; *Ellenberger*, in: Palandt, § 125 Rn 27.

heit *Unternehmen* ohne Rechtsgrund. Er ist gegenüber U zur Rückübereignung verpflichtet, § 812 I S. 1 Var. 1 BGB.

Selbstverständlich tritt die Heilung nur für den Fall ein, dass der Formmangel der **alleinige** Nichtigkeitsgrund ist. Andere Mängel des Rechtsgeschäfts, wie Willensmängel oder fehlende Vertretungsmacht, werden von der Heilung nicht erfasst.

1152

2. Rechtsfolge bei Nichteinhaltung eines rechtsgeschäftlichen Formerfordernisses

Nach § 125 S. 2 BGB hat die Nichtbeachtung eines durch Rechtsgeschäft bestimmten Formerfordernisses (**„gewillkürte Form"**, § 127 BGB) im Zweifel die **Nichtigkeit** des Rechtsgeschäfts zur Folge. Ob allerdings die gewillkürte Form missachtet wurde, ist nicht nach formalen Kriterien, sondern nach der Auslegungsregel des § 125 S. 2 BGB nur im Zweifel anzunehmen, also dann, wenn sich nach dem **Zweck der vereinbarten Form**, der ggf. durch Auslegung (§§ 133, 157 BGB) zu ermitteln ist, kein anderer Wille der Parteien feststellen lässt. Soll die Form nur die Gewähr für die Kenntniserlangung von einer Erklärung bieten (z.B. bei der Abrede, dass eine Kündigung durch „eingeschriebenen Brief" erfolgen müsse), ist die Form auch bei einer einfachen schriftlichen Mitteilung oder per Fax gewahrt, sofern die Nachricht **in den Machtbereich** des Empfängers gelangt und dieser die **Möglichkeit der Kenntnisnahme** hat.

1153

> **Beispiel[772]:** V und M schlossen einen Mietvertrag über Gewerberäume. Der Vertrag sah in § 5 III vor, dass die Kündigung durch <u>eingeschriebenen</u> Brief zu erfolgen habe. M übermittelte dem V am 18. Januar ein Kündigungsschreiben per Telefax, das am selben Tag um 10.39 Uhr von dem Empfangsgerät des V ausgedruckt wurde. Infolge seines Urlaubs erlangte V erst nach der am 31. Januar ablaufenden Kündigungsfrist Kenntnis von dem Telefax. Die Parteien streiten über die Wirksamkeit der Kündigung.
>
> Die in § 5 III des Mietvertrags enthaltene Klausel beinhaltet die Abrede der Schriftform für die Kündigungserklärung und zusätzlich die Vereinbarung der besonderen Übersendungsart durch einen eingeschriebenen Brief. Der BGH hat entschieden, dass bei einer solchen Klausel die Schriftform konstitutive Bedeutung i.S.v. § 125 S. 2 BGB habe, während die Versendung als Einschreibebrief nur den Zugang der Kündigungserklärung sichern solle. Deswegen sei bei einer solchen Klausel regelmäßig nur die Schriftform als Wirksamkeitserfordernis für die Kündigungserklärung vereinbart. Dagegen könne ihr Zugang auch in anderer Weise als durch einen Einschreibebrief wirksam erfolgen.[773] Diesen Anforderungen habe die von M ausgesprochene Kündigung genügt, da die Übermittlung einer Willenserklärung durch ein Telefax zur Wahrung der gewillkürten Schriftform ausreiche.

1154

Das Gesetz hat in § 127 II BGB selbst Ersatzformen zur Wahrung der vereinbarten Schriftform angeführt (telekommunikative Übermittlung und bei einem Vertrag Briefwechsel).
Steht fest, dass die gewillkürte Form nicht eingehalten wurde, ist das Rechtsgeschäft nicht ohne weiteres nichtig. Nach der Auslegungsregel des § 125 S. 2 BGB ist dies nur im Zweifel der Fall, also dann, wenn sich nach dem Willen der Parteien, der ggf. durch Auslegung (§§ 133, 157 BGB) zu ermitteln ist, kein anderer Wille feststellen lässt. Wollten die Parteien mit der Form keine Wirksamkeitsvoraussetzung, sondern nur eine Klarstellung schaffen (deklaratorische Bedeutung der gewillkürten Form), tritt auch keine Nichtigkeit ein. Vielmehr besteht ein Anspruch auf Nachholung der Form (vgl. auch § 127 II S. 2, III S. 2 BGB).

1155

---

[772] Nach BGH NJW **2004**, 1320 f.
[773] BGH NJW **2004**, 1320 f.; BGH NJW-RR **1996**, 866, 867; OLG Frankfurt NJW-RR **1999**, 955; vgl. auch *Einsele*, in: MüKo, § 130 Rn 12.

1156 Vereinbaren die Parteien rechtsgeschäftlich die Einhaltung einer bestimmten Form, steht es ihnen selbstverständlich auch frei, die Formvereinbarung nachträglich wieder aufzuheben. Nach ganz h.M.[774] kann dies auch formlos erfolgen: Gerade in der mündlichen oder konkludent vereinbarten Vertragsabänderung oder Vertragsaufhebung könne eine solche Aufhebung des Formerfordernisses enthalten sein. Erforderlich sei nur die Einigkeit beider Parteien darüber, dass für ihre vertraglichen Beziehungen neben den schriftlich fixierten Vereinbarungen auch die formlos getroffenen Abreden gelten sollten.

V. Überwindung der Formnichtigkeit nach § 242 BGB

1. Durchbrechung des Formzwangs aus Gründen der Einzelfallgerechtigkeit

1157 Nach h.M. kann ein formungültiges **schuldrechtliches** Rechtsgeschäft ungeachtet der Nichtigkeit nach § 125 S. 1 BGB ausnahmsweise dann als wirksam zu behandeln sein, wenn die Nichtigkeitsfolge mit dem Grundsatz von **Treu und Glauben** (§ 242 BGB) unvereinbar wäre, d.h. wenn die Nichtigkeit für die betroffene Partei nicht bloß hart, sondern schlechthin untragbar wäre.[775] Diese immanente Einschränkung des § 125 S. 1 BGB durch § 242 BGB sei von Amts wegen zu beachten.[776] Hingegen kann bei **Verfügungen** der Formzwang *keinesfalls* durch § 242 BGB durchbrochen werden, da diese absolut wirken und daher auch die Interessen Dritter berühren. Hier geht das Interesse an der Verkehrssicherheit vor.[777]

2. Voraussetzungen

1158 Die Überwindung der Formnichtigkeit nach § 242 BGB setzt nach h.M.[778]:

- ein abgesehen vom Formmangel **gültiges Rechtsgeschäft**,
- ein **Vertrauen** der Partei, die an dem Rechtsgeschäft festhalten will, auf die Gültigkeit des Geschäfts und
- die **Erforderlichkeit** der Überwindung des Mangels voraus.

3. Konkretisierende Fallgruppen

1159 Da die o.g. Voraussetzungen unbestimmt sind, hat die genannte h.M. a.a.O. zugleich konkretisierende Fallgruppen herausgearbeitet.

- **Beide Parteien kennen den Formmangel:** Haben die Parteien den Mangel der Form gekannt und dennoch die Formvorschrift nicht beachtet, so ist das Rechtsgeschäft **nichtig**. Der durch den Formmangel Geschädigte verdient nicht den Schutz, dass das Geschäft als wirksam angesehen wird, da er den Formfehler kannte.

1160 - **Eine Partei hat die andere arglistig über die Formfreiheit getäuscht:** Hat eine Partei die andere von der Wahrung der Form abgehalten, um sich später auf den Formmangel berufen zu können (Arglist), dann ist der Vertrag trotz Formunwirksamkeit **gültig**. Eine Berufung auf den Formmangel ist gemäß § 242 BGB ausgeschlossen.[779] Teilt man diese Auffassung nicht, kommen ein Schadensersatzanspruch wegen Pflichtverletzung beim Zustandekommen des Vertrags aus c.i.c. (§§ 280 I, 311 II, 241 II BGB) oder

---

[774] BGH NJW **1985**, 320, 322; *Köhler/Lange*, AT, § 12 Rn 21.
[775] BGHZ **29**, 6, 10; **48**, 396, 398.
[776] BGHZ **29**, 6, 12.
[777] *Brox/Walker*, AT, Rn 316; *Ellenberger*, in: Palandt, § 125 Rn 16.
[778] Vgl. *Ellenberger*, in: Palandt, § 125 Rn 22 ff./24 ff.; *Palm*, in: Erman, § 125 Rn 23 ff.; *Brox/Walker*, AT, Rn 312 f.; *Köhler/Lange*, AT, § 12 Rn 16 ff.; *Rüthers/Stadler*, AT, § 24 Rn 24 ff.
[779] BGH DNotZ **1973**, 18, 19.

sogar ein Anspruch auf Abschluss eines formgerechten Vertrags gem. § 826 BGB in Betracht.

Beispiel: Rechtsanwalt R verkauft dem K ein Grundstück und teilt ihm bewusst wahrheitswidrig mit, dass eine Zusicherung über eine Eigenschaft des Grundstücks zu ihrer Wirksamkeit keiner notariellen Beurkundung bedürfe. K glaubt dem R.

In diesem Fall ist nach h.M. der Vertrag gem. § 242 BGB so zu behandeln, als sei die Zusicherung notariell beurkundet worden. Eine Berufung auf den Formmangel stelle eine unzulässige Rechtsausübung dar.

- **Fahrlässige Nichtbeachtung der Formvorschrift:** Haben die Parteien die Formbedürftigkeit des Vertrags nur fahrlässig nicht gekannt, kommt eine Überwindung der Formnichtigkeit über § 242 BGB nicht in Betracht. Dem anderen Vertragsteil kann, sofern die Voraussetzungen vorliegen, jedoch ein Schadensersatzanspruch nach den Grundsätzen der c.i.c. (§§ 280 I, 311 II, 241 II BGB) zustehen.[780] 1161

Beispiel: V verkauft sein Grundstück an K. Die Parteien fixieren ihre Vereinbarung zwar schriftlich, wissen aber nicht, dass der Kaufvertrag der notariellen Beurkundung bedarf.

Hier verdienen V und K keinen Schutz. Daran würde sich auch nichts ändern, wenn nur V die Formbedürftigkeit infolge von Fahrlässigkeit nicht kannte, K aber auf die Erklärungen des V vertrauen durfte. K kann dann aber einen Schadensersatzanspruch gegen V aus c.i.c. (§§ 280 I, 311 II, 241 II BGB) haben.

- **Schwere Treuepflichtverletzung durch eine Partei:** Der Formmangel kann nach § 242 BGB auch dann zurücktreten, wenn sich eine Partei in schwerwiegender Weise treuwidrig verhält und die Nichterfüllung bzw. Rückabwicklung den anderen Teil schwer treffen würde. 1162

Beispiel[781]: V und K schließen einen notariellen Kaufvertrag über ein Grundstück, wobei (wie vereinbart) ein Kaufpreis i.H.v. 27.500,- € beurkundet wird. Die kurz vor Vertragsschluss erfolgte Vorauszahlung i.H.v. 26.000,- € wurde in dem notariellen Vertrag nicht erwähnt. Kurz nach Vertragsschluss überweist K dem V die Restkaufpreissumme i.H.v. 1.500,- € und verlangt eine Quittung über die 26.000,- € und die 1.500,- €. V will die Quittungen nicht ausstellen und verlangt Zahlung der „noch ausstehenden" 26.000,- €. Nachdem K sich weigert, noch einmal zu zahlen, behauptet V wahrheitswidrig, dass mündlich ein Kaufpreis i.H.v. 57.500,- € vereinbart worden sei.
Kann K Übereignung des Grundstücks verlangen, obwohl V sich auf die Formnichtigkeit beruft?

Da die beurkundungsbedürftige Nebenabrede der Anrechnung der Vorauszahlung nicht beurkundet wurde, ist der Vertrag nach §§ 125 S. 1, 311b I S. 1, 139 BGB in seiner Gesamtheit formnichtig. Eine Heilung nach § 311b I S. 2 BGB ist vorliegend nicht eingetreten. Fraglich ist jedoch, ob hier eine Überwindung des Formmangels nach § 242 BGB angenommen werden muss.
Der Grundstückskaufvertrag ist nur aufgrund des Formmangels nichtig. Anderweitige Nichtigkeitsgründe liegen nicht vor. K, der von der Beurkundungspflichtigkeit der Vorauszahlung keine Kenntnis hatte, ist auch schutzbedürftig.
Die Formnichtigkeit müsste aber auch zu einem schlechthin untragbaren Ergebnis führen, sodass eine Überwindung der Nichtigkeit erforderlich ist.
Nach Auffassung des BGH (Z 85, 315, 319) war das Verhalten des V in besonders hohem Maße in sich widersprüchlich und arglistig. Es verstoße in so grober Weise gegen Treu und Glauben, dass dem V die Berufung auf die Formnichtigkeit des Vertrags gem. § 242 BGB verwehrt werden müsse. Der Grundstückskaufvertrag sei daher so zu behandeln, als sei er formwirksam. K hat demnach einen Übereignungsanspruch gegen V.

---

[780] *Ellenberger*, in: Palandt, § 125 Rn 22.
[781] Nach BGHZ **85**, 315 ff.

1163 ■ **Existenzgefährdung einer Partei:** Die Überwindung der Formnichtigkeit nach § 242 BGB ist schließlich auch dann möglich, wenn die Rückabwicklung oder Nichterfüllung des Vertrags dazu führen würde, dass die wirtschaftliche **Existenz** einer Partei, die gutgläubig auf die Wirksamkeit des Vertrags vertraut hat, **gefährdet** oder **vernichtet** würde.[782]

Dies kann zum **Beispiel** dann der Fall sein, wenn ein Verkäufer den Kaufpreis verbraucht hat und daher zur Rückgabe nicht in der Lage ist.

Allerdings ist die Reichweite dieser Fallgruppe sehr gering, da die Existenzgefährdung i.d.R. bereits durch die Ansprüche aus §§ 812 BGB oder c.i.c. (§§ 311 II Nr. 1, 241 II, 280 I BGB) ausgeschlossen wird.

1163a Demgegenüber sieht der BGH in dem Fall, dass ein **geschäftsführender Alleingesellschafter einer GmbH,** der im Namen seiner GmbH einen Darlehensvertrag mit einer Bank schließt, dabei jedoch auch persönlich per Schuldbeitritt das Haftungsrisiko übernimmt, einen Formverstoß im Rahmen des Schuldbeitritts nicht gem. § 242 BGB als überwindbar an.

Sachverhalt[783]: Die Maschinenbau-GmbH (M), deren geschäftsführender Alleingesellschafter seit 25 Jahren der G war, beantragte bei der landeseigenen Investitionsbank B ein Darlehen i.H.v. 1,5 Mio €, um einen „Liquiditätsengpass" zu überwinden. Da der B jedoch das Ausfallrisiko zu groß war (eine GmbH zeichnet sich gerade dadurch aus, dass eine Haftung nur auf das Stammvermögen beschränkt ist - § 13 II GmbHG), machte sie den Abschluss eines Darlehensvertrags (§ 488 BGB) davon abhängig, dass G eine Schuldbeitrittserklärung unterzeichne.[784] Eine Angabe des Gesamtdarlehensbetrags sowie des effektiven Jahreszinses enthielt die von der Bank erstellte Schuldbeitrittserklärung jedoch nicht. Nachdem die GmbH in die Zahlungsunfähigkeit geraten ist, nimmt B den G persönlich aus der Schulbeitrittserklärung auf Rückzahlung der Darlehensvaluta in Anspruch.

Der geltend gemachte Rückzahlungsanspruch könnte sich aus dem Schuldbeitritt und damit aus einem atypischen Vertrag i.S.d. § 311 I BGB ergeben. Dazu müsste der Vertrag auch wirksam sein. Der Wirksamkeit könnte jedoch die rechtshindernde Einwendung *Formmangel* entgegenstehen. Zwar ist § 766 S. 1 BGB nicht – auch nicht analog – anwendbar, möglicherweise ist der Schuldbeitritt aber gem. **§ 494 I BGB** wegen Missachtung des § 492 I S. 1 Nr. 1 und 5 BGB unwirksam.

Dazu müsste § 492 BGB zunächst auf den Schuldbeitritt anwendbar sein. Unmittelbar bezieht sich die Vorschrift nur auf Verbraucherdarlehensverträge gem. § 491 BGB. Der Schuldbeitritt ist seinem Wesen nach jedoch kein Darlehensvertrag. Dennoch ist er nach höchstrichterlicher Rechtsauffassung einem solchen gleichzustellen, wenn er mit dem eigentlichen Darlehensvertrag sozusagen eine „Geschäftseinheit" bildet. Dabei spiele es auch keine Rolle, ob es sich bei der Hauptschuld um ein Verbraucher- oder ein Geschäftsdarlehen handelt. Entscheidend sei allein, dass der den Schuldbeitritt Erklärende Verbraucher i.S.d. § 13 BGB sei.[785] Vorliegend kann man jedenfalls die geforderte Geschäfteinheit bejahen. Dagegen ist angesichts der Tatsache, dass G seit 25 Jahren geschäftsführender Gesellschafter der GmbH und damit sehr geschäftserfahren ist, fraglich, ob er als Verbraucher gilt. Auf der anderen Seite besteht der Sinn einer GmbH als juristische Person gerade darin, dass nur *diese* Kaufmann ist und nicht die dahinter stehende natürliche Person (vgl. § 1 HGB i.V.m. § 13 I GmbHG). Daher kann G sehr wohl als Verbraucher (und nicht als Kaufmann) angesehen werden, obwohl er kein Verbraucher i.S.d. § 304 I InsO wäre.[786]

---

[782] *Ellenberger*, in: Palandt, § 125 Rn 31.
[783] Nach BGH ZIP **2006**, 68 ff.
[784] Der Schuldbeitritt hat gegenüber der Bürgschaft den (vermeintlichen) Vorteil, dass der den Schuldbeitritt Erklärende gesamtschuldnerisch mit dem Hauptschuldner haftet; eine Akzessorietät wie bei der Bürgschaft besteht nicht (zur Bürgschaft vgl. *R. Schmidt*, SachenR II, Rn 559).
[785] BGH ZIP **2006**, 68, 69; BGHZ **133**, 71, 74 f.; **133**, 220, 222 f.; **155**, 240, 243.
[786] Wie hier BGHZ **144**, 370, 379 ff.; BGH ZIP **2006**, 68, 70; BGH ZIP **2005**, 2070; *Ellenberger*, in: Palandt, § 13 Rn 3; anders *K. Schmidt*, ZIP **1986**, 1510, 1515 (vgl. aber *K. Schmidt*, JuS **2006**, 1, 5) und *Canaris*,

Somit liegt ein Verstoß gegen § 492 I S. 5 Nr. 1 und 5 BGB vor; B hat es versäumt, die Darlehensvaluta und den effektiven Jahreszins in der Schuldbeitrittserklärung anzugeben.

Möglicherweise ist aber das gesamte Normengefüge der §§ 491 ff. BGB nicht anwendbar, weil hinter der B-Bank ein Bundesland steht (vgl. § 491 II Nr. 3 BGB). Jedoch muss die B-Bank als rechtlich eigenständiges Kreditinstitut angesehen werden, sodass eine Vertragsbeziehung ausschließlich zwischen *ihr* und M bzw. G besteht.

Zu prüfen ist schließlich, ob dadurch, dass die Darlehensvaluta ausgezahlt worden ist, die in § 494 I BGB angeordnete Nichtigkeitsfolge gem. **§ 494 II S. 1 BGB** ausgeschlossen ist. Diese Vorschrift ist vergleichbar mit § 518 II BGB, der den Formmangel heilt, wenn die Schenkung vollzogen ist. Denn nach dem Vollzug greift der Sinn der Form nicht mehr.

Jedoch soll nach Auffassung des BGH § 494 II BGB im vorliegenden Fall nicht gelten, da die Vorschrift auf die vorliegende Konstellation nicht passe. Der Sinn dieser Vorschrift bestehe darin, den Anspruchsgegner vor der sofortigen Herausgabepflicht gem. § 812 I S. 1 BGB zu schützen. Sie passe daher nicht auf den Fall des Mithaftenden, der bei Formnichtigkeit seines Schuldbeitritts nicht zur Rückzahlung verpflichtet sei. Auch helfe **§ 242 BGB** der Bank nicht weiter, da diese nicht schutzwürdig sei.[787]

HandelsR, § 26 Rn 13, deren Auffassung jedoch nicht mit dem Sinn und Zweck einer juristischen Person vereinbar ist.
[787] Vgl. BGH ZIP **2006**, 68, 69 f.

E. Verstoß gegen ein gesetzliches Verbot, § 134 BGB

1164 Nach § 134 BGB ist ein Rechtsgeschäft, das gegen ein gesetzliches Verbot verstößt, unabhängig vom Willen der Beteiligten **nichtig**, wenn sich nicht aus dem Gesetz ein anderes ergibt.

Damit also die Nichtigkeit des Rechtsgeschäfts eintritt, müssen folgende Voraussetzungen vorliegen:

- Zunächst muss ein **Verbotsgesetz** vorliegen.
- Gegen dieses Gesetz müssen die Parteien bei der Vornahme des fraglichen Rechtsgeschäfts **verstoßen** haben.
- Schließlich muss das Verbotsgesetz die **Nichtigkeit** des Rechtsgeschäfts anordnen.

I. Vorliegen eines Verbotsgesetzes

1165 Da „Gesetz" i.S.d. BGB **jede Rechtsnorm** ist (vgl. **Art. 2 EGBGB**), können nach der Rechtsquellenlehre[788] Verbotsgesetze sowohl in formellen Gesetzen[789] als auch Rechtsverordnungen[790], autonomen Satzungen, EG-Recht[791], Tarifverträgen[792] oder auch im Gewohnheitsrecht enthalten sein. Auch Landesrecht kann für den Bereich seiner Geltung Verbotsgesetze enthalten.[793] Verbotsgesetze außerhalb der EG fallen grundsätzlich nicht unter § 134 BGB. Ihre Verletzung oder Umgehung können aber die Anwendung des § 138 BGB rechtfertigen, wenn sie mittelbar auch deutsche Interessen schützen oder auf allgemein anerkannten rechtlichen Erwägungen beruhen.[794]

1166 **Grundrechtsartikel** des Grundgesetzes wirken zwar über die Generalklauseln der §§ 134, 138, 242, 315 BGB in das Privatrecht hinein (Drittwirkung der Grundrechte)[795], sind aber (mit Ausnahme des Art. 9 III GG) grundsätzlich keine Verbotsgesetze i.S.d. § 134 BGB. Für Körperschaften und Anstalten des öffentlichen Rechts gelten die Grundrechte hingegen unmittelbar. Kündigt daher bspw. eine öffentlich-rechtliche Sparkasse einer verfassungsfeindlichen, aber nicht vom BVerfG verbotenen politischen Partei die Konten, verstößt dieses Verhalten gegen das Willkürverbot (Art. 3 I GG) und ist daher wegen § 134 GG nichtig.[796]

II. Verstoß gegen ein Verbotsgesetz

1167 Ob gegen ein Verbotsgesetz verstoßen wurde, ist dem Sachverhalt zu entnehmen. Es genügt, wenn *eine* Partei gegen ein gesetzliches Verbot verstößt.

III. Nichtigkeit als Rechtsfolgeanordnung

1168 **1.** Das Verbot muss sich nicht unmittelbar aus dem Wortlaut des Gesetzes ergeben. Es genügt, wenn es sich (nach entsprechender Auslegung) aus dem **Zusammenhang** ergibt.[797] So kann die **Auslegung** ergeben, dass ein Rechtsgeschäft wegen der besonderen Umstände, unter denen es vorgenommen wird, wegen seines **Inhalts** oder we-

---

[788] Vgl. dazu ausführlich *R. Schmidt*, Staatsorganisationsrecht, 8. Aufl. **2008**, Rn 178 ff.

[789] Das sind Gesetze, die von der Legislative erlassen werden. Beispiel: Strafgesetzbuch, Schwarzarbeitergesetz, Ladenschlussgesetze der Länder.

[790] Das sind Gesetze, die von der Exekutive erlassen werden. Beispiel: Straßenverkehrsordnung.

[791] BGH EuZW **2003**, 444.

[792] BGH NJW **2000**, 1186, 1187 (Bundesangestelltentarifvertrag); *Beckmann*, JZ **2001**, 150 ff.; Zur Allgemeinverbindlichkeit von Tarifverträgen vgl. auch BVerfG NJW **1981**, 215, 216; BVerfGE **34**, 307, 320; **44**, 322, 340.

[793] BGHZ **47**, 30, 31 ff.; BGH WM **2003**, 788, 791.

[794] BGHZ **34**, 169, 170 ff.; **69**, 296, 298; **94**, 217, 219 ff.; BGH NJW **1991**, 634; *Ellenberger*, in: Palandt, § 134 Rn 2.

[795] Vgl. ausführlich *R. Schmidt*, Grundrechte, 11. Aufl. **2009**, Rn 25 ff.

[796] BGH NJW **2003**, 1658, 1659. Vgl. auch BGHZ **68**, 280, 286.

[797] BGHZ **51**, 255, 262; **115**, 123, 125; *Ellenberger*, in: Palandt, § 134 Rn 2.

gen seines **bezweckten Rechtserfolgs** untersagt ist. Dabei bietet wiederum der Gesetzeswortlaut einen Anhaltspunkt: Zwar enthalten die meisten Verbotsbestimmungen nicht Ausdrücke wie „ist verboten" oder „ist untersagt"; jedoch deuten in der Regel die Formulierungen „darf nicht", „ist unzulässig", „ist nicht übertragbar" darauf hin, dass die Rechtsordnung die Vornahme eines bestimmten Rechtsgeschäfts missbilligt.[798]

> **Beispiele[799]:** § 259 StGB (An- und Verkauf gestohlener Sachen); § 284 I StGB (verbotenes Glücksspiel); § 334 I StGB (Schenkung zur Bestechung eines Amtsträgers)

2. Wichtiges **Indiz** für ein gesetzliches Verbot ist es, wenn das Gesetz das Verhalten für **alle Beteiligten** mit **Strafe** oder **Bußgeld** bedroht. Richtet sich die Straf- oder Bußgeldandrohung dagegen nur gegen **einen** Beteiligten, so ist das Rechtsgeschäft in der Regel **wirksam**. Das betrifft vor allem den Verstoß gegen das **Schwarzarbeitsgesetz**:

1169

> **Beispiel:** Ohne in die Handwerksrolle eingetragen zu sein, arbeitet Fliesenleger Poldi „schwarz".[800] Diesmal verlegt er Bodenfliesen im Hause der betuchten Gräfin Anastasia. Als er nach getaner Arbeit einen Lohn i.H.v. 375,- € (25 Std. a 15,- €) verlangt, verweist A auf die erheblichen Baumängel und auf die Sittenwidrigkeit des Geschäfts. Sie ist der Meinung, dass eine Forderung des P nicht entstanden sei. Mit Recht?

1170

> Hier haben sowohl A als auch P gegen das Schwarzarbeitsgesetz verstoßen (vgl. §§ 1, 2 SchwarzArbG). Fraglich ist, ob dieser Gesetzesverstoß die Nichtigkeit des Werkvertrags zur Folge hat. Zweck des Gesetzes ist die Bekämpfung der Schwarzarbeit wegen ihrer sozialschädlichen Auswirkungen. Zum einen soll der Arbeitslosigkeit und Steuerausfällen entgegengewirkt werden und zum anderen sollen redliche Handwerker vor der Preisunterbietung durch Schwarzarbeiter und Auftraggeber vor minderwertiger Leistung und unsachgemäßer Verwendung von Rohstoffen geschützt werden. Im Vordergrund dürfte aber die Beeinträchtigung des Beitragsaufkommens der Sozial-, Renten- und Arbeitslosenversicherung stehen.[801]
>
> Dieser Zweck lässt sich aber nur dann erreichen, wenn den auf Schwarzarbeit gerichteten Verträgen die Wirksamkeit versagt wird, weil dann beide Vertragsparteien vom Abschluss solcher Verträge abgeschreckt werden. Der Schwarzarbeitsvertrag ist daher nach § 134 BGB **nichtig**, wenn - wie hier - **beide Parteien** gegen das Gesetz verstoßen haben.[802]
>
> P steht also mangels wirksamen Vertrags keine Werklohnforderung aus § 631 I BGB zu; A hat keinen Mangelbeseitigungsanspruch aus §§ 634 Nr. 1, 635 BGB.[803]

---

[798] BGH NJW **1992**, 2257, 2258; *Brox/Walker*, AT, Rn 321; *Köhler/Lange*, AT, § 13 Rn 12.

[799] Vgl. auch die umfangreiche Kasuistik bspw. bei *Palm*, in: Erman, § 134 Rn 19 ff.; *Ellenberger*, in: Palandt, § 134 Rn 14 ff.

[800] Es ist ein weitläufiger Trugschluss, bereits dann von „Schwarzarbeit" zu sprechen, wenn lediglich Steuern nicht abgeführt werden. Denn was unter „Schwarzarbeit" zu verstehen ist, legt nicht die Abgabenordnung (AO), sondern § 1 des Gesetzes zur Bekämpfung der Schwarzarbeit (SchwarzArbG) fest. Danach handelt ordnungswidrig, wer Dienst- oder Werkleistungen in erheblichem Umfang erbringt, obwohl er 1. der Mitteilungspflicht gegenüber einer Dienststelle der Bundesanstalt für Arbeit, einem Träger der gesetzlichen Kranken-, Pflege-, Unfalloder Rentenversicherung oder einem Träger der Sozialhilfe oder dem Meldepflicht nach dem Asylbewerberleistungsgesetz nicht nachgekommen ist, 2. der Verpflichtung zur Anzeige vom Beginn des selbständigen Betriebs eines stehenden Gewerbes (§ 14 GewO) nicht nachgekommen ist oder die erforderliche Reisegewerbekarte (§ 55 GewO) nicht erworben hat oder 3. ein Handwerk als stehendes Gewerbe selbständig betreibt, ohne in der Handwerksrolle eingetragen zu sein (§ 1 HandwO). Gem. § 1 III SchwarzArbG liegt keine Schwarzarbeit vor bei Dienst- oder Werkleistungen, die auf Gefälligkeit oder Nachbarschaftshilfe beruhen, sowie für Selbsthilfe im Sinne des § 36 II und 4 des Zweiten Wohnungsbaugesetzes oder Selbsthilfe im Sinne des § 12 I S. 2 des Wohnraumförderungsgesetzes. § 2 SchwarzArbG legt schließlich fest, dass auch der Auftraggeber von Schwarzarbeit ordnungswidrig handelt.

[801] Vgl. auch BGHZ **85**, 39, 43; **89**, 369, 373 f.; LG Mainz NJW-RR **1998**, 48; *Palm*, in: Erman, § 134 Rn 89.

[802] BGHZ **85**, 39, 44; **89**, 369, 372; **111**, 308, 311; LG Mainz NJW-RR **1998**, 48; *Köhler/Lange*, JZ **1990**, 466; *Medicus*, AT, Rn 651; *Mayer-Maly/Armbrüster*, in: MüKo, § 134 Rn 77.

[803] **Anders** wäre es gewesen, wenn nur ein **einseitiger Verstoß** gegen das SchwarzArbG vorgelegen hätte, dazu sogleich Rn 1171 f.

Rechtsfolge eines nichtigen Vertrags ist der Ausgleich über das Bereicherungsrecht. Vorliegend ist an einen „Quasi-Vergütungsanspruch" des P aus § 812 I S. 1 Var. 1 BGB und daneben aus § 817 S. 1 BGB jeweils i.V.m. § 818 I und II BGB zu denken. Doch einem solchen Anspruch könnte der Ausschlusstatbestand des § 817 S. 2 BGB entgegenstehen. Diese Vorschrift ist ihrem Wortlaut und ihrer systematischen Stellung nach jedenfalls anwendbar. Um jedoch das Risiko der Schwarzarbeit nicht allein dem Schwarzarbeiter aufzubürden und dem „Auftraggeber" zu kostenfreier Leistung zu verhelfen, wendet der BGH den an sich greifenden Ausschlusstatbestand des § 817 S. 2 BGB unter dem Gesichtspunkt von Treu und Glauben (§ 242 BGB) einfach nicht an mit der Folge, dass im Ergebnis gleichwohl ein Anspruch des Schwarzarbeiters auf „Quasi-Vergütung" besteht.[804] Die Höhe bemisst sich nach dem objektiven Wert der Schwarzarbeit.[805]

1171   **3.** Ausnahmsweise kann auch ein **einseitiges Verbot** die **Nichtigkeit** des Rechtsgeschäfts zur Folge haben, wenn der Gesetzeszweck dies gebietet. Allerdings ist wegen des damit verbundenen erhöhten Eingriffs in die Privatautonomie Zurückhaltung geboten.

1172   **Beispiele:**

(1) Kommt ein Kaufvertrag durch **Betrug** seitens des Verkäufers zustande, so verstößt das Rechtsgeschäft gegen § 263 StGB. Obwohl dem Verkäufer ein Verstoß gegen ein gesetzliches Verbot vorzuwerfen ist, kann der redliche Käufer ein Interesse daran haben, dass der Kaufvertrag dennoch gültig bleibt; dieser ist daher **nicht** wegen § 134 BGB **nichtig**, sondern nur durch Anfechtung des Käufers wegen arglistiger Täuschung (§ 123 BGB) vernichtbar.

(2) Verstößt beim Abschluss eines Werkvertrags nur eine Partei (i.d.R. der Schwarzarbeiter) gegen das bereits genannte **Schwarzarbeitsgesetz** und kennt der Besteller (im obigen Fall die A) den Verstoß nicht, so gebieten es die Interessen des gesetzestreuen Bestellers, ihm seine Erfüllungs- und Gewährleistungsansprüche zu belassen; deshalb ist der Vertrag auch hier **nicht** nach § 134 BGB **nichtig**.[806]

(3) Ob eine Nichtigkeit auch bei einem Verstoß gegen das **Rechtsdienstleistungsgesetz** (RDG) angenommen werden kann, ist fraglich. Gemäß § 3 RDG darf derjenige, der in konkreten fremden Angelegenheiten selbstständig eine rechtliche Prüfung des Einzelfalls (= Rechtsdienstleistung) vornehmen möchte, dies nur, soweit es ihm nach dem RDG oder anderen Gesetzen erlaubt ist. Nach bisheriger Rspr. zum Rechtsberatungsgesetz, das durch das Rechtsdienstleistungsgesetz ersetzt worden ist, war ein auf eine verbotene Rechtsberatung gerichteter Vertrag **nichtig**, weil nur so der Gefährdung des rechtsuchenden Publikums vor unsachgemäßer Rechtsberatung vorgebeugt werden könne.[807] Diese Rspr. beruht eher auf Standesgebaren als auf sachlichen Argumenten. Denn wer bei einem juristischen Laien Rechtsrat sucht, bedarf keines besonderen staatlichen Schutzes, der den Eingriff in die Privatautonomie rechtfertigen würde. Möchte der Betroffene zuverlässig und verbindlich beraten werden, steht ihm der Weg frei, einen zugelassenen Rechtsanwalt aufzusuchen. Für denjenigen, der z.B. bei einem qualifizierten, aber nicht als Rechtsanwalt oder sonst zur Rechtsdienstleistung zugelassenen Juristen Rechtsrat sucht, ist die Nichtigkeitsfolge des „Beratungsvertrags" ebenfalls nicht sachgerecht.

1173   **4.** Wendet sich das Gesetz dagegen nicht gegen den Inhalt, sondern nur gegen die **äußeren Umstände** der Vornahme des Rechtsgeschäfts (Ort, Zeit, Personenkreis), ist in der Regel **Wirksamkeit** anzunehmen.

---

[804] BGHZ **111**, 308, 311 ff.; *Ellenberger*, in: Palandt § 134 Rn 22.
[805] Vgl. BGHZ **111**, 308, 311 ff. Vgl. dazu ausführlich *R. Schmidt*; SchuldR BT II, Rn 305 ff.
[806] BGHZ **89**, 369, 373 f.; BGH NJW **1985**, 2403, 2404. Zustimmend *Köhler/Lange*, JZ **1990**, 466, 467. Sachgerechter wäre es, den Vertrag nur einseitig zu Lasten des „Gesetzesbrechers" für nichtig zu erklären.
[807] Vgl. nur BGH NJW **1995**, 3122, 3124; BayObLG NJW **2004**, 86 f.

Beispiel: § 3 des **Ladenschlussgesetz** des Landes X erlaubt Ladenöffnungszeiten montags bis samstags von 8-20 Uhr. Der Inhaber einer Bäckerei verkauft einem Kunden um 21 Uhr Waren.

Der Zweck dieser Regelung gebietet nicht die Unwirksamkeit der nach Ladenschluss zustande gekommenen Kaufverträge, sondern besteht darin, dass sich kleinere Läden gegen große Ketten behaupten können und dass das Personal auch mal „Feierabend" hat. Öffnet also ein Ladeninhaber sein Geschäft außerhalb der erlaubten Zeiten, hat dies **nicht** die **Nichtigkeit** der an diesem Tage geschlossenen Kaufverträge zur Folge.

5. Richtet sich das Verbotsgesetz gegen den Inhalt des Rechtsgeschäfts, führt ein Gesetzesverstoß grundsätzlich zur **Nichtigkeit nur des Verpflichtungsgeschäfts**. Die in Erfüllung des nichtigen Verpflichtungsgeschäfts erfolgten **Verfügungen** bleiben grundsätzlich **wirksam** (man sagt, diese seien „sittlich neutral"), können aber über die Regeln der ungerechtfertigten Bereicherung nach §§ 812 ff. BGB rückabgewickelt werden (wobei jedoch stets § 817 S. 2 BGB zu beachten ist).

1174

Bordellkauf: Der bislang in allen Darstellungen zum Bereicherungsrecht enthaltene Fall, bei dem ein Bordellbetrieb zu einem überhöhten Preis verkauft wird und der Käufer sich anschließend unter Berufung auf § 817 S. 2 BGB weigert, den Kaufpreis zu bezahlen, ist seit Inkrafttreten des **Prostitutionsgesetzes** am 1.1.2002 (BGBl I 2001 S. 3983) nicht mehr ohne weiteres haltbar. Vgl. dazu sowie zur Lösung derartiger Fälle *R. Schmidt*, SchuldR BT II, Rn 319.

1175

6. Schließlich erfasst die Nichtigkeitsfolge des § 134 BGB auch die sog. **Umgehungsgeschäfte**. Darunter versteht man Rechtsgeschäfte, die zwar (direkt) nicht gegen ein gesetzliches Verbot verstoßen, aber so konzipiert sind, dass im Ergebnis dennoch ein widerrechtlicher Erfolg erreicht werden soll. Für die Frage, ob ein Umgehungsgeschäft nach § 134 BGB nichtig ist, muss auch hier auf den **Sinn und Zweck** der **jeweilig maßgeblichen Verbotsnorm** abgestellt werden. Will diese nur die Vornahme eines Geschäfts bestimmter Art, nicht aber einen rechtlichen oder wirtschaftlichen Erfolg verhindern, dann ist das den gleichen Erfolg in anderer Weise herbeiführende Geschäft unbedenklich. Unwirksam ist aber ein Geschäft, das einen verbotenen Erfolg durch Verwendung von rechtlichen Gestaltungsmöglichkeiten erreichen will, die (scheinbar) nicht von der Verbotsnorm erfasst werden.[808]

1176

So sind zum **Beispiel** Geschäfte zur Umgehung einer Konzession oder Erlaubnispflicht unwirksam (z.B. wenn einem Gastwirt seine Konzession entzogen wird, er die Gastwirtschaft verkauft und als „Angestellter" weiter beschäftigt wird, obwohl er in Wahrheit wirtschaftlicher Inhaber bleiben soll, sog. **Kastellanvertrag**).[809]

1177

---

[808] *Ellenberger*, in: Palandt, § 134 Rn 28.
[809] Vgl. OLG Hamm NJW **1986**, 2440; OLG Koblenz NJW-RR **1994**, 493; *Ellenberger*, in: Palandt, § 134 Rn 29. Zur Anstellung eines „Strohmanns", um eine **Spielhalle** betreiben zu können, vgl. BGH NJW-RR **2003**, 1116.

F. Sittenwidrigkeit, Wucher, § 138 BGB

1178 Der Entstehung eines Anspruchs kann auch ein Verstoß gegen die guten Sitten entgegenstehen. Zur Einordnung des § 138 BGB in den Anspruchsaufbau vgl. Rn 925.

I. Einführung

1179 Der Gesetzgeber kann nicht für alle denkbaren Fälle sozialschädlichen Verhaltens gesetzliche Verbotsvorschriften aufstellen. Andererseits muss er für die Einhaltung bestimmter ethischer Grundanforderungen im rechtsgeschäftlichen Verkehr Sorge tragen. Daher hat er mit der Vorschrift des § 138 I BGB angeordnet, dass ein Rechtsgeschäft, das **gegen die guten Sitten verstößt**, **nichtig** ist. Mit § 138 II BGB hat der Gesetzgeber eine Konkretisierung vorgenommen, wonach ein Rechtsgeschäft insbesondere dann nichtig ist, wenn sich jemand unter Ausbeutung der Zwangslage, der Unerfahrenheit, des Mangels an Urteilsvermögen oder der erheblichen Willensschwäche eines anderen sich oder einem Dritten für eine Leistung Vermögensvorteile versprechen lässt, die in einem auffälligen Missverhältnis zu der Leistung stehen (sog. **Wucher**).

1180 > **Hinweis für die Fallbearbeitung/Konkurrenzen: § 138 II BGB** ist also gegenüber **§ 138 I BGB speziell** und in der Fallbearbeitung daher **vorrangig** zu prüfen. Auf § 138 I BGB darf nur dann zurückgegriffen werden, wenn das Rechtsgeschäft nicht nach § 138 II BGB nichtig ist.
>
> Im Übrigen gilt die Vorschrift des § 138 BGB für jede Art von Rechtsgeschäft. Sie ist auch auf Verfügungsgeschäfte anwendbar, wenn der Sittenverstoß gerade in der veränderten Güterzuordnung liegt. Die Nichtigkeit eines Verfügungsgeschäfts ist aber nicht schon deswegen anzunehmen, weil das der Verfügung zugrunde liegende Verpflichtungsgeschäft nach § 138 BGB nichtig ist (vgl. bereits den bei § 134 BGB dargestellten Beispielsfall „Bordellkauf").
>
> § 138 I BGB gilt darüber hinaus auch für einseitige Rechtsgeschäfte (z.B. Kündigung[810], Rücktritt etc.) und für geschäftsähnliche Handlungen (z.B. Mahnung, Fristsetzung etc.). Auch letztwillige Verfügungen können u.U. nach § 138 I BGB nichtig sein („Mätressentestament"). Im Gesellschaftsrecht gelten spezielle Grundsätze, die § 138 BGB verdrängen.[811]
>
> **§ 134 BGB** geht dem gesamten § 138 BGB grundsätzlich als *lex specialis* vor. Verstößt ein Rechtsgeschäft also sowohl gegen ein zur Nichtigkeit führendes Verbotsgesetz als auch gegen die guten Sitten, ist es grundsätzlich allein nach § 134 BGB zu behandeln.[812] Werden aber bei der Vornahme eines Rechtsgeschäfts begangene Rechtsverletzungen von § 134 BGB nicht erfasst, sei es, dass kein entsprechendes Verbotsgesetz existiert oder sei es, dass aus der Anwendung des § 134 BGB nicht die Gesamtnichtigkeit des Rechtsgeschäfts folgt, dann kann sich eine Nichtigkeit noch aus § 138 BGB ergeben. Bezüglich der §§ 134, 138 BGB empfiehlt sich also folgende (zumindest gedankliche) Prüfungsreihenfolge: § 134 BGB ⇨ § 138 II BGB ⇨ § 138 I BGB.
>
> Auch **§ 123 BGB** geht dem § 138 BGB grundsätzlich vor. Eine Anwendung des § 138 BGB kommt somit auch dann nicht in Betracht, wenn das Rechtsgeschäft durch **arglistige Täuschung** oder **widerrechtliche Drohung** zustande gekommen ist. In diesem Fall ist es lediglich nach § 123 BGB anfechtbar. Nur wenn über die unzulässige Willensbeeinflussung hinaus weitere (sittenwidrige) Umstände hinzutreten, kann

---

[810] Vgl. hier aber die arbeitsrechtliche Spezialnorm des § 13 II Kündigungsschutzgesetz.

[811] Vgl. §§ 77 GmbHG, 241 ff. (insb. 241 Nr. 4), 277 II AktG.

[812] Eine Ausnahme von diesem Grundsatz ist nach wohl überwiegender Meinung dann zu machen, wenn § 134 BGB i.V.m. § 291 StGB n.F. und § 138 II BGB zusammentreffen. In diesem Fall sollen beide Nichtigkeitsgründe *nebeneinander* gelten. Vgl. *Ellenberger*, in: Palandt, § 138 Rn 76.

§ 138 BGB zur Anwendung kommen.[813] Anderweitig würde das Gestaltungsrecht nach § 123 BGB leerlaufen.[814]

Im Verhältnis zu **§ 826 BGB** ist zu beachten, dass § 138 BGB und § 826 BGB unterschiedliche Funktionen haben. Während § 138 BGB sittenwidrigen Rechtsgeschäften die rechtliche Anerkennung versagt, sanktioniert § 826 BGB eine vorsätzliche sittenwidrige Schädigung mit einer Schadensersatzpflicht. In den meisten Fällen, in denen § 138 BGB anwendbar ist, sind die Voraussetzungen des § 826 BGB nicht erfüllt (beiderseitiger objektiver und subjektiver Sittenverstoß, Fehlen eines Schädigungsvorsatzes). Umgekehrt gilt Entsprechendes (Schädigung durch eine nichtrechtsgeschäftliche Handlung). Zu einem Konkurrenzverhältnis dieser beiden Vorschriften kann es aber dann kommen, wenn ein Rechtsgeschäft wegen eines sittenwidrigen Verhaltens gegenüber dem redlichen Geschäftspartner nichtig ist. In diesem Fall kann die Anwendung des § 826 BGB dazu führen, dass dem Geschädigten die Vorteile des sittenwidrigen Rechtsgeschäfts ganz oder teilweise erhalten bleiben. In Betracht kommt dann neben einem Schadensersatzanspruch auch ein Anspruch auf Vornahme des gewünschten, sittengemäßen Verhaltens (Abschluss eines Vertrags).[815] Anspruchsgrundlage ist § 826 BGB i.V.m. § 249 ff. BGB, aber auch c.i.c. (§§ 280 I, 311 II, 241 II BGB).

II. Wucher, § 138 II BGB

Nach § 138 II BGB ist ein Rechtsgeschäft insbesondere dann nichtig, wenn jemand unter Ausbeutung der Zwangslage, der Unerfahrenheit, des Mangels an Urteilsvermögen oder der erheblichen Willensschwäche eines anderen sich oder einem Dritten für eine Leistung Vermögensvorteile versprechen lässt, die in einem auffälligen Missverhältnis zu der Leistung stehen.   1181

Aus der Voraussetzung „auffälliges Missverhältnis von *Leistung* und *Gegenleistung*" folgt, dass § 138 II BGB nur auf Verträge **anwendbar** ist, die einen **Leistungsaustausch** (ein Synallagma) zum Gegenstand haben, also z. B. auch für einen Kauf-, Miet- oder Werkvertrag. Auf unentgeltliche Verträge wie z.B. Schenkung, Leihe, Auftrag, Verwahrung ist § 138 II BGB daher ebenso unanwendbar wie für eine Bürgschaft[816] (für diese kommt aber § 138 I BGB in Betracht).

1. Voraussetzungen

Damit ein Rechtsgeschäft wucherisch i.S.v. § 138 II BGB ist, müssen objektiv ein auffälliges Missverhältnis zwischen Leistung und Gegenleistung und eine Schwächesituation des Bewucherten vorliegen. Subjektiv ist es erforderlich, dass der Wucherer diese Schwächesituation bewusst ausnutzt.   1182

a. Objektive Voraussetzungen

aa. Auffälliges Missverhältnis von Leistung und Gegenleistung

Objektive Voraussetzung ist das Bestehen eines „auffälligen Missverhältnisses" zwischen Leistung und Gegenleistung. Der Wuchertatbestand gilt daher – wie gesagt – für *alle* gegenseitigen Verträge, nicht nur für Darlehensverträge. Ob ein auffälliges Missverhältnis vorliegt, ist durch einen Vergleich zwischen dem objektiven Wert (Marktpreis) der Leistung und der Gegenleistung festzustellen.   1183

---

[813] BGH NJW **1995**, 1988; BGH NJW **1995**, 2599.
[814] Der Getäuschte bzw. Bedrohte hat daher also die *Möglichkeit* anzufechten, muss es aber nicht. Folglich steht es in seinem Belieben, das Rechtsgeschäft gelten zu lassen. § 138 BGB hat dagegen *unabhängig vom Willen des Betroffenen* die Nichtigkeit des Rechtsgeschäfts zur Folge.
[815] *Ellenberger*, in: Palandt, § 138 Rn 17.
[816] BGH NJW **1991**, 2015, 2017.

1184 Im Allgemeinen ist ein **auffälliges Missverhältnis** dann anzunehmen, wenn die Gegenleistung den Wert der Leistung um **100%** über- oder unterschreitet. Doch kommt es letztlich auf den jeweiligen Vertragstyp und die Umstände des Einzelfalls an.

1185 Da letztlich sämtliche Umstände des Einzelfalls zu berücksichtigen sind, finden auch Kriterien wie z.B. die Risikoverteilung, der Spekulationscharakter des Geschäfts, die allgemeine Marktlage und die Marktüblichkeit Eingang in die Beurteilung.[817] Zu vergleichen sind dabei die **marktüblichen** Preise/Zinsen mit den **vertraglich vereinbarten** Preisen/Zinsen.[818] So ist bei einem **Darlehen** ein **auffälliges Missverhältnis** i.d.R. dann zu bejahen, wenn der Vertragszins den marktüblichen Effektivzins **relativ** um **100%** oder **absolut** um **12 Prozentpunkte** übersteigt.[819]

1186 **Beispiele:**

(1) Beträgt der marktübliche Zins 7% p.a., ist bei einem mit 15% p.a. zu verzinsenden Darlehen ein auffälliges Missverhältnis gegeben, da der marktübliche Zins um mehr als 100% überschritten wird.

(2) Beträgt der marktübliche Zins 14% p.a., ist schon dann (ohne dass der marktübliche Zins um 100% überschritten wird) ein auffälliges Missverhältnis gegeben, wenn ein Darlehen mit 27% p.a. zu verzinsen wäre, da dieser Zinssatz den marktüblichen Zins um mehr als 12 Prozentpunkte übersteigt.

Durch die erste Möglichkeit (Überschreitung um mehr als 100%) wird der Darlehensnehmer also in Niedrigzinsphasen geschützt, durch die zweite Möglichkeit (Überschreitung um mehr als 12 Prozentpunkte) in Hochzinsphasen.

1187 Bei diesen angegebenen Grenzwerten handelt es sich aber nicht um absolute Werte. Auch wenn die Grenzwerte von 100% oder 12 Prozentpunkten nicht erreicht werden, kann bei einer relativen Abweichung **zwischen 90 und 100%** eine **Gesamtwürdigung** aller Umstände die Anwendung des § 138 II BGB rechtfertigen.[820] Vgl. dazu auch den Beispielsfall bei Rn 1259. Bei einem **Mietvertrag** ist bereits eine Überschreitung der angemessenen Miete um **50%** wucherisch.[821]

1188 Als Faustregel gilt, dass ein auffälliges Missverhältnis zwischen Leistung und Gegenleistung besteht, sobald der Wert einer vertraglich vereinbarten Leistung und deren marktüblicher Wert im Verhältnis 1 : 2 und mehr stehen.[822] Liegen besondere Umstände vor, kann im Einzelfall aber auch eine kleinere Differenz für den Wuchervorwurf genügen bzw. – bei hohen Risiken – eine größere Differenz gerechtfertigt sein.

1189 **Beispiel:** Bauherr B beauftragt den Generalunternehmer U, ein Gebäude zu errichten, und zwar unter Einschluss aller erforderlichen Erdarbeiten (§§ 631 ff. BGB). Über den Umfang der Erdarbeiten wurde nicht gesprochen (daher gilt diesbezüglich § 632 II BGB, sofern nicht die Geltung der VOB vereinbart wurde). U wiederum beauftragt den Subunternehmer S, die Erdarbeiten vorzunehmen. Dieser stellt U nach getaner Arbeit 5,90 € pro m^3 für Aushub und Entsorgung des überschüssigen Oberbodens in Rechnung. Mit dem Argument, dass die Risiken bei den Erdarbeiten sehr hoch gewesen seien (der Oberboden bestand aus Moor, das bei Nässe nur mit teuren Spezialfahrzeugen befahren werden kann), stellt U dem B nunmehr 22,50 € pro m^3 in Rechnung.

---

[817] *Ellenberger*, in: Palandt, § 138 Rn 67.
[818] BGHZ **125**, 135, 137. Zum wucherähnlichen Geschäft (gem. § 138 I BGB) bei überhöhtem Pachtzins vgl. BGH NJW **2004**, 3553 ff.
[819] BGHZ **110**, 336, 339.
[820] BGHZ **104**, 102, 105. Vgl. auch BGH NJW **1982**, 2433: 91%; **1987**, 183: 96%; OLG Frankfurt/M NJW-RR **1993**, 879: 92%.
[821] BGH NJW **1997**, 1846.
[822] BGH NJW **1994**, 1344, 1347; **1992**, 899, 900.

Hier stehen Leistung und Gegenleistung in einem krassen Missverhältnis. Zwar müssen bei der Bestimmung des auffälligen Missverhältnisses auch Risiken der Leistungserbringung berücksichtigt werden, vorliegend stand der tatsächliche Preis des Subunternehmers aber fest, sodass der „Risikozuschlag" nicht gerechtfertigt war.

Maßgeblicher Zeitpunkt für die Beurteilung des auffälligen Missverhältnisses ist 1190
selbstverständlich der Zeitpunkt der **Vornahme des Geschäfts**.[823] Es wäre mit dem Grundsatz der Privatautonomie nicht zu vereinbaren, wenn ein bei Abschluss des Rechtsgeschäfts wirksamer Vertrag sittenwidrig würde, weil *nachträglich* ein Missverhältnis zwischen Leistung und Gegenleistung etwa dadurch entstünde, dass im Nachhinein die Marktpreise bzw. Zinssätze sinken. Wegen des maßgeblichen Zeitpunkts bleibt umgekehrt ein Rechtsgeschäft auch dann grundsätzlich sittenwidrig, wenn nach Vornahme des Rechtsgeschäfts die Marktpreise bzw. Zinssätze steigen.

Wirken mehrere Personen als Leistende, Vermittler oder in anderer Weise mit, genügt 1191
es, wenn zwischen der Summe der Leistungen und der Gesamtheit der Gegenleistungen ein auffälliges Missverhältnis besteht (vgl. § 291 I S. 2 StGB). Diese **Additionsklausel** ist auch für die zivilrechtliche Beurteilung heranzuziehen.[824]

bb. Schwächesituation des Bewucherten

Allein das Vorliegen eines auffälligen Missverhältnisses von Leistung und Gegenleistung 1192
genügt zur Annahme eines Wuchergeschäfts noch nicht. Erforderlich ist auch, dass sich der Bewucherte mindestens in einer der in § 138 II BGB aufgezählten Schwächepositionen befindet. Diese sind:

- **Zwangslage**
- **Unerfahrenheit**
- **Mangel an Urteilsvermögen**
- **Erhebliche Willensschwäche**

a.) Zwangslage

Eine **Zwangslage** ist bei einem zwingenden Bedürfnis nach der Leistung des Wuche- 1193
rers gegeben, mag es auf wirtschaftlicher Bedrängnis oder anderen Umständen beruhen.[825]

Existenzbedrohende Notlagen sind hier nicht erforderlich. Es genügt, wenn dem Betrof- 1194
fenen schwere Nachteile drohen. Es muss sich aber um die Gefährdung von etwas Bestehendem handeln. Daher genügt es nicht, wenn z.B. ohne einen erstrebten Kredit bloße Zukunftspläne scheitern.[826]

Gleichgültig ist, ob die Zwangslage verschuldet herbeigeführt wurde. Sie kann auch 1195
durch die Notwendigkeit, schnell handeln zu müssen, entstehen.

> **Beispiel:** Oma O hat sich am Heiligabend aus dem Haus ausgesperrt. Da im Ofen eine 1196
> Gans brät und O in 2 Stunden Gäste erwartet, ruft sie schnell den Schlüsselnotdienst U
> an. Dieser erklärt sich bereit, die Türe zu öffnen, verlangt jedoch 450,- €. Unter dem
> Druck der Zwangslage willigt O ein. Nach getaner Arbeit überreicht U der O eine entsprechende Rechnung. Marktüblich sind etwa 150,- €. Schöne Bescherung!

---

[823] *Ellenberger*, in: Palandt, § 138 Rn 66.
[824] BGH NJW **1980**, 1155, 1156.
[825] *Köhler/Lange*, AT, § 13 Rn 37.
[826] BGH NJW **1994**, 1275, 1276.

Ob U gegen O einen Anspruch auf Zahlung des Werklohns gem. § 631 I BGB hat, ist fraglich. Voraussetzung wäre ein wirksamer Werkvertrag. Bedenken an der Wirksamkeit bestehen wegen der Höhe der Werklohnforderung, die – weil sie ca. 300% über dem marktüblichen Tarif liegt – zur Nichtigkeit des Werkvertrags wegen Wuchers (§ 138 II BGB) führen könnte.

Zwischen der von U geforderten Leistung und der Gegenleistung liegt ein **auffälliges Missverhältnis**, da der von U verlangte Werklohn den marktüblichen Werklohn um das Dreifache übersteigt.

Darüber hinaus müsste sich O auch in einer der in § 138 II BGB aufgezählten Schwächepositionen befunden haben. In Betracht kommt eine **Zwangslage**. Eine solche ist bei einem zwingenden Bedürfnis nach der Leistung des Wucherers gegeben, mag es auf wirtschaftlicher Bedrängnis oder anderen Umständen beruhen. Durch das Aussperren aus der Wohnung war O auf die sofortige Reparatur durch U (Sachleistung) angewiesen, da jede weitere Verzögerung zu einem Küchenbrand hätte führen können. Es bestand mithin für O eine Zwangslage. Diese hat U auch **ausgebeutet**, da er wusste, dass O in dieser Situation gerade am Heiligabend auf seine Dienste angewiesen war.

Somit liegen alle Voraussetzungen des § 138 II BGB vor, sodass der Werkvertrag nichtig ist. Eine **geltungserhaltende Reduktion**, aufgrund derer U einen Anspruch auf den marktüblichen Werklohn haben könnte (vgl. § 632 II BGB), wird nach h.M. (Rn 1207) **abgelehnt**.[827]

1197   Ausreichend ist auch, wenn die Zwangslage bei einer anderen Person (z.B. bei einem Familienangehörigen) besteht.

Sittenwidrig i.S.d. § 138 II BGB wäre es im obigen **Beispiel** daher auch gewesen, wenn nicht O, sondern z.B. deren Sohn S den U beauftragt hätte.

b.) Unerfahrenheit

1198   **Unerfahrenheit** ist ein Mangel an Lebens- oder Geschäftserfahrung.[828]

1199   Eine Unerfahrenheit ist allerdings nicht schon dann gegeben, wenn lediglich auf einem bestimmten Lebens- oder Wirtschaftsgebiet keine Erfahrungen und Geschäftskenntnisse vorliegen.[829] Daher führen auch eine mangelnde Rechtskenntnis oder mangelnde Sonderkenntnis für Fachgebiete nicht zur Unerfahrenheit i.S.v. § 138 II BGB. In der Regel wird Unerfahrenheit daher nur bei Jugendlichen, Greisen, langjährig Inhaftierten, geistig Beschränkten oder Aussiedlern anzunehmen sein.

c.) Mangel an Urteilsvermögen

1200   **Mangel an Urteilsvermögen** setzt voraus, dass der Betroffene die Bedeutung des konkreten Geschäfts, insbesondere des Verhältnisses von Leistung und Gegenleistung, nicht rational beurteilen kann.[830]

1201   Die bloße Unkenntnis von den Nachteilen eines Vertrags reicht hierfür nicht aus. Es muss vielmehr die Fähigkeit zur Beurteilung, z.B. aufgrund von (auch momentaner) Verstandesschwäche oder allgemeiner Sorglosigkeit, fehlen oder getrübt sein.

---

[827] Anders hätte der Fall gelegen, wenn U und O vor Vertragsschluss nicht über die Höhe der Vergütung gesprochen hätten. Denn dann wäre wegen § 632 II BGB von vornherein lediglich ein Anspruch des U auf Zahlung des marktüblichen Werklohnes (also i.H.v. 150,- €) entstanden. Der Werkvertrag wäre wirksam gewesen und das Problem der geltungserhaltenen Reduktion hätte sich ebenfalls nicht gestellt.

[828] *Köhler/Lange*, AT, § 13 Rn 37; *Ellenberger*, in: Palandt, § 138 Rn 71.

[829] BGH NJW **1979**, 758.

[830] BGH NJW **2006**, 3054, 3055 ff.; *Köhler/Lange*, AT, § 13 Rn 37; *Ellenberger*, in: Palandt, § 138 Rn 72. Vgl. auch *Stadler*, JA **2007**, 294 f.

Beispiel: Der etwas einfältige X lässt sich von Y zum Kauf eines 10-bändigen Werkes über Astrophysik überreden.

Ein Mangel an Urteilsvermögen liegt nicht vor, wenn der Betroffene nach seinen Fähigkeiten in der Lage ist, Inhalt und Folgen eines Rechtsgeschäfts sachgerecht einzuschätzen, diese Fähigkeiten aber nicht oder nur unzureichend einsetzt und deshalb ein unwirtschaftliches Rechtsgeschäft abschließt.[831] 1201a

d.) Erhebliche Willensschwäche

Erhebliche Willensschwäche bedeutet, dass der Betroffene zwar in der Lage ist, Umfang und Bedeutung des Geschäfts an sich zu erfassen, aber nicht die Willenskraft hat, sein Verhalten entsprechend zu steuern.[832] 1202

Dies ist z.B. bei Alkohol- und Drogenabhängigkeit zu bejahen, jedoch nicht bei Labilität gegenüber geschickter Werbung, weil die Willensschwäche erheblich sein muss. Die Ausübung eines sog. „psychischen Kaufzwangs" (etwa bei einer sog. „Kaffeefahrt") reicht daher i.d.R. nicht aus, erhebliche Willensschwäche anzunehmen. Auch aus der Tatsache, dass die Ausübung von „psychischem Kaufzwang" eine sittenwidrige Wettbewerbshandlung i.S.v. § 3 UWG darstellt, folgt noch nicht ohne weiteres die Sittenwidrigkeit des Vertrags nach § 138 BGB.[833] 1203

b. Subjektive Voraussetzung

Subjektiv muss der Wucherer eine der vorstehenden Schwächesituationen **ausbeuten**.

Eine **Ausbeutung** liegt vor, wenn sich der Wucherer die Schwächesituation des Bewucherten bewusst (vorsätzlich) **zunutze macht** und dabei **Kenntnis** vom auffälligen Missverhältnis von Leistung und Gegenleistung hat.[834] Nicht erforderlich ist, dass der Anstoß zu dem Geschäft vom Wucherer ausgegangen ist.[835] 1204

Es ist also ein doppelter Vorsatz erforderlich, der sich zum einen auf das Ausnutzen der Schwächesituation des Bewucherten und zum anderen auf das auffällige Missverhältnis von Leistung und Gegenleistung bezieht. Hinsichtlich der Vorsatzform genügt Eventualvorsatz.[836] Eine besondere Ausbeutungsabsicht ist nicht erforderlich.[837] 1205

> **Beispiel:** Der 18-jährige A hat u.a. ein Gemälde geerbt, dessen Wert er nicht kennt und daher zu einem Spottpreis dem Antiquitätenhändler B anbietet. B, der den wahren Wert sofort erkennt, erwirbt das Gemälde zu diesem Preis. 1206
>
> Hier könnte der Kaufvertrag wegen Wuchers gem. § 138 II BGB nichtig sein. In Betracht kommt eine Ausbeutung der Schwächesituation, namentlich des mangelnden Urteilsvermögens. Ob dies jedoch bei A angenommen werden kann, ist fraglich. Nach der hier vertretenen Auffassung ist das nicht der Fall.[838] A hätte es durchaus frei gestanden, sich zunächst über den Wert des Bildes zu informieren. Von einem mangelnden Urteilsvermögen bzw. von einer Schwächesituation kann nicht gesprochen werden.[839] Aus dem-

---

[831] BGH NJW **2006**, 3054, 3055 ff. mit Bespr. v. *Stadler*, JA **2007**, 294 f.
[832] *Köhler/Lange*, AT, § 13 Rn 37; *Ellenberger*, in: Palandt, § 138 Rn 73.
[833] *Köhler/Lange*, AT, § 13 Rn 37.
[834] Vgl. BGH NJW **2004**, 3553 ff. (zum wucherähnlichen Geschäft gem. § 138 I BGB bei überhöhtem Pachtzins).
[835] Vgl. BGH NJW **1994**, 1275, 1276; BGH NJW **1985**, 3006, 3007; *Medicus*, AT, Rn 710; *Köhler/Lange*, AT, § 13 Rn 37.
[836] BGH NJW **1985**, 3006, 3007.
[837] BGH NJW-RR **1990**, 1199; NJW **1982**, 2767; **1985**, 3006; *Ellenberger*, in: Palandt, § 138 Rn 74.
[838] Wie hier nun auch BGH NJW **2006**, 3054, 3055 ff.; anders *Köhler/Lange*, AT, § 13 Rn 37.
[839] Vgl. zu einer ähnlichen Konstellation auch BGH NJW **2006**, 3054, 3055 ff. mit Bespr. v. *Stadler*, JA **2007**, 294 f.

selben Grund scheitert auch die Sittenwidrigkeit wegen Wuchers unter dem Aspekt der Unerfahrenheit.

A bleibt aber die Möglichkeit, den Kaufvertrag wegen Eigenschaftsirrtums (§ 119 II BGB) anzufechten. Folge wäre dann ebenfalls die Nichtigkeit, aber gem. § 142 I BGB. Da B auch die Anfechtbarkeit kannte oder zumindest kennen musste, ist A auch nicht zum Ersatz des Vertrauensschadens (§ 122 BGB) verpflichtet. Jedenfalls würde dem B unter dem Gesichtspunkt von Treu und Glauben (§ 242 BGB) kein Ersatzanspruch zustehen.[840]

2. Rechtsfolgen

1207 Rechtsfolge des § 138 II BGB ist die vollständige **Nichtigkeit** des Rechtsgeschäfts. Eine **geltungserhaltende Reduktion**, aufgrund derer der Wucherer einen Anspruch auf die marktübliche Gegenleistung haben könnte, wird von der h.M.[841] grundsätzlich **abgelehnt**, da ansonsten ein sittenwidriges Rechtsgeschäft für die begünstigte Partei das Risiko verliere, wenn sie damit rechnen könne, durch gerichtliche Festsetzung das zu bekommen, was gerade noch vertretbar und sittengemäß ist.[842] Etwas anderes gilt aber bspw. bei **Dauerschuldverhältnissen** (insbesondere Miete und Arbeitsverhältnis). Da hier eine Gesamtnichtigkeit den Schutzinteressen des bewucherten Schuldners zuwiderlaufen würde, ist der betreffende Vertrag im Wege der geltungserhaltenden Reduktion aufrechtzuerhalten.[843]

1208 Wie sich aus der Formulierung „oder gewähren lässt" ergibt, ist auch das Erfüllungsgeschäft des Bewucherten nichtig[844], während umgekehrt das Erfüllungsgeschäft des Wucherers wirksam ist.[845] Daraus folgt, dass der **Bewucherte** seine Leistung nach § 985 BGB (aufgrund der Nichtigkeit ist er ja Eigentümer geblieben) sowie nach § 812 I S. 1 Var. 1 BGB (*condictio indebiti*) zurückfordern kann. Daneben ist auch die Geltendmachung von Schadensersatzansprüchen aus § 826 BGB sowie aus c.i.c. (§§ 280 I, 311 II, 241 II BGB) möglich. Dagegen bleibt dem **Wucherer** nur der Anspruch nach § 812 I S. 1 Var. 1 BGB, der u.U. jedoch nach § 817 S. 2 BGB ausgeschlossen ist.

III. Sittenwidrigkeit, § 138 I BGB

1. Voraussetzungen

a. Objektiver Verstoß gegen die guten Sitten

aa. Begriff der guten Sitten

Der Ausdruck der „guten Sitten" ist **äußerst unbestimmt**. In der Rechtsprechung wird er wie folgt definiert:

1209 Was zu den guten Sitten gehört bzw. ihnen zuwiderläuft, ist nach dem **Rechts- und Anstandsgefühl aller billig und gerecht Denkenden** zu bestimmen.[846]

1210 Diese Definition löst das Problem jedoch nicht, da hierdurch lediglich der eine unbestimmte Ausdruck durch einen anderen ersetzt wird. Zudem ist es höchst fraglich, wie ein Richter, der vielleicht gleich nach Studium und Referendariat in dieses Amt berufen wurde und über keine Berufs- und wenig Lebenserfahrung verfügt, beurteilen will, was „dem Anstandsgefühl aller billig und gerecht Denkenden" entspricht. Da es sehr nahe-

---

[840] Zum Ausschluss des Ersatzanspruchs auch nach § 242 vgl. BayObLG NJW **2003**, 367.
[841] BGHZ **68**, 204, 207; *Ellenberger*, in: Palandt, § 138 Rn 75.
[842] BGHZ **68**, 204, 207; BGH NJW **1987**, 2014, 2015.
[843] Vgl. BGHZ **89**, 316, ff. (zum Mietwucher); *Ellenberger*, in: Palandt, § 138 Rn 75 (zur Gewährung des „üblichen" Lohns gem. § 612 II BGB).
[844] BGH NJW **1994**, 1275; 1470.
[845] *Medicus*, AT, Rn 712; *Ellenberger*, in: Palandt, § 138 Rn 75; *Köhler/Lange*, AT, § 13 Rn 39.
[846] BGHZ **10**, 228, 232; **69**, 295, 297; BGH NJW **1999**, 2266, 2267; NJW **2005**, 1490 f.

liegt, die eigenen Moralvorstellungen bei der Beurteilung mit einfließen zu lassen, ist die Vorschrift des § 138 I BGB nach der hier vertretenen Auffassung wegen einer Kollision mit dem verfassungsrechtlich verankerten Bestimmtheitsgebot[847] zumindest verfassungsrechtlich bedenklich. Daher ist der Gesetzgeber berufen, dem dynamischen Begriff der „Sittenwidrigkeit" (was heute noch verwerflich ist, kann morgen schon gesellschaftsfähig sein) Konturen zu verleihen.[848]

Geht man dennoch mit der h.M. von der Verfassungsmäßigkeit des § 138 I BGB aus, ist es entscheidend, ob das Rechtsgeschäft seinem Inhalt nach mit den **grundlegenden Wertungen der Rechts- oder Sittenordnung** unvereinbar ist.[849] Immerhin kommt auch nach Auffassung des BGH bei der Frage, was unter „guten Sitten" i.S.v. § 138 I BGB zu verstehen ist, der **Wertordnung des Grundgesetzes**, wie sie insbesondere in den **Grundrechten** niedergelegt ist, eine wesentliche Bedeutung zu.[850] Man spricht insoweit von der **mittelbaren Drittwirkung der Grundrechte**, die über die Generalklauseln auf das Zivilrecht ausstrahlen.[851]

> So ist zum **Beispiel** der Vertrag, der auf die Begehung eines Mordes gerichtet ist (z.B. das Anheuern eines Killers), schon wegen der Bedeutung des Grundrechts auf Leben sittenwidrig und nichtig (natürlich auch nach § 134 BGB). Ein weiteres Beispiel stellt der Ehevertrag dar, bei dessen Wirksamkeitskontrolle insbesondere Art. 6 I GG zu beachten ist.

Zu berücksichtigen ist aber nicht nur der objektive Gehalt des Rechtsgeschäfts, sondern es fließen auch die **Umstände**, die zu seiner Vornahme geführt haben, sowie die **Absichten, Motive und Beweggründe** der Parteien in die Bewertung ein.[852] **1211**

> **Beispiel:** Setzt ein (verheirateter) Mann seine (außereheliche) **Geliebte** als Alleinerbin in sein **Testament** ein (sog. **Mätressentestament**), ist dieses Rechtsgeschäft nicht schon wegen seines Inhalts – der Testamentseinsetzung – sittenwidrig, möglicherweise aber wegen der Umstände, die zur Testamentserrichtung geführt haben. Denn nach der Rspr. kann sich eine Sittenwidrigkeit auch aus den Gesamtumständen und Intentionen des Erblassers ergeben: Erfolge die Erbeinsetzung, um die Geliebte zur Fortsetzung der ehewidrigen Beziehung zu bewegen oder sie für ihre sexuellen Dienste zu entlohnen, dann sei das Rechtsgeschäft sittenwidrig.[853] Diene die Testamentseinsetzung dagegen dazu, die Geliebte in der Zukunft abzusichern, scheide eine Sittenwidrigkeit aus.[854] **1212**

> Diese Rspr. ist spätestens seit Inkrafttreten des bereits genannten **Prostitutionsgesetzes** am 1.1.2002 (BGBl I 2001 S. 3983) m.E. nicht mehr haltbar. Denn mit diesem Gesetz hat der Gesetzgeber klargestellt, dass die Prostitution selbst nicht (mehr) sittenwidrig ist. Seitdem sind entsprechende „Dienstleistungsverträge" zwischen den Prostituierten und ihren Freiern voll gültig; daraus entstandene (zivilrechtliche) Forderungen sind gerichtlich durchsetzbar. Vgl. dazu ausführlich Rn 1242 ff. **1213**

> Ist also die Ausübung der Prostitution nicht (mehr) sittenwidrig, wie soll dann das sog. Mätressentestament, auch wenn es als „Bezahlung für geleistete Liebesdienste" zu werten ist, sittenwidrig sein?

---

[847] Vgl. dazu ausführlich *R. Schmidt*, Staatsorganisationsrecht, 8. Aufl. **2008**, Rn 191.
[848] Dieser Appell wird besonders deutlich, wenn man die antiquierte Auffassung des BVerwG zur „Sittenwidrigkeit" von Prostitution und „Peep-Shows" betrachtet. Das Gericht hatte bis zum Schluss, d.h. bis zum Erlass des Prostitutionsgesetzes, daran festgehalten, dass die (freiwillige!) Prostitution und das (freiwillige!) Zur-Schau-Stellen des eigenen Körpers gegen die Menschenwürde verstießen und daher sittenwidrig seien.
[849] BGH NJW **1998**, 2531, 2532.
[850] BGH NJW **1999**, 566, 568.
[851] Vgl. grundlegend BVerfGE **7**, 198, 203 ff. (Lüth) und später BVerfGE **58**, 377, 396 (Vorzeitiger Erbausgleich); **73**, 261, 268 ff. (Barabgeltung für Hausbrandkohle); BVerfG NJW **2002**, 2521 ff. (Glykol) und BVerfG NJW **2002**, 2626 ff. (Sektenwarnung).
[852] BGHZ **86**, 82, 88; **106**, 269, 272; **107**, 92, 97; BGH NJW **2002**, 361, 362.
[853] BGHZ **53**, 369, 376.
[854] BGH NJW **1983**, 674.

1214 Unstreitig ist hingegen, dass das Ankaufen von öffentlichen **Ämtern** und **Titeln** sittlich zu missbilligen ist, weil Ämter und Titel nach Auffassung der Rechtsgemeinschaft nicht durch Geld, sondern durch Mühe und Verdienst erworben werden sollen. Die Käuflichkeit würde zu deren Sinnentleerung führen. Vgl. dazu Rn 1240 ff.

bb. Maßgeblicher Zeitpunkt

1215 Da sich die Moralvorstellungen der Menschen stets ändern, ist auch der Inhalt der Sittenwidrigkeit stetiger Änderung unterworfen. Was heute noch sittenwidrig ist, kann morgen schon gesellschaftsfähig sein. Das sollte anhand der Prostitution und des Mätressentestaments deutlich geworden sein. Daher ist es von Bedeutung festzulegen, welcher Zeitpunkt für die Beurteilung der Sittenwidrigkeit maßgeblich ist.

1216 Nach h.M. ist bei der Beurteilung der Sittenwidrigkeit grundsätzlich auf die Verhältnisse **im Zeitpunkt der Vornahme** des Rechtsgeschäfts abzustellen, nicht auf den des Eintritts der Rechtswirkungen.[855]

1217 ▪ Ein bei Abschluss des Rechtsgeschäfts wirksamer Vertrag wird daher nicht deswegen sittenwidrig, weil nachträglich ein Missverhältnis zwischen Leistung und Gegenleistung entsteht.[856] Führt jedoch die Änderung der Verhältnisse dazu, dass das Rechtsgeschäft (nachträglich) sittenwidrige Auswirkungen zeigt, ist die Rspr. um einen Ausweg nicht verlegen: So könne sich das Festhalten am Vertrag als **unzulässige Rechtsausübung** (§ 242 BGB) darstellen oder es könne die **Geschäftsgrundlage** beeinträchtigt und damit eine Anpassung geboten sein (§ 313 I BGB).[857] Zu beobachten ist diese Rspr. insbesondere bei **Eheverträgen**, wenn sich die wirtschaftlichen Verhältnisse eines Ehepartners nach der Eheschließung in nicht vorhersehbarer Weise geändert haben.

1218 ▪ Umgekehrt bleibt ein bei seiner Vornahme sittenwidriges Rechtsgeschäft auch dann grundsätzlich sittenwidrig, wenn inzwischen eine Liberalisierung der „guten Sitten" eingetreten ist und der Vorwurf der Sittenwidrigkeit im Zeitpunkt der Erfüllung des Rechtsgeschäfts nicht mehr begründet wäre. Das Rechtsgeschäft kann aber durch eine Bestätigung (§ 141 BGB) wirksam werden.

1219 **Anders** stellt sich die Lage aber bei der Beurteilung von **Testamenten** dar. Da diese regelmäßig noch bis zum Erbfall frei geändert werden können, stellt sich die Frage nach ihrer Wirksamkeit überhaupt erst zu diesem Zeitpunkt. Nach Auffassung der Literatur[858] ist daher bei der Beurteilung letztwilliger Verfügungen auf die sittlichen Maßstäbe **im Zeitpunkt des Erbfalls** abzustellen.

So kann zum **Beispiel** eine (nach der Rspr.) zunächst sittenwidrige Erbeinsetzung der Geliebten wirksam sein, wenn der Erblasser diese später geheiratet hat und als seine Witwe hinterlässt. Nach Auffassung des BGH ist auch hier maßgeblicher Zeitpunkt die Testamentsverfassung.[859]

b. Subjektive Voraussetzungen

1220 Ist ein Rechtsgeschäft schon wegen seines **Inhalts** *objektiv sittenwidrig*, kommt es auf die Vorstellungen der beteiligten Parteien nicht an, da ein solches Rechtsgeschäft auch trotz Gutgläubigkeit der Parteien zum Schutz der Allgemeinheit nichtig sein muss.

---

[855] BGHZ **120**, 272, 276; **125**, 206, 209; BGH NJW **1998**, 156, 159; OLG Brandenburg NJW-RR **2002**, 578; *Sack*, in: Staudinger, § 138 Rn 79.
[856] BGHZ **123**, 281, 284; **126**, 226, 239.
[857] Vgl. BGHZ **126**, 226, 241.
[858] *Medicus*, AT, Rn 692; *Sack*, in: Staudinger, § 138 Rn 86 f.; *Larenz/Wolf*, AT, § 41 Rn 32; *Köhler/Lange*, AT, § 13 Rn 21; *Rüthers/Stadler*, AT, § 26 Rn 33.
[859] BGHZ **20**, 71, 73; zust. *Ellenberger*, in: Palandt, § 138 Rn 9.

Unerheblich ist also, ob die Parteien das Bewusstsein der Sittenwidrigkeit hatten oder ob sie die Tatsachen kannten, die das Rechtsgeschäft sittenwidrig machen.[860]

Führt dagegen erst die **Gesamtbeurteilung** des Rechtsgeschäfts zu dessen Sittenwidrigkeit, ist zur objektiven Sittenwidrigkeit auch eine subjektive Seite erforderlich. Dafür müssen die Beteiligten die Tatsachen kennen, die die Sittenwidrigkeit des Rechtsgeschäfts begründen. Ausreichend ist diesbezüglich, dass sich die Parteien dieser Kenntnis grob fahrlässig verschließen.[861] Ein Bewusstsein der Sittenwidrigkeit oder eine Schädigungsabsicht sind aber nicht erforderlich.[862]

Besteht der Sittenverstoß in einem Verhalten **gegenüber dem Geschäftspartner**, brauchen die Kenntnis bzw. grob fahrlässige Unkenntnis der Tatsachen, aus denen sich die Sittenwidrigkeit ergibt, nur bei dem sittenwidrig Handelnden vorzuliegen, nicht aber bei dem anderen Teil.[863] Bei einem sittenwidrigen Verhalten **gegenüber der Allgemeinheit oder Dritten** müssen demgegenüber grundsätzlich alle Beteiligten subjektiv sittenwidrig handeln.[864] Der gute Glaube eines Beteiligten ist aber dann unerheblich, wenn ihn die anderen Beteiligten für vollständig informiert hielten.[865]

2. Fallgruppen des § 138 I BGB

Da auch die zumeist gebrauchte Definition des „Rechts- und Anstandsgefühls aller billig und gerecht Denkenden" zur Präzisierung des Begriffs der guten Sitten kaum weiter hilft, haben sich im Laufe der Zeit Fallgruppen herausgebildet, deren Kenntnis für das juristische Studium unabdingbar ist: 1221

- **Machtmissbrauch/Missbrauch einer Monopolstellung**
- **Gläubigergefährdung**
- **Knebelungsverträge/Bürgschaftsübernahmen**
- **Wettbewerbsverbote**
- **Kauf öffentlicher Ämter und Titel**
- **Verstöße gegen die Sexualmoral**
- **Ehe- und familienbezogene Verträge**
- **Wucherähnliche Geschäfte**
- **Rechtsgeschäfte, die darauf gerichtet sind, dass eine der Parteien gegen die Rechtsordnung verstößt**

a. Machtmissbrauch/Missbrauch einer Monopolstellung

Zwar folgt aus Art. 2 I GG eine umfassende Vertragsfreiheit, missbraucht aber eine am Markt tätige Person ihre Machtstellung, kann dies zur Sittenwidrigkeit und damit zur Nichtigkeit des Rechtsgeschäfts führen.   1222

> **Beispiel:** Ein Energieversorgungsunternehmen mit Monopolstellung verlangt von einem Abnehmer ohne sachlich gerechtfertigten Grund Preise, die mehr als 13% über dem marktüblichen Tarif liegen.

---

[860] BGHZ **94**, 268, 272 f.; *Sack*, in: Staudinger, § 138 Rn 62 f.; *Ellenberger*, in: Palandt, § 138 Rn 7; *Medicus*, AT, Rn 683. Diesen Punkt übersieht *Löhnig*, JA **2005**, 344, 345.

[861] BGH NJW **2001**, 1127; **1998**, 2531, 2532; **1990**, 567, 568; *Sack*, in: Staudinger, § 138 Rn 62 f.; *Ellenberger*, in: Palandt, § 138 Rn 8; *Medicus*, AT, Rn 690; *Köhler/Lange*, AT, § 13 Rn 23.

[862] BGH NJW **1993**, 1587, 1588; BGH NJW **2002**, 361, 362. Vgl. auch BGH NJW **2004**, 3553 ff. (zum wucherähnlichen Geschäft gem. § 138 I BGB bei überhöhtem Pachtzins).

[863] Freilich ändert sich nichts an der Sittenwidrigkeit, wenn das krasse Missverhältnis zwischen Leistung und Gegenleistung dem anderen Teil bekannt ist (BGH NJW **2007**, 2841 ff.).

[864] BGH NJW **1990**, 568; *Ellenberger*, in: Palandt, § 138 Rn 8.

[865] BGH NJW-RR **1990**, 750, 751.

Die Frage, ob in Fällen dieser Art Sittenwidrigkeit anzunehmen ist, richtet sich insbesondere nach der kartellrechtlichen Bewertung von Machtmissbräuchen (vgl. §§ 19, 20 GWB).[866]

1223 Sittenwidrigkeit kann auch dann vorliegen, wenn eine vorhandene Machtstellung dazu ausgenutzt wird, ein „Koppelungsgeschäft" abzuschließen.

Beispiel: Die Gemeinde G macht den Verkauf von Grundstücken in einem Neubaugebiet von der Verpflichtung abhängig, die Versorgungsenergien von dem gemeindeeigenen Energieversorgungsunternehmen zu beziehen. Eine solche „Koppelung" fußt auf keinem sachlichen Grund.[867]

1224 Schließlich wird die Privatautonomie durch den sog. **Kontrahierungszwang** eingeschränkt. Leistungen, die der Einzelne in Anspruch nehmen *muss*, um ein menschenwürdiges Leben zu führen, dürfen ihm nicht verwehrt werden. Es besteht ein Zwang zum Abschluss eines entsprechenden Vertrags. Dieser Zwang ergibt sich entweder unmittelbar aus dem Gesetz (z.B. aus §§ 20, 36 EnWG für den Bezug von Versorgungsenergien wie Strom und Gas, aus § 22 PBefG gegenüber Beförderungsunternehmen oder aus § 21 I S. 1 AGG gegenüber Arbeitgeber, wenn die Ablehnung einer Person, die sich um einen Arbeitsplatz bewirbt, diese diskriminiert[868]) oder im Wege eines Schadensersatzanspruchs, wenn die Weigerung des Vertragsabschlusses eine vorsätzliche sittenwidrige Schädigung darstellt (§§ 826, 249 S. 1 BGB), was insbesondere bei einer monopolähnlichen Stellung der sich weigernden Person bzw. Institution in Betracht kommt.

Beispiel: Die Stadt S betreibt ihre Stadthalle in der Rechtsform einer GmbH. Schon seit Jahren vermietet sie diese an politische Parteien zwecks Abhaltung der gesetzlich vorgesehenen (vgl. § 9 ParteienG) Parteitage. Als nun die missliebige, aber nicht verbotene P-Partei die Halle zu diesem Zweck anmieten möchte, verweigert die Stadthallen-GmbH den Abschluss eines Mietvertrags. Ein anderer Raum, in dem der Parteitag abgehalten werden könnte, steht auch in der weiteren Umgebung nicht zur Verfügung.

Hier könnte die Versagung der Überlassung sittenwidrig i.S.d. § 826 BGB sein. Lassen sich keine sachlichen Gründe für die Verweigerung finden, folgt aus § 826 BGB ein Kontrahierungszwang; die Vertragsfreiheit wird insoweit eingeschränkt.[869]

b. Gläubigergefährdung

1225 Sicherungsverträge, durch die sich ein Gläubiger leichtfertig über die Interessen anderer Gläubiger desselben Schuldners hinwegsetzt und sich im Übermaß Sicherungsobjekte verschafft, sodass für andere kaum Haftungsobjekte übrig bleiben (sog. **Übersicherung**), sind sittenwidrig.[870] Dies gilt vor allem dann, wenn der Schuldner veranlasst wird, nachfolgende Gläubiger über die Kreditwürdigkeit zu täuschen oder bestehende Verträge mit diesen zu verletzen. Das wird beim **Zusammentreffen** einer **Globalzession** mit einem **verlängerten Eigentumsvorbehalt**[871] besonders deutlich:

1226 ▪ **Verlängerter Eigentumsvorbehalt:** Bei einem (einfachen) Eigentumsvorbehalt (vgl. § 449 BGB) bleibt der Verkäufer so lange Eigentümer der Kaufsache, bis der Käufer den Kaufpreis restlos bezahlt hat. Die Übereignung der Sache (d.h. die dingliche Einigung)

---

[866] Vgl. dazu insgesamt *Deutsch/Ahrens*, Deliktsrecht, Rn 245; *Brox/Walker*, § 41 Rn 83; *Sprau*, in: Palandt, § 826 Rn 41 und 41a; *R. Schmidt*, SchuldR BT II, Rn 768 ff.
[867] A.A. BGH NJW **2002**, 3779, 3780 f.
[868] Vgl. dazu *Thüsing/von Hoff*, NJW **2007**, 21 ff.
[869] Vgl. dazu ausführlich *R. Schmidt*, SchuldR BT II, Rn 768 ff.
[870] St. Rspr. vgl. nur BGH NJW **1995**, 1668.
[871] Umfassend *Hefermehl*, in: Soergel, § 138 Rn 176 ff.; *Roth*, in: MüKo, § 398 Rn 168 ff.; *Haertlein*, JA **2001**, 808, 812 f.; *Habersack/Schürnbrand*, JuS **2002**, 833 ff.

wird also aufschiebend bedingt durch die Kaufpreiszahlung (§§ 929, 158 I BGB). Sinn und Zweck des Eigentumsvorbehalts ist, dass der Verkäufer die Sache schlicht über § 985 BGB vindizieren kann, wenn der Käufer seiner Zahlungsverpflichtung nicht nachkommt.[872] Bei einem verlängerten Eigentumsvorbehalt gestattet der (Vorbehalts-)Verkäufer dem (Vorbehalts-)Käufer die Verarbeitung oder die Weiterveräußerung der Kaufsache an einen Dritten. Dafür tritt der (Vorbehalts-)Käufer schon in diesem Zeitpunkt die bei künftiger Weiterveräußerung erwirtschafteten Kaufpreisforderungen an den ursprünglichen (Vorbehalts-)Verkäufer ab. Diese Vorausabtretung (künftiger Forderungen) durch verlängerten Eigentumsvorbehalt ist zulässig, sofern der Vorbehalt nur hinreichend bestimmt ist. Bei einer Vertragsformulierung wie „bei Weiterveräußerung der Waren werden die Forderungen gegen den jeweiligen Kunden aus dieser Warenlieferung, jedoch in maximaler Höhe des Rechnungswertes unserer Lieferung im Voraus abgetreten" ist das der Fall.[873]

- Bei einer **Globalzession** lässt sich der Gläubiger von seinem Schuldner sämtliche, auch zukünftige, Forderungen, die dieser gegenüber Dritten hat bzw. haben wird, im Voraus abtreten. Eine Globalzession wird oftmals von Kreditinstituten zur Sicherung von Darlehen verlangt und stellt sich insbesondere für Jungunternehmer häufig als das einzige Mittel dar, um überhaupt ein Darlehen zu bekommen. Nach der nicht ganz unumstrittenen, aber ständigen Rechtsprechung des BGH ist auch die Globalzession wirksam, sofern sie nur bestimmbar ist.[874]

1227

Trifft eine Globalzession mit einem verlängerten Eigentumsvorbehalt zusammen, hat der BGH entschieden, dass eine Globalzession künftiger Kundenforderungen an ein Kreditinstitut **ohne dingliche (Teil-)Verzichtsklausel** i.d.R. **sittenwidrig** sei, soweit sie auch Forderungen umfassen soll, die der Schuldner seinen Lieferanten aufgrund verlängerten Eigentumsvorbehalts künftig abtreten muss und abtritt.[875]

1228

Beispiel[876]: Camilla hat ein Internet-Versandhandelsgeschäft gegründet. Da sie zunächst einen Lagerbestand anlegen und diesen auch vorfinanzieren muss, erhält sie von ihrer Hausbank B ein Darlehen i.H.v. 20.000,- €, zu deren Sicherung sich diese alle Forderungen aus künftigen Geschäftsbeziehungen im Voraus abtreten lässt. Einige Wochen später bekommt sie Ware vom Großhändler Virgilius geliefert. Im Kaufvertrag ist ein Eigentumsvorbehalt vereinbart. Weiter ist darin bestimmt, dass bei Weiterveräußerung der Waren die Forderung gegen den jeweiligen Kunden „aus dieser Warenlieferung" im Voraus an V abgetreten werde. Gleichzeitig wird C eine Ermächtigung (§ 185 I BGB) erteilt, die Forderungen im eigenen Namen einzuziehen, solange sie ihre Verpflichtungen gegenüber V erfüllt.
Obwohl C bereits verschiedene Kunden beliefert hat (u.a. auch Dietwald in Höhe eines Rechnungswertes von 2.000,- €), gerät sie in finanzielle Schwierigkeiten. Sie informiert die B. Diese zeigt daraufhin dem D an, dass dieser den Rechnungsbetrag an sie zahlen solle. D folgt dieser „Anweisung". Als kurze Zeit später auch V informiert wird, fordert er von B Herausgabe der von D erhaltenen 2.000,- €.

V könnte seinen geltend gemachten Anspruch auf **§ 816 II BGB** stützen. Diese Vorschrift setzt eine Leistung des Schuldners (hier des D) an einen Nichtberechtigten (hier an B) voraus, die dem Berechtigten (hier dem V) gegenüber wirksam ist. Fraglich ist, ob B bei der Entgegennahme der Zahlung durch D Nichtberechtigter war. Das ist der Fall, wenn ihr die Forderung, die sie D gegenüber zuvor geltend gemacht hat, nicht zustand.

1. Jedenfalls ist die Forderung, die sie gegenüber D geltend gemacht hat, nicht dadurch nichtig, dass sie im Zeitpunkt der Abtretung nicht bestand. Auch eine Vorausabtretung ist wirksam, wenn sie bestimmbar ist. Das ist vorliegend anzunehmen. Dasselbe gilt

1229

[872] Vgl. dazu auch NJW **2006**, 3488, 3489 f. mit Bespr. v. *Wolf*, JA **2007**, 298 ff.
[873] Vgl. BGH NJW **1998**, 303, 312.
[874] Vgl. nur BGH NJW **2000**, 276.
[875] Vgl. BGH NJW **1999**, 940.
[876] In Anlehnung an BGH NJW **1999**, 940.

hinsichtlich des verlängerten Eigentumsvorbehalts, der zwischen V und C vereinbart wurde.

2. Problematisch ist allein, dass C ihre Forderung gegen D letztlich zweimal abgetreten hat, nämlich einmal im Rahmen der Globalzession an B und dann noch ein weiteres Mal im Rahmen des verlängerten Eigentumsvorbehalts an V.

Treffen zwei Abtretungen der gleichen Forderung zusammen, gilt grundsätzlich das sog. **Prioritätsprinzip**, wonach die zuerst vorgenommene Abtretung wirksam ist und die zweite leerläuft. Das gilt auch für das Zusammentreffen von Globalzession und verlängertem Eigentumsvorbehalt. Demzufolge wäre vorliegend die Vorausabtretung an B wirksam und die an V liefe leer. D hätte also an einen Berechtigten geleistet. Da § 816 II BGB aber eine Leistung an einen Nichtberechtigten voraussetzt, würde V demzufolge seinen geltend gemachten Anspruch nicht auf § 816 II BGB stützen können.

3. Allerdings besteht bei einer Globalzession stets die Möglichkeit, dass sie wegen Übersicherung gegen § 138 I BGB verstößt und damit nichtig ist. Nach der zwar nicht ganz unumstrittenen, aber bestätigten Rechtsprechung ist eine solche Globalzession häufig deswegen nichtig, weil sie den Abtretenden zum Vertragsbruch gegenüber seinen Lieferanten verleite, sog. **Vertragsbruchtheorie.**[877] Da Lieferungen unter verlängertem Eigentumsvorbehalt üblich seien und der Abnehmer, der nicht bar zahlen kann, häufig auch keine andere Möglichkeit habe, an neue Ware zu kommen, sei er praktisch gezwungen, seinen Lieferanten gegenüber die Unwahrheit zu sagen. Er müsse ihnen das Nichtvorliegen einer Globalzession vortäuschen. Wenn die Bank so etwas bei ihrem Handeln aber in Kauf nehme, sei dies sittenwidrig.

4. Die Sittenwidrigkeit der Globalzession tritt nach der Rechtsprechung allerdings nicht ein, wenn der Abtretungsvertrag eine sog. **dingliche Verzichtsklausel** enthält. Damit ist der Fall gemeint, dass bei einem Zusammentreffen mit einem verlängerten Eigentumsvorbehalt die Forderung durch die Bank automatisch freigegeben, also erklärt wird, dass sie in diesem Falle nicht der Bank zustehen solle. Dagegen verhindert eine lediglich *schuldrechtliche* Teilverzichtsklausel, die dem Vorbehaltsverkäufer nur einen schuldrechtlichen Anspruch auf Freigabe einräumt, die Sittenwidrigkeit wegen Übersicherung nicht.[878]

Vorliegend ist noch nicht einmal eine schuldrechtliche Verzichtsklausel ersichtlich. Daher war die Abtretung an B wegen Übersicherung **sittenwidrig** und nichtig (§ 138 I BGB). B war bei der Entgegennahme der Zahlung durch D also Nichtberechtigter.

5. Die Leistung an B müsste auch V gegenüber wirksam gewesen sein. Das BGB nennt eine Reihe von Fällen, in denen der Schuldner, der gutgläubig den Nichtberechtigten für seinen Gläubiger hält und an diesen leistet, wirksam leistet und damit frei wird. Neben § 407 BGB kommen insbesondere auch die §§ 408 und 409 BGB (die allesamt auch bei der Forderungspfändung gem. §§ 829, 835 ZPO entsprechend angewendet werden) sowie ferner die §§ 566 c ff., 807, 808 I S. 1, 851, 893, 969, 1056, 1275, 2041, 2367 BGB und §§ 25 ff. HGB in Betracht. Auch bei einer nachträglichen Zustimmung (Genehmigung – vgl. § 185 II BGB) kommt ein Anspruch aus § 816 II BGB in Betracht.

Vorliegend greift keiner der genannten Fälle ein. Insbesondere greift § 408 BGB (zumindest direkt) nicht ein, da D an den Erstzessionar geleistet hat, nicht aber an den Zweitzessionar. Mit Verweis auf die gleiche Interessenlage wendet die Rechtsprechung jedoch §§ 408, 407 BGB analog an. Demnach war die Leistung *D an B* gegenüber V wirksam. Selbst wenn man diese Auffassung nicht teilt, liegt im Herausgabeverlangen eine konkludente Genehmigung (§§ 362 II, 185 II BGB).

6. Ergebnis: Der von V gegen B geltend gemachte Anspruch auf Herausgabe der von D an B überwiesenen 2.000,- € besteht also.

---

[877] Zur Vertragsbruchtheorie vgl. ausführlich *Hütte/Helbron*, SchuldR AT, Rn 308.
[878] BGH NJW **1999**, 940, 941.

c. Knebelungsverträge/Bürgschaftsübernahmen

Sittenwidrig kann auch eine einseitige Vertragsgestaltung sein, die die **wirtschaftliche Bewegungsfreiheit** einer Partei in sachlich nicht gerechtfertigter Weise übermäßig einschränkt.[879] Das ist etwa bei einer Vereinbarung mit **langfristiger Bezugsbindung** (= Sukzessivlieferungsvertrag) häufig zu beobachten.

1230

Beispiele:

1231

(1) Ein Gastwirt verpflichtet sich gegenüber einem **Automatenaufsteller**, bei Eröffnung eines weiteren Lokals wiederum Automatenaufstellungsverträge mit ihm abzuschließen.[880]

(2) Ein **Schriftsteller** verpflichtet sich gegenüber dem Verleger, der sein Erstlingswerk veröffentlichen soll, für den Fall des Vertragsschlusses in Zukunft sämtliche Arbeiten ausschließlich diesem Verleger zu überlassen, der dann darüber entscheiden kann, ob die Werke tatsächlich (bei ihm) gedruckt werden.[881]

(3) **Bierbezugsverträge** sind i.d.R. dann sittenwidrig, wenn die vertraglich vereinbarte Laufzeit 20 Jahre überschreiten.[882] Bei der Beurteilung der Sittenwidrigkeit kommt es aber auch maßgeblich auf die von ihrem Vertragspartner zu erbringenden Gegenleistung an.[883] Ist ein solcher Vertrag nach § 138 I BGB sittenwidrig, ist unter entsprechender Anwendung des § 139 BGB weiter zu prüfen, mit welcher Laufzeit der Vertrag unter Berücksichtigung des tatsächlichen oder vermuteten Parteiwillens aufrechterhalten werden kann (s.u.).[884]

Seit einiger Zeit haben vor allem **Bürgschaftsübernahmen** durch nahe Angehörige (Kinder, Ehegatten, Lebenspartner, Geschwister) des Schuldners die Gerichte beschäftigt.[885] In der Regel waren es Fälle, in denen die finanziellen Mittel des Bürgen im Vergleich zur übernommenen Haftung völlig unzulänglich waren, somit die Gefahr einer **lebenslänglichen Verschuldung** bestand, und außerdem der Bürge unter Ausnutzung der emotionalen Bindung an den Schuldner zur Übernahme der Bürgschaft veranlasst worden war. Die Rspr.[886] hat hier – auf Veranlassung des BVerfG[887] – zunächst teilweise mit dem (freilich flexibleren) Institut der Störung der Geschäftsgrundlage gem. § 313 BGB (n.F.), neuerdings aber – seitdem nunmehr der XI. Zivilsenat des BGH für das Bürgschaftsrecht zuständig ist – einheitlich mit § 138 I BGB helfend eingegriffen. Danach ist ein Bürgschaftsvertrag (§ 765 BGB)[888] zwischen einem **gewerblichen oder beruflichen Kreditgeber** und einer dem Hauptschuldner **persönlich nahe stehenden Person** unwirksam,

1232

▪ wenn der Bürge **finanziell krass überfordert** wird. Das ist etwa der Fall, wenn der Bürge noch nicht einmal die laufenden Zinsen der Hauptschuld aufzubringen vermag.[889] Andererseits ist eine krasse Überforderung ggf. zu verneinen, wenn der Bürge z.B. sein Eigenheim verwerten kann.[890] Dann aber sind (zur Ermittlung der tatsächlichen Leistungsfähigkeit) die dinglichen Belastungen (Hypothek, Grundschuld) wertmindernd zu berücksichtigen.[891] Jedenfalls ändert die Möglichkeit der Privatinsolvenz gem. §§ 286 ff.

---

[879] BGH NJW **1998**, 2531, 2533.
[880] Vgl. BGH NJW **1983**, 159.
[881] BGHZ **22**, 347 ff.
[882] Vgl. dazu BGH NJW **1972**, 1459 f.; **1985**, 2693, 2695; **1988**, 2362 f.; **1992**, 2145 f.
[883] BGH NJW **1992**, 2145, 2146; **1982**, 1692; **1998**, 156, 159 (bzgl. eines Tankstellenbelieferungsvertrags).
[884] BGH NJW **1972**, 1459; **1998**, 156, 160.
[885] Vgl. BGH NJW **2005**, 971 ff.; BGHZ **136**, 347, 350 und BGH NJW **2002**, 2228, 2229 (Ehegatten und Verlobte für ihre Partner); BGH NJW **2002**, 744 (Partner einer nichtehelichen Lebensgemeinschaft für ihre Partner); BGH ZIP **2001**, 1190 (Eltern für ihre Kinder); BGH NJW **2000**, 1182 und ZIP **2002**, 167 (Kinder für ihre Eltern).
[886] BGH NJW **2002**, 2228, 2229. Vgl. auch BGH NJW **2005**, 971 ff.
[887] BVerfG NJW **1994**, 36 ff.
[888] Zur Bürgschaft vgl. ausführlich *R. Schmidt*, SachenR II, Rn 559 ff.
[889] BGHZ **135**, 66, 70; BGH NJW **2000**, 1182; **2001**, 815; **2002**, 744; **2005**, 973, 975.
[890] BGH NJW **2001**, 2466.
[891] BGH NJW **2002**, 2228, 2229.

InsO und der damit verbundenen Restschuldbefreiung nichts an der Bejahung der Sittenwidrigkeit. Denn zum einen setzt eine Restschuldbefreiung per definitionem eine bestehende vertragliche Forderung voraus, die wiederum nur bei einem gültigen Vertrag bestehen kann. Zum anderen würde die Regelung des § 138 I BGB praktisch ausgehebelt, wenn man mit Verweis auf die Restschuldbefreiung stets die Sittenwidrigkeit des Vertrags verneinen könnte.[892]

- und wenn weitere „erschwerende Umstände" hinzukommen, etwa dass der Gläubiger die **Gefahren des Geschäfts verharmlost** oder die **Geschäftsunerfahrenheit** bzw. **familiäre Bindung** des Bürgen („**seelische Zwangslage**") zum Hauptschuldner ausnutzt.[893] An der „seelischen Zwangslage ändert auch z.B. der Umstand nichts, dass der finanziell krass überforderte Ehepartner, der für ein Existenzgründungsdarlehen des anderen bürgt, in dem künftigen Gewerbebetrieb an verantwortlicher Stelle mitarbeiten soll, sozusagen **ein eigenes wirtschaftliches Interesse** hat.[894]

1233 Hinzukommen muss aber stets das **Ausnutzen der Zwangslage** durch den Kreditgeber, und zwar in **sittlich anstößiger Weise**. Allerdings wird von der Rechtsprechung dieses Merkmal in den genannten Fällen widerlegbar vermutet.[895]

1234 Allerdings kann der Gläubiger an der Bürgschaft eines Ehegatten, Lebenspartners oder Angehörigen **ein berechtigtes Interesse** haben, wenn die Gefahr besteht, dass der Schuldner sein Vermögen dem Zugriff des Gläubigers im Vertrag sonst durch Verlagerung auf eben diese Personen entzieht (**Vermögensverschiebung**). In einem solchen Fall ist die Sittenwidrigkeit allerdings nur dann zu verneinen, wenn der Schutz vor Vermögensverschiebungen ausdrücklich im Bürgschaftsvertrag vereinbart worden ist.[896]

1235 Die Lösung der beschriebenen Fälle über die Nichtigkeitsfolge gem. § 138 I BGB ist jedoch nicht zwingend. Denn dadurch, dass den Vertragspartner (d.h. den Gläubiger) im Vertragsvorfeld gewisse **Pflichten zu Aufklärung** (erkennbare Fehleinschätzung des Haftungsrisikos durch den Bürgen) und zu Unterlassung irreführender Angaben (Bagatellisierung des Haftungsrisikos) treffen, bietet sich eine vorrangige Lösung über die Grundsätze der **culpa in contrahendo** (cic, §§ 311 II, 280 I, 241 II BGB)[897] an, deren Rechtsfolgen flexibler sind als die Alles-oder-Nichts-Lösung des § 138 I BGB. Denn anders als § 138 I BGB ist die cic nicht auf die Nichtigkeit des Vertrags gerichtet, sondern auf die Anpassung des Vertrags bzw. Gewährung vertraglicher Ersatzansprüche, was wiederum einen wirksamen Vertrag voraussetzt. So kann der Geschädigte nur bei Bestehen eines Bürgschaftsvertrags über das Institut der cic einen Anspruch auf Schadensersatz in Form von Geldersatz, mit dem gegen die Bürgschaftsforderung aufgerechnet werden kann (§ 387 BGB), geltend machen. Vor allem aber besteht der Vorteil der Lösung über die cic darin, dass die Entscheidungsfreiheit des Bürgen nicht beeinträchtigt wird. Im Übrigen steht der Anspruch aus cic dem aus § 138 I BGB auch nicht nach, weil der Schadensersatz i.S.d. cic auch auf Vertragsaufhebung gerichtet sein kann.[898]

---

[892] Richtig daher OLG Frankfurt NJW **2004**, 2392, 2393 f.
[893] BGHZ **136**, 347, 355; BGH NJW **1998**, 597, 598 und 2138, 2140; NJW **1999**, 135.
[894] BGH NJW **2005**, 971, 972 f. Unzutreffend sind die Ausführungen von *Rösler*, JuS **2005**, 27, 32. Die neue BGH-Rspr. übersehend *Staudinger*, Jura **2005**, 263, 266.
[895] BGH NJW **2005**, 973, 975; BGHZ **156**, 302, 307. *Widerlegbare Vermutung* bedeutet hier, dass der Kreditgeber beweisen muss, dass kein Ausnutzen in sittlich anstößiger Weise vorliegt.
[896] BGH NJW **1999**, 58, 60; BGH NJW **2002**, 2228, 2229.
[897] Vgl. zu diesem Institut ausführlich *Hütte/Helbron*, SchuldR AT, Rn 595 ff.
[898] Das ist die seit der 1. Auflage 2004 vom Verfasser vertretene Rechtsauffassung; wie hier nun auch *Wagner*, NJW **2005**, 2956, 2958 f.

d. Wettbewerbsverbote

Nicht selten wird in Dienst- oder Gesellschaftsverträgen vereinbart, dass die ausscheidende Vertragspartei auch nach Vertragsbeendigung es zu unterlassen hat, wettbewerblich tätig zu sein. Zudem wird oft die Zahlung einer Konventionalstrafe vereinbart. Konventionalstrafenbewehrte Wettbewerbsverbote werden aber auch bei Unternehmenskaufverträgen zu Lasten des Verkäufers vereinbart.

1236

Vereinbarungen dieser Art verfolgen den Zweck, die betroffene Partei daran zu hindern, ihre Insider-Kenntnisse und Verbindungen aus ihrer früheren Tätigkeit illoyal zum Nachteil der begünstigten Partei im Wettbewerb zu nutzen. Solche Vereinbarungen beeinträchtigen umgekehrt aber auch die davon betroffene Partei in ihrer beruflichen oder gewerblichen Tätigkeit. Die widerstreitenden Interessen gilt es zum Ausgleich zu bringen. Als Beurteilungskriterium ist der Grundsatz der Verhältnismäßigkeit heranzuziehen. Wettbewerbsverbote sind daher wegen Verstoßes gegen § 138 I BGB unzulässig, wenn sie örtlich, zeitlich und gegenständlich das notwendige Maß überschreiten.[899]

1237

- In zeitlicher Hinsicht sind Wettbewerbsverbote im Regelfall dann unangemessen, wenn sie eine Frist von zwei Jahren überschreiten[900], wobei bei einem Unternehmenskauf fünf Jahre die absolute Obergrenze bilden[901].

1238

- In örtlicher Hinsicht ist eine Beschränkung nur für den Raum zulässig, in dem eine Kundenabwerbung zu befürchten ist.

- In gegenständlicher Hinsicht darf sich ein Wettbewerbsverbot nicht auf Bereiche erstrecken, die nicht Gegenstand der früheren Tätigkeit des Gebundenen waren.[902]

Wettbewerbsverbote können gleichzeitig gegen **§ 1 GWB** bzw. **Art. 81 I EG** verstoßen.[903] Doch ist insoweit der Wertungsmaßstab (Schutz der Allgemeininteressen am Wettbewerb) ein anderer. Hinsichtlich nachvertraglicher Wettbewerbsverbote zu Lasten von Arbeitnehmern ist ein Verstoß gegen die Arbeitnehmerfreizügigkeit gem. **Art. 39 EG** möglich[904] – freilich nicht in Bezug auf reine Inländerdiskriminierung.

1239

e. Kauf öffentlicher Ämter und Titel

Ohne Zweifel ist das Ankaufen von öffentlichen **Ämtern** und **Titeln** sittlich zu missbilligen, weil Ämter und Titel nach Auffassung der Rechtsgemeinschaft nicht durch Geld, sondern durch Mühe und Verdienst erworben werden sollen. Die Käuflichkeit würde zu deren Sinnentleerung führen.

1240

> **Beispiel:** D zahlte an V einen Betrag von 25.000,- €, damit dieser ihm über Hintermänner einen **Ehrendoktortitel** „verschaffe", den er (D) auch in Deutschland in legaler Weise führen dürfe. V hatte das Geld verabredungsgemäß an einen Hintermann weitergeleitet. Dieser verschwand jedoch, ohne den entsprechenden Titel zu besorgen. Daraufhin klagte D gegen V auf Rückzahlung des Geldes.[905]

1241

> Es steht außer Frage, dass Geschäfte über die Verschaffung öffentlicher Ämter und Titel als sittenwidrig i.S.v. § 138 I BGB anzusehen und damit nichtig sind.[906] Nichtige Vertragsbeziehungen sind nach der Systematik des BGB über das Recht der ungerechtfertigten Bereicherung abzuwickeln. Auch vorliegend scheint ein Anspruch des D gegen den V

[899] BGH NJW **2004**, 66; **2000**, 2584; **1997**, 3089.
[900] BGH NJW **2004**, 66 (Ausscheiden eines Gesellschafters aus einer Freiberuflersozietät); NJW **1994**, 384, 385 f.; NJW-RR **1996**, 741, 742; OLG Weimar DB **2001**, 1477
[901] BayObLG NJW-RR **1995**, 1192; krit. *Renner*, DB **2002**, 1143.
[902] *Köhler/Lange*, AT, § 13 Rn 28.
[903] BGH NJW **1994**, 384, 386.
[904] Vgl. dazu ausführlich *Koenig/Steiner*, NJW **2002**, 3583 ff.
[905] Vgl. OLG Stuttgart NJW **1996**, 665 f.
[906] St. Rspr. seit BGH NJW **1994**, 187, 187 f. und OLG Stuttgart NJW **1996**, 665.

aus § 812 I S. 1 Var. 1 BGB (*condictio indebiti*) naheliegend, denn V erlangte Eigentum und Besitz an den 25.000,- € ohne Rechtsgrund (der Rechtsgrund fehlte infolge der Nichtigkeit des Vertrags). Darüber hinaus liegt – da V mit der Entgegennahme des Geldes sittenwidrig handelte – ein Fall des § 817 S. 1 BGB (*condictio ob turpem causam*) vor, der dem D ebenfalls einen Anspruch auf Herausgabe des Geleisteten zuspricht.

Zu beachten ist jedoch die Kondiktionssperre des **§ 817 S. 2 BGB**, die eine Rückforderung des Geleisteten ausschließt, wenn (wie vorliegend) beide Parteien sittenwidrig gehandelt haben. Nach ganz h.M. beschränkt sich diese Kondiktionssperre auch nicht auf § 817 S. 1 BGB, sondern erstreckt sich mit dem Argument, dass § 817 S. 1 BGB nur einen Unterfall des § 812 I S. 1 Var. 1 BGB darstelle – auf alle Formen der Leistungskondiktionen, somit auch auf § 812 I S. 1 Var. 1 BGB.[907] Demzufolge handelt auf eigenes Risiko, wer bei einem beiderseits sittenwidrigen Geschäft Vorleistungen erbringt. Wegen der Nichtigkeit des Geschäfts hat der Vorleistende auch keinen Anspruch auf die Gegenleistung. Das kann im Einzelfall zu unbilligen Ergebnissen führen (warum soll V besser gestellt werden als D?), die nach Bereicherungsrecht nicht korrigiert werden können.[908] Eine Korrektur vermag auch das Schadensersatzrecht nicht herbeizuführen. Zwar erstreckt sich die Sperrwirkung des § 817 S. 2 BGB nach Auffassung des BGH[909] nicht auf die §§ 823-853 BGB. Vorliegend fehlt es aber am Schaden i.S.d. § 823 I BGB. D hat nur eine wirtschaftliche Einbuße – einen reinen Vermögensschaden – erlitten. Ein solcher ist nach § 823 I BGB gerade nicht ersatzfähig. Hinsichtlich § 826 BGB, der auch reine Vermögensschäden erfasst, müsste D vor Gericht beweisen, dass er von V vorsätzlich und sittenwidrig geschädigt worden ist. Dieser Beweis wird ihm jedoch kaum gelingen, da V wird glaubhaft machen können, er sei besten Willens gewesen, die vereinbarte Gegenleistung zu erbringen. Außerdem wird er einwenden, dass es stets ein äußerst riskantes Geschäft sei, sich Ehrentitel und Auszeichnungen über Hintermänner zu besorgen. Aus demselben Grund scheitert auch ein Anspruch aus § 823 II BGB i.V.m. § 263 StGB.

Möglicherweise helfen dem D jedoch die Vorschriften über die GoA. Als Anspruchsgrundlage kommen §§ 681 S. 2, 677 BGB in Betracht. Dazu müsste V zunächst ein Geschäft des D geführt haben. Zweifel an einer solchen Annahme bestehen jedoch hinsichtlich des Fremdgeschäftsführungswillens. Bei lebensnaher Betrachtung will V ausschließlich *seinen* Verpflichtungen nachkommen, die lediglich rechtlich nicht bestehen. Er will damit gerade *kein* fremdes Geschäft besorgen, sondern ein *eigenes*. Die gewaltsame Fiktion eines Fremdgeschäftsführungswillens ist kein angemessenes Mittel, Lücken im bürgerlichen und öffentlichen Recht (vorliegend im Bereicherungsrecht) zu füllen, nur um im Einzelfall zu den gewünschten Ergebnissen zu kommen. Dementsprechend liegt unabhängig von der Anwendbarkeit der GoA auch eine konstitutive Voraussetzung nicht vor. D hat keinen Anspruch gegen V aus berechtigter GoA.[910]

f. Verstöße gegen die Sexualmoral

1242 Die Beurteilung von Verträgen, welche die Sexualmoral betreffen, hat sich – von der Rechtsprechung des BVerwG[911] einmal abgesehen – in den letzten Jahren liberalisiert. Spätestens seit Inkrafttreten des **Prostitutionsgesetzes** (ProstG) am 1.1.2002 (BGBl I 2001 S. 3983) verstößt die Ausübung der Prostitution nicht mehr gegen § 138 I BGB. Denn mit diesem Gesetz hat der Gesetzgeber ausdrücklich klargestellt, dass die Prostitution selbst **nicht (mehr) sittenwidrig** ist.[912]

---

[907] Vgl. nur *Sprau*, in: Palandt, § 817 Rn 1; *Falk*, JuS **2003**, 833, 834. Ausführlich *R. Schmidt*, SchuldR BT II, Rn 317 ff.
[908] Vgl. dazu aber die Ausführungen zum **Schwarzarbeiterfall** bei Rn 1170.
[909] BGH NJW **1992**, 310. Ausführlich *R. Schmidt*, SchuldR BT II, Rn 305 ff.
[910] Wie hier OLG Koblenz NJW **1999**, 2904 f.; OLG Saarbrücken NJW **1998**, 828; OLG Oldenburg MDR **2000**, 1373; OLG Hamm DNotZ **2000**, 307, 308; anders OLG Stuttgart NJW **1996**, 665 f., das den vorliegenden Fall entschied. Darüber, wie der BGH den Fall entscheiden würde, kann nur spekuliert werden.
[911] BVerwGE **84**, 314 ff. zurückgehend auf BVerwGE **22**, 286, 289.
[912] Vgl. auch *Rautenberg*, NJW **2002**, 650 ff.; *Caspar*, NVwZ **2002**, 1322 ff.; VG Berlin NJW **2001**, 983; a.A. OLG Schleswig NJW **2005**, 225.

- Dennoch wird die Prostitution auch nach Inkrafttreten des ProstG nach wie vor für sittenwidrig erachtet. Das ProstG habe nichts an der Sittenwidrigkeit des entgeltlichen Geschlechtsverkehrs ändern wollen. Die Prostituierte solle lediglich *nach* Vornahme der sittenwidrigen Handlung einen durchsetzbaren Anspruch auf Entgelt haben.[913]

  1243

- <u>Bewertung:</u> Diese Auffassung ist nach der hier vertretenen Auffassung nicht überzeugend: Ist ein Geschäft sittenwidrig (und damit nichtig), kann es keinen durchsetzbaren Anspruch begründen.

  1244

- Eine weitere Auffassung räumt zwar die nicht mehr gegebene Sittenwidrigkeit der Prostitution ein, verneint aber die Rechtspflicht, sich gegen ein Entgelt geschlechtlich hinzugeben. Denn es komme weniger auf eine rechtlich-moralische Bewertung als auf eine Folgenabwägung an: Gäbe es eine wirksame rechtsgeschäftliche Vereinbarung über sexuelle Handlungen, entstehe eine entsprechende Rechtspflicht zur Vornahme sexueller Handlungen, die kaum gewollt sein könne und auch gegen die Menschenwürde (Art. 1 III GG) verstoße. Mit dem ProstG habe der Gesetzgeber lediglich das erklärte Ziel verfolgen wollen, entgeltliche Verträge über die Vornahme sexueller Handlungen vom Verdikt der Sittenwidrigkeit zu befreien.[914]

  1245

  <u>Bewertung:</u> Diese Auffassung kann sich zumindest auf den Umkehrschluss aus § 1 S. 1 ProstG und auf Teile der Gesetzesbegründung berufen, wonach der wirksam geschlossene Vertrag nur einseitig verpflichtend sei und dass er gegen die Prostituierte keinen einklagbaren Anspruch begründen solle.[915]

  1246

  Gegen diese Auffassung spricht jedoch, dass ein solcher Erfüllungsanspruch weder im Gesetz ausdrücklich ausgeschlossen wird noch unter dem Gesichtspunkt des § 138 I BGB abgewiesen werden kann. Denn die amtliche Begründung zum ProstG sagt an anderer Stelle auch, dass § 138 I BGB gerade nicht anwendbar sein solle und dass Verträge zwischen Prostituierten und Kunden den Status zivilrechtlich wirksamer Vereinbarungen haben sollten.[916]

  Zudem ist fraglich, ob die Verpflichtung, sich gegen ein Entgelt geschlechtlich hinzugeben, zwingend gegen die Menschenwürde verstößt. Denn zum einen ist auch der Begriff der Menschenwürde nicht statisch, sondern dem Wandel der Zeit unterworfen, und zum anderen ist die Beachtung des Willens (hier: die Ausübung der Prostitution) gerade *auch* Bestandteil der Menschenwürde. Insofern gehen die Vertreter der zuletzt dargestellten Auffassung schon von einem unzutreffenden Ansatz aus.

  Dass ein Leistungsanspruch des Kunden für die Prostituierte dennoch unzumutbar sein kann (etwa wegen einer nach Vertragsschluss offenkundig gewordenen Krankheit oder eines sonstigen Defizits des Kunden), ist kein Argument gegen die grundsätzliche Leistungspflicht. Die Prostituierte muss sich aber vorbehalten können, von einer entsprechenden Leistungsvornahme abzusehen. Ihr muss ein **Leistungsverweigerungsrecht** zustehen. Rechtlich lässt sich dieses Leistungsverweigerungsrecht mit Hilfe des Instituts der **auflösenden Bedingung** gem. § 158 II BGB realisieren: Danach gelten unter Heranziehung des Instituts der ergänzenden Vertragsauslegung der Vertrag und damit der Leistungsanspruch des Kunden nur unter der Bedingung der Zumutbarkeit für die Prostituierte. Zumindest aber gäbe § 242 BGB (**unzulässige Rechtsausübung**) der Prostituierten ein Leistungsverweigerungsrecht.

Verstoßen also Dienstleistungsverträge über die Vornahme sexueller Handlungen nicht mehr gegen die „guten Sitten", muss dies erst recht für Verträge über **Telefonsex** und

  1247

---

[913] So *Ellenberger*, in: Palandt, § 138 Rn 52/52a („Prostitutionsverträge sind nach wie vor sittenwidrig"); OLG Schleswig NJW **2005**, 225. Vgl. aber auch *Ellenberger*, in: Palandt, Anhang zu § 138 Rn 2 („Prostitution ist nicht sittenwidrig").

[914] So *Rüthers/Stadler*, AT, § 26 Rn 38; *Ellenberger*, in: Palandt, Anhang zu § 138 Rn 2; *Bergmann*, JR **2003**, 272.

[915] BT-Drs. 14/5958, S. 2 ff.

[916] BT-Drs. 14/5958, S. 2 ff.

über das Zur-Schau-Stellen des Körpers („**Peepshow**") – jeweils als „Minus-Maßnahmen" zur Prostitution – gelten.[917]

1248 Das ProstG hat auch Auswirkungen auf **Bordellkauf- und Bordellpachtverträge** (zum Bordellkauf vgl. bereits Rn 1175). Diese können zumindest nicht mehr wegen der in den Räumlichkeiten stattfindenden legalen Prostitution als sittenwidrig angesehen werden. So stellt denn auch *Medicus* nunmehr (nur noch) auf den weit überhöhten Kaufpreis bzw. Pachtzins ab.[918] Wenn es aber nur noch auf den überhöhten Kaufpreis bzw. Pachtzins ankommt, kann die Art des Kauf- bzw. Pachtobjekts keine Rolle spielen. Insbesondere hätte *Medicus* dann auch bspw. eine Spielhalle wählen können.

1249 Schließlich folgt aus der nicht mehr gegebenen Sittenwidrigkeit der Prostitution, dass auch das sog. **Mätressentestament** (Rn 1212) nicht mehr gegen § 138 I BGB verstößt. Denn ist die Verwerflichkeit des Entlohnungscharakters der außerehelichen geschlechtlichen Hingabe entfallen, kann auch keine Anstößigkeit der testamentarischen Einsetzung der Geliebten mehr bestehen; die Anstößigkeit müsste ggf. aus anderen Aspekten abgeleitet werden.

g. Ehe- und familienbezogene Verträge

1250 Eheverträge sind – wie alle anderen Verträge – an den schuldrechtlichen Korrekturvorschriften (z.B. an den Generalklauseln der §§ 313, 242 BGB), aber auch an den zum Allgemeinen Teil des BGB gehörenden Schutzvorschriften der §§ 134 und 138 BGB zu messen. Die Überprüfung ehevertraglicher Vereinbarungen am Maßstab der zivilrechtlichen Generalklauseln lässt sich daher praktisch in jede familienrechtliche Klausur einbauen, sodass sich insbesondere Examenskandidaten mit diesem Problemkreis auseinandersetzen sollten. Denn dieser Personenkreis muss mit Klausuren rechnen, die sich über alle fünf Bücher des BGB erstrecken. Ausgangspunkt jeder Kontrolle ist die Feststellung, dass zwar auch im Bereich der Eheverträge grundsätzlich Vertragsfreiheit (Art. 2 I GG) besteht, diese Vertragsfreiheit wegen Art. 6 GG jedoch stark eingeschränkt ist. Rechtstechnisch vollzieht sich die erforderliche Einschränkung über die genannten Korrekturvorschriften, die allgemein als „Einfallstore" der Grundrechte bezeichnet werden.[919] Vereinbarungen, die **gegen das Wesen der Ehe verstoßen**, sind (wegen Art. 6 GG) daher sittenwidrig und **nichtig**.

1251 **Beispiele**[920]**:** Vereinbarung eines Entgelts oder eines Darlehens für das Eingehen einer Scheinehe; Eheversprechen eines Verheirateten oder eines bereits Verlobten; Vereinbarung über ein dauerndes Recht zum Getrenntleben; Vereinbarung einer Vertragsstrafe zur Sicherung ehegemäßen Verhaltens; Vereinbarung über den Ausschluss einer Scheidung; Vereinbarung, in der der scheidungswillige Partner dem anderen sein Miteigentum an dem gemeinsamen Haus gegen Zahlung etwa der Hälfte des Wertes überträgt

1252 Dagegen sind nach dem klaren und unmissverständlichen Wortlaut des BGB (vgl. § 1408 I BGB!) **ehevertragliche** Vereinbarungen über den **Zugewinnausgleich** (§ 1414 BGB), den **Unterhalt** (§ 1585c BGB) und den **Versorgungsausgleich** (§ 1408 II S. 1 BGB) grds. zulässig. Diese güterrechtlichen Vereinbarungen können auch schon vor der Eheschließung getroffen werden und auch den Ausschluss der Regelung des § 1365 BGB einbeziehen.[921] Nach der gesetzgeberischen Intention ist auch

---

[917] OLG Frankfurt/M NJW-RR **2002**, 994 (zum Telefonsex); a.A. noch BGH NJW **1998**, 2895, allerdings wegen des ProstG nicht mehr haltbar.

[918] *Medicus*, BR, Rn 698.

[919] Sog. Drittwirkung oder mittelbare Geltung der Grundrechte, vgl. *R. Schmidt*, Grundrechte, 11. Aufl. **2009**, Rn 105 ff.

[920] Vgl. BGH NJW **2004**, 930 ff.; NJW **2004**, 3491 ff.; NJW **2003**, 1860, 1861 sowie die Nachw. bei *Ellenberger*, in: Palandt, § 138 Rn 46.

[921] Zu § 1365 BGB vgl. etwa *Löhnig*, JA **2006**, 753 ff.

(freilich unter engen Grenzen) der Ausschluss des **Unterhalts wegen Kindes-betreuung** (§ 1570 BGB) möglich. Sind solche Vereinbarungen aber darauf gerichtet, einen Dritten (etwa das Sozialamt) zu schädigen, sind sie sittenwidrig und damit gem. § 138 I BGB **nichtig**. Sittenwidrig können nach der Rspr. auch Eheverträge sein, die eine Partei **unangemessen benachteiligen**. Nach dem Grundsatzurteil des BGH[922], das auf zwei Entscheidungen des BVerfG[923] zurückzuführen ist, steht es den Ehepart-nern zwar grds. frei, ehevertragliche Vereinbarungen über den nachehelichen Unterhalt oder ihre Vermögensverhältnisse abweichend von den gesetzlichen Vorschriften zu treffen. Allerdings unterlägen solche Vereinbarungen der **richterlichen Kontrolle**. Die grundsätzliche Vertragsfreiheit, d.h. die Disponibilität der Scheidungsfolgen, dürfe näm-lich nicht dazu führen, dass der Schutzzweck der gesetzlichen Regelungen durch ver-tragliche Regelungen beliebig unterlaufen werde.[924] Diese Begründung für das Erfor-dernis einer richterlichen Kontrolle ist rechtsdogmatisch nicht haltbar. Denn sieht der Gesetzgeber selbst die Disponibilität der betreffenden gesetzlichen Vorschriften vor, kann der Schutzzweck dieser gesetzlichen Vorschriften, die ja gerade nicht gelten sol-len, auch nicht durch ehevertragliche Vereinbarung unterlaufen werden. Vielmehr hätte es sich auch für den BGH angeboten, allein auf die mittelbare Grundrechtsgeltung im Zivilrecht abzustellen und die Einschränkung der Vertragsfreiheit gem. Art. 6 I GG, der über die genannten zivilrechtlichen Korrekturvorschriften Beachtung findet und für den übervorteilten Ehepartner streitet, vorzunehmen.

Abgesehen von dieser rechtsdogmatischen Unzulänglichkeit unterscheidet der BGH im Rahmen der Inhaltskontrolle zwischen einer **Wirksamkeitskontrolle** gemäß § 138 BGB und einer **Ausübungskontrolle** gemäß § 242 BGB. Dabei sei bei der Wirksam-keitskontrolle auf den Zeitpunkt des Zustandekommens des Ehevertrags abzustellen, und zwar losgelöst von der späteren Entwicklung der Ehegatten und deren Lebens-verhältnisse. Sei demnach der Ehevertrag wirksam, werde er nicht dadurch unwirk-sam, dass sich die Verhältnisse später verändert hätten. Hätten sich die Lebens-verhältnisse später aber so krass verändert, dass ein Festhalten an der ehevertrag-lichen Vereinbarung für den benachteiligten Ehepartner unzumutbar sei, müsse der Scheidungsrichter überprüfen, ob die Berufung der bevorteilten Partei auf einzelne vertragliche Regelungen nunmehr unzulässig sei und ob daher eine Vertragsanpassung vorgenommen werde müsse. Abzustellen sei dabei auf die aktuellen Lebensverhältnisse der Parteien im Zeitpunkt der Beendigung der Lebensgemeinschaft. | **1253**

Fazit: Diese Vorgehensweise ist nicht etwa eine Neuentwicklung der Rechtsprechung, sondern bereits von dem Institut der **Störung der Geschäftsgrundlage** her bekannt, wonach wirksame Verträge, deren Geschäftsgrundlage sich im Nachhinein derart verändert hat, dass das Festhalten an dem Vertrag für eine Partei unzumutbar geworden ist, inhaltlich an die nunmehr bestehende Interessenlage der Parteien anzu-passen sind. Der BGH überträgt diese Rechtsfigur lediglich auf Eheveträge, prüft aber zunächst die Wirksamkeit des Ehevertrags. | **1254**

Die vom BGH angeordnete Ausübungskontrolle ist mehreren Einwänden ausgesetzt, deren Darstellung jedoch den Rahmen der vorliegenden Bearbeitung sprengen würde. Daher wird insoweit auf die ausführliche Darstellung nebst **Anwendungsfall** und Fall-bearbeitungshinweisen zu dieser Problematik, die auf der Internetseite des Verlags zum kostenlosen Download bereitstehen, verwiesen. | **1255**

---

[922] BGH NJW **2004**, 930 ff. (fortgeführt von BGH NJW **2004**, 3431 ff.; NJW **2005**, 142 f.; NJW **2005**, 1370 ff.; OLG Hamm NJW **2006**, 753 ff.).
[923] BVerfG NJW **2001**, 957 ff. und 2248 ff.
[924] So zuletzt explizit BGH NJW **2008**, 1076, 1077 ff.; vgl. auch BGH NJW **2008**, 3426, 3427 f.; NJW **2005**, 1370, 1371; OLG Hamm NJW **2006**, 753 ff.

1256 Im Übrigen sind kaum verlässliche Aussagen über die Grenzen der Vertragsfreiheit bei Eheverträgen zu treffen, weil die zu entscheidenden Konstellationen zu sehr voneinander abweichen.[925] Zumindest lässt sich sagen, dass ein wirksam geschlossener Ehevertrag nicht deswegen sittenwidrig wird, weil nachträglich ein Missverhältnis zwischen dem, was den Parteien im Scheidungsfalle zusteht, eintritt. Führt jedoch die Änderung der Verhältnisse dazu, dass die Vereinbarung nunmehr sittenwidrige Auswirkungen zeigt, ist die Rspr. um Auswege nicht verlegen: So könne sich das Festhalten am Vertrag als **unzulässige Rechtsausübung** (§ 242 BGB) darstellen oder es könne die **Geschäftsgrundlage** beeinträchtigt und damit eine **Anpassung** geboten sein (§ 313 I BGB). Die Anpassung sei im Rahmen einer **Inhaltskontrolle**, die im tatrichterlichen Ermessen liege, vorzunehmen.

1257 Ein weiteres Beispiel für die hier genannte Fallgruppe bildete schließlich der sog. **Leihmutter-Vertrag**. Er war nach der Rechtsprechung sittenwidrig, weil er das noch ungeborene Kind zum Objekt eines Rechtsgeschäfts herabwürdigte. Seit 1989 legt § 13a AdoptionsvermittlungsG ausdrücklich die Nichtigkeit solcher Verträge fest, sodass der Verstoß nunmehr ausschließlich nach § 134 BGB zu behandeln ist.[926]

h. Wucherähnliches Geschäft

1258 Sind die Voraussetzungen des Wuchertatbestands (§ 138 II BGB, dazu Rn 1181 ff.) nicht vollständig erfüllt, kann § 138 I BGB als Auffangtatbestand für wucherähnliche Geschäfte eingreifen. Der BGH[927] wendet § 138 I BGB insbesondere dann an, wenn ein **auffälliges Missverhältnis zwischen Leistung und Gegenleistung** besteht und dabei eine verwerfliche Gesinnung des begünstigten Vertragsteils hervorgetreten ist.
Ein solches grobes Missverhältnis wird angenommen, wenn der Wert der Leistung etwa doppelt so hoch ist wie der Wert der Gegenleistung.[928] Darauf, ob der Begünstigte diese Wertrelation kannte, kommt es nicht an (BGH a.a.O.). Insgesamt bahnt sich damit eine rein objektive Beurteilung des Wuchers an. Allerdings lässt der BGH[929] auch eine Widerlegung der tatsächlichen Vermutung einer verwerflichen Gesinnung zu, etwa wenn sich die Parteien sachgerecht um eine Wertermittlung bemüht haben.

1259 **Beispiel (sittenwidriger Ratenkreditvertrag):** Grimhild ist finanziell am Ende. Ihre Hausbank gewährt ihr keinen Kredit mehr. Da entdeckt sie zufällig das Zeitungsinserat der Kredithai GmbH, in dem diese damit wirbt, man vergebe Kredite bis zu 10.000,- € ohne Bonitätsprüfung. Grimhild sieht hierin die einzige Chance, die drohende Zwangsvollstreckung in ihr mittlerweile bescheidenes Vermögen abzuwenden. Deshalb ist sie auch bereit, einen Zinssatz zu akzeptieren, der 200% über dem marktüblichen Zinssatz liegt (dieser liegt bei 8,9% p.a. effektiv, Grimhild soll dementsprechend 26,7% p.a. effektiv leisten). Sie unterzeichnet den Darlehensvertrag (§ 488 BGB) über ein Tilgungsdarlehen mit einer Laufzeit von 24 Monaten. Später empfiehlt ihr Freund Friedrich, ein Jurastudent, der vor kurzem eine Vorlesung über sittenwidrige Kreditverträge gehört hat, sie solle wegen Sittenwidrigkeit des Kreditvertrags die hohen Zinsen nicht zahlen.

Hier könnte der Darlehensvertrag tatsächlich wegen Verstoßes gegen ein Verbotsgesetz (§ 134 BGB i.V.m. § 291 StGB – Wucher) und/oder wegen **Wuchers** gem. § 138 II BGB nichtig sein. Hinsichtlich des § 291 StGB hätte die Kredithai GmbH die G aber **ausgebeutet** haben müssen. Dazu hätte sie subjektiv die Erlangung der durch den hohen

---

[925] Selbst die bei *Brudermüller*, in: Palandt, § 1408 Rn 15 ff. genannten Fallkonstellationen decken nicht alle denkbaren Fälle ab.
[926] Vgl. *Rüthers/Stadler*, AT, § 26 Rn 38.
[927] Vgl. BGHZ **80**, 153, 159 f.; **128**, 255, 257 f. (st. Rspr.). Vgl. auch BGHZ **146**, 298, 303 und BGH NJW **2003**, 1860, 1861.
[928] BGHZ **146**, 298, 303. Vgl. auch BGH NJW **2004**, 3553 ff. zum wucherähnlichen Geschäft gem. § 138 I BGB bei überhöhtem Pachtzins.
[929] BGH NJW **2002**, 3165, 3166.

Zinssatz ermöglichten Vorteile bezwecken müssen. Hinsichtlich des § 138 II BGB gelten ähnlich hohe subjektive Anforderungen (**zweckgerichtete Ausbeutung einer Zwangslage**).[930] Die Frage, ob diese Voraussetzungen erfüllt sind, kann aber dahinstehen, wenn bereits der Tatbestand des § 138 I BGB (der auf der Rechtsfolge ebenfalls die Nichtigkeit vorsieht) verwirklicht ist.

Zur Sittenwidrigkeit von Ratenkreditverträgen am Prüfungsmaßstab des **§ 138 I BGB** hat der BGH den Rechtsgrundsatz entwickelt, dass ein schuldrechtliches Rechtsgeschäft sittenwidrig und damit nichtig sei, wenn zwischen Leistung und Gegenleistung ein **auffälliges Missverhältnis** besteht und der Kreditgeber die schwächere Lage des Kreditnehmers bewusst zu seinem Vorteil ausnutze oder sich leichtfertig der Erkenntnis verschließe, dass der Kreditnehmer sich nur wegen seiner schwächeren Lage auf die drückenden Bedingungen einlasse (sog. „**wucherähnliches Geschäft**").[931] Das auffällige Missverhältnis sei i.d.R. zu bejahen, wenn der Vertragszins den marktüblichen Effektivzins relativ um **100%**[932] oder absolut um **12 Prozentpunkte**[933] übersteige. Subjektiv sei die Sittenwidrigkeit zu bejahen, wenn der Kreditgeber vorsätzlich oder zumindest grob fahrlässig die schwächere Lage des Kreditnehmers ausnutzt, was i.d.R. dann anzunehmen sei, wenn auf der Seite des Kreditgebers ein gewerblicher Kreditgeber stehe und auf Seiten des Kreditnehmers ein Nichtkaufmann. Bei einem **besonders groben Missverhältnis** (Überschreiten des marktüblichen Effektivzinses relativ um **200%**) sei die verwerfliche Gesinnung zu unterstellen; der Kreditgeber müsse dann besondere Gründe vorbringen, um den Vorwurf der Sittenwidrigkeit zu entkräften.

Hinweis für die Fallbearbeitung: Vergleicht man die vom BGH aufgestellten Grundsätze zum „wucherähnlichen Geschäft" nach § 138 I BGB mit den Voraussetzungen des § 134 BGB i.V.m. § 291 StGB bzw. des § 138 II BGB, ist die Frage berechtigt, warum der BGH nicht gleich den Prüfungsmaßstab des § 134 BGB i.V.m. § 291 StGB bzw. § 138 II BGB heranzieht. Die Antwort ist auf der Rechtsfolgenseite zu suchen:

- Liegt ein „wucherähnliches Geschäft" i.S.d. **§ 138 I BGB** vor, ist zwar das **Kausalgeschäft** (der Kreditvertrag) **unwirksam**, **nicht** aber das **dingliche Erfüllungsgeschäft** (Übertragung des Eigentums an dem Geld sowie die Zinszahlungen), sodass die Leistungen zwar kondizierbar, nicht aber vindizierbar sind. Hier ist dann aber insbesondere der Ausschlusstatbestand des § 817 S. 2 BGB zu beachten.[934]

- Bei § 134 BGB i.V.m. § 291 StGB bzw. **§ 138 II BGB** dagegen schlägt der Mangel auf das **dingliche Erfüllungsgeschäft** durch. Dieses ist **nichtig**. Hier greift dann der Vindikationsanspruch aus § 985 BGB, auf den nach Auffassung des BGH der Ausschlusstatbestand des § 817 S. 2 BGB nicht anwendbar ist (der BGH steht auf dem Standpunkt, bei der Vorschrift des § 817 S. 2 BGB handele es sich um eine Ausnahmevorschrift und wegen ihres Strafcharakters um einen Fremdkörper im BGB, der nicht über das Bereicherungsrecht hinaus angewendet werden dürfe); vgl. dazu sogleich.

Folgt man dieser Rechtsprechung, ist der Kreditvertrag zwischen der Kredithai GmbH und G nach **§ 138 I BGB** sittenwidrig und damit **nichtig**. Da aber zum einen *nur* die Kredithai GmbH sittenwidrig handelte und zum anderen wegen der Nichtigkeit des Kreditvertrags der Rechtsgrund für die Vermögensverschiebung fehlte und damit die *condictio indebiti* einschlägig ist, richtet sich der Rückforderungsanspruch der Kredithai GmbH nicht nach § 817 S. 1 BGB, sondern allein nach § 812 I S. 1 Var. 1 BGB.

---

[930] Vgl. dazu instruktiv BGH NJW **2003**, 1860, 1861.
[931] Vgl. BGHZ **80**, 153, 159 f.; **128**, 255, 257 f. (st. Rspr.). Vgl. auch BGH NJW **2002**, 429 ff. und BGH NJW **2003**, 1860, 1861.
[932] BGHZ **104**, 102, 105; **110**, 336, 338.
[933] BGHZ **110**, 336, 338.
[934] Vgl. auch den Fall BGH NJW **2003**, 1860 ff.

G hat etwas durch Leistung der Kredithai GmbH erlangt, nämlich Eigentum und Besitz am Geld (bzw. im Fall einer Banküberweisung auf das Girokonto das Schuldversprechen der Hausbank gem. §§ 780 i.V.m. 676f BGB). Fraglich ist jedoch, ob ein Kondiktionsanspruch der Kredithai GmbH nicht wegen § 817 S. 2 BGB ausgeschlossen ist.

Wegen seiner systematischen Stellung und der Formulierung „gleichfalls" müsste man annehmen, dass sich der Ausschlusstatbestand des § 817 S. 2 BGB nur auf die Leistungskondiktion nach § 817 S. 1 BGB bezieht. Dennoch dehnt die h.M. den Anwendungsbereich des § 817 S. 2 BGB auf **alle Fälle der Leistungskondiktion** aus und lässt es folgerichtig auch genügen, wenn **nur dem Leistenden ein Gesetzes- oder Sittenverstoß zur Last fällt**. Dieser Ausdehnung des Ausschlusstatbestands liegt die zutreffende Überlegung zugrunde, dass wenn man die Vorschrift nur auf die Fälle des § 817 S. 1 BGB beschränkte, sich das widersinnige Ergebnis ergäbe, dass der selbst gesetzes- oder sittenwidrig handelnde Empfänger einer Leistung besser gestellt wäre als derjenige, der durch die Annahme nicht gegen ein gesetzliches Verbot oder die guten Sitten verstößt. Denn der sittenwidrig handelnde Empfänger, gegen den ein Anspruch nach § 817 S. 1 BGB besteht, könnte die Leistung aufgrund des Ausschlusstatbestands des § 817 S. 2 BGB behalten, während der „anständige" Empfänger aufgrund einer *condictio indebiti* oder *condictio ob rem* das Geleistete herausgeben müsste, wenn für diese Fälle § 817 S. 2 BGB nicht gelten sollte.

Im Ergebnis muss der Ausschlusstatbestand des § 817 S. 2 BGB daher „erst recht" auch für § 812 I S. 1 Var. 1 BGB anwendbar sein.

Ist die Anwendbarkeit des § 817 S. 2 BGB auf *alle* Fälle der Leistungskondiktion sowie auf den Fall, dass *allein* dem Leistenden ein Gesetzes- oder Sittenverstoß zur Last fällt, geklärt, ist des Weiteren die Frage nach der Rechtsfolge zu beantworten.

Im obigen Beispiel zum **sittenwidrigen Ratenkredit** wurde festgestellt, dass zwar das Kausalgeschäft (also der Kreditvertrag), nicht aber das dingliche Erfüllungsgeschäft (Übereignung des Geldes) nichtig sei. Das führt zu einem grundsätzlichen Kondiktionsanspruch der Kredithai GmbH aus § 812 I S. 1 Var. 1 BGB, der aber wegen der ebenfalls bejahten Anwendbarkeit des § 817 S. 2 BGB ausgeschlossen sein könnte.

Speziell zum sittenwidrigen Kreditvertrag steht der BGH auf dem Standpunkt, dass das Geleistete i.S.d. § 817 S. 2 BGB anders zu verstehen sei als bei den Leistungskondiktionen, nämlich dass nur das, was **endgültig in das Eigentum des Bereicherungsschuldners übergehe**, als **nicht kondizierbare** „Leistung" i.S.d. § 817 S. 2 BGB gelte.[935] Demzufolge muss bei einem Darlehen folgendermaßen differenziert werden:

⇨ Das Darlehenskapital (die Valuta) geht wertmäßig nicht endgültig in das Vermögen des Darlehensnehmers über; vielmehr muss es in Raten oder nach Endfälligkeit zurückgeführt werden. Man kann also sagen, das Kapital werde lediglich vorübergehend zur Nutzung gewährt.

⇨ Endgültig in das Vermögen des Darlehensnehmers soll nach Auffassung des BGH aber die zeitlich begrenzte Nutzungsmöglichkeit des Kapitals übergehen.

Als **nicht kondizierbare „Leistung" i.S.d. § 817 S. 2 BGB** stellt sich demnach nur die **Nutzungsmöglichkeit** des Kapitals für die vereinbarte Zeit dar. Die Kredithai GmbH kann also trotz Nichtigkeit des Darlehensvertrags nicht die sofortige Rückzahlung des Kredits verlangen, sondern ist darauf verwiesen, das Kapital so zurückzufordern, wie sie es auch bei Gültigkeit des Vertrags nur hätte zurückfordern können, vorliegend also in 24 Monatsraten.

Weiterführender Hinweis: Würde es sich um ein auf unbestimmte Zeit gewährtes Darlehen handeln, müsste man dem Darlehensgläubiger selbstverständlich ebenso ein Kündigungsrecht einräumen, als wenn der Darlehensvertrag wirksam gewesen wäre.[936] § 488 III BGB wäre dann entsprechend anzuwenden.

---

[935] BGH NJW **1995**, 1152 und ZIP **1995**, 456, 457 f.
[936] Vgl. BGHZ **99**, 333, 338.

Da G sowieso das Kapital hätte zurückzahlen müssen, kann sie sich auch nicht auf den Wegfall der Bereicherung berufen (vgl. §§ 819 I, 818 IV, 276 I BGB). Etwas anderes hätte nur dann gegolten, wenn die Zweckverfolgung bei dem sittenwidrigen Darlehen von vornherein mit einem dem Darlehensgeber bekannten Risiko verbunden gewesen wäre, dieses Risiko sich verwirklicht hätte und G deswegen nicht mehr bereichert gewesen wäre.[937] Doch dafür liegen keine Anhaltspunkte vor.

Damit bleibt noch die Frage nach dem ursprünglich vereinbarten **Darlehenszins** zu beantworten. Aufgrund der Nichtigkeit des Darlehensvertrags besteht ein vertraglicher Zinsanspruch gem. § 488 I S. 2 BGB jedenfalls nicht.

⇨ Nach h.M. besteht ein solcher auch nicht nach Bereicherungsrecht, da dem Anspruch aus §§ 812 I S. 1 Var. 1, 818 I und II BGB insoweit der Ausschlusstatbestand des § 817 S. 2 BGB entgegenstehe.[938]

⇨ *Medicus* will wenigstens einen angemessenen (wohl marktüblichen) Zinssatzanspruch gewähren, sodass sich der Anspruch der Kredithai GmbH auf 8,9% p.a. effektiv belaufen dürfte.[939]

Stellungnahme: Die Auffassung *Medicus´* kann für sich beanspruchen, dass nach der von der h.M. favorisierten Auffassung der Vorschrift des § 817 S. 2 BGB ein Strafcharakter beigemessen wird, der mit dem Standpunkt der Vorschrift im BGB (und nicht in einem Strafgesetz) kaum vereinbar ist (dazu sogleich). Andererseits ist *Medicus* aber entgegenzuhalten, dass seine Auffassung zu einer **geltungserhaltenden Reduktion** führt, die er im Rahmen des AGB-Rechts gerade ablehnt.[940] Zur Vermeidung von derartigen Wertungswidersprüchen ist daher demjenigen, der die Grenzen des Zulässigen überschreitet, das Recht einheitlich zu versagen und es nicht nur in einem Fall vollständig und es in einem anderen Fall auf das noch gerade zulässige Maß zu reduzieren.

Ergebnis: Die Kredithai GmbH kann die Darlehenssumme wie vereinbart in 24 Monatsraten zurückverlangen, allerdings zinslos. F´s Auffassung ist also zutreffend.

> **Hinweis für die Fallbearbeitung:** Prüfungstechnisch bleibt lediglich anzumerken, dass aus der Formulierung in § 817 S. 2 BGB „ist ausgeschlossen" folgt, dass es sich bei dem Ausschlusstatbestand des § 817 S. 2 BGB nicht um eine (geltend zu machende) Einrede, sondern um eine (von Amts wegen zu berücksichtigende) **Einwendung** handelt.[941] Daher sind in der Fallbearbeitung die Voraussetzungen des § 817 S. 2 BGB selbst dann zu prüfen, wenn der Anspruchsgegner sie nicht geltend gemacht hat.

i. Rechtsgeschäfte, die darauf gerichtet sind, dass eine der Parteien gegen die Rechtsordnung verstößt

Anerkannt ist schließlich die Fallgruppe, in der das Rechtsgeschäft darauf gerichtet ist, dass eine der Parteien mit seiner Hilfe die Rechtsordnung verletzt. Vielfach diskutiert wird der Kauf eines sog. **Radarwarngeräts**. Der BGH hat entschieden, dass der Kaufvertrag über ein solches Gerät wegen Sittenwidrigkeit nichtig sei mit der Folge, dass (wegen § 817 S. 2 BGB) der Käufer den Kaufpreis nicht zurückverlangen könne.

1259a

Beispiel[942]**:** Raser Roland (R) erwirbt von der Verkehrsrüpel GmbH (V) ein Radarwarngerät mit einer Basis-Codierung für Deutschland.[943] Einen Monat nach Inbetriebnahme verlangt er von V die Rückabwicklung des Kaufvertrags mit der Begründung, das Gerät

---

[937] Vgl. BGH NJW **1995**, 1152.
[938] BGH a.a.O.; *Larenz/Canaris*, § 68 III 3 c; *Sprau*, in: Palandt, § 817 Rn 21.
[939] Vgl. *Medicus*, BR, Rn 700.
[940] Vgl. *Medicus*, BR, Rn 69.
[941] *Brox/Walker*, SchuldR BT, § 37 Rn 45.
[942] In Anlehnung an BGH NJW **2005**, 1490 f.
[943] Zur Funktionsweise von Radarwarngeräten vgl. *R. Schmidt*, Fälle zum Polizeirecht, 3. Aufl. **2008**, Fall 7.

funktioniere nicht; es habe an verschiedenen polizeilichen Radarmessstellen im Bundesgebiet kein Warnsignal abgegeben. Muss V den Kaufpreis zurückzahlen?

V muss den erhaltenen Kaufpreis zurückzahlen, wenn R sein Begehren auf eine Anspruchsgrundlage stützen kann, die die gewünschte Rechtsfolge anordnet.

Besteht ein Sachmangel, bietet das Sachmangelgewährleistungsrecht nach §§ 434 ff. BGB eine abschließende Regelung über die Pflichten des Verkäufers. R macht einen Rückerstattungsanspruch geltend. Damit ist der Rücktritt nach §§ 437 Nr. 2, 323, 346 ff. BGB gemeint. Unabhängig vom Vorliegen der dort genannten Voraussetzungen besteht vorliegend die Besonderheit, dass der Kaufvertrag möglicherweise gem. § 134 BGB oder § 138 I BGB wegen Verstoßes gegen ein Verbotsgesetz bzw. wegen Sittenwidrigkeit nichtig ist und damit Sachmangelgewährleistungsansprüche ausgeschlossen sind.

<u>Verstoß gegen § 134 BGB?</u>
Sollte der Kauf eines Radarwarngeräts gegen ein gesetzliches Verbot verstoßen, kommt grds. die Nichtigkeitsfolge des § 134 in Betracht. Ein „Verbotsgesetz" i.S.d. § 134 BGB könnte die Vorschrift des § 23 I b S. 1 StVO sein, wonach das Betreiben bzw. Mitführen eines betriebsbereiten Geräts zur Anzeige von Verkehrsüberwachungsmaßnahmen verboten ist; Radarwarngeräte werden in S. 2 der Vorschrift beispielhaft genannt. Ein Verstoß gegen diese Norm ist als Ordnungswidrigkeit gem. §§ 49 I Nr. 22 StVO, 24 StVG bußgeldbewehrt. Daraus folgt jedoch im Umkehrschluss, das der bloße Besitz nicht verboten ist. Daher kann auch nicht der Erwerb eines Radarawarngeräts verboten sein. Der Kaufvertrag zwischen R und V verstößt daher nicht gegen ein Verbotsgesetz i.S.v. § 134 BGB.

<u>Verstoß gegen § 138 I BGB?</u>
Möglicherweise ist der Kaufvertrag aber wegen Verstoßes gegen die guten Sitten nichtig. Als „sittenwidrig" wird es allgemein angesehen, wenn ein Verhalten gegen das Anstandsgefühl aller billig und gerecht Denkenden verstößt. Da sich dieser Formel kaum konkrete Erkenntnisse entnehmen lassen, sind in Rspr. und Lit. bestimmte Fallgruppen entwickelt worden (vgl. dazu Rn 1221 ff.). Der vorliegend zu entscheidende Fall ist der Fallgruppe *Rechtsgeschäfte, die darauf gerichtet sind, dass eine der Parteien gegen die Rechtsordnung verstößt*, zuzuordnen.

Nach Auffassung des BGH dient der Kauf eines Radarwarngeräts, das aufgrund seiner Codierung zum Einsatz im deutschen Straßenverkehr bestimmt sei, der Begehung eines nach § 23 I b StVO verbotenen Verhaltens im Straßenverkehr, durch das Geschwindigkeitskontrollen unterlaufen und Geschwindigkeitsübertretungen mit den damit verbundenen Gefahren für Leib und Leben Dritter begünstigt würden. Ein solches Rechtsgeschäft, das letztlich darauf gerichtet sei, die Sicherheit im Straßenverkehr zu beeinträchtigen, verstoße gegen die guten Sitten und sei deshalb von der Rechtsordnung nicht zu billigen (§ 138 I BGB). Zwar untersage § 23 I b StVO nicht schon den Erwerb eines Radarwarngeräts, sondern erst dessen Betrieb oder betriebsbereites Mitführen im Kraftfahrzeug. Jedoch sei der Erwerb des Geräts eine unmittelbare Vorbereitungshandlung für dessen Betrieb, wenn das Gerät für den Betrieb im deutschen Straßenverkehr erworben werde. Deshalb sei bereits ein solcher Erwerb sittenwidrig und rechtlich zu missbilligen.

Diese Auffassung ist erheblichen Zweifeln ausgesetzt. Denn nicht der Einsatz eines Radarwarngeräts steht zur Diskussion, sondern der bloße Erwerb. Dieser aber ist gerade nicht in § 23 I b StVO verboten. Auch verkennt der BGH die EG-Richtlinie 1999/5/EG und das sie in nationales Recht umsetzende FTEG[944], wonach der Besitz von Funkanlagen wie dem Radarwarngerät ebenfalls nicht verboten ist.[945]

Weitere Bedenken an der Auffassung des BGH bestehen darin, dass auch im Rundfunk regelmäßig vor Radarkontrollen gewarnt wird („Flitzer-Blitzer" o.ä.), ohne dass die Gerichte hier sittliche Bedenken äußerten. Sogar die Polizei selbst gibt über den Rundfunk gelegentlich Standorte von Radarkontrollen preis. Der BGH könnte sich damit in

---

[944] Gesetz über Funkanlagen und Telekommunikationssendeinrichtungen.
[945] Die Rechtslage ist offenbar auch *Perschel*, JA **2005**, 755 ff. unbekannt.

Widerspruch setzen, wenn er andererseits den (gesetzlich nicht verbotenen!) Erwerb eines Radarwarngeräts als sittenwidrig erachtet.[946] Der BGH lässt diese kritischen Überlegungen nicht gelten. Durch die Bekanntgabe des Standorts einzelner Geschwindigkeitskontrollen im Rundfunk laufe die Verbotsnorm des § 23 I b StVO nicht ins Leere. Denn anders als beim Einsatz eines Radarwarngeräts werde dem Fahrzeugführer nicht das Gefühl vermittelt, er könne jederzeit und überall eine Radarkontrolle rechtzeitig erkennen und deshalb insoweit risikolos die Geschwindigkeit überschreiten. Deshalb stünde die Praxis der Rundfunkwarnungen der Einstufung des Erwerbs eines Radarwarngeräts als sittenwidrig nicht entgegen.[947]

Schließlich ist die Rechtsauffassung des BGH auch deshalb bedenklich, weil er dem Käufer eines Radarwarngeräts eine generelle verkehrsfeindliche Gesinnung unterstellt und auch die gesetzgeberische Wertung unterläuft, nur den Betrieb und das Mitführen im Kfz, nicht jedoch den bloßen Besitz zu sanktionieren.[948]

Teilt man dennoch die (zweifelhafte) Auffassung des BGH, sind aufgrund der Unwirksamkeit des Kaufvertrags vertragliche Gewährleistungsansprüche des R wegen der von ihm behaupteten Mängel des Radarwarngeräts nicht entstanden.

<u>Rechtsfolge der Nichtigkeit des Kausalgeschäfts</u>
Ist das Kausalgeschäft nichtig, kommt hinsichtlich der Rückabwicklung ein bereicherungsrechtlicher Anspruch auf Rückübereignung und Herausgabe des Kaufpreises gem. § 812 I S. 1 Var. 1 BGB (condictio indebiti) in Betracht. V hat „etwas" erlangt, nämlich Eigentum und Besitz an dem Geld. Bezüglich dieses Eigentums- und Besitzerwerbs hat wegen der Nichtigkeit des Kaufvertrags auch der Rechtsgrund nie bestanden.

Damit richtet sich der Rückzahlungsanspruch nach § 812 I S. 1 Var. 1 BGB. Aber auch ein Anspruch auf Rückzahlung des zur Erfüllung des nichtigen Vertrags geleisteten Kaufpreises steht R nach Auffassung des BGH nicht zu. Nach § 817 S. 2 BGB sei der Rückforderungsanspruch ausgeschlossen, wenn - wie im vorliegenden Fall - beiden Parteien ein Verstoß gegen die guten Sitten zur Last falle. Der Ausschluss des Rückforderungsanspruchs treffe R auch unter Berücksichtigung des Umstands, dass V infolge der Anwendung des § 817 S. 2 BGB aus dem sittenwidrigen Vertrieb von Radarwarngeräten wirtschaftliche Vorteile ziehe, nicht unbillig. Denn R habe ebenfalls sittenwidrig gehandelt und stehe dem verbotenen Verhalten noch näher als V, weil er das Radarwarngerät zu dem Zweck erworben habe, es entgegen dem Verbot des § 23 I b StVO zu verwenden. Daher verdienten beide Parteien im Hinblick auf das sittenwidrige Geschäft nicht den Schutz der Rechtsordnung. Es müsse somit dabei bleiben, dass die in § 817 S. 2 BGB geregelte Rechtsschutzverweigerung („Kondiktionssperre") grundsätzlich die Vertragspartei treffe, die aus dem sittenwidrigen Geschäft Ansprüche herleite.[949]

<u>Ergebnis:</u> Auf der Grundlage der Auffassung des BGH hat R keinerlei Rechte gegen die Verkehrsrüpel GmbH.

3. Rechtsfolge

Rechtsfolge der Sittenwidrigkeit ist grundsätzlich die **Nichtigkeit** des Rechtsgeschäfts **im Ganzen** *ex tunc* (rückwirkend). Dies gilt insbesondere für Fälle, bei denen das **Entgelt** sittenwidrig **überhöht** ist (nicht beim Wucher, s.o.). Eine Aufrechterhaltung einer angemessenen Leistung (**geltungserhaltende Reduktion**) ist grundsätzlich

1260

---

[946] Vgl. zu dieser Kritik *R. Schmidt*, Fälle zum Polizeirecht, 3. Aufl. **2008**, Fall 7 Rn 85 ff.; LG München I NJW **1999**, 2600, 2601.
[947] BGH NJW **2005**, 1490, 1491.
[948] Aber auch die Auffassung des Gesetzgebers ist nicht frei von Bedenken. Denn offenbar hält auch er es für ausgeschlossen, dass der Erwerb eines Radarwarngeräts auch zu dem Zweck erfolgen kann, sich vor unrichtigen Messungen zu schützen. Denn dass Radarmessungen nicht unerhebliche Fehlerquoten aufweisen, ist allgemein ebenso bekannt wie die Tatsache, dass Einsprüche gegen Bußgeldbescheide kaum Aussicht auf Erfolg haben, selbst wenn die Messungen tatsächlich falsch gewesen sind.
[949] BGH NJW **2005**, 1490, 1491.

nicht möglich[950], da ansonsten die begünstigte Partei risikolos gestellt würde, wenn sie damit rechnen könnte, durch gerichtliche Festsetzung das zu bekommen, was gerade noch vertretbar und sittengemäß ist. Das ist im obigen Beispielsfall zum sittenwidrigen Ratenkreditvertrag deutlich geworden. Auch eine Umdeutung gem. § 140 BGB in ein zulässiges Rechtsgeschäft ist nicht möglich.

1261   Ausnahmsweise kann das Rechtsgeschäft aber dann entsprechend **§ 139 BGB** ohne den sittenwidrigen Teil **aufrecht erhalten** werden, wenn dies dem mutmaßlichen Parteiwillen entspricht.[951] Voraussetzung dafür ist jedoch, dass sich der Sittenverstoß eindeutig auf einen abtrennbaren Teil beschränkt und im Übrigen gegen den Inhalt und das Zustandekommen des Vertrages keine Bedenken bestehen.[952] Eine solche geltungserhaltende Reduktion ist zum Beispiel bei Bierbezugsverträgen[953] oder Tankstellenbelieferungsverträgen[954] möglich.

1262   Ist ein Verpflichtungsgeschäft sittenwidrig, dann bleibt das „sittlich neutrale" abstrakte **Verfügungsgeschäft** von dieser Sittenwidrigkeit grundsätzlich unberührt.[955] Liegt der Sittenverstoß aber gerade in der Veränderung der Güterzuordnung, dann ist auch das Verfügungsgeschäft nichtig.[956] Eine Nichtigkeit auch des Verfügungsgeschäfts ist insbesondere bei sittenwidrigen Sicherungsübereignungen und Abtretungen gegeben.

1263   Bei sittenwidrigen, bereits vollzogenen **Arbeits- und Gesellschaftsverträgen** ist zu beachten, dass die Nichtigkeitsfolge des § 138 BGB in der Regel nur mit Wirkung *ex nunc* (für die Zukunft) geltend gemacht werden kann, weil anderenfalls der Schutz des Betroffenen noch weniger ausgeprägt wäre.[957]

---

[950] BGHZ **68**, 204, 207; BGH NJW **1987**, 2014, 2015; *Ellenberger*, in: Palandt, § 138 Rn 19.
[951] BGHZ **52**, 17, 24.
[952] BGH NJW **1979**, 1605, 1606; *Ellenberger*, in: Palandt, § 138 Rn 19.
[953] Vgl. BGH NJW **1972**, 1459.
[954] Vgl. BGH NJW **1998**, 156, 160.
[955] BGH NJW **1990**, 384; *Ellenberger*, in: Palandt, § 138 Rn 20.
[956] BGH NJW-RR **1992**, 593, 594; *Ellenberger*, in: Palandt, § 138 Rn 20.
[957] Vgl. *Rüthers/Stadler*, AT, § 25 Rn 15.

8. Kapitel – Die Anfechtung

A. Die rechtsvernichtenden Einwendungen im Anspruchsaufbau

Das Prüfungsschema zum Anspruchsaufbau wurde bereits bei Rn 115 vorgestellt. Zur Wiederholung sei lediglich darauf hingewiesen, dass sich bei der Prüfung eines vertraglichen Anspruchs folgender Grobaufbau anbietet: **1264**

- **Anspruch entstanden ?**
    - ⇨ Einigung der Vertragsparteien über Vertragsart und konkreten Inhalt
    - ⇨ Keine Wirksamkeitshindernisse (**rechtshindernde Einwendungen**)

- **Anspruch untergegangen ?** (⇨ kein Erlöschen des Anspruchs, d.h., es dürfen keine **rechtsvernichtenden Einwendungen** vorliegen)

- **Anspruch durchsetzbar ?** (es dürfen keine **rechtshemmenden Einreden** wie Verjährung vorliegen)

Während in den vorangegangenen Kapiteln die Grundlagen und das Zustandekommen eines Vertrags unter Einbeziehung eines Stellvertreters sowie die Auswirkungen eventuell eingreifender rechtshindernder Einwendungen erläutert wurden, soll nunmehr untersucht werden, welche Gründe den Anspruch zum Erlöschen bringen können. Damit sind die **rechtsvernichtenden Einwendungen** angesprochen, die das (nachträgliche) Erlöschen eines bereits entstandenen Anspruchs bewirken. **1265**

Rechtsvernichtende Einwendungen finden sich in erster Linie im allgemeinen Schuldrecht, und zwar bspw. in Form der Erfüllung (§§ 362 ff. BGB), der Kündigung von Dauerschuldverhältnissen (z.B. nach §§ 314, 543 BGB), der Unmöglichkeit (§§ 275, 326 I BGB), der Hinterlegung (§§ 372 ff. BGB), der Aufrechnung (§§ 387 ff. BGB), des Erlasses (§§ 397 ff. BGB), des Änderungsvertrags/Aufhebungsvertrags, der Novation/Konfusion, des Rücktritts (§§ 346 ff. BGB), des Widerrufs - insb. nach Verbraucherschutzvorschriften (§§ 355 ff. BGB, vgl. auch § 312b, c und d BGB), des Gläubiger- und Schuldnerwechsels (Abtretung, §§ 398 ff. BGB); der Schuldübernahme (§ 414 ff. BGB); des gesetzlichen Forderungsübergangs (§ 412 BGB) sowie der Störung der Geschäftsgrundlage (§ 313 III BGB). **1266**

Die hier im Rahmen des BGB AT interessierende rechtsvernichtende Einwendung ist die **Anfechtung** nach §§ 119 ff. BGB. **1267**

Teilweise wird vertreten, dass die Anfechtung eine rechts<u>hindernde</u> Einwendung sei. Zur Begründung wird auf die Regelung des § 142 I BGB verwiesen, wonach das angefochtene Rechtsgeschäft von Anfang an als nichtig anzusehen ist (sog. *ex-tunc*-Wirkung). Das ist insoweit nachvollziehbar. Wenn die Vertreter dieser Auffassung dann aber nach erfolgter Anfechtung nicht den Kondiktionsanspruch wegen fehlenden Rechtsgrunds von Anfang an (§ 812 I S. 1 Var. 1 BGB), sondern den Bereicherungsanspruch wegen *späteren Wegfalls* des Rechtsgrunds (§ 812 I S. 2 Var. 1 BGB) gewähren und dies damit begründen, dass das angefochtene Rechtsgeschäft nun einmal bis zur Ausübung der Anfechtung wirksam sei und dass die ex-tunc-Wirkung des § 142 I BGB nur eine Fiktion darstelle, ist das wiederum nicht nachvollziehbar. Daher muss man auch die *Anfechtung* so behandeln, als habe sie einen zunächst entstandenen Anspruch nachträglich (wenn auch mit *ex-tunc*-Wirkung) vernichtet. Und das ist die Konstellation einer rechtsvernichtenden Einwendung. Schließlich ist das Anfechtungsrecht ein **Gestaltungsrecht mit rechtsvernichtendem Charakter**, was schon deshalb eine Zuordnung zu den rechtsvernichtenden Einwendungen nahelegt. **1268**

B. Zweck der Anfechtung

1269 Grundsätzlich muss sich der Erklärende seine Erklärung so zurechnen lassen, wie sie der Adressat ausgehend vom objektiven Empfängerhorizont unter Berücksichtigung der Auslegung verstehen durfte. Aus Gründen des Verkehrsschutzes ist eine Willenserklärung daher auch dann wirksam, wenn sie aufgrund eines Willensmangels des Erklärenden abgegeben wurde. Der Erklärende hat aber unter bestimmten Voraussetzungen die Möglichkeit, die Erklärung durch Anfechtung zu vernichten, etwa weil er sich geirrt hat oder weil er durch Täuschung oder widerrechtliche Drohung zur Abgabe der Willenserklärung veranlasst worden ist, §§ 119, 120, 123 BGB. Nach erfolgter Anfechtung (§ 143 BGB) ist das Rechtsgeschäft als von Anfang an nichtig anzusehen, § 142 I BGB.

1270 Um auf der anderen Seite den Anfechtungsgegner nicht völlig schutzlos zu stellen, hat das Gesetz die möglichen Anfechtungsgründe abschließend normiert. Zudem ist die – jedenfalls im Fall der Irrtumsanfechtung nach §§ 119, 120 BGB – Anfechtungsfrist sehr kurz bemessen (vgl. § 121 I S. 1 BGB: unverzüglich). Schließlich steht dem Anfechtungsgegner unter bestimmten Voraussetzungen ein Schadensersatzanspruch zu (§ 122 BGB).

C. Prüfung der Anfechtung in der Fallbearbeitung

1271 Der Einstieg in eine Anfechtungsprüfung erfolgt i.d.R. über das **Bereicherungsrecht**. Das hat folgenden Hintergrund: Ficht der Erklärende seine Willenserklärung an, hat dies zur Folge, dass die Willenserklärung (mit Wirkung von Anfang an) vernichtet wird, **§ 142 I BGB**. War diese Willenserklärung Bestandteil eines schuldrechtlichen Vertrags, ist damit auch dieser vernichtet. Nach erfolgter Anfechtung fehlt also die Grundlage (die sog. *causa*) für die sachenrechtliche Verfügung. Diese ist dann ohne Rechtsgrund erfolgt, was wiederum zur Rückgewähr des Erlangten über das Bereicherungsrecht (§§ 812 ff. BGB) führt.

1272 Anfechtungsrecht und Bereicherungsrecht gehen somit einher. Insoweit gilt im Grundsatz: **Keine Anfechtung ohne Ausgleich durch das Bereicherungsrecht.** Das Bereicherungsrecht erfüllt nämlich die Funktion, einen materiell nicht gerechtfertigten Zuwachs an Vermögenswerten an den Berechtigten zurückzuführen, der aufgrund des Trennungs- und Abstraktionsprinzips ermöglicht wurde. Zur Wiederholung sei darauf hingewiesen, dass das **Trennungsprinzip** besagt, dass zwischen dem Verpflichtungs- und dem Verfügungsgeschäft strikt zu trennen ist, dass also neben dem Verpflichtungsgeschäft (das Kausalgeschäft) noch ein weiteres Rechtsgeschäft (das Verfügungs- bzw. Erfüllungsgeschäft) erforderlich ist. Bei synallagmatischen Verträgen sind sogar zwei Verfügungsgeschäfte erforderlich.

> **Beispiel:** Verkäufer V und Käufer K schließen einen Kaufvertrag über ein Auto (§ 433 BGB). Durch dieses **Verpflichtungsgeschäft** erlangt K (nur) einen schuldrechtlichen *Anspruch* auf Übereignung und Übergabe des Fahrzeugs. V erlangt (nur) einen schuldrechtlichen *Anspruch* auf Übereignung und Übergabe des Kaufpreises. Zur *Erfüllung* dieses Geschäfts müssen noch zwei weitere Rechtsgeschäfte (**Verfügungsgeschäfte**) getätigt werden: V und K müssen sich darüber einig sein, dass das Eigentum an dem Auto auf K übergeht (dingliche Einigung), und V muss dem K das Auto übergeben (§ 929 S. 1 BGB). Darüber hinaus müssen K und V sich darüber einig sein, dass das Eigentum an dem Geld auf V übergeht, und K muss V das Geld übergeben (§ 929 S. 1 BGB).

1273 Das **Abstraktionsprinzip** baut auf dem Trennungsprinzip auf und führt es weiter. Es besagt, dass das Fehlen der Wirksamkeit des Verpflichtungsgeschäfts die Wirksamkeit des Verfügungsgeschäfts im Grundsatz ebenso wenig berührt, wie dies umgekehrt der Fall ist. Ist also das Verpflichtungsgeschäft (bspw. wegen erfolgter Anfechtung) unwirksam, so berührt diese Unwirksamkeit grundsätzlich nicht die Wirksamkeit des Verfügungsgeschäfts. Der Leistende kann also nicht einfach die Sache gem. § 985 BGB herausverlangen. Vielmehr bedarf es einer gesetzlichen Grundlage, die die Folgen des Abstraktionsprinzips wieder rückgängig macht. Eine solche bietet das Bereicherungsrecht.

Beispiel: K will von V einen antiken Kompass kaufen und macht ihm (versehentlich) ein schriftliches Angebot in Höhe von 250,- €, er wollte aber eigentlich 150,- € schreiben. V ist über dieses Angebot erfreut und übereignet dem K am nächsten Tag den Kompass. Dabei vereinbaren sie, dass K mit der Zahlung des Kaufpreises (wobei in diesem Zeitpunkt über die Höhe nicht gesprochen wird) noch eine Woche warten kann, da dieser gerade „knapp bei Kasse" ist. Als V dann die 250,- € verlangt, stellt sich der Irrtum des K heraus. Dieser ficht seine Erklärung sofort nach § 119 I Var. 2 BGB wegen eines Erklärungsirrtums wirksam an (§ 143 I BGB). V möchte „seinen" Kompass zurück.

Anspruchsgrundlage könnte § 985 BGB sein. Dazu müsste V im Zeitpunkt des Herausgabeverlangens Eigentümer gewesen sein und K hätte kein Recht zum Besitz haben dürfen. Ursprünglich war V Eigentümer des Kompasses. Dieses Eigentum hat er aber durch Einigung und Übergabe gem. § 929 S. 1 BGB an K verloren. Zwar war die ursprünglich von K abgegebene Willenserklärung aufgrund der Anfechtung nichtig (vgl. § 142 I BGB), diese Anfechtung bezog sich jedoch nur auf das der Verfügung zugrunde liegende Verpflichtungsgeschäft (der Kaufvertrag), sodass nur dieses nicht mehr existiert. Das Verfügungsgeschäft bleibt von der (Un-)Wirksamkeit des Verpflichtungsgeschäfts unberührt. Daher bleibt K Eigentümer des Kompasses. § 985 BGB ist somit nicht einschlägig. Auch Ansprüche aus §§ 1007, 861 und 823 BGB scheiden aus.

Da es aber unbillig wäre, wenn K den Kompass behalten dürfte, ohne dafür bezahlen zu müssen, führt das Bereicherungsrecht zu gerechten Ergebnissen: Da K durch die Leistung des V das Eigentum und den Besitz am Kompass ohne rechtlichen Grund (der Kaufvertrag ist aufgrund der Anfechtung nichtig) erlangt hat, ist er dem V zur Herausgabe verpflichtet. V kann also nach § 812 I S. 1 Var. 1 BGB (Mindermeinung) oder nach § 812 I S. 2 Var. 1 BGB (h.M.) Eigentumsübertragung und Besitzverschaffung verlangen.

Selbstverständlich ist K dem V gem. § 122 BGB zum Ersatz des Vertrauensschadens verpflichtet.

Fazit: Wegen der Nichtigkeitsfolge der Anfechtung ist (wenn auch mit Wirkung von Anfang an) der Rechtsgrund für die erbrachten Leistungen entfallen. Daher ist der Einstieg in die Anfechtungsprüfung regelmäßig über das Bereicherungsrecht vorzunehmen. § 985 BGB hilft nicht weiter, sofern nur das Verpflichtungsgeschäft angefochten wurde. Für die Anfechtung selbst bietet sich folgende Prüfung an:

- Bestehen eines **Anfechtungsgrundes** (§§ 119, 120, 123 BGB, Rn 1292 ff.)
- Vorliegen einer **Anfechtungserklärung** (§ 143 BGB, Rn 1447 ff.)
- Wahrung der **Anfechtungsfrist** (§§ 121, 124 BGB, Rn 1457 ff.)

1274

D. Anfechtbare Willenserklärungen

I. Grundsätzlich sind **alle Willenserklärungen** nach §§ 119 ff. BGB anfechtbar, also empfangsbedürftige, nicht empfangsbedürftige, ausdrückliche und konkludente Erklärungen. Unerheblich ist auch, ob sich die anzufechtende Willenserklärung auf das Verpflichtungs- oder das Verfügungsgeschäft bezieht. Jedoch sollten die obigen Ausführungen verdeutlicht haben, dass es hinsichtlich des **Verfügungsgeschäfts** i.d.R. am Anfechtungsgrund fehlt, weil der für das sachenrechtliche Rechtsgeschäft erforderliche Minimalkonsens nicht berührt wird. Etwas anderes gilt aber bei der Anfechtung nach § 123 BGB, sofern eine Fehleridentität (dazu Rn 1453) vorliegt. Sollte demnach die Willenserklärung hinsichtlich des Verfügungsgeschäfts erfolgreich angefochten werden, hat dies zur Folge, dass der Anfechtende so gestellt wird, als habe er niemals Ei-

1275

gentum verloren. Das wiederum ist misslich, wenn der Anfechtungsgegner zwischenzeitlich zugunsten eines Dritten über die Sache verfügt hat.

1276

> **Hinweis für die Fallbearbeitung:** Da eine Darstellung des schwierigen Dreipersonenverhältnisses den Lesefluss stören könnte, fehlt sie dementsprechend in den üblichen Lehrbüchern zum BGB AT. Sie ist aber äußerst prüfungs- und examensrelevant. Daher soll auch vorliegend auf sie eingegangen werden: Auch bei Verfügungsgeschäften hat die Anfechtung zur Folge, dass die dingliche Einigung von Anfang an als nichtig gilt. Hat nun der Anfechtungsgegner zwischenzeitlich eine Verfügung zugunsten eines Dritten getroffen, stellt sich die Verfügung aufgrund der Rückwirkung der Anfechtung als eine Verfügung eines Nichtberechtigten dar. Es finden die Vorschriften über den Gutglaubenserwerb (§§ 929 S. 1, 932 BGB bei beweglichen Sachen) Anwendung. Hier ist wiederum die Regelung in **§ 142 II BGB** zu beachten, die dem gutgläubigen Erwerb des Dritten entgegenstehen kann. Diese überaus prüfungs- und examenswichtige Vorschrift sollte – soweit erlaubt – im Gesetzestext hinter den §§ 932 und 892 BGB notiert werden.

1277

Beispiel: Die A hat dem B ein Gemälde verkauft und übereignet (§§ 433, 929 S. 1 BGB). Dabei ist sie von B über die Herkunft des Gemäldes arglistig getäuscht worden (vgl. § 123 I Var. 1 BGB). B verkauft und übereignet das Gemälde weiter an den gutgläubigen C. Später ficht A erfolgreich alle gegenüber B abgegebenen Willenserklärungen (also sowohl hinsichtlich des Kaufvertrags als auch hinsichtlich der Übereignung) an.

Vindikationsanspruch A gegen C gem. § 985 BGB:
A könnte gegen C einen Herausgabeanspruch gem. § 985 BGB haben. Dazu müsste sie Eigentümerin des Bildes sein und C dürfte kein Recht zum Besitz haben. Ursprünglich war A Eigentümerin. Dieses Eigentum könnte sie aber durch die Übereignung an B verloren haben. Allerdings konnte sie das Übereignungsgeschäft mit B erfolgreich anfechten mit der Folge der Rückwirkung gem. § 142 I BGB. A wird diesbezüglich also so behandelt, als wäre sie Eigentümerin geblieben. Folge ist, dass B nachträglich zum Nichtberechtigten i.S.d. § 816 I S. 1 BGB wird. In dieser Funktion hat er das Bild an C veräußert. Da C wiederum gutgläubig hinsichtlich der Eigentümerstellung des B war, konnte er gem. §§ 929 S. 1, 932 I BGB Eigentum an dem Gemälde erwerben. A hat im Ergebnis also keinen Vindikationsanspruch gegen C.

Kondiktionsanspruch A gegen C gem. § 812 I S. 2 Var. 1 BGB:
Fraglich ist, ob A wenigstens das Eigentum an dem Gemälde kondizieren kann. Gegen B kommt ein Kondiktionsanspruch, der auf die Rückübertragung des Eigentums gerichtet ist, nicht in Betracht, da B insoweit wegen des Gutglaubenserwerbs durch C entreichert ist. Auch gegen C besteht ein solcher Anspruch nicht. Der Gutglaubenserwerb ist (zumindest hinsichtlich des entgeltlichen Erwerbs vom Nichtberechtigten) kondiktionsfest.

Damit ist zu prüfen, ob ein bereicherungsrechtlicher Wertersatzanspruch gegen B angenommen werden kann. An sich wäre § 818 II BGB einschlägig. Da B aber als Nichtberechtigter verfügt hat, ist er gem. *§ 816 I S. 1 BGB* zur Herausgabe des durch die Verfügung Erlangten verpflichtet. Er muss also den Kaufpreis, den er von C erhalten hat (nach h.M. auch den Mehrerlös, soweit erzielt), an A herausgeben. Selbstverständlich ist B der A auch zum Schadensersatz (deliktisch aus § 823 I BGB, aus § 823 II BGB i.V.m. § 263 StGB und aus § 826 BGB; sachenrechtlich aus §§ 989, 990 BGB) und nach § 687 II BGB (Geschäftsanmaßung) verpflichtet.

Weiterführender Hinweis: Hätte C gewusst (oder wissen müssen), dass A von B arglistig getäuscht wurde, wäre § 142 II BGB zur Anwendung gekommen. Diese Vorschrift hätte dem gutgläubigen Erwerb entgegengestanden (vgl. § 932 II BGB). A hätte dann von C das Bild gem. § 985 BGB vindizieren können. Parallel dazu hätte ihr der Herausgabeanspruch gem. §§ 812 I S. 2 Var. 1, 818 I BGB gegen C zugestanden. Gegen B hätte ihr der Herausgabeanspruch in Bezug auf den erlangten Kaufpreis aus § 816 I S. 1 BGB zugestanden. C hätte wiederum über § 812 I S. 2 Var. 1 BGB den an B gezahlten Kaufpreis kondizieren können, den B wiederum von A hätte kondizieren können.

II. Soweit einem **Schweigen** Erklärungswirkung zukommt (vgl. Rn 236 ff.), ist dieses ebenfalls anfechtbar. Dies gilt jedoch nicht, soweit sich der Irrtum auf die rechtliche Bedeutung des Schweigens bezieht. Wird das Schweigen kraft Gesetzes als Willenserklärung fingiert (vgl. z.B. § 516 II S. 2 BGB, wonach Schweigen als Zustimmung gilt), scheidet eine Anfechtung, die diesem Gesetzeszweck widerspricht, aus.[958]

1278

III. Auf **geschäftsähnliche Handlungen** (zum Begriff Rn 195), wie z.B. die Mahnung oder die Tilgungsbestimmung i.S.v. § 366 I BGB, finden die Anfechtungsregelungen analoge Anwendung.[959]

1279

IV. Hingegen sind **Tathandlungen** („Realakte", dazu Rn 194) nicht anfechtbar, da sie gerade nicht auf die Herbeiführung eines rechtlichen Erfolgs gerichtet sind.

V. Ob die Anfechtungsregeln der §§ 119 ff. BGB auf das Gebot in der Zwangsvollstreckung (d.h. bei der **Zwangsversteigerung**) anwendbar sind, ist umstritten. Die h.M. bejaht dies[960]; es gibt aber gewichtige Stimmen in der Lit., nach denen das Gebot bei einer Zwangsversteigerung eine Prozesshandlung darstellt und damit nicht der rechtsgeschäftlichen Anfechtung zugänglich ist[961]. Der BGH hat sich bislang einer Entscheidung enthalten, weil er in den konkreten Fällen bereits die Voraussetzungen der §§ 119 ff. BGB verneint hat.[962]

1279a

VI. Von vornherein **ausgeschlossen** ist die Anfechtung nach §§ 119 ff. BGB, soweit **gesetzliche Sonderregelungen** bestehen. Solche Sonderregelungen sind insbesondere im **Familien- und Erbrecht** zu finden, wie z.B. bei der Aufhebung der Ehe (§§ 1313 ff. BGB), der Anerkennung der Vaterschaft (§§ 1600-1600c BGB), der Erbschaftsannahme (§§ 1949, 1950, 1954 ff. BGB, ergänzend zu §§ 119 ff. BGB) und der letztwilligen Verfügung (§§ 2078, 2080 ff. BGB).

1280

VII. Unanfechtbar sind die Gründungs- und Beitrittserklärungen zu Kapitalgesellschaften des **Handelsrechts** nach Eintragung der Gesellschaft im Handelsregister.

1281

VIII. Besonderheiten bestehen bei in Vollzug gesetzten **Arbeits- oder Personengesellschaftsverträgen**. Hier würde die ex-tunc-Wirkung der Anfechtung zu untragbaren Ergebnissen führen. Daher ist die Rechtsfolge der Anfechtung modifiziert, und zwar dergestalt, dass die Nichtigkeit nur mit Wirkung für die Zukunft (also ex nunc) eintritt.

1282

1. Hinsichtlich in Vollzug gesetzter **fehlerhafter Arbeitsverträge** hat die Rechtsprechung einen Ausgleichsmodus entwickelt, der der ex-tunc-Wirkung des § 142 I BGB vorgeht. Insoweit gilt: Auch der fehlerhafte (ja sogar der nichtige) Arbeitsvertrag ist ein Arbeitsvertrag (und damit auch Rechtsgrund i.S.d. §§ 812 ff. BGB). Der Grund für diese „Sonderbehandlung" liegt darin, dass es bei der ex-tunc-Nichtigkeit und damit der Anwendung des Bereicherungsrechts aufgrund der Regelung des § 818 III BGB (Entreicherung) zu unbilligen Ergebnissen kommen kann. Bei fehlerhaften Arbeitsver-

1283

---

[958] *Rüthers/Stadler*, AT, § 25 Rn 14.
[959] Vgl. BGHZ **106**, 163 ff.
[960] OLG Dresden OLGE **17**, 355, 356; OLG Frankfurt Rpfleger **1980**, 441, 442; OLG Hamm Rpfleger **1998**, 438, 439; *Baur/Stürner/Bruns*, ZwangsvollstrR, 13. Aufl. **2006**, § 36.15; *Hintzen*, in: Dassler/Schiffhauer/Hintzen, ZVG, 13. Aufl. **2008**, § 71 Anm. 3.1; *Brox/Walker*, ZwangsversteigerungsR, 7. Aufl. **2003**, Rn 910.
[961] *Eickmann*, Zwangsversteigerungs- und ZwangsverwaltungsR, 2. Aufl. **2004**, § 15 II 2; *Gaul*, in: GS Arens, **1993**, S. 89, 123; *Stadlhofer-Wissinger*, Das Gebot in der Zwangsversteigerung, **1993**, S. 149 ff.
[962] BGH NJW-RR **2008**, 222, 223; NJW **2008**, 2442, 2443 (dazu *K. Schmidt*, JuS **2008**, 1036).

trägen gilt daher nicht Bereicherungsrecht, sondern Vertragsrecht, das allerdings einige Besonderheiten aufweist.

1284 **Beispiel:** Peppo ist seit einigen Wochen als Paketpacker bei der *Versandhandel GmbH* beschäftigt (vgl. §§ 611 ff. BGB). Nun stellt sich für alle Beteiligten überraschend heraus, dass er bereits im Zeitpunkt des Abschlusses des Arbeitsvertrags geschäftsunfähig i.S.d. § 104 Nr. 2 BGB war. Für P wird sofort ein Betreuer bestellt, der für ihn einen Lohnanspruch für die verrichtete Arbeit geltend macht (§§ 1896 ff. BGB). Der Geschäftsführer Gisbert, der vor einiger Zeit drei Semester Jura studiert hatte, ist der Auffassung, aufgrund der Nichtigkeit des Arbeitsvertrags nicht zur Lohnzahlung verpflichtet zu sein. Sollte man bereicherungsrechtlich gegen die Gesellschaft vorgehen, werde er den Einwand der Entreicherung einbringen, da P auch im Übrigen ständig falsche Ware eingepackt habe und seine Arbeit daher wertlos gewesen sei.

Hier ist der Arbeitsvertrag wegen § 105 I BGB von Anfang an nichtig. Die Rückabwicklung könnte daher über das Bereicherungsrecht gem. §§ 812 ff. BGB vorgenommen werden. Die GmbH hat zwar „etwas erlangt", nämlich die Dienste des P, diese Dienste kann sie aber nicht herausgeben, sodass insofern ein Wertersatz nach § 818 II BGB in Betracht kommt. Ein solcher Wertersatzanspruch ist möglicherweise aber dadurch ausgeschlossen, dass die Arbeitsleistung des P mangelhaft war und dadurch eine Entreicherung auf Seiten der Gesellschaft angenommen werden könnte. Der mit § 104 Nr. 2 BGB zum Ausdruck kommende Schutz des Geschäftsunfähigen würde sich aber dann zum Nachteil verkehren, weil P insoweit „leer" ausginge. Hinzu kommt, dass bei einem solchen Ergebnis der Arbeitnehmer das Produktions- und Absatzrisiko seines Arbeitgebers trüge. Um derartige Wertungswidersprüche zu vermeiden, behandelt die Rechtsprechung die Rückabwicklung fehlerhafter, ja sogar nichtiger Arbeitsverträge nicht über die Vorschriften der ungerechtfertigten Bereicherung, sondern über ein **„modifiziertes Vertragsrecht"** („faktisches Arbeitsverhältnis"). Danach wird das fehlerhafte Arbeitsverhältnis nach Beginn der Arbeitsleistung wie ein wirksames, allerdings modifiziertes behandelt.[963] Daher gelten folgende Regeln:

⇨ Eine **Auflösung des Vertrags** ist nur mit Wirkung für die Zukunft (also *ex nunc*) möglich. Die engen Grenzen der §§ 620 ff. BGB sowie des Kündigungsschutzgesetzes gelten nicht.

⇨ Der Arbeitnehmer kann **vertragliche Lohnansprüche** geltend machen (Anspruchsgrundlage ist § 611 BGB).

⇨ Bei Leistungsstörungen wie Nichterfüllung, Verzug oder Schlechtleistung gilt in Ermangelung eines „Dienstgewährleistungsrechts" das **allgemeine Leistungsstörungsrecht**. Bei einer Pflichtverletzung durch den Arbeitnehmer kann der Arbeitgeber gem. **§ 280 I BGB Ersatz** für den ihm dadurch **entstandenen Schaden** verlangen. Dabei ist für Arbeitsverhältnisse die durch die Schuldrechtsreform eingeführte Beweislastumkehr des § 619a BGB zu beachten. Dem Arbeitgeber steht ein Anspruch aus § 280 I BGB danach nur dann zu, wenn er das **Vertretenmüssen** des Arbeitnehmers für den Schaden nachweisen kann.

⇨ Erbringt der Arbeitnehmer seine Dienstleistung aus einem von ihm zu vertretenden Grund nicht oder nicht wie geschuldet, kann der Arbeitgeber unter den Voraussetzungen der **§§ 280 I, 281 BGB Schadensersatz statt der Leistung** verlangen. Hat der Arbeitnehmer seinen Dienst schuldhaft schlecht oder gar nicht erfüllt und kann die Leistung auch nicht mehr nachgeholt werden[964], liegt Teilunmöglichkeit i.S.d. § 275 BGB vor. Der Arbeitgeber hat dann das Recht, gem. **§§ 280 I, 283 BGB** unter den Voraussetzungen des **§ 281 BGB Schadensersatz statt der Leistung** zu verlangen. Darüber hinaus ist es dem Arbeitgeber möglich, gem. **§§ 275,**

---

[963] Vgl. BGHZ **41**, 282, 287; BGH NJW **1992**, 1501, 1502; BAG DB **1974**, 1531 f. (jeweils zu Arbeits- und Gesellschaftsverträgen); *Medicus*, BR, Rn 193; *Sprau*, in: Palandt, Einf § 812 Rn 13.
[964] Wie bspw. beim absoluten Fixgeschäft.

326 I, 441 III BGB den **Lohn** des Arbeitnehmers zu **kürzen**. An die Stelle des Rücktritts (§ 323 BGB) tritt die **Kündigung aus wichtigem Grund, §§ 626, 628 BGB**. Dabei gilt die dienstrechtliche Kündigung gem. §§ 626, 628 BGB als Sondervorschrift für den durch die Schuldrechtsreform eingeführten § 314 BGB. Wenn der Arbeitnehmer die versprochene Leistung schuldhaft verspätet erfüllt, greifen die allgemeinen Regeln über den **Verzug** ein, **§§ 280 I, 286 BGB**.

Vorliegend kann der Betreuer im Namen des P also Lohnansprüche gegen die Gesellschaft geltend machen. Umgekehrt ist die Gesellschaft berechtigt, Schadensersatz zu verlangen sowie den Lohnanspruch zu mindern.

Von den eben genannten Grundsätzen des fehlerhaften Arbeitsvertrags macht das BAG jedoch bei **arglistiger Täuschung** eine Ausnahme, wenn es wegen Arbeitsunfähigkeit des Arbeitnehmers nur um Lohnfortzahlung geht.

Beispiel: Peppo ist voll geschäftsfähig, hatte jedoch im Anstellungsgespräch wider besseres Wissen seine Schwerbehinderung verschwiegen. Als P dann infolge der Schwerbehinderung arbeitsunfähig wird, ficht G seine im Namen der Gesellschaft abgegebene Willenserklärung bzgl. der Anstellung gem. § 123 Var. 1 BGB an und verweigert die Lohnfortzahlung.

Hier besteht nach Auffassung des BAG mangels Schutzwürdigkeit kein Grund, von der rückwirkenden Rechtsfolge der Anfechtung (§ 142 I BGB) eine Ausnahme zu machen.[965]

2. Die Grundsätze des fehlerhaften Arbeitsverhältnisses gelten auch für die **fehlerhafte Gesellschaft**. Tätigt ein vertretungsberechtigter Gesellschafter im Namen der Gesellschaft (z.B. GbR oder OHG) Rechtsgeschäfte im Außenverhältnis, so bindet er die anderen Mitgesellschafter grds. auch dann, wenn der Gesellschaftsvertrag sich später als nichtig (etwa wegen Anfechtung durch einen Gesellschafter) erweist. Würde man ein anderes Ergebnis zulassen, wäre der handelnde Gesellschafter im Vergleich zu den anderen Gesellschaftern benachteiligt, weil er allein das Risiko der Unwirksamkeit des Gesellschaftsvertrags tragen würde. Der Gesellschaftsvertrag ist dann lediglich *ex nunc* unwirksam, denn die Fehlerhaftigkeit des Gesellschaftsvertrags stellt grds. einen wichtigen Auflösungsgrund i.S.d. § 723 BGB bzw. § 133 HGB dar. Etwas anderes gilt lediglich dann, wenn der Schutzzweck der §§ 104 ff. BGB unterlaufen würde. Dann ist der Gesellschaftsvertrag *ex tunc*, also von Anfang an unwirksam.

1285

Beispiel: Willi, Domi und Herbert gründen einen Pizzadienst in der Rechtsform einer GbR.[966] Da W und D nicht besonders finanzstark sind und auch das Gesellschaftskapital der GbR bereits investiert ist, bezahlt H den von der GbR verpflichteten Warenlieferanten Ludwig im Namen der GbR aus eigener Tasche. Kurz darauf stellt sich heraus, dass W beim Unterzeichnen des Gesellschaftsvertrags einem Erklärungsirrtum (§ 119 I BGB) unterlegen ist. Er ficht erfolgreich seine Willenserklärung bzgl. des Gesellschaftsvertrags an. Folge dieser Anfechtung ist die rückwirkende Unwirksamkeit des Gesellschaftsvertrags (§ 142 I BGB). Dummerweise wird nun auch noch von Unbekannten in das Lager des Pizzadienstes eingebrochen und es werden sämtliche Warenbestände gestohlen. Da H nicht alleine auf den Kosten sitzen bleiben möchte, verlangt er von W und D je ein Drittel des Betrags, den er L überwiesen hatte.

1286

Zwar konnte W durch seine Anfechtung den Gesellschaftsvertrag an sich vernichten, es wäre jedoch unbillig, wenn H das Risiko der Unwirksamkeit des Gesellschaftsvertrags und die Kosten für die bereits erfolgte Warenlieferung nicht anteilig auf W und D abwälzen könnte. Würde man allerdings Bereicherungsrecht anwenden, könnten sich W und D auf Entreicherung berufen. Um dieses unbillige Ergebnis zu vermeiden, wendet die h.M.

---

[965] BAG ZIP **1999**, 458 ff.
[966] Zur Rechtsfähigkeit der GbR vgl. BGHZ **147**, 145 ff.; **147**, 269 ff. (mit Bespr. von *K. Schmidt*, JuS **2001**, 1122); BGH ZIP **2001**, 781 ff. (mit Bespr. v. *Löhnig*, JA **2001**, 622 ff.); BGH ZIP **2002**, 1419; BGH NJW **2003**, 582 ff.; *Lorenz*, JuS **2003**, 729, 730. Vgl. auch BGH NJW **2003**, 2984; *Finn/Lux*, JA **2004**, 6 ff.

die Grundsätze der fehlerhaften Gesellschaft an. Danach wird die unwirksame Gesellschaft auch mit Wirkung für die Vergangenheit wie eine wirksame Gesellschaft behandelt. Etwas anderes gilt nur dann, wenn der Zweck der an sich anzunehmenden rückwirkenden Unwirksamkeit unterlaufen würde (etwa beim Minderjährigen- bzw. Geschäftsunfähigenschutz - §§ 104 ff. BGB).

Vorliegend ist W jedoch nicht geschäftsunfähig und daher nicht schutzwürdiger als H. Im Gegenteil entspricht es der Billigkeit, wenn H die Kosten anteilig auf W und D abwälzen kann. W und D müssen sich daher so behandeln lassen, als sei die Gesellschaft zum Zeitpunkt des Geschäfts mit L wirksam gewesen. Da H in diesem Fall W und D gem. § 426 I und II BGB[967] in Regress hätte nehmen können, gilt diese Folge auch vorliegend. Die Nichtigkeit des Gesellschaftsvertrags ist demnach erst nach dem Zeitpunkt des Geschäfts mit L anzunehmen.

1286a **IX.** Problematisch ist auch die Anfechtung von Willenserklärungen in Bezug auf (sonstige) **Dauerschuldverhältnisse** (Miete, Leihe etc.), weil sich wegen der gesetzlich angeordneten *ex-tunc*-Wirkung unbillige Ergebnisse ergeben können.

Beispiel[968]: M hat von V Büroräume gemietet (§§ 531 ff. BGB). Mietzinszahlungen hat er bislang nicht erbracht. Später erfährt M von dritter Seite, dass die Räume bauordnungsrechtlich nicht als Büroräume nutzbar sind. V war dies bekannt. M möchte daher den Mietvertrag wegen arglistiger Täuschung anfechten mit dem Ziel der Nichtigkeit des Vertrags von Anfang an (§ 142 I BGB). M weiß zwar, dass er auch (fristlos) kündigen könnte, mit der Absicht der Anfechtung verfolgt er aber das Ziel, keinen Mietzins für die vergangene Zeit leisten zu müssen.

Bei Dauerschuldverhältnissen, die in Vollzug gesetzt wurden, wird die Rückwirkung (*ex-tunc*-Wirkung) der Anfechtung (§ 142 I BGB) vielfach als unangemessen angesehen, weil ein solches Dauerschuldverhältnis i.d.R. nur unter erheblichen Schwierigkeiten rückabgewickelt werden kann; zudem wird durch das Invollzugsetzen ein sozialer Tatbestand geschaffen, der Bestands- und Vertrauensschutz begründet und nicht mit Wirkung für die Vergangenheit aufgehoben werden soll.[969] Eine Anfechtung wäre eine unzulässige Rechtsausübung (§ 242 BGB). Möchte sich also ein Vertragspartner von einem Dauerschuldverhältnis lösen, steht ihm daher regelmäßig nicht die Anfechtung, sondern das Institut der Kündigung zur Verfügung. In schwerwiegenden Fällen, in denen die Einhaltung einer Kündigungsfrist unzumutbar wäre, ist auch eine außerordentliche bzw. fristlose Kündigung möglich (vgl. § 314 BGB). Die gegenseitigen Rechte und Pflichten enden in jedem Fall dann mit Wirkung für die Zukunft (ex nunc).

Unbillige Ergebnisse lassen sich aber auch bei Anwendung der Anfechtungsregeln vermeiden, wenn man die in § 142 I BGB angeordnete Rechtsfolge dergestalt modifiziert, dass die Wirkung einer Anfechtung – wie beim fehlerhaften Arbeitsvertrag und der fehlerhaften Gesellschaft – nur mit Wirkung für die Zukunft (also *ex nunc*) greift.

Besonderheiten, die bei in Vollzug gesetzten Arbeits- und Gesellschaftsverträgen dazu geführt haben, dass von der Rückwirkung angesehen wurde, liegen nach Auffassung des BGH bei der Geschäftsraummiete aber nicht vor. Weder bestehe – wie beim Arbeitsverhältnis – eine besonders intensive Leistungsbeziehung mit starkem Persönlichkeitsbezug und mit Eingliederung in eine soziale Organisation, noch sei – wie beim Gesellschaftsverhältnis – ein erhöhtes Verkehrsschutzbedürfnis für Gläubiger vorhanden, die durch eine rückwirkende Anfechtung ihr Haftungssubjekt verlieren würden. Vielmehr handele es sich bei dem Mietvertrag – anders als beim Arbeits- oder Gesellschaftsvertrag – um ein einfach strukturiertes synallagmatisches Austauschverhältnis, bei dem die

---

[967] Bei einer OHG wäre § 426 I und II BGB über § 128 HGB anwendbar gewesen.
[968] In Anlehnung an BGH NZM **2008**, 886 f.
[969] *Faust*, JuS **2009**, 178.

Rückabwicklung (über das Bereicherungsrecht gem. §§ 812 ff. BGB) keine besonderen Schwierigkeiten aufwerfe.[970]

M kann demnach seine Willenserklärung in Bezug auf den Mietvertrag wegen arglistiger Täuschung mit *ex-tunc*-Wirkung anfechten. V kann daher auch die ausstehenden Mietzinszahlungen nicht verlangen. Allerdings steht diesem gem. §§ 812 I S. 1 Var. 1, 818 II BGB der Ersatz des Werts der Gebrauchsüberlassung zu; dieser ist nach der Miete zu bemessen, die auf dem örtlichen Markt für vergleichbare Objekte (Gewerberäume ohne Büronutzungsmöglichkeit) zu erzielen ist.

Anmerkung: Wie der BGH entschieden hätte, wenn es sich nicht um Geschäftsraummiete, sondern um Wohnraummiete gehandelt hätte, bleibt offen. Mit Blick auf den stark ausgeprägten Verbraucherschutz und die Vergleichbarkeit der Interessenlage mit derjenigen des fehlerhaften Arbeitsvertrags dürfte allerdings davon auszugehen sein, dass der BGH eine *ex-nunc*-Wirkung annehmen würde.

X. Im Zusammenhang mit der **Sachmangelgewährleistung** sind die §§ 119 ff. BGB nur eingeschränkt anwendbar (Rn 1481). | 1287

XI. Schließlich kann das Recht zur Anfechtung vertraglich **abbedungen** werden, wegen § 307 II Nr. 1 BGB aber **nicht** in **AGB**. | 1288

E. Anfechtung einer nichtigen Willenserklärung / § 142 II BGB

Die Anfechtung ist nicht bereits dadurch ausgeschlossen, dass das Rechtsgeschäft schon aus einem anderen Grund nichtig ist, etwa wegen § 105 BGB oder wegen bereits erfolgter Anfechtung aus einem anderen Grund. Begriffslogische Bedenken gegen die „**Anfechtung eines nichtigen Rechtsgeschäfts**" sind angesichts der den Anfechtungsregeln zugrunde liegenden Wertungen nicht ausschlaggebend („**Lehre von der Doppelwirkung im Recht**").[971] Bedeutsam ist die Anfechtung nichtiger Rechtsgeschäfte in zwei Fällen: | 1289

⇨ Zum einen ist sie bedeutsam, wenn der Nichtigkeitsgrund **nicht bewiesen** werden kann oder das Anfechtungsrecht für den Anfechtungsberechtigten **günstiger** ist. So können bei einem nach § 119 BGB angefochtenen oder nach § 134 BGB nichtigen Rechtsgeschäft Schadensersatzpflichten bestehen (§ 122 BGB; §§ 241 II, 311 II, 280 I BGB), die bei einer Anfechtung nach § 123 BGB gerade nicht bestehen. Hier muss es dem Betroffenen möglich sein, noch einmal (und zwar nach § 123 BGB) anzufechten, damit er die mit der ursprünglichen Anfechtung verbundene Schadensersatzpflicht beseitigen kann. Entsprechendes gilt hinsichtlich der wegen Gesetzesverstoßes nichtigen Willenserklärung. | 1290

Beispiel: V verkauft und übereignet an K ein Gemälde. Später stellt sich heraus, dass V sich hinsichtlich des Malers geirrt hat. Er ficht seine Willenserklärung bzgl. des Kaufvertrags wegen Eigenschaftsirrtums erfolgreich an (§§ 119 II, 142 I BGB), muss aber dem K den entstandenen Vertrauensschaden ersetzen (§ 122 I BGB).

Zwei Tage nach erklärter Anfechtung stellt sich nunmehr heraus, dass K den V bei den Vertragsverhandlungen durch Vorspiegelung der geringen Bedeutung des Malers arglistig getäuscht hat. Würde man dem V hier das Anfechtungsrecht aus § 123 Var. 1 BGB versagen, hätte dies zur Folge, dass K unangemessen bevorzugt würde. Trotz der bereits vorliegenden Nichtigkeit infolge der Anfechtung nach § 119 II BGB muss V nochmals anfechten können, um den Schadensersatzanspruch nach § 122 I BGB zu vermeiden. Nach dem Normzweck des § 123 BGB darf der arglistig Täuschende nicht auf die

---

[970] BGH NZM **2008**, 886 f.
[971] Vgl. nur *Ellenberger*, in: Palandt, Überbl v § 104 Rn 35; *Rüthers/Stadler*, AT, § 25 Rn 16; *Köhler/Lange*, AT, § 7 Rn 63.

Gültigkeit des Rechtsgeschäfts vertrauen. Die bereits erfolgte Anfechtung darf nicht zu seinen Gunsten wirken.

1291 ⇨ Die Anfechtung nichtiger Rechtsgeschäfte ist aber auch wegen der bereits erörterten Regelung des **§ 142 II BGB** bedeutsam, wenn der Anfechtungsgegner oder ein Dritter die Anfechtbarkeit kannte oder kennen musste.

Beispiel: V des obigen Beispiels ist im Zeitpunkt des Kaufvertrags und der Übereignung erst 17 Jahre alt und damit beschränkt geschäftsfähig (vgl. § 106 BGB). Eine Genehmigung der Eltern hat nicht stattgefunden (§ 107 BGB). K hat das Gemälde an den gutgläubigen D weiterverkauft und übereignet (§§ 929 S. 1, 932 I BGB). Die Eltern verlangen nun im Namen des V von D das Bild heraus.

V könnte, vertreten durch seine Eltern, gegen D einen Herausgabeanspruch aus § 985 BGB haben. Dazu müsste er im Zeitpunkt der Anspruchstellung Eigentümer sein und D dürfte kein Recht zum Besitz haben.
Ursprünglich war V Eigentümer des Bildes. Dieses Eigentum hat er jedenfalls nicht durch die „Übereignung" an K verloren, weil diesem Übereignungsgeschäft die Minderjährigkeit und die nicht gegebene Genehmigung der Eltern entgegenstanden (der Eigentumsverlust ist nicht lediglich rechtlich vorteilhaft).

V hat das Eigentum an dem Bild aber dann verloren, wenn D das Eigentum an dem Bild gem. §§ 929 S. 1, 932 BGB gutgläubig von K erworben hat. Diesem gutgläubigen Eigentumserwerb liegt jedenfalls kein Abhandenkommen i.S.v. § 935 BGB i.V.m. § 828 BGB analog entgegen, da bei V die erforderliche Einsichtsfähigkeit zur willentlichen Weggabe des Bildes anzunehmen ist. Einem gutgläubigen Erwerb könnten aber zwei andere Gründe entgegenstehen:

⇨ Kennt D die Minderjährigkeit des V, kennt er damit gleichzeitig die Nichtigkeit der Übereignung V auf K. Denn dann weiß er, dass K nicht Eigentümer des Bildes sein kann, und ist dementsprechend nicht gutgläubig in Bezug auf die Eigentümerstellung des K (§ 932 II BGB).

⇨ Kennt D dagegen nicht die Minderjährigkeit des V, dafür aber die Anfechtbarkeit der Übereignung V auf K, kann V das Bild nur dann gem. § 985 BGB vindizieren, wenn er das Übereignungsgeschäft mit K wegen arglistiger Täuschung des K anficht. Denn D konnte zwar hinsichtlich der ihm nicht bekannten Minderjährigkeit des V gutgläubig Eigentum erwerben, dieser gutgläubige Erwerb ist aber gem. §§ 932 II, 142 II BGB ausgeschlossen, weil D die Anfechtbarkeit der Übereignung V auf K kannte und die Anfechtung auch erfolgt ist.

F. Die Anfechtungsgründe im BGB AT

Die möglichen Anfechtungsgründe des BGB AT sind in den §§ 119, 120 und 123 BGB normiert. Geordnet nach Art und Inhalt sind folgende Anfechtungsgründe voneinander zu unterscheiden: **1292**

⇨ Fehler bei der Willens<u>äußerung</u>

    ⇨ **Erklärungsirrtum**, § 119 I Var. 2 BGB

    ⇨ **Inhaltsirrtum**, § 119 I Var. 1 BGB

    ⇨ **Übermittlungsirrtum**, § 120 BGB

Diesen Anfechtungsgründen ist gemeinsam, dass trotz Auslegung das objektiv Erklärte vom subjektiv Gewollten abweicht.

⇨ Fehler bei der Willens<u>bildung</u>

    ⇨ **Eigenschaftsirrtum**, § 119 II BGB   ⇨

Hier stimmen zwar Wille und Erklärtes überein, jedoch ist bei der Willensbildung ein Fehler unterlaufen; es liegt ein ausnahmsweise beachtlicher Motivirrtum vor.

    ⇨ **arglistige Täuschung** , § 123 Var. 1 BGB

    ⇨ **widerrechtliche Drohung**, § 123 Var. 2 BGB

Auch hier stimmen Wille und Erklärtes überein, jedoch liegen der Willensbildung eine Täuschung oder widerrechtliche Drohung zugrunde.

I. Die Anfechtung wegen Irrtums

Liegt einer der vier in §§ 119 und 120 BGB genannten Irrtümer vor, ist der Betroffene zur Anfechtung berechtigt. Alle anderen Fälle des einseitigen Irrtums, insbesondere der **Motivirrtum** (dazu sogleich), berechtigen **nicht** zur Anfechtung. **1293**

Irrtum ist das unbewusste Auseinanderfallen von objektiv Erklärtem und subjektiv Gewolltem. **1294**

Das Kriterium des *unbewussten* Auseinanderfallens spielt für die Abgrenzung zu den §§ 116-118 BGB eine Rolle, die gerade nicht zur Anfechtung berechtigen. **1295**

Ob jedoch im konkreten Fall das objektiv Erklärte und das subjektiv Gewollte auseinanderfallen, ist durch **Auslegung** (§§ 133, 157 BGB) zu ermitteln. Hat nämlich der Erklärungsempfänger die Erklärung nach Treu und Glauben unter Berücksichtigung der Verkehrssitte und der Umstände des Einzelfalls so verstanden oder musste er sie so verstehen, wie sie der Erklärende verstanden wissen wollte, gilt die Erklärung auch mit dieser Bedeutung. Für eine Anfechtung wegen Irrtums ist dann kein Raum. Daher gilt: **1296**

Auslegung vor Anfechtung

1297

Bevor also eine Anfechtung wegen Irrtums geprüft wird, ist vorab durch Auslegung zu ermitteln, ob das Erklärte und das Gewollte tatsächlich auseinanderfallen. **1298**

> **Beispiel:** Der Deutsche D und der Amerikaner A verhandeln telefonisch über den Verkauf von 1.000 Laserdruckern. A macht deutlich, dass er die Drucker für insgesamt 100.000,- € verkaufen will, und sagt D zu, dass er ihm ein entsprechendes Angebot mit einer Aufstellung der Daten zusende. In dem Angebot verschreibt sich A jedoch und ver- **1299**

langt 100.000,- $. Dieses Angebot nimmt D sofort an, weil der Wechselkurs 1,- € zu 1,55 $ steht. Kann A den Vertrag anfechten?

In Betracht kommt eine Anfechtung wegen Erklärungsirrtums, § 119 I Var. 2 BGB. Voraussetzung für eine Irrtumsanfechtung wäre das Vorliegen eines Irrtums, mithin ein unbewusstes Auseinanderfallen von gewollter und wirksam gewordener Erklärung.

Vorliegend kannte D den wirklichen Willen des A und konnte das Angebot nur dahingehend verstehen, dass A ihm die Drucker trotz des (für ihn aus den vorigen Kontakten erkennbaren) Schreibfehlers für 100.000,- € anbot. Die Auslegung nach dem objektiven Empfängerhorizont ergibt daher, dass vorliegend kein Irrtum und damit auch kein Anfechtungsrecht gegeben ist. Der Kaufvertrag zwischen D und A ist zu einem Preis von 100.000,- € zustande gekommen. Insoweit gilt auch hier: *falsa demonstratio non nocet* (vgl. dazu ausführlich Rn 408, 413 und 416).

1300 Liegt aber ein Irrtum vor, spielt es für die Berechtigung zur Anfechtung keine Rolle, ob der Irrtum vermeidbar oder vom Erklärungsempfänger erkennbar war. Mittels Anfechtung kann sich der Irrende von seiner Erklärung lösen.

1301 **Beispiel:** Im Beispiel von Rn 1299 gingen D und A im Vorgespräch nicht näher auf den Preis ein. D bat den A nur, ihm ein Angebot zuzusenden. In diesem Angebot verschreibt sich A und bietet dem D die Drucker statt für 100.000,- € für 100.000,- $ an. D nimmt das Angebot sofort an.

Dieser Fall unterscheidet sich vom obigen dahingehend, dass D hier den wirklichen Willen des A nicht kannte und nach Treu und Glauben unter Berücksichtigung der Verkehrssitte das Angebot so, wie es ihm von A zugesendet worden war, verstehen durfte. Daher ist zunächst ein wirksamer Kaufvertrag zwischen D und A über 1.000 Drucker zum Preis von 100.000,- $ zustande gekommen. Da A subjektiv aber etwas anderes erklären wollte, kann er den Kaufvertrag nach § 119 I Var. 2 BGB anfechten.

1302 Ergibt die Auslegung, dass die beiderseitigen Erklärungen *weder* im objektiven *noch* im subjektiven Tatbestand übereinstimmen, liegt ein **versteckter Dissens** (§ 155 BGB) vor mit der Folge, dass wegen des Einigungsmangels schon gar kein Vertragsschluss vorliegt (dazu Rn 443, 504). Zwar unterliegt der Erklärende auch im Fall des versteckten Dissens typischerweise einem Irrtum, er irrt sich aber nicht über die *eigene* Erklärung, sondern über die seines Geschäftsgegners. Der Erklärende nimmt also irrigerweise an, dass beide Erklärungen inhaltlich übereinstimmen. Die Abgrenzung zwischen Irrtum und Dissens ist durch Auslegung unter sorgfältiger Würdigung aller Umstände zu bestimmen.[972]

Eine Anfechtung scheidet auch dann (und zwar mangels Irrtums) aus, wenn der Erklärende eine Erklärung *in dem Bewusstsein* abgibt, ihren Inhalt nicht zu kennen.[973]

Wer zum **Beispiel** einen Vertrag *ungelesen* unterschreibt, hat i.d.R. kein Anfechtungsrecht.[974] Hat sich der Unterzeichnende dagegen eine bestimmte Vorstellung vom Inhalt der Urkunde gemacht, kann er seine Erklärung anfechten, sofern der Erklärungsinhalt von seinen Vorstellungen abweicht.[975]

1303 Schließlich berechtigt der bloße **Motivirrtum** nicht zur Anfechtung. Ein Motivirrtum liegt vor, wenn der Erklärende irrtümlich von einem für die Bildung des *Geschäftswillens* bedeutsamen falschen Umstand ausgeht. Es besteht also keine Diskrepanz zwischen Wille und Erklärung; vielmehr ist dem Erklärenden im Vorfeld der Erklärung, und zwar bei der Willens*bildung*, ein Irrtum unterlaufen. Ein solcher **Irrtum im Beweg-**

---

[972] *Ellenberger*, in: Palandt, § 119 Rn 8.
[973] *Ellenberger*, in: Palandt, § 119 Rn 9.
[974] OLG Hamm NJW-RR **1991**, 1141.
[975] BGH NJW **1995**, 190, 191; *Ellenberger*, in: Palandt, § 119 Rn 9.

grund ist grundsätzlich **unbeachtlich**. Nur *ausnahmsweise* berechtigt er im gesetzlich geregelten Fall des § 119 II BGB zur Anfechtung (vgl. dazu unten).[976]

Beispiele für unbeachtliche Motivirrtümer:

1304

(1) Irrtum über den Wert der Sache

(2) Anerkenntnis einer (in Wirklichkeit nicht bestehenden) Verpflichtung in der irrigen Annahme, sie bestehe

(3) Irrtum über die Entwicklung der Kaufkraft des Geldes

(4) Fehler bei der Kalkulation, sofern dem Gegner lediglich das Ergebnis der Berechnung mitgeteilt, nicht aber die Kalkulation offengelegt wird (sog. **verdeckter Kalkulationsirrtum**).[977] Zum Kalkulationsirrtum vgl. ausführlich Rn 1328 ff.

1. Der Erklärungsirrtum, § 119 I Var. 2 BGB

Das Gesetz regelt in § 119 I BGB sowohl den Erklärungs- als auch den Inhaltsirrtum. Beiden Irrtümern ist gemeinsam, dass jeweils das subjektiv Gewollte und das objektiv Erklärte auseinanderfallen. Jedoch unterscheiden sie sich wie folgt:

1305

- Im Fall des **Inhaltsirrtums** (§ 119 I Var. 1 BGB) gibt der Erklärende eine Erklärung ab, die objektiv etwas anderes bedeutet als innerlich gemeint war. Der Erklärende irrt sich über die Bedeutung oder Tragweite seiner Erklärung. **Objektiver und subjektiver Erklärungstatbestand fallen auseinander.**

1306

- Beim **Erklärungsirrtum** (§ 119 I Var. 2 BGB) setzt der Erklärende **ein anderes Erklärungszeichen als gewollt**. Typische Fälle sind das Sichversprechen, Sichverschreiben, Sichvertippen, Sichvergreifen etc.

1307

Beispiele:

(1) A, Inhaberin einer Modeboutique, möchte beim Großhändler G 100 Seidenschals bestellen. Bei der Bestellung vertippt sie sich jedoch, sodass bei G eine Bestellung von 1000 Schals eingeht.[978]

(2) B, Inhaber eines Kiosks, vergreift sich beim Wechselgeld und gibt statt eines Zehneuroscheins einen Zwanzigeuroschein heraus.

Hinweis für die Fallbearbeitung: Eine Abgrenzung zwischen den beiden Irrtümern kann im Einzelfall sehr schwierig sein. Aufgrund ihrer Gemeinsamkeit, dass das subjektive Gewollte und das objektiv Erklärte auseinanderfallen, aufgrund derselben Anfechtungsfrist (§ 121 BGB) und aufgrund derselben Rechtsfolge (Nichtigkeit von Anfang an, § 142 I BGB), kann eine Zuordnung in Zweifelsfällen aber auch dahinstehen.

1308

Ein Erklärungsirrtum liegt auch dann vor, wenn ein **Blankett** abredewidrig ausgefüllt wird. Der Unterschied zu dem Fall, dass der Betroffene einen Vertrag ungelesen unterzeichnet (s.o.) besteht darin, dass sich der Unterzeichnende – aufgrund der vorherigen Abrede mit dem Ermächtigten – regelmäßig bestimmte Vorstellungen über den (künftigen) Inhalt des Schriftstücks gemacht hat. Damit enthält das abredewidrig ausgefüllte Blankett also gerade *nicht* die Erklärung, die eigentlich vom Unterzeichnenden gewollt war. Da er jedoch das unterzeichnete Blankett freiwillig aus der Hand gab und eine abredewidrige Ausfüllung niemals ausgeschlossen werden kann, ist die Anfechtung gegen-

1309

---

[976] Weitere Ausnahmen bestehen auch im Erbrecht: §§ 1949 I, 2078 II, 2079, 2308 BGB.
[977] Allg. Auffassung, vgl. nur BGH NJW **2002**, 2312, 2313; *Larenz/Wolf*, AT, § 36 Rn 78.
[978] Zur Falscheingabe bei einer **Internet-Bestellung** vgl. AG Bad Homburg NJW-RR **2002**, 1282. Vgl. auch BayObLG NJW **2003**, 367 für den Fall eines offensichtlich falschen Preises eines First-Class-Fluges.

über einem gutgläubigen Dritten nach dem Rechtsgedanken der §§ 172 II, 173 BGB ausgeschlossen.[979]

1310　　**Beispiel:** K möchte von seinem (bisherigen) Freund V das Auto kaufen. Da sich die beiden aber noch nicht über den genauen Kaufpreis einig sind, K jedoch eine Auslandsreise antreten muss, schickt er dem V schon einmal einen blanko unterschriebenen Bankscheck zu. V solle dann nach erzielter Einigung den vereinbarten Kaufpreis einsetzen. V setzt jedoch abredewidrig einen um 1.000,- € höheren Betrag ein und löst den Scheck bei der Bank ein.

Im Verhältnis zu V bedarf es keiner Anfechtung, da bereits die Auslegung ergibt, dass das Gewollte gilt. V ist auch nicht schutzwürdig.

Im Verhältnis zur Bank liegt zwar ein Erklärungsirrtum vor, allerdings ist K hier nicht schutzwürdig, da er hinsichtlich der Hingabe des blanko unterschriebenen Schecks grob fahrlässig handelte. Wer einen Blanko-Scheck in den Verkehr bringt, muss damit rechnen, dass dieser abredewidrig ausgefüllt wird. Wegen der hier vergleichbaren Interessenlage zur Vollmachtsurkunde ist die Anfechtung gegenüber der gutgläubigen Bank nach dem Rechtsgedanken der §§ 172 II, 173 BGB ausgeschlossen.

1310a　　Die Irrtumsregeln, also auch die über den Erklärungsirrtum, sind uneingeschränkt anwendbar auch auf Rechtsgeschäfte, die im **Internet** geschlossen werden. Denn es ist nicht einzusehen, warum dieses moderne Medium besonderen Regelungen unterliegen sollte.

Anwendungsfall[980]: V, Inhaber eines Internet-Versandhandelsgeschäfts, gibt den Preis für ein Notebook, das 2.650,- € kosten soll, in das computergesteuerte Vertriebssystem ein. Mittels einer von V verwendeten Software werden die Daten automatisch in die Produktdatenbank seiner Internetseite übertragen. Aufgrund eines Fehlers im Datentransfer erhält die Datenbank der Internetseite jedoch nicht den eingegebenen Betrag von 2.650,- €, sondern einen Verkaufspreis von 245,- €. Als Käufer K auf der Internetseite des V, die im Übrigen keine AGB hinsichtlich des Zeitpunkts des Zustandekommens des Rechtsgeschäfts enthält, das Notebook zu diesem sensationell günstigen Preis erblickt, schlägt er sofort zu und bestellt ein Exemplar. Auch erhält er eine automatisch generierte Bestätigung mit dem Inhalt, dass die Bestellung eingegangen sei und umgehend bearbeitet werde. Am nächsten Tag wird die Ware mit entsprechender Rechnung ausgeliefert. Doch schon einen Tag später wird der Fehler von V bemerkt. Er ficht das Geschäft an und verlangt die Rückgabe des Geräts.

Variante: Unterstellt, V könnte erfolgreich anfechten und K hätte beim Kauf noch 12,- € Versandkosten bezahlt, müsste V dem K die Versandkosten erstatten? Könnte K in diesem Fall die Rückgabe des Laptops so lange verweigern, bis V nicht nur den Kaufpreis, sondern auch die Versandkosten überweist?

A. Zum Ausgangsfall:
Der von V geltend gemachte Herausgabeanspruch könnte sich aufgrund der erklärten Anfechtung aus § 812 I S. 2 Var. 1 BGB (condictio ob causam finitam)[981] ergeben, da durch eine Anfechtung das angefochtene Rechtsgeschäft (d.h. die Willenserklärung) rückwirkend unwirksam wird (§ 142 I BGB). Das setzt jedoch zunächst einen wirksam zustande gekom-

---

[979] BGHZ **40**, 65, 68; **40**, 297, 305; *Rüthers/Stadler*, AT, § 25 Rn 25; *Ellenberger*, in: Palandt, § 119 Rn 10.
[980] In Anlehnung an BGH NJW **2005**, 976. Vgl. auch AG Lahr NJW **2005**, 991 f.
[981] Der Inhalt eines Kondiktionsanspruchs kann auf Rückübertragung des Eigentums und/oder Herausgabe des Besitzes gerichtet sein, abhängig davon, ob nur das Kausalgeschäft oder auch das Verfügungsgeschäft angefochten wurde. Wurde nur das Kausalgeschäft angefochten, bleibt also der Anfechtungsgegner Eigentümer. Dann richtet sich der Kondiktionsanspruch auf Rückübertragung des Eigentums und Herausgabe der Sache (also Verschaffung des unmittelbaren Besitzes). Wurde indes auch das Verfügungsgeschäft erfolgreich angefochten, kann nur die Besitzverschaffung verlangt werden, da der Anfechtende durch die Anfechtung des Verpflichtungsgeschäfts so gestellt wird, als habe er niemals Eigentum verloren. Vgl. dazu ausführlich oben Rn 49 ff. sowie *R. Schmidt*, SchuldR BT II, Rn 272 ff.

menen Vertrag über den (Ver-)Kauf eines Notebooks zwischen V und K zum Preis von 245,-€ voraus, den V über die Anfechtung seiner Willenserklärung zudem vernichten konnte.

I. Zustandekommen des Kaufvertrags

Wann bei Online-Geschäften ein (Kauf-)Vertrag **zustande kommt**, war anfänglich aufgrund der Neuheit des Mediums *Internet* unklar. Mittlerweile besteht jedoch die gesicherte Rechtsauffassung[982], dass Verträge über den Absatz von Waren, die im Internet getätigt werden, wie „normale" Rechtsgeschäfte zu behandeln sind, also gem. der allgemeinen Rechtsgeschäftslehre wie alle gegenseitigen Verträge durch zwei übereinstimmende, mit Bezug aufeinander abgegebene Willenserklärungen, Angebot und Annahme, zustande kommen. Insbesondere kann eine Willenserklärung auch in einer Angebotsseite im Internet enthalten sein.[983]

Fraglich ist vorliegend allein, worin das **Angebot** zum Abschluss eines solchen Vertrags zu sehen ist. Würde man **allein in der Präsentation** von Waren (oder Dienstleistungen) in einem Online-Shop bereits eine verbindliche Erklärung in Form eines Vertragsangebots sehen, hätte K durch seine Bestellung eine entsprechende Annahmeerklärung abgegeben mit der Folge, dass mit Zugang seiner Bestellung ein Kaufvertrag zustande gekommen ist.

⇨ Tatsächlich wird vereinzelt vertreten, dass allein die Präsentation von Waren (oder Dienstleistungen) in einem Online-Shop bereits eine verbindliche Erklärung in Form eines Vertragsangebots darstelle.[984] Zur Begründung wird angeführt, dass dem Kunden durch die Präsentation der Waren der direkte Zugriff „auf den Lagerbestand" des Anbieters suggeriert werde. Daher müsse seine Bestellung wie eine Angebotsannahme gewertet werden.

⇨ Diese Auffassung ist unhaltbar und lässt auf geringen Sachverstand schließen. Sie verkennt, dass auch in einem Online-Shop der Warenbestand nun einmal begrenzt ist und dass es bei der Vielzahl von gleichzeitigen oder zumindest schnell abfolgenden „Bestellungen" dem Anbieter unmöglich ist, den Artikel aus dem Bestellmenü herauszunehmen, sobald die Zahl der Bestellungen den Vorrat des betreffenden Artikels erschöpft hat. Würde man Gegenteiliges annehmen, käme dies einer „Beschaffungsschuld" gleich, die auch im allgemeinen Rechtsverkehr über Waren wegen des fehlenden Rechtsbindungswillens zu Recht abgelehnt wird. Schließlich würde man bei Bejahung des Vertragsschlusses allein durch das Absenden der Bestellung dem Unternehmen die Möglichkeit nehmen, vor Vertragsschluss die Zahlungsfähigkeit des Kunden zu prüfen (etwa durch Einsichtnahme der Kundenstammdaten mit dem dort dokumentierten bisherigen Zahlungsverhalten oder durch Einholung einer Schufa-Auskunft).

Daher sind (in Ermangelung entgegenstehender AGB) das Einstellen und Online-Anbieten eines Produkts – wie im „herkömmlichen" Leben die Präsentation im Schaufenster – lediglich als Aufforderung zur Abgabe eines Angebots (*invitatio ad offerendum*) anzusehen. Das zum Vertragsschluss erforderliche Angebot besteht daher nicht in der Präsentation der Waren auf der Internetseite, sondern in der Bestell-Mail des Kunden.[985]

Sieht man also das **Angebot** zum Vertragsschluss in der **Bestellung** des K, ist es dem V auch **zugegangen**. Denn eine per **E-Mail** (auch eine Bestell-Mail ist eine E-Mail) versandte Erklärung befindet sich nicht erst nach dem Herunterladen auf den eigenen Rechner im räumlichen Herrschaftsbereich des Empfängers, sondern bereits dann, wenn sie auf dem Rechner des Diensteanbieters (sog. **Provider**), d.h. auf dessen **Mail-Server**, (zwischen-)gespeichert wird.[986] Denn dieser hat die Funktion eines (elektronischen) Postfachs, auf das der Empfänger der Erklärung mittels Passwortes zugreifen kann. Selbstverständlich gilt das

---

[982] Vgl. nicht nur LG Essen a.a.O., sondern auch LG Köln MMR **2003**, 481 f.; AG Butzbach NJW-RR **2003**, 54; AG Wolfenbüttel MMR **2003**, 492; OLG München NJW **2004**, 1328 f.; AG Menden NJW **2004**, 1329 f. Der BGH hat jüngst (NJW **2005**, 976 ff.) diese Rechtsauffassung bestätigt.

[983] Vgl. dazu ausführlich BGHZ **149**, 129, 134; BGH NJW **2005**, 976 f.; AG Lahr NJW **2005**, 991 f.

[984] *Krimmelmann/Winter*, JuS **2003**, 532, 533.

[985] Wie hier nun auch BGH NJW **2005**, 976 f.; AG Lahr NJW **2005**, 991 f.; *Kocher*, JA **2006**, 144, 145.

[986] Vgl. BGHZ **137**, 205, 208; **149**, 129, 134; *Lettl*, JA **2003**, 948, 950. Zum Zugangsnachweis bei E-Mails vgl. *Mankowski*, NJW **2004**, 1901 ff.

Gleiche, wenn im **Versand- oder Internethandel** ausdrücklich ein **24-Stunden-Bestellservice** angeboten wird.

> **Exkurs:** Sollte der Computer des Empfängers defekt sein und dieser daher keine E-Mails abrufen können, hindert dies den Zugang nicht. Denn wer den Rechtsverkehr via Internet bzw. E-Mail zulässt, trägt auch die Verantwortung für seine technischen Vorrichtungen zum Abruf der E-Mails. Davon zu unterscheiden ist der Fall, dass die E-Mail zwar beim Provider ankommt, dann aber auf dem Weg zum Empfänger verloren geht oder verstümmelt wird. Wer hier das Risiko tragen soll, ist unklar. Nach der Definition des Zugangs müsste man den Zugang verneinen, da der Empfänger keine Möglichkeit der Kenntnisnahme hatte. Aber wäre es umgekehrt sachgerechter, dem Absender der E-Mail dieses Risiko aufzubürden? Hier besteht noch erheblicher Handlungsbedarf des Gesetzgebers. Für den Fall des Absatzvertrags im elektronischen Geschäftsverkehr zwischen einem Unternehmer (§ 14 BGB) und einem Verbraucher (§ 13 BGB) ist jedenfalls die gesetzliche Regelung in § 312e I S. 2 BGB[987] zu beachten, sodass im vorliegenden Fall die Bestellung des K zumindest zugegangen ist. V hat den Eingang im Übrigen auch nicht bestritten.

Die **Annahme** i.S.d. §§ 145 ff. BGB besteht in aller Regel nicht bereits darin, dass der Verkäufer eine automatisch vom Computer generierte Eingangsbestätigung hinsichtlich der Bestellung verschickt. Denn diese wird zumeist nur versendet, um der gesetzlichen Regelung des § 312e I S. 1 Nr. 3 BGB gerecht zu werden, damit der Besteller erkennt, dass seine Bestellung angekommen ist und nunmehr bearbeitet wird. Nur wenn die Bestätigungs-Mail den Besteller als Kunden anspricht und ihm mitteilt, dass sein Auftrag nunmehr von der Versandabteilung bearbeitet werde und man sich für den Auftrag bedanke, ist sie als konkludente Erklärung der Annahme des Angebots des Bestellers auszulegen. Ist das aber nicht der Fall, bedarf es einer separaten Annahmeerklärung.[988] Diese besteht zumeist darin, dass der Anbieter dem Kunden entweder eine Auftragsbestätigung zuschickt oder die Ware ausliefert. Welcher dieser Akte letztlich den Vertragsschluss begründet, ist – wie bei herkömmlichen Sachverhalten – aus der Sicht des objektivierten Empfängerhorizonts (§§ 133, 157 BGB) zu ermitteln; entscheidend können aber auch die AGB des Anbieters sein, an denen es vorliegend jedoch mangelt.

> **Exkurs:** Derartige Auslegungsfragen stellen sich i.d.R. nicht, wenn der Verkäufer in seinen **AGB** eine entsprechende Klausel verwendet. Ist dort zu lesen: „Die Annahme Ihrer Bestellung erfolgt durch Versendung der Ware" und erhält der Kunde eine Bestätigungs-Mail mit dem Inhalt: „Vielen Dank für Ihre Bestellung! Ihre Bestellnummer lautet: ... Sie haben folgende Waren bestellt ..." oder: „Folgende Bestellung, ... , die uns vorliegt, wird umgehend bearbeitet", ist der Zeitpunkt des Vertragsschlusses zumeist unstreitig. Der Vertrag ist in solchen Fällen dann zustande gekommen, wenn der Verkäufer entweder eine Auftragsbestätigung verschickt oder die Ware ausliefert.

Vorliegend können diese Fragen offenbleiben, da V jedenfalls die Ware ausgeliefert und K die Ware angenommen hat. Dadurch wurde ein verbindlicher Kaufvertrag geschlossen.

II. Rechtsvernichtende Einwendung *Anfechtung*

Möglicherweise konnte V den zunächst wirksam zustande gekommenen Kaufvertrag durch **Anfechtung** rückwirkend vernichten.

Eine nach § 143 I BGB erforderliche <u>Anfechtungserklärung</u> liegt vor. Die Einhaltung der <u>Anfechtungsfrist</u> (§ 121 BGB) wird unterstellt. Erforderlich ist aber auch ein anerkannter <u>Anfechtungsgrund</u>. In Betracht kommt eine Anfechtung wegen **Erklärungsirrtums** gem. § 119 I Var. 2 BGB.

---

[987] Freilich ist zu beachten, dass diese Vorschriften auch Kunden erfasst, die nicht Verbraucher sind.
[988] Wie hier nun auch BGH NJW **2005**, 976 f.

Beim **Erklärungsirrtum** (§ 119 I Var. 2 BGB) setzt der Erklärende **ein anderes Erklärungszeichen als gewollt**. Typische Fälle sind das Sichversprechen, Sichverschreiben, Sichvertippen, Sichvergreifen etc.

Nicht als Anfechtungsgrund anerkannt ist der bloße, d.h. interne **Kalkulationsirrtum**, sofern die interne Kalkulation nicht in die Willenserklärung aufgenommen wurde (sog. **verdeckter Kalkulationsirrtum**). In diesem Fall liegt nach allgemeiner Auffassung ein **unbeachtlicher Motivirrtum** vor.[989] Auch eine Anfechtung nach § 119 II BGB scheidet aus, da der Wert einer Leistung keine verkehrswesentliche Eigenschaft darstellt. Der Anbieter trägt also (aus Gründen des Verkehrsschutzes) das Risiko, dass seine Kalkulation zutrifft.

V hat seinen Erklärungswillen jedoch fehlerfrei gebildet, er wollte auf seiner Internetseite für das Notebook den Verkaufspreis von 2.650,- € angeben. Die Angabe des falschen Betrags von 245,- € beruhte daher nicht auf einer fehlerhaften Berechnung des Preises im Stadium der Willensbildung, sondern auf einem nachfolgenden Fehler bei der Übertragung der Daten, d.h. auf Fehlern einer vom Erklärenden verwendeten Software. Das ist kein Fall eines unbeachtlichen internen Kalkulationsirrtums, sondern eines Erklärungsirrtums.

Fraglich ist allerdings, wie es sich auswirkt, dass V den von ihm (fehlerfrei) festgelegten Verkaufspreis zutreffend in sein Warenwirtschaftssystem eingegeben hat, der Irrtum des V also nicht ihm selbst unterlaufen, sondern dass die Änderung des eingegebenen Verkaufspreises aufgrund eines Fehlers im Datentransfer durch die im Übrigen beanstandungsfrei laufende Software erfolgt ist. Aber auch die Verfälschung des ursprünglich richtig Erklärten auf dem Weg zum Empfänger durch eine unerkannt fehlerhafte Software ist als Irrtum in der Erklärungshandlung anzusehen. Denn es besteht kein Unterschied, ob sich der Erklärende selbst verschreibt bzw. vertippt oder ob die Abweichung vom gewollten Erklärungstatbestand auf dem weiteren Weg zum Empfänger eintritt. Dies ergibt sich auch aus § 120 BGB, wonach eine Willenserklärung, welche durch die zur Übermittlung verwendete Person oder Einrichtung unrichtig übermittelt worden ist, unter der gleichen Voraussetzung angefochten werden kann wie nach § 119 BGB eine irrtümlich abgegebene Willenserklärung. Dementsprechend wird § 120 BGB einhellig als Fall des Erklärungsirrtums angesehen, der lediglich eine gesonderte gesetzliche Regelung erhalten hat.[990] Nichts anderes kann für den Fall gelten, in dem aufgrund fehlerhaften Datentransfers ein Übermittlungsfehler auftritt, bevor die Willenserklärung den Bereich des Erklärenden verlassen hat.

An diesem Ergebnis ändert auch der Umstand nichts, dass der Erklärungsirrtum zum Zeitpunkt der Abgabe der *invitatio ad offerendum* entstand. Denn dadurch, dass K die Annahme des Angebots gerade aufgrund der fehlerhaften Programmierung des Bestellsystems erklärte, wirkte der Irrtum auf den Zeitpunkt des Vertragsschlusses fort.

Das Anfechtungsrecht des V ist auch nicht dadurch ausgeschlossen, dass er Verkäufer ist, der sich grundsätzlich nicht durch Anfechtung seiner Sachmangelgewährleistungspflichten (§§ 434 ff. BGB) entziehen darf. Denn V wollte mit seiner Anfechtung lediglich seinen Irrtum bei der Preisangabe korrigieren, keine Sachmängelrechte des K abschneiden.

Rechtsfolge der Anfechtung ist die Unwirksamkeit des Kaufvertrags von Anfang an (§ 142 I BGB).

III. Ergebnis
Die tatsächlich auf der Internetseite erschienene Preisangabe von 245,- € entsprach nicht dem Erklärungswillen des V. Dieser unterlag daher im Ergebnis einem zur Anfechtung berechtigenden Erklärungsirrtum. Er kann das Notebook gem. § 812 I S. 2 Var. 1 BGB von K kondizieren, und zwar Zug um Zug gegen seinerseitige Herausgabe des Kaufpreises von 245,- €.

---

[989] BGH NJW **2002**, 2312 f.; BayObLG NJW **2003**, 367; *Larenz/Wolf,* AT, § 36 Rn 70 ff; *Brox/Walker,* AT, Rn 426; *Köhler/Lange,* AT, § 7 Rn 25; *Rüthers/Stadler,* AT, § 25 Rn 42; *Ellenberger,* in: Palandt, § 119 Rn 18; *Kocher,* JA **2006**, 144, 145 f. Zum Kalkulationsirrtum vgl. ausführlich Rn 1328 ff.
[990] Vgl. nur BGH NJW **2005**, 976, 977; *Palm,* in: Erman, BGB, § 119 Rn 33; *Hefermehl,* in: Soergel, § 119 Rn 11; *Kramer,* in: MüKo, § 119 Rn 46; *Ellenberger,* in: Palandt, § 119 Rn 10; *Larenz/Wolf,* BGB AT, § 36 Rn 14.

B. Zur Variante:

Rechtsfolge einer erfolgreichen Anfechtung ist nicht nur ein Kondiktionsanspruch (bzw. bei erfolgreicher Anfechtung auch des Verfügungsgeschäfts ein Vindikationsanspruch), sondern auch ein Gegenanspruch des Anfechtungsgegners, der im Vertrauen auf die Gültigkeit des Rechtsgeschäfts Aufwendungen erbracht hat. Gemeint ist der **Schadensersatzanspruch gem. § 122 I BGB**. Die Voraussetzungen eines solchen Anspruchs liegen bei K vor. V hat seine K gegenüber abgegebene Annahmeerklärung gem. § 119 I Var. 2 BGB wirksam angefochten. K hat auf die Gültigkeit dieser Erklärung vertraut und infolge dessen die Versandkosten von 12,- € bezahlt. Diese Aufwendungen hätten sich bei ordnungsgemäßer Erfüllung des Kaufvertrags rentiert, sodass eine Begrenzung des Vertrauensschadens durch das Erfüllungsinteresse nicht in Betracht kommt. Schließlich ist der Anspruch auch nicht gemäß § 122 II BGB ausgeschlossen, da K den Fehler in der Software des V weder kannte noch kennen musste. K steht demnach ein Schadensersatzanspruch i.H.v. 12,- € gem. § 122 I BGB zu.

Ein Anspruch mit dem gleichen Inhalt steht K wegen **Verschuldens bei Vertragsverhandlungen** (cic) gem. **§§ 311 II Nr. 1, 241 II, 280 I BGB** zu. V hat den Preis des Notebooks falsch ausgezeichnet und damit (im Zweifel, § 280 I S. 2 BGB) schuldhaft eine Vertragspflicht im Rahmen der Vertragsverhandlungen mit K verletzt. Dieser Anspruch wird auch nicht von § 122 I BGB verdrängt, da es sich - anders als bei § 122 BGB - um eine Verschuldenshaftung handelt.

Ergebnis: V kann das Notebook gem. § 812 I S. 2 Var. 1 BGB von K kondizieren, und zwar Zug um Zug gegen seinerseitige Herausgabe des Kaufpreises von 245,- € zuzüglich der Versandkosten i.H.v. 12,- €, als von insgesamt 257,- €.

1311 **Kein Irrtum** liegt vor, wenn der Erklärende überhaupt nicht die Absicht hatte, eine Willenserklärung abzugeben. In diesem Fall gelten die Grundsätze über das **Fehlen des Erklärungsbewusstseins** (vgl. dazu Rn 252 ff.).

1312 **Beispiel:** Anton nimmt an der Mitgliederversammlung seines Schützenvereins teil. Dort laufen zwei Unterschriftenlisten um, eine mit einer Glückwunschadresse für den langjährigen Vorsitzenden, die andere mit einer Sammelbestellung für ein Abonnement einer Sportschützenzeitschrift. A will die Glückwunschadresse unterschreiben, unterzeichnet jedoch versehentlich die Bestellung. Der Verlag verlangt Bezahlung, weil ein Abonnementvertrag zustande gekommen sei.

A wollte keine rechtlich erhebliche Erklärung abgeben und hatte daher auch **kein Erklärungsbewusstsein.** Auf dem Boden der h.M. ist ihm sein Verhalten dennoch als Willenserklärung zuzurechnen. Denn wer ein Schriftstück unterzeichnet, hat die Möglichkeit, sich zu vergewissern, worum es sich handelt.

Dies gilt umso mehr, wenn der Erklärende weiß oder Grund zur Annahme hat, dass sich unter den vorgelegten Schriftstücken auch solche befinden, die eine rechtsgeschäftliche Erklärung enthalten.

A muss sich daher die durch seine Unterschrift gedeckte Erklärung zurechnen lassen. Er kann sie jedoch **analog § 119 I Var. 2 BGB** unter Beachtung der Frist des § 121 I BGB anfechten mit der Folge, dass er analog § 122 BGB den Vertrauensschaden ersetzen muss.

Zur **Kausalität** zwischen Irrtum und Abgabe der Willenserklärung vgl. Rn 1364.

2. Der Inhaltsirrtum, § 119 I Var. 1 BGB

a. Der Inhaltsirrtum i.e.S. (Irrtum über den Erklärungsinhalt)

1313 Wie bereits gesagt, liegt ein Inhaltsirrtum vor, wenn der Erklärende eine Erklärung abgibt, die objektiv etwas anderes bedeutet als innerlich gemeint war. Der Erklärende irrt sich über die Bedeutung oder Tragweite seiner Erklärung. **Objektiver und subjektiver Erklärungstatbestand fallen auseinander**.

Beispiel: Gastronom G bestellt bei D ein Gros Tischgestecke und glaubt dabei, Gros sei eine Größenbezeichnung von 144 Millimeter. Tatsächlich bedeutet Gros aber ein Dutzend mal ein Dutzend, also 144 Stück. Nachdem 144 Tischgestecke angeliefert worden sind, erkennt G seinen Irrtum. 1314

Hier hat G objektiv etwas anderes erklärt, als er subjektiv meinte. Er hat sich über die Bedeutung der Bezeichnung Gros geirrt. Diese Fehlvorstellung berechtigt zur Anfechtung nach § 119 I Var. 1 BGB. G muss dem D gem. § 122 I BGB aber den Vertrauensschaden ersetzen, sofern D nicht die Anfechtbarkeit kannte oder kennen musste (§ 122 II BGB). Wegen der in § 142 I BGB angeordneten Nichtigkeitsfolge kann D die Gestecke nach § 812 I S. 2 Var. 1 BGB herausverlangen.

> **Hinweis für die Fallbearbeitung:** Hinsichtlich von Fällen der vorliegenden Art gilt, dass der Prüfungseinstieg nicht systematisch, sondern über die gewünschte Rechtsfolge erfolgt. Sofern eine Partei z.B. das Geleistete zurückverlangt, erfolgt der Einstieg in die Prüfung – abhängig davon, ob nur das Verpflichtungsgeschäft oder auch das Verfügungsgeschäft nichtig ist – entweder über das Bereicherungsrecht oder über den Vindikationsanspruch gem. § 985 BGB. Erst in einem zweiten Schritt ist der Grund für die Nichtigkeit des Verpflichtungs- bzw. Verfügungsgeschäfts festzustellen. 1315

Ein Inhaltsirrtum i.e.S. ist also immer dann gegeben, wenn der Erklärende über den objektiven Sinn eines von ihm verwendeten Erklärungsmittels (Wort, Zeichen) irrt. Daher wird dieser Irrtum gelegentlich auch **Verlautbarungsirrtum** genannt. Bedeutsam wird dies bei der Verwendung von Fremdsprachen, die der Erklärende nicht beherrscht, aber auch bei Fachausdrücken. 1316

Beispiel: B möchte seine Hofeinfahrt pflastern. Hierzu bestellt er beim Baustoffhändler H Pflastersteine im Farbton Grau, wobei er davon ausgeht, dunkelgraue Steine geliefert zu bekommen. Als eine Woche später mittelgraue Steine geliefert werden, stellt sich heraus, dass B einer Fehlvorstellung unterlegen ist. Hätte er Pflastersteine im gewünschten Farbton haben wollen, hätte er den Farbton Anthrazit wählen müssen. Dass bei Pflastersteinen zwischen den Farbtönen Grau und Anthrazit unterschieden wird, war B nicht bekannt. 1317

Hier kann B seine Willenserklärung in gleicher Weise anfechten, wie es G des letzten Beispiels konnte. Auch hinsichtlich der Rechtsfolge gilt dasselbe.

Im Übrigen sind nach dem Gegenstand des Irrtums folgende Unterarten des Inhaltsirrtums zu unterscheiden: 1318

- Irrtum über den **Geschäftstyp**
- Irrtum über die **Identität des Geschäftspartners oder -gegenstands**
- Irrtum über die **Rechtsfolgen des Geschäfts**
- Irrtum über die **Kalkulationsgrundlage**

b. Der Irrtum über den Geschäftstyp

Ein Irrtum über den Geschäftstyp (auch Irrtum über die Geschäftsart genannt) liegt vor, wenn der Erklärende einen ganz anderen Vertragstyp herbeiführen wollte, als er objektiv zum Ausdruck gebracht hat (*error in negotio*). Die Rechtswirkungen des tatsächlich abgeschlossenen Geschäfts weichen wesentlich von denen des wirklich gewollten Geschäfts ab. 1319

1320

Beispiel[991]: H erzählt seinem Arbeitskollegen A, dass seine Mischlingshündin Nachwuchs bekommen habe und er nicht wisse, was er mit den 6 Welpen machen solle. Wenn A wolle, könne er einen Hund haben. Nach einiger Überlegung geht A am nächsten Tag zu H. Dieser sagt ihm, er solle sich einen Welpen aussuchen, was A auch tut. Beide vereinbaren, dass A „seinen" Hund in drei Wochen abholen könne. Als A drei Wochen später mit Halsband und Leine vor H´s Tür steht und den Hund bereits in den Armen hält, verlangt H unter Berufung auf einen Kauf für den Hund 200,- €. Da A davon ausging, den Hund geschenkt zu bekommen, und ihn unter keinen Umständen bezahlen will, verlangt H den Hund zurück. Mit Recht?

I. Anspruch H gegen A auf Herausgabe des Hundes gem. § 985 BGB

H könnte einen Anspruch auf Herausgabe des Hundes gem. § 985 BGB haben. Dazu müsste er im Zeitpunkt der Anspruchsstellung Eigentümer gewesen sein und A hätte kein Recht zum Besitz haben dürfen.

Ursprünglich war H Eigentümer des Hundes. Dieses Eigentum könnte er aber infolge Übereignung und Übergabe (§§ 929 S. 1, 90a BGB) an A verloren haben. Zwar regelt § 929 BGB die sachenrechtliche Übertragung beweglicher Sachen, die Eigentumsübertragung enthält jedoch auch das Element der (dinglichen) Einigung, dass das Eigentum übergehen soll. Insoweit gelten die Regeln über Willenserklärungen auch für die sachenrechtliche Einigung.

Vorliegend kann daher mit guten Gründen angenommen werden, dass H nur unter der aufschiebenden Bedingung (§ 158 I BGB) der vollständigen Kaufpreiszahlung dem A Eigentum an dem Hund verschaffen wollte. Da diese Bedingung nicht eingetreten ist, hat H – sofern man die Bedingung in diesem Zusammenhang nicht ablehnt – folglich kein Eigentum verloren. Er kann den Hund gem. § 985 BGB vindizieren.

Sollte man die Annahme eines aufschiebend bedingten Eigentumserwerbs ablehnen, bliebe zu fragen, ob H die dingliche Einigung durch Anfechtung vernichten konnte. Es würde aber auf jeden Fall ein Anfechtungsgrund fehlen. Der überhaupt nur in Betracht kommende Anfechtungsgrund wegen Inhaltsirrtums läge in Bezug auf das sachenrechtliche Verfügungsgeschäft nicht vor, da H das Eigentum an A übertragen wollte und dies auch erklärt hat. Ein möglicher Irrtum hinsichtlich des Kausalgeschäfts würde die dingliche Einigung (jedenfalls beim Inhaltsirrtum) nicht berühren! Demzufolge hätte H das Eigentum an A verloren, § 985 BGB auf Herausgabe des Hundes wäre dann **nicht** gegeben.

II. Anspruch H gegen A auf Herausgabe des Hundes gem. § 812 I BGB

Zu prüfen bleibt in jedem Fall ein Anspruch auf Herausgabe (je nach Befolgung der o.g. Auffassungen entweder auf Besitzverschaffung oder auf Rückübereignung) des Hundes. A hat „etwas erlangt", nämlich Besitz bzw. Eigentum und Besitz bzgl. des Hundes und zwar durch „Leistung" i.S.d. § 812 I BGB.

Als Rechtsgrund, der für einen Anspruch aus § 812 I BGB fehlen müsste, kommt ein Schenkungsvertrag (§ 516 BGB) in Betracht.

Die Erklärung des H war aus der Sicht eines objektiven Dritten in der Rolle des Empfängers A als ein Angebot zum Abschluss eines Schenkungsvertrags zu verstehen; dieses Angebot hat A angenommen (§ 518 II BGB heilt die fehlende Form). Diese *causa* könnte gem. § 142 I BGB nichtig sein. Als Nichtigkeitsgrund kommt eine Irrtumsanfechtung des H in Betracht. Die Anfechtungserklärung gem. § 143 BGB kann in dem Herausgabeverlangen erblickt werden. Es müsste aber auch ein Anfechtungsgrund bestehen. In Betracht kommt ein Inhaltsirrtum gem. § 119 I Var. 1 BGB in Form eines Irrtums über den Geschäftstyp.

H hat bei der Übergabe des Hundes nicht ausdrücklich gesagt, ob er dem A das Tier schenken oder verkaufen wolle. Die Erklärung ist somit aus der objektivierten Sicht des A auszulegen, §§ 133, 157 BGB. Aus den vorangegangen Äußerungen des H konnte A schließen, dass H die Welpen in jedem Fall abgeben wollte, da er selbst offenbar keine Verwendung für die Tiere hatte. Aufgrund dieser Umstände musste A die Erklärung des

---

[991] Vgl. auch *Rüthers/Stadler*, AT, § 25 Rn 33-35.

H als Angebot zur Schenkung, also zur unentgeltlichen Überlassung des Welpen, verstehen. Dass H einen Kaufvertrag abschließen wollte, ist nicht zum Ausdruck gekommen. Insoweit stimmen das objektiv Erklärte und der wahre Wille des H hinsichtlich des Geschäftstyps nicht überein.

H kann daher seine Willenserklärung in Bezug auf den Schenkungsvertrag wegen Inhaltsirrtums anfechten. Der Schenkungsvertrag ist aufgrund der Anfechtung nichtig. Damit fehlt der Rechtsgrund für die Übereignung. A ist verpflichtet, nach § 812 I S. 2 Var. 1 BGB den Welpen zurück zu übereignen.

c. Der Irrtum über die Identität des Geschäftspartners oder -gegenstands

Irrt sich der Erklärende über die Identität (nicht die Eigenschaften!) des Geschäftsgegners oder -gegenstands, liegt ein sog. Identitätsirrtum vor. Bei einem solchen *error in persona* oder *error in objecto* meint der Erklärende, eine andere Person oder Sache (i.S. einer Individualisierung) bezeichnet zu haben, als er in seiner Erklärung tatsächlich bezeichnet hat.   **1321**

> **Beispiel:** A will den ihm bekannten Malermeister Meier 1 beauftragen und beauftragt irrtümlicherweise den Malermeister Meier 2, da er im Telefonbuch übersieht, dass es zwei gleichnamige Malermeister gibt, und er meint, mit Meier 1 zu sprechen.
> In diesem Fall hat A seinen Geschäftsgegner falsch individualisiert. Ihm kommt daher ein Anfechtungsrecht nach § 119 I Var. 1 BGB zu.

Die Grenzen zwischen einem Identitätsirrtum nach § 119 I Var. 1 BGB und einem **Eigenschaftsirrtum** nach § 119 II BGB (dazu Rn 1343) sind fließend. Da dieselben Rechtsfolgen gelten und auch dieselbe Anfechtungsfrist zu beachten ist, könnte eine Unterscheidung an sich dahinstehen. Dennoch ist eine Unterscheidung bedeutsam, und zwar im Hinblick auf das **Gewährleistungsrecht**, das nur mit dem Eigenschaftsirrtum, nicht auch mit dem Inhaltsirrtum in Konkurrenz steht: Während eine Anfechtung nach § 119 I BGB immer zulässig ist, kann das Anfechtungsrecht wegen Eigenschaftsirrtums gem. § 119 II BGB in diesen Fällen nur beschränkt geltend gemacht werden (dazu Rn 1343).   **1322**

Beim Eigenschaftsirrtum sind im Gegensatz zum Identitätsirrtum der Geschäftsgegenstand oder der Vertragspartner körperlich zutreffend ausgewählt, aber ihnen fehlen bestimmte, zugeschriebene Eigenschaften.

> **Beispiel:** A telefoniert mit B und bietet ihm den Mops Namens *Frank* zum Kauf an. B nimmt das Angebot in der (irrigen) Annahme an, dass es sich bei dem Mops um den Hund handelt, der in dem Film „man in black 2" eingesetzt wurde.   **1323**
>
> In diesem Fall diente der Name des Hundes als Identifizierungsmerkmal der Kaufsache. Es liegt daher ein Irrtum über die Identität des Hundes vor, der zur Anfechtbarkeit nach § 119 I Var. 1 BGB führt.
>
> **Abwandlung:** B ist bei A zu Besuch. Bei dieser Gelegenheit stellt A den Mops Namens *Frank* vor und bietet ihn B zum Kauf an. B nimmt das Angebot in der (irrigen) Annahme an, dass es sich bei dem Mops um den Hund handelt, der in dem Film „man in black 2" eingesetzt wurde.
>
> In diesem Fall wurde der Mops bereits durch seine Anwesenheit als Kaufgegenstand individualisiert. Hier bildete die irrige Annahme lediglich das Motiv des B, den (zuvor schon individualisierten) Hund zu kaufen. In diesem Fall hätte B aber ein grundsätzliches Anfechtungsrecht nach § 119 II BGB, da er sich über eine verkehrswesentliche Eigenschaft geirrt hat. Ob ihm dieses Anfechtungsrecht aber wegen des abschließenden Charakters des Sachmangelgewährleistungsrechts nach §§ 437 ff. BGB letztlich zusteht, hängt davon ab, ob man anderenfalls die fein abgestufte Regelung der Gewährleistungsrechte unterlaufen würde (dazu Rn 1481 ff.).

d. Der Irrtum über die Rechtsfolgen des Geschäfts

1324   Irrt sich der Erklärende über die Rechtsfolgen seiner Erklärung, liegt damit noch nicht notwendigerweise ein zur Anfechtung berechtigender Inhaltsirrtum vor. Vielmehr ist der Rechtsfolgenirrtum nur dann beachtlich, wenn der Erklärende ausdrücklich eine bestimmte Rechtsfolge herbeiführen will, dann aber wegen Verkennung der rechtlichen Bedeutung eine andere Rechtswirkung eintritt. Entscheidend ist, dass die Erklärung nach ihrem Inhalt *unmittelbar* auf die Herbeiführung dieser Rechtsfolge gerichtet ist.

> **Beispiel[992]:** V und K schließen einen Kaufvertrag über eine Gaststätte, die sich auf einem gepachteten Grundstück befindet. In dem Vertrag heißt es, dass sich der Vertragsgegenstand auch auf das Zubehör erstrecke. Dabei geht V stillschweigend davon aus, K werde nicht verkennen, dass damit (nur) das fest eingebaute Mobiliar gemeint sei. Tatsächlich glaubt K aber, dass sich der Begriff „Zubehör" auch auf das gesamte bewegliche Zubehör (Geschirr, Bestecke, Kochgeschirr etc.) erstrecke.
>
> Da die Auslegungsregel des § 926 i.V.m. § 97 BGB nicht greift (die Gaststätte als solche ist keine Immobilie, zumal das Grundstück nur gepachtet ist), ist die Willenserklärung des V nach §§ 133, 157 BGB auszulegen. Es ist somit auf den objektivierten Empfängerhorizont abzustellen. Demzufolge ergibt sich für V ein Irrtum: Er hat objektiv etwas anderes erklärt, als er subjektiv gemeint hat. Ob dieser sog. Rechtsfolgenirrtum zur Anfechtung gem. § 119 I Var. 1 BGB berechtigt, richtet sich danach, ob sich die Erklärung unmittelbar auf das bewegliche Zubehör bezieht. Das ist wohl anzunehmen. Demnach hat V ein Anfechtungsrecht nach § 119 I Var. 1 BGB wegen eines Irrtums hinsichtlich der Rechtsfolgen seiner Erklärung.

1325   Ergeben sich die fraglichen Rechtsfolgen hingegen unabhängig vom Willen des Erklärenden, insbesondere kraft Gesetzes oder im Wege ergänzender Vertragsauslegung, liegt ein bloßer, nicht zur Anfechtung berechtigender Motivirrtum vor.

1326   **Beispiele[993]:**

> **(1)** V veräußert an K ein größeres Wohnhaus, in dem seit vielen Jahren mehrere Familien zur Miete wohnen. Als K erfährt, dass die Mietverträge auch ihm gegenüber wirksam sind und er kraft Gesetzes in die Vermieterposition des V eintritt (§ 566 I BGB), möchte er den Kaufvertrag anfechten.
> Zwar hat sich K über die Rechtsfolgen seiner Erklärung geirrt, dieser Irrtum ist allerdings unbeachtlich, da die Übernahme der Mietverträge mit der Veräußerung des Grundstücks – unabhängig vom Willen der Parteien – gesetzlich angeordnet ist. Es liegt eine mittelbare – nicht in der Erklärung selbst enthaltene – Rechtsfolge vor; eine Anfechtung scheidet somit aus.
>
> **(2)** Gleiches würde umgekehrt auch für den Veräußerer gelten, wenn dieser bspw. meinte, er habe nicht gewusst, dass er auch für Sachmängel hafte, bzw. bei einer schuldhaften Vertragsverletzung zur Zahlung von Schadensersatz verpflichtet sei bzw. im Falle des Verzugs den Verzugsschaden ersetzen müsse.
>
> **(3)** Eine Anfechtung scheidet auch dann aus, wenn das Gesetz an einen bestimmten Sachverhalt eine Haftung knüpft, z.B. die Haftung des in eine offene Handelsgesellschaft eintretenden Gesellschafters für die Verbindlichkeiten der Gesellschaft, § 130 HGB. Gleiches gilt, wenn der Käufer irrtümlich glaubt, ihm stehe ein gesetzliches Rücktrittsrecht zu.[994]
>
> **(4)** Der BGH hat auch einen unbeachtlichen Motivirrtum in dem Fall angenommen, dass ein Bieter bei einer Zwangsversteigerung bei der Abgabe seines Gebots über das Bestehen von dinglichen Belastungen irrt, weil er von deren Existenz nicht gewusst hat (vgl. bereits Rn 1279a).[995] Die Entscheidung ist im Ergebnis richtig, denn ließe

---

[992] Vgl. auch *Larenz/Wolf*, AT, § 36 Rn 84; *Medicus*, AT, Rn 751.
[993] Vgl. *Ellenberger*, in: Palandt, § 119 Rn 16; *Rüthers/Stadler*, AT, § 25 Rn 36.
[994] Vgl. dazu BGH NJW **2002**, 3100, 3102.
[995] BGH NJW **2008**, 2442 f. (mit Bespr. v. *K. Schmidt*, JuS **2008**, 1036).

man bei einer Zwangsversteigerung die Anfechtung wegen bestehender Rechte zu, bestünde eine große Rechtsunsicherheit, die bei Zwangsversteigerungen gerade vermieden werden soll.

(5) Ein unbeachtlicher Rechtsfolgenirrtum liegt insbesondere auch dann vor, wenn ein Unternehmer auf ein kaufmännisches Bestätigungsschreiben (Rn 246 und 459) schweigt, weil er sich über die **rechtliche Bedeutung seines Schweigens** geirrt hat (weil er also irrtümlich glaubt, Schweigen habe keine rechtliche Bedeutung). Denn diese Bedeutung des Schweigens beruht unabhängig vom Willen auf dem allgemein anerkannten Handelsbrauch (Gewohnheitsrecht), ein Irrtum hierüber ist unbeachtlich.

(6) Etwas **anderes** gilt aber, wenn der Erbe durch Stillschweigen in Unkenntnis seines Ausschlagungsrechts die Erbschaft annimmt (§ 1943 BGB). Dann liegt ein beachtlicher und zur Anfechtung berechtigender Rechtsfolgenirrtum vor.

e. Der Irrtum über die Kalkulationsgrundlage

Von einem Kalkulationsirrtum spricht man, wenn sich der Erklärende über einen Umstand (z.B. Menge, Größe, Gewicht, Einstandspreis oder Mehrwertsteuerpflichtigkeit), den er seiner Berechnung zugrunde gelegt hat, irrt (er sich also verkalkuliert).

1327

> **Beispiel:** Nach einer Ortsbesichtigung und Besprechung des genauen Auftrags bietet Malermeister M dem Bauherrn B die Verrichtung der besprochenen Malerarbeiten zu einem Festpreis von 5.000,- € an. B nimmt das Angebot sofort an. Am nächsten Tag bemerkt M jedoch, dass er bei seiner Kalkulation übersehen hat, dass die in zwei Räumen zu verwendende Spezialfarbe im Einkauf dreimal so teuer ist wie normale Farbe.
> M reicht daher bei B ein überarbeitetes Angebot ein und verlangt nunmehr 5.500,- €. B ist damit gar nicht einverstanden und verweist auf den bereits geschlossenen Vertrag. Kann M seine ursprüngliche Willenserklärung anfechten?

aa. Sog. verdeckter Kalkulationsirrtum

War die interne Kalkulation nicht in die Willenserklärung aufgenommen (sog. **verdeckter Kalkulationsirrtum**), liegt nach allgemeiner Auffassung ein **unbeachtlicher Motivirrtum** vor.[996] Auch eine Anfechtung nach § 119 II BGB scheidet aus, da der Wert einer Leistung keine verkehrswesentliche Eigenschaft darstellt. Der Anbieter trägt also (aus Gründen des Verkehrsschutzes) das Risiko, dass seine Kalkulation zutrifft.

1328

> Daher muss auch M des **Beispiels** von Rn 1327 das Risiko seiner Fehlkalkulation tragen. Er kann nicht anfechten, sondern muss den Vertrag so erfüllen, wie er ihn zuvor mit B geschlossen hat: Zu einem Festpreis von 5.000,- €.

Fraglich ist jedoch, ob das Anfechtungsrecht auch dann ausgeschlossen ist, wenn der Gegner den Kalkulationsirrtum hätte erkennen können oder sogar positiv kannte.

1329

- Nach einer Mindermeinung[997] soll in diesem Fall das Anfechtungsrecht analog § 119 I Var. 1 BGB nicht ausgeschlossen sein, da der Empfänger aufgrund seiner Kenntnis bzw. der fahrlässigen Nichtkenntnis nicht schutzbedürftig sei.

1330

- Demgegenüber versagt die h.M.[998] dem Erklärenden auch in diesem Fall das Anfechtungsrecht. Sollte der Ausschluss der Anfechtung allerdings im Einzelfall für den Erklä-

1331

---

[996] BGH NJW **2005**, 976, 977 (vgl. dazu Rn 1310a); NJW **2002**, 2312 f.; BayObLG NJW **2003**, 367; *Larenz/Wolf*, AT, § 36 Rn 70 ff; *Brox/Walker*, AT, Rn 426; *Köhler/Lange*, AT, § 7 Rn 25; *Rüthers/Stadler*, AT, § 25 Rn 41; *Ellenberger*, in: Palandt, § 119 Rn 18. Vgl. nun auch *Emmerich*, JuS **2006**, 1021 ff.
[997] *Singer*, JZ **1999**, 342 ff; *Wieser*, NJW **1972**, 708, 709 f.; RGZ **64**, 268; **162**, 201.
[998] BGH NJW **2002**, 2312 f.; BGHZ **139**, 177, 181 ff. (dazu *Waas* JuS **2001**, 14 ff.); BayObLG NJW **2003**, 367; *Köhler/Lange*, AT, § 7 Rn 25; *Rüthers/Stadler*, AT, § 25 Rn 41; *Brox/Walker*, AT, Rn 426; *Larenz/Wolf*, AT, § 36 Rn 70 f.

renden ruinöse Folgen haben, stelle es eine unzulässige Rechtsausübung (§ 242 BGB) dar, wenn der Gegner das von einem Kalkulationsfehler betroffene Angebot annehme und Vertragsdurchführung verlange, obwohl er den Kalkulationsirrtum gekannt habe bzw. die Kenntnis sich ihm geradezu habe aufdrängen müssen.

Im obigen **Beispiel** wäre das Festhalten des M an seinem Angebot für ihn wohl kaum ruinös. Daher muss er auch für den Fall, dass B den Kalkulationsirrtum kannte oder kennen musste, nach h.M. den Vertrag so durchführen, wie er ihn angeboten hat. Etwas anderes hätte bspw. dann gegolten, wenn es sich um ein weitaus größeres Auftragsvolumen gehandelt und ein Irrtum größeren Ausmaßes vorgelegen hätte.

1332

> **Hinweis für die Fallbearbeitung:** Da die vom BGH unter Heranziehung des § 242 BGB vorgenommene Einzelfallabwägung zu einer extremen Rechtsunsicherheit führt („wie würde der BGH entscheiden?"), können an dieser Stelle keine verlässlichen Angaben gemacht werden. Auch in der Fallbearbeitung ist daher zwar auf die o.g. Auffassungen einzugehen, dann aber zu prüfen, ob etwaige Unbilligkeiten über § 242 BGB zu korrigieren sind, was wiederum von der Auffassung des Fallbearbeiters abhängig gemacht werden muss. Wichtig ist allein die argumentative Erfassung des Problems. Jedenfalls stellt es keinen Kalkulationsirrtum dar, wenn der Schuldner aufgrund eines Irrtums einen höheren Betrag als geschuldet überweist. Diesen kann er ohne Anfechtung gem. § 812 I S. 1 Var. 1 BGB zurück verlangen.[999]

bb. Sog. offener Kalkulationsirrtum

1333
Wieder anders zu beurteilen ist der Fall, wenn **beide Parteien gemeinsam** von einer bestimmten Kalkulationsgrundlage ausgehen und diese zur **Grundlage ihrer Verhandlungen** gemacht haben (**offener Kalkulationsirrtum**). Ob und inwieweit der Irrtum korrigiert werden kann, hängt von den Umständen des Einzelfalls ab:

1334
- Ergibt die **Auslegung** (§§ 133, 157 BGB), dass die Parteien nicht den ziffernmäßig genannten Preis als maßgeblich erachten, sondern dass eine bestimmte Preisgestaltung (Einzelpreis, Tageskurs etc.) eindeutig im Vordergrund steht, ist die Angabe des falschen Endpreises irrelevant. Insofern gilt auch hier der Auslegungsgrundsatz *„falsa demonstratio non nocet"* (Unschädlichkeit einer Falschbezeichnung). Maßgebend ist dann der richtig kalkulierte Preis.

Beispiel: K kauft seit Jahren bei V Hundefutter in Dosen. Als er auch diesmal 20 Dosen kauft, übergibt V ihm die Dosen mit der Bemerkung: „20 Dosen wie immer zu je 1,50 €, macht zusammen 25,- €." Später bemerkt V, dass er sich verrechnet hat und 30,- € hätte verlangen müssen. Kann V noch die restlichen 5,- € verlangen?

Ein Weg, zu den restlichen 5,- € zu kommen, könnte darin bestehen, dass V seine Willenserklärung gem. § 119 I Var. 1 BGB **anficht** und dann einen „korrigierten" Vertrag mit K schließt.[1000] Da jedoch eine Irrtumsanfechtung ausgeschlossen ist, wenn die Auslegung gem. §§ 133, 157 BGB ergibt, dass gar kein Irrtum vorliegt, muss die Willenserklärung des V zunächst **ausgelegt** werden. Ausgehend von der Sicht eines objektiven Dritten in der Rolle des Erklärungsempfängers K ergibt die Auslegung, dass es den Parteien auf die richtigen Einzelpreise ankam und dass sie daher einen Kaufvertrag über 20 Dosen Hundefutter zu je 1,50 € geschlossen haben. Der von V falsch genannte Gesamtpreis von 25,- € ist somit bedeutungslos. V hat einen verbleibenden Kaufpreisanspruch gegen K gem. § 433 II BGB i.H.v. 5,- €.

1335
- Sollte die (u.U. auch ergänzende) Vertragsauslegung nicht zum Ziele führen, kommt – soweit die Kalkulation der anderen Partei mitgeteilt wurde und damit Geschäftsgrundlage geworden ist – eine Anpassung des Vertrags nach den Grundsätzen der **Störung der**

---

[999] BGH NJW-RR **2003**, 921.
[1000] So das RG im **Rubelfall** (RGZ **105**, 406 ff.) und im **Silberfall** (RGZ **101**, 107 ff.); vgl. auch RGZ **64**, 266 ff.; **162**, 201 ff.; OLG München NJW-RR **1990**, 1406: „**erweiterter Inhaltsirrtum**".

Geschäftsgrundlage (§ 313 BGB) in Betracht.[1001] Diese Lösung überzeugt und ist derjenigen, die die Anfechtung nach § 119 I BGB (wegen „erweiterten" Inhaltsirrtums) zulässt, vorzuziehen, weil letztlich ein **gemeinsamer Irrtum** der Parteien vorliegt und § 313 BGB es aufgrund seiner vorrangigen Rechtsfolge „**Vertragsanpassung statt Vertragsvernichtung**" vermeidet, den zufällig Benachteiligten mit dem Vertrauensschaden zu belasten.

Die Kalkulation wird insbesondere dann zur Geschäftsgrundlage, wenn sie im Einvernehmen beider Parteien von einem (neutralen) Dritten erstellt wurde.

Beispiel: Aufgrund einer unrichtigen Auskunft über den Durchschnittspreis von Bauland in einer bestimmten Gemeinde einigen sich die Parteien über einen Grundstückspreis von 50.000,- €, während der Verkehrswert bei 75.000,- € liegt.

Hier bildet die unrichtige Auskunft die Geschäftsgrundlage, weil sie für beide Teile bestimmend war, das Geschäft so, und nicht anders abzuschließen. Der Verkäufer kann daher nach § 313 I BGB grds. eine angemessene Erhöhung des Kaufpreises verlangen (Anpassung des Vertrags an die wirkliche Sachlage). Der Käufer kann sich lediglich dann vom Vertrag lösen (und zwar durch Rücktritt nach § 313 III S. 1 BGB, nicht durch Anfechtung nach § 119 I Var. 1 BGB), wenn eine Vertragsanpassung für ihn unzumutbar ist.

Sowohl die ergänzende Vertragsauslegung als auch die Lösung über die Störung der Geschäftsgrundlage finden ihre Grenzen jedoch dort, wo keine Möglichkeit besteht, das zu Ergänzende als sinngemäß miterklärt anzusehen oder eine Vertragsanpassung vorzunehmen. Insbesondere scheidet eine Auslegung aus, wenn der bezifferte Endbetrag und die Berechnungsgrundlage den gleichen Stellenwert haben.[1002] In diesem Fall liegt ein **Widerspruch** vor, sodass die Erklärung wegen **Perplexität** nichtig ist.   **1336**

Beispiel[1003]: X bietet Y an, ihm eine Baugrube auszuheben. Das Angebot des X lautet: „Um die Baugrube auszuheben, müssen 100 m³ Erdreich bewegt werden. Jeder m³ kostet 100,- €. Daher mache ich Ihnen ein diesbezügliches Angebot zum Preis von 1.000,- €."

Anders als im obigen Fall („Durchschnittspreis") ist hier gar nicht ersichtlich, welcher Preis tatsächlich stimmt. Während bei den Durchschnittspreisen ein eindeutiger Verkehrswert vorlag und lediglich ein Auskunftsfehler auftrat, ist bei der Baugrube gar nicht ersichtlich, ob der Endbetrag von 1.000,- € gewollt ist oder der Preis pro m³ i.H.v. 100,- € (womit dann ein Gesamtpreis von 10.000,- € gemeint wäre).

Zur **Kausalität** zwischen Irrtum und Abgabe der Willenserklärung vgl. Rn 1364 ff.

3. Der Übermittlungsirrtum, § 120 BGB

Es entspricht dem Grundsatz des Verkehrsschutzes, dass der Erklärende seine Erklärung so gegen sich gelten lassen muss, wie sie dem Empfänger zugeht. *Er* (und nicht der Empfänger) trägt also das Risiko der Falschübermittlung. Da das Festhalten an der unrichtig übermittelten Willenserklärung aber unzumutbar sein kann, gewährt § 120 BGB dem Erklärenden das Recht, die irrtümlich unrichtig übermittelte Willenserklärung anzufechten. Da § 120 BGB bezüglich des Anfechtungsrechts auf § 119 BGB verweist, ist es aber auch erforderlich, dass er sie bei verständiger Würdigung nicht mit dem zugegangenen Inhalt abgegeben hätte.   **1337**

[1001] So BGH NJW **2002**, 2312 f.; BGHZ **139**, 177, 181 ff. (dazu *Waas* JuS **2001**, 14 ff.); BayObLG NJW **2003**, 367; *Köhler/Lange*, AT, § 7 Rn 26; *Rüthers/Stadler*, AT, § 25 Rn 43; *Brox/Walker*, AT, Rn 426; *Larenz/Wolf*, AT, § 36 Rn 70 f. Vgl. nun auch *Emmerich*, JuS **2006**, 1021 ff.
[1002] RGZ **101**, 107 ff.
[1003] *Medicus*, BR, Rn 134.

1338 Der *Erklärende* muss zunächst einen **Erklärungsboten** (z.B. einen Dolmetscher) oder eine **Einrichtung** (z.B. Telekom oder Post, aber auch andere Anbieter, die Erklärungen bspw. via Brief, Paket, Fax, E-Mail etc. übermitteln) zur Übermittlung *seiner* Willenserklärung einsetzen. § 120 BGB ist auch dann anzuwenden, wenn der Preis eines Artikels in der *invitatio ad offerendum* und in der Auftragsbestätigung infolge eines Fehlers der Software des Providers i.H.v. 1/100 des richtigen Preises erscheint.[1004] Auf den **Vertreter** ist § 120 BGB dagegen **nicht** anwendbar, da dieser keine *fremde*, sondern eine *eigene* Erklärung abgibt und es nach § 166 I BGB grds. auf seine Willensmängel ankommt (vgl. dazu Rn 643 ff.). Auch der **Empfangsbote** fällt nicht unter § 120 BGB, da dieser nicht für den Erklärenden tätig wird. Dessen Falschübermittlung geht zu Lasten des Empfängers (Rn 361, 641). Nimmt der Empfangsbote eine Erklärung entgegen und informiert er den Empfänger nicht oder nicht richtig, ist dies dessen Risiko.

> **Beispiel:** A lässt durch seine Sekretärin S ein Angebot telefonisch an B übermitteln. Verspricht sich S, gilt die Erklärung mit diesem Inhalt, A kann aber anfechten. Spricht S das Angebot an die Sekretärin T des B richtig durch, ist es damit zugegangen. Ob T den B richtig informiert oder nicht, spielt keine Rolle.

1339 Ein Übermittlungsirrtum i.S.d. § 120 BGB liegt jedenfalls dann vor, wenn der Übermittler die Erklärung **unbewusst falsch übermittelt**.

1340 > **Beispiel:** Juraprofessor P schickt seine Hausangestellte H zum Buchhändler B, damit sie dort für ihn ein Buch von *Karsten Schmidt* kauft. Den Kaufpreis will er später selbst zahlen. H, die im Zimmer der Tochter des P, die Jura studiert, stets nur Bücher von *Rolf Schmidt* sieht, verwechselt die Namen und verlangt bei B ein Buch von *Rolf Schmidt*. Als sie P das Buch übergibt, bemerkt dieser sofort, dass es sich nicht um ein Buch von *Karsten Schmidt* handelt. Da P sich stets gegenüber „Nichtkollegen" verschließt, geht er zu B, um ihn über den Fehler aufzuklären und ihm zu sagen, dass er dieses Buch nicht haben möchte. Kann B Zahlung des Kaufpreises für das Buch von *Rolf Schmidt* verlangen?

> B hat gegen P einen Anspruch auf Kaufpreiszahlung aus § 433 II BGB, wenn ein entsprechender Kaufvertrag besteht. Dieser setzt wiederum zwei übereinstimmende, mit Bezug aufeinander abgegebene Willenserklärungen, Angebot und Annahme, voraus. B hat von H als Botin des P scheinbar eine von diesem herrührende Willenserklärung (Angebot zum Abschluss eines Kaufvertrags) übermittelt bekommen. Dieses Angebot hat B auch angenommen.
> Fraglich ist aber, ob die falsche Übermittlung durch H die Wirksamkeit der Willenserklärung des P berührt.
> § 120 BGB bestimmt, dass eine Willenserklärung, die durch die zur Übermittlung verwendete Person oder Einrichtung unrichtig übermittelt worden ist, unter den gleichen Voraussetzungen angefochten werden kann, wie nach § 119 BGB eine irrtümlich abgegebene Willenserklärung. Daraus folgt, dass jedenfalls eine von einem Boten *unbewusst* falsch übermittelte Willenserklärung zunächst wirksam ist, aber durch Anfechtung rückwirkend (*ex tunc*) wieder zerstört werden kann (§§ 120, 142 I BGB).
> P ist also zunächst an die Willenserklärung gebunden, sodass ein Kaufvertrag über das Buch von *Rolf Schmidt* wirksam zustande gekommen ist.

> Der Anspruch könnte aber durch eine Anfechtung des P wieder erloschen sein. P wies den B auf die falsche Übermittlung hin und sagte ihm, dass er das Buch nicht haben wolle. Eine Anfechtungserklärung (§ 143 BGB) liegt also vor. Auch ein Anfechtungsgrund ist gegeben, da H die Erklärung des P unbewusst falsch übermittelte (§ 120 BGB).
> Die Anfechtung erfolgte auch unverzüglich, nachdem P von dem Anfechtungsgrund Kenntnis erlangt hatte, sodass die Frist des § 121 BGB ebenfalls gewahrt ist. Der Anspruch des B gegen P aus § 433 II BGB ist daher gemäß § 142 I BGB (rückwirkend) un-

---

[1004] OLG Frankfurt/M MDR **2003**, 677.

tergegangen. Er kann aber ggf. einen Vertrauensschaden nach § 122 I BGB geltend machen.

Keine Übermittlung i.S.d. § 120 BGB liegt dagegen vor, wenn der Bote die Erklärung **bewusst** falsch überbringt (h.M.). In diesem Fall ist die Erklärung dem Geschäftsherrn erst gar nicht zuzurechnen, sodass es auch keiner Anfechtung der Erklärung bedarf. **1341**

Beispiel: Juraprofessor P schickt seine Tochter T (die Jurastudentin) zum Buchhändler B, damit sie dort für ihn ein Buch von *Karsten Schmidt* kauft. Den Kaufpreis will er später selbst zahlen. T, die sich mit exzellenter Studienliteratur bestens auskennt, möchte auch ihrem Vater einmal etwas Gutes tun. Daher sagt sie zu B, sie solle für ihren Vater ein Buch von *Rolf Schmidt* kaufen. **1342**

Als sie P das Buch übergibt, bemerkt dieser sofort, dass es kein Buch von *Karsten Schmidt* ist. Da er sich schon immer gegen alles Neue gesträubt hat, geht er zu B, um ihn über den Fehlgriff seiner Tochter aufzuklären und ihm zu sagen, dass er dieses Buch nicht haben wolle. Kann B Zahlung des Kaufpreises für das Buch von *Rolf Schmidt* verlangen?

Der Anspruch müsste zunächst entstanden sein. Bedenken bestehen insoweit, als T die Erklärung des P absichtlich falsch übermittelt hat.

Teilweise wird § 120 BGB auch bei einer absichtlich falsch übermittelten Willenserklärung angewendet, weil der Auftraggeber durch die Einschaltung des Boten die Gefahr der absichtlichen Falschübermittlung begründet habe.[1005] Dies allein rechtfertigt jedoch noch nicht, ihm die Erklärung als eigene zuzurechnen. Vielmehr liegt eine Situation vor, die mit der des **Boten ohne Botenmacht** vergleichbar ist, für die die §§ 177 ff. BGB analog gelten.
Es liegt also keine Willenserklärung des P vor. Daher bedarf es auch keiner Anfechtung.[1006] Allerdings kommt eine Haftung des P aus *culpa in contrahendo* (§§ 280 I, 311 II, 241 II BGB) auf Ersatz des Vertrauensschadens in Betracht. Dagegen ist die teilweise vertretene Auffassung, der Geschäftsherr müsse verschuldensunabhängig nach § 122 BGB analog haften[1007], abzulehnen, da dies im Ergebnis eine Gleichstellung zur Anfechtung bedeuten würde. Zudem ist der Erklärungsempfänger hinreichend über die analoge Anwendung der §§ 177 ff. BGB geschützt.

Vorliegend ist P also nicht an die Falschübermittlung der T gebunden. Er braucht daher auch nicht anzufechten. B kann sich an T halten und von dieser Erfüllung oder Schadensersatz verlangen (§ 179 I BGB analog).

Zur **Kausalität** zwischen Irrtum und Abgabe der Willenserklärung vgl. Rn 1364.

4. Der Eigenschaftsirrtum, § 119 II BGB

Nach § 119 II BGB gilt als Irrtum über den Inhalt der Erklärung „auch der Irrtum über solche Eigenschaften der Person oder Sache, die im Verkehr als wesentlich angesehen werden" – sog. **Eigenschaftsirrtum**. **1343**

Allein aus der gesetzlichen Formulierung des § 119 II BGB ergibt sich, dass – anders als bei § 119 I BGB – Erklärung und Wille übereinstimmen. Dem Erklärenden ist jedoch bei der Willensbildung ein Fehler unterlaufen, er irrt über die verkehrswesentliche Eigenschaft einer Person oder Sache. Daher handelt es sich bei dem Eigenschaftsirrtum dem Wesen nach weniger um einen Inhaltsirrtum als um einen ausnahmsweise **beachtlichen Motivirrtum**. **1344**

[1005] *Medicus*, AT, Rn 748.
[1006] So die ganz h.M., vgl. nur *Larenz/Wolf*, AT, § 36 Rn 26; *Köhler/Lange*, AT, § 7 Rn 22; *Rüthers/Stadler*, AT, § 25 Rn 55; *Ellenberger*, in: Palandt, § 120 Rn 4; *Palm*, in: Erman, § 120 Rn 3.
[1007] So *Larenz/Wolf*, AT, § 36 Rn 26; *Brox/Walker*, AT, Rn 417.

a. Eigenschaften einer Sache

1345 **Eigenschaften einer Sache** sind alle tatsächlichen und rechtlichen Verhältnisse, die infolge ihrer Beschaffenheit auf Dauer für die Brauchbarkeit und den Wert der Sache von Einfluss sind.[1008]

1346 Der Begriff der „**Sache**" i.S.v. § 119 II BGB ist weit zu verstehen, umfasst also nicht nur körperliche Gegenstände (§ 90 BGB), sondern auch unkörperliche Gegenstände wie Rechte, Forderungen, Sachgesamtheiten, Unternehmen etc.

1347 Zu den Eigenschaften einer Sache gehören die sog. „**wertbildenden Faktoren**" (z.B. Urheberschaft eines Bildes[1009], Alter des Kunstwerks, Lage und Beschaffenheit des Grundstücks, Umsatz des Betriebs, Goldgehalt eines Schmuckstücks, Alter und Laufleistung eines Fahrzeugs etc.).

1348 Dagegen ist der **Wert** der Sache selbst, ihr Preis, **keine** Eigenschaft, da sich dieser erst aus den Eigenschaften ergibt. Im Einzelfall kann allerdings die Bestimmung der Grenze zwischen dem Wert einer Sache und den wertbildenden Faktoren schwierig sein.

1349 **Beispiel:** K kauft von V einen antiken nautischen Kompass für 750,- €. Später stellt sich heraus, dass dieses Modell in fast allen Schiffen verwendet wurde und dass der Wert des Kompasses aufgrund der hohen Stückzahl dieses Modells lediglich 300,- € beträgt.

Vordergründig hat sich K lediglich über den Wert des Kompasses geirrt. Denn er ist irrtümlich von einem Wert von 750,- € ausgegangen. Folgt man diesem Gedanken, kann er nicht gem. § 119 II BGB anfechten; weil dann ein unbeachtlicher Motivirrtum vorliegt.

Man kann sich aber auch auf den Standpunkt stellen, dass K sich darüber geirrt hat, dass der Kompass in einer sehr hohen Stückzahl hergestellt wurde. Dann läge ein beachtlicher Eigenschaftsirrtum vor. Denn insbesondere bei antiken Gegenständen ist die Stückzahl ein wertbildender Faktor. Folgt man diesem Gedanken, liegt ein beachtlicher Eigenschaftsirrtum i.S.d. § 119 II BGB vor.

Jedenfalls eindeutig wäre der Fall, wenn V dem K bspw. vorgegaukelt hätte, dass es sich bei dem Kompass um ein sehr seltenes Modell handele. Dann hätte er den K arglistig getäuscht und diesem hätten das Anfechtungsrecht nach § 123 Var. 1 BGB zugestanden sowie Schadensersatzansprüche aus *culpa in contrahendo* (§§ 280 I, 311 II, 241 II BGB) und § 823 II BGB i.V.m. § 263 StGB sowie aus § 826 BGB.

b. Eigenschaften einer Person

1350 **Eigenschaften einer Person** sind Merkmale, die ihr für eine gewisse Dauer anhaften oder sie charakterisieren.[1010]

1351 Zu den Eigenschaften einer Person gehören z.B. Alter, Geschlecht, Beruf, Gesundheitszustand, Vorstrafen, Ansehen, Zahlungsfähigkeit und Kreditwürdigkeit. Keine Eigenschaft ist z.B. eine Schwangerschaft, da diese nur vorübergehend ist und unterhalb der Schwelle der „gewissen Dauer" liegt. Im Übrigen ist Person i.S.d. § 119 II BGB jeder, auf den sich das Geschäft bezieht. Das ist v.a. der Geschäftspartner, aber auch ein Dritter.

Beispiele: Bei einem Vertrag zugunsten Dritter (§ 328 BGB) können „Dritter" i.S.d. § 119 II BGB bspw. die Angehörigen des Mieters sein, die mit in die Wohnung ziehen.

[1008] BGH NJW **2001**, 226, 227.
[1009] BGH NJW **1988**, 2597, 2599 („Echtheit des Bildes").
[1010] BGH NJW **1992**, 1222.

Zu beachten ist jedoch, dass sich der Irrtum des Erklärenden nur auf die Eigenschaften der Person beziehen darf. Hat er sich über deren Identität geirrt, liegt ein Identitätsirrtum nach § 119 I Var. 1 BGB vor.

c. Verkehrswesentlichkeit der Eigenschaft

Die Eigenschaft muss nach dem Wortlaut des § 119 II BGB **verkehrswesentlich** sein. Mit dieser Einschränkung will das Gesetz ausschließen, dass nur der Standpunkt des Erklärenden maßgeblich ist. Was dies aber im Übrigen bedeutet, ist unklar und sehr umstritten.

1352

- Die *Lehre vom geschäftlichen Eigenschaftsirrtum*[1011] verlangt, dass die Eigenschaft in dem konkreten Rechtsgeschäft als wesentlich vereinbart worden ist. Dabei sollen aber auch stillschweigende Vereinbarungen anerkannt werden. Ausreichen soll auch, dass die betreffenden Eigenschaften bei entsprechenden Verträgen üblicherweise erwartet werden. Die „Verkehrswesentlichkeit" wird hier eher durch eine „Vertragswesentlichkeit" ersetzt.

1353

- Die (uneinheitliche) *Rechtsprechung*[1012] vertritt einen ähnlichen Standpunkt. Nach ihr ist eine Eigenschaft verkehrswesentlich, die von dem Erklärenden in irgendeiner Weise erkennbar dem Vertrag zugrunde gelegt wurde, ohne dass er sie gerade zum Inhalt seiner Erklärung gemacht haben muss. Nach dem Sinn und Zweck des § 119 II BGB sei dabei von dem konkreten Rechtsgeschäft auszugehen.

1354

Ausgehend von beiden Erklärungsmodellen sollte bei der Prüfung, welche Eigenschaften verkehrswesentlich sind, von folgender Definition ausgegangen werden:

1355

Verkehrswesentlich ist eine Eigenschaft immer dann, wenn sie nicht bloß nach der Auffassung des Erklärenden, sondern auch nach der Verkehrsanschauung für das konkrete Rechtsgeschäft wesentlich, also ausschlaggebend für seinen Abschluss ist.[1013]

1356

Es ist also stets zu prüfen, ob die Eigenschaft für das **konkrete Rechtsgeschäft** von Bedeutung ist. Aus dem Inhalt des konkreten Rechtsgeschäfts kann sich dann ergeben, dass bestimmte Eigenschaften wesentlich, andere aber unwesentlich sind. Ergeben sich aus dem Rechtsgeschäft keine besonderen Anhaltspunkte, so ist die Verkehrsanschauung Beurteilungsgrundlage.

1357

Beispiel: K ist Sammler hochwertiger nautischer Antiquitäten. Eines Tages erblickt er in Hamburg in einem kleinen Trödelladen eine mit einem Preis von 200,- € ausgezeichnete Schiffsuhr mit der Bezeichnung „Rickmer Rickmers", die er für ein Original aus dem 19. Jahrhundert hält, und von der er glaubt, dass sie an Bord der legendären „Rickmer Rickmers" gehangen habe. Ohne lange zu zögern schließt er sofort mit dem Inhaber des Geschäfts, dem T, einen Kaufvertrag, teilt diesem aber mit, er müsse noch schnell zum Geldautomaten gehen und Bargeld abheben. Als K nach wenigen Minuten zurückkehrt, um die Uhr abzuholen und zu bezahlen, muss er jedoch feststellen, dass T noch mehrere dieser Uhren hat, und dass die Bezeichnung „Rickmer Rickmers" nur auf den Hersteller dieser Uhren hinweist. Der Preis von 200,- € für derartige Uhren ist allerdings angemessen. Da K aber von falschen Voraussetzungen ausgegangen ist, erklärt er nun gegenüber T, dass er unter diesen Voraussetzungen nicht am Vertrag festhalten wolle. T besteht dennoch auf Bezahlung gegen Übereignung und Übergabe der Uhr. Hat T gegen K einen Kaufpreisanspruch?

1358

[1011] *Flume*, AT II, § 24, 2; *Medicus*, BR, Rn 140.
[1012] BGH NJW **2001**, 226, 227; BGHZ **88**, 240, 246; **16**, 54, 57; LG Darmstadt NJW **1999**, 365, 366. RGZ **64**, 266, 269. Vgl. auch *Ellenberger*, in: Palandt, § 119 Rn 25/27.
[1013] Vgl. auch *Köhler/Lange*, AT, § 7 Rn 21.

Der von T geltend gemachte Kaufpreisanspruch setzt einen wirksamen Kaufvertrag gem. § 433 BGB voraus. Ein solcher ist zumindest zunächst entstanden.

K könnte jedoch seine zum Vertragsschluss führende Willenserklärung wirksam angefochten haben. Dann wäre die Willenserklärung als von Anfang an nichtig anzusehen, § 142 I BGB. Eine diesbezügliche Anfechtungserklärung (§ 143 BGB) liegt vor. K hat erklärt, dass er nicht am Vertrag festhalten wolle.

Fraglich ist jedoch, ob auch ein Anfechtungsgrund gegeben ist. Der Anfechtungsgrund des § 119 I BGB scheidet aus. K wollte ein Geschäft dieser Art bezüglich dieses Gegenstands mit genau dieser Person abschließen.

Möglicherweise kann K seine Willenserklärung (Angebot) aber gemäß § 119 II BGB wegen des Irrtums über eine verkehrswesentliche Eigenschaft einer Sache anfechten. Verkehrswesentlich ist eine Eigenschaft immer dann, wenn sie nicht bloß nach der Auffassung des Erklärenden, sondern auch nach der Verkehrsanschauung für das konkrete Rechtsgeschäft wesentlich, also ausschlaggebend für seinen Abschluss ist. Hierzu gehört beim Kauf von Kunstwerken deren Alter, Herkunft, Echtheit etc. K hat sich über die Herkunft der Uhr geirrt, also über die verkehrswesentliche Eigenschaft einer Sache.

Also besteht ein Anfechtungsgrund gem. § 119 II BGB. K hat die Anfechtung auch in der im Falle des § 119 BGB geltenden Anfechtungsfrist des § 121 BGB, nämlich unverzüglich nach Kenntnis des Anfechtungsgrundes, erklärt. Ein Ausschluss der Anfechtung (etwa wegen Bestätigung (§ 144 BGB) ist nicht ersichtlich.

Da alle Voraussetzungen einer wirksamen Anfechtung vorliegen, ist die Willenserklärung des K gemäß § 142 I BGB als von Anfang an nichtig anzusehen. Mithin fehlt es an einer der beiden, für einen Vertragsabschluss erforderlichen, Willenserklärungen. Also existiert auch kein Kaufvertrag. T hat gegen K keinen Anspruch auf Kaufpreiszahlung gemäß § 433 II BGB. Soweit T einen Vertrauensschaden erlitten hat, kann er diesen von K ersetzt verlangen (§ 122 I BGB).

1359   Weiterführende Hinweise:

(1) Auch hier hätte selbstverständlich etwas anderes gegolten, wenn T dem K bspw. vorgegaukelt hätte, dass es sich bei der Uhr um die Original-Schiffsuhr der legendären „Rickmer Rickmers" handele. Dann hätte er den K arglistig getäuscht und diesem hätten das Anfechtungsrecht nach § 123 Var. 1 BGB sowie Schadensersatzansprüche aus *culpa in contrahendo* (§§ 280 I, 311 II, 241 II BGB) und § 823 II BGB i.V.m. § 263 StGB sowie aus § 826 BGB zugestanden.

(2) Zu beachten ist auch, dass wenn die Mängelhaftung nach §§ 437 ff. BGB eingreift, eine Anfechtung gemäß § 119 II BGB ausgeschlossen ist. Die Gewährleistungsrechte gehen der Anfechtung nach § 119 II BGB - nicht aber der Anfechtung nach § 119 I BGB oder § 123 BGB - vor. Das gilt für Sachmängel und für Rechtsmängel i.S.d. § 437 BGB. Durch den Ausschluss der Anfechtung soll sichergestellt werden, dass die fein abgestufte Regelung der Gewährleistungsrechte nicht unterlaufen wird. Auch würde § 438 I Nr. 3 BGB (Verjährung) unterlaufen, wenn die Anfechtung nach § 119 II BGB nicht ausgeschlossen wäre. Im obigen Beispiel spielten diese Aspekte allerdings keine Rolle, weil die Gewährleistungsrechte nach §§ 437 ff. BGB nicht einschlägig waren. Es ist kein Fehler einer Schiffsuhr, nicht „original" zu sein.

1360   Schließlich berechtigt der Eigenschaftsirrtum nur zur Anfechtung des Verpflichtungsgeschäfts (z.B. Kauf), nicht auch des Verfügungsgeschäfts (z.B. Übereignung). Denn das Verfügungsgeschäft hat nur die Rechtsübertragung eines bestimmten Gegenstands, nicht aber seine Eigenschaften zum Inhalt.

d. Beidseitiger Eigenschaftsirrtum

1361   Irren sich bei Vertragsschluss *beide* Parteien über ein dem Vertrag zugrunde liegendes Motiv, ist – sofern kein spezielles Rechtsinstitut (vgl. etwa §§ 311a, 314, 434 ff., 626

BGB) greift – grundsätzlich der Anwendungsbereich des § 313 BGB gegeben.[1014] Die Parteien hätten ohne den Motivirrtum den Vertrag überhaupt nicht oder jedenfalls nicht zu den vereinbarten Bedingungen geschlossen. Dabei sind etwaige Subsidiaritätsprobleme zu § 119 II BGB nicht relevant, weil der bloße (unbeachtliche) Motivirrtum ohnehin nicht zu einer Anfechtung berechtigt (s.o.).

Probleme ergeben sich aber dann, wenn sich der gemeinschaftliche Irrtum auf eine **Eigenschaft** der Sache bezieht, weil der Eigenschaftsirrtum generell und gerade zur Anfechtung nach § 119 II BGB berechtigt. | **1362**

Beispiel[1015]: A und B haben sich über den Verkauf eines alten Gemäldes geeinigt. Dabei gingen beide davon aus, dass das Bild von „Huber" gemalt sei. In Wirklichkeit handelt es sich jedoch um eine echte Malerei des berühmten Malers „Manet". Aufgrund ihres gemeinsamen Eigenschaftsirrtums haben sich die Parteien auf einen Kaufpreis von 50,- € geeinigt. Das eigentlich von „Manet" stammende Bild hat (in Künstlerkreisen) einen Wert von 10.000,- €. Vor der Übergabe des Bildes an B erfährt A von diesem Umstand und möchte den Vertrag nicht mehr gelten lassen. | **1363**

Fraglich ist, ob A ein Anfechtungsrecht nach §§ 119 ff. BGB zusteht. Könnte A den Kaufvertrag anfechten, hätte dies rückwirkend die Nichtigkeit desselben nach § 142 I BGB zur Folge. Ein Anfechtungsgrund nach § 119 I BGB oder § 123 BGB ist nicht ersichtlich. A könnte sich aber bei der Abgabe seiner Willenserklärung über eine verkehrswesentliche Eigenschaft geirrt haben. Dann würde ihm ein Anfechtungsgrund nach § 119 II BGB zustehen. Der Wert des Gemäldes selbst stellt keine verkehrswesentliche Eigenschaft dar. Ein wertbildender Faktor liegt jedoch in der Urheberschaft vor. A stünde also eigentlich ein Anfechtungsrecht nach § 119 II BGB zu.

In diesem Fall scheint zweifellos ein Anfechtungsrecht des A gegeben zu sein. Allerdings hat sich auch B über eine Eigenschaft i.S.d. § 119 II BGB geirrt. Wie eine solche Situation des beiderseitigen Eigenschaftsirrtums zu behandeln ist, ist im Einzelnen umstritten.

⇨ Nach h.M.[1016] sollen die Fälle des beidseitigen Eigenschaftsirrtums über die Grundsätze der Störung der Geschäftsgrundlage gelöst werden. § 119 II BGB regele nur den *einseitigen* Eigenschaftsirrtum. Begründet wird diese Ansicht damit, dass es unbillig sei, denjenigen, der zufällig als erster seine Willenserklärung anficht, mit der Ersatzpflicht des § 122 BGB zu belasten. Darüber hinaus sei eine Anwendung der Grundsätze der Störung der Geschäftsgrundlage, **§ 313 BGB**, im Falle eines beidseitigen Eigenschaftsirrtums flexibler. Dadurch werde eine Vertragsanpassung an die wirklichen Umstände ermöglicht. Eine Anfechtung hingegen führe auf jeden Fall zur Beseitigung des Vertrags.

Nach dieser Ansicht könnte A den Vertrag nicht durch eine Anfechtung beseitigen. Es stünde ihm jedoch eventuell nach § 313 III BGB ein Rücktrittsrecht zu.

⇨ Nach der Gegenauffassung[1017] sind die Anfechtungsregelungen der **§§ 119 ff. BGB** auch bei beidseitigem Eigenschaftsirrtum anwendbar. Diese Ansicht wird damit begründet, dass beim Doppelirrtum immer nur derjenige anfechten werde, für den das Geschäft nachteilig sei. Dementsprechend hänge es auch nicht vom Zufall ab, welche Partei anfechten werde. Das werde nur derjenige tun, zu dessen Nachteil die Wirklichkeit von der gemeinsamen Vorstellung abweiche, weil nur er an einer Beseitigung des Vertrags nach § 142 I BGB interessiert sei. Daher sei es auch nicht unbillig, der anfechtenden Partei die Pflicht zum Schadensersatz nach § 122 BGB aufzuerlegen.

[1014] RGZ **122**, 200, 203 ff.; BGHZ **25**, 390, 392.
[1015] Nach *Hütte/Helbron*, SchuldR AT, Rn 825.
[1016] So BGH NJW **2002**, 2312 f.; BGHZ **139**, 177, 181 ff. (dazu *Waas* JuS **2001**, 14 ff.); BGHZ **25**, 390, 392 ff.; BayObLG NJW **2003**, 367; *Rüthers/Stadler*, AT, § 25 Rn 95, 96, 98; *Larenz/Wolf*, AT, § 36 Rn 70 ff.; *Hefermehl*, in: Soergel, § 119 Rn 85.
[1017] *Medicus*, BR, Rn 162; *Hütte/Helbron*, SchuldR AT, Rn 828.

Nach dieser Ansicht könnte A den Kaufvertrag mit B nach § 119 II BGB anfechten.

Für die zweite Ansicht spricht, dass letztlich immer nur der anfechten wird, der aus dem Geschäft einen Nachteil zieht. Auch ist schwer einzusehen, dass der benachteiligten Partei das Anfechtungsrecht versagt werden sollte, nur weil sich zufällig auch sein Vertragspartner irrte. Auf der anderen Seite darf jedoch nicht verkannt werden, dass letztlich ein **gemeinsamer Irrtum** der Parteien vorliegt und § 313 BGB es aufgrund seiner vorrangigen Rechtsfolge „**Vertragsanpassung statt Vertragsvernichtung**" vermeidet, den zufällig Benachteiligten mit dem Vertrauensschaden zu belasten. Sie stellt in solchen Fällen eine flexiblere Handhabung dar als die Anfechtung.

Der h.M. ist damit zu folgen. Danach ist eine Anpassung des Vertrags nach den Grundsätzen der **Störung der Geschäftsgrundlage** (§ 313 BGB) vorzunehmen. Sollte eine Anpassung für A unbillig sein, kann er nach § 313 III BGB den Rücktritt erklären.

e. Kausalzusammenhang zwischen Irrtum und Willenserklärung

1364 Alle bisher behandelten Anfechtungsrechte setzten voraus, dass der Irrtum für die Willenserklärung auch kausal ist. Denn nach § 119 I a.E. BGB ist es für die Anfechtung erforderlich, dass der Erklärende die Willenserklärung bei Kenntnis der Sachlage (subjektive Erheblichkeit) und bei verständiger Würdigung des Falls (objektive Erheblichkeit) nicht abgegeben haben würde. Dieses Erfordernis gilt gem. der Formulierung in § 119 II BGB und § 120 BGB auch für die anderen bisher behandelten Irrtümer.

1365 An der **subjektiven Erheblichkeit** fehlt es, wenn der Erklärende die Willenserklärung ohne Irrtum in gleicher Weise abgegeben hätte.

> **Beispiel:** A bestellt bei B Farbe und verschreibt sich bei der Artikelnummer. Daher liefert B nicht die gewollte Farbe vom Hersteller X, sondern die in Ton, Qualität und Preis völlig gleichwertige Farbe des Herstellers Y. Hier fehlt es an der subjektiven Erheblichkeit.

1366 Das Erfordernis einer **objektiven Erheblichkeit** soll die Anfechtungsmöglichkeit einschränken, sodass letztlich entscheidend ist, ob der Irrende als ein verständiger Mensch und „frei von Eigensinn, subjektiven Launen und törichten Anschauungen"[1018] die Abgabe der Willenserklärung unterlassen hätte.

> **Schulbeispiel:** X bestellt im Gasthaus statt des Zimmers Nr. 31 das Zimmer Nr. 13. Obwohl die beiden Zimmer absolut gleichwertig sind, will X das Zimmer aus Aberglauben (zu oft hat er den Film „Freitag der 13." gesehen) nicht beziehen.
> In diesem Fall liegt zwar eine subjektive Erheblichkeit vor. Mangels objektiver Erheblichkeit (einen verständigen Menschen hätte die Bezeichnung des Zimmers mit der Nr. 13 nicht gestört) scheidet ein Anfechtungsrecht jedoch aus.

1367 Ein Anfechtungsrecht besteht daher i.d.R. nicht, wenn der Erklärende durch den Irrtum keine wirtschaftlichen Nachteile erleidet, wenn die Angabe der Erklärung rechtlich geboten war oder wenn sich der Irrtum ausschließlich auf unwesentliche Nebenpunkte bezieht.[1019] Eine Anfechtung ist somit ausnahmsweise auch dann ausgeschlossen, wenn der ermittelte Wille zwar von dem wirklichen Willen abweicht, der so ermittelte Wille für den Erklärenden aber **günstiger** ist als das, was er wirklich gewollt hat. In diesem Fall ist der Irrende durch seine irrtümliche Erklärung nicht schlechter gestellt, sodass für eine Anfechtung kein Raum ist. Er hat keinen vernünftigen Grund, seine Erklärung durch Anfechtung zu vernichten.

[1018] RGZ **62**, 201, 206; BAG NJW **1991**, 2723, 2726.
[1019] *Ellenberger*, in: Palandt, § 119 Rn 31.

Beispiel: K bittet den V, ihm ein Angebot bezüglich des Verkaufs von dessen Auto zuzusenden. In diesem Angebot verschreibt sich V und bietet dem K den Wagen statt für 2.500,- € für 3.500,- € an. K nimmt das Angebot an.

Da K den wirklichen Willen des V nicht kannte und er das Angebot nach Treu und Glauben so, wie es ihm von V zugesendet worden war, verstehen durfte, ist mit seiner Annahme zunächst ein wirksamer Kaufvertrag zwischen V und K über das Auto zum Preis von 3.500,- € zustande gekommen. V wollte subjektiv zwar etwas anderes erklären, durch seinen Irrtum gestaltete sich seine Lage jedoch günstiger, sodass ein Anfechtungsrecht nach § 119 I Var. 2 BGB mangels objektiver Erheblichkeit ausscheidet.

Darüber hinaus steht dem Erklärenden auch dann ein Anfechtungsrecht nicht zu, wenn zwar der ermittelte Wille vom wirklichen Willen abweicht und das Erklärte für den Erklärenden ungünstiger ist als das von ihm Gewollte, der **Erklärungsempfänger** aber nach Aufdeckung des Irrtums damit **einverstanden** ist, das vom Erklärenden Gewollte statt des tatsächlich Erklärten gelten zu lassen. In diesem Fall muss sich der Erklärende an dem von ihm Gewollten festhalten lassen, da er durch das Entgegenkommen des Erklärungsempfängers so gestellt wird, wie er ohne Irrtum stehen würde. Er darf seinen Irrtum also nicht dazu benutzen, um von seiner Erklärung loszukommen.[1020]

1368

Beispiel: V bietet dem K sein Auto statt für 2.500,- € versehentlich für 1.500,- € an. K nimmt das Angebot an. Als V den Kaufvertrag dann anficht, erklärt K, dass er das Auto auch für 2.500,- € nehme. Dies will V aber nicht, da er mittlerweile von D ein Kaufangebot i.H.v. 4.500,- € erhalten hat.
In diesem Fall greift die Anfechtung nicht durch, da V durch das Entgegenkommen so gestellt wird, als sei ihm kein Irrtum unterlaufen.

f. Rechtsfolge und Anfechtungsfrist

Vgl. dazu die zusammenhängenden Ausführungen bei Rn 1457 ff.

1369

5. Anfechtung wegen arglistiger Täuschung, § 123 I Var. 1 BGB

Nach § 123 BGB ist derjenige zur Anfechtung berechtigt, der durch **arglistige Täuschung** oder **widerrechtliche Drohung** zur Abgabe der Willenserklärung bestimmt worden ist. § 123 BGB soll den Erklärenden somit vor einer unzulässigen Beeinträchtigung der freien Willensentschließung schützen. Er beruht auf dem Gedanken, dass die Willenserklärung nur dann Ausdruck wirklicher rechtlicher Selbstbestimmung ist, wenn sich die Willensbildung frei von Täuschung und Drohung vollzogen hat.[1021]

1370

In den Fällen der **arglistigen Täuschung** stimmen zwar im Zeitpunkt der Abgabe der Wille und die konkrete Willenserklärung häufig überein, es wurde aber die vorangegangene Willens*bildung* unzulässig beeinflusst. Nach § 123 I Var. 1 BGB kann der Erklärende also (auch) wegen eines **Motivirrtums** anfechten. Wurde der Erklärende aber gerade über den Gegenstand des Rechtsgeschäfts oder verkehrswesentliche Eigenschaften des Geschäftsgegenstands oder -partners getäuscht, so können §§ 119, 123 BGB nebeneinander vorliegen. Der Erklärende kann dann wählen, welches Anfechtungsrecht er ausüben will.[1022]

1371

Hinweis für die Fallbearbeitung: Kommt sowohl eine Anfechtung wegen § 119 BGB als auch wegen § 123 BGB in Betracht, ist in einer Fallbearbeitung zugunsten

1372

[1020] *Medicus*, BR, Rn 144.
[1021] *Ellenberger*, in: Palandt, § 123 Rn 1.
[1022] *Ellenberger*, in: Palandt, § 123 Rn 28.

des Anspruchstellers auszulegen, welches Anfechtungsrecht er ausüben möchte. So sollte vor allem im Hinblick auf die unterschiedlichen Rechtsfolgen[1023] laiengünstig von einer Anfechtung nach § 123 BGB ausgegangen werden. Hat der Erklärende bereits nach § 119 BGB angefochten und stellt sich später heraus, dass er auch nach § 123 BGB hätte anfechten können, ist zu beachten, dass auch eine Anfechtung bereits nichtiger Erklärungen möglich ist und insbesondere auch vor dem Hintergrund der Schadensersatzpflicht nach § 122 BGB, die durch eine Anfechtung nach § 123 BGB beseitigt werden kann, wünschenswert ist. Zu dieser sog. **Lehre von der Doppelwirkung im Recht** vgl. schon Rn 1289.

a. Voraussetzungen

aa. Täuschung über Tatsachen

1373 **Täuschung** ist die Erregung, Verstärkung oder Aufrechterhaltung einer Fehlvorstellung (Irrtum) über Tatsachen bei einem anderen. **Tatsachen** sind dem Beweis zugängliche Ereignisse oder Zustände der Gegenwart oder Vergangenheit.[1024]

a.) Abgrenzung zu nicht tatbestandlich erfassten Werturteilen

1374 Die Begrenzung auf Tatsachen ist vor allem deshalb wichtig, weil derjenige, der lediglich subjektiven **Werturteilen** ohne objektiv nachprüfbaren Gehalt Glauben schenkt, nicht schutzwürdig ist und auch schon begriffslogisch keiner Täuschung unterliegt. Zudem bestünde eine nicht hinzunehmende Rechtsunsicherheit, wollte man die Vermittlung von subjektiven Wertungen und Eindrücken als Täuschung ansehen.

> **Beispiel:** Die Modeverkäuferin schmeichelt der Kundin: „Dieses Kleid steht Ihnen ganz ausgezeichnet". Zuhause angekommen muss sich die Kundin von ihrem Mann sagen lassen, sie sehe darin „ganz unmöglich" aus und solle das Kleid zurückbringen. Die Anfechtung wegen arglistiger Täuschung ist ausgeschlossen.

1375 Die Abgrenzung zwischen Tatsachenbehauptungen und Werturteilen ist fließend. Maßgebend ist, ob der Sinn der Äußerung einen nachprüfbaren Kern ergibt. Von besonderer Relevanz sind Äußerungen im Bereich der **Werbung**. Hier stellt sich die Frage, ob die im Rahmen der Schuldrechtsreform eingeführte Verantwortlichkeit des Verkäufers für Werbeaussagen Einfluss auf die Frage hat, ob eine arglistige Täuschung vorliegt. Werden in der Werbung *bestimmte Eigenschaften* der Sache beschrieben, die der Käufer gerade aufgrund der Werbeaussage von der Sache erwarten kann (vgl. § 434 I S. 3 BGB), hat er gegen den Verkäufer einen kaufrechtlichen Anspruch auf Lieferung einer mangelfreien Sache (§§ 433 I, 434 I S. 3, 437 Nr. 1, 439 I BGB)[1025] bzw. auf Schadensersatz (§ 437 Nr. 3 BGB) oder er kann von seinem Gestaltungsrecht auf Minderung oder auf Rücktritt (§ 437 Nr. 2 BGB) Gebrauch machen, wenn die Sache die in der Werbung beschriebenen Eigenschaften nicht aufweist. Gleichzeitig ist eine **arglistige Täuschung** anzunehmen, da die zugesicherten Eigenschaften **Tatsachen** darstellen, über die getäuscht wurde. Insbesondere ist das Anfechtungsrecht aus § 123 BGB neben dem Sachmangelgewährleistungsrecht nicht ausgeschlossen.

1376 **Beispiel:** Der Gebrauchtwagenhändler Hendrik macht in seinem Verkaufsprospekt Angaben über den jeweiligen Kraftstoffverbrauch seiner von ihm angebotenen Gebraucht-

---

[1023] Bei einer Anfechtung nach § 119 BGB macht sich der Anfechtende ggf. nach § 122 BGB **schadensersatzpflichtig**, bei einer Anfechtung nach § 123 BGB **nicht**; auch sind die **Anfechtungsfristen** unterschiedlich, vgl. § 121 BGB („unverzüglich") für die Anfechtung nach § 119 BGB und § 124 BGB (binnen Jahresfrist) für die Anfechtung nach § 123 BGB.

[1024] *Hillenkamp*, JuS **2003**, 157; *Ellenberger*, in: Palandt, § 123 Rn 2.

[1025] Dieser sog. Nacherfüllungsanspruch besteht deshalb, weil die Mangelfreiheit der Sache zur Primärleistungspflicht des Verkäufers gehört (§ 433 I S. 2 BGB).

wagen. Bei einem Camaro 5,7 V 8 Bj. 78 gibt er einen Kraftstoffverbrauch von 12 Lit./100 Km an. Konrad, ein begeisterter Classic-Fan, kauft daraufhin den Wagen. Doch schon bei dem nächsten Tankstopp muss er überrascht feststellen, dass der Wagen tatsächlich 22 Lit./100 Km verbraucht.

Da die Angabe über den Kraftstoffverbrauch dem Beweis zugänglich ist und daher eine Tatsache darstellt, über die H den K getäuscht hat, hat dieser nicht nur ein Anfechtungsrecht gem. § 123 BGB, sondern auch einen Schadensersatzanspruch aus *culpa in contrahendo* (§§ 280 I, 311 II, 241 II BGB), aus § 823 II BGB i.V.m. § 263 StGB und aus § 826 BGB jeweils i.V.m. § 249 S. 1 BGB. Daneben stehen ihm Sachmangelgewährleistungsrechte (Schadensersatz/Minderung/Rücktritt) aus § 437 BGB zu.

> **Hinweis für die Fallbearbeitung:** Wie das Beispiel gezeigt hat, liegt also stets ein Konkurrenzverhältnis zwischen den genannten Rechtsinstituten vor. In der Fallbearbeitung müssen demzufolge – sofern die Fallfrage nicht eine Eingrenzung vornimmt – sämtliche genannten Ansprüche durchgeprüft werden. Daran ändert sich auch nichts, wenn – aus Platzgründen – in den nachfolgenden Beispielen eine Beschränkung auf § 123 BGB vorgenommen wird.

1377

Schwieriger ist die Rechtslage, wenn die Werbung **übertriebene Anpreisungen** enthält oder **marktschreierische Reklame** darstellt. Sofern keine anderweitige Beschaffenheitsvereinbarung besteht, können in solchen Fällen die o.g. Ansprüche nicht geltend gemacht werden, da § 434 I S. 3 BGB die Relevanz von Werbeaussagen auf *konkrete Eigenschaften* der Kaufsache, die der objektive Dritte in der Rolle des Erklärungsempfängers (also des Käufers) *erwarten kann*, beschränkt.[1026] Eigenschaften, die übertrieben angepriesen oder im Rahmen marktschreierischer Reklame genannt werden, kann der durchschnittliche Käufer gerade nicht erwarten. Anpreisende oder reißerische Werbeaussagen können also grds. nicht die Qualität einer Eigenschaftszusicherung erlangen. Da sie andererseits aber durchaus dem Gegenbeweis zugänglich sein können, und bei der arglistigen Täuschung nicht auf den Durchschnittsmenschen, sondern auf den *konkreten* Erklärungsempfänger abzustellen ist, ist § 123 BGB nicht ausgeschlossen.

1378

> **Beispiel:** Wigand ist selbstständiger Handelsvertreter für Heimsportgeräte. Vormittags stattet er nach einer teuren Werbekampagne Hausbesuche ab und beschreibt in diesem Rahmen noch einmal die Funktionalität eines von ihm angebotenen „Fitnessgeräts". Ein 10minütiges, tägliches Training verschaffe dem Benutzer bereits nach 3 Monaten eine Figur wie die Arnold Schwarzeneggers (in dessen jungen Jahren).

1379

In Fällen solcher Art bestehen zwar keine Ansprüche aus § 434 I S. 3 BGB, wohl aber aus §§ 433 I S. 2, 434 I S. 1 BGB.

Anfechtungsrechtlich verbleibt nach Auffassung des BGH (in Strafsachen) in Fällen dieser Art trotz der übertriebenen Anpreisung ein nachprüfbarer Kern, sodass nach der Verkehrsauffassung eine Tatsachenbehauptung i.S.d. § 123 BGB vorliegt.[1027] Folgt man dieser Auffassung, dürfte auch die maßlos übertriebene und marktschreierische Aussage einiger privater Repetitoren wie „Ohne uns ist das Examen nicht zu schaffen" nicht mehr der erlaubten Geschäftstüchtigkeit, sondern dem Tatbestand des § 123 Var. 1 BGB (und natürlich dem des § 263 StGB) unterfallen.

Zu den „in Mode" gekommenen **Insertionsofferten** (Zuschicken von rechnungsähnlich aufgemachten Angeboten) vgl. *Schmidt/Priebe*, StrafR BT II, 8. Aufl. 2009, Rn 534 ff.

1380

[1026] BT-Drs. 14/6040, S. 211.
[1027] Vgl. BGHSt **34**, 199, 200 (Schlankheitspillenfall) mit Bespr. *Müller-Christmann*, JuS **1988**, 108 ff.

b.) Täuschungshandlung

1381 Die Täuschung kann sowohl durch *ausdrückliches* oder *konkludentes **aktives** Tun* als auch durch ***Unterlassen*** erfolgen.[1028]

1382 ■ Eine **ausdrückliche Täuschung** liegt vor, wenn der Gegner Wörter, Formulierungen oder Gesten verwendet, die nach Herkommen oder Vereinbarung die Aufgabe haben, Erklärungen zu ermöglichen.

1383 ■ Eine **konkludente (= schlüssige) Täuschung** liegt vor, wenn das Gesamtverhalten des Gegners nach der Verkehrsanschauung als Erklärung über eine Tatsache zu verstehen ist. Entscheidend ist, ob sich der Betroffene in einer bestimmten Situation auf das Vorliegen bzw. Nichtvorliegen einer relevanten Tatsache verlassen darf.

1384 ■ Schließlich verwirklicht eine **Täuschung durch Unterlassen**, wer entgegen einer Aufklärungspflicht die Entstehung eines Irrtums nicht verhindert oder einen entstandenen Irrtum nicht beseitigt.

1385 **aa.)** Bei der Täuschung durch **positives Tun** (Vorspiegeln von Tatsachen) kommen sowohl **ausdrückliche** als auch **konkludente** wahrheitswidrige Behauptungen bedeutsamer Umstände in Betracht.

1386 Eine **ausdrückliche Täuschung** liegt vor, wenn der Täter Wörter, Formulierungen oder Gesten verwendet, die nach Herkommen oder Vereinbarung die Aufgabe haben, Erklärungen zu ermöglichen.[1029]

1387 **Beispiele:**
(1) Bezeichnet jemand ein Gerät als „generalüberholt", „neu" oder „neuwertig", täuscht er den anderen, wenn diese Eigenschaften nicht vorhanden sind.

(2) Gleiches gilt, wenn ein Preis als „Sonderpreis" bezeichnet wird, der in Wirklichkeit nicht unter der Preisempfehlung des Herstellers liegt.

(3) Auch die Erklärung beim Kauf eines Hauses, das Objekt werde sich durch Mieten und Steuerersparnis selbst tragen, ist keine bloße unverbindliche werbemäßige Anpreisung, sondern eine objektiv nachprüfbare Angabe.[1030]

(4) Nickt der Verkäufer eines Kfz aufgrund der Nachfrage seitens des Käufers, ob der Wagen unfallfrei sei, mit dem Kopf, gibt er damit ausdrücklich eine bestimmte Erklärung ab.

(5) Gleiches gilt für das Unterschreiben falscher Beweismittel, namentlich unwahrer oder unechter Urkunden, das Manipulieren von Verbrauchsmessgeräten (Strom-, Wasser- oder Gaszählern) oder Kilometerzählern bei Kfz.

(6) Verkauft jemand einem türkischen Familienvater, der kaum Deutsch spricht, ein 18-bändiges Konversationslexikon mit dem Hinweis, dass dieses für das schulische Fortkommen seiner Kinder, die die Hauptschule besuchen, notwendig sei, täuscht er über eine Tatsache, nämlich über die Bedeutung des Lexikons für die Schulausbildung.[1031]

(7) Macht jemand bei der Beantragung einer Lebensversicherung falsche Angaben über den Gesundheitszustand, liegt eine Täuschung vor.

(8) Auch das (gerichtlich noch nicht entschiedene) Zuschicken einer fingierten Liebeserklärung via SMS mit der Aufforderung zum Rückruf unter einer (teuren) 0190er Nummer verwirklicht nach der hier vertretenen Auffassung den Tatbestand des

---

[1028] Vgl. BGHSt **47**, 1, 3 f.; OLG Stuttgart NStZ **2003**, 554, 555; *Ellenberger*, in: Palandt, § 123 Rn 3 ff.
[1029] Vgl. OLG Stuttgart NStZ **2003**, 554, 555; *Jaguttis/Parameswaran*, NJW **2003**, 2277 ff.; *Ellenberger*, in: Palandt, § 123 Rn 3 ff.
[1030] KG NJW **1998**, 1082, 1083.
[1031] Vgl. AG Ibbenbüren NJW **2005**, 2464.

§ 123 I Var. 1 BGB (und natürlich auch den des § 263 StGB). Daran ändert auch die Naivität des Geschädigten nichts.[1032]

bb.) Gibt es keine ausdrücklichen Angaben oder Gesten, die auf das Vorstellungsbild des anderen einwirken, ist zu prüfen, ob eine konkludente Täuschung vorliegt. **1388**

Eine **konkludente Täuschung** liegt vor, wenn das Gesamtverhalten des Erklärenden nach der Verkehrsanschauung als Erklärung über eine Tatsache zu verstehen ist. **1389**

> **Beispiel:** Wer eine Sache auf Kredit kauft und aufgrund seiner gegenwärtigen Vermögenslage weiß, dass er im Fälligkeitszeitpunkt nicht zahlen kann, täuscht konkludent über einen gegenwärtigen Zahlungswillen.

Dem **Angebot** oder der **Lieferung einer Sache** kann grundsätzlich nicht die Erklärung entnommen werden, dass diese **mangelfrei** sei. Hat der Verkäufer jedoch **täuschende Manipulationen** vorgenommen, um dem Erwerber die Vertragsgemäßheit der Ware vorzuspiegeln, ist i.d.R. ein Anfechtungsgrund wegen arglistiger Täuschung anzunehmen. **1390**

> **Beispiel:** Liefert ein Futtermittellieferant einem Öko-Betrieb Futtermittel, das in Wahrheit auf konventionelle Art hergestellt worden ist, täuscht er über eine verkehrswesentliche Eigenschaft.

cc.) Kommt eine Täuschung durch aktives (ausdrückliches oder konkludentes) Tun nicht in Betracht oder ist eine solche nach entsprechender Prüfung zu verneinen, stellt sich die Frage nach einer Täuschung durch Unterlassen. **1391**

Eine **Täuschung durch Unterlassen** verwirklicht, wer entgegen einer Aufklärungspflicht die Entstehung eines Irrtums nicht verhindert oder einen entstandenen Irrtum nicht beseitigt.[1033] **1392**

Da aufgrund der Privatautonomie im Grundsatz jeder für sich selbst verantwortlich ist, besteht keine allgemeine Aufklärungspflicht. Vielmehr bedarf es schon besonderer Gründe, um die Pflicht, den anderen über bestimmte Umstände aufzuklären, der aktiven Täuschungshandlung gleichstellen zu können. Wann und in welchem Umfang eine solche Pflicht besteht, ist nach der **Verkehrsauffassung unter Berücksichtigung von Treu und Glauben (§ 242 BGB)** und den **Umständen des Einzelfalls** zu entscheiden.[1034] Danach findet also eine **Einzelfallabwägung der Interessenlage anhand der Verantwortungsbereiche der Beteiligten** statt. **1393**

- So ist bei Kaufverhandlungen nicht jedes Verschweigen eines negativen Umstands als Täuschungshandlung anzusehen, zumal hier der Interessengegensatz zwischen Verkäufer und Käufer nicht außer Acht gelassen werden darf.[1035] Es müssen aber solche Umstände ungefragt offenbart werden, die für die Willensbildung des anderen Teils **offensichtlich von ausschlaggebender Bedeutung** sind. Dies gilt vor allem für Umstände, die den Vertragszweck vereiteln oder erheblich gefährden können.[1036] **1394**

> **Beispiel:** Gebrauchtwagenhändler Bodo Politur verkauft der sachunkundigen Liesbeth ein einwandfrei aussehendes Fahrzeug und verschweigt, dass es sich um einen wiederhergestellten Unfallwagen handelt, der – als solcher gekennzeichnet – tatsächlich nur ei-

---

[1032] Vgl. dazu ausführlich *Jaguttis/Parameswaran*, NJW **2003**, 2277 ff.
[1033] OLG Stuttgart NStZ **2003**, 554, 555; Sch/Sch-*Cramer*, § 263 StGB Rn 18 ff.; *Fischer*, § 263 StGB Rn 22 ff.; *Lackner/Kühl*, § 263 StGB Rn 12 ff.
[1034] Vgl. BGH NJW **1983**, 2493; NJW **2001**, 64. Zur (übertragbaren) Strafrechtsprechung vgl. BGH NJW **2000**, 3013, 3014; BGHSt **46**, 196, 200; OLG Stuttgart NStZ **2003**, 554, 555
[1035] *Brox/Walker*, AT, Rn 451.
[1036] *Ellenberger*, in: Palandt, § 123 Rn 5a.

nen wesentlich geringeren Preis einbringen würde. Da L keinen Anlass zur Skepsis sieht, stellt sie diesbezüglich auch keine Fragen und unterschreibt den Kaufvertrag.

Hier hat P einen vertragswesentlichen Umstand nicht offenbart. Da davon auszugehen ist, dass L den Vertrag nicht oder nicht so geschlossen hätte, steht ihr ein Anfechtungsrecht nach § 123 I Var. 1 BGB zu.

Das Gleiche würde gelten, wenn P z.B. verschwiegen hätte, dass die Laufleistung wesentlich höher ist, als auf dem Kilometerzähler angezeigt wird.

1395 ■ Erst recht müssen **Fragen** des anderen vollständig und richtig beantwortet werden.[1037]

Beispiel: Stellt L des obigen Beispiels dem P die Frage, ob der Wagen einmal in einen Unfall verwickelt gewesen sei, muss er darauf wahrheitsgemäß antworten, und zwar auch dann, wenn nur ein „Blechschaden" vorgelegen hätte.[1038] Auch muss er die Frage, ob die Angabe des Kilometerzählers stimme, wahrheitsgemäß beantworten. Ist eine Frage indes unzulässig (Beispiel: im Anstellungsgespräch wird nach einer Schwangerschaft gefragt), besteht grds. ein Recht zur Lüge (dazu sogleich Rn 1399 ff.).

1396 ■ Die Aufklärungspflicht kann sich auch aus einer von einem **besonderen Vertrauen** geprägten Beziehung ergeben oder wenn eine **besondere Sachkunde** des Erklärenden in Anspruch genommen wird.

Beispiele: Der Verkäufer eines Tankwagens muss den Käufer darauf hinweisen, dass bei nur halb gefülltem Tank der Inhalt schwappt und dadurch die Gefahr besteht, dass der Wagen in einer Kurve umkippt. Der Verkäufer eines Grundstücks muss den Käufer darüber informieren, dass das Grundstück als Landschaftsschutzgebiet ausgewiesen ist oder dass sonstige öffentlich-rechtliche Hindernisse der beabsichtigten Bebauung entgegenstehen.[1039]

1397 ■ Auch die **Stellung des Erklärenden im Wirtschaftsverkehr** kann Auslöser einer Aufklärungspflicht sein.

Das ist zum **Beispiel** der Fall, wenn es sich um einen Bankier, einen Gebrauchtwagenhändler, einen Warenterminhändler oder einen sonstigen Fachberater handelt. Aufklärungspflichten bestehen hier vor allem bei geschäftlicher Unerfahrenheit des anderen Teils.[1040]

1398

> **Fazit:** Eine **Täuschung** liegt vor, wenn ein Irrtum über Tatsachen erregt, verstärkt oder aufrechterhalten wird. Sie kann insbesondere durch Vorspiegeln von Tatsachen erfolgen. Dem steht das Verschweigen von Tatsachen gleich, wenn eine Aufklärungspflicht besteht. Eine Aufklärungspflicht über bestimmte Tatsachen besteht immer dann, wenn
>
> ■ danach in zulässiger Weise gefragt wird oder
> ■ sie für die Entschließung des Gegners von entscheidender Bedeutung sind und ihre Mitteilung nach der Verkehrsauffassung erwartet darf oder
> ■ wenn ein besonderes Vertrauensverhältnis besteht bzw. begründet werden soll bzw. wenn eine besondere Sachkunde des Erklärenden in Anspruch genommen wird.

bb. Widerrechtlichkeit der Täuschung

1399 Nach h.M.[1041] muss die Täuschung auch widerrechtlich i.S.v. rechtswidrig sein. Dies ergibt sich – anders als bei der widerrechtlichen Drohung (§ 123 I Var. 2 BGB) – zwar nicht aus dem Gesetzestext, ist aber selbstverständlich, da eine arglistige Täuschung (jedenfalls im Grundsatz) an sich schon rechtswidrig ist. Insoweit bedarf es auch in der

---

[1037] BGHZ **74**, 383, 392.
[1038] BGH NJW **1977**, 1914, 1915
[1039] Vgl. OLG Oldenburg NJW-RR **2003**, 448; OLG Koblenz NJW-RR **2003**, 119.
[1040] Vgl. auch BGH NJW **1992**, 300, 302.
[1041] *Ellenberger*, in: Palandt, § 123 Rn 10; *Brox/Walker*, AT, Rn 453; *Medicus*, AT, Rn 793.

Fallbearbeitung keiner expliziten Prüfung. Es ist schlicht festzustellen, „dass in Ermangelung gegenteiliger Anhaltspunkte von der Widerrechtlichkeit der Täuschung auszugehen ist".

Allerdings kann in Einzelfällen das Bedürfnis bestehen, falsche Angaben zu machen, um eigene Rechte zu wahren und einen Rechtsverstoß durch die Gegenseite zu vermeiden. Ließe man in solchen Fällen die Frage nach der Rechtmäßigkeit der Handlung nicht zu, hätte dies stets eine zur Anfechtung berechtigende Sachlage zur Folge; denn dass eine Täuschungshandlung vorgenommen wurde, lässt sich nicht leugnen.

1400

Die Frage der Widerrechtlichkeit ist vor allem im **Arbeitsvertragsrecht** von Bedeutung. So darf der Befragte bei **unzulässigen Fragen** nicht nur die Antwort verweigern, sondern auch eine unrichtige Antwort geben.[1042] Denn anderenfalls wird er im Regelfall die erstrebte Anstellung nicht bekommen. Die Chance, eingestellt zu werden, hat er also realistischerweise nur, wenn er wahrheitswidrige Angaben macht. Diese „Zwangslage" hat die Rechtsprechung dazu bewegt, die an sich indizierte Widerrechtlichkeit ausnahmsweise zu verneinen und ein Anfechtungsrecht desjenigen, der durch die Falschangabe getäuscht wurde, jedenfalls nach § 123 I Var. 1 BGB zu verneinen.

1401

> **Beispiele:**
>
> **1402**
>
> (1) **Vorstrafen** brauchen nicht offenbart zu werden, wenn sie im Bundeszentralregister getilgt wurden (vgl. § 53 I BZRG). Denn nach Tilgung einer Strafe darf sich der Betroffene (diesbezüglich) als unbestraft bezeichnen. Auch im Übrigen sind Fragen nach Vorstrafen gegenüber Arbeitsuchenden nur soweit zulässig, als die Art des zu besetzenden Arbeitsplatzes dies erfordert, die Strafe also „einschlägig" ist. So ist bei einer Bewerbung zum Bilanzbuchhalter die Frage nach einer Vorstrafe wegen Bilanzfälschung berechtigt, nicht aber die Frage nach einer Vorstrafe wegen (einfacher) Körperverletzung.[1043]
>
> (2) Auch nach dem Bestehen einer **Schwangerschaft** darf grds. nicht gefragt werden. Die Frage des Arbeitgebers nach einer Schwangerschaft vor der geplanten unbefristeten Einstellung verstößt regelmäßig gegen § 611a BGB. Dies gilt auch dann, wenn sich nur Frauen beworben haben[1044] oder wenn die Frau die vereinbarte Tätigkeit wegen eines mutterschutzrechtlichen Beschäftigungsverbots zunächst nicht aufnehmen kann[1045]. Anders ist es aber, wenn es sich um ein befristetes Arbeitsverhältnis handelt und die Aufnahme der Tätigkeit während der Laufzeit des Vertrags gegen Schutzvorschriften des Mutterschutzrechts verstößt.[1046] Ansonsten sind die zahlreichen Einzelfallentscheidungen der Gerichte zu beachten.[1047]
>
> (3) Nach der **politischen Gesinnung** darf nur gefragt werden, wenn anderenfalls die Loyalität für den Arbeitgeber nicht zu erwarten wäre (vgl. auch § 118 I BetrVG). Bei einer Bewerbung für eine Stelle im öffentlichen Dienst darf daher nicht die frühere MfS-Tätigkeit verschwiegen werden. Eine (spätere) Anfechtung ist jedoch nach § 242 BGB ausgeschlossen, wenn die Rechte des getäuschten Arbeitgebers nicht mehr beeinträchtigt sind.[1048] Für Beamte gelten die Bestimmungen der Beamtengesetze.

[1042] BAG NZA **2003**, 848; *Ellenberger*, in: Palandt, § 123 Rn 10; *Ehrich*, DB **2000**, 421 ff.
[1043] Vgl. dazu BAG NJW **1991**, 2723, 2724.
[1044] EuGH NJW **1994**, 2077, 2078; BAG NJW **1993**, 1154; **1994**, 148, 149; NJW **1999**, 3653, 3654 f.
[1045] BAG NZA **2003**, 848.
[1046] *Ellenberger*, in: Palandt, § 123 Rn 10.
[1047] BAG NJW **1993**, 1154; **1996**, 2323, 2324; NJW **1999**, 3653 ff.; NZA **2001**, 317; NZA **2003**, 848; Aus der Lit. vgl. etwa *Osnabrügge*, NZA **2003**, 639 ff.; *Ehrich*, DB **2000**, 421 ff.; *Weidenkaff*, in: Palandt, § 611 Rn 6, jeweils mit weiteren Nachweisen über Gerichtsentscheidungen.
[1048] Vgl. dazu BVerfG NJW **1997**, 2307, 2309; BAG NZA **1998**, 1052, 1053 (jeweils Stasi-Tätigkeit).

cc. Irrtum

1403 Infolge der Täuschung (Kausalität, dazu sogleich) muss beim Kommunikationspartner ein Irrtum erregt oder unterhalten werden.

1404 Ein **Irrtum** ist jede Fehlvorstellung über Tatsachen, die Gegenstand der Täuschung waren.[1049]

1405 Hinsichtlich der Irrtumsarten kann auf die Ausführungen zum Inhalts-, Erklärungs- und Eigenschaftsirrtum verwiesen werden.

dd. Kausalität zwischen Täuschung und Willenserklärung

1406 § 123 I Var. 1 BGB verlangt, dass der Getäuschte „... zur Abgabe der Willenserklärung *durch* arglistige Täuschung ... bestimmt worden ist". Erforderlich ist daher, dass die Täuschung zu einem Irrtum des Getäuschten führt und dieser Irrtum für die Abgabe der Willenserklärung kausal war.

1407 Der jeweilige Ursachenzusammenhang ist bereits dann gegeben, wenn der Geschäftsentschluss neben anderen Beweggründen durch die Täuschung mitbestimmt worden ist.[1050] An dieser Kausalität zwischen Täuschung und Willenserklärung fehlt es jedoch, wenn der Erklärende von vornherein den wahren Sachverhalt kannte oder mit der Täuschung (in diesem Umfang) rechnete und die Erklärung auf alle Fälle abgegeben hätte.

1408 **Beispiel:** Kunstsammler K erwirbt beim halbseidenen Antiquitätenhändler V einen antiken nautischen Kompass. Dabei rechnet er damit, dass das Stück aus einem Einbruchdiebstahl stammt, von dem er letzte Woche in der Zeitung gelesen hatte. Es ist ihm aber gleichgültig. Als einige Tage später die Polizei vor der Tür steht und den Kompass beschlagnahmt, will K sich (zumindest zivilrechtlich) schadlos halten und von V den Kaufpreis zurückfordern.

In dem Rückforderungsbegehren liegt eine konkludente Anfechtungserklärung. K hat aber kein Anfechtungsrecht (auch nicht wegen arglistiger Täuschung über das fehlende Eigentum), da die Kausalität nicht gegeben ist.

Anmerkung: Es wäre auch möglich gewesen, schon den Irrtum zu verneinen.

1409 Dagegen spielt es keine Rolle, ob der Erklärende die Täuschung ohne weiteres hätte durchschauen können oder ob er bei verständiger Würdigung die Erklärung auch bei Kenntnis von der Täuschung abgegeben hätte[1051] (vgl. den Unterschied zu § 119 I a.E. BGB!).

Beispiel: Der Gebrauchtwagenhändler gibt das Alter des Wagens mit fünf Jahren an, obwohl der Wagen sechs Jahre alt ist. Hier kann der Käufer selbst dann anfechten, wenn er das Baujahr ohne weiteres aus der Zulassungsbescheinigung II (früher: Fahrzeugbrief) hätte ersehen können.

ee. Arglist

1410 Eine Anfechtung nach § 123 I Var. 1 BGB setzt weiterhin Arglist beim Täuschenden voraus. Damit ist dessen **Vorsatz** bezüglich der Täuschung gemeint.

[1049] BGH NStZ **2003**, 313, 314.
[1050] BGH NJW **1991**, 1673, 1674.
[1051] BGH NJW **1971**, 1795, 1798; KG NJW **1998**, 1082, 1083.

Der Täuschende handelt dann vorsätzlich und somit **arglistig**, wenn er die Unrichtig- | 1411
keit seiner Angaben kennt und in dem Bewusstsein handelt, dass der andere Teil durch
die Täuschung zur Abgabe einer Willenserklärung bestimmt wird.[1052]

Auch **Eventualvorsatz** ist ausreichend. Dieser ist dann gegeben, wenn der Handeln- | 1412
de, obwohl er mit der möglichen Unrichtigkeit seiner Angaben rechnet, **„ins Blaue hinein"** unrichtige Behauptungen aufstellt[1053] und dabei zumindest bedingt vorsätzlich
davon ausgeht, dass der andere Teil durch die Täuschung zur Abgabe der Willenserklärung bestimmt wurde, d.h., dass dieser bei wahrheitsgemäßen Erklärungen nicht oder
nur zu anderen Bedingungen abgeschlossen hätte.[1054]

> **Beispiel:** Gebrauchtwagenhändler V verkauft dem K einen Pkw, den er kurz zuvor erst
> angekauft hatte. Als K fragt, ob es sich bei dem Auto um ein Unfallfahrzeug handelt, er-
> klärt V, obwohl er dies nicht weiß, dass das Kfz ganz sicher noch nie in einen Unfall ver-
> wickelt gewesen sei. Stellt sich später heraus, dass es sich bei dem Pkw doch um ein
> wiederhergestelltes Unfallfahrzeug handelt, kann K aufgrund arglistiger Täuschung an-
> fechten.

Ein guter Glaube des Handelnden an die Richtigkeit der Erklärungen schließt aber auch | 1413
bei grober Fahrlässigkeit Arglist aus.[1055]

Für die Arglist ist **kein Schädigungsvorsatz** erforderlich. Da § 123 BGB nur die Ent- | 1414
schließungsfreiheit schützen will, kommt es für die Beurteilung der Arglistigkeit nicht
auf den Beweggrund des Täuschenden an. Es kann also selbst dann eine Arglist i.S.d.
§ 123 I Var. 1 BGB gegeben sein, wenn der Täuschende nachweislich nur das Beste für
den anderen Teil gewollt hat, da über „sein Bestes" jeder selbst entscheiden sollte.[1056]
Zwar wird der Getäuschte kaum anfechten, wenn er durch die Täuschung einen Vorteil
erlangt hat, allerdings sollte ihm die Entscheidung, ob er anfechten möchte, nicht genommen werden.

ff. Kein Ausschluss durch § 123 II BGB

Hat nicht der Erklärungsempfänger, sondern ein **Dritter** die Täuschung verübt, ist die | 1415
Anfechtung nur zulässig, wenn der Erklärungsempfänger **„die Täuschung kannte
oder kennen musste"** (§ 123 II S. 1 BGB).

a.) „Dritter"

Das Gesetz definiert den Begriff des „Dritten" nicht. Er ist daher durch Auslegung zu | 1416
bestimmen.

Würde man bei der Frage, wer „Dritter" i.S.v. § 123 II S. 1 BGB ist, allein auf die Per- | 1417
sonenverschiedenheit zum Vertragspartner abstellen, hätte dies zur Folge, dass insbesondere dessen Stellvertreter immer „Dritter" wäre und eine Anfechtung des Getäuschten nur dann bestünde, wenn dieser die Täuschung kannte oder kennen musste. Diese
Folge kann vom Gesetzgeber ersichtlich nicht gewollt sein, weil in der Praxis Vertreter-
geschäfte üblich sind und nur in den seltensten Fällen bewiesen werden kann, dass der
Geschäftsherr die Täuschungshandlung seines Vertreters kannte oder fahrlässig nicht
kannte. Zudem findet eine Zurechnung der Willenserklärung des Vertreters über § 164
I BGB statt, sodass schon von daher der **Stellvertreter niemals „Dritter"** i.S.v.
§ 123 II S. 1 BGB sein kann. Täuscht also der Stellvertreter den Geschäftspartner, kann

---

[1052] BGH NJW **2001**, 2326.
[1053] BGHZ **63**, 382, 388; **74**, 383, 391 f.
[1054] OLG Hamm NJW-RR **1995**, 286, 287; *Ellenberger*, in: Palandt, § 123 Rn 11.
[1055] *Ellenberger*, in: Palandt, § 123 Rn 11; *Köhler/Lange*, AT, § 7 Rn 43.
[1056] BGHZ **109**, 327, 333; *Larenz/Wolf*, AT, § 37 Rn 11; *Brox/Walker*, AT, Rn 454; *Medicus*, AT, Rn 789.

dieser gem. § 123 I Var. 1 BGB unproblematisch anfechten, weil der Vertretene so behandelt wird, als habe er die Willenserklärung selbst abgegeben.[1057]

1418 Unstreitig **„Nicht-Dritter"** ist auch der vom Erklärungsempfänger eingesetzte **Verhandlungsführer** oder **Verhandlungsgehilfe**. Anderenfalls könnte sich der Geschäftsherr gefahrlos hinter seinen arglistig handelnden Hilfspersonen verschanzen. Das Gleiche gilt für andere Fälle „mittelbarer Täterschaft".[1058]

1419 Nach Auffassung des BGH[1059] ist **„Nicht-Dritter"** auch derjenige, dessen Verhalten dem Erklärungsempfänger wegen sonstiger **besonders enger Beziehungen** zwischen beiden oder wegen sonstiger besonderer Umstände **billigerweise zugerechnet** werden muss. Das sei insbesondere dann der Fall, wenn der „Geschäftsherr" bei Zugrundelegung einer Haftung aus *culpa in contrahendo* das Verschulden seines „Werkzeugs" über § 278 BGB zugerechnet bekomme.

1420
> **Hinweis für die Fallbearbeitung:** Hier ist unbedingt eine hypothetische Betrachtungsweise geboten. Es ist hypothetisch anzunehmen, es bestünde eine Haftung des Geschäftsgegners aus c.i.c. Dann ist danach zu fragen, ob eine Zurechnung der Täuschungshandlung des „Erfüllungsgehilfen" über den Rechtsgedanken des § 278 BGB besteht. Bejaht man beide Fragen (die wegen der Anspruchskonkurrenz zwischen § 123 BGB und der c.i.c. sowieso später im Gutachten beantwortet werden müssen), liegt ein „Nicht-Dritter" vor. Eine Anfechtung wegen arglistiger Täuschung richtet sich dann allein nach § 123 I BGB.

1421 Als **„Dritter"** kann daher nur derjenige angesehen werden, der – ohne Stellvertreter, Verhandlungsführer, Verhandlungsgehilfe zu sein oder in sonstiger besonders enger Beziehung zum Geschäftsherrn zu stehen – sonst wie auf Seiten des Erklärungsempfängers steht und am Geschäftsabschluss mitwirkt. Sein Verhalten hat sich der Erklärungsempfänger dann wie eigenes zuzurechnen lassen, sodass die Anfechtung nach § 123 I Var. 1 BGB eingreift.

1422 **Beispiele:**
   (1) „Dritter" ist, wer einen Geschäftsabschluss, wie z.B. ein **Makler**, lediglich vermittelt.[1060]

   (2) „Dritter" ist auch der **Hauptschuldner** einer Bürgschaft, der den Bürgen durch arglistige Täuschung zur Abgabe einer Bürgschaftserklärung gegenüber dem Gläubiger bestimmt. Denn er vertritt primär seine eigenen Interessen; unbeachtlich ist es, wenn der Gläubiger den Hauptschuldner zu den Verhandlungen beauftragt hat.[1061]

   (3) „Dritter" ist auch der beim Gebrauchtwagenhändler beschäftigte **Kfz-Mechaniker**, der mit dem Verkauf sonst nichts zu tun hat, sich einem Kunden gegenüber aber „als zu Verkaufsgesprächen befugt" ausgibt. Täuscht er diesen Kunden bspw. über die Unfallfreiheit eines zum Verkauf stehenden Kfz, hängt nach vollzogenem Vertrag die Anfechtungsmöglichkeit des Kunden dann davon ab, ob der Geschäftsherr von dieser Täuschung wusste oder wissen musste.

1423
> **Hinweis für die Fallbearbeitung:** Freilich ist die o.g. Formel konturlos; weder ist eine sichere Abgrenzung möglich noch ist ein festes Zurechnungsprinzip erkennbar. Daher ist in der Fallbearbeitung allein entscheidend, dass auf die erläuterte hypothetische Betrachtungsweise unter **Heranziehung des Rechtsgedankens des § 278**

[1057] Überflüssig daher die breite „Abhandlung" von *Martens*, JuS **2005**, 887 ff.
[1058] Vgl. BGH NJW **1990**, 1915.
[1059] BGH NJW **1996**, 1051. Vgl. auch OLG Koblenz NJW-RR **2003**, 119.
[1060] Anders *Brox/Walker*, AT, Rn 457 a.E.
[1061] BGH NJW-RR **1992**, 1005.

> **BGB** abgestellt wird. Im Zweifel sollte § 123 I Var. 1 BGB verneint werden, um Folgeprobleme (etwa Anpassung des Vertrags über § 313 BGB) noch behandeln zu können.

§ 123 II S. 2 BGB betrifft ein Vier-Personen-Verhältnis: Erwirbt ein anderer als der Erklärungsempfänger aus der Erklärung unmittelbar ein Recht (Hauptfall: Vertrag zugunsten Dritter, § 328 BGB), ist nach § 123 II S. 2 BGB die Erklärung ihm gegenüber anfechtbar, wenn er die Täuschung kannte oder kennen musste. Diese Vorschrift erweitert also lediglich die Regelung des § 123 II S. 1 BGB. Ist also die Erklärung bereits nach § 123 I BGB oder § 123 II S. 1 BGB anfechtbar, so kommt es auf die Bösgläubigkeit des Erklärungsbegünstigten gar nicht mehr an. **1424**

> **Beispiel:** A hat mit der Versicherungsgesellschaft V einen Lebensversicherungsvertrag zugunsten seiner Freundin F abgeschlossen. Verübt nun der unabhängige Versicherungsmakler D (auf den § 43 VVG nicht zutrifft) die arglistige Täuschung gegenüber V, kann V gegenüber F anfechten, wenn diese die Täuschung kannte oder kennen musste.

Schließlich ist zu beachten, dass § 123 II BGB sich nur auf empfangsbedürftige Erklärungen bezieht. Nicht empfangsbedürftige Willenserklärungen (Hauptfall: Auslobung, § 657 BGB; für Testamente vgl. die Sonderregelung des § 2078 BGB) sind auch dann uneingeschränkt anfechtbar, wenn ein Dritter die Täuschung verübt hat.

1425

b.) „Kennen oder Kennenmüssen"

Mit **Kenntnis** ist positives Wissen i.S.v. *dolus directus* 2. Grades gemeint. **Kennenmüssen** (§ 122 II BGB) stellt auf die fahrlässige Unkenntnis ab, wobei jede Form der Fahrlässigkeit genügt. Anders als bei § 254 BGB führt ein Mitverschulden hier zum *völligen Ausschluss* des Rechts nach § 123 I Var. 1 BGB. **1426**

b. Rechtsfolge, Fristen und Konkurrenzen

Zur **Rechtsfolge** vgl. die Ausführungen zur Anfechtung wegen widerrechtlicher Drohung bei Rn 1445, zur **Frist** bei Rn 1457 und zu den **Konkurrenzen** bei 1474. **1427**

II. Die Anfechtung wegen widerrechtlicher Drohung

Im Gegensatz zu den bisher behandelten Anfechtungsgründen schützt § 123 I Var. 2 BGB die Freiheit der Willensentschließung. Daher setzt dieser Anfechtungsgrund auch **keinen Irrtum** des Erklärenden voraus. Es kommt allein auf die Willensbeeinflussung an.

1428

1. Voraussetzungen

a. Drohung

Eine **Drohung** ist das (auch konkludente) Inaussichtstellen eines künftigen Übels, auf dessen Eintritt der Drohende Einfluss hat oder zu haben vorgibt.[1062] Als **Übel** genügt jeder Nachteil, auch bei einem Dritten. Eine besondere Schwere ist nicht erforderlich.[1063] **1429**

> So liegt zum **Beispiel** in der Ankündigung der Kündigung eines Kredit- oder Arbeitsvertrags eine Drohung.[1064] Weitere Beispiele sind die Drohung mit einer Strafanzeige, Ankündigung körperlicher Gewalt etc.

[1062] BGHZ **2**, 287, 295; BGH NJW **1988**, 2599, 2600 f.
[1063] *Brox/Walker,* AT, Rn 464.
[1064] BGH NJW **1997**, 1980, 1981; BAG NJW **1994**, 1021.

1430 Die Drohung muss den Anfechtungsberechtigten in eine *psychische* (nur willens*beugende*) **Zwangslage** (*vis compulsiva*) versetzen (arg. § 124 II BGB). Bei Anwendung von *physischem* (willens*ausschließendem*) Zwang (*vis absoluta*) liegt schon tatbestandlich (mangels Handlungswillens) keine Willenserklärung vor.

> **Beispiel:** A will, dass seine 96-jährige Großmutter G einen Kaufvertrag unterschreibt, wonach er das Meissner Porzellan „Fürst von Metternich", das G bereits vor 70 Jahren von ihrer Großmutter geerbt hatte, für 100,- € bekommen soll. Da G sich widerspenstig zeigt und ihre letzte Kraft mobilisiert, führt der der G körperlich weit überlegene A gewaltsam deren Hand und bringt so eine „Unterschrift der G" zustande.
>
> Hier liegt mangels Handlungswillens schon tatbestandlich keine Willenserklärung vor, sodass es auch keiner Anfechtung bedarf.

1431 Ferner muss der Drohende beim Bedrohten den Eindruck erwecken, dass der **Eintritt des Übels von *seinem* Willen abhänge**. Der Hinweis auf eine objektiv bestehende Zwangslage genügt ebenso wenig wie die Mitteilung einer bereits vollzogenen Maßnahme[1065] oder die bloße Ausnutzung einer bereits bestehenden Zwangslage[1066]. Unerheblich ist, ob der Drohende die Drohung ernst meint. Es ist auch dann eine Willensbeeinflussung gegeben, wenn der Bedrohte die Drohung **für ernst gemeint hält**.[1067]

1432 Da die Beschränkung des **§ 123 II BGB** ausweislich *nicht* für die widerrechtliche Drohung gilt, spielt es für die Anfechtung nach § 123 I Var. 2 BGB keine Rolle, wenn die Drohung von einem „**Dritten**" ausgeht. Selbst bei Gutgläubigkeit des „Geschäftsherrn" kann der Bedrohte anfechten (Umkehrschluss aus § 123 II BGB).[1068]

b. Kausalität zwischen Drohung und Willenserklärung

1433 § 123 I Var. 2 BGB setzt weiterhin voraus, dass der Bedrohte „durch die Drohung zur Abgabe einer Willenserklärung bestimmt worden ist". Damit ist Kausalität zwischen Drohung und Abgabe der Willenserklärung gemeint. Kausal ist die Drohung für die Abgabe der Willenserklärung, wenn der Bedrohte die Willenserklärung gar nicht, nicht in der vorliegenden Form oder zu einem anderen Zeitpunkt abgegeben hätte. Ausreichend ist auch hier – wie bei der arglistigen Täuschung – , dass die Drohung **mitursächlich** war.

1434 Nach der Ratio der Norm kommt es bei der Prüfung der Kausalität auf objektive Erwägungen oder eine objektive Erheblichkeit nicht an. Entscheidend ist allein die **Sicht des Bedrohten**.[1069]

> **Beispiel:** A des obigen Beispiels lehnt körperliche Gewalt ab. Daher sagt er zu G: „Wenn Du den Vertrag nicht unterschreibst, sperre ich Dich so lange in Dein kleines Kämmerlein ein, bis Du verhungerst".
>
> Sollte G diese Drohung ernst nehmen und *daher* den Kaufvertrag unterzeichnen, liegt Kausalität vor.

[1065] *Ellenberger*, in: Palandt, § 123 Rn 16.
[1066] BGH NJW **1988**, 2599, 2601.
[1067] BGH NJW **1982**, 2301, 2302.
[1068] Aus Billigkeitsgründen kann dem gutgläubigen Anfechtungsgegner aber ein Ersatzanspruch analog § 122 BGB zustehen (dazu Rn 1467 ff.).
[1069] BGH NJW **1982**, 2301, 2302.

c. Widerrechtlichkeit der Drohung

Zuletzt muss die Drohung auch widerrechtlich gewesen sein. Die Widerrechtlichkeit kann sich dabei (wie bei § 240 StGB) aus dem angedrohten Mittel, dem erstrebten Zweck oder aus der Zweck-Mittel-Relation ergeben.

1435

aa. Widerrechtlichkeit des Mittels

Die Bestimmung durch Drohung ist bereits dann rechtswidrig, wenn allein das angedrohte Übel widerrechtlich ist, also gegen ein Gesetz, einen Vertrag oder die guten Sitten verstößt.[1070]

Bei einer Drohung mit einem rechtswidrigen Verhalten ist die Willensbeeinflussung also auch dann widerrechtlich, wenn sie der Durchsetzung eines bestehenden Anspruchs dient. Die Drohung mit einem strafbaren oder sittenwidrigen Verhalten berechtigt daher stets zur Anfechtung.

1436

> **Beispiel:** Das Einsperren der G in das kleine Kämmerlein, um sie zur Unterzeichnung des Vertrags zu bewegen, ist gesetzes- (§ 239 StGB) und sittenwidrig und daher widerrechtlich i.S.d. § 123 I Var. 2 BGB.

bb. Widerrechtlichkeit des Zwecks

Die Bestimmung durch Drohung ist auch dann rechtswidrig, wenn der erstrebte Erfolg schon für sich widerrechtlich ist.[1071]

1437

Das gilt selbst dann, wenn das eingesetzte Mittel nicht zu beanstanden ist.[1072] Umgekehrt genügt es jedoch nicht, dass der Drohende keinen Rechtsanspruch auf die erstrebte Willenserklärung hat.[1073]

1438

> **Beispiel:** Droht der Arbeitgeber dem beim Diebstahl ertappten Arbeitnehmer mit der fristlosen Kündigung, falls er nicht in die Auflösung des Arbeitsvertrags einwillige, ist dieser Zweck für sich allein nicht widerrechtlich.

Erforderlich ist vielmehr, dass der angestrebte Erfolg verboten oder sittenwidrig ist. In diesen Fällen wird aber das Rechtsgeschäft zumeist schon nach § 134 BGB oder § 138 BGB nichtig sein[1074], sodass eine wegen der Lehre von der Doppelnichtigkeit im Recht mögliche Anfechtung nur deklaratorische Bedeutung hat. Der Anfechtende kann mit seiner Anfechtung lediglich mögliche Gegenansprüche, die sich aus § 134 BGB oder § 138 BGB ergeben könnten, ausschließen.

1439

cc. Widerrechtlichkeit der Mittel-Zweck-Relation

Die Bestimmung durch Drohung kann schließlich auch dann rechtswidrig sein, wenn Mittel und Zweck für sich allein nicht widerrechtlich sind, aber ihre Verbindung – der Einsatz dieses Mittels zu diesem Zweck – gegen die guten Sitten oder gegen Treu und Glauben verstößt (**Inadäquanz von Mittel und Zweck**).[1075]

1440

Entscheidend ist hier, ob der Drohende an der Erreichung des verfolgten Zwecks ein berechtigtes Interesse hat und die Drohung nach Treu und Glauben noch als ein an-

1441

[1070] *Ellenberger*, in: Palandt, § 123 Rn 19; *Brox/Walker,* AT, Rn 468; *Köhler/Lange*, AT, § 7 Rn 55.
[1071] *Hefermehl*, in: Soergel, § 123 Rn 46; *Ellenberger*, in: Palandt, § 123 Rn 20.
[1072] *Brox/Walker,* AT, Rn 469.
[1073] BGHZ **2**, 287, 296; **25**, 217, 219; BGH NJW **1996**, 1274, 1275; **1997**, 1980, 1981.
[1074] *Köhler/Lange*, AT, § 7 Rn 56; *Ellenberger*, in: Palandt, § 123 Rn 20
[1075] *Hefermehl*, in: Soergel, § 123 Rn 47; *Ellenberger*, in: Palandt, § 123 Rn 21; *Köhler/Lange*, AT, § 7 Rn 57.

gemessenes Mittel zur Erreichung dieses Zwecks anzusehen ist.[1076] Maßgeblich ist also eine Gesamtwürdigung aller Umstände unter besonderer Berücksichtigung der Belange nicht nur des Bedrohten, sondern auch des Drohenden.[1077]

1142
- Die Drohung mit einer *Zivilklage* ist i.d.R. stets zulässig, weil sie das von der Rechtsordnung vorgesehene Mittel der Anspruchsdurchsetzung ist.

  Beispiel: Gläubiger G droht seinem Schuldner S mit der Erhebung einer Leistungsklage, falls dieser nicht binnen einer Woche die Schuld begleichen werde.

  Diese Drohung ist rechtmäßig, da Klage und Zwangsvollstreckung gerade die Mittel sind, die nach der Rechtsordnung für den verfolgten Zweck zur Verfügung stehen.
  Bestünde der geltend gemachte Anspruch allerdings nicht und wüsste G dies, so käme für den bedrohten S die Anfechtung wegen arglistiger Täuschung in Betracht.

1443
- Die Drohung mit einer *Strafanzeige* ist dann zulässig, wenn die geforderte Erklärung mit der Straftat in einem inneren Zusammenhang steht, also die Wiedergutmachung des angerichteten oder die Verhütung weiteren Schadens angestrebt werden.

  Beispiel: A, der gegen B noch einen Schadensersatzanspruch aus § 823 I BGB wegen einer Eigentumsverletzung hat, droht ihm, dass er ihn wegen eines von ihm begangenen Diebstahls (der mit der Forderung nichts zu tun hat) anzeigen werde, wenn er nicht zahle.

  Hier wird das Mittel zweckwidrig eingesetzt, sodass die Drohung rechtswidrig ist.

d. Subjektive Voraussetzung

1444
Der Drohende muss den **Willen** haben, den anderen Teil zur Abgabe einer Willenserklärung zu bestimmen. Auch muss ihm bewusst sein, dass seine Drohung geeignet war, den anderen Teil zu einer Willenserklärung zu bewegen. Ein Schädigungsvorsatz ist hingegen nicht erforderlich.[1078]

2. Rechtsfolge

1445
Die Anfechtung wegen arglistiger Täuschung oder widerrechtlicher Drohung führt zur **Nichtigkeit** des Rechtsgeschäfts mit Wirkung von Anfang an (§ 142 I BGB). Eine Pflicht zum **Ersatz des Vertrauensschadens** besteht **nicht**, da § 122 BGB sich grammatikalisch und systematisch nur auf §§ 119 und 120 BGB bezieht. Jedoch kann es angebracht sein, § 122 BGB analog anzuwenden, wenn die Drohung (nicht die Täuschung!) von einem Dritten ausgegangen ist. Denn im Verhältnis zwischen Erklärendem und Erklärungsempfänger besteht kein Grund, Letzterem die Risiken aus dem Handeln des Bedrohten aufzuerlegen. Der Bedrohte mag seinerseits beim Drohenden Regress nehmen.[1079]

1446
Zur **Anfechtungsfrist** vgl. Rn 1457 ff., zu den **Konkurrenzen** Rn 1474 ff.

[1076] BGH NJW **1983**, 384, 385; *Ellenberger*, in: Palandt, § 123 Rn 21; *Köhler/Lange*, AT, § 7 Rn 57.
[1077] BGHZ **25**, 217, 221; *Hefermehl*, in: Soergel, § 123 Rn 47; *Ellenberger*, in: Palandt, § 123 Rn 21.
[1078] Hefermehl, in: Soergel, § 123 Rn 50 f.; *Ellenberger*, in: Palandt, § 123 Rn 23.
[1079] *Köhler/Lange*, AT, § 7 Rn 59.

G. Vorliegen einer Anfechtungserklärung, § 143 BGB

Da es sich bei dem Anfechtungsrecht um ein **Gestaltungsrecht** handelt, tritt die Rechtsfolge des fehlerhaften Rechtsgeschäfts (Nichtigkeit des Rechtsgeschäfts bei Vorliegen eines Anfechtungsgrundes) nicht *ipso jure* ein, sondern muss durch Erklärung ausgelöst werden. § 143 BGB stellt dies lediglich klar. Bedeutung erlangt diese Vorschrift aber insofern, als sie die Voraussetzungen der Anfechtungserklärung normiert. So bestimmt § 143 I BGB, dass die **Anfechtungserklärung** (durch den **Anfechtungsberechtigten**) gegenüber dem **Anfechtungsgegner** erfolgen muss.

1447

Die **Anfechtungserklärung** ist eine formfreie einseitige empfangsbedürftige Willenserklärung, die als Gestaltungsrecht unwiderruflich und bedingungsfeindlich ist. Zulässig ist aber eine **Eventualanfechtung** für den Fall, dass sich die von der Partei primär vorgetragene Rechtsansicht, die Erklärung sei nichtig oder in einem bestimmten Sinne auszulegen, als irrig erweist (zur Bedingung vgl. bereits Rn 515 ff.).

1448

Die Erklärung kann **ausdrücklich** oder **konkludent** erfolgen. Insbesondere ist die Erwähnung des Begriffs „Anfechtung" nicht erforderlich. Es genügt, wenn die Erklärung **unzweideutig** erkennen lässt, dass die Partei das Rechtsgeschäft **wegen eines Willensmangels nicht gelten lassen will**.[1080]

1449

> **Beispiel:** Bestreitet der Vertragspartner das Vorliegen einer Verpflichtung oder fordert das bereits Geleistete zurück, genügt dies ebenso, als wenn er sagt: „Behalten Sie Ihren Schrott, ich will mit Ihnen nichts mehr zu tun haben". Auch in der Verweigerung, den Kaufpreis (oder den Werklohn) zu zahlen, wird teilweise eine konkludente Anfechtungserklärung gesehen.[1081] Das ist aber nicht ganz unbedenklich, weil allein der Zahlungsverweigerung die erforderliche unzweideutige Aussage nicht entnommen werden kann. Genauso gut könnte darin nämlich die Mängeleinrede gem. § 438 IV S. 2 BGB gesehen werden.

Auch der **Anfechtungsgrund** braucht in der Anfechtungserklärung **nicht** ausdrücklich angegeben zu werden. Erforderlich ist aber, dass für den Anfechtungsgegner erkennbar ist, auf welchen tatsächlichen Grund die Anfechtung gestützt wird.[1082]

1450

> **Beispiel:** A hat von B ein Auto gekauft und ist dabei von diesem über die Unfallfreiheit des Autos arglistig getäuscht worden (§ 123 I Var. 1 BGB). Geht A nun zu B und sagt zu ihm: „Nehmen Sie Ihren Schrott zurück, ich will mit Ihnen nichts mehr zu tun haben", dürfte es für B klar sein, auf welchen tatsächlichen Anfechtungsgrund sich die Erklärung des A stützt.

Da wegen des Trennungs- und Abstraktionsprinzips das Verpflichtungs- und Verfügungsgeschäft grundsätzlich unabhängig voneinander zu beurteilen sind, muss sich auch aus der Anfechtungserklärung ergeben, auf welches der Geschäfte sie sich bezieht. Insbesondere hat die Anfechtung nur des Verpflichtungsgeschäfts nicht automatisch zur Folge, dass damit auch das Verfügungsgeschäft vernichtet wird. Anfechtbar ist vielmehr nur das Geschäft, das mit einem Willensmangel behaftet ist, auf das sich also der Anfechtungsgrund bezieht. Da sich allerdings der rechtliche Laie oftmals nichts unter dem Trennungs- und Abstraktionsprinzip vorstellen kann, ist die Anfechtungserklärung im Zweifel zugunsten des Anfechtungsberechtigten auszulegen. Allerdings fehlt es i.d.R. an einem Anfechtungsgrund für das Verfügungsgeschäft.

1451

[1080] Vgl. nur BGH NJW-RR **1995**, 859.
[1081] So *Stadler*, JA **2007**, 454, 456.
[1082] *Ellenberger*, in: Palandt, § 143 Rn 3; *Roth*, in: Staudinger, § 143 Rn 11; *Hefermehl*, in: Soergel, § 143 Rn 2; *Brox/Walker*, AT, Rn 459.

1452 **Beispiel:** K ist Sammler hochwertiger Ming-Vasen. Eines Tages erblickt er in Hamburg in einem kleinen Trödelladen eine mit einem Preis von 200,- € ausgezeichnete Vase mit der Bezeichnung *„Ming Art Collection"*, die er für ein Original aus dem 14. Jahrhundert hält. Ohne lange zu zögern schließt er sofort mit dem Inhaber des Geschäfts, dem T, einen Kaufvertrag (§ 433 BGB) und bekommt die Vase übereignet und übergeben (§ 929 S. 1 BGB). Zu Hause muss K jedoch zu seinem Bedauern feststellen, dass es sich bei der *„Ming Art Collection"* um eine *„auf Alt getrimmte"* aktuelle Serienproduktion handelt. Daraufhin ruft K sofort bei T an und teilt diesem mit, dass er die Vase nur deshalb gekauft habe, weil er sie für ein Original gehalten habe. Er wolle sie nun zurückgeben. T erwidert jedoch, dass es nicht sein Problem sei, wenn K keine Ahnung habe. Außerdem sei der Preis von 200,- € für Vasen aus der *„Ming Art Collection"* angemessen. Hat K gegen T einen Anspruch auf Rückzahlung des Geldes?

Der Anspruch auf Rückgabe könnte sich auf § 985 BGB stützen (dessen Voraussetzungen in der Fallbearbeitung nunmehr näher zu prüfen wären). Zwar hat K sein ursprüngliches Eigentum an dem Geld durch Übereignung auf T verloren, diese Übereignung könnte er aber durch Anfechtung vernichtet haben. Diese setzt aber nicht nur einen Anfechtungsgrund, sondern auch eine Anfechtungserklärung gerade in Bezug auf die Eigentumsübertragung voraus. Ob sich die Anfechtungserklärung des K auch auf dieses Erfüllungsgeschäft erstreckt, ist fraglich, kann aber letztlich dahinstehen, weil es schon an einem diesbezüglichen Anfechtungsgrund fehlt: K´s Fehler bei der Willenserklärung bezog sich nur auf die Eigenschaft der Vase, die nur im Rahmen des schuldrechtlichen Verpflichtungsgeschäfts, dem Kaufvertrag, eine Rolle spielt. Das dingliche Erfüllungsgeschäft, die Eigentumsübertragung hinsichtlich des Geldes, bleibt von diesem Irrtum unberührt. K hat also keinen Anspruch auf Herausgabe des Geldes gem. § 985 BGB. Er kann dieses aber gem. § 812 I S. 2 Var. 1 BGB herausverlangen (wäre in der Fallbearbeitung näher auszuführen).

1453 Die laiengünstige Auslegung der Anfechtungserklärung dergestalt, dass sie sich auch auf das sachenrechtliche Verfügungsgeschäft bezieht, wird also immer dann relevant, wenn auch hinsichtlich des Verfügungsgeschäfts ein Anfechtungsgrund besteht. Das ist insbesondere im Fall der **Fehleridentität** anzunehmen, wenn also **derselbe Unwirksamkeitsgrund** sowohl das Verpflichtungsgeschäft als auch das Verfügungsgeschäft betrifft. Erstreckt man in einem solchen Fall die Anfechtungserklärung auch auf das Erfüllungsgeschäft, hat dies für den Anfechtenden den Vorteil, dass er über § 985 BGB vorgehen kann (sofern dem keine sonstigen Hindernisse wie z.B. § 932 BGB oder §§ 946 ff. BGB entgegenstehen), und nicht auf einen bereicherungsrechtlichen Anspruch mit seinen Gefahren (vgl. § 818 III BGB) angewiesen ist. Ob dies der Fall ist, ist im Wege der genannten (laiengünstigen) Auslegung (§§ 133, 157 BGB) zu ermitteln.

1454 **Beispiel:** Hätte T des obigen Beispiels den K über die Echtheit der Vase arglistig getäuscht (§ 123 I Var. 1 BGB), hätte sich der Irrtum des K auch auf das Erfüllungsgeschäft erstreckt. Denn im Fall des § 123 BGB nimmt die h.M.[1083] an, dass der Fehler im Kausalgeschäft regelmäßig auch noch beim Abschluss des Verfügungsgeschäfts fortbestehe. Zugunsten des K hätte man seine Anfechtungserklärung dann auch auf das dingliche Erfüllungsgeschäft erstrecken müssen mit der Folge, dass er auch dieses erfolgreich hätte anfechten können. Sofern kein Ausschlussgrund der genannten Art vorgelegen hätte, hätte K sein Geld vindizieren können.

Weiterführender Hinweis: Im Eigentum des Gläubigers stehendes Bargeld, das sich vom Geld des Schuldners unterscheiden lässt, kann vindiziert werden.[1084] Ist das Geld jedoch durch Einbringung in eine Kasse oder einen Geldbeutel mit dem Geld des Schuldners vermengt, liegt ein Fall des gesetzlichen Erwerbstatbestands der §§ 948 I, 947 II BGB

[1083] Vgl. nur BGH DB **1966**, 818.
[1084] Allgemeine Auffassung, vgl. nur *Strohe*, JuS **2002**, 858, 859; *Hefermehl*, in: Erman, § 985 Rn 6; *Gursky*, in: Staudinger, § 929 Rn 78.

vor. Erwirbt der Schuldner auf diese Weise Eigentum an den Geldscheinen und -münzen des Gläubigers, scheidet ein Vindikationsanspruch aus. Zu denken wäre dann zwar an einen Anspruch auf Herausgabe der Wertsumme (beliebige Scheine und Münzen in Höhe der geschuldeten Summe), eine solche sog. **Geldwertvindikation** wird heute aber nicht mehr vertreten, da sonst Geldeigentümer gegenüber Sacheigentümern im Rahmen eines Insolvenzverfahrens (vgl. § 47 InsO) oder einer Zwangsvollstreckung (vgl. § 771 ZPO) unangemessen bevorzugt würden.[1085] Erst recht scheidet eine Geldwertvindikation aus, wenn es gewechselt oder auf ein Konto eingezahlt wurde. Hier gelten ausschließlich §§ 989, 990 und 812 ff. BGB.[1086] In Betracht kommt aber ein Anspruch aus § 951 I BGB.

Anfechtungsberechtigt ist derjenige, der die anfechtbare Willenserklärung abgegeben hat oder für den sie durch einen Vertreter abgegeben worden ist.[1087]   **1455**

So ist also auch bei der **Stellvertretung** grundsätzlich nur der *Vertretene* anfechtungsberechtigt. Er kann dem Vertreter aber auch bezüglich der Anfechtungserklärung eine entsprechende Vertretungsmacht einräumen, sodass der Stellvertreter im Namen des Vertretenen anfechten kann.

Anfechtungsgegner ist der, demgegenüber die Anfechtungserklärung abzugeben ist.   **1456**

- Gem. § 143 II BGB muss bei einem **Vertrag** die Anfechtungserklärung gegenüber dem Vertragspartner erklärt werden, im Fall des § 123 II S. 2 BGB gegenüber demjenigen, der aus dem Vertrag unmittelbar ein Recht erworben hat.

- Gem. § 143 III S. 1 BGB ist bei **einseitigen empfangsbedürftigen Rechtsgeschäften** (z.B. einer Kündigungserklärung) Anfechtungsgegner die Person, der gegenüber das Rechtsgeschäft vorzunehmen war.

- Da bei einem **einseitigen *nicht* empfangsbedürftigen Rechtsgeschäft** (z.B. Testament) kein Erklärungsgegner vorgesehen ist, ist gem. § 143 IV S. 1 BGB demjenigen gegenüber anzufechten, der aufgrund des Rechtsgeschäfts unmittelbar einen rechtlichen Vorteil erlangt hat.

H. Einhaltung der Anfechtungsfrist, §§ 121, 124 BGB

Bei der Frage, innerhalb welcher Frist der Anfechtungsberechtigte seine Anfechtungserklärung beim richtigen Adressaten abgegeben haben muss, ist gem. §§ 121 und 124 BGB hinsichtlich des Anfechtungsgrundes zu unterscheiden: **1457**

I. Die Frist des § 121 BGB

Gemäß § 121 S. 1 BGB muss die Anfechtung in den Fällen der **§§ 119 und 120 BGB ohne schuldhaftes Zögern (unverzüglich)** erfolgen, nachdem der Anfechtungsberechtigte von dem Anfechtungsgrund Kenntnis erlangt hat.   **1458**

> **Hinweis für die Fallbearbeitung:** Bei der Anfechtungsfrist nach § 121 BGB handelt es sich nicht um eine Verjährungsfrist, sondern um eine **Ausschlussfrist**. Das hat folgende Bewandtnis: **1459**
>
> - Zum einen handelt es sich bei der Anfechtung – wie gesehen – nicht um einen Anspruch, sondern um ein Gestaltungsrecht. Gem. § 194 I BGB unterliegen jedoch nur Ansprüche der Verjährung. Daher kann es sich bei der Frist des § 121 BGB schon deshalb nicht um eine Verjährungsfrist handeln.

[1085] Vgl. *Medicus*, JuS **1983**, 897; *Bassenge*, in: Palandt, § 985 Rn 8; a.A. wohl *Hefermehl*, in: Erman, § 985 Rn 6. Zur gutachterlichen Prüfung einer Geldwertvindikation vgl. auch *Strohe*, JuS **2002**, 858 ff.
[1086] Vgl. ausführlich *R. Schmidt*, SchuldR BT II, Rn 196 ff.
[1087] *Ellenberger*, in: Palandt, § 143 Rn 4.

> ■ Zum anderen führt die Ausübung des Anfechtungsrechts zum Erlöschen des Anspruchs, also zu dessen Untergang. Demgegenüber führt die Verjährung gem. ihrer Natur als rechtshemmende Einrede nicht zum Erlöschen des Anspruchs, sondern bewirkt nur ein dauerndes Leistungsverweigerungsrecht des Verpflichteten.
>
> Daher ist die Unterscheidung zwischen Ausschlussfrist und Verjährung auch von überaus großer praktischer Bedeutung: Während die Anfechtung als rechtsvernichtende Einwendung von Amts wegen zu berücksichtigen ist, muss die Verjährung gemäß ihrer Natur als rechtshemmende Einrede nach h.M. vom Anspruchsgegner geltend gemacht werden, damit sie vom Gericht beachtet werden darf. Sollte eine nicht geltend gemachte rechtshemmende Einrede vom Gericht berücksichtigt werden, kann dies wegen einseitiger Parteinahme einen Befangenheitsgrund darstellen.

1460 Mit der Formulierung „ohne schuldhaftes Zögern (unverzüglich)" hat der Gesetzgeber zumindest klargestellt, dass ein sofortiges Handeln nicht erforderlich ist. Vielmehr billigt er dem Anfechtungsberechtigten eine **angemessene Überlegungsfrist** zu. Das wiederum führt zu einer gewissen Rechtsunsicherheit. Was angemessen ist, beurteilt sich daher stets nach den Umständen des Einzelfalls, insbesondere nach der Bedeutung und Komplexität des Geschäfts. In der Regel wird jedoch eine Entscheidung innerhalb weniger Tage zumutbar sein.

1461 Die Frist **beginnt** mit **Kenntniserlangung** des Irrtums bzw. der falschen Übermittlung (§ 121 I S. 1 BGB). Bloßes Kennenmüssen genügt ebenso wenig wie das Vorliegen von Verdachtsgründen. Andererseits ist es jedoch auch nicht erforderlich, dass der Betroffene von dem Bestehen des Anfechtungsrechts vollständig überzeugt ist.[1088]

1462 Zur **Fristwahrung** genügt die rechtzeitige Absendung der Anfechtungserklärung (§ 121 I S. 2 BGB). Kommt es also zu Verzögerungen des Zugangs, gehen diese grds. zu Lasten des Anfechtungsgegners. Etwas anderes gilt nur dann, wenn der die Anfechtung Erklärende einen umständlichen Übermittlungsweg (z.B. Anfechtung in der Klageschrift statt durch unmittelbare Mitteilung) gewählt hat.[1089] Davon zu unterscheiden ist jedoch das Erfordernis des **Zugangs**, der sich nach § 130 BGB richtet. Die Anfechtungserklärung muss also dergestalt in den Machtbereich des Erklärungsempfängers gelangt sein, dass dieser die Möglichkeit der Kenntnisnahme hat.[1090] Sind seit Abgabe der anzufechtenden Erklärung **10 Jahre** verstrichen, ist die Anfechtung generell ausgeschlossen (§ 121 II BGB). Es kommt also nicht darauf an, ob der Irrtum bis dahin unerkannt geblieben ist.

II. Die Frist des § 124 BGB

1463 Auch bei der Frist des § 124 BGB handelt es sich um eine von Amts wegen zu beachtende Ausschlussfrist. Nach § 124 I BGB kann die Anfechtung einer nach § 123 BGB anfechtbaren Willenserklärung nur innerhalb der **Jahresfrist** erfolgen (die Fristberechnung erfolgt nach §§ 186 ff. BGB). Nach § 124 II S. 1 BGB **beginnt** die Frist im Fall der **arglistigen Täuschung** mit dem Zeitpunkt, in welchem der Anfechtungsberechtigte die Täuschung entdeckt, im Fall der **Drohung** mit dem Zeitpunkt, in welchem die Zwangslage aufhört.

1463a Wie auch bei § 121 II BGB, ist nach § 124 III BGB die Anfechtung ausgeschlossen, wenn seit der Abgabe der anzufechtenden Erklärung **10 Jahre** verstrichen sind.

[1088] BayObLG NJW-RR **1998**, 797, 798; *Ellenberger*, in: Palandt, § 121 Rn 2.
[1089] BGH NJW **1975**, 39.
[1090] Zum Zugang vgl. Rn 304 ff. und 329 ff.; vgl. auch BGHZ **101**, 49, 52; *Köhler/Lange*, AT, § 7 Rn 30.

I. Ausschluss der Anfechtung wegen Bestätigung, § 144 BGB

Nach § 144 I BGB ist die Anfechtung ausgeschlossen, wenn das anfechtbare Rechtsgeschäft von dem Anfechtungsberechtigten bestätigt wird. Bei der Bestätigung eines (noch) *gültigen* Rechtsgeschäfts[1091] handelt es sich um eine **nicht empfangsbedürftige Willenserklärung**, durch die der Anfechtungsberechtigte auf sein Anfechtungsrecht verzichtet. Die Bestätigung ist nach § 144 II BGB **formfrei** und kann daher auch konkludent erfolgen. Erforderlich ist ein **Verhalten, das den Willen offenbart, trotz der Anfechtbarkeit an dem Rechtsgeschäft festzuhalten**, wobei jede andere den Umständen nach mögliche Deutung ausgeschlossen sein muss.[1092]

1465

> Als **Beispiele** werden genannt[1093]: Nehme der Anfechtungsberechtigte eine Verfügung über den Vertragsgegenstand vor, erfülle er den Vertrag freiwillig oder nehme er die Gegenleistung entgegen, könne darin jeweils eine Bestätigung i.S.v. § 144 BGB zu sehen sein.
>
> Damit ist jedoch nicht der Fall bedacht worden, dass z.B. der Käufer eines Autos, der vom Verkäufer über die Unfallfreiheit arglistig getäuscht wurde, i.d.R. zunächst den Wagen bezahlt und benutzt, bevor er von der arglistigen Täuschung Kenntnis erlangt. Hier das Anfechtungsrecht wegen Bestätigung zu versagen, kann nicht sachgerecht sein. Um dieses Ergebnis zu vermeiden, stellt denn auch der BGH klar, dass eine Bestätigung i.S.d. § 144 BGB nur dann angenommen werden könne, wenn der Bestätigende die Anfechtbarkeit gekannt oder mit ihr gerechnet habe (BGHZ 129, 371, 377).

J. Rechtsfolgen der Anfechtung

I. Nichtigkeit des Rechtsgeschäfts, § 142 BGB

Wird ein anfechtbares Rechtsgeschäft angefochten, ist es als von Anfang an (rückwirkend - *ex tunc*) als **nichtig** anzusehen, § 142 I BGB.[1094]
Die Anfechtung ist grundsätzlich **endgültig** und kann **nicht zurückgenommen** werden. Da aber auch die Anfechtungserklärung eine Willenserklärung darstellt, kann sie ihrerseits bei Vorliegen eines Anfechtungsgrundes angefochten werden. Sind die Anfechtung wirksam und das Rechtsgeschäft nichtig, sind vertragliche Ansprüche ausgeschlossen. Das Rechtsgeschäft kann aber nach **§ 141 BGB** bestätigt werden (§ 144 BGB ist hier nicht einschlägig, da diese Vorschrift ein *gültiges* Rechtsgeschäft voraussetzt).

Auf die äußerst studien- und examenswichtige Vorschrift des **§ 142 II BGB** wurde bereits ausführlich eingegangen, vgl. Rn 1271 ff.

1466

II. Schadensersatzpflicht, § 122 BGB

Ist eine Willenserklärung aufgrund ihrer Nichternstlichkeit (§ 118 BGB) oder infolge einer Anfechtung wegen Irrtums nach §§ 119, 120 BGB (nicht § 123 BGB![1095]) nichtig, ist der Anfechtungsgegner in seinem schutzwürdigen Vertrauen auf die Gültigkeit der Erklärung enttäuscht. Der Anfechtende ist daher nach § 122 BGB zum **Ersatz des Vertrauensschadens** (sog. negatives Interesse) verpflichtet.

1467

[1091] Im Gegensatz zu § 141 BGB, der ein *nichtiges* Rechtsgeschäft voraussetzt, muss sich die Bestätigung nach § 144 BGB auf ein noch gültiges Rechtsgeschäft beziehen.
[1092] BGHZ **110**, 220, 222; NJW-RR **1992**, 779, 780; *Ellenberger*, in: Palandt, § 144 Rn 2.
[1093] Vgl. *Ellenberger*, in: Palandt, § 144 Rn 2.
[1094] Zu den Sonderfällen der *in Vollzug gesetzten Arbeits- und Gesellschaftsverträge* vgl. Rn 1283 und 1285.
[1095] Der wegen arglistiger Täuschung oder Drohung Anfechtende ist nicht verpflichtet, dem Erklärungsempfänger den Vertrauensschaden zu ersetzen. § 122 BGB betrifft nur die Anfechtung wegen Irrtums. Es soll nur derjenige geschützt werden, der auf die Gültigkeit der Erklärung vertraut hat. Für den Empfänger einer durch Täuschung oder Drohung beeinflussten Erklärung trifft das nicht zu; er ist nicht schutzwürdig.

1468 **Vertrauensschaden** ist der Schaden, den der Anspruchsberechtigte „dadurch erleidet, dass er auf die Gültigkeit der Erklärung und damit des Rechtsgeschäfts vertraut" (vgl. § 122 I BGB). In diesem Fall ist der Anspruchsberechtigte so zu stellen, wie er stehen würde, wenn er nicht auf die Gültigkeit der Erklärung vertraut, also nie etwas von dem Geschäft gehört hätte.

> **Beispiele:** Zu ersetzen sind bspw. die unnütz aufgewandten Kosten wie Telefon-, Porto-, Fax-, Anfahrts-, Liefer-, Lagerkosten etc. Ersatzfähig sind auch die Nachteile durch das Nichtzustandekommen eines möglichen anderen Geschäfts.

1469 Der Höhe nach ist der Vertrauensschaden durch das **Erfüllungsinteresse** (sog. positives Interesse) begrenzt, § 122 I Halbs. 2 BGB.

1470 Der **Erfüllungsschaden** ist der Schaden, der dadurch entsteht, dass der andere nicht erfüllt. In diesem Fall muss der Geschädigte so gestellt werden, wie er stünde, wenn erfüllt worden wäre.

1471 Die Begrenzung des Vertrauensschadens durch das Erfüllungsinteresse am angefochtenen Vertrag soll verhindern, dass der Berechtigte durch die Anfechtung besser gestellt wird als bei Erfüllung des Vertrags.

1472 Der Schadensersatzanspruch ist **ausgeschlossen**, wenn der Erklärungsempfänger den Anfechtungsgrund **kannte** oder **kennen musste**. „Kennenmüssen" bedeutet gem. der Legaldefinition in § 122 II BGB (die im Übrigen für das gesamte Zivilrecht gilt) **fahrlässige Unkenntnis**. In diesem Fall ist der Geschädigte nicht schutzwürdig, er durfte nicht auf die Gültigkeit der Erklärung vertrauen. Das Gleiche gilt, wenn der Geschädigte sich sonst wider Treu und Glauben (§ 242 BGB) verhält.[1096]

> **Beispiel zur Schadensberechnung:** M will bei V eine Ferienwohnung für eine Woche im Juni mieten. Der Mietzins soll 270,- € betragen. Bei seiner Buchung schreibt er versehentlich Juli statt Juni. Nachdem er seinen Irrtum bemerkt hat, ficht er die Erklärung nach § 119 I Var. 2 BGB wirksam an. V will daraufhin die Telefonkosten in Höhe von 3,50 € sowie 260,- € ersetzt haben, die ihm dadurch entgangen sind, dass er den Vertrag mit M geschlossen und einem anderen Interessenten, der die Wohnung im Juli mieten wollte und bereit war, 260,- € zu zahlen, abgesagt hat.
>
> **Abwandlung:** Der andere Interessent wäre bereit gewesen, 280,- € zu zahlen.
>
> V könnte gegen M einen Anspruch aus § 122 I BGB haben. Die Voraussetzungen dieser Norm liegen vor, da es sich um eine nach §§ 119, 142 I BGB angefochtene Willenserklärung des M handelt und V als Erklärungsempfänger anspruchsberechtigt ist. Ein Ausschluss nach § 122 II BGB ist nicht ersichtlich.
> Fraglich ist lediglich der Umfang des Ersatzanspruchs. Nach § 122 I BGB ist der Vertrauensschaden zu ersetzen. Dieser beträgt in dem Ausgangsbeispiel 263,50 €.
>
> In der **Abwandlung** übersteigt der Schaden i.H.v. 283,50 € das Erfüllungsinteresse (270,- €), sodass V nach § 122 I Halbs. 2 BGB nur 270,- € verlangen kann.

1472a Anders als bei § 254 BGB führt ein **Mitverschulden** des Anfechtungsgegners hier zum *völligen Ausschluss* des Anspruchs nach § 122 I BGB. Hat der Anfechtungsgegner den Nichtigkeits- bzw. Anfechtungsgrund nach den §§ 118-120 BGB aber **schuldlos mitverursacht** (§ 122 II BGB greift dann nicht, da keine Fahrlässigkeit vorliegt), kann der Schadensersatzanspruch analog § 254 I BGB entfallen oder gemindert sein.[1097]

[1096] BayObLG **2003**, 367.
[1097] BGH NJW **1969**, 1380; *Ellenberger*, in: Palandt, § 122 Rn 5; *Rüthers/Stadler*, AT, § 25 Rn 67.

Trifft den Anfechtenden ein **Verschulden**, tritt neben die Schadensersatzpflicht aus § 122 I BGB eine solche aus **c.i.c.** (§§ 280 I, 311 II, 241 II BGB). Streitig ist allerdings, ob der Anspruch aus c.i.c. ebenfalls auf das Erfüllungsinteresse begrenzt ist[1098] oder ob die Begrenzung auf das Erfüllungsinteresse nicht gilt[1099]. Die Ausschlussklausel des § 122 II BGB ist jedenfalls nicht anwendbar, es gilt hier § 254 BGB.[1100]

1473

K. Konkurrenzen

I. Verhältnis § 123 BGB zu § 119 BGB

Neben dem Anfechtungsrecht aus § 123 BGB kann zugleich eine Anfechtung wegen Irrtums in Betracht kommen, z.B. wenn die arglistige Täuschung einen Eigenschaftsirrtum veranlasst hat. In diesem Fall kann der Anfechtungsberechtigte frei wählen, auf welchen Anfechtungsgrund er sich berufen will. Die Anfechtung wegen Drohung oder Täuschung wird in der Regel günstiger sein, da sie innerhalb der längeren Frist nach § 124 BGB erklärt werden kann und keine Schadensersatzpflicht nach § 122 BGB zur Folge hat.

1474

Da aufgrund der Lehre von der Doppelwirkung im Recht auch ein nichtiges Rechtsgeschäft angefochten werden kann, steht dem Berechtigten auch dann noch die Möglichkeit zur Anfechtung nach § 123 BGB offen, wenn er zuvor bereits nach § 119 BGB angefochten hat.

II. Verhältnis § 123 BGB zu § 138 I BGB

Im Verhältnis zu § 138 I BGB ist § 123 BGB vorrangig. Eine Anwendung des § 138 I BGB kommt daher nicht in Betracht, wenn das Rechtsgeschäft (nur) durch **arglistige Täuschung** oder **widerrechtliche Drohung** zustande gekommen ist. In diesem Fall ist es lediglich nach § 123 BGB anfechtbar. Nur wenn über die unzulässige Willensbeeinflussung hinaus weitere (sittenwidrige) Umstände hinzutreten, kann § 138 BGB zur Anwendung kommen. Anderenfalls würde § 123 BGB leerlaufen.

1475

III. Verhältnis § 123 BGB zu §§ 823 ff. BGB

Unabhängig von der Anfechtung nach § 123 BGB kann der Betroffene Schadensersatz wegen unerlaubter Handlung verlangen, und zwar (wenn die jeweiligen Voraussetzungen gegeben sind) nach § 823 I BGB, § 823 II BGB i.V.m. §§ 263 oder 253 StGB oder nach § 826 BGB. Die Anfechtungsfrist nach § 124 BGB gilt für die deliktischen Ansprüche nicht.[1101] Dafür kann der Getäuschte dem Anspruch des Vertragspartners aber auch nach Ablauf der Anfechtungsfrist die Einrede aus § 853 BGB entgegenhalten.

1476

IV. Verhältnis § 123 BGB zur c.i.c. (§§ 280 I, 311 II, 241 II BGB) oder zu Schadensersatzansprüchen aus Vertrag

Arglistige Täuschung und Drohung können auch **Schadensersatzansprüche** aus c.i.c. (§§ 280 I, 311 II, 241 II BGB) oder aus Vertrag (§§ 280, 281 BGB) auslösen. Mit Ausnahme der vertraglichen Schadensersatzansprüche können diese Ansprüche auch im Falle der Anfechtung geltend gemacht werden.

1477

> **Beispiel**[1102]**:** K möchte ein Unternehmen kaufen. Er schlägt ein Angebot des A aus, weil B ihm arglistig vorspiegelt, sein Unternehmen sei lukrativer, und kauft das Unternehmen des B. Ficht K den Kaufvertrag mit B an, kann er zwar nicht Schadensersatz statt der Leistung gem. §§ 280, 281 BGB verlangen, wohl kann er aber nach § 823 II BGB i.V.m. § 263 StGB den Schaden ersetzt verlangen, der ihm aus der Ausschlagung des Angebots des A entsteht. Dieser Vertrauensschaden kann höher sein als das Erfüllungsinteresse.

[1098] So *Hefermehl*, in: Soergel, § 122 Rn 7.
[1099] So *Ellenberger*, in: Palandt, § 122 Rn 6.
[1100] *Ellenberger*, in: Palandt, § 122 Rn 6.
[1101] Ganz h.M., vgl. nur *Rüthers/Stadler*, AT, § 25 Rn 93.
[1102] Nach *Köhler/Lange*, AT, § 7 Rn 65.

1478　Weniger eindeutig ist das Verhältnis des § 123 BGB zur c.i.c., wenn es nicht um Schadensersatz, sondern um **Vertragsaufhebung** geht. Denn hat jemand einen Vertrag infolge einer Täuschung oder Drohung geschlossen, kann die Rechtsfolge der c.i.c. in Verbindung mit § 249 S. 1 BGB auch die Aufhebung des Vertrags sein (sog. Naturalrestitution). Ansprüche aus c.i.c. entstehen schon aus fahrlässigem Verhalten und unterliegen grundsätzlich der regelmäßigen (dreijährigen) Verjährungsfrist, § 195 BGB. Dies führt zu einem möglichen Wertungswiderspruch zu § 123 BGB, der zum einen Arglist (also Vorsatz) voraussetzt und zum anderen früher verfristet (gem. § 124 I BGB nach einem Jahr bzw. gem. § 124 III BGB nach 10 Jahren).

1479　▪ Teilweise[1103] wird daher gefordert, die c.i.c. restriktiv anzuwenden. Eine Vertragsauflösung komme nur dann in Betracht, wenn bei fahrlässig unrichtiger Auskunft den Vertragspartner eine besondere Aufklärungspflicht treffe.

1480　▪ Die h.M.[1104] lehnt diesen Ansatz zu Recht ab. Bei restriktiver Anwendung der c.i.c. stünde der vorsätzlich Getäuschte u.U. schlechter als der fahrlässig Getäuschte. Bei letzterem greife § 123 I BGB nicht ein, da es an der Arglist fehle. Über die c.i.c. i.V.m. § 249 S. 1 BGB könne dann mindestens 3 Jahre (unter bestimmten Umständen sogar 30 Jahre, vgl. § 199 III und II BGB) lang Aufhebung des geschlossenen Vertrags verlangt werden. Der vorsätzlich Getäuschte sei durch § 124 BGB eingeschränkt. Außerdem verfolgten § 123 BGB und die c.i.c. verschiedene Schutzzwecke. § 123 BGB schütze die Willensfreiheit, die c.i.c. das Vermögen. Daher sei die c.i.c. unabhängig vom Vorliegen des § 123 BGB möglich. In der Literatur wird aber zum Teil erwogen, die Vorschrift des § 124 BGB auf die c.i.c. dann analog anzuwenden. Dies ist jedoch mit dem BGH abzulehnen. Denn § 124 BGB ist eine Ausschlussfrist, wohingegen es sich bei § 199 BGB um eine rechtshemmende Einrede handelt (zur Bedeutung dieses Unterschieds vgl. Rn 1457 ff.). Dieser Unterschied verbietet eine analoge Anwendung des § 124 BGB auf die c.i.c.[1105]

V. Verhältnis § 119 II BGB zu §§ 434 ff. BGB

1481　Soweit es um einen Irrtum über verkehrswesentliche Eigenschaften geht, die gleichzeitig eine Sachmängelhaftung nach den §§ 434 ff. BGB begründen, ist eine Anfechtung des **Käufers** nach § 119 II BGB jedenfalls <u>nach</u> Gefahrübergang (§ 446 BGB) **ausgeschlossen**. Das hat zwei Gründe:

1482　▪ Ließe man eine Anfechtung nach § 119 II BGB nach Gefahrübergang zu, würden § 438 I Nr. 3 (**Verjährung**) und § 442 I BGB (**Ausschluss der Gewährleistung**, wenn der Käufer den Mangel kennt oder fahrlässig nicht kennt) unterlaufen:

Im Fall eines Sach- oder Rechtsmangels kann der Käufer die ihm nach § 437 BGB zustehenden Rechte (von Sonderregelungen abgesehen, § 438 I Nr. 1, 2 BGB) zwei Jahre lang geltend machen (§ 438 I Nr. 3 BGB). Bei beweglichen Sachen läuft die Frist mit Übergabe der Sache (§ 438 II BGB). Diese Zweijahresfrist würde unterlaufen, wenn man die Anfechtung nach § 119 II BGB zuließe. Die Anfechtungsfrist läuft nämlich erst ab Kenntnis des Erklärenden vom Irrtum. Deckt beispielsweise der Käufer den Mangel erst *nach* Ablauf von zwei Jahren auf, wäre er über das Anfechtungsrecht besser gestellt als nach Kaufrecht.

Beispiel: Kunstliebhaber K kauft vom Galeristen G einen Kandinsky für 10.000,- €. Nach zweieinhalb Jahren stellt sich heraus, dass es sich nur um eine – wenn auch gut gemachte – Fälschung handelt.

[1103] *Hefermehl*, in: Soergel, § 124 Rn 10; *Medicus*, AT, Rn 450 i.V.m. 811; BR, Rn 150.
[1104] BGH NJW **1979**, 1983, 1984; **1984**, 2814, 2815, **1997**, 254; **1991**, 1673, 1675; VersR **2000**, 511; NJW-RR **2002**, 308; *Ellenberger*, in: Palandt, § 123 Rn 27; *Rüthers/Stadler*, AT, § 25 Rn 93.
[1105] Ansprüche wegen Verletzung vorvertraglicher Pflichten können jedoch wiederum durch die Sonderregelung der §§ 434 ff. BGB verdrängt sein (str.), wenn sich die Pflichtverletzung in einem Mangel nach §§ 434, 435 BGB niederschlägt (Beispiel: Verkäufer verschweigt arglistig einen Sachmangel).

K stehen an sich Sachmangelgewährleistungsansprüche nach § 437 BGB zu, die jedoch gem. § 438 I Nr. 3 BGB bereits verjährt und somit nicht mehr durchsetzbar sind. Die Echtheit des Gemäldes war als wertbildender Faktor zugleich eine verkehrswesentliche Eigenschaft des Bildes i.S.d. § 119 II BGB. Trotzdem kann K den Kaufvertrag nicht anfechten, da sonst die (hier eingreifende) kurze Verjährung umgangen würde.

Darüber hinaus lässt § 442 BGB die Geltendmachung von Mängelansprüchen nur noch sehr eingeschränkt zu, wenn der Käufer den Mangel bei Vertragsschluss infolge grober Fahrlässigkeit nicht kannte. Eine entsprechende Beschränkung des Anfechtungsrechts fehlt, § 119 II BGB ermöglicht die Anfechtung auch, wenn der Erklärende seinen Eigenschaftsirrtum grob fahrlässig selbst verursachte.

- Des Weiteren würde der gesetzestechnische **Vorrang der Nacherfüllung** unterlaufen: Nach der Systematik des neuen Kaufrechts hat der Verkäufer grundsätzlich ein Nachbesserungs- oder Ersatzlieferungsrecht, § 439 BGB. Könnte eine der Parteien aufgrund eines Irrtums nach § 119 II BGB den Kaufvertrag sofort und rückwirkend (§ 142 I BGB) zerstören, würde der Verkäufer in vielen Fällen privilegiert, weil er sich infolge der Anfechtung insbesondere der Nacherfüllung und der Schadensersatzpflicht des § 437 BGB entziehen könnte. Aber auch für den Käufer ergäbe sich der (nicht zu rechtfertigende) Vorteil, dass er durch seine Anfechtung den Kaufpreis über § 812 BGB zurückverlangen könnte, ohne auf das Nachbesserungsrecht des Verkäufers (Recht der zweiten Andienung) Rücksicht nehmen zu müssen.[1106]   **1483**

Fraglich ist, ob eine Anfechtung des Käufers nach § 119 II BGB auch <u>vor</u> Gefahrübergang (§ 446 BGB) ausgeschlossen ist.   **1484**

Beispiel: K bestellt bei V 1.000 Computerfestplatten. V bestätigt den Auftrag und verweist auf seine Lieferzeit von drei Wochen. K ist damit einverstanden. Nach einer Woche erfährt K, dass die bestellten Festplatten aufgrund eines Fabrikationsfehlers nicht die normale Rotationsgeschwindigkeit aufweisen. K möchte anfechten.   **1485**

Die Rotationsgeschwindigkeit einer Festplatte ist eine verkehrswesentliche Eigenschaft i.S.v. § 119 II BGB. Fraglich ist jedoch, ob das Anfechtungsrecht überhaupt besteht. § 119 II BGB könnte nämlich durch die §§ 437 ff. BGB ausgeschlossen sein, weil die vorgegebene Rotationsgeschwindigkeit nicht erreicht wird und die Festplatten daher einen Sachmangel i.S.d. § 434 I S. 2 Nr. 2 BGB aufweisen.

Vor Inkrafttreten des neuen Kaufrechts am 1.1.2002 bestand die Regelung des § 459 BGB a.F., wonach Gewährleistungsrechte grundsätzlich erst nach Gefahrübergang geltend gemacht werden konnten. Dementsprechend nahm man an, dass auch erst von diesem Zeitpunkt an eine Anfechtung nach § 119 II BGB ausgeschlossen sein könne. Diese Situation könnte nun im Zuge der Schuldrechtsmodernisierung bereinigt worden sein, denn unter bestimmten Voraussetzungen (z.B. Unmöglichkeit der mangelfreien Leistung, bzw. endgültige und ernsthafte Erfüllungsverweigerung) kann der Käufer nämlich nun auch schon vor Gefahrübergang nach den §§ 437 ff. BGB gegen den Verkäufer vorgehen.

⇨ Dennoch wird teilweise daran festgehalten, dass das Anfechtungsrecht nach § 119 II BGB erst nach Gefahrübergang ausgeschlossen sei, denn das Gewährleistungsrecht erfordere als Voraussetzung gerade diesen Gefahrübergang.[1107]

⇨ Auf der anderen Seite muss jedoch die vom Gesetzgeber geschaffene Vorschrift des § 442 BGB berücksichtigt werden, nach der die Kenntnis des Käufers vom Sachmangel bei Vertragsschluss geregelt ist. Hier werden nämlich seine Rechte versagt, wenn er den Mangel bei Vertragsschluss kannte oder hätte kennen müssen. Ließe man jedoch die Anfechtung vor Gefahrübergang zu, könnte der Käufer diese Regelung umgehen und sich seiner Verantwortung entgegen § 442 BGB entziehen. Dies wäre ein

---

[1106] Nicht überzeugend *Köster*, Jura **2005**, 145 ff.
[1107] Vgl. *Weidenkaff*, in: Palandt, § 437 Rn 53; wohl auch *Saenger*, in: Hk-BGB, § 437 Rn 27.

eklatanter Wertungswiderspruch im Gewährleistungsrecht, das zudem dem Allgemeinen Teil des BGB im Anwendungsbereich vorgeht. K kann nicht anfechten; er ist auf die Sachmangelgewährleistungsrechte angewiesen.

1486

> **Fazit:** Die speziellen Vorschriften der §§ 434 ff. BGB gehen dem allgemeinen Anfechtungsrecht vor, soweit sich beide Regelungskomplexe überschneiden, und zwar unabhängig davon, ob ein Gefahrübergang stattgefunden hat.

Will umgekehrt der **Verkäufer** nach § 119 II BGB anfechten, besteht schon von vornherein kein Konkurrenzverhältnis zu den Sachmängelansprüchen, da dem Verkäufer naturgemäß keine Gewährleistungsrechte zustehen. Gleichwohl ist fraglich, ob ihm nicht aus anderen Gründen die Irrtumsanfechtung versagt ist. Die **Zulässigkeit** der Irrtumsanfechtung führt nämlich zur Vernichtung des Vertrags und damit zum **Wegfall der Mangelgewährleistungsrechte** des Käufers. Dieser wäre dann nur auf die Geltendmachung des Vertrauensschadens nach § 122 BGB verwiesen. In diesem Fall bedeutete die Anfechtung eine **deutliche Einschränkung** der Rechte des Käufers. Im Hinblick darauf kann dem Verkäufer daher nur dann ein Anfechtungsrecht nach § 119 II BGB eingeräumt werden, wenn dadurch die Rechte des Käufers auf Geltendmachung seiner Gewährleistungsansprüche nicht eingeschränkt werden.[1108]

VI. Verhältnis § 119 I BGB zu §§ 434 ff. BGB

1486a   Dagegen bleibt die Möglichkeit der Anfechtung gem. § 119 I BGB neben den Vorschriften über die Sach- und Rechtsmängelhaftung bestehen, da §§ 434 ff. BGB insoweit keine Sonderregelungen enthalten, die durch die Anfechtung nach § 119 I BGB unterlaufen werden könnten.

VII. Verhältnis § 123 BGB zu §§ 434 ff. BGB

1486b   Aus demselben Grund bleibt auch die Möglichkeit der Anfechtung gem. § 123 BGB neben den Vorschriften über die Sach- und Rechtsmängelhaftung gem. §§ 434 ff. BGB bestehen. Der Käufer einer mangelhaften Sache kann also bei arglistiger Täuschung den Vertrag nach § 123 BGB anfechten oder die Rechte nach §§ 434 ff. BGB geltend machen. Macht er aber von seinem Anfechtungsrecht Gebrauch, ist zu beachten, dass er sich damit seiner Sach- und Rechtsmangelgewährleistungsrechte aus §§ 434 ff. BGB begibt, weil diese einen bestehenden Kaufvertrag voraussetzen, die Anfechtung aber zur Nichtigkeit führt (vgl. § 142 I BGB).

VIII. Verhältnis §§ 119 ff. BGB zu § 313 BGB

1487   Soweit ein Irrtum in den Anwendungsbereich der §§ 119 ff. BGB fällt, ist § 313 BGB nicht anwendbar. Daraus ergibt sich, dass der Anwendungsbereich der Regeln über die Störung der Geschäftsgrundlage nur dann eröffnet sein kann, wenn ein Motivirrtum vorliegt, der nicht zur Anfechtung berechtigt, aber gleichwohl im Parteiwillen bei Vertragsschluss enthalten war. Die subjektive Geschäftsgrundlage in § 313 II BGB erweitert also den Kreis der rechtlich relevanten Irrtumsfälle über denjenigen der Irrtumsanfechtung nach § 119 BGB hinaus.[1109]

Lediglich bei einem *beidseitigen* Eigenschaftsirrtum ist umstritten, ob die Regeln der Anfechtung vor denen des § 313 BGB Vorrang haben sollen. Siehe dazu Rn 1361 ff.

L. Übungsfall zur Anfechtung

Wegen der zunehmenden Bedeutung von Rechtsgeschäften im Internet vgl. den Übungsfall bei Rn 1310a, der insbesondere auch Fragen der Anfechtung enthält.

[1108] So auch BGH NJW **1988**, 2597; OLG Oldenburg NJW **2005**, 2556; *Lorenz/Riehm*, Rn 573.
[1109] *Roth*, in: MüKo, § 313 Rn 137.

9. Kapitel – Allgemeine Geschäftsbedingungen

A. Die Bedeutung von AGB

Vorstellung des ursprünglichen BGB war es, dass beim Abschluss von Verträgen der Vertragsinhalt von den Parteien gemeinsam in rechtsgeschäftlicher Privatautonomie individuell ausgehandelt und bestimmt wird und dass eventuelle Lücken in der vertraglichen Vereinbarung durch das Gesetzesrecht geschlossen werden können. Dies entspricht aufgrund der Entwicklung des Wirtschaftsverkehrs aber schon lange nicht mehr der Wirklichkeit. Der moderne Wirtschaftsverkehr ist vielmehr durch eine Massenproduktion und den Massenkonsum von standardisierten Waren- und Dienstleistungen geprägt. Das hat dazu geführt, dass von den meisten Unternehmen (Versicherungen, Banken, Warenherstellern, Transportunternehmen etc.) bei Vertragsabschlüssen Allgemeine Geschäftsbedingungen (AGB) verwendet werden, die zumeist von Rechtsberatern oder Interessenverbänden ausgearbeitet worden sind und die die Rechtsstellung des Verwenders verbessern sollen. Der Verwendung von AGB liegen vor allem folgende Ziele zugrunde[1110]: **1488**

- **Rationalisierung:** Durch die Verwendung von AGB soll der Geschäftsablauf vereinfacht werden (z.B. durch Verkürzung des Zeitbedarfs beim Aushandeln des Vertrags; damit zusammenhängend: Senkung der Kosten etc.). **1489**

- **Umfassende Regelung, Lückenausfüllung:** Da oft die gesetzlichen Regelungen nicht ausreichen, sollen AGB helfen, das Rechtsverhältnis umfassend zu regeln. Dies gilt insbesondere für bestimmte gesetzlich nicht geregelte (aber für den Wirtschafts- und Rechtsverkehr wichtige) Vertragstypen (z.B. Leasing-, Franchise-, Factoring-Verträge, Automatenaufstellungsverträge etc.). **1490**

- **Risikoabwälzung:** Der wichtigste Zweck der AGB-Verwendung ist regelmäßig, die Rechtsstellung des Verwenders im Verhältnis zum anderen Vertragsteil zu stärken, sich z.B. von Verpflichtungen freizuzeichnen und Risiken auf den Partner abzuwälzen. Insbesondere werden Haftungsausschlüsse gerne in AGB aufgenommen. **1491**

Der Vertragsinhalt wird somit nicht mehr von den Vertragsparteien *gemeinsam* festgelegt, sondern im Wesentlichen allein vom Verwender der AGB vorgegeben („diktiert"). Die Vertragsfreiheit des Geschäftsgegners beschränkt sich damit nur auf die Wahl, den Vertrag so zu schließen, wie er vom Verwender „angeboten" wurde, oder vom Vertragsschluss abzusehen. Das kann im Einzelfall extrem unbillig sein, da auch ein Konkurrenzunternehmen kaum auf AGB verzichtet und daher der auf einen Vertragsschluss angewiesene Kunde nicht wirklich eine Chance hat, einen Vertrag ohne Einbeziehung von AGB zu schließen. Daher bedarf es einer Inhaltskontrolle von AGB. **1492**

Eine solche könnte im Einzelfall durch den Richter erfolgen, und zwar am Maßstab der §§ 138 I, 242 BGB. Dies würde allerdings zu einer Kasuistik führen, die kaum überschaubar wäre. Daher hat sich der Gesetzgeber (nicht zuletzt aufgrund europarechtlicher Vorgaben) veranlasst gesehen, das Recht der AGB zunächst in Form des AGBG und nun – im Zuge der Schuldrechtsreform – integriert im BGB (§§ 305-310 BGB n.F.)[1111] gesetzlich zu regeln. **1493**

[1110] Vgl. *Larenz/Wolf*, AT, § 43 Rn 1 f.; *Grüneberg*, in: Palandt, Überbl v § 305 Rn 4 ff.; *Brox/Walker*, AT, Rn 220.

[1111] Die Vorschriften des früheren AGBG zur Definition, Einbeziehung und Inhaltskontrolle sind nahezu ohne inhaltliche Veränderung bzw. mit nur wenigen klarstellenden Änderungen in das BGB integriert worden (lediglich die bisherigen §§ 13-22a ABGB wurden ausgegliedert und sind nun in einem gesonderten Gesetz normiert, dem „Gesetz über Unterlassungsklagen bei Verbraucherrechts- und anderen Verstößen, UKlaG). Daher behalten Rechtsprechung und Literatur, die zum AGBG ergangen sind, grundsätzlich ihre Bedeutung.

B. Die Prüfung von AGB in der Fallbearbeitung

1494 In der Fallbearbeitung wird das Vorhandensein von AGB insbesondere im Rahmen einer **konkreten Anspruchsprüfung** (also inzident) relevant. In dieser Konstellation ist zu untersuchen, ob es sich bei den im Sachverhalt formulierten fraglichen Klauseln um AGB handelt, ob sie in den Vertrag einbezogen wurden, ob sie darüber hinaus auch wirksam sind und ob sie den geltend gemachten Anspruch ausschließen oder beschränken.

1495 Da AGB je nach ihrer Ausrichtung unterschiedliche Auswirkungen haben, sie zum Beispiel anspruchsbegründend oder anspruchsausschließend sein können, ist ihre Platzierung im Prüfungsaufbau nicht einheitlich festzulegen. Sie sind vielmehr dort zu prüfen, wo sie sich auswirken. Die zahlreichen, im Laufe der folgenden Bearbeitung angeführten Beispiele werden dies verdeutlichen. Abgesehen vom variierenden Prüfungsstandort folgt aber die Kontrolle der AGB selbst einem einheitlichen Schema:

1496

Prüfung von Allgemeinen Geschäftsbedingungen

I. Anwendbarkeit des AGB-Rechts

1. Kein Ausschluss durch Vorschriften des Verbrauchsgüterkaufs, § 475 BGB
Das AGB-Recht der §§ 305 ff. BGB kann ausgeschlossen sein, wenn spezielle Vorschriften eine Vertragsbedingung des Verwenders für unwirksam erklären. Das trifft insbesondere auf den **Verbrauchsgüterkauf** (§§ 474 ff. BGB) im Anwendungsbereich des § 475 BGB zu. Vgl. ferner § 639 BGB für den **Werkvertrag**.

2. Vorliegen von AGB i.S.d. § 305 I BGB
Sodann ist festzustellen, ob AGB i.S. der §§ 305 ff. BGB vorliegen. Zentrale Vorschrift hierfür ist § 305 I BGB, der den Begriff der AGB definiert. Handelt es sich demnach bei der fraglichen Klausel nicht um eine AGB i.S.d. § 305 I BGB, erübrigt sich deren weitere Prüfung am Maßstab des AGB-Rechts. Zu prüfen sind dann §§ 138, 242 BGB.

3. Sachlicher und persönlicher Anwendungsbereich, § 310 BGB
Sodann ist der sachliche und persönliche Anwendungsbereich des AGB-Rechts zu prüfen. So sind die §§ 305 ff. BGB unanwendbar auf Verträge im Erb-, Familien- und Gesellschaftsrecht sowie Tarifverträge, Betriebs- und Dienstvereinbarungen (§ 310 IV BGB). Eine modifizierte (genauer gesagt: eingeschränkte) Anwendung schreibt § 310 BGB in seinen Absätzen 1 bis 3 vor. Sind die §§ 305 ff. BGB demnach auf den zu prüfenden Sachverhalt unanwendbar, gilt hier ebenfalls, dass als Prüfungsmaßstab die §§ 138, 242 BGB heranzuziehen sind.

II. Einbeziehung der AGB in den Vertrag, §§ 305 II, III; 305c I BGB
Sind die §§ 305 ff. BGB anwendbar, ist zu untersuchen, ob die AGB **Vertragsbestandteil** geworden sind. Die allgemeinen Voraussetzungen für die Einbeziehung des Gesamtklauselwerks sind in § 305 II und III BGB festgelegt. Trotz wirksamer Einbeziehung des Gesamtklauselwerks besteht gemäß § 305c I BGB immer noch die Möglichkeit, dass einzelne Klauseln nicht Vertragsbestandteil werden, wenn sie **überraschend**, d.h. nach den Umständen, insbesondere nach dem äußeren Erscheinungsbild des Vertrags, so **ungewöhnlich** sind (Auslegungsfrage!), dass der Vertragspartner des Verwenders mit ihnen nicht zu rechnen braucht.

III. Vorrang der Individualabrede, § 305b BGB
Bestehen **individuelle** Vertragsabreden, haben diese Vorrang vor den AGB.

IV. Inhaltskontrolle, §§ 309, 308, 307 BGB
Die Schutzregelung der §§ 305 ff. BGB besteht aus einer Generalklausel (§ 307 BGB) und einem Katalog verbotener Klauseln (§§ 308, 309 BGB). Gem. den allgemeinen Aufbaugrundsätzen gilt daher i.d.R. folgende Prüfungsreihenfolge:

⇨ Zunächst sind die Verbote des **§ 309 BGB** heranzuziehen, da diese keine Wertungsmöglichkeit enthalten.

⇨ Sodann ist zu prüfen, ob die fragliche AGB-Klausel unter eines der Verbote des **§ 308 BGB** zu subsumieren ist, da hier eine Wertungsmöglichkeit besteht.

⇨ Dann ist die Auslegungsregel des **§ 307 II BGB** zu prüfen.

⇨ Zuletzt ist zu untersuchen, ob die fragliche AGB-Klausel der Generalklausel des **§ 307 I BGB** unterfällt.

V. Rechtsfolge, § 306 BGB

Sind AGB-Bestimmungen unwirksam, bleibt nach § 306 I BGB der Vertrag im Übrigen wirksam. Diese Abweichung von der Regel des § 139 BGB, wonach bei Teilnichtigkeit im Zweifel der ganze Vertrag nichtig ist, ist zum Schutz des Kunden geboten, da er sonst überhaupt keine vertraglichen Rechte hätte. Das Gleiche gilt, wenn AGB-Bestimmungen ganz oder teilweise aufgrund der §§ 305 II und 305c I BGB nicht Vertragsbestandteil geworden sind.

An die Stelle der AGB-Bestimmungen, die nicht Vertragsbestandteil geworden oder unwirksam sind, treten gem. § 306 II BGB die gesetzlichen Vorschriften. Fehlt es an gesetzlichen Regelungen oder werden sie der besonderen Sachlage nicht gerecht, ist die Vertragslücke nach allgemeinen Auslegungsgrundsätzen zu schließen. Sollte die Aufrechterhaltung des Vertrags dennoch unzumutbar sein, sieht § 306 III BGB eine Ausnahmeregelung vor: der Vertrag ist unwirksam, wenn das Festhalten an ihm auch unter Berücksichtigung der nach Absatz 2 vorgesehenen Änderung eine unzumutbare Härte für eine Vertragspartei darstellen würde. Solche Härtefälle sind weniger beim Kunden als beim Verwender denkbar.

VI. Gerichtliche Durchsetzbarkeit, §§ 1, 3, 5-11 UKlaG

Neben der „normalen" zivilrechtlichen (Leistungs-)Klage besteht die Möglichkeit, nach dem Unterlassungsklagengesetz vorzugehen. Dieses Gesetz sieht vor, dass Verbraucher- und Wirtschaftsverbände gegen die Verwender und Empfehler von unwirksamen Klauseln auf Unterlassung klagen können (vgl. §§ 1, 3, 5-11 UKlaG).

I. Anwendbarkeit des AGB-Rechts

1. Kein Ausschluss des AGB-Rechts durch spezielle Vorschriften

Das AGB-Recht der §§ 305 ff. BGB kann ausgeschlossen sein, wenn spezielle Vorschriften eine Vertragsbedingung des Verwenders für unwirksam erklären. **1497**

- Liegt ein **Verbrauchsgüterkauf** (§§ 474 ff. BGB) vor und weicht die fragliche Klausel von einer der in §§ 433-435, 437, 439-443 sowie in §§ 474 ff. BGB genannten Bestimmungen ab, kann sich der Unternehmer **bereits wegen § 475 I und II BGB** auf diese nicht berufen. Eine Prüfung am Maßstab der §§ 305 ff. BGB kommt dann nicht in Betracht. Insbesondere kommt es im Anwendungsbereich des speziellen § 475 I und II BGB nicht auf § 310 III BGB an. Für den Ausschluss oder die Beschränkung des Schadensersatzes ist allerdings § 475 III BGB zu beachten.[1112] **1498**

- Liegt ein **Verbrauchsgüterkauf** vor, sind aber die Voraussetzungen des **§ 475 I oder 2 BGB nicht erfüllt**, ist die Anwendbarkeit der §§ 305 ff. BGB nicht gesperrt. Dann finden auf Verbraucherverträge die Vorschriften der §§ 305 ff. BGB unter der Maßgabe des **§ 310 III BGB** Anwendung. **1499**

- Liegt ein **„normaler" Kauf** vor, ist der Anwendungsbereich der §§ 305 ff. BGB von vornherein nicht versperrt, weil außer dem § 475 BGB im Kaufrecht keine Ausschlussklausel existiert. **1500**

- Liegt ein **Werkvertrag** (§ 631 BGB) vor, sind die §§ 305 ff. BGB im Anwendungsbereich des § 639 BGB gesperrt. **1501**

[1112] Zur Frage, ob eine geltungserhaltende Reduktion des § 475 III BGB in Betracht kommt, vgl. Rn 1586.

2. Vorliegen von AGB i.S.d. § 305 I BGB

1502   Nach § 305 I BGB sind **Allgemeine Geschäftsbedingungen** „alle für eine Vielzahl von Verträgen vorformulierten Vertragsbedingungen, die eine Vertragspartei (Verwender) der anderen Vertragspartei bei Abschluss eines Vertrags stellt".

1503   Mit dieser bewusst sehr weiten Fassung sollen alle Klauselwerke unabhängig von ihrer äußeren Form und ihrem Umfang erfasst werden. So geht aus § 305 I S. 2 BGB hervor, dass Formularverträge, auf der Rückseite der Vertragsurkunde abgedruckte oder als integrierter Bestandteil aufgenommene AGB, EDV-Textbausteine, der einfache gedruckte Hinweis an der Theatergarderobe oder an der Einfahrt eines Parkhauses „Wir übernehmen keinerlei Haftung" ebenso vom Anwendungsbereich der §§ 305 ff. BGB erfasst sind wie ein mehrseitiges Klauselwerk, das an das Vertragsformular angeheftet ist. Zerlegt man die o.g. Definition, ergeben sich folgende Bestandteile:

- **Vertragsbedingungen**
- **Vorformulierung** für eine **Vielzahl von Verträgen**
- **einseitiges Stellen** durch den Verwender
- **Vertragsschluss**

a. Vertragsbedingungen

1504   Unter einer **Vertragsbedingung** i.S.d. § 305 I BGB versteht man eine Regelung, die sich auf den Abschluss oder Inhalt eines Vertrags bezieht.[1113]

1505   Art und Rechtsnatur des Vertrags spielen (von § 310 IV BGB einmal abgesehen) grundsätzlich keine Rolle. Auch **einseitige Rechtsgeschäfte** des Kunden, die vom Verwender vorformuliert werden, fallen unter diesen Begriff, sofern sie im Zusammenhang mit einem Vertrag stehen.[1114] Zwar ist dies nicht dem Wortlaut des § 305 I BGB zu entnehmen, es entspricht aber der Ratio der Norm, dass der Schutz des Gesetzes nicht von der äußerlichen Gestaltung abhängen darf. Entscheidend ist, dass der Verwender bei einseitig von ihm vorformulierten „Kundenerklärungen" die rechtsgeschäftliche Gestaltungsfreiheit ebenso in Anspruch nimmt wie bei der Ausarbeitung eines Vertragstextes. Er greift sogar noch stärker in die rechtsgeschäftliche Gestaltungsfreiheit des Kunden ein und muss daher auch dessen Interessen berücksichtigen. Entsprechendes gilt für rechtsgeschäftsähnliche Erklärungen des Kunden, die auf einer Vorformulierung des anderen Teils beruhen, z.B. die Einwilligungserklärung in eine ärztliche Heilbehandlung.

1506   **Beispiele[1115]:** Bürgschaftserklärungen[1116], Abfindungserklärungen, Bestellformulare, Bevollmächtigungen, Einziehungsermächtigungen, Eintrittserklärungen, Überweisungsaufträge, Einwilligungen in Operationen oder zur Weitergabe von Daten u.a. fallen ebenso in den Anwendungsbereich der §§ 305 ff. BGB wie das „Kleingedruckte" bei zweiseitigen Rechtsgeschäften. Auch Leistungsbeschreibungen, die den Vertragsgegenstand betreffen und Preisangaben fallen darunter (str.), unterliegen nach § 307 III BGB allerdings nicht der Inhaltskontrolle.

1507   Auf das äußere Erscheinungsbild der Vertragsbedingungen kommt es nicht an, wie in § 305 I S. 2 BGB klargestellt wird. Danach ist gleichgültig, ob die Bestimmungen einen äußerlich gesonderten Bestandteil des Vertrags bilden oder in die Vertragsurkunde selbst aufgenommen werden, welchen Umfang sie haben, in welcher Schriftart sie ver-

---

[1113] Vgl. BGHZ **104**, 99, 101 f.; BGH NJW **1996**, 2574, 2575, zu § 1 AGBG.
[1114] Vgl. BGH NJW **2000**, 2677.
[1115] Vgl. die Nachweise bei *Grüneberg*, in: Palandt, § 305 Rn 4.
[1116] Zur Bürgschaft vgl. ausführlich *R. Schmidt*, SachenR II, Rn 559 ff.

fasst sind und welche Form der Vertrag hat. Ist im Einzelfall zweifelhaft, ob eine rechtsgeschäftliche Erklärung oder eine rechtlich unverbindliche Äußerung vorliegen, ist gem. der Auslegungsregel des § 305c II BGB der Eindruck maßgebend, den die Erklärung bei den Empfängern hervorruft.

> **Beispiel**[1117]: Im Eingangsbereich eines Supermarkts werden die Kunden durch ein Hinweisschild gebeten, ihre Taschen abzugeben. Daran schließt sich folgender Text an: „Anderenfalls bitten wir Sie höflichst um Verständnis, dass wir an den Kassen gegebenenfalls Taschenkontrollen durchführen müssen".
>
> Hier liegt trotz der höflichen Formulierung eine AGB vor. Denn der Durchschnittskunde gewinnt den Eindruck, der Kaufmann behalte sich dadurch das Recht einer Taschenkontrolle vor und es solle dadurch der Inhalt eines (vor-)vertraglichen Rechtsverhältnisses geregelt werden.

1508

b. Vorformulierung für eine Vielzahl von Verträgen

Die Vertragsbedingungen müssen für eine Vielzahl von Verträgen „**vorformuliert**" sein. „Vorformuliert" bedeutet, dass die Bedingungen bereits *vor* Vertragsschluss vollständig formuliert und abrufbar sind. Die Art der Speicherung (Schriftstück; PC-Speicherung; Gedächtnis) ist unerheblich.[1118] Auch handschriftlich in einen Vertragstext eingefügte Klauseln können daher AGB sein, wenn sie öfters verwendet werden (sollen) und „im Kopf gespeichert" sind.[1119]

1509

Die Vertragsbedingungen müssen dabei nicht vom Verwender selbst abgefasst sein. Es genügt, wenn er auf von Dritten entworfene Klauseln oder Musterverträge zurückgreift (z.B. Formularmietvertrag des Mieterbundes oder des Vereins der Haus- und Grundstückseigentümer).

Auch die von einem Notar in **notariellen Urkunden** verwendeten Textbausteine oder Musterverträge (z.B. aus Formularbüchern) sind vorformulierte Vertragsbedingungen. Allerdings fallen sie im Regelfall nicht unter § 305 I S. 1 BGB, weil sie **nicht einseitig** von einer Vertragspartei gestellt sind. Der Notar, der den Vertragsinhalt auf Wunsch beider Parteien entwirft und beurkundet, ist eben nicht Parteivertreter, sondern neutraler Dritter mit Aufklärungspflichten gegenüber allen Vertragsbeteiligten.[1120] Übernimmt der Notar in seine Urkunde jedoch unverändert die von einer Partei vorgeschlagenen, vorformulierten Bedingungen, handelt es sich um AGB.[1121]

Das Merkmal „**für eine Vielzahl von Verträgen**" ist bereits dann erfüllt, wenn der Verwender die Bedingungen **erstmalig** verwendet. Entscheidend ist, dass er (oder der Verfasser der Bedingungen) die **Absicht** hat, dass diese mehrmals verwendet werden. Der BGH verlangt, dass mindestens eine **dreimalige** Verwendung beabsichtigt wird.[1122] Dem ist zuzustimmen, weil eine zweifache Verwendungsabsicht zwar eine Mehrzahl bedeuten kann, keinesfalls aber eine „Vielzahl".

1510

> **Beispiel**: E ist Eigentümer eines Zweifamilienhauses. Da sein Sohn, der bislang in der zweiten Wohnung lebte, ausgezogen ist, möchte E die freigewordene Wohnung vermieten. Über eine Zeitungsanzeige findet er M, mit dem er nun einen schriftlichen Mietvertrag schließt. Hierbei verwendet er ein Mietvertragsformular, das er im Schreibwarengeschäft gekauft hat und in das lediglich die Namen der Parteien, der Mietzins und die Vertragsdauer eingesetzt werden müssen.

1511

[1117] Nach BGH NJW **1996**, 2574 ff., dargestellt auch bei *Köhler/Lange*, AT, § 16 Rn 4.
[1118] BGH NJW **1999**, 2180, 2181.
[1119] BGH NJW **1999**, 2180, 2181; BGHZ **115**, 391, 394; OLG Frankfurt/M NJW-RR **2001**, 55.
[1120] Wie hier nun auch OLG Brandenburg NJW **2005**, 273.
[1121] BGH NJW **2002**, 138; OLG Düsseldorf NJW-RR **1997**, 659, 660; *Rüthers/Stadler*, AT, § 21 Rn 8.
[1122] BGH NJW **2004**, 1454; NJW **2002**, 138, 139; NJW **1998**, 2286, 2287.

Hier handelt es sich um AGB (in Gestalt des „Formularvertrags"), da die Vertragsbedingungen nach der Absicht des Verfassers des Formulars für eine Vielzahl von Mietverträgen verwendet werden sollen. Dass H selbst nur eine einmalige Verwendung planen könnte, ist unerheblich.

Ist zwischen den Vertragsparteien streitig, ob eine Mehrfachverwendungsabsicht bestand, besteht nach der Rspr. des BGH eine **widerlegbare Vermutung**, dass eine Vertragsklausel zur mehrfachen Verwendung in das Vertragswerk aufgenommen wurde. Dieser Anschein einer Mehrfachverwendung werde auch nicht dadurch widerlegt, dass der Vertrag an anderer Stelle Individualvereinbarungen enthält.[1123] Daraus folgt für die Praxis, dass der Verwender, nicht der Vertragspartner, darlegen und beweisen muss, dass eine Mehrfachverwendungsabsicht nicht bestand.

1512 Bei Verbrauchsgüterkaufverträgen gilt wiederum eine Besonderheit: Sofern sich wegen § 475 BGB kein Ausschluss des gesamten AGB-Rechts ergibt, genügt gem. **§ 310 III Nr. 2 BGB** eine nur **einmalige** Verwendungsabsicht.

c. Einseitiges „Stellen" durch den Verwender

aa. Veranlassung der Einbeziehung durch eine Partei

1513 Weiterhin hängt die Einordnung der Klauseln als AGB davon ab, dass sie von dem Verwender bei Abschluss des Vertrags „gestellt" worden sind.

1514 Das Merkmal des „**Stellens**" ist erfüllt, wenn eine Partei die Einbeziehung der vorformulierten Bedingungen in den Vertrag veranlasst, d.h. ein konkretes Einbeziehungsangebot macht.[1124]

1515 Die Verwendung der Klausel muss demnach dem Verantwortungsbereich des Gegners zuzurechnen, die Einbeziehung also auf dessen Veranlassung erfolgt sein.[1125] Daher entfällt das Stellen nicht schon dann, wenn der Formulartext die Aufforderung zur Änderung oder Streichung einzelner Passagen enthält. Eine gegenteilige Auffassung würde dazu führen, dass § 305 I S. 3 BGB, wonach AGB nicht vorliegen, wenn die Vertragsbedingungen individuell ausgehandelt sind, überflüssig wird. Die Aufnahme von § 305 I S. 3 BGB in den Gesetzestext zeigt aber, dass in diesen Fällen nicht das Merkmal des „Stellens" entfallen soll, sondern die Anwendung der §§ 305 ff. BGB erst aufgrund der Individualvereinbarung ausscheidet.

1516 Fordern **beide Parteien** unabhängig voneinander die Einbeziehung bestimmter Vertragsbedingungen (z.B. der VOB/B) oder werden solche von einem unbeteiligten Dritter (z.B. Notar oder Makler) vorgeschlagen, liegt kein Fall des § 305 I S. 1 BGB vor. Bei solchen sog. „Drittklauseln" ist aber die Sonderregelung in **§ 310 III Nr. 1 BGB** zu beachten.
Anders liegt es jedoch, wenn der Notar *im Auftrag* einer Partei ein Formular entwickelt oder wenn sich die Partei der vorformulierten Klausel „gleichsam mittelbar" bedient.[1126] Stellen die Regelungen einseitig auf die Interessen einer Partei ab, spricht dafür eine tatsächliche Vermutung.[1127*]

[1123] BGH NJW **2004**, 502, 503.
[1124] Vgl. BGHZ **130**, 57; OLG Düsseldorf BB **1997**, 754; *Grüneberg*, in: Palandt, § 305 Rn 10.
[1125] BGH NJW **1998**, 2280, 2281.
[1126] BGHZ **118**, 229, 239.
[1127] BGHZ **118**, 229, 240.

bb. Abgrenzung zur Individualvereinbarung nach § 305 I S. 3 BGB

An einer einseitigen Auferlegung der Vertragsbedingungen durch den Verwender **fehlt** es, wenn die Vertragsbedingungen zwischen den Parteien im Einzelnen **ausgehandelt** wurden, § 305 I S. 3 BGB.

1517

Nach ständiger Rechtsprechung liegt ein **Aushandeln** vor, wenn der Verwender die in seinen AGB enthaltenen Bestimmungen **ernsthaft** zur Disposition stellt und dem Verhandlungspartner Gestaltungsfreiheit zur Wahrung eigener Interessen einräumt mit zumindest der **realen Möglichkeit**, die inhaltliche Ausgestaltung der Vertragsbedingungen beeinflussen zu können.[1128]

1518

Zumeist hat ein Aushandeln i.S.d. § 305 I S. 3 BGB die *Änderung* des vorformulierten Textes zur Folge. Aber auch wenn der Text unverändert bleibt, kann § 305 I S. 3 BGB anwendbar sein, wenn der andere Teil nach gründlicher Erörterung von der Sachgerechtigkeit der Regelung überzeugt wird.[1129] Daher liegt keine Individualvereinbarung vor, wenn der andere Teil mit der Einbeziehung lediglich einverstanden ist.[1130] Dann liegt ein klarer Fall des § 305 II a.E. BGB vor.

1519

Ein Aushandeln (nur) **einzelner Klauseln** ändert aber grds. nichts daran, dass die übrigen AGB bleiben (vgl. § 305 I S. 3 BGB: „soweit").[1131]

1520

d. Bei Vertragsschluss

Schließlich verlangt § 305 I S. 1 BGB, „... dass die Vertragsbedingungen bei Abschluss des Vertrags gestellt werden". Bei systematischer Betrachtung kann dieser Satzbestandteil jedoch nicht Bestandteil der Definition von AGB sein. Wollte man Derartiges annehmen, hätte das zur Folge, dass alle Klauseln, die nicht *bei* Vertragsschluss, sondern erst *später* dem Vertragspartner vorgelegt werden, schon begrifflich keine AGB wären. Dies wäre ersichtlich unsinnig. Vielmehr beschreibt die fragliche Gesetzesformulierung in überflüssiger Weise die Einbeziehung von AGB in den Vertrag. Denn bereits gem. § 305 II a.E. BGB werden AGB (nur) dann in den Vertrag einbezogen, wenn der Vertragspartner sich mit ihnen - bei Vertragsschluss - einverstanden erklärt, sog. **Einbeziehungsvereinbarung**. Diese Einbeziehungsvereinbarung ist jedoch etwas anderes als ein Bestandteil der Definition von AGB. Diese gesetzgeberische Ungereimtheit zeigt einmal mehr, welche Auswirkungen eine übereilte Gesetzesnovelle haben kann. Zur Einbeziehungsvereinbarung vgl. Rn 1528 ff.

1521

3. Sachlicher und persönlicher Anwendungsbereich, § 310 BGB

a. Sachlicher Anwendungsbereich

Ist die Frage geklärt, ob die fraglichen Klauseln AGB darstellen, ist sodann der sachliche und persönliche Anwendungsbereich des AGB-Rechts zu prüfen.
So sind die §§ 305 ff. BGB unanwendbar auf Verträge im Erb-, Familien- und Gesellschaftsrecht sowie auf Tarifverträge, Betriebs- und Dienstvereinbarungen (§ 310 IV S. 1 BGB).

1522

Neu ist, dass § 310 IV BGB abweichend von § 23 I AGBG a.F. **Arbeitsverträge** nicht mehr generell ausnimmt. Inspiriert von der bisherigen arbeitsgerichtlichen Rechtsprechung, hat sich der Gesetzgeber nunmehr veranlasst gesehen, in § 310 IV S. 2 BGB zu

1523

[1128] BGH NJW **2000**, 1110, 1111; **1998**, 2600, 2601; **1992**, 2759, 2670; NJW-RR **1996**, 783, 787.
[1129] BGH NJW **1992**, 2283, 2285; BGHZ **84**, 783, 787; *Heinrichs*, NJW **1999**, 1596, 1597.
[1130] OLG Schleswig MDR **2001**, 262.
[1131] *Grüneberg*, in: Palandt, § 305 Rn 23.

bestimmen, dass „bei der Verwendung auf Arbeitsverträge die im Arbeitsrecht gelten-den Besonderheiten angemessen zu berücksichtigen sind".

1524 Zu welchen absurden Folgen eine solche höchst unbestimmte Formulierung führen kann, zeigen zwei erstinstanzliche Entscheidungen, in denen die Zulässigkeit von Vertragsstrafen im Rahmen von Arbeitsverhältnissen unterschiedlich beurteilt wird. Nach Ansicht des ArbG Duisburg ist § 309 Nr. 6 BGB auf Arbeitsverträge wegen der Besonderheiten des Arbeits-rechts nicht anwendbar.[1132] Das ArbG Bochum hingegen sieht solche Besonderheiten nicht, wendet § 309 Nr. 6 BGB an und kommt so zur Unzulässigkeit von Vertragsstrafenvereinba-rungen außerhalb von Individualvereinbarungen.[1133]

1525 § 310 IV S. 3 BGB enthält noch eine beschränkte Bereichsausnahme. § 310 II BGB nimmt weiterhin bestimmte Vorschriften (§§ 308 und 309 BGB) von der Anwendung auf eine Reihe typisierter Klauselwerke der Versorgungswirtschaft aus. § 305a BGB stellt abweichend von § 305 II BGB Sonderregelungen für die Einbeziehung von AGB auf, die teils behördlich genehmigt sind oder ohnehin öffentlich kundbar gemacht wur-den. Sie bedürfen der besonderen Einbeziehungsvoraussetzungen nach § 305 II Nr. 1 und 2 BGB nicht.

b. Persönlicher Anwendungsbereich

1526 Aus § 310 I und III BGB folgt, dass nicht nur Verbraucher (§ 13 BGB), sondern auch Unternehmen (§ 14 BGB), Kaufleute und juristische Personen grundsätzlich in den Schutz- und Anwendungsbereich des AGB-Rechts fallen. In § 310 I und III BGB werden jedoch einige Einschränkungen bzw. Erweiterungen hinsichtlich des persönlichen An-wendungsbereichs formuliert. So bestimmt § 310 I S. 1 BGB, dass die Vorschriften des § 305 II und III BGB (Einbeziehung von AGB in den Vertrag) und die der Inhaltskon-trolle nach §§ 308, 309 BGB **keine Anwendung** finden, wenn die AGB **gegenüber einem Unternehmer** (§ 14 BGB), einer **juristischen Person des öffentlichen Rechts** oder einem **öffentlich-rechtlichen Sondervermögen** verwendet werden. Dieser Gruppe von Adressaten hat der Gesetzgeber – wohl aufgrund der unterstellten Geschäftserfahrenheit – kein besonderes Schutzbedürfnis beigemessen. Dabei spielt der Status des Verwenders grundsätzlich keine Rolle. Zu beachten ist, dass mit der Re-form des HGB im Jahre 1998 der Kaufmannsbegriff modernisiert bzw. durch den des Unternehmers ersetzt wurde. Dies ging einher mit einer inhaltlichen Ausdehnung auf Kleingewerbetreibende und freiberuflich Tätige, die nunmehr als Unternehmer auch unter § 310 I BGB fallen und damit nur noch reduzierten Schutz gegen AGB erfahren. Das entspricht der bereits bei Rn 551 ff. beschriebene allgemeinen Tendenz des Ge-setzgebers, den Begriff des Unternehmers um jeden Preis auszudehnen, um damit so-gar den „Hobbymopszüchter", der alle paar Jahre einen Wurf von 6 Welpen verkauft, als „Unternehmer" anzusehen und ihm weitgehenden Schutz versagen zu können. Im-merhin gewährt § 310 I S. 2 BGB auch für diesen Personenkreis für die inhaltliche Überprüfung mit der Anwendung von § 307 BGB eine Mindestkontrolle (vgl. dazu auch das Ferrarireifen-Beispiel bei Rn 1564).

1527 Der zur Umsetzung der Richtlinie 93/12/EWG zum Schutz vor missbräuchlichen Klau-seln in **Verbraucherverträgen** eingefügte § 310 III BGB (früher § 24a AGBG a.F.) trifft eine Reihe von Sonderregelungen für Verträge zwischen Verbrauchern und Unter-nehmern (§§ 13, 14 BGB, s.o.) mit teilweise erheblichen Abweichungen von der Syste-matik der AGB-Vorschriften. Zu beachten ist aber, dass das gesamte AGB-Recht (und damit auch die Regelung des § 310 III BGB) ausgeschlossen ist, wenn spezielle Vor-

---

[1132] ArbG Duisburg ZGS **2002**, 378 ff.
[1133] ArbG Bochum ZGS **2002**, 338 ff. Vgl. zur Problematik eingehend die klärende Entscheidung BAG NZA **2004**, 727 ff.; *Coester*, Jura **2005**, 251 ff.

schriften eine Vertragsbedingung des Verwenders für unwirksam erklären. Das trifft insbesondere auf den bereits erwähnten **Verbrauchsgüterkauf** (§§ 474 ff. BGB) im Anwendungsbereich des **§ 475 BGB** zu, aber auch auf **§ 639 BGB** im Rahmen des **Werkvertrags**.

II. Einbeziehung der AGB in den Vertrag, §§ 305 II, III; 305c I BGB

1. Allgemeine Voraussetzungen für die Einbeziehung, § 305 II, III BGB

Sind die §§ 305 ff. BGB sowohl in sachlicher als auch persönlicher Hinsicht anwendbar, ist nunmehr zu untersuchen, ob die AGB in den Vertrag einbezogen wurden. Denn nur dann sind sie Vertragsbestandteil geworden. Die allgemeinen Voraussetzungen für die Einbeziehung des Gesamtklauselwerks sind in § 305 II, III BGB festgelegt. Demnach bedarf es zur Einbeziehung von AGB in den Vertrag **1528**

- eines **ausdrücklichen Hinweises** durch den Verwender **bei Vertragsschluss**,
- der **zumutbaren Möglichkeit der Kenntnisnahme** und
- des **Einverständnisses** der anderen Partei.[1134]

a. Ausdrücklicher Hinweis durch den Verwender, § 305 II Nr. 1 BGB

Der Verwender muss den Kunden schriftlich oder mündlich, in jedem Fall aber ausdrücklich darauf **hinweisen**, dass der Vertrag unter Einbeziehung seiner AGB abgeschlossen werden soll.[1135] Ein solcher Hinweis in einem Vertragsformular, einem Angebotsschreiben oder in einem vom Kunden verwendeten Bestellschein muss so gefasst sein, dass er einem „Durchschnittskunden" auch bei flüchtiger Betrachtung ins Auge fällt.[380] Nicht ausreichend ist daher bei schriftlicher Vertragsgestaltung, dass der Hinweis auf der Rückseite des Vertragstextes oder am Fußende eines Angebotsschreibens enthalten ist.[1136] **1529**

Der Hinweis muss **bei Vertragsschluss** erfolgt sein. Die einseitige Mitteilung des Verwenders **nach Vertragsschluss**, dass AGB gelten sollen, z.B. auf der Rechnung, der Quittung, der Eintrittskarte, dem Fahrschein, dem Flugticket oder dem Lieferschein, macht die AGB daher nicht mehr zum Bestandteil des bereits zustande gekommenen Vertrags.[1137] Allerdings können die Parteien einverständlich einen bereits geschlossenen Vertrag abändern und die AGB noch nachträglich einbeziehen. Dies bedarf aber der erneuten Einigung (Angebot und Annahme) unter den Voraussetzungen von § 305 II BGB. **1530**

In vielen Fällen wird der ausdrückliche Hinweis auf die AGB nach der Art des Vertragsschlusses nur unter verhältnismäßig großen Schwierigkeiten möglich sein (z.B. bei der Benutzung eines Parkhauses oder einer Kfz-Waschanlage, beim Theater- oder Kinobesuch, dem Einschließen von Wertgegenständen in automatisierten Schließfächern, beim Besuch von Sportveranstaltungen, beim Beziehen eines Hotelzimmers). In diesen Fällen reicht gemäß § 305 II Nr. 1 Var. 2 BGB ein **deutlich sichtbarer Aushang** am Ort des Vertragsschlusses.

[1134] Trotz wirksamer Einbeziehung des Gesamtklauselwerks besteht gemäß § 305c I BGB immer noch die Möglichkeit, dass einzelne Klauseln nicht Vertragsbestandteil werden, wenn sie überraschend sind. Für diese ist dann der Prüfungsmaßstab der §§ 138, 242 BGB heranzuziehen.
[1135] BGH NJW **1983**, 816, 817; OLG Nürnberg WM **1990**, 1370, 1371. Der Hinweis ist auch dann erforderlich, wenn das Vertragsangebot vom Vertragsgegner ausgeht (BGH NJW **1988**, 2106, 2108).
[1136] OLG Nürnberg WM **1990**, 1370, 1371.
[1137] Ausreichend kann aber die Übergabe der AGB mit der Rechnung an der Kasse sein (OLG Hamm NJW-RR **1998**, 199, 200).

Beispiel/Gegenbeispiel: Ausreichend ist ein am Ort des Vertragsschlusses deutlich sichtbares Schild, auf dem steht: „Für alle Verträge gelten unsere AGB. Diese liegen für Sie an der Kasse zur Einsicht bereit." Dagegen genügt es nicht, wenn die AGB – oder der Hinweis auf diese – im Hotelzimmer (Ort der Erfüllungshandlung) ausgehängt sind, sofern zuvor an der Rezeption der Beherbergungsvertrag geschlossen wurde.

b. Zumutbare Möglichkeit der Kenntnisnahme, § 305 II Nr. 2 BGB

1531 Erfolgt ein deutlich sichtbarer Aushang der AGB (oder der Hinweis auf diese), besteht regelmäßig auch die zumutbare Möglichkeit der Kenntnisnahme durch den Vertragspartner. Daher bestehen gewisse Überschneidungen dieses Prüfungspunkts zum vorigen. Das zeigt sich insbesondere beim **fernmündlichen Vertragsschluss** (der wegen § 147 I S. 2 BGB als Vertragsschluss unter Anwesenden gilt). Hier gilt, dass das Vorlesen der AGB – sofern der Vertragspartner die AGB nicht schon während der Vorverhandlungen oder bei früheren Geschäften zur Kenntnis genommen hat – keine praktikable Lösung ist. Auch das Angebot, die AGB zu übersenden, ist nicht ausreichend, da der Vertragspartner dann erst *nach* Vertragsschluss die Möglichkeit der Kenntnisnahme hätte.[1138] Hier ist es jedoch denkbar, dass der Vertragspartner durch eine Individualvereinbarung auf die Kenntnisnahme der AGB verzichtet.

1532 Eigenständige Bedeutung erlangt § 305 II Nr. 2 BGB aber dann, wenn das Angebot zum Vertragsschluss gegenüber einem **Abwesenden** abgegeben wird. Hier muss der Verwender dem Vertragspartner die AGB i.d.R. zusenden oder sie ihm sonstwie vor Vertragsschluss zugänglich machen.

Beispiel:[1139] Bei Angeboten via **Internet** muss der Verwender – um seiner Pflicht nach § 305 II Nr. 1 BGB nachzukommen – *vor* Vertragsschluss (etwa durch den Hinweis auf der Bestellseite: „Hiermit bestelle ich unter Anerkennung der Allgemeinen Geschäftsbedingungen folgende Artikel ...") darauf hinweisen, dass AGB in den Vertrag einbezogen werden sollen. Den Anforderungen des § 305 II Nr. 2 BGB genügt das Einblenden der AGB dann, wenn sie dem Kunden eine kritische Prüfung ermöglichen.

1533 Des Weiteren erlangt das Kriterium der zumutbaren Möglichkeit der Kenntnisnahme eigenständige Bedeutung, wenn die AGB **schwer lesbar** oder **inhaltlich unverständlich** sind. Da hier ebenfalls auf den „Durchschnittsmenschen" abzustellen ist, werden AGB daher nur dann Vertragsbestandteil, wenn sie ein **Mindestmaß an Übersichtlichkeit** und einen im Verhältnis zur Bedeutung des Geschäfts **vertretbaren Umfang** haben,[1140] wenn sie in ihrem Schriftbild auch **optisch erfasst** und sie inhaltlich so formuliert sind, dass sie **nicht nur von einem Juristen verstanden** werden können.[1141]

1534 Dieses sog. **Transparenzgebot**, das zugleich auch Maßstab der Inhaltskontrolle nach § 307 I und II BGB ist[1142] (Rn 1577), besagt, dass die Einbeziehung einer Klausel, die in ihrem Kernbereich unklar oder für einen Durchschnittskunden unverständlich ist, schon an § 305 II Nr. 2 BGB scheitert. Zur Anwendung des § 305c II BGB kommt es nur dann, wenn sich die im Grunde verständliche Klausel in Einzelpunkten als mehrdeutig erweist.[1143]

1535 So ist zum **Beispiel** die Klausel, dass der Mieter die *Nebenkosten* zu tragen habe, bereits wegen § 305 II Nr. 2 BGB unwirksam, wenn nicht angegeben ist, *welche* Kosten auf

---

[1138] BGH NJW-RR **1999**, 1246.
[1139] OLG Hamburg WM **2003**, 581.
[1140] OLG Schleswig NJW **1995**, 2858, 2859.
[1141] OLG Schleswig NJW **1995**, 2858, 2859.
[1142] Zum Transparenzgebot des § 307 I BGB vgl. BGH NJW **2003**, 1447 und 2234; *Kellermann*, JA **2004**, 89; *v. Westphalen*, NJW **2004**, 1993, 1994 f.
[1143] *Grüneberg*, in: Palandt, § 305 Rn 11.

den Mieter abgewälzt werden sollen.[1144] Anderes soll (wegen der bereits mehrfach erörterten allgemein angenommenen geringen Schutzbedürftigkeit von Unternehmen) bei Geschäftsraummiete gelten.[1145]

Schließlich muss der Verwender auf eine (ihm) erkennbare **körperliche Behinderung** des Vertragspartners **Rücksicht** nehmen. Diese erst mit der Eingliederung des AGB-Rechts in das BGB normierte Regelung soll sicherstellen, dass z.B. einem erkennbar Sehbehinderten, der die ausliegenden oder aushängenden AGB nicht lesen kann, der Inhalt der AGB in geeigneter Weise zugänglich gemacht werden, etwa durch Übergabe in elektronischer oder akustischer Form oder in Braille-Schrift.[1146] Freilich kann dies auf praktische Schwierigkeiten stoßen, insbesondere bei Kleinunternehmen. Für diese wird es in solchen Fällen oft einfacher sein, schlicht auf die Einbeziehung von AGB zu verzichten, zumal der Vertrag wegen § 306 BGB im Übrigen wirksam ist.

1536

c. Einverständniserklärung der anderen Partei, § 305 II a.E. BGB

Letzte Voraussetzung der Einbeziehungsvereinbarung nach § 305 II BGB ist, dass der Vertragspartner mit der Geltung der AGB **einverstanden** ist.

1537

aa. Ausdrückliche oder schlüssige Einverständniserklärung

Das Einverständnis kann **ausdrücklich**, aber auch – sofern für den Vertrag keine bestimmte Formvorschrift besteht – **schlüssig** erklärt werden.

1538

Beispiele:

(1) A macht B ein Vertragsangebot, dem er die AGB hinzufügt und ausdrücklich auf sie hinweist. Nimmt B, ohne sich weiter auf die AGB zu beziehen, das Angebot an, sind sie Vertragsbestandteil geworden.[1147]

(2) B macht dem A ein Vertragsangebot. A nimmt dieses unter dem Hinweis auf seine AGB an. In diesem Fall liegt in der „Annahme" des A eine Ablehnung des Angebots des B, verbunden mit einem neuen Antrag, § 150 II BGB (vgl. Rn 453).

(3) Fraglich ist, ob die Benutzer von Spielplätzen und Trimm-Dich-Pfaden durch die Benutzung der Anlagen ihr stillschweigendes Einverständnis zum Ausdruck bringen, dass sie die auf Schildern an der Anlage erkennbar zum Ausdruck gebrachten Haftungsausschlussklauseln akzeptieren. Dass es sich bei derartigen Hinweisschildern um AGB im Sinne von § 305 I BGB handelt und dass die Möglichkeit der Kenntnisnahme besteht, dürfte wohl nicht zu bezweifeln sein. Bei lebensnaher Betrachtung sollte auch von einer stillschweigenden Anerkennung dieser AGB ausgegangen werden. Denn wer die Vorteile derartiger Anlagen nutzt, verhält sich widersprüchlich, wenn er gleichzeitig die Nachteile, die mit der Benutzung verbunden sein können, nicht anerkennt (Rechtsgedanke des *venire contra factum proprium*).[1148]

1539

bb. Rahmenvereinbarung, § 305 III BGB

Nach § 305 III BGB können die Vertragsparteien für eine bestimmte Art von Rechtsgeschäften die Geltung bestimmter AGB unter Beachtung der in § 305 II BGB bezeichneten Erfordernisse im Voraus vereinbaren.

1540

Solche Rahmenvereinbarungen gehen vor allem von **Banken** aus und sind dort Teil des allgemeinen Grund- oder Rahmenvertrags. Damit die Bankbedingungen auch für die künftigen Geschäfte gelten, muss die Bank den Kunden beim *Erstkontakt* auf die AGB hinweisen. Die-

1541

[1144] OLG Düsseldorf MDR **1991**, 964.
[1145] OLG Hamburg NJW-RR **2002**, 802.
[1146] *Heinrichs*, NZM **2003**, 8.
[1147] Vgl. BGH NJW-RR **2003**, 754.
[1148] Anders (ohne Argumente) *Grüneberg*, in: Palandt, § 305 Rn 43.

ser muss von ihrem Inhalt Kenntnis nehmen können und er muss mit ihnen einverstanden sein. Allerdings führen allein die Einrichtung eines Girokontos oder die Inanspruchnahme eines Kredits noch nicht zum Abschluss eines allgemeinen Grund- oder Rahmenvertrags und damit nicht zur Einbeziehung aller dem Kunden zugänglich gemachten AGB.[1149]

1542 **Unzulässig** sind nach allgemeiner Meinung[1150] aber solche Vereinbarungen, nach denen die **AGB in ihrer jeweiligen Fassung** gelten sollen, da es der Verwender anderenfalls in der Hand hätte, die AGB ohne Einverständnis des Partners einseitig zu seinen Gunsten zu verändern. Für **Versicherungsverträge** vgl. aber die Sonderregelung in § 5 a VVG.

cc. Sonderproblem: Sich widersprechende AGB bei beidseitigem Handelskauf

1543 In §§ 305 ff. BGB ist nicht geregelt, ob und inwieweit sich widersprechende AGB Vertragsbestandteil werden können.

1544 **Beispiel:** Kaufmann V macht dem Kaufmann K ein Vertragsangebot unter Hinweis auf seine beigefügten Verkaufsbedingungen. K bezieht sich in seiner Annahmeerklärung auf seine beigefügten Einkaufsbedingungen. Trotz dieser Divergenz führen die Parteien den Vertrag durch.

In diesem Fall einen Dissens (§§ 154, 155 BGB) anzunehmen, wäre verfehlt, weil die Parteien ja einen Vertrag schließen wollten und auch schon mit der Vertragsdurchführung begonnen haben. Es kann also nur darum gehen, ob und inwieweit die sich widersprechenden AGB Vertragsbestandteil geworden sind.

⇨ Die frühere Rechtsprechung[1151] nahm unter Bezugnahme auf § 150 II BGB an, dass die *zuletzt gestellten* AGB in den Vertrag einbezogen worden seien (sog. **Theorie des letzten Wortes**). Nach § 150 II BGB sei die Hinzufügung widersprechender AGB bei der Annahmeerklärung als Ablehnung zu sehen, verbunden mit einem neuen Antrag. Erbringe nun der andere Vertragsteil trotzdem die Leistung bzw. nehme er sie entgegen, liege darin eine konkludente Annahme dieses letzten Angebots.

Diese Auffassung ist jedoch abzulehnen, weil anderenfalls die Parteien zu immer neuen Protesten gegen die AGB der anderen Partei gezwungen wären, obwohl beide letztlich einen wirksamen Vertrag wollen.[1152]

⇨ Die nunmehr herrschende Meinung[1153] geht daher davon aus, dass die AGB beider Teile nur insoweit Bestandteil des Vertrags werden, als sie übereinstimmen[1154] (sog. **Prinzip der Kongruenzgeltung**).

Diese Auffassung ist sachgerecht. Ihr ist daher zu folgen. Hinsichtlich der divergierenden AGB liegt ein Dissens vor, der aber nach dem Rechtsgedanken des § 306 BGB die Wirksamkeit des Vertrags nicht hindert, sofern die Parteien (wie im vorliegenden Fall) einverständlich mit der Durchführung des Vertrags beginnen. Unklarheiten, die durch die Nichtbeachtung der divergierenden AGB entstehen, sind durch Anwendung des **dispositiven Gesetzesrechts** zu beseitigen (§ 306 I und II BGB).

1545 Eine Besonderheit gilt aber bei einem **einfachen Eigentumsvorbehalt**: Da der Eigentumsübergang durch eine einseitige Erklärung ausgeschlossen werden kann und bei der Auslegung der Erklärung des Verkäufers der Inhalt seiner AGB berücksichtigt wer-

---

[1149] BGH NJW **2002**, 3695, 3696.
[1150] Vgl. nur *Grüneberg*, in: Palandt, § 305 Rn 45.
[1151] BGHZ **18**, 212 ff.
[1152] *Medicus*, BR, Rn 75.
[1153] BGH NJW-RR **2001**, 484; NJW **1991**, 1604, 1606; *Grüneberg*, in: Palandt, § 305 Rn 55; *Medicus*, BR, Rn 75; *Köhler/Lange*, AT, § 16 Rn 19.
[1154] Nicht: Insoweit sie sich *nicht widersprechen!*

den muss, setzt sich der Eigentumsvorbehalt grundsätzlich auch dann durch, wenn die Verkäufer-AGB wegen Kollision mit den Käufer-AGB nicht Bestandteil des schuldrechtlichen Vertrags werden.[1155] Der **erweiterte** und **verlängerte Eigentumsvorbehalt** wird dagegen bei einer Abwehrklausel in den Käufer-AGB nicht Vertragsinhalt, es sei denn, dass die Käufer-AGB ihn (an anderer Stelle) erkennbar akzeptieren.[1156]

2. Vorliegen überraschender Klauseln, § 305c I BGB

Liegen die Einbeziehungsvoraussetzungen des § 305 II und III BGB vor, kann es trotz der Gesamteinbeziehung der AGB sein, dass einzelne Bestimmungen *nicht* Vertragsbestandteil werden, weil sie nach den Umständen, insbesondere dem äußeren Erscheinungsbild des Vertrags, so **ungewöhnlich** sind, dass der Vertragspartner des Verwenders mit ihnen **nicht zu rechnen braucht**, § 305c I BGB. Nach dieser Regelung soll der Vertragspartner darauf vertrauen dürfen, dass sich die AGB im Rahmen dessen halten, was bei Würdigung aller Umstände bei Verträgen dieser Art zu erwarten ist.
1546

Ungewöhnlich ist eine Klausel, wenn ihr ein Überrumpelungs- oder Überraschungseffekt innewohnt und zwischen ihrem Inhalt und den Erwartungen des Kunden eine deutliche Diskrepanz besteht.[1157]
1547

Die Erwartungen des Kunden können durch den **Vertragstyp**[1158] bestimmt sein und etwa durch den **Grad der Abweichung** vom dispositiven Recht oder von der üblichen Vertragsgestaltung enttäuscht werden. Maßgebend sind insoweit die Erkenntnismöglichkeiten des in Frage kommenden Kundenkreises.[1159]
1548

Beispiele:[1160]
1549

(1) Der Käufer einer Maschine braucht nicht ohne weiteres mit einer Klausel zu rechnen, die einen Dauerauftrag zur Reparatur und Wartung enthält, da eine Erweiterung oder Begründung zusätzlicher Hauptpflichten nicht zur üblichen Vertragsausgestaltung gehören.

(2) Der Gastwirt, der mit der Brauerei einen „Darlehens-Vorvertrag" schließt, braucht nicht ohne weiteres mit einer Klausel zu rechnen, die eine Bierbezugspflicht auch bei Nichtinanspruchnahme des Darlehens vorsieht. Denn durch eine solche Vereinbarung würde der Charakter des Darlehensvertrags beseitigt.

(3) Der Patient, der sich einer gefährlichen Operation unterziehen muss und sich als Privatpatient in das Krankenhaus begibt, in dem der ihm bekannte, auf die Behandlung seiner Krankheit spezialisierte Professor tätig ist, braucht nicht mit der Operation durch einen jungen Assistenzarzt zu rechnen, wenn im Behandlungsvertrag die Operation durch den Professor vereinbart wurde. Eine anders lautende Vertragsklausel läuft dem Vertragszweck diametral zuwider, da es dem Patienten gerade um die Operation durch den Professor ging.[1161]

Hinweis für die Fallbearbeitung: Dem Leser dürfte aufgefallen sein, dass mit der Formulierung „ungewöhnlich" letztlich materielle Aspekte angesprochen sind, die gerade im Rahmen der Inhaltskontrolle nach §§ 307-309 BGB eine Rolle spielen. Hier hat der Gesetzgeber wieder einmal unsauber gearbeitet, was zu einer Überschneidung der Anwendungsbereiche führt. Allerdings hat dies in der Praxis keine allzu großen Auswirkungen, da die Rechtsprechung zumeist zunächst eine umfassende Inhaltskontrolle durchführt und daher i.d.R. nicht mehr zu entscheiden braucht, ob ein
1550

[1155] BGHZ **104**, 137, 139; *Grüneberg*, in: Palandt, § 305 Rn 56.
[1156] BGH NJW-RR **1991**, 357; OLG Düsseldorf NJW-RR **1997**, 946; *Köster*, JuS **2000**, 22, 23.
[1157] BGHZ **102**, 152, 158 f.; **106**, 42, 49; BGH NJW **1995**, 2637, 2638.
[1158] BAG NJW **2000**, 3299, 3300: Gesamtumstände des Falls.
[1159] BGHZ **102**, 152, 159.
[1160] Vgl. *Köhler/Lange*, AT, § 16 Rn 20.
[1161] Vgl. OLG Karlsruhe NJW **1987**, 1489; OLG Düsseldorf NJW **1995**, 2421. Vgl. im Übrigen die kaum überschaubare Judikatur dargestellt bei *Grüneberg*, in: Palandt, § 305c Rn 5 ff.

Verstoß gegen § 305c I BGB vorliegt. In der juristischen Ausbildung ist aber eine systematisch korrekte Fallbearbeitung angezeigt; mithin ist also zunächst zu prüfen, ob die Einbeziehungsvoraussetzungen vorliegen, bevor eine Inhaltskontrolle durchgeführt wird. Diese Prüfungsreihenfolge ist systematisch zwingend, weil gemäß § 305c I BGB die überraschende Klausel gar nicht erst Vertragsbestandteil wird, während sie gemäß §§ 307 ff. BGB zwar in den Vertrag einbezogen wird, aber nicht wirksam ist. Es gilt: **Einbeziehungskontrolle vor Inhaltskontrolle!**[1162]

III. Vorrang der Individualabrede, § 305b BGB

1551 Nach § 305b BGB haben (auch stillschweigende, mündliche und nachträgliche[1163]) Individualabreden Vorrang vor AGB. Wenn also die Vertragsparteien in einem Punkt eine individuelle Vereinbarung treffen, kann eine der Parteien nicht hinterher auf die dieser Vertragsvereinbarung entgegenstehenden AGB verweisen.

> **Beispiel:** K möchte sich einen Neuwagen zulegen. Nachdem er sich beim Autohändler V einen entsprechenden Wagen ausgesucht hat, fügt V aufgrund des Drängens des K in das Formular über die „verbindliche Bestellung eines Kraftfahrzeugs" handschriftlich als Liefertermin den 1.4. ein. Als der Wagen dann nicht rechtzeitig vom Hersteller geliefert und K ungehalten wird, verweist V auf seine Allgemeinen Geschäftsbedingungen, nach denen „Liefertermine unverbindlich sind" und darauf, dass K mit seiner Unterschrift auf dem Bestellformular diese anerkannt habe.
>
> Zwar können auch handschriftlich in einen Vertragstext eingefügte Klauseln AGB sein, wenn sie öfters verwendet werden (sollen) und „im Kopf gespeichert" sind[1164], allerdings bezog sich der Liefertermin 1.4. auf den konkreten (einmaligen) Vertrag. Daher liegt eine Individualabrede vor, die gem. § 305b BGB Vorrang vor den AGB hat. V ist den Ansprüchen des K wegen Verzugs (§§ 280 II, 286 ff. BGB) ausgesetzt.

1552 Allgemeine Geschäftsbedingungen werden aber nicht durch Individualabreden verdrängt, wenn diese wiederum unwirksam sind.

> **Beispiel:** Gebrauchtwagenhändler Bodo Politur verkauft an Liesbeth ein gebrauchtes Kfz und fügt aufgrund des Drängens der L im Formularvertrag handschriftlich die Zusage ein, dass er die innerhalb eines Monats auftretenden Mängel kostenfrei beseitigen werde. Als der Wagen nach drei Wochen wegen defekter Bremsen zu P in die Werkstatt gebracht wird, repariert P den Wagen. Anschließend verlangt er jedoch unter Verweis auf seine AGB, die einen Haftungsausschluss vorsehen, von L Reparaturkosten.
> Hier liegt eine Individualvereinbarung vor, die den in den AGB enthaltenen Gewährleistungsausschluss verdrängen könnte. Allerdings verstößt diese Individualabrede bereits gegen § 475 BGB und ist damit unwirksam. Zwar kann die Verjährungsfrist für Sachmängel bei gebrauchten Objekten rechtsgeschäftlich verkürzt werden, gem. § 475 II BGB aber nicht unter ein Jahr. Ist demnach die Zusage des P, die innerhalb eines Monats auftretenden Mängel kostenfrei zu beseitigen, unwirksam, kann sie auch nicht den durch AGB normierten Haftungsausschluss verdrängen. Dessen Unwirksamkeit richtet sich demnach nicht nach § 305b BGB, sondern nach § 475 BGB.

1553 Unbeschadet der vorstehenden Problematik gilt aber, dass der Grundsatz des Vorrangs der Individualabrede auch dann gilt, wenn die Individualabrede nur **mündlich** getroffen wurde, die AGB aber eine sog. **Schriftformklausel** (z.B. „Nebenabreden bedürfen zu ihrer Wirksamkeit der Schriftform") enthalten. Denn jede Schriftformklausel kann auch formlos von den Parteien außer Kraft gesetzt werden. Ist die Geltung einer form-

---

[1162] Der mit der Gesetzessystematik nicht zu vereinbarende Hinweis von *Grüneberg* (in: Palandt, Vor v § 307 Rn 18) mag daher zwar für die Praxis tauglich sein, nicht aber für die juristische Ausbildung.
[1163] BGH NJW **2006**, 138, 139.
[1164] BGH NJW **1999**, 2180, 2181; BGHZ **115**, 391, 394; OLG Frankfurt/M NJW-RR **2001**, 55.

los getroffen Individualabrede gewollt, verdrängt sie eine abweichende Vereinbarung in den AGB.[1165]

Problematisch sind die sog. **Bestätigungsklauseln** (z.B. „Mündliche Nebenabreden bedürfen zu ihrer Wirksamkeit der schriftlichen Bestätigung"), weil diese in den meisten Fällen nur dazu verwendet werden, um auf eine nur beschränkte Vertretungsmacht der Angestellten des Verwenders hinzuweisen.[1166] Trifft bspw. ein Angestellter ohne ausreichende Vertretungsmacht eine mündliche Nebenabrede, können hier – je nach den Umständen des Falls – eine Rechtsscheinvollmacht nach §§ 171, 172 BGB oder eine Duldungs- oder Anscheinsvollmacht vorliegen. Die Bestätigungsklausel könnte dann dazu führen, dass der Kunde die Beschränkung der Vertretungsmacht kennt oder kennen muss (vgl. § 173 BGB; § 54 III HGB) mit der Folge, dass daher eine wirksame Vertretung nicht vorliegt. Eine derartige generelle Annahme wird jedoch nicht möglich sein; vielmehr kommt es auf die Umstände an, etwa auf die besondere drucktechnische Hervorhebung der Klausel.[1167] Das ergibt sich auch aus der Unklarheitsregel des § 305c II BGB, wonach Unklarheiten zu Lasten des Verwenders gehen.[1168] Ist die mündliche Nebenabrede nach den Grundsätzen über die Vertretungsmacht wirksam zustande gekommen, geht sie nach § 305b BGB der Bestätigungsklausel vor. Ist dies nicht der Fall, gelten die §§ 177 ff. BGB.

1554

Jedoch können Schriftform- und Bestätigungsklauseln auch der Kontrolle nach **§ 307 BGB** unterliegen. Wichtig ist diese Erkenntnis v.a. für die Unterlassungsklagen nach § 1 UKlaG, weil hier die Klausel als solche (d.h. ohne Rücksicht auf das Vorhandensein einer Individualabrede) überprüft wird und daher § 305b BGB als Prüfungsmaßstab nicht in Betracht kommt. Soweit Klauseln mit § 305b BGB unvereinbar sind, verstoßen sie auch gegen § 307 BGB.[1169]

1555

Schließlich ist bei **Internet-Versteigerungen**[1170] problematisch, in welchem Verhältnis Individualbestimmungen des Anbieters zu den AGB des Auktionshauses stehen. Die Konkurrenzfrage entsteht immer dann, wenn ein Anbieter von den durch das Auktionshaus festgelegten und von den Teilnehmern akzeptierten Auktionsregeln abweicht. Dem Grunde nach geht es um die Frage, ob die vom Internet-Auktionshaus aufgestellten AGB auch im Verhältnis zwischen Anbieter und Bieter gelten oder ob die vom Anbieter formulierten Einschränkungen eine Individualvereinbarung darstellen, die Vorrang vor den AGB des Auktionshauses haben.

1555a

Anwendungsfall: In den AGB des Internet-Auktionshauses R heißt es: „Bei privaten Auktionen erklärt der anbietende Teilnehmer bereits mit der Freischaltung seiner Angebotsseite die Annahme des höchsten wirksam abgegebenen Kaufangebots".

V möchte seinen Aston Martin Bj. 62 versteigern. Der durch Sachverständigengutachten ermittelte Wert des Wagens beträgt 68.000,- €. Daher gibt V zwar den Startpreis von 1,- € an, nimmt später bei der Beschreibung des Wagens aber die Passage auf, dass der Mindestpreis bei 35.000,- € liege.

Der erste Bieter bietet gleich 5.000,- €. Auch K bietet mit. Er gibt unter seinem Benutzernamen acht Sekunden vor Auktionsende mit 13.626,50 € das letzte und höchste Gebot ab. R teilt K durch eine E-Mail mit, dieser habe den Zuschlag erhalten, und fordert ihn unter Be-

---

[1165] BGH NJW **2006**, 138, 139; BGH NJW **1986**, 3131, 3132; NJW-RR **1995**, 179; *Köhler/Lange*, AT, § 16 Rn 23; anders BGH NJW **1995**, 1488, 1489.
[1166] vgl. BGH NJW **1982**, 1389, 1390.
[1167] BGH NJW **1986**, 1809, 1810.
[1168] *Medicus*, AT, Rn 425; *Köhler/Lange*, AT, § 16 Rn 23.
[1169] Vgl. BGH NJW **1986**, 1809 f.; BB **1991**, 1591; *Grüneberg*, in: Palandt § 305b Rn 5; *Köhler/Lange*, AT, § 16 Rn 24.
[1170] Vgl. dazu bereits ausführlich Rn 277, 594, 606 ff., 610.

kanntgabe der Identität des Verkäufers auf, sich mit diesem in Verbindung zu setzen, um die Abwicklung von Versand und Bezahlung zu regeln.

V lehnt die Lieferung des Pkw zu dem Gebot des K mit der Begründung ab, es sei noch kein Vertrag zustande gekommen; er sei jedoch zu einem Verkauf des Fahrzeugs zum Preis von 35.000,- € bereit.

Lösungsgesichtspunkte

Rechtliche Probleme in Bezug auf AGB entstehen dann, wenn ein Anbieter von den durch das Auktionshaus festgelegten und von den Teilnehmern akzeptierten Auktionsregeln abweicht.

Im vorliegenden Fall könnte K gegen V einen Anspruch auf Besitz- und Eigentumsverschaffung gem. § 433 I S. 1 BGB haben. Das setzt jedoch einen wirksam geschlossenen Kaufvertrag zwischen V und K voraus.

Ein (Kauf-)Vertrag kommt durch Angebot und Annahme zustande. Hingegen kommt bei einer **Versteigerung** der Vertrag durch das höchste Gebot und den Zuschlag zustande (**§ 156 BGB**). Dabei stellt der vorangehende Aufruf des Versteigerers nur eine Aufforderung zur Abgabe eines Angebots dar.[1171] Das Angebot liegt in dem Handzeichen des Bietenden; der sich darauf beziehende Zuschlag stellt die Annahme dar.

Auf **Internet-Auktionen** ist § 156 BGB nicht anwendbar, wenn der Vertrag nicht durch Zuschlag, sondern durch **Zeitablauf** erfolgt. Denn in diesem Fall liegt keine echte Versteigerung i.S.d. § 156 BGB vor: Derjenige, der innerhalb eines Zeitfensters das höchste Gebot abgibt, nimmt das vom Anbieter zuvor abgegebene befristete Kaufangebot an. Juristisch handelt es sich um ein Angebot des Anbieters, für dessen Annahme durch den Meistbietenden er nach § 148 BGB eine Frist gesetzt hat.[1172] Der Vertrag kommt automatisch durch die beiden Bedingungen *Fristablauf* und *Meistgebot* zustande.[1173] Das Internet-Auktionshaus (eBay o.ä.) stellt lediglich die Plattform zur Verfügung, gibt über „Allgemeine Geschäftsbedingungen" jedoch verbindliche Vorgaben an die Versteigerung, insbesondere hinsichtlich der Übernahme des „Nutzungsentgelts".[1174] Hinsichtlich des Zustandekommens des Kaufvertrags gilt etwas anderes nur dann, wenn die AGB des Internet-Auktionshauses abweichende Klauseln über den Zeitpunkt des Vertragsschlusses enthalten und auf das Verhältnis zwischen Anbieter und Bieter auch anwendbar sind.

Fraglich ist daher, wie sich die AGB des Internet-Auktionshauses im Verhältnis zwischen Anbieter und Bieter auswirken. Im Grundsatz könnte man annehmen, dass die AGB des Internet-Auktionshauses auch im Verhältnis zwischen Anbieter und Bieter gelten, sofern die allgemeinen Wirksamkeitsvoraussetzungen, die an AGB gestellt werden, vorliegen. Das ist der Fall, wenn man davon ausgeht, dass die Beteiligten zuvor die Geltung der AGB durch Mausklick anerkannt haben.

Demzufolge wäre ein Kaufvertrag zwischen V und K zu einem Preis von 13.626,50 € zustande gekommen, weil K – gem. den AGB – das letzte und höchste Gebot dieses Inhalts abgab.

Fraglich ist allerdings, wie es sich auswirkt, dass V eine eigene Verkaufsbedingung, die aufgrund der intendierten einmaligen Verwendung keine AGB darstellt, eingestellt hat. Es könnte somit eine Individualvereinbarung zwischen V und K vorliegen, die die AGB des Auktionshauses gem. § 305b BGB verdrängt.

⇨ In der Literatur wird vereinzelt vertreten, dass die Rahmenbedingungen, welche in den AGB des Auktionshauses festgelegt sind, auch in solchen Fällen über einen **Vertrag zugunsten Dritter** unmittelbar in das Verhältnis zwischen den Auktionsparteien einbezogen würden.[1175] Folgte man dieser Auffassung, hätten diese als „Marktordnung"

[1171] Vgl. BGHZ **138**, 339, 342.
[1172] Wie hier *Hoeren/Müller*, NJW **2005**, 948, 949; *Spindler*, MMR **2005**, 40, 41.
[1173] BGHZ **149**, 129, 134; BGH NJW **2005**, 53 f. (mit Bespr. v. *Hoeren/Müller*, NJW **2005**, 948 ff.).
[1174] Vgl. dazu die bei Rn 277 genannten Nachweise sowie OLG München NJW **2004**, 1328 f.; AG Menden NJW **2004**, 1329 f.
[1175] *Wiebe*, MMR **2001**, 105, 109 f.; *Spindler*, ZIP **2001**, 809, 810.

bezeichneten Rahmenregeln vor jeder Individualbestimmung unbedingten Vorrang. Es wäre ein Kaufvertrag zwischen V und K mit einem Kaufpreis von 13.626,50 € zustande gekommen.

Diese Auffassung ist jedoch abzulehnen. Denn einen Vertrag zugunsten Dritter anzunehmen mag zwar auf K zutreffen, nicht aber auf V. Für diesen stellt sich der Vertrag als „Vertrag zu Lasten Dritter" dar, den die Rechtsordnung zu Recht nicht anerkennt.

⇨ Andere wollen die AGB des Auktionshauses über einen (konkludenten) **Rahmenvertrag** zwischen allen Auktionsteilnehmern einbezogen wissen bzw. die Vorschriften der §§ 307 bis 309 BGB über § 242 BGB **analog** anwenden.[1176]

Folgte man dieser Meinung, wäre die Klausel des V ungültig und ein Vertrag über den Kauf des Wagens zu einem Preis von 13.626,50 € zustande gekommen.

⇨ Die in der Literatur[1177] verbreitete, vor allem aber von der Rechtsprechung[1178] vertretene „**Auslegungslösung**" geht indes davon aus, dass die Auktionsbedingungen des Plattformanbieters nur als Grundlage für die Auslegung der Willenserklärungen der Auktionsteilnehmer heranzuziehen sei.

Demzufolge gelangt man zu einem Vorrang der Individualbestimmungen, da insoweit eine Heranziehung der Auktionshaus-AGB als Auslegungsgrundlage überflüssig ist. Inhalt und Gültigkeit der Individualbestimmungen sind dann durch Auslegung zu ermitteln.

Für den vorliegenden Fall dürfte auf Basis der Auslegungslösung einem wirksamen Vertragsschluss der fehlende Rechtsbindungswille des Anbieters entgegenstehen. V wollte – auch für K – erkennbar nur zu einem Preis ab 35.000,- € leisten.

Diese Lösung überzeugt. Auch der BGH scheint in seiner ricardo-Entscheidung die Auslegungslösung zu favorisieren. Denn in einem obiter dictum zu dieser Entscheidung hielt er fest, dass Verständnislücken hinsichtlich der Erklärungen der Auktionsteilnehmer unter Rückgriff auf die durch die Anerkennung der AGB begründeten wechselseitigen Erwartungen der Auktionsteilnehmer und deren gemeinsames Verständnis über die Funktionsweise der Online-Auktion geschlossen werden könnten. Bezüglich des Vertragsschlusses selbst hält der BGH allerdings einen Rückgriff auf die AGB nicht für erforderlich, womit er die AGB-Problematik umgeht. Für ihn stellen die Freischaltung der Präsentationsseite durch den Anbieter sowie das hierfür zwingend notwendige Anklicken der Erklärung, der Verkäufer nehme bereits zu diesem Zeitpunkt das höchste wirksam abgegebene Angebot an, eine ausdrückliche und individuelle Willenserklärung dar. Jeder Vertragsschluss habe grundsätzlich individuellen Charakter, auch wenn die Willenserklärungen, aus denen er sich zusammensetze, vorformulierte Bestandteile besäßen.[1179]

Die Individualbestimmung hat gegenüber den AGB des Auktionshauses auf der Basis der auch hier favorisierten h.M. also grundsätzlich Vorrang. Zwischen der Angabe eines Startpreises von 1,- € und der weiter unten stehenden Festlegung eines Mindestpreises von 35.000,- € liegt im Übrigen auch kein Widerspruch, der eine Perplexität (dazu Rn 1336) begründen könnte. Denn die Unterscheidung zwischen einem zur Auktion Anreiz bietenden niedrigen Startpreis und einem Limit für den tatsächlichen Verkauf macht durchaus Sinn. Eine solche Differenzierung ist bei herkömmlichen Auktionen üblich und auch bei Versteigerungen über Onlineplattformen nicht selten sogar ausdrücklich vorgesehen.[1180]

Ergebnis: K hat gegen V keinen Anspruch auf Besitz- und Eigentumsverschaffung gem. § 433 I S. 1 BGB. Er kann aber das Angebot des V, den Wagen für 35.000,- € zu kaufen, annehmen (§ 150 BGB).

[1176] *Wenzel*, DB **2001**, 2233, 2236 f.; *Wenzel*, NJW **2002**, 1550; *Sester*, CR **2001**, 98, 105.

[1177] *Ulrici*, JuS **2000**, 947, 949; *Rüfner*, MMR **2000**, 597, 598; *ders.*, JZ **2000**, 720; *ders.*, JZ **2001**, 764, 768; *Winter*, CR **2003**, 296; *Deutsch*, StudRZ 1/**2005**, 17, 26 f.

[1178] OLG Hamm NJW **2001**, 1142.

[1179] BGHZ **149**, 129, 134 (mit Bespr. v. *Wenzel*, NJW **2002**, 1550 f.; *Mehrings*, BB **2002**, 469 f.); vgl. auch KG NJW **2002**, 1583, 1584; OLG München NJW **2004**, 1328 f.; AG Menden NJW **2004**, 1329.

[1180] Vgl. *Deutsch*, StudRZ 1/**2005**, 17, 30.

> **Fazit:** Das Zustandekommen von Rechtsgeschäften bei Internet-Versteigerungen richtet sich nicht nach § 156 BGB, sondern nach **§§ 145 ff. BGB**. Der Bedeutungsgehalt einer Erklärung ist daher auf der Grundlage des objektivierten Empfängerhorizonts (§§ 133, 157 BGB) zu ermitteln. Ob also die Erklärung des Anbieters als (befristetes) Angebot zum Abschluss eines Kaufvertrags zu sehen ist, richtet sich nach der objektivierten Sicht des Bieters. Auf Grundlage der zutreffenden Rspr. entfalten etwaige **AGB des Auktionshauses** dabei weder eine unmittelbare noch analoge Anwendung, sondern stellen lediglich eine **Auslegungshilfe** bei der Feststellung der Bedeutung der Erklärung dar.

IV. Inhaltskontrolle, §§ 309, 308, 307 BGB

1556 Auch wenn Allgemeine Geschäftsbedingungen die bisher genannten Hürden übersprungen haben und somit Vertragsbestandteil geworden sind, bedeutet das noch lange nicht, dass sie auch im Ergebnis wirksam sind. Vielmehr müssen sie nunmehr einer **inhaltlichen Prüfung** unterzogen werden, der sog. Inhaltskontrolle. Diese in den §§ 305 ff. BGB normierte, äußerst detaillierte und daher in ihren Einzelheiten kaum im Rahmen der vorliegenden Darstellung beschreibbare Schutzregelung besteht aus einer **Generalklausel** (§ 307 BGB) und einem aus insgesamt 21 Ziffern mit teilweise weiteren Untergliederungen bestehenden **Katalog verbotener Klauseln** (§§ 308, 309 BGB). Die in §§ 308 und 309 BGB genannten Klauselverbote **konkretisieren die Generalklausel** des § 307 BGB und machen gem. dem allgemeinen Grundsatz *lex specialis derogat legi generali* einen **Rückgriff auf § 307 BGB entbehrlich**, soweit die Voraussetzungen der §§ 308, 309 BGB vorliegen.

1557

> **Hinweis für die Fallbearbeitung:** Das bedeutet, dass in einer Fallbearbeitung grundsätzlich mit der Prüfung der §§ 308, 309 BGB begonnen werden muss und auf § 307 BGB nur dann eingegangen werden darf, wenn die Voraussetzungen der §§ 308, 309 BGB nicht erfüllt sind. Eine Ausnahme von diesem Grundsatz gilt lediglich für **Verträge zwischen Unternehmern**. Denn gem. § 310 I S. 1 BGB gelten die speziellen Klauselverbote der §§ 308, 309 BGB nicht gegenüber Unternehmern, wenn der Vertrag zum Betrieb ihres Unternehmens gehört.[1181] In einem solchen Fall ist ausschließlich § 307 BGB heranzuziehen. Allerdings berücksichtigt die Rechtsprechung die Verbotszwecke der §§ 308 und 309 BGB auch im Rahmen des § 307 BGB und wertet einen Verstoß der fraglichen Klausel gegen (die nicht anwendbaren) §§ 308 oder 309 BGB als Indiz für einen Verstoß gegen § 307 BGB[1182] (dazu Rn 1572 ff.). Von dieser Ausnahme jedoch abgesehen gilt gem. den allgemeinen Aufbaugrundsätzen folgende Prüfungsreihenfolge:
>
> - Zunächst sind die Verbote des **§ 309 BGB** heranzuziehen, da diese keine Wertungsmöglichkeit enthalten.
> - Ist § 309 BGB im Ergebnis nicht einschlägig, ist sodann zu prüfen, ob die fragliche AGB-Klausel unter eines der Verbote des **§ 308 BGB** zu subsumieren ist, da hier eine Wertungsmöglichkeit besteht.
> - Ist auch § 308 BGB nicht einschlägig, ist die fragliche AGB-Klausel am Maßstab der Auslegungsregel des **§ 307 II BGB** zu prüfen.
> - Hilft auch § 307 II BGB nicht weiter, ist zu untersuchen, ob die fragliche AGB-Klausel der Generalklausel des **§ 307 I BGB** unterfällt.

1558 Nach **§ 307 III S. 1 BGB** unterliegen der Inhaltskontrolle aber nur solche Bestimmungen in AGB, die von einer **Rechtsvorschrift abweichen oder diese ergänzen**.

1559 Dadurch sind der Prüfung insbesondere **Leistungsbeschreibungen** (Baubeschreibungen, Kataloge, Prospekte) und **Preisvereinbarungen** entzogen, soweit sie unmittelbar die

---

[1181] Dasselbe gilt zwar auch für Verträge gegenüber juristischen Personen des öffentlichen Rechts und bei öffentlich-rechtlichem Sondervermögen, ist jedoch von keiner großen Klauselrelevanz.
[1182] Vgl. jüngst BGH NJW **2007**, 3421, 3422 f. mit Bespr. v. *Stadler*, JA **2008**, 300.

Hauptleistungspflicht betreffen.[1183] Wegen der Privatautonomie findet sich im dispositiven Gesetzesrecht keine Vorschrift, die den Vertragsgegenstand oder die zu erbringende Gegenleistung festlegt. Uneingeschränkt kontrollfähig sind demgegenüber Klauseln über Änderungen und Erhöhungen des angegebenen Vertragspreises oder über das Wann und Wie der Zahlung (**Preisanpassungsklauseln** bzw. **Preisnebenabreden**).[1184]

Allerdings unterliegen auch derartige Regelungen dem **Transparenzgebot** des § 307 I S. 2 BGB und können *aus diesem Grund* unwirksam sein (§ 307 III S. 2 BGB). **1560**

1. Klauselverbote ohne Wertungsmöglichkeit, § 309 BGB

Ist ein in **§ 309 BGB** enthaltenes Klauselverbot einschlägig, führt dieser Umstand unweigerlich zur Unwirksamkeit der betroffenen Klausel. Anders als bei § 308 BGB ist für eine wertende Betrachtung des Richters – in Ermangelung auslegungsbedürftiger unbestimmter Rechtsbegriffe – kein Raum.[1185] **1561**

Bedeutsam sind vor allem die Nr. 1 (**Verbot kurzfristiger Preiserhöhungen**), Nr. 5 (**Pauschalierung von Schadensersatzansprüchen**), Nr. 6 (**Vertragsstrafen**), Nr. 7 (**Haftungsausschluss bei Verletzung von Leben, Körper, Gesundheit** und – in anderen Fällen – **bei grobem Verschulden**) sowie Nr. 8 (sonstige **Haftungsausschlüsse bei Pflichtverletzung**). **1562**

> **Beispiel 1:** K kauft von V eine landwirtschaftliche Maschine. Nach den AGB (die wirksam Vertragsbestandteil geworden sind) steht dem Käufer bei Mangelhaftigkeit der Kaufsache nur ein Anspruch auf Nachbesserung zu. Als sich drei Monate nach Übergabe der Maschine ein größerer Defekt zeigt, will K den Kauf rückgängig machen (§ 437 Nr. 2 Var. 1 BGB). V verweist auf die AGB und bietet dem K Mangelbeseitigung (§ 437 Nr. 1 BGB) an. Muss K sich darauf verweisen lassen? **1563**
>
> K muss sich nur dann auf den Mangelbeseitigungsanspruch verweisen lassen, wenn die entsprechende Klausel wirksamer Vertragsbestandteil geworden ist.
>
> Von einer AGB i.S.d. § 305 I BGB ist auszugehen. Auch sind die Einbeziehungsvoraussetzungen des § 305 II BGB gegeben. Insbesondere handelt es sich nicht um eine überraschende Klausel i.S.d. § 305c I BGB.
>
> Die Klausel könnte jedoch gem. § 309 Nr. 8 b) bb) unwirksam sein. Denn schlägt die Nachbesserung fehl, hat K keinerlei Rechte wegen des Mangels der Maschine. Deshalb widerspricht die Klausel der Regelung in § 309 Nr. 8 b) bb), weil sie dem K das Recht versagt, bei Fehlschlagen der Nachbesserung (hier: Mangelbeseitigung) Herabsetzung des Kaufpreises geltend zu machen oder vom Vertrag zurückzutreten.

> **Beispiel 2[1186]:** H, ein Ferrari-Vertragshändler, verkaufte einen gebrauchten Ferrari an einen Kunden, nachdem er auf dessen Wunsch an dem Fahrzeug von einer Reifenhandelsfirma bezogene vier neue Reifen „P Zero" der Marke Pirelli montiert hatte. Dabei übersah H in der Hektik des täglichen Händlerlebens, dass die montierten Reifen ein Profil aufwiesen, das seit über zwei Jahren - im Zusammenhang mit der Umstellung auf den Reifentyp „P Zero asimetrico" - nicht mehr verwendet wurde. Auch auf die an der Reifenflanke befindliche DOT-Nr., die Angaben über Herstellungsmonat und -jahr enthält, hatte H nicht geschaut. Einige Monate später kaufte H den Wagen, der in der Zwischenzeit etwa 2.000 Kilometer gefahren worden war, zurück und veräußerte ihn wiederum am 18.11.2008 mit einem Kilometerstand von ca. 20.000 an die Firma K-GmbH für 110.000,- €. Das Fahrzeug wurde an G, Geschäftsführer der K, ausgeliefert. Dem Kauf- **1564**

[1183] Vgl. dazu BGH NJW **2001**, 2014, 2016 ff.; BGH NJW **2001**, 2399, 2400 f. (jeweils zur Leistungsbeschreibung); BGH WM **2002**, 1970, 1971 (zur Preisvereinbarung).
[1184] Vgl. dazu BGHZ **106**, 46, 48 ff.; **124**, 256, 258 ff.; *Grüneberg*, in: Palandt, § 307 Rn 60.
[1185] Vgl. dazu etwa BGH NJW **2007**, 504, 505 f.; BGH NJW **2008**, 360, 361.
[1186] In Anlehnung an BGH NJW **2004**, 1032 f.

vertrag lagen die AGB des H für den Verkauf gebrauchter Kraftfahrzeuge zugrunde, die in § 10 einen Gewährleistungsausschluss und in § 11 eine Begrenzung der Haftung für leichte Fahrlässigkeit unter anderem auf solche Schäden vorsahen, die nicht durch eine Fahrzeugversicherung oder - bei Drittschäden - durch die Haftpflichtversicherung gedeckt sind. Am 2.1.2009 kam es auf der Autobahn zu einem Verkehrsunfall, bei dem der Ferrari einen Totalschaden erlitt. Ursache des Unfalls war ein Platzen des linken Hinterreifens bei einer Geschwindigkeit von 225 km/h. Bei dem von G anschließend eingeholten Sachverständigengutachten stellte sich heraus, dass der Reifen bereits vor sechs Jahren hergestellt worden und für den normalen Betrieb des Ferrari, dessen Höchstgeschwindigkeit 302 km/h beträgt, aufgrund seines Alters nicht mehr geeignet war. G verlangt im Namen der K Schadensersatz von H. Mit Recht?

1. Der von G geltend gemachte Anspruch könnte sich auf §§ 433, 434 I S. 2 Nr. 2, 437 Nr. 3 i.V.m. §§ 280 I, III, 283 BGB stützen.

a. Ein wirksamer Kaufvertrag und ein Sachmangel i.S.d. § 434 I S. 2 Nr. 2 BGB liegen vor. Die der mangelhaften Sache zugrunde liegende Pflichtverletzung hat H auch zu vertreten (vgl. § 280 I BGB, der gem. § 437 Nr. 3 BGB anwendbar ist), da er es pflichtwidrig unterlassen hat, das Alter der Reifen anhand der DOT-Nr. zu überprüfen. Den Gegenbeweis, dass es ihm nicht möglich war, das Alter der Reifen zu überprüfen, wäre ihm als Ferrari-Vertragshändler auch kaum möglich gewesen.

b. Schadensersatz statt der Leistung kann G gem. § 280 III BGB unter den zusätzlichen Voraussetzungen der §§ 281, 282 oder 283 BGB verlangen. Hier ist die Erheblichkeit der Pflichtverletzung des H gem. § 281 I S. 3 BGB entscheidend, im Ergebnis aber zu bejahen.

c. Möglicherweise ist der Gewährleistungsausschluss jedoch gem. § 444 BGB unwirksam. Nach § 444 BGB kann sich der Verkäufer auf den Gewährleistungsausschluss nicht (auch nicht durch AGB) berufen, wenn er den Mangel arglistig verschwiegen oder eine Garantie für die Beschaffenheit der Sache übernommen hat. Beides kann H nicht unterstellt werden. Der Gewährleistungsausschluss ist somit nicht nach § 444 BGB unwirksam.

d. Der von G geltend gemachte Schadensersatz könnte aber gem. § 10 der AGB ausgeschlossen sein. Dazu müsste die Klausel jedoch wirksamer Vertragsbestandteil geworden sein. Dies richtet sich nach den §§ 305 ff. BGB.

aa. Nach § 310 I S. 1 BGB finden die speziellen Klauselverbote der §§ 308, 309 BGB keine Anwendung auf AGB, die - wie hier - gegenüber einem Unternehmer (§ 14 BGB) verwendet werden. Nach § 310 I S. 2 BGB ist jedoch § 307 I und II BGB auch insoweit anzuwenden, als dies zur Unwirksamkeit von in den §§ 308 und 309 BGB genannten Vertragsbestimmungen führt, wobei auf die im Handelsverkehr geltenden Gewohnheiten und Gebräuche angemessen Rücksicht zu nehmen ist.

a.) Das den Gewährleistungsausschluss betreffende Klauselverbot des § 309 Nr. 8b BGB gilt auch im Verkehr zwischen Unternehmern. Es betrifft jedoch nur den Verkauf *neu hergestellter* Sachen, also nicht den Gebrauchtwagenkauf.

b.) Das die Haftung für grobes Verschulden betreffende Klauselverbot des § 309 Nr. 7 b BGB gilt ebenfalls im Verkehr zwischen Unternehmern. Die AGB des H enthalten in § 11 der AGB einen Ausschluss der Haftung für leichte Fahrlässigkeit, soweit der Schaden nicht durch die Fahrzeug- und Haftpflichtversicherung gedeckt ist. Die Klausel umfasst zwei zu unterscheidende Haftungsfälle. Einerseits regelt sie den Fall eines eigenen Schadens des Käufers, für den bei Leistung einer Versicherung nicht gehaftet werden soll; andererseits den Fall, dass der Käufer einen Schaden erleidet, indem er seinerseits für einen Schaden Dritter Ersatz leisten muss, wofür der Verwender bei Leistungen im Rahmen des Pflichtversicherungsgesetzes nicht haften will. Die Klausel vermengt diese beiden Fälle zu einer scheinbaren, tatsächlich aber nicht bestehenden Sinneinheit und ist daher jedenfalls aus der Sicht des rechtlichen Laien schwer verständlich. Sie regelt daher die Rechtsposition des Vertragspartners nicht hinreichend klar und verstößt deshalb gegen das aus § 307 I S. 2 BGB herzuleitende Transparenzgebot.[1187] Mithin ist der Haftungsausschluss des H unwirksam.

2. Ergebnis: Der von G geltend gemachte Schadensersatz ist gem. §§ 433, 434 I S. 2 Nr. 2, 437 Nr. 3 i.V.m. §§ 280 I, III, 283 BGB begründet. Ob ein entsprechender Schadensersatzanspruch auch aus § 823 I BGB besteht, ist Gegenstand der Ausführungen bei *Schmidt*, SchuldR BT II, Rn 590 ff.

2. Klauselverbote mit Wertungsmöglichkeit, § 308 BGB

Zu diesen Klauselverboten zählt das Gesetz eine Reihe von Regelungen auf, die regelmäßig den Vertragspartner des Verwenders unangemessen benachteiligen. Jedoch ist zu beachten, dass eine Klausel, die unter § 308 BGB fällt, nicht per se unwirksam ist. Vielmehr sind die in Nrn. 1-8 verwendeten unbestimmten Rechtsbegriffe anhand der Maßstäbe des § 307 I S. 1, II BGB im Wege einer umfassenden Interessenabwägung auszufüllen. § 308 BGB gibt dem Richter also einen Spielraum, aufgrund von Besonderheiten des Einzelfalls eine Klausel, die unter § 308 BGB fällt, dennoch für wirksam zu erachten. Im unternehmerischen Verkehr ist § 308 BGB nicht anwendbar (vgl. § 310 I S. 1 BGB).

1565

3. Klauselverbote nach der Generalklausel, § 307 I und II BGB

Da der Gesetzgeber nicht alle denkbaren AGB-Klauseln, die gegen Treu und Glauben verstoßen, auflisten und für unwirksam erklären kann (dazu bietet das Wirtschaftsleben zu viele Besonderheiten), hat er in § 307 I BGB eine Generalklausel geschaffen, die er wiederum in § 307 II BGB mit einer Auslegungsregel versehen hat.

1566

> **Hinweis für die Fallbearbeitung:** Ist also keines der speziellen Klauselverbote der §§ 309, 308 BGB einschlägig, ist zu prüfen, ob die fragliche Klausel mit § 307 BGB vereinbar ist. Hier ist dann zunächst über § 307 I BGB einzusteigen und im Obersatz zu formulieren, dass „die fragliche Klausel unwirksam ist, wenn sie den Vertragspartner des Verwenders entgegen Treu und Glauben unangemessen benachteiligt". Bevor jedoch versucht wird, die fragliche Klausel unter diese äußerst ungriffige Formel zu subsumieren, ist zunächst die Auslegungsregel des **§ 307 II BGB** (mit der Rechtsfolge des § 307 I BGB) heranzuziehen, die eine Konkretisierung der in § 307 I BGB enthaltenen Generalklausel darstellt. Erst wenn diese nicht weiterhilft, ist danach zu fragen, ob die fragliche Klausel der Generalklausel des **§ 307 I BGB** unterfällt.

1567

a. Die Regelung des § 307 II BGB

§ 307 II BGB stellt für zwei Fälle eine Art Regelvermutung für eine unangemessene Benachteiligung des Vertragspartners auf. Sie kann

1568

- zunächst nach Nr. 1 vorliegen, wenn die Klausel von **wesentlichen Grundgedanken der gesetzlichen Regelung abweicht**.

1569

Beispiele:

(1) Da die Vorschriften über den Maklervertrag (§§ 652 ff. BGB) ausdrücklich einen Maklerlohn nur dann vorsehen, wenn die Vermittlung ursächlich für einen Vertragsabschluss war (§ 652 I S. 1 BGB), ist die Klausel in einem Maklervertrag, durch die sich der Makler allein für die Besichtigung eines Objekts ein Entgelt versprechen lässt, auch wenn es nicht zum Abschluss eines Mietvertrags kommt, nach § 307 II Nr. 1 BGB unwirksam. Denn die genannte Klausel stellt die gesetzliche Regelung ge-

---

[1187] BGHZ **145**, 203, 240 ff.

radezu „auf den Kopf" und läuft daher der grundsätzlichen Interessenbewertung durch den Gesetzgeber zuwider.[1188]

(2) Eine formularmäßige Zweckerklärung, die die **Bürgenhaftung**[1189] über die Verbindlichkeit des Hauptschuldners, die objektiver Anlass der Verbürgung war, ausdehnt, wird vom BGH am Maßstab des § 307 II BGB überprüft. Die Inanspruchnahme eines Bürgen wegen Kreditschulden, die erst nach der Bürgschaftsübernahme entstanden sind, ist wegen § 767 I S. 3 BGB unzulässig (Verbot der Fremddisposition für Geschäfte nach der Übernahme der Bürgschaft).

Eine Abweichung von dieser Norm hinsichtlich zukünftiger Forderungen, die nicht Anlass der Bürgschaft waren, ist mit den wesentlichen Grundgedanken der gesetzlichen Regelung nicht vereinbar (§ 307 II Nr. 1 BGB). Auch die Erreichung des Vertragszwecks ist gefährdet, weil wesentliche Rechte des Bürgen, die sich aus dem gesetzlichen Typus des Bürgschaftsvertrages ergeben, eingeschränkt werden (§ 307 II Nr. 2 BGB), dazu sogleich.

(3) Formularklauseln in Wohnraummietverträgen, die zur Ausführung von „**Schönheitsreparaturen**" verpflichten, sind grundsätzlich wirksam. Das gilt selbst dann, wenn sie zur Ausführung von Renovierungsarbeiten in Küche, Bad und Toilette spätestens nach zwei und in den übrigen Räumen spätestens nach fünf Jahren verpflichten. Wenn dieser Zeitplan aber „starr" ist, d.h. die Reparaturen auch dann vorsieht, wenn die gemieteten Räume nach ihrem tatsächlichen Erscheinungsbild noch nicht renovierungsbedürftig sind, ist er mit der gesetzlichen Regelung in § 535 I S. 2 BGB nicht vereinbar und gem. § 307 II Nr. 1 BGB unwirksam.[1190] Die Unwirksamkeitsfolge erstreckt sich dann auf die gesamte „Schönheitsreparaturklausel".[1191] Für zulässig hat der BGH eine Klausel erachtet, die den Mieter verpflichtet, lackierte bzw. farblich gestrichene Holzteile in keinem anderen als den nach der Klausel zulässigen Farbtönen zurückzugeben.[1192] Denn diese Verpflichtung benachteiligt den Mieter nicht unangemessen.[1193]

1570 ■ Die Regelvermutung des § 307 II BGB kann aber auch nach Nr. 2 vorliegen, wenn wesentliche Pflichten, also Pflichten, die für die Natur des Vertrags kennzeichnend sind (sog. **Kardinalpflichten**), so eingeschränkt werden, dass der **Vertragszweck gefährdet** ist.

Beispiel: Ist in den Vertragsbedingungen eines entgeltlichen Verwahrungsvertrags (Garderobe im Theater oder bewachter Parkplatz gegen Entgelt) die Haftung für eine sorgfältige Aufbewahrung der verwahrten Sache bzw. die Bewachung des abgestellten Fahrzeugs ausgeschlossen, liegt ein Verstoß gegen § 307 II Nr. 2 BGB vor. Denn anderenfalls könnte der Verwahrer sanktionslos gegen die hauptsächliche Vertragspflicht verstoßen, die er ja gerade übernommen hat (vgl. § 688 BGB). Mit einer solchen Haftungsfreizeichnung würde der Vertrag für den Kunden völlig „leerlaufen" und würde seinen Zweck nicht mehr erreichen. Pflichten, mit denen der Vertrag „steht und fällt", dürfen daher weder ausgeschlossen noch wesentlich eingeschränkt werden.[1194]

[1188] Vgl. BGHZ **99**, 374, 382; wiedergegeben auch bei *Rüthers/Stadler*, AT, § 21 Rn 28.
[1189] Zur Bürgschaft vgl. ausführlich *R. Schmidt*, SachenR II, Rn 559 ff.
[1190] BGH NJW **2004**, 2586, 2587; NJW **2006**, 2113, 2114; NJW **2006**, 2115 f.; NJW **2006**, 2915, 2916. Vgl. auch BGH NJW **2009**, 62 f.
[1191] BGH NJW **2004**, 2586, 2587; LG Berlin WuM **2002**, 668; ZMR **2003**, 487; a.A. *Häublein*, ZMR **2000**, 139, 142 f.; *Lützenkirchen*, ZMR **1998**, 605, 608. Zur Unwirksamkeit „starrer" Fristen vgl. auch LG Hamburg NZM **2004**, 295; LG Duisburg NZM **2004**, 63.
[1192] BGH NJW **2009**, 62 f. Vgl. dazu ausführlich *Blank*, NJW **2009**, 27 ff.
[1193] Zur (Un-)Wirksamkeit starrer Fristen für Schönheitsreparaturen bei **Gewerberäumen** vgl. BGH NJW **2008**, 3772 ff. mit Bespr. v. *Looschelders*, JA **2009**, 228 ff.
[1194] *Rüthers/Stadler*, AT, § 21 Rn 28.

b. Die Regelung des § 307 I BGB

Nach § 307 I BGB sind Bestimmungen in AGB unwirksam, wenn sie den Vertragspartner des Verwenders entgegen den Geboten von Treu und Glauben **unangemessen benachteiligen**. 1571

Bei der Beurteilung, ob eine Klausel gegen § 307 I BGB verstößt, ist auf die Verhältnisse im **Zeitpunkt des Vertragsschlusses** abzustellen.[1195] **Gegenstand der Inhaltskontrolle** ist der ggf. durch Auslegung ermittelte objektive Inhalt der Klausel (s.o.). **Prüfungsmaßstab** ist eine überindividuelle generalisierende Betrachtungsweise.[1196] Abzuwägen sind dabei die Interessen des Verwenders gegenüber denen der typischerweise beteiligten Kunden. 1572

Eine **Benachteiligung** i.S.d. § 307 I BGB liegt vor, wenn die Interessen des Kunden gegenüber denen des Verwenders so sehr zurückgedrängt werden, dass kein vollständiger Interessenausgleich stattgefunden hat.[1197] 1573

Unangemessen ist eine Benachteiligung, wenn der Verwender missbräuchlich eigene Interessen auf Kosten des Vertragspartners durchzusetzen versucht, ohne von vornherein die Interessen seines Partners hinreichend zu berücksichtigen und ihm einen angemessenen Ausgleich zuzugestehen.[1198] 1574

Zur Beurteilung der **Unangemessenheit** der Benachteiligung bedarf es somit einer umfassenden Würdigung, in die die **Interessen beider Parteien** und die Anschauungen der beteiligten Kreise einzubeziehen sind. Auszugehen ist dabei von Gegenstand, Zweck und Eigenart des Vertrags.[1199] 1575

> **Hinweis für die Fallbearbeitung:** Es ist also zu prüfen, ob ein **angemessener Interessenausgleich** vorliegt. Diese Prüfung erfolgt in zwei Schritten: 1576
>
> - Zunächst sind sowohl die Interessen des Verwenders als auch die des Kunden festzustellen.
> - Sodann sind die beiderseitigen Interessen bezüglich der Wirksamkeit der Klausel gegen- und miteinander abzuwägen.

Das im Zuge des Schuldrechtsreform 2002 in **§ 307 I S. 2 BGB** ausdrücklich aufgenommene **Transparenzgebot** ist in der Sache nicht neu. Schon nach der Rechtsprechung zu §§ 9-11 AGBG war der Verwender gehalten, seine AGB möglichst klar und verständlich zu formulieren.[1200] Die Klarstellung im Gesetz erfolgte einmal mehr im Hinblick auf eine Entscheidung des EuGH, der in einem Verfahren gegen die Niederlande ausdrücklich forderte, die Umsetzung einer EU-Richtlinie, die das Transparenzgebot enthält, müsse klar und unmissverständlich sein und dürfe die richtlinienkonforme Anwendung nationalen Rechts nicht nur der Auslegung durch die Gerichte überlassen.[1201] 1577

Eine unangemessene Benachteiligung kann sich nach **§ 307 I S. 2 BGB** auch dadurch ergeben, dass die fragliche Bestimmung – auch oder gerade im Vergleich zu anderen Bestimmungen der AGB – **nicht klar und verständlich** ist.[1202] 1578

[1195] *Medicus*, NJW **1995**, 2577, 2580.
[1196] BGHZ **105**, 24, 31; NJW **1996**, 2155, 2156. Vgl. auch *v. Westphalen*, NJW **2004**, 1993, 1999.
[1197] BGH NJW **1980**, 2518, 2519; NJW **2004**, 2586, 2587.
[1198] BGHZ **90**, 280, 284; **120**, 108, 118; BGH NJW **2000**, 1110, 1111; NJW **2004**, 2586, 2587.
[1199] BGH NJW **1987**, 2575, 2576; NJW **2005**, 422, 423; ZIP **2008**, 1729; *Grüneberg*, in: Palandt, § 307 Rn 8.
[1200] Vgl. dazu BGH NJW **1999**, 635, 636; NJW **2000**, 651; NJW **2001**, 2014, 2016.
[1201] EuGH NJW **2001**, 2244.
[1202] Zum Transparenzgebot des § 307 I S. 2 BGB vgl. BGH NJW **2008**, 360, 361 (dazu Rn 1581a).

1579 Weicht eine Klausel von gesetzlichen Bestimmungen ab, die ein allgemeines Gerechtigkeitsgebot ausdrücken, gilt dies als Indiz der Unangemessenheit.[1203] Dabei können auch die Nebenpflichten, deren Einhaltung der Vertragspartner des Verwenders redlicherweise erwarten darf, als Indiz herangezogen werden.

> **Beispiel[1204]:** K benutzte mit seinem Mercedes S 500 L, der zwei anklappbare Seitenspiegel hatte, die **Waschanlage** des W. Beim Einfahren in die Waschstraße waren die Spiegel äußerlich unbeschädigt. Nach Beendigung des Waschvorgangs zeigte K dem W an, dass der rechte Seitenspiegel im Gelenk beschädigt war und die Zierleiste der Beifahrertür im Drehradius des angeklappten Spiegels gelegene Kratzer aufwies. K ließ die beschädigten Fahrzeugteile ersetzen und verlangt nunmehr die Reparaturkosten, den Nutzungsausfall für die Reparaturdauer und eine Unkostenpauschale ersetzt. W beruft sich demgegenüber u.a. auf folgende in ihren AGB enthaltene Haftungsbeschränkungsklauseln:
>
> „Eine Haftung für die Beschädigung der außen an der Karosserie angebrachten Teile, wie z.B. Zierleisten, Spiegel, Antennen, sowie dadurch verursachte Lack- und Schrammschäden, bleibt ausgeschlossen, es sei denn, dass den Waschanlagenunternehmer eine Haftung aus grobem Verschulden trifft." (...). „Folgeschäden werden nicht ersetzt, es sei denn, dass den Waschanlagenunternehmer eine Haftung aus grobem Verschulden trifft."
>
> Aus der Überlegung heraus, dass die Benutzer der Waschanlage berechtigterweise eine Reinigung ihrer Fahrzeuge ohne Beschädigung erwarten, hat der BGH entschieden, dass diese Freizeichnungsklauseln **unwirksam** seien, weil sie die Kunden entgegen den Geboten von Treu und Glauben unangemessen benachteiligten (§ 307 I BGB).
>
> Sind demnach die genannten AGB-Klauseln unwirksam, richtet sich die Rechtslage nach dispositivem Recht, vorliegend – da K Schadensersatz begehrt – nach §§ 631, 633, 634 Nr. 4, 280 I BGB.

Fazit: Klauseln in AGB des Betreibers einer **Autowaschanlage**, mit denen der Betreiber seine Haftung für außen an der Karosserie angebrachte Teile auf Vorsatz und grobe Fahrlässigkeit beschränken und sich auch für sämtliche Folgeschäden – unabhängig von der Art des unmittelbaren Schadens – von leichter Fahrlässigkeit freizeichnen möchte, sind unwirksam.

1580 Von besonderer Bedeutung sind auch **Schönheitsreparatur- und Endrenovierungsklauseln in Mietverträgen.** Die Rechtsprechung des BGH zielt dahin, dass eine Klausel, die den Mieter verpflichtet, die Mieträume bei Beendigung des Mietverhältnisses unabhängig vom Zeitpunkt der Vornahme der letzten Schönheitsreparaturen renoviert zu übergeben, nach § 307 I BGB unwirksam ist.[1205]

1581 > **Beispiel:** Der zwischen V und M geschlossene Wohnraummietvertrag enthält die Klausel, dass bei Mietende die Räume in renoviertem Zustand zurückzugeben seien.
>
> Eine solche eingeschränkte Pflicht zur Endrenovierung benachteiligt den Mieter unangemessen und verstößt gegen § 307 I BGB.
>
> Etwas anderes hätte gegolten, wenn in einer anderen Klausel bspw. klargestellt worden wäre, dass die Endrenovierung nur geschuldet werde, wenn die Fristen seit Ausführung der letzten Schönheitsreparaturen bei Vertragsende abgelaufen sind.
>
> Ähnlich hat das LG Frankfurt a.M. entschieden: Wenn die Renovierungspflicht des Mieters für Bad, Küche und WC nicht nach den Regeln des Mustermietvertrags 1976 vereinbart sei, sondern kürzere Fristen vorgesehen würden, verstoße dies gegen § 307 I

[1203] BGH NJW **1999**, 942, 943; NJW **1998**, 2600; 3200.
[1204] Nach BGH NJW **2005**, 422 ff.
[1205] BGH NJW **2004**, 2586; **2003**, 3192 und **2003**, 2234, jeweils zurückgehend auf BGH NJW **1998**, 3114. Vgl. auch OLG Hamburg NJW **2005**, 2462 f.

BGB. Die Klausel sei dann aber auch insgesamt unwirksam; dies gelte insbesondere dann, wenn die Renovierungspflicht „mindestens" nach Ablauf von zwei Jahren durchzuführen sei. Denn eine solche Klausel erwecke den Eindruck, dass Voraussetzung für die Fälligkeit dieser Arbeiten allein der Zeitablauf ist, ohne dass auf den tatsächlichen Zustand der Räume abgestellt wird.[1206]

Nach Auffassung des OLG Hamburg ist zwar die formularmäßige Abwälzung der Schönheitsreparaturen auf den Mieter, und damit auch eine formularmäßige Belastung mit einer zeitanteiligen Quote für nicht fällige Schönheitsreparaturen, zulässig, jedoch verstoße eine starre Festlegung der Renovierungsquoten gegen § 307 I BGB. Denn es könne sein, dass ein Mieter die Wohnung kaum nutzt oder sehr pfleglich mit ihr umgehe. In einem solchen Fall dem Mieter bei Auszug anteilig über eine starre Quote („Betrag XY pro Monat Mietdauer") an den üblichen Abnutzungserscheinungen zu beteiligen, sei unangemessen und daher mit § 307 I BGB unvereinbar.[1207]

Nicht gegen § 307 I oder II BGB verstößt dagegen eine Bestimmung in einem Formularmietvertrag über Wohnraum, wonach eine ordentliche **Kündigung** innerhalb der ersten zwei Jahre nach Vertragsschluss *für beide Seiten* **ausgeschlossen** ist.[1208]

Schließlich sind sog. **Preisanpassungsklauseln** häufig anzutreffen. Darunter sind Vertragsbestimmungen insbesondere bei Dauerschuldverhältnissen (Abonnementverträgen, Lieferverträgen, Mietverträgen etc.) zu verstehen, die auf der Grundlage sich verändernder Kosten Preisanpassungen vorsehen.

1581a

> **Beispiel**[1209]**:** In einem Vertrag über ein Pay-TV-Abonnement heißt es: „Die Pay-TV-GmbH kann die vom Abonnenten monatlich zu zahlenden Beträge erhöhen, wenn sich die Kosten für die Bereitstellung des Programmangebots erhöhen".

Preisanpassungsklauseln sind grds. nicht zu beanstanden. Sie sind ein geeignetes und anerkanntes Instrument zur Bewahrung des Gleichgewichts von Preis und Leistung bei langfristigen Lieferverträgen. Sie dienen dazu, einerseits dem Verwender das Risiko langfristiger Kalkulation abzunehmen und ihm seine Gewinnspanne trotz nachträglicher, ihn belastender Kostensteigerungen zu sichern und andererseits den Vertragspartner davor zu bewahren, dass der Verwender mögliche künftige Kostenerhöhungen vorsorglich schon bei Vertragsschluss durch Risikozuschläge aufzufangen versucht. Die Schranke des § 307 I S. 1 BGB wird jedoch dann überschritten, wenn die Preisanpassungsklausel es dem Verwender ermöglicht, über die Abwälzung konkreter Kostensteigerungen hinaus den zunächst vereinbarten Preis ohne Begrenzung anzuheben und so nicht nur eine Gewinnschmälerung zu vermeiden, sondern einen zusätzlichen Gewinn zu erzielen. Dementsprechend sind Preisanpassungsklauseln nur dann zulässig, wenn die Befugnis des Verwenders zu Preisanhebungen von Kostenerhöhungen abhängig gemacht wird und die einzelnen Kostenelemente sowie deren Gewichtung bei der Kalkulation des Gesamtpreises offengelegt werden, sodass der andere Vertragsteil bei Vertragsschluss die auf ihn zukommenden Preissteigerungen einschätzen kann.[1210]

Die im vorliegenden Fall formulierte Preisanpassungsklausel wird diesen Anforderungen nicht gerecht. Zum einen verstößt sie gegen das Transparenzgebot des § 307 I S. 2 BGB, weil sie zu unbestimmt ist; der Abonennt kann nicht erkennen, wann und in welchem Umfang Preisänderungen auf ihn zukommen. Zum anderen führt die Klausel auch nach ihrem Inhalt zu einer unangemessenen Benachteiligung des Abonnenten, weil sie Preiserhöhungen nicht auf den Umfang der Kostensteigerung begrenzt und sogar dann gestattet, wenn der Anstieg eines Kostenfaktors durch rückläufige Kosten in anderen Bereichen ausgeglichen wird. Somit ermöglicht die Bestimmung die Abonnement-

---

[1206] OLG Frankfurt a.M. NJW-RR **2004**, 160; vgl. auch LG Duisburg NJW-RR **2004**, 161; LG Hamburg NZM **2004**, 295. Zur Sicherheitsleistung (Kaution) vgl. BGH NJW **2003**, 2899.

[1207] OLG Hamburg NJW **2005**, 2462 f.

[1208] BGH NJW **2004**, 3117 f.; NJW **2004**, 1448; kritisch *Derleder*, NZM **2004**, 247.

[1209] In Anlehnung an BGH NJW **2008**, 360 ff.

[1210] Vgl. dazu insgesamt BGH NJW **2008**, 360, 361; NJW-RR **2008**, 134; NJW **2007**, 1054, 1055.

preise ohne jede Begrenzung zu erhöhen und nicht nur insgesamt gestiegene Kosten an ihre Kunden weiterzugeben, sondern auch einen zusätzlichen Gewinn zu erzielen. Gerade eine solche Verschiebung des vertraglichen Gleichgewichts durch einen praktisch unkontrollierbaren Preiserhöhungsspielraum will § 307 I S. 1 BGB verhindern. Die Klausel ist daher unwirksam[1211] (zur Rechtsfolge vgl. sogleich).

V. Rechtsfolge, § 306 BGB

1582 Sind AGB-Bestimmungen unwirksam, bleibt nach § 306 I BGB der Vertrag im Übrigen wirksam. Diese Abweichung von der Regel des § 139 BGB, wonach bei Teilnichtigkeit im Zweifel der ganze Vertrag nichtig ist, ist zum Schutze des Kunden geboten, da er sonst überhaupt keine vertraglichen Rechte hätte. Das Gleiche gilt, wenn AGB-Bestimmungen ganz oder teilweise aufgrund der §§ 305 II und 305c I BGB nicht Vertragsbestandteil geworden sind.

An die Stelle der AGB-Bestimmungen, die nicht Vertragsbestandteil geworden oder unwirksam sind, treten gem. § 306 II BGB die gesetzlichen Vorschriften. Fehlt es an gesetzlichen Regelungen oder werden sie der besonderen Sachlage nicht gerecht, ist die Vertragslücke nach allgemeinen Auslegungsgrundsätzen zu schließen. Sollte die Aufrechterhaltung des Vertrags dennoch unzumutbar sein, sieht § 306 III BGB eine Ausnahmeregelung vor: der Vertrag ist unwirksam, wenn das Festhalten an ihm auch unter Berücksichtigung der nach Absatz 2 vorgesehenen Änderung eine unzumutbare Härte für eine Vertragspartei darstellen würde. Solche Härtefälle sind weniger beim Kunden als beim Verwender denkbar.

1583 Grundsätzlich **unzulässig** ist nach h.M.[1212] eine **geltungserhaltende Reduktion**, bei der durch eine restriktive Auslegung eine unzulässige Klausel auf das gerade noch Vertretbare beschränkt wird. Zum einen widerspräche eine solche Reduktion dem eindeutigen Wortlaut der §§ 307 ff. BGB und dem Schutzzweck des gesamten AGB-Rechts, das die Verwendung von verbotswidrigen Klauseln als eine objektive zur Täuschung geeignete Störung des Rechtsverkehrs wertet[1213], und zum anderen wäre anderenfalls die Verwendung unzulässiger und überzogener Klauseln risikolos, wenn sich der Verwender darauf verlassen könnte, dass die Klausel nicht gänzlich unwirksam ist, sondern nur auf ein noch erträgliches Maß reduziert wird.

1584 Anders ist es aber, wenn sich eine Formularklausel nach ihrem Wortlaut aus sich heraus verständlich und sinnvoll in einen inhaltlich zulässigen und in einen unzulässigen Regelungsteil trennen lässt. Dann sind nach ständiger Rechtsprechung[1214] eine Streichung des unzulässigen und eine Aufrechterhaltung des zulässigen Teils erlaubt.

1585 Fraglich ist, ob es im Zusammenhang mit AGB-Klauseln im Rahmen des **Verbrauchsgüterkaufs** zu einer vergleichbaren Problematik kommen kann. Man stelle sich vor, die zu untersuchenden AGB-Klauseln hätten folgenden Wortlaut:

„Das Recht, Nacherfüllung, Rücktritt, Minderung oder Schadensersatz zu verlangen, wird ausgeschlossen"; oder: „Die Gewährleistung für Mängel der Kaufsache wird ausgeschlossen."

1586 Hinsichtlich der ersten Klausel kann (und wegen § 475 I BGB muss) man die Begriffe *Nacherfüllung*, *Rücktritt* und *Minderung* streichen, ohne dass der Ausschluss des Anspruchs auf Schadensersatz darunter leiden müsste. Dieser ist - vorbehaltlich einer Überprüfung anhand der §§ 307-309 BGB - aber jedenfalls nicht wegen der Regelun-

---

[1211] BGH NJW **2008**, 360, 361.
[1212] BGH NJW **1998**, 671, 673; **1998**, 2284, 2286; KG NJW **1998**, 829, 831.
[1213] *Rüthers/Stadler*, AT, § 21 Rn 31.
[1214] BGH NJW **1998**, 2284, 2286 m.w.N.

gen über den Verbrauchsgüterkauf unwirksam (vgl. § 475 III BGB). Eine Unwirksamkeit ergibt sich auch insoweit nicht gem. § 139 BGB, wenn man davon ausgeht, dass die Parteien den Haftungsausschluss auch ohne die nichtigen Elemente vereinbart hätten.

Schwierig ist dagegen die rechtliche Handhabung der zweiten Klausel. Hier stellt sich die Frage, ob sie dahingehend geltungserhaltend reduziert werden kann, dass zumindest der schadensersatzrechtliche Haftungsausschluss nicht an § 475 I BGB scheitert, oder ob sie vollständig nichtig ist. Zur Beantwortung der Frage bietet sich ein Vergleich mit der Regelung des § 276 III BGB an, wonach die Haftung wegen Vorsatzes nicht im Voraus erlassen werden kann. Diese Vorschrift, die ihrem Wortlaut nach dem Schuldner versagt, seine Haftung bei vorsätzlicher Herbeiführung des Mangels bzw. Schadens auszuschließen, und die auch im Falle der zweiten Beispielsklausel greifen würde, wird allenthalben so verstanden, dass der Haftungsausschluss entgegen der Zweifelsregelung des § 139 BGB nur insoweit nichtig ist, als die Haftung auch für Vorsatz erlassen wird. Ähnlich könnte man § 475 BGB verstehen. Andererseits sprechen durchaus Argumente für eine Übertragbarkeit des für das AGB-Recht entwickelten Verbots der geltungserhaltenden Reduktion: Bei den §§ 474 ff. BGB handelt es sich - wie grds. bei den §§ 305 ff. BGB - um Verbraucherschutzvorschriften. § 475 BGB ist eine Norm, die der Gesetzgeber geschaffen hat, um den Schutz der §§ 305 ff. BGB zu verstärken. Dagegen könnte man wiederum einwenden, dass zumindest im Bereich individualvertraglicher Haftungsbeschränkungen im Bereich des Verbrauchsgüterkaufs der Sinn und Zweck des Verbots der teleologischen Reduktion - Disziplinierung des Vorformulierenden - nicht erreicht werden kann; an einer solchen Regelung ist der Verbraucher schließlich selbst beteiligt. Andererseits darf jedoch nicht verkannt werden, dass das Verbot der geltungserhaltenden Reduktion allgemein ins Kreuzfeuer der Kritik geraten ist und zudem von der Rspr. selbst im AGB-Bereich, vor allem aber bei der verwandten Problematik gesetzes- und sittenwidriger Geschäfte oft nicht stringent durchgehalten wird.[1215]

Daher sollte man eine geltungserhaltende Reduktion im Zusammenspiel von § 475 I und III BGB zulassen. Es gibt keinen Anlass, das Verbot der geltungserhaltenden Reduktion über den Anwendungsbereich der §§ 305 ff. BGB hinaus auszudehnen.

Im Rahmen des Verbrauchsgüterkaufs könnte die AGB-Klausel „Die Gewährleistung für Mängel der Kaufsache wird ausgeschlossen" demnach dahingehend geltungserhaltend reduziert werden, dass zumindest der schadensersatzrechtliche Haftungsausschluss nicht an § 475 I BGB scheitert. Da § 475 III BGB die Anwendbarkeit der §§ 305 ff. BGB nicht sperrt, beurteilt sich sie Wirksamkeit des schadensersatzrechtlichen Haftungsausschlusses nach §§ 305-310 BGB.

VI. Gerichtliche Durchsetzbarkeit, §§ 1, 3, 5-11 UKlaG

1587

Neben der „normalen" zivilrechtlichen (Leistungs-)Klage besteht die Möglichkeit, nach dem Unterlassungsklagegesetz vorzugehen. Dieses Gesetz sieht vor, dass Verbraucher- und Wirtschaftsverbände gegen die Verwender und Empfehler von unwirksamen Klauseln auf Unterlassung klagen können (vgl. §§ 1, 3, 5-11 UKlaG).

[1215] *Deckenbrock/Dötsch*, ZGS **2004**, 63 f. Vgl. dazu die vorige Fußnote.

10. Kapitel – Aufbau einer materiellen Anspruchsklausur

1588 Bei Rn 68 wurde gesagt, dass der grundsätzliche Aufbau einer Klausurbearbeitung sich nach der zumeist am Ende des Sachverhalts gestellten Fallfrage richtet. Ist diese Frage auf ein konkretes Ziel gerichtet (Beispiel: Ist der von K geltend gemachte Anspruch auf Schadensersatz begründet?), muss der Fallbearbeiter nach einer **Anspruchsgrundlage** suchen, die dem Anspruchsteller den gewünschten Anspruch gewährt. Kommen mehrere Anspruchsgrundlagen in Betracht, müssen diese in eine Ordnung gebracht und deren Konkurrenzverhältnis zueinander bestimmt werden. Denn es macht wenig Sinn, einen Schadensersatzanspruch nach § 823 I BGB zu prüfen, wenn das gesamte Normengefüge der §§ 823 ff. BGB bspw. wegen Vorliegens eines Eigentümer-Besitzer-Verhältnisses gem. §§ 987 ff. BGB schon nicht anwendbar ist (vgl. § 993 I a.E. BGB).

1589 Häufig beschränkt sich die Fallfrage jedoch nicht auf ein bestimmtes Anspruchsziel, sondern ist darauf gerichtet, was der Anspruchsteller alles vom Anspruchsgegner verlangen kann. Hier ist dann anhand der jeweiligen **Rechtsfolgen** der in Betracht kommenden Anspruchsgrundlagen zu prüfen, welche Rechtsfolge für den Anspruchsteller am sinnvollsten ist und bei welcher Anspruchsgrundlage er sich die wenigsten Einreden/Einwendungen des Anspruchsgegners entgegenhalten lassen muss.

> **Beispiel:** Ist der Käufer einer Sache vom Verkäufer arglistig getäuscht worden, steht ihm selbstverständlich das Recht zu, seine diesbezüglichen Willenserklärungen gem. § 123 I Var. 1 BGB anzufechten. Da eine Anfechtung aber gem. § 142 I BGB zur Folge hat, dass das Geschäft rückwirkend nichtig ist, schneidet er sich unter Umständen weitergehende vertragliche Sachmangelgewährleistungsansprüche gem. §§ 434 ff. BGB ab (diese setzen gerade einen wirksamen Kaufvertrag voraus). So kann der arglistig getäuschte Käufer nur dann, wenn er auf die Anfechtung verzichtet, gem. § 437 BGB
>
> (1) nach § 439 BGB **Nacherfüllung** verlangen,
>
> (2) nach §§ 440, 323, und 326 V BGB von dem Vertrag **zurücktreten** oder nach § 441 BGB den Kaufpreis **mindern** *und*
>
> (3) nach §§ 440, 280, 281, 283 und 311a BGB **Schadensersatz** oder nach § 284 BGB **Ersatz vergeblicher Aufwendungen** verlangen.

1590 Sind mehr als zwei Personen beteiligt, wird regelmäßig ganz allgemein nach der **Rechtslage** gefragt. Hier empfiehlt sich folgende Vorgehensweise[1216]:

    I.   Gliederung des Sachverhalts in **Zweipersonenverhältnisse**

    II. Auffinden der jeweiligen **Anspruchsziele**

    III. Suche nach den geeigneten **Anspruchsgrundlagen**

    IV. **Prüfung** der **Ansprüche**

1591 Hinsichtlich der ersten drei Prüfungsschritte hat sich folgende Fragestellung durchgesetzt:

Wer (Bestimmung des Gläubigers bzw. Anspruchstellers)

    will was (Bestimmung des Anspruchsinhalts/der erstrebten Rechtsfolge)

        von wem (Bestimmung des Schuldners bzw. Anspruchsgegners)

            woraus (Bestimmung der Anspruchsgrundlage) ?

[1216] Vgl. *Brox/Walker,* AT, Rn 834 ff.; *Medicus*, BR, Rn 6.

Die Frage *„wer von wem"* betrifft also den ersten Schritt, die Bestimmung des Zweipersonenverhältnisses. Das *„Was"* bezieht sich auf den zweiten Schritt, das Anspruchsziel des Gläubigers, und das *„Woraus"* betrifft die Frage nach der geeigneten Anspruchsgrundlage. Im Einzelnen gilt:

1592

I. Gliederung des Sachverhalts in Zweipersonenverhältnisse

Wird nach der Rechtslage gefragt, ist in einem ersten Schritt der Sachverhalt dahingehend zu untersuchen, welche darin genannte Person von einer anderen Person überhaupt etwas verlangen könnte.[1217] In diesem Schritt sind also der jeweilige Anspruchsteller und der Anspruchsgegner zu ermitteln. Sind zwei Personen beteiligt, kommen zwei Anspruchsrichtungen in Betracht, bei drei Personen sind es bereits sechs usw.

1593

> **Beispiel:** In einem Sachverhalt sind A, B und C beteiligt. Als mögliche Anspruchsrichtungen kommen daher in Betracht:
>
> **1. A $\Rightarrow$ B**   **3. A $\Rightarrow$ C**   **5. B $\Rightarrow$ C**
>
> **2. B $\Rightarrow$ A**   **4. C $\Rightarrow$ A**   **6. C $\Rightarrow$ B**

Die Bestimmung der maximal möglichen Anspruchsrichtungen bedeutet nicht, dass auch alle in der Fallbearbeitung separat auszugliedern und zu prüfen wären. Denn hat eine Person gegen eine andere offensichtlich keinen Anspruch, erübrigt sich eine Erörterung. Allenfalls ist mit einem kurzen Satz festzuhalten, dass „gegen C keine Ansprüche in Betracht kommen".

1594

II. Auffinden der Anspruchsziele der Beteiligten

Sind die Zweipersonenverhältnisse/Anspruchsrichtungen bestimmt, ist sodann nach den jeweils in Betracht kommenden Anspruchszielen der Parteien zu fragen. Richtet sich die Fallfrage nicht auf ein konkretes Anspruchsziel, sondern wird ganz allgemein nach der Rechtslage gefragt, ist nun zu prüfen, „was (z.B.) A von B verlangen kann". Diese Prüfung ist wiederum in zwei Schritte zu untergliedern[1218]:

1595

- Ermittlung der in Betracht kommenden **wirtschaftlich sinnvollen Ziele** des A gegenüber B,
- Konkretisierung dieser Ziele zu juristischen **Rechtsfolgen**.

Die wichtigsten und am häufigsten zu prüfenden Anspruchsziele sind:

1596

- Erfüllungsanspruch aus dem Vertrag (sog. Primäranspruch)
- Anspruch auf Abgabe einer Willenserklärung
- Herausgabeanspruch
- Anspruch auf Nutzungs- oder Verwendungsersatz
- Schadensersatzanspruch
- Unterlassungs- oder Beseitigungsanspruch

III. Bestimmung der einschlägigen Anspruchsgrundlage

Im dritten Schritt sind Anspruchsgrundlagen zu suchen, die das erstrebte Ziel zur Rechtsfolge haben. Kommen mehrere Anspruchsgrundlagen in Betracht, müssen diese nach den **materiell-rechtlichen Regeln über die Anspruchskonkurrenz** in eine Ordnung gebracht werden. Es wäre ein methodischer und nicht mehr wiedergutzumachender Fehler, den Anspruch auf eine Anspruchsgrundlage zu stützen, die von einer

1597

[1217] *Medicus*, BR, Rn 6.
[1218] *Medicus*, BR, Rn 5.

anderen Anspruchsgrundlage verdrängt, möglicherweise sogar in ihrer Anwendung gesperrt wird.

> **Beispiel:** Liegt ein wirksames Auftragsverhältnis zwischen dem Auftraggeber A und dem Auftragnehmer B vor (vgl. §§ 662 ff. BGB), kann B nicht von A Aufwendungsersatz nach den Regeln der berechtigten Geschäftsführung ohne Auftrag (§§ 677, 683 S. 1 BGB) verlangen, obwohl diese ebenfalls auf § 670 BGB verweisen. Denn es liegt gerade keine Geschäftsführung „ohne" Auftrag vor.

1598 Zweckmäßigerweise und unter Umständen sogar zwingend sollte beim Prüfungsaufbau daher folgende **Reihenfolge der möglichen Anspruchsgrundlagen** eingehalten werden:

1. Ansprüche aus **Vertrag**

2. **Vertragsähnliche** (**quasivertragliche** Ansprüche - *culpa in contrahendo* gem. § 311 II BGB[1219]; Geschäftsführung ohne Auftrag (GoA) gem. §§ 677 ff. BGB; Schadensersatzpflicht des Anfechtenden gem. § 122 I BGB; Schadensersatzpflicht des Vertreters ohne Vertretungsmacht gem. § 179 BGB)[1220]

3. **Dingliche** (= sachenrechtliche) Ansprüche (insbes. §§ 861, 862, 985, 987 ff., 888, 894, 1007, 1065, 1147, 1227 BGB)

4. Ansprüche aus **ungerechtfertigter Bereicherung** (§§ 812 ff. BGB)

5. Ansprüche aus **unerlaubter Handlung** (§§ 823 ff. BGB)

1599

> **Hinweis für den Studienanfänger:** Die nachfolgenden Ausführungen zur **Reihenfolge der möglichen Anspruchsgrundlagen** sowie der **Anwendungsfall zum Zusammenspiel der Rechtsinstitute des BGB** bei Rn 1630 könnten insbesondere den Studienanfänger überfordern und abschrecken. Auf der anderen Seite ist nicht auszuschließen, dass die behandelten Inhalte bereits in der Zwischenprüfung (früher: Anfängerübung) relevant werden. Um daher nicht eine Einfachheit des Zivilrechts zu suggerieren, die den Anforderungen an einen Leistungsnachweis nicht – auch nicht im Rahmen der Zwischenprüfung – gerecht wird, ist der nachfolgenden Darstellung ein **realistisches Niveau** zugrunde gelegt worden.

1. Ansprüche aus Vertrag

1600 Nach den materiell-rechtlichen Regeln über die Anspruchskonkurrenz sind bei jeder Fallbearbeitung zunächst **Ansprüche aus Vertrag zu prüfen** oder – für den Fall, dass sie nicht in Betracht kommen – zumindest **auszuschließen**. Dem liegt folgende Überlegung zugrunde:

- Die GoA bspw. setzt voraus, dass der Geschäftsführer vom Geschäftsherrn nicht beauftragt worden ist (vgl. § 677 BGB). Liegt also ein vertragliches Auftragsverhältnis (etwa gem. §§ 662 ff. BGB) vor, ist der Geschäftsführer *gerade* beauftragt. Ansprüche aus GoA scheiden also zwingend aus. Daher müssen vertragliche Ansprüche stets vor Ansprüchen aus GoA geprüft werden.

[1219] Das Institut der *culpa in contrahendo* hat mit der Schuldrechtsreform seine gesetzliche Grundlage in § 311 II BGB gefunden. Bei der Verletzung vorvertraglicher Sorgfaltspflichten durch den Verkäufer können dem Käufer damit Rechte wie z.B. Schadensersatz gem. § 280 I BGB i.V.m. §§ 311 II, 241 II BGB entstehen. Aufgrund der Neuregelung des auf c.i.c gestützten Anspruchs auf sofortige Vertragsaufhebung im Falle des Vorliegens eines behebbaren Mangels besteht aber die Gefahr, dass der den Vorrang genießende Nacherfüllungsanspruch umgangen wird. Vgl. dazu die Ausführungen bei *Wenzel*, Schuldrecht BT I, Rn 168 ff.
[1220] Neuerdings wird teilweise versucht, die genannte Fallgruppe nicht mehr „vertragsähnliche Ansprüche" zu nennen, sondern „Ansprüche aus **Vertrauenshaftung**". Dem ist zwar zuzugeben, dass es in der Tat um den Ersatz des enttäuschten Vertrauens geht, allerdings hat auch die nunmehr erfolgte gesetzliche Normierung der c.i.c. nichts daran geändert, dass es sich um eine vorvertragliche Pflichtverletzung handelt und dass ein wirksamer Vertrag gerade nicht zustande gekommen ist. Daher geht es nach wie vor um „vorvertragliche" Pflichtverletzungen, die den Begriff „vertragsähnlich" nicht haben obsolet werden lassen.

- Im Verhältnis zu den Ansprüchen aus §§ 985 ff. BGB sind vertragliche Ansprüche vorrangig, sofern sie ein Recht zum Besitz verleihen (vgl. § 986 BGB; das Recht zum Besitz kann sich bspw. aus einem Miet- oder Leihvertrag ergeben).

- Im Verhältnis zum Bereicherungsrecht (§§ 812 ff. BGB) ist zu beachten, dass dort der Bereicherungsschuldner etwas *ohne rechtlichen Grund* erlangt haben muss. Da ein Vertrag gerade Rechtsgrund für die Vermögensverschiebung sein kann, müssen auch hier stets vertragliche Ansprüche vorrangig geprüft werden.

- Im Verhältnis zur unerlaubten Handlung (§§ 823 ff. BGB) sind vertragliche Ansprüche vorrangig zu prüfen, da ein Vertrag die *Widerrechtlichkeit* einer Handlung ausschließen kann. Außerdem besteht immer die Möglichkeit, dass bestimmte vertragliche Haftungsprivilegien bestehen, die z.B. im Deliktsrecht zu berücksichtigen sind und zur Folge haben, dass die deliktische Haftung nicht weiterreichen darf als die vertragliche.

a. Vertragliche Primärpflichten (Hauptleistungspflichten)

Des Weiteren wird es dem Anspruchsteller – bei Vorliegen eines Vertrags – um **Erfüllung** der primären Leistungspflichten seines Vertragspartners gehen. d.h. um Erfüllung der **vertraglichen Primärpflichten**. Daher sind (aus der Sicht des Anspruchstellers) zunächst vertragliche Primäransprüche zu prüfen.   1601

Dieser Aussage liegt folgende Überlegung zugrunde: Dem Primäranspruch des Anspruchstellers stehen die **Primärpflichten** des Anspruchsgegners gegenüber. Die Primärpflichten (auch **Hauptleistungspflichten** genannt) sind die konkreten Pflichten, die unmittelbar aus einem Vertrag resultieren, also durch ihn **primär bezweckt sind**. Sie bestimmen den Schuldvertragstyp (z.B. Kauf, § 433 BGB) und stehen bei gegenseitigen Verträgen im **Synallagma**[1221] („ich gebe, weil Du gibst").   1602

> **Beispiel:** K kauft beim Metzger V einen Lummerbraten. Infolge dieses Kaufvertrags (§ 433 BGB) hat K gegen V einen Anspruch auf Übergabe und Übereignung des Lummerbratens gem. § 433 I S. 1 BGB (= Primäranspruch des K). Umgekehrt hat V gegen K nach § 433 II BGB einen Anspruch auf Zahlung des vereinbarten Kaufpreises (= Primäranspruch des V). Der Primäranspruch des einen korrespondiert also mit der Primärpflicht des anderen – sog. Synallagma.

b. Vertragliche Sekundärpflichten (ebenfalls Hauptleistungspflichten)

Aber auch für den Fall, dass der mit dem Vertrag bezweckte Erfolg nicht eintritt oder **Leistungsstörungen** (Nichtleistung, Schlechtleistung oder sonstige Pflichtverletzungen) auftreten, darf nicht sofort auf die bei Rn 1598 genannten Institute zurückgegriffen werden. Denn häufig enthalten entweder die Vorschriften über die vertragliche Sonderverbindung oder die Vorschriften des allgemeinen Schuldrechts auch Regelungen hinsichtlich begangener **Pflichtverletzungen** (sog. **vertraglicher Sekundäranspruch** – die Kardinalnorm bildet **§ 280 BGB**, vgl. dazu sogleich die Übersicht). Auch diese Anspruchsgrundlagen sind (insbesondere mit Blick auf unterschiedliche Verjährungsfristen oder spezielle Tatbestandsvoraussetzungen, die nicht durch andere Institute einfach unterlaufen werden dürfen) vorrangig vor denen der §§ 677 ff., 985 ff., 812 ff. und 823 ff. BGB zu prüfen.   1603

- So kann der **Käufer** gem. § 437 BGB nach § 439 BGB **Nacherfüllung** verlangen, nach den §§ 440, 323 und 326 V BGB von dem Vertrag **zurücktreten** oder nach § 441 BGB den Kaufpreis **mindern** *und* nach den §§ 440, 280, 281, 283 und 311a BGB **Schadensersatz** oder nach § 284 BGB **Ersatz vergeblicher Aufwendungen** verlangen. Es stellt sich also stets die Frage, ob der Käufer (weitergehende) Rechte nach Bereicherungs-   1604

[1221] Vgl. dazu näher *Vollkommer*, in: Jauernig, § 241 Rn 9; *Heinrichs*, in: Palandt, § 241 Rn 5.

recht und/oder Deliktsrecht geltend machen kann oder ob die vertraglichen Sekundärrechte abschließenden Charakter haben.[1222]

1605 ■ Auch dem **Besteller eines Werkes** i.S.d. § 633 BGB können bestimmte Rechte zustehen: nach §§ 634 Nr. 1, 635 BGB vorrangiger Anspruch auf Nacherfüllung; nach §§ 634 Nr. 2, 637 BGB Selbstvornahme durch den Besteller und Aufwendungsersatzanspruch; nach §§ 634 Nr. 3, 636, 323, 326 V BGB Rücktritt vom Vertrag oder wahlweise nach §§ 634 Nr. 3, 638 BGB Minderung der Vergütung und nach §§ 634 Nr. 4, 636, 280 ff. BGB Schadensersatz nach den Vorschriften des allgemeinen Leistungsstörungsrechts oder wahlweise Aufwendungsersatz nach §§ 634 Nr. 4, 284 BGB. Ein Aufwendungsersatzanspruch nach Bereicherungsrecht ist mithin ausgeschlossen. Dagegen sind Ansprüche aus Delikt neben §§ 634 ff. BGB anwendbar[1223], wenn durch die fehlerhafte Ausführung des Werkes auch zugleich ein absolutes Recht des Bestellers im Sinne des § 823 I BGB verletzt wird.[1224]

c. Leistungsbezogene Nebenpflichten

1606 Von den vertraglichen Primär- bzw. Sekundärpflichten sind die **leistungsbezogenen Nebenpflichten** (= **Nebenleistungspflichten**) zu unterscheiden. Während die **Hauptleistungspflichten** die von den Parteien primär bezweckten Vertragspflichten darstellen und die Eigenart des jeweiligen Schuldverhältnisses prägen (s.o.), dienen die Nebenleistungspflichten der Vorbereitung, Durchführung und Sicherung der Hauptleistung. Sie sind auf die Herbeiführung des Leistungserfolgs bezogen und ergänzen die Hauptleistungspflicht.[1225] Obwohl sie nicht im Synallagma stehen und lediglich eine untergeordnete Rolle spielen, hat der Gläubiger einen einklagbaren Anspruch auf ihre Erfüllung.

> **Beispiele:** Nebenleistungspflichten stellen die Auskunftspflicht des Beauftragten (§ 666 BGB), des Zedenten (§ 402 BGB) oder des Verkäufers[1226] dar. Auch die Abnahmepflicht des Käufers aus § 433 II BGB stellt regelmäßig eine leistungsbezogene Nebenpflicht dar, wenn sich nicht ausnahmsweise aus der Vereinbarung ergibt, dass sie als (primäre) Hauptleistungspflicht gelten soll.[1227]

d. Nichtleistungsbezogene Nebenpflichten

1607 Von den leistungsbezogenen Nebenpflichten sind wiederum die **nichtleistungsbezogenen Nebenpflichten** zu unterscheiden. Das sind solche Pflichten, die der Schuldner grundsätzlich zu wahren hat, denen aber kein durchsetzbarer Anspruch gegenübersteht. Diese so genannten unselbstständigen Nebenpflichten werden teilweise auch als Schutz- oder Verhaltenspflichten bezeichnet. Sie wurden *vor* der Schuldrechtsreform aus dem Grundsatz von Treu und Glauben (§ 242 BGB) abgeleitet und in verschiedene Pflichtengruppen unterteilt. Seit der Schuldrechtsreform werden sie nunmehr in § 241 II BGB ausdrücklich genannt. Dazu gehören folgende Gruppen:

■ Die **Schutzpflichten** halten die Parteien dazu an, sich bei der Abwicklung des Schuldverhältnisses so zu verhalten, dass Körper, Leben, Eigentum und sonstige Rechtsgüter des anderen Teils nicht verletzt werden.

■ Die **Aufklärungs- und Hinweispflichten** begründen die Pflicht, die andere Partei über alle für den Vertragsschluss, seine Durchführung und die Erreichung des Vertragszwecks erheblichen Umstände aufzuklären.

[1222] Vgl. dazu ausführlich *R. Schmidt*, SchuldR BT II, Rn 196 ff.; 579 ff.
[1223] BGH NJW-RR **1996**, 1121, 1121.
[1224] Vgl. dazu ausführlich *R. Schmidt*, SchuldR BT II, Rn 590 ff.
[1225] *Heinrichs*, in: Palandt, § 241 Rn 5.
[1226] *Weidenkaff*, in: Palandt, § 433 Rn 24.
[1227] *Weidenkaff*, in: Palandt, § 433 Rn 44.

- Aus § 241 II BGB kann sich unter engen Voraussetzungen auch die Pflicht ergeben, bereits bestehende **Vertragsverhandlungen nicht willkürlich abzubrechen**.

- Auch der **Abschluss oder die absichtliche Herbeiführung unwirksamer Verträge** können eine Verletzung der Pflichten aus § 241 II BGB darstellen.

- Die sog. **Leistungstreuepflicht** hält die Parteien dazu an, den Vertragszweck nicht zu beeinträchtigen oder zu gefährden.

- Schließlich ergibt sich aus § 241 II BGB für den Gläubiger die Pflicht, an der Herbeiführung des Leistungserfolgs mitzuwirken (**Mitwirkungspflichten**).

Eine eigenständige Kategorie bilden die bloßen **Obliegenheiten**. Diese stellen keine Verpflichtungen der anderen Partei gegenüber dar, sondern lediglich Maßnahmen im eigenen Interesse. Ihre Verletzung hat nicht zur Folge, dass die Gegenseite einen Schadensersatzanspruch erhält. Vielmehr verschlechtert sich durch eine Obliegenheitsverletzung die rechtliche Stellung der Person, ohne dass die andere Person einen zusätzlichen Anspruch erwirbt. Die Obliegenheiten können daher als „Verpflichtung gegen sich selbst" bezeichnet werden.   **1608**

> **Beispiele:** Schadensminderungspflicht gem. § 254 BGB; Anzeige gem. § 149 BGB. Auch die Annahme einer Leistung stellt eine Obliegenheit dar, weil die Partei bei einer Nichtannahme in Gläubigerverzug gerät, §§ 293 ff. BGB. Zu beachten ist aber, dass die Abnahme einer *Kaufsache* zugleich eine Nebenleistungspflicht darstellt (s.o.) und auch die Abnahme beim *Werkvertrag* eine Leistungspflicht ist, § 640 BGB[1228]. Sofern der Gläubiger eine Kaufsache oder ein Werk nicht entgegennimmt, kann er daher in Gläubigerverzug und zugleich in Schuldnerverzug geraten.

1609

Übersicht über Primär- und Sekundäransprüche

Bei der Frage, ob dem Anspruchsteller der gewünschte Anspruch zusteht, sind aus den genannten Gründen zunächst **vertragliche** Anspruchsgrundlagen zu prüfen. Bei diesen ist zwischen **primären** und **sekundären** Ansprüchen zu differenzieren.

Ein vertraglicher **Primäranspruch** ist der Anspruch, der direkt aus einem wirksamen Vertrag entsteht (Anspruch auf Vertragserfüllung, sog. **Erfüllungsanspruch**). Dieser Anspruch ist mit dem Abschluss des Vertrags „primär bezweckt".

Ein vertraglicher **Sekundäranspruch** kann (auch *neben* dem Primäranspruch) entstehen, wenn eine Störung bei der Durchführung des primären Anspruchs im Vertragsverhältnis vorliegt.

Im Gegensatz zu den Primäransprüchen, bei denen der (wirksame) Vertragsschluss direkt zur Anspruchsbegründung führt, muss bei den **Sekundäransprüchen** regelmäßig noch eine objektive **Pflichtverletzung** und zumeist wenigstens noch ein weiterer Umstand (z.B. Vertretenmüssen des Schuldners, Rücktrittserklärung etc.) hinzutreten. Als Pflichtverletzungen und damit als vertragliche Sekundäransprüche kommen **drei Typen** in Betracht:

I. Ansprüche wegen Nicht- oder Späterfüllung einer Leistungspflicht

1. Ansprüche wegen Unmöglichkeit, § 275 BGB (Schadensersatz nach §§ 280 I, 283 BGB)

2. Ansprüche wegen Verzugs (Schadensersatz, §§ 280 II, 286 BGB)

[1228] Vgl. *Wenzel*, SchuldR BT I, Rn 797 ff. (Rn 853 ff.)

II. Ansprüche wegen Schlechterfüllung

2. Ansprüche aus speziellem Leistungsstörungsrecht (Sachmangelgewährleistungsrechte insb. aus Kauf-, Werk-, Reise- und Mietrecht)

3. Bei Fehlen von Sondervorschriften Ansprüche wegen allgemeiner Pflichtverletzung (§ 280 I BGB)

III. Verletzung von Nebenpflichten

1. Leistungsbezogene Nebenpflichten (**Nebenleistungspflichten**) sind auf die Herbeiführung des Leistungserfolgs bezogen und ergänzen die Hauptleistungspflicht; sie dienen der Vorbereitung, Durchführung und Sicherung der Hauptleistung und sind – obwohl sie nicht im Synallagma stehen – gerichtlich durchsetzbar.

2. **Nichtleistungsbezogene Nebenpflichten** sind solche Pflichten, die der Schuldner grds. zu wahren hat, denen aber kein durchsetzbarer Anspruch gegenübersteht. Diese sog. unselbstständigen Nebenpflichten werden auch als Schutz- oder Verhaltenspflichten bezeichnet (insb. Aufklärungs-, Hinweis- oder Mitwirkungspflicht).

In der **Fallbearbeitung** sind (sofern die Fallfrage nicht anders lautet) Primäransprüche stets *vor* den Sekundäransprüchen zu prüfen, da diese kraft Vertragsschlusses automatisch entstehen, schon aufgrund des Rechtsschutzziels spezieller sind und zudem weniger als die Sekundäransprüche voraussetzen, somit einfacher zum Ziel führen.

---

2. Vertragsähnliche (quasivertragliche) Ansprüche

1610   Aufgrund ihrer (systematischen) Nähe zu den vertraglichen Ansprüchen sind sodann die vertragsähnlichen Ansprüche zu prüfen. Dazu zählen:

- Schadensersatz nach erklärter Anfechtung, § 122 I BGB
- Schadensersatz wegen nicht vorhandener Vertretungsmacht, §§ 177, 179 BGB
- Anspruch des Geschäftsherrn gegen den Geschäftsführer auf Schadensersatz im Rahmen einer GoA, § 678 BGB
- Aufwendungsersatzanspruch des Geschäftsführers, §§ 677, 683 S. 1, 670 BGB
- Anspruch auf Herausgabe des Erlangten, §§ 677, 681 S. 2, 667 BGB
- Wertersatz bei unberechtigter GoA, §§ 677, 684 S. 1 BGB
- Wertersatz bei angemaßter Eigengeschäftsführung, §§ 687 II S. 2, 684 S. 1 BGB
- Schadensersatz wegen der Verletzung vorvertraglicher Pflichten, §§ 311 II, 241 II, 280 I S. 1 BGB (früher ungeschriebene c.i.c.).

3. Dingliche (sachenrechtliche) Ansprüche

1611   Die dinglichen (sachenrechtlichen) Ansprüche schützen dingliche Rechte vor Beeinträchtigungen und richten sich gegen jeden, der diese Rechte beeinträchtigt.

1612   Zu diesen dinglichen Ansprüchen gehören insbesondere die **Herausgabeansprüche**:

- **§§ 985, 1065, 1227 BGB:** Anspruch des Eigentümers, Nießbrauchers, Pfandgläubigers gegen den unrechtmäßigen Besitzer i.S.v. § 986 BGB
- **§ 861 I BGB:** Anspruch desjenigen, dem der Besitz durch verbotene Eigenmacht (§ 858 I BGB) entzogen wurde gegen denjenigen, der fehlerhaft besitzt (§ 858 II)
- **§ 1007 I BGB:** Anspruch des früheren Besitzers einer beweglichen Sache gegen deren jetzigen Besitzer, wenn dieser beim Besitzerwerb bösgläubig war
- **§ 1007 II BGB:** Anspruch des früheren Besitzers einer beweglichen Sache gegen deren jetzigen Besitzer, wenn die Sache dem früheren Besitzer gestohlen wurde, verloren gegangen oder sonst abhandengekommen ist

Darüber hinaus zählen auch **Unterlassungs- und Beseitigungsansprüche** zu den dinglichen Ansprüchen: 1613

- **§§ 1004**[1229]**, 1065, 1227 BGB:** Anspruch des Eigentümers, Nießbrauchers, Pfandgläubigers gegen den Störer
- **§ 862 BGB:** Anspruch des Besitzers gegen denjenigen, der den Besitzer durch verbotene Eigenmacht (§ 858 I BGB) im Besitz stört

Von besonderer Bedeutung sind auch die **Nebenansprüche aus §§ 987 ff. BGB**. Diese   1614
begründen trotz ihrer systematischen Stellung im 3. Buch des BGB (Sachenrecht) ein **gesetzliches Schuldverhältnis**. Sie betreffen das Rechtsverhältnis zwischen dem Eigentümer und dem Besitzer einer Sache, wobei sowohl das Eigentum als auch der Besitz zumindest in der Vergangenheit bestanden haben müssen. Hinsichtlich der in Betracht kommenden Ansprüche muss zwischen den genannten Vorschriften folgendermaßen differenziert werden:

- §§ 987 bis 993 BGB regeln Nebenansprüche des Eigentümers auf **Nutzungsherausgabe** und/oder **Schadensersatz**.
- Gegenansprüche des Besitzers werden in §§ 994 bis 1003 BGB (**Verwendungsersatz**) geregelt.

Grundgedanke der §§ 987 ff. BGB ist die **Privilegierung des unverklagten und redlichen Besitzers**, also desjenigen Besitzers, der sich in den Grenzen seines vermeintlichen (tatsächlich jedoch nicht bestehenden) Besitzrechts gehalten hat. Um diese Privilegierung nicht zu unterlaufen, stellt das EBV innerhalb seines Regelungsbereichs auch grundsätzlich eine **abschließende Regelung** dar. Andere Ansprüche des *Eigentümers* bezüglich **Schadensersatz** (etwa aus §§ 823 ff. BGB) und **Nutzungsherausgabe** (etwa aus §§ 812 ff. BGB) sind neben denen aus §§ 987 ff. BGB also grundsätzlich ausgeschlossen ("**Sperrwirkung des EBV**" – das ergibt sich aus §§ 992, 993 I a.E. BGB). Umgekehrt kann der *Besitzer* **Verwendungsersatz** ausschließlich nach §§ 994 und 996 bzw. § 999 BGB verlangen; ein Anspruch aus §§ 812 ff. BGB scheidet insoweit auch hier aus. Daher sind Ansprüche aus §§ 987 ff. BGB zwingend vor solchen aus dem Bereicherungs- und/oder dem Deliktsrecht zu prüfen!

Näher zum EBV vgl. *R. Schmidt*, Schuldrecht BT II, Rn 121 ff.

4. Ansprüche aus ungerechtfertigter Bereicherung

Ist das Bereicherungsrecht nicht durch vertragliche Ansprüche oder durch Ansprüche   1615
aus dem Eigentümer-Besitzer-Verhältnis ausgeschlossen, sind sodann §§ 823 ff. bzw.
§§ 812 ff. BGB zu prüfen. Welches der beiden Institute man zuerst prüft, ist eine Frage des Schwerpunkts des Sachverhalts. Ein Konkurrenzverhältnis, das eines der beiden Institute bei Vorliegen des anderen ausschließen würde, gibt es jedenfalls nicht. Vorliegend werden zunächst §§ 812 ff. BGB behandelt. Diese Vorschriften erfüllen die Funktion, einen materiell nicht gerechtfertigten Zuwachs an Vermögenswerten an den Berechtigten zurückzuführen. Mithin geht es um den **Ausgleich ungerechtfertigter Vermögensverschiebungen**, der insbesondere dann in Betracht kommt, wenn ein zunächst rechtswirksamer Vermögenserwerb vorliegt, dieser aber mit der materiellen Gerechtigkeit nicht im Einklang steht (Kondiktionsrecht ist Billigkeitsrecht).

> **Beispiel:** Der minderjährige M kauft auf Rechnung ein Fahrrad. Als die Eltern später die Rechnung nicht bezahlen wollen, verlangt der Verkäufer V das Fahrrad zurück. Mit Recht?
> Ein Anspruch des V aus § 985 BGB auf Herausgabe des Fahrrads besteht nicht, weil V das Eigentum wirksam auf M übertragen hat. Insbesondere steht diesem Erwerbstatbe-

---

[1229] Beachte auch die Spezialvorschrift des **§ 894 BGB** zu § 1004 BGB.

stand nicht die Minderjährigkeit des M entgegen, da der reine Eigentumserwerb für M lediglich rechtlich vorteilhaft war und es somit zu seiner Gültigkeit nicht der Zustimmung der Eltern bedurfte (M ist mithin Eigentümer geworden).

In Betracht kommt daher lediglich ein bereicherungsrechtlicher Anspruch auf Rückübereignung und Herausgabe der Sache. M hat „etwas" erlangt, nämlich Eigentum und Besitz an dem Fahrrad. Dieser Eigentums- und Besitzerwerb erfolgte „ohne Rechtsgrund", da das Kausalgeschäft – der Kaufvertrag – aufgrund der Minderjährigkeit des M und der fehlenden Genehmigung durch die Eltern (vgl. § 107 BGB) nichtig ist.

M muss also das Fahrrad zurückübereignen und herausgeben (§ 812 I S. 1 Var. 1 BGB).

1616 Nun mag man sich fragen, warum es hinsichtlich der Rückgängigmachung fehlgeschlagener Verträge *überhaupt* eines Bereicherungsrechts bedarf. Die Antwort auf diese Frage ist im bereits beschriebenen **Trennungs- und Abstraktionsprinzip** des BGB zu finden, das ja gerade zur Folge hat, dass das dingliche Erfüllungsgeschäft grundsätzlich wirksam ist und der Veräußerer sein Eigentum verliert. Da er in einem solchen Fall über keinen Herausgabeanspruch nach § 985 BGB verfügt, es aber unbillig wäre, wenn es bei diesem Zustand bliebe, kann er über § 812 BGB vorgehen und Eigentum und Besitz kondizieren.

1617 Die Vorschriften der §§ 812 ff. BGB gehen auf das römische Recht zurück; deshalb spricht man auch heute noch von Kondiktionen. Da man schon frühzeitig erkannt hat, dass es nicht möglich ist, einen einheitlichen Tatbestand der ungerechtfertigten Bereicherung aufzustellen, und dass insbesondere das Merkmal „ohne rechtlichen Grund" nicht für die verschiedenen in Betracht kommenden Fallgruppen einheitlich bestimmt werden kann, unterscheidet folgerichtig auch das Gesetz zwischen verschiedenen Arten von Leistungskondiktionen und Nichtleistungskondiktionen. Besonders deutlich wird diese Unterscheidung bei § 812 I S. 1 BGB, der zwei Grundtatbestände enthält, nämlich Bereicherung „durch die Leistung eines anderen" (= **Leistungskondiktion**) und Bereicherung „in sonstiger Weise" (= allgemeine **Nichtleistungskondiktion** in Form von Eingriffs-, Rückgriffs- und Verwendungskondiktion). Insgesamt unterscheidet das Gesetz für das Nichtbestehen bzw. den Wegfall des rechtlichen Grundes für die Vermögensverschiebung fünf Leistungskondiktionen und vier Nichtleistungskondiktionen:

1618 **Leistungskondiktionen:**

- § 812 I S. 1 Var. 1 BGB (**fehlender Rechtsgrund von Anfang an** – *condictio indebiti*)
- § 812 I S. 2 Var. 1 BGB (**späterer Wegfall des Rechtsgrundes** – *condictio ob causam finitam*)
- § 812 I S. 2 Var. 2 BGB (**Nichteintritt des mit der Leistung verfolgten Zwecks** – *condictio ob rem*)
- § 817 S. 1 BGB (**Empfänger verstößt mit der Leistungsannahme gegen ein gesetzliches Verbot oder die guten Sitten** – *condictio ob turpem vel iniustam causam*)
- § 822 BGB (**Herausgabepflicht Dritter**)

1619 **Nichtleistungskondiktionen:**

- § 812 I S. 1 Var. 2 BGB: **allgemeine Nichtleistungskondiktion**
- § 816 I S. 1 BGB: **Entgeltliche**, dem Berechtigten gegenüber wirksame Verfügung eines **Nichtberechtigten**
- § 816 I S. 2 BGB: **Unentgeltliche**, dem Berechtigten gegenüber wirksame Verfügung eines **Nichtberechtigten**
- § 816 II BGB: **Leistung des Schuldners an einen Nichtberechtigten**

Zum Bereicherungsrecht vgl. ausführlich *R. Schmidt*, Schuldrecht BT II, Rn 196 ff.

5. Ansprüche aus unerlaubter Handlung

Schließlich sind Ansprüche aus unerlaubter Handlung („**Delikt**") zu prüfen (wobei zwischen dem Bereicherungsrecht und dem Deliktsrecht nicht wirklich ein Vorrangverhältnis besteht). Die Schadensersatzpflicht wegen unerlaubter Handlung wird ausgelöst, wenn unerlaubte Eingriffe in einen fremden Rechtskreis unter den Voraussetzungen der §§ 823 ff. BGB oder einiger Sondertatbestände (z.B. § 18 I StVG) erfolgen. Rechtsdogmatisch lässt sich das Deliktsrecht in drei Gruppen von Tatbeständen einteilen.[1230]

1620

- Haftung für **verschuldetes Unrecht**: § 823 I und II BGB, §§ 824-826 BGB, § 830 BGB und § 839 BGB i.V.m. Art. 34 GG

- Haftung für (widerlegbares) **vermutetes Verschulden**: §§ 831, 832, 833 S. 2, 834, 836-838 BGB; 7 III S. 1 Halbs. 2 StVG; § 18 StVG; §§ 44 und 45 LuftVG

- Haftung aus **Gefährdung** ohne Rücksicht auf Unrecht und Verschulden (z.B. Betrieb eines Kraftfahrzeugs oder Kernkraftwerks ⇒ allein der Betrieb genügt für die Begründung der Verantwortlichkeit; insbesondere ein Verschulden braucht nicht vorzuliegen): §§ 231, 833 S. 1 BGB; § 7 I StVG; § 7 III S. 1 Halbs. 1 StVG; §§ 1 und 2 HaftpflG; § 33 I LuftVG, §§ 33 II S. 1 und S. 3, 54 f. LuftVG; §§ 25, 26 AtomG; § 22 WHG; § 1 Prod-HaftG; § 84 ArzneimittelG; § 1 UmweltHaftG und § 32 GentechnikG

Zum Deliktsrecht vgl. ausführlich *R. Schmidt*, Schuldrecht BT II, Rn 579 ff.

IV. Gutachterliche Prüfung der gefundenen Anspruchsgrundlagen

Sind Anspruchsgrundlagen gefunden, die dem Anspruchsteller die gewünschte Rechtsfolge (insb. Leistung aus dem Vertrag) möglicherweise gewähren, ist in der Klausur nunmehr zu prüfen, ob die gefundenen Anspruchsgrundlagen anwendbar sind, ihre Tatbestandsvoraussetzungen vorliegen und ob dem Anspruch keine Hindernisse entgegenstehen. In Anlehnung an die Systematik des BGB erfolgt die Prüfung in drei Schritten:

1621

I. Anspruch muss zunächst entstanden sein

Voraussetzung für das Entstehen eines vertraglichen Erfüllungsanspruchs oder eines sonstigen vertraglichen Anspruchs ist das Vorliegen einer Einigung der Parteien über alle wesentlichen Vertragsbestandteile (die sog. *essentialia negotii*) in Form entsprechender Willenserklärungen, denen keine Wirksamkeitshindernisse oder Ausschlusstatbestände entgegenstehen (sog. **rechtshindernde Einwendungen**[1231]). Diese haben zur Folge, dass der Anspruch grds. **erst gar nicht entsteht**.

1622

> **Beispiel:** Ein Anspruch auf Übereignung und Übergabe der Kaufsache (§ 433 I S. 1 BGB) entsteht erst gar nicht, wenn der Kaufvertrag unter Nichtbeachtung einer zwingenden **Formvorschrift** (etwa notarielle Beurkundung gem. § 311b I S. 1 BGB) geschlossen wurde (§ 125 BGB) oder wenn einer der beiden Vertragspartner zum Zeitpunkt des Vertragsschlusses **geschäftsunfähig** war (etwa nach §§ 104 ff. BGB). Das Gleiche gilt, wenn der Vertrag **gegen ein Gesetz verstößt** (§ 134 BGB) oder **sittenwidrig** (§ 138 BGB) ist.

Der Grund, dass der Anspruch bei Vorliegen einer rechtshindernden Einwendung grds. erst gar nicht entsteht (und die Prüfung des Primäranspruchs damit scheitert), liegt darin, dass der Gesetzgeber in den rechtshindernden Einwendungen einen zwingenden Schutzzweck sieht, der einen Anspruch schon in seiner Entstehung hindern und dem

1623

[1230] Vgl. *Medicus*, BR, Rn 604; *Deutsch/Ahrens*, Deliktsrecht, Rn 5 ff.; *Brox/Walker*, § 40 Rn 2.
[1231] Prozessual sind rechtshindernde Einwendungen vom Richter **von Amts wegen** zu beachten; der Anspruchsgegner, dem sie zustehen, braucht sich also nicht auf sie zu berufen. Allein ihr Vorliegen bewirkt, dass der geltend gemachte Anspruch nicht besteht.

besonderen Schutzbedürfnis des Anspruchsgegners Rechnung tragen soll. Eine Ausnahme von diesem Grundsatz ist nur dort zu machen, wo der Gesetzgeber diese selbst festgelegt hat, z.B. in §§ 311b I S. 2, 766 S. 3, 518 II, 2301 II BGB hinsichtlich eines Formmangels. Liegt ein solcher „Heilungstatbestand" vor, verliert die Formvorschrift ihren Zweck mit der Folge, dass der Mangel „geheilt" ist. Der Anspruch ist dann zumindest entstanden.

II. Anspruch darf nicht untergegangen, d.h. erloschen sein

1624 Der entstandene Anspruch ist untergegangen, wenn ihm eine **rechtsvernichtende Einwendung** entgegensteht. Anders als eine rechtshindernde Einwendung steht eine rechtsvernichtende Einwendung zwar dem Entstehen eines Anspruchs nicht entgegen, bewirkt aber, dass der zunächst entstandene Anspruch (ggf. auch rückwirkend) **entfällt** (daher auch Erlöschensgrund genannt).

> **Beispiel:** Ein Anspruch auf Zahlung des Kaufpreises (§ 433 II BGB) erlischt, wenn der Schuldner die Leistung bewirkt, also zahlt (sog. **Erfüllung**, § 362 I BGB). Das Gleiche gilt, wenn der Gläubiger dem Schuldner die Schuld erlässt (sog. **Erlass**, § 397 BGB) oder der Schuldner gegen den geltend gemachten Anspruch mit einer eigenen Forderung **aufrechnet** (§§ 387-389 BGB).[1232] Einen besonderen Erlöschensgrund stellt der Widerruf nach Verbraucherschutzvorschriften dar, §§ 355 ff. BGB (vgl. auch § 312b, c und d BGB).

1625 Hinsichtlich der **Anfechtung** (§§ 119, 120, 123 BGB) wird teilweise vertreten, dass diese eine rechts<u>hindernde</u> Einwendung sei. Zur Begründung wird auf die Regelung des § 142 I BGB verwiesen, wonach das angefochtene Rechtsgeschäft von Anfang an als nichtig anzusehen ist (sog. ex-tunc-Wirkung). Das ist insoweit nachvollziehbar. Wenn die Vertreter dieser Auffassung dann aber nach erfolgter Anfechtung nicht den Kondiktionsanspruch wegen fehlenden Rechtsgrunds von Anfang an (§ 812 I S. 1 Var. 1 BGB), sondern den Bereicherungsanspruch wegen *späteren Wegfalls* des Rechtsgrunds (§ 812 I S. 2 Var. 1 BGB) gewähren und dies damit begründen, dass das angefochtene Rechtsgeschäft nun einmal bis zur Ausübung der Anfechtung wirksam sei und dass die ex-tunc-Wirkung des § 142 I BGB nur eine Fiktion darstelle, ist das widersprüchlich. Daher muss man auch die *Anfechtung* so behandeln, als habe sie einen zunächst entstandenen Anspruch nachträglich vernichtet. Und das ist die Konstellation einer rechtsvernichtenden Einwendung.

1626
> **Hinweis für die Fallbearbeitung:** Da rechtshindernde Einwendungen den Anspruch erst gar nicht entstehen lassen und rechtsvernichtende Einwendungen den zunächst entstandenen Anspruch (nachträglich) vernichten, sind **rechtsvernichtende Einwendungen** in einer Klausur folgerichtig grds. **nach den rechtshindernden Einwendungen zu prüfen**.
>
> Ausnahmsweise kann es angebracht sein, hinsichtlich desselben Verhaltens des Gegners sowohl eine rechtshindernde als auch eine rechtsvernichtende Einwendung zu prüfen. Insbesondere kann (entgegen der Logik) ein nichtiges Rechtsgeschäft angefochten werden. Das hat mehrere Gründe: Hat der Gläubiger bspw. auf eine Anfechtung verzichtet, weil er das Geschäft wegen Sittenwidrigkeit für nichtig hält, wird die angenommene Sittenwidrigkeit später vom Gericht jedoch nicht bestätigt, ist eine Anfechtung i.d.R. verfristet. Daher ist eine (vorsorgliche) Anfechtung eines vermeintlich nichtigen Rechtsgeschäfts zuzulassen. Der zweite

---

[1232] Auch rechtsvernichtende Einwendungen sind vom Richter **von Amts wegen** zu beachten, obwohl einige von ihnen ihre Grundlage in subjektiven Gestaltungsrechten finden, wie im Fall der Aufrechnung. Bei dieser hat es der Schuldner in der Hand, der Forderung des Gläubigers eine eigene (gleichartige) Forderung entgegenzuhalten. Die Aufrechnung erfolgt durch einseitige empfangsbedürftige Willenserklärung (§ 388 S. 1 BGB). Ist eine solche vorhanden, bewirkt sie ein Erlöschen des Anspruchs in Höhe der Summe, mit der aufgerechnet wird. Diese Tatsache ist vom Richter von Amts wegen zu beachten.

Grund besteht darin, dass nach h.M. die Nichtigkeit eines Rechtsgeschäfts nichts anderes als dessen Nichtgeltung im Hinblick auf einen *bestimmten* Nichtigkeitsgrund bedeutet. Dies ist vor allem wegen der Rechtsfolge des § 122 BGB relevant, die durch eine ggf. mögliche (nochmalige) Anfechtung nach § 123 BGB umgangen werden kann (sog. Lehre von der Doppelnichtigkeit bzw. Lehre von der Doppelwirkung im Recht.

Beispiel: A wird von B beim Abschluss eines Kaufvertrags arglistig getäuscht (§ 123 I Var. 1 BGB) und verschreibt sich auch noch (§ 119 I Var. 2 BGB). Als A seinen Schreibfehler bemerkt, ficht er den Kaufvertrag nach § 119 I Var. 2 BGB an. Später erfährt er auch von der arglistigen Täuschung durch B.

Rechtsfolge einer Anfechtung wegen Erklärungsirrtums (wozu auch das Sichverschreiben gehört) ist neben der Nichtigkeit des Kaufvertrags (§ 142 I BGB) auch die ggf. zur Geltung kommende Schadensersatzpflicht nach § 122 BGB. Diese kann A aber dadurch umgehen, dass er den bereits nichtigen Kaufvertrag noch einmal nach § 123 I Var. 1 BGB wegen der arglistigen Täuschung anficht.

Auch bei Fragen des gutgläubigen Erwerbs nach §§ 932, 142 II BGB wirkt die Anfechtung stärker als die Nichtigkeit wegen fehlender Geschäftsfähigkeit (vgl. dazu ausführlich Rn 962 ff.). Nach der Systematik des BGB-AT ist aber auch in diesem Fall die Nichtigkeit wegen Geschäftsunfähigkeit vor der Anfechtung zu prüfen.

III. Anspruch muss durchsetzbar sein

Schließlich muss der Anspruch auch durchsetzbar sein, d.h. ihm darf keine **rechtshemmende Einrede** entgegenstehen. Darunter versteht man das subjektive Recht einer Person, die Ausübung des Rechts einer anderen Person zu hemmen. Das bedeutet, dass der Anspruch an sich zwar bestehen bleibt, jedoch nicht mehr durchgesetzt werden kann (wie z.B. bei der Verjährung). Es besteht ein Leistungsverweigerungsrecht.[1233]

1627

Im Rahmen des Allgemeinen Teils des BGB wird es meist um die Voraussetzungen eines **vertraglichen Erfüllungsanspruchs** gehen. Zu dessen Prüfung bietet sich folgendes Schema an:

1628

1629

Prüfung eines vertraglichen Primäranspruchs

I. Anspruch entstanden ?
2. **Einigung** der Vertragsparteien über die (wesentlichen) Vertragsbestandteile (sog. *essentialia negotii*), d.h. Vorliegen entsprechender **Willenserklärungen** (§§ 145 ff. BGB – Rn 191, 227), ggf. **Auslegung** dieser Willenserklärungen (§§ 133, 157 BGB – Rn 400 ff.) und deren **Zugang** (§§ 130 ff. BGB – Rn 304 ff., 329 ff.); kein **Dissens** (§§ 154, 155 BGB – Rn 495 ff.)
3. Gegebenenfalls: Wirksame **Stellvertretung** (§§ 164 ff. BGB – Rn 612 ff.)
4. Nichtvorliegen einer **Bedingung** (§§ 158 ff. BGB - Rn 515 ff.)
5. Nichtvorliegen von **rechtshindernden** Einwendungen:
   ⇨ Mangelnde **Geschäftsfähigkeit** (§§ 104 ff. BGB – Rn 926 ff.)
   ⇨ Bewusste **Willensmängel** (Schein- oder Scherzerklärung, §§ 116-118 BGB – Rn 1061 ff.)
   ⇨ Verletzung der gesetzlichen oder vertraglich vorgeschriebenen **Form** (§ 125 BGB – Rn 1097 ff.)

[1233] Gemäß ihrer Natur als subjektive Rechte sind rechtshemmende Einreden vom Anspruchsgegner **geltend zu machen**, damit sie vom Gericht beachtet werden. Sollten nicht geltend gemachte rechtshemmende Einreden vom Gericht berücksichtigt werden, kann dies wegen einseitiger Parteinahme einen Befangenheitsgrund darstellen.

⇨ Verstoß gegen ein **Verbotsgesetz** (§ 134 BGB – Rn 1164 ff.)

⇨ **Wucher** (§ 138 II BGB – Rn 1181 ff.)

⇨ **Sittenwidrigkeit** (§ 138 I BGB – Rn 1209 ff.)

⇨ Vertrag über **künftiges Vermögen** oder **Nachlass** (§§ 311b II, 4 BGB – SchuldR AT, Rn 113 ff.)

⇨ **Unredlicher Erwerb einer eigenen Rechtsstellung** (§ 242 BGB – SchuldR AT, Rn 114)

II. Anspruch untergegangen (rechtsvernichtende Einwendungen) ?

2. **Anfechtung** (§§ 119 ff. BGB, § 142 I BGB – Rn 1264 ff.)
3. Erfüllung (§§ 362 ff. BGB – SchuldR AT, Rn 118 ff.)
4. Kündigung von Dauerschuldverhältnissen (z.B. nach §§ 314, 543 BGB etc. – Rn 1286a und SchuldR AT, Rn 838 ff.)
5. Unmöglichkeit (§§ 275, 326 I BGB – SchuldR AT, Rn 364 ff.)
6. Hinterlegung (§§ 372 ff. BGB – SchuldR AT, Rn 171 ff.)
7. Aufrechnung (§§ 387 ff. BGB – SchuldR AT, Rn 188 ff.)
8. Erlass (§ 397 BGB – SchuldR AT, Rn 233 ff.)
9. Änderungsvertrag/Aufhebungsvertrag (§ 311 I BGB – SchuldR AT, Rn 240 ff.)
10. Novation/Konfusion (SchuldR AT, Rn 243 ff.)
11. Rücktritt (§§ 346 ff. BGB – SchuldR AT, Rn 442 ff.)
12. Widerruf, insb. nach Verbraucherschutzvorschriften (§§ 355 ff. BGB (vgl. auch § 312b, c und d BGB – Rn 381, 551)
13. Gläubiger- und Schuldnerwechsel (Abtretung, §§ 398 ff. BGB; Schuldübernahme, § 414 ff. BGB; gesetzl. Forderungsübergang, § 412) - SchuldR AT, Rn 247 ff.
14. Störung der Geschäftsgrundlage (§ 313 III BGB – der sich daraus ergebende Rücktritt ist aber nur letztes Mittel der Konfliktlösung – SchuldR AT, Rn 785 ff.)

III. Anspruch durchsetzbar (rechtshemmende Einreden) ?

1. Verjährung (§§ 214 ff. BGB)
2. Zurückbehaltungsrecht (§ 273 BGB – SchuldR AT, Rn 332 ff.)
3. Nichterfüllter Vertrag (§ 320 BGB – SchuldR AT, Rn 352 ff.)

V. Anwendungsfall zum Zusammenspiel der Rechtsinstitute des BGB

1630 **Sachverhalt:** Jurastudent Willi hat sich von seiner Kommilitonin Emelie deren *Schmidt, BGB-Allgemeiner Teil* geliehen, um sich – wie er sagt – für die nächste BGB-Klausur, die vom gutgläubigen Dritterwerb handeln soll, vorzubereiten. Doch weil er lieber ins Kino gehen möchte, veräußert er das Buch an den wissbegierigen und redlichen Kommilitonen Konrad für 10,- €. Objektiv war das Buch jedoch aufgrund nur geringer Gebrauchsspuren noch 14,- € wert.

Als E am nächsten Tag zufällig bei K ihren *Schmidt* sieht, erfährt sie den Sachverhalt und überlegt, ob sie das Buch nicht herausverlangen soll. Da sie andererseits aufgrund der Lektüre des Buches die Klausur bereits mit 14 Punkten bestanden hat, wäre sie auch dem Verkaufserlös gegenüber nicht abgeneigt. K verweigert die Herausgabe des Buches, weil er meint, dieses gehöre nun ihm. Dagegen sieht W zwar ein, dass das mit dem Buch nicht in Ordnung war, meint aber, E stünden lediglich 10,- € zu. Wie ist die Rechtslage?

Da die Präsentation der im Gutachtenstil ausformulierten Lösung den Rahmen dieses Buches sprengen würde, ist sie zum kostenlosen Download auf der Internetseite des Verlags Rubrik Lehrbücher/Bürgerliches Recht/BGB AT/Falllösungen bereitgestellt.

Sachverzeichnis

Sachverzeichnis

Ziffer = Randnummer

Sachverzeichnis

Ziffer = Randnummer

Sachverzeichnis